安徽天康（集团）股份有限公司创建于1974年，位于长江之滨的天长市，南接古城南京，东与扬州相邻，地处充满活力的“长三角”经济圈，有着良好的投资与发展环境。

历经近四十年的发展，集团公司所属的仪表、电缆、光缆、医药、医疗器械、锂电池、钢管等产品凭借良好的质量和服务，被广泛应用于石油、电力、化工、通信、卫生等行业。公司现已是安徽省50户重点骨干企业、国家级高新技术企业、中国质量诚信企业、银行资信AAA级企业、中国电子元件百强企业、中国仪表行业十强企业、中国电线电缆10强企业。

公司旗下安徽天康股份有限公司生产的仪表、光电缆产品在国内市场具有较高份额。1996年以来公司先后通过ISO 9001质量管理体系、ISO 14001环境管理体系、OHSAS 18001职业健康安全管理体系和国军标质量管理体系认证。

2010年，公司自主品牌“天仪”荣获国家工商总局“中国驰名商标”，2011年“洲鸽”荣获安徽省工商行政管理局“安徽省著名商标”，对公司产品的品牌效应有了很大的提升。

公司在建立和完善国内营销网络的基础上，还利用自营进出口权积极开拓国际市场，产品远销欧洲、非洲、亚洲等70多个国家和地区，出口额连年攀升。

公司将始终秉持“有跨越才有卓越”的天康精神，在创建和谐企业的基础上，不断把握市场发展脉搏，积极寻求经济战略联盟，为振兴民族工业而继续努力。

产品

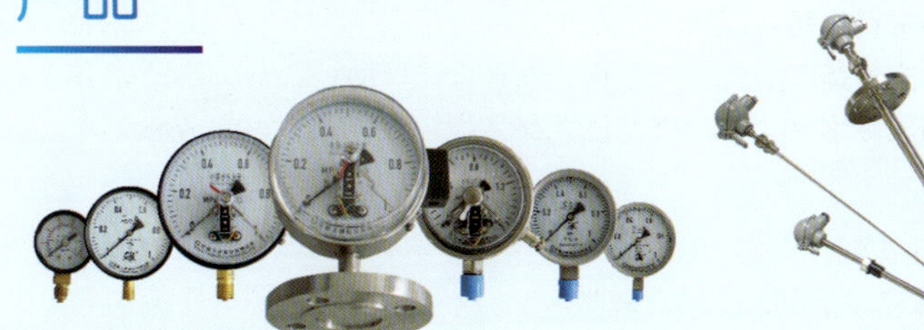

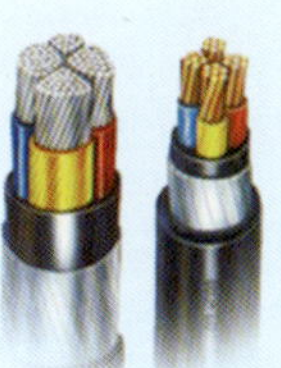

安徽天康股份有限公司
ANHUI TIANKANG SHARES CO.,LTD.
地 址：安徽省天长市仁和南路20号
邮 编：239300
网 址：www.tiankang.com
电 话：86-550-7777777
传 真：86-550-7038699
邮 箱：xsc@tiankang.com

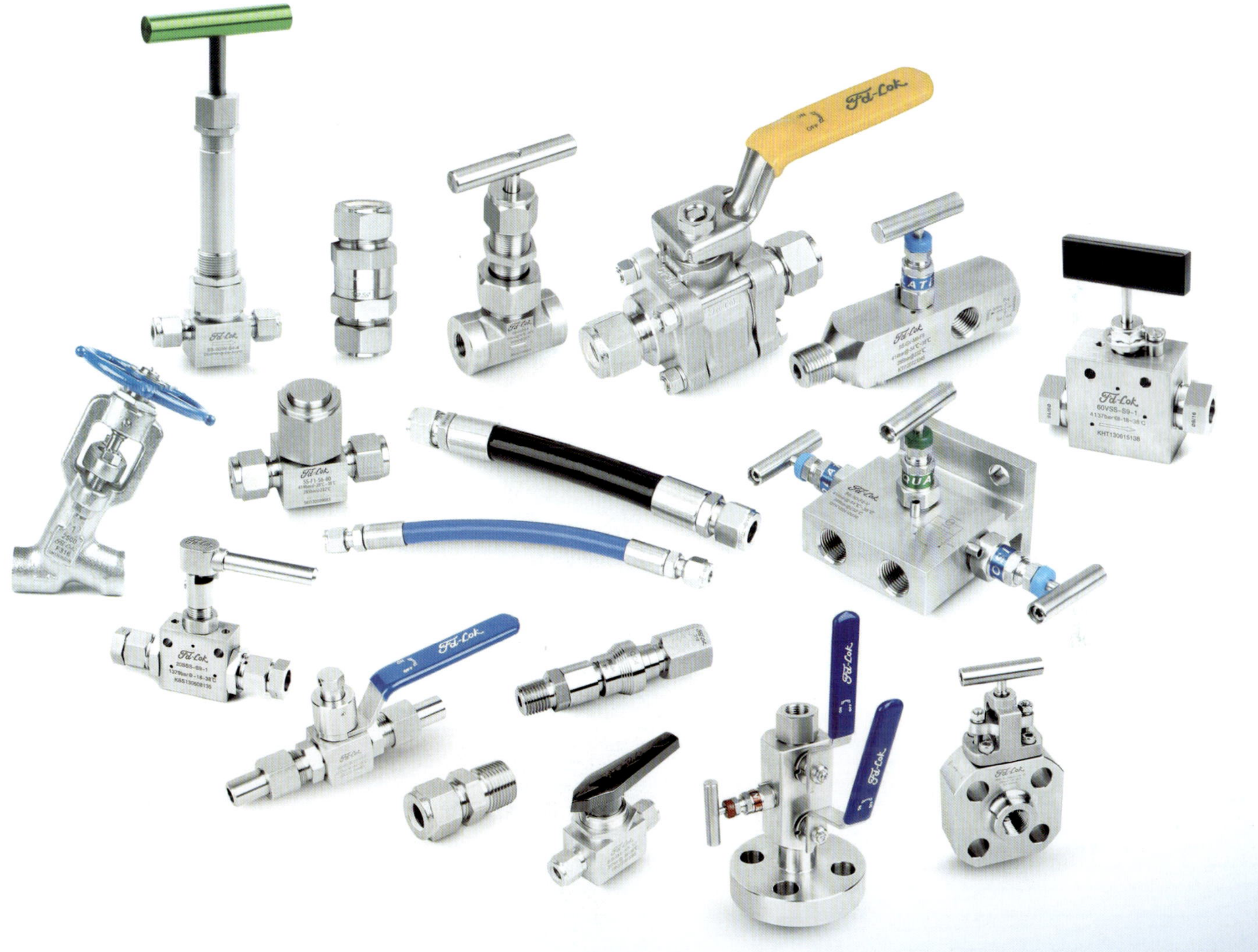

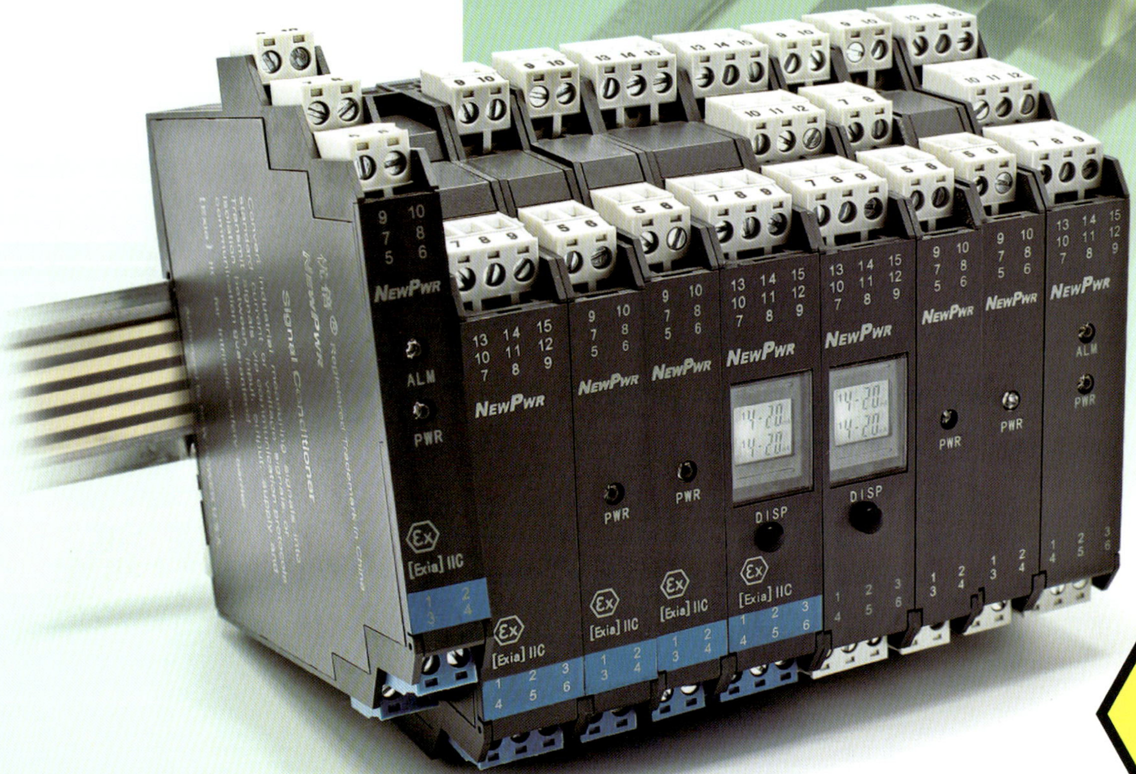

中国仪器仪表厂商名录

2013—2014

机械工业仪器仪表综合技术经济研究所　编

中国财富出版社

图书在版编目(CIP)数据

中国仪器仪表厂商名录．2013—2014/机械工业仪器仪表综合技术经济研究所编．－北京：中国财富出版社，2014.3

ISBN 978-7-5047-5118-8

Ⅰ．①中… Ⅱ．①机… Ⅲ．①仪器厂－中国－名录－2013～2014 ②仪表厂－中国－名录－2013～2014 Ⅳ．①F426.4-62

中国版本图书馆CIP数据核字（2014）第023356号

策划编辑	黄　华	责任印制	方朋远
责任编辑	范虹轶	责任校对	孙会香　饶莉莉　梁凡

出版发行　中国财富出版社(原中国物资出版社)
社　　址　北京市丰台区南四环西路188号5区20楼　　邮政编码　100070
电　　话　010-52227568（发行部）　　010-52227588转307（总编室）
　　　　　010-68589540（读者服务部）　　010-52227588转305（质检部）
网　　址　http://www.cfpress.com.cn
经　　销　新华书店
印　　刷　北京柏力行彩印有限公司
书　　号　ISBN 978-7-5047-5118-8/F·2086
开　　本　889mm×1194mm　1/16　　版　　次　2014年3月第1版
印　　张　36.5　　印　　次　2014年3月第1次印刷
字　　数　1610千字　　定　　价　180.00元

前　言

《中国仪器仪表厂商名录》是由机械工业仪器仪表综合技术经济研究所组织行业力量编辑出版，全面反映我国仪器仪表行业产品供应和企业情况的大型信息类工具书，在行业和用户中形成了具有影响力的品牌，深受广大读者欢迎，为产品流通、仪表选型、行业管理起到了良好的信息沟通作用。

“十一五”以来，我国仪器仪表制造业持续高速发展。行业技术水平明显提高，企业自主创新能力逐步加强，行业经济结构发生显著变化，民营经济得到巨大发展，民营企业工业总产值占比已经超过全行业的60%，部分民营企业已成为特定类别产品的龙头企业。

“十二五”期间，我国将大力培育和发展战略性新兴产业，“信息化与工业化”深度融合，工业企业转型升级，节能减排，以及民生领域得到充分关注等为仪器仪表和自动化产业的发展提供了广阔的市场。我国仪器仪表厂商的基础信息也在发生变化，为了跟踪行业的发展形势，全面系统地展示我国仪器仪表厂商情况，为广大用户、生产企业、设计院、系统集成商及流通部门提供实用的资料，我们组织编制了这部2013—2014年版《中国仪器仪表厂商名录》。

该名录信息量大，数据更新及时，全面、系统地收录了国内仪器仪表生产厂商或销售、代理商的信息，是目前我国仪器仪表行业权威性、实用性、时效性较强的一本工具书。经过进一步充实和完善，删除了312家企业信息，更新了2085家企业信息。全书收录了4586家全国各地从事仪器仪表产品生产、经营、管理、科研的相关企事业单位以及国外公司在中国的办事处的基本情况。内容包括单位名称、地址、邮编、电话、传真、联系人、电子信箱、网址、主要产品或业务范围等。为用户提供仪器仪表行业最新的联系方式和基本情况，同时刊登产品广告，展示厂商最新的高新技术产品，此外还设立了产品导购指南，并将企业信息在中国仪器仪表信息网（http://www.instrnet.com）上展示。

该名录覆盖仪器仪表全行业，设立自动化仪表及系统，电工电子仪器仪表，光学仪器，分析仪器，试验机，实验室仪器及装置，供应用计量仪器仪表，专用仪器仪表，传感器、仪器仪表元器件及材料，计量标准器具、量具量仪，衡器，其他仪器仪表及相关产品等专栏。

为满足中外厂商、企业和用户的需求，方便广大用户查询，2013—2014年版《中国仪器仪表厂商名录》目录查询设立了两级分类，详见使用说明。

《中国仪器仪表厂商名录》由中国仪器仪表信息网负责具体组织、录入、编辑与出版事宜。每年经数据更新后再版。《中国仪器仪表厂商名录》在编辑过程中得到了广大厂商的大力支持，在此表示衷心的感谢。竭诚欢迎尚未刊录的生产企业和销售商，或者由于业务发展需要等原因导致相关信息有所改变的厂商随时与我们联系，提供您的企业信息，以便再版时收录、更新。

《中国仪器仪表厂商名录》数据已经过全面核对，但企业信息处于动态变化过程之中，加之我们在工作中难免有所疏漏、不当之处，恳请广大用户批评指正，并提出宝贵意见，我们将不断改进。

编　者

2014年1月

使 用 说 明

为方便快捷地使用《中国仪器仪表厂商名录》查找厂商信息，请您仔细阅读使用说明！

2013—2014年版《中国仪器仪表厂商名录》内容共分四部分：

第一部分：前言、使用说明、《中国仪器仪表厂商名录》编辑部

第二部分：总目次、广告索引

第三部分：仪器仪表厂商索引

第四部分：中国仪器仪表厂商名录正文

《中国仪器仪表厂商名录》的排列规则：

一、按仪器仪表产品类别划分

1.自动化仪表及系统

　温度、压力、流量、物位、机械量仪表

　显示、记录、调节仪表、控制阀、执行器

　自动化控制系统

　其他自动化仪表及装置

2.电工电子仪器仪表

3.光学仪器

4.分析仪器

5.试验机

6.实验室仪器及装置

7.供应用计量仪器仪表

8.专用仪器仪表

9.传感器、仪器仪表元器件及材料

10.计量标准器具、量具量仪

11.衡器

12.其他仪器仪表及相关产品

二、每类产品中，厂商按中华人民共和国行政区域划分，排序按行政区域的首字拼音字母顺序排列

三、同行政区域内厂商按单位名称首字的拼音字母顺序排列

四、每个厂商的资料

包括单位名称、地址、邮编、电话、传真、联系人、电子信箱、网址、主要产品或业务范围等，尽量满足用户了解厂商信息的需要（注：如厂商某一项信息空缺时，则此项信息不出现）。

《中国仪器仪表厂商名录》编辑部

主　　编：杨丽卿

编　　辑：石镇山　王　卉　王韶好　陶　丽　杜鹏昊

广告设计：李文博

总 目 次

广告索引

彩色广告

黑白广告

仪器仪表厂商索引

自动化仪表及系统

温度、压力、流量、物位、机械量仪表

显示、记录、调节仪表、控制阀、执行器

自动化控制系统

其他自动化仪表及装置

电工电子仪器仪表

光学仪器

分析仪器

试验机

实验室仪器及装置

供应用计量仪器仪表

专用仪器仪表

传感器、仪器仪表元器件及材料

计量标准器具、量具量仪

衡　器

其他仪器仪表及相关产品

自动化仪表及系统

温度、压力、流量、物位、机械量仪表

安徽伽伽电气仪表有限公司
地址：安徽省天长市经济开发区伽伽工业园
邮编：239300
电话：0550－7722988
传真：0550－7722528
联系人：张竹斌，邹晓明
电子信箱：scy@jajagroup.cn
网址：www.jajagroup.cn
主要产品或业务范围：该公司专业致力于智能化仪器仪表研究开发；产品有智能差压，压力变送器，液位变送器，数字温度变送器和各种温度仪表。

安徽徽宁电器仪表集团有限公司
地址：安徽省天长市乔田街乔坝路18号
邮编：239312
电话：0550－7561599，7563011
传真：0550－7561496
电子信箱：hn@hn999.com
网址：www.hn999.com
主要产品或业务范围：各种装配式热电偶、热电阻，铠装热电偶、热电阻，铠装防爆热电偶、热电阻，电站用热电偶、热电阻，特殊热电偶、热电阻，双金属温度计，数显仪表，仪表管阀件，阻燃电缆，低烟无卤电缆，防爆电缆，计算机电缆，补偿导线电缆，耐高温防火电缆，硅橡胶电缆。

安徽蓝德集团股份有限公司
地址：安徽省天长市新河北路586号
邮编：239300
电话：0550－7322222，7321140
传真：0550－7322490
电子信箱：land@landgroup.cn
网址：www.landgroup.cn
主要产品或业务范围：该集团拥有规模庞大的生产基地和营销服务网络，产品涉及工业自动化仪表及控制系统、电子元器件、电线电缆、光纤光缆、线缆桥架、高低压配电设备等十大类近万种规格的产品；工业自动化仪表包括温度、流量、压力、液位、显示仪表、执行机构、调节阀和电子产品等。

安徽马鞍山市奈特仪表科技有限责任公司
地址：安徽省马鞍山市花山工业集中区茂林路
邮编：243000
电话：0555－2489018
传真：0555－2401153
联系人：束高祥
电子信箱：masnaite@yahoo.cn
主要产品或业务范围：耐震压力表、全不锈钢耐震压力表、耐震电接点压力表系列、耐震耐腐蚀压力表系列。

安徽省中原仪表有限公司
地址：安徽省合肥市张洼路七里塘工业区(铁四局后)
邮编：230041
电话：0551－4231298，4249355，4249255
传真：0551－4212771
电子信箱：Fgj1027@live.cn
网址：www.ahyb.com
主要产品或业务范围：各种材质及各种用途的椭圆齿轮流量计、蒸汽流量计、涡街流量计为主，同时还开发生产了电磁流量计、腰轮(罗茨）流量计、双转子（螺旋转子）流量计、自动化微机控制发油系统、各种过滤器、消气（油气分离）器等。

安徽省众和电仪科技有限公司
地址：安徽省天长市经济开发区经八路
邮编：239300
电话：0550－7096288，7096280
传真：0550－7096222
电子信箱：zhonghekeji2008@163.com
网址：www.zhekj.com
主要产品或业务范围：FF现场总线电缆、Profibus现场总线电缆、RS485通信电缆、电伴热电缆、橡套电缆、同轴电缆、计算机电缆、本安型控制电缆、热电偶补偿导线、热电偶补偿电缆、热电偶（热电阻）专用高温导线、石油化工专用温度传感器（催化裂化提升管耐磨热电偶、硫黄回收尾气热电偶、炉管刀刃热电偶、CFB炉底专用热电偶）、双金属温度计、压力表等温度和压力仪表、工程项目集成安装等。

安徽天彩仪表电缆有限公司
地址：安徽省天长市天康东路88号
邮编：239300
电话：0550－7093688
传真：0550－7091599
电子信箱：lin_xinzhong@163.com
网址：www.tiancai.cc
主要产品或业务范围：工业热电偶、热电阻、智能数显仪表、双金属温度计、各系列温度变送器等。

安徽天康股份有限公司★
地址：安徽省天长市仁和南路20号
邮编：239300
电话：0550-7777777，7038698
传真：0550-7028077
联系人：周步余
电子信箱：xsc@tiankang.com
网址：www.tiankang.com
主要产品或业务范围：主要生产和销售热电阻、热电偶、双金属温度计、温度变送器、压力表、压力变送器、液位变送器、液位计和与其配套的温度、压力、流量、液位等系列仪器仪表产品；仪表管阀件及仪表配件；补偿导线、补偿电缆、仪表电缆、计算机电缆、控制电缆、动力电缆、防火电缆等特种电缆和光缆及其配线系列产品；宽带大容量数据电缆；不锈钢管、高温合金管、特种钢管等产品；并承接自动化控制系统及工程项目成套业务；企业通过ISO 9001、ISO 14001、OHSAS 18001标准体系的认证。

安徽天维仪表有限公司
地址：安徽省合肥市庐阳区工业园荷塘路32号
邮编：230001
电话：0551-65661688，65663688
传真：0551-65661780
电子信箱：twyb188@sina.com
网址：www.ahtwyb.cn
主要产品或业务范围：螺旋双转子流量计、腰轮流量计、椭圆齿轮流量计、涡街流量计、涡轮流量计、电磁流量计、自动化微机控制发油系统等。

安徽天宇仪表电缆制造有限公司
地址：安徽省天长市天冶路西侧
邮编：239300
电话：0550-7980222，13905502818
传真：0550-7980998
电子信箱：Yuelunzhang2818@126.com
网址：www.ty-cn.cn
主要产品或业务范围：热电阻一体化现场数显温度计、热电阻无线现场数显温度计、热电阻、热电偶、智能温度变送器、智能压力、差压变送器、一体化高精度质量流量计、耐磨热电阻、耐磨热电偶、仪表高温电缆、仪表防爆箱等产品。

安徽皖科电子工程有限公司
地址：安徽省合肥市高新产业区香樟大道168号科技实业园B6-4层
邮编：230088
电话：0551-5369666，5369668，5369669，5369677
传真：0551-5369655
电子信箱：wnk@wnk.cn
网址：www.wnk.cn
主要产品或业务范围：专业从事工业测控自动化与传感器、变送器等各种仪器仪表的技术研发、生产销售及工程服务。

安徽鑫国仪表有限公司
地址：安徽省天长市经济开发区纬一路9号
邮编：239300
电话：0550-7623888
传真：0550-7323199
电子信箱：xinguo@xinguo.net
网址：www.xinguo.net
主要产品或业务范围：主要生产铠装热电偶（阻）电缆、铠装热电偶（阻）、铠装加热元件、热电偶（阻）、精密合金、补偿导线，双金属温度计，压力变送器。

安徽自动化仪表有限公司
地址：安徽省天长市经济开发区纬一路188号
邮编：239300
电话：0550-7323456
传真：0550-7555333
电子信箱：anhuizdh@126.com
网址：www.anziyi.com
主要产品或业务范围：该公司主要生产温度、压力、物位、流量、分析五大系列仪表以及电缆、阀门、高低压配电柜和系统成套产品。

池州瑞普森仪表电缆有限公司
地址：安徽省池州市汇景国际花园
邮编：247000
电话：0566-2081498，2312858，2047666，2047799
传真：0566-2047799
电子信箱：rpsyb888@163.com
主要产品或业务范围：WR系列的热电偶、WZ系列的热电阻以及各种型号的防腐、防爆、耐磨、铠装、压簧、端面、一体化热电阻/偶，压力表，数显仪表，智能流量积算仪、智能多路巡检仪，压力变送器，差压变送器，液位变送器，节流孔板，快速热电偶，浮球液位计，双金属温度计，DCS系统及PLC。

合肥合龙仪表有限公司★
地址：安徽省合肥市高新区香樟大道210号
邮编：230088
电话：0551-65328588，13955148033
传真：0551-65392488
联系人：李峰
电子信箱：hl@hlllj.com
网址：www.hlllj.com
主要产品或业务范围：LC椭圆齿轮流量计，LL腰轮流量计，VA涡街流量计，LLT螺旋转子（双转子）流量计，LFX分流旋翼式蒸汽流量计等；配套Y形、U形过滤器；配套各类发讯器、二次仪表。

合肥宏峰仪表制造有限公司
地址：安徽省合肥市新站经济开发区磨店工业园关西路16号
邮编：230041
电话：0551-64327017
传真：0551-64327269
电子信箱：hefeiyb@126.com
网址：www.china-flowmeter.cn
主要产品或业务范围：该公司是制造液体、气体流量计的专业厂家，产品有LZ系列螺旋转子流量计、椭圆齿轮流量计、腰轮流量计、电磁流量计、金属刮板流量计、涡街流量计、超声流量计、微机控制系统、各种电子仪表、过滤器等产品。

合肥精大仪表股份有限公司
地址：安徽省合肥市高新技术开发区科学大道75号
邮编：230088
电话：0551-65311688
传真：0551-65324188
电子信箱：lym@jingdake.com
网址：www.jingdake.com
主要产品或业务范围：该公司专业制造各类流量仪表、油气计量设备、流量测控系统。

合肥精都机电仪表有限公司
地址：安徽省合肥市肥东工业新区
邮编：241006
电话：0551-7744688，7714001
传真：0551-7744788
联系人：王平
电子信箱：web@hfjingdu.com
网址：www.hfjingdu.com
主要产品或业务范围：该公司现为天然气股份公司、中石油、中石化生产流量仪表的定点单位，产品有旋转活塞流量计、液化石油气流量计、LL型腰轮流量计、LC椭圆齿轮流量计、LBJ金属刮板流量计、气体涡轮流量计、LPJ-12-B防爆发讯器、XSJ流量积算仪，以及仪表附属装置、过滤器、消气过滤器、消气器等。

合肥科恒自动化仪表有限公司
地址：安徽省合肥市香樟大道168号合肥市高新区科技实业园C2-3
邮编：230041
电话：0551-65666469，65666460，65666461，65666462
传真：0551-65666469，65666462
电子信箱：hf_kh@sina.com
网址：www.ads168.com.cn
主要产品或业务范围：KH系列智能型变送器、PT100系列热电阻、热电偶、流量计(涡街、V锥、电磁)、拉/压力箔式传感器以及各式智能显示控制仪表，并经销进口品牌罗斯蒙特3051系列产品、横河EJA压力变送器、E+H系列PMC71、PMC731、PMC133、PMD235变送器。

合肥森特传感仪器有限责任公司
地址：安徽省合肥市胜利北路1号新鸿安商务广场B417、B418室（合肥新火车站对面）
邮编：230011
电话：0551-65117775，65112512
传真：0551-65117775
电子信箱：wzs2222@163.com
网址：www.hf-sentech.com
主要产品或业务范围：SP/BP全系列压力、液位传感器、变送器，SZ/BZ全系列差压传感器、变送器，SL系列称重传感器、变送器，SF系列测力传感器、变送器，DM/MB1000系列数字测力仪，DM/MB2000系列数据处理仪等产品。

合肥史密斯流量仪表有限公司
地址：安徽省合肥市胜利北路中环国际大厦A座1109号
邮编：230011
电话：0551-64416895
传真：0551-64315714
联系人：李军
电子信箱：webmaster@metersmith.com
网址：www.metersmith.com
主要产品或业务范围：SMITH三转子流量计、SMITH金属刮板流量计、SMITH椭圆齿轮流量计、SMITH气体流量计等产品。

合肥天神电器有限责任公司
地址：安徽省合肥市屯溪路193号工大电子城
邮编：230000
电话：0551-2903507
传真：0551-62919221
联系人：王经理
电子信箱：info@chinatianshen.com
网址：www.chinatianshen.com
主要产品或业务范围：智能旋进旋涡流量计、扩散硅压力变送器、温度变送器、陶瓷压力变送器等产品。

合肥中亚传感器有限公司
地址：安徽省合肥市经济技术开发区芙蓉路268号
邮编：230022
电话：0551-63634518，63654518，63653485
传真：0551-63661739
电子信箱：web@zysensor.cn
网址：www.zysensor.cn
主要产品或业务范围：PT系列压力、差压变送器，1151系列压力、差压变送器，SWP系列智能数显控制仪，WR、WZ系列温度传感器，ZYLUD系列涡街传感器。

六安市尚捷仪表有限公司
地址：安徽省六安市金安区三十铺镇
邮编：237000

电话：0564-3216607
传真：0564-3216607
电子信箱：huangwj0564@163.com
网址：www.ahshangjie.com
主要产品或业务范围：装配式、导线式、铠装式、防爆式、耐磨式热电偶、热电阻，双金属温度计，一体化温度变送器，显示仪表等多种热工仪表。

马鞍山市徽仪自动化设备科技有限公司
地址：安徽省马鞍山市天门大道166号
邮编：243000
电话：0555-2141569
传真：0555-2142326
电子信箱：huiyiauto@huiyiauto.com
网址：www.huiyiauto.com
主要产品或业务范围：压力仪表、温度仪表、流量仪表以及智能数显仪表；代理德国E+H、图尔克、罗斯蒙特等产品。

马鞍山市汇隆自动化仪表有限公司
地址：安徽省马鞍山市东岗一村2-1栋302室
邮编：243000
电话：0555-8216332
传真：0555-8218937
电子信箱：sale@mashct.com
网址：www.mashct.com
主要产品或业务范围：从事热式气体质量流量计的开发和生产。

天长市汉东电缆仪表厂
地址：安徽省天长市铜城镇车站北路205省道老铜西
邮编：239311
电话：0550-7511300
传真：0550-7515300
电子信箱：web@han-dong.com
网址：www.han-dong.com
主要产品或业务范围：智能压力/差压变送器、智能变送器、一体化温度变送模块、智能数显仪、智能巡检仪、智能流量积算仪、热电偶、热电阻现场显示温度变送器、计算机电缆、耐高温电缆。

天长市凯峰仪表电缆有限公司
地址：安徽省天长市汊涧镇釜山工业园
邮编：239300
电话：0550-7666333，7663666
传真：0550-7662555
电子信箱：kaifeng2003@126.com
网址：www.ldkf.cn
主要产品或业务范围：流量测量仪表、W系列热电偶/阻（铠装、防爆、防腐、耐磨、抗震）、双金属温度计、智能型多功能数字（光柱）指示调节仪等。

艾力塔(北京)仪器仪表有限公司
地址：北京市亦庄经济技术开发区西环南路18号C415室
邮编：100026
电话：010-51570200
传真：010-51570199
网址：www.eletta.cn
主要产品或业务范围：流量，压力，液位，水质分析仪器，水下清洁机器人等。

北方华瑞（北京）测控技术有限公司
地址：北京市宣武区半步桥街13号鑫城大厦2层
邮编：100054
电话：010-88118944，88117544，88125733
传真：010-88118944-805
电子信箱：haynfh@163.com
网址：www.bf-rae.com
主要产品或业务范围：提供多种规格的压力/差压开关、压力/差压变送器、流量计/流量开关、液位计/液位开关、温湿度记录仪等一系列产品。

北京阿蒂姆控制设备有限公司
地址：北京市朝阳区安贞里四区3号楼1708室
邮编：100101
电话：010-84990033，84990038
传真：010-84990036
电子信箱：info@atm-china.com
网址：www.atm-china.com
主要产品或业务范围：该公司主要产品有热式气体质量流量计、控制器；热式液体流量计、控制器；科里奥利式质量流量计、控制器；压力测量及控制器；显示控制单元；CEM蒸发器及混合控制系统；OEM流量/压力传感器及控制器。

北京埃希尔控制技术有限责任公司
地址：北京市海淀区上地东路1号盈创动力大厦E座405A室
邮编：100085
电话：010-58858228
传真：010-58851159
电子信箱：market@aci.com.cn
网址：www.aci.com.cn
主要产品或业务范围：热扩散式气体质量流量计，流量、液位、温度开关，流体调整器。

北京爱康达仪器设备有限公司
地址：北京市海淀区中关村南大街魏公村街韦伯豪家园5号楼4单元3A04号
邮编：100081
电话：010-88570666，88570606
传真：010-88570606
电子信箱：ircon@263.net
网址：www.ircond.cn

主要产品或业务范围：该公司是IRCON、RAYTEK的核心销售商，公司主营红外测温仪的销售和售后服务。

北京北方大河仪器仪表有限公司
地址：北京市海淀区学院路7号弘彧大厦913室
邮编：100083
电话：010-82306808（8线），82306828
传真：010-82306818
电子信箱：sales@bj-river.com
网址：www.bj-river.com
主要产品或业务范围：该公司代理国外品牌的差压变送器、压力仪表、液位计、温湿度计、流量计；监测风速风量、尘埃粒子、噪声照度、显示仪表；机械诊断仪表、气体检测分析仪、露点水分分析仪、气候环境分析仪、水质分析仪器。

北京北科普瑞玛测控技术有限责任公司
地址：北京市朝阳区北苑路172号欧陆大厦A座1909室
邮编：100101
电话：010-84854742
传真：010-84854742
电子信箱：aw@bkpm.com
网址：www.primacn.com
主要产品或业务范围：超声波液位计、固体料位计、超声波明渠流量计、超声波密度计和污泥浓度计、便携式超声波高精度测量仪等。

北京宾德森系统工程有限责任公司
地址：北京市西城区太平街B19号
邮编：100195
电话：010-82561070，82561069
传真：010-82561185
电子信箱：bdsmascot@bdsmascot.com
网址：www.bdsmascot.com
主要产品或业务范围：该公司是一家生产集成计算机控制系统，生产、代销液位仪表的高科技公司。可为用户提供设备及系统的设计、生产、集成、安装、调试等服务。

北京博瑞特智能仪器有限公司
地址：北京市昌平区科技园白浮泉路10号兴业大厦4层A区
邮编：102200
电话：010-80118907
传真：010-60116615
联系人：安丽宏
电子信箱：bic@brightbeijing.com
网址：www.brightbeijing.com
主要产品或业务范围：磁致伸缩液位仪，油库进销存实时管理系统，加油站进销存管理系统等。

北京博思达新世纪测控技术有限公司
地址：北京市朝阳区惠新东街甲2号北奥大厦408室
邮编：100029
电话：010-84637969
传真：010-84637969-22
电子信箱：sales@polestar.com.cn
网址：www.polestar.com.cn
主要产品或业务范围：流量计算机，流量测量工程师套装软件，测管式流量计，一体化节流式流量计等。

北京布莱迪工程技术有限公司
地址：北京市朝阳区南三环成寿寺路甲135号
邮编：100164
电话：010-67633539
传真：010-66103534
电子信箱：info@bj-brighty.com
网址：www.bj-brighty.com
主要产品或业务范围：该公司自主生产压力仪表、温度仪表及阀门。

北京布莱迪仪器仪表有限公司
地址：北京市朝阳区成寿寺路甲135号
邮编：100164
电话：010-67690053，67637309
传真：010-67685038
电子信箱：brightyf@public.bta.net.cn
网址：www.brighty.com.cn
主要产品或业务范围：该公司是一家测压、测温仪表产品的专业制造销售公司；主要产品有特殊用途压力表、隔膜化学密封、高纯净型压力表、微压膜盒、膜片压力表、差压压力表、数字式压力表、电子测量仪表、双金属温度计、热电偶热电阻仪表等。

北京昌民技术有限公司
地址：北京市东城区安德路16号洲际大厦302室
邮编：100011
电话：010-84882131
传真：010-84882130
电子信箱：changmin@changmin.com.cn
网址：www.changmin.com.cn
主要产品或业务范围：该公司依托韩国昌民技术株式会社的高新技术制造多声道超声流量计和液位计。

北京传感星空自控技术有限公司
地址：北京市海淀区中关村东路89号中科院科技园区恒兴大厦10层
邮编：100190
电话：010-51669739
传真：010-82611565
电子信箱：cgxk163@163.com
网址：www.cgxk163.com
主要产品或业务范围：压力传感器，温湿传感器，各种流量计。

北京创生水环保科技有限公司
地址：北京市朝阳区百子湾16号后现代城4号楼C座1102室
邮编：100054
电话：010-84798712，84798715，83520381，83520382
传真：010-84798751
电子信箱：bj_creation@126.com
网址：www.bj-creation.com
主要产品或业务范围：经营进口仪器仪表，并且GE Druck， GE Pana产品是北方授权代理商。

北京大华伟业机电设备有限公司
地址：北京市东城区东四北大街细管胡同4号
邮编：100007
电话：010-64020892，64026376
传真：010-64029743
电子信箱：jzyibiao@126.com
主要产品或业务范围：温度、压力、流量、物位等工控行业的尖端精致仪器仪表，涉及五大种类、20多种产品。

北京大陆力达仪表科技有限公司
地址：北京市海淀区大钟寺十三号华杰大厦6B13室
邮编：100098
电话：010-62119240，62119241
传真：010-62119243
电子信箱：dlyb@main-land.com
网址：www.main-land.com
主要产品或业务范围：该公司是专门致力于科里奥利质量流量计研究和生产的高度专业化公司。

北京迪辰创和科技有限责任公司
地址：北京市海淀区丰慧中路7号新材料创业大厦7层707室
邮编：100094
电话：010-58711826
传真：010-58711822
电子信箱：ditek@ditek.com.cn
网址：www.ditek.com.cn
主要产品或业务范围：该公司自主产品包括DPC系列实验室全自动、半自动综合压力校验系统；真空、气压、高压等专项压力校准系统。

北京迪妙声科技有限公司
地址：北京市海淀区中关村南大街12号（农科院内）科海福林大厦6层
邮编：100081
电话：010-88579530
传真：010-88579530-50
电子信箱：sales@dellsonics.com
网址：www.dellsonics.com
主要产品或业务范围：该公司是西门子代理商，主营西门子公司的超声波物位计、超声波液位差计、超声波泥水界面计、超声波明渠流量计，脉冲雷达液位计、调频雷达物位计、导波雷达物位计，射频导纳物位计，射频导纳物位开关、超声波物位开关、音叉式物位开关、阻旋式物位开关，电磁流量计、超声波流量计、质量流量计，压力变送器、温度变送器、阀门定位器、气体分析仪等。

北京迪沃森机电设备有限公司
地址：北京市朝阳区大咸路甲1号
邮编：100023
电话：010-87190049，85383211
传真：010-87190949
电子信箱：sales@bjdynasty.com.cn
网址：www.bjdynasty.com.cn
主要产品或业务范围：固定式、便携式超声波流量计和EASZ-1油中水含量监测仪。

北京东方长城测控设备厂
地址：北京市昌平区旧县北桥西(旧县加油站东侧)
邮编：102206
电话：010-69731503
传真：010-80724656
联系人：张态
电子信箱：dfchangcheng@sohu.com
网址：www.dfchch.com
主要产品或业务范围：温度计，温湿度记录仪，智能PID仪表，电力仪表，高精度恒温槽，智能快速巡检仪，热量表检测台。

北京东方明光电子科技有限公司
地址：北京市通州区马驹桥镇小张湾38号
邮编：101102
电话：010-51249262
传真：010-60593750
电子信箱：zxy@dfmg.bj.cn
网址：www.dfmg.bj.cn
主要产品或业务范围：数字温度计，数字温湿度计，温度控制器，湿度控制器，温度变送器，压力变送器，变送器显示表头，两线制无源变送器显示表头，电流表，电压表等，并为多家仪器仪表生产企业提供OEM及配套服务。

北京东方新动力机电设备有限公司
地址：北京市东城区桃园东里15号3219室
邮编：100075
电话：010-51233070，51233076，51233077
传真：010-51233071
电子信箱：postmaster@esi-tec.com.cn
网址：www.bjonp.com
主要产品或业务范围：代理英国艾里森（Ellison）的压力传感器，英国泰坦（TITAN)的流量计。

北京俄华通仪表技术有限公司
地址：北京市海淀区长春桥路5号新起点嘉园10号1001、

1008、1009室
邮编：100089
电话：010-51293398
传真：010-82562718
电子信箱：ehtmali@163.com
网址：www.ru-cn.net
主要产品或业务范围：该公司主要提供钛/硅蓝宝石压力传感器/变送器。

北京方舟通达机电技术有限公司
地址：北京市宣武区广内大街6号枫桦豪景A座2单元1601室
邮编：100053
电话：010-83191442，83191284，13146325186
传真：010-83191442，83191284
电子信箱：ark-company@263.net
网址：www.ark-e-m.com
主要产品或业务范围：代理德国Fischer压力、液位、流量仪器仪表，西班牙Desin公司控制仪表，荷兰BRONKHORST公司质量流量计，意大利DOSEURO计量泵，德国AKB导热油加热器等。

北京飞博尔电子有限公司
地址：北京市海淀区香山南路魏家村甲1号
邮编：100093
电话：010-68732840，88423040
传真：010-88423041
联系人：唐思端
电子信箱：market@fable.cn
网址：www.fable.cn
主要产品或业务范围：角度传感器、角位移传感器、角度变送器、称重仪表、测力仪表、自整角机、旋转变压器、智能计数器、计长器、计米器、转速表、数显表、高炉探测料位料速仪、增量编码器，绝对值编码器、角度测量仪、转炉倾角仪。

北京菲波仪表有限公司
地址：北京市朝阳区德外北沙滩1号
邮编：100083
电话：010-64881202，64881196
传真：010-64881200
电子信箱：sale@fipor.com.cn
网址：www.fipor.com.cn
主要产品或业务范围：涡街流量计，电磁流量计，旋进流量计，超声波流量计。

北京菲格瑞思仪表有限公司
地址：北京市海淀区上地三街9号嘉华大厦B906号
邮编：100085
电话：010-51653377
传真：010-62965596
电子信箱：xtj330@126.com
网址：www.fege.cn，www.fegerise.com
主要产品或业务范围：数字压力表、数字压力控制器、电磁流量计、热式质量流量计、旋进旋涡流量计、涡街流量计、涡轮流量计、智能压力变送器、智能差压变送器、射频导纳液位计、投入式液位计、安全栅等自主研发生产的各种数字化智能仪表；产品具有精度高、耐高温、耐高压、适应性广、安全稳定等优良性能。同时公司还代理经销国内外各种品牌的自动化仪器仪表。

北京菲舍波特仪器仪表有限公司
地址：北京市朝阳区北苑路红军营南路天朗园傲城融富中心B座3101室
邮编：100107
电话：010-84833671
传真：010-84833673
电子信箱：fsbt@fishermeter.com
网址：www.fishermeter.com
主要产品或业务范围：电磁流量计，涡街流量计，质量流量计，旋进流量计，超声波流量计。

北京根炬科技发展有限公司
地址：北京市海淀区杏石口路55号金谷大厦东附楼
邮编：100195
电话：010-88457503，88458360
传真：010-88454543
电子信箱：info@genju.com.cn
网址：www.genju.com.cn
主要产品或业务范围：该公司引进的产品是德国专业型企业提供的不同材料、不同类型的阀门、泵、传感器及流量测量元件。

北京古大仪表有限公司
地址：北京市朝阳区东四环中路62号远洋国际中心D座1303室
邮编：100025
电话：010-59648788
传真：010-59648789
电子信箱：sales@godacn.com
网址：www.godacn.com
主要产品或业务范围：脉冲型雷达物位计及导波雷达物位计、一体化超声波物位计、分体型超声波物位计、射频导纳开关等五个系列、30多种产品。

北京冠诚测量技术有限公司
地址：北京市朝阳区北苑路13号院（领地OFFIC）B座-1303室
邮编：100107
电话：010-89753305，51095896
传真：010-51095895
电子信箱：webmaster@bjguancheng.com
网址：www.bjguancheng.com
主要产品或业务范围：该公司是中美合资经营，从事工业测量压力和物位仪表产品开发、生产和销售。

北京海峰永嘉科技发展有限公司
地址：北京市海淀区中关村南大街34号中关村科技发展大厦C座1801室
邮编：100081
电话：010-62123768
传真：010-62128732
电子信箱：62123768@163.com
网址：www.tds200.cn
主要产品或业务范围：专业生产超声波流量系列仪表。

北京汉美奥科冷暖空调设备有限公司
地址：北京市丰台区方庄芳城园日月天地大厦A座20层2003室
邮编：100078
电话：010-51652288
传真：010-51652299
网址：www.hanmmer.com
主要产品或业务范围：该公司提供涵盖供热计量、控制、管理所需的具有国际先进水平的软、硬件产品；产品包括户用热量表、热量总表、手动散热器恒温（阀）控制器、自动散热器恒温（阀）控制器、温度控制器、时间温度控制器、可编程（50年）时间温度控制器、智能锁闭阀、手持抄表器及奥科（AUK）供热计量、控制、管理专家系统软件等。

北京航天峰光电子技术有限责任公司
地址：北京市海淀区阜成路22号航天西钓鱼台招待所400室
邮编：100074
电话：010-68742604
传真：010-68376401
电子信箱：sales@bjfg.com.cn
网址：www.bjfg.com.cn
主要产品或业务范围：专业从事航天地面试验的测控工程公司和技术研究机构，在特种流量和液位测量技术方面达到国际先进水平。经营产品主要有常规涡街流量计、低温涡街流量计、涡轮流量计、电磁流量计、差压流量计、质量流量计、DSP型抗干扰涡街流量计、流量积算仪等系列产品。

北京航天金泰星测技术有限公司
地址：北京市大兴区小羊坊东渠路6号甲
邮编：100176
电话：010-67871815-663，67869244，67885755
传真：010-67876610
电子信箱：sales@arspas.com
网址：www.arspas.com
主要产品或业务范围：电容式压力、差压变送器，磁致伸缩液位传感器。

北京航天神舟测控仪器有限公司
地址：北京市丰台区科学城星火路10号建科兴达工业园
邮编：100071
电话：010-83682526，83682527
传真：010-63710913
电子信箱：sales@assm.com.cn
网址：www.assm.com.cn
主要产品或业务范围：温度、压力、磁致伸缩物位传感器，以及基于传感器的各种现场表与测控系统。

北京航天时空科技有限公司
地址：北京市丰台区云岗北里40号
邮编：100074
电话：010-68374690，68741441
传真：010-88539147
电子信箱：bjhtsk@163.com
网址：www.bjhtsk.com
主要产品或业务范围：液位计量监控仪表、罐区计算机监控管理、变频调速供油、定量收发油、变压器节能管理优化、油井自动化、三坐标测量等。

北京航天中伟科技工程自动化有限公司
地址：北京市丰台区西四环南路101号创新大厦6008室
邮编：100070
电话：010-63752975
传真：010-63752976-804
电子信箱：admin@htzw.com
网址：www.htzw.com
主要产品或业务范围：液位计、流量计、温度仪表、可燃气体报警等专业仪表及保护设备的仪器。

北京航威硕杰电子有限责任公司
地址：北京市昌平区科技园区超前路5号A座2层
邮编：102200
电话：010-89742981
传真：010-69745513
电子信箱：chinahv@126.com
网址：www.china-hv.com.cn
主要产品或业务范围：该公司专业从事计量仪器和自动化测控系统设备的生产制造。

北京航宇东方高科技发展有限公司
地址：北京市中关村知春路108号豪景大厦B座503室
邮编：100086
电话：010-62104866，62105866
传真：010-62104866，62105866-801
电子信箱：info@ht-sensor.com
网址：www.ht-sensor.com
主要产品或业务范围：温度、压力、液位、流量传感器及智能仪表。

北京合世兴业科技有限公司
地址：北京市海淀区苏州街18号长远天地A2-21层

邮编：100080
电话：010-51292219
传真：010-51292219
电子信箱：heshi.com.cn@163.com
网址：www.heshi.com.cn
主要产品或业务范围：专门从事研发、生产、销售、服务各种仪器仪表、传感器、变送器、感应开关、液位控制器变频器、PLC、DCS等标准产品及非标产品。

北京和光伟业电子有限公司
地址：北京市丰台区丰北路甲45号鼎恒中心11C室
邮编：100073
电话：010-63819143，63815243
传真：010-51112101
电子信箱：hgsensor@263.net
网址：www.hgsensors.com
主要产品或业务范围：专门从事压力、差压、液位、温度、流量等各种传感器和测控仪表的开发和生产。

北京衡安特测控技术有限责任公司
地址：北京市宣武区广义街4号
邮编：100053
电话：010-83156446
传真：010-83156566
电子信箱：bjhunt@126.com
网址：www.bj-hunt.com.cn
主要产品或业务范围：XA98超声波流量计、XLJ2000弯管流量计。

北京红源光电技术公司
地址：北京市朝阳区酒仙桥路甲11号三峡招商大厦
邮编：100015
电话：010-64335987，64362168
传真：010-64335987
联系人：姚学军
电子信箱：hy@bj-hy.com
网址：www.bj-hy.com
主要产品或业务范围：该公司至今已成为集红外光学镜头、红外热像仪设计生产以及销售红外产品的一体的专业公司，还代理销售美国FLUKE公司和FLIR公司的测温仪和红外热像仪等产品。

北京宏瑞德电子仪表厂
地址：北京市西城区月坛南街83号
邮编：100045
电话：010-68512947
传真：010-68512947
电子信箱：hrd1985@sohu.com
主要产品或业务范围：该公司致力于数字仪表、温度传感器、单片机和成套设备等各类产品的研制和应用，主要产品为数字式仪表、热电偶、热电阻、压力、液位传感器。

北京虹润坤瑞自动化控制技术有限公司
地址：北京市海淀区大柳树富海国际港1608室
邮编：100081
电话：010-88554560，88554565，88554569
传真：010-68253890
电子信箱：hrbj@hrgs.com.cn
网址：www.hrgs.com.cn
主要产品或业务范围：流量计，液位计，无纸记录仪，数字/液晶显示控制仪，流量积算仪等产品。

北京华毅澳峰自动化设备有限公司
地址：北京市上地信息产业基地科贸大厦303室
邮编：100085
电话：400-000-1825
传真：010-62983600
电子信箱：bj@huayiaofeng.com
网址：www.chnaf.com
主要产品或业务范围：该公司产品有AF系列压力、差压变送器，AFT系列温度变送器，SOLUTION品牌的L303物位变送器。

北京慧博新锐科技有限公司
地址：北京市昌平区东小口工业园嘉荷达8号楼2层
邮编：102208
电话：010-62611102，62619588
传真：010-62637852
电子信箱：kf@wuweiji.cn
网址：www.wuweiji.cn
主要产品或业务范围：专业从事工业控制现场仪表、压力、物位仪表研制、设计、制造的专业化仪器仪表公司。

北京吉姆多利科技发展有限公司
地址：北京市朝阳区小营路10号阳明广场3号南楼5B-2室
邮编：100101
电话：010-84652840，84652846，84652037，84652837
传真：010-84652037-8011
电子信箱：sales@kanomax17.com
网址：www.dwyer17.com
主要产品或业务范围：压力差压变送器、液位计（普通型、防腐型、本安防爆型）、流量计、液位控制器、温度传感器/变送器等。

北京捷尔仪表有限公司
地址：北京市昌平区回龙观镇国际信息产业基地高新三街1号
邮编：102206
电话：010-61702685
传真：010-61702683
联系人：丁经理
电子信箱：jeer@vip.163.com
网址：www.jeer-bj.com
主要产品或业务范围：拥有雷达物位计、超声波液位计、射频导纳物位计、静压液位计、阻旋料位开关、磁致伸缩液位传感器六个系列、30多种产品，另外公司一直致力于为用户提供全面彻底的液位、料位测量的解决方案。

北京金德创业测控技术有限公司

地址：北京市大兴区工业开发区盛坊路1号
邮编：102600
电话：010-60200021
传真：010-61274148
电子信箱：jdscb@jdcontrol.com
网址：www.jdcontrol.com
主要产品或业务范围：该公司专业从事工业自动化物位仪表研发、生产和销售。

北京金海鑫仪器仪表科技发展有限公司

地址：北京市海淀区田村路43号运通行商务大厦222室
邮编：100143
电话：010-51524323
传真：010-51524323
电子信箱：jhx@jhxyibiao.net
网址：www.jhxyibiao.net
主要产品或业务范围：该公司主要生产LUGB脉冲型，DBLU型、LUW智能就地显示型涡街流量计，气体变送器，电磁流量计，涡轮流量计，各种积算仪，压力仪表等产品。

北京锦华亿能科技发展有限公司

地址：北京市海淀区东北旺南路26号
邮编：100193
电话：010-62962109，62961071-802
传真：010-62966980
电子信箱：bjjhyn001@126.com
网址：www.bjjhyn.com
主要产品或业务范围：该公司致力于研发、生产和销售流量、压力、温度、物位仪表等产品。

北京京海泉传感科技有限公司

地址：北京市海淀区北蜂窝2号中盛大厦1909室
邮编：100038
电话：010-63320584
传真：010-63426858
联系人：柯志泉
电子信箱：kzq@lvdt.com.cn
网址：www.lvdt.com.cn
主要产品或业务范围：该公司是一家高新科技公司，自行研发的以位移的传感器为主的各种仪器，广泛应用于国民经济各领域。公司积累了40多年的研发和生产差动变压器式位移传感器的经验，现已形成近百个品种、7个系列。

北京京仪海福尔自动化仪表有限公司

地址：北京市东城区安德路16号神华大厦C座308室
邮编：100011
电话：010-84131656
传真：010-84134815
电子信箱：sale_hifor@163.com
网址：www.hifor.com.cn
主要产品或业务范围：该公司从事物位、流量仪表制造和相关专业自动化控制系统工程。

北京京仪集团有限责任公司

地址：北京市朝阳区建国路93号万达广场9号楼
邮编：100022
电话：010-58204466
传真：010-58204466
电子信箱：marketing@gotobiic.com
网址：www.biichg.com
主要产品或业务范围：自动化系统及仪表、科学仪器、电力电子和新能源三大产业板块。

北京九纯健科技发展有限公司

地址：北京市朝阳区安翔北里甲11号北京创业大厦B座3层
邮编：100029
电话：010-58445888，58422999，57422588
传真：010-64869721
电子信箱：pure-china@vip.163.com
网址：www.jucsan.com
主要产品或业务范围：温度、湿度、温湿度传感器，压力、差压、流量、液位传感器，自动化仪器仪表，巡检仪表，无纸记录仪等。

北京掘场汇博隆仪器有限公司

地址：北京市朝阳区北苑路40号
邮编：100012
电话：010-84929402，84929404，84929452
传真：010-84927216
电子信箱：sales@horibametron.com
网址：www.horibametron.com
主要产品或业务范围：气体质量流量计和气体质量流量控制器。

北京卡米特测控技术有限公司

地址：北京市西三旗金达园写字楼B座1层
邮编：100085
电话：010-62950464，62950465
传真：010-62950466
电子信箱：sales@comity-tec.com
网址：www.comity-tec.com
主要产品或业务范围：涡街流量计、内锥流量计、微小流量计、气体质量流量计/控制器。

北京凯航伟业科技有限公司

地址：北京市海淀区学院路37号

邮编：100190
电话：010-62670036，62670037，62670038，82332568
传真：010-82332568
电子信箱：kaihangweiye@163.com
网址：www.bjkaihang.com
主要产品或业务范围：压力校验产品，温度校验产品，标准转速校验装置，环境参数测定仪。

北京康纳森仪表技术有限公司
地址：北京市朝阳区北苑路甲13号院北辰新纪元大厦2-1702室
邮编：100107
电话：010-84917838
传真：010-84918033
电子信箱：info@conasen.com
网址：www.conasen.com
主要产品或业务范围：该公司是一家专注于自动化领域的仪器仪表服务商，擅长超声波物位计、超声波流量计、雷达液位计、压力开关的现场应用。

北京康泰威尔科技有限公司
地址：北京市东城区东四六条45号友诚商务楼209室
邮编：100007
电话：010-64484688
传真：010-64484688
联系人：康秉豪
电子信箱：kbh6688@163.com
网址：www.kangtaiwell.com
主要产品或业务范围：专业从事研制、开发、生产物位、分析、压力/差压仪表、流量智能仪表、仪表盘、控制柜、计算机自动化控制工程和仪表成套项目的设计与实施的高新技术企业。

北京康威仪表有限责任公司
地址：北京市大兴区工业开发区金科巷2号
邮编：102600
电话：010-52872724，86838088，69223960，400-688-0126
传真：010-51184663
联系人：李经理
电子信箱：kang_wei2008@126.com
网址：www.kawe.cn
主要产品或业务范围：该公司生产压力表、压力式温度计、双金属温度计、氧气乙炔减压器、焊接工具、数显温度计、指针式温度表、数显温度计、干湿计、寒暑表、金属套（水银、红水）棒式温度计、精密温度计、U形压力计、视盅、视镜、玻璃管、酒精计、糖度计、婆梅计、乳汁计、（石油、气象、煤炭、焦化）温度计、化学仪器、玻璃器皿等，加工定做各种非标准仪器仪表等多系列用途的产品。

北京科力博奥仪表技术有限公司
地址：北京市海淀区阜成路42号中裕商务花园1号楼206室
邮编：100142
电话：010-88148118
传真：010-88148119
电子信箱：bjklb@126.com
网址：www.kelibo.com.cn
主要产品或业务范围：该公司是科氏力质量流量计专业生产厂家，并承接系统工程、仪表成套业务。

北京科普斯特自动化仪表有限公司
地址：北京市大兴区工业开发区金苑路2号
邮编：102600
电话：010-51260977，51260946，60215807
传真：010-51260977，51260946-806
电子信箱：service@capstar.com.cn
网址：www.capstar.com.cn
主要产品或业务范围：该公司是一家专业生产物（液）位仪表的高科技企业，主要产品有CAP-3031智能锅炉汽包液位计、CAP-3000系列智能物（液）位测控系统。

北京空港北光仪表有限公司
地址：北京市顺义区天竺空港工业区A区天柱西路甲7号
邮编：101300
电话：010-80487863，80493720，80487789
传真：010-80493721
联系人：高阳
电子信箱：info@bab-i.com
网址：www.bab-i.com
主要产品或业务范围：流量仪表、液位仪表、温度—压力—电学热工校验仪器仪表；代理匈牙利NIVELCO的液、物位计产品，意大利SCANDURA压力、温度校验产品，芬兰THE FLOW轴封水流量计等。

北京昆仑海岸传感技术有限公司
地址：北京市海淀区上地信息路甲28号科实大厦C座8层
邮编：100085
电话：010-82671108
传真：010-62533666
联系人：曹瑞华
电子信箱：marketing@klha.cn
网址：www.sensor.com.cn
主要产品或业务范围：该公司专门从事设计、生产、销售各种传感器、变送器、各种测控仪表、热工仪表、现场控制器、计算机控制系统、数据采集系统、各类环境监控系统、专用控制系统应用软件及嵌入式系统开发及应用等。

北京昆仑中大工控技术发展有限公司
地址：北京市大兴区瀛海镇中心镇区南一路9号
邮编：100076
电话：010-61283017
传真：010-66164336
电子信箱：klzd@sinometer.com.cn

网址：www.sinometer.com.cn，www.klzd.net.cn
主要产品或业务范围：温湿度、压力、液位、转速、荷重、烟雾、位移、流量等类型传感器，变送一体的变送器，智能测量控制仪器仪表，各种开关控制及模拟控制器。

北京朗润达科贸有限公司
地址：北京市朝阳区胜古中路2号院金基业大厦918室
邮编：100029
电话：010-64449938
传真：010-64449915
电子信箱：renlei@longradar.com.cn
网址：www.longradar.com.cn
主要产品或业务范围：代理美国PDC、DWYER、ALICAT、INSTRUTECH、WASCO、ANDERSON、AUTOTRAN，英国PYROPRESS等品牌，提供上万种有关差压、压力、真空、流量、质量流量、风速、液位、温湿度、燃烧测试、泄漏、阀门等仪器仪表。

北京雷萨德仪器仪表有限公司
地址：北京市朝阳区芍药居北里103号楼1层
邮编：100029
电话：010-84619572，84619574
传真：010-84619471
联系人：薛丽
电子信箱：xl@roseate.com.cn
网址：www.roseate.com.cn
主要产品或业务范围：工业自动化仪器、仪表的开发研制和生产，销售旋进流量计、涡街流量计、超声波液位计、雷达液位计、电容物位计、射频导纳开关、隔膜压力变送器、压力变送器、静压式液位变送器、1151、3051智能差压变送器、微差压变送器、一体化温度变送器、智能显示仪表。

北京立天华辰科技有限公司
地址：北京市海淀区上地十街辉煌国际西6号写字楼422室
邮编：100085
电话：010-62616746
传真：010-62616691
电子信箱：lthcsale@yahoo.com.cn
网址：www.bjlthc.com
主要产品或业务范围：生产、销售温湿度、压力、液位、转速、荷重、烟雾、位移、流量等多种类型传感器，智能测量控制仪器仪表，各种开关量控制和模拟量控制器。

北京利德赛工贸有限公司
地址：北京市东城区东中街58号美惠大厦2单元1003室
邮编：100027
电话：010-65545181，65545182
传真：010-65545180
电子信箱：ldsl@ldsl.com.cn
网址：www.ldsl.com.cn
主要产品或业务范围：该公司主要产品有管道安装式/嵌入式/双向测量式文丘里流量计，多对取压口式/双向测量式/带衬里或内表面堆焊式楔式流量计，各种类型的高压孔板截留装置，高压喷嘴流量计。

北京联泽工业控制有限责任公司
地址：北京市海淀区知春路49号希格玛公寓A-208室
邮编：100090
电话：010-88096516
传真：010-88097444
电子信箱：wjingchun@hotmail.com
网址：www.legendbj.com
主要产品或业务范围：该公司专业从事工业自动化控制产品的开发、生产和承接工程项目；代理施耐德电气工业控制和自动化产品，霍尼韦尔公司的传感器和控制产品等。

北京林电伟业电子科技有限公司
地址：北京市朝阳区北三环东路6号国展商务中心B405B
邮编：100028
电话：010-64646906，84601310
传真：010-84601367
电子信箱：info@lindianweiye.com
网址：www.lindianweiye.com
主要产品或业务范围：温度传感器，变送器，温控器，记录仪，调功器，可编程控制器。

北京凌云流量仪表有限公司
地址：北京市朝阳区酒仙桥驼房营南路梵谷水郡2号楼
邮编：100016
电话：010-87875179，81685678，13701382777
传真：010-84356337
网址：www.bjlingyun.com
主要产品或业务范围：涡街流量计，涡轮流量计，超声波流量计，电磁流量计，玻璃转子流量计，面板式（管道）流量计，金属管浮子流量计，蒸汽流量计等。

北京绿奥嘉年仪表有限公司
地址：北京市德外西三旗金榜园商务会馆210室
邮编：100096
电话：010-62713150
传真：010-62712737
电子信箱：llh@chayabiao.com
网址：www.chayabiao.com
主要产品或业务范围：差压、压力、真空、流量、风速、液位、温湿度、燃烧测试、阀门等方面的仪器仪表。

北京迈准仪表有限公司
地址：北京市朝阳区红军营南路媒体村天畅园7号楼1301室
邮编：100101
电话：010-64899415
传真：010-64936178

联系人：马公社
电子信箱：measure@netchina.com.cn
网址：www.beijingmeasure.com
主要产品或业务范围：该公司是一家专业从事自动化测量仪表以及配套产品的企业，主要代理国际上一些知名度高、技术力量强、产品优秀的公司产品，是德国西门子（SIEMENS）公司自动化过程仪表指定的核心合作伙伴；同时经销德国EMG—德瑞摩（DREHMO）公司、瑞士托曼（THOMMEN）公司产品。

北京妙思特仪表有限公司
地址：北京市通州区临河里2号
邮编：101100
电话：010-84858894，81522236，81522280
传真：010-84859894
电子信箱：cbmaster@163.com
网址：www.master18.com
主要产品或业务范围：金属管浮子流量计、电磁流量计、靶式流量计、流量开关、吹扫装置、智能雷达物位计、智能浮筒液位计等过程检测仪表。

北京明日丝路物位传感技术有限公司
地址：北京市昌平区北七家企业孵化基地C座102室
邮编：102209
电话：010-89752428，89752429
传真：010-89751982-17
电子信箱：mingrisl@mingrisl.com.cn
网址：www.mingrisl.com.cn
主要产品或业务范围：音叉液位开关、射频电容式物位开关、振棒式料位开关。

北京奈士德科技有限公司
地址：北京市通州区马驹桥镇联东U谷东区景盛南四街甲13号2D2层
邮编：101102
电话：010-82608456，82608457，82608458-101
传真：010-59777920
电子信箱：leili@bjnicety.com.cn
网址：www.bjnicety.com.cn
主要产品或业务范围：热式气体质量流量计、射频电容物位计、压力、差压开关、流量开关、仪表风洞。

北京欧迪蒙自控科技有限公司
地址：北京市石景山区银河大街双锦园15-6-303
邮编：100040
电话：010-68668150，68668162
传真：010-68668162
电子信箱：oudimeng88@sina.com
网址：www.oudimeng.com
主要产品或业务范围：静压式液位信号器，液位控制箱，浮球开关，静压式液位传感器，超声波液位传感器，液位显示控制仪，消防控制柜，超声波液位传感器，数字智能型外置式超声波液位传感器，消防泵智能变频无压巡检控制柜，漏电火灾报警控制装备等。

北京欧瑞普科技发展有限公司
地址：北京市北三环中路甲29号华尊大厦B座1505室
邮编：100107
电话：010-84709267，84709278
传真：010-84709267
电子信箱：wl_europe@163.com
网址：www.bjeurope.com.cn
主要产品或业务范围：该公司从事气体管道工程及相关产品销售的高科技公司，代理YUTAKA公司的压力调节器；另外，销售仪器仪表配件、阀门以及管道、自动控制系统等。

北京颇特仪器有限公司
地址：北京市朝阳区胜古中路2号院5号楼金基业大厦901室
邮编：100029
电话：010-64415004
传真：010-64416692
电子信箱：sales@puttom.com.cn
网址：www.puttom.com.cn
主要产品或业务范围：差压、压力、真空、流量、风速、温度、湿度、物位（液位）、阀门、PLC等产品，并且还根据用户需求提供系统装置。

北京七星华创电子股份有限公司质量流量计分公司★
地址：北京市朝阳区酒仙桥东路1号M4楼2层
邮编：100015
电话：010-64362939
传真：010-64362923
售后热线：010-64362925
电子信箱：mfcsales@sevenstar.com.cn
网址：mfc.sevenstar.com.cn
主要产品或业务范围：该公司是气体质量流量测控产品的专业供应商，产品有D07系列质量流量控制器/计、CS系列质量流量控制器/计、D08流量显示仪/积算仪等产品。

北京清大科技股份有限公司
地址：北京市昌平区七里渠南村322号
邮编：102206
电话：010-69739331，69739332
传真：010-69737001
电子信箱：info@tsingda.com
网址：www.tsingda.com
主要产品或业务范围：各类核子皮带秤、物位计量仪、煤灰分检测仪、规则包装箱缺件检测仪、产品包装外观检测仪等。

北京瑞林格科技发展有限公司
地址：北京市昌平区科技园区创新路27号1B4层

邮编：102200
电话：010-69727269
传真：010-69727243
电子信箱：wwf8794@sina.com
主要产品或业务范围：代理意大利NBL公司的称重传感器、称重仪表和系统；瑞士JAQUET公司的速度传感器、转速仪表以及超速保护系统等。

北京瑞普恩德斯豪斯仪表有限公司
地址：北京市朝阳区三元桥霞光里5号
邮编：100027
电话：010-64608251，64608483，64608485
传真：010-64608482，64645827
电子信箱：sales@bjripe.com
网址：www.bjripe.com
主要产品或业务范围：从事工业自动化仪表压力、差压、静压液位计系列产品的生产、研发、销售。

北京瑞普三元仪表有限公司
地址：北京市朝阳区三元桥霞光里5号
邮编：100027
电话：010-84512776
传真：010-84512778
电子信箱：sany@bjripe.com
网址：www.brsanyuan.com
主要产品或业务范围：该公司专业生产流量和物位仪表，具有包括ISO 9002质量体系、CE等各种资质，先进的流量标定装置；产品主要有智能电磁流量计，涡街流量计，质量流量计，雷达物位计，超声波、电容、音叉物位计，V锥流量计，超声波热量计。

北京瑞泰克科学仪器有限公司
地址：北京市宣武区白广路枣林前街37号裕隆苑南写字楼309室
邮编：100053
电话：010-81682705，63554795，63573970
传真：010-63573941
电子信箱：ruitaike@ir-rtech.com
网址：www.ir-rtech.com
主要产品或业务范围：美国IR-8800型红外热成像仪、LM525型红外热成像仪、IR-480型红外热图像探测仪、监控型红外热像仪、MT4/MT2红外测温仪、ST60型红外测温仪、TJ-200型红外热像仪、TJ-200型红外医用热像仪、超声波多功能检测仪、激光检测仪、工业控制器，磁盘阵列器。

北京塞尔瑟斯仪表科技有限公司
地址：北京市海淀区北四环中路229号海泰大厦621室
邮编：100083
电话：010-82883086
传真：010-82883822，82883823
电子信箱：zengfanhong@sailsors.com
网址：www.sailsors.com.cn
主要产品或业务范围：该公司是测量和控制仪表公司，是加拿大著名的过程仪表和暖通仪表制造商；Sailsors的各种压力变送器、流量计与差压表在北美和欧洲已畅销10年；塞尔瑟斯是Sailsors在中国的独资企业，在北京设有制造中心和研发中心。

北京赛亿凌科技有限公司
地址：北京市西直门北大街32号A座1711室
邮编：100082
电话：010-62230011
传真：010-62230033
电子信箱：sailing@263.net.cn
网址：www.bjsailing.com.cn
主要产品或业务范围：该公司是从事温湿度与压力传感器、变送器及控制仪表研究、开发和生产的机构，并承接自动化系统工程；产品包括薄膜铂电阻温度检测元件、湿度传感器、温度变送器、一体化温度变送器、压力传感器和变送器、单回路PID控制仪表、功率调节器、固态继电器，即插即用型RS232/485通信转换器、电量变送器等多种产品。

北京三博中自科技有限公司
地址：北京市中关村东路95号
邮编：100190
电话：010-82614576
传真：010-62656753
电子信箱：yxh@sciample.com
网址：www.sciample.com
主要产品或业务范围：该公司是以中国科学院自动化研究所为主体的高新科技公司，从事工业自动化领域系统和产品的研究开发和工程应用；公司承担了大量的国家攻关项目和过程控制项目，已通过ISO9000质量认证；公司业务范围包括控制产品研发，红外测温仪、IC卡煤气、水表的开发，西门子自动化产品的销售和系统集成等。

北京三晶创业科技集团有限公司
地址：北京市海淀区中关村创新园区
邮编：100194
电话：010-82599837，82599836
传真：010-82597911
电子信箱：jn338@sohu.com
网址：www.sjjt.com.cn
主要产品或业务范围：智能数字式转矩转速传感器、光耦合转矩转速传感器、自动检测控制系统、故障检测报警系统及各类机电设备专用测试台等工控产品。

北京森恩传感技术公司
地址：北京市丰台区杜家坎南路24号
邮编：100072

电话：010-83864523，83864688，83840900
传真：010-83869162
主要产品或业务范围：该公司是高新技术企业，中国电子元件行业会员单位。研究开发、制造MF5E系列高精度热敏电阻及派生产品。

北京山鑫海达科技发展有限公司
地址：北京市海淀区长春桥路5号新起点嘉园2号楼1101室
邮编：100089
电话：010-82562310，82562311，82562312，82562313
传真：010-82562317
电子信箱：sri@shanxin-tc.com
主要产品或业务范围：现场智能仪表和传感器，构成SCADA系统的全集成自动化解决方案。

北京上润思博科技有限公司
地址：北京市大兴区兴华大街2段3号院波普中心2号楼1807室
邮编：100088
电话：010-82356449，82350495
传真：010-82350463
网址：www.wispro.com.cn
主要产品或业务范围：WP系列工控仪表、电力仪表、流量仪表、变送器、转换模块、安全栅，离子风吹枪自动控制器、传感器等。

北京神仪高技术公司
地址：北京市大兴区工业开发区金苑路10号
邮编：102600
电话：010-60213907
传真：010-61272644
联系人：李金鹏
电子信箱：Senear@public3.bta.net.cn
主要产品或业务范围：涡街流量计、威德巴流量计、智能压力变送器、智能差压变送器、液位变送器、智能流量积算仪、智能调节器等。

北京声瑞高科贸有限公司
地址：北京市朝阳区北四环中路6号深蓝华亭F座7A
邮编：100029
电话：010-82844555
传真：010-82844666
电子信箱：honda@soundrey.com
网址：www.soundrey.com
主要产品或业务范围：超声波液（物）位计、流量计、污泥界面计、超声波清洗机、切割机、换能器、洗片机、超声波测厚仪等进口产品的销售与服务。

北京圣业科技发展有限公司
地址：北京市海淀区知春路63号
邮编：100080
电话：010-62528519，62529671
传真：010-62529670
联系人：谷琴华
电子信箱：sy1@flow-pressure.com
网址：www.flow-pressure.com
主要产品或业务范围：该公司是专业生产流量压力测量仪表的制造商，推出了具有国际同等先进水平的SY-93系列高低压气体质量流量计，质量流量控制器，SY-94系列气体压力电子控制器、压力变送器、SY-95系列漏气量测量仪、配气仪。

北京实达同创测控技术有限公司
地址：北京市海淀区丰慧中路7号新材料创业大厦A座602室
邮编：100094
电话：010-58742896，58742897
传真：010-58742897-806
电子信箱：bj_sdtc@163.com
网址：www.bjsdtc.com
主要产品或业务范围：流量计量仪表、液位仪表等工业自动化产品。

北京市科海龙华工业自动化仪器有限公司
地址：北京市东直门外南皋127号
邮编：100015
电话：010 64368328，64385065，84562033
传真：010-64373628，64368327
电子信箱：cn-kehai@263.net
网址：www.cn-kehai.com
主要产品或业务范围：智能数字测温仪、红外测温仪、定氧定碳仪、工业电子秤、大屏幕显示器以及快速微型测温偶头、定氧和定碳测头、取样器等。

北京市清阳仪表科技有限公司
地址：北京市上地三街9号嘉华大厦C406号
邮编：100085
电话：010-62987493
传真：010-62973268
主要产品或业务范围：一体式高精度差压流量仪表，一体式高精度涡街流量仪表及用于流量计量管理的RS485网络系统，远程测量系统。

北京市三强电子厂
地址：北京市朝阳区芍药居北里320-1
邮编：100029
电话：010-64365681
传真：010-64383755
电子信箱：cj6436@126.com
网址：www.imetersq.com
主要产品或业务范围：压力变送器，液位变送器，电容式变送器，超声波变送器，温度变送器，流量变送器及各种智能化数字显示，控制仪表。

北京首科实华自动化设备有限公司
地址：北京市朝阳区北苑路13号
邮编：100101
电话：010-52073959
传真：010-52073955
电子信箱：5hejing@sina.com
网址：www.bjssae.com
主要产品或业务范围：科里奥利质量流量计，高准确度智能系列直接质量流量计，质量流量传感器，变送器，系列天然气加气机。

北京树诚科技发展有限公司
地址：北京市海淀区阜成路43号1号楼8层
邮编：100036
电话：4006160606，010-88410028
传真：010-68419016，88410029
电子信箱：beijing@sc-st.com
网址：www.sc-st.com
主要产品或业务范围：该公司拥有各种在线放射性同位素检测仪表系统，如料（液）位计，密度计，料位开关，核子秤等。产品广泛应用于石油、化工、冶金、建材等行业中高温、高压、高黏度、强腐蚀等恶劣环境下的料（液）位、密度（浓度）、质量流量、界面等参数的在线检测。

北京硕杰同创智能仪表有限公司
地址：北京市石景山区古城西街25号C座301室
邮编：100043
电话：010-52631773
传真：010-52631771
电子信箱：jd@shuojie.com
网址：www.shuojie.com
主要产品或业务范围：智能压力、差压变送器，温度变送器，信号隔离器、隔离安全栅等。

北京斯克维思仪表有限公司
地址：北京市通州区张家湾镇南许场村工业区F栋
邮编：101113
电话：010-57793003
传真：010-61563796
电子信箱：sales@swisa.com.cn
网址：www.swisa.com.cn
主要产品或业务范围：该公司专业研发、生产和销售磁翻板液位计、磁致伸缩液位/位移变送器、干簧管液位计、液位开关等工业自动化仪表。

北京泰威智达仪表科技有限公司
地址：北京市大兴区旧宫镇工业园区南区甲21号
邮编：100076
电话：010-87916521，87919508，87918682，87910846
传真：010-87916523
电子信箱：lyc@twzd.com
网址：www.twzd.com
主要产品或业务范围：该公司集技术开发、生产销售、综合服务为一体，主要产品有压力仪表、物位仪表、流量仪表及智能显示控制仪表等，公司还代理西门子、福克斯波罗、罗斯蒙特、横河等品牌仪表。

北京天凯华尊科技有限公司
地址：北京市昌平区北七家科技园宏翔鸿企业孵化器E座
邮编：100029
电话：010-84832071
传真：010-84832078
电子信箱：bjtkhz@263.net
网址：www.bjtkhz.com
主要产品或业务范围：物位扫描仪、微波固体流量测量仪、粉尘监测仪表、激光气体分析仪。

北京拓思特仪表科技有限公司
地址：北京市海淀区西三旗东程远商务346室
邮编：100096
电话：010-51649380
传真：010-51649382
电子信箱：postmaster@tstmeter.com
网址：www.tstmeter.com
主要产品或业务范围：涡街流量计、电磁流量计、旋进流量计。

北京万群自动化控制设备有限公司
地址：北京市海淀区上地六街17号康得大厦6526室
邮编：100085
电话：010-62975336，62974367
传真：010-62971247
电子信箱：wanqun@bjwanqun.com
网址：www.bjwanqun.com
主要产品或业务范围：涡街流量计，电磁流量计，压力、差压变送器，温湿度智能表等六大系列、50多个品种产品。

北京威尔沃科技有限公司
地址：北京市顺义区林河工业开发区林河大街21号
邮编：101300
电话：010-89452710
传真：010-89452720
电子信箱：market@virvo.com.cn
网址：www.virvo.com.cn
主要产品或业务范围：热式气体质量流量计，电磁流量计，涡街流量计，V锥流量计，科氏力质量流量计，热式流量开关，挡板流量开关，压力变送器，压力开关以及其他流量、压力、液位、显示、油混水等仪器仪表。

北京威斯特中航机电技术有限公司
地址：北京市通州区八里桥南街68号京贸国际公寓C-117号
邮编：101100

电话：010-89505985，89505975，89505976
传真：010-89505997-8111
电子信箱：sales@westzh.com
网址：www.westzh.com
主要产品或业务范围：离子束溅射薄膜压力传感器、变送器，静压投入式液位计，静止、旋转、防爆、非标准扭矩传感器、变送器，扭矩仪，电容式1151压力、差压变送器，符合HART协议的智能变送器，应变式称重、拉压力传感器、变送器，各种压力、扭矩、温度系列智能显示仪表、板卡等。

北京伟拓嘉业科技有限公司
地址：北京市亦庄经济技术开发区荣昌东街7号隆盛工业园5号楼4层
邮编：100176
电话：010-67806391
传真：010-67806380
电子信箱：info@weituo.cn
网址：www.weituo.cn
主要产品或业务范围：PI控制器，温度、湿度、压力传感器等。

北京蔚蓝仕科技有限公司
地址：北京市海淀区静淑苑路2号创业广场100室
邮编：100083
电话：010-62703545,82274688
传真：010-82274966
电子信箱：support@weilanshi.com
网址：www.weilanshi.com
主要产品或业务范围：高端的光纤测温、测压解决方案。

北京响铃盛达技术发展有限公司
地址：北京市紫竹院路33号美林花园4号楼6H
邮编：100089
电话：010-88551100，88550907
传真：010-88550055
电子信箱：inf@sandatech.com
网址：www.sandatech.com
主要产品或业务范围：代理LAND红外测温系统，包括测温仪，热像仪，线性扫描仪，FTS加热炉双探头测温系统，SCS二冷区测温系统，热风炉拱顶测温系统，FLT5平板玻璃专用型测温仪等；便携式热像仪（Cyclops PPM+和FT16），固定式热像仪，美国Thermo Moisture System的在线水分和组合成分测试仪。

北京向导科技有限公司
地址：北京市昌平区回龙观龙祥工业园6号院B1座3层
邮编：102208
电话：010-51552201
传真：010-51552209
电子信箱：hsl@guidekj.com
网址：www.guidekj.com
主要产品或业务范围：该公司致力于微波物位、超声波物位、流量、压力等传感器、工业控制系统的研发和生产。

北京欣声力科技有限公司
地址：北京市朝阳区北苑路媒体村天畅园8号楼2206室
邮编：100107
电话：010-64956926，64956907
传真：010-64956946
电子信箱：info@suresonics.com
网址：www.suresonics.com
主要产品或业务范围：该公司是西门子过程仪表在中国地区的代理，其产品有西门子的压力/温度变送器，妙声力超声波物位计/雷达物位计/电容式物位计/过程保护元件，电磁流量计/超声波流量计/质量流量计等。

北京兴卧龙传感器科技开发有限公司
地址：北京市大兴区桂村工业园贵宜路3号
邮编：102600
电话：010-61240868，61249886，61245543
传真：010-61245543
电子信箱：wl@woolo.com.cn
网址：www.woolo.com.cn
主要产品或业务范围：温湿度变送器、传感器，测量仪表，显示仪表，压力传感器，代理销售进口工业除湿机。

北京亚捷隆测控技术有限公司
地址：北京市朝阳区安立路60号B座2205室
邮编：100101
电话：010-64820350，64820351
传真：010-64820218
电子信箱：yajielong@126.com
网址：www.yajielong.com.cn
主要产品或业务范围：超声波、雷达、电容式物位计，料位开关，保护开关，明渠流量计及污泥界面计，皮带秤，冲板流量计；称重传感器，称重模块，阀门定位器，电磁、超声波流量计，压力、温度仪表。

北京燕港仪器仪表有限公司
地址：北京市房山区燕房路27号
邮编：102400
电话：010-89324458，69325799
传真：010-89324458
电子信箱：yangangyibiao@163.com
网址：www.yangangyibiao.com
主要产品或业务范围：差压压力表和带过压保护安全型压力表、液位计、双金属温度计、自力式调节阀、热电偶、热电阻、视镜、疏水器。

北京仪通宇源测控技术有限公司
地址：北京市丰台区科学城恒富中街2号院1号楼3058室

邮编：100070
电话：010-63782851
传真：010-63750905
电子信箱：ytxl2007@163.com
网址：www.ytcomputer.net
主要产品或业务范围：防爆型智能磁致伸缩液位仪、油库付油控制仪等。

北京赢鹭一统科技有限责任公司
地址：北京市朝阳区北辰东路8号辰运大厦401、402室
邮编：100101
电话：010-64802147，64802240
传真：010-64802241
电子信箱：ylytgs@163.com
网址：www.ylytgs.com
主要产品或业务范围：微管式气体质量流量计，热扩散式气体质量流量计，多变量涡街质量流量计，超声波流量计，热式液位/流量开关。

北京远超敬邦科技发展有限公司
地址：北京市昌平区北七家镇高科技工业园企业孵化器4楼801室
邮编：102209
电话：010-64801899
传真：010-64801898
电子信箱：mgib@compay.com.cn
主要产品或业务范围：代理美国Magnetrol公司的质量流量计、液位计产品，以及导波雷达系列的液位测量仪器。

北京远东罗斯蒙特有限公司
地址：北京市东城区和平里北街6号
邮编：100013
电话：010-64513700
传真：010-64211304
网址：www.bjfeic.com
主要产品或业务范围：3051压力、流量和液位变送器，3244MV型温度变送器，4081型pH变送器，5300系列质量流量和密度变送器，8700系列电磁流量计，8800C智能涡街流量计。

北京远东仪表有限公司
地址：北京市东城区和平里北街6号
邮编：100013
电话：010-64513700
传真：010-64211304
电子信箱：bj13701242937@126.com
网址：www.bjfeic.com
主要产品或业务范围：该公司主要产品包括罗斯蒙特系列压力、温度、流量、物位测量仪表；智能火焰检测器、安全栅、隔离栅、振动测量等现场仪表。

北京约克仪器技术开发有限责任公司
地址：北京市海淀区长春桥路11号亿城大厦C2座1504室
邮编：100089
电话：010-51668884
传真：010-58815578
电子信箱：marketing@yorkinstrument.com
网址：www.yorkinstrument.com
主要产品或业务范围：各类仪器仪表研发、销售、系统集成及售后服务。产品涵盖固定及便携式气体监测报警仪器，危险环境监控系统，火气探测系统，安全防护设备。

北京云飞达仪器仪表有限公司
地址：北京市丰台区马家楼1号京开五金市场南区特A道14号
邮编：100070
电话：010-87599268
传真：010-87599067
电子信箱：yunfeida87@126.com
网址：www.yunfeida.com.cn
主要产品或业务范围：专业代理销售各类仪器仪表的公司，代理的产品涉及万用表、钳形表、汽车表、压力表等。

北京中航机电研究所
地址：北京市东城区安定门外大街138号皇城国际中心A座610室
邮编：100011
电话：4006116098
传真：010-84252170
电子信箱：zhonghangsuo@126.com
网址：www.zhonghang.com.cn
主要产品或业务范围：压力仪表综合校验台、热电偶热电阻自动检定装置、智能压力校测仪、压力源、多功能过程信号校验仪、活塞式压力计。

北京中航天华自动控制科技有限公司
地址：北京市海淀区知春路甲48号盈都大厦C座1-12C
邮编：100098
电话：010-58731946，58731945
传真：010-58731942
电子信箱：buaa-thzk@thzk.com
网址：www.thzk.com
主要产品或业务范围：生产温度传感器，压力变送器，液位变送器，智能数字显示仪表，功率计，热量计，涡街流量传感器，智能气体涡轮流量计，体积、质量流量积算仪。公司通过ISO 9001：2000国际质量体系认证。

北京中锐智诚科技有限公司
地址：北京市海淀区上地信息路2号1号楼9B
邮编：100085
电话：010-82894308
传真：010-82894307
联系人：王有运

电子信箱：wyy@bjzrzc.com
网址：www.bjzrzc.com
主要产品或业务范围：HART电路板，压力、差压、温度、流量、液位等变送器。

北京中瑞能仪表技术有限公司
地址：北京市东燕郊开发区新锐时代1-1504
邮编：100001
电话：010-62101662，62101552，57726700
传真：010-58857017
电子信箱：sales@zrn360.com
网址：www.zrn360.com
主要产品或业务范围：扭矩传感器、称重传感器、压力变送器和压力传感器、流量计、液位、温度、显示表等。

北京中盛华旭电子科技有限公司
地址：北京市海淀区上地信息路1号金远见大楼108室
邮编：100085
电话：010-82896606-1002
传真：010-82896883
联系人：伊仁杰
电子信箱：13911314484@163.com
网址：www.vsuntek.com
主要产品或业务范围：全自动压力计标定装置具有完全自主知识产权，符合JJG59-2007活塞式压力计检定标准要求。

北京中兴达仪表科技有限公司
地址：北京市丰台区马家堡西路15号
邮编：100067
电话：010-87586268，87586463
传真：010-87586463
电子信箱：root@bjzxd.com.cn
网址：www.bjzxd.com.cn
主要产品或业务范围：LW-300系列钢水测温仪、LW-306D无线数传钢水测温仪、LW-300M枪表一体式无纸记录测温仪、便携式测温仪、温度传感器、光谱仪多元素显示屏、出坯工位无线数传显示屏。

北京中仪华世网络技术有限公司
地址：北京市朝阳区东三环南路翌景嘉园1号
邮编：100021
电话：4007006252，010-51670121
传真：010-51670118
联系人：杨梅
电子信箱：bjzyhs@bjzyhs.com
网址：www.bjzyhs.com
主要产品或业务范围：电动执行器，导波雷达物位计，智能雷达物位计，电磁流量计，涡街流量计，压力变送器，差压变送器，液位变送器，节流孔板，浮球液位计，双金属温度计，热电偶、热电阻等。

北京珠峰成业科贸有限公司
地址：北京市石景山区石景山路23号中础大厦230室
邮编：100049
电话：010-68870569
传真：010-68822542
联系人：刘有帮
电子信箱：zfcy8848@163.com
网址：www.zfcy.cn
主要产品或业务范围：有超声波流量计，电磁流量计，涡街、涡轮流量计，腰轮流量计，孔板，V形锥流量计及压力、差压变送器等。

北京自动化仪表二厂
地址：北京市崇文区天坛西胡同26号
邮编：100050
电话：010-67010077
传真：010-67018091
电子信箱：www.bjyb2c@sina.com
网址：www.bjyb2c.com
主要产品或业务范围：各种温度传感器及各种温度变送器、数字显示调节仪表等。

丹纳赫传感与控制集团
地址：北京市建国门外大街22号赛特大厦2206室
邮编：100004
电话：010-65120195
传真：010-65150506
电子信箱：setra.sales@danaher.com
网址：www.danaher-scg.com.cn
主要产品或业务范围：丹纳赫传感与控制集团是丹纳赫公司的主要分部之一，生产并销售针对过程及工厂自动化的压力变送器、压力开关、流量及液位传感器、温度控制器、旋转编码器、计数器等；拥有Setra、Gems Sensors、Hengstler、WEST Instruments、PMA等多个世界知名品牌，包括电子测试测量设备、过程/工厂/环境控制、运动控制、产品识别、医疗设备等。

菲时博特（中国）有限公司
地址：北京市海淀区丰慧中路7号新材料创业大厦6层
邮编：100094
电话：010-58711973，58711972
传真：010-58711975
电子信箱：cddsa2008@163.com
网址：www.fischer-porter.com
主要产品或业务范围：公司流量计种类齐全，主要有智能型金属转子流量计、智能型涡街流量计、智能型电磁流量计、阿牛巴流量计、楔形流量计、双锥体流量计、流量开关、节流装置等测控产品。

华信仪表（北京）有限公司
地址：北京市昌平区科技园火炬街28号倚兰大厦1层

邮编：102200
电话：010-62345181
传真：010-62345183
电子信箱：9511@9511.com.cn
网址：www.9511.com.cn
主要产品或业务范围：该公司面向全球提供高品质校验计量仪器和相关配套软件系统，主要产品有热工计量等精准检定设备。

介可视（北京）机电技术有限公司
地址：北京市通州区京贸国际公寓G座-806室
邮编：101100
电话：4006911718，010-80818916
传真：010-80818917
电子信箱：China@jiekes.com
网址：www.jiekes.com
主要产品或业务范围：该公司以进出口仪器仪表为主。产品有3D物位扫描仪，雷达物位计，超声波物位计，阻旋式料位计，射频导纳物位计，膜片料位开关，重锤式料位计，倾斜开关，电容式物位计，音叉式物位计，液位开关，液位变送器，浮力式液位变送器，粉尘开关，粉尘监测仪器，破袋检漏仪，固体流量计，流量变送器，流量传感器，水分析仪等产品。

金万祥自动化科技（北京）有限公司
地址：北京市海淀区安宁庄路悦MOMA(悦摩码)大厦802室
邮编：100085
电话：010-61190546，59449511
传真：010-61190549
电子信箱：china_keji@126.com
网址：www.jwxkj.com
主要产品或业务范围：工业仪表，物位、压力、流量、液位、气体传感器，粉尘浓度检测仪；射频导纳料位计，超声波物位计，单色、彩色无纸记录仪，日本岛电全系列调节器，智能控制仪表。

科赛得电子科技（北京）有限公司
地址：北京市海淀区中关村软件园上地十街辉煌国际大厦广场6号楼4层
邮编：100085
电话：010-62669140，62410100，62410091
传真：010-62944911
电子信箱：jue.wang@yahoo.com.cn
网址：www.exceedbj.com
主要产品或业务范围：调频雷达物位计、平均温度计。

雷泰（中国）公司
地址：北京市朝阳区建国门外大街22号
邮编：100004
电话：010-64384691
传真：010-65123437
电子信箱：candy.zhang@raytek.com.cn
网址：www.raytek.com.cn
主要产品或业务范围：该公司是一家红外测温仪的生产企业，有便携式、在线式和多点扫描式三大类、上百个品种。

美国维德路特公司北京代表处
地址：北京市朝阳区酒仙桥路14号兆维大厦1202室
邮编：100004
电话：010-65128081
传真：010-65220887
网址：www.veeder.com.cn
主要产品或业务范围：该公司是加油站油罐液位仪的世界著名专业供货商，在全球监测超过50万个油罐，并为加油站提供油站库存管理、油站环保监管、油站风险管理及油站配送管理的服务。

欧米茄压力计公司
地址：北京市朝阳区北苑路170号凯旋城F座1308室
邮编：100101
电话：010-59273270
传真：010-59273271
电子信箱：wangwei@omega-data.net
网址：www.omega-data.net
主要产品或业务范围：硅蓝宝石压力计，高级石英压力计，超高温石英压力计，全自动校对系统等产品。

瑞典艾力塔（北京）仪器仪表有限公司
地址：北京市崇文区广渠门内大街90号新裕商务大厦B902室
邮编：100062
电话：010-67189590
传真：010-67181620
电子信箱：asah@eletta.cn
网址：www.eletta.cn
主要产品或业务范围：一体化孔板流量监控器、水质分析仪、液位仪、超声波流量计、电磁流量计、压力变送器。

天津欧柏仪表有限公司
地址：北京市昌平区沙河李庄路元墨科技产业园西南楼A座2层
邮编：102206
电话：010-59790400
传真：010-52985906
电子信箱：Sales@opine-cn.com
网址：www.opine.cn
主要产品或业务范围：该公司主要产品包括压力开关、流量开关、流量计、风速计、温湿度计、差压变送器、风速变送器、温湿度变送器等工业自动化产品。

威世特迪亚一亨特利（北京）电子有限公司
地址：北京市经济技术开发区宏达北路16号
邮编：100176
电话：010-67881605

传真：010-67881576，67881575
电子信箱：wxp0307@163.com
网址：www.vishay.com
主要产品或业务范围：高精度称重传感器及配件，并提供产品选型、系统配置、专项设计等服务，还有各类信号放大器，变送器，超声波（雷达）料位、液位控制系统等。

西门子（中国）有限公司
地址：北京市朝阳区望京中环南路7号
邮编：100102
电话：010-64768888
传真：010-64764921
电子信箱：scbuintem.slc@siemens.com
网址：www.industry.siemens.com.cn
主要产品或业务范围：产品包括压力/差压、温度变送器；电磁、超声波、质量流量计；超声波、雷达物位测量仪表；智能阀门定位器等过程仪表产品。

矽翔微机电系统有限公司
地址：北京市朝阳区安立路101号名人广场32层
邮编：100101
电话：010-58296056，58296057，58296058
传真：010-58296059
电子信箱：beijing@siargo.com
网址：www.siargo.com.cn
主要产品或业务范围：生产具有自主知识产权、低功耗、超大量程MEMS气体流量计。

英国达尔塔控制有限公司中国代表处
地址：北京市朝阳区百子湾路32号苹果社区3号楼A座1101室
邮编：100022
电话：010-58769654
传真：010-58074807
电子信箱：china@delta-controls.com
网址：www.delta-controls.com
主要产品或业务范围：压力和温度现场显示仪表、开关、变送器等。

中国航天空气动力技术研究院
地址：北京市丰台区云岗西路17号院
邮编：100074
电话：010-68374550，88539794，88539795，88534716
传真：010-68742772
电子信箱：market701@163.com
网址：www.sensor701.com
主要产品或业务范围：应变计、测力/称重传感器、压力传感器、变送器、扭矩传感器、角度传感器、光学元件、测控仪表、测控系统等。

艾美凯仪表（厦门）有限公司
地址：福建省厦门市火炬高科技创新城1、2层
邮编：361006
电话：0592-5715212，6030566
传真：0592-6030570
电子信箱：sales.xm@amekai.com
网址：www.amekai.com
主要产品或业务范围：普通压力表、迷你型压力表、焊接和压缩气体表、耐震油压表、多用冷媒测试表、全不锈钢表、温压表、微压隔膜表、盘旋表、消防车表、工程表、精密测试表等其他压力表的附件及接头。

福建澳泰自动化设备有限公司
地址：福建省福州市铜盘路168号
邮编：350000
电话：0591-87859937
传真：0591-87859137
电子信箱：crx1202@163.com
网址：www.fatec.cn
主要产品或业务范围：该公司是一家专业从事工业自动化仪器仪表研发、生产、销售和服务的高科技企业，产品有温度、压力、流量、物位、分析、记录仪等工业自动化过程控制仪表及自动化控制系统。

福建东辉智能仪器有限公司
地址：福建省福州市金山工业区浦上台江园9号、10号楼
邮编：350008
电话：0591-83849900，83849902，83849903
传真：0591-83849911
电子信箱：dynos@dynos.com.cn
网址：www.dynos.com.cn
主要产品或业务范围：公司具有16年的生产历史，主要从事工业自动化仪表的研发、生产和销售；产品有DY2000系列智能仪表，电动单元组合仪表，DY3051、DY1151系列电容式压力/差压变送器，DYP系列压力变送器，DYY系列液位变送器，涡街流量计，金属转子流量计，三相、单相电量显示仪表等。

福建省福鼎市华宁仪表设备有限公司
地址：福建省福鼎市前店路2号
邮编：355200
电话：0593-7854516，18959375699
传真：0593-7973288
联系人：林大吉
电子信箱：hnyb7854516@126.com
网址：www.fjhnyb.cn
主要产品或业务范围：数显控制仪，铂电阻热电偶，压力变送器，气体测报仪。

福州东辉工控工程有限公司
地址：福建省福州市乌山支路26号
邮编：350001
电话：0591-83374239，83273239

传真：0591-83273239
电子信箱：fjxianer@sina.com
主要产品或业务范围：热电阻、热电偶、双金属温度计、红外测温仪、补偿导线、隔离器、配电器、安全栅系列、电容式、扩散硅式、压力/差压变送器、电容式液（物）位变送器、电磁流量计、金属管浮子流量计、涡街流量计、智能数显仪表、无纸记录仪等；承接工程咨询及仪器仪表成套供应。

福州福光百特自动化设备有限公司
地址：福建省福州市金山大道618号橘园洲工业园56座
邮编：350008
电话：0591-83767591，83767592，83767593
传真：0591-83767586
电子信箱：fbtc@fbtc.com.cn
网址：www.fbtc.com.cn
主要产品或业务范围：工业自动化产品。

福州中福水表有限公司
地址：福建省福州市福兴投资区龙安路366号
邮编：350014
电话：0591-38123567
传真：0591-38122618
电子信箱：fzwmf@pub2.fz.fj.cn
网址：www.watermeter-china.com
主要产品或业务范围：冷水水表和热水水表。

泉州恒劲科博测控技术有限公司
地址：福建省泉州市鲤城区江南树兜工业区奇树路59号、61号
邮编：362000
电话：0595-22421111
传真：0595-22422299
电子信箱：kebo@fjflow.com
网址：www.fjflow.com
主要产品或业务范围：该公司是各类流量测控仪表、工业测控变送器及其软件的高新科技型企业，专业制造的流量计、变送器、工业控制软件等九个系列、320种规格的产品。

泉州日新流量仪器仪表有限公司
地址：福建省泉州市鲤城区南环路2号桥边日新大厦
邮编：362000
电话：0595-22488448，22483006，22480088
传真：0595-22460681，22412234
电子信箱：rixin@rixin-flow.com
网址：www.rixin-flow.com
主要产品或业务范围：数显靶式流量计。

厦门惠德尔自动化科技有限公司
地址：福建省厦门市思明区会展南七路73号232
邮编：361004
电话：0592-2955042，2955047，5561975
传真：0592-3778865
电子信箱：jumo-china@139.com
网址：www.cedarho.com
主要产品或业务范围：温度传感器、压力变送器、pt100热电阻、热电偶、pt100温度传感器、压力传感器、温度计、温度变送器、温度开关、温度限制器、可控硅、温控器/调节器、水质分析仪等。

厦门神睫仪器仪表有限公司
地址：福建省厦门市火炬高新区（翔安）产业区翔岳路16号
邮编：361101
电话：0592-5114936，7769587
传真：0592-5114861，7769599
电子信箱：sanjac@public.xm.fj.cn
网址：www.sanjac.cc
主要产品或业务范围：热电偶、铂电阻、铠装热电偶、铠装铂电阻、防爆铠装热电偶、防爆铂电阻、携带式表面热电偶、便携式温度计、快速接头、端子盒。

厦门市锐仪表科技有限公司
地址：福建省厦门市杏林海仔尾路88号2层
邮编：361021
电话：0592-6281938
传真：0592-6287625
电子信箱：zzxrambo@gmail.com
主要产品或业务范围：各种压力表、双金属温度计。

厦门阳光基业仪表有限公司
地址：福建省厦门市福茂宫35号
邮编：361003
电话：0592-2021935
传真：0592-2023641
电子信箱：xiayiywx@163.com
主要产品或业务范围：该公司（原厦门仪表厂）是昆明阳光基业股份有限公司的全子公司，是我国水表行业的主要生产厂家。

漳州市计量仪表厂
地址：福建省漳州市漳华路仙景工业园
邮编：363000
电话：0596-2657376
传真：0596-2657590
主要产品或业务范围：生产一般压力表、精密压力表、电接点压力表、抗振压力表、远传压力表、隔膜压力表、氨用压力表、氧气压力表、乙炔压力表等系列压力表，企业通过ISO 9001:2000质量管理体系认证。

兰州炼油化工仪表厂
地址：甘肃省兰州市西固区玉门街1号
邮编：730060

电话：0931-7932966
传真：0931-7564112
电子信箱：llhybc@public.lz.gs.cn
主要产品或业务范围：FC系列电动仪表，FCX系列智能仪表，LSⅢ型智能变送器，旋进旋涡流量计，磁致伸缩液位仪等仪表产品及低压电气柜等。

天水华天微电子股份有限公司
地址：甘肃省天水市双桥路14号
邮编：741000
电话：0938-8631000
传真：0938-8214627
电子信箱：yzl@tsht.com
网址：www.tsht.com
主要产品或业务范围：CYB系列压力变送器，CYX系列压力传感器，注油芯体压力传感器，CYK系列电子压力开关，CW系列温度变送器，DPI系列智能数字压力测控仪表。

创杰集团（中国）有限公司
地址：广东省深圳市南山区海德二道鸿瑞花园23栋902室
邮编：518054
电话：0755-26490018
传真：0755-26490026
电子信箱：shenzhen@asiatalent.com
网址：www.asiatalent.com.cn
主要产品或业务范围：代理PRESO阿纽巴流量计，楔式流量计，ULTRAFLUX超声波流量计，NBS高性能蝶阀，SAMSON调节阀，ABB全系列仪器仪表，HONEYWELL DCS、FSC系统及备件。

东莞山泰科技有限公司
地址：广东省东莞市谢岗镇曹乐管理区横岭工业村
邮编：523597
电话：0769-87136590
传真：0769-87136591
电子信箱：zhu0305@163.com
网址：www.dgshantai.com
主要产品或业务范围：非接触式光纤红外线测温仪，非接触式光纤红外线自动恒温器。

东莞市德欣电子科技有限公司
地址：广东省东莞市南城区莞太大道255号福地5栋C7
邮编：523077
电话：0769-23191069，22406633
传真：0769-22805958
联系人：梁俊艳
电子信箱：dgdexin@21cn.com
网址：www.designtech.cn
主要产品或业务范围：该公司专业从事研发、生产和销售气体质量流量计、质量流量控制器及流量显示积算仪。

东莞市雅德仪表有限公司
地址：广东省东莞市黄江镇黄江大道宝湖山庄东15号
邮编：523750
电话：0769-83536020，83510103
传真：0769-83626073
电子信箱：dgyeathel@126.com
网址：www.dgyade.com
主要产品或业务范围：压力表、微压表、电接点压力表、隔膜压力表、水压表、普通气压表、SF6压力表、蒸汽压力表、真空压力表、医疗表、耐震充油压力表、微差压表、全不锈钢压力表、双金属温度计、压力式温度计。

广东省南海石化仪表厂
地址：广东省佛山市南海区桂城简平路1号天佑创富大厦9楼
邮编：528200
电话：0757-86773786，86776305，81230891，81230892
传真：0757-86762698
电子信箱：gd_ny@163.com
网址：www.ny268.com
主要产品或业务范围：涡街流量计，电磁流量计，涡轮流量计，孔板流量计，V形锥流量计，阿纽巴流量计，流量定量控制仪，通用流量显示仪，无纸记录仪，差压变送器，压力变送器，液位变送器，环境远程在线监控系统，自动监测记录仪，pH/ORP测量仪，COD在线自动监测仪，潜水式流量计，超声波明渠流量计，明渠流量堰槽，SO_2气体变送器，远程视频监控器等。

广东湛海仪表有限公司
地址：广东省湛江市赤坎南桥南路1号
邮编：524043
电话：0759-3339385
传真：0759-3330944
电子信箱：gdzhyb@126.com
网址：www.zhyibiao.com
主要产品或业务范围：引进美国BROOKS公司的LBA、LBR系列双转子流量计，LCB-9400系列不锈钢椭圆齿轮流量计，PSTA石化产品储运自动化（装车装置、装船装置），LW型涡轮流量计，二次显示仪表，玻璃转子流量计；代办各种进口仪器仪表，承建成套流量仪表检测装置，承接省内流量仪表检测服务。

广州方时仪器有限公司
地址：广东省广州市经济开发区科学城光谱中路
邮编：510663
电话：020-82029729
传真：020-82029600
电子信箱：info@photime.com
网址：www.photime.net
主要产品或业务范围：该公司目前提供的产品有超声波流量计、电磁流量计、涡街流量计、靶式流量计、差压流量计以及为客户提供流量测量方案和流量标定系统的设计。

广州海谷电子科技有限公司
地址：广东省广州市高新技术开发区科学城香山路17号A503
邮编：510663
电话：020−62863246
传真：020−62863271
电子信箱：xuzhaowu888@126.com
网址：www.gzhaigu.com
主要产品或业务范围：传感器元件(高分子湿敏电阻、热敏电阻)、温湿度模块、温湿度变送器、温湿度控制器等。

广州敏扬热电偶有限公司
地址：广东省广州市番禺区番禺大道北1742号5楼
邮编：511400
电话：020−84662966
传真：020−84662727
电子信箱：aoneunion@163.com
网址：www.aoneunion.com
主要产品或业务范围：主要生产热电偶、热电阻、SCR、控制器、温度传送器、温度延长电线等产品。

广州南仪自动化仪表有限公司
广州南仪流量计有限公司
地址：广东省广州市天河区中山大道车陂龙口工业区C2号楼
邮编：510660
电话：020−82528534，82528762
传真：020−82529309
联系人：王肖华
电子信箱：wxh@gznyyb.com
网址：www.gznyyb.com
主要产品或业务范围：涡街流量计，节流装置，阿纽巴流量计，双法兰高黏度流量计，智能超声波流量计，ICS系列皮带秤，智能化无纸记录仪，压力、差压变送器，显示仪表。

广州森纳士仪器有限公司
地址：广东省广州市天河区广汕二路600号之二4楼
邮编：510520
电话：020−85520500，87042626
传真：020−85520503，87042616
联系人：瞿江
电子信箱：sales@senex.cn
网址：www.senex.cn
主要产品或业务范围：压力变送器，差压变送器，温度变送器，热电偶，热电阻，液位变送器，压力开关，双金属温度计，手操器等。

广州胜仕自动化仪表有限公司
地址：广东省广州市萝岗区科学城光谱西路富康西街C栋
邮编：510500
电话：020−82315529
传真：020−82321800
电子信箱：china@gzsensors.com
网址：www.gzsensors.com
主要产品或业务范围：电子巴智能流量计，智能电磁流量计，智能涡街流量计，一体化智能节流装置等。

广州市番禺奥迪威电子有限公司
地址：广东省广州市番禺区市桥银平路三街4号
邮编：511400
电话：020−84802041
传真：020−84802046
电子信箱：market@audiowell.com
网址：www.audiowell.com
主要产品或业务范围：热量表基表、水底液位计。

广州市宏诚集业电子科技有限公司
地址：广东省广州市荔湾区中山八路23号富力大厦1707室
邮编：510175
电话：020−81358037
传真：020−81357920
电子信箱：cs@hcjyet.com
网址：www.hcjyet.com
主要产品或业务范围：专业研发、设计、生产和销售各类测量仪表，包括红外线测温仪、噪声计、风速计、温湿度计、照度计、一氧化碳检测仪、激光测距仪、万用表等。

广州粤茂电子科技有限公司
地址：广东省广州市经济技术开发区创业路10−16号
邮编：510730
电话：020−82220367，82089195，32070085
传真：020−82220367
电子信箱：zys@yomtech.net
网址：www.yomtech.net
主要产品或业务范围：力传感器、压力变送器/测力传感器、测力变送器/差压传感器、差压变送器/液位计、液位变送器/扭矩传感器/温度传感器、温度变送器、工业控制仪器仪表。

江门市利德电子有限公司
江门市利德信息技术有限公司
地址：广东省江门市五邑碧桂园翠山聆水二街68号
邮编：529000
电话：0750−3289680，3289698
传真：0750−3388669
电子信箱：leader@leadersensors.com
网址：www.leadersensors.com
主要产品或业务范围：工业压力变送器、差压（微差压）、液位传感器，物位仪表等。

昆仑工控广州公司
地址：广东省广州市中山大道西63号
邮编：510630

电话：020-85518101，85515588
传真：020-87595185
电子信箱：klgk@klgk.com
网址：www.klgk.com
主要产品或业务范围：传感器、环境监测设备和仪器、计算机通信产品、可编程控制器、变频器、执行器等。

深圳江元科技股份有限公司
地址：广东省深圳市宝安区西乡鹤洲恒丰工业城C6栋18层
邮编：518126
电话：0755-29651618
传真：0755-29651516
电子信箱：info@jiangyuan.com.cn
网址：www.jiangyuan.com.cn
主要产品或业务范围：该公司是一家以工业自动化仪表成套、系统集成为主，以研发生产经营智能仪器仪表为辅的高科技企业。

深圳市佰盛仪表科技有限公司
地址：广东省深圳市罗湖区文锦广场文盛中心803
邮编：518000
电话：0755-25608175，25608176，25608660
传真：0755-25608179
电子信箱：gxd1108@paisen.com
网址：www.paisen.com
主要产品或业务范围：该公司专业销售德国E+H的物位、流量、分析、压力、温度等产品，为其中国一级销售、技术服务商。

深圳市海力工业设备有限公司
地址：广东省深圳市南山区蛇口太子路18号海景广场21A
邮编：518067
电话：0755-26673345，26696253
传真：0755-26673345，26696253
电子信箱：helux@helux.cn
网址：www.helux.cn
主要产品或业务范围：代理Rosemount系列变送器、Brooks的金属转子流量计、质量流量计、涡街流量计等，ISOIL的刮板流量计等。

深圳市华图测控系统有限公司
地址：广东省深圳市宝安西乡桃花源科技创新园B栋607室
邮编：518101
电话：0755-29977605，29748181，29748810
传真：0755-29748856
电子信箱：sales@huatos.com
网址：www.huatos.com
主要产品或业务范围：温湿度记录仪、温湿度变送器。

深圳市建恒测控股份有限公司
地址：广东省深圳市南山区科苑南路高新区南区T3栋A区2楼
邮编：518057
电话：0755-26745999
传真：0755-26745333
电子信箱：chinajh@jianheng.com.cn
网址：www.jianheng.com.cn
主要产品或业务范围：超声波流量计系列产品与流量计校准的流量标准装置，此外还专门针对水厂、污水处理、环保行业等提供整厂自动化工程，管网设计与改造，加氯加药系统工程的设计与安装调试服务。

深圳市蓝之宇电子有限公司
地址：广东省深圳市南山区中兴工业城5栋521室
邮编：518000
电话：0755-86372101
传真：0755-86372100
电子信箱：zhijuan@mems-sensor.com.cn
网址：www.mems-sensor.com.cn
主要产品或业务范围：该公司专业销售SMI的各种型号MEMS压力传感器和压力芯片及晶圆。

深圳市立鑫瑞测控科技有限公司
地址：广东省深圳市龙岗区大运中心城爱联陂头背村新丰路30号商务区2楼204房
邮编：518100
电话：0755-26991486
传真：0755-26991476
电子信箱：sale5550@sina.com
网址：www.lxrsensors.com
主要产品或业务范围：该公司是一家专业从事各种压力、液位、位移、倾角等传感器和变送器及配套仪表研发、生产和代理销售的高科技企业，公司专注于为各行业的广大客户提供测量和控制各种工况下的压力、液位、位移、倾角等参数的最佳解决方案；经过近20年的产品应用和选型指导，积累了大量的实际应用经验，产品已获得多项质量和安全认证。

深圳市欧利德仪器仪表有限公司
地址：广东省深圳市南山区西丽镇大磡科技园一期B栋602室
邮编：518055
电话：0755-86147580/1/2/3/4
传真：0755-86147585
电子信箱：sales@ould.com.cn
网址：www.ould.com.cn
主要产品或业务范围：该公司主要产品陶瓷压阻压力传感器、压力/差压变送器、压力开关、投入式液位计、空压机专用压力传感器、骑车专用压力传感器；HART智能变送板、LED/LCD智能现场显示表；HIRSCHMANN、HTP工业连接器、LUMERGER工业总线连接器。

深圳市拓安信自动化仪表有限公司
地址：广东省深圳市宝安区石岩街道塘头第三工业区第12

栋厂房第一层
邮编：518108
电话：0755-27598912
传真：0755-27598913
电子信箱：twinsun-sale@163.com
网址：www.twinsun.com.cn
主要产品或业务范围：电磁流量计、电磁水表、电磁漩涡流量计、超声波流量计、漩涡流量计。

深圳市亚泰光电技术有限公司
地址：广东省深圳市红荔路7002号第壹世界广场B座11楼E单元
邮编：518034
电话：0755-86656080，86656081，86656087
传真：0755-86656077
电子信箱：online@szyatai.com.cn
网址：www.szyatai.com.cn
主要产品或业务范围：致力于红外测温、油液监测、振动诊断等仪器仪表的研发制造。

深圳市中航电脑智能系统有限公司
地址：广东省深圳市福田区车公庙泰然八路水松大厦5A室
邮编：518031
电话：0755-23935155
传真：0755-23935156
电子信箱：sales@catic-i.com
网址：www.catic-i.com
主要产品或业务范围：2000系列差压表，609差压开关，VC1008T二氧化碳变送器。

台湾泛达仪控有限公司
地址：广东省深圳市宝安22区公园路西部工业大厦B201
邮编：518000
电话：0755-27847104
传真：0755-27847034
电子信箱：shenzhen@pan-globe.cn
网址：www.pan-globe.com
主要产品或业务范围：微电脑温度控制器、定时器、计数器、转速器、显示暨转换器、电流监控器、温度传感器（热电偶、热电阻）、SCR功率调节器、SSR及其他各类工业仪表。

天宝恒香港国际有限公司
地址：广东省珠海市新香洲南村豪苑13-2-603
邮编：519002
电话：0756-2526517，2526521
传真：0756-2526512
电子信箱：sales@tianbaoheng.com
网址：www.tianbaoheng.com
主要产品或业务范围：液体超声波流量计，便携式超声波气体流量计等。

新会康宇测控仪器仪表工程有限公司
地址：广东省江门市新会区西门路圭峰高科技工业村
邮编：529100
电话：0750-6316000，6316888
传真：0750-6318900
电子信箱：contact@chinakangyu.com
网址：www.chinakangyu.com
主要产品或业务范围：该公司是华南地区较大规模的专业从事各种传感器，变送器，配套仪表，控制系统工程的生产、经营、设计、成套的省级高新技术企业。

肇庆市鼎湖仪表厂
地址：广东省肇庆市端州区黄岗镇东兴南路仪表大楼
邮编：526060
电话：0758-2718806
传真：0758-2731106
电子信箱：dhyb@dhyb.com.cn
网址：www.dhyb.com.cn
主要产品或业务范围：射频电容式连续测量物位计，音叉式液位、料位限位开关，电导式液位控制器，泡沫高度控制器，射频电容式物位限位开关，重锤式料位计；产品用于各式料仓物位高度的检控、报警及连续测量。

珠海欧源仪表有限公司
地址：广东省珠海市吉大石花西路42号协和大厦2楼
邮编：519015
电话：0756-3336751/2/3
传真：0756-3336485
电子信箱：3336752@163.com
网址：www.phsensor.com.cn
主要产品或业务范围：该公司独家代理英国LTH公司水质分析仪表；匈牙利NIVELCO公司超声波雷达液物位计、开关类及分析仪表；美国ControlAir公司气动产品；德国GMC电量产品和英国ARKON电磁流量计等。

珠海赛思特仪表设备有限公司
地址：广东省珠海市洲山区新洲路2号6层
邮编：519000
电话：0756-2127068
传真：0756-2127078
电子信箱：sales@system-instruments.com
网址：www.system-instruments.com
主要产品或业务范围：代理ASHCROFT公司压力开关，温度开关，压力表，芬兰VAISALA温湿度变送器，露点仪；美国NTRON公司氧气分析仪，T-1000电气转换器，ST900压力变送器，记录仪。

珠海市艾博达自动控制设备有限公司
地址：广东省珠海市梅华西路香洲区科技工业区3栋2层
邮编：519075
电话：0756-8532518，8532516（8线）

传真：0756-8532519
电子信箱：ableda@163.com
网址：www.ableda.com.cn
主要产品或业务范围：该公司是专业超声波流量计生产商,专业生产高性能TDS-100系列超声波流量计，产品现已大量OEM出口到美国及欧洲。

珠海市德莱环保科技有限公司
地址：广东省珠海市前山岱山路66号德莱大厦
邮编：519070
电话：0756-8661888，8661999（56线）
传真：0756-8661688，8661988
电子信箱：dl3825619396@126.com
网址：www.delai.com
主要产品或业务范围：系列压力变器、差压变送器、液位变送器、温度（湿度）变送器、智能数字显示仪、智能数字调节器、智能数字控制器、智能数字巡检仪、电磁流量计、涡街流量计、电动（气动）调节阀、超声波液位计、超声波流量计、pH在线控制仪、电导率、溶解氧控制仪、明渠流量计、COD、浊度、SS、BOD、TOC、氨氮、总氮、总磷等检测仪表以及DCS、PLC系统。

珠海天力仪表有限公司
地址：广东省珠海市翠微西路668号
邮编：519071
电话：0756－8623616，13809800007
传真：0756－8623636
联系人：刘长和
电子信箱：teknik@188.com
网址：www.teknik.cn
主要产品或业务范围：各种传感器、液位计、流量计（电磁、一体化、超声波）、温度计、射频导纳、密度计、一、二次仪表、电工仪表、试验室仪器及现场检测仪器；同时，代理德国ABB、日本横河、日立、美国罗斯蒙特、宝丽声、海赋、霍尼韦尔及美国哈希等产品。

沧州贝特仪器仪表有限公司
地址：河北省泊头市付庄开发区
邮编：062150
电话：0317-5660967，15297351928
传真：0317-7761678
电子信箱：bestyb2009@163.com
网址：www.czbtyb.com
主要产品或业务范围：主要生产BTLU系列涡街流量计、BTLW系列涡轮流量计、BTLD系列电磁流量计、BTLC系列椭圆齿轮流量计、符合GB/2624—2006和ISO 5167—1的BTLG标准节流装置、BTVH系列V锥流量计、BTTW型楔型流量计七大类产品。

沧州天仪仪器仪表有限公司
地址：河北省沧州市永济西路18号
邮编：061000
电话：0317-8215415，5664441，5664442
传真：0317-2065731
电子信箱：cztyyb@163.com
网址：www.tyyb365.com
主要产品或业务范围：AFM系列涡街流量计，LGY系列涡轮流量计，LD电磁流量计，LG标准节流装置，磁滞伸缩液位计，PCM系列压力变送器。

承德帝创自动化设备有限公司
地址：河北省承德市小溪沟山庄小区2号
邮编：067001
电话：0314-2022030，2024006
传真：0314-2028755
电子信箱：cddichuang@163.com
网址：www.cncddc.com
主要产品或业务范围：管道式电磁流量计，插入式电磁流量计，智能型金属管浮子流量计，超声波流量计，涡街流量计，雷达物位计，超声波物位计，单晶硅液位计，电容式物位计，射频导纳物位计，物位开关等系列产品。

承德国诚电子有限公司
地址：河北省承德市双桥区南营子大街天成大厦
邮编：067000
电话：0314-2079890
传真：0314-2079858
电子信箱：yanli@gohoe.cn
网址：www.gohoe.cn
主要产品或业务范围：该公司主要生产经营电磁流量计、金属管浮子流量计、涡街流量计、涡轮流量计、智能电容物位计等。

承德科达仪表有限公司
地址：河北省承德市高新电子园区科达街3号
邮编：067411
电话：0314-5932008，5932009
传真：0314-5932018
电子信箱：cdkeda@263.net
网址：www.kedameters.com
主要产品或业务范围：KF1X系列金属管浮子流量计、KF20系列电磁流量计、KF30系列超声波流量计、KF4X系列涡街流量计和KL30静压液位计、KL40浮筒液位计、KL60雷达液（物）位计、KL70磁翻板液位计、KL80智能浮筒液位计。

承德热河克罗尼仪表有限公司
地址：河北省承德市高新技术开发区
邮编：067000
电话：0314-2120930，2120940
传真：0314-2120920，2120077
电子信箱：llh@rehe-krohne.com

网址：www.rehe-krohne.com
主要产品或业务范围：该公司主要产品H系列、DK系列浮子流量计，KPT吹扫装置，DWM插入式电磁流量计，DW18流量开关，KPM挡板流量计，BM70x雷达物位计，VFM涡街流量计，OPTISWIRL 4070C涡街流量计以及BW25G浮筒液位计和液位开关，全系列温度仪表。

承德市本特顺达仪表有限公司
地址：河北省承德市双滦区元宝山大街26号
邮编：067001
电话：0314-4323655，4323455
传真：0314-4323650
电子信箱：benteshunda@163.com
网址：www.btshd.com
主要产品或业务范围：管道式电磁流量计，插入式电磁流量计，智能型金属管浮子流量计，超声波流量计，涡街流量计，雷达物位计，超声波物位计，光纤液位计，单晶硅液位计，电容式物位计，射频导纳物位计，物位开关等系列产品。

承德市本特思达仪表有限公司
地址：河北省承德市上板城电子工业园本特路2号
邮编：067411
电话：0314-3057688，3057699
传真：0314-3057668
电子信箱：btsd@vip.163.com
网址：www.cdbtsd.com
主要产品或业务范围：法兰式电磁流量计，插入式电磁流量计，电容式液位计，浮筒式液位计，浮子式液位计，静压式液位计，压力变送器，温度变送器。

承德市本特万达仪表有限公司
地址：河北省承德市高新技术产业开发区
邮编：067000
电话：0314-2073390，2067935
传真：0314-2068157
电子信箱：btwd@163.com
网址：www.btwd.net
主要产品或业务范围：管道式智能电磁流量计，插入式智能电磁流量计，液位变送器，压力变送器，一体化温度变送器。

承德市峰华仪表有限公司
地址：河北省承德市上板城电子工业园
邮编：067411
电话：0314-3057880
传真：0314-3057883
联系人：刘亚桅
电子信箱：cdfhyb@163.com
网址：www.fhyb.com.cn
主要产品或业务范围：专业生产金属管浮子流量计，管道式电磁流量计及插入式电磁流量计，光纤液位计、柜位计，超声波测距仪，雷达测距仪，智能电容液位计。

承德市汇通化工装备有限公司
地址：河北省承德市富华山庄8号
邮编：067000
电话：0314-2034948，2033340，2128951
传真：0314-2035942
电子信箱：cdhuitong@163.com
网址：www.cdhtyb.com，www.cdhtyb.cn
主要产品或业务范围：该公司专业从事流量、物位、压力、温度等工业自动化仪表生产的高新技术企业，与世界上多家著名的仪表公司进行了深入广泛的合作，如美国的Drexelbrook、Foxboro，瑞士的Kristal等。

承德市惠通仪表有限公司
地址：河北省承德市上板城电子工业园区
邮编：067411
电话：0314-3057855，13803140780
传真：0314-3057856
联系人：冯东艳
电子信箱：cdhtyb@163.com
网址：www.htmeter.com
主要产品或业务范围：金属管浮子流量计，电磁流量计、涡街流量计、电动浮筒液位变送器、静压式液位变送器、一体化温度变送器、压力差压变送器、浮球液位变送控制器、磁翻柱液位计等系列流量、液位、压力自动化产品；代理或以OEM形式分销美国凯泰克公司（K-TEK）磁致伸缩液位计、匈牙利尼威公司（NIVELCO）雷达式液位计、超声波液位变送器等产品。

承德市中威电子有限公司
地址：河北省承德市西大街旱河沿路75号
邮编：067000
电话：0314-2061018，2076068
传真：0314-2076212
电子信箱：ccdcp@vip.163.com
网址：www.ccdcp.com
主要产品或业务范围：开发生产金属管浮子、靶式、电磁、涡街流量计，压力（差压）变送器，静压、电容、浮筒、磁浮子液位计，一体化温度变送器及各种盘装仪表，承接自动化控制系统工程，同时经营中外著名的超声波、雷达、射频导纳、磁致伸缩料位计等。

河北邯郸华宇仪器仪表有限责任公司
地址：河北省邯郸市农林路23号
邮编：056001
电话：0310-3137472，3138329，3137824，3137353
传真：0310-3137126，3137353
电子信箱：hanyi.han.yi@163.com
网址：www.hanyiweb.com

主要产品或业务范围：压力表，型砂铸造试验设备，自动化控制设备。

河北理工大学智能仪器厂
地址：河北省唐山市国家高新技术开发区火炬路
邮编：063000
电话：0315-3101234
传真：0315-3101234
联系人：薛贵军
电子信箱：xueguijun@126.com
网址：www.tslizhi.com
主要产品或业务范围：该厂坐落于唐山市国家高新技术开发区，是国家高新技术企业和“双软”企业，拥有计算机信息系统集成三级资质，“理智”商标为河北省著名商标；企业主导产品“理智”系列弯管流量计，获国家发明专利授权，被列入重点国家级火炬计划，已推广应用到全国28个省，被誉为“传统流量计理想的更新换代产品”，是推动计量事业新发展的中国人的流量计；企业自主开发的另一主导产品“理智”系列城市集中供热计算机监控系统被列入河北省重大项目，获工信部“系统集成优秀方案奖”，已在全国十二个省的数十家热力企业得到应用，为用户年节能在15%以上。

河北珠峰仪器仪表设备有限公司★
地址：河北省邯郸市雪驰路东段
邮编：056005
电话：0310-5765861，5765871
传真：0310-5765868
电子信箱：Chenmen992000@163.com
网址：www.zfyqyb.com
主要产品或业务范围：该公司致力于测绘仪器及器材、自动化仪器仪表、石油石化设备、计算机管理与控制系统。

衡水市自动化仪表厂
地址：河北省衡水市武强县城南大李庄工业区
邮编：053300
电话：0318-3797451
传真：0318-3797452
电子信箱：hsxiaxin0628@sina.com
网址：http://hsybc.com
主要产品或业务范围：压力表和压力式温度计。

开封青天伟业流量仪表有限公司
地址：河南省开封市黄龙工业园区王白路1号
邮编：475100
电话：400-0378-005
传真：0378-6669963
电子信箱：qingtianweiye2008@163.com
网址：www.kfqtyb.com
主要产品或业务范围：该公司是一家集研制、设计、生产和销售于一体的专业智能化流量仪表企业。

秦皇岛华电测控设备有限公司
地址：河北省秦皇岛市海港区北环路108号
邮编：066000
电话：0335-5300122
传真：0355-5300199
电子信箱：hdsc_kfb@126.com
网址：www.hdsc.net
主要产品或业务范围：自动控制系统成套设备。

石家庄奥森自动化仪表有限公司
地址：河北省石家庄市石获南路124号
邮编：050081
电话：0311-83623252，83623253，83623254
传真：0311-83623258
电子信箱：o_sun@188.com
网址：www.osauto.cn
主要产品或业务范围：涡街流量计、超声波涡街流量计、电磁流量计、V锥流量计、威力巴流量计、智能显示仪表、流量测控管理网络系统、锅炉微机控制系统、工业过程控制DCS和集散系统和SCADA系统产品等。

石家庄嘉航仪器仪表有限公司
地址：河北省石家庄市高新区湘江道319号天山科技园7-5
邮编：050035
电话：0311-87319282
传真：0311-87319283
电子信箱：jhcc2009@yahoo.cn
网址：http://jiahangyibiao.com
主要产品或业务范围：各类压力仪表。

唐山大方汇中仪表有限公司
地址：河北省唐山市新华西道21号
邮编：063012
电话：0315-2833937-800
传真：0315-2814564
电子信箱：dafang@heinfo.net
网址：www.dafang-cn.com
主要产品或业务范围：LCZ系列固定式超声波流量计。

唐山丰瑞仪表有限公司
地址：河北省唐山市新华西道40号
邮编：063000
电话：0315-5100985，5100986，2625301
传真：0315-8207686
电子信箱：hpsq@sohu.com
网址：www.tsfryb.com
主要产品或业务范围：该公司是专业从事流量及物位仪表研发、设计、销售的高科技企业。公司引鉴欧美先进的流量、物位仪表技术，核心部件ASC专用芯片采用SMT流水线贴装生产；主要产品有超声波流量计（时差式和多普勒式）、电磁流量计及超声波液位计、雷达液位计等。

唐山汇中仪表股份有限公司
地址：河北省唐山市高新技术开发区清华道
邮编：063020
电话：0315-3208501，3208502
传真：0315-3208503，3190081
电子信箱：info@hzyb.com
网址：www.hzyb.com
主要产品或业务范围：该公司是目前中国最大的系列超声流量计、超声水表、超声热量表生产基地。

唐山科汇达仪器仪表有限公司
地址：河北省唐山市路南区女织寨刘家过道南
邮编：063000
电话：0315-2738661
传真：0315-2738662
电子信箱：tskhd@163.com
网址：www.khd.cn
主要产品或业务范围：弯管流量计、超声波流量计、热式气体质量流量计、威力巴流量计、电磁流量计、标准节流装置。

唐山理工智能仪器有限公司
地址：河北省唐山市路北区高新区火炬路唐山市高新技术开发区
邮编：063009
电话：0315-3101260
传真：0315-3173860
主要产品或业务范围：智能弯管流量计等。

唐山美伦仪表有限公司
地址：河北省唐山市高新技术开发区荣华道42号
邮编：063020
电话：0315-3853106
传真：0315-3853107
电子信箱：mlyb@mlyb.cn
网址：www.mlyb.cn
主要产品或业务范围：超声波液体流量计、热式气体质量流量计、弯管流量计、系列明渠流量计、超声波热量表。

唐山天辰电器有限公司
地址：河北省唐山市高新技术产业园区大庆道45-2号
邮编：063000
电话：0315-7872625，7872626，7872627，3858428
传真：0315-7872628，3858428
电子信箱：tianchen@tianchen.com.cn
网址：www.tianchen.com.cn
主要产品或业务范围：蒸汽流量计、气体流量计、液体流量计等系列弯管流量计产品。

唐山天泽仪表有限公司
地址：河北省唐山市路南区解放路扶轮后街9号
电话：0315-2866718，7828127
传真：0315-7828127，2835219
电子信箱：tzyb@tzyb.com.cn
网址：www.tzyb.com.cn
主要产品或业务范围：超声波流量计、弯管流量计、超声波液（物）位计、超声波热（冷）量计等。

河南长润仪表有限公司
地址：河南省郑州市航海东路第三大街专家花园3003
邮编：450001
电话：0371-67399998
传真：0371-67399998-9
电子信箱：crwp1@163.com
网址：www.crwp.cn，www.cr60.com
主要产品或业务范围：智能锅炉汽包液位计、油位传感器、汽车专用油位传感器、CT型万能物位计、双界面液位计、智能仪表等。

河南省平顶山市精密仪表厂
地址：河南省平顶山市湛河区荆山路西
邮编：467001
电话：0375-3920249
主要产品或业务范围：全系列新型、特殊压力仪表。

河南思达自动化仪表有限公司
地址：河南省郑州市高新技术开发区科学大道67号
邮编：450001
电话：0371-66262632，66262631
传真：0371-66262630
电子信箱：staryb@staryb.com
网址：www.staryb.com
主要产品或业务范围：测温传感器热电偶、热电阻，数显调节仪，红外测温仪表，数显节仪，温度、压力变送器，液位计，工业自动化仪表盘、柜、箱，燃煤/油/气/电锅炉控制系统，PLC及DCS等测控系统。

河南新航流量仪表有限公司
地址：河南省新乡市卫滨工业园区8号
邮编：453003
电话：0373-2678866，13903735065
传真：0373-2678899
电子信箱：hnxhyb@163.com
网址：www.hnxhyb.com
主要产品或业务范围：电磁流量/热量计、涡街流量计、旋进旋涡流量计、气体液体涡轮流量计、浮子流量计、腰轮流量计、椭圆齿轮流量计、靶式流量计、超声波流量/热量计、节流装置、超声波液位计、投入式液位计、磁翻板液位计等流量仪表，液位仪表，压力仪表和显示仪表。

开封创新测控仪表有限公司
地址：河南省开封市滨河路东段1号

邮编：475003
电话：0378-2680180，2681110，2680181
传真：0378-2681113
电子信箱：sales@kfcxyb.com
网址：www.kfcxyb.com
主要产品或业务范围：电磁流量计、涡街流量计、金属管浮子流量计、旋进旋涡流量计、节流与非节流装置、磁翻板液位计、远程抄表系统、涡轮流量计、质量流量计、腰轮流量计、椭圆齿轮流量计、超声波流量计、超声波物位计（液位计）。

开封横河流量仪表有限公司
地址：河南省开封市开杞路中段
邮编：475100
电话：0378-6665952，6665951
传真：0378-6665951
电子信箱：kfhhyb@163.com
网址：www.kfhhyb.com
主要产品或业务范围：电磁流量计，涡街流量计，金属管浮子流量计，节流装置等流量仪表。

开封红旗仪表有限责任公司
地址：河南省开封市南关区东顺城街8号
邮编：475003
电话：0378-3931925，3935253
传真：0378-3973813
电子信箱：kfzmj@tom.com
网址：www.kfhqyb.com
主要产品或业务范围：玻璃转子流量计、电磁流量计、涡轮流量传感器、涡街流量计、金属管浮子流量计、孔式流量计、标准孔板、标准金属量器、塑料转子流量计、标准文丘里管、标准喷嘴、流量积算仪。

开封宏达自动化仪表有限公司
地址：河南省开封市宏达大道北段1号
邮编：475100
电话：0378-3210070，3210071，6680701，6680702
传真：0378-6680705
电子信箱：kfhdyb@163.com
网址：www.kfhdyb.com
主要产品或业务范围：该公司专业生产电磁流量计，涡街流量计，金属管浮子流量计，节流装置流量仪表、智能流量积算仪，远程抄表系统，超声波系列流量计等。

开封华邦仪表有限公司
地址：河南省开封市青年路中段
邮编：475100
电话：13393809266，13333780882
传真：0378-6680208
电子信箱：kaifenghuabang@163.com
网址：www.kfjqyb.com
主要产品或业务范围：电磁流量计，插入式电磁流量计，涡街流量计，插入式涡街流量计，转子流量计，标准孔板，V锥等节流装置，二次仪表。

开封华旭自动化仪表有限公司
地址：河南省开封市东经济开发区黄龙园区王白路
邮编：475100
电话：0378-3216268/78/58/88/28
传真：0378-3216228
电子信箱：sales@kfhxyb.com
网址：www.kfhxyb.com
主要产品或业务范围：该公司专业生产电磁流量计，插入式电磁流量计，涡街流量计，插入式涡街流量计，转子流量计，标准孔板，V锥等节流装置，二次仪表及成套自动化系统。

开封黄河仪电有限公司
地址：河南省开封市东棚板街19号
邮编：475001
电话：0378-2865288，2865299
传真：0378-2860686
电子信箱：hhyd@kfhhyd.com
网址：www.kfhhyd.com
主要产品或业务范围：系列热电偶，系列热电阻，隔爆型及专用和特殊用热电阻、热电偶，系列铠装热电偶，一体化温度变送器，系列热电偶补偿导线，XM系列温度数字式调节控制显示仪表，XS系列智能数字式测量控制仪表。

开封开创测控技术有限公司
地址：河南省开封市金明区经济开发区三大街11号
邮编：475000
电话：0378-8888192
传真：0378-8888191
电子信箱：kfkcjz@126.com
网址：www.kfkc.cn
主要产品或业务范围：主要从事流量仪表、物位仪表、流量计量标校装置的生产及各种自动控制工程的设计成套、安装调试。

开封开德流量仪表有限公司
地址：河南省开封市经济开发区黄龙园区工业路2号
邮编：475100
电话：0378-6681977
传真：0378-6682432
电子信箱：502596038@qq.com
网址：www.kdyb.com
主要产品或业务范围：该公司专业从事流量仪表研制、开发、设计、生产。

开封开流仪表有限公司
地址：河南省开封市新宋路113号

邮编：475000
电话：0378-2919056
传真：0378-2959056
联系人：王新然
电子信箱：cnkfll@sohu.com
网址：www.kfll.cn
主要产品或业务范围：电池供电电磁流量计、插入式电磁流量计、便携式电磁流速/流量仪、污水电磁流量计、LDM-51智能明渠流量计、潜水电磁流量计。

开封开仪自动化仪表有限公司
地址：河南省开封市汴京大道38号
邮编：475002
电话：0378-2950197，2950198，2950200
传真：0378-2950199
电子信箱：zdh@public.kfptt.ha.cn
网址：www.kfzyb.com
主要产品或业务范围：温度、压力、差压、液位变送器与流量积算仪表以及隔离配电器、无源隔离模块电源箱等。

开封科瑞自动化仪表有限公司
地址：河南省开封市宏达大道1号
邮编：475100
电话：0378-3211518
传真：0378-3210709
电子信箱：kaifengkeruei@126.com
网址：www.kfkryb.com
主要产品或业务范围：KRLD型电磁流量计、LUGB型涡街流量计、KR型超声波流量计、KRLG型节流装置、LWG系列涡轮流量计、LZ型金属管转子流量计、LZB玻璃管转子流量计、容积式流量计等流量仪表及积算仪系列，液位/物位计系列，压力/温度变送器系列，压力/差压变送器等工业自动化配套设备。

开封利源流量计有限公司
地址：河南省开封市汴京路43号
邮编：475002
电话：0378-2922736，2921264
传真：0378-2928876
电子信箱：xsc@kllj.com
网址：www.kfllj.com
主要产品或业务范围：流量仪表的专业生产厂家。

开封市长风水表有限公司
地址：河南省开封市南柴屯374号
邮编：475003
电话：0378-3921559，3922608
传真：0378-3920456
电子信箱：shuibiao@371.net
网址：www.bianjing.net
主要产品或业务范围：节水表，旋翼式冷水水表，旋翼式热水水表，水平螺翼式冷水水表，旋翼式跳字式水表，旋翼立式水表，旋翼式防盗水表，防滴漏节水型水表等。

开封市宋都仪表成套厂
地址：河南省开封市汴京路85号
邮编：475002
电话：0378-5957994，5896850
传真：0378-5957994
联系人：王辉
电子信箱：kfsdyb@126.com
网址：www.songduyb.com
主要产品或业务范围：标准孔板、非标准孔板、电磁流量计、标准喷嘴、长径喷嘴、文丘里管、磁性浮子液位计、流量报警开关、涡轮流量传感器、涡街流量计等。

开封市盛达水表有限公司
地址：河南省开封市魏都路109号
邮编：475004
电话：0378-3668430，3668300
传真：0378-2536658
电子信箱：kfzhyb@sohu.com
网址：www.kfzhyb.com
主要产品或业务范围：该厂主要产品有智能型电磁流量计系列（管道式、插入式、明渠式），电池式电磁流量计（电磁水表），大河道明渠流量测量系统，节流装置系列（标准孔板，标准喷嘴，文丘里管，环形孔板，V锥流量计）；旋翼式冷热水表，全液封冷热水表，螺翼式水表，高灵敏滴水计数水表，远传水表IC卡水表及水务监测管理一体化系统等流量仪表。

开封思科测控技术有限公司
地址：河南省开封市汴京路212号3号楼
邮编：475002
电话：0378-2929260，2929100
传真：0378-2929103
电子信箱：kfskck@163.com
网址：www.kfskck.com
主要产品或业务范围：该公司是专业从事流量、物位等仪表研制、开发、生产的高新技术企业；主要产品有电磁流量计、涡轮流量计、金属管浮子流量计、涡街流量计以及孔板、喷嘴等各种节流装置、磁性浮子液位计、玻璃管液位计、玻璃板液位计、雷达物位计、超声波物位计、物位报警开关及仪表配套产品。

开封天恒仪表有限公司
地址：河南省开封市新宋路西段103号
邮编：475002
电话：0378-2956900
传真：0378-2922774
联系人：陈建国
电子信箱：thyb@kffhyb.cn

网址：www.kfthyb.cn
主要产品或业务范围：LWGY型液体涡轮流量传感器，LWB型液体涡轮流量变送器，LWS型现场显示智能涡轮流量计，LWGH混沙车涡轮流量传感器，THmag系列电磁流量计，ULF型翻板液位计，标准孔板，一体型节流式流量计，涡街流量计，XS系列智能化显示仪表，过滤器，消气器，整流器，LJK流量报警开关。

开封威利流量仪表有限公司
地址：河南省开封市北郊工业园区6号
邮编：475000
电话：0378-2851234，2851531
传真：0378-2865607，2945298
网址：www.wli.com.cn
主要产品或业务范围：电磁流量计、智能电磁流量计、高压电磁流量计、插入式电磁流量计、电池供电电磁流量计、明渠流量计、热能表。

开封维尔仪表有限公司
地址：河南省开封市仁和屯（河南大学老校区仁和公寓南侧东1000米）
邮编：475003
电话：0378-8886288
传真：0378-3667128
电子信箱：kfwell@126.com
网址：www.kfwell.com
主要产品或业务范围：该公司专业研发、设计、制造和销售电磁流量计测量管、传感器等流量仪表配套产品和节流装置产品。

开封仪表有限公司
地址：河南省开封市汴京路38号
邮编：475002
电话：0378-2980881
传真：0378-2921101
电子信箱：kfybc@kfybc.com
网址：www.kfybc.com
主要产品或业务范围：生产流量仪表和流量测量装置及液位仪表的专业公司。

威海坤科流量仪表有限公司
地址：山东省威海市高技术产业开发区沈阳路108号
电话：0631-5663577，13963113599
传真：0631-5669277
电子信箱：whkunke888@163.com
网址：www.kunkeyibiao.com
主要产品或业务范围：该公司专业研发生产压电式涡街流量计、电容式涡街流量计、电磁流量计、V锥流量计、冲板流量计等多种流量计及其相应传感器、表体、线路板等组件。

新乡市恒冠仪表有限公司
地址：河南省新乡市铁路西八一路西段28号
邮编：453000
电话：4006373685，0373-2022095，2022055
传真：0373-2022281，7298618
联系人：李经理
电子信箱：hengguanyibiao@163.com
网址：www.hengguanyb.com
主要产品或业务范围：智能型电容式液位计，高中低压液位计，高温液位计，电子双色带远传液位计，锅炉液位计，LED双色显示液位仪，电接点液位仪，通用二次光柱液位仪，压力变送器，流量计等系列产品。

新乡市恒通测控仪表有限公司
地址：河南省新乡市平原路东段国贸大厦6楼603A(新市政府西临)
邮编：453000
电话：0373-3520518，5064008
传真：0373-3520516
联系人：石先生
电子信箱：htyb@163.com
网址：www.htck.net
主要产品或业务范围：物位仪表及开关系列、流量仪表系列、压力仪表系列、温度仪表系列、锅炉专用仪表系列、快开门式压力容器安全联锁装置等。

郑州博洋仪器仪表有限公司
地址：河南省郑州市高新技术开发长椿路11号国家大学科技园5号楼B1
邮编：450000
电话：0371-63768822
传真：0371-63757047
电子信箱：zzboyang@126.com
网址：www.zzboyang.com
主要产品或业务范围：该公司专注于高中端温湿度计的开发生产和销售。

郑州椿长仪器仪表有限公司
地址：河南省新郑市薛店镇开发区
邮编：451162
电话：0371-62587180
传真：0371-62587492
联系人：李笑红
电子信箱：xiaohong6806@163.com
主要产品或业务范围：各类温度表、压力表、数字温显仪、温控器以及工业自动控制系统。

郑州华岭仪器仪表有限公司
地址：河南省新郑市薛店经济开发区
邮编：450052
电话：0371-62587180

传真：0371-62587492
电子信箱：kailinzhang@126.com
网址：www.i-hualing.com.cn
主要产品或业务范围：采暖压力表、分水器温度表、温度压力表。

郑州天瑞仪表有限公司

地址：河南省郑州市红专路66号豫棉大厦804室
邮编：450008
电话：0371-63392885
传真：0371-63392881
电子信箱：tianruiyibiao@163.com
网址：www.zztryb.com
主要产品或业务范围：脉冲系列、导波系列雷达物位计。

郑州现代测控技术有限公司

地址：河南省郑州市经济技术开发区航海路东1071号
邮编：450009
电话：0371-60969116，60969117
传真：0371-60969118
电子信箱：chinazz@msn.com
网址：www.cekong.com
主要产品或业务范围：代理经销各国自控仪表，流量仪表，温度仪表，液位仪表，实验仪器，压力仪表，计量仪器，分析仪器，自控阀门，无损检测设备等。

哈尔滨华阳仪表有限公司

地址：黑龙江省哈尔滨市利民大道太阳新城A座13号
邮编：150025
电话：8008985704，13904655967
传真：0451-85964070
电子信箱：hyybyxgs@126.com
网址：www.hyyb.cc
主要产品或业务范围：涡街流量计、油田智能多路压力检测系统、电磁流量计、弯管流量计等。

哈尔滨同济自动化装备成套有限公司

地址：黑龙江省哈尔滨市南岗区长江路380号宏洋大厦1404室
邮编：150090
电话：0451-82328506，82328645
传真：0451-82328645
电子信箱：info@tongji-auto.com
网址：www.tongji-auto.com
主要产品或业务范围：铠装铂电阻温度计、插入式铂电阻温度计、电站用槽电阻温度计、温度传感器、温度变送器、加热器等相关产品。

林口仪器仪表有限公司

地址：黑龙江省林口县向阳路南段
邮编：157600
电话：0453-3590171，3590241
传真：0453-3590171
电子信箱：lkxlcf@126.com
网址：www.lkyqyb.com
主要产品或业务范围：压力表系列（含特种压力表）、温度仪表、液位控制器、机械式拉力表、SF6密度控制器等。

齐齐哈尔黑龙仪表制造有限责任公司

地址：黑龙江省齐齐哈尔市文华大街38号
邮编：161006
电话：0452-2713685
传真：0452-2719969
联系人：张丽梅
电子信箱：qqhehlyb@163.com
主要产品或业务范围：该公司生产压力、流量仪表的中型企业。

武汉中航仪器有限责任公司

地址：湖北省武汉市洪山区东湖东路2号
邮编：430074
电话：027-87405464
传真：027-87499503
电子信箱：whzhyiqi@163.com
网址：www.zhyiqi.cn
主要产品或业务范围：仰角、加速度、压力传感器，压力表，结冰信号器，污水净化设备，超滤、反渗透装置，抗磁共振粮油测量仪。

德科蒙过程控制（武汉）有限公司★

地址：湖北省武昌区巡司河路汇文新都D区3栋1单元802室
邮编：434300
电话：027-88062221
传真：027-88068180
电子信箱：whdkmkj@gmail.com
网址：www.dkmcn.com
主要产品或业务范围：该公司专业从事工业过程仪表销售和现场应用技术开发，是自动化控制领域顶级品牌产品和设备的优秀经销企业；主营罗斯蒙特、横河、霍尼韦尔、贺德克巴鲁夫等进口备件。

湖北南控仪表科技有限公司

地址：湖北省荆门市高新区创业大道聚盛国际厂区第7幢
邮编：448000
电话：0724-6903335，6903336
传真：0724-6903335
电子信箱：nankong168@126.com
网址：www.noncon.cn
主要产品或业务范围：流量仪表的专业生产商，流量计主要产品有液体涡轮流量计、气体涡轮流量计、涡街流量计、电磁流量计、旋进旋涡流量计、罗茨流量计等及各种二次仪表。

湖北尤迪可测控科技有限公司
地址：湖北省京山县经济开发区尤迪可路1号
邮编：431800
电话：0724-7210488，7210499
传真：0724-7210441
电子信箱：hbydk1@163.com
网址：www.hbydk.com.cn
主要产品或业务范围：该公司是一家以开发生产销售物位仪表为主兼营锅炉吹灰器的专业厂家，主要产品有磁浮式液位计、石英管式液（水）位计、电接点水位计、单双室平衡容器和声波吹灰器、蒸汽吹灰器等。

荆州市敏光科技有限公司
地址：湖北省荆州市区江津东路155号
邮编：434000
电话：0716-8234688，8124829
传真：0716-8234688
电子信箱：minguangkeji@126.com
网址：www.mgkj.com.cn
主要产品或业务范围：HWSG-2智能红外双色测温系统，Wi-SNS2000无线传感器网络系统。

武汉波光源科技有限公司
地址：湖北省武汉市珞瑜路243号华工科技产业大厦4楼
邮编：430074
电话：027-59713009
传真：027-59713003
联系人：张杰
电子信箱：jcs2000@163.com
网址：www.whbgy.com
主要产品或业务范围：核子密度计、核子开关料位计、连续料位计、产量计等系列产品。

武汉超宇测控技术有限公司
地址：湖北省武汉市关山二路特1号国际企业中心三期鼎业楼C座2楼
邮编：430074
电话：027-67845035
传真：027-67845036
联系人：谢经理
电子信箱：cyxbc@126.com
网址：www.whchyu.com
主要产品或业务范围：压力变送器系列，液位变送器系列，差压变送器系列，温湿度变送器系列，温度传感器、变送器系列，测控仪表系列。

武汉高德红外股份有限公司
地址：湖北省武汉市洪山区书城路26号武汉高德工业园
邮编：430070
电话：027-87671949，87671950，87223230，87671925
传真：027-87671956，87671927
电子信箱：marketing@guide-infrared.com
网址：www.wuhan-guide.com
主要产品或业务范围：焦平面红外热像仪。

武汉核光明仪表制造有限公司
地址：湖北省武汉市青山区工业二路19号
邮编：430080
电话：027-86883975，86681009（直线），86860688（总机）
传真：027-86320502
联系人：李义
电子信箱：hgm265@sina.com
网址：www.hgm265.com
主要产品或业务范围：液位、分析、压力、流量、显示等仪表的研制和生产。

武汉华中数控股份有限公司
地址：湖北省武汉市庙山华中科技大学科技园
邮编：430223
电话：027-87180091，87180095
传真：027-87180306
电子信箱：market@huazhongcnc.com
网址：www.huazhongcnc.com
主要产品或业务范围：数控系统和红外热成像产品。

武汉天罡科技发展有限责任公司
地址：湖北省武汉市武昌区友谊大道千禧名苑1栋4楼
邮编：430062
电话：027-88612228，88612358
传真：027-88612358
联系人：王海霞
电子信箱：whtgkj@163.com
网址：www.whtgkj.com.cn
主要产品或业务范围：气体过程分析系统，烟气连续监测系统，横板流量计，超声波流量计，V形锥体流量计，电磁流量计，氧化锆分析仪。

武汉中光光电有限公司
地址：湖北省武汉市桥口区古田五路17号
邮编：430034
电话：027-83413742，83413687
传真：027-83413691
联系人：汪飞
电子信箱：yh13554@126.com
网址：www.whzg.com
主要产品或业务范围：光纤传感液位监控仪。

武汉中纽控制技术有限责任公司
地址：湖北省武汉市洪山区和平乡铁机工业制造园区4号
邮编：430063
电话：027-50803178，50803179

传真：027-50803177
电子信箱：zhongniu@public.wh.hb.cn
网址：www.zhongniu.com.cn
主要产品或业务范围：核辐射密度计，核辐射连续料位计，核辐射开关式料位计，核辐射重量计，核辐射厚度计。

武汉自动化仪表厂
地址：湖北省武汉市桥口区中山大道158号
邮编：430030
电话：027-83783755，83788900
联系人：肖汉元
电子信箱：wz@whzdhybc.com
网址：www.whzdhybc.com
主要产品或业务范围：纸浆浓度变送器，节流装置，智能数显仪，盘柜系列，自动化控制系统。

宜昌兆峰自动化仪表有限责任公司
地址：湖北省宜昌市湖北伍家岗工业园区
邮编：443001
电话：0717-6556235
传真：0717-6552906
电子信箱：zfyibiao@126.com
网址：www.zfyibiao.com
主要产品或业务范围：全系列差压表、特种压力表；各种普通、防爆压力、差压控制器、温度控制器及各种显示控制器；压力、差压、液位、流量变送器，温度传感器、变送器，各种数字显示控制仪表等；主要产品有四十个系列、1000多个品种规格。

湖南菲尔斯特传感器有限公司
地址：湖南省长沙市雨花区香樟路52号
邮编：410014
电话：4006078500，0731-82562666
传真：0731-82562666
电子信箱：sale@firstsensor.com
网址：www.firstsensor.cn
主要产品或业务范围：工业通用压力传感器、工业通用压力变送器，高压型压力变送器，高温型压力变送器，本安型压力变送器，隔爆型压力变送器，液位测量变送器压力变送器，工程机械行业应用压力变送器，制冷及压缩机行业应用压力变送器，汽车行业应用压力变送器，温度传感器及变送器。

吉林吉化集团仪表有限责任公司
地址：吉林省吉林市龙潭区龙山路585号
邮编：132022
电话：0432-63986818，63038012
传真：0432-63038012
网址：www.zyjhy.com
主要产品或业务范围：ZYA系列智能压力（差压）变送器、ZYW系列智能温度变送器、ZYD系列智能电机保护器、ZNY系列控制室仪表、高低压电气开关柜及仪表盘等七大类产品。

常熟市成丰流量仪表有限公司
地址：江苏省常州市天宁区青龙东路桐家工业园15号
邮编：213021
电话：0519-85302114
传真：0519-85505269
电子信箱：info@qf-meter.com
网址：www.qf-meter.com
主要产品或业务范围：玻璃转子流量计、微小型玻璃转子流量计、金属管浮子流量计等八大系列、500多种规格。

常熟天平仪表有限公司
地址：江苏省常熟市辛庄镇合泰村
邮编：215555
电话：0512-52489080
传真：0512-52481242
电子信箱：tianping@tp-instrument.com
网址：www.tp-instrument.com
主要产品或业务范围：从事压力表及配件生产。

常州普瑞特测温电线厂
地址：江苏省常州市戚区政新村委南跳板头
邮编：213025
电话：0519-88411085
传真：0519-88411109
电子信箱：czxhrbc@163.com
网址：www.czxhrbc.com
主要产品或业务范围：热电偶用耐高温补偿导线，铠装热电偶，铂电阻，电加热器、铠装热电偶电缆，镍铬、智能温度（PID）调节仪、金铁等贵金属补偿导线。

常州盛海仪表有限公司
地址：江苏省常州市新北区玉龙中路58-1号
邮编：213022
电话：0519-85118090
传真：0519-85118100
电子信箱：info@s-h-meter.com
网址：www.s-h-meter.com
主要产品或业务范围：温度计，压力表，流量计。

常州市恒达自动化仪表有限公司
地址：江苏省常州市新北区玉龙中路58-2号
邮编：213125
电话：0519-85210993，85213997
传真：0519-85102911
电子信箱：hengda@public.cz.js.cn
网址：www.auto-instrument.com.cn
主要产品或业务范围：UZD系列磁浮子液位计，450℃高温型、32MPa高压型、专利技术低温防霜型、钢衬四氟及各种耐腐蚀型、电远传本安型、玻璃板、双色石英管液位计。高科技新品有任意组合多点记忆开关、高精度超声波液位计、磁致伸缩液位计，工程机械仪表。

常州市蓝晶电子仪器仪表厂
地址：江苏省常州市花园路云祥桥78号
邮编：213016
电话：0519-83273215
传真：0519-83280798
电子信箱：wping@bb163.net
主要产品或业务范围：该厂专业生产数显温度调节仪表，主要产品有XM系列及一次元件及传感器。

常州市三元自动化仪表有限公司
地址：江苏省常州市横山桥
邮编：213119
电话：0519-88601936，88612966
传真：0519-88607672，88230550
电子信箱：sanyuan@syzdh.com
网址：www.syzdh.com
主要产品或业务范围：各类智能数显、控制、记录、传输及盘、箱、柜到现场系列智能变送器。

常州市天利控制器制造有限公司
地址：江苏省常州市关河西路180号恒远大厦17楼
邮编：213002
电话：0519-86623103
传真：0519-86629848
电子信箱：manager@cz-tianli.com
网址：www.cz-tianli.com
主要产品或业务范围：压力/差压变送器、指示式压力控制器、二位式压力控制器、不锈钢压力表、抗振压力表。

常州市武翔仪表有限公司
地址：江苏省常州市武进区崔桥街崔蓉路76号
邮编：213103
电话：0519-88501215，88508215
传真：0519-88503850
电子信箱：webmaster@wxmeter.com
网址：www.wxyb.net
主要产品或业务范围：热电偶系列、热电阻系列、一体化温度变送器和热电偶（热电阻）铠装材料。

常州市新华仪表厂
地址：江苏省常州市新北区春江镇魏村临江花苑244幢1号
邮编：213127
电话：0519-83670281
传真：0519-85472378
电子信箱：czyibiao@163.com
网址：www.ccwdj.com
主要产品或业务范围：玻璃棒式温度计，金属保护套温度计，玻璃内标式温度计，玻璃水银精密温度计，双金属温度计，鱼缸温度计，水族温度计，海水比重计，比重计，寒暑表，湿度计，纸板温度计，温度计表芯，室内温度计，烟包温度计，电接点温度计（导电表），烘箱温度计，竹节温度计，压力式温度计，压力表，玻璃转子流量计，数字显示仪，热电阻和热电偶等上万个品种产品。

常州双环热工仪表有限公司
地址：江苏省常州市飞龙西路58号
邮编：213012
电话：0519-85311924
传真：0519-85310729
电子信箱：shuanghuan@czrgub.com
网址：www.czrgyb.com
主要产品或业务范围：专业生产玻璃转子流量计、金属管转子流量计、涡街流量计、电磁流量计、双金属温度计、热电阻、热电偶、液位计、数显表等。

德国菲索自动化仪表公司
地址：江苏省苏州市高新区横山路98号新技术产业园1号厂房
邮编：215011
电话：0512-68079460
传真：0512-68079450
电子信箱：info@afriso.cn
网址：www.afriso.cn
主要产品或业务范围：该公司专业制造高质量的精密仪器仪表、压力仪表、温度仪表、液位/料位仪表、气体分析仪器，以及节能环保型供热采暖技术产品。

东台市仪表厂
地址：江苏省东台市南门桥惠民路16号
邮编：224200
电话：0515-85217834，85888204
传真：0515-85235493
电子信箱：meter@ycmeter.com
网址：www.ycmeter.com
主要产品或业务范围：LC系列椭圆齿轮流量计，LCB系列椭圆齿轮流量计，带回零装置的椭圆齿轮流量计。

海安县凯特自动化仪表厂
地址：江苏省海安县李堡镇丁所新村16-72号
邮编：226632
电话：0513-88333498
传真：0513-88333498
联系人：吴义建
电子信箱：kaite68@sohu.com
主要产品或业务范围：UQK-71系列液位显示控制仪，UQK-75系列双光柱液位控制仪，GSK系列液位传感器，浮动开关，仪表供电箱，液位控制箱，消防泵控制箱等多种产品。

海门市海达仪表设备有限责任公司
地址：江苏省海门市南海东路700号
邮编：226100
电话：0513-82196118，82196119
传真：0513-82196116
电子信箱：hmhd@public.nt.js.cn
网址：www.hdyb.cc，www.hmhdir.com
主要产品或业务范围：便携式红外测温仪，红外比色测温仪，多点红外测温仪等。

和信仪表有限公司
地址：江苏省淮安市金湖县工业园区昌盛路28号
邮编：211600
电话：0517-86992632
传真：0517-86992633
电子信箱：hxyb_trc@163.com
网址：www.hxyb88.com
主要产品或业务范围：涡街流量计，超声波流量计，电磁流量计，玻璃转子流量计，金属管浮子流量计，蒸汽流量计，压力、温度仪表，液位仪表，pH在线，在线溶氧仪，压力热工校验仪器，热电阻、热电偶。

淮安市红旗仪表有限公司
地址：江苏省淮安市金湖县
邮编：211600
电话：0517-86809698，86880701
传真：0517-86886291
电子信箱：hqyb18@163.com
网址：www.hongqiyibiao.com
主要产品或业务范围：各种流量仪表，物位仪表，各种压力表，热电偶、热电阻、双金属温度计，压力变送器，压力（差压）开关等。

江苏爱邦科技有限公司
地址：江苏省常州市戚墅堰区东方东路135号
邮编：213021
电话：0519-85353853，85353793
传真：0519-85353796
电子信箱：meter@cnjw.com
网址：www.cnjw.com
主要产品或业务范围：该公司系由常州市经纬仪表电器有限公司进一步发展而全额投资的新型联合企业，主要生产经营温度类计量检测仪表及其他仪器产品，并向国内外客户提供产品OEM贴牌生产和温度计零件配套加工。

江苏爱克特仪表有限公司
地址：江苏省金湖县经济开发区金湖西路188号
邮编：211600
电话：0517-86959955，86959933，18901404569
传真：0517-86959996
电子信箱：aktyb888@163.com
网址：www.jsaktybyxgs.com
主要产品或业务范围：流量计，自动压力校验装置，精密数字压力计，校验仿真仪，智能型3851系列差压、压力、液位、温度变送器，电厂专用耐磨热电偶，铠装热电偶，铠装热电阻，双金属温度计，智能数显仪表。

江苏常州市瑞明仪表厂
地址：江苏省常州市魏村镇工业园区
邮编：213127
电话：0519-85606510
传真：0519-85715316
联系人：刘国强
电子信箱：30572695@qq.com
网址：www.rmyb.cn
主要产品或业务范围：该厂是生产玻璃温度计和工业自动化仪表的专业厂家；主要产品有双金属温度计，数显温度计，玻璃温度计，金属套温度计，精密温度计，双金属温度计，比重计，寒暑表，湿度计，纸板温度计，矿山用温度计，石油温度计，气象用玻璃温度计，电接点温度计导电表，压力式温度计，玻璃转子流量计，数字显示仪，热电阻、热电偶，涡街流量计，扩散硅压力变送器，磁性浮子式液位计，U形压力计，金属管浮子流量计，数字温度计，液晶温度计，塑料温度计，木头温度计，铁罐温度计，磁铁温度计，表面温度计等。

江苏横河自控设备有限公司
地址：江苏省金湖县经济开发区神华大道359号
邮编：211600
电话：0517-86951188，86951006，86951007，86951009
传真：0517-86951122
电子信箱：hh@jshhyb.com，jshhyb@jshhyb.cn
网址：www.jshhyb.com
主要产品或业务范围：该公司主要生产标准与显示仪表、温度仪表、压力仪表、流量仪表、物位仪表、电线电缆与汇线桥架、管件阀门与调节阀和执行机构等七大系列产品、近千个规格品种。

江苏鸿瑞仪表有限公司
地址：江苏省淮安市金湖县经济开发区工一路1号
邮编：211600
电话：0517-86907901，86907902
传真：0517-86907995
电子信箱：minruihe@163.com
网址：www.hongruiyb.com
主要产品或业务范围：高精度数字压力仪表，智能压力校验仪。

江苏华海测控技术有限公司
地址：江苏省淮安市金湖县工业园区华海路299号
邮编：211600
电话：0517-86982200，86982299，86988666

传真：0517-86981010
电子信箱：sales@ehuahai.com.cn
网址：www.ehuahai.com
主要产品或业务范围：温度传感器，各种压力变送器，数显调节仪，无纸记录仪，旋进旋涡气体流量计，电磁流量计，涡街流量计等。

江苏华科自动化仪表有限公司
地址：江苏省金湖县工业园区环城西路258-8
邮编：211600
电话：0517-86992378，15351762991
传真：0517-86998708
电子信箱：sunyouh888@163.com
网址：www.huakeyb.com
主要产品或业务范围：智能旋进旋涡气体流量计、电磁流量计、涡街流量计、节流装置、V锥流量计、金属管浮子流量计、压力（差压）变送器、智能数显仪表、智能调节器、过程校验仪、无纸记录仪、热电偶、热电阻等。

江苏华清仪表有限公司
地址：江苏省金湖县工业园区工2路26号
邮编：211600
电话：0517-86850103
传真：0517-86850555
网址：www.chinahqyb.com
主要产品或业务范围：热电阻、热电偶、数显仪、双金属温度计生产、销售。

江苏环亚电热仪表有限公司
地址：江苏省兴化市张郭镇工业集中区
邮编：225722
电话：0523-83759999
传真：0523-83767111
电子信箱：huanya@cnhuanya.com
网址：www.cnhuanya.com
主要产品或业务范围：热电偶、热电阻，双金属温度计，流量计，变送器，温度仪表，无纸记录仪等自动化仪表。

江苏慧邦控制系统有限公司
地址：江苏省盱眙县工业园圣山路
邮编：211700
电话：0517-88299921
传真：0517-88299921
电子信箱：jshuibang@163.net
网址：www.jshuibang.com
主要产品或业务范围：温度仪表、压力仪表、液位仪表、流量仪表、显示仪表。

江苏杰创科技有限公司
地址：江苏省淮安市金湖县工业园区同泰大道杰创科技园
邮编：211600
电话：0517-86996348，86980628
传真：0517-86980638
电子信箱：js@jiechong.com
网址：www.jiechuang.com
主要产品或业务范围：校准、压力、流量、物位、温度和显示等仪器仪表。

江苏杰达仪表工程有限公司
地址：江苏省金湖县经济开发区工二路28-1号
邮编：211600
电话：0517-86999699，86955378，86955379
传真：0517-86883032
电子信箱：jszbl0909@163.com
网址：www.jsjdyb.cn
主要产品或业务范围：电磁流量计，涡街流量计，旋进旋涡流量计，节流孔板，热电阻、热电偶，双金属温度计，压力、差压变送器，压力表系列，压力校验仪，仿真仪系列，智能系列数显仪，电线电缆制造。

江苏杰克仪表有限公司★
地址：江苏省金湖县工业园区环城西路88号
邮编：211600
电话：0517-86996708，86996709，86996710
传真：0517-86996722
电子信箱：jkyb@jkyb.com
网址：www.jsjk88.com
主要产品或业务范围：WZ系列热电阻，WR系列热电偶，智能压力变送器，差压变送器，液位变送器，流量变送器，扩散硅压力变送器，压力校验仪，温度校验仪，彩色无纸记录仪，温度变送器，智能数字显示调节仪，流量积算仪，巡检仪，闪光报警仪，双金属温度计，压力表，补偿导线，电线电缆，线缆桥架，仪表控制柜及计算机控制系统。

江苏金冠测控科技有限公司
地址：江苏省淮安市金湖县金湖路15号
邮编：211600
电话：0517-86867887，86867888，86867889
传真：0517-86891587
电子信箱：jhjl@pub.hy.jsinfo.net
网址：www.jhjl.com.cn
主要产品或业务范围：流量仪表，压力仪表，液位仪表，温度仪表，校验仪表，智能显示仪表。

江苏金华仪表线缆有限公司
地址：江苏省金湖县工业园区金荷路201号
邮编：211600
电话：0517-86914100，13905232866
传真：0517-86856070
电子信箱：jinhuayb@163.com
网址：www.jinhuayb.com

主要产品或业务范围：生产工业用热电偶、热电阻、扩散硅变送器、电容式变送器、双金属温度计、压力表、无纸记录仪、有纸记录仪、小长图记录仪、流量仪表、金属管转子流量计、孔板流量计、涡轮流量计、V锥流量计、威力巴流量计、智能显示仪、各种校验类仪表等。

江苏金华自动化仪表设备厂
地址：江苏省淮安市金湖县跃进西路18号
邮编：211600
电话：0517-86982766，86998766
传真：0517-86980766
电子信箱：jinghua@jhyb.cn
网址：www.jhyb.cn
主要产品或业务范围：热电偶、热电阻、扩散硅变送器、电容式变送器、双金属温度计、压力表、无纸记录仪等。

江苏巨科仪表有限公司
地址：江苏省金湖县工业园区环城西路
邮编：211600
电话：0517-86996733，86996734，86996735
传真：0517-86996736
电子信箱：jkyb@jkyb.com
网址：www.jkyb.com
主要产品或业务范围：温度仪表，压力表，压力变送器，流量计，物位仪表，显示仪表，校验仪表系列，电动单元系列，仪表阀，仪表控制柜，无纸记录仪。

江苏瑞科仪表有限公司
地址：江苏省金湖县润德路60-1号
邮编：211600
电话：0517-86986011，86986013，83309202
传真：0517-86986000
电子信箱：ruike@ruikeyb.cn
网址：www.ruikeyb.cn
主要产品或业务范围：温度仪表、压力仪表、显示仪表、记录仪表、液位仪表、检验仪表以及各种电线电缆。

江苏省建湖县仪表厂
地址：江苏省盐城市建湖县宝塔镇
邮编：224743
电话：0515-86358198
传真：0515-86358008
联系人：倪朝飞
电子信箱：jhyb@jsjhyb.com
网址：www.jsjhyb.com
主要产品或业务范围：流量仪表、阀门、仪表附属装置、仪表附件及管件。

江苏省金湖县新时态科工贸有限公司
地址：江苏省金湖县跃进路19号
邮编：211600
电话：0517-86885100，86686166，86655100
传真：0517-86805300
电子信箱：market@tensent.com
网址：www.tensent.com.cn
主要产品或业务范围：温度仪表系列、校验仪表、液位测量仪器、压力仪表系列、显示仪表、控制柜、自控成套节流装置、高温风速仪等。

江苏省句容市诚兴玻璃仪器厂
地址：江苏省句容市白兔镇
邮编：212403
电话：0511-87676425
传真：0511-87677466
电子信箱：Glass158@139.com
网址：www.glass158.cm.cn
主要产品或业务范围：专业生产温度计，实验室精密温度计，玻璃仪器，教学仪器的厂家。

江苏伟屹电子有限公司
地址：江苏省宜兴市环科园百合场路19号
邮编：214205
电话：0510-87061267
传真：0510-87061703
电子信箱：jxcl@wini.cc
网址：www.wini.cc
主要产品或业务范围：该公司专业从事DCS系统工程及流量仪表制造。

江苏扬州宏旺仪表电缆有限公司
地址：江苏省扬州市文汇西路230号
邮编：225012
电话：0514-87899191
传真：0514-87896987
网址：www.yzhw230.com
主要产品或业务范围：热电偶、热电阻、双金属温度计、数字显示仪、压力表、多功能检测仪、流量计、压力变送器、开方器、校验手操泵、智能积算仪。

江苏臻诚仪器仪表有限公司
地址：江苏省无锡市滨湖区青龙山路3号
邮编：214000
电话：0510-85502728
传真：0510-85502718
电子信箱：jszcyqyb@163.com
网址：www.jszcyb.com
主要产品或业务范围：温度、压力、流量、记录等系列仪器仪表、计量仪器、控制系统。

江苏中瑞科技有限公司
地址：江苏省金湖县工业园中瑞科技大厦
邮编：211600

电话：0517-86856093，86856095
传真：0517-86986598
电子信箱：minruihe@163.com
网址：www.zrkj02.com
主要产品或业务范围：压力校验仪，精密数字压力计，精密数字压力表，压力真空表，电接点压力表，压力校验台，全自动压力校验台，压力校准仪，自动化压力校验装置等。

江苏中仪自动化仪表有限公司
地址：江苏省金湖县开发区神华大道361号
邮编：211600
电话：0517-86891833，86893133，86898633
电子信箱：zgyb8888@126.com
网址：www.zgyb18.com
主要产品或业务范围：智能压力检测、物位检测、流量检测、显示调节控制等全系列工业自动化仪表。

江阴市佳仪仪表厂有限公司（原江阴市仪表厂）
地址：江苏省江阴市公园路18号
邮编：214431
电话：0510-86854776
传真：0510-86851100
联系人：秦忠兴
电子信箱：ybc@jysybc.com.cn
网址：www.jysybc.com.cn
主要产品或业务范围：专业生产“佳仪”牌节流装置及自控成套仪表盘，产品有长颈喷嘴、焊接式喷嘴、标准喷嘴、V锥流量计、八槽孔板、标准孔板、同心锐孔板、高压透镜孔板、法兰取压孔板、一体化孔板、圆缺孔板、双文丘里管、机翼式测风装置、均速管流量计。

江阴市节流装置厂有限公司
地址：江苏省江阴市人民西路104号
邮编：214433
电话：0510-86114441，86114443
传真：0510-86111779
联系人：颜永丰
电子信箱：business@jyjtdm.com
网址：www.jyjtdm.com
主要产品或业务范围：该公司专业生产各类标准、非标准节流装置及配合用户研制其他形式的差压式节流装置。

江阴威尔胜仪表制造有限公司
地址：江苏省江阴市富民工业园区富园路12号
邮编：214432
电话：0510-86299711
传真：0510-86272382
联系人：俞敏娅
电子信箱：wellsen@vip.163.com
网址：www.wellsen.com
主要产品或业务范围：该公司是生产节流装置的专业企业，产品有各种流量测量喷嘴、孔板、文丘里管、机翼测风装置、均速管流量计阿牛巴、插入式低压损流量计等30多个品种、1000多个规格。

姜堰市锅炉附件厂
地址：江苏省姜堰市华港镇
邮编：225517
电话：0523-88711314，88718382
传真：0523-88711314
主要产品或业务范围：中高压水位计，双色水位计，石英管中高压水位计，球阀，止回阀，安全阀，双色玻璃板，三通旋塞阀，非标准锅炉化工液面计，液位仪表。

金湖美安特自动化仪表有限公司
地址：江苏省金湖县工业园区工一路1号
邮编：211600
电话：0517-86951202，86951208
传真：0517-86997010
电子信箱：mongzheng@163.com
网址：www.jsmeiante.com
主要产品或业务范围：压力校验仪，压力表，双金属温度计，压力变送器，温度变送器，阀门，液位计，液位变送器，智能数字调节仪，流量积算仪，智能手操器，精密数字压力计等。

金湖县恒达自动化仪表厂
地址：江苏省金湖县经济开发区工二路28号
邮编：211600
电话：0517-86621598，86800099，86800077，86955366
传真：0517-86981777，86955348，86800077，86955333
电子信箱：jshengda@yeah.net
网址：www.hdyb.com.cn
主要产品或业务范围：现场仪表、盘装仪表、计量仪表、电线电缆、仪表管件、仪表阀门等。

金湖县华宇仪表线缆厂
地址：江苏省金湖县经济开发区神华大道361号
邮编：211600
电话：0517-86894701，86802288
传真：0517-86802678
电子信箱：hyybxl@163.com
网址：www.hyybxl.com
主要产品或业务范围：温度、压力、流量过程仪表、电线电缆及计量仪器。

金湖县万科自动化仪表设备厂
地址：江苏省金湖县工业园区
邮编：211600
电话：0517-86899897
传真：0517-86892897

电子信箱：wkyb@jswkyb.com
网址：www.jswkyb.com
主要产品或业务范围：电磁流量计，涡街流量计，旋进旋涡流量计，压力变送器，差压变送器。

金湖宇迎自动化仪表有限公司
地址：江苏省金湖县闵桥工业集中区
邮编：211600
电话：0517-86602556，86602566，86781986
传真：0517-86781986，86602566
网址：www.jsyyyb.com
主要产品或业务范围：流量计、变送器、双金属温度计、调节阀、控制系统。

昆山天天测温仪表有限公司
地址：江苏省昆山市鹿城路鹿城花园
邮编：215300
电话：0512-57514086
传真：0512-57514085
联系人：汤金昌
主要产品或业务范围：生产数字式温度、压力、流量、热电偶、热电阻、1151变送器、自动化仪表柜、电器低压柜等产品。

南京埃森电子科技有限公司
地址：江苏省南京市江宁科学园兴苑路108号
邮编：211100
电话：025-52161817
传真：025-52120949
电子信箱：essensors@sina.com
网址：www.essensors.com
主要产品或业务范围：该公司主要生产工业自动化智能仪表，包括符合HART协议、PROFIBUS-PA协议的温度、压力、差压等多种类型的变送器。

南京百坊仪表有限公司
地址：江苏省南京市莫愁路137号
邮编：210004
电话：025-58079087，52336403
传真：025-68661177
电子信箱：yqyb18@126.com
网址：www.yqyb18.com
主要产品或业务范围：压力表，温度计，流量计，液位计，气体减压器，金属探测仪，仪表阀门，仪表配件等。

南京高华科技有限公司
地址：江苏省南京市马群科技园神马路2号
邮编：210049
电话：025-85340040，85323270
传真：025-85329493
联系人：蒋治国，毛娟
电子信箱：gaohgs@jlonline.com
网址：www.njgaohua.com
主要产品或业务范围：充油芯体，压力传感器、变送器，温度传感器、变送器，液位变送器，差压变送器，湿度传感器，拉压力传感器，称重传感器，位移传感器，温压传感器及仪表。

南京国业科技有限公司
地址：江苏省南京市龙蟠中路168号江苏软件园53号楼301室
邮编：210018
电话：025-84660588
传真：025-84660599
电子信箱：market@kuyee.cn
网址：www.kuyee.cn
主要产品或业务范围：红外人体体温筛选仪，红外热成像检测，红外热成像视觉。

南京恒源自动化仪表有限公司
地址：江苏省南京市高新开发区创业中心15栋
邮编：210061
电话：025-58746359，58841085
传真：025-58841085
电子信箱：njhy@njhy.cn
网址：www.njhy.cn
主要产品或业务范围：压力校验仪，工业控制仪表，物理测量仪表，热工测量仪表，红外测量仪表。

南京宏沐科技有限公司
地址：江苏省南京市江宁区双龙大道568号鑫泰广场1-1302
邮编：211101
电话：8008289705，025-52159536，52159538，52159068
传真：025-68625356，52150140
电子信箱：hmsensor@163.com
网址：www.hmsensor.com
主要产品或业务范围：该公司专业从事压力、液位、温度测控仪表的研发和生产。主要产品有高精度压力传感器，经济型压力传感器与变送器，工业型压力变送器，陶瓷电容压力变送器，蓝宝石压力变送器，微差压风压变送器，防雷液位变送器，防腐液位变送器，卫生平膜型压力变送器，高温压力传感器，高频压力传感器，电容式差压变送器和温度系列等。

南京加加软件有限公司
地址：江苏省南京市中山南路224号诺亚商务楼2158室
邮编：210005
电话：025-84219615
传真：025-84219615
电子信箱：support@8625plus2.com
网址：www.8625plus2.com
主要产品或业务范围：容积式高阶椭圆齿轮流量计。

南京科达新控仪表有限公司
地址：江苏省南京市白下区御道街29号南航科技园C楼209室
邮编：210000
电话：025-84891001
传真：025-84891788
网址：www.njkeda.com
主要产品或业务范围：开发经营自动化仪表及自动化控制系统。

南京梅特朗测控仪表有限公司
地址：江苏省南京市雨花区铁心桥熹园16-9
邮编：210012
电话：025-52366120，52366121
传真：025-52899138
电子信箱：metran@126.com
网址：www.metran.com.cn
主要产品或业务范围：电容式传感器、变送器；扩散硅系列变送器；MT系列、DG系列隔离配电器、安全栅、温度变送器；磁翻板液位变送器；电源箱及智能数字显示调节仪表。

南京万达仪表厂
地址：江苏省南京市浦口区永宁工业集中区竹园南路3号
邮编：211801
电话：025-58742927-834
传真：025-58491910
电子信箱：609569146@qq.com
网址：www.chinawanda.net
主要产品或业务范围：该公司主要产品有全系列压力表、双金属温度计、热电偶、热电阻、金属转子流量计、电磁流量计等。

南京沃天科技有限公司
地址：江苏省南京市江宁区滨江开发区地秀路与闻莺路路口
邮编：211162
电话：025-68170300，84353057
传真：025-84353072
电子信箱：xyp@wtsensor.com
网址：www.wt-tech.com
主要产品或业务范围：专业从事各种传感器及自动控制系统的研制生产。

南京亿源仪表有限公司
地址：江苏省南京市江宁区科学园兴苑路108号
邮编：211100
电话：025-52161817
传真：025-52120949-608
电子信箱：zzh@yiyuan-instr.com
网址：www.yiyuan-instr.com
主要产品或业务范围：智能隔离温度变送器、智能隔离压力变送器、隔离室安全栅、信号隔离器、温度变送器以及电量变送器等。

南京英格玛仪器技术有限公司
地址：江苏省南京市白下区光华路1号高新技术产业园区A栋3层
邮编：210014
电话：025-58008020
传真：025-84809175
电子信箱：greenmen@public1.ptt.js.cn
网址：www.sensorsale.com
主要产品或业务范围：英国Michll露点仪，奥地利E+E温湿度，分速度传感器，美国Setra差压、压力变送器，德国Beck差压开关。

南京尤尼森自控仪表有限公司
地址：江苏省南京市丹凤街29号4栋1单元503室
邮编：210000
电话：025-83197811，13801580958
传真：025-83197822
电子信箱：njyns@126.com
网址：www.njyns.com
主要产品或业务范围：热电偶、热电阻、智能温控仪、螺旋式管道加热器、温度变送器、压力变送器、液位变送器、信号隔离器、高低温补偿导线等。

瑞升电机工业（昆山）有限公司
地址：江苏省昆山市玉山镇共青村312国道旁
邮编：215301
电话：0512-57550893
传真：0512-57550464
电子信箱：cbcel55555@163.com
网址：www.risesun.com.cn
主要产品或业务范围：主要产品仪表类：交、直电流表、电压表、频率表、功率表、功率因数表、最大需量表、报警带设定电流、电压表、同步表、相序表、工业数字盘表、累时器、计数器及各类型电流互感器等。

苏州华宏仪表有限公司
地址：江苏省苏州市吴中经济开发区石湖西路173号
邮编：215128
电话：0512-65647793，67073057，67073067
传真：0512-65647792
电子信箱：huahong@hhyb.cn
网址：www.hhyb.cn
主要产品或业务范围：流量仪表，压力仪表，物位仪表，温度仪表，数显仪表，分析仪表，校验仪表，工控系统，称重仪表等。

苏州化工仪表有限公司
地址：江苏省苏州市泰让桥沿河9号
邮编：215002
电话：0512-68201377，68201677，68118186
传真：0512-68223840

电子信箱：shy@shy-sz.com
网址：www.shy-sz.com
主要产品或业务范围：磁性翻板液位计，金属管转子流量计，电磁流量计，涡街流量计，差压变送器。

苏州兰炼富士仪表有限公司
地址：江苏省吴江市经济开发区1333号
邮编：215200
电话：0512-88812966
传真：0512-88812971
电子信箱：info@lanlianfuji.com
网址：www.lanlianfuji.com
主要产品或业务范围：该公司专注于自动化领域，主要经营富士电机最新推出的检测仪表，控制系统和分析仪器。公司承担仪表自动化工程总包项目、承担设备成套、自控设计、技术咨询、调试投运、维修服务和技术培训等各项业务。

苏州联科自动化仪表有限公司
地址：江苏省苏州市工业园区苏虹东路405号C幢5楼
邮编：215000
电话：0512-86669669
传真：0512-62525408
电子信箱：link@linkauto.cn
网址：www.linkauto.cn
主要产品或业务范围：机械式和电子式压力仪器仪表，压力开关，显示器，传感器，阀门及其他流体控制类，液压类产品。

苏州庆丰仪表有限公司
地址：江苏省苏州市城北金星工业区合兴路2号
邮编：215031
电话：0512-67221018，67228018
传真：0512-67229018
电子信箱：szqingf@pub.sz.jsinfo.net
网址：www.qfyb.com
主要产品或业务范围：该公司是原机械部定点生产工业自动化仪表的专业企业，生产工业仪表、农业仪表、液压软管，品种规格齐全。

苏州市三丰仪表制造有限公司
地址：江苏省苏州市相城区元和富民工业区民晶路1号
邮编：215133
电话：0512-67214980
传真：0512-67219480
电子信箱：sf@szsanfeng.cn
网址：www.szsanfeng.cn
主要产品或业务范围：LZ系列智能金属管浮子流量计，智能微小流量金属管浮子流量计等。

太仓市科达自动化仪表厂
地址：江苏省太仓市太平南路34-1
邮编：215400
电话：0512-53567408
传真：0512-53583820
电子信箱：tckeda@126.com
网址：www.tckeda.cn
主要产品或业务范围：智能化学成分分析仪表系列、流量仪表系列、温度仪表系列、压力仪表系列、液位仪表系列、数字仪表系列，同时承接各类自动化控制系统。

泰兴市热工仪表厂
地址：江苏省泰兴市广陵镇西大街24号
邮编：225462
电话：0523-87301050，87301555，87305608
传真：0523-87301998
电子信箱：webmaster@cn-redstar.com
网址：www.cn-redstar.com
主要产品或业务范围：该厂是从事热工仪表制造的专业厂家，中国仪器仪表行业协会会员单位，是参加双金属温度计国家标准起草与修订的单位之一，生产上百种压力、温度仪表系列产品。

威卡中国
地址：江苏省苏州市新区塔园路81号
邮编：215011
电话：0512-68788000
传真：0512-68780300
电子信箱：info@wika.cn
网址：www.wika.com.cn
主要产品或业务范围：机械压力表、电子压力变送器、电接点压力表等。

无锡格瑞特自动化仪表厂
地址：江苏省无锡市滨湖区蠡园开发区汇光科技园2号
邮编：214072
电话：0510-85162178
传真：0510-85161908
电子信箱：wxcreat@163.com，sales@wxcreat.com
网址：www.wxcreat.com
主要产品或业务范围：压力变送器、温度传感器、节流装置及流量计、阀门及执行机构、物位传感器、压力开关、工业电视等监控装置等成套仪表。

无锡宏泰仪表有限公司
地址：江苏省江阴市临港新城滨江西路2号
邮编：214422
电话：0510-86252709，18961677011
传真：0510-86292802
电子信箱：shenyongqianga@163.com
网址：www.wxhtyb.com
主要产品或业务范围：该公司专业生产和销售节流孔板，长径喷嘴，标准喷嘴，三曲线机翼，测风装置文丘里管，

V形锥流量计，涡街流量计，金属管转子流量计，电磁流量计，1151、3351差压变送器，压力变送器，多路风压测量装置，吹扫装置，防堵取样器，EJA变送器等产品。

无锡昆仑富士仪表有限公司
地址：江苏省无锡市新区新畅南路9号
邮编：214028
电话：0510－85210916
传真：0510－85210996
电子信箱：yuan-xun@kunlunfuji.com
主要产品或业务范围：该公司以生产智能变送器为主导，以分析及系统集成、工程服务等为配套，集研发、生产、销售于一体的仪器仪表装备制造公司。

无锡平方电器仪表有限公司
地址：江苏省无锡市南长区扬名飞宏路87号
邮编：214024
电话：0510－82865630，82419744
传真：0510－82419744，82863954
电子信箱：zouf779445@sohu.com
网址：www.wx-pf.cn
主要产品或业务范围：压力变送器，液位变送器，电容式压力变送器，超声波物位，流量计，数字显示表，指针表，配电器，温度变送器系列等。

无锡浦光仪表有限公司
地址：江苏省无锡市湖滨路653号601、602室
邮编：214071
电话：0510－85857366，85117021，82291787
传真：0510－85117021
联系人：马义富
电子信箱：myfpg@163.com
网址：www.wxpgyb.com
主要产品或业务范围：热电偶、热电阻，双金属温度计，电容式压力变送器、不锈钢压力表、隔膜压力表、精密压力表、压力（差压）开关，涡街流量计、涡轮流量计、电磁流量计、椭圆齿轮流量计。

无锡求信流量仪表有限公司
地址：江苏省无锡市锡沪西路999号
邮编：214011
电话：0510－85880589
传真：0510－85880291
电子信箱：zhou@sensorok.com
网址：www.sensorok.com
主要产品或业务范围：该公司生产各类流量计及分析仪器等多种产品。

无锡市风和电力仪表有限公司
地址：江苏省无锡市鸿桥路888号君创大厦603室
邮编：214072
电话：0510－82413924
传真：0510－82442478
电子信箱：webmaster@wx-fl.com
网址：www.wx-fl.com
主要产品或业务范围：便携式远程红外温度计。

无锡市广顺石化仪表厂
地址：江苏省无锡市滨湖区太湖镇糜巷桥工业园区
邮编：214125
电话：0510－85186000，85183678
传真：0510－85188801
电子信箱：wxgsyb@163.com
网址：www.gsyb.com.cn
主要产品或业务范围：致力于工业压力仪表，温度仪表，仪表配套件的研发与制造。

无锡市海天特种压力表厂
地址：江苏省无锡市滨湖经济技术开发区大通路509号
邮编：214124
电话：0510－85626622，85626633，85626699
传真：0510－85625522，85626633
电子信箱：Web@51ylb.com
网址：www.51ylb.com
主要产品或业务范围：各种压力仪表、压力变送器、双金属温度计、数显压力变送控制器、智能数显调节仪、微型测压软管、测压接头、测压胶管。

无锡市惠华特种仪表有限公司
地址：江苏省无锡市滨湖区太湖镇双新工业园区高远路
邮编：214125
电话：0510－85180508，85180558
传真：0510－85182117
电子信箱：huihuayibiao@163.com
网址：www.wxylb.com
主要产品或业务范围：特种压力表、压力控制器、压力变送器、一般压力表和双金属温度计等。

无锡市糜氏仪表有限公司
地址：江苏省无锡市滨湖区太湖镇双新园糜巷桥工业园
邮编：214125
电话：0510－85190728，85187530
传真：0510－85190852
电子信箱：sales@wxmsyb.com
网址：www.wxmsyb.com
主要产品或业务范围：Y-系列一般压力表，YN-系列抗震压力表，Y-B、YN-B系列不锈钢压力表，YNXC、YNXC-B系列抗震（不锈钢）磁助电接点压力表，Y-M系列隔膜式压力表，YE-B系列不锈钢膜盒压力表，YPF系列膜片压力表，S60、S100、S150系列数字显示压力表等产品。

无锡市特种压力表有限公司
地址：江苏省无锡市滨湖区双新工业园
邮编：214125
电话：0510-85180045
传真：0510-85180974
联系人：朱琳
电子信箱：zhulin5158@163.com
网址：www.tzylb.com
主要产品或业务范围：耐振压力表、全不锈钢压力表、膜盒压力表、磁助式电接点压力表、耐振电接点压力表、光电信号电接点压力表、远传压力表、隔膜式压力表、微压膜片压力表、压力变送器、压力开关等特殊压力仪表。

无锡市兴洲仪器仪表有限公司★
无锡市胡埭仪表厂
地址：江苏省无锡市胡埭镇工业园区南区朝阳路12号
邮编：214161
电话：0510-85598593，85589539
传真：0510-85591199，85589299
联系人：虞炳兴，虞江洲
电子信箱：webmaster@xz-yb.com
网址：www.xz-yb.com
主要产品或业务范围：IDAS-智能远传、分散式数据采集网络，专利产品BFC-补偿连续吹扫装置，氧化锆分析仪，SZC-04、04B智能转速表，SZCB-01传感器，智能水位计，转换器，电接点，测量筒，风压变送器，防堵取样器，温度巡测记录仪，智能流量计，在线电导、酸度、一体化变送器，溶氧仪，磁翻板，彩色石英，防霜玻璃板液位计，磁翻柱远传变送器，控制器，汽机保护位移、振动、油箱、油位、胀差监视仪，孔板，平衡容器，3051、1151压力、差压、投入式变送器，电动操作显示器，无纸记录仪，智能数显PID调节仪，导轨安装单、双极电源开关，电器安全防雨接线盒，单回路、八回路闪光报警器，便携式压力、风压校验仪，热电厂供气热网远程（有线、无线）计算机管理系统，智能电量传感器、变送器。

无锡市压力仪表厂有限公司
地址：江苏省无锡市塘南三支路18号
邮编：214026
电话：0510-85011146，85012782，85011146-809
传真：0510-85010684
联系人：陈洪宝
电子信箱：wxliyou@hotmail.com
网址：www.chinaliyou.com
主要产品或业务范围：普通压力表，抗振压力表，磁助式电接点压力表，抗振电接点压力表，电位器式远传压力表，隔膜式压力表，隔膜式抗振压力表。

无锡市优量智能流量仪表有限公司
地址：江苏省无锡市大通路503号（滨湖经济开发区）
邮编：214231
电话：0510-82026888，83118288，85051088
传真：0510-83118288，82026888，83128887
网址：www.youlo.com.cn
主要产品或业务范围：该公司生产免调试易安装的LDB系列电磁流量计、LMZ超声波明渠流量计、LUGB系列涡街流量计、ZD系列浊度仪、压力表、液位计和自控自动化设备。

无锡中钢仪器仪表有限公司
地址：江苏省无锡市滨湖区华庄镇明芳路71号
邮编：214131
电话：0510-85600679，85613500，85602679，83408179
传真：0510-85600679
电子信箱：webmaster@zg-yb.com
网址：www.zg-yb.com
主要产品或业务范围：提供各种温度、压力、流量、变送等仪器仪表的设备操控系统。

西尼尔（南京）过程控制有限公司
地址：江苏省南京市雨花台区花神大道23号5号楼311室
邮编：210012
电话：025-86988688，86988699
传真：025-58070220
电子信箱：peipie.liu@sinier.com.cn
网址：www.sinier.com.cn
主要产品或业务范围：从事流体过程控制仪表、流体控制系统研发与生产。

兴化市天健电热机械有限公司
地址：江苏省兴化市昭阳镇工业园一区建业路13号
邮编：225700
电话：0523-83274816，83274916
传真：0523-83274856
电子信箱：tjdrxh@yahoo.com.cn
网址：www.tjdr.cn
主要产品或业务范围：料位计，计数器，调功器，CP演算器，炉用电热辐射管，变压器，电子除湿器，薄膜热敏式打印头，电话计费器。

徐州科讯工业自动化技术有限公司
地址：江苏省徐州市金山桥开发区科技园
邮编：221004
电话：0516-87792218，87792228
传真：0516-87792238
电子信箱：05168@126.com
网址：www.xz-kexun.com
主要产品或业务范围：从事水利、水电、水文领域自动化仪器、仪表，水电厂/水库/水利枢纽/泵站等计算机监控系统、多媒体监视系统、水文自动测报系统以及大口径超声波流量系统的研制、开发、生产和系统集成。

徐州三原称重技术有限公司
地址：江苏省徐州市金山桥经济开发区金桥路26号
邮编：221004
电话：0516-87799160，87799161，87799162，87799163
传真：0516-87799165
电子信箱：sanyuan@sanyuan-com.com
网址：www.sanyuan-com.com
主要产品或业务范围：电子皮带秤、汽车衡、称重给煤机、实物校验装置、机械采样装置、DCS配料系统。

雅斯科仪器仪表（苏州）有限公司
地址：江苏省吴江市汾湖经济开发区临沪大道1508号
邮编：215211
电话：0512-63269101，8008282944
传真：0512-63269106
电子信箱：sales@ashcroft.com.cn
网址：www.ashcroft.com.cn
主要产品或业务范围：该公司是世界著名的压力温度仪表制造商，主要产品有DURAGAUGE系列流程工业压力表、DURALIFE系列不锈钢压力表、膜片式差压表、磁耦合式差压表、双金属温度计、温包压力式温度计、压力开关、温度开关、差压开关、隔膜密封、压力传感器、差压传感器、校验仪表。

盐城市建湖自动化仪表厂
地址：江苏省盐城市建湖县庆丰东路192号
邮编：224721
电话：0515-6381056，86381205
传真：0515-86381305
联系人：李兆祥，李刚
电子信箱：jhjianqing@pub.yc.jsinfo.net
网址：www.jianqing.cn
主要产品或业务范围：UX系列液位开关，XUK系列液位控制箱，LY静压式传感器，MCI-1电脑液位控制仪，XFK系列消防控制柜，JD型接地汇接箱，LX系列液流信号器等。

扬中市恒润机械仪表厂
地址：江苏省扬中市三沙路119号
邮编：212200
电话：0511-88322768
传真：0511-88229732
电子信箱：yzhryb@126.com
网址：www.yzmi.com.cn
主要产品或业务范围：LLK系列流量开关，LLK系列防爆流量开关，RSQ快速热水器，ZYT系列压力调节器，ZWT系列温度调节器，ANB系列阿纽巴流量计，各种仪表管阀件、桥架等。

镇江市热工仪表厂
地址：江苏省镇江市大路工业园区
邮编：212133
电话：0511-83720208，83721119
传真：0511-83724886
联系人：孙书清
电子信箱：webmaster@zjrgyb.com
网址：www.zjrgyb.com
主要产品或业务范围：工业热电偶系列，工业热电阻系列，XM系列数字显示调节报警仪，XMD系列自动补偿巡检仪，补偿导线，仪表阀门，电子散热器系列，智能流量积算仪。

江西三川水表股份有限公司
地址：江西省鹰潭市工业园区三川大道
邮编：335000
电话：0701-6318019，6318025，6318080
传真：0701-6318066，6318017
电子信箱：webmaster@ytsanchuan.com
网址：www.ytsanchuan.com
主要产品或业务范围：节水型水表、智能卡式水表、网络远传水表、直读式电子远传水表、环保不锈钢水表、复式水表、多路共管供水系统、给排水管材管件、水司管理应用软件等。

鞍山市东方仪器仪表厂
地址：辽宁省鞍山市铁东区工农街3号
邮编：114001
电话：0412-2212668
传真：0412-2220668
电子信箱：asdongfang@163.com
网址：www.asdfyb.com，www.asdongfang.com
主要产品或业务范围：压力、液位、温度流量传感器，变送器。

大连北方测控工程有限公司
地址：辽宁省大连市七贤岭学子街2号3号楼1-2
邮编：116023
电话：0411-88850680，39759007，39565015，39759007
传真：0411-39759055
电子信箱：zhy@dabeco.com.cn
网址：www.dabeco.com.cn
主要产品或业务范围：Siemens过程仪表（压力变送器、流量仪表、液位仪表、温度变送器、阀门定位器、智能调节器、静态称重、动态称重等产品）及系统，并提供气体质量流量计、气体流量控制器、余氯二氧化氯传感器、转速传感器、位移传感器、齿轮传感器、角度传感器、编码器等。

大连博控科技股份有限公司
地址：辽宁省大连市高新区黄浦路782号
邮编：116023
电话：0411-84793453

传真：0411-84799763
电子信箱：zengyongchun1@163.com
网址：www.bocondalian.com
主要产品或业务范围：热电阻、热电偶、温度变送器、温度显示表、温度控制器、湿度变送器、单回路控制器、多回路控制器和数字温度计。

大连博控自动化技术有限公司
地址：辽宁省大连市高新园区黄浦路782号
邮编：116023
电话：0411-84793453，84793775
传真：0411-84799763
网址：www.bocondalian.cn
主要产品或业务范围：该公司是专业生产、销售自动化仪器仪表的生产厂家，包括温度传感器及控制产品。

大连博思曼仪器仪表有限公司
地址：辽宁省大连市高新园区高新街3号
邮编：116023
电话：0411-84821661，84821662
传真：0411-84821663
电子信箱：dlbossman@126.com
网址：www.dlbossman.com
主要产品或业务范围：超声波流量计、超声波液（物）位计、电磁流量计、涡轮流量计、涡街流量计、明渠流量计等一系列流体相关仪表相关产品。

大连长风电子有限公司
地址：辽宁省大连市沙河口区西南路730号
邮编：116023
电话：0411-86834338
传真：0411-86921139
电子信箱：dlwl060@sina.com
主要产品或业务范围：超声波系列固定式流量计，便携式流量计、液位计，标准传感器，插入式传感器。

大连第五仪表厂
地址：辽宁省大连市长江路875号
邮编：116021
电话：0411-84641937
传真：0411-84641937
电子信箱：voodoox@vip.sina.com
网址：http://dlwyb.com
主要产品或业务范围：各种类型的物位仪表，其主导产品浮子式钢带液位计、液位变送器及智能数字显示仪。

大连海峰仪器发展有限公司
地址：辽宁省大连市甘井子区王桥街26号楼
邮编：116033
电话：0411-86804400
传真：0411-86803468
电子信箱：62123768@163.com
网址：www.tds200.cn
主要产品或业务范围：该公司专业从事超声波流量计、水表、热量表等系列产品的研发、设计、生产和销售。

大连汇林测控技术有限公司
地址：辽宁省大连市沙河口区黄河路559号
邮编：116021
电话：0411-84646800，84633211
传真：0411-84633261
电子信箱：inf@hilevel.cn
网址：www.hilevel.cn
主要产品或业务范围：超声波物位计，超声波料位计、超声波明渠流量计。

大连计测机器有限公司
地址：辽宁省大连市保税区泰华510号
邮编：116600
电话：0411-62774088，66776875，13084167497
传真：0411-66776874
电子信箱：66776875@163.com
网址：www.jc28.com
主要产品或业务范围：专业从事流量仪表和流量控制系统研发、生产、销售的高新技术企业，产品有电磁流量计、涡街流量计、涡轮流量计、便携式超声波流量计、手持式超声波流量计、固定式超声波流量计、超声波液位计、超声波物位计、超声波料位计。

大连精工自控仪表成套技术开发公司
地址：辽宁省大连市沙河口区星海广场E区90号D2-2室
邮编：116013
电话：0411-84803344，84801760
传真：0411-84801863
联系人：肖兰
电子信箱：xl@sc-china.com
网址：www.sc-china.com
主要产品或业务范围：该公司是流量测量装置、机翼测风装置的专业生产厂家，除生产各类流量测量装置外，还代理美国VALTEK电动调节阀门、威力巴流量计、转子流量计；德国SKI-SDF差压流量计、SMAEKE差压变送器及龙牌阀门；英国ROTORK执行器和ALCO高压仪表阀门；意大利INDRA仪表高压阀门；德国ASD800变送器、红外线测温仪及各种气体分析仪等。

大连精密仪器仪表厂
地址：辽宁省大连市西岗区香炉礁街30号
邮编：116021
电话：0411-84402124，84402788
传真：0411-84404324
主要产品或业务范围：压力仪表、温度仪表及附件。

大连开发区索尼卡电子有限公司
地址：辽宁省大连市经济技术开发区辽河西路155号
邮编：116600
电话：0411-87305712，87305703
传真：0411-87328318
电子信箱：groupsonic@126.com
网址：www.groupsonic.com
主要产品或业务范围：FV系列超声波流量计，超声波热量计，NV2118系列内文丘里管流量计，日本富士公司超声波流量计，热式质量流量计，超声波测厚仪，超声波液位计，GZP系列直流电源柜，无线遥测系统。

大连流量仪表厂
地址：辽宁省大连市开发区东北大街15号华冠大厦A16层
邮编：116600
电话：0411-62789540，62789640
传真：0411-62789539
网址：www.liuliangbiao.com
主要产品或业务范围：电磁流量计、超声波流量计、便携式超声波流量计、手持式超声波流量计、固定分体式超声波流量计、工业型超声波水表、基本型固式超声波流量计、功能型固式超声波流量计、工业型超声波热量表、工业型分体式超声波热量表、电池供电型超声波热量表、超声波流量/热量模块等流量仪表。

大连美天三有电子仪表有限公司
地址：辽宁省大连市高新园区爱贤街32号
邮编：106023
电话：0411-84518211，84518107
传真：0411-84518106
电子信箱：dlmtdz@163.com
网址：www.metern.cn
主要产品或业务范围：该公司拥有物位、压力、转速、流量、温度、显控等产品。

大连三协仪器仪表有限公司
地址：辽宁省大连市中山区明泽街37号
邮编：116023
电话：0411-82658352
传真：0411-82655952
联系人：田丽敏
网址：www.dl-sankyo.com
主要产品或业务范围：冲板式散状固体流量计。

大连西格玛仪器有限公司
地址：辽宁省大连市高新园区学子街2号
邮编：116023
电话：0411-85868800
传真：0411-88850668
电子信箱：sales@seagma.com
网址：www.seagma.com
主要产品或业务范围：超声波流量计、超声波液（物）位计、 雷达液（物）位计。

大连新概念测控技术有限公司
地址：辽宁省大连市甘井子区俊岭街91号
邮编：116073
电话：0411-39794182，39794183，86552500
传真：0411-39794183-808
电子信箱：fc_80@163.com
网址：www.csbllj.com
主要产品或业务范围：超声波智能水表，超声波流量计，手持式超声波流量计，便携式超声波流量计，流量传感器，超声波热量计，固定式超声波流量计，防爆式超声波流量计，固定式超声波流量计，网络式超声波流量计，热量计网络监控系统。

大连远大仪表有限公司
地址：辽宁省大连市西岗区香炉礁街82号
邮编：116021
电话：0411-86103361
传真：0411-86101751
联系人：曲静
网址：www.dalianyuanda.com
主要产品或业务范围：压力仪表，变送器，阀门，流量仪表，液位、物位仪表，隔离器、配电器，数显仪表，控制器，执行器，闪光报警器，信号发生器，温度仪表。

大连正大仪器仪表有限公司
地址：辽宁省大连市高新园区七贤岭广贤路58号
邮编：116023
电话：0411-84820968，84820368，84820268
传真：0411-84820768
电子信箱：zhengda@dlzhengda.com
网址：www.dlzhengda.com
主要产品或业务范围：普通压力表、特种压力表、隔膜压力表、远传压力表、压力开关、温度开关、微压和差压表、专用压力表（氨压表、氟压表、蒸汽压力表等）、双金属温度计、压力式温度计等产品。

大连智高仪器有限公司
地址：辽宁省大连市沙河口区福佳新天地G1-24-6
邮编：116021
电话：0411-83895932，83895740，83897310
传真：0411-83897310
电子信箱：zerogo100@163.com
网址：www.zerogo.com.cn
主要产品或业务范围：靶式流量计，超声波流量计，电磁流量计和超声波液位计，磁翻板液位计，投入式液位计。

大连中隆仪表有限公司
地址：辽宁省大连市高新园区黄浦路596号

邮编：116023
电话：0411-84790638
传真：0411-84793290
电子信箱：cndlzl@163.com
网址：www.cndlzl.com
主要产品或业务范围：LK系列质量流量计，应力式、干式、节流稳流式涡街流量计，MPA流量计，电磁流量计，积算仪等。

丹东东华测控有限公司
地址：辽宁省丹东市开发区G区46号楼306室
邮编：118000
电话：0415-3137582
传真：0415-3137583
电子信箱：dhckjs@yahoo.com.cn
网址：www.dhckjs.com
主要产品或业务范围：提供多种气体测量和控制系统的设计、安装服务。

丹东济海流量仪器仪表有限公司
地址：辽宁省丹东市振兴区浪头金泉工业区惠泉街10号
邮编：118009
电话：0415-6279121，6279122
传真：0415-6279121
电子信箱：ddjheb@sina.com
网址：www.dd-jh.com
主要产品或业务范围：智能金属刮板流量计等。

丹东通博电器（集团）有限公司
地址：辽宁省丹东市振兴区黄海大街10号
邮编：118000
电话：0415-6221732，6220247
传真：0415-6227346
电子信箱：top@ddtop.com
网址：www.ddtop.com
主要产品或业务范围：集自动化仪表、流量计检定系统、磁力泵的开发、生产、销售为一体的民营股份制企业。

锦州精微仪表有限公司
地址：辽宁省锦州市凌河区卫东街23甲
邮编：121000
电话：0416-2833303，2327769
传真：0416-2362201
电子信箱：jzjwyb@126.com
网址：www.jwyb.com
主要产品或业务范围：铂热电阻。

久茂自动化（大连）有限公司
地址：辽宁省大连市经济技术开发区东北三街29号
邮编：116600
电话：0411-87189010
传真：0411-87189020
电子信箱：info.china@jumo.net
网址：www.jumo-china.com
主要产品或业务范围：水质分析仪表、压力仪表、温度开关、度盘式温度计、调节器和控制系统、温度传感元件、显示表和记录仪以及温度变送器。

辽宁中鑫自动化仪表有限公司
地址：辽宁省辽阳市南环街二段
邮编：111005
电话：0419-4153286，4150091，4152422
传真：0419-4150804
电子信箱：lyzx151@163.com
网址：www.ly-zx.com.cn
主要产品或业务范围：声波清灰器、粉尘浓度计、射频导纳物位计、阻移式物位计、超声波流量计等。

辽阳大祥防磨器材有限责任公司
地址：辽宁省辽阳县首山乡常庄村东工业区
邮编：111200
电话：0419-7479026，7479631
传真：0419-7479632
电子信箱：webmaster@lydxfm.com
网址：www.lydxfm.com
主要产品或业务范围：高温、耐磨、耐蚀、耐振热电偶（阻）等。

辽阳富士仪表有限公司
地址：辽宁省辽阳市中华大街东段红光路58号
邮编：111001
电话：0419-3152298，3155061
传真：0419-3152698
电子信箱：sell@fsyb.com
网址：www.fsyb.com
主要产品或业务范围：该公司生产流量、液位、料位仪表和压力、差压、液位变送器以及调节、分析仪八大类产品。

辽阳佳誉仪器仪表有限公司
地址：辽宁省辽阳市太子河区新城
邮编：111000
电话：0419-3149933，3148835，5887168，13904994687
传真：0419-3149944
联系人：陈玉友
电子信箱：cyy4687@126.com
网址：www.lyjiayu.com.cn
主要产品或业务范围：UL系列阻移物位计、URF射频导纳物位计、UHZ磁浮子液位计、DFQ系列低频声波震动清灰器、UTD电动浮筒液位变送器、超声波物位计、标准孔板、超声波流量仪表；YBP压阻式压力变送器，1151、3051系列压差变送器及数显控制仪、闪光报警器四大类、30多个品种的产品。

辽阳开发区仪表有限公司
辽阳米特仪表有限公司
地址：辽宁省辽阳市宏伟区南环街二段
邮编：111050
电话：0419-4150239
传真：0419-4150237
电子信箱：meter@meterchina.com.cn
网址：www.meterchina.com
主要产品或业务范围：专业物位仪表生产厂家。

辽阳科新流量仪表厂
地址：辽宁省辽阳市繁荣路中段杨林子
邮编：111000
电话：0419-2192216
传真：0419-2193186
电子信箱：wangfulin168@126.com，ks@ly-ks.com
网址：www.ly-ks.com
主要产品或业务范围：水表及水表校验设备。

辽阳市北方电工仪表有限公司
地址：辽宁省辽阳市宏伟区东三里
邮编：111000
电话：0419-4223542，4233223
传真：0419-4223542
电子信箱：webmaster@lbfdg.com
网址：www.lbfdg.com
主要产品或业务范围：电浮筒液位变送器、电接触液位计、机械式料位计、电动浮球液位变送器。

辽阳市华强仪表厂
地址：辽宁省辽阳市四里庄
邮编：111000
电话：0419-4233198
传真：0419-4232298
电子信箱：yb@lyhq.com
网址：www.lyhq.com
主要产品或业务范围：智能数显压力继电器、变送器及防爆压力变送器，电容式智能压力/差压控制器，WSJ系列智能数显温度继电器、变送器，各式磁浮子液位计和防爆变送远传装置及防爆磁保持开关，LED智能光电双色磁浮子液位计，UG型玻璃管，玻璃板式液位计，流量标定管，LS系列浮球液位开关及各式物位、液位开关等。

辽阳市远东仪表阀门厂
地址：辽宁省辽阳市宏伟区杨家花园215号
邮编：111050
电话：0419-4150001
传真：0419-4152263
电子信箱：ydybfm@hotmail.com
网址：www.lnlyyd.com
主要产品或业务范围：该厂致力于工业现场物位仪表、液位仪表、流量仪表以及配套阀门的开发、生产和销售；该厂是中国石油天然气集团公司一级供应网络企业、中国石化物资装备公司资源市场成员企业。

辽阳文圣仪表厂
地址：辽宁省辽阳市宏伟路33号
邮编：111050
电话：0419-4150388，4150505，4150055
传真：0419-4150388，4150505
电子信箱：lywsyb@163.com
网址：www.lywsyb.com
主要产品或业务范围：各种流量、压力、温度、物位、煤炭分析、铸造测试等仪表产品。

沈阳奥德普仪表厂
地址：辽宁省沈阳市铁西区云峰街20号
邮编：110021
电话：024-23673111，23675111
传真：024-85861222
电子信箱：sy.adp@163.com
网址：www.adpyb.cn
主要产品或业务范围：生产压力表系列包括耐振压力表、不锈钢压力表、耐振电接点压力表、普通压力表、隔膜压力表、远传压力表、膜盒压力表、磁助电接点压力表等其他各种压力表等；温度仪表系列包括双金属WSS、双金属电接点WSSX温度计、压力式温度计等产品。

沈阳半岛电器表业有限公司
地址：辽宁省沈阳市浑南新区浑南四路1号富腾国际大厦A座1026、1027室
邮编：110180
电话：024-83812241，83812242，83812243，81802239
传真：024-83812240
电子信箱：banddq@sina.com
网址：www.sybddq.com
主要产品或业务范围：内电源数字压力表，温度表，液位计，差压表，微差压表，压力、温度、液位变送器，智能电容式压力变送器等。

沈阳北星仪表制造有限公司
地址：辽宁省沈阳市经济技术开发区开发区北26号路16号
邮编：110027
电话：024-89255801，89255802
传真：024-89255800
电子信箱：sybeixing@163.com
网址：www.beixing.com.cn，www.xingya-bx.com
主要产品或业务范围：流量仪表、液位仪表、化工玻璃管道和特型玻璃仪器的生产制造。

沈阳测温仪表厂
地址：辽宁省沈阳市大东区大东路178号

邮编：110042
电话：024-24313206，24312582
传真：024-24312582
网址：www.sycwyb.com
主要产品或业务范围：热电偶、热电阻、数字显示仪、双金属温度计，承接引进设备配套仪表国产化测温计制造、加工等。

沈阳测压仪表厂
地址：辽宁省沈阳市皇姑区闽江街83号
邮编：110031
电话：024-81819018，86216014
传真：024-86209333
电子信箱：office@sycyyb.com
网址：www.sycyyb.com
主要产品或业务范围：数字压力表，数字膜盒压力表，数字温度表，数字压力变送器，数字温度变送器，数字液位计，数字防爆电接点压力表，一般用压力表、真空表、压力真空表、氧气表、电接点压力表、防爆电接点压力表等产品。

沈阳大河仪表科技有限公司
地址：辽宁省沈阳市和平区南五马路17号
邮编：110015
电话：024-83503458
传真：024-83503458
电子信箱：dhyibiao@dhyibiao.cn
网址：www.dhyibiao.cn
主要产品或业务范围：该公司是集研发、制造和销售流量仪表、压力变送器、液位变送器及各种自动化仪表的高新技术企业。

沈阳东大传感技术有限公司
地址：辽宁省沈阳市东北大学275信箱
邮编：110004
电话：024-83787279，83787278，83787276
传真：024-23785264
电子信箱：dongdasensor@163.com
网址：www.dongda-sensor.com
主要产品或业务范围：该公司专门从事温度传感器的研制和生产；特种Wre温度传感器在氧化、还原气氛中的应用已达到国际领先水平。

沈阳福光百特测控设备有限公司
地址：辽宁省沈阳市沈河区友好街126-1号
邮编：110013
电话：024-88537333，88552355，88532555
传真：024-28513555
网址：www.sy-better.com.cn
主要产品或业务范围：从事自动化仪表研究开发及生产。主要产品有XM系列智能控制仪、光柱仪表、流量积算仪、多路巡检仪、PID调节器、智能后备操作器、FB系列压力变送器、液位变送器、超声波物位仪、涡街流量计、电磁流量计、pH电极等。

沈阳海泰仪表工业有限公司
地址：辽宁省沈阳市浑南新区科幻路9号百科软件园D2
邮编：110168
电话：024-83601023，83601019
传真：024-83601020
电子信箱：sy-hitek@163.com
网址：www.syht.net
主要产品或业务范围：该公司专业从事各种传感器、变送器、测控仪器仪表、自动控制系统的设计、开发、生产和销售。

沈阳虹润自动化仪表厂
地址：辽宁省沈阳市和平区南七马路4号3门
邮编：110002
电话：024-23524292，23524291
传真：024-23517529
电子信箱：syhryb@163.com
网址：www.syhryb.com
主要产品或业务范围：热电偶、热电阻，双金属温度计，铠装热电偶、热电阻，防腐式、耐磨式热电偶、热电阻。

沈阳华天自动化有限公司
地址：辽宁省沈阳市沈河区北站路146号嘉兴国际2501室
邮编：110013
电话：024-22512800，22512801，22512802，22512803
传真：024-22512806
电子信箱：yaner_xue@163.com
网址：www.syhoten.cn
主要产品或业务范围：压力、温度、液位、流量测量仪表，化学分析仪表及各种阀门。

沈阳江阳仪测有限公司
地址：辽宁省沈阳市三好街35号南科大厦1905室
邮编：110004
电话：024-23904668，23903293，23904798
传真：024-23904798
网址：www.syjoyo.cn
主要产品或业务范围：环保、节能仪器，安全仪器，设备故障诊断，温度仪表，流量仪表，环境仪表。

沈阳精密仪表制造有限公司
地址：辽宁省沈阳市于洪区巢湖街3号
邮编：110141
电话：024-25832394，25832269
传真：024-25832269
电子信箱：syybyc@163.com
网址：www.syybyc.com
主要产品或业务范围：扩散硅、电容式压力、差压、液位变送器。

沈阳聚焦科技有限公司
地址：辽宁省沈阳市铁西区建设中路1−1号
邮编：110021
电话：024−25672091
传真：024−25673701
电子信箱：jujiaokeji@126.com
网址：www.focusva.com
主要产品或业务范围：超声波水表、超声波流量计、超声波热量计、电磁流量计、液位计、明渠流量计、UPS等，同时也是经验丰富的SCADA系统集成商。

沈阳纳百川仪表厂
地址：辽宁省沈阳市东陵区长青街45号
邮编：110015
电话：024−24821489，24822756，81570865
传真：024−24820430
电子信箱：synbc@sohu.com
网址：www.nbcyb.com
主要产品或业务范围：数字压力表、数字温度计、精密数字压力表、数字差压表、压力变送器。

沈阳沈拓仪器仪表有限公司
地址：辽宁省沈阳市沈河区小南街248号
邮编：110015
电话：024−31979122，31979126
传真：024−31979121
电子信箱：sales@sentol−inst.com
网址：www.sentol−inst.com
主要产品或业务范围：温度仪表、压力仪表、数显调节仪表、流量仪表、物位仪表、智能显示仪表、架装仪表、自动控制系统。

沈阳胜昔仪表有限公司
地址：辽宁省沈阳市铁西区北四东路21号甲
邮编：110021
电话：024−25653386，15940379017
传真：024−25670662
网址：www.024yibiao.com
主要产品或业务范围：该公司主要经营多种品牌的压力变送器，压力仪表，称重传感器，SSI油耗监控仪、显示表、液位变送器、组态软件。

沈阳市传感技术研究所
地址：辽宁省沈阳市沈河区万柳塘路22−2号
邮编：110015
电话：024−24801314，24809609
传真：024−24149078
电子信箱：sycgs@dpsisn.com
网址：www.dpsisn.com
主要产品或业务范围：该所是专业从事压力、液位、差压（流量）传感器及变送器研究、生产、安装、检测的高新技术企业；主要产品有扩散硅、硅蓝宝石、电容、硅电容式压力/差压传感器及DPS系列液位、压力、差压（流量）变送器等。

沈阳市多值电子技术研究所
地址：辽宁省沈阳市金山路91号
邮编：110032
电话：024−86614870，86613087
传真：024−86628221
电子信箱：multiv@mulv.com.cn
网址：www.mulv.com.cn
主要产品或业务范围：一线总线仪表、一线热电偶转换器、一线I/O、一线仪表转换器、一线热电阻转换器、一线温度传感器、一线通信适配器、操作仪表系列、闪光报警仪表系列、开关柜、控制柜、通信电缆保安器等多种系列产品。

沈阳市精仪仪表厂
地址：辽宁省沈阳市铁西区勋业一路26−1−212
邮编：110024
电话：024−62356023，13842042669
传真：024−62356023
电子信箱：syjyyb1992@163.com
网址：www.syjyyb.cn
主要产品或业务范围：压力和温度仪表。

沈阳市沈东亚自动化仪器仪表有限公司
地址：辽宁省沈阳市铁西区云峰街20号
邮编：110021
电话：024−31872891，31872892，31872893
传真：024−31872950
电子信箱：sy.dongya@163.com
网址：www.sdyyb.com
主要产品或业务范围：耐震压力表、不锈钢压力表、耐震电接点压力表、普通压力表、隔膜压力表、远传压力表、膜盒压力表、磁助电接点压力表等其他各种压力表等，金属，双金属电接点温度计、压力式温度计等，管道流量计、玻璃转子流量计、磁性浮子液位计、电磁流量计、涡街流量传感器、金属管浮子流量计等。

沈阳市特种仪表厂
地址：辽宁省沈阳市铁西区北一中路46巷15号
邮编：110025
电话：024−25114870
传真：024−25113392
电子信箱：sytzyb@163.com
网址：www.sytzyb.com
主要产品或业务范围：防爆电接点压力表、差压表、膜盒压力表、精密压力表、隔膜压力表、膜片压力表、耐震压力表、耐温压力表、耐酸压力表、不锈钢耐震压力表、远传压力表、双金属温度计等。

沈阳市中色测温仪表材料研究所有限公司
地址：辽宁省沈阳市苏家屯区香槐路88-18号
邮编：110101
电话：024-89802440，89812440
传真：024-89800176
电子信箱：info@zscw.com
网址：www.zscw.com
主要产品或业务范围：该公司（原沈阳市中色测温仪表材料研究所）从事测温仪表材料、电加热（伴热）材料、有色金属合金材料生产及新产品研制。

沈阳斯拓仪表有限公司
地址：辽宁省沈阳市于洪区北李官204终点北400米
邮编：110141
电话：024-25302198，25871726，13904004557
传真：024-25302198
电子信箱：systyb@163.com
网址：www.systyb.com
主要产品或业务范围：该公司是以流量仪表开发、设计、生产、销售为一体的专业化流量仪表制造公司；STZH型智能一体化孔板流量计和SKVZ型V锥流量计是我公司首推的两款先进的差压式流量计，其结构设计新颖，性能稳定，量程比宽，精度高，实用性强，其产品标准符合GB/2624—93和ISO 5167—1的标准；公司在流量测量方面有着丰富的现场经验，从技术咨询、项目策划、设计安装到产品的维护，从每一个测量点开始，为您提供完美的流量测量解决方案。

沈阳泰合冶金测控技术有限公司
地址：辽宁省沈阳市和平区文化路3号巷11号东北大学321
邮编：110004
电话：024-83992716，83992519，83992916
传真：024-83992920
电子信箱：taiheyibiao@163.com
网址：www.promeins.com
主要产品或业务范围：专业从事冶金检测和仪器仪表开发生产销售的科技型企业，研究开发黑体空腔钢水连续测温系统。

沈阳文飞仪器仪表有限公司
地址：辽宁省沈阳市和平区文化路44号（五金公司二楼D2073）
邮编：110003
电话：024-23904226，23994375
传真：024-23901378
电子信箱：syarco@126.com
网址：www.wenfei.com.cn
主要产品或业务范围：专业从事仪器仪表的销售。经营仪器类别有自动化仪表、电力检测仪表、无损检测仪表、环保检测仪表、热工检测仪表。

沈阳鑫华安仪表工程有限公司
地址：辽宁省沈阳市沈河区市府大路262甲新华科技大厦1707室
邮编：110013
电话：024-62237736
传真：024-62237732
电子信箱：wendygwx@163.com
网址：www.sinoteche.com
主要产品或业务范围：自动化仪表及阀门，压力、温度、差压控制器，电子式压力、温度开关及工业热电偶、热电阻，集成电路温度传感器等，各种高精度压力传感器，各种工业用浮球液位开关及射频导纳液位变送器，流量开关，料位开关，隔膜阀，球阀，刀闸阀，蝶阀等。

沈阳鑫斯达自动化有限公司
地址：辽宁省沈阳市皇姑区黄河南大街78-6号111室
邮编：110031
电话：024-86397500，86397600
传真：024-86397300
电子信箱：sales@kingstar1.cn
网址：www.kingstar1.cn
主要产品或业务范围：Metrix振动仪表、振动开关、趋近式振动产品、壳体安装式振动产品、监测产品、ASI物位测量仪表、激光物位计、LT80激光物位计、LT200激光物位计、WT导波雷达物位计、RF射频导纳物位开关、物位开关、超声波物位计、重锤物位计、音叉开关、阻旋式物位开关、液位测量仪表、BETA压力、温度开关、速度测量仪表、转速传感器、速度测量、转换及显示装置。

沈阳依诺科技有限公司
地址：辽宁省沈阳市皇姑区崇山中路63号穗港馨都大厦1410号
邮编：110031
电话：024-86244743，86231499
传真：024-86244743
电子信箱：slq@china-sense.com
网址：www.china-sense.com
主要产品或业务范围：超声波流量计，液位计，超声波明渠流量计，淤泥浓度计，界面计，油水界面计，雷达、射频物位计，余氧、总氧分析仪，pH/ORP计，溶解氧分析仪，浊度监控仪。

沈阳英达尔科技有限公司
地址：辽宁省沈阳市沈河区友好街19号奉天银座B座16层
邮编：110013
电话：024-88569666，88569066
传真：024-88569088
电子信箱：sales@idlcc.com
网址：www.idlcc.com
主要产品或业务范围：代理过程控制开关、工业控制开关，电器/电缆连接器、变送器、流量计、燃烧管理系统、火焰检测器、特种阀门、红外测温仪、变频器等。

沈阳中仪欧米特测控技术有限公司
地址：辽宁省沈阳市沈河区文艺路19号地王国际俱乐部公寓A座902室
邮编：110015
电话：024-31306691，31306692，31306699
传真：024-31306690
电子信箱：info@eurometers.com
网址：www.eurometers.com
主要产品或业务范围：德国KEM的透平流量计、微流量计、齿轮流量计、螺旋流量计、涡街流量计、热式质量流量计、科氏力质量流量计。

声美测控（大连）有限公司
地址：辽宁省大连市旅顺口区寺沟路138号
邮编：116041
电话：0411-86630441
传真：0411-86630441
电子信箱：market@sgm-dalian.com
网址：www.sgm-dalian.com
主要产品或业务范围：该公司主要研发和生产超声波液位、物位计，雷达液位、物位计、明渠流量计和超声波流量计等产品。

铁岭市光明仪器仪表厂
地址：辽宁省铁岭市南马路108号
邮编：112000
电话：0410-7306176，13700108144
传真：0410-7306183
联系人：田立勇
网址：www.tlgm.cn
主要产品或业务范围：流量计、液位计、监视装置、压力仪表、温度仪表。

中航工业河北宏业永泰流体机械股份有限公司
地址：河北省泊头市南仓街461号
邮编：062150
电话：0317-5562821
传真：0317-5562823
电子信箱：hbhy@hbhongye.com
网址：www.hbhongye.com
主要产品或业务范围：标准节流装置，流量仪表，不锈钢球阀、截止阀、止回阀、闸阀、过滤器及各种管配件。

中日合资辽阳科林仪表有限公司
地址：辽宁省辽阳市卫国路67号
邮编：110000
电话：0419-2123857，2130614
传真：0419-2127400
电子信箱：klingage@163.com
网址：www.klingage.cn
主要产品或业务范围：磁浮子液位仪，浮球开关，玻璃管、玻璃板液位计，各种视窗、视镜等，高压/超高压高温、低温、超低温、真空、耐腐蚀的各种仪表。

中信联合自动化（大连）有限公司
地址：辽宁省大连市开发区昌兴路3号
邮编：116100
电话：0411-66776677
传真：0411-86891955
联系人：刘瑞
电子信箱：honeywell10@sina.com
主要产品或业务范围：压力变送器、液位变送器、电容式压力、差压变送器、一体化温度变送器、彩色无纸记录仪、智能一体化孔板流量计、智能型一体化电容物位仪、压力/差压/温度开关、智能型物位开关。代理香港东胜控制工程公司的智能二次仪表，我国台湾地区同维工控机及数据采集产品。

永华仪器仪表有限公司
地址：内蒙古包头市稀土开发区新建区劳动路16号
邮编：014030
电话：0472-5120164，5120165，5100114，5100120
传真：0472-5111832
电子信箱：btyonghua@yonghua888.com
网址：www.yonghua888.com
主要产品或业务范围：热电偶、热电阻，智能表，压力表，压力、差压变送器，代理计量仪器仪表，校验器。

宁夏新银河仪表有限公司
地址：宁夏省银川市德胜工业园区新胜东路32号
邮编：750200
电话：0951-6146138，6146659，6146888
传真：0951-6146149
电子信箱：99808412@qq.com
网址：www.nxxyhyb.com
主要产品或业务范围：专业从事压力、流量、物位三大类仪表的研发与生产。

青海压力表有限公司
地址：青海省西宁市朝阳东路25号
邮编：810003
电话：0917-85502737，85508879
传真：0917-85508876
网址：www.qhhyjt.com
主要产品或业务范围：普通压力表，精密压力表，氧气压力表，乙炔压力表，耐震压力表，电接点压力表等系列产品，氧气减压器，乙炔减压器，氢气减压器，氮气减压器等系列产品。

德州市科华电子技术研究所
地址：山东省德城区天衢东路151号
邮编：253087

电话：0534-2345022
传真：0534-2345022
联系人：徐宝田
电子信箱：kehuadianzi2@163.com
网址：www.khcw.cn
主要产品或业务范围：该所致力于各种温湿度智能测控仪器的开发、研究及生产，可承接各种智能测控系统的研制开发任务。

济南盛旺科技发展有限公司
地址：山东省济南市历下区黄台南路78号金三角商务楼2楼201室
邮编：250013
电话：0531-88758366
传真：0531-88758300
网址：www.sw555.com
主要产品或业务范围：压力表、传感器等产品。

济南余姚仪器仪表有限公司
地址：山东省济南市天桥区天成路12号
邮编：250031
电话：0531-85803464，85954801
传真：0531-85865724
电子信箱：yb@yy-yb.cn
网址：www.yy-yb.com
主要产品或业务范围：流量、温度、压力仪表、电磁阀等自动化仪表。

济南正中信仪表有限公司
地址：山东省济南市水屯路40号
邮编：250033
电话：0531-88978580，83426818
传真：0531-83426600
联系人：邢桂越
电子信箱：88978580@163.com
网址：www.zhengzhongxin.com
主要产品或业务范围：LFX型分流旋翼式蒸汽流量计、LUGB型涡街流量计、LC-S型椭圆齿轮流量计、LGK型孔板流量计。

济宁艾普信自动化仪表有限公司
地址：山东省济宁市豪德商贸城B区11街
邮编：272100
电话：0537-7797851
传真：0537-7797850
联系人：孟凡华
电子信箱：7797851@163.com
网址：www.sd-meter.com
主要产品或业务范围：该公司是一家专业从事开发、设计、生产物位仪表、流量仪表等产品的国内新兴的自动化企业。

龙口市博思达仪器仪表公司
地址：山东省龙口市东江镇政府驻地
邮编：265718
电话：0535-8619459
传真：0535-8619079
电子信箱：bsd9459@yahoo.com.cn
网址：www.lkbsd.com
主要产品或业务范围：LUGB、LUGE系列涡街流量传感器、智能弯管流量计、居民分户计量热能表、智能显示仪表和计算机能源计量管理系统。

青岛华青集团有限公司
地址：山东省青岛市平度南村镇华青路1号
邮编：266736
电话：0532-83396878
传真：0532-83391888
电子信箱：hakin@hakin.com
网址：www.hakin.com
主要产品或业务范围：普通和特种压力仪表、温度仪表、气体减压器等系列1500余个规格的产品。

青岛清方华瑞电气自动化有限公司
地址：山东省青岛市深圳路185号3-301室
邮编：266101
电话：0532-86123258，86123256
传真：0532-86123257
电子信箱：auto@qfauto.com
网址：www.qfauto.com
主要产品或业务范围：时差式超声波流量计、吹气式水位计、压力式水位计。

青岛四方仪表厂
地址：山东省青岛市瑞昌路118号
邮编：266032
电话：0532-83739202，83739201，83739241
传真：0532-83738370
联系人：吴修泉
电子信箱：Sfyibiao@126.com
网址：www.SFYiBiao.com
主要产品或业务范围：一般压力表，真空表，压力真空表，氟利昂压力表，隔膜耐蚀压力表，电接点压力表，电阻远传压力表，氨用压力表，全不锈钢防腐压力表，抗振压力表，氧气、乙炔、氩气、氮气、氢气、二氧化碳、丙烷减压器，回火器等。

青岛自动化仪表有限公司
地址：山东省青岛市城阳区重庆北路16号
邮编：266108
电话：0532-66917248
传真：0532-66916837
联系人：宋文湖

电子信箱：qlyb-0532@163.com
网址：www.qlyb.cn
主要产品或业务范围：液体、蒸汽、天然气（各种气体）流量计。

荣成市宇翔实业有限公司
地址：山东省威海市荣成市工业园悦湖路118号
邮编：264300
电话：0631-7600666，7603777
传真：0631-7600666，7603777
电子信箱：1984yuxiang@sina.com
网址：www.yuxiang-gasmeter.com
主要产品或业务范围：钢壳民用、铝壳民用、工商用、智能型民用四大系列、20余个型号的燃气计量仪表。

山东晨晖电子科技有限公司
地址：山东省泰安市高新技术开发区星火科技园
邮编：271000
电话：0538-8933839，8933318
传真：0538-8933477
电子信箱：kdchdz@163.com
网址：www.kdchdz.com
主要产品或业务范围：矿压检测仪表及检测系统、计量测试仪表、高校教学实验仪器。

山东荷德鲁美特表计有限公司
地址：山东省济南市高新技术开发区丰满路五洲科研楼
邮编：250101
电话：0531-58820999
传真：0531-58820998
电子信箱：sales@hydrometer.cn
网址：www.hydrometer.cn
主要产品或业务范围：专业生产和销售符合欧洲标准和中国标准的热计量表。

山东康泰实业有限公司
地址：山东省招远市金城路389号
邮编：265400
电话：0535-8216429，8243980
传真：0535-8222298
联系人：康炳元
电子信箱：kangtaik@public.ytptt.sd.cn
网址：www.kangtaigroup.com
主要产品或业务范围：pH变送器，电导率变送器，电磁流量计，金属管浮子流量计，涡街流量传感器，各种智能显示仪表，无纸记录仪，3051系列智能变送器，1151系列压力/差压变送器，YS系列压力变送器，热电偶/热电阻/双金属温度计/温度变送器，CZS系列磁致伸缩液位计，UYB系列电容式物位计，UCB/ZTD系列稳压式液位变送器，UQ系列浮球液位变送器/控制器，UHZ系列磁翻柱液位计。

山东思达特测控设备有限公司
地址：山东省潍坊市经济开发区友谊路600号
邮编：261061
电话：0536-8661299，8668957
传真：0536-8669357，8661599
电子信箱：startwf@126.com
网址：www.startdy.com
主要产品或业务范围：智能涡街流量计、智能涡轮流量计、电磁流量计、气体超声波流量计、微小流量计等。

山东潍微科技股份有限公司
地址：山东省青州市昭德南路3789号
邮编：262500
电话：0536-3200347
传真：0536-2136888
联系人：李云云
电子信箱：sdqzwwgs@yeah.net
网址：www.china-weiwei.com
主要产品或业务范围：水表流量计，高楼供水设备，水表户外显示仪，水表、气表远传系列产品。

山东淄博西创测控技术开发有限公司
地址：山东省淄博市张店区政通路135号高新区高创园B座500室
邮编：255086
电话：0533-3582860，3591840
传真：0533-3591840
电子信箱：xichuangcekong@126.com
网址：www.xichuangck.com
主要产品或业务范围：压力变送器，差压变送器，物位、液位变送器，温度变送器，配套智能二次仪表。

威海博扬电子有限公司
地址：山东省威海市高技区火炬路213-3号
邮编：264209
电话：0631-5625258，5685992，13963193538
传真：0631-5686558
联系人：冯立
电子信箱：whboyang@126.com
网址：www.whboyang.com
主要产品或业务范围：该公司经过不懈的努力，成功开发了时差超声波流量计、多普勒超声波流量计、非满管超声波流量计等系列产品，是国内唯一的全系列超声波流量计专业生产基地。

威海华锐仪表有限公司
地址：山东省威海市羊亭镇
邮编：264204
电话：0631-5764123
传真：0631-5764331
网址：www.whhuarui.com

主要产品或业务范围：涡街流量计，流量积算仪，节流装置等自动化仪表。

潍坊通达仪表有限公司
地址：山东省潍坊市昌乐县开发区宝石城一路
邮编：262400
电话：0536-6280867
传真：0536-6282309
电子信箱：tongdayb@163.com
网址：www.tdyb.cn
主要产品或业务范围：该公司是专业生产液位检测和控制测量仪表的制造商，集产品设计开发、生产销售于一体，是国内较早研制和生产磁性液位计的企业。

潍坊亚峰化工仪表有限公司
地址：山东省潍坊市潍城区于河工业园
邮编：261057
电话：0536-8166657
传真：0536-8167173
电子信箱：gs@yafengyibiao.com
网址：www.yafengyibiao.com
主要产品或业务范围：专业生产销售液位仪表、温度仪表、流量仪表、压力仪表以及二次显示仪等多种产品。

烟台奥特仪表制造有限公司
地址：山东省烟台市开发区衡山路3号
邮编：264006
电话：0535-6374845，6386633，6386622
传真：0535-6382405
电子信箱：sales@yantaiauto.com
网址：www.yantaiauto.com
主要产品或业务范围：智能压力差压变送器，电容传感器，差压变送器信号处理电路，压力变送器，超声波流量计，压力传感器及线路板，小型压力变送器，投入式液位变送器，智能数字表，一体化温变模块等。

烟台布鲁斯仪表科技有限公司★
地址：山东省烟台市经济技术开发区珠江路32号
邮编：264006
电话：0535-6931211
传真：0535-6931311
联系人：刘建军
电子信箱：BLS1238@163.com
网址：www.ytyibiao.net，www.ytbls.com
主要产品或业务范围：该公司经意大利布鲁斯工业仪表公司（简称BLS公司）授权，在国内成立国内第一家品牌授权公司；后经技术授权，在国内独家组装生产“BLS”品牌高稳定性系列压力差压变送器；同年，公司在山东省济南市高新产业区合资成立济南鑫永恒机电设备有限公司，专业研制生产YH3051系列变送器，BLS进口品牌与YH品牌相映生辉，可满足国内大部分不同需求的客户群；公司提供成套仪表，涉及行业如电力、石油、化工、冶金、环保、发酵、食品、医药、水利等；公司同时代理销售美国罗斯蒙特3051变送器及横河川仪EJA变送器；主要产品有各种压力差压变送器，法兰液位变送器，如单法兰压力差压、单远传压力差压、双远传差压，卡装式法兰液位及电磁流量计等。

烟台铭科电子科技有限公司
地址：山东省烟台市开发区黑龙江路1号
邮编：264000
电话：0535-6931012
传真：0535-6931013
电子信箱：mingke2007@163.com
网址：www.ytmingke.com
主要产品或业务范围：物位仪表有UQD浮球液位计、UHZ磁翻板液位计、UMD电容式液位变送器、ZTD、UCB静压式液位变送器、UMC磁致伸缩液位计及各种防腐液位计；分析仪表有DD电导率变送器、PHS酸度变送器、DMN酸碱浓度计、DOM工业溶氧仪；流量仪表有LDG电磁流量计、LUGB涡街流量计；温度显示仪表有WRM高温耐磨热电偶、XMT智能数字控制仪，无纸记录仪等。

烟台市塔山仪表有限公司
地址：山东省烟台市芝罘区上夼西路101号
邮编：264001
电话：0535-6085243
传真：0535-6084798
联系人：张永建
电子信箱：yy@ytyb.com
网址：www.ytyb.com
主要产品或业务范围：工控系统及装备，流量仪表。

招远市大明仪表有限公司
地址：山东省招远市开发区普照路68号
邮编：265400
电话：0535-8216840，8381926，8381929
传真：0535-8240881
电子信箱：wy@dmyb.com
网址：www.dmyb.com
主要产品或业务范围：磁翻板液位计，浮球式、静压式、翻柱式、电接点式液位计，液位开关，压力差压变送器，智能型数字压力计，电缆悬挂式酸度变送器，冲压型工业酸度变送器，酸度计，智能数显控制位及各类温度仪表。

招远市东朋自动化仪表有限公司
地址：山东省招远市开发区金都缘创业园9号
邮编：265400
电话：0535-8139110，8138238
传真：0535-8139121
电子信箱：Zydpyb2008@163.com
网址：www.zydpyb.cn

主要产品或业务范围：各种防腐蚀类仪表，为磁翻板等液位计中间商配套提供不锈钢内衬四氟，并生产防腐类如压力仪表、温度仪表、液位仪表、流量仪表、变送器、电导率变送器、工业酸度计七大系列及防腐配件。

淄博从信测控设备有限公司
地址：山东省淄博市高新区柳泉路264号硅院大厦A座501室
邮编：255000
电话：0533-3588408，13964301123
传真：0533-3588406
电子信箱：quyingbin2@163.com，cssensors@126.com
主要产品或业务范围：压力传感器/变送器、温度传感器/变送器、位移传感器、倾角传感器、加速度传感器、压电薄膜传感器、超声波液位计、雷达物位计、静压式投入液位变送器、超声波流量计、电磁流量计、涡街流量计、孔板流量计、电子测试仪器及工具、分析仪器、智能数字显示仪和无纸记录仪等产品。

淄博灯塔高新光机电技术研究所
地址：山东省淄博市周村区机场路1号7楼
邮编：255300
电话：0533-6182532
传真：0533-6179926
电子信箱：yjl@zbdtgd.com
网址：www.zbdtgd.com
主要产品或业务范围：代理美国雷泰公司红外测温仪器，包括便携式、在线式、扫描式三大类。

淄博飞雁先行测控技术有限公司
地址：山东省淄博市张店区山东科汇工业园
邮编：255087
电话：0533-3184050，3818768
传真：0533-3182774，3165946
网址：www.advsensors.cn
主要产品或业务范围：各种工业传感器、变送器及电子元器件；各种显示、控制仪表及自动化设备。

淄博森普仪器仪表有限公司
地址：山东省淄博市张店区东一路12-A10
邮编：255000
电话：0533-2186678，2151790，2171919
传真：0533-2182526
电子信箱：zbsp@zbsp.com
网址：www.zbsp.com
主要产品或业务范围：流量仪表、液位仪表、压力仪表、温度仪表，无纸记录仪、电磁阀、电（气）动调节阀、电气阀门定位器、电气转换器、空气过滤减压器、安全栅、隔离器。

淄博新时代仪表制造有限公司
地址：山东省淄博市科技工业园（张店三赢路）
邮编：255000
电话：0533-3819397，3818155
传真：0533-3818533
电子信箱：mail1@xsdyb.com
网址：www.xsdyb.com
主要产品或业务范围：该公司集科研、生产、销售为一体，专业生产压力仪表和温度仪表，是全国压力仪表行业协会理事单位。

晋城市仪表厂
地址：山西省晋城市开发区兰花路755号
邮编：048000
电话：0356-2192499
传真：0356-2192493
联系人：郭陈强
主要产品或业务范围：各种热电偶、热电阻、双金属温度计、双金属—电阻一体化温度计及钢水用快速测温热电偶。承接各种成套设备的安装、设计。

山西雷迪仪器仪表股份有限公司
地址：山西省阳泉市经济技术开发区雷迪仪器仪表科技产业工业园区
邮编：045000
电话：0353-4909886
传真：0353-4909818
电子信箱：sxleading@163.com
网址：www.zhyb.com.cn
主要产品或业务范围：膜盒微压表、精密压力表、压力控制器、隔膜压力表、膜片压力表、远传压力表、差动远传压力表、矩形膜盒压力表、微差压表、耐震压力表、一般压力表以及膜盒、膜片元件。

太原晋仪热工仪表制造有限公司
地址：山西省太原市旧晋祠路南堰万水物质城二区94号
邮编：030012
电话：0351-6696206，6696306
传真：0351-6696306
主要产品或业务范围：温度仪表、压力仪表、流量仪表、液位仪表、显示仪表、记录仪表以及各种仪表电缆。

太原市精微测控技术有限公司
地址：山西省太原市师范街126号南街34号
邮编：030006
电话：0351-7084335，13603569129
电子信箱：tyjingwei@126.com
主要产品或业务范围：膜盒压力表等压力仪表、热电偶、热电阻等温度仪表、小型压力控制器，变送器、活塞压力计、多用途校准仪等校准仪表。

太原市康天仪表电子有限公司
地址：山西省太原市五一路49号

邮编：030001
电话：0351-8217180
传真：0351-8217126
电子信箱：dzj2008@yahoo.cn
网址：www.kangtian888.com，www.康天仪表.com
主要产品或业务范围：气体分析/检测仪器、氧化锆氧量分析仪、温度远传监测仪(水泥厂专用)、热电偶、热电阻、双金属温度计、智能数字显示调节仪表、智能巡检仪表、流量积算仪控制仪表、无纸记录仪、温度变送器、压力（差压）变送器、罗斯蒙特压力变送器、压力表、液位变送器、智能雷达物位计、导波雷达物位计、射频导纳物位计、超声波液位计、阻旋料位开关、射频导纳物位开关、标准孔板、流量计、电量变送器/电量表、校验类仪表、大/中/小型电炉控制柜、工业电视监控设备，代理进口仪表。

太原市振中科技有限公司

地址：山西省太原市高新技术开发区（创业街9号）
邮编：030006
电话：0351-2209758，2209756
电子信箱：master@zhen-zhong.com
网址：www.zhen-zhong.com
主要产品或业务范围：生产销售智能数显仪表，温度、流量、压力传感器为主体的仪器仪表公司。

太原太航流量工程有限公司

地址：山西省太原市并州南路137号
邮编：030006
电话：0351-7054700，7053224
传真：0351-7180254
电子信箱：thllgc@163.com
网址：www.thkj.avic.com
主要产品或业务范围：该公司是国内最早、最大的科氏质量流量计专业生产制造商。

太原太航压力测试科技有限公司

地址：山西省太原市并州南路137号
邮编：030006
电话：0351-7057431，7057865
传真：0351-7070062
电子信箱：thyics@126.com
网址：www.thkj.avic.com
主要产品或业务范围：该公司从事压力、温度、湿度等领域产品的设计、开发、生产和销售。

太原太航自动化仪表有限公司

地址：山西省太原市并州南路137号
邮编：030006
电话：0351-7088840
传真：0351-7043493
电子信箱：thzdh@vip.sina.com
网址：www.taihangybc.com
主要产品或业务范围：该公司主要产品有涡街流量计、电磁流量计、锥形流量计、超声波流量计等。

阳泉仪表有限责任公司

地址：山西省阳泉市南山南路7号
邮编：045000
电话：0353-2032674，2033509，2034765
传真：0353-2032011
电子信箱：yqybgs@126.com
网址：www.yqybgs.com.cn
主要产品或业务范围：各类压力仪表、温度仪表、精密仪表、氨压表、抗震表、防腐表、隔膜表、远传表、控制器、电接点仪表等。

宝鸡航天华科机电工业有限公司

地址：陕西省宝鸡市高新技术开发区英达路付2号
邮编：721006
电话：0917-3321905，3321900
传真：0917-3321905
电子信箱：chhtdt@public.xa.sn.cn
网址：www.hthuake.com
主要产品或业务范围：HTP系列压力传感器、变送器、压力开关和XM系列智能数显测控仪表。

宝鸡恒通电子有限公司

地址：陕西省宝鸡市高新大道195号
邮编：721013
电话：0917-3319841
传真：0917-3317007
电子信箱：sales@cn-htdz.com
网址：www.cn-htdz.com
主要产品或业务范围：该公司专业生产HT系列隔离膜传感器芯体和压力、差压、绝压、液位、温度传感器、变送器及与其配套的智能数显控制仪表等工业自动化产品。

宝鸡华水自动化工程有限责任公司

地址：陕西省宝鸡市渭滨区渭工路55号泽润苑
邮编：721000
电话：0917-2811180，3802128，3802129
传真：0917-3802156
联系人：李礼元
电子信箱：hsa@hsa.cn
网址：www.hsa.cn
主要产品或业务范围：不锈钢压力变送器（变频配套产品）、不锈钢压力变送器、不锈钢真空压力变送器、电解点压力变送器、全不锈钢液位变送器、全不锈钢一体化压力变送器、温度变送器、防雷模块、智能数显控制仪。

宝鸡秦明传感器有限公司

地址：陕西省宝鸡市宝福路101号

邮编：721001
电话：0917-3666736，13571766979
传真：0917-3666758
联系人：祁新明
电子信箱：Bjqm.love@163.com
网址：www.baojisensor.com
主要产品或业务范围："秦岭"牌系列压阻压力、差压、绝压、液位传感器、开关、变送器；现场指示数显式开关、变送器等；系列电子秤，数字显示无线吊钩称、汽车衡，高精度智能测控仪表，自动化系统工程等。

宝鸡市智恒传感器有限责任公司
地址：陕西省宝鸡市姜谭路三合村新建2楼66号
邮编：721008
电话：0917-3394587
传真：0917-3301444
联系人：匡惠芬
电子信箱：zhiheng gongsi@sina.com
主要产品或业务范围：工业自动化仪器仪表、电热电器。

科宝测控技术(西安)有限公司
地址：陕西省西安市沣惠南路18号西格玛大厦1层
邮编：710075
电话：029-82307865，82307866，82307868
传真：029-82307869，82307870
电子信箱：wang@kobold.cn
网址：www.koboldxa.com
主要产品或业务范围：该公司是德国总公司在西安投资的一家独资公司，致力于测控仪器仪表的研制、生产，产品涵盖了流量、压力、物位、温度测量仪表。

麦克传感器有限公司
地址：陕西省宝鸡市高新开发区英达路18号
邮编：721006
电话：0917-3600901
传真：0917-3609977
电子信箱：center@microsensor.cn
网址：www.microsensor.cn
主要产品或业务范围：该公司提供高品质OEM压力传感器、液位变送器、智能压力变送器、测量和控制仪表等。

秦川机床集团宝鸡仪表有限公司
地址：陕西省宝鸡市清姜东二路14号
邮编：721006
电话：0917-3617366
传真：0917-3617315
电子信箱：qcbjyb@qcbjyb.com
网址：www.qcbjyb.com
主要产品或业务范围：该公司是生产压力仪表和各种传感器的专业厂，产品已形成特种压力仪表、SF6气体密度控制器、压力传感器、称重传感器及电子衡器、工业自动化成套项目等；公司通过中国进出口商品质量认证中心认证，通过ISO 9001认证。

陕西创威科技有限公司
地址：陕西省西安市高新路80号望庭园际三幢22304号
邮编：710065
电话：029-86690023
传真：029-85973500
电子信箱：cwhx17@163.com
网址：www.hx17.com
主要产品或业务范围：高端压力、温度计量校准仪表的研发、制造、销售。

陕西东辉智能仪器有限公司
地址：陕西省西安市劳动路北段电缆高层A座3层
邮编：710082
电话：029-88614306，88649822，88645607，88645609
传真：029-88645620
电子信箱：donghui.sx@163.com
网址：www.donghui.net
主要产品或业务范围：生产流量、物位、压力、温度四大类、几千种规格的仪表。

陕西瑞光自动化仪表有限公司
地址：陕西省西安市雁翔路99号交大科技园开元孵化器3A楼
邮编：710054
电话：029-83396028
传真：029-83396098
电子信箱：sell@xianrg.com
网址：www.xianrg.com
主要产品或业务范围：该公司从事红外测温仪、气体报警仪产品的开发、生产和销售，现有便携式、在线式两大类。

西安安森智能仪器有限公司
地址：陕西省西安市经济技术开发区凤城六路135号
邮编：710021
电话：029-86199159
传真：029-86522755
电子信箱：ancn2006@163.com
网址：www.xaancn.com
主要产品或业务范围：该公司致力于压力、温度仪表精密化、数字化、智能化、网络化、低功耗化的研究；设计制造无线通信、RS485通信系列压力仪表、温度仪表和液位仪表；电池供电数字显示系列压力仪表、温度仪表和液位仪表；标准4～20mA变送器系列压力仪表、温度仪表和液位仪表。

西安昌晖自动化系统有限公司
地址：陕西省西安市大庆路3号蔚蓝国际B座19楼
邮编：710082
电话：029-88643173，88611446，88616951

传真：029-88611446，88643173
电子信箱：wanjiahua_jh@yahoo.com.cn
网址：www.swpxa.com
主要产品或业务范围：SWP系列智能数显控制仪、智能数显电工仪表，彩色无纸记录仪、单色无纸记录仪、智能涡街流量计、电磁流量计、流量积算仪，射频导纳物位仪，多路巡检控制仪、压力差压变送器、一体化温度变送器、补偿导线、电动执行机构、电动调节碟阀，电动调节球阀，电动单，双座调节阀，WR系列热电偶、WZ系列热电阻、WSS系列双金属温度计，压力表等。

西安电仪自控系统有限公司

地址：陕西省西安市高新开发区新型工业园创业大道标准厂房B1主楼2层
邮编：710119
电话：029-88889290，85692522，85692523，85692565
电子信箱：xady@xadianyi.net
网址：www.xadianyi.net
主要产品或业务范围：工业双金属温度计、热电阻、热电偶，压力/差力变送器等。

西安定华电子有限公司

地址：陕西省西安市高技术产业开发区光德路2号F-2B楼5层
邮编：710065
电话：029-88317762
传真：029-88325028
电子信箱：sales@dhechina.com
网址：www.dhechina.com
主要产品或业务范围：车载型外测液位仪，罐区管理系统，外测液位仪等。

西安东风机电有限公司

地址：陕西省西安市高新区锦业路69号
邮编：710068
电话：029-88485081
传真：029-88480054
电子信箱：dfjdscb@163.com
网址：www.xadfjd.com
主要产品或业务范围：该公司是一家以科氏质量流量计产品为核心，以提供工业过程流量计量及控制系统为主业，集开发、生产、销售为一体的高科技企业。

西安航联测控设备有限公司

地址：陕西省西安市新科路1号东兴科技大厦13-5室
邮编：710043
电话：029-82227103，82229229
传真：029-82227103
电子信箱：xahl@xahl.com
网址：www.xahl.com
主要产品或业务范围：音速、亚音速各类气体流量仪表，内藏式、插入式双文丘里管，标准及非标准孔板，文丘里喷嘴等各种节流装置。

西安华舜测量设备有限责任公司

地址：陕西省西安市高新区陈家庄9排1号
电话：029-88384667，88385482
传真：029-88385482
电子信箱：xianhuashun@sina.com
网址：www.hshme.com
主要产品或业务范围：该公司已成功开发出了“HS-2000外置式超声波液位计”“HS-ULC型外置式液位控制器”“便携式超声波液位指示器”等多种先进测量仪表与设备，其中高性价比的“外置式超声波液位控制器”在石化、化工行业广为应用，“HS-2000外置式超声波液位计”为国内首创，获国家创新基金支持，“便携式超声波液位指示器”在消防行业达到国际先进水平。

西安佳盟自动化有限公司

地址：陕西省西安市电子一路18号西部电子社区C座1803室
邮编：710065
电话：029-88243812
传真：029-88241170
电子信箱：88243812@126.com
网址：www.camoner.com
主要产品或业务范围：LZJ/B玻璃转子流量计，LZ智能金属管浮子流量计，UHC磁翻板液位计，WSS双金属温度计，WNG玻璃水银温度计，WZ热电阻，WR热电偶，LUGB涡街流量计，节流装置，1151智能压力差压变送器，自控系统的设计、安装、调试、成套。

西安金越电子有限公司

地址：陕西省西安市金水路6号
邮编：710054
电话：029-82235060
传真：029-82316333
电子信箱：xajinyue@163.com
网址：www.xajinyue.com
主要产品或业务范围：无线数传流量计，无线数传压力表，无线数传温度表，智能马达控制器，电弧光母线保护装置，智能电力监测仪，智能电量表等。

西安康宇电子科技发展有限公司

地址：陕西省西安市高新技术产业开发区枫叶广场A座4层
邮编：710075
电话：029-88325718，88325719
传真：029-88335711
电子信箱：xakangyu@163.com
网址：www.xakangyu.com
主要产品或业务范围：该公司是新会康宇测控仪器仪表工程有限公司的分公司，产品有压力、差压、液位、位移、磁致伸缩位移（液位）传感器与变送器。

西安兰华传感器有限责任公司
地址：陕西省西安市阎良区人民西路237号
邮编：710089
电话：029-86855216，86855219
传真：029-86855216
联系人：李红艳
电子信箱：lhsensor@ryo.com
网址：www.lhsensor.com
主要产品或业务范围：开发生产各种传感器、变送器及其配套仪器。

西安良工实业有限公司
地址：陕西省西安市经开区草滩生态工业园区南环路中段6号
邮编：710021
电话：029-88631696
传真：029-88636172
电子信箱：ydy@d118.net
网址：www.d118.net
主要产品或业务范围：主要经营生产活塞式压力计、压力校验器及设备、压力传感器、压力控制器、计量测试、热工计量检测设备，各种规格压力、差压、液位、温度、变送器，各种阀组、阀门引压接兴等附件。

西安能特电子科技有限公司
地址：陕西省西安市电子二路9号
邮编：710065
电话：029-88276927
传真：029-88276927
网址：www.nengte.net
主要产品或业务范围：自控阀门、压力、流量、温度、液位等仪表，代理销售美国罗斯蒙特变送器、日本横河EJA变送器。

西安市高精密仪表厂
地址：陕西省西安市莲湖区潘家村194号
邮编：710082
电话：029-88621754
传真：029-88645477
联系人：季慧丽
电子信箱：xagjm@163.com
网址：www.xagjm.com
主要产品或业务范围：压力测量仪器仪表与标准器。主导产品有活塞式压力计，活塞式压力真空计，浮球式压力计，数字式压力计，精密压力表，精密真空表，精密压力真空表，压力校验器，压力真空校验器，便携式数字压力校验仪，热工信号校验仪等。

西安特种仪表研究所
地址：陕西省西安市劳动路7号
邮编：710082
电话：029-88620254
传真：029-88632218
联系人：马俊
电子信箱：whw@xatzyb.com
网址：www.xatzyb.com
主要产品或业务范围：生产热工检定系列，热工校验系列，压力校验系列，活塞压力计系列，压力泵压力表系列，检测通用仪表等，其中包括各类数字校验仪，便携式校验仪，活塞压力计，压力源压力泵，高精度压力表等。

西安天虹仪表有限公司
地址：陕西省西安市劳动路北口
邮编：710082
电话：029-88636289，88649320，88645454
传真：029-88616289
网址：www.thyibiao.com
主要产品或业务范围：装配式热电偶、热电阻，铠装热电偶、热电阻，温度变送器，补偿导线，耐高温保护管，智能仪表，流量仪表，压力仪表，记录仪等。

西安维纳信息测控有限公司
地址：陕西省西安市雁翔路99号交大科技园B区37号维纳大厦
邮编：710054
电话：029-86536789-801
传真：029-83399505
电子信箱：sales@winner18.com
网址：www.winner18.com
主要产品或业务范围：耐高温压力传感器，普通常规压力传感器，压力变送器，液位变送器，棉条传感器等。能独立承接各类自动化监控系统项目工程及非标全自动生产线的设计与施工。

西安沃尔仪器有限公司
地址：陕西省西安市长乐中路35号
邮编：710043
电话：029-82522551，82520549
传真：029-82520549，82544763
电子信箱：xwahl@xianwahl.com.cn
网址：www.xianwahl.com.cn
主要产品或业务范围：该公司是一家专业从事红外测温技术及热工仪器、仪表的研制、生产和销售的中美合资企业。

西安西仪机电仪表厂
地址：陕西省西安市劳动路北口76号
邮编：710082
电话：029-88637315
传真：029-88637315
网址：www.xyjdyb9704.cn
主要产品或业务范围：压力表、压力变送器、压力开关、温度仪表等。

西安中飞航空传感技术有限公司
地址：陕西省西安市莲湖区桃园东路88号天朗蔚蓝观园1号楼1007室
邮编：710082
电话：029-88497506
传真：029-88470812
联系人：毛富民
电子信箱：mfm@zfsensor.com
网址：www.zfsensor.com
主要产品或业务范围：该公司是集科、工、贸于一体的高科技实业公司。精心致力于发展军用传感器技术的同时，积极从事民用温度、压力、流量等各种传感器、变送器和测控系统的研制、生产、经销、工程配套。

西安中星博纳自动化设备有限公司
地址：陕西省西安市高新技术开发区科技路16号13层
邮编：710068
电话：029-88262657，88265870
传真：029-88265877
电子信箱：xianbona@163.com
网址：www.xacsbn.com
主要产品或业务范围：该公司是流量测量装置的专业制造商，生产的节流装置用于流体（液体、气体和蒸汽）的流量测量和控制，与差压变送器配套构成差压式流量计。

西安中星测控有限责任公司
地址：陕西省西安市高新区新区锦业路69号创业研发园C-1区瞪羚谷D座2层
邮编：710077
电话：029-88325620，88325919，88325819，88324785
传真：029-88237768
电子信箱：cnstar@websensor.com
网址：www.websensor.com
主要产品或业务范围：角速率传感器和加速度传感器，惯性测量单元（IMU），航姿系统（AHRS），压力变送器，智能测力传感器，电流电压传感器和汽车转速等。

西安众望测控仪表有限责任公司
地址：陕西省西安市东开发区火炬路3号楼7层D座
邮编：710043
电话：029-83204662，82683717
传真：029-83204662
电子信箱：zwck@zwck.com
网址：www.zwck.com
主要产品或业务范围：YSB-5600智能压力变送器，YJB-3600智能压力变送控制器，YSB-4000系列压力变送器，YSB-4000系列压力变送器，YCB-2000系列压力传感器。

西安自动化仪表一厂
地址：陕西省西安市星火路
邮编：710082
电话：029-84385972，88169505
传真：029-88651096
网址：www.xaybyc.cn
主要产品或业务范围：生产压力仪表、温度仪表。

西仪集团有限责任公司温度仪表分公司
地址：陕西省西安市大庆路13号
邮编：710082
电话：029-88640225，88626819
传真：029-88640225
联系人：宋普
电子信箱：xywsp@fm365.com
主要产品或业务范围：陶瓷铂电阻、薄膜铂电阻元件，装配式系列热电阻、热电偶，铠装式系列热电阻、热电偶，防爆型系列热电阻、热电偶，电站系列专用热电阻、热电偶，石油化工系列热电阻、热电偶，一体化温度变送器，智能温度变送器。

上海科迪仪表有限公司
地址：上海市闸北区沪太路315弄1号1104（华舟大厦）
邮编：200070
电话：021-56539135
传真：021-56538663
网址：www.kediyb.com
主要产品或业务范围：热电偶、热电阻，双金属温度计，温度变送器，压力表，电磁流量计，涡街流量计等。

HCF中国
地址：上海市化学工业区目华路F3地块
邮编：201507
电话：021-67120417
电子信箱：china@hartcomm.org
网址：www.hartcomm.org
主要产品或业务范围：智能化过程测量仪表及控制仪表。

艾佛机械仪表（上海）有限公司
地址：上海市长宁区长宁路969号兆丰花园2905室
邮编：200050
电话：021-62255326
传真：021-62255325
电子信箱：export@alf-group.com
网址：www.alf-group.com
主要产品或业务范围：普通表，充油表，禁油表，全不锈钢表，气压表，水压表，防溅表，隔膜表，微压表，电接点表等各类压力表及其零配件。

贝罗孚自动化仪表（上海）有限公司
地址：上海市浦东新区金沪路1281号B楼4层
邮编：201206
电话：021-50327750

传真：021-50327753
电子信箱：gas_regulator@163.com，
gyang@marshbellofram.cn
网址：www.marshbellofram.com
主要产品或业务范围：热电偶。

诚田自动化仪表（上海）有限公司
地址：上海市闵行区中春路7039弄88-1号4楼
邮编：201101
电话：021-24206053
传真：021-54886148
电子信箱：eycsale@eyc-tech.com.cn
网址：www.eyc-tech.com.cn
主要产品或业务范围：产品主要有压力变送器、差压变送器、液位变送器、温度变送器、温湿度露点变送器、风速变送器、流量变送器、二氧化碳变送器、信号、仪表及感温棒等。

春帆智能科技（上海）有限公司
地址：上海市莲花南路588弄58号701室
邮编：201100
电话：021-52216560
传真：021-33250177
电子信箱：chunfan1988@163.com
网址：www.chunfan-china.com
主要产品或业务范围：温度、流量、液位、压力、分析等现场检测仪表；PLC、DCS、ESD等控制系统集成；阀门及执行机构以及相关配套的工业自动系统及设备。

德国弗莱克森公司上海代表处
地址：上海市徐汇区宜山路888号新银大厦1804室
邮编：200233
电话：021-64957520
传真：021-64957590
电子信箱：info@flexim.com.cn
网址：www.flexim.com.cn
主要产品或业务范围：该公司专业生产超声波流量计和浓度计。

德国流体系统有限公司
地址：上海市漕溪路250号银海大楼A103
邮编：200235
电话：021-64827125，64828407，64828408
传真：021-64827126
电子信箱：info@germanfluid.com
网址：www.germanfluid.com
主要产品或业务范围：流量计，柱塞泵，罗迪球阀等。

登方(上海)电子有限公司
地址：上海市曹杨路450号绿地和创大厦1201室
邮编：200063
电话：021-51692959
传真：021-51280798
电子信箱：toho.sales@gmail.com
网址：www.toho-inc.cn
主要产品或业务范围：多功能PID控制器、2CH微电脑控制器、机板型PID控制器、温度传感器、红外线温度传感器、笔式/打点式记录仪、单相/三相 SSR/固态继电器、SCR相位控制器/晶闸管。

东富科精密仪器（苏州）有限公司
地址：上海市长宁区延安西路2077号306室
邮编：200336
电话：021-62757525
传真：021-62756189
电子信箱：sy_le@tofco.com.cn
网址：www.tofco.com.cn
主要产品或业务范围：该公司专门制造销售流量计以及基板检测装置。

芬兰贝美克斯有限公司
地址：上海市张江高科技园区碧波路690号2号楼401室
邮编：201003
电话：021-61042292
传真：021-61041418
电子信箱：yan.hao@beamex.com
网址：www.beamex.com
主要产品或业务范围：该公司提供全面的校验测试产品：便携式校验仪、干式温度校准炉、校验测试台/系统、相关附件、校验管理软件、工业校验测试定制的解决方案以及相关专业的服务。

福德控制仪器（上海）有限公司
地址：上海市闵行区古美路1471号华城广场316室
邮编：201102
电话：021-64593908
传真：021-64595018
电子信箱：yanfeng@flotechshanghai.com
网址：www.flotech.com.sg
主要产品或业务范围：超声波液位、流量、间距以及动力学秤重等过程监测产品及工程系统方案。

富士电机系统（上海）有限公司
地址：上海市普陀区中山北路3000号长城大厦27楼
邮编：200063
电话：021-54961177
传真：021-64224650
网址：www.fujielectric.com.cn
主要产品或业务范围：FCX-All系列压力变送器，采用先进的DSP技术的超声波流量计系列，红外气体分析仪，及其他各类现场控制仪表。还提供新开发的油气田远程监测系统，直插式激光气体分析仪，放射线监测系统。

富沃得（上海）仪表有限公司★
地址：上海市奉贤区临海工业区柘林镇驰华路555号
邮编：201417
电话：021-33618777，33618688
传真：021-33618880
电子信箱：market@floworld-co.com
网址：www.floworld-co.com
主要产品或业务范围：V锥流量传感器，电磁流量计，涡街流量计，常规的流量计均备有现货，可以根据客户的要求随时发货。

科宝仪器仪表贸易（上海）有限公司
地址：上海市浦东新区商城路800号1707室
邮编：200120
电话：021-68754729，68754579，68754206
传真：021-68752149
电子信箱：kobold@public4.sta.net.cn
网址：www.kobold.com
主要产品或业务范围：流量、液位、压力、温度检测用仪器仪表及配件。

科隆测量仪器（上海）有限公司
地址：上海市徐汇区桂林路396号浦原科技园1号楼9楼
邮编：200233
电话：021-64705656
传真：021-64516408
电子信箱：kmic@krohne-asia.com
网址：www.krohnechina.com
主要产品或业务范围：流量计、物位计、分析仪表等测量仪器的销售、服务以及其他配套业务。

莱茵泰可贸易（上海）有限公司
地址：上海市浦东新区新金桥路255号308室
邮编：201206
电话：021-51352514
传真：021-51352614
联系人：李东静
电子信箱：Line_tech@yahoo.cn
网址：www.line-tech.co.kr
主要产品或业务范围：该公司专业研发和生产气体质量流量控制器、气体质量流量计等。

灵思亚洲有限公司
彩思（上海）机械设备有限公司
地址：上海市康桥区东路111号18B
邮编：201315
电话：021-68190098-315
传真：021-68190008
网址：www.leitz-pacific.com
主要产品或业务范围：经营仪器仪表，特殊辅助生产设备为主。

麦理丘路（上海）控制仪表有限公司
地址：上海市闵行区华锦路191号6号厂房
邮编：201108
电话：021-62491350
传真：029-62491351
电子信箱：shanghai@maganetrol.com
网址：www.maganetrol.com
主要产品或业务范围：该公司现在生产七大类不同原理的液位测量仪表及热式质量流量计。

美国迈确公司
地址：上海市虹桥路808号加华商务中心A8栋3楼308室
邮编：200030
电话：021-64479708
传真：021-64479718
电子信箱：jack.qin@metrixvibration.com
网址：www.metrixvibtation.com
主要产品或业务范围：产品包括传统与数字式电涡流系统、Setpoint机械保护系统、变送器、开关、检测仪、便携显示仪。

美国麦格纳丘国际有限公司上海代表处
地址：上海市闵行区华锦路191号6号厂房
邮编：201108
电话：021-62491350
传真：021-62491351
电子信箱：magnetrol@188.com
网址：www.magnetrol.com
主要产品或业务范围：导波雷达液位计、雷达液位计、机械式液位/流量开关、浮筒液位计、磁翻板液位计、电容式液位开关和液位计、超声波液位开关和液位计、热扩散式液位/流量开关、气体质量流量计、振动式料位开关。

美国斯亚乐仪表有限公司亚太地区代表处
地址：上海市浦东新区航头镇航都路25号森普工业园5栋2楼
邮编：200122
电话：021-58798521，58798522
传真：021-58798586
电子信箱：info@sierra-asia.com
网址：www.sierra-asia.com
主要产品或业务范围：该公司集热质式质量流量计、微管式质量流量计和调节仪、涡街式质量流量计等各项产品的研发、生产、服务于一体。

欧智博德仪器仪表（上海）有限公司
地址：上海市金钟路658弄8号B座6楼
邮编：200335
电话：021-33600611
传真：021-33600613
电子信箱：info@bdsensors-china.com
网址：www.bdsensors-china.com

主要产品或业务范围：压力传感器芯片、压力变送器、电子压力开关、投入式液位计。

前视红外热像系统贸易（上海）有限公司
地址：上海市普陀区大渡河路168弄26号北岸长风K栋301、302室
邮编：200062
电话：021-59797755
传真：021-59714260
电子信箱：info@flir.cn
网址：www.flir.com
主要产品或业务范围：红外热像仪和夜视仪设备。

上海ABB工程有限公司
地址：上海市浦东创业路369弄5号
邮编：201319
电话：021-61056666
传真：021-61056677
网址：www.abb.com.cn
主要产品或业务范围：该公司是ABB的重要本地企业之一，是ABB在华工业机器人及系统业务（机器人）、仪器仪表（自动化产品）、变电站自动化系统（电力系统）和集成分析系统（过程自动化）的主要生产工程基地，是ABB全球仪表生产基地，为中国及全球市场提供流量计、压力计等多种产品。

上海傲龙仪器仪表有限公司
地址：上海市奉贤区奉贤镇百曲村九组中浦大厦507室
邮编：225721
电话：4007999688
传真：0536-8264092
主要产品或业务范围：WSS系列双金属温度计。

上海宝音电子有限公司
地址：上海市浦东新区浦东大道1476号
邮编：200135
电话：021-68538452
传真：021-58609382
网址：http://boeyin.com
主要产品或业务范围：WZ系列超声波气体流量计，超声波螺栓紧固应力计，超声波浓度计，超声波黏度计和流量积算仪等产品。

上海贝菲自动化仪表有限公司
地址：上海市浦东南路2157号11A
邮编：200127
电话：021-50393708，50393709
传真：021-50393710
电子信箱：bf@shbeifei.com
网址：www.shbeifei.com
主要产品或业务范围：电磁流量计。

上海倍福自动化科技有限公司
地址：上海市中潭路33弄7号2104号
邮编：200061
电话：021-63178299，63178519，63179889，61235066
传真：021-61426999
电子信箱：shbfkj@shbfkj.com
网址：www.shbfkj.com
主要产品或业务范围：流量计、温度计、压力表、压力变送器、物液位等现场控制仪表、数显光柱仪、流量积算仪、无纸记录仪、校验仪等二次仪表、阀门系列。

上海倍施德田商贸有限公司
地址：上海市闵行区七宝镇中春路7039巷88-1号4楼
邮编：201101
电话：021-54887307
传真：021-54887519
电子信箱：ydsale@yuden-tech.com.cn
网址：www.yuden-tech.com.cn
主要产品或业务范围：该公司专业销售进口压力变送器、温湿度变送器、温度变送器、差压变送器、压力开关、差压开关、流量计等控制仪表、元件。

上海奔纳自动化控制技术有限公司
地址：上海市闸北区共和新路340号宝丰大厦102层
邮编：200070
电话：4008203237，021-66287933
传真：4008203236，021-57663576
网址：www.usabenner.com.cn
主要产品或业务范围：压力变送器、温度变送器、电磁流量计、涡街流量计等流量仪表及各种物位仪表。

上海本都自动化仪表有限公司
地址：上海市嘉定区南翔镇嘉前路765号
邮编：201802
电话：021-69176128
传真：021-69176500
联系人：陈先生
电子信箱：shbendu@126.com
网址：www.shbendu.com
主要产品或业务范围：专业生产和加工传感器、压力、差压、液位等电容式变送器系列和法兰系列为主，并可以根据用户要求生产特殊规格的变送器或液位远传法兰。

上海铂锐流量仪表有限公司
地址：上海市真南路1370号B1-48号
邮编：200333
电话：021-51625150，18916001579
传真：021-51685958
电子信箱：1402607003@qq.com
网址：www.brllyb.com
主要产品或业务范围：该公司专业提供涡街流量计整机和

配件，可来图来样定做涡街信号转换器，壳体，涡街探头，不锈钢壳体，碳钢铸件等。

上海博贸电子科技有限公司
地址：上海市闵行区吴中路2569弄25号1002室
邮编：201101
电话：021-34661160
传真：021-34661170
电子信箱：18916056681@163.com
网址：www.dianlitiaozhengqi.com
主要产品或业务范围：该公司是专业的仪器仪表供应商，主要经营信号隔离栅、温度变送器、可控硅调功器、热电偶热电阻、温湿度控制器、温湿度变送器、电解水控制器等产品。

上海畅琛机电科技发展有限公司
地址：上海市浦东新区环林东路875弄3号1201室
邮编：200124
电话：021-50657192
传真：021-50657193
电子信箱：sang100200@sina.com
网址：www.seojin.cn
主要产品或业务范围：液位开关，液位变送器，料位开关，料位变送器，流量计，流量开关，压力开关，压力变送器，温度开关，温度控制器，温度变送器，电源，分析产品。

上海朝辉压力仪器有限公司
地址：上海市松江区南乐路1276弄115号8号楼
邮编：201600
电话：021-51691919，67755189
传真：021-67755185
电子信箱：info@sinosensor.com
网址：www.sinosensor.com
主要产品或业务范围：工业用压力传感器、变送器，高温熔体压力传感器、变送器，熔体压力表，温度传感器，张力传感器，压力开关，压力爆破阀，智能数字仪表，厚膜电路，动态轮轴称重系统及各类传感器芯体等。

上海创冠仪器仪表有限公司
地址：上海市浦江工业园沈杜路4285号
邮编：201112
电话：021-54311703，54311706
传真：021-54311700
电子信箱：tech@cgic.biz
网址：www.cgic.biz
主要产品或业务范围："创冠"智能电磁流量计、智能变送器、电动执行机构与各种智能数显仪表；公司建有三套高精度水流量标定装置，能满足口径10～2000mm流量计的标定。

上海达宏松岛机械有限公司
地址：上海市嘉定区马陆镇大宏村横仓路70号
邮编：201818
电话：021-59514159
传真：021-59514139
电子信箱：sales@matsushima-ch.cn
网址：www.matsushima-ch.cn
主要产品或业务范围：皮带输送机周边安全保护开关、固体及液体用各种料位计及料位开关、电动执行器、粉尘浓度监测仪等。

上海大德仪表厂
地址：上海市北京东路668号赛格电子2B57室
邮编：200001
电话：021-63614542
传真：021-63515257
电子信箱：shdade@163.com
网址：www.chdade.com
主要产品或业务范围：温度、压力、流量、湿度、物位等测控仪表或终端变送执行器，计数定时器，变频器，可编程控制器，积算仪，记录仪等。

上海迪纳声科技股份有限公司
地址：上海市松江工业区东部新区书林路751号
邮编：201611
电话：021-67602285
传真：021-67602287
电子信箱：sales@dynameters.com.cn
网址：www.dynameters.com.cn
主要产品或业务范围：该公司主要从事时差多普勒超声流量计、超声水表、超声冷热量计、微小流量计等研发、生产、营销和服务。

上海东和制电工程有限公司
地址：上海市长寿路587号沙田大厦2301室
邮编：200060
电话：021-63535652，63535653，62327972，62327973
传真：021-62327971
电子信箱：mobreysh@vip.sina.com
网址：www.towash.com.cn
主要产品或业务范围：液位、料位、流量、压力、密度、黏度、淤泥浓度、淤泥界面、锅炉电接点水位计、数据采集器等工业自动化仪表。

上海东研测控技术有限公司
地址：上海市闵行区向阳路360弄160号
邮编：201108
电话：021-33504533
传真：021-33580301
电子信箱：chinaer@easternre.com.cn
网址：www.easternre.com.cn

主要产品或业务范围：射频导纳开关、射频导纳物位计、磁翻板液位计、热电偶、热电阻。

上海杜威仪表科技有限公司

地址：上海市静安区江宁路826弄8号楼12A室
邮编：200060
电话：400-161-8008
传真：021-62982360
电子信箱：duwei@duwei-inst.com
网址：www.duwei-inst.com
主要产品或业务范围：压力、温度、温湿度、流量、液位等过程仪表和控制开关，以及各种试验仪器等。

上海恩德斯豪斯自动化设备有限公司

地址：上海市闵行区紫竹科学园江川东路458号
邮编：200241
电话：021-24039600，24039700
传真：021-24039607
电子信箱：ehsh@cn.endress.com
网址：www.cn.endress.com
主要产品或业务范围：科氏质量流量仪表、涡街流量仪表、超声波流量仪表、电磁流量仪表、物位仪表等。

上海帆扬机电有限公司

地址：上海市香港路111号208室
邮编：200002
电话：021-51696800
传真：021-63294342
电子信箱：fanyangjidian@hotmail.com
网址：www.fanyangjidian.com.cn
主要产品或业务范围：热电偶、热电阻，压力变送器，差压变送器，压力控制器，液位变送，电磁流量计、涡街流量计、孔板流量计、V锥流量计、威力巴流量计、智能靶式流量计、转子流量计、超声波流量计，调节阀，智能数显调节控制仪表，流量积算仪，无纸记录仪，控制盘、柜，承接自动化工程设计、安装、调试；代理川仪横河的EJA系列变送器，罗斯蒙特变送器，上海横河电机旋涡流量计，上海自动化仪表股份有限公司所有产品。

上海凡宜科技电子有限公司

地址：上海市闵行区都会路451号
邮编：201109
电话：021-64907260
传真：021-64907276
电子信箱：info.sh@fine-tek.com
网址：www.fineautomation.com.cn
主要产品或业务范围：从事各类物/液位自动化控制的研制、生产和销售。

上海飞卓电子科技有限公司

地址：上海市金山工业区九工路869号
邮编：201506
电话：021-57274400
传真：021-57272066
电子信箱：info@feejoy.com
网址：www.feejoy.cn
主要产品或业务范围：专业从事工业控制现场仪表研发、生产和销售，产品涵盖浮球液位开关、磁翻板液位计、阻旋式料位开关、空气振动器、超声波物/液位计、磁致伸缩液位仪/界面计、雷达物位计/液位计、射频导纳物位/液位计、流动开关流量开关、压力变送器、一体化温度变送器、流量计等。

上海费波自控技术有限公司

地址：上海市钦州北路1199号88幢2楼
邮编：200233
电话：021-64850022
传真：021-64958998
电子信箱：market@fiporter.com
网址：www.fiporter.com
主要产品或业务范围：该公司是技贸结合型的经济实体，主要从事水处理化学品定量投加控制设备及流量、液位、水质分析等在线检测仪表销售及系统技术服务。

上海岗崎控制仪表有限公司

地址：上海市闵行区景联路399号A幢3楼
邮编：201108
电话：021-64348778，64348836，54263620
传真：021-64348835
电子信箱：shgangqi@themcway.com
网址：www.therncway.com
主要产品或业务范围：该公司主要生产研发销售自动化仪表、热工仪表、电气成套设备、热电阻、热电偶、温度传感器、温度变送器和压力变送器等产品。

上海谷田自动化仪表有限公司★

地址：上海市松江区民益路201号漕河泾开发区新经济园6号楼3C
邮编：201612
电话：021-66691068，66691058，37027101，37027786
传真：021-37027100
电子信箱：ydauto@126.com
网址：www.chinagtam.com
主要产品或业务范围：该公司是专业制造磁性翻柱液位计、温度传感器的厂家，公司设立了Ⅰ级检定标准的仪表校验室，测试手段完备，拥有行业内最高端的检测设备，且通过了国家计量院和上海计量院权威部门的检定认证。

上海光华·爱而美特仪器有限公司

地址：上海市肇嘉浜路1033号徐家汇国际大厦9楼
邮编：200245
电话：021-64300150

传真：021-64300812
网址：www.sgaic-kgi.com
主要产品或业务范围：该公司是由世界著名的流量仪表制造商德国科隆公司（KROHNE）与上海光华仪表厂共同投资成立的合资公司，拥有亚洲最大口径、最高精度的水流量实流标定装置，生产制造CORIMASS质量流量计。

上海光华仪表有限公司
地址：上海市松江高科技园区九泾路500号
邮编：201615
电话：021-67697202
传真：021-67697448
电子信箱：office@guanghua.com.cn
网址：www.guanghua.com.cn
主要产品或业务范围：专业生产各种流量、差压、压力、液位等工业自动化仪表，主要产品有电容式变送器、智能电容式变送器、核安全级电容式变送器、电磁流量传感器、椭圆齿轮流量计、核安全级吹气装置等产品。

上海国泰净化仪表工程有限公司
地址：上海市辽阳路411号411室
邮编：200082
电话：021-65354344
传真：021-35328375
电子信箱：guotaiyibiao@citiz.net
网址：www.shgtyb.com
主要产品或业务范围：液位计、液位控制器、料位计等。

上海国奕仪器仪表有限公司
地址：上海市常德路1211号宝华大厦611室
邮编：200063
电话：021-39197163
传真：021-62325587
网址：www.shgyyibiao.cn
主要产品或业务范围：该公司是一家专业生产流量计的现代化新技术企业。

上海和炬电子科技有限公司
地址：上海市普陀区曹扬路510号1002室
邮编：200063
电话：021-22818238
传真：021-62441358
电子信箱：chenxiaoming@hejuest.com
网址：www.hejuest.com
主要产品或业务范围：代理美国GE Druck公司的压力传感器、变送器，投入式液位传感器，便携式压力、温度及工业过程信号校验仪，压力标准装置；德国BD Sensors的压力传感器、变送器，投入式液位传感器，压力开关以及数显表；Honeywell的MLH系列全金属压力传感器；MEAS（精量）的压力传感器，加速度计，荷重传感器；德国STUEBBE的热塑料泵、阀门以及EA电动蝶阀。

上海鹤吉自动化仪表有限公司
地址：上海市青浦白鹤工业区鹤吉路103号
邮编：201709
电话：021-69743116，39804126
传真：021-69743106
电子信箱：daifayuan@126.com
网址：www.chinaflowmeter.cn
主要产品或业务范围：该公司是一家新兴的工业自动化仪表专业制造企业，主要产品有涡轮流量计（气体、液体），涡街流量计，电磁流量计，金属管浮子流量计，流量积算仪等产品。

上海鹤立仪表电器厂
地址：上海市松江区北张泾49号
邮编：201601
电话：021-57610837
传真：021-57612831
主要产品或业务范围：各种热电偶、热电阻，温度变送器，双金属温度计等。

上海恒控机电设备有限公司
地址：上海市陆家浜路1332号1406室
邮编：200011
电话：021-63186669，13901622690
传真：021-63186199
电子信箱：yue.zhang@gencon.com.cn
网址：www.gencon.com.cn
主要产品或业务范围：该公司为瑞士杰凯特科技集团华东地区代理，主要产品有转速传感器、超速数字显示仪、超速保护系统及便携式转速测定仪等。

上海恒满自动化仪表有限公司
地址：上海市纬地路358弄26号1002室
邮编：200444
电话：021-51087181
传真：021-60948737
电子信箱：shhmllj@163.com
网址：www.hmllj.com
主要产品或业务范围：电磁流量计，涡街流量计，涡轮流量计，超声波流量计，固体流量计。

上海横河电机有限公司
地址：上海市天目西路290号康吉大厦20楼A座
邮编：200335
电话：021-63548800
传真：021-63548822
电子信箱：ysi-liuxl@mail.ysi.com.cn
网址：www.ysi.com.cn
主要产品或业务范围：DY/DYA型旋涡流量计，ADMAGAXF、AE、SE、AM系列电磁流量计，RAMC系列金属浮子流量计和相关的现场仪表。

上海宏端精密机械有限公司
地址：上海市松江区叶榭镇叶繁路24号
邮编：201608
电话：021-37691282
传真：021-37691280
电子信箱：hd@hongduan.com
网址：www.hngduan.com
主要产品或业务范围：各种工业用电加热器，真空用电加热器，热电偶、热电阻，各种测温原件及系统。

上海宏浪自动化仪表有限公司
地址：上海市浦东新区康桥工业开发区浦三路3699号5层
邮编：201315
电话：021-50877662，13817667863
传真：021-50877640
电子信箱：honglang8011@163.com
网址：www.shhonglang.com
主要产品或业务范围：磁致伸缩液位计、超声波液位计、雷达液位计、现场磁翻板液位计、玻璃管液位计、各类液位控制开关、各类液位变送器、各类温度传感器。

上海洪远国际贸易有限公司
地址：上海市青云路598号洪远公寓2楼
邮编：200071
电话：021-56621451
传真：021-56905703
电子信箱：zhangfeng@sh-grand.com
主要产品或业务范围：代理低温阀门、差压仪表、自控阀配件为主，具备了低温阀门、液位计、阀门定位器、电磁阀等产品的成套现货供应能力。

上海虹达仪器仪表厂
地址：上海市虹桥路2206号
邮编：200336
电话：021-62621266，62423301，62429949
传真：021-62423301，62429949
网址：www.hongdayb.com
主要产品或业务范围：专业生产工业温度测量仪表。

上海虹益仪器仪表有限公司
地址：上海市安亭镇大众工业区园区路500号
邮编：201814
电话：021-69573002
传真：021-69573035
电子信箱：sales@honyi.com.cn
网址：www.honyi.com.cn
主要产品或业务范围：该公司主要生产实验室分析仪器和流量仪表两大类。

上海华强仪表有限公司
地址：上海市南山路88弄1号4A
邮编：200070
电话：021-56317801
传真：021-56319527
联系人：吴倩，杨龙祥
电子信箱：hq@hqcom.com.cn
网址：www.hqcom.com.cn
主要产品或业务范围：该公司专业从事流量仪表和自动化监测（控制）系统的生产及研发，建有当时国内最大的高科技流量仪表的生产与标定检测基地，其中有3套高精度气体、液体、蒸汽流量标定装置和智能化仪表自动测试装置，以及体积法变水头标定装置和称重法标定装置。

上海环弘自动化仪表科技有限公司
地址：上海市金山区漕泾工业园区
邮编：200001
电话：021-22819618，63518879，63522993
传真：021-63522993
电子信箱：hh@021hh.cn
网址：www.021hh.cn
主要产品或业务范围：智能温控仪、双金属温度计、不锈钢压力表、压力控制变送器、磁性翻板液位计和双金属铂热电阻（偶）等。

上海慧邦自动化仪表有限公司
地址：上海市曹安公路5616号2005室
邮编：201805
电话：021-56634529
传真：021-51564029
电子信箱：hbyb@sh-huibang.com
网址：www.sh-huibang.com
主要产品或业务范围：热电偶、热电阻、双金属温度计，电容式变送器1151、3051、不锈钢压力表，隔膜压力表，精密压力表，压力开关，涡街流量计、涡轮流量计、电磁流量计、椭圆齿轮流量计，磁翻板液位计、浮球液位计、磁性液位控制器，智能显示仪、巡检仪、光柱数显仪、流量积算仪，电力电缆、计算机电缆、补偿导线等。

上海极典电子有限公司
地址：上海市闵行区灯辉路1128号
邮编：201109
电话：021-51088655
传真：021-51862068
电子信箱：info@utsensor.com
网址：www.utsensor.com
主要产品或业务范围：从事压力、位移、温度等传感器、变送器的开发、生产和销售。

上海嘉沪仪器有限公司
地址：上海市普陀科技产业开发区古浪路55号17幢
邮编：200331
电话：021-66091293，13611900279

传真：021-66096621
电子信箱：shanghaijiahu@gmail.com
网址：www.oksh.com
主要产品或业务范围：LDE智能电磁流量计，LUGB涡街流量计，STG超声波流量计，LZN均速管流量计，LC椭圆齿轮流量计，XFS消防水流量计,CSB-H冷热能量计,LZB玻璃转子流量计,LYQ燃气流量计，各种蒸汽流量计，能量计，空气流量计，气体流量计，污水流量计，天然气流量计，矿浆流量计，热水流量计，消防水流量计，化工流量计等流量计产品。

上海减压器厂有限公司
地址：上海市浦东新区金吉路738号
邮编：201206
电话：021-58548618(总机)
传真：021-58993633
联系人：竺伟恒
电子信箱：info@regulator-sh.com
网址：www.regulator-sh.com
主要产品或业务范围：该公司专业生产各类减压器、压力表，目前生产的减压器、压力表各有1000多种品种规格，并为各行业定制各种特殊研制的减压器压力表，满足用户特殊需求，公司通过ISO 9001:2000质量体系认证。

上海建怡实业有限公司
地址：上海市宛平南路521号B楼805室
邮编：200032
电话：021-54590787，54595787
传真：021-54595846
电子信箱：sales@dapro-corp.com
网址：www.dapro-corp.com
主要产品或业务范围：KURZ仪表公司的热式气体质量流量计，DELTA-M公司的热式流量、温度、液位开关，UFM公司流量测量仪表，SYN-FAB公司的高温成像仪等系列产品。

上海健时智能化系统有限公司
地址：上海市普陀区新泉路66弄2号
邮编：200333
电话：021-51086685，13564993999
传真：021-51086695
电子信箱：shjianshi@163.com
网址：www.shjszn.com.cn
主要产品或业务范围：工业热电偶、热电阻，氧化锆、双金属温度计，温度变送器，信号隔离器，隔离式安全栅，温度远传监测仪，压力表、压力变送器，智能数字显示调节仪，电量变送器，智能电力监测仪，无纸记录仪，液位计，流量计等。

上海健洲机械设备有限公司
地址：上海市浦东新区唐镇唐丰路12弄18号
邮编：201210
电话：021-58963644
传真：021-58961093
电子信箱：huang621333@163.com
网址：www.jianzhoujx.cn.alibaba.com
主要产品或业务范围：该公司研制生产的产品有活塞式压力计、双活塞式压力真空计等。

上海进申工贸有限公司
地址：上海市浦建路725弄2号204室
邮编：200127
电话：021-58890468
传真：021-58890469
联系人：宋烨
电子信箱：sherleysong@shanghai-inst.com
网址：www.shanghai-inst.com
主要产品或业务范围：代理美国DWYER压力、流量、风速、温湿度、物位、测试仪；韩国TK、Y-LOK阀门、卡套、焊接、VCR接头；韩国SUPERLOK双卡套接头，精密针阀，过滤器等；日本KOFLOC恒流阀，减压阀，浮子流量计和日本YAMATO实验室设备。

上海精普机电科技有限公司
地址：上海市沪太路1895弄51号9号楼
邮编：200436
电话：021-56618282
传真：021-56618080
电子信箱：info@jingpu.com
网址：www.jingpu.com
主要产品或业务范围：压力仪表、温度仪表。

上海巨贯工业自动化设备有限公司
地址：上海市闵行区伟业路621号
邮编：201100
电话：021-51697781
传真：021-54998679，51873980
电子信箱：sales@shjvguan.com
网址：www.shjvguan.com
主要产品或业务范围：专门从事工业过程控制，智能仪器仪表，传感器等产品研发、生产及销售，产品有温度传感器，压力变送器、无记录仪、智能流量计、物位仪表等多种产品。

上海爵格电气工程有限公司
地址：上海市浦东新区东方路800号宝安大厦1202室
邮编：200122
电话：021-38870115，58318712
传真：021-38870807
电子信箱：sales@dragonelectric.com
网址：www.dragonelectric.com
主要产品或业务范围：超声波流量计。

上海君达仪器仪表有限公司
地址：上海市漕宝路103号14号楼701室
邮编：200233
电话：021-64515630，64515095，64515602
传真：021-54480720
电子信箱：sales@8617.com
网址：www.8617.com.cn
主要产品或业务范围：该公司与国外著名仪表生产厂商有着广泛的技术与销售合作的良好基础；主要销售的仪器有红外测温仪、涂层测厚仪、声级计、测振仪、转速表、测温仪、风速仪、温湿度仪、粗糙度仪、硬度计、照度计、兆欧表等测试仪器。

上海凯迪自动化仪表有限公司
地址：上海市南汇区秀沿路1028弄69号
邮编：201315
电话：021-38204046
传真：021-58127350
电子信箱：qq341@126.com
主要产品或业务范围：热电阻、液体压力式温度计、温度变送器、压力表、压力变送器、液位计、液位变送器等多种系列产品。

上海康林工贸有限公司
地址：上海市沪南路3468号
邮编：201318
电话：021-68052062
传真：021-68052062
电子信箱：shanghai3721@163.com
主要产品或业务范围：测压、测温、流量及智能显示控制仪表。

上海柯普乐自动化仪表有限公司
地址：上海市松江区玉阳路699弄2号
邮编：201600
电话：021-33521288
传真：021-67741420
电子信箱：info@ksr-kuebler.com.cn
网址：www.ksr-kuebler.com.cn
主要产品或业务范围：该公司是一家专业设计、生产、销售磁翻柱液位计、磁性浮球开关，以及其他基于磁致伸缩、导波雷达等原理的液位测控仪表的企业。公司产品广泛应用于石化、冶金、电力、造船、水处理、制药等行业的工控自动化系统中。

上海科霸流量仪表有限公司
地址：上海市奉贤区星火开发区民乐路328号21、22栋
邮编：201419
电话：021-57126888
传真：021-57123123
电子信箱：hr@kebayb.com
网址：www.kebayb.com
主要产品或业务范围：LDG型智能电磁流量计，YBY型压力变送器，LUGB型涡街流量传感器，ZA型智能流量积算仪，LUGB型涡街流量计（就地显示）。

上海科旗自动化仪表有限公司
地址：上海市浦东新区永泰路630号13-504
邮编：200123
电话：021－22818139，51863527，51863537
传真：021－50828139
电子信箱：shkeqi@163.com
网址：www.keqi-sensor.com
主要产品或业务范围：该公司的主要产品有压力变送器、超声波物/液位计（普通型、防腐型、本安防爆型）、流量计、称重传感器、液位控制器、温度传感器/变送器、可燃气体探测器/报警器，以及代理的产品主要有pH计、超声波液位计、雷达液位计、液位开关、美国Rosemount公司3051系列、1151系列压力/差压变送器和Honeywell系列产品等。

上海肯特仪表股份有限公司
地址：上海市沪太路5553号
邮编：201907
电话：021-62277777，56027777
传真：021-56026666
电子信箱：sales10@shanghaikent.com
网址：www.shanghaikent.com
主要产品或业务范围：该公司的主要产品有智能电磁流量计、智能涡街流量传感器、V锥流量传感器、智能金属管浮子流量计、智能时差式超声波流量计、智能流量积算仪、压力变送器、差压变送器、雷达物位计、热量表、能源计量管理系统等；公司先后通过了ISO 9001质量管理体系，ISO 14001环境管理体系，OHS 18001职业健康安全管理体系，CE国际认证和GOST(PCT标志）俄罗斯国家标准认证等。

上海匡微仪器仪表有限公司
地址：上海市嘉定区安亭镇泰波路647号2幢东侧
邮编：201814
电话：021-39587069
传真：021-39587069，39196090
电子信箱：kwmeter@kuangweimeter.com
网址：www.kuangweimeter.com
主要产品或业务范围：该公司主要产品有双金属温度计、压力表、温压一体表、电子温湿度计等，并通过了ISO 2000质量管理体系认证。

上海蓝润自动化仪表有限公司
地址：上海市中山北路1715号浦发广场E幢1506室
邮编：200061
电话：021-61405841

传真：021-61405842
电子信箱：sales@lanrun.cn
网址：www.lanrun.cn
主要产品或业务范围：该公司是专业研发、生产、销售和服务的高新科技企业，产品涉及工业现场温度、压力、流量、物位、成分等信号的测量、传输、转换、显示、控制、分析仪表，安保门禁系统和集散型控制系统等工业控制设备。

上海立格仪表有限公司
地址：上海市闵行区都会路100号
邮编：201109
电话：021-31261976
传真：021-31261975
电子信箱：info@leeg.cn
网址：www.leeg.cn
主要产品或业务范围：电子压力、温度测量。

上海流辰自动化设备制造有限公司
地址：上海市奉贤区南桥镇马家宅路108号
邮编：201401
电话：021-60890044
传真：021-60890080
电子信箱：chris_funai@yahoo.cn
网址：www.bonn-china.com
主要产品或业务范围：该公司是德国波恩仪表在中国的生产基地，生产波恩仪表公司BNSLUCN系列智能差压/压力变送器。

上海绿欣仪表有限公司
地址：上海市宝山区宝杨路18号
邮编：201900
电话：021-56101639，36100143
传真：021-56101639
电子信箱：lvxin888@citiz.net
网址：www.shlvxin.com
主要产品或业务范围：专业生产测温仪表，产品有热电偶、热电阻等十个系列、1000余品种。

上海伦特电子仪表有限公司
地址：上海市金桥工业区金沪路1269号
邮编：201206
电话：021-63806539
传真：021-58998258
电子信箱：wh-hotmail@sohu.com
网址：www.lunte.com.cn
主要产品或业务范围：各种热电偶、热电阻，双金属温度计等温度仪表。

上海洛丁森工业自动化设备有限公司
地址：上海市闵行区园区北路315弄118号3幢北2楼
邮编：201109
电话：021-52212505
传真：021-52212505-808
电子信箱：rocksensor@rocksensor.com
网址：www.rocksensor.com
主要产品或业务范围：主要经营从事高精度高稳定性硅压力/差压传感器/变送器产品的研发、生产。

上海脉杰自动化系统设备有限公司
地址：上海市普陀区真北路3199号22号楼东2楼
邮编：200070
电话：021-63639265，65126997
传真：021-63637545
电子信箱：sales@measuretech.com.cn
网址：www.measuretech.com.cn
主要产品或业务范围：专业提供压力、拉力、荷重、扭矩、压强、位移测控方案，包括仪表、传感器、软件和自动控制系统。

上海美凯友迪仪表有限公司
地址：上海市中山西路2281号
邮编：200233
电话：021-51575253，54891500-2071
传真：021-54891600
电子信箱：mkyd@mkyd.com.cn
网址：www.mkyd.com.cn
主要产品或业务范围：该公司是集自动化设备的研制、开发、生产、销售与服务为一体的高新技术企业，研制生产和代理压力仪表、温度仪表、料位仪表、分析仪表、称重仪表、校验仪器、环保仪表、气动仪表等十多个大类高新技术产品，该公司销售的产品有氧化锆氧含量分析仪、执行机构校验仪、DICKSON记录仪，OMC气动调节阀，定位器及上海自动化仪表股份有限公司全系列产品。

上海盟博自动化仪表电器设备有限公司
地址：上海市桂林路404号
邮编：200233
电话：021-52353772，64362366，54480233
传真：021-52353772，54480233
电子信箱：shmengbo@sina.com
网址：www.mengbo.net
主要产品或业务范围：主要经营温度、压力、液位、流量、称重、转速等仪器仪表的成套销售、设计和调试。

上海蒙泰仪表有限公司
地址：上海市苗圃路600弄12-1301
邮编：200135
电话：021-58212027，58210957
传真：021-50939827
电子信箱：mtyb001@126.com
网址：www.shmtyb.cn
主要产品或业务范围：MT系列磁致伸缩液位变送器。

上海妙迪仪表有限公司
地址：上海市浦东新区商城路1900号金桃大厦1204室
邮编：200135
电话：021-51860900
传真：021-51860900
电子信箱：multi_ist@126.com
网址：www.multi-ist.com
主要产品或业务范围：液位、压力、温度和流量四大热工参数的现场仪表等。

上海敏榆实业有限公司
地址：上海市松江区玉阳路838弄13号
邮编：201600
电话：021-57733878
传真：021-57733878
联系人：邓益江
电子信箱：mysy@shminyu.net.cn
网址：www.minyusy.com
主要产品或业务范围：高精度活塞式压力计。

上海模数仪表有限公司
地址：上海市普陀区祁连山路210号办公楼4楼
邮编：200331
电话：021-52832015，52809317，62509282
传真：021-62509968
电子信箱：sadi@sadi.cn
网址：www.sadi.cn
主要产品或业务范围：XTRM系列温度远传监测仪、现场安装温度变送器、一体化用温度变送器、智能温度变送器、隔离型信号转换器和回路供电数显仪、压力/差压变送器、流量计、料位计等仪表，同时承接新建、扩建和改建水泥厂自控仪表的成套服务。

上海拿华电子科技有限公司
地址：上海市浦东新区莲溪路99弄203室
邮编：201204
电话：021-51088938
传真：021-51088939
电子信箱：info@nahua.cn，sales@nahua.cn
网址：www.nahua.cn，www.shnahua.cn
主要产品或业务范围：金属离子分析仪、热式流量开关、流量计、液位计、压力开关、温湿度工控控制仪表。

上海南浦仪表厂
地址：上海市南苏州路877号-2-1703号
邮编：200001
电话：021-33040697，53530217
传真：021-33040769，51010057
网址：www.shanghaiyibiao.com
主要产品或业务范围：热电偶、PT500型热电阻、高温型补偿导线以及温度变送器。

上海诺莎机电设备有限公司
地址：上海市嘉定马陆工业园区丰饶路369号1号厂房
邮编：201805
电话：021-39197340
传真：021-59569273
电子信箱：13761586957@126.com
网址：www.sh-nuosha.com
主要产品或业务范围：多参量变送器。

上海品恒堂工贸有限公司
地址：上海市嘉定区方伟路152～154号
邮编：201814
电话：021-39587066
传真：021-59505190
电子信箱：sales@shqualitywell.com
网址：www.shqualitywell.com
主要产品或业务范围：双金属温度计、电子（太阳能）温度计、水温压力表（水高计）、普通压力表、抗震（充油）压力表、膜盒压力表、全不锈钢压力表、压力式温度计、工业玻璃温度计以及温湿度系列仪表等。

上海浦光仪表厂
地址：上海市虹口区梧州路374号
邮编：200080
电话：021-65463197，35010557，65355474，65350490
传真：021-51685578
电子信箱：puguang@puguang.com
网址：www.puguang.com，www.shpuguang.com
主要产品或业务范围：符合IEC标准的A/B级热电阻，Ⅰ、Ⅱ级各种热电偶，防爆型智能温度变送器，智能型电容式压力，差压变送器，磁性液位计，投入式静压液位变送器，智能数显，光柱指示调节仪，各种不锈钢压力表及仪表专用电缆、热电偶补偿导线系列。

上海奇琳实业有限公司
地址：上海市松江区泗泾工业区九干路68号
邮编：201601
电话：021-57627141
传真：021-57627142
电子信箱：sales@qilin-sh.com
网址：www.shanghaiqilin.com
主要产品或业务范围：热式气体质量流量计。

上海乔宇仪器仪表有限公司
地址：上海市高平路777号811室
邮编：200436
电话：021-56036864，66528021
电子信箱：sales@shqiaoyu.com
网址：www.shqiaoyu.com
主要产品或业务范围：温度、压力、流量测量仪表、光学仪器、分析仪器、实验仪器、阀门、硬度计、测厚仪等。

上海全宇机电科技发展有限公司
地址：上海市嘉定区马陆镇彭封路152号4幢
邮编：201801
电话：021-59100988，59103351，59102008
传真：021-59100988-12
电子信箱：support@quanyu.com.cn
网址：www.quanyu.com.cn
主要产品或业务范围：压力传感器、变送器，温度传感器、变送器，配套仪表和工业自动控制系统等。

上海融德机电工程设备有限公司
地址：上海市浦东大道1695弄1号1401、1404单元
邮编：200135
电话：021-68532791
传真：021-58212204
电子信箱：sale@rongded.com
网址：www.rongded.com
主要产品或业务范围：压力式、浮子式、气泡式、气/电转换式及雷达式的液位测量产品、气动式、电动式及液压式的阀门遥控装置、防污染产品、消防救生设备、各种控制台及控制柜、各类液压、压力、温度的变送器及智能仪表、液力/磁力耦合器。

上海瑞帝机电设备有限公司
地址：上海市徐汇区漕溪路258弄27号航星商务楼1号楼605室
邮编：200235
电话：021-51086271
传真：021-51581211
电子信箱：susanna.Peng@radi-instrument.com
网址：www.radi-instrument.com
主要产品或业务范围：代理产品有西班牙TECFLUID公司专业制造的转子流量计，涡轮流量计，孔板流量计，靶式流量计及流量开关等；澳大利亚TRIMEC公司生产的插入式脉冲流量计、椭圆齿轮流量计、批量控制系统等；德国J.DITTRICH公司生产的氧气探测器、环境二氧化碳监测仪；自有产品有温度传感器、温度开关。

上海赛福仪表有限公司
地址：上海市军工路1436号（中原经济园区）
邮编：200433
电话：021-65513743
传真：021-65513742
电子信箱：johnny-zhao@263.net
主要产品或业务范围：铠装热电偶电缆，铠装加热器，铠装铂电阻引线，铠装热电偶，铠装铂热电阻，工业热电偶和热电阻。

上海赛途仪器仪表有限公司
地址：上海市青浦区朱家角镇龙星路5号
邮编：201713
电话：021-59242688，59241575
传真：021-59248406
电子信箱：sighto@sighto.com.cn
网址：www.sighto.com
主要产品或业务范围：生产压力仪表、温度仪表、气体减压器、仪表阀门。

上海赛维自控系统工程有限公司
地址：上海市中春路7001号A楼402室
邮编：201101
电话：021-61028628
传真：021-22817066
电子信箱：sales@solving.com.cn
网址：www.solving.com.cn
主要产品或业务范围：热式气体质量流量计、超声波流量计、超声波明渠流量计、电磁流量计、蒸汽流量计、V锥流量计等；配套产品包括差压变送器、压力变送器及直流电源等。

上海善康仪表有限公司
地址：上海市金沙江西路1555弄16号1层
邮编：200050
电话：021-62128132
传真：021-62125343
电子信箱：shankang1151@qq.com
网址：www.shankang.net
主要产品或业务范围：该公司专业生产1151、3851型模拟、数字化、智能化电容式压力/差压变送器，并承接各种法兰，远传变送器。

上海上蒙仪表股份有限公司
地址：上海市松江高新技术园区富永路916号
邮编：201600
电话：021-57735656，57736627
传真：021-57735067
电子信箱：57735656@163.com
网址：www.s-meng.net
主要产品或业务范围：该公司专业从事自动化仪器仪表的生产、开发及销售，主要产品包括智能型压力/差压变送器、3051/3351电容式传感器、各种特殊法兰、远传型变送器、各种专门用途的电磁流量计、温度变送器、磁浮子液位计、过程自动化控制系统开发。

上海盛茂艾美特仪器仪表有限公司
地址：上海市莘建东路58弄1号楼C楼705室
邮编：200011
电话：021-54176362
传真：021-54176376
联系人：胥宏鸣
电子信箱：huyuzhi@shengmao.com
网址：www.shengmao.com
主要产品或业务范围：该公司以代理美国Fisher-

Rosemount公司和Ametek公司产品为主，兼营其他国家名牌仪器仪表，优势产品如Rosemount的1151、3051变送器，Ametek公司的压力及温度校验器、氧化锆氧量分析仪等。

上海盛太克仪表有限公司★
地址：上海市浦东新区金桥出口加工区川桥路1515号
邮编：201206
电话：021-58997601，58540878
传真：021-58996818
联系人：周满红
电子信箱：sense.oversea@sen-tec.com
网址：www.sen-tec.com
主要产品或业务范围：智能温度变送器，智能压力/差压变送器，智能气体探测器，智能隔离器，智能板。

上海思派电子科技有限公司
地址：上海市闵行区颛兴东路1528号6幢
邮编：201108
电话：021-51087352
传真：021-51879567
电子信箱：spes@spes.com.cn
网址：www.spes.com.cn
主要产品或业务范围：该公司专业研发、生产和销售各种液位、料位、压力传感器等。

上海斯岱迪机电设备有限公司
地址：上海市杨浦区长阳路1080号汇星广场2号楼704室
邮编：200082
电话：021-65896722
传真：021-65896707
电子信箱：info@sh-standing.com
网址：www.sh-standing.com
主要产品或业务范围：各种标准的压力、温湿度、露点、流量、水上油等测量产品。

上海松岩自动化仪表有限公司
地址：上海市金山区亭林镇金山工业区金流路199号
邮编：201506
电话：021-20901386/1387
传真：021-20901385
电子信箱：shanghaisongyan@126.com
网址：www.keda.83.024idc.net
主要产品或业务范围：该公司是集研发、设计、生产、销售电动执行器、阀门、安全栅及流量仪表的专业型企业。

上海天贺自动化仪表有限公司
地址：上海市宝山区锦秋路699弄10区151号
邮编：200444
电话：021-66713763，66713764，66713765
传真：021-66713767
网址：www.smowo.com
主要产品或业务范围：该公司专业生产及经营工业自动化所需传感器及配套显示控制仪表，主要产品涉及压力、称重、温度等测试控制领域。

上海天沐自动化仪表有限公司
地址：上海市莘砖公路518号11号楼16楼
邮编：200233
电话：021-54265735，54265736，54265737
传真：021-54265739
电子信箱：tm@tm-auto.com
网址：www.tm-auto.com
主要产品或业务范围：压力传感器、变送器，位移传感器、变送器，称重传感器、变送器，温度传感器、变送器，仪器仪表及工控设备。

上海天信仪表有限公司
地址：上海市奉贤区西渡工业园区扶港路1258号
邮编：201401
电话：021-57436680
传真：021-57436681
电子信箱：shanghai@tancy.com
网址：www.tancy.com
主要产品或业务范围：TDS系列智能旋进流量计、天信—德莱赛（美国）气体罗茨流量计、TBQZ 系列智能涡轮流量计、LXWZ-C型可拆式智能旋涡流量计等。

上海同欣自动化仪表有限公司
地址：上海市止园路621号5楼
邮编：200070
电话：021-66600941，66600924
传真：021-66600874
电子信箱：tontion@flowtontion.cn
网址：www.flowtontion.cn
主要产品或业务范围：智能化仪表、计算机数据采集和监控系统、仪表自动化和能源计量管理系统集成。

上海望源测控仪表设备有限公司
地址：上海市普陀区绥德路118弄55号
邮编：200331
电话：021-66083118，64366699
传真：021-66082028
电子信箱：wangyuan@wy4488.com
网址：www.wy4488.com
主要产品或业务范围：WP系列压力、差压、液位变送器，电容式1151系列压力、差压液位变送器，平法兰、插入法兰可任选，智能数显、光柱、PID调节仪表，多路巡检、流量积算仪表，检漏仪，血压计检定仪，露点仪。

上海威尔泰工业自动化股份有限公司
地址：上海市虹中路263号

邮编：201103
电话：021-64656465
传真：021-64659671
电子信箱：sales@welltech.com.cn
网址：www.welltech.com.cn
主要产品或业务范围：WT1151、WT2000、WT2188和WT2000T系列高、中、低各档次差压/压力变送器；XE、XEM系列电磁流量计，TC系列热电偶、RT系列热电阻和多种现场总线温度变送器等多种产品，公司提供从自动化工程设计、工程承包到技术改造、技术服务和咨询等服务。

上海威力巴仪表有限公司
地址：上海市浦东新区长柳路58号证大立方大厦1303室
邮编：201204
电话：021-33927899
传真：021-38465198，38460198
电子信箱：veraber@sina.com
网址：www.wlb-instrument.com
主要产品或业务范围：威力巴全新的插入式差压流量计。

上海为民仪表厂
地址：上海市崇明县竖新镇碧瀛北路
邮编：202164
电话：021-59481756
传真：021-59480990
网址：www.shwmyb.com
主要产品或业务范围：Y40-200中高压普通压力表、磁助式电接点压力表、耐振压力表、精密压力表。

上海维思仪器仪表有限公司
地址：上海市松江大港彭丰路733弄1号
邮编：201614
电话：021-57855648，57850218
传真：021-57850228
电子信箱：sales@wsi.sh.cn
网址：www.wsi.sh.cn
主要产品或业务范围：该公司是从事气体超声流量计研发、生产和销售的专业厂家，公司推出的CL系列气体超声流量计被列入国家火炬计划项目。

上海五寰仪器仪表有限公司
地址：上海市奉贤区胡桥镇胡阮路844号
邮编：201417
电话：021-57442735
传真：021-57457430
电子信箱：kourcer@126.com
网址：www.5-huan.com
主要产品或业务范围：专业制造和研发电磁流量计、涡街流量计、热量表、热式气体质量流量计、涡轮流量计、V锥流量计、金属管转子流量计、孔板、旋进旋涡流量计。

上海物位帝国际贸易有限公司
地址：上海市中山西路2281号徐汇晶典大厦1004室
邮编：200235
电话：021-64684193，64684197，64682936
传真：021-64696707
电子信箱：teohsg@uwt.cn
网址：www.uwt.cn
主要产品或业务范围：各类型阻旋式、音叉式料位计和电子机械式的重锤式连续料位测量仪。

上海物位仪器仪表有限公司
地址：上海市杨浦区延吉东路143号
邮编：200092
电话：021-65860016，55083061
传真：021-65794928
电子信箱：ww@ww518.net
网址：www.ww518.net
主要产品或业务范围：该公司是自动化行业物位仪器仪表产品的专业生产厂家。

上海西派埃温度仪表公司
地址：上海市徐汇区漕宝路103号8号楼底层
邮编：200233
电话：021-64510705
传真：021-64510705
电子信箱：wzs@sipai.com
网址：www.sipai.com
主要产品或业务范围：该公司从事温度测量仪表、温度仪表试验设备及温度控制系统的研究开发，产品有热电偶、热电阻，温度变送器等。

上海希尔特机电仪表有限公司
地址：上海市曹杨路1040号中谊大厦404室
邮编：200063
电话：021-32250689
传真：021-32255689
电子信箱：shxert@163.com
网址：www.shxert.com
主要产品或业务范围：生产销售自动化仪器仪表：智能数显调节仪，智能温度变送器，压力、差压、绝压变送器，多参数一体化流量变送器，各种型号导轨式信号隔离，温度变送器，安全栅配电器，闪光报警器（单路四路八路），数字式压力、温度、液位、开关，仪表供电箱，防腐型温度传感器，高铬铸铁保护管，高温耐磨管，各种规格型补偿导线，各种规格型号压力表，各种规格型号二线制4～20mA变送器数码液晶表头，可代客开发智能温度变送器绕路板、模块。

上海先衡自动化仪表有限公司
地址：上海市浦东康桥工业开发区浦三路3721号
邮编：201315

电话：021-68065103，68065203，68121633
传真：021-68065203
电子信箱：xianhyb@163.com
网址：www.xianheng.net
主要产品或业务范围：该公司是一家集科、工、贸于一体的专业性仪器仪表公司，产品涵盖了液位、压力、温度、流量四大热工参数的现场仪表。

上海响泰自动化设备有限公司
地址：上海市嘉定区曹新公路1205号
邮编：201808
电话：021-59940017，26802718
传真：021-59940017，26802718
网址：www.xtai.com
主要产品或业务范围：电磁流量计、涡街流量计、浮子流量计、磁翻柱液位计、超声波物位计、浮球液位变送器、全防腐液位计、全防腐雷达物位计、全防腐压力变送器、全防腐温度传感器、料位开关、液位开关、接近开关、光电开关、浮球开关。

上海新嘉自动化仪表厂
地址：上海市罗阳路568弄102号
邮编：201100
电话：021-64775106
传真：021-64530509
电子信箱：xjyb@xjyb.com
网址：www.xjyb.com
主要产品或业务范围：专业生产各种液位计，数字模拟光柱显示仪，闪光报警仪，温度变送器，扩散硅微压力变送器，氧化锆氧量分析仪，液泵电机控制柜，多回路液位控制系统，电动执行机构，以及伺服放大器。

上海鑫互自动化仪表有限公司
地址：上海嘉定区南翔南华路50号2楼501室
邮编：201802
电话：021-69975166
传真：021-69975133
电子信箱：269152522@qq.com
网址：www.xh3051.com
主要产品或业务范围：专业生产销售智能型执行器，压力变送器，液位变送器，一体化温度变送器等系列。

上海信东仪器仪表有限公司
地址：上海市松江区九亭镇九亭经济开发区伴亭路480号
邮编：201615
电话：021-57633871
传真：021-57632025
电子信箱：market@sinoda.com
网址：www.sinoto.com
主要产品或业务范围：生产和销售各种高质量的流量仪表，液位仪表等在线测量仪器仪表及自动化控制系统。

上海星空自动化仪表有限公司
地址：上海市青浦工业园区新水路575号
邮编：201707
电话：021-59705999
传真：021-59705989
电子信箱：xsb@xk-sh.com
网址：www.xk-sh.com
主要产品或业务范围：智能电磁流量计，涡街流量计，V锥流量传感器，磁电涡街流量计，涡轮流量计，文丘利涡街流量计，压力变送器，智能流量积算仪。

上海星申仪表有限公司
地址：上海市浦东新区浦东南路1862弄20号众鑫大厦20层
邮编：200122
电话：021-58308800
传真：021-58309955
电子信箱：foxc@c10.cn
网址：www.c10.cn
主要产品或业务范围：智能型电浮筒液位（界位）变送器，耐高温高压型磁翻柱液位计，耐低温超低温型磁翻柱液位计，智能压力（差压）变送器，智能一体/分体型超声波物位计，磁翻柱、导波雷达双腔双系统液位计等。

上海雄风自控工程有限公司
地址：上海市青浦区北青公路3585弄350号
邮编：201705
电话：021-39808151，39808152
传真：021-39808150
电子信箱：sales@xiongf.com
网址：www.xiongf.com
主要产品或业务范围：该公司有自主研发先进的仪器仪表，并拥有美国、加拿大等品牌的总代理权，主要销售磁性液位计、射频导纳物位控制器、超声波物位计、雷达物位计、重锤及阻旋式等物位控制器。

上海一诺仪表有限公司
地址：上海市嘉定区黄渡镇嘉松北路7508号
邮编：201804
电话：021-39531416
传真：021-39531136
电子信箱：info@yinuochina.com
网址：www.yinuochina.com
主要产品或业务范围：LZYN质量流量计、LSZ双转子流量、GLZ高压流量自控仪、LBYN合金刮板流量计、MAGYN智能电磁流量计、LXW旋涡流量计、LZK流量自动控制装置。

上海仪表（集团）公司供销公司
地址：上海市北京东路668号A127室
邮编：200002
电话：021-66118488，66118499

传真：021-66111299
联系人：张庆云
电子信箱：h66118488@163.com
网址：www.shyibiaojt.com
主要产品或业务范围：各类单元组合、温度仪表、压力仪表、流量仪表、电测量仪表、显示仪表、传感器、程序控制器、执行器、调节阀以及电工成分分析，光学天成、环保等实验仪器，并可配套设计，制造多种拟屏，变送器屏、仪表操作台等。

上海仪电站有限公司
地址：上海市四川中路600号
邮编：200002
电话：021-63297388
传真：021-63290298
电子信箱：sieco@online.sh.cn
网址：www.ydz.com.cn
主要产品或业务范围：该公司具有30多年的经营历史。公司下设10个业务部门，专门供应（进口、国产）自动化仪表、电工仪器仪表、无线电测量仪器、光学仪器、成分分析仪器、无损探伤仪器、材料试验机、实验室仪器等。

上海意姆柯工程检测设备有限公司
地址：上海市天目西路547号A座2105室
邮编：200070
电话：021-63172683，63175370
传真：021-66361200
电子信箱：marketing@shanghaiemco.com
网址：www.shanghaiemco.com
主要产品或业务范围：Vorfex PhDTM在线涡街流量计、Sono-TRAKTM捆绑时差式超声波流量计、V-BorTM和Turbo-BorTM插入式系列流量计、Hydro-FlowTM专业测水涡街流量计等。

上海银流计测仪器有限公司
地址：上海市闵行区虹梅南路3509弄298号A6
邮编：201108
电话：021-54406475，54406476
传真：021-54406472
联系人：顾志祥
电子信箱：shanghaiyinliu@163.com
网址：www.shanghaiyinliu.com
主要产品或业务范围：该公司是一家专业从事电磁流量计、超声液位计等研发、生产、营销为一体的企业。

上海涌纬自控成套设备有限公司
地址：上海市大渡河路1142弄1号4楼A区
邮编：200333
电话：021-52807113，52808140，61556122， 61556133
传真：021-52807115
电子信箱：yongwei@tkyb.com
网址：www.tkyb.com
主要产品或业务范围：温度传感器，压力变送器，温度变送器，电量变送器，智能电力监测仪，数字显示调节仪，压力表系列，液位计、流量计，无纸记录仪，电气装备用电缆，电力电缆，控制电缆。

上海云飞自动化设备有限公司
地址：上海市大康路251号
邮编：200072
电话：021-56776700
传真：021-36031040
电子信箱：shyunfei@shyunfei.com
网址：www.shyunfei.com
主要产品或业务范围：柴油机监控仪、数字式转速控制系统、压力变送器、多晶硅压力变送器等。

上海哲久仪器仪表厂
地址：上海市青浦区练塘镇泖甸村226号
邮编：201715
电话：021-59254015，18930234015，13022147388
传真：021-59254015
电子信箱：yu279@vip.sina.com
网址：www.qpllj.com
主要产品或业务范围：LFD冲量流量计系列，LFDB冲量流量变送器，流量指示积算仪等自动化仪表。

上海正博自动化仪表有限公司
地址：上海市恒丰北路100号林顿大厦2502室
邮编：200070
电话：021-66583322，66583355
传真：021-56558981
电子信箱：sales@zbllj.com
网址：www.zbllj.com
主要产品或业务范围：ZBWJ-90/99型涡街流量计，LUGB-90/99型涡街流量计、LED-99系列智能电磁流量计，ZBYZ89型智能压力变送器，SB-2100智能流量积算仪，LC系列椭圆齿轮流量计。

上海指信机电设备有限公司
地址：上海市新郁路846弄兆地商务金座56号504室
邮编：201824
电话：021-69106038，69106643
传真：021-69106038，69106643-808
电子信箱：zx5117@126.com
网址：www.shzxjd.com
主要产品或业务范围：流量仪表及开关，物位液位仪表及开关，温湿度仪表，压力及差压仪表，水质分析及气体检测仪表，电力测试和无损检测仪表，编码器。

上海志诚仪器仪表有限公司
地址：上海市长宁区武夷路153弄6号

邮编：200050
电话：021-62260437
传真：021-62263652
电子信箱：13621737190@139.com
网址：www.zhicheng-sh.com
主要产品或业务范围：研制生产双金属指针式温度表、指针式湿度表、数字显示温湿度表及指针式晴雨表。

上海致延仪器仪表有限公司
地址：上海市嘉定区南翔镇科盛路558号一号厂房
邮编：201802
电话：021-64708169
传真：021-64709653
电子信箱：zhiyanchina@163.com
网址：www.zhiyan-china.com
主要产品或业务范围：专业从事压力仪表、温度仪表的生产制造商。

上海中核维思仪器仪表有限公司
地址：上海市徐汇区桂林路396号4号楼
邮编：2002353
电话：021-64839885
传真：021-64839881
电子信箱：sales@scnws.com
网址：www.scnas.com.cn
主要产品或业务范围：核级和普通差压/压力变送器、反应堆压力容器液位检测系统（RVLMS）、核级和非核级UCA吹气装置、核级节流装置、核级降压孔板、智能电磁流量计、质量流量计、气体超声流量计、油库管理系统等多种产品。

上海中隆实业有限公司
地址：上海市浦东新区长岛路1203弄21号
邮编：200129
电话：021-50250324
传真：021-23010169
电子信箱：fhtdlzl@188.com
网址：www.zhonglongsy.com
主要产品或业务范围：科氏质量流量计、涡街流量计、MPA流量计、电磁流量计、热式质量流量计、流量积算仪、压力变送器及仪表校验仪等。

上海自动化仪表四厂
地址：上海市石泉路498号
邮编：200082
电话：021-52919568
传真：021-52917918
电子信箱：info@shgzt.com
网址：www.shgzt.com
主要产品或业务范围：特种压力表、压力计量器、压力变送器、一般压力表和专用压力表及计算机实时控制系统。

上海自仪九仪表有限公司
地址：上海市安亭昌吉路157号
邮编：201805
电话：021-59577980，59577825
传真：021-59577825
电子信箱：webmaster@ziyi9.com
网址：www.ziyi9.com
主要产品或业务范围：该公司主要生产旋涡流量计、螺旋流量计、金属刮板流量计、电磁流量计、双转子流量计、腰轮流量计、气体腰轮流量计、金属管转子流量计、涡轮流量传感器、旋转活塞式流量计。

威卡国际贸易（上海）有限公司
地址：上海市长宁区遵义路100号虹桥上海城A2615室
邮编：200001
电话：021-53852572
传真：021-53852575
电子信箱：info@wika.com.cn
网址：www.wika.com.cn
主要产品或业务范围：机械式压力测量仪表，电子式压力测量仪表，化学密封、机械式温度测量仪表，电子式温度测量仪表，调校和校验技术，SF6气体测量技术，应用于UHP的压力测量技术。

文特斯仪器
地址：上海市民生路1518号金鹰大厦B座501室
邮编：200135
电话：021-61042610-26
传真：021-61042615
电子信箱：pzhai@winters.com
网址：www.winters.com
主要产品或业务范围：压力、温度测量与控制仪器，以及基于压力的液位与流量仪表。

希而科贸易（上海）有限公司
地址：上海市浦东新区胜利路836弄4幢12号
邮编：201201
电话：021-20363045
传真：021-20363145
电子信箱：lnb@silkroad24.com
网址：www.silkroad24.com
主要产品或业务范围：国内领先的欧洲自动化仪器仪表，备品备件供应商。

约克仪器公司
地址：上海市延安西路1228号嘉利大厦10楼A座
邮编：200052
电话：021-51085568，62802802
传真：021-62806262
电子信箱：sales-sh@yorkinstrument.com
网址：www.yorkinstrument.com

主要产品或业务范围：压力校验，温度、温湿度校验，露点、微水、微量氧分析仪器，烟气分析仪，超声波流量计，非接触式流量计，气体检测/报警设备，位移传感器、压力传感器、红外气体传感器等。

自仪股份压力仪表制造部
地址：上海市中山北路1300号
邮编：200065
电话：021-56086500
传真：021-56081123
电子信箱：yalizzb@citiz.net
主要产品或业务范围：特种压力表、压力计量仪器、压力变送器、一般压力表、专用压力表和二位式压力控制器。

成都川星科技实业有限公司
地址：四川省成都市工农院街57号
邮编：610061
电话：028-84513933
传真：028-84599117
电子信箱：sceat@21cn.com
网址：www.plc-mcu.com.cn
主要产品或业务范围：计数器，转速表，线速度表，计米表，智能型光电开关，累时器，各种手操器，编程器，可编程序控制器等。

成都康斯博科技有限责任公司
地址：四川省成都市人民南路四段49号曼哈顿8－8号
邮编：610041
电话：028-68988008
传真：028-68180911
电子信箱：consibol@126.com
网址：www.consibol.com
主要产品或业务范围：天然气流量、风量流量、蒸汽流量、水流量、污水流量等的计算机自动控制与管理，实现计算机采集、控制和远程管理等。

成都科星实业公司
地址：四川省成都市水碾河路14号蜀都花园14栋18楼B1座
邮编：610066
电话：028-84460928，84454731-8008
传真：028-84450302
电子信箱：kxyb@sckx.com
网址：www.sckx.com
主要产品或业务范围：经销GE Druck的压力传感器、工业过程参数测量、压力校准仪器仪表；代理厦门宇电，香港上润的仪器仪表，宇电的PID调节仪。

成都伦慈仪表有限公司
地址：四川省成都市新都区兴城大道346号
邮编：610500
电话：028-83961663
传真：028-83953517
电子信箱：lunci@126.com
网址：www.lunci.com
主要产品或业务范围：各种传感器及压力、差压、液位、温湿度变送器和各种测控仪表。

成都市双铁仪表有限公司
地址：四川省成都市二环路西三段17号（彩舍大厦6A-6E）
邮编：610031
电话：028-87716488，87716388，87716011
传真：028-87719658
电子信箱：shuangtie@163.com
网址：www.shuangtie.com
主要产品或业务范围：铂热电阻、热电偶、双金属温度计、一体化温度变送器等各类温度仪表。

成都先达电子有限公司
地址：四川省成都市蛟龙工业港青羊园区B-6
邮编：610093
电话：028-87078760，87078761
传真：028-87078762
电子信箱：sandcop@sandcop.com
网址：www.sandcop.com
主要产品或业务范围：传感器、变送器，配套仪表，调节器等高温熔体压力测量系列产品。

成都中科动态仪器有限公司
地址：四川省成都市一环路南2段10号中科院成都分院
邮编：610041
电话：028-85232490，85237006，85224505
传真：028-85231689
联系人：林世雄
电子信箱：supports@vidts.com
网址：www.vidts.com
主要产品或业务范围：从事压力、应力、位移、冲击、振动、速度、加速度、噪声、温度、形态等动态过程监测设备的研制，产品有高速并行数据采集卡，数据采集分析仪，爆破震动记录仪，虚拟仪器软件。

成都中南实业有限公司
地址：四川省成都市金府路万贯金府银座8栋A座2109室
邮编：610031
电话：028-87631500，86799200
传真：028-87635106
电子信箱：zhongnanshiye@zhongnanshiye.com
网址：www.zhongnanshiye.com
主要产品或业务范围：流量、液位、物位、压力、电磁阀、温度测量及各类记录仪和电工检测仪器、变频器、测厚仪、测震仪、风速仪、红外线测温仪，以及实验室分析仪器等多种产品。

成都中阳实业公司
地址：四川省成都市东三环路二段龙潭都市工业集中发展区菲斯特企业园B203
邮编：610052
电话：028-84712608，84720276
传真：028-84723908
电子信箱：cdcsun@sina.com.cn
网址：www.cdcsun.com
主要产品或业务范围：从事敏感检测器件和自动化测控装置设计制造，主要产品有压力传感器和变送器。

德阳市新泰自动化仪表有限公司
地址：四川省德阳市旌湖开发区仓山街6号
邮编：618000
电话：0838-2906027，2906028
传真：0838-2906025
电子信箱：sales@newpeace.cn
网址：www.newpeace.cn
主要产品或业务范围：液位计，物位计，压力计，流量计，温度等工业测量仪表。

美国矽翔微机电系统有限公司
地址：四川省成都市高新区高朋东路2号
邮编：610041
电话：028-85139938
传真：028-85139315-808
电子信箱：sichuan@siargo.com
网址：www.siargo.com.cn
主要产品或业务范围：燃气计量仪表、工业应用计量仪表、质量流量传感器。

绵阳市万欣测控技术有限公司
地址：四川省绵阳市游仙西路89号
邮编：621000
电话：0816-2273391
传真：0816-2273300
网址：www.mywanxin.com
主要产品或业务范围：直通式、插入式热式气体质量流量传感器，汽车空气流量计已达30个品种，压力传感器、曲轴位置传感器、温度传感器等系列产品。

四川川府仪表有限公司
地址：四川省彭州市繁江南路
邮编：611930
电话：028-83701047，89180926，83705900
传真：028-83701004
联系人：罗绪良
电子信箱：xyh999555@126.com
网址：www.cfybc.com
主要产品或业务范围：该公司是生产各类压力仪器仪表的专业厂家，产品分为四大类，即用于现场测压的普通压力表、精密压力表和各种耐腐蚀测压仪表；工业自动化成套设备；石油天然气集输配套自动装置；与DCS系统配套的各类自动化仪表。

四川华索自动化信息工程有限公司
地址：四川省成都市航空路6号丰德国际广场B2座6层
邮编：610041
电话：028-85266856，85266860，85266867
传真：028-85266861
电子信箱：guolong@cd-hs.com
网址：www.cd-hs.com
主要产品或业务范围：代理销售SIEMENS、UE、Honeywell、ABB、Rockwell、Schneider、GE等公司的过程及分析仪表、微机保护装置、控制系统等。

四川惠科达仪表制造有限公司
地址：四川省自贡市大安区夏洞寺
邮编：643000
电话：0813-2629092
传真：0813-2629091
电子信箱：nancy@hbyb.com
网址：www.hbyb.com
主要产品或业务范围：该公司主要产品有磁性液位计、磁性液位开关、楔形流量计、金属转子流量计、V锥流量计、节流装置等。

四川江油科星仪表厂
地址：四川省江油市武都镇
邮编：621702
电话：0816-3872146，13568422229
传真：0816-3872159
电子信箱：info@jykx.com
网址：www.jykx.com
主要产品或业务范围：快速测温热电偶，快速测温热电偶专用纸管，工业热电偶、热电阻，铠装热电偶、热电阻。

四川省科学城久利电子有限责任公司
地址：四川省绵阳市绵山路64号
邮编：621900
电话：0816-2482598
传真：0816-2491449
电子信箱：jldz@jiu-li.com
网址：www.jiu-li.com
主要产品或业务范围：产油井井口在线流量计量仪、油田注入井注入量测试的电磁流量计、多参数组合测井仪。

四川天府仪表有限公司
地址：四川省成都市彭州市外北
邮编：611930
电话：028-83872916，83871037，83892724，83884978
传真：028-83871148

电子信箱：mjj@tfyb.com
网址：www.tfyb.com
主要产品或业务范围：耐腐蚀测压仪器仪表，精密压力表，工业自动化成套控制设备。

自贡市华科仪表制造有限公司

地址：四川省自贡市大安区盐都大道泰丰丽苑
邮编：643000
电话：0813-2629092，2629093
传真：0813-2629091
电子信箱：sale@hkyb.cn
网址：www.hkyb.cn
主要产品或业务范围：差压、压力变送器，干式陶瓷电容式压力、法兰式、缆式、杆式静压液位变送器，多路风压测量仪，数字式风压仪，远传压力仪，万能输入数字显示调节仪，智能多回路巡检仪，超宽光柱显示（报警）仪，光柱指示调节器，光柱操作器，自动切换装置等。

爱尔索机电设备（天津）有限公司

地址：天津市河东区新开路润东大厦602室
邮编：300171
电话：022-24328810
传真：022-24320508
电子信箱：info@uscl.com.cn
网址：www.uscl.com.cn
主要产品或业务范围：销售和生产自动化仪表类产品，并代理世界著名品牌流量检测仪表及控制系统。

长野福田（天津）仪器仪表有限公司

地址：天津市开发区第九大街80号丰华工业园7号厂区
邮编：300457
电话：022-59810966
传真：022-59810963
电子信箱：sales@fukuda-tj.com.cn
网址：www.fukuda-tj.com.cn
主要产品或业务范围：NIKS压力表、压力开关、传感器、温度计、温度开关、FUKUDA气密检漏仪。

丹佛斯（天津）有限公司

地址：天津市武清开发区福源路5号
邮编：301700
电话：022-82126400
传真：022-82126407
网址：www.danfoss.com/China/
主要产品或业务范围：压力变送器、温度传感器、比例电磁阀。

丹纳赫西特传感工业控制（天津）有限公司

地址：天津市西青区泰达微电子工业园区微五路28号
邮编：300385
电话：022-83988098
传真：022-83988099
网址：www.danaher-scg.com.cn
主要产品或业务范围：电子测试测量设备，过程、工厂、环境控制，运动控制，产品识别，医疗设备等，生产并销售针对工程及工厂自动化的压力变送器，压力开关流量及液位传感器，温度控制器，旋转编码器，计数器等。

京津河海仪表有限公司

地址：天津市新南马路五金城1区33栋116号
邮编：300000
电话：022-87886022，13132131966
传真：022-87886022
网址：www.bjpute.cn
主要产品或业务范围：数字压力表、差压表、微压表、远传压力表、耐震压力表、全不锈钢压力表、隔膜压力表、膜盒压力表、卫生型压力表、耐震电接点压力表；双金属温度计、金属套温度计、精密温度计、棒式温度计、留点温度计、压力式温度计、数量温度计、电接点温度计、V形压力计、精度计、一级标准水银计、二级标准水银计、高压玻璃管；流量计，电磁流量计、涡街流量计、涡轮流量计、插入式流量计及各种热量表等。

天津艾晟科技发展有限公司

地址：天津市河东区新开路与华捷道交口新天地家园20-1-1602
邮编：300010
电话：022-60895036
传真：022-60895086
电子信箱：aisuntech@163.com
网址：www.aisuntech.com
主要产品或业务范围：压力开关、温度开关等产品。

天津爱德仪器仪表系统科技公司

地址：天津市南开区红旗路214号211楼
邮编：300190
电话：022-27419449，27452229，27483081
传真：022-27428562
电子信箱：aide3@aidesys.com
网址：www.aidesys.com
主要产品或业务范围：各类普通/防爆电磁阀，各类普通/防爆、电动/气动调节阀，温度、压力、流量、物位、分析仪表，工业现场计算机、PLC、DCS，民用热分配表/电子户表、热网脉冲表、电磁式仪表，超声式热量仪表。

天津拜罗理德仪表有限公司

地址：天津市华天道8号海泰信息广场B-213
邮编：300384
电话：022-23708750
传真：022-23708753
电子信箱：wangyi@pyrolead.com
网址：www.pyrolead.com

主要产品或业务范围：就地测量温度计、接触测量传感器、非接触测量传感器、信号变送器、温度电缆、特种测量材料、温度控制器等。

天津昌晖仪表有限公司
地址：天津市经济技术开发区微电子工业区中晓园3C区
邮编：300385
电话：022-23978559，23976363，23976922
传真：022-23963801
联系人：徐原兰
电子信箱：Swp_tj@vip.163.com
网址：www.cftj.cn
主要产品或业务范围：SWP-T系列压力、差压、微差压、高静压、绝压、远传压力/差压、液位等变送器；金属电容传感器；SWP系列数字显示控制仪、无纸记录仪、自整定控制仪、多路巡检控制仪、流量积算仪、手操器、报警器；涡街流量计、电磁流量计、射频导纳物位等仪表产品。

天津达奇自控设备技术有限公司
地址：天津市南开区广开四马路天江格调空间1-3-1602
邮编：300102
电话：022-27379136-209
传真：022-27487505
主要产品或业务范围：代理美国Rosemount公司的流量计，变送器SAAB雷达料位计，美国Honeywell公司的系统备件、变送器，美国SUPASONIC公司的超声波液位计（总代理），美国FISHER公司的调节阀，美国ASCO公司的电磁阀，德国EA公司的阀门，德国burkert公司的电磁阀，德国ABB公司的调节阀、控制器、定位器，英国Bifold公司的电磁阀（总代理），加拿大妙声力公司的超声波料位计，MTL仪器公司的安全栅，WP上润的数显表（香港），美国SOR的压力开关，P+F的安全栅等。

天津德力塔仪表科技有限公司
地址：天津市北辰区铁东路（勤俭工业园）汾河南道一支路16号
邮编：300400
电话：022-86220056，86220057，13672112006
传真：022-27384280，86220036
电子信箱：tjdeleta@163.com
网址：http://tj-dlt.com
主要产品或业务范围：该公司专业生产各种温度、压力、流量仪表，流量变送器，仪表阀门及各种管件接头，包括孔板、喷嘴、V锥、经典文丘里管、弯管等差压流量仪表；德尔塔巴、威力巴、阿牛巴等均速管流量计；针形截止阀、高温高压阀、球阀及各种管件接头。

天津菲特测控仪器有限公司
地址：天津市南开区华苑产业区梓苑路13号1号楼D单元1层
邮编：300384
电话：022-58627156
传真：022-58627155
电子信箱：info@futureinstr.com
网址：www.futureinstr.com
主要产品或业务范围：主要产品有（智能）射频导纳物位计、（耦合型）磁致伸缩液位仪、导波雷达物位计、（智能）音叉物位开关、超声波液位计、含水分析仪、深井水位计等。

天津海大物位仪表有限公司
地址：天津市华苑产业区海泰发展六道6号海泰绿色产业基地K1座5门401室
邮编：300392
电话：022-83717266，83717977
传真：022-83716811
电子信箱：haidachina@126.com
网址：www.haidachina.com.cn
主要产品或业务范围：主营产品为物位仪表，主要包括射频导纳、雷达、导波雷达、超声波、磁致伸缩、音叉、浮球、阻旋等。

天津浩天自动化仪表制造有限公司
地址：天津市西青区中北工业园曦霞路16号
邮编：300112
电话：022-27984181
传真：022-27984180
电子信箱：tjhaotian@163.com
网址：www.haotianyibiao.cn
主要产品或业务范围：流量计、流量变送器、流量仪表、流量传感器、其他流量仪表。

天津恒立远大仪表有限公司
地址：天津市南开区科研西路12号157室
邮编：300192
电话：022-87899831
传真：022-87899830
电子信箱：tech_41@126.com
网址：www.hlyibiao.com
主要产品或业务范围：经营的产品涵盖射频导纳物位计、导波雷达物位计、超声波物位计、雷达物位计、锅炉汽包液位计、智能界面分析仪及射频导纳物位开关、多点物位开关、音叉物位开关、振棒物位开关、微波固体流量开关及含水分析仪等多个系列。

天津今明仪器有限公司
地址：天津市空港物流加工区航空路111号
邮编：300308
电话：022-84910051，84910052
传真：022-84910053
联系人：王胜强
电子信箱：sales@jm-inst.com

网址：www.jm-inst.com
主要产品或业务范围：主要生产便携式、盘装式数字温度计、湿度计，数字温度、湿度测控仪，智能温度、湿度测控仪表，温度、湿度传感器、变送器，一体化温度、湿度传感器，3½、4½位数字电压表、电流表。

天津科达仪表厂
地址：天津市南开区南开工业园A座C单元
邮编：300190
电话：022-27696356
传真：022-27365486
网址：www.tj-keda.com
主要产品或业务范围：工业用双金属温度计，电接点双金属温度计。

天津肯泰仪表有限公司
地址：天津市高新技术产业园区华苑产业区（环外）海泰发展2路1号
邮编：300384
电话：022-58389507，58389508
传真：022-58389506
电子信箱：kentai@tig.com.cn
网址：www.tjkentai.com
主要产品或业务范围：TDS西门子智能变送器、ABB智能变送器、电容式变送器、扩散硅压力变送器、法兰液位变送器、投入式变送器、棒式变送器等。

天津联科思创科技发展有限公司
地址：天津市新技术产业园区榕苑路15号鑫茂科技园1-B-1203
邮编：300384
电话：022-83713191，83718095，83718096，83718097
传真：022-83713192，83718096-8001
电子信箱：sales@linkstrong-tech.com
网址：www.linkstrong-tech.com
主要产品或业务范围：压力变送器，压力开关，液位产品，流量产品，GE Modus 微差压传感器，开关系列，质量流量计、控制器，体积流量计、控制器，GE DewPro工业湿度变送器，露点变送器，湿度分析仪。

天津流量仪表有限公司
地址：天津市河西区桃园村大街1号、4号
邮编：300204
电话：022-23280164，23284808，23280164，23282022
传真：022-23282022，23240198
联系人：张立飞
电子信箱：tlyb@tlybc.com
网址：www.tlybc.com，www.tlybc.cn
主要产品或业务范围：LZB系列转子流量计，LUGB型大口径插入式涡街流量计，LUGB系列满管涡街流量传感器，LUGB系列插入式涡街流量变送器，大口径插入式电磁流量计，ML-10型明渠流量计，UFC型磁翻转液位计，XLF型智能流量显示仪表。该公司拥有生产流量仪表的液体和气体检定设备，设备精度可达到0.2级，是天津市计量局委托认定的计量检定站。

天津孟德仪器仪表有限公司
地址：天津市河北区张兴庄大道86号
邮编：300402
电话：022-26017042，86330619
传真：022-86330619
电子信箱：tianjinmengde@163.com
网址：www.tjmengde.com
主要产品或业务范围：双金属温度计和各类测压仪表。

天津纽泰克自控仪表有限公司★
地址：天津市南开区红旗路330号
邮编：300190
电话：022-23364571，23680328
传真：022-23680328
电子信箱：fxs2188@vip.sohu.com
网址：www.tjntc.com
主要产品或业务范围：普通压力表系列；氨用、氧用压力表系列；电接点压力表；磁助电接点压力表；电位远传压力表；高温防腐压力表；防腐耐震压力表；膜盒压力表系列；膜片压力表系列；差动远传压力表；全不锈压力表系列；隔膜压力表系列；全不锈隔膜压力表；软尾隔膜压力表；全塑料隔膜压力表；绝压压力表，差压压力表，精密压力表系列等。

天津欧迪仪表科技开发有限公司
地址：天津市南开区冶金路正阳里小区5号楼
邮编：300111
电话：022-27682589，27682689
传真：022-27682585
联系人：王家忠
电子信箱：tjaldi2004@yahoo.com.cn，tjaldi@sina.com
网址：www.tjaldi.com
主要产品或业务范围：该公司是外商投资企业，主要产品有双金属温度计WSS系列、工业用压力式温度计WTZ/WTQ系列、WTY系列小型压力式温控仪、工业用装配式和铠装热电偶、热电阻WZ/WR系列、插接式双金属温度计WSSC系列、耐磨热电偶ADTC系列。

天津撒布浪斯探测仪器有限公司
地址：天津市北辰区铁东路柳滩工业区汾河北道6号
邮编：300402
电话：022-86878228，86878227，86878226
传真：022-86878225
网址：www.sabulance.com
主要产品或业务范围：该公司专业生产铸造、冶金领域热测定所需的消耗品，同时经营日本总公司生产的各种炉前快速热分析仪、热测定仪表及其传感器，向用户提供安装、调试、培训、年检、周转机、消耗品、零配件供应等全方位的服务。

天津三环电子仪器仪表有限公司
地址：天津市河东区程林庄道110号
邮编：300161
电话：022-24349536，24153273
传真：022-24153273
电子信箱：trilink@public.tpt.tj.cn
主要产品或业务范围：MFP型电磁流量计，UMT型磁翻转液位计。

天津森思特科技有限公司
地址：天津市南开区芥园西道李家园针织三厂院内
邮编：300112
电话：022-87860759，87860780，87860781
传真：022-87860782
电子信箱：info@senxte.com，hwp@senxte.com
网址：www.senxte.com
主要产品或业务范围：生产和销售工业温度和加热测控方面的仪表和材料。

天津市奥斯克科技发展有限公司
地址：天津市华苑产业园区鑫茂科技园D2座-5C单元
邮编：300384
电话：022-83712989，83712990，83712991，83712992
传真：022-83712993
电子信箱：xsb@ousike.com
网址：www.ousike.com
主要产品或业务范围：生产和销售SK3351、SK1151、SK1151-33、SK1151-20、SK1151-20X等系列压力、差压、微差压、绝压、高静压、液位及远传系列压力变送器，以及线路板、三阀组等配件和仪表盘柜等100多种规格型号的产品，代理国外数家产品并提供自动化仪表系统工程的设计、成套供应、安装调试等。

天津市辰星燃气表具技术有限公司
地址：天津市河北区革新道重光路1号
邮编：300250
电话：022-26320815
传真：022-26320163，26783502
电子信箱：tiyb10.@mail.eiii.tj.cn
网址：www.tjai10.com
主要产品或业务范围：G1.6型液化气专用表、G2.5～G6型家用煤气表、系列智能卡预付费和远传式煤气表，以及G6～G100型系列工业表；质量流量仪、微机热量仪、液位仪、一体化涡街流量计、大量程比流量计、流量计算机、流量积算器、多路温度巡检仪、智能双项流显示仪等；各类差压变送器、流量变送器、传感器等自动化仪表；各种节流装置、标准孔板、喷嘴、文丘利管、长颈喷嘴、耐磨孔板；以及菱形、笛型阿牛巴流量计、仪表附件、阀门管件等。

天津市大港仪表有限公司
地址：天津市大港区港西街港西大道88号
邮编：300283
电话：022-63191680，63192977，25932736
传真：022-63191467
电子信箱：dgchengsen@123.com
网址：www.abctjabc.com/dgy
主要产品或业务范围：该公司专业从事电磁流量计、涡轮流量计、旋进旋涡流量计、涡街流量计等。

天津市国力电子有限公司
地址：天津市南开区白堤路馨名园5-5-101号
邮编：300192
电话：022-87894846，87894852
传真：022-87894852
电子信箱：tjgldz@163.com
网址：www.tjgldz.cn
主要产品或业务范围：自动化仪器仪表及其检测装置开发、研制、生产于一体的高新技术企业。产品有数字式多功能校准仪，数字式压力校验仪，数字式多功能仪表校验仪，数字式频率信号校验仪等。

天津市华水自动化仪表研究中心
地址：天津市北辰区铁东路勤俭工业区2号路4号
邮编：300402
电话：022-26721831，26721832，26319376，81710772
传真：022-26379377
电子信箱：tjhsyb@163.com
网址：www.tjhsyb.com
主要产品或业务范围：智能气体涡轮流量计，液体涡轮流量传感器，涡轮流量变送器，智能液体涡轮流量计，大口径插入式涡轮流量计，智能流量积算仪。

天津市津天温度仪表科技有限公司
地址：天津市南开区长江道92号
邮编：300110
电话：022-27363901，27368697，27362672
传真：022-27363847，27361862
电子信箱：jintian@jtyb.cn
网址：www.jtyb.cn
主要产品或业务范围：热电偶材料及快速和标准热电偶，工业装配式热电偶，铠装热电偶，防爆工业热电偶，一体化热电偶，热电阻，温度变送器，电子调节器，数字显示调节器，智能温度巡回显示仪，多点巡回温度数字显示仪，快速钢水温度数字显示仪，晶闸管电压调节器等。

天津市科金电子技术有限公司
地址：天津市南开区咸阳路77号增9号蓝馨大厦6楼

邮编：300110
电话：022-27684175，27687733
传真：022-27687733
电子信箱：kejin_dz@eyou.com
网址：www.kejindz.com
主要产品或业务范围：该公司主要从事自动化仪表校验仪器的开发、生产和销售，兼营自动化仪表和通用测量仪器，产品有数字式多功能检验仪，压力信号检验仪，回路信号检验仪，温度信号检验仪，频率信号检验仪，数字多用表，直流数字电流表。

天津市联昌水表技术有限公司
地址：天津市南开区长江道92号
邮编：300110
电话：022-27366072，27690965，27692307
传真：022-27366072，27692571
电子信箱：info@18show.com
网址：www.tiglc.com
主要产品或业务范围：1500mm口径的冷、热水表，各种口径的远传水表，水表物业管理系统，预付费水表（IC卡水表）及热量计，水—电—煤气三者合一智能系统，农用水表并研制成功始动流量5l/h时开始计量的C级水表等。

天津市联大仪表厂
地址：天津市静海县独流镇东104国道旁
邮编：301602
电话：022-68816885，68815655，68811812
传真：022-68811610
联系人：朱志田
电子信箱：Lianda_tj@yahoo.com.cn
网址：www.tjldyb.cn
主要产品或业务范围：磁翻柱液位计，石英管液位计，玻璃板（管）液位计，浮标液位计，防霜液位计，阿基米德液位计，视镜系列，可拆卸式电子水表，流量液位变送器，仪表阀系列，仪表针型阀。

天津市求精科技发展有限公司
地址：天津市南开区华苑产业区兰苑路9号工房时代2－B111
邮编：300384
电话：022-83718948，85914528
传真：022-83719059
联系人：朱红进
电子信箱：hjzhu0518@21cn.com
网址：www.qjsonic.com
主要产品或业务范围：LDZ系列超声多普勒流量计，LDRM系列电磁流量计，LZM系列超声波明渠流量计，强力超声多普勒流量传感器。

天津市泰菲特仪器仪表技术有限公司
地址：天津市华苑产业园区海泰发展第六大道6号海泰绿色产业基地C座1-2
邮编：300384
电话：022-27363059，23898967
传真：022-27369522，23898935
电子信箱：yb2@taifeite.com
网址：www.taifeite.com
主要产品或业务范围：普通压力表，电接点压力表，电信号远传压力表，不锈钢压力表，隔膜压力表，差压压力表，压力开关。

天津市天大泰和自控仪表技术有限公司
地址：天津市南开区白堤路馨达园2号楼2门4层
邮编：300192
电话：022-87892502，87894361，87894362
传真：022-87890284
电子信箱：market@tjuth.com.cn
网址：www.tjuth.com
主要产品或业务范围：金属管浮子流量计、涡轮流量计、涡街流量计、电磁流量计、专用油耗仪、XLF系列流量积算仪等。承接自动化控制工程、电子信息、光机电一体化技术及产品的研发、咨询、服务、转让，仪表制造、测量控制设备的安装，仪表成套等。

天津市万众科技发展有限公司
地址：天津市大港油田港西街运输北区
邮编：300280
电话：022-25930066
传真：022-25934019
电子信箱：tjwzkj@163.com
网址：www.tjwzkj.com
主要产品或业务范围：无线压力变送器、无线载荷变送器、无线温度变送器、无线转速变送器、无线流量计、电参数测量模块、GPRS通信终端、无线数据网关、测控主机（RTU）、智能流量控制器等产品。

天津市五环仪表厂
地址：天津市卫津南路外环线15号桥南200米外
邮编：300381
电话：022-23979666，23963122
传真：022-23960522
联系人：秦克维
电子信箱：sch125073@sina.com
网址：www.tjwuhuanyibiao.com
主要产品或业务范围：生产涡街、涡轮（气/液体）传感器、变送器、流量计、金属浮子、玻璃转子流量计、电磁流量计、精小型单、双座薄膜调节阀、各种型号流量积算仪、闪光报警器和LS水流指示器（专利号：2006201518273），并可制造各种非标流量计。

天津市新联仪表设备有限公司
地址：天津市北辰区王秦庄工业区
邮编：300400

电话：022-86872236，86872235
传真：022-86872236
电子信箱：tjxlyb@163.com
网址：www.tjxlyb.com
主要产品或业务范围：一体化宽范围度差压流量计，一体化V形锥流量计，一体化阿牛巴均速管流量计，一体化宽范围度弯管流量计，机翼风量计，微小流量专用流量计，楔型流量计，环形流量计，涡街流量计，差压、压力、温度变送器，智能流量热量积算仪、液位仪、数字显示仪，钟罩气体计量器，钟罩自动控制装置。

天津市鑫成仪表有限公司
地址：天津市西青区杨柳青西河闸南
邮编：300380
电话：022-27920567
传真：022-27397612
电子信箱：tjxcyb6@163.com
网址：www.tjxcyb.com
主要产品或业务范围：各类测量仪表。

天津市迅尔仪表科技有限公司
地址：天津市西青区中北工业园（北园）外环实业工业区12号
邮编：300380
电话：022-27984099
传真：022-27984210
电子信箱：market@sure365.com.cn
网址：www.sure365.com.cn
主要产品或业务范围：该公司专业从事工业自动化仪表的生产和制造。

天津市压力表厂
地址：天津市河北区张兴庄大街北大道2号
邮编：300402
电话：022-86323040，86323319
传真：022-86323040
主要产品或业务范围：该厂系全民所有制生产测压仪表的专业厂，已通过ISO 19001:2000质量体系认证。主要生产各种测压仪表，温度仪表，各种减压器，KH、KL系列霍尔、电感式接近开关。

天津市亿环自动化仪表技术有限公司
地址：天津市北辰科技园区万科新城紫芸苑1-102
邮编：300402
电话：022-26712988，26722988
传真：022-26720252
联系人：刘坤
电子信箱：yihuan@china-yihuan.com
网址：www.china-yihuan.com
主要产品或业务范围：涡街、电磁、锥形、旋进旋涡、气体/液体超声波、金属管浮子、气体/液体涡轮流量计，显示仪，隔离器，安全栅，压力及差压变送器，热电阻等。另外还代理瑞士微型流量计、欧洲原装进口电磁流量计。

天津市宇创温度仪表有限公司
地址：天津市南开区南开工业园罗平道9号5层
邮编：300190
电话：022-87613008，13920022338，13820311058
传真：022-87613078
电子信箱：tjycwd@126.com
网址：www.tjycwd.com
主要产品或业务范围：专业生产热电偶、热电阻、双金属温度计、温度变送器、压力变送器、差压变送器及智能数显控制仪等，同时承接各种异型温度仪表的生产加工，承揽仪器仪表成套自动化系统设计，制造。

天津市中环温度仪表有限公司
地址：天津市东丽开发区三经路五纬路
邮编：300300
电话：022-27272727，27308888，27229988
传真：022-27251719
电子信箱：2727@27272727.com
网址：www.27272727.com
主要产品或业务范围：气化炉高温热电偶、硫回收热电偶，反应器多点热电偶等。

天津市卓越冠琪仪表系统技术有限公司★
地址：天津市西青区西横堤铁北路2号（石英钟院内）
邮编：300112
电话：022-27683623
传真：022-27683623
联系人：徐钟琪
电子信箱：tjeve323@hotmail.com
主要产品或业务范围：该公司是温度仪表专业生产企业，主要产品有双金属温度计WSSA，远传一体化温度计WSSP，表面温度计WSS，温度仪表测试仪。

天津斯秘特精密仪表有限公司
地址：天津市北辰区引河桥北双源工业区
邮编：300400
电话：022-26988564，26980260，26980330
传真：022-26980331
电子信箱：tjsmit123@china-smit.com
网址：www.smit58.com
主要产品或业务范围：腰轮流量计、椭圆齿轮流量计、双转子流量计、刮板流量计、涡轮流量计、注水流量计、涡街流量计、磁翻转液位计、自控消气器、快速过滤器、消气器、消气过滤器等。

天津索思仪表测控系统技术有限公司
地址：天津市南开区科研西路20号
邮编：300192

电话：022-87892041，87899183
传真：022-87899181，87892937
电子信箱：chengye@tj-source.com
网址：www.tj-source.com
主要产品或业务范围：电动执行机构、调节阀、信号调理器、智能数显仪表、变送器、热电阻、热电偶。

天津天铭热处理应用仪器有限公司
地址：天津市河东区六纬路八号路37号
邮编：300170
电话：022-24316721
传真：022-24380570
网址：www.tjtmgs.com
主要产品或业务范围：氧探头，热电偶，碳势控制仪，氧含量温度检控仪，电磁滴量阀，变通径电动调节阀，计算机碳温控制系统。

天津天威有限公司
地址：天津市河北区中山路290号万科中心办公大厦18层
邮编：300141
电话：022-26273296
传真：022-26273297
电子信箱：vegacn@tjvega.com.cn
网址：www.tjvega.com.cn
主要产品或业务范围：物位及压力测量仪表。

天津新科成套仪表有限公司
地址：天津市西青开发区兴华一支路4号
邮编：300221
电话：022-23962677，23962672，23961649
传真：022-23962672
网址：www.tj-xinke.com.cn
主要产品或业务范围：活塞式标准体积管，气体校验装置，可换孔板节流装置，气体流量计，液体流量计，智能显示流量仪，过滤器，拖挂式大型计量车。

天津仪表集团有限公司（流量仪表事业部）
地址：天津市南开区长江道92号
邮编：300110
电话：022-27632141，27367406
传真：022-27691397
电子信箱：flow_sales@tig-ll.com.cn
网址：www.tig-ll.com.cn
主要产品或业务范围：自动化仪表，涡轮流量计，大口径插入式涡轮流量计，电磁流量计，涡街流量计，显示仪表，湿式、干式冷热水表，油表等。

天津宇创屹鑫科技有限公司
地址：天津市西青区西姜井密云一支路闽延里14号
邮编：300380
电话：4000606103，022-27984335，27512806
传真：022-27984655
电子信箱：ycyxkj@126.com
网址：www.tjycyx.com
主要产品或业务范围：该公司专业生产智能压力变送器、智能压力控制器、智能温度变送器、智能差压变送器、智能显示控制调节仪表、热电偶、热电阻、双金属温度计等工业测量仪表，同时承接各种异型压力仪表温度仪表的生产加工及仪器仪表成套自动化系统设计与制造。

天津宇兴科技发展有限公司
地址：天津市南开区科研西路2号金辉大厦215-212室
邮编：300192
电话：022-87894328， 13132052987
传真：022-87894328
电子信箱：y2826@126.com
网址：www.tjy-ch.com
主要产品或业务范围：FDS05型压力变送器，FDS05H型液位变送器，FDM08型远传液位显示报警仪，FD1151型差压变送器，LWGY型涡轮流量计，LUGB型涡街流量计，超声波液位计，超声波流量计，WR系列热电阻、热电偶，安全栅，变频器，在线多普勒流量计，二次智能仪表，仪器仪表成套。

中环天仪股份有限公司
地址：天津市华苑产业园区（环外）海泰发展二路1号
邮编：300384
电话：022-58389544，58389533，58389555
传真：022-58389588
电子信箱：sales@tig.com.cn
网址：www.tig.com.cn
主要产品或业务范围：该公司从事设计、生产、销售工业自动化仪表与装置，气象仪器，建筑仪器，试验仪器，仪表元件，钢铁铸造等十八个大类的产品；专业生产提供各种温度、压力、差压、流量、物位仪表及其显示仪表，调节器，DCS、PLC系统，执行器，仪表盘、箱、柜等上百个品种、几千个规格的产品。

昆明埃利伯特自动化系统有限公司
地址：云南省昆明市高新区活力空间307
邮编：650106
电话：0871-8350111，8350222
传真：0871-8351000
联系人：毛工
电子信箱：ilbot@tom.com
网址：www.ilbot.com
主要产品或业务范围：LED、LCD、荧光显示、报警、控制、调节器，温湿度传感器系列，压力、差压传感器/变送器，开关，物位、液位传感器/变送器，孔板、涡街流量计，电磁流量计，超声波流量计，弯管等流量计，红外测温仪等便携式仪器。

昆明北方红外技术股份有限公司
地址：云南省昆明市经济技术开发区红外路
邮编：650223
电话：0871-5105008，5105100，5105610
传真：0871-5105008
电子信箱：market@knir.cn
网址：www.knir.cn
主要产品或业务范围：红外热成像仪整机，红外探测器，红外光学系统。

昆明大方自动控制科技有限公司
地址：云南省昆明市教场北路18号
邮编：650231
电话：0871-5131397，5151794，5152864
传真：0871-5132098
电子信箱：dfkj194@163.com
网址：www.kmdf.net
主要产品或业务范围：高温、中温、低温标准铂电阻温度计，标准热电偶，工业用热电偶、热电阻，热电偶、热电阻用退火炉，检定炉，锡定点炉、锌定点炉、铝定点炉，以及智能化数显控制仪表、PID专家自整定智能仪表、智能流量积算仪表，工业自动化仪表盘等。

昆明特普瑞仪表有限公司
地址：云南省昆明市官南大道江宁湾2-2-101
邮编：650200
电话：0871-3531067，13769163610
传真：0871-3521486
电子信箱：tpryb@sina.com
网址：www.tpryb.com
主要产品或业务范围：该公司主要生产各种热工测量仪表和标准计量仪器，产品有WRPB标准热电偶和WZPB标准铂电阻温度计；WJL-11型高温黑体炉、WJL-21型中温黑体炉、WJZ-2型热电偶热电阻全自动检定装置等产品。

杭州邦胜自动化科技有限公司
地址：浙江省杭州市庆春路9号长堤明苑25楼B、C、E座
邮编：310009
电话：0571-87220093
传真：0571-87220996
电子信箱：sales@bs-autotech.com
网址：www.bs-autotech.com
主要产品或业务范围：该公司专门从事工业自动化产品销售并提供自动化解决方案和服务。

杭州春江仪表有限公司
地址：浙江省富阳市受降镇龙溪北路509号
邮编：311422
电话：0571-63410593，63410596
传真：0571-63410879
电子信箱：hzcjyb@vip.sina.com
网址：www.chunjiangyibiao.com
主要产品或业务范围：WSS、WSSX系列工业双金属温度计，WR、WZ系列热电偶、热电阻，XMZ、XMT系列数显智能调节仪及巡回检测数显仪等。

杭州大河科技有限公司
地址：浙江省杭州市西湖区文三路555号浙江中小企业大厦11层
邮编：310012
电话：0571-88909688，88909699，88909677
传真：0571-88909678
电子信箱：hzpmf@163.com
网址：www.pmf.com.cn
主要产品或业务范围：插入式电磁流量计、管道式电磁流量计、电容式电磁流量计、高压/超高压电磁流量计、超声波流量计、涡街流量计、金属管转子流量计、涡轮流量计、旋进旋涡流量计、远程抄表系统。

杭州德力西集团有限公司
地址：浙江省杭州市留下小和山路18号
邮编：310023
电话：0571-87798188，87798187
传真：0571-87798186
电子信箱：delixi-bsq@163.com
网址：www.delixibsq.com
主要产品或业务范围：压力/差压变送器，温度变送器等多种产品。

杭州东亚仪表有限公司
地址：浙江省富阳市高桥镇长山
邮编：311402
电话：0571-63433322
传真：0571-63433355
电子信箱：dongyayibiao@163.com
网址：www.dongya.com.cn
主要产品或业务范围：该公司现已从事各种压力变送器、温度变送器及自动化控制系统的配套仪表的专业制造商。

杭州富阳东方仪表厂
地址：浙江省富阳市高富路80号
邮编：311402
电话：0571-63371851
传真：0571-63370645
电子信箱：dfyibiao@alibaba.com
网址：www.east18.cn
主要产品或业务范围：Y系列一般压力表（真空表），YN系列耐振压力表，YX系列磁助式电接点压力表，YNXC系列耐振电接点压力表，YTZ系列电位器式远传压力表，YNML系列耐振隔膜式压力表，YA系列氨用压力表，YNZ矿用双针记录压力表，YE系列膜盒压力表，YBF系列全不锈钢压力表。

杭州杭温仪器仪表有限公司
地址：浙江省杭州市西湖区留下工业园
邮编：310023
电话：0571-85225171
传真：0571-85225170
电子信箱：hwcom@mail.hz.zj.cn
网址：www.hwinstruments.com
主要产品或业务范围：双金属温度计、遥测温度计、电子式温度计、各种家用温度计和压力表，并可以根据客户的要求专业制作特殊规格的仪表。

杭州华丰仪表有限公司
地址：浙江省杭州市余杭区良渚镇勾庄沈家村71号
邮编：311112
电话：0571-88751238，81809778，88091770
传真：0571-88750560
电子信箱：hfybhanyang@163.com
网址：www.hzhfyb.com
主要产品或业务范围：金属温度计、压力变送器、液位变送器、气体流量计量成套装置、电磁流量计、智能一体化温度变送器、数字显示调节仪、数字式电容压力/差压变送器、智能流量积算控制仪、不锈钢防腐型压力式温度计、防腐耐振系列温度计、一般压力表、氧气/乙炔压力表、数显温度计、液位器、温度（液位）控制器。

杭州华瑞仪器有限公司
地址：浙江省杭州市文晖路73011部队杭州干休所大院
邮编：310005
电话：0571-56799795
传真：0571-88384233
联系人：徐金星
网址：www.hangzhouhuarui.diytrade.com
主要产品或业务范围：CZF/BZF型非接触式电涡流位移传感器、ZW系列位移测量仪、ZZF系列位移振幅测量仪、SZ系列数显转速仪。

杭州嘉禧科技有限公司
地址：杭州市西湖区文三路498号天苑花园2幢6楼
邮编：310013
电话：0571-88833363
传真：0571-88061083
电子信箱：hzyjn8@163.com
网址：www.hzjiaxi168.cn
主要产品或业务范围：管道式电磁流量计、插入式电磁流计、金属管浮子流量计、涡街流量计及配套的二次仪表单路或多路的流量积算仪。

杭州科盛机电设备有限公司
地址：浙江省杭州市艮山西路136号碧海饭店1号楼3层
邮编：310021
电话：0571-86522706，86531987，86526319
传真：0571-86522820
电子信箱：bacac@bacac.com
网址：www.bacac.com
主要产品或业务范围：液位计、流量计、酸碱度仪、各类水处理仪表及水质分析仪器、计量泵、黏度仪及气体分析仪等。

杭州轻通博科自动化技术有限公司
地址：浙江省杭州市舟山东路66号
邮编：310015
电话：0571-88293902，88023152，88026010，88016772
传真：0571-88290716
电子信箱：Chenyue007@yahoo.cn
网址：www.qtboke.com
主要产品或业务范围：该公司主要从事各类自动化检测和控制技术产品的研究、开发、生产及销售。

杭州润辰电子有限公司
地址：浙江省杭州市滨江区江南大道现代印象广场1-2609
邮编：310053
电话：0571-86817365，86817916
传真：0571-86817915
网址：www.hzrunchen.com
主要产品或业务范围：压力仪表、温度仪表，称重仪表，流量计，液位计等自动化仪表。

杭州术通高端仪器有限公司
地址：浙江省杭州市余杭区五常街道联胜路26号（海峡工具大院内）
邮编：310023
电话：0571-87703028，87700702
传真：0571-87703076
电子信箱：soton888@163.com
网址：www.soton.com.cn
主要产品或业务范围：该公司专业从事流量仪器仪表的研发、生产和销售。

杭州数驼科技有限公司
地址：浙江省杭州市拱墅区祥园路33号
邮编：310015
电话：0571-88360802，15990057101
传真：0571-86610363
电子信箱：jason@chinashutuo.com
网址：www.chinashutuo.com
主要产品或业务范围：专业生产现场仪表、盘装仪表、计量仪表、电线电缆、仪表软件、仪表阀门等成套系列化生产规划，如电磁流量计、涡街流量计、V锥流量计、旋进旋涡、节流孔板、靶式流量计、弯管流量计、威力巴流量计、平衡流量计、热式气体质量流量计等。

杭州特力声科技有限公司
地址：浙江省杭州市学院路226号北2楼

邮编：310005
电话：0571–89874215，88051722，88052635
传真：0571–88106237
电子信箱：tlscn@tlscn.com
网址：www.tlscn.com
主要产品或业务范围：超声波物位测量。

杭州天达电子有限公司
地址：浙江省杭州市城站中闽大厦22楼2208室
邮编：310009
电话：0571–87707023，87707026
传真：0571–87707026
网址：www.tiandadz.com
主要产品或业务范围：超声波液位计，明渠流量计，液位差计以及引压式防雷液位变送器等。

杭州盈控自动化有限公司
地址：浙江省杭州市萧山建设二路67号
邮编：311215
电话：0571–83876000
传真：0571–83876599
网址：www.winmation.com，www.winmation.com.cn
主要产品或业务范围：该公司专业从事工业自动化控制系统及仪表的研究开发、生产制造、营销和服务，产品有现场总线和应用工具，温度测量产品，记录仪和控制器，物位测量，压力测量，流量测量，执行机构和定位器，分析仪器。

杭州振华仪表有限公司
地址：浙江省杭州市天台山路17–3号
邮编：310021
电话：0571–85390580
传真：0571–86944500
联系人：邢伟积
电子信箱：wjxing@126.com
网址：www.hzzhyb.com
主要产品或业务范围：该公司专业生产电磁流量计，是国内第一家研发生产采用低频直流励磁技术和非均匀磁场理论的电磁流量计厂商。

杭州志远电气有限公司
地址：浙江省杭州市西湖区文三路569号康新商务大厦C座1502室
邮编：310013
电话：0571–85127909
传真：0571–56277035
网址：www.yztec.com
主要产品或业务范围：电磁流量计、涡街流量计、涡轮流量计、锥形流量计、智能流量积算仪、定量协议流量积算仪、温压补偿型流量积算仪、计量流量积算仪、温度变送器、隔离器、配电器、安全栅智能模块、无纸记录仪以及ABB系列仪表等。

杭州中创电子有限公司
地址：浙江省杭州市拱墅区康桥工业园康乐路3号
邮编：310015
电话：0571–56861333
传真：0571–56861355
电子信箱：hzhd@mail.hz.zj.cn
网址：www.cnheader.com
主要产品或业务范围：组合式多路校验仪，台式万用表，函数信号发生器，多功能过程校验仪，电流电压校验仪，温度校验仪，热电偶校验仪等。

杭州中瑞自动化系统有限公司
地址：浙江省杭州市古翠路76号怡泰大厦701室
邮编：310012
电话：0571–89935464，89935465，89935466
传真：0571–89935479
联系人：鲍文明
电子信箱：maxzr@163.com
网址：www.zrmax.com
主要产品或业务范围：无纸记录仪，安全栅、隔离器，在线分析仪，PLC系统，GE德鲁克校验仪系列，斯亚乐热式质量流量计，科隆流量系列，横河变送器流量计系列，横河分析仪系列。

杭州自动化仪表有限公司
地址：浙江省杭州市教工路黄姑山路23号
邮编：310012
电话：0571–88087640，88087314
传真：0517–88082128
电子信箱：webmaster@hz–ai.com
网址：www.hz–ai.com
主要产品或业务范围：该公司专业生产各类温度、压力检测、控制仪表，从事智能系统开发与制造。

红旗仪表有限公司
地址：浙江省乐清市七里港第二工业区
邮编：325605
电话：0577–62657777
传真：0577–62652222
电子信箱：hongqi@cnhongqi.com
网址：www.cnhongqi.com
主要产品或业务范围：专业生产销售压力仪表、万用表、温度仪表、变送器、流量仪表。

湖州自动化仪表厂
湖州铠立自动化仪表有限公司
地址：浙江省湖州市双林镇西高桥
邮编：313012

电话：0572-3975797，3974724，3979722
传真：0572-3974724
联系人：郑期鸣
电子信箱：info@zhzyb.com
网址：www.zhzyb.com
主要产品或业务范围：铠装热电偶材料、工业热电偶、工业热电阻、补偿导线、高精度恒温槽五大类产品。

金华市东南流量仪表有限公司
地址：浙江省金华市工业园区美和路366号
邮编：321016
电话：0579-82261158，82262508，82262518
传真：0579-82261958
电子信箱：zjshoujh@163.com
网址：www.dnllyb.com
主要产品或业务范围：该公司专业从事流量仪表的研究开发和生产，主要产品有DNQT系列智能气体质量流量计，LUGB-21系列智能气体质量流量计，LDZ系列电磁流量计，LJ系列智能流量计，LJ系列无纸记录仪，BP800扩散硅压力变送器，孔板流量计，DN系列锥形流量计，直埋保温管，AWZ型定量装车控制仪，定量装车控制系统。

乐清市华东仪表厂
地址：浙江省乐清市虹桥镇石帆工业区
邮编：325608
电话：0577-62312532
传真：0577-62317542
电子信箱：huadong_jojo@hotmail.com
网址：www.china-h.com
主要产品或业务范围：该公司致力于热流道产品的开发和研究，产品种类涵盖热电偶、加热器、热电阻及加工机械等多种产品。

乐清市天恩仪表厂
地址：浙江省乐清市新光工业区(湖横西西)
邮编：325601
电话：0577-62792222，62791222
传真：0577-62790044
联系人：赵章亮
电子信箱：tn@chinatianen.com
网址：www.chinatianen.com
主要产品或业务范围：微压差表，浮球液位控制器，干簧管液位控制器，浮球磁性开关，智能变送液位控制器，高温防腐型液位计及浮球全套配件等。

雷尔达仪表有限公司
地址：浙江省乐清市温州北白象大桥工业区
邮编：325603
电话：0577-62898988
传真：0577-62887722
电子信箱：leierda@sina.com
网址：www.leierda.com
主要产品或业务范围：生产压力仪表、温度仪表、电工仪表、流量仪表、减压器、变送器六大系列、6000多种规格的产品。

宁波奥崎自动化仪表设备有限公司
地址：浙江省宁波市江北工业区东盛街38-52号
邮编：315020
电话：0574-87626242，87635779，87632806
传真：0574-87635309
电子信箱：auqi@chinaauqi.com
网址：www.chinaauqi.com
主要产品或业务范围：S、K、E、J热电偶，Pt100热电阻，K、N、E铠装材料。

宁波保税区旭日仪表有限公司
地址：浙江省宁波市高新区清水桥路535号新城国际710、711室
邮编：315040
电话：0574-87787718
传真：0574-87787708
电子信箱：sales@risingstru.com
主要产品或业务范围：压力和温度仪表。

宁波椿长仪表制造有限公司
地址：浙江省余姚市马渚菁江渡村余马路4号
邮编：315400
电话：0574-62480699
传真：0574-62480256
电子信箱：manager@sj1818.com
网址：www.sj1818.com
主要产品或业务范围：各种类型的压力表及温度计。

宁波市江东科学仪器厂
地址：浙江省宁波市江东启新路55号
邮编：315051
电话：0574-88112688，28828855
传真：0574-88112686
电子信箱：ky@chinakeyi.com
网址：www.chinakeyi.com
主要产品或业务范围：磁性翻板液位计、智能车速里程表、数显温度控制仪、电脑程序控制器等。

宁波市科奥流量仪表有限公司
地址：浙江省余姚市阳明科技园区兴业路20号
邮编：315400
电话：0574-62502088，62502099
传真：0574-62502091
电子信箱：info@flowmeter.cc
网址：www.flowmeter.cc
主要产品或业务范围：电磁流量计、金属管浮子流量计、

涡轮流量计、孔板流量计、塑料管道流量计、水平管道流量计、玻璃转子流量计、医用氧气吸入器等。

宁波水表股份有限公司
地址：浙江省宁波市江北区北海路268弄99号（江北投资创业中心B区）
邮编：315032
电话：0574-87332931，87331173
传真：0574-87376630
电子信箱：domestic@chinawatermeter.com
网址：www.chinawarermeter.com
主要产品或业务范围：最全的产品体系，机械热量表、超声波热量表、射流热量表。

宁波泰索科技有限公司
地址：浙江省余姚市余周公路东二号
邮编：315400
电话：0574-62505528
传真：0574-62506589
电子信箱：tst@taisuo.com
网址：www.taisuo.com
主要产品或业务范围：该公司产品有温控仪表、铠装丝、热电偶、传感器配件等产品。

宁波威克仪表有限公司
地址：浙江省余姚市阳明东路527号
邮编：315400
电话：0574-62676298
传真：0574-62677718
电子信箱：hualiang@mail.nbptt.zj.cn
网址：www.china-pressuregauge.com
主要产品或业务范围：该公司专业生产压力表、温度表、减压、焊枪、割枪等。

宁波旭日温压仪表有限公司
地址：浙江省宁波市鄞州区五乡工业区园区路2号
邮编：315040
电话：0574-87787718
传真：0574-87787708
电子信箱：info@risinginstru.com
网址：www.ritherm.com
主要产品或业务范围：专业生产工业用压力表，温度计，温度压力表及相关的附件产品。

宁波甬港仪表有限公司
地址：浙江省慈溪市新浦镇西工业区纬三路
邮编：315322
电话：0574-63591158
传真：0574-63577818
电子信箱：112100700@qq.com
网址：www.china-yonggang.com
主要产品或业务范围：采用优质换能器和先进的电子测量技术，保证流量测量的高准确度和稳定度。

衢州柯化防腐仪表有限公司
地址：浙江省衢州市东港工业园区东港八路19号
邮编：324000
电话：0570-3666061，3666067，3666068
传真：0570-3666069
联系人：张宏
电子信箱：kehua@126.com，hangzhou007@126.com
网址：www.khyb.com
主要产品或业务范围：防腐蚀压力仪表、温度仪表、液位仪表、流量仪表、压力变送器五大系列及其配件。

衢州市光大测控技术设备有限公司
地址：浙江省衢州市上洋开明机电城5区35号
邮编：324000
电话：0570-2345228，8883227
传真：0570-2345227，8883227
联系人：胡晔
电子信箱：sale@guangdamc.com
网址：www.guangdamc.com
主要产品或业务范围：液位测量变送器、压力变送器、温度变送器等。

瑞大集团有限公司（原浙江联大仪表有限公司）
地址：浙江省瑞安市汀田镇联中路131号
邮编：325206
电话：0577-65107778
传真：0577-65500618
电子信箱：zouyong9988@163.com
网址：www.iruida.com
主要产品或业务范围：工业过程自动化、高新材料、特种钢材等。

绍兴春晖自动化仪表有限公司
地址：浙江省上虞市春晖工业大道218号
邮编：312300
电话：0575-82158601
传真：0575-82158608
电子信箱：chunhuiauto@chunhuiauto.com
网址：www.chunhuiauto.com
主要产品或业务范围：该公司主要生产铠装热电偶线缆、铠装加热电缆、铠装热电阻产品及引线、工业热电偶、工业热电阻系列、热流道系列等各种产品。

天信仪表集团有限公司
地址：浙江省苍南县灵溪镇通福路3468号
邮编：325802
电话：0577-68858029
传真：0577-64839090

联系人：曾威
电子信箱：tancy@tancy.com
网址：www.tancy.com
主要产品或业务范围：集团现有气体涡轮流量计、智能旋进流量计、CPU卡工业气体流量计、多功能差压式流量计等十二大系列产品，还有与国外公司合作生产的气体罗茨流量计、气体超声流量计、调压器等；产品整体技术处于国际先进水平，并列入“国家级重点新产品项目”“国家级火炬计划项目”和 “国家级创新基金项目”；产品广泛应用于城市天然气、石油、石化、轻工、冶金、电力、煤炭等行业，也是2010年上海世博会国内燃气计量设备的指定供应商。

温州大华仪器仪表有限公司
地址：浙江省温州市沿江工业区4号
邮编：325000
电话：0577–28899288，28899233
传真：0577–28899277
电子信箱：bobdhc@163.com
网址：www.chinadhc.com
主要产品或业务范围：该公司是一家中外合资企业，专业生产数显时间继电器、计数器、可编程时控器、温控器、电流表、电压表、转速表、线速表、计米器、计时器等工业自动化产品。

温州海米特集团有限公司
地址：浙江省温州市龙湾区海城华盖街67号
邮编：325055
电话：0577–85222520
传真：0577–85221205
联系人：章义
电子信箱：hmt@China–hmt.com
网址：www.china–hmt.com
主要产品或业务范围：雷达液位计、液位变送器、液位开关、玻璃管（板）液位计等物位仪表；加油站计量管理系统；各种电、气、手动阀门及执行器，系列自动反冲洗过滤器、水暖洁具等产品。

温州晶特仪器仪表有限公司
地址：浙江省温州市乐清北白象交通东路688号
邮编：325603
电话：0577–62894488，62894777
传真：0577–62884488，62895122
电子信箱：jingte123@126.com
网址：www.cnjingte.com
主要产品或业务范围：电动执行机构，差压变送器，流量变送器，压力变送器，液位变送器，远传变送器等。

温州康福隆测控仪表有限公司
地址：浙江省乐清市康福隆工业园（351信箱）
邮编：325600
电话：0577–62566951
传真：0577–62567191
联系人：朱志杨
电子信箱：kaflon@gmail.com
网址：www.kaflon.com.cn
主要产品或业务范围：智能电磁流量计、智能电子水表、智能磁电流量计、智能压力变送器及调节阀等产品。

余姚市环工自动化仪表厂
地址：浙江省余姚市永丰工业园区8号
邮编：315400
电话：0574–62723632，62723633
传真：0574–62715570
电子信箱：hg@huangong.com
网址：www.huangong.com
主要产品或业务范围：压力变送器、液位变送器、温度变送器、一体化温度变送器及相关配件。

余姚市金电仪表有限公司
地址：浙江省余姚市冶山路88号（中国轻工模具城内）
邮编：315400
电话：0574–62638918，62651688，62637236
传真：0574–62635858
电子信箱：jdyb@mail.nbptt.zj.cn
网址：www.jdyb.com
主要产品或业务范围：生产TD/TE、XM系列温控仪，智能仪表，干湿度、计数/计米仪表，时间继电器，各种温度传感器。

余姚市金泰仪表有限公司★
地址：浙江省余姚市新建北路737–2号
邮编：315400
电话：0574–62648266，22666308，22666333
传真：0574–62648222
联系人：史久轩
电子信箱：kingtai@zyia.com
网址：www.zyia.com
主要产品或业务范围：该公司是流量计，压力表，电磁阀的专业制造商，是中华人民共和国国家检定规程JJG 257–2007《浮子流量计》的起草单位之一。

余姚市银环流量仪表有限公司
地址：浙江省余姚市彩虹路1号
邮编：315400
电话：0574–62689077
传真：0574–62689088
电子信箱：sales1@yinhuanchina.com
网址：www.yinhuanchina.com
主要产品或业务范围：该公司专业生产各种流量仪表，主要有涡街、电磁、转子、椭圆齿轮、超声波流量计等多系列产品。

余姚舜基电器仪表有限公司
地址：浙江省余姚市兰墅桥村五里牌59号
邮编：315400
电话：0574-62711136
传真：0574-62707169
电子信箱：manager@sj1818.com
网址：www.sj1818.com
主要产品或业务范围：该公司专业从事各类压力表、温度计及其他五金零配件的设计、制造加工。

余姚泰姆自动化仪表厂
地址：浙江省余姚市新建北路619-1号
邮编：315400
电话：0574-62536328，63151919
传真：0574-62536331
电子信箱：saies@yytaimu.com
网址：www.yytaimu.com
主要产品或业务范围：数字式温度控制器、智慧型数字显示温度控制器、智能双数字显示调节器、多段时间温度程序控制仪表、智能电压调整器、温度传感器。

余姚温度仪表厂有限责任公司
地址：浙江省余姚市东朝街103号
邮编：315400
电话：0574-62704891，62701340
传真：0574-62721909
网址：www.gongbao.com
主要产品或业务范围：该公司是温度仪表国家标准的编制单位之一，公司通过ISO 9001:2000质量体系认证，主产"工宝牌"工业自动化仪表，包括指针、数显、液晶屏显仪表和测温传感器，并可承接高技术、高难度、高精度的特殊规格产品。

余姚仪表制造有限公司
地址：浙江省余姚市谭家岭东路48号
邮编：315400
电话：0574-62702880，62730822
传真：0574-62707697
电子信箱：xs@ykeyang.com
网址：www.ykeyang.com
主要产品或业务范围：智能温度控制仪表、压力变送器和设备专用电脑控制器。

浙大中能自动化有限公司
地址：浙江省杭州市翠柏路6号浙江省电子研究所3号楼3楼
邮编：310000
电话：0571-56113600
传真：0571-56113636
网址：www.cn-auto.com
主要产品或业务范围：WFE系列智能型电磁流量计、WFV 系列（智能）涡街流量传感器。

浙江奥新仪表有限公司
地址：浙江省温州市苍南县建兴西路78号金谷大厦401室
邮编：325800
电话：0577-68885177，64776777
传真：0577-68885077，64776962
联系人：周玲
网址：www.zjaxyb.cn
主要产品或业务范围：LSU-99A智能旋涡流量计，LDQ-98A智能电磁流量计，YSB-97A系列压力变送器，YSB-97A-PT控制仪，LSD-流量积算仪，mr100无纸记录仪，mr180无纸记录仪。

浙江博凯仪表有限公司
地址：浙江省杭州市富阳富春街道迎宾北路206-2号
邮编：311400
电话：0571-61771778，61771768
传真：0571-61702728
网址：www.zjbokai.com
主要产品或业务范围：各种智能热（冷）量表、IC卡智能水表。

浙江苍南仪表厂
地址：浙江省苍南县灵溪镇工业示范园区
邮编：325800
电话：0577-64839390，64939211
传真：0577-64839306，64839395
电子信箱：cnybc@zjcnyb.com
网址：www.zjcnyb.com
主要产品或业务范围：主要产品有城镇燃气计量仪表、工业计量仪表、城镇燃气调压（计量）装置、核电节流装置、自动化控制系统和热量计量仪表等。

浙江慈溪市光华数字显示仪器厂
地址：浙江省慈溪市逍林大众路582号
邮编：315321
电话：0574-63501309
传真：0574-63517218
联系人：王利亚
电子信箱：sweetsun978@hotmail.com
网址：www.63501309.com
主要产品或业务范围：SW-2型便携式数字显示表面温度计，可与WRNM系列表面热电偶配套用于各种固体表面温度测量，同时可测量溶液、蒸汽、火焰温度等多种系列产品。

浙江大立科技股份有限公司
地址：浙江省杭州市高新技术开发区（滨江）滨康路639号
邮编：310053
电话：0571-86695666
传真：0571-86695600
电子信箱：market@dali-tech.com

网址：www.dali-tech.com
主要产品或业务范围：该公司专业从事红外热像产品及安防监控产品的研发、生产和销售。

浙江德卡控制阀仪表有限公司
地址：浙江省瑞安市汀田镇金凤路111号
邮编：325206
电话：0577-65101868，65506620，65500625
传真：0577-65500658
电子信箱：zjdeka@163.com
网址：www.cn-rd.com.cn
主要产品或业务范围：油罐自动切水系统、油罐区自动排雨水器、智能液位变送器等各类物仪表和调节阀、闸阀、球阀等各类阀门，其性能具有目前国际先进水平。

浙江迪元仪表有限公司
地址：浙江省义乌市春晗路106号
邮编：322018
电话：0579-85260678
传真：0579-85260658
电子信箱：diyuan@zjdiyuan.com
网址：www.zjdiyuan.com
主要产品或业务范围：主营产品有电磁流量计、涡街流量计、浮子流量计、超声波流量计、孔板节流装置（流量计）、锥形节流装置（流量计）、智能变送器、流量显示及记录仪表、调节阀等。

浙江富马仪表有限公司
地址：浙江省温州市龙湾中心工业区永中度山
邮编：325024
电话：0577-86373726
传真：0577-86882360
联系人：叶洁华
电子信箱：ozy@wz.zj.cn
网址：www.cnflowmaster.com
主要产品或业务范围：LUY系列旋进旋涡流量计，FLWQ系列气体涡轮流量计，FLLQ系列气体罗茨流量计，FLD系列电磁流量计，FLLY系列腰轮流量计，FLJG系列体积管液体流量检定装置，LUB系列旋涡流量计。

浙江雷邦实业有限公司
地址：浙江省诸暨市陶朱街道千禧路15号
邮编：311800
电话：0575-87213187，87215550
传真：0575-87216275
电子信箱：hyu@chinazybron.com
网址：www.chinazybron.com
主要产品或业务范围：红外热像仪。

浙江联泰仪表有限公司
地址：浙江省乐清市中心工业园
邮编：325604
电话：0577-82151498，82152498，82162498
传真：0577-82182498
电子信箱：chinlt@chinlt.com
网址：www.chinlt.com
主要产品或业务范围：智能仪表、温度仪表、湿度仪表、医用仪表、压力仪表、流量仪表、液位仪表、显示仪表、电工仪表、检测仪器、环保仪器、分析仪器、测量仪器、变送器、传感器、时间继电器、电机调速器、电机保护器、工业自动化、警示器材、低压电器等。

浙江伦特机电有限公司
地址：浙江省乐清市虹桥镇科技园区城东路
邮编：325608
电话：0577-62378198，62378177
传真：0577-62378199
电子信箱：lunte@lunte.com.cn
网址：www.lunte.com.cn
主要产品或业务范围：该公司是全国温度仪表协会会员单位，专业生产热电偶、热电阻、调节阀系列。

浙江欧德利科技有限公司
地址：浙江省杭州市拱墅区康政路22号
邮编：310015
电话：0571-89977797，89977798
传真：0571-89977789
电子信箱：odelikj@163.com
网址：www.zjodeli.cn
主要产品或业务范围：该公司业务涉及集散控制系统，压力变送器，温度变送器，雷达物位计，工业模拟信号隔离器，智能数显仪表，电动执行机构，流量计等。

浙江普赛迅仪器仪表有限公司
地址：浙江省永康市城西工业区后垄路118号
邮编：321300
电话：0579-87254468
传真：0579-87253790
电子信箱：dereksun@pusaixun.com
网址：www.pusaixun.com
主要产品或业务范围：产品主要有抗震压力表、泥浆压力系列、压力扭矩系列、指重表系列、钻井多参数仪、传感器系列、普通压力表系列等。

浙江三泰仪表有限公司
地址：浙江省温州市瓯海经济开发区北纬一路8-1号
邮编：325014
电话：0577－86781128
传真：0577－86765839
电子信箱：zjstyb@zjstyb.com
网址：www.zjstyb.com
主要产品或业务范围：LXZ系列磁电式智能流量计、

LDZ-DC系列电池供电式电磁流量计、LSZ系列智能电子水表、KGZK系列智能流量测控仪、CX系列智能旋进旋涡流量计、KT系列快速调控阀、RH62H型油田井口止回阀、DL-600型油井连续计量装置。

浙江神威电气有限公司
地址：浙江省金华市工业园区秋涛北街138号
邮编：321000
电话：0579-82797895
传真：0579-82797893
电子信箱：yksw@shenwei-china.com
网址：www.shenwei-china.com
主要产品或业务范围：热电偶、热电阻，温湿度计、烧烤温度计、烤炉用温度计、冰箱用温度计等产品。

浙江省东阳市三星温度仪表有限公司
地址：浙江省东阳市六石街道振兴西路80号
邮编：322104
电话：0579-86770337，86773980，86771868，86771968
传真：0579-86770337
联系人：李振华
电子信箱：host@sangxing.com
网址：www.sangxing.cn.alibaba.com，www.sangxing.com
主要产品或业务范围：生产热电偶、热电阻、数字显示调节仪等温度仪表。

浙江省乐清市东仪成套有限公司
地址：浙江省乐清市柳市双龙路1号
邮编：325604
电话：0577-62773050，62772118
传真：0577-62772118
联系人：叶少华
电子信箱：dongyi@LZK1.com
网址：www.LZK1.com
主要产品或业务范围：LZKI系列精密质量流量计是该公司根据科里奥利力原理开发成功的高科技产品。

浙江中控自动化仪表有限公司
地址：浙江省杭州市滨江区六和路309号
邮编：310053
电话：0571-86667888
传真：0571-86667711
电子信箱：In_sale@supcon.com
网址：www.supconauto.com
主要产品或业务范围：无纸记录仪，JL系列、R系列、C系列和F系列等多功能智能仪表，过程控制器、智能变送器、安全栅/隔离器、校验仪/校准器、电磁流量计等一系列具有自主知识产权的产品，逐步形成了从现场到控制室的六大类、上千种规格的自动化仪表产品体系。

中国四联仪器仪表集团有限公司
地址：重庆市北部新区黄山大道川仪工业园
邮编：401121
电话：023-67032088
传真：023-67032090
电子信箱：sales@sicc.com.cn
网址：www.sicc.com.cn
主要产品或业务范围：该公司主要生产和经营工业自动化仪器仪表、蓝宝石及LED、汽车零部件及特种装备等产业。

重庆宝元森仪表制造有限公司
地址：重庆市北碚北温泉街道金龙湖工业园区
邮编：400700
电话：023-86036330
传真：023-68868944
电子信箱：baoyuansen@gmail.com
网址：www.bysyb.cn
主要产品或业务范围：专业从事自动化控制，流量仪表的开发、制造、销售及服务；主导产品有智能节流装置、涡街流量计、旋进旋涡流量计、电磁流量计、均速管流量计等系列智能流量计、扩散硅压力变送器，电容式差压/压力变送器，智能液晶流量显示仪等系列产品。

重庆长江仪表厂
地址：重庆市渝中区民生巷1号
邮编：400010
电话：023-63846343，63846469
传真：023-63846343，63848947
电子信箱：cqmeter@163.com
网址：www.cqmeter.com
主要产品或业务范围：该厂是中国仪器仪表行业协会自动化仪表分会、温度仪表专业协会理事单位和仪表材料分会理事单位，提供热电阻、热电偶、燃气调压器、智能数字显示调节仪四大类、上千个规格品种的产品。

重庆川仪精密机械有限公司
地址：重庆市北碚区澄江镇曙光村1号
邮编：400701
电话：023-86020123，68221158
传真：023-68226593，68226596
网址：www.cqcyjm.com
主要产品或业务范围：温度变送器，液位控制仪，物位计，流量计。

重庆川仪十七厂有限公司
地址：重庆市北碚龙凤桥
邮编：400700
电话：023-68261222，68261104
传真：023-68863847
电子信箱：sales@sicc.com.cn
网址：www.sicc.com.cn

主要产品或业务范围：铠装热电偶（阻），铠装电加热器、点加热元件及装置。

重庆川仪自动化股份有限公司流量仪表分公司
地址：重庆市北部新区黄山大道川仪工业园
邮编：401121
电话：023-67032666，67032678
传真：023-67032668，67032676
电子信箱：flowmaster@sicc.com.cn
网址：www.sicflow.com.cn
主要产品或业务范围：该公司主要产品有智能电磁流量计、抗震型智能涡街流量计、RFC型金属管浮子流量计、质量流量计、涡轮流量计等工业自动化流量仪表系列。

重庆横河川仪有限公司
地址：重庆市北部新区黄山大道川仪工业园61号
邮编：401121
电话：023-68222629，68222603
传真：023-68222703
电子信箱：cys_c@cys.com.cn
网址：www.cys.com.cn
主要产品或业务范围：该公司主营EJA/EJX系列智能变送器、横河分析仪器及成套。

重庆华特仪表有限公司
地址：重庆市北碚区缙云大道12号
邮编：400700
电话：023-68219769，68218829
传真：023-68219779
电子信箱：sales@cq-wt.com
网址：www.cq-wt.com
主要产品或业务范围：热电偶、热电阻，一体化温度变送器，双金属温度计，补偿导线，铠装电加热器，铠装伴热电缆及仪表成套设备。

重庆霍克川仪仪表有限公司
地址：重庆市北部新区高新园黄山大道中段9号2-1
邮编：401121
电话：023-67034106
传真：023-67034108
电子信箱：hawksic@hawksic.com
网址：www.hawksic.com
主要产品或业务范围：该公司专业从事物位测量领域的产品的研发和生产。

重庆嘉渝仪表有限公司
地址：重庆市北碚区同兴工业园区盈田工谷5-4号
邮编：400700
电话：023-68851445，68652479
传真：023-68652479
电子信箱：jyqinling@yahoo.cn
网址：http://jiayuyb.testmart.cn
主要产品或业务范围：一体化智能旋进旋涡流量计、一体化智能涡街流量计、插入式智能涡街流量计、一体化差压流量计、标准节流装置、内藏孔板流量计、楔形孔板流量计、均速管流量计、智能流量显示仪、变送器等。

重庆金鸿电气工程有限公司
地址：重庆市九龙坡区南方花园A区国培大厦4-1
邮编：400041
电话：023-68603303
传真：023-68887389
电子信箱：cqjhdq@onltne.cq.cn
网址：www.cqjhdq.cn
主要产品或业务范围：电加热器，烘道/烘箱，烤漆房，温控设备，热电偶，热电阻，双金属温度计，调节阀，压力控制器，压力表。

重庆精科仪表制造有限责任公司
地址：重庆市北碚区龙凤桥龙凤三村1号
邮编：400700
电话：023-68217137，68383598，68262535
传真：023-68287281
电子信箱：cq@cqjingke.com
网址：www.cqjingke.com
主要产品或业务范围：UQZ型浮球液位控制仪，UQB型浮球液位变送器，UQK、GSK型浮球液位控制器，UQZ型顶装式浮球液位计，UHC型磁浮子翻板、柱、球液位计，UDZ型电接点双色液位计，UCB型投入式/插入式液位变送器，超声波物位计，一体化温度变送器。

重庆九天测控仪器制造有限公司
地址：重庆市北碚区云开路17号
邮编：400700
电话：023-68207390
传真：023-86032298
电子信箱：qilian@jtck.com.cn
网址：www.jtck.com.cn
主要产品或业务范围：差压式流量仪表，装置隔膜密封，压力、流量特种变送器，法兰安装式压力变送器，仪表相关配件，流量用隔膜，卫生用隔膜。

重庆卡弗特测控仪表有限公司★
地址：重庆市北碚区龙凤三村44号1栋附1层4、5号
邮编：400700
电话：023-68262477，68262478，68258595
传真：023-68262479
电子信箱：confid_cn@yahoo.com.cn
网址：www.kftck.com
主要产品或业务范围：该公司主要销售压力开关、智能数显压力开关、差压开关、负压开关、精巧型压力开关、隔膜压力开关、隔膜差压开关、604差压开关、防爆压力开

关、美国UEH100系列压力开关、美国UE117系列压力开关、美国UE400系列压力开关、美国UEJ120系列压力开关、指针式压力开关、KSP－Ⅱ智能数显压力控制器等多种产品。

重庆耐德工业股份有限公司
地址：重庆市北部新区杨柳路6号
邮编：401121
电话：023－67850670
传真：023－67871271
电子信箱：liuhy@naide.cn
网址：www.naide.com.cn
主要产品或业务范围：该公司以流量计量仪表、油气自动化控制系统集成、油气装备等产品为主导，集科研、制造、服务为一体的大型股份制企业。

重庆欧德仪表有限公司
地址：重庆市北碚缙云大道10号
邮编：400700
电话：023－68288698，68280988
传真：023－86026189
电子信箱：kuangyn@163.com
网址：www.cqode.cn
主要产品或业务范围：专业生产工业用热电偶、热电阻、耐1350℃高温热电偶、耐1200℃高温耐磨热电偶、高温耐腐热电偶、热电偶铠装电缆、补偿导线等，适用测量循环流化床、水泥回转窑、焙烧炉、高温热风炉、汽化炉、渗碳炉、高温盐浴炉、铝液、铜液的专用温度传感器。

重庆市诚铭精密仪器仪表有限公司
地址：重庆市北碚区云清路99号12－9至12－11
邮编：400700
电话：023－68861290，68203305
联系人：晏泽容经理
电子信箱：cqcmyb5827@126.com
网址：www.cqcmyb.com
主要产品或业务范围：该公司主要产品包括电气控制柜、仪表盘、箱、柜、压力变送器、执行器、调节阀、温度仪表、流量仪表、物位仪表、分析仪器等。

重庆市大正温度仪表有限公司
地址：重庆市北碚区城南冯时行路290号（大学科技园）
邮编：400711
电话：023－68213067
传真：023－68219865
联系人：刘小芳
电子信箱：duchina@263.net
网址：www.duchina.com
主要产品或业务范围：热电偶、热电阻、热量表温度传感器、温度跟踪仪、双金属温度计、数字显示控制仪、热电偶补偿导线、铠装电加热元件。

重庆市伟岸测器制造股份有限公司
地址：重庆市北部新区高新园黄山大道66号
邮编：401121
电话：023－67300179
传真：023－67509300
电子信箱：wecankj@tom.com
网址：www.wecankj.com.cn
主要产品或业务范围：为工业过程控制和能源计量提供专业的测量与传感器仪表，丰富的产品用于压力、差压、流量、热量、冷量和液位的测量。伟岸测器产品应用领域包括能源、电力、供暖、石油、化工、航空、舰船、水泥、建材、制药、家庭自动化行业。

重庆四联测控技术有限公司
地址：重庆市北部新区黄山大道川仪工业园
邮编：401121
电话：023－67032607，67032608
传真：023－67032600
电子信箱：sales18@sicc.com.cn
网址：www.sicc.com.cn
主要产品或业务范围：PDS智能压力变送器及工业I/O通道仪表。

重庆天州仪器仪表有限公司
地址：重庆市高新区石桥铺石小路222号3单元12－6
邮编：400039
电话：4006011445，18802341806
传真：023－88107115
电子信箱：tianli8000@qq.com
网址：www.me1718.com
主要产品或业务范围：该公司专业从事超声波流量计，电磁流量计，涡街涡轮流量计；超声波液位计，无线液位计；无线产品；雷达物位仪，差压式密度仪，在线水分检测仪，激光测距仪，射频开关，无线数传电台，水质分析仪，MISS浓度仪浊度仪，溶氧仪，工业在线式pH计，酸碱度浓度仪，温度传感器，压力变送器，二氧化碳传感器，各种超声波换能器（传感器）等产品的研发、生产及销售。

重庆拓展自动化仪表有限公司
地址：重庆市大渡口区新华村10号附193号
邮编：400084
电话：023－68839297
传真：023－68950201
网址：www.cncqtz.com
主要产品或业务范围：一体化智能型楔形流量计系列、一体化智能型锥形流量计系列、一体化智能型高精度均速管系列、多检测杆二次均压型均速管流量传感器、防堵塞型均速管流量传感器、半环均压多孔形孔板流量传感器。防黏附防腐蚀流量传感器测量管及防黏附防腐蚀双锥体流动调整器等和远程移动通信系统。

重庆伟联科技有限公司
地址：重庆市南坪丹龙路5号A栋2楼
邮编：400060
电话：023-62923788
传真：023-62925088
电子信箱：yl@atccq.com
网址：www.atccq.com
主要产品或业务范围：非制冷红外热像仪。

重庆友邦机电设备有限公司
地址：重庆市渝中区新华路220号新华雅阁大厦26层
邮编：400010
电话：023-63829958，63829959，63829960
传真：023-63829960
电子信箱：cqyb@vip.sina.com
网址：www.cqyoubang.com
主要产品或业务范围：代理经销芬兰维萨拉湿度、露点、二氧化碳变送器及仪表，英国斯派莎克阀门及流量计等，E+H公司的流量计。

重庆智能水表有限责任公司
地址：重庆市高新区九龙园区华龙大道2号
邮编：400052
电话：023-89809061，89809129
传真：023-68890118
网址：www.aql.cn
主要产品或业务范围：智能水表及计算机预付费售水系统。

显示、记录、调节仪表、控制阀、执行器

庐江县新宏高压往复泵阀厂
地址：安徽省庐江县同大镇新渡工业区
邮编：231524
电话：0565-7991646，7993788
传真：0565-7991658
电子信箱：webmaster@xhwfb.com,sales@xhwfb.com
网址：www.ahxinhong.com
主要产品或业务范围：主要从事生产3QP，3DP，3D系列高压柱塞泵、高压清洗泵、高压试压泵等多系列的专业性工厂。

芜湖新瑞阀门有限公司
地址：安徽省芜湖市繁昌县孙村开发区枫墩工业园
邮编：241206
电话：0553-7258585
传真：0553-7253111
电子信箱：market@valvescenter.com
网址：www.valvescenter.com
主要产品或业务范围：专业研发、设计、生产、销售和服务为一体的综合性阀门供应商；主要产品有闸阀、截止阀、止回阀、蝶阀、旋塞阀、球阀、过滤器、蒸汽疏水阀等。

阿姆斯壮机械（中国）有限公司
地址：北京市大兴区生物医药产业基地永大路40号
邮编：102600
电话：010-61255888
传真：010-69250761
电子信箱：info@armstrong.com.cn
网址：www.armstrong.com.cn
主要产品或业务范围：蒸汽、空气、热水系统节能产品。

北京阿尔肯阀门有限公司
地址：北京市丰台区南三环西路16号搜宝商务中心2号楼18层
邮编：100068
电话：010-63705600
传真：010-87361918
电子信箱：aerken@163.com
网址：www.aerken.cn
主要产品或业务范围：公司主要产品有煤气专用蝶阀、高温蝶阀、煤气气动快切阀、电动调节阀、气动阀门、电动阀门、气动阀门执行器、电动阀门执行器等。

北京八叶科技有限公司
地址：北京市丰台区航丰路1号时代财富天地908室
邮编：100070
电话：010-58090505
传真：010-58090505-800
电子信箱：info@buyer-tech.com
网址：www.buyer-tech.com
主要产品或业务范围：销售德国GEF A公司的蝶阀，高性能双偏心蝶阀，各类型球阀，刀闸阀和止回阀等。

北京北高阀门有限公司
地址：北京市丰台区富丰路4号工商联大厦A1202室
邮编：100070
电话：010-63795177
传真：010-63794099
电子信箱：bgvalve@bgvalve.com
网址：www.bgfm.cn
主要产品或业务范围：蝶阀、闸阀、截止阀。

北京博世长城仪器仪表有限公司
地址：北京市昌平区北郝庄路口东侧
邮编：102200
电话：010-89713134
传真：010-89713134
电子信箱：wdsqll@sina.com
网址：www.bjbscc.com
主要产品或业务范围：智能数字表、智能工业调节仪、超声波液位计、多路巡检记录仪、流量计、热电阻、热电偶、压力变送器、温湿度传感器、液位变送器等。

北京德彼克创新科技有限公司
地址：北京市海淀区王庄路1号清华同方科技广场B座20层
邮编：100083
电话：010-82379533
传真：010-82379511
电子信箱：oursales@d-peak.com
网址：www.d-peak.com
主要产品或业务范围：液晶显示屏、等离子显示屏、场致发光显示屏等平板显示器件及控制板卡和触摸屏。

北京鼎瑞特阀业有限公司
地址：北京市朝阳区广渠门外大街8号优士阁B座2110室
邮编：100022
电话：010-58612586，58612584
传真：010-58612834
电子信箱：bjdingruite@163.com
网址：www.bjdingruite.com.cn
主要产品或业务范围：蝶阀、球阀、闸阀、截止阀、过滤器、减压阀、倒流防止器、止回阀等。

北京阀乐士科技有限公司
地址：北京市朝阳区北苑路傲城融富中心A座1306室
邮编：100107
电话：010-84871727
传真：010-64870961
电子信箱：info@valexeng.com
网址：www.valexeng.com

主要产品或业务范围：代理国外先进阀门、仪表及控制类工业产品在中国等地区的销售和技术服务。

北京格乐普高新技术有限公司

地址：北京市海淀区上地五街华胜大厦2层
邮编：100085
电话：010-62967549，62967949，51269778
传真：010-62967939
电子信箱：market@bjgallop.com
网址：www.bj-gallop.com
主要产品或业务范围：电动调节阀、气动调节阀、自力式调节阀、切断阀、蝶阀等。

北京好利时代科技发展有限公司

地址：北京市崇文区广渠门内大街90号新裕商务大厦506室
邮编：100062
电话：010-67181056
传真：010-67181220
电子信箱：haolitiames@haolitimes.com
网址：www.haolitimes.com
主要产品或业务范围：蝶阀、球阀、止回阀、闸阀、截止阀、隔膜阀等。

北京汇捷通新技术有限公司

地址：北京市北辰西路69号峻峰华亭C座2010室
邮编：100083
电话：010-58772762，58772763
传真：010-58772762-607
电子信箱：info@bjhjt.com
网址：www.bjhjt.com
主要产品或业务范围：代理日本神港公司温度、压力、温度控制方面的调节仪、传感器、固态继电器等产品；开发研制有高级型、傻瓜型、经济型渗碳、碳氮共渗、光亮淬火工艺过程控制系统，HT20型炉温智能控制系统，HT2000型智能数显可编程序碳势/温度控制仪，HT2000N型智能数显可编程序氮势/温度控制仪。

北京佳和康华科技有限公司

地址：北京市昌平区沙河镇昌平路97号新元科技园2号楼204室
邮编：102206
电话：010-62976781
传真：010-62967714
电子信箱：kosyunhou@foxmail.com
网址：www.beijing-kawaden.com
主要产品或业务范围：Kawaden系列电动阀门，全自动紧急安全阀控制装置等产品。

北京捷福士电子技术有限公司

地址：北京市海淀区厂洼街3号丹龙大厦A座5018室
邮编：100089
电话：010-51650939
传真：010-88466995
联系人：赵淑玲
电子信箱：jfselect@126.com
网址：www.bjjfs.com
主要产品或业务范围：水系统控制阀、电量变送器、气体调节阀、通用阀等。

北京金立石仪表科技有限公司

地址：北京市丰台区西四环南路56号望园大厦
邮编：100073
电话：010-63778286
传真：010-88691590
电子信箱：bjjls@jls.com.cn
网址：www.jis.com.cn
主要产品或业务范围：该公司专注于自动化仪表产品的研发与制造，拥有XM系列仪表的全部自主知识产权，并获得多项国家专利；金立石公司作为起草单位，参与了多项（GB）国家标准的制定工作。

北京京汇川仪表有限公司

地址：北京市海淀区知春路甲48号盈都大厦C座1-11A
邮编：100086
电话：010-82124619，82121435，58731899
传真：010-82124619
电子信箱：653832052@qq.com
网址：www.bjhcyb.com
主要产品或业务范围：智能显示调节仪、定时器、计数器、频率计、转速表、智能电压表、电流表、功率表、2/4通道测控仪、智能巡检仪、光柱调节仪、智能闪光报警仪、高级直觉智能PID控制仪、多功能流量积算仪（可带温压补偿功能）、无纸记录仪、高精度信号源、精密控温设备、智能操作器。

北京昆仑力拓仪表科技有限公司

地址：北京市海淀区上地唐家岭路8号
邮编：100095
电话：010-82751843
传真：010-62977443
电子信箱：yjy-yjy@163.com
网址：www.yibiaooem.com
主要产品或业务范围：二次显示仪表、PID控制仪表、智能压力变送器板、智能温度变送器板、智能压力变送器、液位变送器、数据采集模块。

北京昆仑天辰仪表科技有限公司

地址：北京市海淀区知春路丙18号
邮编：100190
电话：010-62562764（15线）
传真：010-62562764-202
联系人：汪华

电子信箱：adm@kltc.com.cn
网址：www.kltc.com.cn
主要产品或业务范围：该公司是一家专心致力于研究、开发、生产高品质测量、控制二次仪表的专业厂商。公司自主研制XS系列产品，包括单通道数显类仪表，2/4通道数显类、巡检类、积算类、PID调节类、称重类、计数类、记录仪、闪光报警低度、电力类、定时计时类、显示类仪表等二十余种。

北京蓝思特科技有限公司
地址：北京市朝阳区酒仙桥东路1号M7楼东五层H－01室
邮编：100016
电话：010－64386191，64386194，64386149，64388893
传真：010－64386149
电子信箱：sales@blst－china.com
网址：www.blst－china.com
主要产品或业务范围：美国Bellofram公司的各种精密气动器件，减压阀，I/P、E/P转换器，膜片气缸，阀定位器及橡胶隔膜密封件，电气控制压力阀；美国NARSH公司的压力表、温度计、针阀；美国MAC公司的ASCO电磁阀、ATC等产品；二位三通阀，二位五通阀，气动、电动执行器，限位开关；红外镜头，红外镜片，红外滤光片及红外热像仪。

北京民和电气有限公司
地址：北京市朝阳区大屯路乙5号121仓库
邮编：100105
电话：010－64838529，64838530，64838531
传真：010－64861709
电子信箱：sales@tomoe.com.cn
网址：www.minhe.bj.cn
主要产品或业务范围：该公司销售的产品主要有TOMOE蝶阀、KITZ北泽球阀、ASAHI旭有机材塑料阀门、各种执行机构及附件。

北京尼克福斯阀门科技有限责任公司
地址：北京市丰台区科学城海鹰路5号赛欧创业孵化广场226室
邮编：100070
电话：010－63712207，66117795
传真：010－66174167
电子信箱：nikfus@sina.com
网址：www.nikfus.com.cn
主要产品或业务范围：该公司专业生产欧美亚管件与阀门，如仪表球阀、计量阀、仪表针阀、气源分配器、排放阀、清洗阀、过滤器、单向阀、仪表阀组、双卡套管接头、焊接接头、平垫焊接接头、铜制气动管接头、螺纹管接头、软管接头、附件和软管转换接头、快插接头、仪表辅助容器、温度仪表连接件等。

北京瑞拓江南自控设备有限公司
地址：北京市大兴工业开发区广茂大街12号
邮编：102628
电话：010－60254227，60254228，60254229
传真：010－60254607
电子信箱：sale@adqvalve.com
网址：www.adqvalve.com.cn
主要产品或业务范围：该公司是瑞典Remote Control在中国的控制阀公司；产品有金属密封蝶型控制阀，聚四氟密封蝶型控制阀，衬里蝶型控制阀，球型控制阀，调节阀，气动、电动、电液动、滚动控制阀附件，同时生产金属温度计、湿度计、双金属温度计等仪表。

北京桑林蓝天自控技术有限公司
地址：北京市海淀区西直门北大街47号迈豪时代1号楼2510室
邮编：100044
电话：010－62267041
传真：010－62263465
电子信箱：sunjiangang@sanglin.com
网址：www.sanglin.com
主要产品或业务范围：该公司销售的TURBO产品有：淹没电磁脉冲阀，直角式电磁脉冲阀，管接头式电磁脉冲阀，TURBO公司全系列防爆式电磁脉冲阀，RCP全系列远程控制盒，脉冲阀自动控制仪表，脉冲阀控制电压。

北京山尔管道控制元件有限公司
地址：北京市大兴区榆垡镇盛平街2号
邮编：102602
电话：010－89220626
传真：010－89220621
电子信箱：shaner@shaner.com.cn
网址：www.shaner.com.cn
主要产品或业务范围：该公司是集研发、制造、销售、咨询为一体的高科技阀门企业，公司研发生产的中线蝶阀、偏心蝶阀、止回阀、过滤器等十六个系列的产品，均拥有自主知识产权。

北京市朝阳自动化仪表厂
地址：北京市朝阳区酒仙桥路甲11号
邮编：100016
电话：010－64371163，64373492
传真：010－64340894
联系人：李渝珍
电子信箱：info@bchy.com
网址：www.bchy.com.cn
主要产品或业务范围：模拟、智能型仪表，传感器、变送器、大功率调功调压器以及工业组态等。

北京市自动化系统成套工程公司
地址：北京市东城区安德路地兴居9号
邮编：100011
电话：010－84134843

传真：010-84134840
网址：www.bcc.net.cn
主要产品或业务范围：该公司集产品研发、工程设计、营销服务和生产制造于一体，主要产品有平衡型电动三通调节阀、E3000暖通空调仪表、蒸汽泵热机组、加氯机、吹氧成套设备。

北京帅仪科技发展有限公司
地址：北京市东城区王佐胡同9号
邮编：100009
电话：010-64040245，64064192
传真：010-85912139
电子信箱：bjshuaiyi@163.com
网址：www.shuaiyi.com
主要产品或业务范围：记录仪表、数显仪表、化学分析仪表、智能硅酸根分析仪、变送器、自动化成套装置。该公司通过了ISO9002国际质量体系认证，通过ISO9001：2000国际质量体系认证。可提供温度、液位、流量、压力等一次仪表和各种配套智能仪表。

北京太工天成测控技术有限公司
地址：北京市海淀区北四环西路左岸工社12层
邮编：100080
电话：010-82676655，82676440
传真：010-82676020
电子信箱：bjtgtcck@yahoo.com.cn
网址：www.bjtgtc.com
主要产品或业务范围：该公司自主研发产品有磁致伸缩变送器、智能仪表、7000系列I/O远程数据采集模块、嵌入式控制器、智能电参量监视仪等；经销产品有变频器，PLC（日立PLC中国的总代理）。

北京西曼自动化技术有限公司
地址：北京市海淀区学清路16号学知轩大厦1207室
邮编：100083
电话：010-82755948，82755950
传真：010-82755951
电子信箱：sales@westmaninc.com
网址：www.westmaninc.com
主要产品或业务范围：控制器、智能仪表、嵌入式控制软硬件系统。

北京星达技术开发公司
地址：北京市海淀区知春路甲63号卫星大厦1009室
邮编：100190
电话：010-62554356
传真：010-62554356-812
联系人：刘艳山，尚拴柱，杨菁
电子信箱：xingdags@yahoo.com.cn
网址：www.xingdapump.com.cn
主要产品或业务范围：微量液体定量输送装置——单、双柱塞推进式定量输液泵系列，往复柱塞定量泵和平流泵系列产品，隔膜式计量泵，实验室反应器和中小型催化反应装置，高效液相色谱系统，自力式减压、背压压力调节器，截止阀，流量调节阀，止回阀，多通路球形阀，安全阀，其他特种工艺阀。

北京星之辉科贸有限责任公司
地址：北京市朝阳区慧忠里103楼洛克时代中心B座711室
邮编：100101
电话：010-84871030，84871031，84871032
传真：010-84871021
电子信箱：sales@china-orientec.com
网址：www.china-orientec.com
主要产品或业务范围：代理销售放射性料位计、密度计和核子秤，阀门及管件，高温、高压大口径调节阀（迷宫阀芯），低温阀，小流量阀，耐腐蚀阀等，管夹阀，衬胶蝶阀，铝合金蝶阀，高性能蝶阀，通用球阀。

北京熊川阀门制造有限公司
地址：北京市石景山区古城南大街52号B座二层及C座
邮编：100043
电话：010-68822168，68887317
传真：010-62367017
电子信箱：xp-cp@xiongchuan.com
网址：www.xiongchuan.com
主要产品或业务范围：该公司生产各种规格的单向阀、过滤器、调节阀、卸荷阀、针形截止阀、球阀、减/背压调节阀、接头及不锈钢管等。

北京艺创阀门制造有限公司
地址：北京市大兴榆垡工业区
邮编：102602
电话：010-63741977，89214244，89215333
传真：010-89220257
电子信箱：zhaohongqin@chinaycfm.com
网址：www.chinaycfm.com
主要产品或业务范围：闸阀、截止阀、止回阀、节流阀、球阀及蝶阀多种规格专用阀门。

北京友合鑫茂自动化技术有限公司★
地址：北京市丰台区马家堡东路121号（7克拉小区）1号楼909室
邮编：100068
电话：010-56921930，81050735
传真：010-56921931
电子信箱：sale@yhxml.com
网址：www.yhxml.com
主要产品或业务范围：该公司是日本SHIMADEN岛电株式会社在中国市场的销售管理中心，技术服务和维修服务的总部；主要产品有调节器，可编程调节器，数字显示仪表，记录仪，电力调整器，传感器。

北京宇龙仪器仪表有限公司
地址：北京市大兴区西红门林枫家园1号楼
邮编：100076
电话：010-66185787
传真：010-66115787
电子信箱：yuron8@sina.com
网址：www.yuron.cn
主要产品或业务范围：温度控制仪、工业调节器、时间继电器等。

北京宇泰盛清科技有限公司
地址：北京市海淀区田村路43号10号楼204室
电话：010-88622270
传真：010-88622370
电子信箱：lijunmy2004@163.com
主要产品或业务范围：主营产品为意大利SEKO计量泵，台湾SHUN-YI计量泵，意大利VARISCO内齿轮泵，GRACO气动隔膜泵及高压清洗机；管道混合器，脉动阻尼器，Y形过滤器，安全阀和背压阀等管道附件，以及成套加药系统，搅拌机和自动溶药机等产品。

北京中纺电脑技术公司
地址：北京市朝阳区延静里中街3号
邮编：100025
电话：010-65001395，65001866
传真：010-65015136
联系人：冯国平
电子信箱：bjzfdn@ml.ctei.gov.cn
主要产品或业务范围：智能温、湿度传感器，控制器，记录仪，巡回检测仪，检测系统，控制系统。

北京中世威科仪表有限公司
地址：北京市海淀区丰贤中路7号1号楼2006室
邮编：100095
电话：010-58711916
传真：010-58711927
电子信箱：zswk2009@163.com
网址：www.bjzswk.com
主要产品或业务范围：雷达物位计、射频导纳物位控制器、超声波液位计、静压液位计、压力变送器等。

北京自动化控制设备厂
地址：北京市西城区德外大街11号
邮编：100088
电话：010-62016394，62021147
传真：010-62018323
电子信箱：bzk@zikong.com.cn
网址：www.zikong.com.cn
主要产品或业务范围：该厂是国内电工仪器仪表行业的骨干企业，企业通过中国船级社船用产品型式认可认证、企业产品标准采用国际标准和国外先进标准认证；产品主要有两大类，即模拟指针式仪表和数字智能化仪表，共有五大系列、近百个品种产品。

伯纳德控制设备（北京）有限公司
地址：北京市经济技术开发区经海四路15号利达兴工业园A2-1
邮编：100023
电话：010-67892861
传真：010-67892961
电子信箱：tony.wang@bernard-actuators.com
网址：www.bernard-china.com
主要产品或业务范围：蝶阀，球阀，角行程、多转式、直行程调节阀，电动执行器，控制器等。

博软自动化技术（北京）有限公司
地址：北京市朝阳区西坝河西里28号C1-0102室
邮编：100028
电话：010-64475001，64475002
传真：010-64475003
电子信箱：beijing@cybosoft.com.cn
网址：www.cybosoft.com.cn
主要产品或业务范围：基于MFA核心技术，该公司开发了一整套通用MFA控制器，各种MFA控制器能解决相应的控制难题。

德国MV自动化系统公司
地址：北京市海淀区中关村甲331号怡升园4-305
邮编：100090
电话：010-82672834，82672283
传真：010-82672284
主要产品或业务范围：该公司是电磁阀专业生产厂商，其产品在德国及欧洲一直都享有盛誉；主要产品包括系列电磁阀、气动阀及适用于特殊领域的特殊阀。

德国阿卡控制阀有限公司
地址：北京市空港工业区A区天柱路28号空港科技大厦705室
邮编：101312
电话：010-80490446-819
传真：010-80481777
电子信箱：rebeccaxurr@163.com
网址：www.arca-valve.com.cn
主要产品或业务范围：该公司主要产品有控制阀、双座阀、三通阀、波纹管密封阀、减温减压器、精确控制间接自力式调节阀和智能定位器等。

德国西博思电动执行机构有限公司北京代表处
地址：北京市朝阳区望京阜通东大街6号方恒国际中心C座1701～1705室
邮编：100102
电话：010-51286938
传真：010-64392358

电子信箱：zhuofu.wei@siposchina.com
网址：www.siposchina.com
主要产品或业务范围：该公司专业研发、生产变频智能型电动执行机构，以及核级执行机构。

德瑞中国事务中心
地址：北京市朝阳区大郊亭中街2号华腾国际1座11C
邮编：100124
电话：010-87951017，87951021
传真：010-87951015
电子信箱：eurovalve@163.com
网址：www.drehmo-china.com
主要产品或业务范围：电动执行器。

加拿大马特芙阀门公司
地址：北京市朝阳区光华路甲8号和乔大厦B座211A
邮编：100026
电话：010-65830338
传真：010-65833530
电子信箱：achow@masterflo.com
网址：www.masterflo.com
主要产品或业务范围：井口节流阀、执行机构。

佳阀国际（香港）有限公司
地址：北京市昌平区西沙工业园区12号院北7号院
邮编：102209
电话：010-82743215
传真：010-82743239
电子信箱：sales@bvf.com.cn
网址：www.bvf.com.cn
主要产品或业务范围：高端精密减压阀产品。

开立基业（北京）科技有限公司
地址：北京市大兴区北臧村镇新立村澳华产业园北C1区
邮编：102629
电话：010-87564345
传真：010-87564184
电子信箱：kailijiye@126.com
网址：www.kailifa.com
主要产品或业务范围：电动蝶阀、电动球阀、气动蝶阀、气动球阀等系列产品。

库伯勒（北京）自动化设备贸易有限公司
地址：北京市朝阳区望京新兴产业区利泽中园二区208号众运大厦2号楼4404
邮编：100102
电话：010-51348680
传真：010-51348681
电子信箱：kuebler.china@kuebler.com
网址：www.kuebler.cn
主要产品或业务范围：从事长度和角度测量、数显和计数、信号传输技术的公司；主要产品有增量型编码器、直线测量系统、倾角仪，计数器、计时器、频率仪、速率表、多功能数显仪表和双功能计数器，过程数显仪表。

美国Pro-nut阀门制造技术有限公司
地址：北京市朝阳区成寿寺路甲135号布莱迪大厦8层
邮编：100164
电话：010-87747140
传真：010-87747141
电子信箱：office@pro-nut.com
网址：www.pro-nut.com
主要产品或业务范围：该公司产品包括各种调节阀、球阀、蝶阀、截止阀、闸阀、止回阀等。

美国德莱赛公司
地址：北京市朝阳区新源南路6号京城大厦2404室
邮编：100004
电话：010-84862444
传真：010-84862445
电子信箱：dresser@dresser.com
网址：www.dresser.com
主要产品或业务范围：调节阀、调压阀、控制球阀、安全阀、流量计等。

美国莱斯利控制阀门有限公司
地址：北京市朝阳区东三环北路8号亮马河大厦1座2603室
邮编：100004
电话：010-65907315
联系人：肖兵
电子信箱：michaelxiao@vip.sina.com
网址：www.lesliecontrols.com
主要产品或业务范围：调节阀、球阀、三通阀、自力式减压阀、温控阀、低温阀门、减温器、成套减温减压装置等产品。

美瑞泰克科技
地址：北京市东四环中路80号大成国际中心3-B-1901
邮编：100124
电话：010-59625518，59625529
传真：010-59625518
电子信箱：sales@ameritechsc.com
网址：www.ameritechsc.com.cn
主要产品或业务范围：调节阀、液位控制器、流量计、温度控制器。

欧文托普阀门系统（北京）有限公司
地址：北京市经济技术开发区同济中路5号
邮编：100176
电话：010-67883203
传真：010-67883593
电子信箱：marketing@oventrop.com.cn

网址：www.oventrop.com.cn
主要产品或业务范围：全球领先的阀门和控制系统领域的著名方案解决专家。

萨姆森控制设备（中国）有限公司
地址：北京市经济技术开发区永昌南路11号
邮编：100176
电话：010-67803011
传真：010-67803193
电子信箱：info@samsonchina.com
网址：www.samsonchina.com
主要产品或业务范围：电动控制阀，自立式控制阀，平衡阀和DDC控制器。

天力控制技术有限公司
地址：北京市朝阳区望京中环南路甲2号佳境天城B座2503室
邮编：100102
电话：010-84721177
传真：010-84721263
电子信箱：info@ebshk.com.cn
网址：www.TheLeeCo.com
主要产品或业务范围：单向阀、节流阀、安全阀、电磁阀等产品。

亚东福尔高科技发展有限公司
地址：北京市房山区燕化星城1里12－2－202
邮编：102425
电话：010-69349020，13331096097
传真：010-69349020
联系人：樊万森
电子信箱：yadongfuer@mail.china.com
主要产品或业务范围：主要从事智能化电气阀门定位器和电气转换器系列仪表的生产和销售。

依博罗阀门（北京）有限公司
地址：北京市经济技术开发区东工业区经海三路新城工业园A5-2
邮编：100023
电话：010-67892031
传真：010-67892030
电子信箱：ebrobj@ebro.cn
网址：www.ebro.cn
主要产品或业务范围：该公司是世界上著名的阀门生产制造商之一。

重庆水泵厂有限责任公司
地址：重庆市沙坪坝区井口工业园区井盛路8号
电话：023-65310976，65311313
电子信箱：duan65305486@163.com
网址：www.cqpump.com
主要产品或业务范围：国内唯一既有容积泵又有叶片泵，同时还有容器及成套系统的企业；产品覆盖范围宽广，形成了单泵、泵系统及压力容器的三大门类；产品有隔膜式、柱塞式计量泵，柱塞式往复泵，隔膜式往复泵，压力类容器，SD系列自平衡双壳体多级离心泵，ZD系列自平衡节段式多级离心泵，ZDP系列自平衡轴向剖分多级离心泵及其他泵类产品。

福建福州天富仪器仪表有限公司
地址：福建省福州市白马北路芍园里1号3层
邮编：350001
电话：0591-83792266
传真：0591-83728033
联系人：陈霖
电子信箱：tianfufz@pub2.fz.fi.cn
主要产品或业务范围：智能单/双回路数字、光柱显示、控制仪；仓容仪，杀菌控制仪，闪光信号报警器，多路巡检仪，压力、液位变送器，手操器，流量积算仪，时间控制器，配电器，温度变送器和直流稳压电源；大功率单三相交流稳压电源等。

福建南平上润精密仪器有限公司
地址：福建省南平市朝阳路6号C-D座3层
邮编：353000
电话：0599-8851749，8851748，8851746
传真：0599-8853886
联系人：陈世文
电子信箱：nwp@fjnwp.com
网址：www.fjnwp.com
主要产品或业务范围：上润系列智能型数字、光柱仪表，无纸记录仪、压力变送器及超级上润系列仪表。还有闪光报警控制仪、温度变送器、电流 电压转换器、配电器、数学运算器、编程器及电工仪表系列。

福建上润精密仪器有限公司
地址：福建省福州市马尾科技园区兴业西路16号
邮编：350015
电话：0591-88023300，88023311
传真：0591-83969222，83969444
电子信箱：info@wideplus.com
网址：www.wideplus.com
主要产品或业务范围：该公司专业从事上润品牌的工业自动化仪器仪表的研发、设计与制造。

福建顺昌虹润精密仪器有限公司★
地址：福建省顺昌县城南东路45号
邮编：353200
电话：0599-7824386，7852831，7821390
传真：0599-7856047，7857727
电子信箱：hrgs@hrgs.com.cn
网址：www.hrgs.com.cn
主要产品或业务范围：数字显示控制仪，光柱数显仪，

PID模糊调节器，程序PID模糊调节器，手操器，巡检仪，流量积算仪，液晶汉显仪表，无纸记录仪，电工仪表，转速表、过程校验仪、温度变送器等。

福州阀门总厂有限公司
地址：福建省福州市晋安区福兴投资区龙安路364号
邮编：350014
电话：0591-83677142
传真：0591-83888888
电子信箱：chenyinggh@yahoo.com.cn
主要产品或业务范围：全喷塑软密封闸阀、全喷塑水力控制阀、闸阀、蝶阀、截止阀、截止止回阀、止回阀及消防阀、排气阀、船用阀门等。

福州天弘自动化设备有限公司
地址：福建省福州市仓山区建新北路161号弘成塑胶工业园2号楼5层
邮编：350028
电话：0591-83713672，83750297，83750929
传真：0591-83752715
联系人：陈耀
电子信箱：fzthzdh@163.com
网址：www.fjthzdh.com
主要产品或业务范围：数字显示、控制仪表，光柱显示、控制仪表，数字巡检仪表，流量积算仪表，PID调节仪表，各类数字式电工仪表，闪光信号报警器，隔离配电器，压力变送器，1151压力、差压变送器，温度变送器，自动化仪表成套系统。

三明市无线电八厂
地址：福建省三明市列东街梅岭新村24幢2层
邮编：365000
电话：0598-8241694，8254468
传真：0598-8259496
联系人：李建和
电子信箱：wxdbc@wxdbc.com
网址：www.wxdbc.com
主要产品或业务范围：专业生产水电站、火电厂专用自动化控制仪表及机械元件，即智能化字仪表（温度、压力、水位、流量），电工仪表（电压、电流、有功、无功、功率因素、周波），转速信号测控装置，自动准同期装置，振动、摆度装置，温度传感器，压力变送器，压力控制器，励磁控制屏、测温测速制动屏，电磁空阀、组合（集成）电磁空气阀，电动球阀，示流信号器，导叶位置开关等。

石川精工（厦门）流体控制设备有限公司
地址：福建省厦门市厦禾路415号东塔8E
邮编：361004
电话：0592-2279008，2279009
传真：0592-2279010
电子信箱：skwa@163.com
网址：www.skwa.com.cn
主要产品或业务范围：气动执行器、阀门。

台湾源达机电控制设备有限公司
地址：福建省厦门市湖里区江华里23号501室
邮编：361009
电话：0592-5531595
传真：0592-5531596
电子信箱：simon.wu@kimax.com.tw
网址：www.kimax.com.tw
主要产品或业务范围：生产销售电动执行器、气动执行器、球阀、蝶阀以及其他各类工业阀门。

厦门安东电子有限公司
地址：福建省厦门市思明区软件园二期望海路19号2F
邮编：361009
电话：0592-5711111
传真：0592-6304008
电子信箱：rouwen_zhou@anthone.com.cn
网址：www.anthone.com.cn
主要产品或业务范围：该公司是专业生产各类无纸记录仪，湿度控制仪表，智能调节仪表，智能电力仪表，I/O模块，安全栅，流量积算仪表，智能手操器，移相触发器，数字电流表、电压表，电力监测仪表，各类型湿度控制柜，ANTHONE DCS集散控制系统。

厦门伯特自动化工程有限公司
地址：福建省厦门市思明软件园二期望海路65号A202～204室
邮编：361008
电话：0592-5254872，5254873，5289645
传真：0592-5254872，5254873
电子信箱：bota@xmbt.com
网址：www.xmbt.com
主要产品或业务范围：智能调节仪表、电工仪表、无纸记录仪/调节仪、晶闸管触发器、变送器及隔离器、触摸屏、调节模块、BTDCS集散系列、温度控制柜等。

厦门翰达阀门有限公司
地址：福建省厦门市翔安火炬高新技术产业区翔明路8号
邮编：361000
电话：0592-7616990
传真：0592-7616989
电子信箱：sales@xmaudson.com
网址：www.xmhanda.com
主要产品或业务范围：主要生产各种蝶阀、球阀、闸阀、截止阀和止回阀等。

厦门科昊自动化有限公司
地址：福建省厦门市湖里区火炬高新区光业楼西2层
邮编：361006

电话：0592–3191333
传真：0592–3265129
电子信箱：kehao@kehaoauto.com
网址：www.kehaoauto.com
主要产品或业务范围：无纸记录仪、巡检仪、温控器、电流表、电压表、温湿度控制器、可控硅触发模块、位移测量仪、称重调节仪、转速表、电控柜及DCS现场总线型计算机监控系统，并承接工业自动化成套工程及服务。

厦门宇电自动化科技有限公司
地址：福建省厦门市火炬高新开发区火炬北路17号宇电科技大厦
邮编：361006
电话：0592–5653698
传真：0592–5651630
电子信箱：sales@yudian.com
网址：www.yudian.com
主要产品或业务范围：AI人工智能调节算法、仪表模块化和平台化结构、低温漂“发烧级”元件设计、380VAC电源防护等技术，有力地推动了自动化行业的发展。

德国飞华集团普乐德阀门
地址：广东省广州市黄埔大道西平云路163号广电科技大厦802室
邮编：510627
电话：020–38204376
传真：020–38204376–16
电子信箱：office.china@fiwagroup.com.cn
网址：www.pre–vent.com.cn
主要产品或业务范围：该公司主要产品为控制阀、自力式调节阀、球阀、蝶阀等。

东莞市狮威自动化系统有限公司
地址：广东省东莞市长安镇沙头东大三街鸿盛工业园A3号
邮编：523850
电话：0769–85338950，85384361
传真：0769–85328216
电子信箱：lionpower1001@yahoo.com.cn
网址：www.lion–power.com.cn
主要产品或业务范围：智能PID工业调节仪、智能温控表、数字电流表、电压表、功率表、功率因素表、综合电量表、数字面板表、传感器专用数显控制表、频率表、工频表、转速表、线速表、智能计数器、计米器、时间继电器、固态继电器、接近开关、光电开关、旋转编码器、变频器等。

广东省肇庆市仪表厂
地址：广东省肇庆市江滨西路上游街27号1–102
邮编：526040
电话：0758–2891276，2837788
传真：0758–2837788
电子信箱：gdzqyb@126.com
主要产品或业务范围：气动定值器，气动型号器，气动继动器，气电开关，空气过滤减压器，电气转换器，压力开关，KF系列基地调节仪，记录仪，变送器以及气源处理元件、执行元件等工业自动化仪表。

广东肇庆新广仪科技有限公司
地址：广东省肇庆市高要金渡工业园1号
邮编：526108
电话：0758–8512397，8512398，8512399，8512403
传真：0758–8512400
联系人：李春华
电子信箱：xgy@gdxgy.com
网址：www.gdxgy.com
主要产品或业务范围：KF气动基地式调节仪，气动单元组合仪表、盘装仪表、显示仪表、仪表盘、气动元件等，并自主开发了新型的仪表控制柜，智能型涡街流量计。

广州阿卡控制阀有限公司
地址：广东省广州市番禺区迎宾路730号天安节能科技园产业大厦2座807室
邮编：511442
电话：020–39211987
传真：020–39211985
电子信箱：info@arca–valve.com.cn
网址：www.arca–valve.com.cn
主要产品或业务范围：控制阀、减温减压器、放空阀、防喘振阀、三通阀、智能阀门定位器等。

广州圣汉自控设备有限公司
地址：广东省广州市荔湾路102号全新商务中心A座6B–6室
邮编：510170
电话：020–81952491，81720529
传真：020–81956972
电子信箱：sonhn@163.com
网址：www.sonhn.com
主要产品或业务范围：代理德国TECSIS、德国AB、韩国KONICS、台湾STAR压力及温度仪表和德国SCHUBERT&SALZER控制阀、德国KLAUSUNION波纹管截止阀，还有具高性价比的台湾MATTES球阀、蝶阀、气动执行器以及意大利CEME、OLAB电磁阀、电磁泵，韩国YTC阀门定位器、韩国ITORK电动执行器等多系列产品。

广州市力笙贸易有限公司
地址：广东省广州市广仁路广仁大厦1301室
邮编：510030
电话：020–83350662，83350667，83352402
传真：020–83352405
电子信箱：lsgz02@lsgp.com
网址：www.lsgzcn.com
主要产品或业务范围：RH系列温控器。

广州仪信自动化设备有限公司
地址：广东省广州市荔湾区芳村花湾路613号沙涌工业区C栋B座5楼
邮编：510380
电话：020-85538482
传真：020-85536922
联系人：黄泽余
电子信箱：gzyixin@yixin.cn
网址：www.yixin.cn
主要产品或业务范围：该公司主要生产各种规格热电阻、热电偶(可特殊加工)；钛蓝宝石压力变送器、扩散 硅压力变送器、陶瓷电容压力变送器、投入式液位变送器(缆/铠型)、电容式压力、差压、绝压、法兰液位变送器、智能电磁流量计(一体/分体)、智能电动执行机构；智能数显控制仪、光柱仪、PID调节器、流量积算仪、多路巡检仪、单色（彩色）无纸记录仪；配电器、温度变送器、信号隔离器、电气转换器等。

捷阀流体技术（深圳）有限公司
地址：广东省深圳市龙岗区五和大道北元征工业园1栋首层-2
邮编：518129
电话：0755-84528460
传真：0755-84528459
电子信箱：gefa@gefa.com.cn
网址：www.gefa.com.cn
主要产品或业务范围：该公司主要经营德国GEFA品牌的各种工业阀门,主要产品有:高性能蝶阀HG系列,中线型全衬聚四氟乙烯蝶阀,三片式球阀DG系列,二片式球阀FG系列,旋起式止回阀C系列,对夹式止回阀RF系列,达米诺系列刀闸阀等。

深圳市得锐自动化设备有限公司
地址：广东省深圳市福田区车公庙泰然六路苍松大厦南座1817室
邮编：518040
电话：0755-33335656
传真：0755-33339959
电子信箱：info@auto-work.com
网址：www.auto-work.com
主要产品或业务范围：气动执行器、电动执行器、球阀、蝶阀、角座阀、VIP梭阀及阀门附件等。

深圳市东仪电子有限公司
地址：广东省深圳市宝安区沙井镇万安路长兴高新技术工业园16栋3楼
邮编：518104
电话：0755-81773302，81773306
传真：0755-81773992
联系人：温碧通
电子信箱：chinatoyi@21cn.com
网址：www.chinatoyi.net
主要产品或业务范围：阀门驱动装置，电动执行器，电动阀门，电动蝶阀，电动调节阀，电动硬密封蝶阀，比例积分调节阀，智能型调节阀，智能电动阀门定位器，电动阀门控制器，电子伺服控制器，电动阀门手操器，数显调节器，温度控制器，可编程数显调节器，集散控制系统。

深圳市恩力特机电设备有限公司
地址：广东省深圳市南山区后海大道云海天城C幢26C
邮编：518067
电话：0755-26647013，26647113
传真：0755-26647213
电子信箱：elite_wlg@163.com
网址：www.eltcn.com
主要产品或业务范围：德国Burkert流体控制系统，意大利OMAL气动执行器，意大利AT执行器，德国Romer电磁阀及各种进口阀，仪表以及压力、称重等各类传感器。

深圳市丰氏自动化设备有限公司
地址：广东省深圳市福田区福华一路深圳国际商会大厦B座7楼713室
邮编：518048
电话：0755-82931728
传真：0755-82934844
电子信箱：szfcjd@public.szptt.net.cn
网址：www.szfcjd.com
主要产品或业务范围：调节器、温控器、变送器、流量计、液位计、电磁阀、阀门、分析仪器、检测仪、高低压电器类。

深圳市金商德实业有限公司
地址：广东省深圳市福田区下梅林梅华路满京华投资大厦603A
邮编：518049
电话：0755-83122189
传真：0755-83122172
联系人：陈女士
电子信箱：thunder@szonline.net
网址：www.kthunder.com
主要产品或业务范围：代理TPC气动元件，SMC气动元件，ORIENTAL电机，MITSUBISHIA系列PLC，YAMATAKE传感器（光电、限位、行程、微动开关），数字调节器、记录仪、流量计、火焰控制器。

深圳市南方通用电气有限公司
地址：广东省深圳市宝安区福永镇福园一路天瑞工业园A5栋
邮编：518103
电话：0755-23346829
传真：0755-27757537
电子信箱：jywsge@163.com
网址：www.sgesz.com

主要产品或业务范围：专业生产全智能非侵入式电动执行机构，气动执行机构，调节阀，叠压供水系统等。

深圳市维尔杰机械有限公司
地址：广东省深圳市南山区登良路19号恒裕中心A座406室
邮编：518054
电话：0755-86069229
传真：0755-86069227
电子信箱：lynn198302@hotmail.com
网址：www.weierjie.com
主要产品或业务范围：荷兰杜威可蝶阀代理商。

深圳市亚科通用精密泵业科技有限公司
地址：广东省深圳市龙岗区中心城清林西路龙城工业园3号厂房4层北区
电话：0755-28938309，28938631
传真：0755-28938868
电子信箱：szyake168@163.com
网址：www.chinajmby.com
主要产品或业务范围：主要从事超微型（压电）泵、精密泵及应用技术的研究开发与生产、销售。

深圳市亚特克电子有限公司
地址：广东省深圳市南山区登良路天安工业区6幢4楼
邮编：518054
电话：0755-26409070，26416767，26415837
传真：0755-26416767
电子信箱：dwy@altec.cc
网址：www.china-altec.com
主要产品或业务范围：AL808/809系列智能型调节器，D4/F4系列四通道电脑温度控制仪，C系列温度控制仪等产品。

深圳市仪达仪器仪表有限公司
地址：广东省深圳市福田区中航路都会电子市场3楼3B016号
邮编：518031
电话：0755-83986754
传真：0755-83986754
电子信箱：webmasten@szyqyb.com
网址：www.chinapower.com.cn
主要产品或业务范围：以模拟量输入输出的传感器、变送器、调节器、记录仪、智能流量积算仪、电/气执行器等常规的工业自动化仪表。

深圳市兆元亨科技发展有限公司
地址：广东省深圳市南山区南头关口二路安乐工业区13栋5楼
邮编：518052
电话：0755-26977707
传真：0755-26977710
电子信箱：info@szforesight.com
网址：www.zyhsz.com
主要产品或业务范围：该公司是加拿大MORC的中国总代理；加拿大MORC公司主要生产MSP职能阀门定位器，MEP机械式阀门定位器，MAQ电动执行机构，MLS限位开关，MC系列电磁阀及减压阀等产品。

深圳万讯自控股份有限公司
地址：广东省深圳市南山区高新技术产业园北区三号路万讯大楼
邮编：518057
电话：0755-86250388
传真：0755-86250389
电子信箱：info@maxonic.com.cn
网址：www.maxonic.com.cn
主要产品或业务范围：智能电动执行机构、金属转子流量计、电磁流量计、射流振动式流量计、物位仪表、电动执行器、长行程执行器，自动仪表制造、工程和经营。

威纶通科技有限公司
地址：广东省深圳市南山区南海大道和登良路交汇处恒裕中心B座10层
邮编：518054
电话：0755-26456333
传真：0755-86036588
联系人：市场部
电子信箱：sales@weinview.cn
网址：www.weinview.cn
主要产品或业务范围：该公司是专业从事人机界面触摸屏软硬件研发、生产制造及全球销售的基地。

肇庆自动化仪表有限公司
地址：广东省肇庆市鼎湖大道64区
邮编：526070
电话：0758-2625378，2231127
传真：0758-2625377
联系人：冯汉才
电子信箱：sell@zqaic.com.cn
网址：www.zqaic.com.cn
主要产品或业务范围：各种工业过程温度检测仪表，工业热电阻、热电偶及温度变送器；工业过程控制的执行单元，电动执行机构及相应的伺服放大器，各类电动调节阀门；工业过程控制用的多分度号、多量程输入的智能式温度/温度程序控制仪；气动基地式调节记录仪表及数字压力显示仪表；工业控制成套系统。

中山市调节阀厂有限公司
地址：广东省中山市东区起湾道沙南路东区工业园
邮编：528403
电话：0760-88311540
传真：0760-88319774
联系人：陈俊浩
电子信箱：zhongshan@valve-star.com

网址：www.valve-star.com
主要产品或业务范围：气动调节阀，电动调节阀，气动二位切断阀，气动二位四通滑阀，自力式压力调节阀，阀门定位器，以及引进德国E+H电容式涡街流量计生产技术。

中山市东崎电气有限公司★
地址：广东省中山市石歧北区民科西路8号
邮编：528400
电话：0760-23371800
传真：0760-23371891
电子信箱：xs@toky.com.cn
网址：www.toky.com.cn
主要产品或业务范围：电压表、电流表，电力仪表、温控仪、计数器、计长、计时、频率、转速、线速测量仪表，流量计、压力表、重力仪、记录仪、压力变送器，信号隔离器，固态继电器，旋转编码器，中间继电器、接近传感器等。

中山市南翔电器电磁阀有限公司
地址：广东省中山市石岐区东明北路民营科技园
邮编：528402
电话：0760-88632073，88729189
传真：0760-88729190
联系人：江伟林
电子信箱：nxdcf@nxdcf.com
网址：www.nxdcf.com
主要产品或业务范围：各种电磁阀。

中大电力自动化有限公司★
地址：广东省中山市石岐区民科西路8号中大工业园1号楼
邮编：528400
电话：0760-88722601，88722603，88722604
传真：0760-88722611
联系人：张友高
网址：www.sommy.com.cn
主要产品或业务范围：电量变送器、传感器信号变送器、压力变送器、频率变送控制器，信号隔离栅，安全栅，电压，电流，功率，电能等电参数传感器，流量积算仪，温控，计数，时间继电器，固态继电器，调功器，电量分析仪，工业控制器，自动化测试设备。

中山铁王管阀有限公司
地址：广东省中山市南头镇南和西路
邮编：528427
电话：0760-23116839
传真：0760-23123398
电子信箱：info@ki-casting.com
网址：www.kicasting.com
主要产品或业务范围：气动/电动系列球阀、系列蝶阀、系列单座控制阀、系列笼式双座控制阀、系列套筒单座阀、角型控制阀、三通控制阀、保温夹套控制阀、低噪声控制阀、波纹管密封控制阀及气动辅助元件、各种规格型号的通用阀门。

河北光德流体控制有限公司
地址：河北省沧州市浮阳北大道运河区工业园
邮编：061001
电话：0317-2181277
传真：0317-2189598
电子信箱：sales02@chinagdvalve.com
网址：www.gd-tek.com
主要产品或业务范围：该公司专业生产各种不锈钢球阀，关键，卡压管件，快速接头，水嘴，法兰阀，过滤器，MINI阀，止回阀，闸阀。

河北省自动化技术开发公司
地址：河北省石家庄市湘江道319号天山科技工业园B3-1
邮编：050035
电话：0311-87319161
传真：0311-87319163
电子信箱：hbszdh@yahoo.com.cn
网址：www.hbzikong.com
主要产品或业务范围：无负压节能设备，数字显示仪，PID控制器，抗干扰隔离模块，电压电流变送器，温度变送器，RS233/RS485转换器，程控电源，流量体积仪。

河北远大阀门集团有限公司
地址：河北省邢台市隆尧县尹村镇
邮编：055351
电话：0319-6628666
传真：0319-6628991
电子信箱：business@hbyuanda.com
网址：www.hbyuanda.com
主要产品或业务范围：闸阀、截止阀、球阀、蝶阀、止回阀等。

石家庄金同利气动工程有限公司
地址：河北省石家庄市和平东路159-13
邮编：050031
电话：0311-86045233
传真：0311-86068706
主要产品或业务范围：电磁阀，脉冲除尘阀，气动蝶阀。

中航工业河北安吉宏业机械股份有限公司
地址：河北省泊头市南仓街461号
邮编：062150
电话：0317-8262212，8262288
传真：0317-8288812
电子信箱：hbhy@hbhongye.com
网址：www.hbhongye.com
主要产品或业务范围：该公司从事各种流量计、节流装置的研究、开发与制造。

河南省智仪系统工程有限公司
地址：河南省郑州市高新区玉兰街101号
邮编：450000
电话：0371-68988008
传真：0371-56980200
电子信箱：hnzhiyi@163.com
网址：www.reinux.cn
主要产品或业务范围：有毒气体检测仪、氨气报警器、有毒有害气体分析仪、露点仪、氢气纯度仪、氢气分析仪等产品。

美国Vauttos自控阀门
武汉华通科技有限责任公司
地址：湖北省武汉市武珞路628号亚贸广场A座2705室
邮编：430070
电话：027-59007347
传真：027-59713950
电子信箱：office@vauttos.com.cn
网址：www.vauttos.com.cn
主要产品或业务范围：产品包括空油压产品、自控阀门、自控设备等。

武汉伯力达科技有限责任公司
地址：湖北省武汉市经济技术开发区高科技产业园二栋1楼
邮编：430056
电话：027-84254653，84792198
传真：027-84254652
电子信箱：whbldkj@163.com
网址：www.whbld.com
主要产品或业务范围：该公司专业从事阀门驱动装置、电动阀门、自动化控制系统的研发、生产、销售和服务。

武汉汉德阀门仪表有限公司
地址：湖北省武汉市武湖工业园汉施大道39号
邮编：430345
电话：027-86830690/91/92
传真：027-86837079
电子信箱：hdgaoyz@163.com
网址：www.hand8.com
主要产品或业务范围：专业从事研发、制造电动气动调节阀、微型电动球阀、电动执行机构（执行器）、阀门控制器等产品。

武汉华易科技有限公司
地址：湖北省武汉市洪山区铁机集团都市制造工业园12号
邮编：430062
电话：027-86573977，86573799
传真：027-86573933
电子信箱：whdcl@126.com
网址：www.whdcl.com
主要产品或业务范围：该公司专业从事电动执行机构、电动阀门及其自动化控制系统的研究、开发、生产和销售。

武汉亚美阀门制造有限公司
地址：湖北省武汉市江夏庙山经济开发区
邮编：430223
电话：027-81801539，13886018826
传真：027-81801522
联系人：徐华
电子信箱：ym2@ymfm.com，ym1@ymfm.com
网址：www.ymfm.com
主要产品或业务范围：美式蝶阀、双面密封大口径蝶阀、双密封面半球阀、大口径球面密封蝶阀、固定锥形阀、活塞阀及高耐磨盘形阀、仪表控制阀、多偏心双向密封高性能蝶阀、软密封蝶阀、金属密封蝶阀、抽气快闭止回阀、液控缓闭止回阀系列控制阀门、真空蝶阀、水力控制阀、偏心扇形阀、排泥阀、复合式排气阀等。

襄樊航宇机电液压应用技术有限公司
地址：湖北省襄樊市襄城区卧龙镇航宇路48号
邮编：441054
电话：0710-2063686
传真：0710-2063669
联系人：代莹莹
电子信箱：market@hyemh.com
网址：www.hyemh.com
主要产品或业务范围：该公司从事电液伺服阀及伺服系统的研发、生产、销售及维修。

长沙日新自动化设备有限责任公司
地址：湖南省长沙市岳麓区银盆南路305号长沙高新区M2组团金荣科技园B601
邮编：410013
电话：0731-85525821
传真：0731-85526824
电子信箱：rixin@csrixin.cn
网址：www.csrixin.com.cn
主要产品或业务范围：该公司产品有RXDZJ电子式执行机构、RXDZJF防爆电子式执行机构，电动调节蝶阀，调节球阀等。

长沙三利仪器仪表有限公司
地址：湖南省长沙市解放中路168号鸿富大厦10楼FG座
邮编：410011
电话：0731-82221325，82221328，84457122
传真：0731-84896199
联系人：彭孟成
电子信箱：sanlia@public.cs.hn.cn
网址：www.cssanli.com
主要产品或业务范围：数字显示报警仪，光柱显示调节仪，智能流量积算仪，智能巡回检测报警仪，闪光报警器，浮球液位计，测速管流量计，阀门控制器，晶闸管调功（调压）器，液位控制仪，手操器，配电器，隔离器，明渠流量计。

湖南力升信息设备有限公司
地址：湖南省长沙市雨花区洞井天华路2号
邮编：410117
电话：0731-85052010，85052112
传真：0731-85052358，85052121
电子信箱：hnlisun@21cn.com
网址：www.hnlisun.com
主要产品或业务范围：工业自动化仪表设备。

醴陵市长茂自控设备有限公司
地址：湖南省醴陵市苏家巷3号
邮编：412200
电话：0733-23233608
传真：0733-23223680
电子信箱：cm@cn-cm.com
网址：www.cn-cm.com
主要产品或业务范围：该公司是集科研、生产、制造、进口组装、系统计、改造、成套工程为一体的高科技企业；主要生产智能数显控制仪系列，温度传感器系列，压力变送器，双金属温度计，电子式执行器，调节阀，DCS控制系统等。

长春恒业自动化仪表有限公司
地址：吉林省长春市前进大街3号
邮编：130022
电话：0431-85338360，85521129
传真：0431-85320922，85531775
联系人：洛工
电子信箱：cchengye@126.com
网址：www.cchengye.com
主要产品或业务范围：从事工业自动化控制及检测仪表的生产加工、工业自动化工程成套安装，产品有调节器、积算仪及配电器、隔离器等各类盘装架装仪表、SGA系统涡街流量计、STG系列超声波流量计、一体化孔板流量计等产品。

艾美吉一派西机械技术工程公司
地址：江苏省南京市江宁区将军大道669号
邮编：211151
电话：025-52730272
传真：025-52730127
电子信箱：kun.zhou@amg-pesch.com
主要产品或业务范围：球阀蝶阀截止阀等开关阀的阀体以及气动执行机构，限位开关，定位器等阀门辅件。

安策阀门
地址：江苏省太仓市无锡路6号
邮编：215400
电话：0512-53667600
传真：0512-53667500
电子信箱：info@az-armaturen.cn
网址：www.az-armaturen.cn
主要产品或业务范围：该公司主要产品为全类型的旋塞阀、内衬阀、取样系统以及特殊阀门等。

博耐帝（苏州）仪表阀门有限公司
地址：江苏省苏州工业园区吴浦路1巷8号
邮编：215126
电话：0512-69562080
传真：0512-69562091
电子信箱：weixu@cesare-bonetti.cn
网址：www.cesare-bonetti.cn
主要产品或业务范围：反射式液位计，透明式液位计，双色液位计，磁翻转液位计以及活塞阀，球阀，截止阀，闸阀，止回阀等。

常熟市华仪自动化仪表有限公司
地址：江苏省常熟市新港镇
邮编：215500
电话：0512-52856576
传真：0512-52699676
网址：www.pinsou.com
主要产品或业务范围：各种规格系列的阀门定位器、空气过滤减压器、电—气转换器，压力表、压力表机芯。

常熟市惠尔石化仪表有限公司
地址：江苏省常熟市碧溪新区工业园
邮编：215513
电话：0512-52290182
传真：0512-52290187
电子信箱：master@cnhuier.com
网址：www.cnhuier.com
主要产品或业务范围：该公司主要生产高性能的智能及常规的电气定位器、气气定位器、气动阀门执行器、限位开关、空气过滤减压器、空气增速器、电气转换器等相关阀门附件。

常熟市新春仪表厂★
地址：江苏省常熟市新港镇碧溪中路42号
邮编：215513
电话：0512-52291778，13962340778，13285170778
传真：0512-52291538
电子信箱：xcyb369@126.com
网址：www.xcyb.cn，www.xcyb.net
主要产品或业务范围：高品质系列电气阀门定位器、电气转换器、空气过滤减压器、限位开关(阀门回信器)、阀位变送PTM。

常州富磊流体控制设备有限公司
地址：江苏省常州市天宁市青洋北路1号19幢甲单元201室
邮编：213017
电话：0519-85507152

传真：0519-81182827
电子信箱：18921090399@163.com
网址：www.fulei.com.cn
主要产品或业务范围：电动执行器和电气阀门定位器等相关产品。

常州汉滕自动化设备有限公司
地址：江苏省常州市新北区河海西路229号A1座
邮编：213125
电话：0519-81582818
传真：0519-86860067
电子信箱：czhtzdh@163.com
网址：www.czhtzdh.com
主要产品或业务范围：该公司专业生产自控阀门和检定装置等相关产品。

常州汇邦电子有限公司
地址：江苏省常州市新北区天安工业村A加6楼
邮编：213000
电话：0519-85132277，85087090
传真：0519-85108252
电子信箱：winpark@cnwinpark.com
网址：www.cnwinpark.com
主要产品或业务范围：智能温度调节仪、计数器、PLC、多点温控模块、实验设备控制器。

常州市宏达仪表厂
地址：江苏省常州市东门外洛阳镇
邮编：213104
电话：0519-88795701
传真：0519-88791742
联系人：梅介明，谈敏红
主要产品或业务范围：XD系列小长图记录仪，XDS系列小长图数显记录仪，XMD智能巡检仪，XSF-99智能流量积算仪，XXS-8100智能闪光报警仪，1151电容式压力、差压变送器，扩散硅压力变送器，智能数显仪，智能光柱显示仪，防爆热电阻、热电偶、补偿导线，DFP配电器，DFY电源箱，DFA安全栅，计算机冷库控制仪，冷库专用电控箱，多路风压测量装置。

常州市宏昱仪表有限公司
地址：江苏省常州市东郊洛阳镇
邮编：213104
电话：0519-88520508
传真：0519-88791904
电子信箱：info@hongyuyb.com
网址：www.hongyuyb.com
主要产品或业务范围：记录仪表、智能数显调节仪表、变送器、热电阻、热电偶、工业自动化仪表盘(箱、柜)、电源箱、配电器，代理英国欧陆智能记录仪以及温控表等相关产品。

常州泰普电子有限公司
地址：江苏省常州市西林工业园1号
邮编：213021
电话：0519-93900991
传真：0519-83888570
电子信箱：webmaster@ticda.com
网址：www.ticda.com
主要产品或业务范围：电动执行机构、防火卷帘控制系统、冷凝水回收系统。

高砂电气(苏州)有限公司
地址：江苏省苏州工业园区星汉街5号B栋6楼01、02单元
邮编：215021
电话：0512-67610522
传真：0512-67610533
联系人：陶沙
电子信箱：gaosha@takasago-elec.net
网址：www.takasago-elec.net
主要产品或业务范围：专业生产2000余种电磁阀及其他流体控制仪器的厂家。

工装自控工程（无锡）有限公司
地址：江苏省无锡市鑫园经济开发区3-7地块
邮编：214072
电话：0510-85101567
传真：0510-85122498
电子信箱：gechunhua@koso.com.cn
网址：www.koso.com.cn
主要产品或业务范围：各类控制阀、执行机构及控制阀附件等相关产品。

贺尔碧格（无锡）自动化技术有限公司
地址：江苏省无锡市锡山经济开发区安镇锡东园区科技创业园
邮编：214105
电话：0510-85203468
传真：0510-85203498
电子信箱：info-wuxi@hoerbiger.com
网址：www.hoerbiger.com
主要产品或业务范围：基于压电技术的压电阀产品系列、工业液压产品、微型液压产品。

环琪（太仓）塑胶工业有限公司
地址：江苏省太仓市沙溪镇茜直路8号
邮编：215421
电话：0512-53379989
传真：0512-53379987
电子信箱：sales@tcrich.com
网址：www.hersheyvalve.com
主要产品或业务范围：专业从事自动控制阀门领域产品的研发、制造与销售。

建湖县阀门成套厂
地址：江苏省建湖县湖中北路49号
邮编：224700
电话：0515-86260280，82623456
传真：0515-86260280
电子信箱：yc626345@163.com
网址：www.zhenchengcn.com
主要产品或业务范围：该公司提供的产品包括管件、接头、仪表阀门、电站热控阀门、各类仪表阀组及仪表辅助件、法兰及节流装置等。

江苏中泰仪表阀门有限公司★
地址：江苏省建湖县经济开发区光明路333号
邮编：224700
电话：0515-86234333，86232333
传真：0515-86231333
电子信箱：ztybfm@aliyun.com
网址：www.js-zhongtai.com
主要产品或业务范围：各种内螺纹连接、外螺纹连接、卡套式连接、对焊式连接、承插焊连接、法兰式连接的高温高压截止阀、工艺阀。

江苏省鑫通阀门制造有限公司
地址：江苏省苏州市张家港市乐余镇机电工业园双丰路
邮编：215622
电话：0512-58119666，58119258，58119006
传真：0512-58119288
电子信箱：xtfmzz@163.com
网址：www.jsxifmzz.cn.alibaba.com
主要产品或业务范围：截止阀、球阀、蝶阀、闸阀等产品。

江苏省扬中市扬子自动化仪表厂
地址：扬中市三茅镇港联南区335号
邮编：212200
电话：0511-88334050
传真：0511-88369523
电子信箱：x13905289523@163.com
网址：www.yzyzyb.com
主要产品或业务范围：仪表阀门系列产品、管件、接头、仪表保护温箱系列、流量计、阀组系列产品。

江苏苏美阀门有限公司
地址：江苏省滨海县泵阀工业园
邮编：224500
电话：0515-89118886
传真：0515-89118887
主要产品或业务范围：闸阀、截止阀、止回阀、球阀、蝶阀、锻钢阀门、不锈钢阀门、美标阀门系列。

江阴市电磁阀厂
地址：江苏省江阴市长泾镇范钱东路底
邮编：214419
电话：0510-86331727
传真：0510-86331827
联系人：夏建林
电子信箱：zhisong@zhisong.com
网址：www.zhisong.com
主要产品或业务范围：各种规格电磁阀。

江阴市普泰隆阀业有限公司
地址：江苏省江阴市南外环路669号
邮编：214400
电话：0510-86109711
传真：0510-86109722
电子信箱：putailongzzx@126.com
网址：www.putailong.com
主要产品或业务范围：专业从事执行机构，流量调节阀、金属硬密封球阀、陶瓷阀和各类特殊工况阀门研究与开发制造。

江阴市扬城机械制造有限公司
地址：江苏省江阴市经济开发区东盛路22号
邮编：214437
电话：0510-86996612
传真：0510-86996612
电子信箱：shaoboxu_xsb@hotmail.com
网址：www.jyycjx.com
主要产品或业务范围：该公司专业生产自动薄膜阀配件。

捷流阀业（苏州）有限公司
地址：江苏省苏州市吴中经济开发区旺山工业园旺山路2号
邮编：215104
电话：0512-66558783
传真：0512-66553063
电子信箱：zelda@valuevalves.com.cn
网址：www.valuevalves.com
主要产品或业务范围：产品包括三偏心金属硬密封蝶阀、防火蝶阀、电动三通蝶阀、双偏心高性能蝶阀、超洁净阀门、控制阀、夹式止回阀、球塞阀、不锈钢闸门阀等。

扬州贝尔阀门控制有限公司★
地址：江苏省扬州市邗江区维扬经济开发区小官桥路20号
邮编：225107
电话：0514-87227666，85862666，85553222
传真：0514-85100555
联系人：党昌元
电子信箱：chinabeir@163.om
网址：www.chinabeir.com.cn
主要产品或业务范围：电动装置有Z/Q/精小型BR系列、防爆系列、整体一体化系列、非侵入式智能调节系列、总线系列。电动阀门成套有电动调节阀、电动闸阀、电动截止阀、电动蝶阀、电动球阀等。各种阀门控制箱等。

昆山市高新自动化仪表有限公司
地址：江苏省昆山市高新区民营中路33号
邮编：215300
电话：0512-57780238，57781502
传真：0512－57780835
电子信箱：kshaien07@126.com
网址：www.ks-gaoxin.cn
主要产品或业务范围：智能数显调节仪，智能数显巡检仪，智能流量积算仪，智能数显PID调节器，智能数显操作器，单/双光柱数显调节仪，单/8/10回路闪光报警器，音响报警器，智能数显电工仪表，电动单元组合仪表，工业用热电偶、热电阻，电气控制柜和仪表盘。

昆山沅亨管阀件有限公司
地址：江苏省淀山湖镇钱安路8号
邮编：215345
电话：0512-57489662
传真：0512-57489668
电子信箱：ksyeanhern@jpeyh.com
网址：www.jpe-tubefitting.com，www.yeanhern.com
主要产品或业务范围：专业生产和销售仪表卡套接头/油压卡套接头、管接头，仪表阀门(球阀、针阀、止回阀)，2/3/5阀组，精密气体减压器、各式空油接头、快速接/软管接头，承插焊/对焊管件，无缝不锈钢管、PU/PTFE软管及金属/铁氟龙软管等产品。

拉森特博洛（江苏）阀门有限公司
地址：江苏省盐城市亭湖开发区飞驰大道15号
邮编：224051
电话：0515-84972133
传真：0515-84871615
电子信箱：houshucai@sina.com，
michael@larsentoubro.com
网址：www.larsentoubro.com
主要产品或业务范围：闸阀、截止阀、止回阀、球阀和蝶阀。

罗普阀业（宜兴）有限公司
地址：江苏省宜兴市高塍镇华汇路1号
邮编：214214
电话：0510-87838686，87836181
传真：0510-87833677
主要产品或业务范围：气动/电动执行器、气动/电动球阀、蝶阀、气动调节阀等。

南通荣恒环保设备有限公司
地址：江苏省南通市通州区张芝山开发区
电话：0513-68851098
电子信箱：sales@rh-cn.com
网址：www,rh-cn.com
主要产品或业务范围：生产三叶罗茨风机、罗茨真空泵、罗茨流量计、各类泵阀、消声设备等多元的系列产品。

南京汇高阀业有限公司
地址：江苏省南京市江宁经济开发区横溪工业园麒麟路9号
邮编：211155
电话：025-86166607
传真：025-86165030
电子信箱：lkb.711012@163.com
网址：www.nj-huigao.com
主要产品或业务范围：该公司主要产品有电动、气动球阀，电动、气动蝶阀，电动、气动比例调节阀，角座阀，电站阀，气动御灰阀，气动隔膜阀，止回阀，截止阀，闸阀，钛阀门及钛管配件等。

南京西部瀚乔电机机械有限公司
地址：江苏省南京市江宁区汤山镇上锋片区孟墓配套区
邮编：211134
电话：025-86430401，86430403
传真：025-86430409
电子信箱：seiburcstj@126.com
网址：www.seiburcs.com
主要产品或业务范围：电动执行机构、阀门驱动器。

南京易捷自动测试技术有限责任公司
地址：江苏省南京市玄武区龙蟠路173号
邮编：210042
电话：025-85407644，85406076
传真：025-85407644
电子信箱：sales@njetc.com
网址：www.njetc.com
主要产品或业务范围：智能阀门定位器、压电阀、比例压力阀、液压伺服控制器等。

南京自控仪表有限公司
地址：江苏省南京市沿江工业开发区中山科技园众泰路13号
邮编：210048
电话：025-58395343
传真：025-58395343，58397477
电子信箱：nzky@163.com
网址：www.nzkyc.com.cn
主要产品或业务范围：直行程小口径阀、微小流量阀、单座阀、笼式双座阀、蝶阀、球阀、低噪声、自力式阀、高压阀、角阀、回转阀、减温减压装置。

南京北方慧华光电有限公司
地址：江苏省南京市江宁将军大道528号
邮编：211153
电话：025-52859726
传真：025-52859725
电子信箱：zhangxiaolong_1980@126.com
网址：www.njbfhh.com
主要产品或业务范围：各种特种显示器。

千野测控设备（昆山）有限公司
地址：江苏省昆山市石牌镇苏杭路1#-10
邮编：215312
电话：0512-57881727
传真：0512-57881710
电子信箱：xp-yuan@chino-cik.com
网址：www.chino-cik.com
主要产品或业务范围：调节仪、记录仪、晶闸管调整期、温度传感器、水分仪、成分仪、红外放射温度仪等相关系列产品。

苏州道森压力控制有限公司
地址：江苏省苏州市相城区太平镇
邮编：215137
电话：0512-65435543，65995063，65995072
传真：0512-65431375
电子信箱：info@douson.cn
网址：www.douson.cn
主要产品或业务范围：球阀、蝶阀、调节阀、气动执行器、电动执行器、电动阀、气动阀等。

苏州东山防腐仪表阀门有限公司
地址：江苏省苏州市吴中区东山镇科技工业园
邮编：215107
电话：0512-66391968，66281113
传真：0512-66390316
电子信箱：sz@fffm.cn
网址：www.fffm.cn
主要产品或业务范围：该公司是一家主要从事各类衬氟塑耐腐蚀阀生产的企业。耐腐蚀阀门系列有衬氟塑单座调节阀、衬氟塑O形球阀、衬氟塑蝶阀、衬氟塑隔膜阀、衬氟塑截止阀、自控阀门系列、精小型调节阀、气（电）动球阀、气（电）动蝶阀等。

苏州纽威阀门股份有限公司
地址：江苏省苏州市高新区湘江路999号
邮编：215129
电话：0512-66651365
传真：0512-66651390
电子信箱：neway@neway.com.cn
网址：www.newayvalve.com
主要产品或业务范围：该公司生产调节阀、闸阀、截止阀、止回阀、蝶阀和球阀等产品。

无锡埃费尔流体智控仪器有限公司
地址：江苏省无锡市滨湖区绣溪路58号恒华科技园29栋
邮编：214125
电话：0510-85169635-811
传真：0510-85169875
电子信箱：18915337501@189.cn
网址：www.wxaphe.com
主要产品或业务范围：专业制造系列阀门限位开关盒（阀门回讯器）和电气阀门定位器。

无锡高商气动工业有限公司
地址：江苏省无锡市胡埭工业园北区金桂路8号
邮编：214161
电话：0510-85873184，85874773
传真：0510-85812395
电子信箱：ksd0802@sohu.com
主要产品或业务范围：气动元件、气动执行器、电磁阀、控制元件。

无锡科磊阀业有限公司
地址：江苏省无锡市滨湖区华庄镇苏锡西路99号
邮编：214131
电话：0510-80257772
传真：0510-80257773
主要产品或业务范围：蝶阀、止回阀、球阀、刀形闸阀等相关系列产品。

无锡市宝牛阀业有限公司
地址：江苏省无锡市新区太湖国际科技园苏锡路23号
邮编：214135
电话：0510-85386666
传真：0510-85389977
电子信箱：boniu@boniu.com，bhf@china.com
网址：www.boniu.com
主要产品或业务范围：三偏心金属密封蝶阀、大口径高温蝶阀、球形调节阀、直通开关软/金属密封球阀。

无锡市诚信自控阀门有限公司
地址：江苏省无锡市宜兴市周铁镇分水村西桥
邮编：214262
电话：0510-87558662
传真：0510-87558663
电子信箱：cx-fm@hotmail.com
网址：www.cx-valve.com
主要产品或业务范围：该公司专业生产气动执行装置和各类自控阀门。

无锡市法兰克阀门执行器制造有限公司
地址：江苏省无锡市坊前锡义路30号
邮编：214111
电话：0510-88270779，88277588，88276188
传真：0510-88274085
电子信箱：flkzxq@flkzxq.com
网址：www.flkzxq.com
主要产品或业务范围：生产气动阀门执行器，主要产品有双活塞齿轮齿条式气动阀门执行器，即30—DA/SR系列，20—DA/SR系列，10—DA/SR系列等产品。

无锡市华建电子仪器研究所
地址：江苏省无锡市惠华新村216号
邮编：214037
电话：0510-83715557，83703360
传真：0510-83703360
电子信箱：hj@hjelectronic.com
网址：www.hjelectronic.com
主要产品或业务范围：长度控制仪。

无锡市伦渠机电制造有限公司
地址：江苏省无锡市中山路159号时代中心大厦6楼602室
邮编：214026
电话：0510-88551163
传真：0510-88551167
电子信箱：13906198535@vip.163.com
网址：www.lunqu.net
主要产品或业务范围：气动、电动、自动工业控制阀。

无锡市圣汉斯控制系统有限公司
地址：江苏省无锡市新区金城东路529号
邮编：214112
电话：0510-81150895
传真：0510-85227486
电子信箱：sales@sthans-controls.com
网址：www.sthans-controls.com
主要产品或业务范围：全球执行器及阀门附件。

无锡市亚迪流体控制技术有限公司
地址：江苏省无锡市滨湖区胡埭工业园陆藕路29-1号
邮编：214161
电话：0510-85215868
传真：0510-85226539
电子信箱：zhurt@yadifluid.com
网址：www.yadifluid.com
主要产品或业务范围：控制阀。

无锡天任电子有限公司
地址：江苏省无锡市工业设计园创意园6号房5楼
邮编：214072
电话：0510-85168828
传真：0510-85169958
联系人：季明达
电子信箱：wte@public1.wx.js.cn
网址：www.tianren88.com
主要产品或业务范围：可编程触摸屏显示器，图形逻辑控制器，平板显示工业计算机。

无锡鑫明自控阀业有限公司
地址：江苏省无锡市洛社镇杨市藕杨路9号
邮编：214154
电话：0510-83569699
传真：0510-83568179
电子信箱：sales@xmzkf.com
网址：www.xmzkf.com
主要产品或业务范围：主要生产气动执行器、气动球阀/蝶阀、电动执行器、气动/电动调节阀等气动执行装置，各类自控阀门及阀门附件。

无锡智能自控工程有限公司
地址：江苏省无锡市高新技术开发区南站经济发展园A区18号
邮编：214026
电话：0510-82126220，82126111，82126222
传真：0510-82126221
联系人：吴畏，李耀武
电子信箱：sales@wuxismart.com
网址：www.wuxismart.com
主要产品或业务范围：该公司作为著名控制阀生产企业，精深于为客户设计和制造各类气动、电动控制阀。包括系列单座、套筒调节阀，旋转球阀，密封球阀，密封蝶阀，防腐阀及各类特殊角阀，三通阀和系列气动执行机构。公司设有专业的维修服务团队。

无锡卓尔阀业有限公司
地址：江苏省无锡市金山北工业园北创科技产业园3-C
邮编：214037
电话：0510-83078930，83078931
传真：0510-83078933
电子信箱：service@zoolvalve.com
网址：www.zoolvalve.com
主要产品或业务范围：单座调节阀、套筒单座调节阀、多级套筒调节阀、金属硬密封球阀、偏心球形调节阀、同心V形调节球阀、三偏心高性能蝶阀、低负载型蝶阀。

徐州阿卡控制阀门有限公司
地址：江苏省徐州市煤港路49号
邮编：221007
电话：0516-87927008
传真：0516-87838198
电子信箱：xzarca@yeah.net
网址：www.xzarca.com
主要产品或业务范围：主要产品有直行程调节阀、角行程调节阀、软硬密封球阀、三偏心蝶阀产品以及气动薄膜内供气式执行机构、智能定位器等产品。

徐州鸿业仪器仪表有限公司
地址：江苏省徐州市金山桥经济开发区经五路西科技创业园B3
邮编：221004
电话：0516-85854083，87936952
传真：0516-85855299
电子信箱：xiaoshouke@hyyb.com

网址：www.hyyb.com，www.hongyeyb.com
主要产品或业务范围：生产压力调节器的专业化公司。

扬中新亚自控工程有限公司
地址：江苏省扬中市三茅镇兴隆港北路
邮编：212215
电话：0511–88451742
传真：0511–88451691
电子信箱：xinya@xinyichina.com
网址：www.xinyichina.com
主要产品或业务范围：专业生产欧、美、国产等装置用自控仪表管件、阀门、阀组、工艺管道阀门、自控附件、符合GMP标准卫生型管件与阀门。

扬州电力设备修造厂
地址：江苏省扬州市文昌中路77号
邮编：225003
电话：0514–87243600
传真：0514–87245995
电子信箱：sales@yepef.com
网址：yepef.com
主要产品或业务范围：该厂系国家电网公司全资子公司，江苏省高新技术企业、德国西门子公司许可证产品制造工厂，主导产品有系列阀门电动装置、电动执行机构等。

扬州众力电动阀门有限公司
地址：江苏省扬州市润扬广场6–609号
邮编：225009
电话：0514–85124955，87696327
传真：0514–85124956
联系人：郭刚
电子信箱：yzzhongli@126.com
网址：www.yzzhongli.com
主要产品或业务范围：智能型非侵入式电动执行机构、各种系列阀门电动装置及电动球阀，电动蝶阀，电动截止阀，电动闸阀，电动调节百叶窗，电动通风蝶阀，电动闸门，电动阀门控制箱，手动装置等。

张家港市艾罗执行器有限公司
地址：江苏省张家港市经济开发区长兴路20号
邮编：215600
电话：0512–82558860
传真：0512–82558870
电子信箱：yemin–yezi@hotmail.com
网址：www.aerotork.com
主要产品或业务范围：专业设计和生产电液、气液执行机构和阀门控制系统。

张家港市太平洋泵业制造有限公司
地址：江苏省张家港市经济开发区棋杆路1–2号
电话：0512–58990203
传真：0512–56991900
网址：www.tpyzk.com
主要产品或业务范围：专业从事设计、生产和销售冲压成型不锈钢离心泵。

浙江达柏林阀门制造有限公司
地址：浙江省玉环县干江镇盐盘五金工业区
邮编：317606
电话：0576–87415533
传真：0576–87453797
电子信箱：tzdoublelin@163.com
网址：www.double–lin.com
主要产品或业务范围：球阀、止回阀、截止阀、闸阀、水嘴、过滤阀、地漏、管件、角阀等。

中鼎阀业（南京）有限公司
地址：江苏省南京市江宁经济技术开发区西门子路71号
邮编：211100
电话：025–52103040，52103041
传真：025–52103037，52103039
电子信箱：sales@modenticvalve.com
网址：www.modentic.com.cn
主要产品或业务范围：该公司专业生产工业和无菌阀门及管配件并代理欧、美各阀门及控制系统。

中核苏阀科技实业股份有限公司
地址：江苏省苏州市新区珠江路501号
邮编：215001
电话：0512–67533655，66672570
传真：0512–67532587，67511301
联系人：吴辉
电子信箱：sales2@chinasufa.com
网址：www.chinasufa.com
主要产品或业务范围：闸、球、蝶阀，止回阀，截止阀，调节阀，隔膜阀，旋塞阀，核电、火电阀以及真空、仪表阀等。

爱华自控工程（大连）有限公司
地址：辽宁省大连市高新园区七贤岭信达街28号
邮编：116023
电话：0411–84793999
传真：0411–84798108
电子信箱：qifs@mail.dlptt.ln.cn
网址：www.aihua–auto.com
主要产品或业务范围：意大利Petro Valves的双平行板闸阀、球阀、HF装置专用阀门；德国OHL–Gutermuth的三偏心金属密封蝶阀、脱硫反应器开关阀、热气混合阀；CANCO系列控制阀；美国HOFFER涡轮流量计；日本NITTO SEIKO的旋转容积、刮板、气动定量、微量流量计；美国ISE–MAGTECH的磁致伸缩液位计、液位开关、高压磁浮子。

鞍山艾威克仪表有限公司
地址：辽宁省鞍山市铁西区三道街128-62号
邮编：114013
电话：0412-6570701
传真：0412-6570702
电子信箱：aiwkcn@163.com
网址：www.aiwkcn.com/cpzs3.html
主要产品或业务范围：该公司是丹麦丹佛斯集团控制阀产品在中国指定经销商，产品有自力式流量、温度、压力/压差系列调节阀，是无须外来能源而依靠被控介质自身的流量、压力、温度的变化进行自动调节的节能产品。

鞍山拜尔自控有限公司
地址：辽宁省鞍山市高新开发区（东区）科技路58号
邮编：114044
电话：0412-5219988，5217788，5219688
传真：0412-5219788
电子信箱：bhw@bellchina.com
网址：www.bellchina.com
主要产品或业务范围：普通型、防爆型电子式电动执行器和调节阀产品。

鞍山电磁阀有限责任公司
地址：辽宁省鞍山市岫岩县兴隆工业园
邮编：114300
电话：0412-7824018
传真：0412-7825018
电子信箱：shaolincg@163.com
网址：www.hq-dcf.com
主要产品或业务范围：该公司是电磁阀生产企业，并系列开发了手动阀门、气动阀门、电动阀门、船用阀门等多种产品。

鞍山工装自控仪表有限公司
地址：辽宁省鞍山市高新科技开发区千山中路临清街196号
邮编：114051
电话：0412-5226189
传真：0412-5226389
网址：www.as-koso.com
主要产品或业务范围：3610系列电子式执行器、3620系列电子式执行器、电子式单座调节阀、电子式双座调节阀、电子式套筒调节阀、电子式调节蝶阀、电子式调节球阀等。

鞍山龙源控制设备有限公司
地址：辽宁省鞍山市经济技术开发区西区兴盛南路37号
邮编：114014
电话：0412-8254555，8243123
传真：0412-8253123
电子信箱：longyuanvalve@163.com
网址：www.longyuanvalve.com
主要产品或业务范围：该公司是一家阀门自动化控制的专业制造商，其主导产品有EL-0-Matic气/电动执行机构，HKC产品，气/电动调节阀、CV3000系列调节阀、气/电动衬氟调节阀、气/电动V型球阀、气/电动衬氟球阀等。

鞍山双鹰自动化工程设备有限公司
地址：辽宁省鞍山市千山区唐家房
邮编：114047
电话：0412-2410308
传真：0412-2410138
电子信箱：assyzdh@163.com
网址：www.assyzdh.com
主要产品或业务范围：智能界面仪、光纤液位计、光纤浓度计及各类光纤测控系统。

鞍山自控仪表（集团）股份有限公司
地址：辽宁省鞍山市铁西区体育街20号
邮编：114012
电话：0412-8811926，8813386，8848457，8829060
传真：0412-8811926，8848457，8814558
电子信箱：aaci@aaci.sina.net
网址：www.china-aaci.com
主要产品或业务范围：各类气动、电动、自力式系列调节阀、电动执行器、阀门定位器、减压阀等。

鞍山自仪热工仪表制造有限公司
地址：辽宁省鞍山市立山区深沟寺一区深南社区
邮编：114000
电话：0412-8215980
传真：0412-6428200
电子信箱：asrgyb@163.com
网址：www.asrgyb.com
主要产品或业务范围：该公司专业生产各类气动、电动、自力式调节阀、电动执行器、阀门定位器、减压阀等产品。

大连宝得流体控制有限公司
地址：辽宁省大连市中山路572号星海旺座906室
邮编：116023
电话：0411-84805081
传真：0411－84805082
电子信箱：jlanr@sohu.com
网址：www.dlburkert.com
主要产品或业务范围：电磁阀，气动阀，调节阀以及流量，液位，pH，电导率等控制分析仪表，代理销售西班牙Prisma公司的电动/气动球阀，蝶阀产品。

大连操作仪表有限公司
地址：辽宁省大连市沙河口区长生街56-3号
邮编：116021
电话：0411-83690764
传真：0411-83690764
联系人：刘淑琴
网址：www.caozuoyibiao.com

主要产品或业务范围：该公司以开发、生产、销售操作仪表及工程应用为主，是生产各类自动化仪表的专业生产厂；此外，还从事过程控制系统工程的软、硬件设计、安装调试及仪表配套总成服务等。

大连亨利测控仪表工程有限公司
地址：辽宁省大连市经济技术开发区铁山东二路15号
邮编：116600
电话：0411-82173777-210
传真：0411-88035066
电子信箱：sales@dalian-hengli.com
网址：www.dalian-hengli.com
主要产品或业务范围：该公司产品涵盖控制阀和执行机构、流量仪表、数据采集、通信和系统等工业过程测量与控制产品。

大连力迪流体控制技术有限公司
地址：辽宁省大连市保税区罗湖路5号
邮编：116600
电话：0411-87307760
传真：0411-87307315
电子信箱：info@dlleader.cn
网址：www.dlleader.cn
主要产品或业务范围：电磁阀。

大连明强仪表有限公司
地址：辽宁省大连市旅顺口区江西街道
邮编：116041
电话：0411-86220672
传真：0411-86222505
网址：www.dlmqyb.com
主要产品或业务范围：阀门执行器。

大连欧瑞自动化有限公司
地址：辽宁省大连市七贤岭高新园区学子街2-3号5层5号
邮编：116023
电话：0411-84753791，84753792，84753793
传真：0411-84753810
电子信箱：info@auric.com.cn
网址：www.auric.com.cn
主要产品或业务范围：电磁阀、调节阀、自动再循环阀、燃烧控制装置、安全快关阀、自动化控制系统。

大连欧亚仪表有限公司
地址：辽宁省大连市西岗区长江路588号1107
邮编：116011
电话：0411-83797170，83797710
传真：0411-83688372
电子信箱：ouya@mail.dlptt.ln.cn
网址：www.ouya-china.com
主要产品或业务范围：SR系列、IER系列、IQRW系列、IEL系列、IQL系列智能电子式电动执行机构，5000系列智能电液式执行机构，SC2001系列、SQ2002系列智能操作器，DKF10电子反馈装置以及电动/气动调节蝶阀，调节球阀，单/双座调节阀等。

大连派力斯特控制阀门制造有限公司
地址：辽宁省大连市沙河口区胜利路188号金地海景1805室
邮编：116021
电话：0411-39756749
传真：0411-39756118
电子信箱：pailisite@163.com
网址：www.pailisite.com
主要产品或业务范围：调节阀、角阀、三通阀、蒸汽夹套阀、波纹管密封阀、三偏心蝶阀、球阀。

大连腾达工业控制系统工程公司
地址：辽宁省大连市沙河口区民政街353号
邮编：116021
电话：0411-84517062，84518246
传真：0411-84518164
联系人：乔武
电子信箱：dltengda@sina.com
主要产品或业务范围：电动基地式流量调节装置、电动基地式压力调节装置、电动基地式温度调节装置、电动基地式液位调节装置。

大连仪器仪表有限公司
地址：辽宁省大连市沙河口黑石礁街景山巷48号1-1号
邮编：116023
电话：0411-84303518，84341198
传真：0411-84339998
电子信箱：ssh9239@163.com
主要产品或业务范围：RE10(XWZM)系列记录仪、DMR100/180系列彩色智能无纸记录仪、电动执行器（含防爆系列）、智能化变送器系列、电磁流量计、电—气阀门定位器系列、XM系列数显调节仪表、MS系列袖珍电压电流校准仪（信号发生器）、快偶等。

大连中核控制阀有限公司
地址：辽宁省大连市金州区前石工业园
邮编：116110
电话：0411-87899009，87791799
传真：0411-87899009
电子信箱：jgh19840528@163.com
网址：www.hq-dcf.com
主要产品或业务范围：手动阀门、气动阀门、电动阀门、船用阀门。

大连中原仪表厂
地址：辽宁省大连市沙河口区前程街39-4号
邮编：116021

电话：0411-84241708
传真：0411-84242119
联系人：张丽凤
电子信箱：zyb@84242119.com
网址：www.84242119.com
主要产品或业务范围：智能显示调节仪，智能巡检仪，智能流量积算仪，智能调节器，智能手操器，智能伺服PID控制器，智能测速仪，压力、差压变送器，液位变送器，配电器，隔离器，电流转换器，温度变送器，闪光信号报警器，计数器，定时器，执行器，调节阀等。

丹佛斯（鞍山）控制阀有限公司
地址：辽宁省鞍山市千山区惠民街1号
邮编：114004
电话：0412-8258360
传真：0412-8229207
电子信箱：hlp@holip.com
网址：www.holip.com
主要产品或业务范围：该公司是丹佛斯全资公司，生产自立式流量、温度、压力（差压）系列调节阀，电动二通调节阀、平衡阀等阀门产品。

辽阳仪表有限公司
地址：辽宁省辽阳市宏伟区南环街二段
邮编：111050
电话：0419-4150237
传真：0419-4150237
主要产品或业务范围：专业生产物位仪表。

沈阳巴洛克流体设备有限公司
地址：辽宁省沈阳市和平区文化路44号南湖五金B2061
电话：024-23924036
传真：024-23880481
电子信箱：395037617@qq.com
网址：www.balok.cn
主要产品或业务范围：该公司专业从事不锈钢中高压管阀设计、生产制造、加工和销售。

沈阳恒屹集团有限公司
地址：辽宁省沈阳市和平区青年大街386号甲3华阳国际大厦14楼
邮编：110004
电话：024-23180188
传真：024-23180788
电子信箱：sales@henyigroup.com
网址：www.henyigroup.com.cn
主要产品或业务范围：该公司提供各种专业的阀门，管件，驱动装置等流体机械及工程解决方案。

沈阳加美自动化仪表有限公司
地址：辽宁省沈阳市东陵区长青街52号甲-17
邮编：110015
电话：024-24224585，24219949，24219570
传真：024-24219570
联系人：洪艳
电子信箱：sycr@mail.sy.ln.cn
网址：www.jmai.com.cn
主要产品或业务范围：XMT系列智能数显仪表、电容式系列变送器、各种光柱控制指示仪、扩散硅压力变送器。

沈阳兰申电器有限公司
地址：辽宁省沈阳市浑南新区新开街2号
邮编：110179
电话：024-23789408
传真：024-23789500
电子信箱：ls_syls@163.com
网址：www.syls.com.cn
主要产品或业务范围：该公司是新型智能仪表的专业制造商，产品有DMR系列无纸记录仪。

沈阳麦德兰自控阀门有限公司
地址：辽宁省沈阳市和平区南京南街56号明日大厦702室
邮编：110001
电话：024-23214747
传真：024-62106198
电子信箱：midland_cn@163.com
网址：www.midland-cn.com
主要产品或业务范围：该公司专业从事气动执行器、气动阀门、各类特种自控阀门及流体控制设备生产制造与开发。

沈阳市嘉瑞电气有限公司
地址：辽宁省沈阳市沈河区市府大路262甲新华科技大厦3003室
邮编：110013
电话：024-22791619（中继线），22791910
传真：024-22790250
电子信箱：syjrele@mail.sy.ln.cn
网址：www.syjr.cn
主要产品或业务范围：该公司是一家代理国外公司工业自动化产品及承接工业自动化工程项目的高科技股份制企业，经营全数字直流调速装置及成套、交流变频调速器、可编程序控制器、温度/过程控制器、回路调节器、低压电器、控制元件及各种传感器。

沈阳威德克控制设备有限公司
地址：辽宁省沈阳市铁西区建设东路57号爱都国际B座1011室
邮编：110021
电话：024-85615257
传真：024-85615237
电子信箱：sales@svmce.com
网址：www.svmce.com

主要产品或业务范围：该公司集科、工、贸于一体，致力于国外仪器仪表、阀门的代理和销售。

斯麦特自控（大连）有限公司
地址：辽宁省大连市经济开发区杏林街6号
邮编：116600
电话：0411-87921008
传真：0411-87612566
电子信箱：sales@smartcontrols.com.cn
网址：www.smartcontrols.com.cn
主要产品或业务范围：工业控制阀门、工业自动化仪表等相关产品。

铁岭莱斯特阀门有限公司
地址：辽宁省铁岭市经济开发区帽山工业园区A8号
电话：024-72875888
传真：024-72875999
主要产品或业务范围：专业生产低压大口径阀门，主要生产公称通径DN200-6000mm的手、电、气、液动蝶阀、闸阀、止回阀、球阀、流量调节阀等。

吴忠仪表有限责任公司
地址：宁夏回族自治区吴忠市朝阳街67号
邮编：751100
电话：0953-3929018，3929021
传真：0953-3929014
电子信箱：wyscb-c@mail.wzyb.com.cn
网址：www.wzyb.com.cn
主要产品或业务范围：调节阀产品有ECOTROL智能模块化系列调节阀、CV3000系列调节阀、G系列球阀、高性能WB300蝶阀、船舶用阀等，并生产气动、电动执行机构及定位器，电磁阀等三十余种附件、7000多个品种规格的相关系列产品。

济南伯雷阀门有限公司
地址：山东省济南市历下区和平路47号诚基中心7号702室
邮编：250013
电话：0531-86946616
传真：0531-86946618
电子信箱：jamesbury@126.com
网址：www.bury-jinan.com
主要产品或业务范围：蝶阀。

济南德威自动化设备有限公司
地址：山东省济南市华能路19号留学人员创业园2号楼B座322室
邮编：250100
电话：0531-55567909
传真：0531-88168805
电子信箱：dhvalve@126.com
网址：www.dhvalve.com
主要产品或业务范围：该公司产品包括阀门附件、液压气动设备及配件、低压电器、电机。

济南福斯阀业有限公司
地址：山东省济南市历城区华信路21号院内
邮编：250100
电话：0531-88060288，81900639
传真：0531-81900169
电子信箱：foss@vip.163.com
网址：www.fossvalve.com
主要产品或业务范围：该公司专业从事进口阀门执行机构，阀门控制及反馈附件的推广及批发。

济南高仕控制设备有限公司
地址：山东省济南市济阳县青宁工业园
邮编：251401
电话：0531-84561176
传真：0531-84561167
电子信箱：ggosco@163.com，erwin65@163.com
主要产品或业务范围：比德克扇形气动执行器、V氏电磁阀等。

济南高新开发区华兴新技术研究所
地址：山东省济南市历下区明湖东路保利大明湖商务中心
邮编：250013
电话：0531-86952317，86419495
传真：0531-86419495
电子信箱：852244593@qq.com
网址：www.171b.com.cn
主要产品或业务范围：智能数显调节仪表，巡检记录仪，流量积算仪，电动模拟操作器，闪光报警器，计时器，计数器，称重显示控制仪，转速线速频率显示控制仪，手操器，热电偶、热电阻，压力、差压、液位变送器，恒温槽，热电偶检定炉，精密控温仪，锅炉水位、水箱水位发讯器，控制报警器，电接点水位计，测量筒，电磁电机调速器，燃油、燃气锅炉控制器，频率、电压、电流转换器，隔离器，配电器，风压变送器。

济南瀚德斯自动化设备有限公司
地址：山东省济南市华信路16号3号楼
邮编：250100
电话：0531-82315155，82315156，82372665
传真：0531-82372650
电子信箱：jnhds@126.com
网址：www.jnhds.cn
主要产品或业务范围：气动执行器、电动执行器、定位器、电磁阀、限位开关、调节阀等阀门附件。

济南威盛气动元件有限公司
地址：山东省济南市槐荫区美里湖办事处
邮编：250118

电话：0531-88668237
传真：0531-85761991
电子信箱：gs-controls@163.com
网址：www.reco-inox.com
主要产品或业务范围：该公司主要生产气动阀门驱动装置及信号反馈装置等阀门附件。

济南中伟液压有限公司
地址：山东省济南市经二路782号
邮编：250021
电话：0531-87100893
传真：0531-87105622
电子信箱：jnzhongweiyeya@163.com
网址：www.zwyeya.cn
主要产品或业务范围：生产和销售油研系列、液压元件、多路阀、手动阀、电磁阀、电液阀、齿轮泵、叶片泵、压力表（开关）、液位计、滤油器、空滤。

临清市荣华机械仪表有限责任公司
地址：山东省临清市曙光路1079号
邮编：252600
电话：0635-2423561
传真：0635-2422384
联系人；赵振江
网址：www.rhjxyb.com.cn
主要产品或业务范围：系列电动执行器、伺服放大器、电动操作器、位置发送器、系列电动调节阀。

青岛海菲勒气控阀门有限公司
地址：山东省青岛市城阳区夏庄东古镇
邮编：266107
电话：0532-87662638
传真：0532-88893951
电子信箱：sales@high-flyervalve.com
网址：www.high-flyervalve.com
主要产品或业务范围：专门从事不锈钢气控阀门研发和制造。

青岛精锐机械制造有限公司
地址：山东省青岛市即墨通济工业园金沙江一路15号
邮编：266228
电话：0532-82515988，82515557
传真：0532-82515983
电子信箱：info@esgvalve.com
网址：www.esgvalve.com
主要产品或业务范围：专业从事气控阀门及工业调节阀的研究与开发，主要产品包括不锈钢气控角座阀、气控梭阀、气控蝶阀、气控球阀、疏水阀、止回阀、直动阀、过滤器、快速接头等。

青岛凯创阀门有限公司
地址：山东省胶南市临港开发区
邮编：266400
电话：0532-87198276
主要产品或业务范围：闸阀、蝶阀、球阀、平衡阀、Y型过滤器等。

青岛山野自动化工程有限公司
地址：山东省青岛市四方区康定路16号
邮编：266032
电话：0532-8377799
传真：0532-83728899
电子信箱：18853293555@163.com
网址：www.sunyeh1986.com
主要产品或业务范围：该公司提供进口电动、气动、自控阀门及执行机构、承接控制阀维修及技改项目。

青岛伟隆阀门有限公司
地址：山东省青岛市城阳区双元路11号
邮编：266108
电话：0532-87905016
传真：0532-87905015
网址：www.weilongvalve.com
主要产品或业务范围：蝶阀、止回阀、过滤器、闸阀、截止阀、球阀、排气阀、调节阀等系列及各种管配件等。

山东华沃科技发展有限公司
地址：山东省济南市历下区化纤厂路13号
邮编：250100
电话：0531-88022002
传真：0531-89000678
电子信箱：chinahuawo@126.com
网址：www.china-huawo.com
主要产品或业务范围：该公司专业从事各类电动、气动执行机构、电动控制阀门、自动化控制仪表、物位仪表及自动化控制系统的研发、生产和销售。

山东泰丰阀业有限公司
地址：山东省淄博市高新区民营工业园民泰路32号
邮编：255088
电话：0533-7988888
传真：0533-6208777
电子信箱：taifeng0533@sina.com
网址：www.sdtaifeng.com
主要产品或业务范围：化工工业专用阀门、衬氟阀门领域最大的制造商。

威海气动元件有限公司
地址：山东省威海市羊亭镇顺海路5号
邮编：264204
电话：0631-5768928，5812608，5768927
传真：0631-5768929
联系人：销售部

电子信箱：info@whqd.com
网址：www.whqd.com
主要产品或业务范围：主要生产气源处理三大件、精密过滤器、除油器、压力控制阀、流量控制阀、高性能电磁阀、单向节流阀、单向阀、各种气动换向阀、安全阀、气缸、液压缸、压缩空气干燥器、气动系统、气动附件等。

潍坊华电阀门制造有限公司
地址：山东省潍坊市潍城区仓南街67号
邮编：261011
电话：0536-8358028，8358026
传真：0536-2903328
电子信箱：sdhdgd@163.com
网址：www.wffamen.cn
主要产品或业务范围：球阀、调节阀、衬氟阀门、衬氟蝶阀、衬氟止回阀、衬氟截止阀、电动调节阀、气动调节阀、切断阀、气动蝶阀、减温减压装置等500种型号、上千个规格的产品。

潍坊远东自动化仪表有限公司
地址：山东省潍坊市昌乐县开发区二街
邮编：262400
电话：0536-6283862，13906360666
传真：0536-6286700
联系人：刘春霞
电子信箱：info@wfydyb.com
网址：www.wfydyb.com
主要产品或业务范围：该公司是一家专业生产自动化控制配套产品的企业，先后研制开发了各种材质的五阀组、三阀组、二阀组、仪表截止阀、排泄阀、各种高压管件、液位计、自动化仪表盘、操作台，也可按用户要求加工各种非标准产品。

烟台金泰美林科技有限公司
地址：山东省烟台市开发区北京中路6号
邮编：264006
电话：0535-6382068-806
传真：0535-2164399
电子信箱：kwv6@kingway98.com
网址：www.kingway99.com
主要产品或业务范围：陶瓷球阀、陶瓷调节阀、电动阀、气动阀等。

河北远大阀门集团太原分公司
地址：山西省太原市漪汾街88号滨河物资贸易中心
邮编：030024
电话：0351-6160003
传真：0351-6160003
联系人：王中杰
主要产品或业务范围：闸阀、截止阀、球阀、蝶阀、止回阀等。

山西建工申华暖通设备有限公司
地址：山西省阳泉市经济技术开发区东区A区
邮编：045000
电话：0353-4909666，4909677，4909688
传真：0353-4909611
联系人：孙经理
电子信箱：sxjgsh@sohu.com
网址：www.sxjgsh.com
主要产品或业务范围：自力式流量控制阀。

山西阳泉中特阀门有限责任公司
地址：山西省阳泉市李家庄东
邮编：045001
电话：0353-2113508
传真：0353-2110773
电子信箱：admin@yqztfm.com
网址：www.yqztfm.com
主要产品或业务范围：除污式回水自控阀、自动换向止回阀、流量自控阀等。

太原理工天成电子信息技术有限公司
地址：山西省太原市高新区亚日街2号太工天成工业园
邮编：030006
电话：0351-7035765
传真：0351-7035736
电子信箱：info@tichn.com
网址：www.tichn.com
主要产品或业务范围：液位传感器、智能采集与控制（压力、湿度、温度、电量）单元、工业控制机。

太原太航德克森流体控制技术有限公司
地址：山西省太原市并州南路137号
邮编：030006
电话：0351-7058194
传真：0351-7058194-8811
电子信箱：dirksen@cip.sina.com
网址：www.thkj.avic.com
主要产品或业务范围：该公司致力于自控系统调节阀及电动、气动执行机构的开发、生产和销售。

阳泉阀门股份有限公司
地址：山西省阳泉市新建路366号
邮编：045000
电话：0353-2590307，2592866，2590751
电子信箱：info@yqfm.com.cn
网址：www.yqfm.com.cn
主要产品或业务范围：主要生产闸阀、蝶阀、煤气阀、止回阀、冶金阀等近100个系列、1000多个规格的产品。

陕西西仪自控设备厂
地址：陕西省西安市莲湖区大庆路318号

邮编：710082
电话：029-88632370
传真：029-88644940
电子信箱：zongqing3344@163.com
网址：www.sxxyyb.com
主要产品或业务范围：销售显示仪表、压力变送器、电动操作器、电磁阀、压力校验器、压力表差压表等。

陕西翔宇仪表阀门有限公司
地址：陕西省西安市永乐路328号
邮编：710032
电话：029－83281973，82497993， 13992825323
传真：029－82497993
电子信箱：xiangyu@sxxy168.com
网址：www.sxxy168.com
主要产品或业务范围：各种高、中压仪表阀门、三（五）阀组、电站阀门、仪表管件、标准孔板及仪表附属装置。

西安大明电磁阀制造有限责任公司
地址：陕西省西安市太华南路433号
邮编：710016
电话：029-86737021，86737021，86722978
传真：029-86722978
电子信箱：xsk@dmdcf.com
网址：www.dmdcf.com
主要产品或业务范围：该公司生产电磁阀的专业化工厂，是国家工业过程控制系统用电磁阀技术标准的制定单位之一，企业已通过ISO 9002质量体系认证。

西安电磁阀厂
地址：陕西省西安市西关正街37号
邮编：710082
电话：029-88627571，88624533
传真：029-88624894
电子信箱：dcf@xadcf.com
网址：www.xadcf.com
主要产品或业务范围：该厂产品共有48个系列、300多个品种的各类电磁阀，还承担各种特殊性能电磁阀的设计与研制。

西安汇源仪表阀门有限公司
地址：陕西省西安市高新四路1号高科广场A座6层
邮编：710075
电话：029-88617844，88629065
传真：029-88647516
电子信箱：Xian-huiyuan@126.com
网址：www.xian-huiyuan.com
主要产品或业务范围：该公司是生产特种自控阀门的专业厂家，主要产品有高温高压电磁阀，超高温电磁阀，超低温深冷电磁阀，燃气专用电磁阀，真空电磁阀，双稳态电磁阀，双线圈自保持电磁阀，双向电磁阀，超高压电磁阀，消防专用电磁阀，防腐电磁阀，防爆电磁阀，三通电磁阀，电动快速启闭球阀/蝶阀，自力式温度/压力/流量调节阀，阀用配套仪表以及智能型自控成套系统。

西安智盛自动化仪表公司
地址：陕西省西安市碑林区长安北路40号
邮编：710061
电话：029-85255937，85395979，85219409
传真：029-85395979，85219409
电子信箱：zsyb#zayb.com
网址：www.zsyb.com
主要产品或业务范围：智能PID调节仪、阀位控制仪、无纸记录仪、数字电压/电流表、温湿度控制仪、温湿度变送器、固态继电器、固态调压器、计数/计米/计时器、转速/线速度/频率控制仪、热电偶（铂电阻）、温度成套控制箱（柜）、晶闸管移相触发器。

埃科诺斯托（上海）流体技术有限公司
地址：上海市松江区玉树路538号1幢
邮编：201600
电话：021-57733110，57733917，57733918
传真：021-57733119
电子信箱：wangbaozhang@econosto.com，hermandu@econosto.com.cn
网址：www.econosto.com
主要产品或业务范围：波纹管密封截止阀、闸阀、蝶阀、截止阀、球阀、减压阀、疏水阀、仪表阀、考克、电磁阀、止回阀、安全阀、压力表、温度计、观视镜、破真空器、隔膜阀、汽水分离器、温度/压力传诵器、电动/气动控制系统、液压/电液阀门遥控系统、自作用控制系统、卫生级阀门系统等。

艾川格（上海）阀门制造有限公司
地址：上海市松江区佘山工业园强业路658号A座
邮编：201602
电话：021-57796818
传真：021-57792426
电子信箱：sale@actreg.net.cn
网址：www.actreg.com
主要产品或业务范围：专业从事气动执行机构、阀门的研发设计与生产。

艾瑞阀门贸易（上海）有限公司
地址：上海市浦东新区科苑路88号德国中心2号楼625室
邮编：201203
电话：021-28986538
传真：021-28986516
电子信箱：shanghai@ari-china.com
网址：www.ariarmaturen.com.cn
主要产品或业务范围：该公司是专业从事蒸汽系统阀门生产的厂家。

奥客阀业（上海）有限公司
地址：上海市松江区明南路500号
邮编：201613
电话：021-67764008
传真：021-67764026
电子信箱：orche001@163.com
网址：www.orche.cn
主要产品或业务范围：公司产品有球阀、自控球阀。

奥士奥控制阀门（上海）有限公司
地址：上海市浦东新区临港重装备产业园区彩云路717号
邮编：201311
电话：021-58083769
传真：021-58083779
电子信箱：sale@valsev.com
网址：www.valsev.com
主要产品或业务范围：研发、生产工业过程控制阀。

必郝特（上海）泵阀有限公司
地址：上海市松江区九亭镇洋河浜路1号G座
邮编：201615
电话：021-64341729
传真：021-64341705
电子信箱：pxu@picutasia.com
网址：www.watsonmcdaniel.com
主要产品或业务范围：该公司生产销售蒸汽系统中疏水阀、冷凝水回收泵、调节阀、控制阀等精密产品。

博普—罗伊特安全与调节阀门有限公司
地址：上海市江苏路369号兆丰世贸大厦2H
邮编：200050
电话：021-62120210
传真：021-62120211
电子信箱：jeozhang@bursr.com.cn
网址：www.bursr.com
主要产品或业务范围：安全阀和调节阀。

丹佛斯（上海)自动控制有限公司
地址：上海市宜山路900号科技大楼C楼20层
邮编：200233
电话：021-61513000
传真：021-61513100
电子信箱：shanghai@danfoss.com
网址：www.danfoss.com/china
主要产品或业务范围：该集团是一家全球性集团公司，开发、生产和销售压力/温度控制器、工业阀门、接触器和电机启动器。

都福企业管理（上海）有限公司
地址：上海市浦东新区世纪大道1589号长泰国际金融大厦19楼
邮编：200122
电话：021-60812888
传真：021-61633598
电子信箱：tolu@dovercorp.com
网址：www.dovercorporation.com.cn
主要产品或业务范围：气动控制阀、蝶阀和液位控制器、压力控制器。

飞茨华勒贸易（上海）有限公司
地址：上海市漕河泾开发区田林路487号宝石园20号楼1007室
邮编：200133
电话：021-60901092
传真：021-60901091
电子信箱：office.china@fiwagroup.com.cn
网址：www.fiwagroup.com
主要产品或业务范围：控制阀门和气体配送系统。

菲锐西（上海）贸易有限公司
地址：上海市长宁区宣化路28号舜元企业发展大厦1201室
邮编：200050
电话：021-32505702
传真：021-32505700
电子信箱：info@farex.cn
网址：www.farex.cn
主要产品或业务范围：该公司专营工业用全系列阀门及各种阀门附件。

福斯流体技术（上海）有限公司
地址：上海市世纪大道1568号中建大厦9楼01-02，06-07室
邮编：200122
电话：021-38654800
传真：021-50580307
网址：www.flowserve.com
主要产品或业务范围：工业阀门、控制阀、核阀、阀门执行器以及控制产品。

盖米阀门（上海）有限公司
地址：上海市闵行区莘庄工业区元山路88弄16号
邮编：201108
电话：021-64426552
传真：021-64891885
电子信箱：info@gemue.com.cn
网址：www.gemue.com.cn
主要产品或业务范围：手动、气动和电动的蝶阀、隔膜阀、角阀、球阀、电磁阀等各种阀门及测量仪表。

哈姆雷特（中国）有限公司
地址：上海市长宁区番禺路586号东方商务大楼501室
邮编：200052
电话：021-60837576，60837577，64878143

传真：021-64878144
电子信箱：chen.qu@ham-let.com.cn
网址：www.ham-let.com.cn
主要产品或业务范围：该公司提供双卡套无泄漏接头、VCR接头、微焊接头、仪表阀门、安全阀、单向阀、隔膜阀等相关产品。

汉萨福莱柯思液压技术（上海）有限公司
地址：上海市浦东新区临港新城飞舟路500号
邮编：201306
电话：021-38216025
传真：021-38216035
电子信箱：info@hansa-flex.com.cn
网址：www.hansa-flex.com.cn
主要产品或业务范围：球阀、压力表等。

和村自动控制阀业（上海）有限公司
地址：上海市闵行区中春路2018号
邮编：201108
电话：021-64899368
传真：021-64896768
电子信箱：hecun@vip.35.com
主要产品或业务范围：气动控制阀门、电动控制阀门、闸阀、止回阀、截止阀、Y形过滤器、三通球阀、蝶阀、针阀等。

进典工业股份有限公司
地址：上海市闵行区浦江高科技园三鲁公路3585号第10幢
邮编：201114
电话：021-64296118
传真：021-64297088
电子信箱：lidandan@jdv.com.cn
网址：www.jdv.com.tw
主要产品或业务范围：专业控制阀厂家。

科罗里斯控制有限公司上海代表处
地址：上海市天目西路547号联通国际大厦1910、1911室
邮编：200070
电话：021-33030279，63531281
传真：021-63537346
电子信箱：china@cloriuscontrols.com
网址：www.cloriuscontrols.com
主要产品或业务范围：阀门、自力式恒温器、电子控制器、气动控制器和阀马达等。

罗达莱克斯阀门（上海）有限公司
地址：上海市南汇工业园区园中路60号
邮编：201300
电话：021-58004000
传真：021-58003226
联系人：许新农
电子信箱：Xu.frank@china.rotarex.com
网址：www.rotarex.com
主要产品或业务范围：提供超高纯气体（UHP）阀门、特种气体阀门、超低温阀门、医用阀门、LPG和CNG汽车阀门和消防系统阀门等各类气阀。

美国Cashco上海代表处
地址：上海市浦东新区民生路1403号信息大厦503室
邮编：200135
电话：021-33927666
传真：021-33927999
电子信箱：china@cashco.com
网址：www.cashco.com
主要产品或业务范围：自力式调节阀，差压调节阀，塑料调节阀，偏心旋转阀，波纹管调节阀，高温专用调节阀，低温调节阀，氮封系统，氮封阀，呼吸阀，安全泄放装置，阻火器等专业设备。

美国理查德工业集团
地址：上海市延安西路129号华侨大厦2107室
邮编：200040
电话：021-62491718
传真：021-62491721
电子信箱：flora.tan@richardschina.com
网址：www.richardsind.com
主要产品或业务范围：自立式、气动调节、电动调节阀、卫生型阀门和阀门附件、仪表阀、阀组、管件接头、球阀、球阀附件、疏水器、冷凝水回收系统。

欧文凯利自控阀（上海）有限公司
地址：上海市南翔高科技园区嘉美路880号
邮编：201802
电话：021-51085668
传真：021-51095661
电子信箱：sales@sh-ok.com.cn
网址：www.sh-ok.com.cn
主要产品或业务范围：公司拥有电磁阀、电动阀、气动阀、调节阀等自动化流体控制产品。

派克汉尼汾流体传动产品（上海）有限公司
地址：上海市金桥出口加工区云桥路280号
邮编：201206
电话：021-28995000
传真：021-64459717
电子信箱：tina.zhao@parker.com
网址：www.parker.com
主要产品或业务范围：该公司产品包括各类精密仪表接头、仪表阀门、阀组、减压阀、隔膜阀、流量计等。

山东沃克控制阀有限公司
地址：山东省济南市历城区二环东路3966号东环国际广场

B座1805室
邮编：251000
电话：0531-83531117，83531127
传真：0531-83531137
电子信箱：sdwkkzf@163.com
网址：www.sdwkzk.com
主要产品或业务范围：专业从事调节阀的研究设备及制造。

山武自动化仪表（上海）有限公司
地址：上海市浦东新区浦建路145号强生大厦1806室
邮编：200127
电话：021-50907206，50907207
传真：021-50907205
网址：www.yas-yamatake.com
主要产品或业务范围：销售株式会社山武的各类接近、限位、光电开关、传感器、数显控制器、记录仪、气体质量流量计、燃烧安全产品等的销售、系统设计及售后服务。

上海GCE气体控制设备有限公司
地址：上海市奉贤区肖湾路318号4号厂房
邮编：201401
电话：021-37198408
传真：021-37198617
联系人：袁艺耘
电子信箱：amy.yuan@gcegroup.com
网址：www.china.gcegroup.com
主要产品或业务范围：该公司致力于气体控制设备的开发和制造。

上海阿自倍尔控制仪表有限公司
地址：上海市柳州路928号百丽国际广场1206室
邮编：200235
电话：021-68732581，68732582
传真：021-68735966
电子信箱：wangyan@sacn.com.cn
网址：http://sacn.cn.azbil.com
主要产品或业务范围：该公司（SACN）成立于1995年，系株式会社山武和上海石化投资发展有限公司共同投资的中外合资企业，主要承担azbil集团在中国的工控产品的生产、销售和安装、培训及维修等售后服务；主要组装生产株式会社山武的调节阀、智能变送器以及控制系统Harmonas的软硬件集成。

上海艾安梯机械设备有限公司
地址：上海市青浦区天盈路502号
邮编：201712
电话：021-59228787
传真：021-59228769
电子信箱：info@ant-flwtech.com
网址：www.ant-flowtech.com/index.php
主要产品或业务范围：特种工业阀门。

上海奥拉流体控制设备有限公司
地址：上海市延长中路801号新华科技园A座2006室
邮编：200072
电话：021-66309830
传真：021-36535788
电子信箱：sales@bar-gmbh.com.cn
网址：www.bar-gmbh.com.cn
主要产品或业务范围：致力于进口气动执行器、电动执行器、自控阀门及各种相关附件的销售和推广。

上海澳玛智能仪表制造有限公司
地址：上海市青浦工业区兴利路188号
邮编：201711
电话：021-59217711，59217722
传真：021-59217911
电子信箱：webmaster@aomax.com
网址：www.aomax.com
主要产品或业务范围：该公司是各类工艺过程控制阀、调节阀、电动和气动阀门执行机构的研究、开发与生产企业；公司主要生产CV3000系列调节阀、精小型调节阀气动、电动执行机构、自力式调节阀、调节蝶阀等产品。

上海澳托克数字仪器有限公司
地址：上海市云南中路88号海通数码大厦17楼
邮编：200001
电话：021-63226399，51159995，63517031
传真：021-63517032
电子信箱：zd@autork.com.cn
网址：www.autork.cc
主要产品或业务范围：该公司系葡萄牙DIONISIO公司和中国特福隆集团在中国合资企业，主要产品有智能型电动、气动、液动执行器，工业过程变送器。

上海北昂科学仪器有限公司
地址：上海市永兴路258弄1号1611室
邮编：200071
电话：021-51096593
传真：021-60911518
联系人：曲娜
电子信箱：sales@beionmed.com
网址：www.beionfluid.com/wcn/
主要产品或业务范围：流体微量泵、夹管阀、微量泵、微型隔离阀及各种接头、层析柱、管件，注射泵配件。

上海北卡电子科技有限公司
地址：上海市虹口区广纪路738号明珠创意产业园一期2号楼506、507室
邮编：200434
电话：021-65361045，65361046，65361047
传真：021-65361049
电子信箱：sales@sh-becca.com

网址：www.shbecca.com
主要产品或业务范围：承接各种工业数据采集、监测、控制工程，日本神港温控产品，日本松下GT系列触摸屏，FP系列PLC，VF及VFO系列变频器，意大利杰佛伦温控产品，日本理化温度控制器。

上海北四特自动化科技有限公司
地址：上海市嘉定区环城路200号C11
邮编：200333
电话：021-52751111，52751101
传真：021-52751102
电子信箱：best@52751101.com
网址：www.52751101.com
主要产品或业务范围：通用电磁阀、蒸汽电磁阀、医药设备专用电磁阀、电力设备专用电磁阀、耐腐蚀（强酸碱）专用电磁阀、水下（全封闭）电磁阀、煤气专用电磁阀、防爆电磁阀、Y形角座气动阀等。

上海铂嘉科技有限公司
地址：上海市浦东新区鹿园工业区鹿吉路199-1号
邮编：201322
电话：021-68160300
传真：021-68160301
电子信箱：pangchunlei@pt-bridge.com
网址：www.pt-bridge.com
主要产品或业务范围：该公司是一家专业的控制阀及其相关产品的制造商。

上海超拓科技发展有限公司
地址：上海市徐汇区田州路99号9号楼（新茂大楼）1601室
邮编：200065
电话：021-56531500，56531600，56531700，56081999
传真：021-56531599
电子信箱：honeywell@shchaotuo.com
网址：www.shchaotuo.com
主要产品或业务范围：数字控制器，记录仪，燃烧安全控制器和空调系统产品。

上海川和自控设备有限公司
地址：上海市徐汇区漕溪路251弄1号701室
邮编：200235
电话：021-64363337，64363789
传真：021-64363755，64751713
电子信箱：sales@javic-valve.com
网址：www.javic-valve.com
主要产品或业务范围：软密封及金属密封高性能蝶阀、控制型球阀及各种特需产品。

上海大华—千野仪表有限公司
地址：上海市浦东金桥出口加工区宁桥路615号
邮编：201206
电话：021-50325111
传真：021-50326120
电子信箱：sdc@dh-chino.com
网址：www.dh-chino.com
主要产品或业务范围：记录仪、指示调节仪、晶闸管调整器、红外温度仪和水分仪、温湿度传感器等。

上海大田阀门管道工程有限公司★
地址：上海市浦东新区周祝公路3223号
邮编：201323
电话：021-58108666
传真：021-58109777
电子信箱：business@dtjt.com
网址：www.dtjt.com
主要产品或业务范围：电动/气动单座、双座、套筒（笼式）调节阀，电动/气动调节球阀、蝶阀，减温减压装置，高压差多级调节阀及减压阀、最小流量阀、自动再循环控制阀、抽气式止回阀、空排止回阀等。

上海大禹自控阀门有限公司
地址：上海市浦东新区航头镇大麦湾工业园区航川路66号
邮编：201316
电话：021-58229337，68220075
传真：021-68220798
电子信箱：sales@dayupv.com
网址：www.dayupv.com
主要产品或业务范围：该公司主要产品有DY8000高性能调节阀、偏心补偿式调节半球阀、V形球阀、O形球阀、蝶阀等。

上海东宝阀门制造有限公司
地址：上海市青浦区香花桥东路369号（东宝工业园）
邮编：200060
电话：021-59702525，59702626
传真：021-59702727
电子信箱：shdbv@shdbv.com
网址：www.shdbv.com
主要产品或业务范围：蝶阀、耐腐蚀阀门、球阀、水力控制阀、高温高压电站阀、调节阀、通用阀门等。

上海都可电子有限公司
地址：上海市徐汇区田林路388号新业大楼923室
邮编：200233
电话：021-22817037
传真：021-51504003
电子信箱：floradong1105@dukesh.com
网址：www.dukesh.com
主要产品或业务范围：该公司产品大类有钢瓶接头、钢瓶阀、高低压及气动隔膜阀和波纹管阀、超纯球阀、波纹管阀、焊接管接件、面密封管接件、卡套式管接件、自动焊及微焊接头、过滤器、调压阀及压力表等全线产品。

上海多蒙控制技术有限公司
地址：上海市长宁区安顺路89弄7号浦江大厦509室
邮编：200052
电话：021-52302721
传真：021-52302720
电子信箱：office@daume.com.cn
网址：www.daume.com.cn
主要产品或业务范围：阀门和电动执行机构中国总代理。

上海阀特流体控制阀门有限公司
地址：上海市浦东祝桥空港工业区金亮路32号
邮编：201323
电话：021-33756788-8083/8085
传真：021-33756766
电子信箱：market@floauto.cn
网址：www.floauto.cn
主要产品或业务范围：V1000系列气动/电动高性能调节阀（切断）阀、V3000系列三通调节阀、V4000系列自力式调节阀、V5000系列V型调节球阀、V6000系列O形切断球阀、V7000系偏心旋转调节阀、V8000系列高性能蝶阀及EP9000系列电/气阀门定位器等系列产品。

上海方高阀门制造有限公司
地址：上海市华池路58弄5号楼1010～1013室
邮编：200436
电话：021-66361212，56351212，56352041
传真：021-66099664
电子信箱：fgvalve@126.com
网址：www.fgvalve.com
主要产品或业务范围：安全阀、减压阀、疏水阀、过滤器、球阀、闸阀、截止阀、电磁阀、蝶阀、柱塞阀、电动阀门、气动阀门、针型阀、调节阀、平衡阀、水力控制阀、止回阀等。

上海丰台仪器仪表有限公司
地址：上海市奉贤区青村镇南奉公路2258号
邮编：201414
电话：021-57577708
传真：021-51698110
电子信箱：13816480138@126.com
网址：www.shftyb.com
主要产品或业务范围：专业生产智能型电动执行机构、电动调节阀、球阀、蝶阀等仪表行业的产品。

上海风雷阀门集团有限公司
地址：上海市闸北区大统路938弄6-603号
邮编：200070
电话：021-56552525-17，56552678，56557922
传真：021-56552679
电子信箱：webmaster@fenglei.com
网址：www.fenglei.com
主要产品或业务范围：该公司专业生产各种“FengLei”牌系列阀门、电站阀、闸阀、截止阀、止回阀、球阀、蝶阀、气动/电动调节阀、旋塞阀、隔膜阀、疏水阀等通用类阀门，以及陶瓷阀等特殊非标阀门，也可按照ANSI、DIN、BS、JIS、GB等标准设计制造。

上海弗雷西阀门有限公司
地址：上海市闵行区都市路2501弄98号
邮编：201108
电话：021-54150349，34638590，34638605
传真：021-54150271
电子信箱：tjf@flowxvalve.com
网址：www.flowxvalve.com
主要产品或业务范围：高科技自控阀门制造商。

上海孚因流体动力设备有限公司
地址：上海市嘉定区南翔镇科盛路598号
邮编：201802
电话：021-69172530，69172531，69172532
传真：021-69172533
电子信箱：marketing@flowinn.com
网址：www.flowinn.com
主要产品或业务范围：电动执行器，电动执行机构，以及控制面板（器）及温/湿度/压力传感器所搭配的各种阀门。

上海富乐阀门管件有限公司
地址：上海市浦东新区长柳路58号证大立方大厦20楼2005室
邮编：200135
电话：021-33927459
传真：021-33927463
电子信箱：sales@flow-valve.com
网址：www.flow-valve.com
主要产品或业务范围：球阀、蝶阀、闸阀、止回阀、过滤器、截止阀和平衡阀、富乐水泵扩散器、富乐控制止回阀、富乐旋塞阀等。

上海高桥仪表厂
地址：上海市浦东新区高桥镇界浜路55弄9号
邮编：200137
电话：021-58613537，58675751
传真：021-58673406
电子信箱：yaoliming926@hotmail.com
网址：www.shgqybc.com
主要产品或业务范围：智能调节仪表，数字显示调节仪，动圈指示调节仪，工业用热电偶、热电阻，防爆热电偶、热电阻，电压调整器，补偿导线等温控仪表及其配套产品等。

上海冠龙阀门机械有限公司
地址：上海市西藏南路760号（建国新路1号）安基大厦1801室

邮编：200011
电话：021-51019101
传真：021-51019102
联系人：王欧靓
电子信箱：Karonsh@Karon-Valve.com
网址：www.karon-valve.com
主要产品或业务范围：该公司属台湾明冠造机企业股份有限公司的子公司，生产各类水利控制阀，排气阀，止回阀，蝶阀，球阀，电动、气动控制系统及成套配件。

上海光辉仪器仪表有限公司
地址：上海市崇明县人民路254号
邮编：202150
电话：021-59615472
传真：021-59623487
电子信箱：ghgroup@163.com
网址：www.sh-gy.com
主要产品或业务范围：调节阀、偏心旋转阀、高性能三偏心蝶阀等。

上海海舸自动化设备有限公司
地址：上海市嘉定区星塔路1089号
邮编：201804
电话：021-69596302
传真：021-69596302
电子信箱：zz.6@163.com
网址：www.ben-an.com
主要产品或业务范围：该公司是专业的物位仪表生产商。

上海海诺德自动化控制设备有限公司
地址：上海市宝山区真陈路1398弄51号
邮编：200436
电话：021-66080339
传真：021-66080659
电子信箱：zdd@fct-tech.com
网址：www.hrvalves.com
主要产品或业务范围：专业代理进口阀门。

上海海特泵阀制造有限公司
地址：上海市普陀区交通西路129弄8号
邮编：200065
电话：021-56087919
传真：021-56087388
电子信箱：sales@haitepv.cn
网址：www.haitepv.com
主要产品或业务范围：气动执行器，各种调节阀，泵等。

上海韩爱贸易有限公司
地址：上海市闵行区环镇南路88弄58号903室
邮编：201103
电话：021-64069725，64069726
传真：021-64467213
电子信箱：gracias2007@163.com
主要产品或业务范围：不锈钢管接头，控制阀门，质量流量控制器。

上海赫博控制设备有限公司
地址：上海市浦东新区浦东大道2742弄1号中环滨江大厦2315、2316室
邮编：200136
电话：021-60870760，60870761
传真：021-60870762
电子信箱：sales@cnlok.com
网址：www.cnlok.com
主要产品或业务范围：管件、接头，仪表阀门及仪表阀组、流体控制阀门，法兰及紧固件、流体设备安装附件等。

上海横奕自控科技有限公司
地址：上海市杨浦区龙江路370号丹江商务楼4层404室
邮编：200090
电话：021-35122658
传真：021-35122656，51062058
电子信箱：leikun@hengyish.com
网址：www.hengyish.com
主要产品或业务范围：YOKOGAWA控制器、记录仪、数据采集仪器，现场仪表，环境分析仪表和YOKOGAWA品牌的工控设备及其耗材的一级销售与批发和技术服务；同时也兼销美国OMEGA、日本林电工HAYASHIDENKO及欧姆龙系列产品。

上海虹润精密仪器有限公司
地址：上海市闵行区莘建东路58弄绿地科技岛3号楼1316、1317室
邮编：201100
电话：021-64129713，64129723，54484568，64705187
传真：021-64705206，64362795
电子信箱：hrsh@hrgs.com.cn
网址：www.hrgs.com.cn
主要产品或业务范围：智能数显仪表，智能数显电力仪表，智能压力、差压变送器，隔离式安全栅及变送器，无纸记录仪，集散控制系统，电力设备，液晶显示背光源。

上海湖泉电动阀门制造有限公司★
地址：上海市嘉定区南翔高科技园区嘉前路583号
邮编：201802
电话：021-60510333，26877111，39924445，39924446
传真：021-51686364，60822827
联系人：党旭
电子信箱：Hq_v@yahoo.cn
网址：www.hq-v.com.cn
主要产品或业务范围：主要生产精小型电动执行机构和各种材质的手动/电动闸阀、手动/电动蝶阀、手动/电动球

阀、手动/电动截止阀、手动/电动隔膜阀、止回阀等系列产品，电动装置2SA3、2SQ3、DZW、DZB、DZT、DQW、QB、LQ系列等。

上海沪工阀门制造有限公司
地址：上海市宝钱公路539号
邮编：200065
电话：021-56941122，56941133，56942413
传真：021-56941133
联系人：吕良取
电子信箱：shhugong@163.com
网址：www.shhugong.com
主要产品或业务范围：专业生产“沪工牌”管道阀门系列产品，主要有闸阀、蝶阀、水力控制阀等。

上海沪禹泵阀设备有限公司★
地址：上海市金山区亭枫公路3976号
邮编：201206
电话：021-67228328，68222115，13818899639
传真：021-68222116
联系人：叶荣乐
电子信箱：huyu115@hotmail.com
网址：www.huyu115.cn
主要产品或业务范围：该公司专业生产和销售各种控制阀与仪器仪表，主要产品有ZDLQ电动三通调节阀，ZSPC气动活塞切断阀，ZDLP电动单座调节阀，ZJHP气动调节阀，高性能调节阀、高平台O形球阀、V形球阀、双偏心半球阀、高性能蝶阀与阀门配套仪器仪表等产品，质量均达到国际同类产品先进水平。

上海华奥仪表制造有限公司
地址：上海市安远路501弄5号1405室
邮编：200040
电话：021-62771530，62771532
传真：021-32271162
电子信箱：sales@sh-huaao.cn
网址：www.sh-huaao.com
主要产品或业务范围：自力式调节阀、开关阀、调节阀、气电动式执行器、电磁阀、阀位开关等附件。

上海华东电器集团电讯仪表公司
地址：上海市黄浦区山东北路14号2楼
邮编：200001
电话：021-53084037，53080555
传真：021-63618507
联系人：赵剑平
电子信箱：hddy@citiz.net
网址：www.sh-hddy.com
主要产品或业务范围：代理东崎电气公司产品，产品有温度、时间、计数、转速、频率、电压、电流、功率等多个系列的显示及控制仪表和接近开关。

上海华尔士自控阀门制造有限公司
地址：上海市青浦区北青公路3668弄2号
邮编：201703
电话：021-59748822，39197577，39197566
传真：021-59746633
电子信箱：hes@shhes.com
网址：www.shhes.com
主要产品或业务范围：电、气、液动三大类角行程执行器，各类电动、气动、液动成套阀门及各类工业应用调节阀等产品。

上海皇龙自动化工程有限公司
地址：上海市天山西路165号宜嘉坊商务楼A座502室
邮编：200355
电话：021-52160281
传真：021-52160281-8004
联系人：王红娇
电子信箱：c.jiang@dias-infrared.com
网址：www.kingae.com
主要产品或业务范围：该公司从事红外测温仪和红外热像仪、减压和背压调节阀的代理销售、系统集成和安装调试。

上海汇贤自动化设备有限公司
地址：上海市交通路4703号李子园大厦6号楼1304室
邮编：200333
电话：021-32568091，32568292，32568093
传真：021-32568233
电子信箱：shanghai@automate-ace.com
网址：www.automate-ace.com
主要产品或业务范围：触摸屏、文字/图像终端机、IPC、PLC、温度控制器、过程控制器、多回路控制器、记录仪、指示仪、执行器、压力与液位流量温度变送器、旋转编码器、计数器、计时器、保护继电器、PCB继电器、切纸器、打印器、微型光电开关、近接开关、温度传感器、光纤及安全区域传感器等。

上海基正国际贸易有限公司
地址：上海市浦东新区金桥路1399号605室
邮编：200129
电话：021-50325226
传真：021-50325230
电子信箱：uniwosh@126.com
网址：www.uniwo.com.cn
主要产品或业务范围：代理西班牙ACTREG气动执行器、西班牙JC球阀、意大利GT气动执行器、英国UNIWO阀门及附件（执行器，定位器，开关，电磁阀）。

上海加法自动化设备有限公司
地址：上海市营口路578号1号楼7E
邮编：200433
电话：021-65380927

传真：021-65380929
电子信箱：sales@sh-add.com
网址：www.sh-add.com
主要产品或业务范围：公司主要产品有阵法、球阀、截止阀、旋塞阀、各种接头、单向阀、法兰接口阀、阀组等相关产品。

上海嘉松机器有限公司
地址：上海市嘉定区黄渡工业园春浓路369号
邮编：201804
电话：021-69590695
传真：021-69593330
电子信箱：jsm@jiasongmachine.com
网址：www.jiasongmachine.com
主要产品或业务范围：该公司是一家专业研制、开发、生产和销售各种阀门及驱动装置的高新技术企业。

上海减压阀门厂
地址：上海市虹口区东余杭路1021-9号101室
邮编：200082
电话：021-65352606
传真：021-65352606
电子信箱：shjyfmc@163.com
网址：http://shjyfmc.51sole.com
主要产品或业务范围：比例式减压阀、蒸汽减压阀、气体减压阀、不锈钢减压阀、高压减压阀、燃气减压阀、液化气减压阀、法兰减压阀、丝口减压阀、水用减压阀、氧气减压阀。

上海江浪流体机械制造有限公司
地址：上海市奉贤区青村镇南奉公路2258号
邮编：201414
电话：021-57570111
传真：021-51862511
电子信箱：sales@river-wave.net
网址：www.river-wave.net
主要产品或业务范围：该公司目前主要生产控制阀、调节阀、PSA气动程控阀、液动程控阀、气动薄膜调节阀、电动调节阀、球阀、蝶阀、止回阀、气动隔膜泵、电动隔膜泵、手动隔膜泵等系列产品。

上海金子自动化仪表有限公司
地址：上海市工业综合开发区综星园区肖湾路318号6号
邮编：201401
电话：021-57433600
传真：021-57433700
电子信箱：qian_mei@kaneko.com.cn
网址：www.kaneko.com.cn
主要产品或业务范围：该公司一贯致力于阀门的研发生产制造工作。

上海进典控制阀有限公司
地址：上海市漕河泾开发区浦江高科技园三鲁公路3585号第4幢
邮编：200122
电话：021-64296118，64293744
传真：021-64297088，64293576
网址：http://usch1.vitalic.com
主要产品或业务范围：PTFE密封球阀、金属硬密封球阀、高温高压固定轴球阀、PFA内衬球阀、O形及V形控制阀、隔膜比例控制阀、减压阀、闸阀、球形阀、逆止阀、Y形过滤器、蝶阀、偏心蝶阀等十几种高品质阀类产品，并能依照ANSI、JIS、DIN、GB等多种国际标准生产。

上海景陆机电设备有限公司
地址：上海市浦东新区合庆镇春雷村春风路7号
邮编：201201
电话：021-68900485，68906136
传真：021-54199829，68900486
电子信箱：cnjinglu@126.com
网址：www.zpapecky.com
主要产品或业务范围：EQS系列电动执行器。

上海巨良电磁阀制造有限公司
地址：上海市恒丰路218号现代交通商务大厦22楼
邮编：200070
电话：021-51288918，51288908，51288998，51288968
传真：021-51288988
网址：www.juliang.cn
主要产品或业务范围：专业从事电磁阀、气动阀及调节阀的科研、设计、生产和销售。

上海开滋国际贸易有限公司
地址：上海市徐汇区东安路8号青松城大酒店8楼808室
邮编：200030
电话：021-64391249
传真：021-64391257
电子信箱：sales@kitzchina.com
网址：www.kitzchina.com
主要产品或业务范围：生产气动和电动的球阀、蝶阀、闸阀、截止闸、止回阀和过滤阀等产品。

上海科达实业有限公司
地址：上海市万源路2759弄（虹霞工业园）
邮编：201103
电话：021- 64463303，64463353
传真：021-64060250
电子信箱：janresbere@sh163.net
网址：www.fordatachina.com
主要产品或业务范围：Aeroflow高性能调节阀、线性调节阀、K-MAX旋转阀、减压阀、疏水阀、温度调节器及PMC电器控制器、DPS数字式定位系统等。

上海科科阀门集团有限公司
地址：上海市嘉定区南翔镇翔江公路963号
邮编：201802
电话：021-59170722
传真：021-59124609
电子信箱：koko@kokovalve.com
网址：www.valvekoko.com
主要产品或业务范围：闸阀、截止阀、球阀、止回阀、旋塞阀、蝶阀、电站阀等，材料主要有碳钢、合金钢、不锈钢、蒙乃尔、20号合金等，并可根据用户要求制造各种特殊阀门。

上海科力达自控阀门有限公司
地址：上海市奉贤区浦卫公路8229号
邮编：201417
电话：021-57451122，57453081，57453082
传真：021-57453083
电子信箱：sales@sh-kld.com
网址：www.sh-kld.com
主要产品或业务范围：新型自力式调节阀及各类工业过程控制阀的研究、开发与制造。现已推出符合国际标准的自力式压力、差压、流量、温度调节阀等新一代节能型控制仪表；气（电）动O（V）形球阀、蝶阀及调节阀系列；气（电）动精小型调节阀系列；气动高压调节阀及波纹管密封调节阀系列等。

上海科洋科技发展有限公司
地址：上海市浦东新区商城路518号内外联大厦18楼
邮编：200120
电话：021-58355535
传真：021-58352115
电子信箱：info@keyontechs.com
网址：www.keyontechs.com
主要产品或业务范围：该公司专业致力于工业自动化仪表的生产、研发和销售。

上海蓝林控制阀门有限公司
地址：上海市嘉定区沪宜公路3518号
邮编：201800
电话：021-59166332
传真：021-51687950
电子信箱：59922829@163.com
网址：www.shlally.com
主要产品或业务范围：气动蝶阀、气动球阀、气动执行器等相关产品。

上海乐汇泵阀制造有限公司
地址：上海市奉贤区金汇镇工业区金聚路128号
邮编：201404
电话：021-57575098
传真：021-57575087
联系人：徐莹莹
电子信箱：sales@illehui.com
网址：www.illehui.com
主要产品或业务范围：该公司是一家专业制造各种控制阀、普通阀门及水泵的生产型合资企业。产品有调节阀、蝶阀、球阀、电磁阀、截止阀、放料阀、止回阀，气动隔膜泵、离心泵、排污泵、化工泵等。

上海黎升工业控制设备有限公司
地址：上海市共和新路985号4号楼
邮编：200070
电话：021-63573433，63578568
传真：021-56629278
联系人：李佩春
电子信箱：risun@risun-sh.com
网址：www.risun-sh.com
主要产品或业务范围：8路、4路SAD同步调节器，PI闭环控制单元，拉丝机专用控制器，数字主给定器，编码器信号转换器等。

上海罗兰流体控制有限公司
地址：上海市闸北区江场西路570号
邮编：200072
电话：021-51099198，56655106
传真：021-51010868
电子信箱：sales@ltkz.com
网址：www.ltkz.com
主要产品或业务范围：德标DIN波纹管截止阀、气动角座阀，智能型电动阀门、气动阀门，对夹式止回阀、减压阀，安全阀，高性能球阀，智能型电子式电动调节阀，自力式调节阀、磁浮子液位计等高品质产品。

上海罗普自动化控制系统有限公司
地址：上海市浦东新区龙居路1号
邮编：200135
电话：021-50352111
传真：021-50389111
电子信箱：info@ropovalve.cn
网址：www.ropovalve.com
主要产品或业务范围：气动/电动执行器、气动/电动球阀、蝶阀、气动调节阀等。

上海罗讯控制设备有限公司
地址：上海市浦东富特西一路139号
电话：021-58683090，58682177
传真：021-58683119
电子信箱：stecon@163.com
网址：www.luoxunchina.com
主要产品或业务范围：世界领先的自控阀门、测量和控制系统供应商。

上海耐博泵阀制造有限公司
地址：上海市闵行区浦江镇永南路2475弄14号
邮编：201112
电话：021-51028085
传真：021-51686262
联系人：陈博伦
电子信箱：sales@nbpv.com
网址：www.nbpv.com
主要产品或业务范围：自控设备、电动调节阀、气动调节阀、电动球阀、气动球阀、气动蝶阀、电动蝶阀等产品。

上海纽京工业设备有限公司
地址：上海市松江区叶榭镇叶达路27号
邮编：201609
电话：021-61531086，61531087
传真：021-37691619
电子信箱：maile@nuwave.net.cn
网址：www.nuwave.net.cn
主要产品或业务范围：球阀、闸阀、蝶阀、截止阀、止回阀、调节阀、气动阀、电动阀、智能阀门定位器。

上海欧凯电磁阀制造有限公司
地址：上海市嘉美路880号
邮编：201802
电话：021-51085668，51208285，51208286
传真：021-51095661
电子信箱：sale@sh-ok.com.cn
网址：www.sh-ok.com.cn
主要产品或业务范围：该公司是中德合资企业，产品有水用电磁阀、蒸汽电磁阀、防爆电磁阀、空气电磁阀、燃气紧急切断电磁阀、煤气电磁阀、真空电磁阀、高温电磁阀、高压电磁阀等。

上海瓯胜阀门有限公司
地址：上海市松江佘山工业区陶干路
邮编：201602
电话：021-67742750
主要产品或业务范围：水力控制阀、微缓闭止回阀、多功能水泵控制阀、电站阀、蝶阀、球阀、弹性座封阀、球阀、过滤器等。

上海帕基诺泵阀制造有限公司
地址：上海市大统路958弄1号21F
邮编：200070
电话：021-56555114，56556114
传真：021-56555104
联系人：王晓汪
电子信箱：Pageno@163.com
网址：www.cnpageno.com
主要产品或业务范围：专业生产各种气动球阀、气动蝶阀、气动调节阀、气动V形球阀、气动阀门、气动执行器、电动球阀、电动蝶阀、电动调节阀、电磁阀、球阀、蝶阀、调节阀自控阀门等，公司已通过ISO 9001:2008质量体系认证、TS认证等。

上海鹏昊自动化控制工程有限公司
地址：上海市龙吴路1500号（上海交大国家大学科技园）A幢210室
邮编：200231
电话：021-54351660
传真：021-54352208
电子信箱：sales@cosmicroc.com
网址：www.cosmicroc.com.cn
主要产品或业务范围：该公司产品包括EP阀门定位器、EI角行程电动执行器、EIL直行程电动执行器、LS限位开关、SV电磁阀、AVB气动放大器、气动执行器等。

上海浦煦流体控制系统有限公司
地址：上海市华宁路3700弄76号
邮编：200125
电话：021-51029570，64423642
传真：021-64423641
电子信箱：info@sh-pusher.com
网址：www.sh-pusher.com
主要产品或业务范围：气体集中供气系统，包括连续可调的气体混合配比器、气体减压器、气体汇流排及相关阀门管件。

上海普菱柯仪器仪表有限公司
地址：上海市北青公路3638号
邮编：201705
电话：021-39808655
传真：021-39808515
电子信箱：service@princoinstrument.com
网址：www.princoinstrument.com
主要产品或业务范围：超声波液位计、雷达物位计、重锤物位计、音叉物位计、阻旋料位计、射频导纳物位计、磁性液位计。

上海仟代中田阀门有限公司
地址：上海市浦东新区浦东大道2508号
邮编：200135
电话：021-50351000，50351555
传真：021-50350333
电子信箱：sales@nakata-valve.com
网址：www.nakata-china.com
主要产品或业务范围：球阀、蝶阀、调节阀、气动执行器、电动执行器、电动阀、气动阀等系列。

上海侨鼎阀门有限公司
地址：上海市虹桥路2328号2号楼603室
邮编：200336

电话：021-62620744
传真：021-62620743
电子信箱：info@chaiodin-valve.com
网址：www.chaiodin-valve.com
主要产品或业务范围：负责日本东工调节阀在中国区的销售及维护。

上海全仕仪器仪表有限公司

地址：上海市杨浦区控江路435号乙6楼
邮编：200093
电话：021-65603013
传真：021-55530905
电子信箱：sxzk-transmit@163.com
网址：www.sh-transmit.com
主要产品或业务范围：智能化数显温度压力调节器，周波控制器，三相晶闸管驱动器，单相/三相调压调功触发器，SCR电力调整器，固态继电器，交直流电流/电压表，转速/线速/频率表。

上海日进电气有限公司

地址：上海市恒丰路610号不夜城都市工业园1号楼6楼
邮编：200070
电话：021-51098191
传真：021-51017258
电子信箱：market@rijing.com
网址：www.rijing.com
主要产品或业务范围：代理销售低噪声小型齿轮电动机、交流变频调速器、可编程控制器、温度控制器、旋转编码器、接近开关、光电开关、EA控制元器件等。

上海蓉坤流体控制设备有限公司

地址：上海市奉贤区柘林镇沪杭公路3221号
邮编：201411
电话：021-57445613
传真：021-57447583
电子信箱：filok@foxmail.com
网址：www.fi-lok.com
主要产品或业务范围：该公司主要产品包括FI-LOK双卡套接头、液压DIN2353单卡套接头、高压球阀、针型阀、单向阀、过滤器、胶管总成、不锈钢BA级管、液压钢管、法兰、波纹管补偿器。产品在实验室系统、冶金工业、船舶工业、电力设备、石油化工、海洋平台、工程机械、机床设备等领域得到广泛的应用。

上海润企精密仪器有限公司

地址：上海市漕宝路103号自动化仪表城1210室
邮编：202233
电话：021-64846998，64758573
传真：021-64752077
电子信箱：kunrui_yx@21cn.com
主要产品或业务范围：无纸记录仪，智能数字、光柱显示控制仪，智能数字、光柱PID控制仪，智能流量积算控制仪，智能电工仪表，智能定时/计数器，智能转速表，智能模块。

上海萨姆森阀门有限公司

地址：上海市普陀区长寿路1118号悦达国际大厦B-21H
邮编：200042
电话：021-52396616，52371899
传真：021-52396598
电子信箱：sales@samusen.com
网址：www.samusen.com
主要产品或业务范围：电磁阀、调节阀、气动快切阀、电动阀等自控阀系列。

上海三洲自控仪表有限公司

地址：上海市青浦区外青松路2651号
邮编：201709
电话：021-59748222，59748333
传真：021-59747999
电子信箱：sh@szv.cn
网址：www.szv.cn
主要产品或业务范围：电动调节阀、气动调节阀、高压差防空化调节阀、锅炉排污调节阀、锅炉给水调节阀、多级降压迷宫式调节阀、减温减压装置、自力式温度、压力调节阀、衬F46氟塑调节阀、低温调节阀、智能阀门定位器、气动增速器、气动保位阀。

上海山尔自动化仪表有限公司

地址：上海市青浦工业园区盈秀路375号
邮编：201700
电话：021-59202448
传真：021-69204055
电子信箱：chloe.han@sailtor.com
网址：www.sailtor.com
主要产品或业务范围：该公司专业研发、生产和销售电动执行机构。

上海山仪自动化仪表有限公司

地址：上海市普陀区华池路58弄5号楼
邮编：200436
电话：021-52137661
传真：021-52137662
电子信箱：shssyy@126.com
网址：www.ssy-y.com
主要产品或业务范围：主要产品包括气动调节阀、电动调节阀、气动蝶阀、精小型调节阀、快速切断阀压力调节阀、气动隔膜阀、气动闸阀、气动球阀，CV3000系列，电动球阀、电动隔膜阀、电动蝶阀、电动截止阀等。

上海上乘自控阀门有限公司

地址：上海市闸北区柳营路669号

电话：021-36362087，36362085
传真：021-36362075
电子信箱：sc@sc-valve.com
网址：www.sc-valve.com
主要产品或业务范围：专业制造各类工业过程控制阀及相关自控设备。

上海上龙阀门厂
地址：上海市普陀区兰溪路10弄3号2903室
邮编：200062
电话：021-62579677
传真：021-62574855
网址：www.shsanlo.com，www.shanglongfamen.com
主要产品或业务范围：致力于高新科技阀类的研制、生产与经营。主要产品包括直流式水力控制阀系列控制阀类产品和领先国际的低阻力倒流防止器以及相关配套阀门产品。

上海上泰仪表阀门有限公司
地址：上海市金山区张堰工业区振凯路95号
邮编：201514
电话：021-57220202，57220303
传真：021-57220333
电子信箱：hesjzy@126.com
网址：www.shst.net.cn
主要产品或业务范围：A系列齿轮齿条气动执行器。

上海申宝泵业有限公司
地址：上海市闵行区紫旭路518号
邮编：201111
电话：021-64095727，64097951
传真：021-64095040
电子信箱：sales@shenbao-pump.com
网址：www.shenbao-pump.com
主要产品或业务范围：国内著名的大型水泵生产厂家。

上海申银阀门有限公司
地址：上海市黄渡工业园区春雨路336号
邮编：201804
电话：021-69597679，69593953
传真：021-69592389
电子信箱：sales@shsyv.com
网址：www.shsyv.com
主要产品或业务范围：疏水阀、紧急切断阀、蝶阀、截止阀、止回阀、球阀、水力控制阀等。

上海盛晖流体控制系统有限公司
地址：上海市漕宝路1555弄16区7号102室
邮编：201101
电话：021-51029898
传真：021-51901568
电子信箱：ways@waysvalves.com
网址：www.shfcs.net
主要产品或业务范围：电磁阀、液压元件、气动元件、传感器及自动化机器设备。

上海实茂贸易有限公司
地址：上海市徐汇区斜土路2601号嘉汇广场T1栋4楼D座
邮编：200030
电话：021-64261949，64261496，64260994
传真：021-64261959
电子信箱：shimao@cleanly.com.cn
网址：www.cleanly.com.cn
主要产品或业务范围：温度指示、控制器，多功能记录器、程序控制器等，理化工业的温度指示、警报器、携带型温度指示计，各式恒温恒湿槽、冷热冲击机，高温烤箱，彩色波形记录器，电力计，电池测试器，数字电表等。

上海硕普流体控制系统有限公司
地址：上海市嘉定区沪宜公路5366号
邮编：201806
电话：021-39546100，39546105
传真：021-51862889，39546103
电子信箱：sales@supuvalve.com
网址：www.supuvalve.com
主要产品或业务范围：专业从事电动、气动执行机构，自动化控制阀门的研发与制造。

上海台松电子科技有限公司
地址：上海市宝山区铁峰路477号
邮编：200940
电话：021-33793999，33790877
传真：021-33794257，33791220
电子信箱：chenbin@teshow.com.cn
网址：www.teshow.com.cn
主要产品或业务范围：工业自动化控制器。

上海瓦特斯阀业有限公司
地址：上海市黄渡工业园区春浓路765号
邮编：201804
电话：021-69596788，69596789
传真：021-69592789
电子信箱：sales@watesi.com
网址：www.watesi.com，www.wates.cn
主要产品或业务范围：WL高压锻造调节阀系列，WL顶部导向型、套筒导向型调节阀系列、WL刀闸阀系列、WR球形阀系列、WR硬密封蝶形阀系列等。

上海万迅仪表有限公司
地址：上海市浦东云台路145号1202室
邮编：200126
电话：021-51029491
传真：021-58830407

电子信箱：sh@qswanxun.com
网址：www.wanxun.cc
主要产品或业务范围：PSL、PSQ智能电子式电动执行机构；AL系列智能调节器、流量积算仪、程序控制器、巡回检测仪、手操器；MSC系列端子信号变换器以及QS系列电动调节阀等。

上海伟创标准气体有限公司
地址：上海市松江区久富工业区盛龙路58号
邮编：201615
电话：021-37820693
传真：021-37820690
电子信箱：finerich@126.com
网址：www.wetry-sh.com
主要产品或业务范围：该公司是专业研发、生产和销售各种规格的标准气体、特种气体、高纯气体、电子气体，代理销售进口仪器仪表阀门管件，从事实验室气体管道工程安装设计的专业化公司。

上海协升商贸有限公司
地址：上海市胶州路941号长久商务中心1903室
邮编：200060
电话：021-62998846
传真：021-62999485
电子信箱：sales@sharesun.com
网址：www.sharesun.com
主要产品或业务范围：进口配件的专业代理商。主要经营英国CAP真空泵、意大利NUERT微型水泵和意大利各类电磁阀。

上海亚度电子科技有限公司
地址：上海市松江区文翔路928弄22号402
邮编：200063
电话：021-52717238，51086217，52717556
传真：021-52717556
电子信箱：yaduxs@126.com
网址：www.shyisi.com
主要产品或业务范围：记录仪有温度记录仪、温湿度记录仪、压力记录仪；防潮箱有普通湿度防潮箱、超低湿防潮箱和抽屉防潮箱。

上海亚泰仪表有限公司
地址：上海市虹口区四川北路1851号荣欣大厦8层
邮编：200081
电话：021-51053913，51053127，51053128
传真：021-51053123
电子信箱：yatai@yatai.sh.cn
网址：www.yatai.sh.cn
主要产品或业务范围：生产智能型数字显示调节仪、光电传感器、计数器、定时器、变频调速器、电脑控制器等30多个系列产品。

上海亚舟工业设备有限公司
地址：上海市普陀区长寿路28弄30号秋水云庐商务楼506室
邮编：200060
电话：021-51095833
传真：021-51095822
联系人：周毅
电子信箱：yzzy87@hotmail.com
网址：www.arjoin.com
主要产品或业务范围：该公司主要代理进口泵、阀、流体控制系统产品。

上海耀明仪表控制有限公司
地址：上海市塘沽路309号东泰大厦20楼A座
邮编：200080
电话：021-33011558
传真：021-33011531
电子信箱：sales@ymi.com.cn
网址：www.ymi.com.cn
主要产品或业务范围：薄膜分切控制器、纠偏控制器、调速控制器和张力控制器，点阵显示无纸电子记录仪，便携式信号校验仪，单回路调节仪、风压测量仪、智能流量仪、锅炉控制仪、信号校验仪、无纸记录仪、单双光柱显示仪等，前置数据采集盒及可任意组态的微机监控系统。

上海烨富自动化设备有限公司
地址：上海市共和新路435号凯鹏国际大厦13楼D座
邮编：200070
电话：021-61027980
传真：021-66600300
电子信箱：shwyjd@aliyun.com
网址：www.shyefu.com
主要产品或业务范围：直流调速器、变频器、温控仪表、可编程序控制器、记录仪、晶闸管、触发器、智能调节器、低压电器。

上海颐华机电设备有限公司
地址：上海市延安西路728号10楼L座
邮编：200050
电话：021-52372266
传真：021-52372268
电子信箱：kenny@sdi.cn
网址：www.sdi.cn
主要产品或业务范围：防火型浮球阀、低温阀、夹套式球阀、金属阀座球阀、釜底球阀、长径型球阀、V形球阀等。

上海亿栗机电设备有限公司
地址：上海市清浦区诸光路899弄10号
邮编：201702
电话：021-59887103，59888463
传真：021-59887203
电子信箱：nutork@nutork.com

网址：www.nutork.com
主要产品或业务范围：该公司专业生产气动/电动执行器、气动执行器各式配套产品，中心线型软密封/衬氟蝶阀，双瓣式止回阀，球阀，塑料阀门等。

上海毅玮流体控制技术有限公司
地址：上海市奉贤区南桥镇万明路388号
邮编：201400
电话：021-33656176，33656178
传真：021-33656172
电子信箱：yiwei@nai-lok.com.cn
网址：www.nai-lok.com.cn
主要产品或业务范围：专注于精密流体控制系统，气体输送系统，仪表阀、球阀、针阀、减压阀、调节阀、气控阀、电磁阀等。

上海源冠自控设备有限公司
地址：上海市新村路423弄46号普陀商务广场806室
邮编：200041
电话：021-33870580
传真：021-33870585
电子信箱：sales@champion-controls.com
网址：www.champion-controls.com
主要产品或业务范围：专业经营控制阀及相关产品，代理德国Schubert&Salzer高性能滑板式控制阀、角座阀、小流量阀、球阀、蝶阀、食品卫生阀等。

上海正一自动化仪表有限公司
地址：上海市曹安公路4139号
邮编：201804
电话：021-39597377，39598277
传真：021-39596033，39596177
电子信箱：sale@zyyb.com
网址：www.zyyb.com
主要产品或业务范围：气动薄膜单座调节阀、电子式单座调节阀、气动调节蝶阀等。

上海自动化仪表股份有限公司记录仪表制造部
地址：上海市桂林路406号
邮编：200233
电话：021-64360066
传真：021-54972075
联系人：王兴
电子信箱：dahua788@shcei.com.cn
网址：www.dahua788.com
主要产品或业务范围：工业有纸记录（调节）仪表、无纸记录（调节）仪表、实验室仪表、核电仪表、户用热量表、IC卡水表等五大门类、40多个系列。

上海自动化仪表股份有限公司自动化仪表七厂
地址：上海市崇明城桥镇八一路206号
邮编：202150
电话：021-69691091
传真：021-69690074
电子信箱：zyqx@163.com
网址：http://saic7.com
主要产品或业务范围：生产气动、电动调节阀和执行器辅助装置、气动单元组合仪表三大类产品。

上海自动化仪表股份有限公司自动化仪表十一厂
地址：上海市青浦区朱家角新风路57号
邮编：201713
电话：021-59242776
传真：021-59242706
电子信箱：shangziyi11@163.com
网址：www.saic.sh.cn
主要产品或业务范围：专业从事电动执行机构产品的研制和生产经营，企业于1997年通过ISO 9001质量体系认证。

胜拓传感器（上海）有限公司
地址：上海市浦东新区民冬路166号4号楼二楼西侧
邮编：201209
电话：021-61096911
传真：021-61096912
电子信箱：deng@sentronics.cn
网址：www.sentronics.cn
主要产品或业务范围：高性能陶瓷压力传感器，压力变送器等。

斯派莎克工程（中国）有限公司
地址：上海市闵行区浦江高科技园区新骏环路800号
邮编：201114
电话：021-24163666
传真：021-24163688
电子信箱：sales@cn.spiraxsarco.com
网址：www.spiraxsarco.com/cn
主要产品或业务范围：锅炉的自动控制、独特的ILVA流量计、自立式温度控制系统、减压阀、安全阀、自动疏水阀、加湿器、冷凝水回收、气动/电动自动控制系统、换热机组和各种管道附件等。

台湾伟允阀业股份有限公司
地址：上海市闵行区沪闵路2988号
邮编：201109
电话：021-54436001
传真：021-54436860
电子信箱：wyeco.valve@msa.hinet.net
网址：www.wyeco.com.tw
主要产品或业务范围：该公司产品包括薄膜式调节阀、汽缸式切断阀、Y形汽缸式切断阀、PFA衬里膜片阀、超低温紧急切断阀、手动长轴低温阀、隔膜式蝶阀及汽缸式蝶阀及球阀。

台湾欣达企业有限公司
地址：上海市真华路1030弄51号102室
邮编：200442
电话：021-66372777
传真：021-56353222
电子信箱：or0938@163.com
网址：www.shidar.com
主要产品或业务范围：电动式驱动器、电动式球塞阀、电动式蝶型阀、电动式球型阀、自动控制设备等。

替替威阀门贸易（上海）有限公司
地址：上海市中山西路1277号海螺大厦1号楼302室
邮编：200051
电话：021-51767193
传真：021-51767196
电子信箱：ttv@ttvsh.com
网址：www.ttv.es
主要产品或业务范围：TTV阀门。

无锡宝帝流体控制系统科技有限公司
地址：江苏省无锡市惠山区堰桥工业园堰畅路九号
邮编：214174
电话：0510-83573257
传真：0510-85471261
电子信箱：botukie@163.com
网址：www.botukie.com
主要产品或业务范围：电磁阀，过程控制阀，气动系统，传感器以及由这些产品组成的全套流体控制系统。

无锡纬途流体科技有限公司
地址：江苏省无锡市滨湖区胡埭经济发展园B区20号
邮编：214161
电话：0510-85581533
传真：0510-85581532
电子信箱：vtork@vtork.cn
网址：www.vtork.com
主要产品或业务范围：该公司专门从事阀门气动执行器和流体控制附件的生产、开发与销售。

星域控制工程(上海)有限公司
地址：上海市莲花南路2129弄118号8座
邮编：201108
电话：021-33505868
传真：021-33505738
网址：www.starcontrols.com
主要产品或业务范围：主要从事控制阀及泵的代理销售业务。代理产品有艾默生品牌产品。

宇策国际贸易（上海）有限公司
地址：上海市浦东新区新金桥路1295号3号楼6楼
邮编：201206
电话：021-51699666
传真：021-50328311，50328322
电子信箱：favorzhao@163.com
网址：www.orientrol.com
主要产品或业务范围：主营韩国YTC定位器，韩国HQ电动执行器，HP汽缸，APL限位开关，空气过滤减压阀等一系列进口阀门配件。

成都凯隆精密机械制造有限公司
地址：四川省成都市龙泉驿区界牌工业园区
邮编：610100
电话：028-84857000
传真：028-84858487
电子信箱：kaloon@kaloon.cn
网址：www.kaloon.cn
主要产品或业务范围：专业生产各类小型阀门、管件及各类锻造法兰。

成都欧浦特控制阀门有限公司
地址：四川省成都市高新区科园南一路七号
邮编：610041
电话：028-66326128
传真：028-66326126
电子信箱：optimux@optimux.cn
网址：www.optimux.cn
主要产品或业务范围：汽缸、控制阀。

成都上工机电有限公司
地址：四川省成都市花圃路9号城北体育馆电子市场2楼9-1号房
邮编：610081
电话：028-82902312
传真：028-83224870
主要产品或业务范围：该公司是东崎电气公司产品在西南地区的销售服务代理，也是上海新建仪器设备有限公司、上海泰克电子仪器有限公司的成都销售公司。经营国产、进口名优实验类仪器仪表、通用电子类仪器仪表、电工类仪器仪表、自动化系列仪器仪表、现场过程校验类仪器仪表、分析类仪器仪表等。

大连益显达电子有限公司
地址：辽宁省大连市经济技术开发区万宝街10号
邮编：116600
电话：0411-87532068，87535068，87531768
传真：0411-87533768
电子信箱：market@esd-lcd.com
网址：www.esd-lcd.com
主要产品或业务范围：高品质液晶显示器。

乐山市热工仪表有限公司
地址：四川省乐山市市中区苏稽镇

邮编：614013
电话：0833-2568008
传真：0833-2567888
电子信箱：Lsrg@rgmeter.com
网址：www.rgmeter.com
主要产品或业务范围：阀门，液位计。

乐山市杨中仪表阀门电器有限公司
地址：四川省乐山市中心城区白燕路中段222号
邮编：614000
电话：0833-2133882，2433252，13981333996
传真：0833-2130558
联系人：聂道福
网址：www.lsyzyb.cn
主要产品或业务范围：自力式气体调节器、气动薄膜调节阀、测量管路装置及其仪表附件。

四川华林自控设备有限公司
地址：四川省德阳市天山南路三段123号
邮编：610031
电话：0838-3066157
传真：0838-3066808
电子信箱：hualinzikong@126.com
网址：www.hualinnet.com
主要产品或业务范围：该公司是一家集调节阀研究、开发、生产、销售及建筑材料研发、生产为一体的综合型企业；开发了上百种特种调节阀，拥有21项国家专利，被评定为国家创新基金重点科技企业。

四川杰特机器有限公司
地址：四川省简阳市成都资阳工业发展区东西大道三号
电话：028-27721708
传真：028-27722063
主要产品或业务范围：专业生产往复泵、试压泵、高压水射流清洗、切割装置和压力检测系统。

四川欧曼机械有限公司
地址：四川省成都市经济技术开发区龙泉驿区南一路88号
邮编：610100
电话：028-84645638
传真：028-84645639
电子信箱：oilman_ww@163.com
主要产品或业务范围：地下杆式专用系列阀球、阀座及阀罩；针形阀、截止阀、节流阀、调节阀等耐高温高压、抗腐蚀冲蚀的硬质合金阀门密封副；三牙轮钻头，金刚石钻头泥浆喷嘴，金属密封环及球齿等硬质合金零件，游梁式抽油机。

四川威卡自控仪表有限公司
地址：四川省德阳市天山南路三段83号
邮编：618000
电话：0838-2903259，2903280
传真：0838-2901519
电子信箱：sales@valcam.cn
网址：www.valcam.cn
主要产品或业务范围：该公司为中方与加拿大威卡国际公司的合资企业，产品系列齐全，即VC9000系列直行程控制阀、VC3000系列直行程三通阀、VC2000系列直行程衬氟阀、VC5000系列球阀、VC6000系列蝶阀、VC7000系列高压阀、VC8000系列自力式调节阀、VC4000深冷调节阀八大系列及各种控制阀附件。

艾默生过程管理（天津）阀门有限公司
地址：天津市武清开发区兴旺路15号
邮编：301700
电话：022-82123300
传真：022-82123308
主要产品或业务范围：控制阀和执行机构、数字式阀门控制器、数字式液位控制器、AMS ValveLink软件、现场安装的仪表、快速替换件服务、调压器等。

伯纳德（天津）仪表技术有限公司
地址：天津市宝坻九园工业园区3号路
邮编：301802
电话：022-22405555，22407777
传真：022-22400000
电子信箱：bnd@tjbnd.com
网址：www.bernard-chn.com
主要产品或业务范围：调节型、智能型电动执行机构、仪表阀门。

汉能（天津）工业泵有限公司
地址：天津市北辰区双口工业园
电话：022-86862999
传真：022-86881918
电子信箱：hannengbeng@163.com
网址：www.hnpumps.com.cn
主要产品或业务范围：生产常规泵、特殊泵、柴油机泵组、柴油发电机组、拖车式移动泵车、自行走移动泵站等产品。

汇华阀门有限公司
地址：天津市市津南区小站镇黄台工业园区营业路2号
邮编：300300
电话：022-88629165
主要产品或业务范围：蝶阀、闸阀、截止阀、过滤器、对夹止回阀、旋启式止回阀、立式消声止回阀等。

霍尼韦尔（中国）有限公司
地址：天津经济技术开发区百和路66号
邮编：300457
电话：022-25320745

传真：022-25320745
电子信箱：jackie.dong@honeywell.com
网址：www.honeywell.com
主要产品或业务范围：快动、限位、轻触和压力开关，以及位置、速度、压力、温湿度、电流和气流传感器等多种产品。

欧玛执行器（中国）有限公司
地址：天津经济技术开发区泰丰路80号
邮编：300457
电话：022-66251310
传真：022-66251320
电子信箱：mailbox@auma-china.com
网址：www.auma-china.com
主要产品或业务范围：该公司是设计、研发、制造电动执行器的专业厂商。

天津百利展发集团有限公司
地址：天津市双港工业区鑫港五号路七号
邮编：300350
电话：022-88823888
传真：022-28571881
电子信箱：valve@chinablzf.com
网址：www.chinablzf.com
主要产品或业务范围：井口装置、加氢裂化装置用阀、大口径球阀、平板闸阀、高温高压特殊金属阀、金属密封蝶阀。

天津贝尔德阀门有限公司
地址：天津市东丽区宏亮工业园26号
邮编：300300
电话：13512908623
传真：022-24372939
电子信箱：tjbaird@126.com
网址：www.tjbaird.com
主要产品或业务范围：专业生产阀门电动执行器、气动阀门、电动蝶阀、电动球阀、手动阀门、UPVC阀门等多系列产品。

天津贝尔自动化仪表技术有限公司
地址：天津市西青区泰和工业园大明道营盛路13号
邮编：300112
电话：022-27528973，27772369
传真：022-27529983
电子信箱：fw@bellaut.com
网址：www.bellaut.com
主要产品或业务范围：该公司是集电动执行器及电动调节型阀门的开发、制造和供应于一体的高科技企业。企业拥有四大系列、百种规格、多款性能和价位的系列产品。

天津博纳斯威阀门有限公司
地址：天津市宝坻九园工业园区5号路
邮编：301802
电话：022-22400666
传真：022-22400555
电子信箱：bnswvalve@bnswvalve.com
网址：www.bnswvalve.com
主要产品或业务范围：蝶阀、电厂脱硫阀门、水力控制阀、软密封闸阀、止回阀、闸阀、截止阀、球阀、刀形闸阀、电站阀门、衬氟阀门、衬胶阀门等。

天津富赛克流体控制设备有限公司
地址：天津市大港经济开发区万象路东101号
邮编：300271
电话：022-63255992
传真：022-63255388
电子信箱：fsk@fskvalve.com
网址：www.fskvalve.com
主要产品或业务范围：钢球阀、蝶阀、闸阀、截止阀、止回阀五大系列产品。

天津国际机械（集团）有限公司
地址：天津市滨海新区空港加工区航海路180号
邮编：300300
电话：022-84911901
传真：022-84911903
电子信箱：XH@imgchina.cn
网址：www.imgchina.cn
主要产品或业务范围：蝶阀、球阀、闸阀、止回阀、截止阀、多通路阀等。

天津吉恩多阀门有限公司
地址：天津市津南区
电话：022-88913469
传真：033-88732188
电子信箱：gyendo@sina.cn
网址：www.gyendo.com
主要产品或业务范围：专业生产无销蝶阀、电动蝶阀、气动蝶阀、法兰蝶阀、蝶式双板止回阀、过滤器、水泵扩散器和控制止回阀。

天津津伯仪表技术有限公司
地址：天津市华苑产业园区（环外）海泰东路18号
邮编：300384
电话：022-85689678
传真：022-85689666
电子信箱：85689678@163.com
网址：www.tjjb.com.cn
主要产品或业务范围：设计、生产、销售普通型、防护型、防爆型、调节型、开关型、智能型的多回转、角行程、直行程十余系列、几十个品种、近千种规格的电动执行机构产品。

天津精通控制仪表技术有限公司
地址：天津市西青区华苑产业区（环外）海泰东路18号A座
邮编：300384
电话：022-85689782
传真：022-85689781
电子信箱：xiaoshou@tjyibiao.com，yzhh@tj-yibiao.com
主要产品或业务范围：气动、电动隔膜阀，手动隔膜阀，气动、电动“O”球阀，电动“V”球阀；气动、电动单座调节阀，气动、电动套筒调节阀，气动、电动中线蝶阀，气动双偏心蝶阀；6600RA系列、6500RA系列角行程执行机构，ZMA/B气动薄膜执行机构，HA/B型精小型执行机构，电子式执行机构，DKZ型电动执行机构等。

天津九川仪表成套工程有限公司
地址：天津市南开区红日南路50号
邮编：300111
电话：022-27680610
传真：022-27645509
联系人：方向明
主要产品或业务范围：生产自动化控制装置、K系列挂式仪表盘、柜架式仪表盘、屏式仪表盘、YC-100系列仪表盘与操作台、KU-Ⅱ型机柜。

天津开利达控制技术开发有限公司
地址：天津市南开区雅安道南开工业园金平路10号
邮编：300190
电话：022-87894518，87894519
传真：022-87894598
电子信箱：kld-sales@kld.cn
网址：www.kld.cn
主要产品或业务范围：阀门电动执行机构、自动化产品。

天津圣恺工业技术有限公司
地址：天津市津南开发区（双港）旺港路27号
邮编：300350
电话：022-28571213
传真：022-28590003
电子信箱：sales@shengkai.com
网址：www.shengkai.com
主要产品或业务范围：阀门。

天津世龙控制设备有限公司
地址：天津市北辰区双江道北天准工业区
邮编：300400
电话：022-26986036
传真：022-26986035
联系人：王毅
电子信箱：alan.wang@globedragon.com
网址：www.globedragon.com
主要产品或业务范围：开关阀、调节阀、安全阀和调压器等相关产品。

天津市佰纳德自控仪表技术开发有限责任公司
地址：天津市南开区向阳路33号增5号
邮编：300111
电话：022-27642348，27618979
传真：022-27642348
电子信箱：tjbnd@tjbnd.cn
网址：www.bndyb.cn
主要产品或业务范围：“天佰”牌DKJ系列，引进法国伯纳德SD系列、SR系列等电动执行机构。

天津市宝恒控制阀门有限公司
地址：天津市华苑产业区（环外）海泰发展1路2号
邮编：300384
电话：022-23785511，23785522，23785533
传真：022-23783388
电子信箱：baoheng@263.net
网址：www.tj-baoheng.com
主要产品或业务范围：该公司主要致力于电动执行器及相关仪表的开发，是国内电动执行器的专业生产厂家。同时也是法国伯纳德公司在国内市场授权的一级代理商，并负责全面的技术支持与维修服务。

天津市津达执行器有限公司
地址：天津市中北工业园阜盛道兴旅路2号
邮编：300112
电话：022-87913388，87913198
传真：022-87910198
电子信箱：jdzxq@jdzxq.com
网址：www.jdzxq.com
主要产品或业务范围：电动执行机构、配套仪表。

天津市津塘阀门厂
地址：天津市金钟河大街外环线外（徐庄子工业区）
邮编：300251
电话：022-26326955，26338020
传真：022-26336640
电子信箱：tjvt@tjvt.com
网址：www.tjvt.com
主要产品或业务范围：闸阀、蝶阀、电动蝶阀、电动调节阀、截止阀、止回阀、球阀、调节阀等产品。

天津市精诚高压泵制造有限责任公司
地址：天津市津南区双港工业园达港路11号
电话：022-88822793
传真：022-88822373
主要产品或业务范围：致力于往复式高压柱塞泵和高压水射流成套设备的技术创新和研发。

天津市聚能高压泵有限公司
地址：天津市北辰区铁东路园中园工业区18号
邮编：300402

电话：022-86879897
传真：022-86879897-8002
电子信箱：jn@tjjuneng.com
网址：www.tjjuneng.com
主要产品或业务范围：专业生产高压往复泵，各类型号高压泵、机械密封等。

天津市龙城自动化仪表有限公司
地址：天津市北辰区铁东北路勤俭工业区汾河南道一支路9号
邮编：300402
电话：022-26712291，26717090，26712297
传真：022-26717096
电子信箱：tjlongcheng@sohu.com
网址：www.tjlcyb.cn
主要产品或业务范围：该公司主要生产销售法国技术SH、SD系列智能型电动执行机构，代理伯纳德、欧玛、罗托克等原装进口电动执行机构。生产国产一体化DKJ、DKZ系列电动执行机构及配套电动操作器、伺服放大器、伺服操作器、球形铰链、防雨罩、电动调节阀、自动化仪表成套等。

天津市盛凯达阀业有限公司
地址：天津市西青区西姜井福姜路108号
邮编：300000
电话：022-27528826
传真：022-27528825
电子信箱：skd@skdtj.com，futao@skdtj.com
网址：www.skdtj.com
主要产品或业务范围：电动阀门、电动球阀、电动蝶阀。

天津市太平洋仪表有限公司
地址：天津市西青区中北工业园西星光支路3号
邮编：300122
电话：022-27390721，27984450，27390730
传真：022-27390721
电子信箱：tpoioi@tpoioi.com
网址：www.tpoioi.com，www.天津仪器仪表网.cn
主要产品或业务范围：该公司主要生产控制仪表，包括电动执行机构、气动执行机构、电液动执行器、定位器、变送器、放大器等。根据用户需要配套销售气动、电动蝶阀、球阀、闸阀、调节阀等。

天津市塘沽阀门厂
地址：天津市塘沽海洋高新技术开发区燕山道228号
邮编：300451
电话：022-66221388，66221345
传真：022-66221346
网址：www.cntvt.com
主要产品或业务范围：对夹式蝶阀、法兰蝶阀、金属密封阀、止回阀及各类型闸阀、空气调节阀等。

天津市塘沽津滨阀门有限公司
地址：天津市塘沽海洋高新技术开发区华山道303号
邮编：300451
电话：022-25215973，25215983，25217057，25217058
传真：022-25215993
电子信箱：tht_ff@163.com
网址：www.tjjbfm.com
主要产品或业务范围：大口径法兰蝶阀、对夹蝶阀、硬密封蝶阀、橡胶闸阀、铸钢闸阀、止回阀、盲板阀、泄爆阀、煤气放散阀、泄灰球阀。

天津市特斯科过程控制设备有限公司
地址：天津市南开区芥园西道215号南开科技振兴园4层
邮编：300112
电话：022-27523172，27524585
传真：022-27523291
电子信箱：zhouying0204@126.com
网址：www.tscochina.com
主要产品或业务范围：高可靠模块化全智能系列直流无刷变频电动执行机构。

天津市通博阀门自控有限公司
地址：天津市东丽区程林庄宏亮工业园
邮编：300300
电话：022-60569266，60569466
传真：022-60569266-86
电子信箱：tjtubo@126.com
网址： www.tjtubo.com
主要产品或业务范围：专业从事阀门电动执行器、电动阀门自动化控制系统的研发、生产和销售。

天津市延辉仪表通讯有限公司
地址：天津市河北区榆关道18号宝利园7-1-1层
邮编：300232
电话：022-86663116，13802102009
传真：022-86663126
联系人：王忠华
电子信箱：tjyanhui@sohu.com
网址：www.yanhui-tj.com
主要产品或业务范围：XR3610型智能电子式执行器、XR2610型普通型执行器、电动调节阀、电动调节蝶阀、YH系列变送器（1151、3351电容式和BP880扩散硅式）、YH系列电磁流量计、YH系列重锤料位计、YH系列超声波物位计、DY2000系列智能数显仪表、XM系列智能数显仪表。

天津市仪表专用设备厂
地址：天津市南开区华坪路5号
邮编：300190
电话：022-27365762-3
传真：022-27365383

主要产品或业务范围：蝶阀执行器、气动阀门驱动装置、气动执行机构等产品。

天津市宇环电子仪表厂
地址：天津市河东区津塘路157号二纺机院内
邮编：300180
电话：022-23394650，24399105
传真：022-23396718，24963759
电子信箱：yuhuan1948@163.com
网址：www.yhdz.com.cn
主要产品或业务范围：生产气动辅助单元仪表、气动执行器、电动执行器、调节阀、（管式、板式）液位计，可承接工业自动化仪表的各类成套项目。

天津塘沽瓦特斯阀门有限公司
地址：天津市塘沽国家海洋高新技术园区金江路1999号
邮编：300451
电话：022-65728888，65727777
传真：022-65727744
电子信箱：service@twtvalve.com
网址：www.twtvalve.com
主要产品或业务范围：蝶阀、闸阀、止回阀三大类，包括对夹式蝶阀、法兰蝶阀、水闸阀、煤气闸阀、蝶形止回阀、缓闭止回阀、空调阀、灌胶蝶阀、SE蝶阀、金属密封蝶阀、耐腐蚀蝶阀。

天津意美通高压泵有限公司
地址：天津市静海县良王庄于家堡开发小区
电话：022-68696528
传真：022-68122098
主要产品或业务范围：专业制造高压泵。

天津中阀科技有限公司
地址：天津市东丽区机场货运路
电话：022-26779608
传真：022-86786628
电子信箱：valve@zfkjv.com
网址：www.zfkjv.com
主要产品或业务范围：专业生产阀门。

博雷（中国）控制系统有限公司
地址：浙江省杭州市萧山经济开发区高新六路98号
邮编：311231
电话：0571-82852200
传真：0571-83699933
电子信箱：chinasales@bray.com
网址：www.bray.com.cn
主要产品或业务范围：蝶阀、球阀、止回阀。

奉化市溪口海博气动元件厂
地址：浙江省奉化市溪口镇奉灵路31号
电话：0574-88853687
传真：0574-88867886
主要产品或业务范围：专业生产K.Q系列换向阀，截止阀和脉冲阀的制造厂家。

富阳宏伟阀业有限公司
地址：浙江省富阳市大桥南路81号
邮编：311421
电话：0571-63500288
传真：0571-63500287
联系人：丁先生
电子信箱：zjhwfy@163.com
网址：www.zjhwfy.com
主要产品或业务范围：符合国际标准的自力式压力、差压、流量、温度调节阀等新一代节能型控制仪表阀门；气体行业专用微压自力式压力调节阀组系统；气（电）动O（V）形球阀、蝶阀及调节阀系列；气（电）动精小型调节阀系列；气（电）动高压调节阀及波纹管密封调节阀系列等产品。

富阳市富恒仪表阀门有限公司
地址：浙江省富阳市灵桥工业园区
邮编：311418
电话：0571-63551878，63558929
传真：0571-63558638
电子信箱：hzfhfy@163.com
网址：www.fyfhfm.com
主要产品或业务范围：自力式压力调节阀，气、电动单座、套筒、角型、三通分（合）流、V形调节阀、蝶阀，直接作用自力式压力（微差压）、温度调节阀及定位器、手轮机构等阀门附件，并承制客户需求的各种特殊阀门及进口装置配套阀门。公司通过ISO 9001:2000质量管理体系认证。

富阳市华士阀门厂
地址：浙江省富阳市东洲街道后江沙村后江路500号
邮编：311400
电话：0571-63137991，23288508
传真：0571-63131110
电子信箱：hzhs51@163.com
网址：www.zjhsfy.com
主要产品或业务范围：气动薄膜切断阀、气动精小型调节阀、气动调节球阀、气动薄膜三通分（合）流调节阀、气动薄膜蝶阀、气动隔膜阀、电动调节阀、自力式压力（温度）调节阀、自力式微（差）压调节阀等。

富阳斯派尔阀门厂
地址：浙江省富阳市灵桥工业园区
邮编：311402
电话：0571-23298981
传真：0571-23298982
电子信箱：zgtjfm@126.com

网址：www.sprfm.com
主要产品或业务范围：气、电动单座、套筒、角型、三通分（合）流、V形调节阀、蝶阀，直接作用自力式压力（微差压）、温度调节阀及定位器、手轮机构等阀门附件，并承制客户需求的各种特殊阀门及进口装置配套阀门等相关产品。

富阳欣叶仪表阀门有限公司
地址：浙江省富阳市高桥工业园区
邮编：310000
电话：0571-63421691，13868198216
传真：0571-63422699
联系人：叶正良
电子信箱：xyybmf@163.com
网址：www.xyybmf.com
主要产品或业务范围：该公司致力于生产经营各类自力式压力控制阀、（电）气直行程、角行程控制阀、电动温度调节阀等产品。其中，自力式控制阀已有10多年生产经营，为公司核心业务。素有“自控阀专家”之称，已形成30余个品种规格，产品被广泛应用于石油、化工、电站、冶金、轻工、医药、食品、环保及水处理等行业。

高能阀门集团
地址：浙江省温州市永嘉县瓯北镇东瓯工业园区
邮编：325105
电话：0577-67318785，67318786
传真：0577-67318787
电子信箱：gaonen6113@mail.wzptt.zj.cn
网址：http://cn.gaonengvalve.com
主要产品或业务范围：蝶阀、球阀、电站阀、闸阀、截止阀、止回阀、旋塞阀、水力控制阀、API阀门等。

杭州昌晖自动化系统有限公司
地址：浙江省杭州市环城北路10号通宝商厦9D
邮编：310004
电话：0571-85807126，85571866
传真：0571-85807129
电子信箱：swp@chswp.com
网址：www.chswp.com
主要产品或业务范围：数字仪表，现场过程参量变送单元，彩色/单色无纸记录仪，压力/差压变送器，数显/光柱显示控制仪，压力/液位变送器，PID控制器，低功耗现场显示温度/压力变送器，智能流量积算仪，各类配电器、隔离器、安全栅，各类智能电工仪表，超声物位变送器等相关产品。

杭州德利科技有限公司
地址：浙江省杭州市文一西路172号湖畔大厦A座501室
邮编：310012
电话：0571-88930590
传真：0571-88930596
电子信箱：info@hztalent.com
网址：www.hztalent.com
主要产品或业务范围：过程校准仪表、低功耗数据记录仪、无线远程监控终端、油品分析仪、质量流量计、pH计、无纸记录仪等系列新型多功能智能仪表。

杭州富阳德利自动化阀门有限公司
地址：浙江省富阳市大源新关村石井坞
邮编：311414
电话：0571-63541938
传真：0571-63541388
联系人：董德干
电子信箱：fydlyy@126.com
主要产品或业务范围：自力式调节阀、气动调节阀、电动调节阀、三通调节阀、压力调节阀、自力式压力调节阀、电动温度调节阀、液压打包机械等。

杭州富阳诺尼韦尔阀门有限公司
地址：浙江省富阳市金桥南路8号1001室
邮编：311400
电话：0571-63126771，63327749
传真：0571-63126821
电子信箱：fynnwe@163.com
网址：www.zjnnwe.cn
主要产品或业务范围：高真空蝶阀、角座阀、电动调节阀、气动调节阀；自力式压力调节阀；温度调节阀；精小型调节阀；微（差）压调节阀等系列品种。

杭州佳能阀门有限公司
地址：浙江省富阳市迎宾北路379
邮编：311402
电话：0571-63436977
传真：0571-63431936
电子信箱：hzjnfm@126.com
网址：www.hzjnfm.com
主要产品或业务范围：气（电）直行程系列调节阀、气（电）角行程系列调节阀、自力式压力、温度、差压系列调节阀、防空化高压系列调节阀及其他耐磨、耐腐蚀、低温、微小流量、快速切断、夹套保温等特殊调节阀。

杭州金联自动化工程技术有限公司
地址：浙江省杭州市潮王路218号红石商务大厦15E
电话：0571-88223506
传真：0571-88223899
电子信箱：jinlian8@21cn.com
网址：www.jinlian8.com
主要产品或业务范围：主要以自动化仪表和工业集散控制系统为主，主要产品有智能流量积算仪、高温静电容料位仪、减温减压装置、流量节流装置、热电阻、热电偶、断电记录仪、调节阀、差压/压力变送器、智能数显仪等相关产品。

杭州晶达自动化仪表公司
地址：浙江省杭州市教工路533号
邮编：310012
电话：0571-88071320，88071329
传真：0571-88071329
电子信箱：jdgxy@163.com
网址：www.led-ok.com
主要产品或业务范围：LED光电器件和自动化仪表的开发和生产，如JDG型LED光柱系列、DPGZ型LED光柱显示仪系列、SXG指示报警系列。

杭州科艺自动化仪表有限公司
地址：浙江省杭州市莫干山路741号
邮编：310011
电话：0571-88084690，88823573，88802497
传真：0571-88802497
电子信箱：hzkeyi@126.com
网址：www.hz-ky.com
主要产品或业务范围：液位调节器、电动执行器、电动调节阀等。

杭州乐力流体设备有限公司
地址：浙江省杭州市江干区池塘庙路15号
电话：0571-86717110
传真：0571-86415619
主要产品或业务范围：主营气动元件，包括电磁脉冲阀，气动执行器，阀门，特种电磁阀，气源处理，气缸，电磁阀，接头，PU管等。

杭州盟控仪表技术有限公司
地址：浙江省杭州市滨江区六合路309号D3
邮编：310053
电话：0571-87651030
传真：0571-87651029
电子信箱：zhaog823824@yahoo.com.cn
网址：www.mkong.cn
主要产品或业务范围：该公司是一家专业从事自动化仪表产品研发、制造及营销为一体的高科技企业，主要产品有无纸记录仪、控制器、安全栅、校验仪等产品。

杭州盘古自动化系统有限公司
地址：浙江省杭州市西湖科技园振中路208号2幢北4、5楼
邮编：310030
电话：0571-87770830，87770831，87770832
传真：0571-87770820
电子信箱：hzpg@vip.163.com
网址：www.pangu.com.cn
主要产品或业务范围：该公司无纸记录仪生产处于领先地位，主要从事仪器仪表的开发、生产、销售与服务。已形成无纸记录仪、水处理仪表、电能计量仪表三大系列产品，拥有多项无纸记录仪专利。

杭州瑞裕电子执行器制造有限公司
地址：浙江省杭州市滨江区长河街道长二村下庄里150号
邮编：310052
电话：0571-87774029，87774027
传真：0571-87774027
电子信箱：ry@ry381.com
网址：www.ry381.com
主要产品或业务范围：该公司专业从事电动执行器和智能仪表的生产开发。

杭州唐能阀门有限公司
地址：浙江省富阳市灵桥镇董家桥村中心路8号
邮编：311418
电话：0571-63589777
传真：0571-63588222
电子信箱：hztnfm@163.com
网址：www.hztnfm.com
主要产品或业务范围：专业设计制作的电动执行器，主要有电子型（调节型）、开关型和温控型三大系列。

杭州西也纳自控设备有限公司
地址：浙江省杭州市余航镇义桥工业区宇达路21号
邮编：311122
电话：0571-88651805
传真：0571-88651807
电子信箱：175618754@qq.com
网址：www.xiyena.net
主要产品或业务范围：该公司专业研制、开发、生产智能电动执行器和电动调节阀。

杭州哲达科技股份有限公司
地址：浙江省杭州市西湖区教工路88号立元大厦6楼
邮编：310012
电话：0571-88839666
传真：0571-88063806
电子信箱：hangzhou@zetacn.com
网址：www.zetacn.com
主要产品或业务范围：ZETA公司自主研发的智慧阀门集成了压力、压差、温度、温差、流量与能量的高级测量功能。

杭州中科阀门有限公司★
地址：浙江省富阳市灵桥工业园
邮编：311418
电话：0571-63338331，63120215
传真：0571-63338332
联系人：李夏元
电子信箱：fyhuaxia@126.com
网址：www.zjzkfm.com
主要产品或业务范围：该公司是各类工业过程控制阀及相关自控设备的专业制造企业。一直致力于工业过程控制阀及相关设备的研制与生产，是一个集科研开发与制造经营

为一体的科技型企业；公司专业制造气动、电动工业控制阀及工艺阀门等多个系列、多种规格的产品，广泛应用于造纸、化纤、石化、石油、电力、冶金、化工、环保、轻工、制药、楼宇自动化等工业部门的自动化控制系统。

江南阀门有限公司
地址：浙江省温州市机场大道616号
邮编：325013
电话：0577-86860000，86873999，86888888
传真：0577-86376968，86897720
电子信箱：jiangnan@mail.wzptt.zj.cn
网址：www.chinavalve.net
主要产品或业务范围：该公司的主导产品有JTS型气动单座调节阀、JJLS单座调节阀、HTC调节阀、JLSW波纹管单座调节阀、JD2000型高性能蝶阀、金属密封三偏心蝶阀、电液联动快速关闭阀、电动真空蝶阀、变频调速阀、抽气止回阀等4500种规格。

开维喜阀门集团有限公司
地址：浙江省温州市瓯北东瓯三桥工业区开维喜阀门工业园区
邮编：325102
电话：0577-67987770
主要产品或业务范围：控制阀门、球阀、蝶阀、电站阀、美标阀门及特种阀门等。

乐清柳市宏星仪表厂
地址：浙江省乐清市柳市长虹工业区长虹路109～111号宏星大厦
邮编：325604
电话：0577-62757958
传真：0577-62751920
联系人：陈先生
电子信箱：sales@hongxingchina.com
网址：www.hongxingchina.com
主要产品或业务范围：TEH485智能时间继电器，TEHC系列多点智能温控仪。

乐清市海峰电子有限公司
地址：浙江省乐清市石帆镇霞雪工业区
邮编：325608
电话：0577-62382855，62382555
传真：0577-62380666
电子信箱：haifengdz@163.com
网址：www.haifengdz.net
主要产品或业务范围：数显表、多功能电力仪表，智能变送器，直流电流表等。

乐清市人民仪表有限公司
地址：浙江省乐清市宋湖工业区宋湖路3号
邮编：325600
电话：0577-62522775
传真：0577-62534399
联系人：王剑
电子信箱：renmin@mail.wz.zj.cn
网址：www.yqpi.com
主要产品或业务范围：智能阀门定位器、电磁阀、电气阀门定位器、防爆限位开关、电气转换器、防爆线圈、阀位变送器、限位开关、气动保位阀、空气过滤减压器等。

乐清市中亚仪表有限公司
地址：浙江省乐清市北白象镇前潘垟工业区
邮编：325603
电话：0577-62927000，62927111，62927222
传真：0577-62926378
电子信箱：zxg5070@163.com
网址：www.zjzyp.com
主要产品或业务范围：电动执行机构、电动阀门及其自动化控制系统。

乐清市自动化仪表九厂
地址：浙江省乐清市汇丰路2号
邮编：325600
电话：0577-62522298
传真：0577-62526698
电子信箱：market@chinayyj.com
网址：www.chinayyj.com
主要产品或业务范围：该厂专业生产电/气转换器、电/气阀门定位器。

丽水中德石化设备有限公司
地址：浙江省丽水市莲都区水阁工业区遂松路331号
邮编：323000
电话：0578-2698906，2698908
传真：0578-2698907
电子信箱：zzl@lwaep.com
主要产品或业务范围：机电液、气动、角行程、直行程、智能执行机构。

宁波豪立信铜阀门有限公司
地址：浙江省宁波市江东福明街道江南村
电话：0576-87513278，87572758
电子信箱：xudaoze168@yahoo.com.cn
网址：www.haolixin.com
主要产品或业务范围：该公司生产的主要产品有铜球阀、铜闸阀、铜截止阀、铜止回阀、铜过滤阀、三通采暖球阀、双活接球阀、铜球杆一体式球阀等。

宁波可星机电科技有限公司
地址：浙江省宁波市方桥工业区恒丰路2号
邮编：315500
电话：0574-88680508
传真：0574-88847600

电子信箱：nbrfs@nbrfs.com
网址：www.nbrfs.com
主要产品或业务范围：专业从事各类气动执行器、气动阀、电磁阀的研发、生产、销售和服务。

宁波灵峰洛克流体系统科技有限公司
地址：浙江省奉化市东郊开发区天峰路80号
邮编：315500
电话：0574-88955298
传真：0574-88955377
电子信箱：lf-lok@163.com
网址：www.lf_lok.com
主要产品或业务范围：专业生产不锈钢仪表高压球阀、高压针形阀、双卡套高压接头、高压止回阀、快速接头、减压阀、精密过滤器、VCR洁净管阀件。

宁波中立集团有限公司
地址：浙江省慈溪市古塘街道坎墩大道155号
邮编：315303
电话：0574-63288204
传真：0574-63288279
联系人：闻经理
电子信箱：helenwen@chinazhongli.com
网址：www.chinazhongli.com
主要产品或业务范围：风机盘管温控器，电动2、3通阀门，电动调节阀，各种空调管路件，空调截止阀，各式快速接头等。

瑞安川仪调节阀有限公司
地址：浙江省瑞安市塘下振兴街28号
邮编：325204
电话：0577-65390907
传真：0577-65373024
网址：www.cy40.com
主要产品或业务范围：调节阀系列，碟阀系列，球阀系列，长行程执行机构等。

瑞安市宏力自动化仪表厂
地址：浙江省瑞安市沙河新村内外厂路37号
邮编：325200
电话：0577-65663678
传真：0577-65673678
电子信箱：zjhongli@zjhongli.cn
网址：www.zjhongli.cn
主要产品或业务范围：该公司生产、研发和销售电动阀门、电动阀门执行器。

瑞安市瑞华仪表阀门有限公司
地址：浙江省瑞安市莘塍镇前埠村
邮编：325206
电话：0577-65530366，65531661
传真：0577-65537365
电子信箱：lfpost@tom.com
主要产品或业务范围：该公司是国内生产电磁阀的主要厂家，产品齐全，共有三十多个系列、近2000种规格。

瑞安市新欣石化仪表厂
地址：浙江省瑞安市汀田镇汀九工业区
邮编：325206
电话：0577-65506491
传真：0577-65508608
电子信箱：xinxin@xinxinyibiao.com
网址：www.xinxinyibiao.com
主要产品或业务范围：DLC3000系列智能电动浮筒液位变送器，UTD系列电动浮筒液位变送器，UHZ系列磁性液位计，USG系列石英彩色液位计，UHZ-530系列磁性浮球液位变送器，BUQK-A系列防爆浮球液位控制器，UQD系列电动浮球液位变送器，UB、UB-A系列玻璃板液位计，UBXG系列高温高压玻璃板液位计等液位测量仪表。

瑞安市仪表阀门厂
地址：浙江省瑞安市塘下镇肇平垟南路218号
邮编：325204
电话：0577-65352325，65372567
传真：0577-65352154
电子信箱：ruianyb@vip.163.com
网址：www.ruianybfm.com
主要产品或业务范围：该厂系是以生产执行器为主的自动化仪表专业制造厂。主要产品有气、电（中、低、高温）两大类工业自动化仪表阀门，CV3000系列调节阀，精小型套阀，三通分、合流调节阀，偏芯旋转阀，硬、软密封调节蝶阀，O、V形调节球阀，气动快速切断阀等特殊阀门的设计与制造及各种进口、国产阀门电、气动元件。企业通过ISO 9001:2000质量管理体系认证。

瑞安市中兴执行器有限公司
地址：浙江省瑞安市塘下镇陈宅工业区
邮编：325204
电话：0577-65351923，65373332
传真：0577-65351924
电子信箱：info@china-actuator.com
网址：www.china-actuator.com
主要产品或业务范围：该公司是生产执行器的专业厂家。主要生产各种电/气动执行器、长行程执行机构、过程控制用元器件及烟道风门挡板等产品。

瑞基测控设备有限公司
地址：浙江省温州市葡萄棚工业区葡工路8号
邮编：325029
电话：0577-56582698
传真：0577-56582695
电子信箱：wnfo@raga.com.cn

网址：www.raga.com.cn
主要产品或业务范围：RQ、RQM系列智能电动执行机构（带现场总线）及电动头。

天胜阀门有限公司
地址：浙江省温州市瓯北东瓯工业区
邮编：325105
电话：0577-67315111，67372688
传真：0577-67314518，67316725
电子信箱：tsv@tsv.cn
网址：www.tsv.cn
主要产品或业务范围：蝶阀、闸阀、止回阀、截止阀、球阀等符合国标、美标、日标、德标的阀门。

温州爱科自控阀门有限公司
地址：浙江省温州市龙湾区海滨工业区海宁路58号
邮编：325024
电话：0577-85621222，86898000
传真：0577-85626588
电子信箱：cgf@actcv.cn
网址：www.actcv.cn
主要产品或业务范围：各类自控阀及气动执行器。

温州海米特阀门厂
地址：浙江省温州市龙湾区海城华盖街67号
邮编：325055
电话：0577-85232083，85235823
传真：0577-85228036
电子信箱：wzhmt@wz.zj.cn
网址：www.hmtvalve.com
主要产品或业务范围：CV3000系列调节阀、O形切断球阀H301K、高性能系列蝶阀。

温州合力自动化仪表有限公司
地址：浙江省温州市北白象镇龙湖东路65号
邮编：325603
电话：0577-62927688，62929666，62925511
传真：0577-62927699
电子信箱：heli@cnheli.com
网址：www.cnheli.com
主要产品或业务范围：电动执行器、风阀驱动器、LQ形电动执行器、气动执行器、电动球阀、电动蝶阀等自控类阀门等。

温州虹昌仪表有限公司
地址：浙江省乐清市象阳桥后工业区
电话：0577-62620585，27818939
传真：0577-62620586
网址：www.wzhcyb.cn
主要产品或业务范围：主要产品有WP系列数字显示控制仪、双回路数字现实控制仪、自整定PID控制仪、手动操作器、光柱显示仪、智能流量积算显示控制仪、隔离配电器、热电偶、热电阻、压力、液压变送器、液位控制柜、变频控制柜等。

温州华控科技有限公司
地址：浙江省温州市永嘉乌牛东蒙工业
邮编：325103
电话：0577-67305888，13968999688
传真：0577-67301800
电子信箱：cnhurko@hotmail.com
网址：www.hurko.cn
主要产品或业务范围：智能型电动执行机构。

温州金顺阀门有限公司
地址：浙江省温州市龙湾区永强大道3345号
邮编：325025
电话：0577-86810138
传真：0577-86825589
电子信箱：js@jinshun-valve.com
网址：www.jinshun-valve.com
主要产品或业务范围：球阀、气动蝶阀、闸阀、截止阀、止回阀等。

温州凯跃自动化设备有限公司
地址：浙江省温州市机场大道703号
邮编：325024
电话：0577-86873866
传真：0577-86891800
电子信箱：Kenue2009@163.com
网址：www.lcddfm.com.cn，www.lcddfm.com
主要产品或业务范围：一、专业生产各类（气动）、（电动）调节阀、切断阀、特种工况阀门，已有二十多年历史，产品规格多达两千余种，产品广泛应用于石油、化工、火力发电、矿山、冶金、轻纺造纸、制药、食品工业等行业的生产控制过程，自动调节、切断以及市政工程、冷暖空调、给排水工程、消防工程、远程总线控制、计算机联网，畅销全国各地，并配套设备出口东南亚及世界各地，深受用户好评；二、专业设计并按用户的要求制造各种特殊的非标阀门产品，满足自控和程控所需的成套设备装置业务；三、制造特殊材质阀门，如锆材、镍材、钛材、双相钢材、高氮不锈钢等材质的阀门及控制阀、锻造高压管件等。

温州康赛特自动控制阀门有限公司
地址：浙江省温州市机场大道385号
邮编：325024
电话：0577-86873008，86880766，86870855
传真：0577-86874016
网址：www.kst-cn.com
主要产品或业务范围：气动阀、电动阀、电磁阀、隔膜阀以及气动执行器、电动执行器。

温州盛天余阀门有限公司
地址：浙江省温州市龙湾永强高新技术产业园区
电话：0577-85987099
传真：0577-85987444
电子信箱：sty@styfm.com
网址：www.styfm.com
主要产品或业务范围：专业开发、制造及销售各种锻钢闸阀、截止阀、止回阀及球阀系列阀门。

温州市阿尔阀科技有限公司
地址：浙江省温州市龙湾区海滨街道155号
邮编：325024
电话：0577-86874578
传真：0577-28817666
电子信箱：wz@aefcn.com
网址：www.aefcn.com
主要产品或业务范围：闸阀、截止阀、止回阀、球阀、蝶阀、减压阀、泄压阀及各类特殊专用阀门2000多个品种规格。

温州市利普自控设备有限公司
地址：浙江省温州市牛山路炬光园中路125号
邮编：325000
电话：0577-88608601，88608605
传真：0577-88608602
电子信箱：wzlipu@163.com
网址：www.wzlipu.com
主要产品或业务范围：该公司是工业过程控制阀及有关自控设备的专业制造企业，是中国仪器仪表理事单位，专业生产的硬密封气动V形调节球阀，公司通过ISO 9001:2000质量体系认证。

温州市龙湾海滨浙鸿阀门厂
地址：浙江省温州市龙湾区永兴工业区
电话：0577-86891518
传真：0577-86891518
电子信箱：liruohao198812@163.com
主要产品或业务范围：主营一片式球阀、二片式球阀、三片式球阀、管件、丝扣，不锈钢球阀，法兰球阀，不锈钢法兰球阀，球阀，三通球阀，内螺纹三通球阀，卧式（立式）止回阀，高平台球阀，硬密封截止阀，丝口截止阀，丝扣闸阀等。

温州市万士通阀门有限公司
地址：浙江省温州龙湾永中西路高新开发区
邮编：325024
电话：0577-86377188
主要产品或业务范围：手动、气动和电动的球阀、截止阀、闸阀、止回阀、过滤器等各种阀门及卫生级管件。

温州市喜得龙阀门有限公司
地址：浙江省温州市龙湾永中城北工业区
邮编：325024
电话：0577-86873887
传真：0577-86890889
电子信箱：info@xdlvalve.com
网址：www.xdlvalve.com
主要产品或业务范围：高平台球阀、薄型球阀、对夹式止回阀、一体式球阀。

温州市孝尔阀门有限公司
地址：浙江省温州市龙湾区永中街道度山工业区
邮编：325000
电话：0577-85988000，86917839
传真：0577-86920839
电子信箱：xiaoer@xevalve.com
网址：www.xevalve.com
主要产品或业务范围：该公司专业开发、生产及销售高精度角座阀、隔膜阀、换向阀、罐底阀、球阀、蝶阀、截止阀、调节阀等产品。

温州市展诚阀门有限公司
地址：浙江省温州市永中普门前房路51号
邮编：325011
电话：0577-86377688
主要产品或业务范围：球阀、过滤阀、截止阀、止回阀、闸阀、管道阀门等。

温州市中力阀门有限公司
地址：浙江省温州市海滨工业区
邮编：325024
电话：0577-86876698，86875208
传真：0577-86875308
电子信箱：zhonglivalve@sohu.com
网址：www.zhonglivalve.com
主要产品或业务范围：闸阀、截止阀、止回阀、球阀、蝶阀、电站专用阀、搪瓷隔膜阀、搪瓷蝶阀。

温州武荣阀门有限公司
地址：浙江省温州市龙湾区沙城镇宏瑞路678号
邮编：325024
电话：0577-86939599
主要产品或业务范围：不锈钢球阀、锻钢阀门、硬密封球阀、V形硬密封球阀、过滤通球阀、真空球阀、旋启式止回阀、丝扣闸阀等。

温州英斯蒙特自动化仪表有限公司
地址：浙江省温州市瓯海经济开发区三溪工业区温瓯路4号
邮编：325016
电话：0577-88869755
传真：0577-88869620
电子信箱：ysmt@yt-lok.com
网址：www.yt-lok.com

主要产品或业务范围：该公司主要生产高端仪表针阀、仪表球阀、阀组、卡套接头、仪表仪器配件及多种自控管路连接件。

萧山永灵电磁阀有限公司
地址：浙江省杭州市萧山区坎山塘上
邮编：311243
电话：0571-82586168
传真：0571-82519437
电子信箱：wliang@public.xs.hz.zj.cn
网址：www.yldcf.com
主要产品或业务范围：生产电磁阀。

永嘉东申自控阀门厂
地址：浙江省永嘉县瓯北白水东路15号
邮编：325105
电话：0577-67331185，13634253999
传真：0577-67331085
电子信箱：dongshen@yeah.net
网址：www.dongshencv.com
主要产品或业务范围：该厂专业生产气动（单座、双座、套筒、三通）调节阀、电动（单座、双座、套筒、三通）调节阀、气动（快速、活塞、薄膜）切断阀、自力式压力调节阀，CV3000系列。

永嘉县汇金自控阀门有限公司
地址：浙江省永嘉县瓯北镇大甲工业区工业路8号
邮编：325106
电话：0577-67318998
传真：0577-67318887
联系人：胡方
电子信箱：sale@huijinvalve.com
网址：www.huijinvalve.com
主要产品或业务范围：调节阀、切断阀、V形球阀及其附件等类型产品。

永嘉县久奥自控阀门有限公司
地址：浙江省永嘉县瓯北镇东瓯工业区
邮编：325102
电话：0577-67955255
传真：0577-67955277
电子信箱：china@jiuaozik.com
网址：www.jiuaoziko.com
主要产品或业务范围：阀门智能定位器和阀门气动执行器。

永嘉县开喜特阀门有限公司
地址：浙江省永嘉县瓯北镇三桥工业区工业中心路82号
邮编：325105
电话：0577-67317587，67310728
传真：0577-67310729
电子信箱：kaixite@yahoo.com.cn
网址：www.kct-valve.com
主要产品或业务范围：专业生产高平台球阀、高平台V形球阀、气动执行器、气动球阀、电动球阀。

永嘉县三精阀门有限公司
地址：浙江省永嘉县瓯北和二工业区
邮编：325105
电话：0577-67376461，67981619，67989175
传真：0577-67989518，67988725，67980820
电子信箱：wwwwww0577@163.com
网址：www.cnsjv.com
主要产品或业务范围：闸阀系列、截止阀系列、止回阀系列、球阀系列、安全阀系列、减压阀系列、蝶阀系列、疏水阀系列、柱塞阀系列、旋塞阀系列、锻钢阀门系列、保温阀、呼吸阀系列、隔膜阀系列、水力控制阀系列、电磁阀系列、刀形闸阀系列、针形阀系列、调节阀系列等。

永嘉县万佳阀门有限公司
地址：浙江省温州市永嘉县瓯北镇堡一工业街95号
电话：0577-67959922
传真：0577-67959921
电子信箱：wanjiafm@gmail.com
网址：www.wanjiafm.com
主要产品或业务范围：专业生产不锈钢Q41F球阀、J41W截止阀、Z41W闸阀、H44W止回阀、国标/美标/日标等系列阀门。

余姚市工易仪表有限公司
地址：浙江省余姚市长庆路9号
邮编：315400
电话：0574-62833900，62833901，62833902
传真：0574-62814210
电子信箱：yycj@yycj.com
网址：www.yycj.com.cn
主要产品或业务范围：万能输入型智能温度控制仪，多路PID 智能控制仪表，具有计算机通信接口及界面、可编程智能工业调节仪，成套温湿度控制仪，可控硅电压调整器，流量积算仪，D系列电工仪表（电流、电压、转速、频率），ZW系列多功能电力监测仪表，时间继电器，温湿度液晶仪表，无纸记录仪，各类温、湿度传感器，执行器，电磁阀，双金属温度计，温、湿度一体变送器等。

余姚市三力信电磁阀有限公司★
地址：浙江省余姚市阳明工业园区虹桥路9号
邮编：315400
电话：0574-62647536，62559180
传真：0574-62650072
电子信箱：sanlixin@solenoidvalve.cn
网址：www.solenoidvalve.cn
主要产品或业务范围：专业设计制造各类电磁阀，二位二通，二位三通电磁阀，高压电磁阀，蒸汽电磁阀，防爆电磁阀，水液气电磁阀，燃气电磁阀，水下电磁阀等，并总代理美国GC VALVES电磁阀。

余姚市仪表四厂
地址：浙江省余姚市长新路66号
邮编：315400
电话：0574-62811741，62811734
传真：0574-62811735
电子信箱：sales@diancifa.com.cn
网址：www.diancifa.com.cn
主要产品或业务范围：DF电磁阀、2W电磁阀、RSPS电磁阀、PS电磁阀、RSP电磁阀。

元曜管件（海宁）有限公司
地址：浙江省海宁市洛隆路368号万业工业园22栋
邮编：100000
电话：0573-87263099
传真：0573-87263200
电子信箱：masterlok@masterlok.com.cn
网址：www.masterlok.com.cn
主要产品或业务范围：该公司研发、制造及生产各种高低压及特殊用途阀门。

浙江阿迪玛阀门有限公司
地址：浙江省温州市永嘉县瓯北镇东瓯工业区
电话：0577-67950588
传真：0577-67950998
电子信箱：sales.armavalve@gmail.com
网址：www.armavalve.com.cn
主要产品或业务范围：该公司主导产品包括闸阀、止回阀、截止阀、球阀等共有十多个系列、几十种型号规格。

浙江啊斯泰泵阀有限公司
地址：浙江省温州市瓯北和二工业区
邮编：325102
电话：0577-67370310
传真：0577-67370320
电子信箱：ast@cnast.cn，yuwujian2008@yahoo.cn
网址：www.cnast.cn
主要产品或业务范围：止回阀、球阀、闸阀、截止阀、蝶阀、旋塞阀等非标准特殊阀门。

浙江澳翔自控科技有限公司★
地址：浙江省瑞安市经济开发区导航路
邮编：325200
电话：0577-66872333
传真：0577-65921296
电子信箱：zjaox@126.com
网址：www.zjaox.com
主要产品或业务范围：电动执行器、电动球阀、电动蝶阀、电动调节阀、气动执行器、气动球阀、气动蝶阀。

浙江百得自动化仪表有限公司
地址：浙江省温州市永嘉县瓯北镇浦西工业区
邮编：325105
电话：0577-67312190
传真：0577-67371768
联系人：陈银利
电子信箱：baide@baidevalve.com
网址：www.baidevalve.com
主要产品或业务范围：阀门气动执行器，电动执行器，液压执行器，液压站，高平台球阀，蝶阀，快关阀门，重锤阀门，控制阀，智能阀门，具有防水、防爆等。

浙江贝尔控制阀门有限公司
地址：浙江省瑞安市塘下镇小南山工业区
邮编：325204
电话：0577-65399201
传真：0577-65370559
电子信箱：zj_beier@163.com
网址：www.gy-auto.com
主要产品或业务范围：电子电力仪表、流体控制阀。

浙江博恩自控阀门有限公司
地址：浙江省温州市龙湾区滨海工业园区一道五路411号
邮编：325024
电话：0577-86378000，56576009
传真：0577-86887882
电子信箱：tbn@theoborn.com
网址：www.theoborn.com
主要产品或业务范围：该公司专业制造控制类阀门。气动执行器、电动执行器、球阀、蝶阀、调节阀、附件。

浙江超泰阀门制造有限公司
地址：浙江省永嘉县瓯北镇三桥工业区月湖路12号
邮编：325102
电话：0577-67977226
传真：0577-67377713
电子信箱：chaotaivalve@0577ct.com
网址：www.0577ct.com
主要产品或业务范围：球阀、国标球阀、美标球阀、非标球阀、固定球阀、金属硬密封固定球阀、三块式固定球阀、三通球阀、保温球阀、金属硬密封浮动球阀、V形双偏心半球阀、锻钢高压球阀、卸灰球阀、低温球阀、软密封球阀、锻钢固定球阀、美标固定球阀、蝶阀。

浙江德泰阀门制造有限公司
地址：浙江省温州市东瓯工业区（浦西工业园）
邮编：325102
电话：0577-67377812，21812282
传真：0577-67377912
电子信箱：detai@dt-valve.com
网址：www.dt-valve.com

主要产品或业务范围：闸阀、截止阀、止回阀、球阀及其衍生品种。

浙江鼎锋流体自控设备有限公司
地址：浙江省温州市瓯海区郭溪镇曹埭村金州工业园2号楼
邮编：325016
电话：0577-86256116-80030
传真：0577-86256117
电子信箱：all.torque@df-valves.com
网址：www.df-valves.com，www.all-torque.cn
主要产品或业务范围：该公司专业生产球阀、闸阀、截止阀、止回阀、浮球阀、过滤器、气动角座阀和气缸式控制阀等多种产品。

浙江盾安阀门有限公司
地址：浙江省诸暨市店口工业区兴安路1号
邮编：311835
电话：0575-87655858，89003500
传真：0575-89006200
电子信箱：dafm@dunan.cn
网址：www.dunanvalves.com
主要产品或业务范围：自动恒温阀、手动温控阀、燃气阀、伸缩阀、单向闸阀及截止阀、各种锁闭阀等铜阀门方面。

浙江方顿仪表阀门有限公司★
地址：浙江省温州市龙湾区工业中心园区展望路177号
邮编：325024
电话：0577-86928952，86927952，56906685，56906686
传真：0577-85989788，56906685
联系人：张锦
电子信箱：fangdun@fd-lok.com
网址：www.Fd-lok.com
主要产品或业务范围：该公司专业生产高、中压仪表阀门，针阀、二组阀、三组阀、五组阀、卡套接头、球阀等自控管路连接件。产品广泛应用于气体、石油、化工、医疗、电子、太阳能光伏、各类实验室设备、研究所、生物医药、标准检测等高新技术领域。为客户提供各种气体管道输送系统的全面服务。

浙江方正阀门制造有限公司
地址：浙江省温州市永嘉县瓯北镇和一工业区礁头路
邮编：325102
电话：0577-67995055
传真：0577-67995056
电子信箱：fzvalve@china-fzv.com
网址：www.china-fzv.com
主要产品或业务范围：球阀、闸阀、蝶阀。

浙江富鼎自控阀门有限公司
地址：浙江省永嘉县瓯北镇珠岙工业区
邮编：325102
电话：0577-67328966
传真：0577-67328967
电子信箱：260111424@qq.com
网址：www.pumpvalvecn.com
主要产品或业务范围：高压调节阀、气动薄膜调节阀、自力式调节阀、电动三通调节阀等产品。

浙江高创泵阀有限公司
地址：浙江省永嘉县瓯北镇马岙村
邮编：325102
电话：0577-67973181
传真：0577-67973181
电子信箱：trade@chinagaochuang.com
网址：www.chinagaochuang.com
主要产品或业务范围：排渣阀（刀形闸阀）和化工单位用的耐酸泵。

浙江高特阀门有限公司
地址：浙江省温州市东瓯泵阀工业区五星大道高特工业园
邮编：325100
电话：0577－67353338，67356138
传真：0577－67355166
电子信箱：Sales@gaote.com.cn
网址：www.gaote.com.cn
主要产品或业务范围：调节阀、球阀、水利控制阀、美标阀、蝶阀、电站阀、止回阀、闸阀、旋塞阀等为主导的多系列多品种的产品体系。

浙江汉姆森自控阀门有限公司
地址：浙江省永嘉县瓯北镇堡二工业区
邮编：325105
电话：0577-67318383，67317373
传真：0577-67319288
电子信箱：sale@hanmusen.com
网址：www.hanmusen.com
主要产品或业务范围：该公司专业研发气动、液动执行器及各种气动成套阀门。

浙江捷华阀门有限公司
地址：浙江省温州市永嘉县瓯北镇浦一工业区
邮编：325105
电话：0577-67929071
传真：0577-67929070
电子信箱：admin@jie-hua.com
网址：www.jie-hua.com
主要产品或业务范围：生产各种高性能的闸阀、截止阀、止回阀、球阀、锻钢阀门等产品。

浙江金华自动化仪表有限公司
地址：浙江省金华市婺城区琅琊镇南山路
邮编：321061

电话：0579-82750138
传真：0579-82750268
电子信箱：chris83@126.com
网址：www.jhzdh.com.cn
主要产品或业务范围：专业从事电动执行机构和其附件的生产，以及电站设备及备品备件的销售和进口代理。主要产品有智能电动执行机构、精小型电动执行机构等。

浙江科海仪表有限公司
地址：浙江省富阳市高桥经济开发区
邮编：311402
电话：0571-63435108
传真：0571-63435808
电子信箱：kehai@zjkehai.com
网址：www.zjkehai.com
主要产品或业务范围：该公司主要产品有气动（电动）单座、双座、套筒、三通、多级减压调节阀、球阀、蝶阀、隔膜阀、偏心旋转调节阀九大类调节控制阀，自力式压力调节、温度调节、流量调节三大类自力式调节阀，单座、套筒、二位三通、蝶阀、O形球阀五大类控制切断阀等多种产品。

浙江科正阀门制造有限公司
地址：浙江省温州市东瓯工业区堡西路
邮编：325102
电话：0577-67371611，21811188
传真：0577-67371612
电子信箱：kz@kz-valve.com
网址：www.kz-valve.com
主要产品或业务范围：闸阀、截止阀、止回阀、节流阀四大类。

浙江力夫机电制造有限公司
地址：浙江省乐清市经济开发区纬十五路
邮编：325600
电话：0577-27826728，27826730，27826738
传真：0577-27825222
电子信箱：cnsale@lefoo.com
网址：www.lefoo.com
主要产品或业务范围：该公司生产各种压力开关、压力传感器/变送器。

浙江力诺阀门有限公司
地址：浙江省瑞安市潘岱街道芦浦力诺工业园
邮编：325200
电话：0577-65218999
传真：0577-65386988
电子信箱：linuo100@163.com
网址：www.cn-linuo.com
主要产品或业务范围：气动、电动工业控制阀及工艺阀门等产品。

浙江瓯美尔智控阀门有限公司
地址：浙江省温州市永嘉县瓯北五星工业区
邮编：325102
电话：0577-67978788
传真：0577-67976797
电子信箱：omeier@omeier.com
网址：www.omeier.com
主要产品或业务范围：阀门气动执行器、非标阀门气动执行器和气动成套阀门。

浙江瓯球阀门有限公司
地址：浙江省永嘉县瓯北镇向阳东路2号
邮编：325105
电话：0577-21822702
传真：0577-21822525
电子信箱：tim@onerovalve.com
网址：www.onerovalve.com
主要产品或业务范围：球阀、闸阀、截止阀、止回阀。

浙江派沃自控仪表有限公司
地址：浙江省温州市永嘉县瓯北镇三桥工业区
邮编：325105
电话：0577-67373559，67373558，67373557，67373228
传真：0577-67373567
电子信箱：dofo558@yahoo.com.cn
网址：www.pwvalve.com
主要产品或业务范围：自力式温度调节阀，自力式压力调节阀，自力式流量调节阀，自力式压差调节阀，氮封阀，氮封装置，电动、气动调节阀，高温、低温、深冷调节阀，严酷工况控制阀，耐腐蚀介质控制阀，快速切断阀，O形、V形球阀，高性能蝶阀，卫生级调节阀，减压、减温控制阀；现场总线：智能电气阀门定位器、智能电动执行机构等控制仪表，并承接现场调节阀检修服务。

浙江瑞萌控制阀有限公司
地址：浙江省瑞安市汀田镇东新路211号
邮编：325206
电话：0577-65500010，65102626
传真：0577-65505510
电子信箱：rtf@cn-rtf.com
网址：www.rmvalve.com
主要产品或业务范围：该公司专业生产各类工业过程控制阀及相关自控设备。

浙江瑞浦热工自控仪表有限公司
地址：浙江省绍兴市袍江工业区三江路
邮编：312072
电话：0575-88175001，88175003
传真：0575-88175002
电子信箱：ruiyucjg@126.com
网址：www.zj-ruipu.com

主要产品或业务范围：该公司主要生产经营电子式电动执行器，防爆产品取得“防爆产品合格证书”，防爆等级为ExdⅡBT4。

浙江三方控制阀股份有限公司★
地址：浙江省富阳市金秋大道41号
邮编：311400
电话：0571-63368255，63367411
传真：0571-63369856
电子信箱：service@zjsanfang.com
网址：www.zjsanfang.com
主要产品或业务范围：生产各类气（电）直行程、角行程控制阀、自力式控制阀、核电控制阀、压力容器等产品。

浙江山能仪表有限公司
地址：浙江省瑞安市塘下镇小南山工业区
邮编：325204
电话：0577-65378006，65387688
传真：0577-65377099
电子信箱：service@shanneng.com
网址：www.shanneng.com
主要产品或业务范围：该公司从事控制阀门产品的专业设计与制造。

浙江省富阳市明达仪表阀业有限公司
地址：浙江省富阳市东洲工业功能区六号路8号
邮编：311401
电话：0571-63433288
传真：0571-63433278
电子信箱：hzmdfy@126.com
网址：www.hzmdfy.com
主要产品或业务范围：该公司主要生产气、电动调节阀、切断阀、自力式压力（温度）调节阀等产品。

浙江省乐清市精达仪表厂
地址：浙江省乐清市西工业区D-8号
邮编：325608
电话：0577-62311031，62319031
传真：0577-62311032
电子信箱：jingdayb@21cn.com
网址：www.jingdayb.com
主要产品或业务范围：智能巡检仪、PID可编程序控制仪、智能温控仪、智能计数/计长/频率表、热电偶/阻、铠装热电偶/阻、防爆热电偶/阻、热套式热电偶/阻、带变送一体化热电偶/阻、红外线测温仪、光电转速表、表面热电偶、微电脑高精度计。

浙江省永嘉县贤忠阀门有限公司
地址：浙江省永嘉县瓯北河田中心街91号
邮编：325102
电话：0577-67313648，67980967
传真：0577-67980957，673312283
电子信箱：xzvalve@yahoo.com.cn
网址：www.xzvalve.com
主要产品或业务范围：闸阀、截止阀、止回阀、球阀、蝶阀、锻钢阀门、美标阀门系列等。

浙江特技阀门有限公司
地址：浙江省温州市瓯北镇安丰工业区特技工业园
邮编：325102
电话：0577-67357999，67356611，67998911
传真：0577-67356357
电子信箱：teji@tejivalve.com
网址：www.tjvalve.cn
主要产品或业务范围：球阀、闸阀、截止阀、止回阀等国标和美标阀门。检测设备有YFT全自动阀门液压测试仪、超声波探伤仪、X光检测仪及整套理化分析实验设备等。

浙江万强法兰有限公司
地址：浙江省温州市龙湾永兴工业区工路7号
邮编：325024
电话：0577-86910299，86910298
传真：0577-86930568，86920838
电子信箱：cwqfl@163.com
网址：www.chinawanqiang.com
主要产品或业务范围：专业生产各种规格的不锈钢法兰管件，是一家集冶炼，锻压及车削为一体的生产企业。

浙江沃尔达暖通科技有限公司
地址：浙江省玉环县经济开发区
邮编：317608
电话：0576-87572773
传真：0576-87143647
电子信箱：fanny@brassvalve.com
网址：www.worldhvacr.com
主要产品或业务范围：水力平衡法、压差控制阀、电动调节阀、电动执行器、电动蝶阀、温控阀、分集水器。

浙江西博思测控技术有限公司
地址：浙江省永嘉县瓯北镇和二工业区
邮编：325105
电话：0577-57765581，57765586，57765587
传真：0577-57765580，57765599
电子信箱：cqzhouyongxing2008@126.com
网址：www.sinpous.com
主要产品或业务范围：调节阀、液位计、电磁阀、温控器、电动二通阀等产品。

浙江祥龙自动化仪表有限公司
地址：浙江省金华市金磐开发新区万苍路123号
邮编：321025
电话：0579-82211446，82220538，4007066090

传真：0579-82217721
电子信箱：xianglongyb@tom.com
网址：www.china-xianglong.cn
主要产品或业务范围：智能型2SB6系列直行程调节型电动执行机构、DKZ、ZKZ型系列、SKZ型系列、IKZL型系列、DKJ型系列、SKJ型系列电动执行器，ZKZ型电动单双座调节器、ZDLP，ZDLM型电子式电动单座、ZDLQ、ZDLX型电子式电动三通、ZDLN型电子式电动直通双座调节阀、给水调节阀、DFD型电动操作器、ZPE型伺服放、减温减压阀、Q型部分回转执行机构、Z型多回转执行机构、SURPASS电动执行器。

浙江新欧自控仪表有限公司
地址：浙江省温州市永嘉瓯北东瓯工业区
邮编：325105
电话：0577-21815353
传真：0577-21826666
电子信箱：zjxinou04@163.com
网址：www.zjxno.com
主要产品或业务范围：该公司专业制造气动、电动工业控制阀及工艺阀门等。

浙江亚登阀门管件有限公司
地址：浙江省温州市龙湾区高新园前街大楼后章路128-1号
邮编：325000
电话：0577-86631178
传真：0577-86868516
电子信箱：sales@yadeng-valve.com
网址：www.yadeng-valve.cn
主要产品或业务范围：专业生产针形截止阀、仪表阀组、球阀及压力管道配件。

浙江永嘉金马阀门有限公司
地址：浙江省永嘉县瓯北镇珠岙村南山工业区888号
邮编：325105
电话：0577-67922022
主要产品或业务范围：双偏心半球阀、Y形放料阀、铝厂专用阀、造纸厂专用双偏心半球阀、料浆阀、上装式球阀、双向硬密封蝶阀等。

浙江永嘉上工阀门有限公司
地址：浙江省温州市瓯北向阳西路47号
电话：0577-67971877，67971577，13968971877
传真：0577-67971677
电子信箱：sg@cnsgv.com
网址：www.cnsgv.com
主要产品或业务范围：主导产品有不锈钢闸阀、不锈钢截止阀、不锈钢球阀、不锈钢止回阀等多种产品。

浙江永久科技实业有限公司
地址：浙江省瑞安市锦湖街道沿江西路248号
邮编：325200
电话：0577-65663844
传真：0577-65664570
电子信箱：yj@chinayongjiu.cn
网址：www.chinayongjiu.cn
主要产品或业务范围：该公司专业生产各类电磁阀、气动、电动调节阀、新颖手动阀。

浙江永盛仪表有限公司
地址：浙江省杭州市富阳市鹿山工业园区
邮编：311407
电话：0571-63488888，63160666
传真：0571-63160567
电子信箱：zyl@ysmeter.com
网址：www.ysmeter.com.cn
主要产品或业务范围：生产工业自动化仪表。主要产品有切断阀系列、自力式调节阀系列、直行称调节阀系列、角行程调节阀系列产品。

浙江志泰自控阀门有限公司
地址：浙江省温州市龙湾区中心工业区（永强高新园区）
邮编：325024
电话：0577-86938608，85988688，85988588
传真：0577-86916325，85988588
电子信箱：zjztzk@163.com，zjztzk@126.com
网址：www.wzzt.cn
主要产品或业务范围：气动执行器、气动阀门及气动调节阀、电动执行器、电动阀门及电动调节阀、液动执行器及液动阀门等自动化控制产品。

浙江中德自控阀门有限公司
地址：浙江省湖州市长兴县经济开发区经三路659号
邮编：313100
电话：0572-6660031
传真：0572-6556888
电子信箱：vip@zhongdegroup.com
网址：www.zd-auto.com
主要产品或业务范围：专业生产、研发及销售控制阀等相关产品。

浙江中孚流体机械有限公司
地址：浙江省永嘉县瓯北五星工业区
邮编：325105
电话：0577-57791000
传真：0577-57882112
电子信箱：online@zhongfu.cc
网址：www.4000577678.com
主要产品或业务范围：专业从事阀门、水泵配件研发生产。主要产品有工业自控阀门：含程控阀、电磁阀、闸阀、截止阀、气动阀等产品；楼宇自控阀门：含电动二通阀、电动调节阀、平衡阀、流量计等产品；通用阀门：水力控制阀、排气阀、排泥阀、针形阀等产品；阀门配件：气动执行器、铸件、阀杆等产品。

浙江中特气动阀门成套有限公司
地址：浙江省温州市龙湾区沙城工业园览金路6号
邮编：325025
电话：0577-86936305
传真：0577-86920010
电子信箱：zhongte@126.com
网址：www.zhongte.com
主要产品或业务范围：气动执行器、气动球阀/蝶阀、电动执行器、气动/电动调节阀等自动化产品。

中德机械集团有限公司
地址：浙江省湖州市长兴县经济开发区经三路659号
邮编：313100
电话：0572-6660070
传真：0572-6556888
电子信箱：zdjxjt@vip.163.com
网址：www.zd-auto.com
主要产品或业务范围：该公司主要生产气、电动高性能蝶阀、高性能球阀、高温耐磨球阀、夹套球阀、夹套蝶阀、高温蝶阀、快速切断闸阀等产品。

中国生贵阀门有限公司
地址：浙江省温州市龙湾区永兴大塘工业区
邮编：325024
电话：0577-86978988
传真：0577-86918688
电子信箱：sengui@sgv.cc
网址：www.sgv.cc
主要产品或业务范围：高中压球阀、闸阀、截止阀、止回阀、蝶阀、旋塞阀、低温阀、锻钢阀等系列阀门及管件等相关产品。

中国双达阀门股份有限公司
地址：浙江省温州市瓯北镇三桥工业区双达工业园
邮编：325105
电话：0577-67372228，67372227
传真：0577-67372229
电子信箱：cnsdv@cnsdv.com
网址：www.cnsdv.com
主要产品或业务范围：蝶阀、球阀、平板闸、闸阀、截止阀、止回阀、隔膜阀、水力控制阀等。

中国永秀阀门有限公司
地址：浙江省杭州市拱墅区沈半路2号建华市场1区231号
邮编：310015
电话：0571-28929396
传真：0571-28929396
主要产品或业务范围：主导产品有弹性座封闸阀、截止阀、球阀、蝶阀、平衡阀、调节阀、止回阀、水力控制阀八个大类。

重庆川武仪表有限公司
地址：重庆市璧山县璧城镇璧渝路
邮编：402760
电话：023-41401017
传真：023-41407101
电子信箱：chuanwu1992@126.com
网址：www.chuanwu.com
主要产品或业务范围：自控阀。

重庆川仪调节阀有限公司
地址：重庆市北部新区黄山大道川仪工业园
邮编：401121
电话：023-67032525，67032526
传真：023-67032523
电子信箱：sales11@sicc.com.cn
网址：www.sicc.com.cn
主要产品或业务范围：该公司专业生产控制阀及其辅助装置等相关产品。

重庆川仪速达机电有限公司
地址：重庆市北碚区三花石松林坡15号
邮编：400702
电话：023-68243568
传真：023-68243544
电子信箱：cysdzhb@163.com
网址：www.cysd.com.cn
主要产品或业务范围：该公司专业从事船用控制显示仪表、记录仪、传感器、威特电机的开发、制造及服务。

重庆川仪自动化股份有限公司执行器分公司
地址：重庆市北部新区黄山大道川仪工业园
邮编：401121
电话：023-67032461，67032462
传真：023-67032496，67032498
电子信箱：sales@sicc.com.cn
网址：www.sicc.com.cn
主要产品或业务范围：该公司主要从事电动执行机构及调节阀设计和生产。

重庆东方电磁阀厂
地址：重庆市大渡口区互助二队工业园区
邮编：400084
电话：023-68935366
传真：023-68935399
网址：www.dfdcf.com
主要产品或业务范围：该厂是生产电磁阀的专业厂家。产品品种应用于蒸汽、空气、水、油、燃气、制冷剂六种介质，高、中、低三种压力的防爆型系列电磁阀。

重庆东信自控仪表有限公司★
地址：重庆市北碚区碚峡路345号
邮编：400700
电话：023-86026521，68202881
传真：023-68202881
电子信箱：cqdfzk@163.com
主要产品或业务范围：DFQ-2100（G）系列模拟操作器，ZMC-2603智能模拟操作器，SFD-2044智能伺服操作器，ZNC-2026智能执行机构控制器，DFD-2000/2100/10/11/0700电动操作器，DFD-1000A/12/1002J/12J电动操作器，SFD-1002/1003/2002/2003电动操作器，MIB-10D电动操作器，SFD-3002/3003连锁电动操作器，WZD-1200/1300、RFD-3002电动操作器，KCD、XD系列显示操作器，ZPE-04系列伺服放大器，DFP/SFP配电器、DFG/SFG信号隔离器，DFY/SFY直流稳压电源。

重庆钢铁集团电子有限责任公司
地址：重庆市大渡口区钢花路5号
邮编：400081
电话：023-68871090
传真：023-68871101
电子信箱：connerdesk@163.com
主要产品或业务范围：智能电动、气动电子执行器及调节阀系列、系列电子式电动执行器、系列精巧型电动执行器、系列开关型电子式电动执行器、电子式电动调节阀、系列气动调节阀、操作器、测量控制仪表系列、楔形流量计，锥形流量计，标准孔板流量计，均速管流量计，经典文丘里管流量计，热电偶，热电阻，数显控制仪等。

重庆海王仪器仪表有限公司
地址：重庆市北部新区黄山大道中段66号
邮编：401121
电话：023-62824999，62824888，62815577
传真：023-67300037
电子信箱：haiwang@cqhw.com
网址：www.cqhw.com，www.hopewayvalve.com
主要产品或业务范围：旋转类气动控制阀、智能一体化电动控制阀、直通类控制阀、陶瓷球阀、脱硫专用阀等高精尖专用控制阀系列。

重庆华林自控仪表股份有限公司
地址：重庆市璧山县工业区牛角湾
邮编：402760
电话：023-41417929
传真：023-41417932
电子信箱：sunny.365@qq.com
网址：www.hualin.cn
主要产品或业务范围：全功调节阀、传统调节阀、蝶阀等相关产品。

重庆南坪自动化仪表厂
地址：重庆市经开区南坪花园路标准厂房5-3
邮编：400060
电话：023-62817711，62822266
传真：023-62836904
电子信箱：nanyi@cqnanyi.com
网址：www.cqnanyi.com
主要产品或业务范围：该厂是调节阀专业制造商。目前拥有调节阀产品50余个系列、2000余个规格、30余种附件。自主知识产权设计生产的“CO_2气提”尿素专用高压系列调节阀。

重庆世壮仪器仪表有限公司
地址：重庆市北碚区天生劳动村11号
邮编：400700
电话：023-68212345，68213456
传真：023-68214567
电子信箱：szyqyb@sina.com
网址：www.chinashizhuang.com
主要产品或业务范围：气动调节阀，电子式电动调节阀，自力式压力调节阀，O形、V形球阀，偏心旋转阀，软密封蝶阀等，各型孔板、喷嘴、文丘里管等，DDZⅢ（S）型系列仪表，数显表，多点巡检仪，智能型流量积算仪，隔离式两线制温度变送器，卡装系列仪表等。

重庆市成瑞测控仪表厂
地址：重庆市北碚区东阳镇先锋村长田坎
邮编：400700
电话：023-68257028
传真：023-68290350
电子信箱：cqcrui@126.com
网址：www.crui.cn
主要产品或业务范围：压力控制器、差压控制器、防爆控制器等。

重庆四联技术进出口有限公司
地址：重庆市渝中区人民路123号浦田大厦10楼
邮编：400015
电话：023-63857198，63858258
传真：023-63852018，63621030
电子信箱：wxyfh@126.com
网址：www.cqsltech.com
主要产品或业务范围：该公司是四联集团的子公司，是由重庆川仪控股的股份制企业，与国际国内知名企业如SIEMENS、ABB、Rockwell、横河、Hach、SIXNET、Force Control等有着长期、深入的合作。

重庆同创仪器仪表有限公司
地址：重庆市北碚区火车站
邮编：400700
电话：023-68212601，68212602，68262345

传真：023-68212618，68262345
电子信箱：cq-tc@163.com
网址：www.tong-chuang.com
主要产品或业务范围：DIN导轨式过程通道仪表，MR系列无纸记录仪、智能数字式仪表，电动、气动调节阀，定位器及辅助装置，工业热电阻、热电偶，盘、架装仪表，节流装置、变送器及流量仪表，DCS、PLC、FCS系统等。

重庆宇通系统软件有限公司★
地址：重庆市北部新区高新园区黄山大道中段66号
邮编：401121
电话：023-67300818，67300816
传真：023-67300820
电子信箱：cq-yt@vip.163.com
网址：www.cq-yt.com
主要产品或业务范围：主要产品有多个系列的信号隔离器、隔离式安全栅、温度变送器、控制系统、数字化智能显示仪表、避雷器以及超小型隔离模块等。

重庆正兴伟业仪表有限公司
地址：重庆市北碚区龙凤三村75号
邮编：400700
电话：023-68267858
传真：023-68267885
电子信箱：sales@zxwy.com
网址：www.zxwy.com
主要产品或业务范围：CV3000系列电、气动调节阀，智能差压/压力变送器等系列。

重庆支点仪器仪表有限公司
地址：重庆市高新区科园四街52号渝高标准厂房K幢2楼
邮编：400041
电话：023-68621580
传真：023-68608207
电子信箱：info@zeapoint.com
网址：www.zeapoint.com
主要产品或业务范围：该公司专注于工业过程控制中的两线制智能温度变送器、架装万能输入型信号隔离器、安全栅等。

重庆智能电控技术有限责任公司
地址：重庆市江北区洋河路9号海怡花园B座1801、1804室
邮编：400020
电话：023-67864654，67723624，67753780，67745224
传真：023-67736220，67723624
电子信箱：zhinendk@zhinendk.com
网址：www.zhinendk.com
主要产品或业务范围：该公司是德国SIEMENS的指定OEM集成商（工业自动化、传动及低压控制产品）、香港上润精密仪器有限公司WP系列、YAMATAKE公司CPD部门自控产品系列、SHIMADEN公司SR、FP系列多功能调节器及系列智能锅炉控制器。

自动化控制系统

ABB（中国）有限公司
地址：北京市朝阳区酒仙桥路10号恒通广厦
邮编：100015
电话：010-84566688
传真：010-84567613
电子信箱：inquiy.automation@cn.abb.com
网址：www.abb.com.cn
主要产品或业务范围：该公司是电力和自动化技术领域的领导厂商。

MTL仪器仪表（中国）有限公司
地址：北京市朝阳区雅宝路10号凯威大厦901室
邮编：100020
电话：010-85625718
传真：010-85625725
电子信箱：wy21145760@tom.com
网址：www.mtl-inst.com
主要产品或业务范围：该公司面向过程控制和通信领域，主要提供本质安全、过程控制系统、浪涌保护、本安现场操作终端以及工业以太网五大类产品。

北京阿尔泰科技发展有限公司
地址：北京市海淀区清河龙岗路27号1号楼210室
邮编：100101
电话：010-51269933，51269789
传真：010-62901157
电子信箱：art@control.sina.net
网址：www.art-control.com
主要产品或业务范围：该公司是专业从事基于PC机的自动化测量与控制的高科技公司。主要产品有各种总线数据采集卡、信号调理模块、分布式采集模块/卡、运动控制卡、嵌入式主板、嵌入式系统等。

北京艾茂科技发展有限公司
地址：北京市朝阳区酒仙桥路16号京东方科技园B52楼
邮编：100016
电话：010-84761358，13910777863
传真：010-64731328
联系人：文静
电子信箱：i-more@hotmail.com
网址：www.imoreco.com
主要产品或业务范围：该公司专注于工业设备无线数字远程监控和管理技术，产品主要有工业数据无限采集模块、工业无限路由模块、以太网络数据采集模块等。

北京安控科技发展有限公司
地址：北京市海淀区上地四街1号丙楼5层
邮编：100085
电话：010-62971668
传真：010-62979746
电子信箱：info@echocontrol.com
网址：www.echocontrol.com
主要产品或业务范围：涉及工业自动化控制系统的软硬件，企业信息管理系统，网络及综合布线系统，电视监视系统的设计和安装；市政供水、供热、燃气和污水处理监控系统，远程测控终端，监控与数据采集系统，DCS的设计、开发、调试和集成，工业自动化仪表的生产和成套。

北京奥普图控制技术有限公司
地址：北京市西城区黄寺大街26号德胜置业大厦1号楼902室
邮编：100120
电话：010-82809672
传真：010-82809682
电子信箱：bjo@opto-tech.com.cn
网址：www.opto-tech.com.cn
主要产品或业务范围：该公司是一家专注于控制系统产品开发、销售和提供全面解决方案的专业自动化公司。

北京柏斯顿自控工程有限公司
地址：北京市海淀区王庄路甲1号108-3室
邮编：100083
电话：010-51665007
传真：010-82491964
电子信箱：beston@263.net.cn
网址：www.bas.com.cn
主要产品或业务范围：楼宇及厂房环境自动化控制系统，暖通空调专用温、湿度传感器，工业控制器，蝶阀等。

北京博控自动化技术有限责任公司
地址：北京市海淀区中关村南大街甲6号铸诚大厦B座三层
邮编：100086
电话：010-51663110
传真：010-51581150
联系人：路培红
电子信箱：lu@bocon.com.cn
网址：www.bocon.com.cn
主要产品或业务范围：为嵌入式系统OEM厂商和系统集成商提供系统完整解决方案和软硬件开发平台及技术服务。主要产品有嵌入式测控与通信产品、ZIGBEE无线SOC系列产品等。

北京长英新业数码科技有限公司
地址：北京市海淀区中关村南大街34号中关村科技发展大厦C座2008室
邮编：100081
电话：010-62140852，62140853
传真：010-62140858
电子信箱：market@lance-cn.com
网址：www.lance-cn.com

主要产品或业务范围：远程温度/湿度/模拟量采集模块，ITU总线采集控制中心，多通道巡检控制报警仪，多周边模块，数字化、网络化温度/湿度等传感器及智能现场采集控制单元，1-Wire bus温度/湿度等传感器及智能现场采集控制单元，ITU Bus温度/湿度等传感器及智能现场采集控制单元。

北京诚亚科技有限责任公司
地址：北京市海淀区北四环西路大地科技大厦307室
邮编：100080
电话：010-51665886
传真：010-82887628
联系人：市场部
网址：www.cyent.com.cn
主要产品或业务范围：专业从事PC-based工业控制产品的销售及自动化系统集成设计。

北京诚益通控制工程科技股份有限公司
地址：北京市海淀区丰慧中路7号新材料创业大厦B座8层
邮编：100094
电话：010-58957169
传真：010-58957195
电子信箱：admin@eastctn.com
网址：www.ctntech.com
主要产品或业务范围：专业的医药、生物行业自动化系统整体解决方案的提供商。

北京东方鼎晨科技有限公司
地址：北京市海淀区上地东路1号盈创动力大厦E座405B室
邮编：100085
电话：010-51659507
传真：010-58851598
电子信箱：info@dingchen.com
网址：www.dingchen.com
主要产品或业务范围：该公司是专业从事工业自动化产品销售和控制系统集成以及应用软件开发的高科技企业。

北京东宇联创科技发展有限公司
地址：北京市石景山区古城大街特钢办公楼1105室
邮编：100043
电话：010-68874839，68865352
传真：010-68874861
联系人：刘红
电子信箱：liuhong609@sina.com
网址：www.dylc.com.cn
主要产品或业务范围：该公司是西门子公司的销售商，主要销售西门子PLC S7-200、S7-300、S7-400系列，西门子直流调速器和变频器6RA70、6SE70系列，西门子数控产品及分析仪器；还销售德国施克SICK公司的工业传感器及德国KUBLER公司的编码器。

北京格瑞莱科技发展有限公司
地址：北京市海淀区西四环中路39号3号楼11层
邮编：100039
电话：010-88229152，88229153
传真：010-68164149
电子信箱：greeland1@163.com
网址：www.greeland.com
主要产品或业务范围：可编程序控制器，中、低压配电及变频传动产品等。

北京国电智深控制技术有限公司
地址：北京市海淀区清河小营东路15号
邮编：100192
电话：010-62913141
传真：010-62913126
电子信箱：cepni@epri.sgcc.com.cn
网址：www.epri.sgcc.com.cn
主要产品或业务范围：EDPF系列分散控制系统、DEH-汽轮机数字式电液控制系统，工业过程控制系统，工业过程控制仿真系统，SIS-厂级实时信息管理系统等产品。

北京海洲天润科技有限公司
地址：北京市海淀区知春路豪景大厦A座1507室
邮编：100086
电话：010-82675787
传真：010-62102593
电子信箱：zsv_1980@163.com
网址：www.zhengok.com
主要产品或业务范围：传感器、可编程序控制器、编码器、计数器、温控器、液压设备、仪器仪表、电力及自动化控制设备等。

北京合众科林科技发展有限公司
地址：北京市海淀区复兴路47号天行建商务大厦601室
邮编：100036
电话：010-51922373，51922383，51922393
传真：010-51922003
电子信箱：sales@hz601.com
网址：www.hz601.com
主要产品或业务范围：作为施耐德电气授权的系统集成商，合众自动化专注于施耐德PowerLogic配电监控和PQM电能质量管理的系统集成业务，代理销售施耐德全系列配电监控及电能质量管理产品，为您提供及时专业的技术支持、服务与培训。

北京和利时集团
地址：北京市经济技术开发区地盛中路2号院（总部）
邮编：100176
电话：010-58981000
传真：010-58981100
电子信箱：jubao@hollysys.com

网址：www.hollysys.cn
主要产品或业务范围：从事自主设计、制造与应用自动化控制系统平台和行业解决方案。

北京泓格兴业科技有限公司
地址：北京市海淀区上地六街17号康得大厦二楼6212B室
邮编：100085
电话：010-62980933，62980924
传真：010-62962890
电子信箱：service_cn@icpdas.com.cn
网址：www.icpdas.com.cn
主要产品或业务范围：I-7000系列分散式数据采集与控制产品及ISA/PCI总线数据采集和控制卡，I-7188X嵌入式控制器及通用扩展板系列，人机界面显示器系列等。

北京华控技术有限责任公司
地址：北京市海淀区上地东路1号华控大厦
邮编：100085
电话：010-58859881-9890
传真：010-58859801
电子信箱：market@huakong.com.cn
网址：www.huakong.com.cn
主要产品或业务范围：手持器、智能变送器、高品质现场总线、现场总线控制系统、城市下水道化粪池安全预报警系统、大视场投影视频监控系统。

北京金自天正智能控制股份有限公司
地址：北京市丰台区科学城富丰路6号
邮编：100070
电话：010-63713381，63713367，63713235
传真：010-63713367
电子信箱：sc@aritime.com
网址：www.aritime.com
主要产品或业务范围：AriCon开放式分布控制系统、AriDrive电气传动系列产品、AriSemi高压大功率晶闸管系列产品、AriMeter工业检测仪表系列产品、AriMes流程工业制造执行系统软件产品和冶金流程成套控制系统等。

北京进步时代科技有限公司
地址：北京市中关村北四环西路9号银谷大厦21层2101
邮编：100190
电话：010-62800888
传真：010-62800666，62800999
电子信箱：Progress@progress-cn.com
网址：www.progress-cn.com
主要产品或业务范围：提供西门子PLC、变频器、大传动装置等全线产品。

北京京仪自动化系统工程研究设计院有限公司
地址：北京市西城区百万庄大街16号
邮编：100037
电话：010-68326655-201
传真：010-68326093
联系人：吴先生
电子信箱：68524774@163.com
网址：www.basi.com.cn
主要产品或业务范围：交流采样运动综合装置、电网调度自动化系统。

北京九思易自动化软件有限公司
地址：北京市海淀区五道口华清商务会馆1003～1005室
邮编：100083
电话：010-51658941-891
传真：010-82865781
电子信箱：service@controlease.com
网址：www.controlease.com
主要产品或业务范围：提供专业的组态软件、嵌入式软件应用、自动化信息化软件产品和系统解决方案服务。

北京开克特思自动化技术设备公司
地址：北京市东城区沙滩纳福胡同13号
邮编：100009
电话：010-64042101
传真：010-64042101
联系人：赵士丹
主要产品或业务范围：从事中小规模集散系统的研制和应用工作。主导产品是KST-I中小规模集散系统，已在玻璃、煤气、冶金、化工、化肥、精细化工、农药等行业得到成功的应用。

北京凯控忠信科技有限公司
地址：北京市海淀区上地东路27号春生泰克大厦1楼西1002室
邮编：100085
电话：010-51552226，51552227，51552228，51552229
传真：010-51552228-810
电子信箱：postmaster@kdnautomation.com
网址：www.kdnautomation.com
主要产品或业务范围：该公司从事工业自动化产品研发、应用和营销。主要产品有可编程控制器-KDN K3系列。

北京康吉森自动化设备技术有限责任公司
地址：北京市顺义区天竺空港工业区B区安祥街7号
邮编：101318
电话：010-80469999
传真：010-80469666
电子信箱：dongmei@consen.net
网址：www.consen.net
主要产品或业务范围：大型透平压缩机组综合控制系统（ITCC）；机组专家控制系统（iMEC）；安全操作管理系统（iSOM）；火灾及气体检测保护系统（FGS）；透平发电机组控制系统（DEH）；安全仪表系统（SIS）；机组操作员培训系统（ITCC-OTS）。

北京康拓科技开发总公司
地址：北京市海淀区知春路61号康拓科技大厦
邮编：100190
电话：010-62522558，62521349，62642742
传真：010-62525156
电子信箱：apci01@163.com
网址：www.controlchina.com
主要产品或业务范围：APCI5000系列工业控制机、DSP及ARM系列板卡、PC总线系列板卡、STD总线工业控制机。

北京昆仑华海科技有限公司
地址：北京市海淀区永定路长银大厦12B05-1室
邮编：100039
电话：010-58895057，58895056
传真：010-58895067
电子信箱：lichunwh@gmail.com
网址：www.2htec.com.cn
主要产品或业务范围：GML（1A）型低压配电柜、GGD2型低压配电柜、XL-21动力配电柜、KG系列柜式仪表、防爆自动化PLC控制柜、变频柜、非标控制盘（箱，柜）、Wohner母排系统、德国威图控制箱（柜）、QHX-Ⅲ系列全电脑人工气候箱、FAP-60系列甲醛快速检测箱等。

北京陆德通用电气技术集团
地址：北京市海淀区复兴路甲65-A号阳光大厦1层
邮编：100036
电话：010-68169078，68169079
传真：010-68169080
联系人：张中阳
主要产品或业务范围：工业自动化控制设备、仪器仪表、机械设备、计算机及其配套设备的设计安装调试。

北京宁丰新技术研究所
地址：北京市丰台区文体路乙24号
邮编：100071
电话：010-63800576
传真：010-63800576
联系人：李幼涵
主要产品或业务范围：配料设备及控制系统，窑炉自动控制系统，玻管测径分选系统，PLC及变频调速代理及技术服务，自动控制、电气系统工程承包。

北京日立控制系统有限公司
地址：北京市朝阳区酒仙桥东路1号M7楼
邮编：100016
电话：010-64380506
传真：010-64380039
网址：www.hitachi-bhc.cn
主要产品或业务范围：HIACS系列分散控制系统、R级控制器（包括R600、R700和RX控制器）、S级控制器。

北京润和丰技贸有限公司
地址：北京市中关村南四街4号
邮编：100080
电话：010-51659387
传真：010-82675693
联系人：李永辉
电子信箱：rhf@rhf.com.cn
网址：www.rhf.com.cn
主要产品或业务范围：可编程序控制器、光电开关、各种指示灯、继电器、组合灯、按钮、数码开关、计数器、蜂鸣器、报警器等控制元件。

北京三维力控科技有限公司
地址：北京市海淀区农大南路33号兴天海园 2 层
邮编：100193
电话：010-59835588
传真：010-59835566
电子信箱：pcauto@sunwayland.com.cn
网址：www.eforcecon.com
主要产品或业务范围：实时立式数据库及管理系统、监控组态软件。

北京圣晖东泰电气有限公司
地址：北京市海淀区上地信息路30号上地大厦
电话：010-82895032
传真：010-52893854
电子信箱：zhangyong@solinity.com.cn
网址：www.solinity.com.cn
主要产品或业务范围：从事智能化配电监控测量系统及工业控制仪表产品的研发、生产及销售。

北京时代山源自动化控制技术有限公司
地址：北京市海淀区中关村南大街甲6号铸诚大厦1205、1206室
邮编：100086
电话：010-51581566
传真：010-51581370
电子信箱：sales@bjshanyuan.com
网址：www.bjshanyuan.com
主要产品或业务范围：经销西门子SIMATIC S7全系列可编程序控制器、编程器、触摸屏、WINCC组态软件、开关电源、LOGO控制器、PCS7大中型过程控制系统等。

北京市海淀祥云计算机技术公司
地址：北京市海淀区北三环中路31号生产力大楼1206室
邮编：100088
电话：010-82002398，82002399
传真：010-82002398
联系人：张大建
电子信箱：webmaster@xiangyun.com.cn
网址：www.xiangyun.com.cn

主要产品或业务范围：PC总线工业控制产品，信号调节器系列产品，自动化控制工程。

北京市金润和电器有限公司
地址：北京市朝阳区首图东路5号御景园2号楼7D
邮编：100021
电话：010-87361396，87361397
传真：010-87361398
电子信箱：jrh@jinrunhe.com
网址：www.jinrunhe.com
主要产品或业务范围：该公司主要从事西门子低压产品、建筑电器、可编程序控制器、变频器等一系列自动化产品的销售、咨询与订货。

北京市清华紫光测控公司
地址：北京市清华科技园启迪科技大厦C座21层
邮编：100084
电话：010-62770909
传真：010-62781234
网址：www.unismc.com
主要产品或业务范围：eDCAP-600系列保护测控装置，DCAP-3000 V3.0系列保护测控装置，SM-1000测控单元及网络电力仪表系列产品。

北京市同普中视科技发展有限公司
地址：北京市丰台区莲花西里29号公交大厦1804
邮编：100073
电话：010-63967195
传真：010-63967194
电子信箱：adele@tp-sys.com.cn
网址：www.kontron.cn
主要产品或业务范围：该公司主要从事嵌入式PC技术应用及相关服务。

北京首新电子有限公司
地址：北京市海淀区海淀路乙31
邮编：100080
电话：010-68872281
传真：010-88295529
电子信箱：bjsxcsy@sohu.com
主要产品或业务范围：Schneider公司的PLC和变频调速产品，Siemens公司的PLC和交流、直流调速产品，GE Fanuc公司的PLC和软件产品，Omron公司的PLC产品，Advantech公司的工业微机和数采产品，三菱公司的PLC产品，加拿大亚捷公司的料位计产品、氧化锆测温仪产品，香港虹润公司的仪表产品，西班牙英赫特安公司的PLC和交流、直流调速产品等。

北京双诺测控技术有限公司
地址：北京市海淀区北四环西路67号大地科技大厦0913室
邮编：100080
电话：010-62552751，62644617
传真：010-62615449
联系人：张小姐
电子信箱：mail@wwlab.com.cn
网址：www.wwlab.com.cn
主要产品或业务范围：该公司是一家专门从事数据采集、工控板卡及模块产品研发与生产的专业技术公司，产品系列目前包括PC总线、USB、端子与调理模块、嵌入系统应用模块等系列。

北京四方继保自动化股份有限公司
地址：北京市海淀区上地信息产业基地四街9号
邮编：100085
电话：010-62961515
传真：010-62981004
电子信箱：webinfo@sf-auto.com
网址：www.sf-auto.com
主要产品或业务范围：该公司主要从事电力系统自动化及继电保护装置、电力系统安全稳定控制、高压直流输电控制、调度自动化、配网自动化、发电厂自动化控制系统、仿真培训系统、电力电子装备、轨道交通、工业自动化及清洁能源利用等领域的研究、开发、生产和销售。

北京腾控科技有限公司
地址：北京市海淀区紫竹院路广源闸5号广源大厦3层
邮编：100086
电话：010-59790086
传真：010-68703551
电子信箱：market@tengcon.com
网址：www.tengcon.com
主要产品或业务范围：工业自动化核心产品和系统。

北京天运顺通科技发展有限责任公司
地址：北京市丰台区宋庄路顺三条21号嘉业大厦二期1号楼709室
邮编：100076
电话：010-67605356，67653535
传真：010-58859299-1007
电子信箱：sales@tysht.com
网址：www.tysht.com
主要产品或业务范围：可编程序控制器、过程控制系统、智能马达控制器、智能伺服驱动器等。

北京亚控科技发展有限公司
地址：北京市海淀区知春路113号银网中心A座6层
邮编：100086
电话：010-59309666
传真：010-59309600
电子信箱：marketing@wellintech.com
网址：www.kingview.com
主要产品或业务范围：自动化软件。

北京中科泛华测控技术有限公司
地址：北京市海淀区中关村东路18号财智国际大厦A座9层
邮编：100083
电话：010-82600055
传真：010-62628056
电子信箱：sale@pansino.com.cn
网址：www.pansino.com.cn
主要产品或业务范围：为用户提供生产过程的测试测量解决方案、成套检测设备、板卡校准和软件培训服务。

国电南瑞（北京）控制系统有限公司
地址：北京市海淀区上地信息中路19号103房间
邮编：100085
电话：010-62978888
传真：010-62983688
电子信箱：Np-market@nari-china.com
主要产品或业务范围：轨道交通控制系统及设备和软件；发电、输电、变电、配电、供电控制系统和设备、计算机软硬件及外部设备工业自动化仪表、电工仪表、电子测量仪器、工业过程控制系统和装置集成、技术开发、服务及销售等。

航星国际自动控制工程有限公司
地址：北京市朝阳区东直门外京顺路7号
邮编：100028
电话：010-64666888
传真：010-64661235
联系人：销售部
电子信箱：info@hangxing.net.cn
网址：www.hangxing.net.cn
主要产品或业务范围：工业自动控制交钥匙工程，系统解决方案与设计，软件开发与编程，软硬件成套供货，系统设计及柜体集成制作、安装调试、维修服务、技术咨询与培训，西门子自动化（PLC）与驱动（变频）产品销售，制造执行系统（MES）开发应用。

控创（北京）科技有限公司
地址：北京市丰台区南四环西路188号总部基地1区17号楼
邮编：100070
电话：010-63751188
传真：010-83682438
电子信箱：kcn@kontron.cn
网址：www.kontron.cn
主要产品或业务范围：嵌入式工业计算机产品。

蓝英通华（北京）技术有限公司
地址：北京市朝阳区北苑路乙108北美中心C座1层
邮编：100012
电话：010-82883848，82883849
传真：010-82883131
电子信箱：office@blueprint.com.cn
网址：www.blueprint.com.cn
主要产品或业务范围：监控软件、触摸屏、PLC、分布式I/O，提供自动化控制设备及系统工程服务。

凌华科技（北京）有限公司
地址：北京市海淀区上地东路1号盈创动力大厦E座8层西
邮编：100085
电话：010-58858666
传真：010-58858626
电子信箱：market@adlinktech.com
网址：www.adlinktech.com
主要产品或业务范围：量测产品有数据采集卡及模块、PXI产品解决方案、软件解决方案；自动化领域产品有电机控制卡、实时分布式I/O系统、工业影像解决方案、远程数据采集模块；通信产品有CompactPCI计算机平台、专业嵌入式及单板计算机。

清华同方股份有限公司控制工程公司
地址：北京市清华大学北京2659信箱
邮编：100084
电话：010-62791188-8271
传真：010-62791004
联系人：张先生
电子信箱：zqxu@control.thtf.com.cn
主要产品或业务范围：该公司从事各类工业与民用控制工程及智能化弱电系统集成，研发产品有RH2000 DCS及智能传感器、智能I/O；销售国际知名的DCS、变频调速器、PLC、工业PC等；推广新型DCS、现场总线产品。

三川同工（北京）电气有限公司
地址：北京市海淀区中关村大街18号科贸中心1915B室
邮编：100190
电话：010-51662889
传真：010-82537068
网址：www.bircher.com.cn
主要产品或业务范围：该公司是专业从事世界名牌传感器、门控开关、可编程控制器、变频器、低压电器等工控产品，以及安全产品、仪器仪表、电机等进口产品代理与销售服务的公司。

施耐德电气（中国）投资有限公司
地址：北京市朝阳区望京东路6号施耐德大厦
邮编：100102
电话：010-84346699
电子信箱：order.commercial@cn.schneider-electric.com
网址：www.schneider-electric.com
主要产品或业务范围：小型自动化产品、HMI人机界面产品、高端PLC产品、变频器产品、运动控制产品等。

西克麦哈克（北京）仪器有限公司
地址：北京市海淀区温泉北清路160号75幢西侧

邮编：100095
电话：010-62406090
传真：010-62406090
电子信箱：tian.huang@sickmaihak.com.cn
网址：www.sickmaihak.com.cn
主要产品或业务范围：工厂自动化、过程自动化。

西门子工厂自动化工程有限公司
地址：北京市朝阳区酒仙桥东路9号A1栋8层
邮编：100016
电话：010-84597000，84597040
传真：010-84597070，84597020
联系人：许莉
电子信箱：li.xu@siemens.com
网址：www.ad.siemens.com.cn
主要产品或业务范围：自动化解决方案与工程实施、数控、驱动、可编程序控制器等自动化产品的销售与服务。

研华（中国）公司
地址：北京市海淀区上地信息产业基地六街7号
邮编：100085
电话：4008100345，010-62984346
传真：010-62984341
电子信箱：sales@advantech.com.cn
网址：www.advantech.com.cn
主要产品或业务范围：致力于设计与开发符合客户特殊应用需求的计算机平台，包括工业数据采集、通信、控制、计算平台、板卡及平板计算机、外部设备及组件。

中国长峰集团北京长峰工业有限公司
地址：北京市海淀区永定路50号（北京3922信箱）
邮编：100854
电话：010-68387118
传真：010-68219641
联系人：毕和平
电子信箱：service@public.bcf.com.cn
网址：www.bcf.com.cn
主要产品或业务范围：从事网络工程、工业/过程控制的专业公司，产品有管理—控制一体化集成系统。

中国自动化控制系统总公司
地址：北京市团结湖北路2号
邮编：100026
电话：010-65823388，65822589
传真：010-65821616
电子信箱：cacs@cacs.com.cn
网址：www.cacs.com.cn
主要产品或业务范围：自动化控制系统的工程设计、安装、调试及全方位的技术服务，办公自动化设备、科学试验仪器及装备供货、安装调试，经营国内外仪器仪表、仪表元件等产品。

福建东辉智能仪器有限公司
地址：福建省福州市金山工业冠浦路132号
邮编：350004
电话：0591-83849900
传真：0591-83849911
联系人：周秀芳
电子信箱：hr@dynos.com.cn
网址：www.dynos.com.cn
主要产品或业务范围：DY2000系列智能仪表。

福州福大自动化科技有限公司
地址：福建省福州市金山工业集中区浦上工业园冠浦路152号
邮编：350002
电话：0591-87985980
传真：0591-87985724
联系人：市场部
电子信箱：fdwangjianliang@163.com
网址：www.fdauto.com
主要产品或业务范围：代理经销法国施耐德的变频器、接触器、热继电器、断路器、指示灯按钮，开关，PLC；欧姆龙的温控表，接近、光电、行程开关，继电器，PLC；西门子、松下、三菱、明纬、魏德米勒、金钟默勒、图尔克的变频器；中国台湾地区研华、研祥工控机；E+H、ROSEMOUNT、ABB等世界各国仪器仪表。

罗克韦尔自动化厦门有限公司
地址：福建省厦门市湖里区湖里大道41号联泰大厦4A单元西侧
邮编：361006
电话：0592-2655888
传真：0592-2655999
网址：www.rockwellautomation.com.cn
主要产品或业务范围：该公司提供智能电动机控制器等，逻辑控制产品、电动机、传感器、人机界面、机械动力传输产品、软件等，设计满足客户特殊要求的工业自动化方案等产品和服务。

艾讯宏达科技有限公司
地址：广东省深圳市福田区上梅林梅村路1号
邮编：518049
电话：0755-83117666
传真：0755-83118130
电子信箱：lulu@grantech.com.cn
网址：www.grantech.com.cn
主要产品或业务范围：该公司是工业电脑专业制造商，为客户提供高品质工控产品和完善解决方案，产品包括工业级PC产品、嵌入式PC产品、平板计算机、工作站等。

艾讯科技（深圳）有限公司
地址：广东省深圳市福田区车公庙泰然四路劲松大厦10A
邮编：518040
电话：0755-83437227，83487887

传真：0755-83411961，83589681
电子信箱：axcn@axiomtek.com.cn
网址：www.axiomtek.com.cn
主要产品或业务范围：嵌入式计算机、工业电脑等。

佛山市中联自动控制有限公司
地址：广东省佛山市魁奇西路宝利莱陶机城B座首层B1、B2铺
邮编：528031
电话：0757-82274595
传真：0757-82718767
联系人：华春英
电子信箱：fszlant@vip.163.com
网址：www.fszhonglian.com
主要产品或业务范围：该公司提供可编程序控制器，对工业窑炉进行温度控制和多参数综合控制等工业控制系统的设计、安装和销售。

广州菱隆科技有限公司
地址：广东省广州市天河北路908号高科大厦B座906、907室
邮编：510630
电话：020-22233323（28条线），13602802785
传真：020-22233313
联系人：陈素娟
电子信箱：gzrlkj@163.com
网址：www.gzrlkj.com
主要产品或业务范围：该公司提供可编程序控制器、交流电机变频调速器、人机界面、交流伺服系统、软启动器、减速电机、空气断路器、电磁接触器、热继电器、张力控制器、光电开关、接近开关、压力传感器、编码器、工业控制元器件、变频调速器、变频电动机、计数器、定时器、元器件等产品。

广州市蓝方科技有限公司
地址：广东省广州市先烈中路100号34号楼A205
邮编：510070
电话：020-87688852
传真：020-87688830
电子信箱：gcafen@pub.guangzhou.gd.cn
网址：www.lanfang.cn
主要产品或业务范围：可编程序控制器、变频调速器与电动机软启动器、自控器件与传感元件、电梯控制系统、现场总线与集散系统、工业SCADA软件等。

广州市振欣自动化系统有限公司
地址：广东省广州市体育东路33号天盛大厦南楼707室
邮编：510620
电话：020-85267788
传真：020-87614177
联系人：凌生
电子信箱：omron@auto.com.cn
网址：www.omrongzc.com
主要产品或业务范围：欧姆龙工控产品中国代理。产品有PLC、触摸屏、变频器、伺服电动机、中间继电器、固态继电器、时间继电器、光电开关、接近开关、液位控制器、限位、按钮开关、压力传感器、计数器、旋转编码器、温度控制器、智能仪表等。

广州威世达控制网络有限公司
地址：广东省广州市中山大道89号天河软件园华景园区A栋南922室
邮编：510630
电话：020-85566250
传真：020-85566161
联系人：刘运基
电子信箱：vstargz@public.guangzhou.gd.cn
网址：www.vstar.com.cn
主要产品或业务范围：美国埃施朗（Echelon）公司的代理商，代理Lon—Works系统。

广州亿控自动化设备有限公司
地址：广东省广州市天河北路601号华标广场A座5楼
邮编：510630
电话：020-22005020
传真：020-38473550
联系人：Linshi
电子信箱：gzeasycom@21cn.com
网址：www.gzeasycom.com
主要产品或业务范围：专业代理德国西门子公司变频器、直流调速器、可编程序控制器、工业软件、电动机软启动器、低压电器、仪器仪表等工控产品；中国台湾台达公司变频器、PLC、伺服控制器、同步控制器、编码器；Hitech、eView触摸屏等机电产品。

深圳达实自动化工程有限公司
地址：广东省深圳市南山区高科技南三道7号达实智能大厦
邮编：518057
电话：0755-26639961
传真：0755-26639599
电子信箱：szdas@chn-das.com
网址：www.chn-das.com
主要产品或业务范围：代理销售日本三菱FA产品。

深圳市奥宇控制系统有限公司
地址：广东省深圳市高新技术园中区科技中二路深圳软件园7栋2楼
邮编：518057
电话：0755-86168009
传真：0755-86168933
电子信箱：aoyu@auto-union.net
网址：www.auto-union.net
主要产品或业务范围：该公司从事自动化监控系统、系统集成、过程控制及产品代理。

深圳市东深电子股份有限公司
地址：广东省深圳市南山区高新区科技中二路软件园5栋6楼
邮编：518000
电话：0755-26611488
传真：0755-26503890
联系人：王家亮
电子信箱：dsdz-tech@163.net
网址：www.dse.cn
主要产品或业务范围：该公司是专业从事水行业自动化控制、图像监视和通信系统集成的高科技公司。

深圳市康沃控制技术发展有限公司
地址：广东省深圳市南山区科技园琼宇路8号金科大厦6楼
电话：0755-26610666
传真：0755-26617266
电子信箱：mkt@szcanwprld.com
网址：www.szcanwprld.com
主要产品或业务范围：该公司主要产品有CDE300系列电流矢量变频器、各种专用变频器以及CDV300系列高性能电流矢量变频器。

深圳市科力奇自动化设备有限公司
地址：广东省深圳市福田区滨河大道9003号湖北大厦南楼1003室
邮编：518048
电话：0755-83572019，83572021
传真：0755-83572023
电子信箱：forereach@163.com
主要产品或业务范围：自动化产品销售、电站自动化控制和数据采集系统、水位监测和闸门监控系统、称重与配料控制系统、中央空调PLC监控系统、工厂自动化生产线监控系统、污水处理自动化监控系统、自动化系统集成。

深圳市欧辰自动化系统有限公司
地址：广东省深圳市南山区高新技术产业园深港产学研基地西座W313
邮编：510088
电话：0755-25336812
传真：0755-25333788
电子信箱：info@softlink.cn
网址：www.softlink.cn
主要产品或业务范围：输入输出模板、开关电源产品、Profibus现场总线产品以及工业通信产品。

深圳市普传科技有限公司
地址：广东省深圳市宝安区西乡街道宝民二路75号
邮编：518101
电话：0755-29666355，29666234
传真：0755-29103981
电子信箱：powtran@powtran.com
网址：www.powtran.com
主要产品或业务范围：综合日本东芝和中国台湾技术之优，依托清华大学等高校和该公司强大的研发力量，通过先进的生产及检验设备为顾客提供多种功能、不同档次的产品，如交流变频器、电机软启动器、伺服电动机及电源、步进电动机及控制器、保护器、生产线自动化控制系统等。

深圳市施罗德工业测控设备有限公司
地址：广东省深圳市南山区桃园街道田寮工业区A7栋四楼
邮编：518055
电话：0755-86007106，86008082
传真：0755-86007053
联系人：宋荣清
网址：www.sld-cctv.com
主要产品或业务范围：该公司主要经营两大支柱产品，即工业视频检测设备以及安防监控设备，旗下拥有自主品牌，即SINGA爬行机器人、ELOOK管道潜望镜、PEYE工业内窥镜、ANS爱诺信、NIVCT尼韦特等系列产品。

深圳市行健自动化系统有限公司
地址：广东省深圳市南山区科技中二路软件园二期10栋602
邮编：518040
电话：0755-86336499
传真：0755-86336486
电子信箱：szwraec@163.com
网址：www.wellreach.com
主要产品或业务范围：该公司代理经销DCS、PLC、变频器、软启动器、输配电设备、电缆、工业网络、工业软件、电柜等。

深圳斯凯达控制技术有限公司
地址：广东省深圳市高新区科技南十路深圳航天技术创新研究院C501室
邮编：518057
电话：0755-26727223，26727224，26727225
传真：0755-26727258
电子信箱：scada@szscada.com
网址：www.szscada.com
主要产品或业务范围：该公司是专业从事电力及工业（如石油化工、天然气管道、污水处理、公路隧道等）自动化监控领域的软/硬件开发、系统设计、系统集成及工程施工的中外合资高新技术企业。

深圳天野新技术有限公司
地址：广东省深圳市福田区红荔路上步工业区301栋上航大厦509室
邮编：518028
电话：0755-83988555
传真：0755-83763772
联系人：杨勇劲，何锡琳
电子信箱：jomy@tianye.net

网址：www.tianye.net
主要产品或业务范围：代理西门子的触摸屏，PLC，现场总线，工业网络，基于PC-BASE控制的WinAC、VS710智能视觉识别系统，VS710和HITECH的触摸屏；日本SUNX传感器，同时承接专用智能控制器的研发和自动化系统工程服务。

盛博科技嵌入式计算机有限公司
地址：广东省深圳市高新技术产业园区W2-B5
邮编：518057
电话：0755-26544000
传真：0755-26549140
电子信箱：info@sbs.com.cn
网址：www.sbs.com.cn
主要产品或业务范围：该公司是中国第一家从事国际标准嵌入式计算机硬件、软件及相关产品设计、制造和销售服务的专业系统公司。

沃尔士环控系统工程（深圳）有限公司
地址：广东省深圳市罗湖区田贝四路化工大厦西座五楼
邮编：518020
电话：0755-25627688
传真：0755-25628784
电子信箱：info@walsh.com.cn
网址：www.walsh.com.cn
主要产品或业务范围：HVAC和楼宇管理系统、楼宇自动化系统、工厂自动化系统、安防系统、节能管理系统、机械设备维修与改造、消防与安全设备解决方案。

研祥智能科技股份有限公司
地址：广东省深圳市南山区高新中四道31号研祥科技大厦
邮编：518057
电话：0755-86255888
传真：0755-86255257
电子信箱：shenzhen@evoc.cn
网址：www.evoc.com
主要产品或业务范围：嵌入式智能平台系列包括全长CPU、半长CPU、PC/104单板计算机、3.5in单板计算机、5.25英寸单板计算机、嵌入式POS和NET单板计算机、嵌入式计算机机箱、嵌入式工业级电源、嵌入式一体化工作站、嵌入式便携计算机、工业级底板，以及平板计算机/显示器、计算机外设、远端数据采集与控制模块、基于PCI总线数据采集与控制板、端子板和附件、工业通信设备、应用软件。

肇庆市荣达仪表有限公司
地址：广东省肇庆市端州二路3号
邮编：526060
电话：0758-2703932
传真：0758-2703962
电子信箱：market@rd123.com
网址：www.rd123.com
主要产品或业务范围：KF系列气动基地仪表、RDP系列可编程序逻辑控制器、RDW系列标准恒温槽、QZD系列气动单元组合仪表。

肇庆市维光智能仪表有限公司
地址：广东省肇庆市太和北路俊富科技园内
邮编：526020
电话：0758-2837860，6198811，6198861
传真：0758-6198812
电子信箱：master@uicon.net
网址：www.uicon.net
主要产品或业务范围：VICON 2000小型集散系统、智能仪表、卡装式模块（智能）等。

珠海市入江机电设备有限公司
地址：广东省珠海市香洲区凤凰路17号华海大厦8楼
邮编：519000
电话：0756-2213000，2213003，2213006
传真：0756-2213008
电子信箱：zhited@pub.zhuhai.gd.cn
网址：www.rujiang.com
主要产品或业务范围：松下全数字化MINASA系列交流伺服，Nemicon光电编码器，富士变频器，松下数字式变频器；金钟—默勒系列产品，断路器、新型大功率接触器、低压元件及可编程控制器。

河北拓新科技有限公司
地址：河北省秦皇岛市海港区太阳城金都国际大厦1102室
邮编：050016
电话：0311-86682066，86682166
传真：0311-86211326
联系人：朱立帅
主要产品或业务范围：变频器、可编程序控制器、进口的自控元器件、流量计等。

唐山蓝迪通信科技有限公司★
地址：河北省唐山市高新技术开发区创新大厦B座6层
邮编：063020
电话：0315-3858511，3858220
传真：0315-3859736
联系人：袁丽娜
电子信箱：landsales@126.com
网址：www.land-comm.com
主要产品或业务范围：GSM/GPRS/CDMA DTU系列、无线采集测控一体化RTU系列、电池供电BTU系列、GPS车载定位系统等。

河南怡和电气自动化有限公司
地址：河南省郑州市国家高新技术开发区冬青街58号
邮编：450053

电话：0371-67681888
传真：0371-63761177
联系人：销售部
电子信箱：ehea@163.com
网址：www.ehe-electric.com
主要产品或业务范围：交流变频调速器、软启动器、恒压供水设备、直流调速器、低压电器、自控器件、PLC；承接工业自动化、过程控制及设备电气改造工程。代理西门子、九德、安川、三菱、富士、OMRON、A-B、ABB、SICK、欧陆、怡和电气等的产品。

河南众源系统工程有限公司
地址：河南省郑州市郑东新区金水东路3号鑫苑中央花园西区1号楼1单元1402室
邮编：450000
电话：0371-67896222，65703888，13526687184
传真：0371-6570388
联系人：郭云云
电子信箱：hnzy_2009@126.com
主要产品或业务范围：该公司主营各类烟草自控制系统、智能检测系统、换热站无人值守监控系统、中央空调机组联机控制系统等，各类相关的现场测量仪表、电气备件配套等、煤矿提升机PLC电控系统，提升机变频控制系统、联动门控制系统、纯净水生产线自动控制系统、印刷机自动控制系统等产品。

郑州信远电气自动化技术有限公司
地址：河南省郑州市张魏寨东街166号
邮编：450005
电话：0371-68732960，68732952
传真：0371-68732952
电子信箱：xydqi@public2.zz.ha.cn
主要产品或业务范围：东元变频器、智能仪器、张力控制系统、电气集成系统、三菱变频器、可编程序控制器、东元全数字直流调速器。

哈尔滨天达控制工程有限公司
地址：黑龙江省哈尔滨市高新技术产业开发区迎宾路集中区秦岭路8号
邮编：150078
电话：0451-86292791，86292792
传真：0451-86292780
网址：www.hrbtd.com
主要产品或业务范围：各种自动化仪表装置、变频控制装置、低压配电装置等。

哈尔滨自动化成套控制设备有限责任公司
地址：黑龙江省哈尔滨市道外区南新街91号
邮编：150026
电话：0451-88944891，88971444
传真：0451-88984282
主要产品或业务范围：高低压配电屏、工业自动化仪表、照明箱、动力配电箱、仪表盘、体积管、节能拖动装置、汽轮机保护装置、出租车计价器、电子秤等。

黄石市科威自控有限公司
地址：湖北省黄石市黄石港区花径路48号
邮编：435002
电话：0714-6539820
传真：0714-3802748
电子信箱：kwplc@163.com
网址：www.kwzk.com
主要产品或业务范围：可编程控制器。

武汉海王机电工程技术公司
地址：湖北省武汉市武昌区中山路450号
邮编：430064
电话：027-88041228
传真：027-88062175
电子信箱：whhwjd@126.com
网址：www.whhwjd.com
主要产品或业务范围：智能仪表、自动化控制工程等。

武汉吉普电气有限公司
地址：湖北省武汉市东湖新技术区光谷大道111号光谷芯中心1-2栋F2
邮编：430074
电话：027-59361081
传真：027-87878407
联系人：修吉平
电子信箱：jeep@k8p.com.cn
网址：www.k8p.com.cn
主要产品或业务范围：工业控制计算机、变频调速器、PLC、过程仪表、传感变送器、组态软件等。

武汉计算机外部设备研究所
地址：湖北省武汉市汉阳区阳新路1号
邮编：430050
电话：027-84845096
传真：027-84595550
电子信箱：marketing@wicp.com.cn
网址：www.wicp.com.cn
主要产品或业务范围：工作站微机CAD网络系统、中小型水电站计算机监控系统。

武汉维诚变频技术有限责任公司
地址：湖北省武汉市洪山区珞瑜路618号东方怡景大厦B1503室
邮编：430079
电话：027-87661018，87212817，87808035
传真：027-87661018
电子信箱：weicheng@weicheng-fc.com

网址：www.weicheng-fc.com
主要产品或业务范围：变频调速技术、可编程序控制器、单片机等工控新技术的开发和应用及维修保养服务。

武汉新威奇科技有限公司
地址：湖北省武汉市武昌区珞喻路1037号华工东八楼东侧楼
邮编：430074
电话：027-87556064
传真：027-87482590
电子信箱：shhuang@mail.hust.edu.cn
网址：www.newwish.com.cn
主要产品或业务范围：从事锻压设备数控系统的研制开发和生产，承接各种自动化项目，主导产品有快速锻造液压机组数控系统、快速造型系列数控系统、大型导轨磨床数控系统等。

武汉中冶自动化工程技术责任有限公司
地址：湖北省武汉市武昌街道口兆富国际大厦1111室
邮编：430072
电话：027-87211952
传真：027-87653719
电子信箱：zy_control@126.com
网址：www.zy-control.com
主要产品或业务范围：可编程控制器、现场总线、变频调速器、工控组态软件Fameview等自控产品的开发、销售、服务及承接自动化工程。

长春鹭岛自动化工程有限责任公司
地址：吉林省长春市绿园区普阳街1688号长融大厦C座505室
邮编：130061
电话：0431-85889270，85889290
传真：0431-85889390
电子信箱：leader@syld.com.cn
网址：www.syld.com.cn
主要产品或业务范围：可编程序控制器、变频调速器、湿度控制器、工业计算机、集散系统、工业组态软件。

艾默生过程控制流量技术有限公司
地址：江苏省南京市江宁区兴民路111号
邮编：211100
电话：025-51177888
传真：025-51177999
网址：www.ap.emersonprocess.com
主要产品或业务范围：测量仪表、分析仪表、过程控制系统、最终控制设备、现场设备管理和资产优化软件以及基于开放的标准的数字工厂结构Plant Web。

光洋电子（无锡）有限公司
地址：江苏省无锡市蠡溪路118号
邮编：214072
电话：0510-85167888，85163458
传真：0510-85161393
电子信箱：info@koyoele.com.cn
网址：www.koyoele.com.cn
主要产品或业务范围：可编程序控制器，触摸式工业图形显示器，接近开关，电子计数器，旋转编码器，可编程凸轮开关等电子控制产品。

国电南瑞科技股份有限公司
地址：江苏省南京市高新技术产业开发区高新路20号
邮编：210061
电话：8008289822
传真：025-58844337
电子信箱：qm@naritech.cn
网址：www.naritech.cn
主要产品或业务范围：该公司专业从事电力和工业控制自动化软/硬件开发及系统集成服务的高科技企业，主要为客户提供电网调度自动化、变电站自动化、轨道交通及电气保护自动化、电力市场技术支持、电能量计量计费、配电自动化、农电自动化、火电厂及工业控制自动化等专业的全方位解决方案。

南京创控科技有限公司
地址：江苏省南京市江宁开发区胜太路68号科技创业中心3楼
邮编：211100
电话：025-52120078，52768188
传真：025-52126970
电子信箱：admin@tust-control.com.cn
网址：www.trust-control.com.cn
主要产品或业务范围：水质分析仪、现场总线控制系统。

南京菲尼克斯电气有限公司
地址：江苏省南京市江宁区技术开发区菲尼克斯路36号
邮编：211100
电话：025-52121888
传真：025-52121555
电子信箱：phoenix@phoenixcontact.com.cn
网址：www.phoenixcontact.com.cn
主要产品或业务范围：该公司是电气连接和电子接口领域，以及工业自动化技术领域的世界市场领导者。

南京科远自动化集团股份有限公司
地址：江苏省南京市江宁经济技术开发区西门子路27号
邮编：211100
电话：025-52102066
传真：025-52104648
电子信箱：liuzs@sciyon.com
网址：www.sciyon.com
主要产品或业务范围：该公司提供分散控制系统、自动化仪表、信息管理系统、装备自动化的研究、开发、生产、销售和咨询服务。

南京优倍电气有限公司★
地址：江苏省南京市中山东路147号大行宫大厦5层
邮编：210002
电话：025-84459303，84459429，84459479
传真：025-84519256
电子信箱：sales@anpe.cn
网址：www.anpe.cn
主要产品或业务范围：该公司引进美国优倍先进技术，研制生产高端的前级模块仪表等产品。国家标准前级仪表专业组组长单位，起草了安全栅、隔离器、温度变送器等多项国家标准，是中国本领域技术权威性企业。

南京中德保护控制系统有限公司
地址：江苏省南京市新模范马路36号
邮编：210003
电话：025-83428822
传真：025-83438836
联系人：市场部
电子信箱：narinsps@public1.ptt.js.cn
网址：www.topincn.net
主要产品或业务范围：通用厂站自动化系统、间隔级测控单元、厂站后台监控系统及集控中心、厂站电能质量监测与分析系统、智能式电压无功综合控制系统等。

南京中为自动化工程有限公司
地址：江苏省南京市江宁开发区胜太路68号
邮编：211100
电话：025-68625926
传真：025-68625526
电子信箱：njzhongwei@126.com
网址：www.njzhongwei.cn
主要产品或业务范围：代理FOXBORO公司的I/A系列、A2系列DCS。

苏州福田电气自动化有限公司
地址：江苏省苏州市人民路3188号万达广场C座1402
邮编：215004
电话：0512-69356329
传真：0512-68262697
联系人：李女士
电子信箱：control@szfukuta.com
网址：www.szfukuta.com
主要产品或业务范围：三菱电机公司中国代理，DELTA变频器区域总代理，承接PLC+VVVF+工控机+计算机控制系统、变频器、PLC维修等。

苏州市汉达工业自动化有限公司
地址：江苏省苏州市湘江路（南）创业街8号
邮编：215129
电话：0512-68071267，68071270
传真：0512-68071259
联系人：周并
电子信箱：market@handa-china.com
网址：www.handa-china.com
主要产品或业务范围：该公司提供楼宇自动化系列，工业洗涤设备，机床数控系列，温、湿度空调控制器，轻工机械专用控制器等产品。

大连爱克新仪器有限公司
地址：辽宁省大连市甘井子区祥龙街3号楼一单元101室
邮编：116033
电话：0411-82650498，82597851，86860590
传真：0411-82650478
电子信箱：sales@actionio.com.cn
网址：www.actionio.com.cn
主要产品或业务范围：工业信号转换隔离器、极限报警设定器、过程参数显示仪表、现场总线控制系统。

大连长城自控技术有限公司
地址：辽宁省大连市沙河口区成仁街15号
邮编：116021
电话：0411-84509188-130
传真：0411-84509191
联系人：刘经理
电子信箱：dlllyan@126.com
网址：www.dlgwa.com
主要产品或业务范围：从事计算机及工业自动控制系统的设计、研制和技术服务，是日本欧姆龙公司的代理商；并代理日本富士、三菱、和泉等公司的可编程序控制器、变频调速器和各种工业自控元器件。

大连工业自动化仪表研究所
地址：辽宁省大连市中山区滨海街16号
邮编：116013
电话：0411-82384532，82686773
传真：0411-82680624
网址：www.byiec.com
主要产品或业务范围：设计、组态、销售PLC、DCS等控制系统；磁接近开关、无纸记录仪；GPRS工业数据传输系统；各类现场温度仪表、压力仪表、流量仪表、物位仪表等，并承揽总包大型自动化工程项目。

大连理工计算机控制工程有限公司
地址：辽宁省大连市旅顺口区盐北路706号
邮编：116045
电话：0411－62682888，62682889
传真：0411－62682880
电子信箱：service@dcce.cn
网址：www.dcce.cn
主要产品或业务范围：该公司是以大连理工计算机控制研究所为依托。主要从事工业控制系统产品的研发、设计、生产、销售和服务。

大连普特公司
地址：辽宁省大连市沿海街68号绿港湾商务公寓A座407室
邮编：116011
电话：0411-82105993
传真：0411-82105967
联系人：技术部
电子信箱：dlptdj@163.com
网址：www.dlpute.com
主要产品或业务范围：代理艾默生科技（中国）有限公司的无线智能测控终端，遥控遥测系统，RTU、无线SCADA系统等。

大连万和自动化系统工程有限公司
地址：辽宁省大连市西岗区民运街23号
邮编：116021
电话：0411-39889949
传真：0411-39889946
联系人：鲁静
电子信箱：sales@wandayb.com
网址：www.wandayb.com
主要产品或业务范围：该公司专业从事各类自动化系统及楼宇自动化系统的设计、设备成套、安装调试等交钥匙工程。

大连万通工业装备有限公司
地址：辽宁省大连市高新园区七贤岭爱贤街27号
邮编：116023
电话：0411-84795832
传真：0411-84795832
电子信箱：aris_cn@163.com
网址：www.wtie-dl.com
主要产品或业务范围：火焰监测器、自动烧嘴控制器、点火变压器、点火电极、脉冲燃烧控制器等；燃料炉窑及其自动控制系统的设计、安装和调试；代理德国Aris公司的电动、气动执行器等。

丹东东方测控技术有限公司
地址：辽宁省丹东市沿江开发区滨江中路136号
邮编：118002
电话：0415-3860888
传真：0415-3860256
电子信箱：dfmc@dfmc.cc
网址：www.dfmc.cc
主要产品或业务范围：在线粒度检测、在线浓度检测、在线元素分析、物液位检测、在线水分检测和灰分检测等工业在线检测分析仪器仪表。

深川电气科技有限公司
地址：辽宁省沈阳市铁西区建设中路1-1号第一商城B2306室
电话：024-23960611
传真：024-23960170
电子信箱：269754239@qq.com
网址：www.chinsc.com
主要产品或业务范围：该公司是一家集研发、生产、销售于一体的专业变频器制造商。

沈阳德来测控系统有限公司
地址：辽宁省沈阳市铁西区小十三路2号10门
邮编：110023
电话：024-25441535，25439070
传真：024-25439070
电子信箱：sydlckxt@163.com
网址：www.delai09.com
主要产品或业务范围：该公司是专业研发、研制工业自动化系统集成，生产自动化仪器仪表的高科技公司。开发研制推焦综合管理系统、炉温综合管理系统及焦炉鼓风机专用控制系统等项目；还与日本LIGHRON公司联合设计制造了OMM3000系列红外三波长水分仪和TB2系列氧化锆氧分析仪；公司产品R系列、TM系列隔离器安全栅。

沈阳华垦电气有限公司
地址：辽宁省沈阳市和平区三好街79号
邮编：110004
电话：024-62155811，23843846
传真：024-23881170
联系人：张乐明
电子信箱：hkh@huakendq.com，
zh@huakendq.com（变频器事业部）
网址：www.huakendq.com
主要产品或业务范围：可编程序控制器、变频调速器、导电温控仪表、理化欧陆仪表、继电器、计数器、定时器、接近开关、光电开关、行程开关、编码器、开关电源。

沈阳通成电力设备厂
地址：辽宁省沈阳市苏家屯区雪莲街146号
邮编：110101
电话：024-89159369
传真：024-89159369
电子信箱：sell@tongcheng-sy.com
主要产品或业务范围：该厂是施耐德电气（中国）投资有限公司授权生产厂，产品主要有高、低压开关设备，高压/低压预装式变电站，直流电源，密集型（空气型）封闭母线，10KV断路器、负荷开关和接地开关等。

沈阳新华控制系统有限公司
地址：辽宁省沈阳市和平区五里河街16甲诚大数码广场E座14楼
邮编：110004
电话：024-23988030，23988031
传真：024-23988067
电子信箱：yuxiang.m@shine-eng.com
网址：www.shine-eng.com

主要产品或业务范围：该公司代理西门子产品，包括Profibus现场总线，智能压力、差压变送器，智能阀门定位器，电磁/超声波流量计，雷达/超声物位计，楼宇自动化产品；承接自动化工程设计、安装。

沈阳中科博微自动化技术有限公司

地址：辽宁省沈阳市浑南新区文溯街17-8号
邮编：110179
电话：024-312172975
传真：024-31217293
电子信箱：info@microcyber.cn
网址：www.microcyber.cn
主要产品或业务范围：专门从事工业控制领域现场总线通信技术的研发与应用的高新技术企业。

中国科学院沈阳自动化研究所

地址：辽宁省沈阳市沈河区南塔街114号
邮编：110016
电话：024-23970012
传真：024-23970013
电子信箱：siamaster@sia.cn
网址：www.sia.cn
主要产品或业务范围：该所是我国自动化领域的主要研究机构，下属的工业控制系统研究室主要面向工业通信与控制系统展开科学研究与技术开发。目前已成功开发了基金会现场总线HI协议栈及HSE协议栈，并通过了现场总线基金会的认证。

济南华博自动化工程有限公司

地址：山东省济南市长清经济开发区玉清路南首2918号
邮编：250306
电话：0531-86521388
传真：0531-86521386
电子信箱：jnhbwxsh@163.com
网址：www.jnhuabo.com
主要产品或业务范围：该公司承接自动化立体仓库，工业自动化生产线，数据采集，计算机中央集中管理，电力自动化控制管理工程，各种进口自动化生产线安装、维修、调试及改造等。

莱钢集团电子有限公司

地址：山东省莱芜市钢城区友谊大街33号
邮编：271104
电话：0634-6822666，6821170
传真：0634-6822070，6822666
电子信箱：lgdz@laigang.com
网址：www.laigang.com
主要产品或业务范围：管理信息系统，工业控制系统，温度检控系列产品，流量检控系列产品，盘装仪表及其他产品，称重系列产品，盘箱柜配置产品。

山东栋梁科技设备有限公司

地址：山东省济南市腊山高新科技工业园（腊山路18号）
邮编：250022
电话：0531-87586199，87586166
传真：0531-87560072
联系人：乔敏
电子信箱：didactic@dolang.cn，dolang@dolang.cn
网址：www.dolang.cn，www.dolang-education.com，www.dolang-didactic.com
主要产品或业务范围：该公司的主要产品有电机实训类、数控系列、液压传动系列、气动传动系列、楼宇自动化系列、传感器系列、维修电工技能考核系列、光机电一体化实训系列、模块化制造系统、柔性制造系统等。

山东恒拓科技发展有限公司

地址：山东省济南市高新开发区舜华路2000号
邮编：250022
电话：0531-87161250，88022023，82765928
传真：0531-87161250
电子信箱：hengtech@163.com
网址：www.sdhengtech.com
主要产品或业务范围：自动控制系统的集成及产品。

广通信业科技发展有限公司

地址：山西省太原市千峰北路金城商务大厦707室
邮编：030027
电话：0351-2828281，8931989
传真：0351-2828281
联系人：司晓军
主要产品或业务范围：该公司专门从事工业自动化以及三遥系统开发的科技开发、产品销售、技术服务型企业。变电站监测、远程控制、远程路灯控制、监视、远程自动抄表系统等。

陕西海泰电子有限责任公司

地址：陕西省西安市团结南路35号航海科技园
邮编：710075
电话：029-82300320，82300360
传真：029-82300300
电子信箱：info@haitai.com.cn
网址：www.haitai.com.cn
主要产品或业务范围：测控网络硬件平台、综合网络技术，可实现Web/Browser模式下的分布式测控系统。

西安三泽电子有限公司

地址：陕西省西安市南二环西段88号老三届世纪星大厦5层K座
邮编：710065
电话：029-85733111，88201925，88201839，88203202
传真：029-85733000，88202683
电子信箱：szxiaoshou@126.com

网址：www.esanze.com
主要产品或业务范围：该公司从事电力、化工、冶金、铁路等工业自动化系统成套设备，变电站综合自动化系统，楼宇智能化系统工程，教学仪器设备等研制及服务。

西安思安科技信息股份有限公司
地址：陕西省西安市高新区锦业路1号SOHO同盟第二幢四层
邮编：710065
电话：029-65691600
传真：029-65691800
电子信箱：suun@mail.suun.com.cn
网址：www.suun.com.cn
主要产品或业务范围：该公司提供工业自动化过程控制和系统集成、GE Fanuc PLC控制系统、监控软件； GE交直流传动及低压产品、GB电力保护产品；代理日本三菱工控和威达工控产品。

西仪集团有限责任公司
地址：陕西省西安市劳动路北口
邮编：710082
电话：029-88646019，88646699，88646600
传真：029-88646496，88648523
网址：www.xygf.com.cn
主要产品或业务范围：该公司提供工业自动化仪表装置及仪表控制系统，包括工业自动化，楼宇自动化，办公自动化，环保成套设备，机械电子产品的设计、制造销售、安装调试及维修服务。

中国西联自动化仪表集团公司
地址：陕西省西安市高新区高新四路12号
邮编：710082
电话：029-88320256
传真：029-88618209
联系人：曹先生
主要产品或业务范围：该公司为化工、冶金、电站、纺织、建材行业提供整套自动化控制系统，现场仪表及安装调试和售后服务。

CC-LINK推广中心
地址：上海市黄浦区南京西路288号创兴金融中心17楼
邮编：200003
电话：021-64940523
传真：021-64940525
电子信箱：mail@cc-link.org.cn
网址：www.cc-link.org.cn
主要产品或业务范围：高速处理控制器和信息数据的现场网络系统、安全网络系统。

阿自倍尔自控工程（上海）有限公司
地址：上海市浦东新区浦建路145号强生大厦1802室
邮编：200127
电话：021-50905580
传真：021-50909810
电子信箱：info@yse-yamatake.com
网址：www.yse-yamatake.com
主要产品或业务范围：该公司依托总公司领先日本自动化领域的产品技术及品牌的支持，主营楼宇自动化、工厂自动化和电子元器件的设计、生产、销售、安装、调试及维修维护等业务。

艾雷斯科技（研发工控）集团上海分公司
地址：上海市中山南二路999弄19号8楼E-F座
邮编：200030
电话：021-64279948，64683957，54592212
传真：021-64812374
电子信箱：hongbaochi@163.com
网址：www.industrialacs.com
主要产品或业务范围：从事PC总线、PC/104总线工业控制计算机的设计、生产制造和销售。

艾默生控制系统（上海）有限公司
地址：上海市浦东新金桥路1277号
邮编：201206
电话：021-28929000
传真：021-28929001
电子信箱：china.info@ap.emersonprocess.com
网址：www.ap.emersonprocess.com
主要产品或业务范围：测量仪表、分析仪表、过程控制系统、最终控制设备、现场设备管理和资产优化软件以及基于开放的标准的数字工厂结构Plant Web。

博太科电气（上海）有限公司
地址：上海市闵行区上海漕河泾开发区浦江高科技园区F区新骏环路188号新7号楼
邮编：201114
电话：021-34637288
传真：021-34637282
电子信箱：info@bartec.com.cn
网址：www.bartec.com.cn
主要产品或业务范围：该公司主要产品有防爆自动化产品、防爆电伴热产品、防爆电气及控制连接设备、分析及测量设备、测量及数据采集系统、防爆开关柜及马达、矿用电气工程、BARTEC安全工程服务。

德国倍福自动化有限公司
地址：上海市闸北区江场三路163号5楼（市北工业园区）
邮编：200436
电话：021-66312666
传真：021-66312198
电子信箱：service@beckhoff.com.cn
网址：www.beckhoff.com.cn
主要产品或业务范围：倍福始终以基于计算机的自动化新

技术作为公司的发展理念，所生产的工业计算机、现场总线模块、驱动产品和TwinCAT控制软件构成了一套完整的、相互兼容的控制系统，可为各个工控领域提供开放式自动化系统和完整的解决方案。

费斯托（中国）有限公司
地址：上海市浦东金桥出口加工区云桥路1156号
邮编：201206
电话：021-60815100
传真：021-58540300
联系人：腾小姐
电子信箱：info_cn@festo.com
网址：www.festo.com.cn
主要产品或业务范围：气动元件和控制系统生产厂商。

福升科技（集团）有限公司
地址：上海市漕河泾高科技开发区田林路300号16栋2层
邮编：200233
电话：021-54270066
传真：021-54270858
电子信箱：xw@fushengtek.com
网址：www.fushengtek.com
主要产品或业务范围：嵌入式主板、插卡式计算机、标准机箱、人机界面工作站、工控配件等。

横河电机（中国）有限公司
地址：上海市长宁区天山西路568号卡帝乐鳄鱼大厦D座3楼
邮编：200335
电话：021-62396262
传真：021-54051011
联系人：松原生明
网址：www.yokogawa.com/cn
主要产品或业务范围：石化系统仪器仪表及集散型控制系统。

美国国家仪器有限公司
地址：上海市浦东张江集电港二期张东路1387号第45幢
邮编：201203
电话：021-50509800
传真：021-65556244
电子信箱：china.info@ni.com
网址：http://ni.com/china
主要产品或业务范围：该公司为用户提供无可比拟的强大功能、高灵活性及高效率，帮助您开发自己的测试、测量与自动化解决方案。

美卓自动化（上海）有限公司
地址：上海市外高桥保税区美约路261号
邮编：200131
电话：021-38991111
传真：021-38686183
电子信箱：daisy.yang@metso.com
网址：www.metso.com
主要产品或业务范围：阀门解决方案和服务供应商。

欧姆龙工业自动化（中国）统辖集团
地址：上海市浦东新区银城中路200号中银大厦2211室
邮编：200120
电话：021-50372222
传真：021-50372200
网址：www.fa.omron.com.cn
主要产品或业务范围：该集团是一个引领工业自动化产品和应用先进技术的跨国公司，作为欧姆龙全球事业的一部分，它已经成为自动化领域的佼佼者。

皮尔磁工业自动化（上海）有限公司
地址：上海市乌鲁木齐北路457号朝代商务中心704～706室
邮编：200040
电话：021-62494658
传真：021-62491300
电子信箱：sales@pilz.com.cn
网址：www.pilz.com.cn
主要产品或业务范围：安全继电器、急停按钮、安全光栅、安全门开关、安全PLC、安全总线系统等。

七一一研究所自动化工程研究中心
地址：上海市华宁路3111号
邮编：201108
电话：02-151711711
传真：021-31310888
电子信箱：711@csic-711.com
网址：www.csic-711.com
主要产品或业务范围：该中心产品有主机遥控系统、监测报警系统、电站监控系统、损管监控系统、消防监控系统、工业过程控制系统、综合信息平台管理系统、电力推进系统集成。

三菱电机自动化（上海）有限公司
地址：上海市南京西路288号创兴金融中心17楼
邮编：200003
电话：021-23223030
传真：021-23223000
网址：www.mitsubishielectric-automation.cn
主要产品或业务范围：致力于工业自动化、电力控制及其他相关业务上提供专业的产品设备和解决方案。

上海步科自动化有限公司
地址：上海市张江高科技园区张东路1387号1幢
邮编：201203
电话：021-68798588
传真：021-68797688
联系人：李芬
电子信箱：sales@kinco.cn

网址：www.kinco.cn
主要产品或业务范围：该公司是从事自动化产品的研发与生产的民营高科技企业，拥有eView和Kinco两大国内知名品牌，以及工业人机界面、交流伺服系统和步进系统、PLC、工业现场总线产品等自有知识产权的产品线。

上海电气自动化设计研究所
地址：上海市蒙自路360号
邮编：200023
电话：021-63018345
传真：021-63018720
电子信箱：seari@seari.com
网址：www.seari.com
主要产品或业务范围：自动化工程成套设计、咨询，机电一体化装置，交直流传动，计算机网络，安全防范工程技术开发、设计和测试。

上海工业自动化仪表研究院
地址：上海市漕宝路103号
邮编：200233
电话：021-64368180，64363526
传真：021-64333566，64822175
电子信箱：info@sipai.com
网址：www.sipai.com
主要产品或业务范围：从事工业自动化仪表产品、过程自控系统的设计、成套生产和交钥匙工程服务。

上海海得控制系统股份有限公司
地址：上海市徐汇区宜山路900号科技开发大楼B区17楼
邮编：200233
电话：021-54235333（总机）
传真：021-54235550
电子信箱：fangj@hite.com.cn
网址：www.hite.com.cn
主要产品或业务范围：系统集成和OEM，工厂层网络系统、控制层现场总线的连接，设备及传感器层连接。

上海华北科技有限公司
地址：上海市闵行区春东路689号8栋2层
邮编：201108
电话：021-54428885
传真：021-54262008
电子信箱：yangjuntao@anovotech.com
网址：www.anovotech.com
主要产品或业务范围：工业PC产品及楼宇自动化项目。

上海津信变频器有限公司
地址：上海市汶水东路918号信南都市工业园区五号楼1层
邮编：200434
电话：021-65618877
传真：021-65600454
电子信箱：office@sinodrive.com
网址：www.sinodrive.com
主要产品或业务范围：代理丹佛斯变频器（Danfoss）、台达变频器/可编程序控制器DVP系列、台达人机界面DOP系列、丹佛斯软启动器、西门子PLC_S7系列、ABB交流异步电动机、丹佛斯保尔齿轮减速电机等。

上海科韵科技发展有限公司
地址：上海市陕西北路1438号财富时代大厦1311室
邮编：200060
电话：021-51780170，51780171，51780172
传真：021-51780173
电子信箱：easta2007@hotmail.com
网址：www.ipckey.com
主要产品或业务范围：专业从事嵌入式工业计算机及自动化控制系统的设计、开发和销售。

上海瑞孚电子科技有限公司
地址：上海市沪闵路9450号5楼
邮编：200235
电话：021-64755575，64755593
传真：021-64840244
电子信箱：sales@ruif.com.cn
网址：www.ruif.com.cn
主要产品或业务范围：该公司主要从事工业自动化控制和传统工控计算机、×86架构嵌入式智能PC应用平台等领域内的产品研发与经营，目前主要经营产品有工控计算机、×86架构嵌入式单板PC系列、PANEL PC（HMI）、Portable PC（加固）系列、四合一KVM、LCD显示产品及驱动方案、工业级FLASH存储产品、数据采集与控制系列、工业通信系列（串口联网设备和工业以太网设备及现场总线）产品等。

上海上尚科技股份有限公司
地址：上海市漕河泾经济技术开发区钦州北路1066号75号楼3层
邮编：200233
电话：021-64956231
传真：021-64850504
网址：www.atop.com.tw
主要产品或业务范围：工业级嵌入式计算机、工业级串口服务器、工业级以太网交换机、工业级门禁及I/O系统、网络视频服务器、自动辨识与资料收集设备、电子标签辅助拣货系统。

上海圣懋控制设备有限公司
地址：上海市江宁路838号富容大厦五楼
邮编：200041
电话：021-62770877，62770878，62770879，62761791
传真：021-62770759
电子信箱：mal@shengmao.com.cn

网址：www.shengmao.com.cn
主要产品或业务范围：计算机控制系统、现场仪表、分析仪表、数据采集与记录仪、控制指示仪表与系统、智能传感器/变送器、阀、定位器与执行器、燃烧控制系统、锅炉控制系统、空调控制系统。

上海西菱自动化系统有限公司
地址：上海市漕宝路86号光大会展中心F座1601室
邮编：200233
电话：021-51096030，64325938
传真：021-64325937
电子信箱：info@syslink.com.cn
网址：www.syslink.com.cn
主要产品或业务范围：代理日本三菱公司全系列可编程序控制器、变频器、伺服系统及人机界面。

上海西门子工业自动化有限公司
地址：上海市中山南二路1089号徐汇苑大厦22～25楼
邮编：200030
电话：021-54108666
传真：021-64579500
网址：www.ad.siemens.com.cn
主要产品或业务范围：自动化（包括PLC，DCS，ESD）产品及系统，变频与传动装置以及各种仪表，电气（如低压开关及配电系统）。

上海新华控制技术（集团）有限公司
地址：上海市徐汇区漕溪北路88号圣爱大厦25楼
邮编：200030
电话：021-54253038
传真：021-54252999
电子信箱：xhg@xinhuagroup.com
网址：www.xinhuagroup.com
主要产品或业务范围：DEH-ⅢA汽轮机数字式电液控制系统，汽轮机热工控制系统，XDPS-400新华分散型控制系统，电站分散型控制系统工程成套、系统设计、软件开发及现场测试，SIS厂级监控信息系统，MIS信息管理系统，XDAMS-400电网管理监控自动化系统，楼宇自动化系统（BAS）及SCADA综合布线系统，XURT城市轨道交通综合监控系统，高性能电子镇流器，DC/DC模块，开关电源，SMT贴片加工。

上海正航电子科技有限公司
地址：上海市徐汇区钦州南路81号19层
邮编：200235
电话：021-64757771
传真：021-64757771
电子信箱：zhenghangdianzi@163.com
网址：www.chionplc.com
主要产品或业务范围：工业自动化及过程自动化领域领先的技术与服务提供者。

上海中控自动化系统有限公司
地址：上海市谈家桥路163弄9号
邮编：200070
电话：021-56527634，51002606
传真：021-56527634
电子信箱：webmster@zhongkong.com
网址：www.zhongkong.com.cn
主要产品或业务范围：代理进口传感器，电容式、电感式、光电式、超声波式、磁式传感器，旋转编码器，安全光栅，液位传感器，激光测距仪等。

上海自动化仪表股份有限公司
地址：上海市广中西路191号
邮编：200072
电话：021-36129977
传真：021-62801680
网址：www.saic.sh.cn
主要产品或业务范围：该公司是国内规模较大、门类较全、系统成套能力较强的自动化仪表制造企业，主要产品有工业生产过程控制系统装置和仪表。

上海自动化仪表股份有限公司DCS公司
地址：上海市广中西路191号
邮编：200072
电话：021-54279696
传真：021-64852100
电子信箱：sales@dcs.saic.sh.cn
主要产品或业务范围：专业从事DCS和系统类产品的设计、制造、工程及服务等。

上海自动化仪表股份有限公司系统工程公司
地址：上海市虹漕路41号
邮编：200233
电话：021-64852288
传真：021-64957030
主要产品或业务范围：该公司集中主要精力发展核电、冶金、石化、环保、汽车制造、轻功及现代农业等领域的自动化控制系统。

西门子楼宇科技（天津）有限公司
地址：上海市延安东路550号海洋大厦204室
邮编：200001
电话：021-58882000
传真：021-58882000
主要产品或业务范围：自动化控制系统及建筑弱电系统相关产品的设计、安装、销售及调试，安全技术防范工程的设计、施工，消防设施设计、调试及相关技术咨询服务。

研扬科技
地址：上海市徐汇区田林路487号宝石大楼20楼D座
邮编：200233

电话：021-33675511
传真：021-33674238
电子信箱：sales@aaeon.com.cn
网址：www.aaeon.com
主要产品或业务范围：工业计算机。

上海盼运自动化科技有限公司★
地址：上海市恒南路1328号501室
邮编：201114
电话：021-54243058
传真：021-54938456
电子信箱：sales@panrun.com
网址：www.panrun-instruments.com
主要产品或业务范围：本公司与多家高校、科研院所紧密合作，致力于自主知识产权产品的开发，包括爆炸抑制系统、爆炸隔离系统、全自动快速灭火系统、PR1000智能装车系统和磁力泵隔离罩专用温度传感器等。

成都巨力实业有限公司
地址：四川省成都市永丰路47号丰尚627-630
邮编：610041
电话：028-85187223，85197257，85179247
传真：028-85929331
联系人：刘岳成
电子信箱：supo@supo.com.cn
网址：www.supo.com.cn
主要产品或业务范围：制造、销售节电、软启动器；代理Easy Vicw触摸屏，施耐德电气产品，阿尔法变频器，华为变频器，西门子、欧姆龙自动化控制产品，工业自动化控制系统工程。

成都科一自动化工程有限公司
地址：四川省成都市科华北路64号棕南俊园6楼C座
邮编：610041
电话：028-85255374
传真：028-85241991
电子信箱：cdky-ldy@sohu.com
主要产品或业务范围：该公司从事自动化电控系统的电气设计及制造，主要有运用工控和PLC组成带上位机监控的电气控制系统。

成都雷宝自动化系统有限公司
地址：四川省成都市乡农市街59号金港商城A座710室
邮编：610072
电话：028-87679166，87679266，87663285，87663285
传真：028-87652766
电子信箱：robotoo@mail.sc.cninfo.net
网址：www.robott.com.cn
主要产品或业务范围：工控产品有低压电器及变频器，伺服、步进系统，交流变频调速器，可编程序控制器，工控机；自动化仪器仪表，低压电器，工业级人机界面，软启动器，交直流传动、伺服系统，PLC系统，DCS，现场总线系统；工业生产远程数据采集和动态监控系统等。

成都南方电子仪表有限公司
地址：四川省成都市太升北路28号华信大厦10楼2号
邮编：610017
电话：028-86918533-802
传真：028-86916122
联系人：郭小姐
电子信箱：nfdzyb@126.com
网址：www.nfdzyb.com
主要产品或业务范围：电控、电气传动、整流、充电装置、工业自动化监控产品等。

成都思创电气工程有限公司
地址：四川省成都市槐树街47号国海实业大厦4楼
邮编：610031
电话：028-86246290，86243462，86695867，86256709
传真：028-86269595
电子信箱：ccdstrong@mail.sc.cninfo.net
网址：www.strongee.com
主要产品或业务范围：该公司是一家从事工业自动控制的系统集成、工程配套、产品销售、技术支持等方面工作的专业电气工程公司，致力于电气驱动与自动化领域，特别是数字技术和计算机控制技术的开发和应用。

四川鲍尔设备自动化控制工程有限公司
地址：四川省成都市青羊区蛟龙工业港A-32座
邮编：610091
电话：028-87075266，87075265
传真：028-87074658
联系人：曹俊
电子信箱：powercdu@126.com
网址：www.powerfulcontrols.net
主要产品或业务范围：发电厂、泵站、闸群微机控制保护系统；变电站、开关站综合自动化系统；中大型工业检测控制系统；温度、湿度、液位、压力、流量、频率、转速、电量、位移、闸门开关、pH值、电子显示屏、全自动模拟屏、阀门等仪器仪表与传感器；承接电子与自动化工程以及研制各行业生产设备的自动控制部分配套。

威建实业国际（成都）有限公司
地址：四川省成都市武侯区棕南正街9号4栋1单元6号
邮编：610041
电话：028-85257498
传真：028-85250768
电子信箱：charlie@weikeng.com.cn
网址：www.weikeng.com.cn
主要产品或业务范围：美国埃施朗（Echelon）公司的代理商，代理Lon-Works系统。

天津创远电气工程有限公司
地址：天津市南开区鞍山西道信诚大厦2601、2602室
邮编：300192
电话：022-83698186
传真：022-83698190
电子信箱：tjbh@benhao.com
网址：www.benhao.com
主要产品或业务范围：该公司专业从事德国Beckhoff公司的现场总线系统集成和德国P+F公司的各种传感器。

天津罗升企业有限公司
地址：天津市空港物流加工区西十道3号
邮编：300308
电话：022-24891997，23556000
传真：022-23556368，24895352
电子信箱：sales@acepillar.com.cn
网址：www.acepillar.com
主要产品或业务范围：可编程序控制器、变频器、控制阀、执行元件等。

天津市红日电气自动化有限公司
地址：天津市东丽经济开发区五经路1号
邮编：300300
电话：022-24996788，24986828
传真：022-24982048
联系人：销售部
电子信箱：redsunl@redsuntj.com
网址：www.redsuntj.com
主要产品或业务范围：该公司是一家专业从事自动化产品研发，交直流电气传动工程项目和自动控制系统的设计、开发、制造、销售、系统集成、现场安装、现场调试服务以及维护的高新技术企业。

天津市英拓计算机控制技术公司
地址：天津市南开区红旗路214号计算机工业小区212楼112室
邮编：300190
电话：022-27654724，27364252
传真：022-27364252
联系人：尹东辉
电子信箱：yingtuo@263.net
网址：www.yingtuo.cn
主要产品或业务范围：专营工业自动化、公用事业自动化、楼宇自动化及节能智能产品。

天津市中环自动化技术控制设备有限公司
地址：天津市南开区华苑产业园区梓苑路13号2-D-501
邮编：300384
电话：022-58627581，58627585
传真：022-58627585
电子信箱：tjzhdcs@163.com
网址：www.tjzhdcs.com
主要产品或业务范围：DCS-2001系列分散型控制系统，自行开发研制了DSA-20数据采集器，SSX操作器，SXD后备操作器，ESDA-1报警器等相应仪表。

天津协力自动化工程有限公司
地址：天津市南开区红旗南路新华社分社11层
邮编：300192
电话：022-27415555
传真：022-23697881
电子信箱：sales@shelly.com.cn
网址：www.shelly.com.cn
主要产品或业务范围：该公司与国际著名公司SIEMENS、GE、SCHNEDER、A—B、FOXBORO、PLIZ、ROTORK、CCC等公司都有过成功的工程项目合作经验，为提供安全控制系统。

图尔克（天津）传感器有限公司
地址：天津市西青经济开发区兴华四支路18号
邮编：300381
电话：022-83988188，83988199
传真：022-83988109
电子信箱：marketing@truck.com
网址：www.truck.com.cn
主要产品或业务范围：接近开关类传感器，工业现场总线产品，过程自动化类产品，接插件系统。

杭州德普测量设备有限公司
地址：浙江省杭州市余杭区崇贤镇王家门1号
电话：0571-87682771，87682773
传真：0571-87682772
网址：www.hzdepp.com
主要产品或业务范围：专业从事自动化系统，数显系统等集产品研发、生产及销售一体化企业。

杭州海得电气科技有限公司
地址：浙江省杭州市体育场路8号裕达大厦405
电话：0571-86995333
主要产品或业务范围：法国施耐德电气（低压配电和工控）、日本欧姆龙（PLC及自控元器件）、ABB公司（低压配电和工控）、西门子产品、伦茨产品等。

杭州和利时自动化有限公司
地址：浙江省杭州市下沙经济技术开发区19号路北1号
邮编：310018
电话：0571-81633800
传真：0571-81633700
网址：www.hollysys.com
主要产品或业务范围：工业过程自动化系统、企业管理信息化系统、电力系统自动化系统、交通信息自动化及楼宇自动化系统。

杭州鸿信智能工程有限公司
地址：浙江省杭州市文一西路75号数字娱乐产业园1号楼3楼
邮编：310012
电话：0571-88866561
传真：0571-88867871
电子信箱：hongxing6@mail.hz.zj.cn
主要产品或业务范围：自动化系统工程、变频控制设备、工厂生产线的设备配套、节能设备技术开发、服务等。

杭州汇诚自动化系统有限公司
地址：浙江省杭州市教工路282号新德雅公寓19B
电话：0571-88059775
传真：0571-88074884
主要产品或业务范围：主要从事工控产品销售、系统集成及工程服务。

杭州美亚发电设备有限公司
地址：浙江省杭州市文三路133号恒升花苑恒泰阁10层
邮编：310012
电话：0571-88230748
传真：0571-88230750
电子信箱：0571my@163.com
网址：www.chinamy-power.com
主要产品或业务范围：减温减压装置、拖动汽轮机、控制阀、闭式凝结水回收机组、凝结水自动回收泵、通用阀门、PLC、小型DCS等。

杭州新箭电子有限公司
地址：浙江省杭州市余杭区闲林工业区嘉企路19号
邮编：311122
电话：0571-88687615，88687616，88687617
传真：0571-85365532
电子信箱：fengtx@21cn.com
网址：www.xinjianelec.com
主要产品或业务范围：D100系列小型模块化可编程序控制器、D20P系列及D100P系列微型控制器。

浙江拓峰科技有限公司
地址：浙江省杭州市黄姑山路48号拓峰科技园综合楼6楼
邮编：310012
电话：0571-56832895
传真：0571-88821218
电子信箱：tof@mail.hz.zj.cn
网址：www.tofine.com
主要产品或业务范围：专业从事智能传感器、工业自动化控制系统、机电一体化装备和信息化平台设计、研发、制造、集成和服务。

浙江威盛自动化有限公司
地址：浙江省杭州市文二路391号西湖国际科技大厦D座-3层
邮编：310012
电话：0571-86696831，86698020
传真：0571-86698020
电子信箱：sales@weisheng.com.cn
网址：www.weisheng.com.cn
主要产品或业务范围：该公司专业从事分散型控制系统的研究、制造及工程承包，是国家高新技术企业。

浙江浙大中自集成控制股份有限公司
地址：浙江省杭州市经济技术开发区6号路260号中自科技园
邮编：310018
电话：0571-28993299
传真：0571-28993277
电子信箱：chitic@chitic.com
网址：www.chitic.com
主要产品或业务范围：该公司从事智能仪器仪表的研发、生产和销售，无纸记录仪，流量积算仪，数据采集器等。

浙江正泰中自控制工程有限公司
地址：浙江省杭州市经济技术开发区6号路260号中自科技园
邮编：310018
电话：0571-28993200
传真：0571-28993210
电子信箱：chintcon@chintcon.com
网址：www.chitic.com
主要产品或业务范围：ChiticCTS700新型集散控制系统：稳定可靠，功能强大，灵活度高，性价比高，单点信号模块，重造了硬件工艺结构，优化了软件组件，改善了空间布局。客户定制化，工艺及设备对象的适应性强；集散控制系统TDCS9200：融合集成了尖端的电子技术、计算机技术、通信技术、自动化技术、故障诊断技术、可靠性设计技术和软件平台技术；PCC800H集散控制系统：综合了无纸记录仪、多功能回路控制器、顺序控制器、可编程控制器功能的小型集散控制系统。

浙江中控科技集团有限公司
地址：浙江省杭州市滨江区六和路309号中控科技园
邮编：310053
电话：0571-88851888，86667300，86667755
传真：0571-86667506
电子信箱：supcon@supcon.com
网址：www.supcon.com
主要产品或业务范围：该公司是集自动化、信息技术与产品的科研开发、生产制造、市场营销及工程服务为一体的国家级高科技企业。首批“国家863计划产业化基地”之一，国家火炬计划重点高新技术企业、国家规划布局内重点软件企业、国家高新软件园重点骨干企业等。

中国磁记录设备公司
地址：浙江省杭州市文三路90号
邮编：310012
电话：0571-88088650

传真：0571－88889005
电子信箱：cmccontrol@mail.hz.zj.cn
主要产品或业务范围：代理日本三菱公司的可编程序控制器、变频调速器、人机界面、伺服系统等全系列产品。经销日本欧姆龙、富士和德国西门子公司的可编程序控制器、变频器等产品。

重庆川仪工程技术有限公司
地址：重庆市北部新区黄山大道川仪工业园
邮编：401121
电话：023－67032201，67032167
传真：023－67032200
电子信箱：sales@sicc.com.cn
网址：www.sicc.com.cn
主要产品或业务范围：代表重庆川仪对外承接国内外大中型工程项目总包及系统集成。

重庆川仪控制系统有限公司
地址：重庆市北部新区黄山大道川仪工业园
邮编：401121
电话：023－67032715
传真：023－67032717
电子信箱：sales@sicc.com.cn
网址：www.sicc.com.cn
主要产品或业务范围：该公司专业从事控制系统研发、生产制造、集成、销售及工程服务。

重庆汇腾机电设备有限公司
地址：重庆市石桥铺渝高广场B座2单元7－9
邮编：400039
电话：023－68634505，68690263
传真：023－68634505
电子信箱：webmaster@huiten.com
网址：www.huiten.com
主要产品或业务范围：变频调速器、中频变频器、高速电动机、变频电动机、中频电源、可编程序控制器（PLC）、工业人机界面（PWS）触摸屏、工业控制计算机、HIWIN直线导轨、滚珠丝杆、低压电器、高精度转速控制器、转速显示器及旋转编码器等。

重庆英特莱科技有限公司
地址：重庆市北碚区天生路79号3楼
邮编：400700
电话：023－68318861
传真：023－68318861
主要产品或业务范围：智能仪表与智能自动化网络、基于FF协议的智能仪表与系统、嵌入式智能控制模块、集成自动化系统。

其他自动化仪表及装置

北京奥马特仪表技术有限公司
地址：北京市海淀区上地开发区信息路1号2号楼3层
邮编：100085
电话：010-82620099，82895083，82895182
传真：010-82895082
电子信箱：bjallmt@163.com
网址：www.all-mt.com.cn
主要产品或业务范围：T系列全隔离信号调理变送器。

北京北分通恒技术公司
地址：北京市海淀区温泉北清路
邮编：100095
电话：010-62403220，62459293，62403221
传真：010-62488233
联系人：刘宝玲
主要产品或业务范围：各类机箱、机柜、电视墙、控制台的设计和制造等。

北京电子工程总体研究所
地址：北京市海淀区永定路50号
邮编：100039
电话：010-68212656
传真：010-68212656
主要产品或业务范围：医疗设备、安全防范及监控、工业过程控制、工业计算机应用软件、自动化测试设备、卫星接收设备（含船载式）、钢板表面检测设备。

北京东环兴业科技发展有限公司
地址：北京市海淀区知春路132号中发电子大厦609室
邮编：100086
电话：010-82628402，82628409
传真：010-82624478
电子信箱：sales_dunhull@126.com
网址：www.dunhull.com.cn
主要产品或业务范围：该公司主导产品为各类工业控制柜、控制箱、高品质不锈钢控制柜及控制箱、户外高防护等级机柜、19"标准机柜、19"EMC机柜、19"标准插箱、CompctPCI系统插箱、VME、VXI系统插箱、仪器仪表机箱，及拉伸冲压件等。

北京鸿隆创威电子技术有限公司
地址：北京市海淀区上地三街9号嘉华大厦D座705室
邮编：100085
电话：010-62987430，62987643，62986847，62976169
传真：010-62987430-888
联系人：余茂洋
电子信箱：ymy@china-wei.com
网址：www.china-wei.com
主要产品或业务范围：483mm（19in）网络标准机柜、工控柜、服务器机柜、电力屏柜、通信柜、监控操作台、屏幕墙等系列产品。

北京金佳诺科技开发有限公司
地址：北京市海淀区西苑操场15号海淀体委科研楼5层
邮编：100080
电话：010-82622728，82622834，82622684
传真：010-82622697
电子信箱：info@kingword.com.cn
主要产品或业务范围：通用工业自动化监控组态软件。

北京京圳永达科技有限公司
地址：北京市通州区北苑155号219室
邮编：101149
电话：010-60532672
传真：010-60532672-3
电子信箱：huoshen2009@yahoo.com.cn
网址：www.bjjzyd.com
主要产品或业务范围：该公司是一家致力于电网智能化、数字化、电能质量参数采集设备、工业自动化设备的研发、生产、销售及服务的高科技企业，不间断的紧跟世界顶尖科技，为国内创造一流的产品。

北京科宝利国仪器仪表有限公司
地址：北京市东城区灯市口大街75号
邮编：100006
电话：010-65594170
传真：010-65286960
电子信箱：info@kblg.cn
主要产品或业务范围：隔离器、安全栅、信号转换器、过电压保护器、电力测量保护器等工业电子产品。

北京昆仑通态自动化软件科技有限公司
地址：北京市海淀区上地信息产业基地六街七号研华大厦6层
邮编：100085
电话：010-62979682
传真：010-62979059
电子信箱：mcgsshichang@163.com
网址：www.mcgs.com.cn
主要产品或业务范围：从事工控软件的开发、应用系统的集成，并向用户提供从硬件到软件的总体设计方案。

北京龙格自动化系统工程有限公司
地址：北京市宣武区广安门南大街80号中加大厦B座603室
邮编：100054
电话：010-83560844，51660456
传真：010-83521339
电子信箱：blg@vip.sina.com
网址：www.blonger.com
主要产品或业务范围：专业从事自动化工程设计、承包、配套及技术咨询的高科技公司。主要产品有线路保护开关、漏电保护开关、小型断路器、可编程人机界面等。

北京平和创业科技发展有限公司
地址：北京市朝阳区北四环峻峰华亭C座7层
邮编：100029
电话：010-58773564
传真：010-58773565
电子信箱：linsen6801@sohu.com
网址：www.bjpinghe.com
主要产品或业务范围：信号隔离器、隔离配电器、信号转换、温度隔离变送器、隔离安全栅等。

北京森海电子技术有限公司
地址：北京市通州区张家湾镇里二泗工业园区甲90号
邮编：100022
电话：010-85801271，85801273，85801274
传真：010-85801273
电子信箱：xiaoshou@senhai.com.cn
网址：www.senhai.com.cn
主要产品或业务范围：设计和生产控制台，电视监控墙，标准及非标准机柜、机箱，非线性编辑台等产品。

北京维盛新仪科技有限公司
地址：北京市德外教场口1号机械自动化所12楼516室
邮编：100011
电话：010-62057039，62008157
传真：010-62077342
电子信箱：zhuaisong@sohu.com
网址：www.wisdom.bj.cn
主要产品或业务范围：现场信号隔离端子WS系列产品、WS1562无源电源隔离器、WS15622双路无源电流信号隔离端子、WS9050热电阻全隔离信号调理器，WS2025输出环路供电隔离配电器、WSE系列防爆隔离式安全栅。

北京展杰兴业科技有限公司
地址：北京市朝阳区东三环中路富力双子座办公楼A座502室
邮编：100022
电话：010-58765566
传真：010-58765726
电子信箱：beijing@fayin.com.cn
网址：www.fayin.com.cn
主要产品或业务范围：该公司代理美国ACI的各种信号隔离变换器，是日本M-SYSTEM在中国的总代理。产品有几十个系列数千个品种的变换器、隔离器、远程I/O、报警器、阀门位置变换器、电机位置变换器、回路控制器、避雷器、PC记录仪等。

北京中海汇通科技有限公司
地址：北京市海淀区上地三街9号嘉华大厦B座501、504室
邮编：100085
电话：010-62976969
传真：010-62976902
网址：www.will-tech.com.cn
主要产品或业务范围：经销全系列罗克韦尔自动化产品，主要有可编程控制器（PLC）、变频器、智能马达控制器、伺服系统、直流调速器及工业控制仪表等。

瑞泰凯博（北京）科技有限公司
地址：北京市朝阳区和平西街和平西苑20号A座1503室
邮编：100013
电话：400-048-5880
传真：010-84277050
电子信箱：kcsales@rtkb.cn
网址：www.kingcable.cn
主要产品或业务范围：PC/104模块板、PC/104加固型系统、PC/104模块板开发配件。

太力信息产业有限公司
地址：北京市石景山区时代花园南路17号茂华大厦8层
邮编：100043
电话：010-62960887，62960885
传真：010-62961956
电子信箱：synall@china-teleinfo.com
网址：www.china-teleinfo.com
主要产品或业务范围：开发基于Internet/Intranet应用的Synall大型网络化生产过程自动化组态软件、面向电力行业的EpSynall综合自动化组态软件及TelePower能源监控管理组态软件，并获得了相应的计算机知识产权。

紫金桥软件技术有限公司
地址：北京市海淀区中关村东路18号财智国际大厦B座801室
邮编：100086
电话：010-82838301，52926760
传真：010-82838302
电子信箱：bj@realinfo.com.cn
网址：www.realinfo.com.cn
主要产品或业务范围：该公司专门从事工业控制自动化软件的研究开发工作，软件产品有紫金桥实时数据库和紫金桥监控组态软件。

百赛仪器有限公司
地址：广东省东莞市松山湖科技产业园区东莞留学人员创业大厦409室
邮编：523808
电话：0769-22891597
传真：0769-22891597
电子信箱：prstechnology@yahoo.com
网址：www.prsmeas.com
主要产品或业务范围：压力传感器用的数字式信号调理模块，压力传感器集成智能化生产专用平台。

广东省中科进出口有限公司
地址：广东省广州市先烈中路100号大院9号楼1楼
邮编：510070
电话：020-37656268
传真：020-87682371
电子信箱：shengz_k@163.com
网址：www.gdstie.com
主要产品或业务范围：该公司为从事科技产品进出口贸易的公司，产品有校验仪和自动化控制产品，火焰燃烧安全装置，电力、化工等行业用的现场仪表和各类实验室用的检测校验设备等。

广州菱科自动化设备有限公司
地址：广东省广州市天河区天河路242号丰兴广场B栋2606～2609室
邮编：510620
电话：020-38395380，38395381，38395382
传真：020-38395480
电子信箱：link@gzlink.com
网址：www.gzlink.com
主要产品或业务范围：该公司经销或代理日本Nemicon、Omron旋转编码器，中国台湾明纬开关电源、DC/DC转换模块；供应三菱、安川、台达变频器；代理日本三菱、伦茨、山洋的步进、伺服电机驱动器；供应用于印刷、包装、食品机械中的三菱张力控制器、磁粉刷粉离合器、制动器。

凌华科技（深圳）有限公司
地址：广东省深圳市南山区南油天安工业区3座1楼
邮编：518054
电话：0755-26434858-35
传真：0755-26646353
网址：www.adlinktech.com
主要产品或业务范围：测量及自动化的相关顾问咨询服务，嵌入式系统平台，主要应用包括电信机房系统、半导体测试设备、交通管理系统、环境监控系统、军事设备、医疗设备、特殊量测设备。

深圳市丰宝盛机电设备有限公司
地址：广东省深圳市龙岗镇龙城大道龙西路口高科技工业园怡丰工业区（怡富）
邮编：518101
电话：0755-84298888
传真：0755-84878031
电子信箱：service@yf-metal.com
主要产品或业务范围：该公司专业经营电气、气动元件，制作自动化机械手、压力机、剪脚机等设备及各种自动化控制系统。

深圳市深元得电子贸易有限公司
地址：广东省深圳市罗湖区人民南路深房广场B-2304室
邮编：518005
电话：0755-25198775
传真：0755-25198493
联系人：严红霞
电子信箱：wtcsz@public.szptt.net.cn
主要产品或业务范围：代理通信机、工控产品和仪器仪表用各种连接器。

深圳市通本电气技术有限公司
地址：广东省深圳市福田区八卦岭八卦路众鑫科技大厦1008室
邮编：518029
电话：0755-25884853，25884871，25884841，25884892
传真：0755-25884207
电子信箱：tb@tongben.com
网址：www.tongben.com
主要产品或业务范围：该公司是工业自动化控制技术类高新企业，主营德国西门子软启动器，是西门子自动化与驱动集团指定产品合作伙伴。

中山市耀辉电器有限公司
地址：广东省中山市古镇古三第二工业区
邮编：528421
电话：0760-22340311
传真：0760-22340211
电子邮箱：sales@yaohui.com.cn
网址：www.yaohui.com.cn
主要产品或业务范围：专业设计和生产各类型变送器。

沧州福通电子机箱面板制造有限公司
地址：河北省沧州市沧县薛官屯乡新开路
邮编：061737
电话：0317-4888751
传真：0317-4889418
联系人：王培刚
电子信箱：czwbq2008@yahoo.com.cn
网址：www.czftmb.com
主要产品或业务范围：PVC、PC、PET材质薄膜面板、仪器面板、亮银工艺面板、LOGO标识面板、亚克力面板、薄膜开关、银浆键盘、不干胶标签、亚银纸标签、铝拉丝标签、易碎纸标签，铜、铝、不锈钢材质金属铭牌等印刷业务，公司备有美国3M、皇冠、永大等品牌双面胶可供客户选择，银浆键盘的按键使用寿命≥10万次。

河北省青县天成电路板机箱厂
地址：河北省沧州市青县京福北路262号
邮编：062650
电话：0317-4021449
传真：0317-4021449
联系人：朱万和
电子信箱：qxtcjx123@163.com

网址：www.hbwhjx.com
主要产品或业务范围：专业生产各种仪器机箱、机柜、控制台及各种面板。

河北真诺实业有限公司
地址：河北省石家庄市中山东路煤机街32号
邮编：050031
电话：0311-85658881，85658886，85678881
传真：0311-85088881，85658889
电子信箱：hebeizhennuo@163.com
网址：www.hebeizhennuo.com
主要产品或业务范围：GGD，GCK，GCS，MNS，JYD，TY，KS，PK，XGN，GZS1等，箱柜体，仪表柜，机电设备，工业设备，仪器仪表，电力安装，自动化控制等产品。

石家庄欧可自动化技术有限公司
地址：河北省石家庄市友谊南大街51号天蕴大厦1单元1801室
邮编：050081
电话：0311-87886358
传真：0311-83037508
电子信箱：muchcry@163.com
主要产品或业务范围：该公司是一家集工控产品销售、技术咨询、工程方案设计、设备安装调试于一体的自动化技术公司。

洛阳雨枫科贸有限公司
地址：河南省洛阳市高新区三山路中兴大厦413～415室
邮编：471003
电话：0379-64316402，64330819
传真：0379-64313443
电子信箱：raogang@126.com
网址：www.yufeng.net.cn
主要产品或业务范围：代理和经销国内外各种先进的工业自动化控制设备、各类仪器仪表、过程分析和实验室分析仪器、化工设备及备件的企业。

洛阳卓航测控设备有限责任公司
地址：河南省洛阳市解放南路119号
邮编：471009
电话：0379-63945440，63385403，63385346
传真：0379-63945440
网址：www.camamc.com
主要产品或业务范围：测控系统的研制及其模板的一次开发；各类机箱机柜，各种机械装置，高压气源装置；GPS智能管理、触摸查询一体机；电子通信、网络工程、工业自动化工程的开发、咨询与技术服务；军用计算机。

郑州天宏自动化技术有限公司
地址：河南省郑州市高新区翠竹街6号863软件园2号楼C座6楼
邮编：450001
电话：0371-67997803，67997804，67997805
传真：0371-67579805
电子信箱：thgk001@163.com
网址：www.thgk.com.cn
主要产品或业务范围：分布式数据采集模块和自动化仪表等。

梅勒电气（武汉）有限公司
地址：湖北省武汉市东西湖区革新大道639号
邮编：430040
电话：027-83262021，83262969
传真：027-83262022，83256970
电子信箱：me@mehler.cn
网址：www.mehler.cn
主要产品或业务范围：组合式开关柜、控制柜及密封型控制箱、数控系统操作台、标准机柜、微机显示操作台、集装箱式配电控制站等。

博恩斯坦电子（太仓）有限公司
地址：江苏省太仓市东亭北路38号
邮编：215400
电话：0512-81608180
传真：0512-81608181
电子信箱：info@bernstein-safesolutions.cn
网址：www.bernstein-safesolutions.cn
主要产品或业务范围：该公司是世界领先的工业安全技术产品供应商，产品有电子开关、传感器、工业机箱、遥控操作终端，为用户提供系统、优惠、安全的解决方案。

江苏美联集团公司
地址：江苏省扬中市明珠广场北首
邮编：212213
电话：0511-88435999，88438588
传真：0511-88431300
网址：www.jstyml.com
主要产品或业务范围：生产销售智能电网设备，高、低压开关柜，高、低压母线槽，电缆桥架，电除尘设备，脱硫设备，支吊架，仪表管阀件等系列产品。

乐星迈克彼恩自动化科技（无锡）有限公司
地址：江苏省无锡市新区梅村工业集中区锡达路240-1号
邮编：214112
电话：0510-82953000
传真：0510-82953019
电子信箱：mecapionsales@mecapion.com，sales@lsmecapion.com.cn
网址：www.lsmecapion.com.cn
主要产品或业务范围：专注于自动化设备及机械装置方面的核心部件，即旋转编码器、伺服电动机、伺服驱动器等产品的开发、研制、生产、销售和售后服务。

南京宾德电气有限公司
地址：江苏省南京市江宁开发区诚信大道88号华瑞工业园7号楼
邮编：211100
电话：025-83328591
传真：025-52766550
电子信箱：bindernj@binder-connector.cn
网址：www.binder-connector.cn
主要产品或业务范围：连接器。

苏州美名软件有限公司
地址：江苏省苏州市工业园区金鸡湖大厦1355号国际科技园二期C303
邮编：215021
电话：0512-68075718
传真：0512-68075728
电子信箱：info-cn@mm-software.com
网址：www.mm-sftware.cn
主要产品或业务范围：开发自动化控制方面的软件，为自动化行业现场设备/仪器仪表及控制系统厂家和用户提供业界领先的设备管理解决方案。

苏州通源自动化设备有限公司
地址：江苏省苏州市吴中区兴南路9号
邮编：215128
电话：0512-65986793
传真：0512-65986785
网址：www.s-ty.cn
主要产品或业务范围：高、低压柜。

台安科技（无锡）有限公司
地址：江苏省无锡市高新开发区65－C地块
邮编：214028
电话：0510-85227556
传真：0510-85227558
电子信箱：wxtaian@taian-tech.com
网址：www.taian-technology.com
主要产品或业务范围：该公司主营各种规格的变频器、PLC、人机界面、交流接触器、电动机启动器、低压断路器、电磁开关、电磁接触器、启动及控制开关、定时开关、按钮、仪表盘、台电装甲型开关箱、整套型屋内或屋外变电站等。

万能亿自动化科技（苏州）有限公司
地址：江苏省苏州市新区狮山工业园黄埔街6号
邮编：215011
电话：0512-69216333
传真：0512-68235290
网址：www.ut-system.com
主要产品或业务范围：自动化设备。

九江石化仪表技术工程公司
地址：江西省九江市滨江东路228号
邮编：332004
电话：0792-8492612
传真：0792-8492612
主要产品或业务范围：安全栅。

大连菲宝克斯电气有限公司
地址：辽宁省大连市高新园区火炬路43号
邮编：116021
电话：0411-84507942
传真：0411-84820759
联系人：张玮
电子信箱：sales@fibox.cn
网址：www.fibox.cn
主要产品或业务范围：芬兰FIBO公司的各种工业控制领域高防护等级的开关箱、按钮盒、接线箱及仪表箱等。

大连光洋科技工程有限公司
地址：辽宁省大连市经济开发区龙泉街6号
邮编：116600
电话：0411-87620989
传真：0411-87615548
网址：www.dlgona.com
主要产品或业务范围：各种低压电气控制柜、计算机柜、操作台、正压防爆控制柜、便携式螺柱焊机、高亮度彩色液晶触摸式工业级和军用级计算机，以及高精度钣金加工，自动化控制系统设计、集成及现场安装调试。

大连佳远仪表有限公司
地址：辽宁省大连市沙河口区西安路66号君安国际大厦2523室
邮编：116021
电话：0411-84618098，84618031
传真：0411-84507906
电子信箱：dljyck@126.com
网址：www.jycontrol.com
主要产品或业务范围：该公司专业代理进口工业自动化及气动产品。代理产品主要有各种信号隔离器、配电器、隔离变送器、电力变送器、避雷器等各种信号变换器。

沈阳恩邦电气控制系统有限公司
地址：辽宁省沈阳市铁西区建设东路57号爱都国际B座1606室
邮编：110021
电话：024-23888088，85615221，27622260
传真：024-85615375，27617263
电子信箱：nb@nb-electric.com.cn
主要产品或业务范围：仪表盘，台、箱、柜系列。

沈阳飞驰科技有限公司
地址：辽宁省沈阳市南京南街150号集智大厦1305室

邮编：110005
电话：024-23396938，23396935
传真：024-23396936
电子信箱：chengy@faithteq.com
网址：www.faithteq.com
主要产品或业务范围：威图EPLAN软件、操作台。

沈阳飞捷电子研究所
地址：辽宁省沈阳市东陵区东大营街14号
邮编：110161
电话：024-88448588，82116288
传真：024-88447838
电子信箱：feijie@feijie.com.cn
网址：http://feijie.chinaepu.com
主要产品或业务范围：金属电化学打标机，电脑气动打标机，铭牌打印机，电力测量仪表，压力测量仪表。

昱家科技股份有限公司
地址：辽宁省大连市中山区人民路23号虹源大厦3210室
邮编：116001
电话：0411-39851800
传真：0411-39851887
电子信箱：peter.wang@sensingtek.com.cn
网址：www.sensingtek.com
主要产品或业务范围：该公司致力于无线传感网络技术的研发，为数字技术时代的环境监测、健康照护、大厦自动化、工业自动化、资产巡检、灾害预防及其他领域的用户提供无线智能控制解决方案。

济宁莱恩光电科技有限公司
地址：山东省济宁市中区开发区香港东路1号
邮编：272000
电话：0537-3926515，3926516
传真：0537-3926519
电子信箱：LN100@163.com
网址：www.laien.cn
主要产品或业务范围：该公司主要从事光电安全保护产品的研发、制造和销售，主导产品有光电保护装置，又称光电保护器，安全光幕，安全光栅。

青岛深龙科技有限公司
地址：山东省青岛市市南区安庆路17号
邮编：266071
电话：0532-85852985
传真：0532-85852980
电子信箱：shenlong@qd-shenlong.com
网址：www.qd-shenlong.com
主要产品或业务范围：自动化产品代理销售与工程应用。

北方自动控制技术研究所
地址：山西省太原市体育路351号
邮编：030006
电话：0351-8725100
传真：0351-8725100
网址：www.citcn.net
主要产品或业务范围：自动控制技术与计算机应用技术及其他相关产品的开发。

山西同华科技有限公司
地址：山西省太原市高新开发区傅山中盛康大厦203号
邮编：030006
电话：0351-7037750，7037751
传真：0351-7037752
电子信箱：sxtonghua@126.com，ser@tonha.com
网址：www.tonha.com
主要产品或业务范围：该公司致力于工业自动化控制系统集成及工业自动化仪表的开发，专业生产模拟量隔离变换器、变送器、分配器，为工业自动化领域里模拟量信号的处理提供了各种解决方案。

陕西省西仪仪表控制系统安装公司
地址：陕西省西安市莲湖区大庆路13号
邮编：710082
电话：029-88624281，88620292
传真：029-88624281
主要产品或业务范围：自动化仪表控制系统专业安装。

陕西咸阳坤宁微电子公司
地址：陕西省咸阳市咸兴路中段9号
邮编：712023
电话：029-33336364，33344711
传真：029-33612591
电子信箱：mail@knwdz.com
网址：www.knwdz.com
主要产品或业务范围：齐纳式、隔离式安全栅，防雷栅及安全栅厚膜机芯，各类稳压电源，高精度一体化厚膜集成两线制温度变送器等。

堡盟电子（上海）有限公司
地址：上海市松江民益路201号楼2层A区
邮编：201602
电话：021-67687095
传真：021-67687098
电子信箱：sales.cn@baumer.com
网址：www.baumer.cn
主要产品或业务范围：集团提供精密测量方案，以及产品设计和生产，产品包括用于工厂和过程自动化的传感器、视觉产品及其解决方案、运动控制以及黏合系统。

捷高电子（上海）有限公司
地址：上海市桂平路481号18号厂房6楼
邮编：200233

电话：021-64851272
传真：021-64850051
网址：www.ellies.de
主要产品或业务范围：工业自动化控制设备、电子器材、轻工机械控制系统，以及提供售后服务。

进联电子科技（上海）有限公司

地址：上海市嘉定区马陆镇丰饶路169号
邮编：201801
电话：021-69150100
传真：021-69157811
联系人：陈忠明
电子信箱：deca@deca.com.tw
网址：www.deca-switchlab.com
主要产品或业务范围：该公司提供欧规端子、美规端子、轨道式端子、模块板、ϕ16～ϕ22按钮、紧急开关、钥匙开关、专业模具设计及生产、模仁加工、OEM&ODM专业设计及生产。

科敉电子（上海）有限公司

地址：上海市钦州路100号上海科技创业中心2号楼811室
邮编：200235
电话：021-51701598
传真：021-51701599
电子信箱：comizoa@gmail.com
网址：www.comizoa.com
主要产品或业务范围：数据采集卡和运动控制卡。

菱电自动化（上海）有限公司

地址：上海市漕宝路103号自动化仪表城5号楼1～3层
邮编：200233
电话：021-64753228
传真：021-64846996
电子信箱：raspsw@ryoden.com.hk
网址：www.ryoden-int.com
主要产品或业务范围：该公司主营变频器、交流伺服系统、张力控制器等产品。

罗克韦尔自动化（中国）有限公司

地址：上海市漕河泾开发区虹梅路1801号B区宏业大楼1楼
邮编：200233
电话：021-61288888
传真：021-61288899
电子信箱：jsun2@ra.rockwell.com
网址：www.rockwellautomation.com.cn
主要产品或业务范围：该公司整合了工业自动化领域的知名品牌，其中包括艾伦—布拉德利的控制产品和工程服务及罗克韦尔软件开发的自动化管理软件。

穆尔电子元器件（上海）有限公司

地址：上海市普陀区绥德路628号C幢
邮编：200331
电话：021-62847607
传真：021-62848526
电子信箱：info@murrelektronik.com.cn
网址：www.murrelektronik.com.cn
主要产品或业务范围：传感器及执行器的连接系统、分线盒、抗干扰与继电器模块、紧凑型电源及变压器、现场总线系列产品。

上海爱瑞系统集成有限公司

地址：上海市桂平路481号15号楼4楼
邮编：200233
电话：021-51096600
传真：021-54263008
电子信箱：info@aera.com.cn
网址：www.aera.com
主要产品或业务范围：信息自动化领域。

上海倍加福工业自动化贸易有限公司

地址：上海市闸北区市北工业园区江场三路219号大楼4楼
邮编：200436
电话：021-66303939
传真：021-66300883
电子信箱：fa-info@cn.pepperl-fuchs.com
网址：www.pepperl-fuchs.cn
主要产品或业务范围：接近传感器、光电传感器、安全光电传感器、光栅、光幕、超声波传感器、位置编码系统、识别系统、微波传感器、旋转编码器、AS-Interface总线系统、光电数据传送系统、液位控制器等。

上海辰竹仪表有限公司

地址：上海市民益路201号6号楼
邮编：201612
电话：021-64513350
传真：021-64846984
电子信箱：chenzhu@chenzhu-inst.com
网址：www.chenzhu-inst.com
主要产品或业务范围：该公司从事本安防爆自控系统的关联设备——隔离式安全栅、隔离器、配电器、信号转换器等产品的研究、开发、制造和销售服务。

上海电力学院电器仪表厂

地址：上海市杨浦区隆昌路371号
邮编：200090
电话：021-35303853
传真：021-65435816
网址：www.shdyyb.com
主要产品或业务范围：DY-DAS2000数据采集系统。

上海鼎茂兴自动化技术有限公司

地址：上海市浦东新区龙东大道3000号张江集电港1号楼806

邮编：201203
电话：021-68795777
传真：021-68795013
电子信箱：sales@dmxtech.com
网址：www.dmxtech.com
主要产品或业务范围：为用户提供完整的系统解决方案。产品有位移传感器、角位移传感器、全数字交流伺服系统、直流伺服电机系统、交流伺服电机、SCADA软件。

上海富青电器有限公司
地址：上海市宝山区大场镇南陈路106弄168号
邮编：200436
电话：021-66131282
传真：021-66161456
网址：www.fuqingdianqi.com
主要产品或业务范围：标准柜、监控操作台、屏幕墙、触摸屏、电力柜、航空机箱等钣金产品。

上海高霖电子有限公司
地址：上海市普陀区云岭西路899弄10号
邮编：200333
电话：021-52707396，52982550，52982235
传真：021-52982385
电子信箱：duanxj_2002@163.com
网址：www.gaolin-china.com
主要产品或业务范围：该公司是一家专业电气连接产品的供应商。主要产品有接线端子台及各类电子连接器。

上海黑马安全自动化系统有限公司
地址：上海市外高桥保税区富特南路301号
邮编：200131
电话：021-50481850
传真：021-50484655
电子信箱：himash@hima-china.com
网址：www.hima-china.com，www.hima.com
主要产品或业务范围：负责HIMA公司在中国内地的产品销售、工程设计、技术培训、系统集成、维修服务以及备品备件等全套业务。

上海敬邦机电设备有限公司
地址：上海市浦东新区浦电路438号双鸽大厦9楼B座
邮编：200122
电话：021-51172700
传真：021-51172766
电子信箱：info@keypoint.cn
网址：www.keypoint.cn
主要产品或业务范围：该公司是敬邦国际有限公司旗下的一家专业从事机械设备和自动化仪表服务的公司。

上海蓝鸟机电有限公司
地址：上海市中江路879上海天地软件创业园16栋3楼
邮编：200063
电话：021-52651993，52651994，52651995，52651996
传真：021-52651991
电子信箱：bluebird@bluebirdme.com
网址：www.bluebirdme.com
主要产品或业务范围：代理Wonderware产品、法国施耐德电器、美国GarrettCom工业以太网交换机。

上海力群机电贸易有限公司
地址：上海市北京东路668号赛格电子市场4楼417A
邮编：200001
电话：021-53560117，53081476
传真：021-53081476
网址：www.SH-WYZDH.com
主要产品或业务范围：台安牌变频器、PLC、人机界面（触摸屏）等自动化控制产品。

上海琪普电子科技有限公司
地址：上海市曹杨路1040号中谊大厦28楼
邮编：200062
电话：021-62547801，62541945
传真：021-52669918
联系人：张平
电子信箱：sh_chip@sina.com
网址：www.wisdom.bj.cn
主要产品或业务范围：WS系列现场信号隔离端子。

上海新奇生电器有限公司
地址：上海市普陀区柳园路599号
邮编：200331
电话：13524819804
传真：021-66958955
电子信箱：xqs_8018@163.com
网址：www.shxqs.cn
主要产品或业务范围：成套仪表箱柜。

威图电子机械技术（上海）有限公司
地址：上海市松江区民益路1658号
邮编：201612
电话：021-51157799
传真：021-51157788
电子信箱：marketing@rittal.cn
网址：www.rittal.cn
主要产品或业务范围：工业电气、电子控制箱柜，控制箱体及附件，电子元件安装箱体及附件，控制箱空调系统及附件系统，配电组件及附件系统，数据通信箱体及附件，户外箱体及附件。

成都金石电子工程公司
地址：四川省成都市一环路东三段72号锦泰公寓A座5-2室
邮编：610051

电话：028-84337040，84321615
传真：028-84364116，84321817
主要产品或业务范围：该公司是中国台湾地区台达电子、日本安川电机、德国西门子低压电器、日本松下电工等产品的代理。也是杭州三利机电有限公司西南地区总经销。同时经销日本三菱、欧姆龙、富士、三垦，中国台湾地区国兴和明纬，法国施耐德等公司的自动化产品。

成都万讯自控有限公司
地址：四川省成都市科华北路64号棕南俊园12楼C座
邮编：610041
电话：028-85235919，85236919，85236929
传真：028-85216929
电子信箱：sales@cdmaxonic.com.cn
网址：www.cdmaxonic.com.cn
主要产品或业务范围：麦索尼克端子单元仪表，隔离配电温变，单路、多路信号处理。

四川纵横仪器有限公司
地址：四川省成都市高新西区天河路1号
邮编：611731
电话：028-85177117，85177288
传真：028-85177115
电子信箱：jovian@jovian.com.cn
网址：www.jovian.com.cn
主要产品或业务范围：VXI总线、JV5200和PC总线三大系列测控产品、近100种型号以及功能强大的Signal View信号分析软件产品。

天津市正本电气股份有限公司
地址：天津市北辰科技园区环东发展区华泰道6号
邮编：300402
电话：022-86880050，86880051，86880052，86880053
传真：022-86880058
电子信箱：tjzb@tj-zb.com，tjzbdq@163.com
网址：www.china-tjzb.cn
主要产品或业务范围：自动化成套设备，高、低压供电装置，高防护等级机箱、机柜。

天津市中环电子信息集团有限公司
地址：天津市河西区环湖中道9号
邮编：300060
电话：022-23352217
电子信箱：wangying@mail.eiii.tj.cn
网址：www.eiii.tj.cn
主要产品或业务范围：以自动化仪表、电子仪器、电工仪表为核心的仪器仪表产业和以复印机、绘图机和影像设备为核心的办公自动化产业。

宜科(天津)电子有限公司
地址：天津市西青经济开发区赛达四支路12号
邮编：300385
电话：022-23788282
传真：022-23788399
电子信箱：tianjin@elco.cn
网址：www.elco-holding.com.cn
主要产品或业务范围：该公司主要生产和销售光电旋转编码器，同时销售数显仪表，智能继电器，多功能伺服控制系统及通用变频器等，并提供综合解决方案。

巨化集团公司工程有限公司仪表厂
地址：浙江省衢州市巨化中央大道243号
邮编：324004
电话：0570-3098570
传真：0570-3096164
主要产品或业务范围：仪器仪表生产、安装、成套，自动化仪表系列。

龙飞集团有限公司
地址：浙江省乐清市宁康西路338号
邮编：325600
电话：0577-62515163，62515173
传真：0577-62517999
电子信箱：lifen@longfei.com
网址：www.longfei.com
主要产品或业务范围：齐纳安全栅（LB800系列、LB900系列、LF700熔丝可换式系列）、LF2000系列隔离安全栅、LLF200系列电源分配器等产品。

重庆川仪自控系统工程成套厂
地址：重庆市北碚区龙凤三村
邮编：400700
电话：023-68265905，68265904
传真：023-68265903
电子信箱：sic20@sicc.com.cn
网址：www.sicc.com.cn
主要产品或业务范围：该公司提供工业自动化仪表盘、台、箱柜，各类标准、非标准自动化仪表成套装置，高、低压电控柜设计与制造，各类电缆桥架、接线盒，保温保护箱、电缆分支箱等产品。

重庆工业自动化仪表研究所
地址：重庆市北部新区高新园黄山大道中段杨柳路2号B区
邮编：401123
电话：023-89137818
传真：023-89137800
电子信箱：master@ciiai.cn
网址：www.ciiai.cn
主要产品或业务范围：从事自动控制系统工程。工业控制实时软件开发，计算机信息系统，企事业管理系统，工业控制仪表的开发生产，工业自动化系统和智能建筑的设计、成套、安装、调试、维护、维修等。

电工电子仪器仪表

合肥达春电子有限公司
地址：安徽省合肥市淝河路324号
邮编：230041
电话：0551-65549489
传真：0551-65549489
电子信箱：hfdachun@163.com
网址：www.hfdachun.com
主要产品或业务范围：示波器、函数信号发生器、光纤通信产品等。

中国电子科技集团公司第41研究所
地址：安徽省蚌埠市华光大道726号
邮编：233006
电话：0552-4071248，4072248
传真：0522-4070248
联系人：朱立军，黄跃永，李风波
电子信箱：eibb@ei41.com
网址：www.ei-electro.com
主要产品或业务范围：高效科研用微波毫米波仪器、光通信、数字通信、射频教学实验用仪器及系统、示波器。

北京爱博精电科技有限公司
地址：北京市海淀区上地创业路8号群英科技园3号楼1层东
邮编：100085
电话：010-51290033
传真：010-62972073
电子信箱：marketing@accuenergy.com
网址：www.accuenergy.com
主要产品或业务范围：Acuvim智能电力仪表，EV100/300系列网络电力仪表，DV100/300系列多功能数字面板表，SPM60配电终端，以及EPM400，PSM300，SRTU系列电力智能测控模块。

北京波尔通信电源设备有限公司
地址：北京市海淀区上地三街中黎科技园2号楼B-301
邮编：100085
电话：010-62973112
传真：010-62961568
电子信箱：pw@pw.com.cn
网址：www.pw.com.cn
主要产品或业务范围：频控电源、温控电源、车载照明电源、脉动输出电源、各种军用特种电源。

北京伯仲达仪器有限公司
地址：北京市朝阳区鼎成路9号世纪宝鼎公寓B-1902室
邮编：100101
电话：010-84899425
传真：010-84899428
电子信箱：bjbzd@263.net
网址：www.bzdele.com
主要产品或业务范围：代理美国泰克电子测量产品及电子测量产品配套件等。

北京淳堂科技有限公司
地址：北京市海淀区知春路111号理想大厦3层5316室
邮编：100086
电话：010-82679325，82679086
传真：010-82679325
电子信箱：sales@elehouse.com.cn
网址：www.elehouse.com.cn
主要产品或业务范围：智能仪表抄表收费管理系统、智能仪表电子模块、CPU卡预付费电卡表电子模块。

北京达敏机电技术研究所
地址：北京市西城区德外教场口街1号
邮编：100011
电话：010-62072181
传真：010-62034390
电子信箱：damin@damin.cn
网址：www.damin.cn
主要产品或业务范围：电声器件测试仪、水声测试仪、噪声测试仪、听力分析测试仪、建筑声学测量仪等。具体产品有声学测量分析仪、音频信号源、噪声信号发生器、测量放大器、测试滤波器、测量功率放大器、选通系统、显示记录仪器等。

北京大华无线电仪器厂
地址：北京市海淀区清河安宁庄东路18号
邮编：100085
电话：010-62937187，62937111，62937112
传真：010-62921291
电子信箱：dahua@dhelec.net
网址：www.dhelec.com.cn
主要产品或业务范围：产品覆盖了稳压电源、微波测量仪器、教学仪器等400多种产品；主要有铷原子频率标准、雷达综合测试仪、微波信号源、噪声发生器、选频放大器、卫星云图接收机、大气物理探测系统、微波（光磁、顺磁、铁磁）共振实验系统、微波分光仪、微波胶乳测试仪、测控天线、微波组件、波导同轴器件、交直流稳压稳流电源、开关电源、电子负载、耐压测试仪、蓄电池修复仪、网络型蓄电池检测系统等。

北京大泽科技有限公司
地址：北京市东城区察慈小区15楼4层
邮编：100027
电话：010-64357789，64371084
传真：010-64373942-8011
电子信箱：zn734@vip.sina.com
网址：www.zn734.com.cn
主要产品或业务范围：无线电干扰场强测量仪，失真度测量仪系列，高频、超高频电压测量仪，屏蔽效能测试系统系列，信号源及功率信号源，EMC测试及相关产品，EMC教学实验设备。

北京德龙电力设备有限公司
地址：北京市通州工业开发区北二街1号
邮编：101113
电话：010-61568188
传真：010-69574996
电子信箱：long@bj-delong.com
网址：www.bj-delong.com
主要产品或业务范围：直流—交流（逆变、整流），不间断电源系统，电力输送设备，万用表，测试仪表，动力车充电器。

北京迪恩康硕科技发展有限公司
地址：北京市海淀区永丰高新技术产业基地北清路103号1号B楼206室
邮编：100094
电话：010-82403174，82403194，82478274
传真：010-82401474
电子信箱：market@dsc.net.cn
网址：www.dsc.net.cn
主要产品或业务范围：该公司专业从事分布传感系统与控制系统的研发、生产、销售与服务。产品有DSC-DTS系列连续分布全光纤测温系统，DSC-FBG-XA系列光纤光栅传感系统，DSC-DTSS-2000系列连续分布式全光纤传感系统，DSC-DZ-2000分布式数字传感在线监测预警系统，DSC-DN-3000系列电能质量在线监测仪。

北京电研智深控制技术有限公司
地址：北京市清河小营东路15号
邮编：100085
电话：010-62918539
传真：010-62918539
电子信箱：296922153@qq.com
主要产品或业务范围：仪器仪表及低压控制元件的技术和配套产品。代理英国克朗普顿电工仪表、法国CA电机测量仪表、西班牙SMC三相及单相继电保护测试仪、丹麦TELCO高性能光电系统、德国SEG数字保护继电器、奥地利K&N系列转换开关、法国CROUZET自动化控制元件、德国威能多极重型接插件与端子等。

北京东方晨景科技有限公司
地址：北京市海淀区中关村东路66号世纪科贸大厦B座2203室
邮编：100190
电话：010-51668833
传真：010-62670990
联系人：石丽
电子信箱：sales@eastchanging.com
网址：www.eastchanging.com
主要产品或业务范围：磁场发生及测量设备、低温产生及测量设备、原子核物理检测仪器、教学实验及演示设备。

北京东方正达世纪电子技术有限公司
地址：北京市北四环中路229号海泰大厦1102室
邮编：100083
电话：010-82883755，82883756
传真：010-82883754
电子信箱：zhengda@263.net
网址：www.bjdfzd.com.cn
主要产品或业务范围：该公司研发、生产及销售电路维修测试仪等产品。

北京东方中科集成科技股份有限公司
地址：北京市海淀区阜成路67号银都大厦12层
邮编：100142
电话：010-68715566
传真：010-68459932
电子信箱：webmaster@jicheng.cn
网址：www.jicheng.net.cn
主要产品或业务范围：该公司目前已经成为中国电子测试及科学分析领域领先的综合服务商。

北京东英泰思特测试技术有限责任公司
地址：北京市北三环中路31号泰思特大厦1号楼2层
邮编：100088
电话：010-82003519
传真：010-82005988
联系人：郭全顺
电子信箱：grtcc@public.bta.net.cn
网址：www.dytest.com.cn
主要产品或业务范围：该公司主营自主研发的BC3193分立器件测试仪、BC3186DC-DC模块测试系统，英国Quadtech公司的数字电桥、电缆测试仪、绝缘电阻表（兆欧表）、安规检测仪，美国Kepco公司的电源、功率放大器，美国CPI公司的功率计、相位表，美国IET公司的电阻、电容、电感标准。

北京二十一世纪科技发展有限公司
地址：北京市海淀区西三旗建材城东路26号
邮编：100096
电话：010-62929966

传真：010-82951104
电子信箱：webmaster@21stc.com.cn
网址：www.21stc.com.cn
主要产品或业务范围：承接无线寻呼、卫星单向覆盖设备集成及VSAT全国联网系统工程等，代理R/S、Z-Tech、WWG、IFR、ICOM等公司的通信测量仪器。

北京丰光信得机电技术有限公司
地址：北京市海淀区北小马厂6号华天大厦502室
邮编：100038
电话：010-63322248，63322249
传真：010-63322247
电子信箱：tracopower@163.com
网址：www.fgxdnavi.com
主要产品或业务范围：代理HIOKI、TESTO全系列产品，KANE烟气分析仪，红外测温仪，流量计等，具体产品有HIOKI3196电能质量分析仪、HIOKI8855存储记录仪、HIOKI3151接地电阻计、TESTO435控制流速及流量检测记录仪、TESTO350烟气分析仪。

北京福爱博通信设备有限公司
地址：北京市海淀区皂君庙14号院8号楼102室
邮编：100081
电话：010-62143154
传真：010-62143159
电子信箱：guangtongxinshebei@hotmail.com
网址：www.bjwls.com
主要产品或业务范围：光纤通信的各种仪器、仪表。

北京共立恒业科技有限公司
地址：北京市海淀区中关村太阳园小区11号楼807室
邮编：100086
电话：010-82110980，82110981，82110930，82110931
传真：010-82110980
电子信箱：bjglhy@163.com
网址：www.kyoritsu.com.cn
主要产品或业务范围：该公司销售日本共立的万用表、钳形表、绝缘电阻测试仪、接地电阻测试仪、回路阻抗测试仪、漏电开关测试仪、漏电记录仪、多功能测试仪、相序表、照度计、测温仪、转速计、记录仪、电力计；日本日置的记录仪、存储记录仪、电子测量仪表、环境测量仪表、钳形式传感器、电力测量仪器、钳形表测试仪、现场测试仪器等产品。

北京共立汇佳机电设备有限公司
地址：北京市海淀区西三旗雪梨澳乡A区23-4
邮编：100096
电话：010-82907162
传真：010-82905406
电子信箱：zhuqihui@sletek.com.cn
网址：www.sletek.com.cn
主要产品或业务范围：该公司产品包括在线电能质量分析、在线蓄电池分析、在线绝缘电阻测量、在线接地电阻测试仪系统、电压电流在线记录系统、万用表、钳表、多功能相位测试仪等。

北京贵仪永恒商贸有限责任公司
地址：北京市西城区西四北大街101号南门
邮编：100034
电话：010-66125314
传真：010-66121804
联系人：赵凤
电子信箱：xjun.bjgy@263.net
主要产品或业务范围：该公司是电工仪器仪表生产经营基地，产品有万用表、示波器、信号发生器、毫伏表、图示仪、稳压电源、计数器、实验台等。

北京海洋集众电子技术发展中心
地址：北京市中关村南大街48号九龙商务中心A座1002室
邮编：100081
电话：010-62178811
传真：010-62176619
电子信箱：info@oitek.com.cn
网址：www.oitek.com.cn
主要产品或业务范围：电子测量仪器仪表，交、直流电源，电子焊接及维修工具。代理美国泰克、福禄克，日本白光、日立等公司的产品。

北京航天华辉自动化技术有限公司
地址：北京市西三环中路18号万发大厦502室
邮编：100036
电话：010-63964019
传真：010-63964166
电子信箱：sales@huahuiauto.com
网址：www.huahuiauto.com
主要产品或业务范围：该公司提供电能质量分析仪器，包括便携式电能质量分析仪、在线式电能质量分析仪、手持式功率谐波分析仪、电力监控仪表，可用于对各种电力参数进行网络式监测。

北京弘豪福安仪器有限公司
地址：北京市丰台区云岗王佐镇下庄
邮编：100074
电话：010-83391064，59145196
传真：010-83391064
联系人：刘毅弘
电子信箱：bj83391064@163.com
网址：www.bjhhfa.com
主要产品或业务范围：6000系列7.5位分辨率精密数字单用表，2000系列标准负荷测量仪，20500系列标准测力传感器，20600系列标准压力传感器，精密直流信号源、数控精密稳压电源。

北京汇邦科技有限公司
地址：北京市丰台区科技园航丰路6号
邮编：100070
电话：010-63787810
传真：010-83681294
电子信箱：bjhbkj@263.net
网址：www.hbkj.com.cn
主要产品或业务范围：该公司限售智能单、双回路、单、双光柱仪表、PID温度控制器、数显工业调节仪、可编程调节器、数显巡检仪，温、湿度测控仪，压力、液位变送器，智能单、双延时器、累时器、计数器、转速表、频率计、光栅表（变送、通信），三位/三位半/四位/四位半数字面板表，智能交、直流电压、电流、三相电流表、电压表、工频表、功率表、功率因数表、安时表、三相综合电参数表等产品。

北京惠博顿电磁兼容技术有限公司
地址：北京市海淀区复兴路23号百乐宾馆写字楼622
邮编：100036
电话：010-59796506
传真：010-59795854
电子信箱：hugeton@vip.sina.com
网址：www.hugeton.com
主要产品或业务范围：该公司是从事电磁兼容（EMC）行业的专业公司，其产品广泛应用于通信设备、各类电源、精密仪器、变频伺服设备、税控设备以及一些电力设备中。

北京吉安诺科技发展有限公司
地址：北京市丰台区马家堡路蓝光云鼎805室
邮编：100068
电话：010-51661639，88877285
传真：010-88861437
电子信箱：wanghui@jan1718.com
网址：www.jan1718.com
主要产品或业务范围：该公司主要研发及生产超声波线缆测高仪、激光测距仪、气体检测仪、红外线测温仪等产品。

北京捷麦通信器材有限公司
地址：北京市丰台区芳城园一区17号楼日月天地B座1505室
邮编：100054
电话：010-52486502，52486503
传真：010-58076473
电子信箱：service@sa68.com
网址：www.sa68.com
主要产品或业务范围：该公司是集科研开发、生产经营、技术服务为一体的高新技术企业，专业从事无线数传模块的开发、生产及销售，并承接特殊产品的设计和无线测控系统的建设。

北京金三航科技发展有限公司
地址：北京市海淀区苏州街18号长远天地A2座711室
邮编：100080
电话：010-82573333，82609250
传真：010-51662244-804
电子信箱：h4040@163.com
网址：www.tester.com.cn
主要产品或业务范围：集成电路测试仪、电路板故障检测仪、万用表、钳形电流表、数字绝缘电阻表，光电转速表，照度计，电感电容表，模拟示波器，存储示波器，信号发生器，频率计，测振仪，测温仪，无损检测和校验仪器等产品。

北京金讯合科贸有限责任公司
地址：北京市朝内大街南竹竿胡同6号
邮编：100010
电话：010-64079656，64079602
传真：010-64079601
联系人：杨骏
电子信箱：bonwall@jinxunhe.com
网址：www.jinxunhe.com
主要产品或业务范围：经营、代理德国GOSSEN-CAMILLE公司的电量变送器，多功能电量表，温度变送器，配电器，分配器，隔离器，隔离安全栅，电网质量分析仪；德国HONSBERG公司的流量计，流量开关，压力、差压变送器，压力、差压开关，液位变送器及液位开关，温度变送器及温度开关；德国ZIEHL公司的专业电机监控产品，PTC电阻继电器，电动机负载继电器，电压、电流继电器，频率继电器，300/300D数显表，电流、电压变送器；德国HONTZSCH公司的气体流量计，叶轮流量计，涡街流量计，热式气体流量计。

北京京仪敬业电工科技有限公司
地址：北京市西城区西什库大街31号
邮编：100031
电话：010-66157608
传真：010-66153775
电子信箱：Cyndi88@126.com
网址：www.jydg.cn
主要产品或业务范围：高低压配电装置，微型电机，自动控制装置，电力控制设备。

北京凯弘电子仪器有限公司
地址：北京市东城区新中街7号
邮编：100027
电话：010-64150988，64159299
传真：010-64150988
联系人：崔秀玲
电子信箱：bjkh@bjkh.com
网址：www.bjkh.com
主要产品或业务范围：全自动EMI/干扰场强测量仪，全数字智能型失真仪，数字合成信号发生器，全数字真有效值微伏表。

北京科海电子技术有限公司
地址：北京市海淀区中关村大街22号
邮编：100190
电话：010-62559482，62645315
传真：010-62574489
电子信箱：kh@khdd.com.cn
网址：www.bjkhdd.com
主要产品或业务范围：电量传感器。

北京科奇时代信息工程技术开发有限公司
地址：北京市右安门东滨河路2号8幢2317世纪金色嘉园
邮编：100054
电话：010-51375308，51375309
传真：010-51375307
电子信箱：keqi@117.com.cn
网址：www.117.com.cn
主要产品或业务范围：该公司是北京国防区域计量站和信息产业部201计量站，同时公司也是美国IST公司的国内总代理。公司提供的主要产品有电路在线测试仪、集成电路测试仪、半导体器件测试仪、示波/频谱/逻辑综合测试仪、电力监测仪器、记录仪、漏电仪、交直流稳定电源等测试仪器产品。

北京灵智通科技发展有限公司
地址：北京市朝阳区西坝河南路甲1号新天地大厦A座2903室
邮编：100028
电话：010-64466870，64466750
传真：010-64466851
网址：www.lizhitong.com
主要产品或业务范围：从事“灵智”系列智能化集成电路板故障诊断设备的技术推广、技术服务及售后服务。主要产品有智能化电路板故障诊断系统，智能化电路维修测试仪，智能化电路板故障扫描仪，短路追踪仪，多功能电路板返修台以及其他离线测试仪等。

北京诺斯卡科技有限公司
地址：北京市海淀区蓝靛厂东路2号院金源时代商务中心2号楼1-17A
邮编：100097
电话：010-88863868
传真：010-88863686
电子信箱：develot@develot.sina.net
网址：www.nosika.com
主要产品或业务范围：低压电器测试仪器、绝缘测试仪器、电力质量分析仪器、安规测试仪器、环境测试仪器、网络测试仪器、红外热像仪、超声波流量计、夜视仪、激光测距仪、望远镜、地下管线探测仪器、电缆故障测试仪器、电力测试仪器、电力仪器、微欧计、标准电阻、宽带电力分析仪、拉力计、电子吊秤、环境测试仪器、气体检测仪器。

北京鹏翔科技有限公司
地址：北京市朝阳区和平西街23号安源大厦8A
邮编：100013
电话：010-84282477，84274099
传真：010-84287740
电子信箱：sales@ndttech.net
网址：www.ndttech.net
主要产品或业务范围：声发射传感器、前置放大器、信号调理装置、声发射采集卡、声发射软件包、自由组合的声发射仪器。

北京普源精电科技有限公司
地址：北京市昌平区沙河镇踩河村156号
邮编：102206
电话：010-80706688-356
传真：010-80720057-668
电子信箱：dongliyan@rigol.com
网址：www.rigol.com
主要产品或业务范围：该公司是从事测量仪器研发、生产和销售的高新技术企业。

北京启顺科技有限责任公司
地址：北京市海淀区知春路罗庄西里碧兴源1号楼809室
邮编：100088
电话：010-51736105
传真：010-61732503
电子信箱：qs51736108@126.com
网址：www.qstech.com.cn
主要产品或业务范围：该公司是从事电测量仪器设计、制造的专业公司，主要产品有高精度标准电能功率表，多功能单、三相电能表校验仪，通用伏安功率表，数字式电能变送器，精密钳形电流互感器五大类产品。

北京瑞普电子仪器厂
地址：北京市朝阳区三元桥霞光里5号
邮编：100027
电话：010-64642796
传真：010-64642795
主要产品或业务范围：该厂是生产电子测量仪器的厂家，主要产品有高阻弱电流测量仪、LCR测量及分选仪、数字面板表以及低阻测量仪。

北京市大西洋仪器工程有限责任公司
地址：北京市海淀区苏州街12号西屋国际D座1801室
邮编：100080
电话：010-51660899
传真：010-82662828
联系人：张长生
电子信箱：tw@atltest.com.cn
网址：www.atltest.com.cn
主要产品或业务范围：示波器、信号源、频谱分析仪、逻辑分析仪、网络布线仪器、电力、安规、温度、环境、气体、无损、过程校验仪器仪表。

北京市戈劳瑞斯伟恒科技有限公司
地址：北京市海淀区马甸冠城北园6号楼1单元5C
邮编：100088
电话：010-62020505，62020606
传真：010-62020606
电子信箱：sales@glorioustech.com
网址：www.glorioustech.com
主要产品或业务范围：代理日本日置、日本共立、美国福禄克、英国凯恩、英国梅克罗尼、美国巴纳、日本理音、日本京都等品牌的产品。

北京市华峰测控技术有限公司
地址：北京市海淀区蓝靛厂南路59号23号楼
邮编：100097
电话：010-68179813
传真：010-63725400
联系人：王冰
电子信箱：market@hftc.com.cn
网址：www.hftc.com.cn
主要产品或业务范围：该公司提供STS2100系列智能化电子元器件测试系统。

北京天惠维测电子有限公司
地址：北京市海淀区魏公村1号韦伯豪2号楼1-304室
邮编：100081
电话：010-88570742
传真：010-88570741
电子信箱：thdza@163.com
网址：www.hntest.com
主要产品或业务范围：该公司是从事电路在线维修测试仪研制、生产和销售的专业厂商。

北京万众机电设备有限公司
地址：北京市海淀区海淀路86号中发电子大厦2138室
邮编：100086
电话：010-82616562，82625031
传真：010-62632166，62632168
联系人：李峰
电子信箱：wanzhong@vip.163.com
网址：www.k119.net
主要产品或业务范围：万众系列模块式开关稳压电源，电源模块AC/DC、DC/DC，50W～10kW大功率可调电源，带功率因数校正功能的容错冗余（N+1）电源，通信用483mm（19in）机箱、机柜电源。代理销售国外品牌的功能模块、晶闸管、IGBT、GTR。

北京沃尔斯新技术有限公司
地址：北京市海淀区皂君庙路五号卉园大楼1期601室
邮编：100081
电话：010-88872273
传真：010-88872273
联系人：张俊杰
电子信箱：wealth@163bj.com
网址：www.wealth-china.com
主要产品或业务范围：各种地下管道检漏仪和相关检漏仪、地下管线探测仪和铁磁定位仪、电力电缆故障检测设备、超低频耐压试验仪、电缆老化状态诊断仪、通信电缆故障检测设备。

北京星河康帝思科技开发有限公司
地址：北京市海淀区丰慧中路7号新材料创业大厦A501室
邮编：100094
电话：010-58937595，58937596，58937597，58937598
传真：010-58937593
网址：www.bjsrc.com
主要产品或业务范围：该公司经营在线测试仪、线缆测试仪、背板测试仪、炉温测试仪、VFD功能测试仪、柔性电路板测试仪。

北京煜邦电力技术有限公司
地址：北京市西城区复兴门外地藏庵南巷1号电研大厦C座
邮编：100045
电话：010-88071612，88071634
传真：010-88071690
电子信箱：market@yupont.com
网址：www.yupont.com.cn
主要产品或业务范围：智能电表、电量计费系统、电能质量监测、负荷控制等。

北京远亚兴业商贸公司
地址：北京市朝阳区潘家园南里12号潘家园大厦14层
邮编：100021
电话：010-87709858
传真：010-87709228
电子信箱：yuanya@yuanya.com
网址：www.yuanya.com
主要产品或业务范围：磁场计、交直流高斯计、电场仪、电压表、无线电微波报警器等。

北京云华科仪科技有限公司
地址：北京市丰台区马家楼京开市场南区特A道14号
邮编：100070
电话：010-87599268
传真：010-87599067
电子信箱：www.yfd1718.com
网址：www.yunfeida.com
主要产品或业务范围：该公司目前专业代理销售各类仪器仪表等产品。

北京中海丰机电科技有限公司
地址：北京市丰台区六里桥北里18号楼
邮编：100073
电话：010-63423985，63474770
传真：010-63423985
电子信箱：zhonghaifeng2001@sina.com
主要产品或业务范围：代理红外测温仪，钳形表，绝缘电阻表，接地电阻测量仪，电力谐波分析仪，功率计，测厚仪，测距仪，测高仪，示波器，记录仪，万用表，涂镀层测厚仪，转速表，频闪仪，声级计，测振仪，探伤机，温湿度计，微压计，标准电压、电流源，地下管道电缆定位、检漏仪，温度、压力校验仪，烟气分析仪，有毒、可燃气体报警仪，测力计，硬度计，粗糙度仪，SF6检漏仪，建筑、桥梁检测仪器，变频器，集成电路测试仪，电池测量仪，pH计，天平仪，流量计，电源，传感器。

北京中盛科技集团
地址：北京市海淀区北四环西路9号银谷大厦1606室
邮编：100190
电话：4006500782
传真：010-62800322，62800722
电子信箱：service@justsun.com.cn
网址：www.justsun.com.cn
主要产品或业务范围：该集团从事电子测量仪器仪表和电子组装设备的研发、代理、销售、服务的工作。除本公司产品外还代理销售美国FLUKE、TEK、OK、CHEMTRONICS、JONARD、DRUCK、AGILENT、德国GMC、日本COSMOS、台湾固纬等国际知名品牌产品，并取得了这些品牌产品的最高级别代理商资格。

北京中自恒立技术有限公司
地址：北京市中关村东路18号财智国际大厦C座1801室
邮编：100083
电话：010-51659896
传真：010-51197827
电子信箱：holly@holly-e.com
网址：www.holly-e.com
主要产品或业务范围：该公司是台湾明纬开关电源（MW）在中国的代理商，销售全系列明纬开关电源，如AC/DC开关电源、DC/DC电源模块、DC/AC逆变电源、适配器（桌面型或墙插型电源）。同时公司还代理ABB Entrelec接线端子、台安产品、图尔克等知名品牌。

北京卓安恒瑞科技有限公司
地址：北京市通州区中关村科技园区通州园金桥科技产业基地环科中路16号50号楼A
邮编：100097
电话：010-56370815
传真：010-56370817
电子信箱：bzas@263.net
网址：www.zainstr.com
主要产品或业务范围：该公司专业从事气体检测研究，同时在单片计算机、传感器、气体检测等其他方面也取得了众多成果。

电信科学技术仪表研究所
地址：北京市通州区北苑155号
邮编：101149
电话：010-69535140
传真：010-69535140
联系人：杨连生
电子信箱：postmaster@dxyb.com
网址：www.dxyb.com
主要产品或业务范围：该公司提供各类（模拟、数字、光）通信测试仪表。

华尔国际集团有限公司
地址：北京市西直门南大街2号成铭大厦C座27层
邮编：100035
电话：010-66179020
传真：010-66139215
电子信箱：wall@wall.com.cn
网址：www.wall.com.cn
主要产品或业务范围：该公司提供CATV设备和仪表，光通信仪器仪表，通信系统测试仪表，数据通信测试仪表，光缆、电缆测试设备，无线通信设备及测试仪表，光电子类产品及接入网。

华锋电子有限责任公司
地址：北京市西直门北大街联慧路99号海云轩A座A013室
邮编：100082
电话：010-62269353，62269395
传真：010-62269350
电子信箱：webmaster@huafengco.com.cn
网址：www.huafengco.com.cn
主要产品或业务范围：代理R/S公司系列信号源、FLUKE函数发生器和任意波形发生器、安捷伦基础仪器。主营元器件参数、电磁兼容、通信、广播、电力及安全测试仪器，铷钟，氢钟，频率计，稳压电源，扫源，信号源，标网，矢网，示波器，功率计，电压表，频谱仪，误码仪，大功率UPS。承接电子测量工程、电磁兼容工程、防静电工程。

吉时利（北京）测量仪器有限公司
地址：北京市海淀区花园路4号通恒大厦3层301室
邮编：100088
电话：8008101334，4006501334，010-57950791
传真：010-62351236
电子信箱：china@keithley.com
网址：www.keithley.com.cn
主要产品或业务范围：源、测量、连接、控制或DC通信和光电信号。

莱姆电子（中国）有限公司
地址：北京市顺义区林河工业区林河大街28号院
邮编：101300
电话：010–89455288
传真：010–80483120，80484303
网址：www.lem.com.cn
主要产品或业务范围：电量传感器，电流、电压传感器。

罗德与施瓦茨公司北京代表处
地址：北京市朝阳区将台西路9–5
邮编：100016
电话：010–64312828
传真：010–64379888
网址：www.rohde–schwarz.com.cn
主要产品或业务范围：移动通信系统与测量仪器、广播电视设备、EMC测量仪器与系统、实验室测试仪器。

美国福禄克公司
地址：北京市建国门外大街22号赛特大厦19层
邮编：100004
电话：010–57351300
传真：010–65123437
网址：www.fluke.com.cn
主要产品或业务范围：从工业控制系统的安装、调试到过程仪表的校验、维护，从实验室精密测量到计算机网络的故障诊断，福禄克的产品帮助各行各业的业务不断发展。

美国理想工业中国有限公司
地址：北京市朝阳区太阳宫中路12号冠城大厦1702室
邮编：100028
电话：010–85183141
传真：010–84298061
电子信箱：ideal_china@idealindustries.com
网址：www.idealindustries.cn
主要产品或业务范围：该公司是业界领先的导线连接器、高质量工具和测试仪表的生产商之一，提供超过6000种可靠的高性能产品。

泰克电子（中国）有限公司
地址：北京市海淀区花园路4号通恒大厦1楼101室
邮编：100088
电话：010–62351230，62351210，62351186
传真：010–62351236
电子信箱：jessica.chern@tek.com
网址：www.tek.com
主要产品或业务范围：数字示波仪、逻辑分析仪。

中国计量科学研究院生物能源与环境科学和测量技术研究所
地址：北京市北三环东路18号（中国计量科学研究院内一号楼409）
邮编：100013
电话：010–64222575
传真：010–64204738
电子信箱：tengjh@nim.ac.cn
网址：www.nimsws.com
主要产品或业务范围：生命科学仪器、电子测量仪器等多种产品。

福州福光电子仪器公司
地址：福建省福州市台江区广达路68号金源大广场东区24层
邮编：350005
电话：0591–83305858
传真：0591–83375868
电子信箱：company@fuguang.com
网址：www.fuguang.com
主要产品或业务范围：该公司主营光功率计、蓄电池在线远程监控系统等产品。

厦门红相电力设备股份有限公司
地址：福建省厦门市鹭江道海光大厦21号
邮编：361001
电话：0592–2108051
传真：0592–2107581
网址：www.redphase.com.cn
主要产品或业务范围：该公司专业从事电能计量仪表及其检测设备、电能和质量检测（监测）设备、变电站及电网运行检测（检测）设备等产品的研发、生产和销售。

厦门利利普科技有限公司
地址：福建省厦门市珍珠湾软件园创新大厦B区5楼
邮编：361005
电话：0592–2575666
传真：0592–2575669
电子信箱：sales@owon.com.cn
网址：www.owon.com.cn
主要产品或业务范围：全系列数字示波器。

厦门三大电子有限公司
地址：福建省厦门市开元莲前西林
邮编：361009
电话：0592–5027672
传真：0592–5027672
主要产品或业务范围：VU表、音量表、电流表、电压表、配电盘电表、电量指示表、三用电表、电池测试器。

厦门盛迪科技有限公司
地址：福建省厦门市禾山路268号联谊大厦B座2楼
邮编：361009
电话：0592–3727008
传真：0592–3727010
电子信箱：zxq912@sohu.com

网址：www.xmsds.com
主要产品或业务范围：专业从事光通信维护器材及电力检测仪器、仪表，集设计、开发、生产、销售和服务为一体，为网络运营商和电力运营商提供其所需的测试和维护解决方案.

厦门宇控自动化设备有限公司
地址：福建省厦门市同安工业集中区建材园88号
邮编：361008
电话：0592-3168881，3168882，3168883
传真：0592-3168880
电子信箱：ekauto@ekauto.cn
网址：www.ekauto.cn
主要产品或业务范围：多功能谐波分析表，网络电力仪表，多功能电力仪表，可编程数显表，数字式测控仪表，数显变送仪表，数显电测表，电测量变送器，压力变送器，各类型温度控制柜，宇控DCS集散控制系统等。

漳州市东南电子技术研究所有限公司
地址：福建省漳州市金峰工业区金岭支路1号
邮编：363000
电话：0596-6106529
传真：0596-2138811
电子信箱：kilter@sedmm.com
网址：www.sedmm.cn
主要产品或业务范围：空气清新器、电动卷门遥控器、汽车引擎表、数字钳形表、数字万用表、数字电感电容表、LCR电桥、LC表、空气离子测量仪、可编程定时器。

漳州市威华电子有限公司
地址：福建省漳州市芗城区北斗工业园金马路3号
邮编：363000
电话：0596-6396999
传真：0596-7080333
电子信箱：whdz8@weihuameter.com
网址：www.weihuameter.com
主要产品或业务范围：专业的数字万用表、钳形电表，以及电力测试仪器、安规检测仪器、安防仪器、现场检测仪器，分析仪器、实验室通用仪器、环境检测仪器、网络线缆测试仪器及智能汽车检测仪等。

甘肃胜利电器自动化有限公司
地址：甘肃省兰州市科技街138号
邮编：730000
电话：0931-8269033
传真：0931-8279478
联系人：林兴和
电子信箱：slyq001@163.com
网址：www.slyq.com
主要产品或业务范围：电工仪表、无线电仪表、电力仪表、自动化仪表、工业控制装置、电子元器件等产品。是深圳“胜利”牌数字万用表和天水长城电器集团公司的各类电器产品驻兰直销分支机构。

天水长城电工仪器有限责任公司
地址：甘肃省天水市长仪路38号
邮编：741001
电话：0938-8364725，8363966
传真：0938-8363966
联系人：刘滨，王福东
电子信箱：ccyb8364725@163.com
网址：www.tscc.cn
主要产品或业务范围：该公司是研发生产直流电工仪器、数字仪表、自动化仪表及控制装置、电气控制柜、机床电器产品以及具备模具设计制造能力的综合性中型企业，是机械工业部国家重点企业和直流电工仪器定点生产厂，是我国西北地区唯一生产直流电工仪器产品的企业。

天水长城精密电表有限责任公司
地址：甘肃省天水市秦州区精表路40号
邮编：741000
电话：0938-8365179，8365427
传真：0938-8366616
主要产品或业务范围：军工配套产品、电能计量仪表、电力指示仪表（含安装式电表、实验室精密电表、便携式电表、钳形电表等）、机械（数字）电能计量表（单相、三相）与仪器、车辆仪表与电器、教学演示仪器仪表等。

天水庆华电子科技有限公司
地址：甘肃省天水市秦州区坚家河7号
邮编：741000
电话：0938-8630536，8630033
传真：0938-8630372
电子信箱：qh666@qh666.com
网址：www.qh666.com
主要产品或业务范围：基站天线、机械加工、室内覆盖系统、基站通信器件、微波器件、自动上水系统、波导器件、功分器、耦合器、合路器、三频合路器、双频合路器、低廓天线、整机测试仪、网络分析仪等。

东莞华仪仪表科技有限公司
地址：广东省东莞市清溪镇渔梁围工业区
邮编：523000
电话：0769-87318225
传真：0769-87318228
电子信箱：mastech@szonline.net
网址：www.mastech.cn
主要产品或业务范围：该公司提供数字万用表，钳形表，研发和制造各种高端专用仪表、数字钳形接地电阻仪、数字钳形功率表、高压绝缘电阻测试仪、高精度过程校准仪、环境检测仪、网络线缆测试仪以及智能汽车检测仪等高新技术产品。

东莞市源益电子有限公司
地址：广东省东莞市长安镇乌沙管理区
邮编：523290
电话：0769-85301005
传真：0769-85301006
电子信箱：ben831@vip.163.com
网址：www.dgyuanyi.com.cn
主要产品或业务范围：MICROTEST线材测试机、层间短路测试机、Wayne Kerr阻抗分析仪、Wayne Kerr LCR电表/电桥、变压器综合测试机、耐压绝缘测试机、可程式微欧姆表、电容漏电流测试机、ATE万用型功能测试机等。

佛山市顺德区东硕仪表有限公司
地址：广东省佛山市顺德区容桂安边工业区
邮编：528303
电话：0757-26110697
传真：0757-26620893
电子信箱：postmaster@toso.net.cn
主要产品或业务范围：DS3系列数字电流／电压表；DSC系列电子计数器；DSH系列时间继电器（定时器）；DSZ系列智能计数器；DSZ系列转速表、线速表、长度计（计米器）、频率表；DS3系列温度表；DS3系列功率表／功率因素表；DS4P系列上下限电流／电压表、接近开关、电量表、温控表、PID调节仪、电量隔离变送器、温度隔离变送器、标准信号隔离配电器、压力变送器、开关电源、导轨式开关电源、旋转编码器等。

广东省德庆电表制造有限公司
地址：广东省德庆县工业创业园
邮编：526600
电话：0758-7762574，7762703
传真：0756-7760998
主要产品或业务范围：安装式电表，包括交/直流电流、电压、频率、功率因数、有功功率、无功功率、同步指示等电表。

广东省电子器材公司
地址：广东省广州市中山三路东皋大道义兴园2号
邮编：510055
电话：020-83836995，83812115，83840970，33672818
传真：020-83831997
电子信箱：gdeac1965@yahoo.com.cn
网址：www.gdeac.com
主要产品或业务范围：电子测量仪器仪表。

广州金升阳科技有限公司
地址：广东省广州市萝岗区科学城科学大道科汇发展中心科汇一街5号
邮编：510663
电话：020-38601850
传真：020-38601272
电子信箱：sales101@mornsun.cn
网址：www.mornsun.cn
主要产品或业务范围：工业级电源模块。

广州科欣仪器有限公司
地址：广东省广州市海珠区艺景路234号振华商务中心10楼1001单元
邮编：510310
电话：020-38699743，38699746，38699788，38699628
传真：020-38699660
网址：www.gzkexin.com.cn
主要产品或业务范围：该公司为美国安捷伦科技公司华南区授权代理商，也是美国Aeroflex、日本HIOKI和瑞典红外热成像仪FLIR，以及北京RIGOL等仪器授权代理商。经营品种包括信号、网络、频谱、便携式、RF动态信号、数字通信、数字传输等各种仪器；EMI/EMC，频谱监测、相位噪声测量、射频和微波测量、电信/数据通信测试等测试系统等。

广州市测之宝电子仪器有限公司
地址：广东省广州市白云区广州大道北黄庄南路华达街15号5楼
邮编：510070
电话：020-87713427，87713103
传真：020-87713427，87713103
电子信箱：czb@czb.cn
网址：www.czb.cn
主要产品或业务范围：智能式安全参数综合测试仪，耐压测试仪，数显石英晶体阻抗计，石英晶片频率分选仪，电解电容器漏电流测试仪，电位器电参数测试仪，8位/9位/12位智能式频率计，绝缘电阻测试仪等。

广州市富民测控科技有限公司
地址：广东省广州市天河区天河路547号龙苑大厦A3座1604室
邮编：510630
电话：020-87545862，85267773
传真：020-85267646
网址：www.cnfumin.com
主要产品或业务范围：示波器、直流电源、红外线测温仪、电源线测量仪、拨动测量仪、跌落试验台、开关寿命、稳定性试验台、拉力试验台、开关电源等。

广州市圣高测控科技有限公司
地址：广东省广州市越秀区大德路233号富华大厦9A
邮编：510120
电话：020-83389364，83343270
传真：020-83280814
电子信箱：dxyo@foxmail.com
网址：www.sun-gun.com
主要产品或业务范围：该公司从事高精度专业红外线测温仪的研制、生产，产品有手持式和在线式系列。电工产品有漏电检测仪、高压绝缘表等电力行业的专业测试仪器。

广州市天河信益科学仪器有限公司
地址：广东省广州市天河区龙口东路龙口横街2号首层22、23号
邮编：510630
电话：020-87534805，85511750
传真：020-87548235
电子信箱：xinyi@public.guangzhou.gd.cn
网址：www.gzxinyi.com.cn
主要产品或业务范围：该公司主营电子仪器、自动化仪表、工具、辅料等。

广州市兴创力高科技有限公司
地址：广东省广州市天河珠江新城华强路3号富力盈力大厦南塔13A19室
邮编：510623
电话：020-38012435
传真：020-38012431
联系人：佘明威
主要产品或业务范围：示波器、万用表。

广州天河先进仪器仪表工程有限公司
地址：广东省广州市天河区中山大道中212-216号6楼
邮编：510660
电话：020-87570782
传真：020-87570636
联系人：梅建华
电子信箱：xiachen@tom.com
网址：www.aiinstru.com
主要产品或业务范围：该公司是专业从事光纤通信测试仪器仪表研究、开发、生产、销售和服务的高新技术企业。

广州仪表厂有限公司
地址：广东省广州市番禺大石105国道通用商业大厦4楼
邮编：510600
电话：020-22159067
传真：020-22159067
电子信箱：sale@gzmeter.com.cn
网址：www.gzmeter.com.cn
主要产品或业务范围：单、三相电能表、电子表、长寿命表及电压表、电流表、互感器等电工仪表。

广州展源电子科技有限公司
地址：广东省广州市天河区黄村大道2号润农商务中心2202室
邮编：510660
电话：020-82304365
传真：020-82583732
电子信箱：xzmhp@163.com
网址：www.hongyuangz.com
主要产品或业务范围：漏电钳表、交直流钳表、高压钳表、接地电阻测试仪、功率记录仪、谐波分析仪等。

河源市雅达电子有限公司
地址：广东省河源市高埔岗雅达工业园
邮编：517000
电话：0762-3493871，3493872
传真：0762-3493912
电子信箱：buyfar_4151@byf.com
网址：www.hyyada.com
主要产品或业务范围：智能电力监测仪，霍尔传感器、变送器，电量变送器，温湿度变送器，开关量变送器，水浸变送器，变压器档位变送器，BCD码编码器，精密仪用互感器，电量、温度数字显示仪表。

江柏（深圳）电子有限公司
地址：广东省深圳市宝安区松岗镇东方一街2号
邮编：518105
电话：0755-27096572，27096573
传真：0755-27081740
电子信箱：sales@china-unicorn.com
网址：www.china-unicorn.com
主要产品或业务范围：可编程式、数字式直流电子负载，可编程式、数字式直流电源，可编程式、多功能功率表，数字式万用表，微欧姆计，交流电源供应器等。

林普公司
地址：广东省深圳市福田区益田路4068号卓越时代广场41层4103～4105室
邮编：518001
电话：0755-82185333
传真：0755-82288771
联系人：杨波
电子信箱：linpu2001@263.net
网址：www.linpu.com.cn
主要产品或业务范围：无线电综测仪、光纤测量仪表、光表、熔接机及相关系列产品，基站测量仪器及频谱仪，工具的相关系列产品，电池测试仪、记录仪等相关电力测量仪器，SDH、PDH等通信网络系列测量仪器。

深圳弘大电子有限公司
地址：广东省深圳市福田区八卦四路14号东座6楼
邮编：518029
电话：0755-82445352
传真：0755-82443854
电子信箱：hongda@szhongda.net
网址：www.szhongda.net
主要产品或业务范围：手持式数字万用表、钳形表、电阻表，汽车仪表，电容、电感、电平表，绝缘测试仪，微欧测试仪，过电压保护元件测试仪等测量仪器仪表。

深圳华盛昌机械实业有限公司
地址：广东省深圳市南山区西丽白芒百旺信工业区五区19栋
邮编：518108

电话：0755-62566948，82652751
传真：0755-82652751
电子信箱：yang10901@163.com
网址：www.cem-instruments.com
主要产品或业务范围：该公司生产红外测温仪，人体测温仪，激光测距仪，视频仪，专业环境测试仪，相位转换—插孔极性测试仪，LAN查线器，音量计，噪声计，光度计，温湿度计，一氧化碳测试仪，气体泄漏探测器，电力测试器，数字万用表，交/直流钳形表，转速计，压力计，汽车转速计等产品。

深圳茂迪机电设备有限公司
地址：广东省深圳市福田区深南大道6006号华丰大厦2803、2804室
邮编：518031
电话：0755-83281920
传真：0755-83280123
电子信箱：maodi@public.szptt.net.cn
网址：www.maodi.net
主要产品或业务范围：电话机生产和维修用测试仪器，通信设备综合测试仪，电声测试仪，信号发生器，频率计，毫伏表，示波器，五金工具等。

深圳市安泰信电子有限公司
地址：广东省深圳市南山区西丽镇塘朗工业A区29栋
邮编：518055
电话：0755-86021373，86021309
电子信箱：sales@atten.com.cn
网址：www.atten.com.cn
主要产品或业务范围：该公司是从事电子仪器、通信测试设备开发、生产及销售的专业性企业。产品有频谱分析仪、扫频频谱分析仪、示波器、频率计、功率计、函数信号发生器、射频信号源等射频微波仪器，以及万用表等。

深圳市德技特仪器有限公司
地址：广东省深圳市西乡荔园路20号
邮编：518102
电话：0755-27918285，27918301，83987351
传真：0755-27918301
电子信箱：digit1@ktie.com.cn
网址：www.ktie.com.cn
主要产品或业务范围：KT、VC、DT系列数字万用表，KT系列指针式万用表，KT系列数字/指针双显万用表及应用仪表。

深圳市鼎阳科技有限公司
地址：广东省深圳市宝安区留仙三路安通达工业园4栋3楼
邮编：518101
电话：0755-36615186
传真：0755-33591582
电子信箱：market@siglent.com
网址：www.siglent.com
主要产品或业务范围：数字示波器。

深圳市合创亚科技有限公司
地址：广东省深圳市福田区燕南路5号豪宫大厦4楼J室
邮编：518103
电话：0755-83207840，83242079
传真：0755-27824195，83207264
电子信箱：info@asiacreator.com
网址：www.asiacreator.com
主要产品或业务范围：该公司是日本Kaise的中国总代理。代理产品有数字万用表、模拟万用表、钳形表、各种电阻测试仪器、温度测试仪器、蓄电池测试仪等。

深圳市金凯博电子有限公司
地址：广东省深圳市深南大道6029号（车公庙）世纪豪庭29A
邮编：518028
电话：0755-83988550
传真：0755-83988550
网址：www.kingcable.com.cn
主要产品或业务范围：电子测试仪器，网络检测仪表，高容量存储设备。

深圳市麦创电子科技有限公司
地址：广东省深圳市龙岗区坂田上雪科技城东区五号B栋2楼
邮编：518129
电话：0755-61217018
主要产品或业务范围：示波器、电源、信号发生器、台式万用表等仪器仪表。

深圳市麦威仪器有限公司
地址：广东省深圳市南山区西丽石岭工业区8栋2楼
邮编：518055
电话：0755-86114590
联系人：蔡勇
主要产品或业务范围：示波器、线性直流稳压电源、DDS信号发生器。

深圳市美创仪器仪表有限公司
地址：广东省深圳市华强北路现代之窗大厦B栋28P
邮编：518031
电话：0755-83281201
传真：0755-83280257
电子信箱：sales@china-mch.com，szmch@126.com
网址：www.china-mch.com
主要产品或业务范围：该公司生产示波器、频谱分析仪、函数信号发生器、频率计、毫伏表、直流稳压电源等。

深圳市谱兆通讯设备有限公司
地址：广东省深圳市南山区深南大道12069号海岸时代公寓东座2502室

邮编：518052
电话：0755-86655448
传真：0755-86655446
电子信箱：arte@szonline.net
网址：www.pztest.com
主要产品或业务范围：代理日本精工技研研磨机，美国Tempo公司光通信测试仪表。

深圳市日图科技有限公司
地址：广东省深圳市南山区华侨城东部工业区B4栋5楼
邮编：518053
电话：0755-83680722，83680112
传真：0755-83680733
网址：www.rituchina.com
主要产品或业务范围：该公司致力于电子制造、电力、石化、冶金、计量等行业的测量测试领域的高新技术企业。

深圳市胜利高电子科技有限公司
地址：广东省深圳市福田区八卦四路412栋2楼
邮编：518029
电话：0755-82425035，82425036
传真：0755-82268753
电子信箱：winnie@china-victor.com
网址：www.china-victor.com
主要产品或业务范围：胜利牌数字仪器、仪表。

深圳市同启通讯技术有限公司
地址：广东省深圳市福田区车公庙泰然工业园203栋西座616～618室
邮编：518040
电话：0755-82784540
传真：0755-82784540
电子信箱：sales@tongqitelecom.com
网址：www.tongqitelecom.com
主要产品或业务范围：从事通信测试仪表的研发、生产和销售，并同时代理国际先进的通信仪表。

深圳市欣宝瑞仪器有限公司
地址：广东省深圳市宝安43区安乐工业园3栋3楼
邮编：518100
电话：0755-27863686
传真：0755-27863682
电子信箱：sales@sanpometer.com
网址：www.chinasampo.cn
主要产品或业务范围：该公司主要系列产品有转速表，汽油发动机转速表，闪频仪，温度表，照度表，紫外光强度计，红外测温仪，木材水分仪，气体探测仪，电池内阻电压表，台式万用表等。

深圳市新力达集团
地址：广东省深圳市福田区益田路6003号
邮编：518026
电话：0755-23818505
传真：0755-83365495
电子信箱：info@sunleader.net
网址：www.sunleader.net
主要产品或业务范围：稳压电源，信号源，毫伏表，示波器，温度计，放大镜等，静电测试仪，表面电阻测试仪，离子吹风机，离子吹尘枪等。

深圳市鑫智星电子有限公司
地址：广东省深圳市南山区沙河东路沙河工业区35栋5楼
邮编：518053
电话：0755-26740604，26741747
传真：0755-26741747
电子信箱：Nst@nst218.com
网址：www.nst218.com
主要产品或业务范围：多种测直流电压、电流；交流电压、电流数字面板表；测温度，测频率数显面板表，变送信号数显面板表，两线制电压，电流变送信号数显表（可用于各种变送器现场显示），电子定时器，计数器等多种系列产品。

深圳市耀华电源技术有限公司
地址：广东省深圳市宝安34-2区黄金台工业区10栋3楼
邮编：518133
电话：0755-27671051，27671052
传真：0755-27671052-808
电子信箱：yaohuadh@126.com
网址：www.yaohuapower.com
主要产品或业务范围：该公司是国内微功率DC-DC电源模块和AC/DC电源模块专业生产厂商之一。

深圳市业海科技发展有限公司
地址：广东省深圳市南山区科技园深南花园A座9层
邮编：518057
电话：0755-26508811，36890856，26508899
传真：0755-26502620
电子信箱：scb@chinayehai.com
网址：www.chinayeahai.com
主要产品或业务范围：红外测温仪、数字钳形接地电阻仪、数字钳形功率表、高压绝缘数字兆欧表、电工万用表、仪表工万用表、高精度工业自动化仪表过程校准仪、环境检测仪等工业现场仪表。

深圳市振华微电子有限公司
地址：广东省深圳市南山区高新技术产业园w1-b三楼，科技园25栋6楼
邮编：518057
电话：0755-26639152，26525952，26614951
传真：0755-26520788
电子信箱：lijh@zhm.com.cn

网址：www.czlec.com.cn
主要产品或业务范围：厚膜混合集成电路研发生产和销售。

泰坦科技（香港）实业公司
地址：广东省深圳市宝安区西乡劳动第二工业区（华丰工业园）2栋5楼
邮编：518102
电话：0755-22798688，27908383
传真：0755-27913164
电子信箱：fuke@fuke.net.cn
网址：www.taitan.net.cn
主要产品或业务范围：数字万用表、数字专用表。

优利德科技（中国）有限公司
地址：广东省东莞市松山湖高新技术产业开发区工业北一路6号
邮编：523808
电话：0769-85723888
传真：0769-85725888
电子信箱：info@uni-trend.com.cn
网址：www.uni-trend.com.cn
主要产品或业务范围：该公司提供数字万用表、汽车检测仪表、电力测试仪、环保热工及分析仪表、安规检测仪表、通用测试仪、环保热工及分析仪表、安规检测仪表、通用测试仪、计量校准仪表和数字存储示波器十大类别的各式各样系列产品。

孕龙科技股份有限公司
地址：广东省深圳市宝安区82区华美居商务中心A区C座605室
邮编：518102
电话：0755-29556305
传真：0755-29556306
电子信箱：jesse_cn@zeroplus.com.tw
网址：www.zeroplus.com.tw
主要产品或业务范围：逻辑分析仪。

中国电器科学研究院
地址：广东省广州市新港西路204号1号楼
邮编：510300
电话：020-89050888
传真：020-84451516
电子信箱：www.geari.com
网址：www.qtmy.com
主要产品或业务范围：耐压机、接地电阻仪、泄漏电流仪、绝缘电阻仪、灼热丝试验仪、水平垂直燃烧仪、漏电起痕仪、针焰试验仪、电源线弯折试验机、插头插座寿命机、冲击器、指针销、红外测温仪、温度巡检仪、老化箱、高低温湿热箱、盐雾箱、人工淋雨装置、砂尘箱、消声试验室、稳压电源、拉力试验机、电磁兼容测试仪、扭力扭矩测试仪。

中茂电子（深圳）有限公司
地址：广东省深圳市南山区登良路南油天安工业村4号厂房8层
邮编：518054
电话：0755-26644598
传真：0755-26419620
主要产品或业务范围：可编程电子负载，可编程交流电源供应器，可编程直流电源供应器，谐波、闪烁、噪声、功率分析仪，可编程视频信号图形产生器，彩色分析仪，超高压直流电源供应器，内存记忆体测试仪，磁场、电场测试表及检测表，电源供应器自动检测系统，充电器自动测试系统，综合环境测试系统等。

珠海市安规测试设备有限公司
地址：广东省珠海市吉大景园路10号德光大厦5楼
邮编：519000
电话：0756-3336717
传真：0756-3339798
电子信箱：info@angui.com
网址：www.angui.com
主要产品或业务范围：该公司提供示波器、频谱仪、万用表、功率计、抖晃仪、LCR测量仪、信号发生器、通用计数器、频率计、直流电子负载、网络测试；电子安全测量仪器有针焰试验仪、 耐压测试仪、安规综合分析仪、泄漏电流测试仪、绝缘电阻测试仪、灼热丝试验仪、万能材料试验机、温度冲击试验箱、冷热冲击试验机、弯折（曲）试验机、破裂强度试验机；电磁兼容有雷击浪涌发生器、脉冲发生器、抗干扰实验装置、周波跌落模拟器、静电放电发生器、试验台；通信设备有信号源、网络分析仪、音频分析仪。

桂林双山电表有限公司
地址：广西省桂林市翠竹路8号
邮编：541002
电话：0773-3833888-6357
传真：0773-3835293
主要产品或业务范围：测量电流、电压、功率、频率、功率因数、电机同步指示的各类电装式仪表，精密电流互感器、分流器，民用电能表。

柳州市仪表总厂
地址：广西省柳州市柳石路398号
邮编：545005
电话：0772-3110369，3111096
传真：0772-3119342
电子信箱：lzybc@public.lzptt.gx.cn
网址：www.lzslyb.com
主要产品或业务范围：电工仪表、热工仪表、家用燃气计量仪表以及成套装置、空气压缩机等。

保定市珈玛电力技术有限公司
地址：河北省保定市高开区隆兴中路77号隆兴商务中心A

座5层
邮编：071051
电话：0312-5901259，5909800，5909806
传真：0312-5909800
电子信箱：lyh4622@126.com
网址：www.jmdlzx.com
主要产品或业务范围：CT伏安特测试仪，激光测距仪，蓄电池内阻测试仪，蓄电池放电仪，断路器模拟装置，真空度测试仪，测振仪，微机型高压断路器模拟装置，SF6气体检漏仪。

沧州恒辉光通信设备有限公司
地址：河北省青县马厂镇韩商工业园区合作路6号
邮编：062650
电话：0317-4079955，4076633
传真：0317-4079777
电子信箱：henghui88@188.com
网址：www.qxhenghui.com
主要产品或业务范围：该公司从事光电通信设备研发、生产及销售的专业性高科技民营企业，拥有自营进出口权。

秦皇岛新华通仪表技术发展有限公司
地址：河北省秦皇岛市和平大街142号
邮编：066004
电话：0335-3257868，5904561
传真：0335-3219218
网址：www.htyb.com.cn
主要产品或业务范围：万用表、绝缘电阻表、钳形表等多系列产品。

石家庄凯翔电气有限公司
地址：河北省石家庄市建设南大街138号6号楼
邮编：050021
电话：0311-86132878，86132879，86132880
传真：0311-86132880
电子信箱：kxdq@163.com
网址：www.china-kxtx.com
主要产品或业务范围：智能电源检测仪、监测仪、放电仪、充电机和负载箱等产品。

石家庄市全力仪器有限公司
地址：河北省石家庄市建设北大街126号D区11号
邮编：050011
电话：0311-86031619，87026407，86966849
传真：0311-85269189
电子信箱：qlyq@sjzqlyq.com
网址：www.sjzqlyq.cn
主要产品或业务范围：交直流稳压电源，开关电源，UPS（不间断电源）及免维护蓄电池组，调压器，车载电源，通信电源，示波器，电桥，电位差计，台式万用表。光功率计，光源，场强仪，频率计，扫频仪，信号发生器，图示仪，耐压测试仪，频谱分析仪，电力、温度、测量、测试仪表及专用仪器仪表。

石家庄市世纪电子仪器代理有限公司
地址：河北省石家庄市裕华东路114号金鹏花园9-6-201室
邮编：050031
电话：0311-85688678，85688726
传真：0311-85658576
电子信箱：sjdzyq@163.com
网址：www.sjdzyq.com
主要产品或业务范围：代理销售国产进口示波器、频谱分析仪、扫频仪、频率计、LCR数字电桥、晶体管特性图示仪、电子管测试仪、场效应管测试仪、集成电路测试仪、高频Q表、信号发生器、过程仪表校验仪、耐压测试仪、泄漏电流测试仪、接地电阻测试仪、绝缘电阻测试仪、低电阻测试仪、微欧计、台式数字多用表、毫伏表等。

石家庄数英仪器有限公司
地址：河北省石家庄市桥东区休门街85号
邮编：050011
电话：0311-86032327
传真：0311-86978321
电子信箱：market@suintest.com
网址：www.suntest.com
主要产品或业务范围：该公司提供任意波发生器、频率特性测试仪、频标比对系统、铷原子频率标准、数字脉冲及码形发生器等。

石家庄毅兴电子有限公司
地址：河北省石家庄市新华电子广场外围25号（西门）
邮编：050000
电话：0311-87613383，87028063，87605175，87605174
传真：0311-87882128
电子信箱：yixing@hb-yixing.cn
网址：www.hb-yixing.cn
主要产品或业务范围：从事各种高品质测试仪器的销售；产品有电子测试仪器仪表，高压电子测试仪器仪表，气体检测仪，红外线温度检测仪等；代理销售美国福禄克，中国台湾泰仕特种仪表，深圳优利德数字表，深圳胜利仪器仪表，深圳山创仪器仪表，深圳多一仪表，杭州征达绝缘电阻测试仪，北京远东绝缘电阻测试仪，武汉康达数字绝缘电阻测试仪。

郑州航天电子技术有限公司
地址：河南省郑州市高新区西四环366号
邮编：450066
电话：0371-67991062，67991685
传真：0371-67991689
网址：www.ht693.com
主要产品或业务范围：电子仪器和电连接器。

郑州华新电气有限公司
地址：河南省郑州市中原西路44号波奥大厦8楼E座
邮编：450007
电话：0371-67628553，67631822，67658327
传真：0371-67658070
电子信箱：haxin-qch@126.com
网址：www.hqdg.com
主要产品或业务范围：该公司主营实验室纯水机、超纯水机。

大庆赛恩思电子仪器设备有限公司
地址：黑龙江省大庆市让胡路区远望明湖电子商务步行街MX-10号楼
邮编：163458
电话：0459-6132082，6132083
传真：0459-6132081
电子信箱：yfx4321@163.com
网址：www.dqsei.com
主要产品或业务范围：该公司是专门从事仪器仪表及设备的专业型公司。

哈尔滨电工仪表研究所
地址：黑龙江省哈尔滨市哈平路128号
邮编：150040
电话：0451-86675954
传真：0451-86664028
联系人：韩源
电子信箱：wyhbs@public.hr.hl.cn
主要产品或业务范围：传动仪表与装置、电能仪表与装置、电能仪器、测磁仪器、印制电路板、薄膜开关面板、电力仪表、电力监控系统、自动测试系统。

哈尔滨蓝迪电子设计制作所
地址：黑龙江省哈尔滨市香坊区司徒街99号
邮编：150036
电话：0451-82320919
主要产品或业务范围：蓝迪系列标准源。

哈尔滨三达德电力技术有限公司
地址：黑龙江省哈尔滨市开发区哈平路集中区
邮编：150069
电话：0451-89747701，86357701
传真：0451-86355662
电子信箱：zhengdeping8402@163.com
网址：www.hrbyb.com.cn
主要产品或业务范围：精密电工仪表、钳形互感器、精密电流互感器、精密电压互感器、电力测试仪器、智能电力监控仪、电能质量分析仪等产品。

哈尔滨市自动化仪器仪表八厂
地址：黑龙江省哈尔滨市南岗区宣西小区十字街124号
邮编：150001
电话：0451-82707711
传真：0451-82707711
联系人：耿秀贤
主要产品或业务范围：系列安装式电流表、电压表、有功功率表、无功功率表、功率因数表、频率表等。可以按用户的特殊规格设计、加工各类电表。

哈尔滨子木科技有限公司
地址：黑龙江省哈尔滨市道里区康安二道街6号
邮编：150076
电话：0451-87382886，87382887
传真：0451-87382885
电子信箱：zm7000@126.com
网址：www.zeemoo.com
主要产品或业务范围：化学电源生产与检测设备。

齐齐哈尔电子仪器厂
地址：黑龙江省齐齐哈尔市建华区林青街1号
邮编：161006
电话：0452-2724458
传真：0452-2724458
主要产品或业务范围：该公司提供低压配电设备，中频电源，电子秤等产品。

烽火通信科技股份有限公司
地址：湖北省武汉市光谷创业街42号
邮编：430074
电话：027-87694147
传真：027-87691779
电子信箱：support@fiberhome.com.cn
网址：www.fiberhome.com.cn
主要产品或业务范围：该公司是信息通信领域设备与网络解决方案提供商。

湖北拓博电子科技有限责任公司
湖北恒智电子有限责任公司
地址：湖北省武汉市武昌洪山区书城路40号
邮编：430070
电话：027-87374429，87374129，87374093
传真：027-87374129
网址：www.toptrol.com
主要产品或业务范围：变电站断路器在线监测与诊断系统、人造水晶集散控制系统、煤矿瓦斯智能排放系统、油泵试验台计算机测控系统、头盔式无线对讲及录音系统等智能控制；高压断路器综合特性测试仪、高压开关动作特性测试仪、桩机水平或垂直纠偏报警仪等智能监测。

武汉长征兴仪电气有限公司
地址：湖北省武汉市东湖开发区珞喻路727号新都汇2栋1604室
邮编：430074

电话：027-87596700，87596860，59846433， 59846455
传真：027-87597006
电子信箱：czxydq@163.com
网址：www.whczxy.cn
主要产品或业务范围：电缆故障测试仪、试验变压器、回路电阻测试仪、真空度测试仪、直流电阻测试仪、介损测试仪、防雷元件测试仪、伏安特性测试仪、接地电阻测试仪、绝缘电阻测试仪、红外测温仪、热像仪、万用表、钳形表、相序表、电平表、示波器、测高仪、测距仪、电流信号发生器。

武汉华电南星电气有限公司
地址：湖北省武汉市汉口复兴村振兴路25号东宏商务中心6楼
邮编：430050
电话：027-83338577
传真：027-83537319
电子信箱：webmaster@nxdq.com
网址：www.nxdq.com
主要产品或业务范围：专营电力仪器仪表，主要有变比仪、介损测试仪、油试验机、回路电阻测试仪、继电保护测试仪、移相器、地网接地电阻测试仪、真空开关真空度测试仪、气体检漏仪、微火仪、电缆故障探测仪、伏安特性仪、绝缘电阻表、分压器、接地电阻仪、试验变压器、调压控制台（箱）、氧化锌避雷器等。

武汉瑞斯捷科技有限公司
地址：湖北省武汉市东湖高新技术开发区关山1路特1号
邮编：430070
电话：027-87671430
传真：027-87671445
电子信箱：rsj.gk@163.com
网址：www.rsjgk.com
主要产品或业务范围：数显系列仪表，数字电压、电流系列仪表，真有效值系列仪表，智能仪表，单相电量测量仪，三相电量测量仪，计数器，转速、频率显示仪表，时间继电器，温度显示控制系列仪表，传感器专用显示系列仪表，智能调节仪系列仪表，电源控制器等。

武汉市康达电气有限公司
地址：湖北省武汉市洪山区雄楚大街书城路30号
邮编：430070
电话：027-87381005，87399915
传真：027-87386393
电子信箱：sales@chinakddq.com
网址：www.chinakddq.com
主要产品或业务范围：KD2675系列指针式电子绝缘测试仪、KD2676系列指针式电子高压绝缘测试仪、KD2677系列特殊绝缘测试仪、KD2678水内冷发电机绝缘测试仪、DMG2671系列数字兆欧表、DER2571系列接地电阻测试仪、钳形接地电阻仪、FC系列防雷元件系列测试仪、DLM2290系列袖珍数字电平表等。

武汉新中能仪器仪表有限公司
地址：湖北省武汉市东湖开发区东信路SBI创业街59号
邮编：430074
电话：027-87420350，87420350
传真：027-87420350
电子信箱：whdzd@tom.com
网址：www.whxzn.cn
主要产品或业务范围：该公司是研发、生产和销售电力测试设备的专业化公司。主要有交直流试验电源，绝缘测试仪，电力变压器测试仪，高压开关测试仪，输电线路测试仪，避雷器测试仪，接地装置测试仪等。

衡阳仪表电气设备有限公司
地址：湖南省衡阳市仪表新村50号
邮编：421007
电话：0734-8484010，8484015
传真：0734-8484062
联系人：钱卫力
主要产品或业务范围：安装式电表和噪声测试仪器。

航天长峰朝阳电源有限公司
地址：吉林省长春市高新区硅谷大街978号世纪花园8栋1单元1103室
邮编：130012
电话：0431-85187227，85188328，85199258
传真：0431-85191292
电子信箱：yudp2008@sian.com
网址：www.4nic.com.cn
主要产品或业务范围：公司主要生产DC/DC、DC/AC、AC/DC、UPS、一体化变压器等数十个系列的集成一体化电源。

常州帕斯菲克自动化技术有限公司
地址：江苏省常州市新北区创新楼北区B2
邮编：213022
电话：0519-85103968
传真：0519-85104072
网址：www.tpy.cn
主要产品或业务范围：专门从事电力系统保护、监控类仪表研究、开发和生产。

常州市华诚双凯仪器有限公司
地址：江苏省常州市劳动东路17号
邮编：213004
电话：0519-88814292
传真：0519-88815057
联系人：于英卜
主要产品或业务范围：数字电桥、电容测量仪、安全参数测试仪、电参数测试仪等产品，还可按用户需要定制特殊型号的产品。

常州同惠电子股份有限公司
地址：江苏省常州市新北区天山路3号
邮编：213002
电话：0519-85132222
传真：0519-85109972
电子信箱：sales@tonghui.com.cn
网址：www.tonghui.com.cn
主要产品或业务范围：LCR数字电桥，电容测量仪，电感测量仪，泄漏电流测试仪，绝缘电阻测试仪，直流低电阻测试仪。

淮安亚光电子有限公司
地址：江苏省淮安市新民西路66号
邮编：223002
电话：0517-83976343，83956449
传真：0517-83963861
联系人：吴立本，朱冠龙
网址：www.ha-yaguang.com
主要产品或业务范围：各类交流电源，直流电源，安规仪器，教学仪器设备，多媒体教学设备等。

江苏安科瑞有限公司
地址：江苏省江阴市南闸镇东盟路5号
邮编：214400
电话：0510-86179966，86179967，86179968
传真：0510-86179975
网址：www.jyacrel.cn
主要产品或业务范围：微机测控装置、变配电监控系统、电能质量监视与分析系统、电能计量计费系统、电动机智能控制器、电量传感器、高压附件八大类组成。

江苏常州市天宁区天达电子设备厂
地址：江苏省常州市天宁区清凉东路65号
邮编：213021
电话：0519-88800253
传真：0519-88800371
主要产品或业务范围：电容测量仪、电感测量仪、漏电流测量仪。

江苏绿扬电子仪器集团有限公司
地址：江苏省扬中市绿扬路88号
邮编：212200
电话：0511-88322854，88350171，88392040
传真：0511-88322854
电子信箱：sale@lvyang.com
网址：www.lvyang.com
主要产品或业务范围：5-100MHz各类数字、通用示波器，函数信号发生器，直流稳压电源，耐压测试仪，晶体管特性图示仪，数字集成电路测试仪，毫伏表，彩色显像管管座测试仪，标准信号发生器。

江苏瑞特电子设备有限公司
地址：江苏省洪泽县工业园区东一道16号
邮编：223100
电话：0517-87268700
主要产品或业务范围：系列DDS数字源、高频源、动率源、低频源、直流电源、毫伏表、频率计、实验台。

江苏斯菲尔电气股份有限公司
地址：江苏省江阴市澄江东路99号
邮编：214429
电话：0510-86199988，86199080
传真：0510-86199081
电子信箱：sfere@jcsepi.com
网址：www.jcsepi.com
主要产品或业务范围：主要从事工业和民用智能化仪表研制、生产和销售。产品有多功能（网络）电力仪表、各类数显电测仪表、谐波监测治理产品、低压保护装置、智能变配电监控系统、工控仪表、智能节电器等多类监测控制产品。

江苏一星科学仪器厂
地址：江苏省南京市龙蟠路171号
邮编：210042
电话：025-85412593
传真：025-85401786
网址：www.yxyq.net.cn
主要产品或业务范围：该厂是生产各种专用测试仪器的专业性生产企业，主要产品有耐压电介质强度测试仪，家电用、电子信息用、医用漏电流测试仪，接地电阻检测仪，除颤效应测试仪，剩余电压测试仪，医用匝间耐压测试仪，电焊机耐压测试仪，绝缘电阻测试仪，电源干扰试验仪等系列产品。

金坛市儒林电子仪器厂
地址：江苏省金坛市儒林镇中河南路2号
邮编：213225
电话：0519-82561067
主要产品或业务范围：标准电池，电容电感、电位差计、电阻箱、电桥、电流、电压表、检流计、滑线变阻器。

科蒂斯仪器（中国）有限公司
地址：江苏省苏州市新区金山路136号
邮编：215011
电话：0512-68253070
传真：0512-68253623
联系人：孙吴方
网址：www.curtisinstrument.net
主要产品或业务范围：电动车用控制器、电量指示仪表。

昆山佳杨仪电有限公司
地址：江苏省昆山市城北紫竹路青城之恋24号楼205室

邮编：215300
电话：0512-57787311
传真：0512-57789373
电子信箱：acm8668@163.com
网址：www.acm8668.com
主要产品或业务范围：电力系统转换器、微处理型数字电表及工业信号传送器。

南京长江无线电厂
地址：江苏省南京市浦口区柳州北路21号
邮编：210008
电话：025-58493851
传真：025-58493710
电子信箱：cjdz@cjradio.com
网址：www.cjradio.com
主要产品或业务范围：长江牌系列安规测试仪器，高压交、直流耐压仪，绝缘电阻测试仪，泄漏电流测试仪等安全测试仪表。

南京达明仪器有限公司
地址：江苏省南京市七里街74号
邮编：210001
电话：025-84617157，52405451
传真：025-84617157
电子信箱：daming@damint.com
网址：www.damint.com
主要产品或业务范围：电容器、电阻器测试仪器的研制、生产、技术服务及销售。

南京大展机电技术研究所
地址：江苏省南京市江宁区清水亭西路2号百家湖科技产业园16栋
邮编：211002
电话：025-52720509
传真：025-52720509
电子信箱：njdzc@126.com
网址：www.njdzyq.com
主要产品或业务范围：该公司研发、制造差热分析仪、差示扫描量热仪、热失重分析仪等仪器。

南京丹迪克科技开发有限公司
地址：江苏省南京市中山门外马群新街133号
邮编：210049
电话：025-84361199
网址：www.dandick.com
主要产品或业务范围：三相多功能标准表、便携式三相程控精密测试电源。

南京迪威普光电技术有限公司
地址：江苏省南京市玄武大道699-8徐庄软件园研发一区2号楼4、5楼
邮编：210042
电话：025-85582828，85582727
传真：025-85582345
电子信箱：dvp@njdvp.com
网址：www.dvp.cn
主要产品或业务范围：光纤熔接机，光时域反射仪，光源光功率计等。

南京鸿宾微弱信号检测有限公司
地址：江苏省南京市汉口路22号南京大学微弱信号检测中心
邮编：210093
电话：025-83203534
联系人：林星南
主要产品或业务范围：微弱信号检测实验与噪声系列实验、现代模拟电路实验、锁定放大器、弱电压、电流前置放大器等产品。

南京金川电表制造有限公司销售部
地址：江苏省南京市大桥南路18号
邮编：210015
电话：025-58806614
传真：025-58755499
网址：www.jinchun.com
主要产品或业务范围：万用表、钳形表、绝缘电阻表、接地电阻表、相序表、木材测水仪、蓄电池测试仪。

南京民盛电子仪器有限公司
地址：江苏省南京市高淳县学山路162号
邮编：211300
电话：025-57318800，57316288
传真：025-57329002
电子信箱：njms@china-ms.com
网址：www.china-ms.com
主要产品或业务范围：耐压测试仪、绝缘耐压测试仪、接地电阻测试仪、泄漏电流测试仪、高速分析仪器等。

南京南瑞集团公司测试部
地址：江苏省南京市蔡家巷24号
邮编：210003
电话：025-83407886
传真：025-83427142
电子信箱：naritest@public1.ptt.js.cn
主要产品或业务范围：该公司代理IMS公司、SemiTek公司产品，主要有Vanguard系列高速集成电路测试系统、Electra系列混合信号集成电路测试系统、Orion系列存储器测试系统。

南京宁曦土壤仪器有限公司
地址：江苏省南京市中山路110号华龙电子商城438房间
邮编：210002
电话：025-84517399

联系人：徐向平
主要产品或业务范围：扫描仪、数字信号发生器、收音机集中信号源、模拟、数字示波器、频率仪、毫伏表。

南京盛普仪器科技有限公司
地址：江苏省南京市侯标营35号8511研究所综合楼3楼
邮编：210007
电话：025-84604808
主要产品或业务范围：时频测量仪器、数字合成函数信号发生器、合成扫频信号发生器。

南京新联电讯仪器有限公司
地址：江苏省南京市玄武区东方城108号F座
邮编：210042
电话：025-85281574
联系人：高秀兰
主要产品或业务范围：信号源、频率计、频标频稳测试系统、综合测试仪等。

南京新联电子设备有限公司
地址：江苏省南京市江宁区利源北路66号
邮编：211100
电话：025-52768200
传真：025-52768202
电子信箱：xldz@public1.ptt.js.cn
网址：www.xldz.com
主要产品或业务范围：该公司主营系列多功能频率计数器、系列通用计数器、系列微波频率计、系列频率合成信号源、系列函数信号发生器/频率计、无线电综测仪、频标和高稳晶振。

南京秀普瑞电子实业有限公司
地址：江苏省南京市山西路68号颐和商厦9层H座
邮编：210009
电话：025-83248859
传真：025-83248838
电子信箱：super_ng@163.com
网址：www.njxpr.com
主要产品或业务范围：频率特性测试仪（扫频仪）、信号源、误码仪、教学通信实验箱等。

南京涌新电子有限公司
地址：江苏省南京市中山东路110号华龙电器商城40包间
邮编：210002
电话：025-84493323，84593356
传真：025-84593356
联系人：赵小亮，冯学萍
网址：www.yongxindz.com
主要产品或业务范围：扫频仪、数字合成信号发生器、全数字化失真度测量仪、干扰场强测试接收机、频谱分析仪、频率计（含微波）、双路直流稳压电源等。

南京智屯达科技有限公司
地址：江苏省南京市江宁区高新园营宁路58号
邮编：221100
电话：025-66001888
传真：025-66001899
电子信箱：ztdvip@126.com
网址：www.njztd.com
主要产品或业务范围：该公司主营维护检测仪表类，维护工具器材类等。

南京钟美电子光学仪器有限公司
地址：江苏省南京市中央门外十字街46号
邮编：210028
电话：025-85423496，85423624
传真：025-85423624，85501859
联系人：倪健
主要产品或业务范围：PPC系列计算机开关电源、显微镜开关电源、大屏幕广告及量化开关电源、通信电源、电力控制柜电源、仪器仪表电源、现代办公用电源。

南通东洲电子有限公司
地址：江苏省南通市任港路42号
邮编：226006
电话：0513-83525938，82023890
传真：0513-83525938
电子信箱：nt-dongzhou@sohu.com
网址：www.dongzhou-dz.com
主要产品或业务范围：直流大功率开关电源系统，单相中频电源，三相中频电源，直流稳压电源，元件参数测试仪和设备等产品。

南通南峰电子有限公司
地址：江苏省南通市人民西路87号-2
邮编：226005
电话：0513-83512392，83503098
传真：0513-83503098
电子信箱：ntnfec@sina.com
网址：www.ntnfec.com
主要产品或业务范围：脉冲信号发生器、低频信号发生器、函数发生器、示波器校准计量仪器、时间间隔测量仪、电雷管延迟时间测量仪、电涌绝缘测试仪、安全耐压测试仪、绝缘电阻测试仪、接地电阻测试仪、低电平接触电阻测试仪、超高值标准电阻箱、泄漏电流测试仪等。

铨盛科技（苏州）有限公司
地址：江苏省苏州市胥江路58号
邮编：215004
电话：0512-68210230
传真：0512-68210233
电子信箱：pxf@csec.szbnet.com
网址：www.cn-csec.com

主要产品或业务范围：电压表、瓦特表、功率因数表、电能表、电能表（瓦特小时表）、电压转换器、乏转换器、电能转换器，温度显示设定表、压力表、库仑表（安培小时表），直流信号转换器、电位信号转换器、频率转换器、警报设定器，RS232、RS485/Ethernet转换器、以太网网关，直流信号/RS485转换器、温度信号/RS485转换器、DIO信号/RS485转换器等。

苏州横河电表有限公司
地址：江苏省苏州市新区运河路150号
邮编：215011
电话：0512-68252329
传真：0512-68251759
电子信箱：market@yokogawa-syc.com.cn
网址：www.yokogawa-syc.com.cn
主要产品或业务范围：该公司是中日合资企业，专业生产各类电测量指示仪表。产品全部采用日本横河电机株式会社的生产技术、工艺设备、检测仪器和管理方法。

苏州市电通电力电子有限公司
地址：江苏省苏州市高新区竹园路209号
邮编：215011
电话：0512-68410244
传真：0512-68410338
电子信箱：sales@szdt.com.cn
网址：www.szdt.com.cn
主要产品或业务范围：吸能型过电压保护器、电磁铁控制系统过电压保护器、电感线圈吸能保护器、标准型压敏电阻器、多功能防雷器、不接地系统接地监视器等。

苏州市清华科技开发有限公司
地址：江苏省苏州市北园路79-1号
邮编：215001
电话：0512-65461212
传真：0512-65469752
电子信箱：houdiancheng@tsinghua.org.cn
主要产品或业务范围：各种交直流标准电源、多功能校准仪、大功率标准电阻器等。

苏州市通达精密仪器厂有限公司
地址：江苏省苏州市相城区太平街道富泰路1号
邮编：215137
电话：0512-67243758
传真：0512-67242367
电子信箱：sales@sztd.net.cn
网址：www.sztd.net.cn
主要产品或业务范围：各种交流稳压电源的专业生产厂。

无锡市电子仪表工业公司
地址：江苏省无锡市永和路28号工商局大楼21楼
邮编：214023
电话：0510-81027050，81025511，81025599
传真：0510-81026622
电子信箱：info@weii.com.cn
网址：www.weii.com.cn
主要产品或业务范围：微电子与光电子产品、电力电子产品、电子应用整机及电子信息类产品的引进和研究开发。

无锡市瑞光电器仪表制造公司
地址：江苏省无锡市广瑞路丁村施巷23号
邮编：214011
电话：0510-82447174
传真：0510-82444516
电子信箱：rgdq@rg-electric.com
主要产品或业务范围：电工仪表、万能转换开关、电流互感器、万用电表及伏安表。

徐州隆宇电子仪器有限责任公司
地址：江苏省徐州市矿山路百合嘉园2号楼4层
邮编：221006
电话：0516-85552411
联系人：段连生
主要产品或业务范围：扫频仪、信号源、电子测量平台、稳压电源、示波器、高频电路及单片机实验系列。

扬中科泰电子仪器有限公司
地址：江苏省扬中市港东北路108号
邮编：212200
电话：0511-88324312，88324012
传真：0511-88352198
电子信箱：caltek@263.net
网址：www.y-caltek.com
主要产品或业务范围：示波器、信号发生器、直流稳压电源、毫伏表、图示仪。

扬州四菱电子有限公司
地址：江苏省扬州市南通西路6号
邮编：225001
电话：0514-87344294
传真：0514-87348478
电子信箱：ShaoRuGen@163.com
网址：www.yzsldz.com
主要产品或业务范围：该公司提供扫频信号发生器、指示器，精密电荷放大器，脉冲峰值电压表，加速度计，压电石英压力传感器。

仪征市培明电子仪器厂
地址：江苏省仪征市大庆北路98-26号
邮编：211400
电话：0514-83432495，83412447
传真：0514-83432495
电子信箱：yipeiming@peiming.com.cn

网址：www.peiming.com.cn
主要产品或业务范围：该公司提供ZY显像管再生仪、ZWF2.4G频率电容周期计数器、ZWF2.4G-2频率计、ZYW-D多路稳压电源。

八达电子有限公司

地址：江西省新余市五金工业区
邮编：338000
电话：0790-6439723，6418371
传真：0790-6442726
电子信箱：bada@jxbada.com
网址：www.jxbada.com
主要产品或业务范围：多功能校验仪、交流采样校验装置、指示仪表校验装置、电能表校验装置、互感器现场校验仪、安全防护用具试验装置、油温变送器等。

江西电子仪器厂

地址：江西省南昌市创新路
邮编：330006
电话：0791-8169515
传真：0791-8169515
网址：www.jxdzyqc.com
主要产品或业务范围：全自动程控化电测量指示仪表校验装置、全自动程控化电能表校验装置、电子测量产品、教学电子产品系列。

江西山水光电科技有限公司

地址：江西省九江市庐山区工业园安平路1010号
邮编：332000
电话：0792-8376677
传真：0792-8360566
电子信箱：jjssdx0566@163.com
网址：www.ssdx.com.cn
主要产品或业务范围：光纤通信设备。

江西新源电测仪器有限公司

地址：江西省新余市高新开发区龙腾路9号
邮编：338004
电话：0790-6863518
传真：0790-6863519
电子信箱：jxxydc2005@sina.com
网址：www.jxxydc.com
主要产品或业务范围：该公司属国家一级计量单位。研制程控电表校验装置，在电力、石化、煤矿、有色金属等系统广泛应用，主要产品包括三相电表标准装置、三相电能表校验装置、电测量变送器标准装置、程控校表装置等。

大连佳力电力工程有限公司

地址：辽宁省大连市西岗区新开路99号珠江国际大厦2211室
邮编：116011
电话：0411-83691303，83681502
传真：0411-83691302
主要产品或业务范围：代理穆勒公司的电气元件，丹佛斯公司的变频器、水阀，西门子公司的开关插座、小型断路器，承揽传动控制工程及控制柜、配电柜、配电箱等。

大连智能仪器仪表有限公司

地址：辽宁省大连市沙河口区中山路429号
邮编：116021
电话：0411-84300566
传真：0411-84327316
网址：www.dlzn.com
主要产品或业务范围：智能流量仪，数显表，电源箱，校验信号发生器。

丹东华通测控有限公司

地址：辽宁省丹东市临港产业园区甘泉路19号
邮编：118009
电话：0415-6279901，6279902
传真：0415-6279904，6279905
网址：www.htong.com
主要产品或业务范围：从事PDM系列综合电力监控仪表、智能化配电监控单元、智能型马达保护控制器、网络电力仪表、网络电量变送器等产品及变配电自动化监控系统、变电站综合自动化系统、积木式马赛克模拟屏的设计、生产及系统集成。

沈阳宝新科技仪器设备有限责任公司

地址：辽宁省沈阳市皇姑区北陵大街24号2门
邮编：110032
电话：024-86208525，86281882
传真：024-62573080
电子信箱：shenyangbx@vip.sina.com
网址：www.bxmeter.com
主要产品或业务范围：该公司专业代理电子测量仪器设备。

沈阳贝海瀛科技有限公司

地址：辽宁省沈阳市铁西区兴华北街30号新财富大厦1208室
邮编：110026
电话：024-23892626
传真：024-23896766
电子信箱：bayhiwin@bayhiwin.com
网址：www.bayhiwin.com
主要产品或业务范围：专业致力于世界知名品牌电子测试仪器代理、销售及服务的工作。

沈阳市第二电表厂

地址：辽宁省沈阳市铁西区建设中路61号
邮编：110021
电话：024-25850043
主要产品或业务范围：电流表、电压表。

沈阳市广厦电子有限公司
地址：辽宁省沈阳市东陵区凌云街35号
邮编：110043
电话：024–88432066
传真：024–88435358
电子信箱：wxk@gsdz.com
网址：www.gsdz.com
主要产品或业务范围：薄膜开关，LED电子显示屏，数显面板表，各种电压、电流、温度、转数、计数、频率、时钟及4–20mA标准信号输出仪表。

沈阳中川测试技术有限公司
地址：辽宁省沈阳市浑南新区仓储街8号
邮编：110179
电话：024–62219999，23719007
传真：024–23719008
电子信箱：sycs@sycs.com.cn
网址：www.sycs.com.cn
主要产品或业务范围：互感器校验仪、微型电流电压互感器校验设备、变压比电桥、介损电桥等。

济南电表厂
地址：山东省济南市新泰市街78号
邮编：250001
电话：0531–86922634
传真：0531–86922945
联系人：邓俊英
主要产品或业务范围：安装式电表。

济南恒铁龙电子有限公司★
地址：山东省济南市北园大街243南1–1号
邮编：250013
电话：0531–83168187
传真：0531–82633615
电子信箱：wsy718@163.com
网址：www.sdhtl1718.com
主要产品或业务范围：销售代理美国福禄克、美国雷泰、日本共立、日本日置、美国泰克、日本横河、深圳胜利、中国香港希玛公司的数字万用表，过程校验仪，红外测温仪，接地电阻测试仪，测振仪，测厚仪。

青岛艾诺智能仪器有限公司
地址：山东省青岛市崂山区株洲路134号
邮编：266101
电话：8008600050，0532–83995188
传真：0532–83995168
电子信箱：ainuo@ainuo.com
网址：www.ainuo.com
主要产品或业务范围：全系列安规检测仪器、综合安规测试系统、变频电源设备、电子负载、ATS自动测试系统、电性能测量仪，共六大系列、200多种规格。

青岛经济技术开发区海达仪器仪表厂
地址：山东省青岛市黄岛区刘公岛路109号
邮编：266500
电话：0532–86852011
传真：0532–86856588
联系人：宋立英
主要产品或业务范围：电表。

青岛青智仪器有限公司
地址：山东省青岛市福州南路99号鲁通大厦4层
邮编：266071
电话：0532–85768356，85768357，85768358，85768359
传真：0532–85768357
电子信箱：sales@qingzhi.com
网址：www.qingzhi.com
主要产品或业务范围：ZW系列智能盘装电压表、电流表、功率表、频率表、谐波表，综合盘装电量表，ZWD414、ZWD433数字电量变送器，8700系列单相电参数测量仪，8900系列三相电参数测量仪，8710、8910便携式单、三相现场电参数测量仪，中频电量表，高频电量表，专用仪器。

青岛森泉科技有限公司
地址：山东省青岛市开发区前湾港路579号山东科技大学科技园实验研发楼3–102室
邮编：266590
电话：0532–80698638
传真：0532–80698639
电子信箱：amy@sourcescn.com
网址：www.sourcescn.com
主要产品或业务范围：代理销售美国雷泰红外测温仪，国外仪器仪表，包括接地电阻测试仪、蓄电池测试仪、交直流钳形表、相序表、数字绝缘电阻表，地下管线测试仪，电力谐波测试仪、杂音计、ISDN测试仪、XDSL测试仪、电缆故障测试仪、宽带故障测试仪等。

山东力创科技有限公司
地址：山东省莱芜市高新区凤凰路9号
邮编：271100
电话：0634–6251390，6251391，6257809
传真：0634–6251399
电子信箱：market@sdlckj.com
网址：www.sdlckj.com
主要产品或业务范围：超声波式热量表、机械式热量表、供热计量与温控一体化智能系统。

山东新风光电子科技发展有限公司
地址：山东省济南市泺源大街玉泉森信大厦B座12层
邮编：272500
电话：0537–87237571
传真：0537–87237909

电子信箱：wswxdc@ji-public.sd.cninfo.net
网址：www.fengguang.com
主要产品或业务范围：3-220kW电动机变频调速器、变频调速恒压供水设备、宽带功率信号发生器及测量仪器。

潍坊华光电子仪表有限公司
地址：山东省潍坊市高新技术开发区北宫东街186号
邮编：261061
电话：0536-8080808，8245088，8295171，8881551
传真：0536-8235006
电子信箱：wfhgdz@sogou.com
网址：www.wfhgdz.com
主要产品或业务范围：数字式三用表校准仪、多功能校准仪、多功能标准源、电能表检验装置、储油罐智能综合测控系统等。

潍坊华光高科电子有限公司
地址：山东省潍坊市奎文区胜利东街367号
邮编：261041
电话：0536-8222888，8326451，8236921
传真：0536-8298388
网址：www.hgdsybyxgs.com
主要产品或业务范围：数字式三用表校准仪、多功能校准仪、多功能标准源、电能表检验装置。

潍坊华泰电子仪器有限公司
地址：山东省潍坊市高新技术开发区科技街6号
邮编：261031
电话：0536-2990280，8862289
传真：0536-8862269
电子信箱：wfhtdz@163.com
网址：www.wfhuatai.com
主要产品或业务范围：主要生产、销售D030系列三用表校准仪、多功能校准仪、交直流标准源等。其产品广泛应用于检定、校验直流0.1级和交流0.2级以下各类一头及相应等级的数字多用表。

淄博固特电器有限公司
地址：山东省淄博市开发区柳强路296号
邮编：255000
电话：0533-2172619
传真：0533-3581815
主要产品或业务范围：电缆障碍全自动测距仪。

山西省互感器厂
地址：山西省太原市平阳中街4号
邮编：041002
电话：0357-3110005
传真：0357-2022649
主要产品或业务范围：互感器校验仪、仪用互感器、电力互感器、负载箱、干式变压器及附件。

山西省机电设计研究院
地址：山西省太原市胜利街228号
邮编：030009
电话：0351-3180367
传真：0351-3032337
电子信箱：kyb@sxjdy.com
网址：www.sxjdy.com
主要产品或业务范围：全自动和手动互感器检定成套装置，数显和手动互感器校验仪，精密电流和电压互感器，电力电流和电压互感器，电流和电压比例标准，电流和电压负载箱，升流器和升压器，大电流导线，互感器校验仪检定标准，负载箱校验仪，比较仪，匝数、匝比测试仪，调零装置等。

山西四环仪器仪表有限公司
地址：山西省太原市高新区科技街19号
邮编：030006
电话：0351-7025557，7029997，7021117
传真：0351-7032227
联系人：武海丽
电子信箱：ympower@ympower.com
网址：www.ympower.com
主要产品或业务范围：各种规格、外形尺寸交直流电流、电压、频率、功率、功率因数、相位数字仪表，交直流多量程仪表，变送器仪表，数字/模拟双显示仪表，模拟光柱指示仪表，标准/专用分流器。

山西兴永明仪器仪表有限责任公司★
地址：山西省太原市小店区人民南路29号山西太原191信箱销售处
邮编：030032
电话：0351-7268707，7269688，7268225
传真：0351-7268520
电子信箱：sxymwxdc@public.ty.sx.cn
网址：www.yongming.com
主要产品或业务范围：超薄型张丝电表，高频交流电表，继电器电表，自动化配套圆形电表，内装（外磁、心磁）电表，BH-0.66型互感器，0.5级高准确度电表，各种定值分流器、精密合金电阻器，配电系统用开关板表，自动化配套槽型电表，广角度电表，外装（外磁、心磁）电表，数字式面板表，特殊规格电表均按用户要求提供。

山西赵修民互感器有限公司
地址：山西省太原市西寇庄北街10号
邮编：030012
电话：0351-7224522
传真：0351-7224522
联系人：张好义
电子信箱：zhao-yr@163.com
网址：www.zhaoxm.com
主要产品或业务范围：精密电流、电压互感器，互感器校验仪及检定设备，负载箱及检定设备，电流、电压比例标准，升流器，升压器，大电流导线，互感器成套检定装置，新原理现场用电流、电压互感器校验仪，校验台用互感器，微型互感器，煤炭、铁路等行业专用互感器。

陕西协力光电仪器有限公司
地址：陕西省西安市东开发区新科路2号
邮编：710043
电话：029−82623950，84023638
传真：029−82623951，84023639
联系人：张经理
电子信箱：info@xieli−china.com
网址：www.xieli−china.com
主要产品或业务范围：数字显示式电压表、电流表、频率表、功率表、功率因数表、电阻表、脉电表、温度表、湿度表、压力表、流量表、真有效值表、峰值表、计时器、计数器等。

陕西易达电气有限公司
地址：陕西省西安市碑林区乐居南路47号秦晋大厦10层
邮编：710048
电话：029−82253065，82253128
传真：029−82218311
电子信箱：xayida@pub.xaonline.com
网址：www.sxyida.cn
主要产品或业务范围：电缆故障测试仪、继电保护测试仪、氧化锌避雷器测试仪。

西安奥泰仪器有限公司
地址：陕西省西安市东开发区东新世纪广场10627室
邮编：710043
电话：029−82682233，82682201
传真：029−82682286
网址：www.xaat.com
主要产品或业务范围：美国福禄克红外测温仪、真有效值数字万用表、过程校准器、电能质量分析和监测仪、热像仪、示波表、数字式绝缘电阻测试仪、钳形电流表等。

西安电子科技大学恒益测控技术有限公司
地址：陕西省西安市含光南路261号鹏豪苑20802室
邮编：710061
电话：029−82306802，82306801
传真：029−82306803
电子信箱：sales@xdhy.com
网址：www.xdhy.com
主要产品或业务范围：电路在线维修仪，混合信号测试仪，集成电路测试系统。

西安理工大学科教仪器研究所
地址：陕西省西安理工大学科教仪器研究所740信箱
邮编：710048
电话：029−83282683
联系人：吉柯
主要产品或业务范围：霍尔效应仪、螺线管磁场测定仪、力学、热学、电学、磁学现代物理等实验仪。

西安双英科技有限公司
地址：陕西省西安市高新区科技路39号亚美大厦东座603室
邮编：710075
电话：029−88321910，88321627
传真：029−88321627
电子信箱：gweic@public.xa.sn.cn
网址：www.jycc.com.cn
主要产品或业务范围：数字双钳形相位伏安表，各种数字万用表，数字钳形表，数字板表，数字频率表，数字毫秒计，示波器，数字电感电容表，绝缘电阻测试仪，继电保护测试仪，电能表及校验装置，计算机软、硬件。

西安四方机电有限责任公司
地址：陕西省西安市经济技术开发区凤城三路11号四方科技园
邮编：710021
电话：029−86525676，86525677
传真：029−86526349
电子信箱：sales@xasifang.com
网址：www.xasifang.com
主要产品或业务范围：电缆故障测试仪，电缆识别仪，电力电缆管理软件及系统，红外测温仪，系列变电站综合自动化系统及设备，避雷器测试仪，自动绝缘电阻表，声光验电器，电机测试设备，交、直流高压分压器等。

西安伟健电子有限责任公司
地址：陕西省西安市南二环西段21号华融国际大厦A座7C室
邮编：710061
电话：029−85269988
传真：029−85262728
网址：www.wellking.com
主要产品或业务范围：电子元器件和测试设备。

德图仪器国际贸易（上海）有限公司
地址：上海市田林路487号宝石园23号楼401室
邮编：200233
电话：4008827833
传真：021−64829968
电子信箱：info@testo.com.cn
网址：www.testo.com.cn
主要产品或业务范围：便携式电子测量仪器（测量温度、风速、光、pH值、湿度、压力、气体浓度和水质等）。

德仪国际贸易（上海）有限公司
地址：上海市中山西路2025号永升大厦2112室
邮编：200235
电话：021−64813366

传真：021-64813369
电子信箱：sales@quatek.com.cn
网址：www.quatek.com.cn
主要产品或业务范围：接触式或非接触式表面电阻及电阻系数测量系统等。

庚圣贸易（上海）有限公司
地址：上海市闵行经济开发区马桥镇西新路58弄34号102B
邮编：201111
电话：021-64093966，15821884544
电子信箱：gsdj888@yahoo.cn
网址：www.021tools.com
主要产品或业务范围：提供通用测试产品，如示波器、逻辑分析仪、信号源和频谱分析仪，以及各种视频通信、测量和监测产品，以及基于先进测试测量技术的各种工具和解决方案。

固纬电子（上海）有限公司
地址：上海市宜山路889号2号楼8楼
邮编：200233
电话：021-64853399
传真：021-54500789
联系人：翁启超
电子信箱：marketing@instek.com.cn
网址：www.goodwillinstek.cn
主要产品或业务范围：数字存储示波器、模拟示波器、频谱分析仪、信号发生器、电源，以及其他电子测量仪器。

米尼帕电子（上海）有限公司
地址：上海市浦东新区东方路1359号5楼C座
邮编：200127
电话：021-50900066
传真：021-50907177
电子信箱：minipa@minipaworld.com
网址：www.minipaworld.com
主要产品或业务范围：绝缘电阻测试仪、微欧针、接地电阻测试仪、手持式示波器、万用表、钳形表、模拟与数字系统试验箱等仪器仪表。

密勒电气（上海）有限公司
地址：上海市浦东新区龙东大道3000号A702室
邮编：201203
电话：021-68798001（总机）
传真：021-68798009
电子信箱：sales@muellerchina.cn
网址：www.muellerchina.cn
主要产品或业务范围：数字万用表、钳形万用表。

日本爱模系统株式会社（上海代表处）
地址：上海市长宁区遵义路100号虹桥上海城A栋914室
邮编：200051
电话：021-62372015，62372016
传真：010-62372017
电子信箱：info-c@m-system.co.jp
网址：www.m-system.co.jp
主要产品或业务范围：电量信号变换器、电子设备专用避雷器、远程I/O端子盘型信号变换器等。

上海爱仪电子设备有限公司
地址：上海市四平路28号311室
邮编：200080
电话：021-63240110
联系人：张向东
主要产品或业务范围：电视测量仪、Q表、高频电子/数字电视试验箱、高/低频毫伏表、信号源。

上海安标电子有限公司
地址：上海市徐汇区龙吴路410弄79号1号楼5楼
邮编：200232
电话：021-63039894
传真：021-63039894
网址：www.shanbiao.com
主要产品或业务范围：该公司主营实验室及便携式电表，其他电工仪表。

上海安科瑞电气有限公司
地址：上海市嘉定马东工业园区育绿路253号
邮编：201801
电话：021-59104832，69158161
传真：021-69155331
电子信箱：acrel001@vip.163.com
网址：www.acrel.cn
主要产品或业务范围：电力监控仪表、微机测控装置、变配电监控系统、电能质量监视与分析系统、电能计量计费系统、电动机智能控制器、电量传感器、高压附件八大类组成。

上海奥拓仪器设备有限公司
地址：上海市东诸安浜165弄35号（达通大楼）101室
邮编：200000
电话：021-62405327
传真：021-62252155
电子信箱：ypjing@public6.sta.net.cn
主要产品或业务范围：代理泰克公司、福禄克公司、安捷伦公司等国外著名厂商的电子产品，兼营国内示波器、图示仪、电源等产品。

上海宝新仪器仪表有限公司
地址：上海市香港路111号217室
邮编：200002
电话：021-51875950，51875960
传真：021-51875950，51875960

电子信箱：baoxinyq@126.com
网址：www.bxyq.com
主要产品或业务范围：该公司专业从事国产及进口优质仪器、仪表的代理销售工作。经营的仪器仪表主要分为电工仪表、电力仪器、环保仪器、气体检测、无损检测仪器及测绘仪器。

上海长江电子仪器厂
地址：上海市华阳路221号-1
邮编：200042
电话：021-62525874，62120761
传真：021-62525874
联系人：王清
网址：www.changjiang-power.com
主要产品或业务范围：614AJ、Y569、YSJ69净化单相稳压电源，WYJ直流稳压电源，JJW、SBW等系列单、三相交流稳压电源。

上海程羲仪测有限公司
地址：上海市延安西路1088号1608室
邮编：200052
电话：021-62115111
传真：021-62115811
电子信箱：picsh@picsh.com.cn
网址：www.picsh.com.cn
主要产品或业务范围：代理美国ACL的静电测量仪器、法国CA的电力电工量测产品、英国MICRONICS的超声波流量计、英国POLAR公司的电子线路板故障侦测仪器、瑞士THOMMEN公司的微压校正仪器、法国AOIP公司的信号校正仪器、德国LDIC的局部放电测量仪器、法国AOIP的过程信号测试仪器、美国HV的绝缘油耐压测试仪器、英国Thermoteknix、美国ASTRO-MED的波形记录器、美国AMETEK的故障录波仪。

上海存昊电子技术有限公司
地址：上海市平凉路1550弄2号楼102座
邮编：200090
电话：021-65432631
传真：021-65187830
电子信箱：huguoli@online.sh.cn
网址：www.sh-cunhao.com
主要产品或业务范围：该公司主营电能测试仪表、热工类数字式仪表。

上海存真仪器仪表有限公司
地址：上海市青浦工业园区崧华路328号
邮编：201703
电话：021-69758268
传真：021-69758267
电子信箱：guoyl.2010@gmail.com
网址：www.sh-cuizhen.com
主要产品或业务范围：该公司提供学生用万用表，电流安培计，电压伏特表，演示电能表，85、69型表头系列及各种数字表等产品。

上海第四电表厂
地址：上海市武夷路155号
邮编：200050
电话：021-62525420
传真：021-62520552
主要产品或业务范围：数字万用表、测磁仪器。

上海电器股份有限公司电压调整器厂
地址：上海市同普路550号
邮编：200062
电话：021-52818964
传真：021-52817174
联系人：曾俞
网址：www.shtiao.com
主要产品或业务范围：高压电源、稳压电源、净化电源、自动控温电源、成套电源设备。

上海东茂电子科技有限公司
地址：上海市杨浦区龙江路225号409
邮编：200082
电话：021-55212776
主要产品或业务范围：电桥、电阻箱、电容箱、电感箱、检流计、电位差计、微波等离子体装置各类教学仪器。

上海二工电器厂
地址：上海市中山北路864号
邮编：200070
电话：021-66613506，56553167，56553757
传真：021-56551750
网址：www.china-apt.com
主要产品或业务范围：系列电流互感器、半导体节能指示灯、万能转换开关。

上海刚泰利电子科技有限公司
地址：上海市长阳路1120弄6号
邮编：200082
电话：021-65868492
传真：021-65358503
联系人：彭建乐
主要产品或业务范围：全隔离电量传感器、有源传感器系列、无源传感器系列、数显仪表系列。

上海光维通信技术有限公司
地址：上海市田州路99号13幢新安大楼6楼
邮编：200233
电话：021-54451260
传真：021-54451266

电子信箱：grandwayhy@hotmail.com
网址：www.grandway.com.cn
主要产品或业务范围：该公司提供通信测试仪器、仪表及相关测试施工工具。

上海光之虹光电通讯设备有限公司
地址：上海市光新路200弄9号5层
邮编：200061
电话：021-62245835，62245836
传真：021-51083845
电子信箱：gzh@shgzh.cn
网址：www.shgzh.cn
主要产品或业务范围：该公司提供光仪表、光无源器件、光纤熔融接锥系统。

上海海星仪器有限公司
地址：上海市奉贤县奉城镇东街80号
邮编：201411
电话：021-57522442
传真：021-57522442
联系人：汤文治
电子信箱：shhxyqc@online.sh.cn
网址：www.shhaixing.com
主要产品或业务范围：WY系列0～300V、0～200A直流稳压稳流电源、TWY系列通信稳压电源、DS型晶闸管稳压充电电源、JKGD1-8型电脑无功补偿控制器、JKGD-9型分相电脑无功补偿控制器。

上海和华电子科技有限公司
地址：上海市黄浦区北京东路668号A542
邮编：200001
电话：021-51028595
传真：021-51028595-8888
联系人：林建新
电子信箱：timlin@yhehua.com
网址：www.yhehua.com
主要产品或业务范围：交流互感器、传感器、开合互感器、钳形互感器、霍尔开环电流传感器、霍尔闭环电流传感器、霍闭环电压传感器、磁调制式直流漏电流传感器、隔离放大器、开关型传感器。

上海恒率电源科技有限公司
地址：上海市浦东新区向城路29号爵士大厦B13B
邮编：200122
电话：021-61235896
传真：021-61235897
电子信箱：hldy009@srdpower.com
网址：www.srdpower.com
主要产品或业务范围：AC-DC模块电源、AC-DC工控开关电源、DC-DC模块电源。

上海宏邦科技有限公司
地址：上海市闸北区共和新路3615号5楼
邮编：200435
电话：021-53858825
传真：021-53858835
网址：www.hongbanggroup.com
主要产品或业务范围：继电保护测试仪器、介质损耗测试仪器、耐压试验装置、直流电阻测试仪器、钳形电流及万用表、回路阻抗测试仪器、电信测试仪。

上海沪光通讯设备有限公司
地址：上海市恒丰路31号
邮编：200040
电话：021-63539888，63531555
传真：021-63539429
网址：www.huguang.com.cn
主要产品或业务范围：交流仪器，交、直流电源，开关电源等产品。

上海金陵股份有限公司
地址：上海市福州路666号26楼
邮编：200001
电话：021-63226000
传真：021-63502688
电子信箱：shjl@jin-ling.com
网址：www.jin-ling.com
主要产品或业务范围：网络通信、计算机系统集成、表面贴装、印制电路板、电度表、微型电机及高频部件等。

上海精达电力稳压器制造有限公司
地址：上海市新闸路1331号
邮编：200040
电话：021-62794540
传真：021-62794088
网址：www.shjingda.com
主要产品或业务范围：SBW系列三相补偿式大功率电力稳压器，DBW系列单相补偿式大功率电力稳压器，SBWDT系列电梯专用补偿式电力稳压器。

上海康比利仪表有限公司
地址：上海市松江科技园区彭丰路790号
邮编：201614
电话：021-57858333
传真：021-57858097
电子信箱：mk@complee.com
网址：www.conplee.com
主要产品或业务范围：该公司专业生产各种安装式电测量仪表、互感器等产品。

上海科艺仪器仪表有限公司
地址：上海市长宁路250号

邮编：200042
电话：021-62521930
传真：021-62525324
网址：www.keyi888.com
主要产品或业务范围：614系列电子交流稳压器，精密交流稳压器，三相大功率稳压器。

上海联电实业有限公司
地址：上海市普陀区中江路879弄9号楼2层
邮编：200033
电话：021-52652370-71
传真：021-52652376
电子信箱：sales@eurotect.com
网址：www.eurotect.com
主要产品或业务范围：雷电预警装置、提前放电避雷针、电源浪涌保护器、信号浪涌保护器、接地系统。

上海联能仪表有限公司
地址：上海闵行区浦江镇恒南路1355号
邮编：201114
电话：021-67282028
传真：021-50879160
电子信箱：lianneng@lianneng-meter.com
网址：www.lianneng-meter.com
主要产品或业务范围：该公司是专业生产各类单、三相多费率电度表的企业。

上海麦哥思电气有限公司
地址：上海市闵行区莘庄工业园
邮编：201100
电话：021-33199687，33592771，33592772
传真：021-33592771
电子信箱：mecstar@mecstar.cn
网址：www.mecstar.cn
主要产品或业务范围：电力监控仪表、电量变送器、热工智能仪表、温度智能仪表、隔离模块、压力变送器、开关电源、电流互感器等。

上海纳宇电气有限公司
地址：上海市中山北路864号金甸大厦2003室
邮编：200070
电话：021-56550309
传真：021-56553853
电子信箱：nayu@shnayu.com
网址：www.shnayu.com
主要产品或业务范围：智能电力网络仪表和低压智能型马达保护控制器。

上海潘登公司
地址：上海市长寿路285号恒达广场23楼
邮编：200060
电话：021-62766276
传真：021-62773534
电子信箱：pandeng@pandeng.com
网址：www.pandeng.com
主要产品或业务范围：德国GMC高性能数字毫欧表、数字万用表、智能接地电阻测试仪、美国Raytek红外测温仪、美国FLUKE智能电压事件记录仪等。

上海浦江埃纳迪斯仪表有限公司
地址：上海市虹口区祥德路381号3号楼
邮编：200081
电话：021-65215196，55156521
传真：021-65216107
电子信箱：info@chauvin-arnoux.com.cn
网址：www.ca-group.com.cn
主要产品或业务范围：安装式电表、变送器、多功能电力监控电表、便携式电工、电子测试与测量仪器、电力测量与控制、温度测量与控制仪器等。

上海乾峰电子仪器有限公司
地址：上海市杨浦区平凉路2716号
邮编：200082
电话：021-61151154，65896078
传真：021-65012037
联系人：孙林忠
电子信箱：jksbdz@126.com，slz501007@126.com
网址：www.sh-meter.com
主要产品或业务范围：该公司主营数字直流电压表、数字多用表、四探针测试仪、高温超导测试装置、多功能校准仪、数字电位差计、数字欧姆表等产品。

上海全力电器有限公司
地址：上海市新闻路568弄445号
邮编：200041
电话：021-62535836
传真：021-62558838
电子信箱：querli@querli.com
网址：www.querli.com
主要产品或业务范围：该公司主营单相、三相交流稳压电源，精密净化电源，电力稳压器，直流稳定电源，充电机，逆变电源（工频和高频），UPS（不间断电源），调压器，变压器等产品。

上海荣轩机电有限公司
地址：上海市浦东新区茂兴路90号仁恒广场3座2C
邮编：200127
电话：021-68640846
传真：021-58398298
电子信箱：shyjn@rongxuancast.com
网址：www.rz-gp.com
主要产品或业务范围：集成一体化电源。

上海锐测电子科技有限公司
地址：上海市浦东新区商城路297号申金大厦2901室
邮编：200120
电话：4006701357
传真：021-61631925
电子信箱：yanglijuan@infratest.com.cn
网址：www.infratest.com.cn
主要产品或业务范围：该公司专业从事红外热像仪系列产品、安防监控系列产品的研发生产和销售。

上海三基电子工业有限公司
地址：上海市曹杨路800号
邮编：200063
电话：021-52697361
传真：021-52697359
电子信箱：sales@sanki-e.com
网址：www.sanki-e.com
主要产品或业务范围：从事干扰模拟器研究，以及生产微形电源模块、MSPS电源。

上海桑博电子科技有限公司
地址：上海市浦东新区张江高科技园区晨晖路825弄43号503室
邮编：201203
电话：021-50273226，59539351
传真：021-50807785
电子信箱：haohao168@sohu.com
网址：www.sendbow.com
主要产品或业务范围：微功率无线通信模块，无线数传模块，无线收发模块，无线温湿度传感器，无线压力传感器，无线抄表器，无线抄表系统，无线抄水电气热表，无线手持机，无线PDA。

上海上表企业有限公司
地址：上海市杨浦区控江路2065号4楼
邮编：200092
电话：021-65638877
传真：021-55953100
电子信箱：shsb@133sh.com
网址：www.sbqy.cn
主要产品或业务范围：数字仪表、交直流电工仪器、记录仪器、定时器。

上海胜新电器厂
地址：上海市浦东新区三林陈行路36号
邮编：200124
电话：021-33936910
联系人：王兴泉
主要产品或业务范围：滑线式变阻器、瓷盘变阻器、BPS大功率负载箱、旋转式变阻器。

上海盛恒机电设备有限公司
地址：上海市成都北路500号峻岭广场603室
邮编：200003
电话：021-33110380，33110381，33110382，33110383
传真：021-63277211
电子信箱：shengheng@justsun.com.cn
主要产品或业务范围：工业自动化、工业检测、生产过程校检等仪表设备。

上海天龙电子有限公司
地址：上海市四平路283号3号楼17B
邮编：200081
电话：021-56966454，56669691，65083797
传真：021-56966454
电子信箱：tldznian@vip.sina.com
网址：www.tlelc.com
主要产品或业务范围：电力监控仪、传感器、复费率电能表、称重仪表及船舶仪器修理。

上海托克智能仪表有限公司
地址：上海市会文路50号6楼
邮编：200071
电话：021-66600425，56975438，56637681，28425963
传真：021-66600425
电子信箱：sales@tuoke.com
网址：www.tuoke.com
主要产品或业务范围：电量隔离变送器、压力变送器，霍尔电流隔离变送器，光电隔离电流电压变送器，电磁隔离电流电压变送器，磁平衡式电流隔离变送器，频率隔离变送器，功率隔离变送器，功率因数隔离变送器，标准信号调整器变送器，压力变送器，差压变送器，电容式变送器，智能压力变送器，位移传感器/变送器，液位传感器/变送器，流量传感器/变送器，温湿度传感器/变送器。接近开关，数字面板表，数显功率表，数显工频表，时间继电器，计数器长度计，频率、转速、线速表，数显电压、电流表，数显功率因数表，数显温度温控表，传感器专用数显表，数字调节仪，智能温控表、可编程控制仪。

上海无仪电子设备有限公司
地址：上海市唐山路216号（司麦脱商务楼）503室
邮编：200080
电话：021-65840263
联系人：蒋逸蕙
主要产品或业务范围：高频Q表、电视信号发生器、DDS、标准高/低频信号源、高/低频数字毫伏表。

上海希尔伦电器有限公司
地址：上海市万荣路839号69楼3层
邮编：200072
电话：021-56778054，56778055
传真：021-56771995

电子信箱：gcq@hillon.cn
网址：www.hillon.com.cn
主要产品或业务范围：智能型数字式稳压器。

上海新建仪器设备有限公司
地址：上海市江宁路631号
邮编：200233
电话：021-64753507，62553743
传真：021-62552963
电子信箱：xinjian@shxinjian.com.cn
网址：www.shxinjian.com
主要产品或业务范围：该公司主营示波器、图示仪、信号源、电源等产品。

上海亚美微波仪器厂有限公司
地址：上海市松江区申港路618号
邮编：201612
电话：021-67681381，67681383
传真：021-67681382
联系人：郇国光
网址：www.yameimicrowave.sh.cn
主要产品或业务范围：信号发生器系列，大、中、小功率计系列及同轴波导微波器件系列等八大类、200余个品种。

上海仪华仪器有限公司
地址：上海市嘉定区叶城路881号
邮编：201821
电话：021-69521064
传真：021-69523221
电子信箱：info@va007.com
网址：www.va007.com，www.mastech.com.cn
主要产品或业务范围：校验仪、智能万用表、环境仪表、钳表、测厚仪、电源等。

上海仪器仪表研究所
地址：上海市龙江路214号
邮编：200082
电话：021-55211350
传真：021-55213548
电子信箱：sirimail@online.sh.cn
主要产品或业务范围：电工计量测量仪器、电子专用设备、智能化精密仪器与自动测试系统、儿童医疗保健诊断仪器、环境监测仪器、能源管理系统等。

上海宇宏电器有限公司
地址：上海市昌平路868号恒森广场A幢1303座
邮编：200042
电话：021-62727079，62727850
传真：021-62727850
电子信箱：yhdqj@online.sh.cn
网址：www.chshyuhong.com
主要产品或业务范围：通信、电力系统设备维护、检测产品，法国产单钳式接地电阻测试仪、奥地利双钳式多功能接地电阻测试仪、日本数字式万用表、美国红外线激光测温仪、法国交直流钳表等世界各地的仪器仪表。

上海玉炜电子科技有限公司
地址：上海市闵行区颛桥镇颛兴东路999弄阳明国际创业园致善楼302室
邮编：200240
电话：021-60910178
传真：021-60910231
电子信箱：sales@shyuwei.com
网址：www.shyuwei.com
主要产品或业务范围：该公司提供光纤工程测试仪表以及各种光无源器件等产品。

上海远中电子仪器厂
地址：上海市虹口区广灵一路74弄1号
邮编：200083
电话：021-65604787，65607047
传真：021-65607047
电子信箱：yz@sh-yuanzhong.com
网址：www.sh-yuanzhong.com
主要产品或业务范围：绝缘电阻测试仪。

上海正阳仪表厂
地址：上海市大连路1053号
邮编：200086
电话：021-65625696
传真：021-65034659
电子信箱：sales@zychina.com
网址：www.zychina.com
主要产品或业务范围：该厂专业生产直流电桥、电位差计、电阻箱、数字电桥及微欧计、直流电阻测试仪、电阻分选仪、标准电阻等计量、检测仪器仪表。

优利德电子（上海）有限公司
地址：上海市浦东区陆家嘴东路161号招商局大厦11楼15室
邮编：200120
电话：021-58783888
传真：021-58787888
电子信箱：infosh@uni-trend.com.cn
网址：www.uni-trend.com.cn
主要产品或业务范围：数字万用表、汽车检测仪表、电力测试仪、环保热工及分析仪表、安规检测仪表、通用测试仪、环保热工及分析仪表、安规检测仪表、通用测试仪、计量校准仪表和数字存储示波器十大类别的各式各样系列产品。

成都格莱科技有限公司
地址：四川省成都市高新区繁雄大道3号教育科技园主楼603室

邮编：610041
电话：028-85321365
电子信箱：cdglpt@163.com
网址：www.cdgltech.com
主要产品或业务范围：小型化的多速率光通信误码仪。

成都国华电源电器有限公司
地址：四川省成都市一环路东一段134号
邮编：610051
电话：028-84338554
传真：028-84338554
联系人：孙国华
主要产品或业务范围：国产稳压电源、计量仪器、测量仪器、机电产品。

成都前锋电子电器集团股份有限公司
地址：四川省成都市高新技术开发区西区前锋高科技术产业园（高新西区百草路79号）
邮编：611731
电话：028-87988114
传真：028-97988987
网址：www.chiffo.com
主要产品或业务范围：电子测量仪器，智能水、电、气表；电力、水力、油田燃气自动化、小区智能化、三表集抄等产品。

成都神鹰机电设备厂
地址：四川省成都市新津县桥津上街22号
邮编：611431
电话：028-82580738
传真：028-82580158
主要产品或业务范围：多功能电源，电子断路器等。

成都永华仪器仪表有限责任公司
地址：四川省成都市一环路东一段102号
邮编：610051
电话：028-84366096
传真：028-84374574
电子信箱：webmaster@cdyonghua.com
网址：www.cd-yh.cn
主要产品或业务范围：频谱分析仪、网络分析仪、逻辑分析仪、调制度测量仪、扫频仪、示波器、函数信号发生器，标准、合成、脉冲信号发生器、彩色信号发生器、频率计/计数器、晶体管图示仪、集成电路测试仪、失真度测量仪、LCR电桥、Q表、耐压/泄漏/绝缘电阻测试仪、直流低电阻测试仪、通信测试仪器/光通信测试仪器、场强仪、功率计、台式数字多用表、高频、超高频、视频毫伏表、静电/交直流高压电压表、精密电工仪表、数字万用表、自动化监测仪表、电声测试仪器、电参数测量仪、线圈圈数测量仪、磁测量仪，电力现场测试仪表、工业测试仪表。

国营建华仪器厂
地址：四川省眉山市青神县306信箱
邮编：620460
电话：0833-8989199
传真：0833-8191455
联系人：罗俊义
网址：www.jh1718.cn
主要产品或业务范围：载波通信测量仪器，数字通信测试仪器，各类通用测试仪器，光纤通信设备，二次群、三次群光端机，电话计费器系列，IC卡式智能电表。

绵阳市维博电子有限责任公司
地址：四川省绵阳市游仙区游仙东路98号
邮编：621000
电话：0816-2278150，2278151
传真：0816-2281934
电子信箱：sundarling_1@163.com
网址：www.wb-my.com
主要产品或业务范围：该公司主要研发、生产和销售WB系列电量隔离传感器/智能电量变送器。

四川省西南机电设备进出口有限公司
地址：四川省成都市人民东路48号
邮编：610015
电话：028-86610086
传真：028-86789527
电子信箱：info@chinaxnjd.com
网址：www.chinaxnjd.com
主要产品或业务范围：该公司为福禄克公司指定的中国西南地区一级代理，产品有数字多用表、图形万用表、示波器、信号发生器、电能质量分析仪、功率谐波分析仪、钳形表、电子温度表、过程仪表校准器、测量校准和校准器、电桥、计算机网络测试仪等。

高美测仪（天津）科技有限公司
地址：天津市华苑产业区海泰发展六道6号绿色产业基地M8-3-101
邮编：300384
电话：022-83726250，83726251，83726252
传真：022-83726253
电子信箱：info@gmci-china.cn
网址：www.gmci-china.cn
主要产品或业务范围：电器/气安全测试仪、便携式/在线电能质量分析仪/系统、绝缘/接地测试仪、数字多用表、直流电源、多功能电量表/变送器、角位传感器等。

天津津泰科贸有限公司
地址：天津市河西区围堤146号华盛广场B座
邮编：300201
电话：022-88238699
传真：022-88238493

电子信箱：tjjt@tjjintai.com.cn
网址：www.tjjintai.com.cn
主要产品或业务范围：电视及有线电视测试仪器、通信测试仪器、通用仪器。

天津市勃函电子有限公司
地址：天津市和平区卫津路73号嘉利大厦1108室
邮编：300070
电话：022−27819007
传真：022−27834766
主要产品或业务范围：电子工具仪器仪表。

天津市电工技术科学研究院
地址：天津市河北区南口路40号
邮编：300232
电话：022−26340928
传真：022−26340928
电子信箱：tjeari@Vip.163.com
网址：www.tjeari.com
主要产品或业务范围：电器检测。

天津市申特高新技术开发公司
地址：天津市北辰科技园区辽河北道
邮编：300402
电话：022−26727589
传真：022−26727576
电子信箱：senttech@public.tpt.tj.cn
网址：www.sent.com.cn
主要产品或业务范围：电力线载波集中抄表系统、多费率电度表、多功能电度表等产品。

天津市腾马电表有限公司
地址：天津市津南区咸水沽西大桥南
邮编：300350
电话：022−28392954，28392952
传真：022−28392544
网址：www.tjtmdb.com
主要产品或业务范围：该公司提供交、直流电压表、电流表；磁电系直流电流表、电压表；电动系交、直流电压表、电流表、功率表系列，数字表系列，电量变送器系列及自动化控制装置等。

天津市中环电子仪器公司
地址：天津市和平区吴家窑大街二号路50号
邮编：300070
电话：022−23354626
传真：022−23358849
电子信箱：teic@tjdzyq.com
网址：www.tjdzyq.com
主要产品或业务范围：该公司提供阻抗静脉血流仪、恒定电位仪、函数发生器、信号发生器、直流稳压电源、稳压稳流电源、数字电压表、毫伏表、数字万用表、示波器、频率响应分析仪、信号分析仪、频率特性测试仪。

中国科学院新疆物理研究所
地址：新疆乌鲁木齐市北京南路40−1号
邮编：830011
电话：0991−3835823
传真：0991−3838957
网址：www.xjipc.cas.cn
主要产品或业务范围：电子和通信测量仪器，传感器。

长城电器集团有限公司
地址：浙江省乐清市北白象镇白象大道2−1号长城工业园
邮编：325603
电话：0577−62870000
传真：0577−61891111
电子信箱：cnc@cnc.sh
网址：www.cnc.sh
主要产品或业务范围：高低压电器及成套设备、仪器、仪表、防爆电器、高科技电子控制设备等100多个系列、两万多个品种规格。

杭州电表厂
地址：浙江省建德市北门街75号
邮编：311604
电话：0571−64141309，64142338
传真：0571−64142338
联系人：赵丽洁
网址：www.hzdb.com
主要产品或业务范围：生产万用电表、教学仪表、绝缘电阻表等电工仪表。

杭州高新电子有限公司
地址：浙江省杭州市西湖区翠柏路6号3幢5楼
邮编：310012
电话：0571−88066830，88808131，88824930，88862286
传真：0571−88921591
电子信箱：gx@chgx.com
网址：www.chgx.com
主要产品或业务范围：电子仪器、分析仪器、测绘仪器。

杭州海兴电力科技有限公司
地址：浙江省杭州市莫干山路1418号
邮编：310011
电话：0571−28020732
传真：0571−28020357
电子信箱：service@hxgroup.cn
网址：www.hxgroup.cn
主要产品或业务范围：电能计量产品、电力终端产品、电能信息检测与管理系统、预付费管理系统、AMI综合管理系统、SCADA电力调配一体化系统等。

杭州虹谱光电科技有限公司
地址：浙江省杭州市西湖科技园振中路202号8幢2楼
邮编：310030
电话：0571–89900037
传真：0571–89900040
电子信箱：ho–pu@163.com
网址：www.ho–pu.com
主要产品或业务范围：照明专业光色电综合检测仪器、LED专业检测仪器等。

杭州华南电子技术装备有限公司
地址：浙江省杭州市秋涛路18号中针大厦7层
邮编：310008
电话：0571–86808616，86810656
传真：0571–86810656–609
网址：www.hndz.net
主要产品或业务范围：电子仪器仪表、计算机、通信电力设备、自动化仪表、UPS、交直流稳压器。

杭州华盛仪表厂
地址：浙江省杭州市登云路428号浙江时代电子市场2A231
邮编：310012
电话：0571–88009965
传真：0571–88009965
网址：www.hsyb.com
主要产品或业务范围：该公司是专业生产钳形万用表的企业，产品主要应用于电力、冶金、煤炭、制冷等行业。

杭州峻岭电子有限公司
地址：浙江省杭州市拱墅区银河嘉园7幢701室
邮编：310015
电话：0571–89902147，89902148，88256003
传真：0571–89902148
联系人：邱峻
电子信箱：hz5145@163.com
网址：www.junling.com
主要产品或业务范围：数字显示交、直流电压表、电流表、功率表、温度表、温控表、频率表、转速表、计数器、定时器。

杭州龙科电子有限公司
地址：浙江省杭州市笕桥镇俞章工业园
邮编：310021
电话：0571–88139965
传真：0571–88331960
电子信箱：loncont@163.com
网址：www.loncont.com
主要产品或业务范围：交流固态继电器，直流固态继电器，双向固态继电器，缺相保护固态继电器，电动机正反转固态继电器，单相、三相、移相触发器，单相、三相一体化调压模块，单相、三相一体化桥式整流模块。

杭州三汇科技有限公司
地址：浙江省杭州市滨江区南环路3756号三汇研发中心大楼10层
邮编：310053
电话：0571–88861158
传真：0571–88850923
联系人：李小莉
电子信箱：lxl@tekwayins.com
网址：www.tekwayins.com，wwwtekwayins.net
主要产品或业务范围：数字存储示波器。

杭州三科电器有限公司
地址：浙江省乐清市经济开发区纬五路三科科技园
邮编：310011
电话：0577–62666789
传真：0577–62666022
电子信箱：sanke.hz@263.net
网址：www.sanke.com
主要产品或业务范围：示波器系列、图示仪系列、电子电压表系列、直流稳压电源系列、安规测试仪系列等。

杭州天科教仪设备有限公司
地址：浙江省杭州市西湖区西溪路956号
邮编：310023
电话：0571–85243529
联系人：康海
主要产品或业务范围：电工电子、可编程、电力电子、过程控制、电机、维修电工。

杭州威博科技有限公司
地址：浙江省杭州市拱墅区祥园路39号4幢
邮编：310012
电话：0571–88862355
传真：0571–88911457
网址：www.hzweibo.com
主要产品或业务范围：电参数测量仪、多路温度测量仪、带电绕组温升测试仪。

杭州星谱光电科技有限公司
地址：浙江省杭州市登云路525号
邮编：310011
电话：0571–85124909
传真：0571–88600761
电子信箱：xpgd@xpgd.com
网址：www.xpgd.com
主要产品或业务范围：LED检测仪器。

杭州中导科技开发有限公司
地址：浙江省杭州市天目山路160号国际花园东楼14A座
邮编：310007
电话：0571–88211574，88211882，88211883

传真：0571-88872060
电子信箱：sales@sunleads.com
网址：www.sunleads.com
主要产品或业务范围：全中文手持式2M数字传输分析仪。

杭州总研电气有限公司
地址：浙江省杭州市滨江高新技术产业开发区之江药园之泰径9号
邮编：310053
电话：0571-86698056
传真：0571-86698057
电子信箱：soken_hz@mail.hz.zj.cn，sales@soken-cn.com
网址：www.soken-cn.com
主要产品或业务范围：硅钢片铁损仪、单片及定子铁心测试仪、数码微欧仪、电动机转向仪、通电绕组温升仪、电容自动西林电桥仪、CT（PT）误差测试仪、介损仪、局放仪、高压设备及材料绝缘性能测试装置及在线综合测试系统等。

湖州爱迪电气有限公司
地址：浙江省湖州市埭溪镇上强路3号
邮编：313023
电话：0572-3981018
传真：0572-3981022
电子信箱：3981018@ad-elec.com
网址：www.ad-elec.com
主要产品或业务范围：双通道、双隔音、一表多用的智能化综合测量仪表。

乐清市康立仪表有限公司
地址：浙江省乐清市宁康西路205号
邮编：325600
电话：0577-62536199，62552917
传真：0577-62535156
电子信箱：complee@wz.zj.cn
网址：www.complee.com
主要产品或业务范围：该公司是生产各种板表的专业厂家。产品系列有电流表、电压表、功率表、相位表、频率表、同步表、最大需量表、转数表等。

乐清市侨光电器仪表厂
地址：浙江省乐清市柳市镇马仁桥金桥西路76～86号
邮编：325604
电话：0577-62722834
传真：0577-61722834
联系人：陈通贵
电子信箱：qgcy1985@163.com
网址：www.qiaoguangmeter.com
主要产品或业务范围：船用安装式广角度电表及塑壳断路器、接线端子板。

乐清市天康电子科技有限公司
地址：浙江省乐清市柳市镇吕庄工业区
邮编：325604
电话：0577-61725571，61725572
传真：0577-62692826
网址：www.chtkdz.com
主要产品或业务范围：直流表计、功率表及功率因数、数显电测仪表、综合电力仪表、可编程智能仪表、电量变送器。

南京金川电表制造有限公司（杭州总部）
地址：浙江省杭州市江干区南肖埠庆春苑17幢1单元401室
邮编：310020
电话：0571-86027716
传真：0571-86023367
电子信箱：jc01@jinchuancn.com
网址：www.jinchuancn.com
主要产品或业务范围：万用电表、绝缘电阻表、钳形表、接地电阻表、相序表、木材测水仪、蓄电池测试仪。

宁波恒率电源科技有限公司
地址：浙江省宁波市经济技术开发区（小港）金鸡路137号
邮编：315803
电话：0574-55221222
传真：0574-26886096
电子信箱：esp001@srdpower.com
网址：www.srdpower.com
主要产品或业务范围：AC-DC模块电源、AC-DC工控开关电源、DC-DC模块电源。

宁波三维电测设备有限公司
地址：浙江省宁波市江北区北海路188弄50号
邮编：315032
电话：0574-87577658
传真：0574-87577656
电子信箱：nbzcy@126.com
网址：www.ningbo-sanwei.com
主要产品或业务范围：全自动互感器检测台、全功能互感器校验仪、PT98智能型PT二次压降测试仪。

宁波中策电子有限公司
地址：浙江省宁波市望春工业园聚才路189号
邮编：315177
电话：0574-88156777，88156770，88156720
传真：0574-88156720
电子信箱：master@zhongce.com.cn，sales@zhongce.com.cn
网址：www.zhongce.com.cn
主要产品或业务范围：示波器、信号发生器、毫伏表、稳压电源、数字电桥、频率计、图示仪。

瑞安市电力仪器厂
地址：浙江省瑞安市范大桥街43号

邮编：325200
电话：0577-65613968，65657713
传真：0577-65613968
电子信箱：radlyq@mail.wzptt.zj.cn
网址：www.radlyq.com
主要产品或业务范围：RA系列交流电流变送器、RV系列交流电压变送器、RWQ系列三相功率变送器、RZ系列直流隔离变送器、RF系列频率变送器、RRD系列温度变送器、RN系列转速变送器。

温州宝特电气仪表有限公司
地址：浙江省温州市经济技术开发区25号8区
邮编：325011
电话：0577-86531666
传真：0577-86531667
主要产品或业务范围：万用表、电压测试笔、自动小夜灯、路灯光电开关、叮当门铃、板表、红外线检测笔。

温州精密电子仪器厂
地址：浙江省温州市金丝桥路20号
邮编：325003
电话：0577-88856072
传真：0577-88838732
电子信箱：modern@ppp.wzptt.zj.cn
主要产品或业务范围：SBW/DBW补偿式电力稳压器、D/SJA型净化电源、CVT交流参数稳压器、GZDW-4微机控制型直流屏、DPL型三级电源避雷器。

温州市电工仪表厂
地址：浙江省温州市鹿城区百里西路双桂小区
邮编：325000
电话：0577-88226089
传真：0577-88226281
主要产品或业务范围：安装式电表，交、直流电流、电压测量仪表，功率测量仪表。

温州市和泰电工测试设备厂
地址：浙江省温州市上陡门路40-16号
邮编：325000
电话：0577-88334733
传真：0577-88334733
主要产品或业务范围：电机绕组匝间绝缘测试、对地冲击绝缘测试、电机工频耐压测试等应用领域。

温州市华能电器仪表厂
地址：浙江省温州市炬光工业区蛟凤北路108号
邮编：325000
电话：0577-0577-88332517，88328575
传真：0577-88332517
电子信箱：huanen@huanen.com
网址：www.huanen.com
主要产品或业务范围：智能网络遥控仪表、多功能电力仪表、三相组合表、数显电流表、电压表、电量变送器、电能表校验仪、计数器、时间继电器、转速器等系列成套机械设备。

温州市瓯海雄鹰仪表厂
地址：浙江省温州市鹿城路50号电子城501号
邮编：325005
电话：0577-88230368，86364713
传真：0577-88230368
主要产品或业务范围：数字表、万用表、绝缘电阻表、钳形表及各类表头、表笔。

余姚市红南电子变压器厂
地址：浙江省余姚市凤山街道蜀山村
邮编：315400
电话：0574-62670798，62670398
传真：0574-62670398
电子信箱：hongnandz@yahoo.cn
网址：www.hongzhuan.com
主要产品或业务范围：专业生产仪器仪表用电源变压器。

浙江高自成套设备有限公司
地址：浙江省杭州市滨江区滨安路1180号华业科技园6号5楼
邮编：310052
电话：0571-88044417
传真：0571-88044193
联系人：杜勇
电子信箱：Zhejiang-gaozi@vip.163.com
网址：www.zjgz.com.cn
主要产品或业务范围：该公司主营各种高教实验仪器设备，如电工实验装置系列、电工实训实验装置系列、模拟电路/数字电路实验装置系列、电力电子实验装置系列、过程控制实验装置系列、PLC实验装置系列、单片机开发装置系列等。

浙江省电子技术研究所
地址：浙江省杭州市翠苑新村三区翠柏路6号
邮编：310012
电话：0571-88857521，88854349
传真：0571-88859965
主要产品或业务范围：电子设备和电子测量仪器，有线、无线通信设备，广播、电视设备，微机网络软/硬件开发。

浙江省镇海电表厂
地址：浙江省宁波市北仑区大碶镇大新路2号
邮编：315806
电话：0574-86100305，86100684
传真：0574-86100305
联系人：陈慧秀
电子信箱：lqw172@sina.com

网址：www.zhendian.com
主要产品或业务范围：该厂是国家二级企业，主要生产镇电牌安装式电表。产品有交、直流电流、电压表，单、三相功率表，功率因数表，频率表，同步表，定值分流器等产品。

重庆博电机电有限公司
地址：重庆市高新区渝州路27号商务公寓21-13号
邮编：400039
电话：023-68886538，68886383
传真：023-68505221
网址：www.bdjd.net
主要产品或业务范围：指示灯、按钮、转换开关、电流互感器、报警灯、行程微动开关、小型继电器、数显表、CL系列数显电测表、可编程智能电测表、模拟信号变送器、三相电能表、接线端子、风机及网罩、变压器，以及其他电气附件、仿德国威图机柜、机箱、接插件、附件。

重庆德胜仪器设备有限公司
地址：重庆市高新区渝州路18号高创锦业大厦24-9室
邮编：400039
电话：023-68795300，68795301，68795302，68795303（四线）
传真：023-86155118
电子信箱：webmaster@tecsun.net
网址：www.tessun.net
主要产品或业务范围：电子测试仪器、工业自动化仪表、电工电力仪表、试验分析仪器、环保监测设备；国内外名优交流稳压电源、UPS、直流（开关）电源、特种电源；交流变频器、直流变速器、PLC编程器、低压电器、工控成套设备等。代理德国德图的烟气分析等环保监测设备、美国雷泰的测温仪、日本共立的电工电力仪表等。

重庆海立电气有限公司
地址：重庆市渝中区中山三路86号重百电子城3楼6号
邮编：400015
电话：023-63538142
传真：023-63530555
电子信箱：jlbzhs@263.net
主要产品或业务范围：固态继电器、电压表、电流表、功率表、功率因数表、频率表、温控表、小型继电器、防水接头、尼龙软管、尼龙扎带、按钮、熔丝座、指示灯、接线端子、变压器、断路器、接触器、传感器、端头。

重庆荣凯川仪仪表有限公司
地址：重庆市北碚澄江镇
邮编：400701
电话：023-68226587，68221899
传真：023-68221017
电子信箱：rkcy21@163.com
网址：www.rongkai.com.cn
主要产品或业务范围：该公司是由重庆大荣川仪企业有限公司通过改制组建而成的专业电源公司。公司从事电源产品的开发、设计。

重庆市惠美泰仪器设备有限公司
地址：重庆市渝中区中山三路86号电子大厦2楼
邮编：400041
电话：023-63528991，63536059
传真：023-63536059
电子信箱：yjb023@163.com
主要产品或业务范围：示波器、频率计、信号发生器、图示仪、耐压仪，扫频仪、LCR电桥、综合测试仪等仪器、精密电表、绝缘电阻表、接地电阻计、电位差计、电阻箱、电桥等仪器、噪声计、风速仪、照度计、温湿度计、恒温恒湿箱、盐雾试验箱、干燥箱、推拉力计、振动台、万能材料试验机，体视显微镜。金相显微镜，投影仪，游标卡尺，百分尺，千分尺，电子计重称，电子天平、温控器，计数器，时间继电器，功率表，光电开关，PLC（可编程控制器），巡检仪，记录仪，变频器。

重庆新世纪电气有限公司
地址：重庆市石桥铺科园路170号E、F座5楼
邮编：400041
电话：023-68185188，68608004
传真：023-68626689
电子信箱：zjb@cqnec.com.cn
主要产品或业务范围：主要致力于电力系统综合自动化和相关软件产品的研发、制造、销售与技术服务。

光学仪器

芜湖光学仪器有限公司
地址：安徽省芜湖市银湖北路30号
邮编：241006
电话：0553-5223908
传真：0553-5223806
电子信箱：master@zgwhgx.com
网址：www.zgwhgx.com
主要产品或业务范围：比较显微镜、体视显微镜、生物显微镜、测检显微镜、学生显微镜、综合光电仪器、医疗仪器、望远镜、光学工艺品九大产品系列。

中国科学院安徽光学精密机械研究所
地址：安徽省合肥市蜀山湖路350号
邮编：230031
电话：0551-65591539
传真：0551-65591572
电子信箱：aio@aiofm.ac.cn
网址：www.aiofm.cas.cn
主要产品或业务范围：大气光学、环境光学、环境监测技术和激光技术等应用基础研究。

3R集团北京爱迪泰克科技有限公司
地址：北京市海淀区牡丹园北里7号院1-2010室
邮编：100191
电话：010-62041107
传真：010-62040423
电子信箱：bjeddytek@126.com
网址：www.3r.com.cn
主要产品或业务范围：公司主营自主品牌Anyty系列产品和自主研发的专利产品——安全系统的双网双系统硬盘切换装置。Anyty系列产品包括仪器仪表领域的便携式视频数码显微镜、手持式2.4G无线显微镜、USB数码显微镜、工业内窥镜等产品以及办公领域的便携式扫描仪等。

北方夜视技术集团股份有限公司
地址：北京市海淀区紫竹院路81号院-3
邮编：100089
电话：010-88829612，88829611
传真：010-88829629
电子信箱：sales@nvt.com.cn
网址：www.nvt.com.cn
主要产品或业务范围：红外探测器、微光像增强器、红外热像仪整机、微光整机等。

北京埃佛尔激光科技有限公司
地址：北京市通州区张家湾开发区光华路16号方和正圆工业园6号厂房6208号
邮编：101113
电话：010-64361009
传真：010-84572889
联系人：张利昌
电子信箱：info@ph-laser.com
网址：www.bjefr.com.cn
主要产品或业务范围：该公司是CO_2激光器/管及其相关电源、光学元件的专业生产厂家。

北京爱万提斯科技有限公司
地址：北京市朝阳区望京园悠乐汇E座1209、1210室
邮编：100102
电话：010-84574045，84574046，84574057
传真：010-84574017
电子信箱：info@avantes.com.cn
网址：www.avantes.cn
主要产品或业务范围：该公司一直致力于为高端科研级工业用户提供世界领先的光谱技术解决方案。产品包括光谱仪、光源、光纤及探头、各种应用软件、附件等。

北京安和光电仪器有限责任公司
地址：北京市通州区西大街14号
邮编：101100
电话：010-69556316
传真：010-80881393
电子信箱：sales@bj-ah.cn
网址：www.bj-ah.cn
主要产品或业务范围：光谱仪及其组件、平移台、旋转台。

北京奥特伟业光学仪器有限公司
地址：北京市海淀区西三环板井路曙光花园智业园A-3A
邮编：100097
电话：010-88470301
传真：010-88434450
电子信箱：13611171506@139.com
网址：www.bjoptec.com
主要产品或业务范围：生物、金相、倒置、荧光、暗场、偏光、体视、视频、数码显微镜等。

北京奥依克光电仪器有限公司
地址：北京市通州区张家港湾开发区
邮编：101113
电话：010-61569970
传真：010-69575701
联系人：刘永军

电子信箱：sales@bjayk.com
网址：www.bjayk.com
主要产品或业务范围：全自动测色色差计。

北京榜首科技有限公司
地址：北京市昌平区回龙观定福皇庄宾宾集团1号楼3层
邮编：102206
电话：010-80703741，80703742，80703743
传真：010-80703744
电子信箱：Sales@viasho.com
网址：www.viasho.com
主要产品或业务范围：全固体激光器。

北京北光世纪仪器有限公司
地址：北京市通州区梨园孙王场
邮编：101101
电话：010-69528984
传真：010-69528984
联系人：郝良卿
电子信箱：boci@vip.163.com
网址：www.bgyq.net
主要产品或业务范围：电动平移台、电动旋转台、光纤调整架、镜架、光学平台、自动扫描光谱仪。

北京宾达绿创科技有限公司
地址：北京市海淀区花园路甲13号7号楼庚坊国际大厦306-B号
邮编：100035
电话：010-66137977，66165286
传真：010-66160512
电子信箱：sales@bgt.com.cn
网址：www.bgt.com.cn
主要产品或业务范围：该公司在可见光光散射测尘技术和激光测尘技术方面处于国内领先水平。先后推出改进型的P-5L2C型微电脑粉尘仪和LD-3C型微电脑激光粉尘仪。广泛应用于全国各地公共场所可吸入颗粒物（PM10）浓度测定，工矿企业劳动作业场所粉尘浓度监测报警以及大气环境监测与评价等领域。

北京滨松光子技术股份有限公司
地址：北京市丰台区南四环西路188号总部基地11区18号楼
邮编：100070
电话：010-63706370
传真：010-63706371
电子信箱：bs@bhphoton.com
网址：www.bhphoton.com
主要产品或业务范围：该公司主要致力于研究、应用光子技术，从事光子产业，主要产品有电真空器件及集成产品、高压电源、闪烁探测器、生物/化学发光分析仪、核医学影像设备等。

北京博飞仪器股份有限公司
地址：北京市亦庄经济技术开发区兴业街2号
邮编：100176
电话：010-67816781
传真：010-67816789
电子信箱：boif@boif.com
网址：www.boif.com
主要产品或业务范围：全站仪、GPS接收机、经纬仪、水准仪及激光类产品等多款大地测量、建筑施工类仪器。

北京博维恒信科技发展有限公司
地址：北京市海淀区西三旗建材城西路65号邮政研究院1号楼3层
邮编：100096
电话：010-82927263
传真：010-82911068-800
电子信箱：Scanner3d@gmail.com
网址：www.3dcamega.com
主要产品或业务范围：该公司是国内领先的光学三维扫描仪器生产厂家。

北京朝阳华洋分析仪器有限公司
地址：北京市朝阳区万红西街2号燕东大厦A座5005～5007室
邮编：100016
电话：010-64327218
传真：010-64366994
电子信箱：13910098343@139.com
网址：www.hyai.com
主要产品或业务范围：原子吸收分光光度计、火焰光度计、荧光PCR检测仪等。

北京鼎信优威光子科技有限公司
地址：北京市西城区太平街6号富力摩根中心E座308室
邮编：100054
电话：010-83503853
传真：010-83503622
电子信箱：info@dyna-sense.com
网址：www.dyna-sense.com
主要产品或业务范围：激光器、紫外至红外各种波段滤光片、专业紫外波段镀膜、光谱仪、荧光光谱系统、荧光寿命（成像）系统、红外探测器及夜视仪。

北京东方科泰科技发展有限公司
地址：北京市朝阳区安立路68号阳光广场C2-1003室
邮编：100101
电话：010-51294988
传真：010-58246090
电子信箱：sales@bost-ltd.com
网址：www.bost-ltd.com
主要产品或业务范围：CCD/ICCD成像和光谱测量系统、拉曼光谱仪、成像光谱仪。

北京方式技术有限责任公司
地址：北京市朝阳区安立路56号2号楼602室
邮编：100012
电话：010-84802105
传真：010-84802566
联系人：朱淑兰
电子信箱：bj-force@263.net
网址：www.bj-force.net
主要产品或业务范围：半导体激光器系列、氦氖激光器系列、光学机械、教学实验仪器等八大系列、200多种产品。

北京飞骊佳科技服务有限公司
地址：北京市海淀区清华科技园创业大厦B2
邮编：100084
电话：010-62785576，62578980
传真：010-62785576
电子信箱：tsch@tsinghua.edu.cn
网址：www.bjflj.cn
主要产品或业务范围：普及型一维激光多普勒测速仪、二维频移激光多普勒测速仪、多普勒信号相关处理器及其软件、激光频移及频率合成器、相位多普粒径分析仪等。

北京福凯仪器有限公司
地址：北京市崇文区永外沙子口路78号A座308室
邮编：100075
电话：010-67216160，67217270
传真：010-67211951
电子信箱：mail@opticfocus.com
网址：www.opticfocus.com
主要产品或业务范围：显微镜图像电脑分析系统、彩色电视显微镜系列，体视显微镜、生物显微镜、金相显微镜系列、显微熔点测定仪系列、显微图像分析软件、金相分析软件系列、光导纤维冷光源、实验室仪器设备。

北京高光科技有限公司
地址：北京市海淀区长春桥路11号亿城大厦C1座303室
邮编：100089
电话：010-58816816
传真：010-58816819
电子信箱：sales@clight.com.cn
网址：www.clight.com.cn
主要产品或业务范围：偏振控制和时间管理仪器及模块、玻璃及塑料应力测量仪、薄膜厚度测量仪、光束质量分析仪、光电振荡器、光纤激光器。

北京光电技术研究所
地址：北京市东城区东黄城根北街甲20号
邮编：100010
电话：010-84024569
传真：010-64016627
电子信箱：postmaster@med-greenlaser.com
网址：www.bioet.com.cn
主要产品或业务范围：激光功率计、激光能量计、高能激光能量实时监测仪、高能激光功率能量和波形综合测试系统、激光光束分析仪、半导体激光器测试系统和激光波形探测器等激光参量测试仪器、电子薄膜应力分布测试仪、镜面变形测试仪和光电桥梁挠度仪、激光隧道断面仪等激光检测仪器。

北京光学仪器厂
地址：北京市通州区新华大街157号
邮编：101149
电话：010-69544601
传真：010-69531548
电子信箱：boif@vip.163.com
网址：www.bgch-boif.com
主要产品或业务范围：光电子大地测量仪器、精密物理光学仪器、分析仪器。主导产品为热分析仪器系列、光栅单色仪系列及颜色仪器系列。

北京桂光兴仪器有限公司
地址：北京市丰台区方城园一区17号楼日月天地大厦B座304号
邮编：100078
电话：010-58075781，58075780
传真：010-58075782
电子信箱：guiguang_bj@sina.com
主要产品或业务范围：数码液晶显微镜、体视显微镜、生物显微镜、倒置显微镜、荧光显微镜、正置金相显微镜。兼营各类光学光电仪器、实验设备销售维修和技术服务。

北京国科东方光电技术有限公司
地址：北京市海淀区中关村南三街15号科行大厦5层
邮编：100086
电话：010-82626105，82624959
传真：010-82627816
电子信箱：liqun@gkoe.com
网址：www.gkoe.com
主要产品或业务范围：数字光栅位移测量系统、光电轴角编码器、激光功率/能量计、活体指纹/掌纹采集器、二极管泵浦全固体激光器系列、激光二极管模块、激光电源、各种非线性、激光和光学晶体、光学器件、光栅及系列真空泵等产品。

北京国科世纪激光技术有限公司
地址：北京市昌平区百葛路9号院1号楼2层
邮编：100192
电话：010-56760700
传真：010-62981940
电子信箱：sales@gklaser.com
网址：www.gklaser.com
主要产品或业务范围：半导体激光光纤耦合模块、工业激光器、皮秒激光器、大型激光器、激光电源等。

北京浩天晖科贸有限公司
地址：北京市顺义区李遂镇宣庄户
邮编：101300
电话：010-84782259-8088
传真：010-89481300
联系人：吴安林
电子信箱：anlinwu@yahoo.com.cn
网址：www.hshth.com
主要产品或业务范围：该公司是生产光谱分析仪器及相关主要配件和配套仪器的产、供、销一体化高科技企业。

北京华宾光电仪器公司
地址：北京市西安门大街甲107号
邮编：100034
电话：010-66175148
传真：010-66175309
电子信箱：bjhuabin2008@163.com
网址：www.bjhuabin.com.cn
主要产品或业务范围：经营进口、国产全站仪，光学、激光及电子经纬仪，GPS，水准仪，测距仪，地下管线探测仪，建筑仪器，试验仪器，指向仪等测绘仪器及器材。

北京华欧世纪光电技术有限公司
地址：北京市海淀区西三环北路72号世纪经贸大厦B座1808室
邮编：100048
电话：010-88820040，88820041，88820042，88820043
传真：010-88820045
电子信箱：volwin@volwin.cn
网址：www.volwin.cn
主要产品或业务范围：公司供应无损检测设备。

北京华仪宏盛技术有限公司
地址：北京市朝阳区朝阳北路青年公社102号楼612室
邮编：100123
电话：010-85790089，85790091，85790092
传真：010-85790050
联系人：李杰
电子信箱：chinahyh@chinahyh.cn
网址：www.chinahyh.cn
主要产品或业务范围：该公司取得牛津仪器中国区域光谱仪总代理，包括立式/台式全谱火花直读光谱仪、手持式X荧光光谱仪、便携式直读光谱仪等；公司自主研发产品包括FMD系列金相显微镜、金相图像分析软件、HMT-V1显微维氏硬度计等。

北京集科仪器有限公司
地址：北京市通州区宋庄小堡南街38号
邮编：100025
电话：010-85811898，85819658
传真：010-80856507
电子信箱：jk@jk-stage.com
网址：www.jk-stage.com
主要产品或业务范围：微型光纤光谱仪、光谱仪。

北京技睿新天科技有限公司
地址：北京市新街口外大街8号金丰和商务苑A座506A室
邮编：100088
电话：010-51290141，62059762
传真：010-62059762
电子信箱：jirui@3ddtech.com.cn
网址：www.3ddtech.com.cn
主要产品或业务范围：三维扫描系统研发、三维扫描仪生产与销售，并提供三维扫描、产品设计、逆向造型培训等服务的高科技企业。

北京金索坤技术开发有限公司
地址：北京市通州区中关村科技园区景盛南二街15号10号楼5层
邮编：101102
电话：010-56370668
传真：010-56370667
电子信箱：015@suokun.com
网址：www.suokun.com
主要产品或业务范围：该公司专业从事原子荧光光谱仪器研发、生产和销售，主要产品包括原子荧光光谱仪。

北京京国艺科技发展有限公司
地址：北京市海淀区四季青路8号郦城工作区510室
邮编：100195
电话：010-68251113
传真：010-88498030-11
电子信箱：beijingguoyi@126.com
网址：www.jingguoyi.com
主要产品或业务范围：该公司专业研制和生产精密仪器。产品包括荧光光谱仪、黄金成色仪等。

北京凯元盛世科技发展有限责任公司
地址：北京市中关村南大街12号百欣科技楼6层
邮编：100081
电话：010-62112844
传真：010-62117805
电子信箱：info@kystd.com
网址：www.kystd.com
主要产品或业务范围：紫外/可见分光光度计，原子吸收、傅里叶红外、等离子发射光谱仪。

北京康光光学仪器有限公司
地址：北京市通州区通州工业开发区云杉南路71号
邮编：101149
电话：010-60536619，68030793
传真：010-68030793
电子信箱：kgsale@126.com

网址：www.bj-kg.com
主要产品或业务范围：该公司主营全自动白度计、色差计等颜色测量仪器。

北京蓝思泰克科技有限公司
地址：北京市朝阳区将台路东八间房160号
邮编：100016
电话：010-80460279
传真：010-80460238
电子信箱：kongchao@lenstec.net
网址：www.lenstec.net
主要产品或业务范围：红外热成像系统。

北京镭志威光电技术有限公司
地址：北京市朝阳区酒仙桥东路1号电子城科技园M7栋4层
邮编：100016
电话：010-84574749，84574732，84574742
电子信箱：marketing@laser-wave.com
网址：www.laser-wave.com
主要产品或业务范围：中、高功率激光器。

北京力量激光元件有限责任公司
地址：北京市朝阳区北苑路40号
邮编：100012
电话：010-84927441，84923211
传真：010-84923211
电子信箱：might168@126.com
网址：www.might.com.cn
主要产品或业务范围：GaAs激光红外材料、窗口镜、透镜、各种反射镜、YAG激光标刻机、CO_2激光标刻机、F-Q扫描镜。

北京欧唐科技发展有限公司
地址：北京市海淀区苏州街49-3号盈智大厦607室
邮编：100080
电话：010-62527842
传真：010-62527843
电子信箱：sales@opturn.com
网址：www.opturn.com
主要产品或业务范围：动态干涉仪、定心仪、中心厚测量仪、镜面定位仪、动态干涉仪、波前传感器等。

北京普瑞赛司仪器有限公司
地址：北京市崇文区广渠门南小街领行国际中心3号楼2单元1608室
邮编：100061
电话：4006883696
传真：010-67112998
电子信箱：miaoqiang@precise.com.cn
网址：www.precise.com.cn
主要产品或业务范围：蔡司材料显微镜中国独家代理商。

北京乾邦科技发展有限公司
地址：北京市西城区广安门车站西街5号广安商务楼401室
邮编：100055
电话：010-63322012，63328013
传真：010-63327939
电子信箱：office@qianbang.net
网址：www.qianbang.net
主要产品或业务范围：经销进口和国产全站仪、电子经纬仪、红外测距仪、自动安平水准仪、平板仪、测距仪、红外测温仪、生物显微镜、电子显微镜、体视显微镜、天文望远镜、照相机、医用妇科检查仪。

北京青鸟天桥仪器设备有限责任公司
地址：北京市海淀区成府路207号北大青鸟大楼
邮编：100871
电话：010-62755419，62751376
传真：010-62751376
联系人：王敏苑
电子信箱：yqsb@jbbis.com.cn
网址：www.pkuie.com.cn
主要产品或业务范围：心理学仪器系列、物理学仪器系列、激光喇曼光谱仪、X射线粉末衍射仪。

北京全欧光学检测仪器有限公司
地址：北京市朝阳区酒仙桥东路1号M7栋东5层A-10室
邮编：100016
电话：010-84566186
传真：010-84569901
电子信箱：Lisong@trioptics-china.com
网址：www.trioptics-china.com
主要产品或业务范围：该公司提供测角仪、测焦仪、球径仪、MTF传函仪等。

北京锐驰恒业仪器科技有限公司
地址：北京市海淀区北三环西路43号青云大厦5918室
邮编：100086
电话：010-51630585/86/87/88/89
传真：010-51630590
联系人：闫岩，陈勇
电子信箱：affairs@ruichcn.com，buyer@ruichcncom
网址：www.ruichcn.com
主要产品或业务范围：该公司主要经营和代理的产品有日本Nikon科学仪器系列、工业仪器系列、ROPER公司CCD设备、日本PEARL帕尔光学工业有限公司的定芯显微镜、日本成茂显微操作系统及相关产品、多维专业成像分析采集系统及其他各种显微镜的外围设备等产品。

北京瑞德高科技术有限公司
地址：北京市海淀区上地信息路2号国际创业园2号楼17B
邮编：100085
电话：010-82899485，62983845

传真：010-82899824
电子信箱：sales@ridee.net
网址：www.ridee.net
主要产品或业务范围：专业生产高精度激光测径仪。

北京瑞斯帕迪光电技术有限公司
地址：北京市通州区通惠北路14号431室
邮编：101100
电话：010-80548018
传真：010-80548018
电子信箱：sales@rays-party.com.cn
网址：www.rays-party.com.cn
主要产品或业务范围：WSD-100全自动白度计、SC-100全自动色差计。

北京赛凡光电仪器有限公司
地址：北京市通州区梨园万盛南街258号
邮编：101121
电话：010-80885970
传真：010-80885973
电子信箱：info@7-s.com.cn
网址：www.7-s.com.cn
主要产品或业务范围：光栅光谱仪、光度计及周边的光源、探测器、样品室等。

北京三鼎光电仪器有限公司
地址：北京市宣武区莲花池东路106号汇融大厦A座2305室
邮编：100176
电话：010－65512599
传真：010－63980456-817
电子信箱：zhujingping@sanding.com.cn
网址：www.sanding.com.cn
主要产品或业务范围：该公司专业从事电子经纬仪，全站型电子速测仪（全站仪）研发、制造及营销的高新技术企业；主要生产02、05级电子及激光经纬仪和100～900系列各种型号的红外及激光全站仪。

北京师范大学光电仪器厂
地址：北京市海淀区新外大街19号北京师范大学院内学14楼西侧
邮编：100875
电话：010-58807630-101／102
传真：010-58807630-108
联系人：董大磊
电子信箱：58807630@163.com
网址：www.peifbnu.com
主要产品或业务范围：照度计、亮度计、紫外辐照计、光强计、辐照计、光照射装置、光谱光度计等测光仪器。

北京市科仪电光仪器厂
地址：北京市永外桃园东里15号
邮编：100075
电话：010-67237971，67221327
传真：010-67221327，87893032
联系人：曹应谦
电子信箱：Dawu8@263.net
网址：www.bjkydg.com
主要产品或业务范围：生产、研制光学仪器、分析仪器、计量仪器定点生产专业厂家；主要产品有光学显微镜、冷光源、显微镜各种测微尺、显微熔点测定仪等，其中光学显微镜、显微数码摄影、摄像装置、冷光源、显微镜测微尺系列已打入国际市场，并站稳脚跟，有了固定代理商。

北京视界通仪器有限公司
地址：北京市海淀区半壁街南路8号汇景阁217室
邮编：100089
电话：010-88510661，88510506
传真：010-68411707
联系人：吴东
电子信箱：sales@viewsolutions.cn
网址：www.viewsolutions.cn
主要产品或业务范围：光学显微镜、影像测量仪、工业体视显微镜、视频显微镜、显微照明、模拟和数字摄像机、学生与爱好者数码观测仪、放大镜等。

北京泰克仪器有限公司
地址：北京市崇文区永外桃杨路11号
邮编：100075
电话：010-67269125
传真：010-67269238
电子信箱：info@cnbeijingtech.net
网址：www.cnbeijingtech.net
主要产品或业务范围：生物镜、体视镜、生物、纺织、金相和微循环等图像分析软件、液晶投影、熔点测定仪八大系列产品。

北京天虹精仪科技有限责任公司
地址：北京市光机电一体化产业基地嘉创路5号502室
邮编：101111
电话：010-52335896，52335895
传真：010-52335896
电子信箱：tdy@tdyinc.com
网址：www.tdyinc.com
主要产品或业务范围：该公司是专业从事光学影像测量分析仪器开发、生产及销售的高科技公司；主要产品有坐标非接触影像测量仪、显微图像测量分析仪、测量显微镜、体视显微镜、照明光源、移动工作台等光学检测仪器和配件。

北京天力发科贸有限责任公司
地址：北京市海淀区羊坊店路10－2号
邮编：100039
电话：010-63984904，63951030

传真：010-63984904-828
电子信箱：gsxyl@tianlifa.com
网址：www.tianlifa.com
主要产品或业务范围：该公司是专业从事进口测绘仪器和各种国产测绘仪器销售，测绘软件开发、生产销售、检定及维修服务的企业。

北京拓达激光器械有限责任公司
地址：北京市朝阳区建华南路11号
邮编：100022
电话：010-65661463，65661457
传真：010-65661456，65661457
联系人：张仁
电子信箱：sales@tdjg.com
网址：www.tdjg.com
主要产品或业务范围：生产氦氖激光管、二氧化碳激光管和以氦氖激光、二氧化碳激光及半导体激光为主要工作元件的激光仪器。

北京万利达光电新技术公司
地址：北京市海淀区花园路6号
邮编：100088
电话：010-62061488，62072856
传真：010-62054094
电子信箱：wed@bjwanlida.com
网址：www.bjwanlida.com
主要产品或业务范围：激光加工。

北京万泰机电技术开发公司
地址：北京市海淀区知春路太月园小区7号楼101室
邮编：100088
电话：010-82057102，82057517
传真：010-82057517
电子信箱：vantage@vata2000.com
网址：www.vata2000.com
主要产品或业务范围：便携式现场金相检查仪、数字图像现场金相分析仪、现场金相图像分析仪、金相图像分析系统、便携式里氏硬度仪、显微硬度仪及图像测量系统，以及手持金相显微镜等。

北京微视新纪元科技有限公司
地址：北京市海淀区中关村东路18号财智国际大厦A座10层
邮编：100083
电话：010-82600088
传真：010-82600088-6600
电子信箱：sales@microview.com.cn
网址：www.microview.com.cn
主要产品或业务范围：该公司专业从事视频图像采集板卡、模块、系统、软件、高速、高清晰度摄像头、智能相机等自有产品的研制与开发。

北京唯恩视信科技发展有限公司
地址：北京市海淀区西土城路8号雅迪写字楼205室
邮编：100088
电话：010-62358939
传真：010-62358995
电子信箱：huyu0914@126.com
主要产品或业务范围：定量金相分析系统、显微图像分析系统、生物医学图像分析系统、显微粒度分析系统、显微图像几何测量系统、岩相分析系统、油液污染物分析系统、显微硬度分析系统、病理显微图像分析系统、煤岩分析系统、研究级金相分析系统、痕迹比对平台、羊毛纤维检测分析系统。

北京物科光电技术公司
地址：北京市海淀区中关村南三街15号科行大厦411室
邮编：100190
电话：010-82649287，82649480
传真：010-82649467
电子信箱：sales@iphy.ac.cn
网址：www.physoe.com
主要产品或业务范围：氦镉激光。

北京新锐视锋科技有限公司
地址：北京市东城区名敦道4号楼808室
邮编：100080
电话：010-62416979
传真：010-62416975-8007
电子信箱：logoyiyi@sina.com
网址：www.sharp-vision.com.cn
主要产品或业务范围：该公司主要产品为高像素高分辨率摄像头及模块、VGA采集卡、系统、软件等。

北京新升阳光学仪器有限公司
地址：北京市大兴区西红门镇金星工业园区中心路2号
邮编：100162
电话：010-87913155
传真：010-87915239
电子信箱：info@asico.com.cn
网址：www.asico.com.cn
主要产品或业务范围：手持折光仪、数字折光仪、阿贝折光仪、光电比色计、气体报警器等测量仪器。

北京信和光机电设备有限公司
地址：北京市通州区宋庄佰富苑工业区
邮编：100098
电话：010-65543368，65545588
传真：010-65543368
电子信箱：jason.zhang@shinhe.com.cn
网址：www.shinheome.com
主要产品或业务范围：该公司提供光谱仪器、光学分析仪器、接口光端机等。

北京英贤仪器有限公司
地址：北京市丰台区南四环西路188号12区25、26号楼
邮编：100070
电话：010-63706555
传真：010-63706564
电子信箱：ince@263.net
网址：www.sinonir.com
主要产品或业务范围：该公司是国内专业提供成套近红外光谱分析技术的单位，生产的系列近红外光谱仪多次荣获BCEIA金奖，广泛应用于石油化工、食品、医药、科研和教育等领域。2007年英贤仪器与聚光科技强强联合，英贤仪器正式成为聚光科技旗下子公司。

北京永信腾达科技有限公司
地址：北京市海淀区大柳树路17号富海中心E座904室
邮编：100081
电话：010-62179240，62177189，62177190
传真：010-62179243
电子信箱：rang@goodnation.com.cn
网址：www.goodnation.com.cn
主要产品或业务范围：日本NEC/AVIO公司的红外热像仪，日本AVIO公司的精密焊接设备和智能实物投影机系列产品以及美国DRAPER全系列投影屏幕的中国区代理。

北京优立光太科技有限公司
地址：北京市海淀区成府路270号（中科科仪）6号楼3层
邮编：100190
电话：010-62610606
传真：010-62610006
电子信箱：sales@uniquanta.com
网址：www.uniquanta.com
主要产品或业务范围：生产各种波长系列的可调谐稳频激光器、半导体激光放大器、光电探测器、光隔离器等。

北京友邦建通测绘仪器销售有限公司
地址：北京市朝阳区朝阳北路199号摩码大厦324～326室
邮编：100026
电话：010-85979516，85972125，85979829
传真：010-85979829
电子信箱：youbangwork1@163.com
网址：www.bjyoubang.com
主要产品或业务范围：经营进口及国产光学、激光类测量仪器和装饰装修仪器。建筑施工用全站仪、经纬仪、水准仪、垂准仪、装饰装修用测距仪、激光扫平仪。

北京元中锐科集成检测技术有限公司
地址：北京市海淀区知春路甲48号盈都大厦C座3单元20C室
邮编：100098
电话：010-51295688
传真：010-51295688
电子信箱：support@recotech.com.cn
网址：www.recotech.com.cn
主要产品或业务范围：工业显微镜、工业内窥镜、图像处理系统及软件、反射率测定仪、激光干涉仪、偏心仪。

北京照生行仪器设备有限公司
地址：北京市海淀区上地信息路1号国际创业园1号楼502室
邮编：100081
电话：010-82168066
传真：010-82668099
电子信箱：jasonwu@lightace.com.cn
网址：www.lightace.com.cn
主要产品或业务范围：原子吸收分光光度计，紫外、可见分光光度计，扫描型等离子体发射光谱仪，等离子体发射光谱、时间飞行质谱仪，流变仪，X射线衍射仪，冷冻干燥机，离心浓缩仪，生物安全柜，通风橱，超净工作台，超纯水系统，洗瓶机，样品快速蒸发仪，凯式定氮仪，梯度PCR仪，便携式气相色谱仪，高速微量分液系统，高压灭菌器，烘箱，表面张力仪，接触角测定仪，流变仪。

北京中镜科仪技术有限公司
地址：北京市海淀区中关村北二条13号5号楼212室
邮编：100190
电话：010-62559621，62557172
传真：10-62652902
电子信箱：zjky@emcn.com.cn
网址：www.emcn.com.cn
主要产品或业务范围：从事电子显微镜技术及附属设备研发的高新技术企业。

北京中科科尔仪器有限公司
地址：北京市朝阳区北四环中路6号华亭嘉园E座7F室
邮编：100029
电话：010-82847772，82847773，82847774
传真：010-82847770，82847771
电子信箱：sales@keerinstrument.com.cn
网址：www.keerinstrument.com.cn
主要产品或业务范围：代理科尔帕默产品逾万种，同时代理Masterflex蠕动泵、Sherwood火焰光度计等。

北京中科协众同益光电科技有限公司
地址：北京市海淀区中关村东路18号财智大厦A-309
邮编：100083
电话：010-82601751
传真：010-82601741-828
电子信箱：sales@bfalaser.com
网址：www.bfalaser.com
主要产品或业务范围：超大功率固体激光器、谐波变换激光器、激光加工系统以及光电子器件。

北京中显恒业仪器仪表有限公司
地址：北京市海淀区西三旗上奥世纪1号3单元906室

邮编：100096
电话：010-82967128
传真：010-82967358
电子信箱：huoxing1118@163.com
网址：www.cnmicro.com.cn
主要产品或业务范围：光学显微镜及其他相关仪器设备的生产与销售。

北京卓立汉光仪器有限公司

地址：北京市中关村科技园区通州园金桥产业基地环科中路16号
邮编：101102
电话：010-56370168
传真：010-56370118
电子信箱：info@zolix.com.cn
主要产品或业务范围：光谱仪、光谱测量系统、光量测仪器、电控精密位移台、手动精密位移台、光学调整架、光学平台、光学元件等。

东南科仪北京分公司

地址：北京市海淀区学清路9号汇智大厦B1217室
邮编：100085
电话：010-62238029，62218972，62213893
传真：010-62238297
电子信箱：dongnan@sti.gd.cn
网址：www.sinoinstrument.com
主要产品或业务范围：提供原装进口实验室和工业检测仪器。产品有比色分析仪、糖度计、折光仪等。

海特光电有限责任公司

地址：北京市昌平区沙河工业园区
邮编：102206
电话：010-60769887
传真：010-60769887-699
电子信箱：sales@htoe.com.cn
网址：www.htoe.com.cn
主要产品或业务范围：各种封装形式的大功率半导体激光器及列阵、光电探测器、半导体泵浦固体激光模块、激光器测试系统等产品。

航天科技集团五院502所

地址：北京市海淀区中关村南三街16号
邮编：100080
电话：010-68378865
传真：010-62543110
主要产品或业务范围：热敏电阻红外探测器、薄膜热电堆红外探测器、光学薄膜。

荷兰帕纳科公司

地址：北京市海淀区西直门北大街60号首钢国际大厦1809室
邮编：100088
电话：010-59935870
传真：010-59935878
联系人：闫少坤
电子信箱：shaokun.yan@panalytical.com
网址：www.panalytical.com.cn
主要产品或业务范围：该公司是全球X射线衍射分析仪器和X射线荧光光谱分析仪器及软件的主要供应商。产品有波长色散X射线荧光光谱仪、超能探测器、多功能X射线衍射仪、多功能粉末衍射仪、高分辨衍射仪、工业X射线衍射仪、三维偏振能量色散X射线荧光光谱仪、台式能量色散式X射线荧光光谱仪、小角X射线散射仪。

华北光电技术研究所

地址：北京市朝阳区酒仙桥路4号
邮编：100015
电话：010-64362211
传真：010-64361008
电子信箱：zp@ncrieo.com.cn
网址：www.ncrieo.com，www.ncrieo.com.cn
主要产品或业务范围：激光晶体系列、激光泵浦灯、激光器、测距机、红外热成像设备等。

镭宝光电技术有限公司

地址：北京市昌平区北七家宏福创业园科技综合楼 4 层
邮编：102209
电话：010-84945016，84945017，84945018，84945019
传真：010-84945020
电子信箱：sales@beamtech-laser.com
网址：www.beamtech-laser.com
主要产品或业务范围：固体激光器。

利曼中国北京代表处

地址：北京市朝阳区北四环中路6号华亭嘉园E座8A
邮编：100029
电话：010-82849949，82849959，82849969
传真：010-82849929
电子信箱：info@leemanchina.com
网址：www.leemanchina.com
主要产品或业务范围：该公司是中国地区知名的顶级分析仪器提供商。主要产品有等离子体发射光谱仪、全自动汞分析仪、直读光谱仪、气体元素分析仪、微波消解系统、压力消解系统、高压反应釜、酸蒸馏纯化器。

美国阿美特克有限公司

地址：北京市朝阳区酒仙桥路10号京东方大厦B10二层西侧
邮编：100015
电话：010-85262111
传真：010-85262141
网址：www.drexelbrook.com.cn
主要产品或业务范围：火花直读光谱仪、便携式光谱仪、等离子体发射光谱仪、X荧光光谱仪等。

欧普图垂斯（北京）光学纳米科技有限公司
地址：北京市朝阳区祁家豁子甲8号马甸经典A栋2110室
邮编：100029
电话：010-62013101
传真：010-62013114
电子信箱：sales@optotrace.com
网址：www.optotrace.com
主要产品或业务范围：便携式高精度拉曼光谱仪及以纳米检测基片为核心技术的表面增强拉曼检测系统及相关产品。

清华大学电子工程系固体激光与光电子技术研究所
地址：北京市清华大学电子工程系
邮编：100084
电话：010-62784944
传真：010-62784944
电子信箱：hyj-dee@tsinghua.edu.cn
网址：www.tsinghua.edu.cn
主要产品或业务范围：激光测距仪、生物芯片阅读器光源、LD电源、光谱仪等。

清华大学精仪系光电工程研究所
地址：北京市清华大学精仪系光电所
邮编：100084
电话：010-62788120
传真：010-62784691
网址：www.tsinghua.edu.cn
主要产品或业务范围：光电和激光系统的开发研制；双频激光器，位移计（非接触测量）、光电精密测量系统的研制；非标测量仪器，光电技术培训与咨询。

先锋科技股份有限公司
地址：北京市海淀区中关村大街19号新中关B座1701～1706室
邮编：100080
电话：010-62634840
传真：010-82618238
电子信箱：sales@teo.com.cn
网址：www.teo.com.cn
主要产品或业务范围：物理影像获取及分析系统，各种荧光及通用光谱仪，材料表面及显微特性测量仪器，光度、色度及辐射度测量仪器，各种光电及光学零件、组件。

相干（北京）商业有限公司
地址：北京市海淀区北四环西路9号银谷大厦215室
邮编：100190
电话：010-82153600
传真：010-62800129
电子信箱：sales.china@coherent.com
网址：www.coherent.com.cn
主要产品或业务范围：设计制造激光器，包括氩/氪离子激光器、CO_2激光器、半导体激光器、半导体泵浦固体激光器、染料激光器、准分子激光器、Nd：YAG激光器、钛宝石激光器等。激光应用领域里几乎所有用户都可以在Coherent找到解决方案。

香港电子器材有限公司
地址：北京市海淀区中关村东路89号恒兴大厦3层312室
邮编：100080
电话：010-62625658
传真：010-62629689
电子信箱：teltecbeijing@teltec.asia
网址：www.teltec.biz
主要产品或业务范围：光脉冲产生设备、红外检测器、激光器、便携式光谱仪、高分辨光谱仪、激光功率及能量计、激光光束剖面轮廓测定仪。

信维科技（中国）公司
地址：北京市海淀区花园北路14号环星大厦A座5层
邮编：100191
电话：010-51551122
传真：010-62386994
电子信箱：info@shinewaytech.com
网址：www.shinewaytech.com
主要产品或业务范围：掌上型光时域反射仪、掌上型光功率计、掌上型高稳定度激光光源、掌上型可见光源、手持式光纤测试万用表、手持式光纤故障定位仪等。

英国超声波科学有限公司
地址：北京市朝阳区姚家园路105号观湖国际大厦1座608室
邮编：100025
电话：010-59282938
传真：010-59282939
电子信箱：contechbj@163.com
网址：www.contech-development.com
主要产品或业务范围：扫描声学显微镜（SAM）、超声波喷水C扫描检测系统、超声波水浸C扫描检测系统。

中国大恒公司激光工程分公司
地址：北京市海淀区上地信息路甲9号院3号楼
邮编：100085
电话：010-62970986，62985939
传真：010-62960597
电子信箱：market@cdhlaser.com
网址：www.cdhlaser.com
主要产品或业务范围：开发多种系列激光加工设备和激光产品，生产各类激光加工机械；产品有激光热处理机系列、激光切割机系列、激光雕刻机系列、激光打标机系列、高功率二氧化碳激光器系列、激光切割专用数控系列，以及各类激光加工生产线。

中国仪器进出口（集团）公司
地址：北京市西直门外大街6号中仪大厦
邮编：100044

电话：010-68330618，88316688
传真：010-68318380
电子信箱：cnic@cnic.genertec.com.cn
网址：www.instrimpex.com.cn
主要产品或业务范围：进出口物理仪器、光学仪器、实验室仪器、仪表类。

福建省莆田光学机电总厂
地址：福建省莆田市涵江区工业路145号
邮编：351111
电话：0594-3581319
传真：0594-3597370
主要产品或业务范围：光学仪器、称重测力传感器。

福建中策光电科技有限公司
地址：福建省晋江市陈埭宫口工业区
邮编：362211
电话：0595-82089555，82089444
传真：0595-82089333
电子信箱：sales@zcoptic.com
网址：www.zcoptic.com
主要产品或业务范围：Lambda-900分光光度计、Disco切割机、镀膜机、激光平面干涉仪。

福州灵点光学仪器有限公司
地址：福建省福州市金山浦上工业集中区台江园百花洲路28号
邮编：350008
电话：0591-28056201，28056202
传真：0591-28056200
网址：www.refractometer.com.cn
主要产品或业务范围：手持折射仪、数显折射仪等产品。

麦克奥迪实业集团有限公司
地址：福建省厦门市火炬高技术产业开发区麦克奥迪大厦
邮编：361006
电话：0592-5627866
传真：0592-5627855
电子信箱：info@motic.com
网址：www.motic.com
主要产品或业务范围：光学显微镜、数码显微镜和显微集成图像系统。

泉州市科仕佳光电仪器有限公司★
地址：福建省泉州市丰泽区东海滨城东滨工业区滨南街中段
邮编：362018
电话：0595-22391040，22391041
传真：0595-22391048
联系人：汪沧海
电子信箱：sales@ksj.cn
网址：www.ksj.cn
主要产品或业务范围：光泽度计、光泽计、测光仪、光泽仪、WGG光泽度计、MG光泽度计、多角度光泽度计、石材专用光泽度计。

东莞市东榕实业有限公司
地址：广东省东莞市长安镇锦夏聚和国际2楼D16号
邮编：523850
电话：0769-81627997
传真：0769-85348982
网址：www.easttree-dg.com
主要产品或业务范围：该公司主营投影机、工具显微镜、高度计及OCCA影像量测仪、立体显微镜、长工作距离金相显微镜等产品。

东莞市兆丰精密仪器有限公司
地址：广东省东莞市东城区樟村石柱路68号
电话：0769-22265125，22265126，23104125
传真：0769-22689102
电子信箱：zf@dgzf.com.cn
网址：www.dgzf.com.cn
主要产品或业务范围：研发及制造光学测量仪器。

广东万濠精密仪器股份有限公司
地址：广东省东莞市长安镇厦边管理区上朗路
邮编：523877
电话：0769-85316127，85330109
传真：0769-85301322，85330106
电子信箱：raocc@rational-wh.com
网址：www.rational-wh.com
主要产品或业务范围：该公司产品有精密光学检测仪器。

广州奥普士光电有限公司
地址：广东省广州市番禺大道北537号番山创业中心1号楼3区703室
邮编：511430
电话：020-39922101，39922102，39922103
传真：020-39922107
电子信箱：fu_jian_hui@163.com
网址：www.stately.com.cn
主要产品或业务范围：OPTEX光电开关、OPTEX红外线测温仪、IRISYS红外线热成像仪中华地区总代理；美国BENSTONE设备故障诊断仪器中国地区总代理。

广州博冠企业有限公司
地址：广东省广州市科学城科学大道182号创新大厦C1栋1003室
邮编：510663
电话：020-28065058-265
传真：020-28065059
电子信箱：feih@bosma.com.cn
网址：www.bosma.com.cn
主要产品或业务范围：望远镜、观赏镜、数字望远镜。

广州红星仪器有限公司
地址：广东省广州市东风东路482号
邮编：510055
电话：020-83834866
传真：020-83807036
电子信箱：hx482a@163.com
网址：www.hxyq.com
主要产品或业务范围：水准仪、经纬仪、气压计、雨量计、温湿度计、流速仪、水位计、测深仪、干燥箱、高温电炉、泥浆测试仪、电子天平、酸度计、分光光度计、显微镜、声级计、气体检测仪、测氧仪、温度控制仪、红外测温仪、温度表、密度表。

广州飒特电力红外技术有限公司
地址：广东省广州市经济技术开发区东江大道10号
邮编：510730
电话：020-82227875，82229980
传真：020-82227875
电子信箱：sat@sat.com.cn
网址：www.sat.com.cn
主要产品或业务范围：各种红外热成像设备及其附件。

广州市东南科创科技有限公司
地址：广东省广州市天河北华庭路4号富力天河商务大厦1506、1507室
邮编：510610
电话：020-83510088
传真：020-83510388
联系人：吴岚
电子信箱：dongnan@sinoinstrument.com
网址：www.sinoinstrument.com
主要产品或业务范围：该公司是国内极具实力的实验室基础仪器集成供应商。

广州市光机电技术研究院
地址：广东省广州市科学城科研路3号
邮编：510663
电话：020-32290477，32290468
传真：020-32068069
电子信箱：gzgjd@gzgjd.com
网址：www.gzgjd.com
主要产品或业务范围：光学、光电子、特种光学镀膜、激光加工技术、自动控制、光机电一体化装备、金融辅助设备、光电检测仪器、生物医疗检测仪器等。

广州市明美光电技术有限公司
地址：广东省广州市天河区高唐国家软件产业基地高普路1037号2楼
邮编：510663
电话：020-38262481，38250606
传真：020-38262491
联系人：张春旺
电子信箱：mmshot@188.com
网址：www.mshot.com.cn
主要产品或业务范围：该公司的主要产品有显微镜摄像头、数码显微镜、偏光显微镜、荧光显微镜等各种显微镜及显微镜配件。

广州市三鼎光电仪器有限公司
地址：广东省广州市科韵路26号2楼
邮编：510665
电话：020-22828258
传真：020-22828259
联系人：李刚
电子信箱：info@sanding.com.cn
网址：www.sanding.com.cn
主要产品或业务范围：光电产品和生产激光仪器、水准仪、棱镜、测绘仪器附件等。

广州威而信精密仪器有限公司
地址：广东省广州市黄埔区港湾路263号川力大厦305室
邮编：510700
电话：020-82288691
传真：020-82281149
电子信箱：cnhld06@126.com
网址：www.cnhld.com
主要产品或业务范围：精密测角仪、圆度仪、圆柱度仪。

广州粤显光学仪器有限责任公司
地址：广东省广州市淘金北路81号
邮编：510095
电话：020-83573538，83573203
传真：020-83591831
联系人：汪旭耀
电子信箱：mail@lissgx.com
网址：www.lissgx.com
主要产品或业务范围：该公司研究开发、生产及销售光学显微镜及显微光电一体化产品。

激光技术（亚洲）有限公司
地址：广东省广州市越秀区中山二路3号粤运大厦3A室
邮编：510080
电话：020-37620801，37620148
传真：020-37620899
电子信箱：infocn@lasertech-asia.com
网址：www.lasertech-asia.com
主要产品或业务范围：该公司一直致力科技革新，提供高质量的激光仪器。

美国大通激光深圳分公司
地址：广东省深圳市南山区高新科技产业园南区W1-B栋2楼
邮编：518057

电话：0755-26944261
传真：0755-26944253
电子信箱：DEBROYANG@126.com
网址：www.accesslaser.cn
主要产品或业务范围：该公司主要从事二氧化碳激光器的研发、生产以及销售。

南方测绘仪器公司
地址：广东省广州市天河区黄埔大道中156～158号恒业大厦首层
邮编：510620
电话：020-85615518
传真：020-85535343
电子信箱：guangzhou@southsurvey.com
网址：www.gzsouth.com
主要产品或业务范围：全站仪、水准仪。

瑞士丹青科技有限公司
地址：广东省深圳市宝安区民治街道民丰路鑫茂写字楼A3002室
邮编：518000
电话：0755-61653090
传真：0755-61653091
电子信箱：sales@szruihua.com
网址：www.szruihua.com
主要产品或业务范围：瑞士激光全息粗糙度测量仪、测高仪、量具、水平仪。

深圳马仕德仪器设备有限公司
地址：广东省深圳市宝安区龙华民治大道398号汇宝江大厦A405
邮编：518101
电话：0755-28195606，28190212，29042761
传真：0755-29806965-808
电子信箱：micsco@163.com
网址：www.sz-msd.com.cn
主要产品或业务范围：金相显微镜、生物显微镜、体视显微镜、视频显微镜、偏光显微镜、工具显微镜、数码显微镜、电子显微镜。

深圳荣者光电科技发展有限公司
地址：广东省深圳市宝安区西乡街西乡大道华源商务中心302～305室
邮编：518000
电话：0755-39767107，27798016
传真：0755-27797856
电子信箱：info@roevision.com
网址：www.roevision.com
主要产品或业务范围：一代单目单筒夜视仪、一代双目双筒夜视仪、一代夜视枪瞄、二代/三代单目单筒夜视仪、二代/三代双目单筒夜视仪、二代/三代夜视枪瞄。

深圳市贝嘉技术有限公司
地址：广东省深圳市福田区红荔西路第一世界广场B栋21D
邮编：518031
电话：0755-25312375
传真：0755-25312377
电子信箱：leicasz@hotmail.com
网址：www.szbeijia.net
主要产品或业务范围：显微镜、切片机。

深圳市博宇仪器有限公司
地址：广东省深圳市南山区西丽众冠红花岭工业区南区2区8栋4楼
邮编：518026
电话：0755-83414728
传真：0755-83414738
电子信箱：Xinyue851011@163.com
网址：www.szboyu.cn
主要产品或业务范围：该公司专业从事显微镜及显微数码成像产品研发、生产和销售。

深圳市大族激光科技股份有限公司
地址：广东省深圳市南山区深南大道9988号大族科技中心大厦
邮编：518057
电话：0755-86161000，86161040，86161001
传真：0755-86161088
电子信箱：hans@hanslaser.com
网址：www.hanslaser.com
主要产品或业务范围：各类型号的激光打标/雕刻机，激光切割机，激光焊接机，激光内雕机等产品。

深圳市迪赛光电技术有限公司
地址：广东省深圳市宝安区79区好运来商务大厦A座8楼017室
邮编：518052
电话：0755-86174719
传真：0755-86174729
电子信箱：kevin@dectech.com.cn
网址：www.dectech.com.cn
主要产品或业务范围：光谱检测系统、光具座、光学平台、激光器及光学零件等。

深圳市海量光电有限公司
地址：广东省深圳市福田区益田路皇都广场C座1305室
邮编：518048
电话：0755-82821460
传真：0755-83841134
电子信箱：sales@szhipower.net
网址：www.szhipower.com
主要产品或业务范围：光学显微镜、工业镜头、2D/3D视频显微镜、超景深三维数码显微镜、工业摄像头、自动图像检测系统测量软件等产品。

深圳市镭射科技有限公司
地址：广东省深圳市福田区车公庙泰然工业区213栋CD区510室
邮编：518034
电话：0755-83440288
传真：0755-83440388
电子信箱：sales@hklaser.com
网址：www.hklaser.com
主要产品或业务范围：激光雕刻和镭射切割机。

深圳市欧普士电子技术有限公司
地址：广东省深圳市福田保税区红棉道8号英达利科技数码园C栋301A
邮编：518048
电话：0755-88868221
传真：0755-83765477
电子信箱：info@optris.com.cn
网址：www.optris.com.cn
主要产品或业务范围：该公司是一家以红外测温领域的产品研发、生产和市场销售为核心的高技术企业。产品主要包括便携式系列、在线式系列、黑体辐射源以及红外热像仪等多个系列。

深圳市润沃机电有限公司
地址：广东省深圳市宝安区石岩水田第二工业区
邮编：518108
电话：0755-88832999
传真：0755-88828899
电子信箱：runwing@runwing.com
网址：www.runwing.cn
主要产品或业务范围：紫外线光固化设备及测试仪器。

深圳市视清科技有限公司
地址：广东省深圳市宝安区西乡大道御龙居1A301室
邮编：518102
电话：0755-83050061
传真：0755-83931379
电子信箱：mvcabls@yahoo.com
网址：www.3g-camera.com
主要产品或业务范围：专业数码显微镜产品。

深圳市天瑞仪器有限公司
地址：广东省深圳市宝安区福永镇和平村永和路永和大厦3楼
邮编：518010
电话：0755-33888333
传真：0755-81459301
联系人：刘召贵
电子信箱：sales@skyray-instrument.com
网址：www.skyray-instrument.com
主要产品或业务范围：X荧光分析仪器。产品解决方案，X射线荧光光谱仪，等离子体发射光谱仪，原子吸收分光光度计，原子荧光光谱仪，光电直读光谱仪，紫外分光光度计，液相色谱仪，气相色谱仪，质谱仪，气相色谱/质谱联用仪，电感耦合等离子体质谱仪。

深圳市维度科技有限公司
地址：广东省深圳市南山区南海大道1112号粤海大厦B座7A～7B
邮编：518054
电话：0755-26480850，26471436，26471446
传真：0755-26480895
电子信箱：sales@weidujs.com
网址：www.weidujs.com
主要产品或业务范围：全自动光纤端面干涉仪。

深圳市文丰测绘仪器有限公司
地址：广东省深圳市上步中路1019号南方日报深圳大厦1楼
邮编：518031
电话：0755-83229650，83247339
传真：0755-83357786
网址：www.wenfeng.cn
主要产品或业务范围：测量仪器、建筑仪器、显微镜、放大镜、望远镜、量具、温湿度控制仪、绘图用品等。

深圳市一品激光技术有限公司
地址：广东省深圳市龙岗区爱联龙腾工业区彩云路42号1栋3楼
邮编：518172
电话：0755-84715670，84715662
传真：0755-84195086
电子信箱：sales@super-laser.com
网址：www.super-laser.com
主要产品或业务范围：各类全固态激光器。

深圳泰德激光科技有限公司
地址：广东省深圳市高新技术产业园科苑北路长园新材料港A～B栋
邮编：518057
电话：0755-26953203，26953566
传真：0755-26506185
网址：www.tec-h.com.cn
主要产品或业务范围：DPY系列半导体侧泵浦Nd:YAG激光标记系统，DPF系列全风冷半导体泵浦光纤激光标记系统，DPS系列全风冷半导体泵浦薄片式激光标记系统，DPV系列半导体端泵浦激光标记系统和CO_2激光标记/切割系统系列，YAG激光切割/焊接系统系列。

同创集团有限公司
地址：广东省东莞市南城区莞太路白马路段345号
邮编：523000
电话：0769-22801678
传真：0769-22802022
电子信箱：wangyan@tontruth.com
网址：www.tontruth.com

主要产品或业务范围：工具显微镜、干涉显微镜、金相显微镜、影响测量机、全自动三次元、三坐标测量仪。

中山市路华贸易有限公司
地址：广东省中山市东区体育路翠闲庭2丁-2楼
邮编：510095
电话：020-88386321
传真：020-88386042
电子信箱：lw@guangdongoptics.com
网址：www.guangdongoptics.com
主要产品或业务范围：各种显微镜。

光隆光电科技有限公司
地址：广西省桂林市高新区朝阳路信息产业园D-08光隆科技大厦
邮编：541004
电话：0773-3116098
传真：0773-3116066
电子信箱：sales007@glsun.com
网址：http://cn.glsun.com
主要产品或业务范围：光开关、波分复用器、自由空间隔离器、分路器、在线隔离器；光源、光功率计、光万用表、数显衰减器等产品。

桂林桂光仪器有限公司
地址：广西省桂林市象山区象塘路266号
邮编：541002
电话：0773-5885849
传真：0773-5888853
电子信箱：cglg@cglg.net
网址：www.cglg.net
主要产品或业务范围：体视显微镜、各类光学元件。

桂林市迈特光学仪器有限公司
地址：广西省桂林市高新区信息产业园
邮编：541004
电话：0773-5823609
传真：0773-5855877
电子信箱：info@mto.com.cn
网址：www.mto.com.cn
主要产品或业务范围：该公司主要进行体视显微镜，单筒视频显微系统，工业产品自动检测系统，测绘声绘色仪器及软件的研制开发。

梧州奥卡光学仪器有限公司
地址：广西省梧州市新兴二路137号对外加工区第4幢
邮编：543003
电话：0774-5823796，5833423，5828548
传真：0774-3868718
电子信箱：wzoka@163.com
网址：www.wzoka.com
主要产品或业务范围：该公司主要产品有生物显微镜、体视显微镜、电视显微镜、倒置显微镜、荧光显微镜、金相显微镜、珠宝微镶机以及各种万向支架。

梧州市立见光学有限公司
地址：广西省梧州市西环路上段洛冲口立见光学大楼
邮编：543002
电话：0774-3885631
传真：0774-3885616
电子信箱：ljgx_880@tom.com
主要产品或业务范围：各类显微镜及光学元件。

贵阳新天光电科技有限公司
地址：贵州省贵阳市国家高新技术产业开发区新光路9号
邮编：550018
电话：0851-6452229，6452823
传真：0851-6452343
电子信箱：chfoic@chfoic.com
网址：www.chfoic.com
主要产品或业务范围：主要研制、生产及销售各类工具显微镜、投影仪、视频测量仪、端度仪器、角度仪器、物理分析仪器、望远镜、光栅传感器及数显表等近百种精密光学计量仪器。

保定裕华电子有限公司
地址：河北省保定市朝阳北大街北二环5699号大学科技园4号楼东1门
邮编：071000
电话：0312-3917265
传真：0312-3917265
电子信箱：bdyhdz@163.com
网址：www.bdyuhua.com
主要产品或业务范围：该公司是专门从事光学仪器生产、制造的厂家，拥有完整、配套的光学、机械加工设备和测试仪器。主要产品有平面平晶、平行平晶、长平晶、军品望远镜等。

河北省科学院激光研究所
地址：河北省石家庄市友谊南大街46号
邮编：050081
电话：0311-83018492，83997002
传真：0311-83018492
电子信箱：heblaser@yahoo.com.cn
网址：www.heblaser.com
主要产品或业务范围：从事激光加工设备的生产及加工业务，包括激光治疗机、激光液面仪、激光测径仪及激光器件的生产，金刚石膜设备及金刚石膜的生产，等离子体切割机的生产等。

廊坊开元高技术开发公司
地址：河北省廊坊市金光道84号

邮编：065000
电话：0316-2267696
传真：0316-2267702
联系人：石静
电子信箱：igge.shchbu@263.net
网址：www.cnigge.com
主要产品或业务范围：该公司是从事物探和化学分析仪器的开发、研制、生产、销售、售后服务、科技产品的技术开发、服务、转让、仪器的软件开发与应用及机械加工于一体的综合性实体；主营产品有原子荧光光度计、塞曼测汞仪、便携式探矿磁力仪、无线电波坑道透视仪、地温仪、光导式比色计、井中无线电波透视仪、瞬变电磁仪、井下声波仪、大地岩性测探仪等。

秦皇岛日飞自控系统工程有限公司
地址：河北省秦皇岛市友谊路174号
邮编：066001
电话：0335-3601745
传真：0335-3063113
主要产品或业务范围：压力、温度、流量、物位传感器，电工、电源、煤检、水检、药检实验室器材，大地测量仪器（全站仪、经纬仪、水准仪）等；各类精密仪表维修、调试，自控系统的设计、施工和代客选型。

瑞昌明华分析仪器有限公司
地址：河北省廊坊市解放道188号
邮编：065000
电话：0316-2029399，2038787
传真：0316-2029399
电子信箱：rchb2007@163.com
网址：www.rcmh.cn
主要产品或业务范围：原子吸收分光光度计、空气压缩机、冷却循环水装置等。

石家庄威泰科技有限公司
地址：河北省石家庄市桥西谊联街9号
邮编：050071
电话：0311-83055815
传真：0311-83055815
电子信箱：sales@win-tek.cn
网址：www.win-tek.cn
主要产品或业务范围：石英晶体膜厚仪。

燕山大学电气工程学院仪器科学工程系
地址：河北省秦皇岛市燕山大学仪器科学工程系
邮编：066004
电话：0335-8387558
传真：0335-8051148
网址：http://iee.ysu.edu.cn
主要产品或业务范围：光学测温仪、光纤位移、压力传感系统以及光纤环境监测仪器等方面的科研教学工作。

河南平原光电有限公司
地址：河南省焦作市工业路1号
邮编：454001
电话：0391-2609315
传真：0391-2625782
电子信箱：hnpyoe258@sina.com
网址：www.pyoe.com.cn
主要产品或业务范围：特种光学仪器、LED产品、军民两用昼夜观瞄产品等。

三维麦普导航测绘技术有限公司
地址：河南省郑州市管城区平等街68号院7号楼301室
邮编：450004
电话：4006578869，0371-66680553
传真：0371-66680553
电子信箱：beijinggps@126.com
网址：www.survey3d.com.cn
主要产品或业务范围：3D激光扫描仪，GPS、全站仪、经纬仪，水准仪、测距仪、管线仪、测绘软件；涉及3D激光，高精度测量、导航定位、管线系统、测绘工程。

新乡市鑫鑫教学仪器有限公司
地址：河南省新乡市新飞大道南段1789号火炬园A5-4-6
邮编：453000
电话：0373-5061395
传真：0373-3878606
电子信箱：Wuchunhua8507@hotmail.com
网址：www.xxbms.com
主要产品或业务范围：该公司产品有生物显微玻片、植物浸制标本、大体标本及实验材料等。

郑州奥原电子技术有限公司
地址：河南省郑州市航海中路71号
邮编：450005
电话：0371-8692044
传真：0371-8727664
电子信箱：lzg371@371.net
主要产品或业务范围：该公司主营激光测厚仪、激光测宽仪、光电测宽仪、激光测径仪、光电测径仪、激光测长仪、激光标线仪、超声波自动化探伤仪、激光测距仪、激光位置检测仪等产品。

郑州欧亚测量系统有限公司
地址：河南省郑州市中原西路220号裕达国贸银座商务区3305室
邮编：450007
电话：0371-67944559
传真：0371-67944560
电子信箱：leicazz@public2.zz.ha.cn
网址：www.zzea.com.cn
主要产品或业务范围：各种进口测量仪器，包括全站仪、

GPS测量系统、水准仪、激光测距仪等。该公司是徕卡—欧亚集团的成员，拥有徕卡仪器的培训、维修、系统开发、软件设计能力。

哈尔滨工业大学光电子技术研究所
地址：黑龙江省哈尔滨市哈尔滨工业大学309信箱
邮编：150001
电话：0451-86413164
传真：0451-86416060
电子信箱：zhiweilu@yeah.net
网址：www.hit.edu.cn
主要产品或业务范围：激光器、脉宽可调YAG激光器、激光脉宽压缩器、超窄带光学滤波器、光学参量振荡器。

哈尔滨激光技术研究所
地址：黑龙江省哈尔滨市香坊区赣水路216-1号
邮编：150036
电话：0451-82315915
传真：0451-82316664
主要产品或业务范围：激光治疗机、血疗仪，激光划线准直仪，激光器及配件，激光切割、打孔、金属材料表面处理、熔覆，光电自动检测及控制产品，电控电测设备等。

哈尔滨市光学仪器厂
地址：黑龙江省哈尔滨市道里区经纬路三道街32号
邮编：150010
电话：0451-84286338，84286493
传真：0451-84286493，84282561
电子信箱：hopt@hopt.cn
网址：www.hopt.com.cn
主要产品或业务范围：该公司是大地测量仪的专业厂家和龙头企业，有进出口权。主要产品有地质罗盘仪、森林罗盘仪、数字式求积仪、叶面积仪、激光指向仪等产品。

哈尔滨市精诚测绘仪器商店
地址：黑龙江省哈尔滨市道里区经纬二道街87号
邮编：150010
电话：0451-84213744
传真：0451-84213744
主要产品或业务范围：销售、修理经纬仪、水准仪、平板仪、测绘用具等。

哈尔滨市生辉经贸有限公司
地址：黑龙江省哈尔滨市道里区经纬三道街32号
邮编：150010
电话：0451-84274470
传真：0451-84282561
电子信箱：hopt@hrb.hl.cninfo.net
主要产品或业务范围：批发、零售大地测量仪器、测绘器材、现代办公用品及设备。

齐齐哈尔市大地测量仪器行
地址：黑龙江省齐齐哈尔市中环南路50号
邮编：161005
电话：0452-2428646
传真：0452-2428646
主要产品或业务范围：以经销和维修大地测量仪器及光学仪器为主，兼营工程测量。

东隆科技有限公司
地址：湖北省武汉市东湖新技术开发区东信路SBI创业街1号楼902
邮编：430074
电话：027-87807177
传真：027-87807133
电子信箱：sale@etsc-tech.com
网址：www.etsc-tech.com
主要产品或业务范围：光学器件和精密微动机械、激光器、激光测控设备、光谱等。

湖北久之洋红外系统有限公司
地址：湖北省武汉市洪山区民院路46号
邮编：430074
电话：027-87400775
传真：027-87400775
电子信箱：hbjir@126.com
网址：www.hbjir.com
主要产品或业务范围：红外热像仪、激光测距仪等光电传感器及光电系统。

武汉楚天工业激光设备有限公司
地址：湖北省武汉市武昌区关山二路楚天激光工业园
邮编：430074
电话：027-87422360，87414451
传真：027-87455793
网址：www.ct-laser.com
主要产品或业务范围：激光焊接机、激光打标机等激光加工设备。

武汉楚天激光（集团）股份有限公司
地址：武汉市东湖高新技术开发区关山二路楚天激光工业园
邮编：430070
电话：027-87422360
传真：027-87413966
电子信箱：web@chutianlaser.com
网址：www.chutianlaser.com
主要产品或业务范围：激光、电子、计算机、通信产品，自动化控制系统，光机电一体化，仪器仪表。

武汉华工激光工程有限责任公司
地址：湖北省武汉市东湖高新技术开发区华中科技大学科技园华工科技激光产业园

邮编：430223
电话：027-87180200
传真：027-87180210
电子信箱：info@hglaser.com
网址：www.hglaser.com
主要产品或业务范围：全功率系列的激光切割系统，激光焊接系统，激光打标机等。

武汉晶石光电技术有限公司
地址：湖北省武汉市东湖开发区武大科技园宏业楼4楼
邮编：430223
电话：027-87970580
传真：027-87970590
电子信箱：122394000@qq.com
网址：www.whjsgd.com
主要产品或业务范围：金属封离型射频激励CO_2激光器。

武汉天力光学仪器有限公司
地址：湖北省武汉市武昌区徐东大街339号
邮编：430077
电话：027-86782552
传真：027-61817982
联系人：徐玉英
电子信箱：ds3@whjdt.com
网址：http://whgxyq.ylsw.net
主要产品或业务范围：DS3水准仪、视觉频谱治疗仪、荧光显示仪、生物显微镜配件—接物测微计、接目测微计，还有单向气动隔膜泵。

襄樊市激光技术研究所
地址：湖北省襄樊市檀溪路95-5号
邮编：441021
电话：0710-3513532
主要产品或业务范围：连续YAG倍频激光器、可调谐染料激光器、氮分子激光器、YAG倍频泵浦染料激光光敏治癌机、台式放大镜。

孝感华中精密仪器有限公司
地址：湖北省孝感市长征路199号
邮编：432000
电话：0712-2873860，2873811
传真：0712-2873811
电子信箱：master@centercn.net.cn
网址：www.centercn.net.cn
主要产品或业务范围：光学检测仪器、专业光学检测设备、光电编码器。

衡阳裕衡光电仪器有限公司
地址：湖南省衡阳市南郊白沙洲易家塘5号
邮编：421007
电话：0734-8401640，8401641
传真：0734-8402332
电子信箱：xiwanggd99@yahoo.com.cn
网址：www.hyyhgd.cn
主要产品或业务范围：显微镜、各种镜头。

长春佶达有限公司
地址：吉林省长春市人民大街280号科技城
邮编：130051
电话：0431-85813876
传真：0431-85813855
电子信箱：ccjddy@163.com
网址：www.ccjida.com.cn
主要产品或业务范围：高倍数150倍光学变焦镜头，2公里以内无光昼夜观看系统，高清百万像素变焦镜头，军用转台系列，车载、船载远距离昼夜观看系统，光学导弹、火箭发射跟踪，光电雷达，核潜艇连续变焦潜望系统，军事演习远程观看系统。

长春市第五光学仪器有限公司
地址：吉林省长春市朝阳区开运街6号
邮编：130021
电话：0431-85920859
联系人：王国庆
主要产品或业务范围：塞曼效应实验仪、迈克尔逊干涉仪、读数显微镜、分光仪等。

长春市四维仪器有限公司
地址：吉林省长春市人民大街2-3号
邮编：130051
电话：0431-82728312
传真：0431-82728312
主要产品或业务范围：从事各种测量仪器、公路实验仪器、教学仪器、通信器材、望远镜、气象仪器等。

长春禹衡时代光电科技有限公司
地址：吉林省长春市高新区飞跃东路333号
邮编：130012
电话：0431-88654602，85543800
传真：0431-88614582
电子信箱：sales@shidaigd.com
网址：www.shidaigd.com
主要产品或业务范围：该公司是吉林省首批认定的国家高新技术企业，是光电编码器、光学仪器及成套机电设备专业制造商。同时还是中国机床工具工业协会数显分会副理事长单位和全国量具量仪标准化技术委员会数显装置分技术委员会委员单位；公司拥有国内同行业中，唯一的国家编码器工程中试基地、也是行业内唯一获得国家批准建立的博士后科研工作站。该公司主要产品有显微镜，光谱仪器，精密单色仪，电子学仪器，光学计量仪器，传感器显示仪表，近代物理实验仪器，普通物理实验仪器等。

吉林省中仪测绘仪器有限公司
地址：吉林省长春市胜利大街3号
邮编：130051
电话：0431-82772246
主要产品或业务范围：各种进口、国产全站仪、测距仪、经纬仪、水准仪、罗盘仪、显微镜、望远镜、计算器、测绘器材、通信器材、照相器材、科学仪器、仪表等。

蔡司科技（苏州）有限公司
地址：江苏省苏州市工业园区兴浦路333号现代工业坊3-B-2
邮编：215126
电话：0512-62871388
传真：0512-62871366
网址：www.zeiss.com.cn
主要产品或业务范围：光学产品、医疗光学系统、显微镜、工业测量、半导体材料、光电系统。

常州第二电子仪器有限公司
地址：江苏省常州市清潭路41号
邮编：213015
电话：0519-86969137
传真：0519-86960452
电子信箱：seceif@public.cz.js.cn
网址：www.czrdy.com
主要产品或业务范围：该公司现已发展成为全国激光测距仪和红外光电测距仪产品的主要生产厂家之一。产品已朝着集成化、模块化、自动化、安全化和全方位数字采集的多功能方向发展，并已形成系列，现有十几个品种。

常州市莱赛光电技术有限公司
地址：江苏省常州市泰山路199号
邮编：213022
电话：0519-85116516，85136117
传真：0519-85116516
网址：www.laisai.com
主要产品或业务范围：激光光源、激光测距仪、激光扫平仪、激光标线仪。

江苏北方湖光光电有限公司
地址：江苏省无锡市盛岸路25号
邮编：214035
电话：0510-83028229，83028559
传真：0510-83709860
电子信箱：hyf122353@sina.com
网址：www.jshggd.com
主要产品或业务范围：生产军用夜视仪器。

江苏恒达激光图像有限公司
地址：江苏省南京市宁海路122号
邮编：210097
电话：025-83598348
传真：025-83598348
联系人：李国强
电子信箱：jsidaic@public1.ptt.js.cn
主要产品或业务范围：透明、镀铝激光全息OPP、PVC、PET薄膜，热转印激光全息电化铝，高点阵像素激光全息防伪标识，激光技术相关仪器设备开发应用。

江苏省海安县汇虹光电仪器厂
地址：江苏省南通市海安县区塘镇双楼工业区
邮编：226661
电话：0513-88792362，88793069
传真：0513-88793069
电子信箱：info@hhgx.com.cn
网址：www.hhgx.com.cn
主要产品或业务范围：各种型号规格有色、无色光学玻璃、滤色片、滤光片冷光源、隔热玻璃片、球面镜、透紫外玻片、伪钞鉴别仪专用玻片，带通滤光玻璃片。

江苏省捷达科技发展有限公司
地址：江苏省南京市广州路228号易发科技大厦1102室
邮编：210024
电话：025-83300873
联系人：夏雷
主要产品或业务范围：金相、偏光、生物显微互动系统、凝胶、形态学分析系统、医学虚拟仿真实验室。

江苏曙光光电有限责任公司
地址：江苏省扬州市江阳中路132号
邮编：225009
电话：0514-82915308
传真：0515-87887527
电子信箱：js5308@163.com
主要产品或业务范围：半导体激光器、激光测距机等。

江阴香江光电仪器有限公司
地址：江苏省江阴市环城北路5号
邮编：214400
电话：0510-86890224，86897856
传真：0510-86895636
电子信箱：webmaster@jyxjgd.com
网址：www.jyxjgd.com
主要产品或业务范围：光电测距仪、全站仪等。

科美仪器（昆山）研发有限公司
地址：江苏省昆山市樾河北路488号
邮编：215300
电话：0512-57900888
传真：0512-57900688
网址：www.kmac.to
主要产品或业务范围：微型紫外分光光度计、可见分光光度计。

昆山万像光电有限公司
地址：江苏省昆山市高新区山淞路299号
邮编：215300
电话：0512-57725108
传真：0512-57725115
电子信箱：sales@isuntek.com
网址：www.isuntek.com
主要产品或业务范围：高精度检测仪器设备。

昆山英泰科光学仪器有限公司
地址：江苏省昆山市长江南路1233号中大商务广场5D
邮编：215300
电话：0512-57990735，57990735，55193081，55193082
传真：0512-57990835
电子信箱：Intac-optical@163.com
网址：www.intac-optics.com
主要产品或业务范围：各类精密测量仪、光学仪器。

连云港市亚欧仪器仪表销售有限公司
地址：江苏省连云港市新浦区朝阳中路12-3号
邮编：222002
电话：0518-85455342
传真：0518-85457248
主要产品或业务范围：专业经销日本拓普康、索佳，瑞士徕卡大地测量仪器及国产各大厂家经纬仪、水准仪、测距仪、GPS和数字化仪等。

连云港怡升光学仪器制造有限公司
地址：江苏省连云港市幸福路190号
邮编：222023
电话：0518-85250071
传真：0518-85250072
主要产品或业务范围：该公司是专业生产光学测绘仪器企业。产品有DP10型小平板仪、DP7型平板仪、DP5型中平板仪、DP3型大平板仪、手持水准仪、25倍读数显微镜。

南京百花光电有限公司
地址：江苏省南京市天山路39号
邮编：210008
电话：025-57712081
传真：025-57712081
电子信箱：email@baihua-nj.com
网址：www.baihua-nj.com
主要产品或业务范围：开发制造光学仪器检测校验、航空航海、光电传感、数字图像、坐标测定、望远观察、照相彩扩等系列高技术含量、高附加值的产品。

南京北极天文仪器有限公司
地址：江苏省南京市栖霞区靖安镇
邮编：210005
电话：025-85282350，85703822
传真：025-85282350
电子信箱：njbeiji@gmail.com
网址：www.china-beiji.com
主要产品或业务范围：各种天文望远镜、天象仪及其附属设备，以及天球仪、三球仪、天文CCD摄像器。

南京波长光电科技有限公司
地址：江苏省南京市江宁区湖熟工业集中区波光路8号
邮编：211121
电话：025-52657056
传真：025-52657058
电子信箱：info@wave-optics.com
网址：www.wave-optics.com
主要产品或业务范围：各种激光扫描透镜、LED检查仪、MTF检查仪、温度控制器等。

南京测绘仪器厂
地址：江苏省南京市新模范马路36号
邮编：210003
电话：025-83538031
传真：025-83538031
主要产品或业务范围：光学经纬仪、水准仪、电子经纬仪。

南京测控科学器材设备有限公司
地址：江苏省南京市解放路9号
邮编：210016
电话：025-84480506，84490505
传真：025-84580972
电子信箱：gezjl@china-geyan.com
网址：www.china-geyan.com
主要产品或业务范围：金相显微镜、GXTA-CTV型视频连续变倍体视显微镜、GPV-1/2型金相抛光机、GQ-1/2型金相试样切割机、GXQ-1/2型金相试样自动镶嵌机、GZDJP-1/2型自动电解抛光仪/观察仪等产品。

南京恒业光学仪器厂
地址：江苏省南京市下关区安怀村460号
邮编：210037
电话：025-85515171，85507073
传真：025-85515171
电子信箱：sale@hyoptics.com
网址：www.hyoptics.com
主要产品或业务范围：该厂是专业从事体视显微镜、光学玻璃元件冷加工和光学显微镜镜头的民营企业，主要产品有HSM系列化体视显微镜、各类球面透镜、球镜、平面透镜、棒镜及柱面镜，各种小棱镜、物镜镜头、消色差物镜镜头、平场消色差物镜镜头等。

南京激光仪器厂
地址：江苏省南京市后宰门街25号
邮编：210016

电话：025－84801672
联系人：潘贞
主要产品或业务范围：光速测定仪、微机塞曼效应实验仪、普朗克常数实验仪、电子束变温黏滞系数实验仪、微机等离子体实验仪。

南京吉隆光纤通信有限公司
地址：江苏省南京市洪武路267号洪武大厦17楼
邮编：210002
电话：025－84573372，84573382
传真：025－84573382
电子信箱：sales@njjloc.com
网址：www.njjloc.com
主要产品或业务范围：光纤熔接机、光源、光功率计、光纤施工工具箱、光纤V形槽、光纤熔融拉锥机等光纤通信仪器仪表。

南京江南永新光学有限公司
地址：江苏省南京市经济技术开发区恒达路9号
邮编：210038
电话：025－85803858
传真：025－85800086
电子信箱：xsc@jinoec.com
网址：www.jnoec.com
主要产品或业务范围：显微镜。

南京久测仪器技术有限公司
地址：江苏省南京市和燕路7号燕语华庭商务广场313、314室
邮编：210037
电话：025－66605071，66600591，66600601
传真：025－86971700
电子信箱：nj5117@nj5117.com
网址：www.nj5117.com
主要产品或业务范围：GPS定位技术、全站仪、测距仪、测高仪、经纬仪、水准仪、标线仪、对讲机、软件等专业测量测绘产品。

南京理工大学电光学院
地址：江苏省南京市孝陵卫200号
邮编：210094
电话：025－84317756
传真：025－84431622
电子信箱：tao@mail.njust.edu.cn
网址：http://eoe.njust.edu.cn
主要产品或业务范围：从事光电信息处理、图像混合处理和数字显微技术的研究和开发工作。产品有激光共焦扫描显微镜等。

南京麦迪森仪器有限公司
地址：江苏省南京市和燕路289号
邮编：210028
电话：025－85484559，85484659
传真：025－85484559
电子信箱：njmds@263.net
网址：www.njmds.cn
主要产品或业务范围：该公司是专业从事光学仪器、无损检测、理化实验设备、图像分析、计量等技术及仪器设备销售，融经营、开发、技术咨询服务为一体的高科技公司。产品有体视显微镜、生物显微镜、金相显微镜、大平台检测显微镜、医疗器械。

南京日华光电仪器有限公司
地址：江苏省南京市建邺区应天大街837号恒山路3－2号
邮编：210004
电话：025－86625009，86623568
传真：025－86625009
电子信箱：service@njrhg.com
网址：www.njrhg.com
主要产品或业务范围：光学经纬仪、水准仪、自动安平水准仪和地面立体摄影机等。

南京三乐光电子有限公司
地址：江苏省南京市浦口经济技术开发区光明路5号
邮编：210009
电话：025－83200772
传真：025－83318414
电子信箱：info@sanle.com
网址：www.sanle.com
主要产品或业务范围：生产、销售氩离子激光器件、整机系列、激光打标机、激光管系列、激光医疗整机、激光电源、激光娱乐表演工程、光学镜片及其他教学仪器设备。

南京覃思科技有限公司
地址：江苏省南京市中山北路281号新城市广场虹桥中心2－728B
邮编：210009
电话：025－85432178
传真：025－83353938
电子信箱：sales@tansi.com.cn
网址：www.tansi.com.cn
主要产品或业务范围：扫描电镜，电镜制样设备，半导体及材料镀膜清洗设备等。

南京英特飞光电技术有限公司
地址：江苏省南京市玄武区孝陵卫双拜巷78号
邮编：210014
电话：025－84433141
传真：025－84310789
电子信箱：shanlang08@yahoo.com.cn
网址：www.interferogroup.com.cn
主要产品或业务范围：干涉仪。

南京甬宁科学仪器有限公司
地址：江苏省南京市迈皋桥创业园尖山南路11号麦翔中小型创业科技园C1-3
邮编：210008
电话：025-83136900
传真：025-83136997-805
电子信箱：junny193@qq.com
网址：www.njyngx.cn
主要产品或业务范围：工业显微镜、金相显微镜、偏光显微镜等产品。

南通环球光学仪器有限公司
地址：江苏省南通市平潮工业园区1号
邮编：226361
电话：0513-86726888
传真：0513-86718158
电子信箱：sale@zoscn.com
网址：www.zoscn.com，www.uniopticscn.com
主要产品或业务范围：该公司属中美合资企业，专业生产瞄准镜等类光学产品；公司通过ISO 9001：2000认证。

铨州光电科技（苏州）有限公司
地址：江苏省苏州市劳动路28号（华亭大厦）1702室
邮编：215004
电话：0512-68667233，68667232
传真：0512-68667236
电子信箱：sales@onset-eo.com
网址：www.onset-eo.com
主要产品或业务范围：镭射功率量测系统、光束分析仪、LED量测系统、均匀光源校正系统、电子式快门、光纤光谱仪量测仪、防振桌与防振设备、线扫描镜头。

苏州德龙激光有限公司
地址：江苏省苏州市工业园区苏虹中路77号
邮编：215021
电话：0512-87189091
传真：0512-87189097
电子信箱：sales@delphilaser.com
网址：www.delphilaser.com
主要产品或业务范围：各类高端工业应用激光设备。

苏州海兹思纳米科技有限公司
地址：江苏省江苏市工业园星湖街218号纳米园A4-105室
邮编：215123
电话：0512-69369060
主要产品或业务范围：扫描隧道显微镜、原子力显微镜、磁力显微镜、纳米操纵加工系统等。

苏州六六视觉科技股份有限公司
地址：江苏省苏州市平江区大儒巷34号
邮编：215005
电话：0512-67271504，67770481
传真：0512-67770173
电子信箱：zhangyunhaiguan8@163.com
网址：www.66vision.com
主要产品或业务范围：裂隙灯显微镜系列、手术显微镜系列、显微手术器械系列、人工晶体系列、电子诊疗器械系列、激光治疗仪器系列和其他仪器系列六大类、160多个品种、600多个规格。

苏州市春光测绘仪器有限公司
地址：江苏省苏州市相城区黄埭镇（东桥）健民路
邮编：215152
电话：0512-65336109，65335289
传真：0512-65087728
电子信箱：guy@szcgch.com
网址：www.szcgch.com
主要产品或业务范围：水准仪系列、FDC反射器系列。

苏州一光仪器有限公司
地址：江苏省苏州市凤凰街孔付司巷4号
邮编：215006
电话：0512-65224937，65238874，65225568
传真：0512-65230619，65234356
网址：www.syg.com.cn
主要产品或业务范围：全站仪、经纬仪、GPS、水准仪、激光类、成图软件、其他仪器。

太仓石英玻璃仪器厂
地址：江苏省太仓市新毛镇新兴路66号
邮编：215414
电话：0512-53426667
传真：0512-53426667
主要产品或业务范围：石英仪器。

无锡阿贝精密轴承有限公司光学仪器制造厂
地址：江苏省无锡市滨湖区胡埭工业园刘闾路88号
邮编：214161
电话：0510-85886920，88086055，85874231
传真：0510-85886920
电子信箱：rbioptics@rbi-optics.com
网址：www.rbi-optics.com
主要产品或业务范围：JTT（23J）型台式投影仪、电缆截面投影仪、DTT-A型低倍投影仪、JGC（15J）型测量显微镜。

无锡奥尔玛光电有限公司
地址：江苏省无锡市红星路纳新桥垵曹张新村521-2号
邮编：214025
电话：0510-85090241，88172712
传真：0510-85090241
主要产品或业务范围：该公司是生产光、机、电及光学产品的专业化生产型单位。

无锡普雷逊光学仪器有限公司
地址：江苏省无锡市钱荣路56号
邮编：214064
电话：0510-85520253，85520523
传真：0510-85520253
电子信箱：wxplxgx@163.com
网址：www.wxplxgx.com
主要产品或业务范围：2.5D影像测量仪系列、投影机系列、三坐标测量机、工具测量显微镜、硬度计、10倍测量放大镜、航空反光立体镜及其他测量设备。

无锡新龙科技有限公司
地址：江苏省无锡市惠山区洛社镇
邮编：214188
电话：0510-88852383
传真：0510-88852383
电子信箱：sales@chinaxinlong.com
网址：www.chinaxinlong.com
主要产品或业务范围：分光光度计、可见分光光度计、紫外分光光度计。

西努光学仪器（苏州）有限公司
地址：江苏省苏州市工业园区通园路368号大森商务楼201室
邮编：215006
电话：0512-67269863
传真：0512-67269920
电子信箱：st_foxer@hotmail.com
网址：www.cinv.cn
主要产品或业务范围：代理测量显微镜、工具显微镜、金相显微镜等。

徐州豪立电子有限公司
地址：江苏省徐州市经济开发区碧螺山综合楼13～15号
邮编：221004
电话：0516-87799159/1159/1155
传真：0516-87799159
电子信箱：xzhaoli@zxhaoli.com
网址：www.xzhaoli.com
主要产品或业务范围：DM系列数码显微仪和数码金相显微仪、VM系列多用途视频显微仪和视频金相显微仪、FVE系列工业用挠性电子内窥镜等。

徐州豪美光学仪器有限公司
地址：江苏省徐州市徐州大学科技城高新技术创业中心212室
邮编：221008
电话：0516-83721899
传真：0516-83721066
电子信箱：hmchunsheng@vip.sina.com
网址：www.xzhaomei.com
主要产品或业务范围：内窥镜系列、医用光电仪器系列、视频显微仪系列、测绘仪器系列四大类产品。

徐州黄山仪器厂
地址：江苏省徐州市东郊大黄山工人村
邮编：221131
电话：0516-83052041
传真：0516-83052041
电子信箱：xzhsyq@126.com
网址：www.xzhsyq.com
主要产品或业务范围：激光指向仪。

凤凰光学股份有限公司
地址：江西省上饶市光学路1号
邮编：334000
电话：0793-8260788
传真：0793-8260488
电子信箱：xing@phenixoptics.com.cn
网址：www.phenixoptics.com.cn
主要产品或业务范围：照相机、望远镜、显微镜、大地测量仪器等。

江西东和光学有限公司
地址：江西省上饶市光学路1号
邮编：334000
电话：0793-8260901
传真：0793-8260901
主要产品或业务范围：望远镜、天文望远镜。

江西连胜实验装备有限公司
地址：江西省上饶市弋阳县连胜工业园
邮编：334409
电话：0793-5872079-80
传真：0793-5872078
电子信箱：lszbhy@hotmail.com
网址：www.jxlszb.com
主要产品或业务范围：光电仪器应用系统。

南昌科盛仪器设备有限公司
地址：江西省南昌市洛阳路226号6楼615室
邮编：330002
电话：0791-8701292，2100039
传真：0791-2100039
电子信箱：luoshyan66@163.com
网址：www.jxyqw.com
主要产品或业务范围：本公司是供应科研仪器及实验设备的专业公司；主要经营光学仪器、分析仪器、计量仪器、生化仪器、电工仪表、环保仪器、教学仪器、医疗设备、测绘仪器、电子设备、机电设备、无损检测设备、农林仪器、试验机、稳压电源。

中国船舶工业集团公司九江精密测试技术研究所
地址：江西省九江市九瑞大道83号
邮编：332000

电话：0792-8373225
传真：0792-8373225
电子信箱：sj.369@163.com
网址：www.jjjmcs.com
主要产品或业务范围：惯导测试设备、运动仿真设备、振动与动平衡设备、精密测试和测量非标设备；PWM直流伺服系统系列、智能关节坐标测量机系列、精密导电滑环系列、精密圆感应同步器系列、精密多齿分度台系列、精密数显自准直仪（单双轴）、金属多面棱体系列、高精度经纬仪水准仪检定装置、中水处理系统等产品。

大连拉特激光技术开发有限公司
地址：辽宁省大连市开发区龙泉街9号
邮编：116600
电话：0411-87638648
传真：0411-87638805
联系人：刘洪云
电子信箱：lat2000@263.net
网址：www.latchina.com
主要产品或业务范围：激光自动安平垂准仪、水准仪等。

丹东新东方晶体仪器有限公司
地址：辽宁省丹东市人民街141号
邮编：118002
电话：0415-6172363，6160816
传真：0415-6181014
电子信箱：cdd-a@dfx-ray.com
网址：www.dfx-ray.com
主要产品或业务范围：X射线单晶定向仪系列产品。

辽宁省计量科学研究院
地址：辽宁省沈阳市和平区文化路三巷9号
邮编：110004
电话：024-23921417
传真：024-23890662
电子信箱：zljs@lnjl.com
网址：www.lnjl.com.cn
主要产品或业务范围：从事光度、色度、屈光度、激光等方面的检测工作。

沈阳华光精密仪器有限公司
地址：辽宁省沈阳市和平区大庆路15号
邮编：110002
电话：024-22515162
传真：024-22515165
电子信箱：hg9602@163.com
网址：www.hgpic.com
主要产品或业务范围：该公司主导产品是HG96系列原子吸收分光光度计、石墨炉原子化装置、氢化物发生器、高效富集器、紫外线可见分光光度计和气象色谱仪等产品。

沈阳仪通分析仪器有限公司
地址：辽宁省沈阳市经济技术开发区昆明湖街60号
邮编：110027
电话：024-25874296
传真：024-25855427
主要产品或业务范围：主要研制、生产光学分析仪器、电化学分析仪器、环境监测分析仪器、农业科学分析仪器、压力表系列产品及内窥镜系列产品。产品有原子吸收分光光度计、气相色谱仪、定氮仪、脂肪仪、农药残毒测定仪以及用于水质监测的在线COD测试仪、BOD测试仪和智能型便携式水质分析仪。

铁岭铁光仪器仪表有限责任公司
地址：辽宁省铁岭市银洲区汇工街72号
邮编：112002
电话：0410-4563511
传真：0410-4564356
电子信箱：tgyzll@vip.163.com
网址：www.tlbbk.com
主要产品或业务范围：光学仪器、电工器材、电器机械、光学仪器仪表配件。

济南德胜光电仪器有限公司
地址：济南市槐荫区吴家堡镇政府西邻
邮编：250118
电话：0531-85603380
传真：0531-85603380
电子信箱：jndsoec2008@163.com
主要产品或业务范围：光学显微镜专业制造厂家。

济南强胜光电仪器有限公司
地址：山东省济南市槐荫区大饮马开发区
邮编：250117
电话：0531-85982758
传真：0531-85965010
电子信箱：jnqiansheng@126.com
网址：www.jnqiangsheng.com
主要产品或业务范围：该公司现有新产品有生物显微镜荧光显微镜、摄影显微镜、数码显微镜、数码互动教学平台、显微图像产品等。

济南润之科技有限公司
地址：山东省济南市高新区正丰路554号环保科技园B北3018
邮编：250101
电话：0531-88164996，88164997
传真：0531-88164998
电子信箱：jnrise@163.com
网址：www.chinaliduyi.com
主要产品或业务范围：该公司研制生产Rise系列激光粒度分析仪、全自动比表面积及孔隙度分析仪、颗粒图像分析仪、粉尘形貌分散度测试仪。

山东神戎电子股份有限公司
地址：山东省济南市高新区齐鲁软件园F1座A312
邮编：250101
电话：0531-88390329，88390898
传真：0531-88390339
电子信箱：sales@sheenrun.com
网址：www.sheenrun.com
主要产品或业务范围：激光夜视产品、热成像产品。

山东远普光学股份有限公司
地址：山东省潍坊市高新技术开发区玉清东街13012号
邮编：261061
电话：0536-8887993
传真：0536-8887993
电子信箱：info@fareachoptics.com
网址：www.fareachoptics.com
主要产品或业务范围：激光器、安全检测仪。

泰安北方光电仪器有限公司
地址：山东省泰安市第40号信箱
邮编：271000
电话：0538-6515808，6511055
传真：0538-6511011
电子信箱：china5808@yahoo.com.cn
网址：www.china5808.com
主要产品或业务范围："九星"牌激光全息防伪包装材料（全息烫印箔、全息膜、全息纸和防伪全息标识）、系列生物显微镜、激光枪瞄、激光指示器、LED等。

烟台艾睿光电科技有限公司
地址：山东省烟台市开发区珠江路32号留学人员创业园区3号楼539
邮编：264000
电话：0535-6106520
传真：0535-6106530
电子信箱：sales09@iraytek.com.cn
网址：www.iraytek.com.cn
主要产品或业务范围：红外热像仪、激光与光电子相关技术产品及系统。

太原光学仪器厂
地址：山西省太原市南内环街226号
邮编：030012
电话：0351-7074884
传真：0351-7074884
主要产品或业务范围：高、低倍生物、体视显微镜、微循环显微镜等系列产品；光学冷加工、精密机械加工、表面加工及电路板等。

北方光电股份有限公司
地址：陕西省西安市长乐中路35号
邮编：710043
电话：029-82521712
传真：029-82526666
电子信箱：kefu@sicong.com
网址：www.sicong.com
主要产品或业务范围：光电防务、光伏太阳能、光电材料与器件以及光电仪器四大主营业务。

华信盈创科技发展有限公司
地址：陕西省西安市国家高新技术开发区科技三路58号
邮编：710075
电话：029-88255255-891
传真：029-88255255-810
电子信箱：Sales@CrewinTech.com
网址：www.CrewinTech.com
主要产品或业务范围：高精度数字自准直仪、测角仪、焦距仪、偏心仪、定心仪及平行光管等。

陕西华星红外器件厂
地址：陕西省咸阳市文汇东路16号
邮编：712099
电话：029-33786345
传真：029-33786345
电子信箱：sxhxir@public.xa.sn.cn
网址：www.sxhxir.com
主要产品或业务范围：红外探测器系列及其前置放大器、微型杜瓦瓶、节流制冷器、PZT热电堆红外传感器、真空镀膜、光学冷加工以及IC卡智能控制器、红外开关等。

陕西西大科里奥光电技术有限公司
地址：陕西省西安市太白北路229号西北大学272信箱
邮编：710069
电话：029-88305204
传真：029-88305205
电子信箱：sales@clolaser.com
网址：www.clolaser.com
主要产品或业务范围：各类新型固体激光器系列产品。

西安北光光电技术有限公司
地址：陕西省西安市米秦北路10号纳米科技园F4
邮编：710043
电话：029-82515210，82523230，82538744
传真：029-82528049
电子信箱：webmaster@xbdt.com，xbdt@xbdt.com
网址：www.xbdt.com
主要产品或业务范围：数字测量、光学仪器、影像输出三大系列产品。

西安华科光电有限公司
地址：陕西省西安市高新区锦业路67号
邮编：710077

电话：029−81881001
传真：029−81881011
电子信箱：sales@huanic.com
网址：www.huanic.com
主要产品或业务范围：工业级半导体激光器、激光标线仪、激光瞄具及激光仪器部件及液压系列产品。

西安江原光电有限公司
地址：陕西省西安市火炬路1号楼北楼1层
邮编：710043
电话：029−83204895，82256459
传真：029−82256472
电子信箱：jygd@xajygd.cn
网址：www.xajygd.cn
主要产品或业务范围：该公司提供各种光学零件、非标光学仪器、测角仪、瞄准镜、校靶镜、半导体激光器、准直镜、扩大镜等。

西安欧益光电科技有限公司
地址：陕西省西安市经济技术开发区草滩生态产业园尚苑路4955号
邮编：710018
电话：029−86402329，86531458，86196289
传真：029−86196286
电子信箱：sales@oephotonics.com
网址：www.oephotonics.com
主要产品或业务范围：半导体激光器、大功率固体激光器、红外照明用激光器等产品。

西安赛朴林激光技术研究所
地址：陕西省西安市经济技术开发区凤城三路10号3−4C
邮编：710021
电话：029−86527134
传真：029−86521756
电子信箱：laser@xasapling.com
网址：www.xasapling.com
主要产品或业务范围：半导体激光器、激光标线仪、激光功率计等产品。

西安三科数码光电有限公司
地址：陕西省西安市友谊东路29号伟业大厦300室
邮编：710054
电话：029−82252810
传真：029−82252811
电子信箱：sale@sankoe.com
网址：www.sankoe.com
主要产品或业务范围：激光测距仪，激光测距望远镜，角度传感器，接触网参数速测仪，接触线磨耗速测仪等。

西安市逵盛测试设备有限公司
地址：陕西省西安市火炬路东高新技术开发区4号楼5层B区
邮编：710043
电话：029−82363412
传真：029−83204265
主要产品或业务范围：激光式板材测量仪，涡流式厚度检测仪器，光电式、直径式和宽度测量控制仪器，型材尺寸检测仪器，激光测距仪器、辊距及辊缝检测仪器，光电坐标仪，涡流探伤仪。

西安应用光学研究所
地址：陕西省西安市123信箱
邮编：710065
电话：029−88288114
传真：029−88227871
电子信箱：webmaster@xa205.com
网址：www.xa205.com
主要产品或业务范围：承接各类激光、微光、光纤元器件以及高精度、复杂的光机加工与镀膜等。

北京中翰仪器有限公司
地址：上海市徐汇区肇家浜路433号101室
邮编：200012
电话：021−64433370
传真：021−64049453
电子信箱：marketing@sztechnology.com
网址：www.sztechnology.com
主要产品或业务范围：三次元测定仪器、工业显微镜、金相显微镜、工业投影仪、数位千分仪、CNC自动化量测系统、材料试验机、内窥镜等相关设备。

必达泰克光电科技（上海）有限公司
地址：上海市漕宝路400号明申商务广场2206室
邮编：200233
电话：4007171795
传真：021−64515288−304
电子信箱：info@bwtek.com
网址：www.bwtek.cn，www.bwtek.com
主要产品或业务范围：公司主要产品为光谱仪器和激光设备。

蔡司远东有限公司
地址：上海市浦东杨高北路2005号外高桥保税区日樱南路11号科苑1层
邮编：200131
电话：021−50481717
传真：021−50481193
电子信箱：sro@zeiss.com.cn
网址：www.zeiss.com.cn/micro
主要产品或业务范围：该公司是世界顶级的精密光学仪器制造商。

飞雅贸易（上海）有限公司
地址：上海市浦东碧波路690号张江微电子港8号楼102室

邮编：201203
电话：021-50278805
传真：021-50278209
联系人：陈瑛
电子信箱：Tracy.Chen@fei.com
网址：www.fei.com
主要产品或业务范围：商用投射电子显微镜，高分辨扫描电子显微镜，金属离子源，聚焦离子束镜筒，静电场聚焦电子镜筒，聚焦离子束系统，环境扫描电子显微镜，扫描电子显微镜，晶片样品台的扫描电镜，液态金属离子源，在线双束系统，投射电子显微镜，安装有单色器的透射电镜，超高分辨率低真空场发射扫描电子显微镜等。

光傲科技股份有限公司
地址：上海市宜山路515号环线广场1号楼12-F
邮编：200233
电话：021-51029613
传真：021-64827995
电子信箱：sales@light-all.com
网址：www.light-all.com
主要产品或业务范围：该公司主营进口精密光学测试和光电测量设备。

海洋光学亚洲分公司
地址：上海市长宁区古北路666号嘉麒大厦601室
邮编：200336
电话：021-62956600
传真：021-62956708
电子信箱：gyxtyb@126.com
网址：www.oceanopticschina.cn
主要产品或业务范围：光谱仪、化学传感器、计量仪器、光纤薄膜和光学元件等。

江苏恒大电子有限公司
地址：上海市周浦镇康沈公路691号
邮编：201315
电话：021-68195915
主要产品或业务范围：该公司主营检测仪器设备、数码生物显微镜等。

科视达（中国）有限公司
地址：上海市黄兴路1728号东方蓝海国际广场2号楼1906室
邮编：200433
电话：021-65087716，65083319
传真：021-55090512
电子信箱：jessie@questar.com.cn
网址：www.questar.com.cn
主要产品或业务范围：代理销售超声波扫描显微镜（SAM）、光学显微镜、视频显微镜、SMT自动光学检查仪及3D焊膏检查仪、工业内窥镜、无损检测产品等。

科扬国际贸易（上海）有限公司
地址：上海市仙霞路137号盛高国际大厦2506室
邮编：200051
电话：021-63179929
传真：021-63175958
联系人：谷晓静
电子信箱：info@jdcsh.com，jessic@jdcsh.com
网址：www.jdcsh.com
主要产品或业务范围：该公司是专业的电子显微镜附件仪器设备代理公司。

堀场贸易（上海）有限公司
地址：上海市南京西路1468号中欣大厦1701室
邮编：200040
电话：021-62896060
传真：021-62895553
网址：www.horiba.com.cn
主要产品或业务范围：原子发射光谱仪、探测器、元素分析产品、椭圆偏振仪、荧光光谱仪、刑侦、光栅、材料表征、显微分析、OEM光谱仪部件、光学光谱、粒度表征、光致发光、过程控制设备、拉曼光谱仪、表面等离子共振分析成像系统、真空紫外光谱仪、水质分析、X射线荧光光谱仪。

镭富电子设备（上海）有限公司
地址：上海市民生路1403号信息大厦1701室
邮编：200135
电话：021-33927070
传真：021-52371289
电子信箱：ddai@esi.com
网址：www.new-wave.com
主要产品或业务范围：该公司是全球LA-ICP-MS和LA-ICP-OEC激光烧蚀进样设备的市场领导者。产品包括固体纳秒激光进样系统、准分子激光系统、飞秒激光系统。

美国科视达（中国）有限公司
地址：上海市国权路43号财富国际广场银座809室
邮编：200433
电话：021-55315301，65648907
传真：021-33625017
电子信箱：sales@questar-china.com
网址：www.questar-china.com
主要产品或业务范围：非接触式激光位移测量仪，长工作距离显微镜，手持式视频显微镜，高精度三维移动平台，高精度激光位移测定仪。

美国莱特太平洋公司
地址：上海市漕宝路70号光大会展中心C座906室
邮编：200235
电话：021-64325170，64325173
传真：021-64326125

电子信箱：sales@lamdapacific.com
网址：www.lamdapacific.com
主要产品或业务范围：固体激光器、气体激光器、可调谐激光器、半导体激光器、光纤激光器、椭圆偏振仪、CD和掩膜的测量仪、光纤光谱仪等。

美国维易科精密仪器有限公司
地址：上海市浦东南路256号华夏银行大厦2404室
邮编：200120
电话：021-68866186
传真：021-68866225
电子信箱：cn_web@veeco.com.cn
网址：www.veeco.com.cn
主要产品或业务范围：扫描探针显微镜、探针轮廓仪、离子束沉积系统、金属有机化学气相沉积、分子束外延系统、镀膜系统、离子源。

宁波市嘉美光学仪器有限公司
地址：上海市控江路2063号617室
邮编：200092
电话：021-65030843
传真：021-55823573，65029903
电子信箱：sales@gamryoptical.com
网址：www.gamryoptical.com
主要产品或业务范围：生产和经营各种显微镜。

上海宝山顾村电光仪器厂
地址：上海市沪太路顾村朱家弄
邮编：201907
电话：021-56042672，56044190
传真：021-56042672
网址：www.gu-cun.com
主要产品或业务范围：紫外线分析仪、紫外线透射仪。

上海彼爱姆光学仪器制造有限公司
地址：上海市嘉定区南翔陈翔路65弄20号
邮编：201802
电话：021-39128171，39128172
传真：021-39128173
电子信箱：webmaster@shsgbm.com
网址：www.shsgbm.com.cn
主要产品或业务范围：公司主营计量仪器、分析仪器、物理仪器、测量仪器、各类显微镜系列和显微显示系列、医用仪器和教学设备实验仪器及光学测试设备仪器九大类型的系列。

上海蔡康光学仪器有限公司
地址：上海市中山北一路1250号沪办大厦4号楼
邮编：200437
电话：021-35050386，65310155
传真：021-65310155
电子信箱：sales@caikon.com
网址：www.caikon.com
主要产品或业务范围：金相、体视、偏光、视频、生物、工具显微镜，光学投影仪，测量显微镜、读数显微镜、测量投影仪、影像测量仪，检测显微镜等，折射仪、金相设备、平行光管、激光平面干涉仪、硬度计、比较测角仪等系列产品。

上海测维光电技术有限公司
地址：上海市杨浦区辽阳路411号2F
邮编：200082
电话：021-65465201，65465202
传真：021-65465201-807
电子信箱：cwsh@shcewei.com
网址：www.cnsmdp.com
主要产品或业务范围：体视显微镜、生物显微镜、金相显微镜、金相分析软件、偏光显微镜、荧光显微镜、相衬显微镜、测量显微镜、工具显微镜、投影仪、影像测量仪、熔点仪、行业专用显微镜、光纤冷光源、平行光管、折射仪、离心机等光学仪器。

上海长方光学仪器有限公司
地址：上海市浦东大道2440号5楼
邮编：200129
电话：021-68620355，68552328，68553577
传真：021-68553577，50352440
电子信箱：sales@chfang.com
网址：www.chfang.com
主要产品或业务范围：测量显微镜、读数显微镜、工具显微镜、光学投影仪、测量投影仪、影像测量仪、生物显微镜、体视显微镜、金相显微镜、视频显微镜、检测显微镜、偏光显微镜、偏光熔点测定仪、生物显微镜加热台、光切法显微镜、干涉显微镜、立式光学计、透镜中心仪、中心偏测量仪、阿贝折射仪、金相抛光机、平行光管、数字式激光平面干涉仪、显微硬度计、1'和15'的光学比较测角仪等各种光学仪器，以及计算机图像处理软件和显微镜测量软件、光学仪器配件。

上海超谱仪器仪表有限公司
地址：上海市建国西路91弄5号瑞金花园商务中心1101室
邮编：200020
电话：021-64454677
传真：021-64453040
电子信箱：cclsh@chaopu-ccl.com.cn
网址：www.chaopu-ccl.com.cn
主要产品或业务范围：真空直读光谱仪、多基体真空直读光谱仪、大型精密真空直读光谱仪、全自动直读光谱仪、全自动磨样机等。

上海大恒光学精密机械公司
地址：上海市嘉定区清河路390号800-211信箱

邮编：201800
电话：021-69918221，69918226
传真：021-69918226
电子信箱：daheng@shdh.net
网址：www.shdh.net
主要产品或业务范围：激光与光电子元器件。

上海电子光学技术研究所
地址：上海市虹漕路41号
邮编：200233
电话：021-64851538
传真：021-64852288
主要产品或业务范围：分光光度计721、722、723，紫外分光光度计752、754、756、火焰光度计，酸度计，气相色谱仪，残留农药测定仪，血红蛋白仪，净化空气发生器，电脑输液泵，软X射线机，循环冷却水机，扫描电子显微镜，透射电子显微镜，高真空镀膜台，溅射台，自动交流稳压电源。

上海凤凰光学科仪有限公司
地址：上海市中山北路864号金甸大厦14层
邮编：200070
电话：021-56557000
传真：021-56557000-1808
电子信箱：shengjiec@phenixsi.com
网址：www.phenixsi.com
主要产品或业务范围：公司推出紫外可见分光光度计系列、原子吸收光谱仪系列及气相色谱仪三大类实验室分析仪器产品。

上海格奥光电技术有限公司
地址：上海市中潭路91号39栋1602室
邮编：200061
电话：021-51028718
传真：021-52953337
电子信箱：jerry-li@koan.com.cn
网址：www.koan.com.cn
主要产品或业务范围：科研级制冷型的CCD相机、科研级光谱系统、功能完善的生物图像分析软件、高品质的激光器、电子学精密分析控制仪器、特殊要求光学零部件等。

上海光恒仪器有限公司
地址：上海市平凉路2440号
邮编：200090
电话：021-65699899
传真：021-65699897
电子信箱：fcs@sh-guangheng.com
网址：www.sh-guangheng.com
主要产品或业务范围：该公司是专业生产、经营各种光学仪器、计量仪器、显微镜系列、实验仪器、分析仪器、医疗仪器的专业企业。

上海光谱仪器有限公司
地址：上海市钦州北路1122号91号楼8～10楼
邮编：200233
电话：021-64958180
传真：021-64958182
电子信箱：chenhuachao@spectrum-cn.com
网址：www.spectrum-cn.com
主要产品或业务范围：该公司是分析仪器行业主要研发与生产制造商之一。

上海光学仪器厂
地址：上海市杨浦区松花江路253号
邮编：200093
电话：021-55228110，55228660
传真：021-55235303
电子信箱：55228110@163.com
网址：http://opticalinstrument.com.cn
主要产品或业务范围：光学计量仪器、材料表面检测仪器。

上海光学仪器六厂
地址：上海市四平路2500号金岛大厦1301室
邮编：200433
电话：021-55061567，55061568
传真：021-55061570
电子信箱：shsg@shangguang.com
网址：www.shangguang.com
主要产品或业务范围：显微镜、计量仪器、物理仪器、分析仪器、测量仪器、医用仪器及教学实验仪器七大类、共80多个品种。

上海光学仪器五厂有限公司
地址：上海市黄浦路99号上海滩国际大厦802室
邮编：200080
电话：021-65500300
传真：021-65500311
电子信箱：sales@csoif.com
网址：www.csoif.com
主要产品或业务范围：该公司主要产品有计量、测试仪器、显微镜、物理、分析、医用、教学等光学仪器。

上海光学仪器研究所
地址：上海市杨浦区军工路516号理工大学388信箱
邮编：200093
电话：021-55273011，55272087
传真：021-55276011
电子信箱：zhuang_gb@usst.edu.cn
网址：www.fabricstest.com
主要产品或业务范围：主要从事光学仪器开发研制，工程光学应用技术及行业共性技术研究，同时承担质量检测、标准化、信息规划等行业归口工作。

上海光学仪器一厂
地址：上海市黄浦区广东路58号
邮编：200002
电话：021-63230928
联系人：龙根云
主要产品或业务范围：数显立式光学计、精密投影仪、华视生物、金相测量显微镜、折射仪、光度计。

上海瀚宇光纤通信技术有限公司
地址：上海市闵行区剑川路950号1号楼301、302室
邮编：200240
电话：021-61270288
传真：021-61270289
电子信箱：sales@shconnet.com.cn
网址：www.shconnet.com.cn
主要产品或业务范围：光纤激光器、光纤放大器、光纤熔接机、半导体激光器、特种波长光器件、光无源器件等。

上海昊量光电设备有限公司
地址：上海市中山北路2669号1311室
邮编：200063
电话：021-51083793
传真：021-52664077
电子信箱：info@haoliangtech.com
网址：www.haoliangtech.com
主要产品或业务范围：空间光调制器、声光调制器、电光调制器、半导体激光器、半导体泵浦激光器、光纤激光器、各种光纤、光束质量分析仪。

上海恒进光电子有限公司
地址：上海市嘉定菊园新区六里中心路315号
邮编：201821
电话：021-69160988
传真：021-69160966
电子信箱：ylchen@sh-optoelec.com
网址：www.sh-optoelec.com.cn
主要产品或业务范围：研制半导体激光器及组件系列、半导体激光准直光源、激光标线仪、半导体激光治疗仪、激光器驱动电源等。

上海激光（集团）总公司
地址：上海市闵行区古龙路66弄30号
邮编：201102
电话：021-54930717
传真：021-54930717
电子信箱：sales@shlasergroup.com
网址：www.shlasergroup.com
主要产品或业务范围：激光光学、光电子器件，激光加工系统和激光医疗仪器，激光切割机、标刻机、治疗仪、激光雕刻机等。

上海嘉慧光电子技术有限公司
地址：上海市闵行区剑川路940号
邮编：200240
电话：021-51591648
传真：021-51591519
电子信箱：joinwit@joinwit.com
网址：www.joinwit.com
主要产品或业务范围：光功率计、PON光功率计、光源、光时域反射仪（OTDR）、可视激光光源、光万用表、光纤识别仪、光话机、光纤寻障仪、数显可调光衰减器，台式光功率计、各类台式稳定光源、多通道综合测试仪(含PDL测试功能)、插回损测试仪、ASE光源。提供光纤工程测试、FTTX网络测试等多种光纤测试解决方案，以及FTB分路器测试系统等工业生产控制解决方案。

上海江凤光学仪器有限公司
地址：上海市西康路1018号元茂金豪大厦710室
邮编：200060
电话：021-51780256
传真：021-51780256-8003
电子信箱：wm_fan@yahoo.cn，chenyj543@gmail.com
网址：www.jf-optical.com
主要产品或业务范围：该公司经营多維高光谱影像分析系统，优质进口滤光片。

上海菁华科技仪器有限公司
上海菁海仪器有限公司
地址：上海市静安区昌平路71号3号楼2～4层
邮编：200041
电话：021-62551292，62551293
传真：021-62581813
联系人：唐界平
电子信箱：info@jh17.cn
网址：www.jh17.cn
主要产品或业务范围：两公司隶属于菁华公司，分别生产制造分光光度计和电子天平等系列产品，并经销各类实验室配套仪器。

上海精密科学仪器有限公司物光事业部
地址：上海市苍梧路7号
邮编：200233
电话：021-64700274，54481792
传真：021-54641798
网址：www.sh-wg.info/
主要产品或业务范围：该公司生产“申光牌”物理光学仪器，有旋光仪、热值仪、折射仪、光度仪、色度仪五大系列、近20个品种。

上海精谊仪器仪表有限公司
地址：上海市曲阳路440号
邮编：200092

电话：021-65756067，65757968，65211914
传真：021-65757965
电子信箱：jing_yi01@yahoo.com.cn
网址：www.jingyi17.cn
主要产品或业务范围：金相显微镜、测量显微镜、生物显微镜、体视显微镜、读数显微镜、影像测量仪、测量投影仪、显微镜测微尺、分光光度计、放大镜、金相仪器。

上海巨哥电子科技有限公司

地址：上海市徐汇区钦州北路1198号83幢3层C室
邮编：200233
电话：021-31261201-11
传真：021-31261202
电子信箱：xgu@magnity.com.cn
网址：www.magnity.com.cn
主要产品或业务范围：热像仪。

上海徕兹电子科技有限公司

地址：上海市武进路456号永生大厦10E
邮编：200071
电话：15710106640
电子信箱：info@laitz.com
网址：www.laitz.com
主要产品或业务范围：激光测距产品。

上海莱其光学仪器有限公司

地址：上海市海子路280弄4号
邮编：200090
电话：021-65037713，65435890
传真：021-65037713，65435890
主要产品或业务范围：生产、销售各种型号的氧化铈抛光粉，光学仪器润滑脂、防霉剂（片），各种光学冷加工用胶及其他特种光学辅料，各种光学测量、检测显微镜系列。该公司还承接双面抛光业务。

上海朗研光电科技有限公司

地址：上海市中山北路3663号理科大楼B113室
邮编：101113
电话：021-62237211
传真：021-62237211
电子信箱：Dan20086@126.com
主要产品或业务范围：探测器、激光器。

上海雷文博科技有限公司

地址：上海市浦东新区同园北路774号
邮编：201315
电话：021-20947774
主要产品或业务范围：显微镜、电压表。

上海棱光技术有限公司

地址：上海市打浦路350号
邮编：200023
电话：021-63025595，63032547，64959623，63011864
传真：021-63011573
电子信箱：lgj@lengguang.sina.net
网址：www.lengguang.com.cn
主要产品或业务范围：该公司是以研发、制造以及销售分析仪器、医疗与生命科学仪器及光学仪器的高新技术企业。产品有S20系列可见分光光度计、S50系列紫外可见分光光度计、F90系列荧光分光光度计、S400系列近红外分析仪、W系列物理光学仪器、S61低密度芯片系列等。

上海理宝科学器材有限公司

地址：上海市沪太路315弄2号华舟大厦804、805室
邮编：200070
电话：021-55150411，56558285
传真：021-56150412
电子信箱：sales@liberohk.com
网址：www.liberohk.com
主要产品或业务范围：光度计、亮度计、色度计、光学测试仪器设备。

上海美谱达仪器有限公司

地址：上海市松江区三浜路261号D-10号楼
邮编：201611
电话：021-54880273
传真：021-54886921
电子信箱：penguin_ji@163.com
网址：www.mapada.com.cn
主要产品或业务范围：该公司集实验室设备研发、制造、销售和服务为一体的专业化高新技术企业。

上海米厘特精密仪器有限公司销售部

地址：上海市浦东大道1638号1108室
邮编：200135
电话：021-58517189，58217216
传真：021-58850661
电子信箱：sales@shmlt.com
网址：www.shmlt.com
主要产品或业务范围：测量显微镜、读数显微镜、工具显微镜、光学投影仪、测量投影仪、影像测量仪、生物显微镜、体视显微镜、金相显微镜、视频显微镜、检测显微镜、偏光显微镜、偏光熔点测定仪、生物显微镜加热台、光切法显微镜、干涉显微镜、立式光学计、透镜中心仪、阿贝折射仪、金相抛光机、平行光管、数字式激光平面干涉仪、显微硬度计、1'和15'的光学比较测角仪等各种光学仪器，以及计算机图像处理软件和显微镜测量软件、光学仪器配件。

上海纽迈电子科技有限公司

地址：上海市中江路879号天地软件园1座A308室
邮编：200333

电话：021-52653178
传真：021-51208283
电子信箱：admin@niumag.com
网址：www.niumag.com
主要产品或业务范围：核磁共振谱仪、核磁共振分析仪、台式核磁共振成像仪等仪器。

上海欧亚测量系统设备有限公司
地址：上海市浦东福山路33号建工大厦21楼A座
邮编：200120
电话：021-51327188
传真：021-51306358
电子信箱：shanghai@euroasia.com.cn
网址：www.euroasia.com.cn
主要产品或业务范围：销售瑞士的全站仪、电子测距仪、Disto手持激光测距仪、GPS测量系统、水准仪、工业测量、变形与监测系统、航空测量系统等系列产品，并提供仪器安装、调试以及维修等配套服务。

上海浦东物理光学仪器厂
地址：上海市浦东大道2592号
邮编：200129
电话：021-58711268
传真：021-58712765
网址：www.shpgyq.com
主要产品或业务范围：自动圆盘旋光仪、读数显微镜、超净工作台、阿贝折射仪等。

上海谱元仪器有限公司
地址：上海市松江区莘砖公路518号9号楼2楼A区
邮编：201612
电话：021-67766136
联系人：吴乃清
网址：www.lab-spectrum.com
主要产品或业务范围：主营产品有紫外、可见、近红外分光光度计、紫外可见分光光度计、高低速离心机。

上海勤翔科学仪器有限公司
地址：上海市杨浦区军工路1436号76栋
邮编：200433
电话：021-65332202
传真：021-55232360
联系人：马静
电子信箱：info@clinx.cn
网址：www.clinx.cn
主要产品或业务范围：该公司自主研发了一系列生物成像类仪器，包括凝胶成像系统、荧光及化学发光成像系统、动植物活体成像系统、自动菌落计数仪、紫外设备等。

上海上光实业有限公司
地址：上海市陆家浜路413弄5号702室
邮编：200011
电话：021-63765178，63765278
传真：021-63765885
网址：www.shsgbm.com.cn
主要产品或业务范围：计量仪器、分析仪器、物理仪器、测量仪器、各类显微镜系列、显微显示系列、医用仪器、教学设备实验仪器及光学测试设备仪器等产品。显微图像分析系列软件系统有显微分析系统MiFas、专业定量金相分析系统SRMAS、显微硬度分析系统MHAS、二维图像测量系统MIMS等系列显微镜配套软件。

上海申光仪器仪表有限公司
地址：上海市卢湾区局门口295号1号楼104室
邮编：200023
电话：021-63049771，63017164
传真：021-63057324
电子信箱：sg0709@sg1688.com
网址：www.sg1688.com
主要产品或业务范围：该公司专业生产旋光仪、熔点仪、阿贝折射仪、比较测试仪、光泽度仪、恒温槽、干燥箱、培养箱、电阻炉、真空泵、振荡器等。

上海市激光技术研究所
地址：上海市宜山路770号
邮编：200233
电话：021-64361584，64700560
传真：021-64700037
电子信箱：shilaser@stn.sh.cn
网址：shilaser@stn.sh.cn
主要产品或业务范围：各类YAG、CO_2激光打标机、雕刻机、焊接机、打孔机、切割机、各类He-Ne、CO_2、YAG、半导体激光治疗仪和诊断仪、激光全息防伪、激光显示、激光艺术表演、激光检测仪。

上海市计量测试技术研究院
地址：上海市张衡路1500号
邮编：201203
电话：021-38839800
传真：021-50798390
网址：www.simt.com.cn
主要产品或业务范围：光电在线测控仪及BZJ-PE型百分表光电自动检查仪等。

上海市嘉定学联实业有限公司
地址：上海市嘉定区北大街231号
邮编：201800
电话：021-59529529
联系人：滕建平
主要产品或业务范围：JD-3、ZDS-10数字式照度计及水下、多探头照度计，测氧仪，氧、二氧化碳气体测定仪、紫外辐照度计及隧道测光仪。

上海树立仪器仪表有限公司
地址：上海市嘉定区迎园二坊五号
邮编：201800
电话：021-59987732，59994792
传真：021-59994793
电子信箱：web@shuliyiqi.com
网址：www.shuliyiqi.com
主要产品或业务范围：该公司主营超净工作台，生化培养箱，恒温恒湿/霉菌培养箱，光照培养箱，隔水式培养箱，电热恒温培养箱，密封式化验制样粉碎机，电热鼓风干燥箱，电热恒温干燥箱，真空干燥箱，回旋式通风干燥箱，高速万能粉碎机等产品。

上海数造机电科技有限公司
地址：上海市古美路1471号412室
邮编：201102
电话：021-34223579
传真：021-34223787
联系人：金小姐
电子信箱：digitalmanu@126.com
网址：www.digitalmanu.com
主要产品或业务范围：3DSS系列光学三维扫描仪和3DCC彩色三维扫描仪。

上海瞬渺光电技术有限公司
地址：上海市闵行区申南路59号1号楼306室
邮编：201108
电话：021-34635258/59
传真：021-34635260
电子信箱：wendy@rayscience.com
网址：www.rayscience.com
主要产品或业务范围：超快激光与THz，光电实验室元器件，激光气体分析传感技术TDLAS产品，红外和紫外激光测试系列，光纤熔融拉锥技术系列，光伏太阳能测试设备等产品。

上海索光光电技术有限公司
地址：上海市杨浦区临青路188号6号楼4层
邮编：200090
电话：021-65413031，65413037
传真：021-35110915
联系人：杨双临
电子信箱：Ys1940@suo-guang.com
网址：www.suo-guang.com
主要产品或业务范围：该公司主要产品有旋光仪系列、数字熔点仪系列、比较测色仪、阿贝折射仪及应力仪器等。

上海泰明光学仪器有限公司
地址：上海市曹安路1993号
邮编：201803
电话：021-69118302，69118303，69118305
传真：021-69118380
电子信箱：taiming.sh@263.net
网址：www.sh-optical.com.cn
主要产品或业务范围：研制显微硬度计、表面粗糙度测试仪、长度计量仪器三大系列、40余种产品。

上海天核机电有限公司
地址：上海市青浦区华新镇华记路155号
邮编：201708
电话：13601964402
传真：021-69799650
电子信箱：usstfccl@yahoo.com.cn
网址：www.shth.biz
主要产品或业务范围：光学隔振平台系列。

上海万科仪器有限公司
地址：上海市松江区九亭伴亭路228号
邮编：201615
电话：021-57633978，57633919
传真：021-57633950
电子信箱：webmaster@vancoint.com
网址：www.vancoint.com
主要产品或业务范围：该公司主要从事设计与生产光、机、电一体的精密光学仪器；主要产品有各类体视显微镜、生物显微镜、金相显微镜、测量显微镜及投影仪。适用于电子工业、科学研究、医学、教育等领域；带CCD的E型体视显微镜可直接成像到屏幕，为多人同时观察同一画面提供极大便利，通过USB接口可将图像存储在计算机内。

上海西马克光电有限公司
地址：上海市张江高科技园区碧波路328号A幢105室
邮编：201203
电话：021-50801853，50801198
传真：021-50270308
电子信箱：cmacau@public3.sta.net.cn
网址：www.soochen.com
主要产品或业务范围：手持式光功率计、台式光功率计、手持式光源、台式光源、红光源、光无源器件等。

上海现科分光仪器有限公司
地址：上海市龙吴路3199号
邮编：201108
电话：021-64342160
联系人：周剑云
主要产品或业务范围：自动进样分光光度计、自动光门分光光度计、紫外可见分光光度计。

上海协力光学仪器厂
地址：上海市南汇区周浦镇康沈路2258号
邮编：201318
电话：021-68128444

传真：021-68128444
网址：www.sh-xieli.com
主要产品或业务范围：各种型号连续读数式焦度计，同时还生产550mm平行光管、检查显微镜等光学仪器。

上海欣美亿五金电器有限公司
地址：上海徐汇区虹桥路808号A8410室
邮编：200233
电话：021-64860680
传真：021-64784445
电子信箱：meiton@163.com
主要产品或业务范围：紫外、可见光、红外自动分光辐射测量系统，亮度计，照度计。

上海学泽光学机械有限公司
地址：上海市老沪闵路1901号
邮编：201108
电话：021-64975993
传真：021-64975993
联系人：吴文伟
网址：www.xueze.com
主要产品或业务范围：光刻机、数显匀胶台、检查显微镜、曝光机、工具显微镜、定中心仪、望远镜。

上海仪迈仪器科技有限公司
地址：上海市莘砖公路518号3号楼402室
邮编：201612
电话：021-37761008
传真：021-37761230
联系人：夏士清
电子信箱：yamin.huang@insmark.com.cn
网址：www.insmark.com.cn
主要产品或业务范围：该公司推出IR1XX系列高精度台式折光仪和IP1XX系列全自动旋光仪系列。

上海仪圆光学仪器有限公司
地址：上海市交通路1401号中星大厦5层
邮编：200065
电话：021-55280355-8018
传真：021-56525281
电子信箱：lzh_shyy@hotmail.com
网址：shyygx.china.mainone.com
主要产品或业务范围：生物显微镜、体视显微镜、金相显微镜、偏光显微镜、立体显微镜、视频显微镜、检测显微镜、荧光显微镜、相衬显微镜、工具显微镜、读数显微镜、测量显微镜及地质地矿、熔深焊接专用显微镜等。

上海义辉光学仪器有限公司
地址：上海市嘉定区封杨路1708号
邮编：201812
电话：021-62262294
传真：021-62262294
联系人：王兆荣
电子信箱：yihui_sh_cn@163.com
网址：www.yihui-sh.com
主要产品或业务范围：冲击试样缺口投影检查仪、各类显微镜及带检测头的显微镜等。

上海易测仪器设备有限公司
地址：上海市杨浦区平凉路2716号8号楼南2楼
邮编：200090
电话：021-55217266
传真：021-55217267
电子信箱：yiceyiqi@163.com
网址：www.yiceyiqi.com
主要产品或业务范围：旋光仪、热值仪、折射仪、光度仪等。

上海英敏基信息技术有限公司
地址：上海市长岛路823弄18号201室
邮编：200000
电话：021-38420220
传真：021-38425220
联系人：王利民
电子信箱：lmwang@imgccd.com
网址：www.imgccd.com
主要产品或业务范围：科学级冷CCD相机、荧光及化学发光冷CCD相机、显微镜和荧光显微镜CCD相机。

上海元析仪器有限公司
地址：上海市闵行区金都路1128号6号楼4层
邮编：201108
电话：021-64550709，64550390
传真：021-64550468-8010
联系人：谢玉生
电子信箱：metash@163.com
网址：www.metash.com
主要产品或业务范围：该公司专业从事实验室分析类仪器研发、生产、销售和服务。

上海悦丰仪器仪表有限公司
地址：上海市梧州路299弄1号101室
邮编：200080
电话：021-65798811
联系人：宁建华
主要产品或业务范围：浊度仪、白度仪、溶解氧分析仪、火焰光度计、分光光度计、紫外可见分光光度计。

上海韵鼎国际贸易有限公司
地址：上海市长宁区长宁路1551弄虹桥国际大厦4号楼207室
邮编：200051
电话：021-61455226
传真：021-61455228

联系人：万屹
电子信箱：william@eutin.cn
网址：www.eutin.cn/index.php
主要产品或业务范围：该公司代理分光测色仪（色差仪）、标准光源箱等光学色度仪；雾度计、反射率仪、光泽仪、不透光度仪；油膜量测量仪-红外测厚仪；显微测厚仪（膜厚仪）、MEK试验机、板带结合机；弹出式高温烘箱；DOI/Hzae仪；辐射率仪、光密度计；磨耗仪；盐雾试验箱、成型性能试验机、潮湿试验箱等环境试验箱；老化试验箱、UV实验箱等产品。

上海中恒仪器有限公司

地址：上海市大连路1548号18C
邮编：200092
电话：021-65033311，65043311
传真：021-65041133
网址：www.soif.com.cn
主要产品或业务范围：金相显微镜、图像金相显微镜、数码金相显微镜、金相定量分析系统、金相制样设备、工具显微镜、测量显微镜、测量投影仪、体视显微镜、视频显微镜、里氏硬度计、生物显微镜、显微硬度计、维氏硬度计、洛氏硬度计、布氏硬度计、阿贝折射仪、粗糙度测试仪、立式光学计、照明放大镜。

上海宙山精密光学仪器有限公司

地址：上海市浦东大道1476号山海大厦613室
邮编：200135
电话：021-50936266，50934686
传真：021-58600897
电子信箱：sales@zousun.com
网址：www.zousun.com
主要产品或业务范围：各种显微镜、测量投影仪、光学投影仪、工业投影仪、影像测量仪、显微成像系统、各种光学计量仪器、各种物理光学仪器、综合光学测量仪器等光学仪器及显微测量软件和光学仪器配件。

松下电器机电（中国）有限公司

地址：上海市浦东新区陆家嘴东路166号中国保险大厦6楼
邮编：200120
电话：021-38552812
传真：021-38552380
电子信箱：yuanxu@cn.panasonic.com
网址：www.industrial.panasonic.com
主要产品或业务范围：光学镜片检测。

尤尼柯（上海）仪器有限公司

地址：上海市松江新桥民益路201号19号3～5层
邮编：201612
电话：021-33730133
传真：021-33730122
电子信箱：sales@unicosh.com.cn
网址：www.unicosh.com.cn
主要产品或业务范围：分光光度计的专业制造厂商。

元中光学仪器国际贸易（上海）有限公司

地址：上海市浦东新区福山路458号同盛大厦303室
邮编：200122
电话：021-58205001
传真：021-58309083
电子信箱：yuanyongsheng@cis88.com.cn
网址：www.cisystem.com.cn
主要产品或业务范围：该公司主要产品有奥林巴斯激光共聚焦显微镜、奥林巴斯金相显微镜、奥林巴斯测量显微镜、奥林巴斯偏光显微镜、奥林巴斯工业内窥镜等。

翟柯莱姆达计量设备（上海）有限公司

地址：上海市闵行区联曹路552号
邮编：201108
电话：021-64346052
传真：021-64346051
电子信箱：yyang@zygo.com.cn
网址：www.zygo.com
主要产品或业务范围：激光干涉仪、轮廓仪。

中国科学院上海光学精密机械研究所

地址：上海市嘉定区清河路390号
邮编：201800
电话：021-69918000
传真：021-69918800
电子信箱：siom@mail.shcnc.ac.cn
网址：www.siom.ac.cn
主要产品或业务范围：强激光技术、强场物理与强光光学等。

成都太科光电技术有限责任公司

地址：四川省成都市高新区科园一路3号
邮编：610041
电话：028-65338306
传真：028-65338305
电子信箱：yaoyuan3963@126.com
网址：www.techo-opt.com
主要产品或业务范围：激光平面干涉仪、激光球面干涉仪。

绵阳市精量仪器设备有限公司

地址：四川省绵阳市剑门路东段15-3号
邮编：621000
电话：0816-2335659，2333871，2311647
传真：0816-2335659
电子信箱：jlyqgs@vip.163.com
网址：www.myjl.cn
主要产品或业务范围：该公司是集销售测绘和各类检测仪器及测绘和各类检测仪器选型咨询以及实验室建设咨询的专业化仪器销售服务公司。

四川科奥达（集团）有限公司
地址：四川省成都市双流航空港开发区光电产业园
邮编：610207
电话：028-85100626
传真：028-85101310
电子信箱：corder@loe.ac.cn
网址：www.codergroup.com
主要产品或业务范围：ASOM系列手术显微镜及SL系列裂隙灯显微镜等。

西南技术物理研究所
地址：四川省成都市人民南路四段7号
邮编：610041
电话：028-68011770
传真：028-68011770
电子信箱：market@xiwu.net
网址：www.xiwu.net
主要产品或业务范围：各种激光晶体材料、光电探测器件、光学薄膜、激光器件、激光测距机、激光医疗机等。

中国测试技术研究院
地址：四川省成都市玉双路10号
邮编：610061
电话：028-84460809
传真：028-84460809
网址：www.nimtt.com
主要产品或业务范围：开展计量器具、测试仪器的检定、校准、测试，承担光辐射测量的应用开发，提供宽量程照度计、高稳定激光稳功仪、硒光电池、稳频氦氖激光器、氪灯等产品。

中国科学院光电技术研究所
地址：四川省成都市双流350信箱
邮编：610209
电话：028-85100341
电子信箱：dangban@ioe.ac.cn
网址：www.ioe.ac.cn
主要产品或业务范围：光束控制、自适应光学、天文目标光电观测与识别、光电精密跟踪测量、微光学及微电子光学、先进光学制造、生物医学光学等方面的研究。

合普机电工程（天津）有限公司
地址：天津市和平区新疆路9号
邮编：300193
电话：022-27372293
传真：022-27380563
主要产品或业务范围：光学积分球、各种干涉滤光片、紫外透射反射仪、分光光度计、检测仪器。

天津大学精密仪器与光电子工程学院
地址：天津市南开区卫津路92号
邮编：300072
电话：022-27402574
传真：022-27406726
电子信箱：jyxy@tju.edu.cn
网址：www2.tju.edu.cn
主要产品或业务范围：主要的科研方向有激光及光电测试技术、精密测试计量及仪器智能化技术、纳米测量技术；光学信息处理技术及其应用、超快激光理论与应用研究、光学技术在计算机科学中的应用、数字图像处理技术、光学传感器技术；先进固体激光及非线性频率变化技术、光电子学与光通信技术、激光与光电子应用技术；智能结构系统及仪器、激光数控精密加工、微电子机械系统、无损检测及动态测试系统、测试信号处理识别及数据集输网络等。

天津大学精仪学院激光器件研究室
地址：天津市天津大学第17教学楼PF-102室
邮编：300072
电话：022-27404887
传真：022-23358329
网址：www2.tju.edu.cn
主要产品或业务范围：该公司研制各种激光工业加工系统和医疗仪器。

天津港东科技发展股份有限公司
地址：天津市华苑产业园区鑫茂科技园G座
邮编：300384
电话：022-83711190，83712598
传真：022-83711608，83712698
电子信箱：wxf_167@163.com
网址：www.tjgd.com
主要产品或业务范围：该公司产品有傅里叶变换红外光谱仪、激光拉曼光谱仪、荧光分光光度计、椭圆偏振测厚仪、单光子计数器等。

天津汇晶科技发展有限公司
地址：天津市河西区环湖中路泰达公寓3-101室
邮编：300041
电话：022-23127735，23127736
传真：022-23127732
网址：www.high-crystal.com
主要产品或业务范围：仪器仪表、大型分析仪器设备、电子显微镜等。

天津欧波精密仪器股份有限公司
地址：天津市开发区第五大街51号
邮编：300457
电话：022-66206741
传真：66206740
电子信箱：xstjop@163.com
网址：www.tjop.net

主要产品或业务范围：该公司是外商独资企业，从事大地测量仪器及其他精密仪器的研制、开发和批量生产。现有产品以外销为主，其中水准仪销往世界各国及全国各地。

天津赛特测机有限公司
地址：天津市东丽区天万路2号
邮编：300162
电话：022-24733443
传真：022-24733123
电子信箱：setl@setlsurvey.com
网址：www.setlsurvey.com
主要产品或业务范围：DS系列、AL系列空气阻尼自动安平水准仪，AT系列磁阻尼自动安平水准仪，DC系列平板测微器，激光仪器及带光学对点测量基座和连接器等。

天津森氏精密仪器有限公司
地址：天津市北辰科技园区内
邮编：300402
电话：022-26300722
传真：022-26305354
电子信箱：suntjcom@yahoo.com.cn
网址：www.tjsunshine.com
主要产品或业务范围：DSG系列自动安平水准仪，向客户提供完善的售前、售中和售后服务。

天津市光学精密机械研究所
地址：天津市华苑产业区物华道2号
邮编：300090
电话：022-23078618
传真：022-23078531
电子信箱：jk@banner-tj.com.cn
网址：www.banner-tj.com.cn
主要产品或业务范围：光学测量仪器、光学镀膜、光学加工、光电编码器、彩色洗印设备、医疗仪器等。

天津市激光技术研究所
地址：天津市南开区科研西路6号
邮编：300192
电话：022-87891081，87894175
传真：022-87892450
电子信箱：jgsbgs@163.com
网址：www.tjgdz.com
主要产品或业务范围：激光加工机、激光元器件、光学及激光元件、激光标线仪、激光功率标示仪、石油割缝筛管、高密度筛板、激光测量仪、测径仪、激光治疗仪、激光防伪标识等。

天津市谱析光学仪器厂
地址：天津市河西区福建路160号
邮编：300202
电话：022-23231401，81171401
传真：022-23231401
电子信箱：puxi@b2b.sohu.com
网址：http://tjpuxi.qianyan.biz
主要产品或业务范围：轻便式看谱镜、携带式看谱镜、分体式交流电弧发电器等产品。

天津市拓普仪器有限公司
地址：天津市南开区凌宾路凌奥创意产业园1号楼3层
邮编：300381
电话：022-88289916，88289918
传真：022-28113917
电子信箱：tp@tjtp.com
网址：www.tjtp.com
主要产品或业务范围：红外分光光度计系列产品、紫外分光光度计系列产品、荧光分光光度计系列产品、组合式光栅光谱仪系列产品、单色仪系列产品。

天津市威斯曼光学仪器有限公司
地址：天津市西青区南河镇兴业路2号
邮编：300041
电话：022-23322035，23392128
传真：022-23313078
电子信箱：marketing@tj-wiseman.com
网址：www.tj-wiseman.com
主要产品或业务范围：经纬仪、自动安平准仪、子午线仪、超薄型反射式投影仪、书写投影仪、自动幻灯机以及各种光学镜片冷加工，并代理销售多种国外品牌产品。

天津市新天光分析仪器技术有限公司
地址：天津市河西区郁江道17号陈塘科技创业基地229室
邮编：300220
电话：022-88289118，88289119，28341887
传真：022-28340900
网址：www.tjxtg.com
主要产品或业务范围：该公司（原天津市光学仪器厂）是生产大型光学仪器、分析仪器的重点企业，主要生产红外光谱仪、看谱镜（验钢仪）、药典标准仪器等产品。

天津铁三院实业有限公司
地址：天津市河北区东三经路80号
邮编：300240
电话：022-26178386
传真：022-26178388
网址：www.tsyic.com
主要产品或业务范围：光电测距仪、全站仪及附件、大地测量仪器检定及维修、野外数据采集及CAD系统。

天津微纳制造技术有限公司
地址：天津市经济技术开发区第4大街80号天大科技园A2座3层
邮编：300457

电话：022-59813868
传真：022-59813870
电子信箱：trade@mn-mt.com
网址：www.mn-mt.com
主要产品或业务范围：光学仪器、生物医疗仪器、日用及计算机外围设备中微小精密器件等。

天津兆瑞测控技术有限公司
地址：天津市南开区宜宾路40号
邮编：300192
电话：022-87892136，87891054，23004184
传真：022-87892136
电子信箱：sales@zhaoruimt.com
网址：www.china-oe.com
主要产品或业务范围：测径、测宽仪，测厚仪，壁厚偏心测量仪以及相关的光电测量仪。

昆明腾洋光学仪器有限公司
地址：云南省昆明市高新技术开发区昌源中路M1-1-6
邮编：650106
电话：0871-8218102，8218318
传真：0871-8218101，8218108
联系人：杨明鹤
电子信箱：info@shunho.com
网址：www.shunho.com
主要产品或业务范围：该公司是专业生产几种型号光学望远镜的企业，具有独立开发、生产和销售的能力。产品包括九个系列、近百种型号。

昆明裕众光学有限公司
地址：云南省昆明市高新技术产业开发区科高路2007号
邮编：650106
电话：0871-8895199-809
传真：0871-8895180
电子信箱：karen@united-optics.com
网址：www.united-ptics.com
主要产品或业务范围：天文望远镜、天文望远镜配件、双筒望远镜、单筒望远镜、观靶镜、光学零件。

昆明远达实业（集团）有限公司
地址：云南省昆明市高新区昌源中路M1-1-5
邮编：650106
电话：0871-8217964
传真：0871-8181318
电子信箱：yuanda@public.km.yn.cn
主要产品或业务范围：各类中高档望远镜、天体望远镜、观察镜。包括防水系列、变倍系列、折叠系列等产品。

云南北方光电仪器有限公司
地址：云南省昆明市海口镇
邮编：650114
电话：0871-8591828
传真：0871-8590192
电子信箱：n4298@cngc.com.cn
网址：www.ynoe.com
主要产品或业务范围：红外热像仪和精密机械零部件、特种光学元件等。

云南云奥光电有限公司
地址：云南省昆明市海口镇
邮编：650114
电话：0871-8590449
传真：0871-8591248
电子信箱：sale@ynoe.net
网址：www.ynoe.net
主要产品或业务范围：大口径望远镜系列、民用夜视仪、军用望远镜、医疗仪器。

慈溪市新盛光学仪器有限公司
地址：慈溪市天元工业区
邮编：315325
电话：0574-62240128
传真：0574-63456740
电子信箱：tony@xsopt.com
网址：www.xsopt.com
主要产品或业务范围：生物显微镜、体式显微镜、笔式显微镜、三标尺和其他实验室仪器。

顶尖科仪（中国）股份有限公司
地址：浙江省杭州市江干区钱江新城民心路100号万银国际大厦2404室
邮编：310020
电话：0571-88225151
传真：0571-88225252
电子信箱：sales@psci.cn
网址：www.psci.cn
主要产品或业务范围：激光器、光谱仪器、光学仪器。

杭州法珀激光科技有限公司
地址：浙江省杭州市滨江经济开发区江陵路88号6幢508室
邮编：310051
电话：0571-56687501
主要产品或业务范围：声光衍射仪、F-P扫描干涉仪、声光Q开关、小功率激光器。

杭州汇龙光电仪器厂
地址：浙江省杭州市拱墅区石祥路789号B楼
邮编：310000
电话：0571-88161656
传真：0571-88161512
电子信箱：kf@nfc969.com.cn
网址：www.china-nature.com.cn

主要产品或业务范围：主营各种红外夜视仪设备、红外测温仪、光学望远镜、司机专用镜、天文镜、夜视瞄准镜、光电测距仪、超薄光学玻璃、各种仪器仪表及光学元件。

杭州晶飞科技有限公司
地址：浙江省杭州市西湖区三墩镇南阳坝（75号）工业园3幢2楼
邮编：310030
电话：0571-88962180
传真：0571-87330325
联系人：项国平
电子信箱：lcdfly@foxmail.com
网址：www.lcdfly.com，www.hzjingfei.cn
主要产品或业务范围：该公司科技产品主要包括微型光纤光谱仪、红外光谱分析仪、积分球、LED测试设备、电学测试仪器及其他常用光度测试等。

杭州精飞光学仪器制造有限公司
地址：浙江省杭州市西湖区留下工业园9号
邮编：310023
电话：0571-85221820
联系人：柳永宽
主要产品或业务范围：表面等离子共振实验仪（SPR）、光谱仪、分光计。

杭州余杭激光仪器厂
地址：浙江省杭州市临平镇进修弄1号
邮编：311100
电话：0571-86221657
传真：0571-86221657
主要产品或业务范围：从事教学用光学仪器和近代物理仪器研制，激光光学演示仪、氦氖激光管、氦氖激光器。

杭州远方光电信息股份有限公司
地址：浙江省杭州市滨江高新区滨康路669号
邮编：310053
电话：0571-86698333
传真：0571-86696433
电子信箱：everfine@everfine.cn
网址：www.everfine.cn
主要产品或业务范围：光源专用光色电综合检测仪器、LED专用测试仪器等。

杭州志达光电有限公司
地址：浙江省杭州市西湖区紫荆花路38号古荡科技经济园16号楼1层
邮编：310023
电话：0571-87951905
传真：0571-88910593
电子信箱：heyinbo@zju.edu.cn
网址：www.zdgd.com
主要产品或业务范围：该公司主营反射式透镜偏测定仪、UV紫外线固化剂、大功率可见光源、高分辨率线CCD扫描镜头、承接开发各类特殊镜头、加工光学透镜、棱镜等各类光学元器件。

湖州欣天精密光学仪器制造有限公司
地址：浙江省湖州市吴兴区谈家港路398号
邮编：313000
电话：0572-2377937
传真：0572-2855952
联系人：姜月军
电子信箱：xintian001@sina.com
网址：www.hzxintian.cn
主要产品或业务范围：光学计量仪器和物理光谱仪器，并承接各种机械加工和光学冷加工业务。还有看谱镜（验钢镜）系列为主，有便携式、台式、小型、光纤等看谱镜（验钢镜），立式光学计，阿贝折射仪。

宁波北仑方远光电仪器有限公司
地址：浙江省宁波市北仑区小港街道孔墅村142号
邮编：315803
电话：0574-86234869
传真：0574-86234866
电子信箱：sales@nbfygd.com
网址：www.nbfygd.com
主要产品或业务范围：体视显微镜、生物显微镜、金相显微镜、偏光显微镜、荧光显微镜、一滴血检测仪、光学透镜等显微镜及其配件、望远镜、探测仪、投影仪等设备。

宁波东方机械设备进出口有限公司
地址：浙江省宁波市孝闻街107号
邮编：315010
电话：0574－87349341
传真：0574－87348096
电子信箱：eastcnc@eastcnc.com
网址：www.eastcnc.com
主要产品或业务范围：经营牛津直读光谱仪。

宁波华光精密仪器有限公司
地址：浙江省宁波市鄞州区章水村镇振兴东路70号
邮编：315153
电话：0574-88152588，88152568
传真：0574-88152599，88152565
电子信箱：chinahg@hgopt.com，chinahg@ mail.nbptt.zj.cn
网址：www.china-huaguang.com
主要产品或业务范围：体视显微镜、中型体视显微镜、学生显微镜、连续变倍生物显微镜、光学元器件等。

宁波盛恒光电有限公司
地址：浙江省宁波市鄞州高桥工业区秀丰路587号
邮编：315174

电话：0574-88446023，88054001
传真：0574-88446043
电子信箱：navite@navite.com
网址：www.microscopechina.com
主要产品或业务范围：该公司专业从事生物、体视显微镜、分析仪器、计量仪器及测绘仪器的生产。

宁波市教学仪器有限公司
地址：浙江省宁波市望春路554弄85号
邮编：315016
电话：0574-87150088
传真：0574-87150688
电子信箱：nbtif@mail.nbptt.zj.cn
网址：www.nbtif.com
主要产品或业务范围：光学显微镜。

宁波舜宇仪器有限公司
地址：浙江省余姚市舜宇路66～68号
邮编：315400
电话：010-87746693
主要产品或业务范围：生物显微镜、体视显微镜、分光光度计、电子天平。

宁波大宇光电科技有限公司
地址：浙江省宁波市北仑区普陀山路79号
邮编：315806
电话：0574-86110738，86110758
传真：0574-86101768
联系人：王宁宁
电子信箱：admin@china-yuda.com
网址：www.yujie.com
主要产品或业务范围：该公司专业制造销售光学显微镜。

宁波怡信光电科技有限公司
地址：浙江省宁波市环城西路南段590号（电视台对面）
邮编：315012
电话：0574-87486909，87488065
传真：0574-87498479
电子信箱：eassonnb@163.com
网址：www.easson-nb.com
主要产品或业务范围：该公司主要生产光栅数显、高精度测长仪、光学投影仪、刀具预调测量仪、影像测量仪、激光抄数机、三坐标测量机产品、三维摄影测量机、高速数控雕铣机、CNC火花机、加工中心。

宁波永新光学股份有限公司★
地址：浙江省宁波市科技园区明珠路385号
邮编：315040
电话：0574-87906088
传真：0574-87908111
电子信箱：office@yxopt.com
网址：www.yxopt.com
主要产品或业务范围：该公司研发及生产的各类光学仪器；各类高精度光学透镜及镜头、波段滤光片、高亮度反射镜、强化窗口以及精密机械零件。

轻工业自动化研究所
地址：浙江省杭州市舟山东路66号
邮编：310015
电话：0571-88013413
传真：0571-88013414
电子信箱：qgyzdhyjs@163.com
网址：www.qgyzdh.com
主要产品或业务范围：白度计、颜色测定仪、瓦楞纸厚度计、光泽度测定仪等。

舜宇光学科技（集团）有限公司
地址：浙江省余姚市舜科路27～29号
邮编：315400
电话：0574-62538080
传真：0574-62538111
电子信箱：office@sunnyoptical.com
网址：www.sunny-optics.com
主要产品或业务范围：学生显微镜、生物显微镜、体视显微镜、偏光显微镜、金相显微镜、数码显微镜、自动安平水准仪、激光扫平仪、激光投线仪、分光光度计等。

台州光学仪器厂
地址：浙江省临海市杜桥镇解放街
邮编：317016
电话：0576-85661417
传真：0576-85661176
电子信箱：abc1417@126.com
网址：www.guangxue.com
主要产品或业务范围：该厂是浙江省教育委员会教学仪器设备生产定点厂，专业生产各种光学仪器。

余姚市华微仪器有限公司
地址：浙江省余姚市马渚镇东横路128号
邮编：315450
电话：0574-62422638
传真：0574-62676358
电子信箱：Huaweisale3@vip.163.com
网址：www.yyhuawei.com
主要产品或业务范围：换挡变倍体视显微镜、连续变倍体视显微镜、生物显微镜、视频显微镜、数码显微镜、冷光源等。

浙江光学仪器制造有限公司
地址：浙江省杭州市西湖区三墩西湖科技园西园九路3号
邮编：310030
电话：0571-88851940

主要产品或业务范围：分光计、干涉仪、显微镜、塞曼、光强、读谱仪。

浙江中超工业视镜有限公司
地址：浙江省慈溪市新浦镇余家江路5号
邮编：315322
电话：0574-63581900
传真：0574-63952000
电子信箱：cxspencer@yahoo.com.cn
网址：www.zjzcp.com
主要产品或业务范围：烧结视镜、管道视镜、卫生级视镜。

重庆奥特光学仪器有限责任公司
地址：重庆市江北区建北二支路8号俊豪名居19-2#
邮编：400020
电话：023-67957340
联系人：田敏
主要产品或业务范围：主营产品有生物、工业、倒置、荧光、体视、金相、数码显微镜。

重庆澳浦光电技术有限公司
地址：重庆市北碚区金龙湖工业园
邮编：400700
电话：023-68319111，68319511，68287856
传真：023-68283256
联系人：李祥
电子信箱：sales@cquop.com
网址：www.cquop.com
主要产品或业务范围：该公司产品包括生物显微镜、相衬显微镜、金相显微镜、偏光显微镜、荧光显微镜、倒置显微镜、数码显微镜等多个系列。

重庆玻尔仪器设备有限公司
地址：重庆市沙坪坝劳动路坪桥38号
邮编：400030
电话：023-65104418
联系人：陶纯匡
主要产品或业务范围：光学全息、光学信息处理、光电检测等现代光学仪器及光学元器件。

重庆光电仪器有限公司
地址：重庆市江北区观音桥电测村252号
邮编：400020
电话：023-67959220
主要产品或业务范围：显微镜。

重庆麦克光电仪器有限公司
地址：重庆市北碚区劳动村14号渝南花园1-1-3室
邮编：400700
电话：023-68299675
传真：023-68860629
电子信箱：cqmic@cqmic.com
网址：www.cqmic.com
主要产品或业务范围：各类生物显微镜、倒置生物显微镜、荧光显微镜、体视显微镜、金相显微镜，与显微镜配套的相关仪器；图像分析系统、数码产品；各类专用装置、接口、仪器灯泡及光学零配件。

分析仪器

安徽时联特种溶剂股份有限公司

地址：安徽省安庆市皖河大道7号
邮编：246002
电话：0556-5688000
传真：0556-5698712
电子信箱：fulltime@fulltimeholdings.com
网址：www.fulltimereagent.com
主要产品或业务范围：该公司有等离子质谱仪、气相色谱、液相色谱、荧光光度计、紫外可见风光光度计等检测仪器和设备。

安徽皖仪科技股份有限公司

地址：安徽省合肥市高新区文曲路8号
邮编：230088
电话：4001120066
传真：0551-65884083
电子信箱：wayee@wayee.cn
网址：www.wayee.cn
主要产品或业务范围：该公司主导产品涵盖色谱、光谱、质谱类及医用分析仪器。

安捷伦科技有限公司

地址：北京市朝阳区望京北路3号
邮编：100102
电话：010-64397888，64397666
传真：010-64391856
联系人：刘燕萍
电子信箱：lsca-china_800@agilent.com
网址：www.agilent.com
主要产品或业务范围：安捷伦是杰出的测量设备公司，在电子、通信、生命科学和化学分析行业领先。主要产品包括液相色谱仪、气相色谱仪、微数组基因芯片、质谱仪以及以微流体为基础的设备、电子测量仪器等。

奥美泰克科技发展有限公司

地址：北京市海淀区中关村东路89号恒兴大厦22A
邮编：100190
电话：010-59798530
传真：010-82138663
电子信箱：info@amtk.cn
网址：www.amtk.cn
主要产品或业务范围：液相色谱自动进样器，用于气相色谱、AA等其他仪器的自动进样系统。

奥斯博国际有限公司

地址：北京市朝阳区小营路10号阳明国际公寓A座10E
邮编：100101
电话：010-84650602，84644050，84644015
传真：010-84650594
电子信箱：main@osbert.com
网址：www.osbert.com.cn
主要产品或业务范围：在线辛烷值仪、在线近红外辛烷值及多组分测定系统、在线红外及紫外线光谱仪。

北京艾立特科技有限公司

地址：北京市朝阳区立清路明天第一城6号院3号楼2单元103室
邮编：100107
电话：010-84671600
传真：010-84671600
电子信箱：elitetech@163.com
网址：www.elitetech.cc
主要产品或业务范围：半导体气体传感器、红外气体传感器、电阻式湿度传感器、气敏特性分析系统等。

北京安易世纪贸易有限责任公司

地址：北京市朝阳区甘露园南里25号国际创展中心2208室
邮编：100123
电话：010-85592040，85592041
传真：010-85592043
电子信箱：bjease@yahoo.com.cn
网址：www.easecentury.com
主要产品或业务范围：该公司专门从事经营食品安全检测仪器、设备及相关试剂，代理真空菌毒素、水质检测试剂盒、真菌毒素免疫亲和柱等。

北京八方世纪科技有限公司

地址：北京市海淀区万泉河路68号紫金庄园7号楼1106室
邮编：100086
电话：010-82656628，82656500，82656399
传真：010-82656517
电子信箱：bafang@bfc.com.cn
网址：www.bfc.com.cn
主要产品或业务范围：该公司是国内化学实验室分析仪器、实验设备及其消耗材料的专业供应商。经营着品种繁多的分析仪器耗材、实验器材、实验设备、规格齐全的分析及制备色谱柱和实验室化学分析仪器产品。

北京邦鑫伟业技术开发有限公司

地址：北京市昌平科技园区超前路37号4号楼5层南区
邮编：102200
电话：010-69706470，69706480
传真：010-69703643

联系人：杨冠新
电子信箱：sales@bandwise.com.cn
网址：www.bandwise.com.cn
主要产品或业务范围：该公司是集产品设计、开发、制造、销售及服务为一体的科技实体，产品包括波长色散X荧光分析仪和能量色散X荧光分析仪两大系列。

北京北斗星工业化学研究所
地址：北京市海淀区中关村南三街8号中科院物理所H楼
邮编：100190
电话：010-82640229
传真：010-82640238
电子信箱：Xi100190@126.com
网址：www.big-dipper.cn
主要产品或业务范围：主要从事化学分析仪器的研制、开发与生产。

北京北分麦哈克分析仪器有限公司
地址：北京市海淀区北清路160号
邮编：100095
电话：010-62450916，62465321，62461014
传真：010-62403130
电子信箱：baif-maihak@baif-maihak.com
网址：www.baif-maihak.com
主要产品或业务范围：用于流程分析的在线仪表，红外系列、氢氧系列、水质分析仪、汽车排气分析仪等仪器，以及其分析系统装置。

北京北分瑞利分析仪器（集团）有限责任公司
地址：北京市朝阳区酒仙桥路14号A5楼
邮编：100015
电话：010-64376475，64380554
传真：010-64371646
电子信箱：bfrl@bfrl.com.cn
网址：www.bfrl.com.cn
主要产品或业务范围：研发制造八大系列、50多种产品，如原子吸收光谱系列、原子荧光光谱系列、气相色谱、高效液相色谱、原子发射光谱系列、紫外/可见光谱系列、红外拉曼光谱系列、微波消解/萃取仪等光谱分析仪器。

北京北分天普仪器技术有限公司
地址：北京市海淀区温泉北分厂内
邮编：100095
电话：010-62474738，62470375，62470387
传真：010-82478025
电子信箱：bftp0515@vip.sohu.com
网址：www.tpinstrument.com
主要产品或业务范围：原子吸收分光光度计、比表面积测定仪、比表面积与孔径测定仪、在线可燃气体监测仪、农药残毒速测、化学毒剂监测仪、化学毒剂报警器、色质联用仪、四级质谱仪等。

北京北科恒远科技有限责任公司
地址：北京市东城区东四南大街灯草胡同64号
邮编：100010
电话：010-65256750，65253980
传真：010-65251442
电子信箱：bkhy@bkinstrument.com
网址：www.bkinstrument.net
主要产品或业务范围：该公司是专业代理销售公司，主要经营国内外知名品牌的实验室设备、仪器仪表、机电产品、精密仪器、医疗器械、消耗材料、化玻等产品。同时，公司还提供产品的售后维修保养等服务。

北京彼奥德电子技术有限责任公司
地址：北京市昌平区南郝庄
邮编：100094
电话：010-80112341，80108151，80105611
传真：010-80109211
电子信箱：service@bjbiaode.com
网址：www.bjbuilder.com
主要产品或业务范围：比表面积及孔隙测试仪、色谱分析仪、电解质分析仪、生化分析仪和臭氧分析仪等。

北京边华电化学分析仪器有限公司
地址：北京市海淀区永丰路甲6号5133信箱
邮编：100094
电话：010-62471903
传真：010-62106955
电子信箱：huadian@263.net
网址：www.huadiansuo.com.cn
主要产品或业务范围：用于火力发电厂、石油化工企业制水、制气系统的在线及实验室计量仪表及检测系统的开发、制造及销售。代理国外多家化学仪表的整机销售、零备件供应及仪器仪表的现场维修。

北京博伦凯鑫科技有限公司
地址：北京市朝阳区望京西园222号星源国际D-1503室
邮编：100102
电话：010-69307240
传真：010-69307240
电子信箱：ninghx_blk@sina.com
网址：www.blking.com.cn
主要产品或业务范围：该公司是一家化学实验室分析仪器、生化仪器、实验室设备及消耗品材料的专业供应商。产品有色谱仪、质谱仪、光谱仪、实验室通用仪器、样品处理仪等。

北京博纳德隆科技发展有限公司
地址：北京市石景山区田村山南路玉泉新城B区13栋601室
邮编：100049
电话：010-88589212-605
传真：010-88589212-601

电子信箱：bonadelong@sina.com
网址：www.bonadelong.com
主要产品或业务范围：该公司专业经营计量检测仪器，代理产品有日本电色制造的电子测色系列仪器、日本（株）KETT科学院研究所制造的各种水分计、粮食检测系列仪器、日本芝国际贸易株式会社专卖的鸡蛋检测仪器、种子计数系列、二手分析仪器。

北京博赛德科技有限公司
地址：北京市朝阳区望京阜通东大街6号院方恒国际B座708～711室
邮编：100102
电话：010-84724312，84724315，84724316，84724318
传真：010-84724310
电子信箱：min_hong@bct-tech.com
网址：www.bct-tech.com
主要产品或业务范围：该公司是多家著名前处理分析仪器生产商在华独家代理，代理产品有顶空、吹扫、热解析、PLE、GPC和SPE等前处理仪器及便携式GC、GC/MS等现场应急监测设备。

北京博渊精准科技发展有限公司
地址：北京市朝阳区甘露园南里三区7栋1607室
邮编：100123
电话：010-62342919
传真：010-62342919
电子信箱：jingzhuntech@sohu.com
网址：www.jingzhun.com.cn
主要产品或业务范围：新一代微机差热天平、科研型差热仪、大称量热重分析仪、四大类25种教学型热分析产品。

北京彩陆科学仪器有限公司
地址：北京市海淀区翠微中里15楼343室
邮编：100036
电话：010-68100508
传真：010-68253890
电子信箱：cailu999@sohu.com
网址：www.cailu.com
主要产品或业务范围：高效毛细管电泳仪、高效毛细管电泳液相色谱一体机、微流控芯片分析仪。

北京超谱斯派克仪器开发有限公司
地址：北京市朝阳区安立路60号润枫德尚A座503室
邮编：100101
电话：010-64820148，64820149
传真：010-64820146
电子信箱：cclbj@public3.bta.net.cn
网址：www.chaopu-ccl.com.cn
主要产品或业务范围：该公司专业从事各类进口分析仪器的销售、技术支持、售后服务及零备件供应，主要产品有各类光谱分析仪器及油品分析仪。

北京潮声公司
地址：北京市海淀区中关村东路18号财智国际大厦B座1906室
邮编：100083
电话：010-82600156，82600157，82600158，82600159
传真：010-82600160
联系人：张昊
电子信箱：bhcs@163bj.com
网址：www.chaoshengbj.com
主要产品或业务范围：该公司从事仪器的研制、开发及销售，产品有全自动电位滴定仪、卡式微量水分测量仪、抗生素效价测量仪、抗生素光度测量仪、药物色差仪、分析化学消耗品代理商。

北京诚驿恒仪科技有限公司
地址：北京市海淀区中关村东路18号财智国际大厦A座1505室
邮编：100083
电话：010-82382578
传真：010-82382580
电子信箱：info@chinyee.cn
网址：www.chinyee.cn
主要产品或业务范围：该公司专业从事进口仪器设备的引进，主要代理产品有总烃分析仪、高精度主动减震系统、研磨系统、等离子质谱雾化器及其他PFA材质的实验室器具、动态光散射粒度分析仪、超滤系统、实验室高温炉、沥青质含量测试仪、X射线荧光定硫仪、天平、水浴、离心机、热分析系统、水分/电位滴定仪、密度计、折光度计、热流计、黏度计、显微镜、冻干机、真空离心浓缩仪、蠕动泵、水分天平、酸度计、电导率仪、研磨仪、纯水系统、真空泵等实验室仪器和设备。

北京创新通恒科技有限公司
地址：北京市海淀区上地七街1号汇众大厦401室
邮编：100085
电话：010-82783189
传真：010-82789729
电子信箱：Zhangshuai@bjcxth.com.cn
网址：www.bjcxth.com
主要产品或业务范围：该公司专业从事液相色谱仪研制、生产及销售。

北京大川机械电子设备有限公司
地址：北京市朝阳区北四环中路6号华亭家园A座9层
邮编：100029
电话：010-82859638，82859649
传真：010-82859436
电子信箱：lm@macro-river.com
网址：www.macro-river.com
主要产品或业务范围：长期以来一直致力于水处理、环保、石油化工及能源领域的生产过程自动化仪表设备的供应和技术服务工作。

北京大漠天宇石油资源科技有限公司
地址：北京市海淀区阜成路42号中裕商务花园1号楼116室
邮编：100037
电话：010-88119969，88113862
传真：010-88113992
电子信箱：mikeip@semtech.com.cn
网址：www.semtech.com.cn
主要产品或业务范围：该公司销售所有三菱化学分析仪器，负责其推广及售后服务等，产品有卡尔费休微量水分分析仪、自动电位滴定仪等。

北京地质仪器厂
地址：北京市朝阳区酒仙桥东路1号M3座
邮编：100015
电话：010-64358663，64376846，64361270
传真：010-64358663
电子信箱：amcao@126.com
网址：www.bjdzyqc.com
主要产品或业务范围：该厂是专业技术全面的高技术综合性国有企业，研制开发各类仪器产品100余项、近200种型号，逐步形成了以分析仪器、探测仪器及环保仪器为主导的三大支柱产品。

北京东西分析仪器有限公司
地址：北京市西城区车公庄大街9号五栋大楼A2座6层
邮编：100044
电话：010-88393500-223
传真：010-88393506
电子信箱：zhangqiang@ewaii.com
网址：www.ewaii.com
主要产品或业务范围：该公司主要产品有气象色谱仪系列、气相色谱质谱联用仪系列、液相色谱系列、离子色谱仪、光谱仪、原子吸收分光光度计、原子荧光光谱仪、X荧光能谱仪、波谱仪系列、紫外分光光度计等。

北京分析仪器研究所
地址：北京市海淀区温泉北清路
邮编：100095
电话：010-62403161
传真：010-62403151
电子信箱：fxyqlg@126.com
网址：www.bjfxys.com
主要产品或业务范围：光学式分析仪、色谱仪。

北京富尔邦科技发展有限责任公司
地址：北京市海淀区知春路48号盈都大厦C座4单元19E
邮编：100098
电话：010-58731356，58731357
传真：010-58731355
电子信箱：info@full-band.com
网址：www.full-band.com
主要产品或业务范围：油品分析仪器和专业技术服务、气体检测仪和生化洗消设备、工业加热冷却系统。

北京哈纳科仪科技有限公司
地址：北京市海淀区中关村南大街17号韦伯时代中心C座911室
邮编：100081
电话：010-88570068，88570069
传真：010-88570060
电子信箱：hanna.china@yahoo.com.cn
网址：www.hannachina.com
主要产品或业务范围：该公司是专业的水质分析仪器公司。产品有袖珍测试笔、便携式、台式测定仪，化学测定组和综合现场控制系统等。

北京海德利森科技有限公司
地址：北京市西二环菜户营58号财富西环大厦2515室
邮编：100054
电话：010-63357350
传真：010-63356406
电子信箱：sales@hydrosyscorp.com
网址：www.hydrosyscorp.com
主要产品或业务范围：专业色谱系统及管件制造商。

北京海光仪器公司
地址：北京市朝阳区酒仙桥东路1号M3座
邮编：215300
电话：010-64351686
传真：010-64363259
电子信箱：co@kchaiguang.com
网址：www.kchaiguang.com
主要产品或业务范围：该公司以原子荧光光度计、原子吸收分光光度计、等离子体发射光谱等分析仪器为主要产品。

北京航轩科技发展有限公司
地址：北京市朝阳区成寿路134号院中海城紫鑫阁3-817
邮编：100164
电话：010-67950189
传真：010-67942250-8002
电子信箱：522810466@qq.com
网址：www.bjhxkj.com.cn
主要产品或业务范围：代理英国palintest，日本笠原理化（KRK），共立理化学研究所的水质检测仪，日本光明理化株式会社（北川）的气体检测仪器。

北京好亿科技发展有限公司
地址：北京市海淀区中关村南大街17号韦伯时代中心C座1209室
邮编：100081
电话：010-88570900，88572900
传真：010-88572500
电子信箱：wealtec@163.com
网址：www.wealtecbj.com

主要产品或业务范围：该公司提供专业实验室设备。代理微泰克公司的基因枪、凝胶成像系列、电泳系统、离心机、半干转印、金属浴、紫外分光光度计。

北京和信昌吉科技发展有限公司
地址：北京市朝阳区东四环中路41号嘉泰国际大厦A座622室
邮编：100025
电话：010-64462809
传真：010-64465307
联系人：赵坚
电子信箱：zhaojian3698@gmail.com
网址：www.kett.com.cn
主要产品或业务范围：红外水分分析仪、近红外水分分析仪、成分分析仪等。

北京恒久科学仪器厂
地址：北京市怀柔雁栖经济开发区经纬园科高路3号
邮编：101400
电话：010-61685275，61685279
传真：010-61685273
电子信箱：61685275@163.com
网址：www.henven.com
主要产品或业务范围：差示扫描量热仪、光栅单色仪、热机械分析仪、微机差热天平、微机差热仪、教学差热仪、热重分析仪。

北京恒信业科技有限公司
地址：北京市海淀区半壁街南路8号汇景阁公寓610室
邮编：100089
电话：010-68450757，68435895，68732127
传真：010-68450391
电子信箱：webmaster@hangseng.net.cn
网址：www.hangseng.net.cn
主要产品或业务范围：该公司是从事实验室分析仪器专业技术服务和软件开发、推广及服务的综合性高新技术企业，向用户提供各类先进分析仪器及实验室辅助设备。

北京宏大京电电子技术有限公司
地址：北京市经济技术开发区荣华中路7号院3号楼国融国际大厦711～720室
邮编：100176
电话：010-67877741-8601
传真：010-67877741-822
电子信箱：hongdadz@sina.com
网址：www.hongdadz-cn.com
主要产品或业务范围：智能测氧仪、测氮仪、测氢仪、便携式测氧仪、二氧化碳分析仪、微量氧气分析仪、光电气体露点仪、测氧变送器等。

北京互邦达科技（北京）有限公司
地址：北京市朝阳区安立路68号阳光广场B3座703室
邮编：100101
电话：010-82883223，82883738
传真：010-82883738
电子信箱：hbd@hbd17.com
网址：www.hbd17.com
主要产品或业务范围：经销代理国外的分析仪表及传感器，重点在气体分析仪及环保监测仪，包括大气环境监测、地面气象站以及各行业工艺流程中的气体分析仪；该公司是英国哈奇、英国米歇尔、美国艾思特、美国戴特、美国佳舟等公司的中国代理商。

北京华科仪电力仪表研究所
地址：北京市昌平区沙河镇豆各庄工业园9号院
邮编：102206
电话：010-80705660，80705687
传真：010-80705682
电子信箱：hky@huakeyi.com
网址：www.huakeyi.com
主要产品或业务范围：该所是专业从事化学分析仪器与实验室精密仪器研发、生产和销售的高科技民营企业。

北京华唯盛嘉科技有限公司
地址：北京市朝阳区北源路13号院1号楼A座1206室
邮编：100107
电话：010-84671990
传真：010-51095233
电子信箱：howay_solution@163.com
网址：www.howay-scientica.com
主要产品或业务范围：该公司专业销售元素分析、同位素分析、色谱和光谱分析仪器的各种配件和消耗品。

北京华夏科创仪器技术有限公司
地址：北京市海淀区上地信息路2号C座8层808室
邮编：100085
电话：010-82896091-8411
传真：010-82896091-8099
电子信箱：gaoziyu@chinainvent.com
网址：www.chinainvent.com
主要产品或业务范围：该公司专业从事分析仪器的研发、制造、销售和服务。

北京华信空天科技有限公司
地址：北京市海淀区中关村南大街甲六号铸诚大厦1507室
邮编：100086
电话：010-51582328
传真：010-51582358
电子信箱：lfl_sst@163.com
网址：www.hxsst.com
主要产品或业务范围：该公司产品广泛涉及温室气体和痕量气体监测、稳定同位素分析、大气环境空气质量监测、常规气象要素观测等。

北京华意兴新技术开发研究所
地址：北京市顺义区双兴南区22楼4门101室
邮编：101300
电话：010-62547446
传真：010-62547446
电子信箱：178py@163.com
网址：www.bjhuayixing.com.cn
主要产品或业务范围：强磁水处理器、强磁节油器、水质硬度在线监测自动报警控制仪等、余氧分析仪、总氧分析仪、二氧化氯分析仪、pH/ORP传感变送器、酸碱浓度仪、电导分析仪、余硫分析仪等。

北京汇佳精仪工贸有限公司
地址：北京市西城区西单东斜街53号1105室
邮编：100032
电话：010-66018930，66035306
传真：010-66085196
电子信箱：huijiajingyi@yahoo.com.cn
网址：www.bjhj.com
主要产品或业务范围：该公司是专业从事研发、制造和销售适用于各类分析仪器的气源发生器的新兴企业。主要产品有高纯氮气发生器，高纯氢气发生器，低噪声空气发生器，组合式氮气、氢气、空气发生器，组合式氢气、空气发生器，组合式氮气、空气发生器，气体净化器。

北京汇龙昌海科贸有限公司
地址：北京市昌平区回龙观定福黄庄村南宾宾集团院内汇龙科技楼
邮编：102206
电话：010-61702017
传真：010-80707451
联系人：朱占忠
电子信箱：BJHL888@263.net
网址：www.hlyq.com.cn
主要产品或业务范围：该公司专业从事气源仪器的研制、开发及销售：HGN-高纯氮气发生器，HGH-高纯氢气发生器，色谱空气源，氮、氢、空三气一体机，氮空、氢空两气一体机，气体净化器，自动顶空进样器等系列仪器。

北京惠泽联合科技有限公司
地址：北京市西城区德胜门外大街11号B座415室
邮编：100176
电话：010-62367693
传真：010-62367706
电子信箱：beijing@quixave.com.cn
网址：www.quixave.com.cn
主要产品或业务范围：高效液相色谱库仑阵列电化学分析系统、高效液相色谱蒸发光散射检测器等。

北京吉天仪器有限公司
地址：北京市朝阳区酒仙桥东路1号M6座4层
邮编：100015
电话：010-64377759
传真：010-64379929
电子信箱：sunicehl@126.com
网址：www.bjtitanco.com
主要产品或业务范围：原子荧光系列、用于有机分析的仪器系列、样品前处理设备系列。

北京佳分分析仪器技术有限公司
地址：北京市海淀区温泉苗圃
邮编：100095
电话：010-62408857，62408661，62484003
传真：010-62406807
联系人：刘军，刘海英
电子信箱：gc@bjjf.net
网址：www.bjjf.net
主要产品或业务范围：该公司是集生产、研发、销售及售后服务于一体的专业气相色谱仪生产厂家。产品包括气相色谱仪、液相色谱仪，顶空进样器、裂解进样器、热解析进样器，色谱工作站及其配套设备，氮气、氢气、空气发生器，色谱柱及相关色谱零备件，色谱专用气路调节稳压阀、稳流阀、针型阀、开关阀，气相色谱仪器改装和技术服务，实验室气路设计安装。

北京杰席特科技有限公司
地址：北京市朝阳区崔各庄东辛店337号2楼
邮编：100101
电话：010-64097453
传真：010-64097643
电子信箱：amyxiang@jst-tech.cn
网址：www.jst-tech.cn
主要产品或业务范围：冷凝器、加热探头等预处理部件、过滤器及过滤芯、傅立叶红外分析系统。

北京捷安杰科技发展有限公司
地址：北京市朝阳区朝外大街22号泛利大厦917、918室
邮编：100020
电话：010-65888666
传真：010-65886577
电子信箱：info@jjindustries.com.cn
网址：www.jjindustries.com.cn
主要产品或业务范围：该公司是澳大利亚SGE公司在中国的总代理，主要有气相毛细管柱、液相色谱仪、毛细管液相柱和ETP电子倍增器等。同时也代理瑞士VICI Valco公司的产品，包括各种精密进样/切换阀、隔膜阀、驱动器、定量环、PDD检测器、气体纯化器、渗透管/仪器、流量阀、毛细管柱/填料、稀释仪等。

北京捷盛依科科技发展有限公司
地址：北京市朝阳区拂林路9号景龙国际A单元1101室
邮编：100107

电话：010-51288068
传真：010-64845891
联系人：李海昌
电子信箱：market@jsykkj.com
网址：www.jsykkj.com
主要产品或业务范围：该公司主要代理进口色谱仪器及耗材配件，主要产品有氨基酸分析仪、离子色谱仪、分析型及半制备型液相色谱仪、制备液相色谱仪系统、LAB系列洗瓶机（清洗、消毒、烘干一体机）、农药残毒速测仪。

北京金欧亚科技发展有限公司
地址：北京市崇文区左安门内大街8号伟图大厦301室
邮编：100061
电话：010-67113925，67113913
传真：010-67114016
电子信箱：manager@chromatogr.com
网址：www.chromatogr.com
主要产品或业务范围：专业从事色谱系列产品研究、生产和开发，主要产品有色谱柱、色谱填料，经销产品有薄层色谱扫描仪、中压制备色谱仪、高效液相色谱仪、高效气相色谱仪、快速溶剂萃取仪、快速液相色谱仪等。

北京精微高博科学技术有限公司
地址：北京市西城区广安门南滨河路金工宏洋大厦A座802室
邮编：100055
电话：010-68949817，68949825，63326034
传真：010-63326024
电子信箱：sell@jwgb.cn
网址：www.jwgb.cn
主要产品或业务范围：该公司专业研究、生产氮吸附比表面及孔径分析仪。

北京九如仪器有限责任公司
地址：北京市海淀区复兴路甲36号1909号
邮编：100039
电话：010-88202496，88204535
传真：010-88202495
电子信箱：info@jeroinstrument.com
网址：www.jeroinstrument.com
主要产品或业务范围：非接触、连续在线检测物料水分。

北京君意东方电泳设备有限公司
地址：北京市海淀区北清路160号
邮编：100095
电话：010-62443285，62175388，62185388，62442637
传真：010-82475125
联系人：李立娟
电子信箱：dy@bjjunyi.com
网址：www.bj-ok.com
主要产品或业务范围：凝胶成像分析系统、核酸电泳、醋酸纤维膜电脉、蛋白电泳等产品。

北京均方理化科技研究所
地址：北京市上地三街嘉华大厦B座606室
邮编：100085
电话：010-82782124
传真：010-62404860
联系人：张利军
电子信箱：lanbing15@126.com
网址：www.junfang.com.cn
主要产品或业务范围：红外气体分析仪器、便携式红外线气体分析仪、一氧化碳分析系统、氢分析仪、氧分析仪、植物光合测定仪、成套多组分气体分析仪、垃圾焚烧监测系统、气体稀释仪。

北京凯奥科技发展有限公司
地址：北京市大兴区亿发工业园28号
邮编：102613
电话：010-59495635，89183012
传真：010-61222563
电子信箱：kaiao666@163.com
网址：www.bjko.com.cn
主要产品或业务范围：该公司专业从事各种仪器开发、研制、生产和销售代理，主要产品有微量分光光度计、核酸分析仪、高效毛细管电泳仪、毛细管电泳仪液相色谱一体机、高效液相色谱仪等分析仪器。

北京凯尔科技发展有限公司
地址：北京市海淀区上地东路1号院华控大厦1层
邮编：100085
电话：010-58858389
传真：010-58859891
电子信箱：sales@bjkaier.com
网址：www.bjkaier.com
主要产品或业务范围：烟气排放连续监测系统、多组分气体分析仪、颗粒物分析仪、渗透膜法预处理系统、空气质量监测系统、在线飞行时间质谱仪、便携质谱仪、在线气相色谱仪、傅立叶红外分析仪等。

北京凯隆分析仪器有限公司
地址：北京市通州区马驹桥镇景盛中街21号
邮编：101102
电话：010-65900635
传真：010-65906674
电子信箱：Kaloon@vip.163.com
网址：www.kaloon.com.cn
主要产品或业务范围：在线分析系统。

北京凯元信瑞仪器有限公司
地址：北京市宣武门外大街28号富卓大厦B座605室
邮编：100052
电话：010-63019969，63015080
传真：010-63015596

联系人：魏伟
电子信箱：kaiyuan@kysino.cn
网址：www.kysino.cn
主要产品或业务范围：该公司专业提供电泳仪，如水平电泳仪（槽）、垂直电泳仪（槽）以及各类电泳仪电源，湿转和半干转印电泳槽等。

北京康尔兴科技发展有限公司
地址：北京市通州区运通花园商服楼3层
邮编：101100
电话：010-89594816，89595214
传真：010-89594816-203
电子信箱：cprsensor@yahoo.com.cn
网址：www.crxgas.com
主要产品或业务范围：有害气体检测探头、可燃性气体检测探头、便携式气体检测仪、甲醛检测仪、空气质量监测仪、空气质量监测系统、高精度配气仪、电化学气体传感器。

北京科迩康新业设备有限公司
地址：北京市海淀区银海大厦北401室
邮编：100086
电话：13911899295
传真：010-67874879
联系人：王轩
电子信箱：Peter.wang@crowcon.com
网址：www.crowcon.com.cn
主要产品或业务范围：该公司是英国科尔康公司在中国的办事机构，全权负责英国科尔康气体检测产品在中国的销售及售后服务工作；该公司产品有袖珍式、移动式、固定式和采样系统等多种规格，并可根据用户需要，配备管道采样系统。

北京科丰恒业仪器仪表有限公司
地址：北京市丰台区科技园航丰路6号
邮编：100070
电话：010-63710340，63737850
传真：010-63735790
联系人：张强
电子信箱：ecim@chinaecim.com，ecim2009@163.com
网址：www.chinaecim.com
主要产品或业务范围：该公司专业从事分析仪器、实验室设备研发、设计、制造、销售和服务为一体。

北京科瑞科学器材有限责任公司
地址：北京市宣武区广安门天宁寺东里甲11号
邮编：100055
电话：010-63456165，13801125563
传真：010-63494174
电子信箱：kerui123@vip.sina.com
网址：www.keruibj.com
主要产品或业务范围：该公司代理实验室国产和进口仪器。主要经营水质分析仪器、电化学仪器、光谱、色谱仪器、物理光学仪器、分析天平系列等。

北京客来得宝科技发展有限公司
地址：北京市海淀区信息路28号上地信息大厦A座10层
邮编：100085
电话：010-62964685，62964688，82790015
传真：010-82790012
联系人：王芙蓉
电子信箱：wang@wateroil.cn
网址：www.oceaninstrument.com
主要产品或业务范围：天平、电位滴定仪、水分测定仪、红外光谱仪、比表面测定仪、色差仪、气相色谱仪、液相色谱仪等分析仪器。

北京莱伯泰科仪器有限公司
地址：北京市顺义区空港工业区B区安庆大街6号
邮编：101312
电话：010-80486450，80486451，80486452，80486453
传真：010-80486354
电子信箱：labtech@labtechgroup.com
网址：www.labtechgroup.com
主要产品或业务范围：该公司是专业的实验室产品供应商，集分析仪器、实验室样品处理仪器、实验室设备、实验室信息管理软件和实验室设计与工程的开发、生产和销售为一体的专业化高科技跨国公司；产品有高效液相色谱仪、多维液相色谱仪、凝胶色谱分析系统。

北京理加联合科技有限公司
地址：北京市昌平区昌平路380号院新龙城40号楼1-102室
邮编：100096
电话：010-51292601
传真：010-82899770
电子信箱：info@li-ca.com
网址：www.li-ca.com
主要产品或业务范围：激光稳定性同位素分析仪、激光痕量气体分析仪、全自动化学分析仪、流动分析仪和水质水量测量设备等。

北京历元电子仪器有限公司
地址：北京市海淀区西三旗建材城西路2号C幢309室
邮编：100096
电话：010-82895485，82895486
传真：010-82729844
电子信箱：2008guantao@sina.com
网址：www.leeyuan.cn
主要产品或业务范围：该公司从事水质分析仪器的研制开发、生产和销售。主导产品有离子色谱仪、色谱数据处理工作站、高效液相色谱仪和超纯水器系列产品、全自动电位滴定仪等。

北京利达科信环境安全技术有限公司
地址：北京市经济技术开发区荣京东街17号
邮编：100176
电话：010－67868930
传真：010－67864495
电子信箱：leaderkx@sina.com
网址：www.leaderkx.com
主要产品或业务范围：UV法水质在线监测仪、燃烧氧化红外吸收COD/TOC水质在线监测仪，以及氨氮、总磷、总氮、叶绿素a、蓝绿藻、水中油、水质五参数等水质在线监测仪。

北京连华永兴科技发展有限公司
地址：北京市通州区景盛南四街15号连华科技大厦
邮编：101102
电话：010－59777066，59777088
传真：010－59777077，59777099
电子信箱：cod8cod@126.com
网址：www.lianhuakeji.com
主要产品或业务范围：该公司专业研制、开发、生产和销售环保监测仪器。

北京麦思迪资讯技术有限公司
地址：北京市东城区远洋德邑A座3A10
邮编：100022
电话：010－57334488
传真：010－80115555－717895
联系人：吴翠萍
电子信箱：msdyq@msdyq.cn
网址：www.msdyq.cn
主要产品或业务范围：双向电泳分析、电泳光密度系列、染色体核型分析、抗生素效价分析。

北京明尼克分析仪器设备中心
地址：北京市朝阳区望京西园222号星源国际D－1503室
邮编：100102
电话：4006000709，010－84723211，84726306，84726305
传真：010－84723212
联系人：薛海玲
电子信箱：mingnike@vip.163.com
网址：www.mingnike.com
主要产品或业务范围：代理、直接进口和销售气相、液相色谱仪器整机、配件及消耗品。经营的产品还包括标准物质、化学标准品、试剂、分析仪器控制和切换阀件、微量氧分析器、露点仪等，提供红外线气体分析器，氢、氧分析器，自动监测GC。

北京纳克分析仪器有限公司
地址：北京市海淀区高梁桥斜街13号
邮编：100081
电话：010－62182188
传真：010－62182155
电子信箱：beijing@ncschina.com
网址：www.ncschina.com
主要产品或业务范围：该公司主要产品包括金属原位分析仪、仪器化摆捶冲击试验机、光电火花直读光谱仪、碳硫分析仪、氧氮氢分析仪、硬度计、X射线衍射仪、X射线应力分析仪、标准样品、金相图像分析仪、各种标准物质。

北京欧陆日置科技有限公司
地址：北京市西城区西四北大街甲92号
邮编：100034
电话：010－66530431
传真：010－66530051
主要产品或业务范围：ET1200红外分光油分析仪、ET1180浊度仪、分光光度计、萃取装置等。

北京普立泰科仪器有限公司
地址：北京市海淀区学清路9号汇智大厦B座306～315室
邮编：100085
电话：010－82735800
传真：010－82735809
联系人：于汶
电子信箱：wen.yu@lumiere.com.cn
网址：www.pltk.com.cn
主要产品或业务范围：该公司现拥有数项专利，已经研发成具有自主知识产权的产品如全自动消解仪、土壤干燥箱、主流烟气中氮氧化物分析系统、多通道斜吹浓缩仪、氮气发生器等。

北京普瑞分析仪器有限公司
地址：北京市昌平区定福皇庄宾宾集团1号楼2层
邮编：102206
电话：010－82428096，82429648
传真：010－82429648
电子信箱：as01062397021@163.com
网址：www.bjpurui.com
主要产品或业务范围：该公司是集研制、生产和销售气相色谱仪、液相色谱仪等分析仪器为一体的高技术企业。

北京普析通用仪器有限责任公司
地址：北京市平谷区平三路3号
邮编：101200
电话：010－69910666
传真：010－69910679
电子信箱：webalexa@pgeneral.com.cn
网址：www.pgeneral.com.cn
主要产品或业务范围：产品包括紫外可见分光光度计、原子吸收分光光度计、原子荧光光谱仪、气相色谱仪、液相色谱仪、X射线衍射仪、X射线荧光分析仪、快速便携式光谱仪、砷元素形态测定仪、气质联用仪以及专用于人体微量元素检测的医疗仪器等。

北京强盛分析仪器制造中心
地址：北京市崇文区前门东大街甲12号
邮编：100051
电话：010-67017092
传真：010-65114456
联系人：丁岩
电子信箱：dybeijing@126.com
网址：www.qstry.com，www.zgcty.com
主要产品或业务范围：土壤化肥速测仪、农药残毒测速仪、凯氏定氮仪、土壤水分仪等多种分析仪器。

北京荣阳经典科技有限公司
地址：北京市大兴区清澄名苑27号楼A-1602室
邮编：102600
电话：010-69236271，69234751
传真：010-69233138
电子信箱：rybio@yahoo.cn
网址：www.ry-bio.com
主要产品或业务范围：电泳仪。

北京锐志汉兴科技有限公司
地址：北京市海淀区学清路9号汇智大厦A0702室
邮编：100083
电话：010-82731985，82731986，82731987，82731989
传真：010-82731986
电子信箱：ruizhx@163.com
网址：www.ruizhx.com
主要产品或业务范围：气相色谱仪，高压液相色谱仪，红外、紫外、可见光分光光度计，微量氧分析仪，气相色谱、液相色谱耗材及配件，生化仪器，实验室常规仪器，玻璃仪器，化学试剂，高纯气体、特种气体、标准气体等。

北京瑞多科技发展有限公司
地址：北京市海淀区上地十街1号院辉煌国际中心1号楼609室
邮编：100085
电话：010-59713307
传真：010-58713309
电子信箱：rdtc001@yahoo.com.cn
网址：www.ruiduo.com
主要产品或业务范围：该公司全面负责产品的推广、销售和技术服务。产品有便携式气体检测仪、便携式PID检测仪、现场水质分析仪、便携式测汞仪等。

北京瑞利分析仪器公司
地址：北京市朝阳区酒仙桥东路14号A5楼
邮编：100015
电话：010-84347063
传真：010-64372901
联系人：桂晓琦
电子信箱：ddsnower1984@yahoo.com.cn
网址：www.braic.com
主要产品或业务范围：原子吸收分光光度计、紫外可见分光光度计、原子荧光光谱仪、傅里叶变换红外光谱仪、微波消解仪、光电直读光谱仪。

北京瑞特恩科技有限公司
地址：北京市朝阳区北三环东路15号1602室
邮编：100029
电话：010-64434568
传真：010-64910868
电子信箱：info@rakon.com.cn
网址：www.rakon.com.cn
主要产品或业务范围：高级旋转流变仪，毛细管流变仪，界面流变仪，黏度仪，熔体拉伸测试仪，各种热分析仪，25N-25KN高力值动态热机械分析仪，万能材料实验机，表面张力仪，LB膜，热裂解分析仪，各种塑料和橡胶物性测试仪，小型实验用双螺杆挤出机，高黏度实验室加工设备，催化/吸附重量吸附仪，质谱仪（气体分析、等离子体分析、二次离子质谱仪等），燃烧分析仪，橡胶加工分析仪，硫化仪。

北京赛克玛环保仪器有限公司
地址：北京市海淀区北清路160号65栋2层
邮编：100095
电话：010-62463898
传真：010-62466355
电子信箱：bmetlj@bmet.cn
网址：www.bmet.cn
主要产品或业务范围：提供环境大气质量监测系统、空气质量（应急）监测车、大气气溶胶/雾霾观测仪器和各种环境在线分析仪器。

北京赛思瑞泰科技有限公司
地址：北京市海淀区东北旺路37号
邮编：100094
电话：4006505117，010-83521015，83521016
传真：010-62962409
电子信箱：sale@sysruitai.com
主要产品或业务范围：特殊气体分析专用气相色谱仪、氧分析仪、湿度仪系列、红外分析仪系列、在线型专用超低微量气体分析仪、其他类型气体分析仪、在线分析仪器成套系统等。

北京赛智创业科技有限公司
地址：北京市海淀区清河龙岗路27号2号楼203室
邮编：100085
电话：010-62991647，62991694
传真：010-62993497
电子信箱：sales@sagecreation.com.cn
网址：www.sagecreation.com.cn
主要产品或业务范围：该公司专业从事生命科学图像分析仪器和分析软件。

北京三品科创仪器有限公司
地址：北京市朝阳区望京西园222号星源国际
邮编：100102
电话：010-84724658
传真：010-64734260
联系人：肖佟
电子信箱：yongjoon.kiwie@hotmail.com
网址：www.scipin.com
主要产品或业务范围：该公司专业从事分析检测仪器的研发、制造。产品包括凯式定氮仪系列产品。

北京深蓝气体技术有限公司
地址：北京市大兴区邢各庄霍村团桂路南1号
邮编：100162
电话：010-60291127
传真：010-60246513
电子信箱：slth_lhs@126.com
网址：www.shenlanqiti.cn
主要产品或业务范围：PSA空分制氮装置、PSA/VPSA空分制氧装置、膜分离制氮装置、氮气纯化装置、氨分解制氢装置、甲醇重整制氢装置。

北京晟德瑞环境技术有限公司
地址：北京市海淀区闵庄路3号清华科技园玉泉慧谷2号楼
邮编：100195
电话：010-88856181
传真：010-88850100
电子信箱：office@sentech.com.cn
网址：www.sentech.com.cn
主要产品或业务范围：水质自动监测，大气自动监测，应急监测车，污染源监测，污染治理、监测软件平台及部分分析仪器，业务范围贯穿环境监测流程全过程。

北京时代新维测控设备有限公司
地址：北京市昌平区回龙观龙祥工业园金仕桥8B
邮编：102208
电话：010-52779469
传真：010-51090338
电子信箱：bjsdxwhy@163.com
网址：www.timepower.cn
主要产品或业务范围：专业从事水质分析仪器、在线水质监测仪表、水处理装置、油品分析仪器等设备的研发、生产和销售。

北京市华云分析仪器研究所有限公司
地址：北京市海淀区高梁桥斜街59号院1号楼中坤大厦0608室
邮编：100044
电话：010-66513539，66513538
传真：010-66162541
联系人：李向辉
电子信箱：huayunn@263.net
网址：www.hyaii.com
主要产品或业务范围：红外线气体分析仪、环境监测仪器仪表、在线式气体分析仪及多组分气体分析系统、垃圾燃烧气体分析系统、垃圾填埋气体分析系统。

北京市科普仪器厂
地址：北京市西城区宫门口西岔5号
邮编：100034
电话：010-66180919
传真：010-66184133
电子信箱：bjkp@bjkp.com.cn
网址：www.bjkp.com.cn
主要产品或业务范围：该厂专业生产临床检验分析仪器、物理治疗及康复设备、消毒室、供应设备及器具。

北京市劳动保护科学研究所
地址：北京市宣武区陶然亭路55号
邮编：100054
电话：010-63521933
传真：010-63522307
网址：www.bmilp.com
主要产品或业务范围：安全、环保系列仪器仪表，有毒有害气体快速检测装置，微波杀虫灭菌干燥机，电磁防护材料。

北京市六一仪器厂
地址：北京市丰台区造甲街128号
邮编：100070
电话：010-63719731-847，63730468
传真：010-63719049
电子信箱：ly@ly.com.cn
网址：www.ly.com.cn
主要产品或业务范围：生产“六一牌”电泳仪电源、电泳仪、紫外仪、凝胶成像分析系统、酶标仪等产品。

北京市龙智达科技开发有限公司
地址：北京市朝阳区安贞西里4区23号楼深房大厦11B
邮编：100029
电话：010-51267686
传真：010-64246854
联系人：于志勇
电子信箱：info@longida.com
网址：www.longzida.com
主要产品或业务范围：该公司专业开发、生产、销售和代理国外分析仪器。产品包括凝胶液相色谱仪、静态动态光散射检测器、黏度检测器、蒸发光散射检测器等。

北京市英博科贸有限公司
地址：北京市朝阳区北苑路180号加利大厦5号楼205室
邮编：100101
电话：010-64921188
传真：010-64934652

电子信箱：inbor@163.com
网址：www.inbor.com.cn
主要产品或业务范围：气体分析及检测仪表的研发、生产和销售。主要产品为YB-88系列氧量分析仪。

北京首冶仪器仪表有限公司
地址：北京市石景山区双园路1号2号楼201室
邮编：100041
电话：010-68816074
传真：010-68836285转9999
电子信箱：shouye5173@163.com
网址：www.bjshouye.com
主要产品或业务范围：中子水分仪、γ射线料位计、金属探测器、氧化锆氧分析仪、高炉煤气分析系统等产品。

北京曙光明电子光源仪器有限公司
地址：北京市顺义区高丽营镇高泗路20号
邮编：101303
电话：010-69456088，69457326
传真：010-69457327
电子信箱：sgm@shuguangming.com
网址：www.shuguangming.com
主要产品或业务范围：该公司生产原子吸收分光光度计专用空心阴极灯、原子荧光灯、氘灯、激活器、SCP炬管、高效雾化器、流动性氢化物发生器、空心阴极灯外壳、氘灯玻璃外壳及各种石英仪器。

北京顺途科技有限公司
地址：北京市西城区车公庄大街甲4号物华大厦A1970
邮编：100044
电话：010-68008911
传真：010-68008901
电子信箱：shunto@126.com
网址：www.shuntu.net
主要产品或业务范围：代理化学分析仪器，色谱柱，配件，西门子低压电器，西门子、欧姆龙、松下PLC、变频器，欧姆龙、松下传感器、视觉系统，默勒中低压电器，建筑智能化产品与系统。

北京泰克美科技有限公司
地址：北京市丰台区丰葆路168号国际花园161栋
邮编：100070
电话：010-51659118
传真：010-83613212
电子信箱：techmate@126.com
网址：www.bj-techmate.com.cn
主要产品或业务范围：该公司是日本资生堂前沿科技事业部中国代理，主要产品包括液相色谱仪，液相色谱柱。

北京泰亚赛福科技发展有限责任公司
地址：北京市经济技术开发区荣华北路亦城国际中心B座7层
邮编：100176
电话：010-84851836，51655585
传真：010-84852750，84854139
网址：www.tayasaf.com
主要产品或业务范围：三坐标测量、圆柱度、圆度仪，超声波测厚仪，硬度计，粗糙度仪，轮廓仪，磁粉、射线、荧光探伤仪，超声波、涡流探伤仪，应力、裂纹检测仪，光谱、金相分析仪，涂层测厚仪，涂装辅助检测仪器，颜色/色差/光泽度/亮度检测仪，振动检测分析设备，测温仪；在线水质分析仪，酸度计，电导率、TDS仪，溶解氧测定仪，浊度仪系列，离子浓度测定仪，COD测定仪，BOD测定仪，TOC测定仪，氨氮/总氮测定仪，总磷/磷酸盐测定仪等仪器；环保监测仪器和实验室设备等。

北京天星科仪科技有限公司
地址：北京市海淀区清河龙岗路清景园4-6-1004
邮编：100192
电话：010-82358011
传真：010-82358611
电子信箱：sales@star-itech.com
网址：www.tianxingkeyi.com
主要产品或业务范围：该公司专注于实验室自动化仪器仪表与工业仪器仪表领域，集研发、生产、销售于一体。主要产品包括台式/便携色差计、台式/便携浊度仪、高端pH计/离子计。

北京拓普分析仪器有限责任公司
地址：北京市朝阳区酒仙桥路2号院内格兰维森商务楼236
邮编：100015
电话：010-51305602，51305603
传真：010-51305609
电子信箱：washer@tuopu.com.cn
网址：www.tuopu.com.cn
主要产品或业务范围：DEM-3型自动洗板机、A296（A248）型自动包被机、A108型台式包被机、B108型自动包被机、MNCT-2型模拟CT实验仪、液体黏滞系数实验仪、DEM系列自动酶标洗板机。

北京温分分析仪器技术开发有限公司
地址：北京市海淀区丰慧中路七号MEA新材料大厦A304
邮编：100095
电话：010-58711498
传真：010-58711499
电子信箱：webmaster@bwaic.com
网址：www.bwaic.com
主要产品或业务范围：该公司致力于液相色谱的开发与研制。最新产品有LC98-1三元梯度制备色谱仪、AAS2200原子吸收分光光度计。

北京温岭仪器有限公司
地址：北京市海淀区温泉镇白家疃村南地震台

邮编：100095
电话：010-62450590
传真：010-62487085
电子信箱：62487085@163.com
主要产品或业务范围：气相色谱仪器、高纯氮气发生器、高纯氢气发生器、色谱仪器备件专业产品。

北京先华科技发展有限责任公司
地址：北京市海淀区曙光花园智业园B座18B
邮编：100097
电话：010-88461468，88461469
传真：010-88461491
联系人：何楠
电子信箱：info@xh-tech.cn
网址：www.xh-tech.cn
主要产品或业务范围：气相色谱集成分析系统、与气相色谱系统配套的吹扫捕集样品浓缩仪、气相色谱检测器、总有机碳分析仪、自动流动化学分析仪、凝胶渗透色谱净化系统、连续空气检测系统和饮料在线检测系统等。

北京先驱威锋技术开发公司
地址：北京市海淀区学院路40号
邮编：100083
电话：010-62304468，62302753
传真：010-62301421
联系人：肖勤林
电子信箱：xqwfbj@163.com
网址：www.xqwf.com.cn
主要产品或业务范围：主要产品有ZDJ系列电位滴定仪、卡氏水分测定仪、永停滴定仪、pH计；ZY系列抑菌圈测量分析仪；WBS系列微生物浊度测定仪、SCY系列分光测定仪。

北京星越生物科技有限公司
地址：北京市丰台区马家堡西路15号时代风帆大厦一区903室
邮编：100068
电话：010-51650725，62416955
传真：010-51650725
电子信箱：xingyue.kj@163.com
网址：www.xy-bio.com
主要产品或业务范围：美国BRANSON中国北方区总代理原装进口超声波清洗器、超声波细胞破碎仪，美国MYRONL中国北方区总代理手持式pH/电导/TDS测试仪表，美国AirMetrics总代理便携式空气采样器Myratek悬浮物颗粒SS、溶解氧DO分析仪，德国VIT-LAB移液产品，瓶口滴定器，实验室塑料消耗品，德国BRAND手持移液器，瓶口移液器，实验室量具等。

北京雪迪龙科技股份有限公司
地址：北京市昌平区回龙观国际信息产业基地3街3号
邮编：102206
电话：010-80735600
传真：010-80735678
电子信箱：market@chsdl.com
网址：www.chsdl.com
主要产品或业务范围：从事分析仪器仪表、环境检测系统、工业过程分析系统研发、设计、生产、销售以及运营维护服务的高新技术企业。

北京屹源电子仪器科技公司
地址：北京市地安门东大街89号
邮编：100009
电话：010-84049075，64076092
传真：010-84049075
联系人：许源喜
电子信箱：yi-yuan@139.com
主要产品或业务范围：实验室酸度计的研发制造和销售。

北京益泽华机电设备有限公司
地址：北京市昌平区北七家镇桃花苑602号
邮编：102209
电话：010-69759457
传真：010-69759459
电子信箱：seawoods@unitizewell.com
网址：www.unitizewell.com
主要产品或业务范围：该公司专门从事控制系统，工业自动化和在线分析仪表成套及技术服务。

北京英格海德分析技术有限公司
地址：北京市海淀区四季青路8号郦城工作区235室
邮编：100195
电话：010-52722418
传真：010-52722410
电子信箱：info@extratech.com.cn
网址：www.extratech.com.cn
主要产品或业务范围：质谱仪，残余气体分析仪，真空过程检测仪，等离子体表征分析仪，光电半导体分析设备，数字全息显微镜，荧光光谱仪等。

北京英世智博测控技术有限公司
地址：北京市宣武区枣林前街119号城市之光大厦801室
邮编：100053
电话：010-63339682，63519372
传真：010-63339682转808
电子信箱：market@talantek.com
网址：www.talantek.com
主要产品或业务范围：智能微量氧分析仪系列，智能露点分析仪系列，智能测氧/氮仪系列等多个系列产品。

北京盈安科技有限公司
地址：北京市丰台区南四环西路188号12区25、26号楼
邮编：100070

电话：010-63706582
传真：010-63706565
电子信箱：niton@michem.com.cn
网址：www.michem.com.cn
主要产品或业务范围：主要产品包括自主研发生产的M8001，M5000，M4000台式CCD金属分析仪；代理的英国阿朗台式金属分析仪；美国尼通手持式XRF分析仪。

北京盈盛恒泰科技有限责任公司
地址：北京市宣武区广安门外大街朗琴国际中座603室
邮编：100055
电话：010-83993592，83993593
传真：010-83993562
电子信箱：sales@ensoultech.com
网址：www.ensoultech.com
主要产品或业务范围：该公司专业从事食品分析检测仪器的销售和服务。

北京永兴精佳仪器有限公司
地址：北京市朝阳区京忱润业197号
邮编：100121
电话：010-87392939，87338177
传真：010-87392927
电子信箱：bj@bjyx.net.cn
网址：www.bjyx.net.cn
主要产品或业务范围：该公司主要生产系列管线自动取样器、化验室防爆仪器、防爆工作台、防爆通风柜等产品。

北京优联光电技术有限公司
地址：北京市海淀区北清路永丰基地新材料创业大厦
邮编：100095
电话：010-58957238，58957239
传真：010-58057238，58957239
电子信箱：uc3680@sina.com
网址：www.unchrom.com.cn
主要产品或业务范围：一体化等度、二元高压梯度、二元低压及四元低压梯度高效液相色谱仪，小型车载一体化高效液相色谱仪，自动进样器、微型便携式高压输液泵、微型便携式紫外检测器，高能量氘灯及各种元素灯、电热式X荧光熔样炉等。

北京元烨光机电技术有限责任公司
地址：北京市大兴区黄村市场路9-3栋
邮编：102600
电话：010-69233406
传真：010-69233405
主要产品或业务范围：全自动黏度测定装置（分别设有2、4、6个测位的3种机型），毛细管黏度计自动清洁器。

北京哲勤科贸有限公司
地址：北京市经济技术开发区景园街10号大琛科技园B座
邮编：100176
电话：010-62865108，65814078，65812527
传真：010-65814079
电子信箱：sales@gerchin.com
网址：www.gerchin.com
主要产品或业务范围：质谱分析设备，充氦检漏设备，排气台，真空炉等。

北京中标科瑞分析技术有限公司
地址：北京市昌平区科技园区天通西苑一区54-3-1101
邮编：100200
电话：010-86876091
传真：010-86876091
主要产品或业务范围：红外分光测油仪，环境监测与分析测试仪器。

北京中腐防蚀工程技术有限公司
地址：北京市海淀区中关村东路18号财智国际大厦A座802室
邮编：100083
电话：010-82601787
传真：010-82601779
电子信箱：webmaster@zfcp.com.cn
网址：www.zfcp.com.cn
主要产品或业务范围：研发、生产电化学试验检验监测成套仪器设备，经营各种优质防腐蚀产品及仪器设备。产品有电化学测量系统，电偶腐蚀计，应力腐蚀试验机。

北京中环大地环境科技有限公司
地址：北京市朝阳区北苑路13号院1号楼C座504室
邮编：100107
电话：010-52073871，52073872
传真：010-52073872
网址：www.bj-bzd.com
主要产品或业务范围：水质在线监测仪器，水质分析仪器，烟气烟尘在线监测仪器。

北京中惠普分析技术研究所
地址：北京市西城区广安门外天宁寺前街2号北院F座（北京唱片厂院内）
邮编：100055
电话：010-68033419，68033420，68033421
传真：010-68033367
电子信箱：sales@bchp.com.cn
网址：www.bchp.com.cn
主要产品或业务范围：气相色谱仪配套用气源发生器，便携式微型高纯氢气发生器，氢气提纯仪，超纯氢气发生器，热解析仪。

北京中科华星科贸有限公司
地址：北京市海淀区中关村南大街甲56号方圆大厦A-201
邮编：100044

电话：010-88026845，88026846，88026847，88026848
传真：010-88026834
电子信箱：nayaanyan840529@163.com
网址：www.instrumentnews.com
主要产品或业务范围：该公司从事代理国外高科技产品在中国地区的销售/维修及国外高科技技术在中国区的转让。产品有元素分析仪系列，Dumas法快速定氮仪，显微镜，阴极发光仪，灰熔点仪，灰分炉，挥发分炉及其他各种箱式、管式炉，蛋白纯化液相色谱系统，电泳仪，Biacore蛋白质相互作用分析系统，分光光度计，细胞计数仪，氨基酸分析仪，离子色谱仪，电位滴定仪，卡式水分仪，伏安极谱仪，氧化稳定性测试仪，脂肪分析仪，纤维素分析仪，体外模拟培养箱，体外产气测量仪，密度计，流变仪与微波消解仪，破碎机，研磨仪，量热仪，缩分器，振动筛等系列。

北京中科科仪股份有限公司
地址：北京市海淀区中关村北二条13号
邮编：100190
电话：010-82548126
传真：010-62555306
电子信箱：lilintao@kyky.com.cn
网址：www.kyky.com.cn
主要产品或业务范围：扫描电子显微镜，电镜耗材，电镜附件等。

北京中诺远东科技有限公司
地址：北京市海淀区上地信息路2号国际创业园1号楼26A
邮编：100085
电话：010-82893844，59147852，59147853，59462710
传真：010-82893844
电子信箱：bjznyd@163.com
网址：www.cfetl.com
主要产品或业务范围：气体检测仪，金属探测仪，实验室仪器等。

北京中仪联众科技开发有限公司
地址：北京市朝阳区北辰西路69号峻峰华亭C座506室
邮编：100083
电话：010-59797788，58773141
传真：010-58773141-230
电子信箱：sales@testool.com
网址：www.testool.com
主要产品或业务范围：代理销售德国德图公司的烟气分析仪器，温湿度测量仪器，风速、风压检测仪器，温度测量、记录仪器，pH值、电导率测试仪器，温湿度、露点变送器，转速、噪声、照度测量仪器，无损检测仪器，以及万用表，示波器，超声波流量计、流量开关等。

北京中仪远大科技有限公司
地址：北京市海淀区清河小营西路27号院金领时代大厦1303室
邮编：100085
电话：010-51261971，51261972，51261973
传真：010-51411387
电子信箱：zyqc@vip.163.com
网址：www.dwyd.com
主要产品或业务范围：代理韩国G-WON科技公司的GMK系列水分测定仪，英国梅克罗尼的超声波流量计，法国澳德姆公司的气体检测仪，德国WTW公司的水质分析仪，德国德尔格公司的烟气分析仪，空气呼吸器，可燃气、有毒有害气体检测仪。

布鲁克仪器有限公司
地址：北京市海淀区中关村南大街11号光大国信大厦6218室
邮编：100081
电话：010-58333000
传真：010-58333299
电子信箱：info@brukeroptics.cn
网址：www.bruker.cn
主要产品或业务范围：便携式红外光谱仪。

戴安中国有限公司北京代表处
地址：北京市朝阳区安定路33号化信大厦A座606室
邮编：100029
电话：010-64436740，64436741
传真：010-64432350
联系人：汪琼
电子信箱：wangqiong@dionex.com.cn
网址：www.dionex.com.cn
主要产品或业务范围：离子色谱仪，高效液相色谱仪，快速溶剂萃取仪，大体积全自动固相萃取仪及氨基酸直接分析仪等产品。

德国耶拿分析仪器股份公司
地址：北京市东城区朝阳门北大街8号富华大厦A座503室
邮编：100027
电话：010-65543849，65543879
传真：010-65543265
联系人：李宏华
电子信箱：info@analytik-jena.com.cn
网址：www.analytik-jena.com.cn
主要产品或业务范围：该公司是德国最大的分析仪器制造商。产品有化学分析仪器，实验室信息及管理系统，实验室器材，实验室一体化解决方案。

法国奥德姆公司
地址：北京市朝阳区北苑路奥运媒体村傲城融富中心B座2704室
邮编：100107
电话：010-84932377，84928740，84928743
传真：010-84932477
联系人：陈晖

电子信箱：service@oldham-china.com
网址：www.oldham-china.com
主要产品或业务范围：气体检测设备专业厂家，研发、生产气体检测设备，包括便携式气体检测仪表和固定式气体检测系统。

福斯中国有限公司
地址：北京市海淀区中关村南大街5号理工科技大厦1105室
邮编：100081
电话：010-68467239
传真：010-68467241
联系人：鄂东梅
电子信箱：china@foss.com.cn
网址：www.foss.com.cn
主要产品或业务范围：红外光谱仪、近红外光谱仪、定氮仪、流式细胞仪、食品品质检测仪、牛奶分析仪、乳品分析仪、纤维素测定仪、纤维测定仪、流动分析仪、脂肪测定仪等各类分析仪器。

歌思（北京）科技有限公司
地址：北京市朝阳区东三环中路39号建外SOHO6号楼1502室
邮编：100022
电话：010-58692130
传真：010-58692130-802
电子信箱：zhanglei@costech.net
网址：www.costech.net
主要产品或业务范围：该公司主营Costech先进高效的分析仪器，包括元素燃烧分析仪、微结构分析仪和生物质呼吸量分析仪及其多项环保能源技术。

核工业北京化工冶金研究院
地址：北京市通州区云景北里145号
邮编：101149
电话：010-81532888
传真：010-81510950
电子信箱：info@bricem.com.cn
网址：www.bricem.com.cn
主要产品或业务范围：自动分析仪，便携式废水测试仪，多元素在线自动分析仪，工业用酸碱盐浓度计，微粒分析仪，工业pH计，高温pH监控仪等。

环球分析测试仪器有限公司
地址：北京市海淀区中关村南大街9号理工科技大厦506室
邮编：100081
电话：010-68946260
传真：010-68463639
电子信箱：sales@universalhkco.com
网址：www.uatil.com
主要产品或业务范围：公司为客户配备大量专业、先进的分析测试仪器。

江苏江环分析仪器有限公司
地址：江苏省姜堰市罗塘路190号
邮编：225500
电话：0523-88272088，88273105
传真：0523-88272088
电子信箱：jianghuan@mail.jianghuan.net
网址：www.jianghuan.net
主要产品或业务范围：S、Cl、N、H_2O、As、盐含量，溴价、溴指数、电导率、破乳剂评选等分析仪器，以及标准样品、标准油、特殊试剂、气体检测管等产品。

莱伯泰科有限公司北京分公司
地址：北京市朝阳区安慧里四区15号五矿大厦828室
邮编：100101
电话：010-64953441
传真：010-64974268
联系人：张丽莉
电子信箱：hsyu@labtechgroup.com
网址：www.labtechmedical.com
主要产品或业务范围：该公司是一家专业的实验室产品供应商，它是集分析仪器、实验室样品处理仪器、实验室设备、实验室信息管理软件和实验室工程整体解决方案的开发、生产和销售为一体的专业化高科技跨国公司。

绿绵科技有限公司
地址：北京市北四环西路68号左岸工社806、807室
邮编：100080
电话：010-82676061，82676062，82676063，82676064
传真：010-82676068
电子信箱：info@lumtech.com.cn
网址：www.lumtech.com.cn
主要产品或业务范围：该公司是专业质谱及其他分析仪器的供应商——热电在中国的代理，主要产品有色谱质谱产品线，分析兼制备高效液相色谱，凝胶净化系统，高精度质量测定软件包。

美国伯腾仪器有限公司
地址：北京市朝阳区八里庄西里100号住邦2000大厦1号楼A座317室
邮编：100025
电话：010-85865569
传真：010-85861829
电子信箱：infochina@biotek.com
网址：www.biotek.com
主要产品或业务范围：多功能酶标仪、全波长微孔板扫描分光光度计、通用吸收光酶标仪、高通量自动洗板分液系统、微孔板自动洗板机、微孔板自动分液系统、微孔板移液分液系统、微孔板储板器系统等。

美国哈希公司
地址：北京市建国门外大街22号赛特大厦23层

邮编：100004
电话：010-65150290-305
传真：010-65150399
网址：www.hach.com.cn
主要产品或业务范围：设计和制造水质、水文分析监测仪器的专业厂家，主要产品包括水质监测分析仪器。

美国加联仪器有限公司北京分公司
地址：北京市海淀区西直门北大街32号枫蓝国际中心B座505室
邮编：100082
电话：010-62275851，62275391
传真：010-62227989
电子信箱：info@well-group.com.cn
网址：www.well-group.com.cn
主要产品或业务范围：元素分析仪、多功能酸纯化器、球磨机、研磨仪、镶样机、磨样机、微型清洗器、电热消解仪、各类标准样品、各类元素分析仪器用的备件、耗材，如高氯酸镁、碱石棉、各类助熔剂、燃烧管、O形圈，各类ICP等离子体发射光谱仪用的矩管、雾化器、泵管、标准溶液等。

美国热电监测分析技术公司
地址：北京市海淀区西直门外大街168号腾达大厦2111室
邮编：100044
电话：010-68352689，68352697，68337258
传真：010-88384448
电子信箱：sales@tmag.com.cn
网址：www.tmag.com.cn
主要产品或业务范围：光谱分析仪器和监测设备、发射光谱仪、X光/荧光谱仪和油液分析系统设备、快速腐蚀速率测量仪、应力环测试系统、高温高压釜及其他专用腐蚀测试设备。

美国瓦里安技术中国有限公司
地址：北京市西城区宣武门外大街10号庄胜广场中央办公楼南翼1648室
邮编：100031
电话：010-63108550
传真：010-63100140
联系人：沈静媛
电子信箱：marketing.cn@varianinc.com
网址：www.varianinc.com.cn
主要产品或业务范围：该公司作为全球化学分析仪器的主要供应商之一，在全球十几个国家和地区设有生产基地、销售和服务网点，产品包括气相色谱仪，气相色谱质谱联用仪，液相色谱仪，液相色谱质谱联用仪，原子吸收光谱仪，电感耦合等离子体光谱仪，电感耦合等离子体质谱仪，荧光分光光度计，紫外线、可见光、近红外分光光度计，药物实验溶出度仪，完整的样品前处理及进样设备，数据系统、工作站，核磁共振波谱仪，真空产品。

美国应用生物系统公司
地址：北京市东三环北路2号南银大厦1711室
邮编：100027
电话：010-64106608
传真：010-64106617
联系人：蒋铮
电子信箱：zhengjiang@appliedbiosystems.com
网址：www.appliedbiosystems.com.cn
主要产品或业务范围：该公司是全球最大的分析领域和生命科学的仪器生产厂家。主要产品包括有机质谱仪，生物质谱仪。

日之阳公司
地址：北京市海淀区上地三街9号嘉华大厦E座502室
邮编：100085
电话：010-51295092，82899307，82899308
传真：010-82890393
电子信箱：newford@newford.com.cn
网址：www.newford.com.cn
主要产品或业务范围：代理美国Bladwerx公司的气溶胶检测仪，德国Bruker Baltic公司的核辐射检测仪器，意大利Claind公司的气体发生器，美国Control Screening公司的安全检测设备，美国CSI公司的织物测试仪器和设备。

世诺安谱（北京）科技有限公司
地址：北京市朝阳区建国路93号万达广场4#3508室
邮编：100025
电话：010-58205716
传真：010-58205726
电子信箱：team@sinoapplitek.com
网址：www.sinoapplitek.com
主要产品或业务范围：该公司专业生产各种在线分析仪器。

天津仪美科技有限公司
地址：北京市朝阳区南磨房路29号旭捷大厦1116室
邮编：100022
电话：010-67757966
传真：010-67757349
联系人：畅志强
电子信箱：yimei@yimeisci.com
网址：www.yimeisci.com
主要产品或业务范围：主要经营美国及欧洲的一些著名品牌的分析仪器及生命科学仪器；主要产品有实时荧光定量PCR、全自动一体化定量PCR工作站、X射线微区分析系统、波谱仪、X荧光能谱仪、超纯水仪、纯水仪、反渗透水系统、去离子水系统、高速冷冻离心机、紫外凝胶成像系统、高压灭菌器、凯式定氮仪、细胞培养箱等仪器。

天美（中国）科学仪器有限公司
地址：北京市朝阳区红军营南路天畅园7号楼1、3层
邮编：100107

电话：010-64010651
传真：010-64060202
电子信箱：techcomp@techcomp.cn
网址：www.techcomp.cn
主要产品或业务范围：该公司是分析仪器、实验室设备及生产设备的知名供应商；生产产品有紫外/可见光分光光度计，气相色谱仪，离子色谱仪，原子吸收分光光度计，生物安全实验室和离心机等。分销产品有电子显微镜，分析仪器，离心机等产品，还代理生命科学设备，荧光光谱仪全线产品，ICP和粒度计，总有机碳分析仪产品，SP冻干机，UVP凝胶成像产品，离心机产品，高压灭菌产品等。

维昌洋行中国北京代表处
地址：北京市东二环朝阳门外大街18号丰联广场A座12楼1205室
邮编：100020
电话：010-65881688
传真：010-65881689
电子信箱：wonderq@ekpac.com
网址：www.ekpac.com
主要产品或业务范围：在线和实验室冰点、倾点和黏度分析仪器等。

英麟机器有限公司
地址：北京市朝阳区慈云寺1号东区国际4号楼306室
邮编：100025
电话：010-65305160
传真：010-65305161
网址：www.younglin.com
主要产品或业务范围：该公司开发和销售高效液相色谱仪、气相色谱仪以及纯水器、数字工作站等分析仪器。

中国教学仪器设备总公司
地址：北京市西城区大木仓胡同北1巷1号
邮编：100032
电话：010-66097364，66097397
传真：010-66064089
电子信箱：zhjy@moe.edu.cn
网址：www.china-didac.com
主要产品或业务范围：该公司代理进口美国科尔帕默、安捷伦、得州仪器、沃特斯、密理博公司及日本岛津等国外著名分析仪器厂家的产品，并且成为日本松下、JVC、索尼，韩国三星等公司在中国的语言实验室视频演示台等电教产品的独家代理商。

中西远大科技有限公司
地址：北京市海淀区上地三街1号中黎科技园一号楼4层
邮编：100085
电话：010-59410805，59410833
传真：010-62975247
电子信箱：1318799932@qq.com
网址：www.bjzxyq.com
主要产品或业务范围：该公司是高科技分析系统集成商。公司自有中西品牌氧分仪、气体发生器、测温仪、煤矿用的除尘风机等产品在市场上也深受行业顾客的好评。

福安市科立龙电子有限公司
地址：福建省福安市兴业中路60号
邮编：355019
电话：0593-6550588，6366980
传真：0593-6551718
电子信箱：kelilong@1718cn.com
网址：www.kelilong.com
主要产品或业务范围：该公司致力于水质检测、RPM转速测量、空气质量检测等多种技术含量较高的产品的生产，产品有水质检测（监控）仪，包括pH酸度计、EC电导率仪、TDS计、ORP氧化还原计、钠度计、盐度计，机械制造设备转速测量，包括多功能转速表、光电转速表，空气质量检测仪，包括数字温度计、温湿度表、折射仪，以及污水潜水泵。

厦门宝特科技有限公司
地址：福建省厦门市思明区厦禾路862号金山大厦14D
邮编：361004
电话：0592-2669398
传真：0592-2669399
电子信箱：305308755@qq.com
网址：www.powertechcn.com
主要产品或业务范围：该公司是一家专业的分析测试仪器代理/服务商。专注于化学、生命科学和材料测试仪器的销售及技术服务。

厦门隆力德环境技术开发有限公司
地址：福建省厦门市软件园二期观日路18号501室
邮编：361008
电话：0592-5165901，5164321
传真：0592-5164323
联系人：张敏
电子信箱：mail@lawlink.cn
网址：www.lawlink.cn
主要产品或业务范围：水质分析、监测仪器。

厦门世达膜科技有限公司
地址：福建省厦门市龙山工业区谊爱路102号之三
邮编：361009
电话：0592-5796266
传真：0592-5796262
电子信箱：info@starmem.com.cn
网址：www.starmem.com.cn
主要产品或业务范围：该公司是专业从事流体过滤分离的高新技术企业。自主开发了新型连续流体分离——连续逆流色谱分离技术。

厦门星鲨仪器有限公司
地址：福建省厦门市厦港不见天10号
邮编：361005
电话：0592–2572800，2148794
传真：0592–2093221，2095633
联系人：张玉山
电子信箱：zhangys@xingsha.com
网址：www.xingshayiqi.com
主要产品或业务范围：可见分光光度计、酸度计、油分浓度计等产品。

兰州连华环保科技有限公司
地址：甘肃省兰州市西固区名苑东路2号
邮编：730060
电话：0931–7326600，7326601
传真：0931–7326611
网址：www.5bcod.com
主要产品或业务范围：从事环保分析仪器的研制、生产。产品有COD速测仪、全自动在线COD速测仪等水质监测分析仪器。

兰州中科安泰分析科技有限责任公司
地址：甘肃省兰州市高新技术开发区雁南路兰州分离科学研究所C栋
邮编：730010
电话：0931–8556555
传真：0931–8555500
联系人：金凤霞
电子信箱：zkat@zkat.com.cn
网址：www.zkat.com.cn
主要产品或业务范围：高效气相色谱柱，高效液相色谱柱，制备色谱、液相色谱填料及相关产品。

天华化工机械及自动化研究设计院
地址：甘肃省兰州市西固合水北路3号
邮编：730060
电话：0931–7310305，7352100
传真：0931–7311554
电子信箱：wzjj@cthkj.com
网址：www.cthkj.com
主要产品或业务范围：工业色谱仪、样品预处理装置、分析小屋及分析仪表成套系统、工业pH计、微量气相水分仪、电导仪、γ射线科位计和密度计等产品。

佛山分析仪有限公司
地址：广东省佛山市禅城区建新路97号
邮编：528000
电话：0757–83826800，83829800
传真：0757–83829033，83815506
联系人：刘惠兰
电子信箱：fofen@fofen.com
网址：www.fofen.com
主要产品或业务范围：机动车排气分析仪，柴油机动车烟度计系列，机动车前照灯检测仪系列，工业自动化控制分析仪系列，水监测分析控制系列，全自动机动车检测系统，摩托车检测设备系列，汽车检测设备系列等。

广州艾威仪器科技有限公司
地址：广东省广州市先烈中路100号34号楼3A02
邮编：510070
电话：020–87688215
传真：020–87688280
联系人：曹蒋华
电子信箱：info@evertechcn.com
网址：www.evertechcn.com
主要产品或业务范围：该公司主要从事生化、制造、食品、农业、化学、激光、材料测试等专用分析仪器的销售、安装调试及售后服务。主要产品有气相色谱仪，粉碎研磨设备，水质分析仪，总有机碳分析仪，热分析仪，测汞仪，超纯水制备系统，气体发生器，石墨消解仪。

广州禾信分析仪器有限公司
地址：广东省广州市经济开发区开源大道11号——广州科技企业加速器A3栋3层
邮编：510530
电话：020–82071910
传真：020–82071902
电子信箱：marketing@hxmass.com
网址：www.tofms.net
主要产品或业务范围：该公司集质谱仪器研发、制造、销售及技术服务为一体。

广州商辉怡业计算机科技有限公司
地址：广东省广州市荔湾区荔湾路陈家祠道48号五行科技创意园6号楼211室
邮编：510170
电话：020–81938779
传真：020–81939276
联系人：黄绮薇，崔怡坚
电子信箱：sales@eainstruments.com.cn
网址：www.eainstruments.com.cn
主要产品或业务范围：多参数在线水质分析仪、pH/离子/溶氧便携分析仪、2/4/8通道在线离子分析仪、模块式多通道实时监测专业系统、电化学信号转换器、电极信号放大器、离子选择电极、pH电极、ORP电极、溶氧电极、电导电极、温度传感器（温探）、电极支架等。

广州市爱宕科学仪器有限公司
地址：广东省广州市天河区林和西路9号耀中广场A座702室
邮编：510610
电话：020–38106065
传真：020–38109695

电子信箱：info@atago-china.com
网址：www.atago-china.com
主要产品或业务范围：公司经营折光率分析仪、糖度分析仪、BRIX分析仪、麦芽浓度分析仪、阿贝折光仪、旋光仪等产品。

广州市博勒飞粘度计质构仪技术服务有限公司
地址：广东省广州市广州大道北193号新达城广场南座905、906室
邮编：510075
电话：020-37600995，37608953，37600548
传真：020-37600995，37608953，37600548
电子信箱：info@brookfield.com.cn
网址：www.brookfield.com.cn
主要产品或业务范围：R/S流变仪，LFRA质构仪等。

广州市科会仪器有限公司
地址：广东省广州市东风东路745号紫园国际商务大厦602、603室
邮编：510080
电话：020-37816833
传真：020-37816833-17
电子信箱：khyq@gzxinji.com
网址：www.gzxinji.com
主要产品或业务范围：代理电子天平、红外水分测定仪，酸度计、离子浓度计、电导仪，浊度计、溶解氧测量仪、BOD测量仪、COD测量仪，折光仪、旋光仪，黏度计、流变计等。

广州市全华科学仪器有限公司
地址：广东省广州市先烈中路100号中科院1号楼236～238室
邮编：510070
电话：020-33660966
传真：020-87759504
电子信箱：quanhua@public.guangzhou.gd.cn
主要产品或业务范围：代理、经销德国MMM的干燥箱、培养箱，美国ORION的电化学分析仪器，瑞士Precisa的精密电子天平、快速水分测定仪，日本MEIJI的显微镜，美国ANKOM的纤维/脂肪分析仪、体外消化仪，美国BROOKFIELD的黏度计、流变仪等。

广州市睿祺贸易有限公司
地址：广东省广州市天河区东圃大马路9-4号汇友苑汇乐阁1904室
邮编：510660
电话：020-82305889
传真：020-82327805，82324166
电子信箱：shenchunhong@hotmail.com
主要产品或业务范围：水质检测仪器，分析仪器，无菌设备，减菌器材，自记式温湿度记录纸和笔，pH笔、折射式糖度计（0～32%），折射式盐度计（0～10%），数显糖度计，数显糖度计和盐度计，数显温湿度计，自记式温湿度计（中国台湾产的20A，日本产的3-3127 R等），总固体溶解量测试笔，电导度测试仪，EC测定仪，TDS测定仪，电磁搅拌器，恒温培养箱，高低温湿度计，显微镜，旋转式振荡器，回转式振荡器，桌上型高压灭菌锅，烘箱，蒸馏水制造机，电子天平，土壤酸碱度计，超声波洗净机等。

广州市怡文环境科技股份有限公司
地址：广东省广州市海珠区琶洲大道东1号保利国际广场南塔2703、2704室
邮编：510335
电话：020-89899496
传真：020-89899436
电子信箱：huanan@yiwenkeji.com
网址：www.yiwenkeji.com
主要产品或业务范围：该公司是环境在线监测仪器制造商、环境在线监测整体解决方案提供商。主要产品有COD、总磷、氨氮、TOC、UV、氰化物、重金属、水中油在线监测仪，整体柜式水质自动监测站，数据采集器，超声波明渠流量计，烟气自动监测仪等。

广州新仪仪器有限公司
地址：广东省广州市天河北路233号中信广场11楼16室
邮编：510620
电话：020-87520273
传真：020-87520538
电子信箱：amychu@scienceinfel.com
网址：www.sci-Labs.com
主要产品或业务范围：室内空气品质监测仪，如二氧化碳、可吸入性粉尘、挥发性有机化合物、氡气、空气流速、温度、相对湿度、甲醛、臭氧等。

广州易安达腐蚀科技有限公司
地址：广东省广州市天河区中山大道西138号西楼703室
邮编：510630
电话：020-38250643
传真：020-38250861
电子信箱：sales@yntchina.com
网址：www.yntchina.com
主要产品或业务范围：从事腐蚀咨询与腐蚀工程服务。

华粤行仪器有限公司
地址：广东省广州市番禺区兴南大道483号华粤大厦
邮编：511442
电话：020-34821111
传真：020-34820098
电子信箱：cs@huayueco.com
网址：www.huayueco.com，www.huayueco.com.cn
主要产品或业务范围：该公司成为中国最具规模的实验室仪器设备供应商之一，成为全球遍及生命科学、食品安全、IVF、生物制药、实验室试剂耗材、脐血干细胞、实

验室家具等70多家最具竞争力的生产厂家在中国的总代理商，主要产品有数字密度计，折光率仪，自动电位滴定仪，卡氏水分仪，马弗炉。

汕头市科技设备供应公司
地址：广东省汕头市金陵路3号2楼
邮编：515041
电话：0754-88625101，88607378，88628817
传真：0754-88253910
电子信箱：tech@pub.shantou.gd.cn
网址：www.st-tech.cn
主要产品或业务范围：该公司代理经营进口科学仪器及其他实验室分析测试设备。

深圳市昂为电子有限公司
地址：广东省深圳市南山区深南大道10128号南山软件园大厦西塔楼1504号
邮编：518052
电话：0755-86183901
传真：0755-86183040
联系人：徐贵旺
电子信箱：info@onwards.com.cn
网址：www.onwards.com.cn
主要产品或业务范围：该公司是制造、销售气体分析仪以及监测系统的专业供应商。

深圳市昌鸿科技有限公司
地址：广东省深圳市南山区龙珠三路光前工业区18栋2层
邮编：518055
电话：0755-86130934，26450374
传真：0755-26450380
电子信箱：ch@szchkj.com
网址：www.szchkj.com
主要产品或业务范围：各种实验室台式、便携式COD快速测定仪、COD消解仪、COD氨氮测定仪、氨氮测定仪、台式浊度仪等系列产品。

深圳市飞蓝机电设备有限公司
地址：广东省深圳市福田区红岭中路南国大厦2栋20F
邮编：518028
电话：0755-22650730，22651516
传真：0755-22208454
联系人：赵辉
电子信箱：feellan@163.com
网址：www.feellan.com
主要产品或业务范围：该公司全权销售美国WA公司具有全球行业领先的在线电化学分析和在线光学分析系统；主要产品有在线UV分析仪，色度分析仪，荧光分析仪，浊度分析仪，泡沫分析仪，细胞培植分析仪，pH计，电导率仪，溶解氧仪，余氯/二氧化氯仪等。

深圳市华唯计量技术开发有限公司
地址：广东省深圳市南山区西丽镇沙河西路茶光工业区健兴楼2栋3楼
邮编：518055
电话：0755-26511656
传真：0755-26511726
电子信箱：lovesucy@hotmail.com
网址：www.unique-mt.com
主要产品或业务范围：该公司主要研制X荧光光谱仪。

深圳市朗弘科技有限公司
地址：广东省深圳市宝安区福永街道广深公路伏船岗工业区兴益福永工业城A1栋4D
邮编：518103
电话：0755-27375899
传真：0755-27375811
电子信箱：info@lonhot.net
网址：www.lonhot.net
主要产品或业务范围：专业从事工业过程气体分析及热工测量控制的高科技股份制企业。

深圳市朗石生物仪器有限公司
地址：广东省深圳市南山区科技园北区第五工业区9106号
邮编：518057
电话：0755-26953588，26955500
传真：0755-26980172
电子信箱：lijinsong@szlabsun.com，sales@szlabsun.com
网址：www.szlabsun.com
主要产品或业务范围：主要产品有手持式发光细菌毒性检测仪、多管台式温控型发光细菌毒性检测仪、在线发光细菌毒性监测系统、便携式重金属测定仪、多参数重金属在线分析仪、便携式水质多参数检测仪、相关试剂等。

深圳市一正科技有限公司
地址：广东省深圳市福田区红荔西路鲁班大厦2区20D1室
邮编：518034
电话：0755-83549661
联系人：危丽萍
网址：www.e-zheng.com
主要产品或业务范围：连续流动分析仪、全自动间断化学分析仪等产品。

深圳市怡华新电子有限公司
地址：广东省深圳市南山区深南大道10128号南山软件园西塔楼1507室
邮编：518051
电话：0755-86218000，86218008，86218088
传真：0755-86218111
电子信箱：yhx@yihuaxin.net
网址：www.yihuaxin.net
主要产品或业务范围：该公司提供专业实验室天平。

深圳市因特迈科技有限公司
地址：广东省深圳市南山区马家龙工业区64栋2层
邮编：518052
电话：0755-86372570，86372571
传真：0755-86171270
电子信箱：mei-song@int-med.com
网址：www.int-med.com
主要产品或业务范围：该公司主要从事国内外传感器及检测仪产品代理销售业务。

深圳市云峰技术有限公司
地址：广东省深圳市福田区泰然工贸园苍松大厦610室
邮编：518040
电话：0755-83849878，83849860，83849861，83849862
传真：0755-83849863
电子信箱：dkk-toa@163.net
网址：www.dkk-toa.com
主要产品或业务范围：开发研制汽车轮重仪、工控电源，并代理销售自控设备、分析仪器等；产品有在线式、便携式及实验室分析仪器等。

深圳中联通电子有限公司
地址：广东省深圳市蛇口工业大道火炬创业园南山大厦3楼
邮编：518067
电话：0755-26859288，26859292
传真：0755-26859289
电子信箱：sales@zlt193.com
网址：www.zlt193.com
主要产品或业务范围：便携式气体检测仪。

泰仕电子工业股份有限公司
地址：广东省广州市天河区龙洞北庆里2号
邮编：510620
电话：020-66633266
传真：020-66639949-888
网址：www.twtes.com
主要产品或业务范围：数字式三用电表、三用钩表、电源供应器、电容表、汽车表及数字式噪声计、温度计、湿度计、照度计、绝缘电阻计等。

昭华发展（香港）有限公司
地址：广东省广州市环市中路301～303号怡东大厦809室
邮编：510091
电话：020-83492302
传真：020-83501713
电子信箱：info@cwdvlp.com
网址：www.cwdvlp.com
主要产品或业务范围：代理英国离子科学有限公司的VOC检测仪、泄漏检测仪、MVI汞蒸汽检测仪、地下气体在线监测仪、TVOC在线监测仪、美国PortaSensⅡ即插即用型有毒有害气体检测仪等。

珠海欧美克仪器有限公司
地址：广东省珠海市金鼎港湾大道欧美克科技园
邮编：519085
电话：0756-3395965
传真：0756-3395680
联系人：吴汉平
电子信箱：webb.fan@omec-instruments.com
网址：www.omec-instruments.com
主要产品或业务范围：该公司是著名颗粒测量仪器制造商。

邯郸市兆辉电子科技有限公司
地址：河北省邯郸市人民东路208号国贸中心B座2301室
邮编：056002
电话：0310-2038291，2038961，2038962
传真：0310-2038951
联系人：孙文安
电子信箱：zhaohuidianzi@163.com
网址：www.zhao-hui.com.cn，www.hdzhaohui.com.cn
主要产品或业务范围：生产在线密度测试仪器。

河北科瑞达仪器科技有限公司
地址：河北省石家庄市友谊南大街46号2号楼B座
邮编：050051
电话：0311-85696388，85696399
传真：0311-85285161
联系人：郝拴菊
电子信箱：webmaster@createc.cn
网址：www.createc.cn
主要产品或业务范围：电化学分析仪表和传感器的研制。

秦皇岛市计量测试研究所
地址：河北省秦皇岛市海阳路33号海港区技术监督局院内5楼
邮编：066000
电话：0335-8550976
传真：0335-8061874
主要产品或业务范围：车用汽油辛烷值测定仪等。

石家庄科达仪器仪表有限公司
地址：河北省石家庄市友谊南大街46号2号楼B座
邮编：050051
电话：0311-83056195
传真：0311-83054692
主要产品或业务范围：电导率/电阻率仪表，pH/ORP酸度计/氧化还原电位计，ROC反渗透控制器、变送器、系列传感器等产品。

石家庄铁龙实验设备有限公司
地址：河北省石家庄市车辆厂前街副1号
邮编：050000
电话：0311-87876228
传真：0311-87876226

电子信箱：tielong@tlyq.com
网址：www.tlyq.com
主要产品或业务范围：该公司主营碳硫分析仪器，多元素分析仪，物理实验仪器，万能试验机，冲击试验机，硬度计，低温槽等产品。

唐山市师达自动化仪表科技有限公司
地址：河北省唐山市路南区唐山五交化市场E座–07号
邮编：063000
电话：0315–2878075，5635756
传真：0315–2878075
电子信箱：geini123@sina.com
网址：www.shidayibiao.com
主要产品或业务范围：SDHW–1便携式煤质测量仪(灰分，水分，发热量)、SDHW–2A移动式煤质测量仪、水分仪、灰分仪，SDW–便携式水分仪、SDH–便携式煤灰测量仪、SDY–液位计(0～20m)、SDC–8型磁性物含量测量仪(磁含量计，直径100～600mm)、TDKW–水分在线快速检测仪、TDKH–灰分在线快速检测仪、KDY–1型可控电源、FLQ–2型智能分流器、WG–2型微波浓度计和SDK系列控制系统、传感器等。

郑州市光力科技发展有限公司
地址：河南省郑州市高新区长椿路10号
邮编：450001
电话：8008836207，0371–67858887
传真：0371–67991111
电子信箱：sales@gltech.cn
网址：www.gltech.cn
主要产品或业务范围：SF6气体定量检漏监测系统，SF6气体分析仪，高压喷雾自动降尘装置，粉尘仪校验/检定装置，气体流量纯度分析仪，卓越型KF5000煤质监测装置，气体纯度分析仪。

河南汉威电子股份有限公司
地址：河南省郑州市国家高新技术产业开发区雪松路169号
邮编：450001
电话：0371–67169011
传真：0371–67169000
电子信箱：hanwei@hwsensor.com
网址：www.hwsensor.com
主要产品或业务范围：专注于气体传感器、检测仪表的研发、生产、销售。

河南省中分仪器有限公司
地址：河南省商丘市经济技术开发区腾飞路66号
邮编：476000
电话：0370–3185222，3185333
传真：0370–3185366
电子信箱：zhongfenyiqi@126.com
网址：www.zhongfenyiqi.com
主要产品或业务范围：气相色谱仪、变压器在线监测系统和便携式色谱仪。

鹤壁市科奥仪器仪表制造有限公司
地址：河南省鹤壁市朝霞街东段5号
邮编：458000
电话：0392–2629360
传真：0392–2655369
电子信箱：coal@coalim.com
网址：www.coalim.com
主要产品或业务范围：微机量热仪系列、快速智能定硫仪、快速自动测氢仪、碳氢元素分析仪、自动水分分析仪、温度控制器、系列胶质层测定仪、快速连续灰分测定仪、罗加黏结指数测定仪、干燥箱系列等。

鹤壁市民生科技开发有限责任公司
地址：河南省鹤壁市淇滨区淇滨大道41号
邮编：458030
电话：0392–2170244，3313798，3378922
传真：0392–2172001，3378388，2193718
电子信箱：hbmskj@163.com
网址：www.caiheht.com
主要产品或业务范围：测硫仪，热量仪，水分测定仪，碳氢元素分析仪，灰熔点测定仪，快速灰分测定仪，胶质层指数测定仪，黏结指数测定仪，微电脑时温控制仪，箱式高温炉，样品制备仪器设备。

鹤壁市热工仪表仪器厂
地址：河南省鹤壁市淇滨区黎阳路279号
邮编：458030
电话：0392–3352981
传真：0392–3352622
电子信箱：shasha_thb@163.com
主要产品或业务范围：煤质分析仪器；制样设备有量热仪系列，测硫仪系列，灰熔点系列，箱形高温炉系列，电热干燥箱系列，碳氢元素系列，破碎、粉碎全套制样设备。

鹤壁市天龙煤质仪器有限公司
地址：河南省鹤壁市车站路7号
邮编：458000
电话：0392–2645385，2621555
传真：0392–2670889，2623447
电子信箱：tlyq@tlyq.cn
网址：www.tlyq.cn
主要产品或业务范围：量热仪，快速测硫仪，灰熔点测定仪，快速自动测氢仪，碳氢元素分析仪，工业分析仪，温度自动控制器，黏结指数测定仪，胶质层测定仪，电热鼓风干燥箱，自动水分测定仪等。

鹤壁市冶金机械设备有限公司
地址：河南省鹤壁市淇滨区卫河路东段9号

邮编：458030
电话：0392-3280188，3328858，2163888，2625710
传真：0392-2688581
电子信箱：hbyjjx@163.com
网址：www.hbyjjx.com
主要产品或业务范围：微机量热仪，智能量热仪，微机定硫仪，智能测硫仪，微机水分测定仪，微机灰熔点测定仪，快速自动测氢仪，快速连续灰分测定仪，黏结指数测定仪，胶质层测定仪，哈氏可磨性指数测定仪，数显电热鼓风干燥箱。

鹤壁市仪表厂有限责任公司
地址：河南省鹤壁市汤河街47号
邮编：458000
电话：0392-2626816，2625016
传真：0392-2621910
电子信箱：hbybc@vip.163.com
网址：www.hbybc.com.cn
主要产品或业务范围：量热仪系列，工业分析仪系列，测硫仪系列及机械化采、制样设备。

大庆市日上仪器制造有限公司
地址：黑龙江省大庆市高新区石油石化装备制造产业园区3号
邮编：163316
电话：0459-8186000
传真：0459-8186000
电子信箱：rishangyiqi@163.com
网址：www.rishang.com
主要产品或业务范围：该公司生产为石油、石化、电力、有机化煤化工的办法等行业试、化验用分析、检测仪器。

通力分析自控技术有限公司
地址：武汉市武昌大学园路湛魏新村19号楼
邮编：430223
电话：027-81739779，81739836
传真：027-81739836
联系人：朱时雨
电子信箱：tonglitech@163.com
网址：www.tonglitech.com.cn
主要产品或业务范围：该公司是专业从事石油炼制过程油品质量在线分析仪表及过程控制研究、开发、制造的高科技公司；公司多年来相继研制开发出一系列性能优异的具有自主产权的在线分析仪产品。主要产品有智能全馏程在线分析仪系列、智能倾点在线分析仪系列、智能饱和蒸汽压在线分析仪、智能黏度在线分析仪、智能闪点在线分析仪、样品回收系统、在线分析仪集中监视工作站、在线分析仪、集成分析小屋。

武汉分析仪器厂
地址：湖北省武汉市汉口惠济二路8号
邮编：430010
电话：027-82624689
传真：027-82605406
电子信箱：hhb@whfx.com.cn
网址：www.whfx.com.cn
主要产品或业务范围：该厂主要生产烟尘、烟气、粉尘、大气、室内装饰环境及建筑材料监测五大系列、近40种产品，且生产军用配套产品。

武汉华敏测控技术有限公司
地址：湖北省武汉市关山二路一号国际企业中心锦丰楼C-202室
邮编：430074
电话：027-87745361，87745362
传真：027-87745367
电子信箱：hmgc@china-huamin.com
网址：www.china-huamin.com
主要产品或业务范围：主要产品有高炉煤气分析系统、转炉煤气回收分析系统、煤粉喷吹气氛分析系统、氧含量在线分析系统、电捕焦氧含量分析系统等。

武汉市天虹仪表有限责任公司
地址：湖北省武汉市东湖高新技术开发区华师园北路11号
邮编：430223
电话：027-87926267
传真：027-87926201
电子信箱：249807981@qq.com
网址：www.thyb.com.cn
主要产品或业务范围：大气采样器，空气中颗粒物、粉尘采样器，基于β射线、振荡天平原理的颗粒物浓度监测仪，烟尘烟气采样器，气体分析仪，汽车尾气分析仪，环境空气质量自动监测系统、污染源连续排放监测系统等，大气挥发性有机物快速在线监测系统，挥发性有机物采样罐，烟道中汞测试管等产品。

武汉四方光电科技有限公司
地址：湖北省武汉市东湖新技术开发区凤凰产业园凤凰园三路3号
邮编：430205
电话：027-87405251
传真：027-87401159
电子信箱：info@gassensor.com.cn
网址：www.gassensor.com.cn
主要产品或业务范围：该公司是一家专业从事现代气体分析仪器和成套系统研发、生产的高新技术企业。

武汉中核仪表有限公司
地址：湖北省武汉市青山区厂前桃园湾10号
邮编：430083
电话：027-86488800，82666091
传真：027-86885199
电子信箱：82666091@163.com
网址：www.zhyb.cn

主要产品或业务范围：工业pH/ORP计及电极，电导率仪，溶氧仪，浊度仪，余氧仪，静压式、电容式、浮子式、超声波式液位计，电磁、涡街流量计，压力变送器，数显仪，记录仪等在线仪表及系统工程成套。

长沙开元仪器有限公司
地址：湖南省长沙市经济技术开发区开元路172号
邮编：410100
电话：0731-84011838
传真：0731-84011835
电子信箱：cskaiyuan@chs5e.com
网址：www.chs5e.com
主要产品或业务范围：从事煤质分析仪器研制、生产、销售的高新技术企业。

长沙绿达实验技术研究所
地址：湖南省长沙市国家高新技术开发区麓谷大道662号
邮编：410205
电话：0731-88992720，88992721，88992723
传真：0731-8992721
电子信箱：luda@luda168.com
网址：www.ChuangeTech.com
主要产品或业务范围：棒状薄层色谱仪、实验室分析仪器及配套设备。

长沙友欣仪器制造有限公司
地址：湖南省长沙市大托天心环保工业园
邮编：410114
电话：0731-82436008
传真：0731-82436076
电子信箱：U-therm@163.com
网址：www.U-therm.com
主要产品或业务范围：该公司是一家专业从事煤质化验仪器研发、生产和销售的高科技民营企业，其中金鹰全自动量热仪、全自动工业分析仪、全自动定硫仪均已达到国际先进水平，已成为替代同类进口产品的首选。

衡阳北方光电信息技术有限公司
地址：湖南省衡阳市蒸湘区华新大道23号
邮编：421001
电话：0734-2596659，2596633
传真：0734-2596699
电子信箱：sales@hyrf.com
网址：www.hyrf.com
主要产品或业务范围：ZND-23在线汽油辛烷值密度仪，ZND-12防爆型超声波黏度仪，ZXW-12在线汽油辛烷值分析仪，ZYS-11型石油产品颜色分析仪，ZQD-33型防爆倾点自动监视仪；ZPZD3100系列智能阀门定位器，YJW608-04B、04C型医用降温仪(半导体型)，MYJH-5000(A)型便携式多参数监护仪，MYJH-5000(B)、便携式多参数监护仪。

湖南跻巍实业有限公司
地址：湖南省长沙市韶山北路112号电子大厦507、508室
邮编：410011
电话：0731-85530548，13973167180
传真：0731-85530548
电子信箱：hnjwsy@126.com
网址：www.jwsy168.cn
主要产品或业务范围：微电脑自动量热仪、氧弹式热量计、马弗炉、测硫仪等分析仪器的生产加工、经销批发。

湖南力合科技发展有限公司
地址：湖南省长沙市高新区青山路668号
邮编：410013
电话：0731-88911456，88809496
传真：0731--88807750
电子信箱：lhren@lhren.com
网址：www.lhren.com
主要产品或业务范围：地表水及污染源水质监测系统，监测仪器产品和工业过程控制用分析仪器仪表，自主开发在线监测仪器。

湖南尚泰测控科技有限公司★
地址：湖南省湘潭市岳塘区双拥路27号湘潭国家火炬创业园C区6栋5楼
邮编：411104
电话：0731-58568898，58568887
传真：0731-58568897
电子信箱：xtyb@vip.163.com
网址：www.hnstck.com
主要产品或业务范围：该公司专注于研发和制造智能仪器仪表、自动化控制系统、电子控制系统、教学实验室仪器，并拥有自主进出口权。

长春吉大・小天鹅仪器有限公司
地址：吉林省长春市高新区创新路1203号
邮编：130012
电话：0431-87010337
传真：0431-87010222
电子信箱：xte21cn@163.com
网址：www.ccjx.com
主要产品或业务范围：该公司是集研发、制造、服务为一体的高新技术企业；产品包括室内空气质量快速检测仪系列，农产品安全快速检测仪系列，食品安全快速分析仪系列，专项水质检测仪器，红外测油仪。

吉林市光大电力设备有限责任公司
地址：吉林省吉林市高新区二号路57号
邮编：132013
电话：0432-66098818，66098828
传真：0432-66098838
电子信箱：grandpower@jl-gd.com

网址：www.jl-gd.com
主要产品或业务范围：电厂水汽循环系统成套取样设备，化学监督系列仪表，水净化设备及水汽水质计算机监控系统开发、生产与推广。

江苏汉邦科技有限公司
地址：江苏省淮安市经济开发区集贤路1-9号
邮编：223001
电话：0517-83706900，83706901，83706902
传真：0517-83706946，83706903
电子信箱：sales@hanbon.com.cn
网址：www.hanbon.com.cn
主要产品或业务范围：该公司是以色谱产品为核心的科技型进出品企业，是色谱耗材生产商和供应商之一。

江苏江分电分析仪器有限公司
地址：江苏省姜堰市姜堰大道66号
邮编：225500
电话：0523-88819758，88819718，88819756，88819796
传真：0523-8819768
联系人：徐峰
电子信箱：sales@jiangfen.com.cn
网址：www.jiangfen.com.cn
主要产品或业务范围：酸度计、离子计、离子选择性电极、石油化工分析仪器、煤质系列分析仪器、环保系列实验室分析仪器、极谱腐蚀等科教系列、在线监测仪器、各类中、高档石油成分分析仪器系列、水质分析电位滴定系列、极谱分析仪器、离子色谱仪、玻璃/参比/离子电极。

江苏省姜堰市分析仪器厂
地址：江苏省姜堰罗塘西路22号
邮编：225500
电话：0523-88811999
传真：0523-88812069
联系人：曹长林
网址：www.jsjiangfen.net
主要产品或业务范围：微机通用库仑仪，水质分析、环保系列，粉碎机、搅拌器系列及化验辅助设备共四大类。

江苏舒茨测控设备有限公司
地址：江苏省常熟市经济开发区四海路11号科创园5号楼
邮编：215513
电话：0512-52265350
传真：0512-52265360
电子信箱：info@schutz-asia.com
网址：www.schutz-asia.com
主要产品或业务范围：该公司主要从事微量气体分析仪器的研发、生产及销售。

江苏天瑞仪器股份有限公司
地址：江苏省昆山市中华园西路1888号天瑞产业园
邮编：215347
电话：0512-57017006，57077018，57017886，57017880
传真：0512-57017357
联系人：刘召贵
电子信箱：sales@skyray-instrument.com
网址：www.skyray-instrument.com，www.gold-tester.com
主要产品或业务范围：X荧光光谱仪，等离子体发射光谱仪，原子吸收分光光度计，气相、液相色谱仪等。

金坛市宏凯仪器厂
地址：江苏省金坛市红太阳科技城J座
邮编：213200
电话：0519-82820300，82891332
传真：0519-82801332
联系人：戴建忠
电子信箱：13511662121@139.com
网址：www.hk17.cn
主要产品或业务范围：生产分析、实验仪器。

梅思安(中国)安全设备有限公司
地址：江苏省苏州工业园区兴浦路瑞恩巷8号
邮编：215126
电话：0512-62898880
传真：0512-62952853
网址：www.msa-china.com
主要产品或业务范围：可燃性气体、有毒气体和氧气检测仪，可燃性气体、红外可燃气、有毒气体或氧气变送器，巡回检测仪，红外分析仪，气体检测仪。

南京第四分析仪器有限公司
地址：江苏省高淳县宝塔路93号
邮编：210000
电话：025-57332233，57330555
传真：025-57332266，57337678
电子信箱：nsf@nsfcn.com
网址：www.nsfcn.com
主要产品或业务范围：碳硫联测仪、碳硫联测分析仪、全自动碳硫联测分析仪、三元素分析仪、微机高速分析仪、智能快速分析仪等。

南京分析仪器厂有限公司
地址：江苏省南京市雨花经济开发区龙藏大道1号
邮编：210039
电话：025-86626181，86629735
传真：025-52300823，52304488
电子信箱：nfif@jlonline.com
网址：www.nanfen.com
主要产品或业务范围：热导、热磁、红外线、氧化锆、工业气相色谱等在线分析仪器和电导、电化学、盐量计、消氢器等分析仪器。

南京华欣分析仪器制造有限公司
地址：江苏省南京市高淳县汶溪路289号
邮编：211300
电话：025-57338588，57338599
传真：025-57338599
电子信箱：hxfxy@hxfxy.com
网址：www.hxfxy.com
主要产品或业务范围：金属材料中碳、硫、硅、锰、磷、镍、钼、铬、铜、稀土、镁、铅、铝、铁、钛、锌、铌、钒、钨等元素的高速分析仪器。

南京凯迪高速分析仪器有限公司
地址：江苏省南京市高淳县古柏工业园82号
邮编：211316
电话：025-57356908，57355737
传真：025-57355186
电子信箱：kdfxy@163.com
网址：www.kdfxy.com
主要产品或业务范围：钢铁分析仪、元素分析仪、不锈钢分析仪等。

南京科捷分析仪器有限公司
地址：江苏省南京市光华路1号南京理工大学科技园孵化大楼2楼
邮编：210014
电话：025-83312752，13951792301
传真：025-83738955
联系人：尹俊荣
电子信箱：njkj17@163.com
网址：www.kj17.com
主要产品或业务范围：该公司开发制造气相色谱仪、高效液相色谱仪、色谱比表面测定仪、原子吸收光谱仪等多种分析仪器。

南京宁博分析仪器有限公司
地址：江苏省南京市高淳经济开发区汶溪路128号洲城科技园
邮编：211300
电话：025-56831608
传真：025-56831606
电子信箱：nb@nbyq.cn
网址：www.nbyq.cn
主要产品或业务范围：碳硫分析仪、高频红外碳硫分析仪、电弧红外碳硫分析仪、管状炉碳硫分析仪、三元素分析仪、多元素分析仪、电脑多元素联测分析仪、非水定碳仪、定碳仪、定硫仪、电脑多元素一体化分析仪、可见分光光度计、紫外可见光分光光度计、看谱仪、二用式看谱仪（小光谱仪）、测温枪、炉前铁水碳硅快速分析仪等。

南京普纳科技设备有限公司
地址：江苏省南京市江东北路301号滨江广场14层
邮编：210036
电话：025-86200301,86200340,86200343
传真：025-86200323
电子信箱：sales@pna.com.cn
网址：www.pna.com.cn
主要产品或业务范围：标量网络分析仪。

南京麒麟分析仪器有限公司
地址：江苏省南京市高淳县玉泉路5号
邮编：210000
电话：025-57339666，57339999
传真：025-57339435，57339175
电子信箱：ql@jqilin.com
网址：www.jqilin.com
主要产品或业务范围：碳硫高速分析仪，微机多元素分析仪，分光光度计，电子安规测量仪器四大类产品，其中碳硫高速分析仪和微机多元素分析仪销量居国内首位。

南京润福分析仪器制造有限公司
地址：江苏省南京市高淳开发区科技创业中心龙井路7号
邮编：211305
电话：025-56816001，18915912061
传真：025-56816003
电子信箱：njrfyq@163.com
网址：www.njrfyq.com
主要产品或业务范围：三元素分析仪，金属分析仪，化验分析仪器等高速分析仪器。

南京上元分析仪器有限公司
地址：江苏省南京市江宁区湖熟金城产业配套区
邮编：211121
电话：025-52695860
传真：025-52695760
电子信箱：syfenxi@126.com
网址：www.syfenxi.com
主要产品或业务范围：氧指数测定仪、水平垂直燃烧测试仪、建材烟密度测试仪、防火涂料大板法测试仪等40余种系列产品。

南京世舟分析仪器有限公司
地址：江苏省南京市雨花台区古遗井33号
邮编：210012
电话：025-86180960
传真：025-84496167
电子信箱：rh.zhuang@njcaonline.cn
网址：www.njcaonline.com
主要产品或业务范围：该公司是一家专业从事在线分析仪器研发及其应用的高科技企业。

南京同普分析仪器制造有限公司
地址：江苏省南京市高淳开发区康乐路100号
邮编：211300

电话：025-57307111，57307112
传真：025-57307112
网址：www.njtpu.com
主要产品或业务范围：几十种测量碳、硫、硅、锰、磷、铜、镍、铬、钼、稀土、镁、钛、锌、铅、铝、铁等元素的高速分析仪器。

南京新飞分析仪器制造有限公司
地址：江苏省南京市高新区科技创业中心29楼203室
邮编：210061
电话：025-58744711，58744720
传真：025-58744720
电子信箱：xffxyq@xffxyq.com
网址：www.xffxyq.com
主要产品或业务范围：该公司是国内最早生产氧化锆氧气分析仪的专业厂家，产品分氧化锆氧分析仪及烟气氧分析仪两大系列。

南京智达分析仪器有限公司
地址：江苏省南京市江宁区诚信大道2108号
邮编：211100
电话：025-57917996，57917999
传真：025-57917979
电子信箱：sales@zhida.com.cn
网址：www.zhida.com.cn
主要产品或业务范围：利用热导、红外、电化学、热磁等原理生产的H_2、O_2、CO、CO_2、SO_2、NO_x、NH_3、Ar、H_2O等分析仪表以及ZD101系列成套气体分析系统，提供各种规格的预处理部件，并代理ABB、FUJI等品牌的分析仪器及系统。

欧普图斯（苏州）光学纳米科技有限公司
地址：江苏省苏州工业园区星湖街218号生物纳米科技园A4-316
邮编：215125
电话：0512-69561988
传真：0512-69561858
电子信箱：zyliu@optotrace.com
网址：www.optotrace.com
主要产品或业务范围：该公司产品有现场快速微痕量化学物检测仪、纳米技术模块、激光拉曼光谱系统。

日立仪器（苏州）有限公司
地址：江苏省苏州市工业园区星汉街5号G幢
邮编：215021
电话：0512-67610270
传真：0512-67610016
网址：www.hitachi-hitec.cn
主要产品或业务范围：光分析装置、色谱仪、生物学相关装置、临床检查用装置、电子显微镜、电磁分析装置、离心分离装置。

苏州市天威仪器有限公司
地址：江苏省太仓市岳王区
邮编：215437
电话：0512-53302659
联系人：吕艳强
主要产品或业务范围：定氮仪、脂肪仪、二氧化碳测定仪、粗纤、苯维检测仪器。

苏州斯坦福仪器有限公司
地址：江苏省苏州市高新技术开发区金山路3号
邮编：215011
电话：0512-68242417，68248625
传真：0512-68241092
电子信箱：szstf@pub.sz.jsinfo.net
网址：www.cn-stf.com
主要产品或业务范围：室内空气、材料检测仪器，水质分析仪，食品卫生、微生物检测仪，实验室气相色谱仪及相关配件等。

无锡创想分析仪器有限公司
地址：江苏省无锡市钱荣路72号
邮编：214064
电话：0510-83205379，83213469
传真：0510-83123469
联系人：顾德安，严秀华
电子信箱：wuxi@chxyq.com
网址：www.chxyq.com
主要产品或业务范围：专业从事分析实验仪器的研发、生产和销售。开发了新一代碳、硫、锰、磷、硅、镍、铬、铜、钛、镁、稀土等元素的高速分析仪器，共十大类60多个品种，广泛应用于各行业的工业材料分析。

无锡湖利仪表厂
地址：江苏省无锡市胡埭镇
邮编：214161
电话：0510-85598565
传真：0510-85593843
联系人：周建伟
电子信箱：info@hl-yb.com
网址：www.hl-yb.com
主要产品或业务范围：该厂是氧化锆探头、氧量分析仪、智能转速表、转速传感器、风压变送器、防堵风压取样器、补偿式风压吹扫装置、电接点液位仪、测量筒及各种电接点的生产基地。

无锡瑞迪声科技有限公司
地址：江苏省无锡市锡山区芙蓉中三路99号科创园瑞云6座707室
邮编：214192
电话：0510-81015256
传真：0510-81015289
联系人：杭文韬

电子信箱：Wt.zh0710@yahoo.com.cn
网址：www.radiacence.com
主要产品或业务范围：该公司研发，生产和销售波长色散的X-射线荧光，X-射线衍射等分析检测仪器。

无锡市高速分析仪器有限公司
地址：江苏省无锡市北塘区惠钱路127号
邮编：214151
电话：0510-83202173
传真：0510-83202310
主要产品或业务范围：红外碳硫分析仪。

无锡市申科仪器厂
地址：江苏省无锡市滨湖区南泉工业园区8号厂房申科仪器大楼
邮编：214072
电话：0510-85115560
传真：0510-85105520
电子信箱：shenco@sina.com
网址：www.shencochina.com
主要产品或业务范围：R系列旋转蒸发器，S系列恒速搅拌器，RAT系列玻璃变频反应釜，D1810系列双重纯水器，恒温水浴锅等。

无锡天牧仪器科技有限公司
地址：江苏省无锡市滨湖区青龙山工业园青龙山路127号
邮编：214064
电话：0510-85517986
传真：0510-83212766
电子信箱：caodezhu0301@163.com
网址：www.wxtmyq.com
主要产品或业务范围：火花直读光谱仪、高频红外碳硫分析仪、智能碳硫分析仪。

徐州市鼓楼区胜阳电子仪器制造厂
地址：江苏省徐州市中山北路延长段
邮编：221006
电话：0516-87723203
传真：0516-82595233
电子信箱：xzfxyq@126.com
网址：www.kexinyiqi.com
主要产品或业务范围：智能快速测硫仪、快速灰分测定仪、温度控器、马弗炉、101系列干燥箱、胶质层测定仪、黏结指数测定仪、自膨胀测定仪、破碎机、密封制样机、标准筛等煤质分析专用仪器。

优胜光分仪器南京有限公司
地址：江苏省南京市建邺区奥体大街130号奥体名座F座809、810室
邮编：210019
电话：025-87763088
传真：025-87763099
电子信箱：info@unisearch-cn.com
网址：www.unisearch-cn.com
主要产品或业务范围：该公司负责加拿大优胜公司在华市场推广、产品销售、技术服务等所有业务。加拿大优胜公司成立于1980年，是专业的气体检测仪器研发生产公司，是可调式二极管激光器吸收光谱（TDLAS）气体检测技术的倡导者和领导者。

鞍山翰玛传感技术有限公司
地址：辽宁省鞍山市高新区千山路318号
邮编：114044
电话：0412-5223026，87560581
传真：0412-5223036
电子信箱：sales@hama.ln.cn
网址：www.dalian-hama.com
主要产品或业务范围：从事气体环保领域监测和控制仪器仪表的研究、开发与生产。产品有便携式粉尘浓度监测仪、粉尘浓度监测仪、烟尘浓度监测仪、化学发光氮氧化物分析仪、顺磁氧分析仪。

鞍山纳斯克自控有限公司
地址：辽宁省鞍山市铁东区高新技术开发区新软件园东201室
邮编：114051
电话：0412-5230019，5230029，5230069，5230089
传真：0412-5230029-809
电子信箱：asneo@163.com
网址：www.asneo.com
主要产品或业务范围：该公司是挪威纳斯克电子光学公司指定的中国地区的代理商。专业为中国用户提供气体成分监测的优化方案，为有意向选用Laser Gas系列激光气体、粉尘分析仪的用户或设计院提供详尽的技术资料。

鞍山尤尼实业有限公司
地址：辽宁省鞍山市高新区千山路268号
邮编：114043
电话：0412-5922900
传真：0412-5921396
电子信箱：uts2002@126.com
网址：www.unions.com.cn
主要产品或业务范围：该公司是德国UNION（尤尼）公司唯一指定中国技术服务中心。产品有 MART 2002型热值仪测量系统，SMART SPC2000型非燃烧式热值仪测量系统，Psmart2000型便携式热值仪，超声波气体流量计，管道防腐绝缘层测试仪，管线压力、温度监视系统。

大连北方分析仪器厂
地址：辽宁省大连市高新科技产业园区七贤岭学子街荣伸工业园4-1
邮编：116023
电话：0411-84754333，84754555，84753762

传真：0411-84753759
电子信箱：beifang8@online.ln.cn
网址：www.beifang8.net
主要产品或业务范围：BF系列石油及燃料油、润滑油、沥青、液化石油气、天然气、石蜡、防冻液、刹车液等分析仪器、环保仪器及化验室通用仪器设备（闪点、运动黏度、馏程、实际胶质、倾点、凝点、密度、铜片腐蚀、抗泡、硫含量、机械杂质、盐含量、硫醇硫等仪器）。

大连分析仪器厂
地址：辽宁省大连市高新技术产业园区信达街25号
邮编：116024
电话：0411-84794867，84793648
传真：0411-84793648
电子信箱：office@dfy.cn
网址：www.dfy.cn
主要产品或业务范围：高效液相色谱仪，色谱柱。

大连华洋科学仪器有限公司
地址：辽宁省大连市中山区丰汇园路5号楼丰源海景山庄
邮编：116013
电话：0411-82364123，82364125，82364126，82364127
传真：0411-82364006
电子信箱：max@dhsi.com.cn
网址：www.dhsi.com.cn
主要产品或业务范围：色谱仪，光谱仪。

大连江申分离科学技术公司
地址：辽宁省大连市西岗区双兴街25号
邮编：116011
电话：0411-83679755，83679756
传真：0411-83603953
电子信箱：johnsson@johnsson.cn
网址：www.johnsson.cn
主要产品或业务范围：高效液相色谱仪，色谱柱，色谱工作站等产品。

大连科纳科学技术开发有限责任公司
地址：辽宁省大连市中山路161号
邮编：116012
电话：0411-83693356
传真：0411-83609647
电子信箱：wgy88@yahoo.com.cn
主要产品或业务范围：气相色谱仪，色谱工作站，其他色谱仪，色谱柱，其他分析仪器。

大连那珂仪器有限公司
地址：辽宁省大连市甘井子区辛寨子东街15号
邮编：116033
电话：0411-86317716
传真：0411-86312213
网址：www.hitachi-hitec.cn
主要产品或业务范围：分析装置的生产组装，液相色谱仪、分光光度计、医用组件的生产。

大连特安技术有限公司
地址：辽宁省大连市高新园区火炬路35号B座4楼
邮编：116025
电话：0411-39759096，13672102733
传真：0411-39759098
联系人：张琪，刘云松
电子信箱：dl-beijing@exsaf.com
网址：www.dalianexsaf.com
主要产品或业务范围：该公司是研发和生产石油产品分析仪器的专业厂家。

大连依利特分析仪器有限公司
地址：辽宁省大连市高新园区七贤岭学子街2-2号
邮编：116023
电话：0411-84753333
传真：0411-84732323
电子信箱：info@eliteHPLC.com
网址：www.eliteHPLC.com
主要产品或业务范围：该公司设计开发了基于积木式结构的高效液相色谱仪器系列产品，产品单元包括从微量到制备色谱恒流泵、多种不同类型检测器、进样器、色谱数据处理工作站、液相色谱柱及其他色谱配件。

丹东费氏仪器有限公司
地址：辽宁省丹东市江城大街184～186号
邮编：118000
电话：0415-2825728
传真：0415-2825723
电子信箱：aihw@yahoo.cn
网址：www.ddfsss.com
主要产品或业务范围：浊度计，高浊度计，水质浊度变送器，余氯测定仪，平均粒度测定仪，平均粒度测定仪等。

丹东环保仪器厂
地址：辽宁省丹东市元宝区兴东后街165号
邮编：118001
电话：0415-2823265
传真：0415-2826917
主要产品或业务范围：WLP-202系列平均粒度测定仪、DBZ系列水质浊度监测仪、余氯监测仪、泥位测定仪等。

锦州电子技术研究所
地址：辽宁省锦州市义县南关街19号
邮编：121100
电话：0416-7733852
传真：0416-7733852
电子信箱：13941696168@163.com

网址：www.hsfxy.com
主要产品或业务范围：含水、界面测量仪表。

辽宁科瑞色谱技术有限公司
地址：辽宁省丹东市临港园区仪器仪表产业基地启动区标准厂房9号楼
邮编：118009
电话：0415-6123025
传真：0415-6123031
电子信箱：Createren_liugq@126.com
网址：www.createren.com
主要产品或业务范围：该公司是一家规模化研发、生产、销售色谱仪的专业公司。

沈阳仪通分析仪器有限公司
地址：辽宁省沈阳市铁西区保工北街68号
邮编：110027
电话：024-25874296
传真：024-25855427
电子信箱：yt@online.ln.cn
主要产品或业务范围：该厂是沈阳市科委批准的高新技术企业，通过了ISO 9001质量管理体系认证。生产的多种产品曾获国家、省、市科学进步奖和优秀新产品奖。主要研究、生产光学仪器（原子吸收分光光度计系列）、电化学环境监测分析仪器（快速BOD、便携式水质检测仪等）、农业科学仪器（定氮仪、农药残毒速测仪）等。

济南阿尔瓦仪器有限公司
地址：山东省济南市新宇路1号高新区香格里拉北塔
邮编：250100
电话：0531-67800601，67800661
传真：0531-66592661
电子信箱：18678895072@163.com
网址：www.alrva.com
主要产品或业务范围：该公司提供满足全球市场需求的高端分析测量仪器、行业应用解决方案和售后服务。

济南安博实验室通用设备有限公司
地址：山东省济南市历城区华龙路791号名人大第1-901室
邮编：250100
电话：0531-85716171，88021676
传真：0531-88021676
联系人：黄先生
电子信箱：number@jinananbo.com
网址：www.jinananbo.com
主要产品或业务范围：该公司提供分析检测仪器研发、生产、销售及服务。

济南东测试验机技术有限公司
地址：山东省济南市二环南路6850号
邮编：250031
电话：0531-87950428
传真：0531-87950365
电子信箱：docer@docer.com.cn
网址：www.docer.com.cn
主要产品或业务范围：材料试验机。

济南海能仪器股份有限公司
地址：山东省济南市高新区天辰大街677号
邮编：250101
电话：0531-88874444
传真：0531-88874445
电子信箱：china@hanon.cc
网址：www.hanon.cc
主要产品或业务范围：药品安全监督的分析仪器。

济南康恩科技有限公司
地址：山东省济南市南辛庄西路21-1号
邮编：250022
电话：0531-87183983
传真：0531-87183983
电子信箱：Jnkekj@126.com
网址：www.51yq.com.cn
主要产品或业务范围：分析仪器、实验室仪器、教学仪器、光学仪器、环境保护仪器、石油分析仪器等。

济南胜利科学器材有限公司
地址：山东省济南市北园大街26号
邮编：250033
电话：0531-88664348，88664350，88664351
传真：0531-88664350，88660676
主要产品或业务范围：成套供应进口、国产化验室仪器，石油产品分析仪器，天平及称量类仪器，电化学及环保类仪器，光谱及色谱类仪器，光学仪器，旋转类仪器，加热类仪器，超声波仪器，涂料、油漆、泥浆、纸张类仪器，德国塞多利斯天平，瑞士梅特勒天平，意大利哈纳分析仪器，美国布氏黏度计等。

青岛博华环保科技有限公司
地址：山东省青岛市山东路171号金祥大厦2106室
邮编：266033
电话：0532-85618331
传真：0532-85618331
电子信箱：power_qd@sohu.com
网址：www.qdbhhb.com
主要产品或业务范围：BOD测定仪、COD测定仪、氨氮测定仪、总磷测定仪等。

青岛明华电子仪器有限公司
地址：山东省青岛市李沧区四流中路42号甲
邮编：266041
电话：0532-84615995，84615915

传真：0532-84616880
网址：www.minhope.com
主要产品或业务范围：检测系列、烟气分析系列、粉尘（气）采样系列环境监测仪器。

青岛普仁仪器有限公司
地址：山东省青岛市李沧区四流北路23号
邮编：266043
电话：0532-87622298
传真：0532-87622298
电子信箱：prl@qdpr.com
网址：www.qdpr.com
主要产品或业务范围：离子色谱仪及相关配件。

青岛盛瀚色谱技术有限公司
地址：山东省崂山区株洲路153号2号楼11层
邮编：266101
电话：0532-80679887
传真：0532-80679111
联系人：张志国
电子信箱：sunxuguang@qdsrd.com
网址：www.sheng-han.com
主要产品或业务范围：该公司现有CIC-100型、CIC-200型、CIC-300型系列例子色谱仪。

山东博山同业分析仪器厂
地址：山东省淄博市博山区李家窑北街12号
邮编：255200
电话：0533-4133796
传真：0533-4133234
电子信箱：tyyq@tyyq.net
网址：www.tyyq.net
主要产品或业务范围：微量水分测定仪系列，全自动界面张力测定系列，自动闪点仪系列，多功能振荡仪等多种电力、石化分析仪器。

山东电讯七厂有限责任公司
地址：山东省济宁市文大街4号
邮编：272001
电话：0537-2211298
传真：0537-2882692
网址：www.sddx7.com
主要产品或业务范围：该公司主营MP-1型溶出分析仪、MP-2型溶出分析仪、JP4000型示波极谱仪、CMFIA-1型流动注射分析仪、XDE-10门导生理记录仪、XDF-30门导生理记录仪等产品。

山东高密彩虹分析仪器有限公司
地址：山东省高密市南关路86号
邮编：261500
电话：0536-2322148
传真：0536-2866096
联系人：孙再胜，张福志
电子信箱：eric0129@live.cn
网址：www.caihongchina.cn
主要产品或业务范围：该公司专业生产各类临床检验仪器和分析仪器。

山东惠工仪器有限公司
地址：山东省淄博市高新区政通路135号高科技创业园E座
邮编：255086
电话：0533-3163227，3188169，3159037
传真：0533-3187339
电子信箱：huigong@vip.163.com
网址：www.533.net
主要产品或业务范围：HGTD203体积电阻率测定仪、HGJC变电站气体智能检测系统、BS2000型闭口闪点自动分析、介电强度测定仪等。

山东金普分析仪器有限公司
地址：山东省枣庄市高新区泰国工业园复元六路
邮编：277800
电话：0632-8670986，8670988，8670989
传真：0632-8670987
联系人：何荣文
电子信箱：zw9596@163.com
网址：www.sdjinpu.com
主要产品或业务范围：气相色谱仪，液相色谱仪，油气显示评价仪，地质录井仪，气体发生器等系列产品。

山东鲁南瑞虹化工仪器有限公司
地址：山东省滕州市荆河中路206号
邮编：277500
电话：0632-5581054，5581056，5550762
传真：0632-5570896
电子信箱：lunan-gc@163.com
网址：www.lunan-gc.com
主要产品或业务范围：该公司是由原山东鲁南化工仪器厂改制组建的有限责任公司；主要产品有气相色谱仪、液相色谱仪、地化录井仪、热解析仪，紫外分光光度计等十几个系列几十个品种。

山东三泵科森仪器有限公司
地址：山东省淄博市开发区万杰路108号
邮编：255086
电话：0533-3580620
传真：0533-3580620
电子信箱：kesenyiqi@163.com
网址：www.zbkesen.com
主要产品或业务范围：该公司是微量水分测定仪、闭口闪点仪两项产品的国家标准起草单位；专业生产微量水分测定仪、自动界面张力仪、开口闪点仪、闭口闪点仪、酸值测定仪、多功能振荡仪、激光粒度分析仪、凝点倾点测定仪、石油产品运动黏度仪、自燃点测定仪、空气释放值测定仪、泡沫测定仪、全自动氧化安定性测定仪等仪器。

山东中惠仪器有限公司
地址：山东省淄博市高新技术开发区民福路8号
邮编：255088
电话：0533-3981058
传真：0533-3983199，2891128
联系人：王勇
电子信箱：zhonghui@zhonghui.com.cn
网址：www.zhonghui.com.cn
主要产品或业务范围：该公司是专门从事实验化学分析仪器研发、制造、销售的著名企业；主要产品有电厂用抗燃油自燃点检测器、液体表面张力测定用样品台、全自动微量水分测定仪、抗燃油体积电阻率测定用恒温器、变压器油带电度自动检测装置、液体张力测定用恒温器、微量快速闪点仪等。

山东淄博海诺仪器有限公司
地址：山东省淄博市博山区仲临路207号
邮编：255220
电话：0533-4181414，4181415
传真：0533-4181415
电子信箱：X4181414@126.com
网址：www.ziboyiqi.net
主要产品或业务范围：该公司研发、设计、制造卡尔—费休水分测定仪、全自动表界面张力仪、开/闭口闪点测定仪、运动黏度测定仪、油耐压自动测定仪等分析仪器。

滕州市滕海分析仪器有限公司
地址：山东省滕州市经济开发区春藤东路1199号
邮编：277500
电话：0632-5696692，5657988
传真：0632-5883899
联系人：刘西国
电子信箱：thfxyq1018@126.com
网址：www.thyq.com
主要产品或业务范围：该公司专业开发和制造气相、液相色谱仪。主要产品有气相、液相色谱仪，气体发生器等，兼营色谱配件及顶空进样器、油岩热解综合评价仪等。

烟台东润仪表有限公司
地址：山东省烟台市莱山经济开发区秀林路1号
邮编：264003
电话：0535-6919361
传真：0535-6919362
电子信箱：dongrun@cndongrun.com
网址：www.cndongrun.com
主要产品或业务范围：主要产品为水分析仪器、物（液）位计、智能压力变送器、流量计及特殊测温装置。

中德合资华分赛瑞分析仪器技术有限公司
地址：山东省潍坊市玄武东街中段
邮编：261031
电话：0536-8670003
传真：0536-8670002
网址：www.hfsr.com.cn
主要产品或业务范围：氧分析仪，红外线气体分析器，热导式气体分析器，激光气体分析仪，过程分析成套系统，烟气连续监测系统，垃圾焚烧分析成套系统等。

淄博淄分仪器有限公司
地址：山东省淄博市共青团西路138号
邮编：255000
电话：0533-2168989
传真：0533-2165915
电子信箱：zifen@zifencn.com
网址：www.zifencn.com
主要产品或业务范围：微量水分测定仪，自动张力测定仪，闭口闪点自动测定仪，运动黏度测定仪，石油和合成液抗乳化性能测定仪，破乳化度测定仪，全自动油试验机，油耐压试验仪，液体介质电阻率测试仪，毛细管黏度计清洗器等。

圣辉集团（中国）有限公司
地址：陕西省西安市高新区科技二路66号佳贝大厦
邮编：710075
电话：029-88330638，88330639，88330636
传真：029-88330633
电子信箱：shgroup@126.com
网址：www.shgroup.com.cn
主要产品或业务范围：分析仪表。

西安鼎研科技有限责任公司
地址：陕西省西安市高新区高新六路40号康鸿产业园A座1楼
邮编：710075
电话：8008409865，029-86695085（8线）
传真：029-88511855
电子信箱：dy@xa-dy.com，scb@xa-dy.com
网址：www.xa-dy.com
主要产品或业务范围：系列氧量分析仪、水分分析仪、氢气分析仪、红外气体分析仪、有毒有害气体检测报警仪及系列高纯气体气相色谱仪等。现成型的系统有：水泥窑分析系统、高炉煤气分析系统、水煤气分析系统、焦炉煤气分析系统、油炉分析系统、草甘膦工艺分析系统、甲醇分析系统、电石窑炉分析系统、合成氨车间分析系统、镀锌线炉气分析系统、乙烯裂解分析系统等。新开发产品：DY型微流量不分光红外气体分析仪、光纤半导体激光多组分气体分析仪。

西安泰戈分析仪器有限责任公司
地址：陕西省西安市国家民用航天产业基地工业二路66号

邮编：710100
电话：029-85642599
传真：029-85641393
电子信箱：tiger567@126.com
网址：www.xatiger.com
主要产品或业务范围：该公司专业从事气体成分分析技术及仪器的研发、生产、销售和服务。

阿美特克商贸（上海）有限公司
地址：上海市外高桥保税区富特北路460号1楼A座
邮编：200131
电话：021-58685111
传真：021-58660969
电子信箱：Sean.sun@ametek.com.cn
网址：www.grabner-instruments.com.cn
主要产品或业务范围：石油石化产品检测仪器仪表制造厂商；主要产品有闪点测试、蒸汽压测试（实验室/在线）、辛烷值、十六烷值、黏度、燃料油测试、蒸馏特性测试、水分测试、密度测试、色度测试、硫/铅含量测试等。

安莱立思仪器科技（上海）有限公司
地址：上海市青浦区华纺路99弄99号5幢4楼
邮编：201799
电话：021-69221786
传真：021-69221780
电子信箱：alalis@alalis.com
网址：www.alalis.com
主要产品或业务范围：电化学分析测量仪器。

傲领分析技术（上海）有限公司
地址：上海市外高桥保税区希雅路330号7号厂房底层C部位
邮编：200131
电话：021-50461180
传真：021-50461128
电子信箱：asia@orthodyne.be
网址：www.orthodyne.be
主要产品或业务范围：专业从事气体分析仪、气相色谱仪和成套分析机柜的生产制造。

奥地利安东帕（中国）有限公司
地址：上海市北京西路1701号静安中华大厦1002室
邮编：200040
电话：021-62887878
传真：021-62886810
联系人：赵容
电子信箱：info.cn@anton-paar.com
网址：www.anton-paar.com
主要产品或业务范围：实验室与过程应用中的密度、浓度和温度测量，流变测量与黏度测量，化学分析技术，材料特性检定，高精密光学仪器，最新数字式密度仪，折光仪，旋光仪。

柏业贸易（上海）有限公司
地址：上海市浦东张江高科技园区祖冲之路887弄88号楼403室
邮编：201203
电话：021-50800969，50801191，50801651
传真：021-50801620
联系人：江仕平
电子信箱：james_jjiang@yahoo.com.cn
网址：china.bioneer.com
主要产品或业务范围：Exicycler96实时荧光定量PCR仪；MyGenie96梯度PCR仪；MyGenie32PCR仪；ExiPrep16全自动核酸提取仪；ExiSpin混匀离心双功能机；引物、探针、siRNA、基因合成及修饰；AccuPower PCR Premix；核酸提取纯化试剂盒；分子诊断试剂；药物筛选系统；酶；DNA分子量标准；缓冲液；耗材等。

创新思成有限公司
地址：上海市沪南路2653号开格科技园区2号楼1楼
邮编：201315
电话：021-50550642，50550643
传真：021-68063576
电子信箱：info@chanceint.com
网址：www.chanceint.com
主要产品或业务范围：热重分析仪，差热分析仪，热膨胀仪，热机械分析仪，热导、热流仪，表界面张力及接触角分析仪，椭圆偏振系统，激光粒度分析系统，LB膜天平和液展槽，水分滴定仪，电位滴定仪，密度计，生物传感器，冻干机，色谱柱，衡器，离子探针，裂变径迹系统，GPC柱和标样。

岛津分析技术研发（上海）有限公司
地址：上海市张江高科技园区卡园二路108号6幢3层
邮编：201201
电话：021-58589879
传真：021-58587738
电子信箱：fuwei@srlab.com.cn
网址：www.srlab.com.cn
主要产品或业务范围：化学分析仪器的技术研发。

岛津国际贸易（上海）有限公司
地址：上海市浦东外高桥保税区富特西一路381号汤臣工业区A1幢6层
邮编：200020
电话：021-58661753
传真：021-58660299
网址：www.shimadzu.com.cn
主要产品或业务范围：光谱分析装置，色谱分析装置，质谱分析装置，热分析装置，粒度仪，电子天平，发射光谱仪，X射线分析仪，表面分析仪，环境仪器，电子拉力机，液压万能试验机，疲劳试验机，硬度计，划痕试验机。

荷兰安米德有限公司上海代表处
地址：上海市中山西路1800号兆丰环球大厦5楼F1座
邮编：200235
电话：021-64403331
传真：021-64401102
电子信箱：info@ankersmid.com
网址：www.ankersmid.cn
主要产品或业务范围：颗粒粒度分析仪，颗粒粒形分析仪，纳米粒度分析仪，气体吸附仪等。

华耀贸易有限公司
地址：上海市胶州路941号803室
邮编：200060
电话：021-62987218-8020
传真：021-62988310
电子信箱：info@huayao17.com
网址：www.huayao17.com
主要产品或业务范围：该公司主要代理产品有生命科学仪器、理化分析仪器、植物学、农业相关仪器、食品、微生物仪器、通用实验设备、消耗品及试剂。

精工电子纳米科技有限公司
地址：上海市浦东新区张江高科技园区碧波路690号2号楼102室
邮编：201203
电话：021-50273533
传真：021-50273733
电子信箱：shen.lu@snts.com.cn
网址：www.siint.com.cn
主要产品或业务范围：该公司主要生产分析、测量仪器设备等。主要产品包括元素分析仪、膜厚测量仪。

精工盈司电子科技（上海）有限公司
地址：上海市浦东新区张江高科技园区碧波路690号2号楼102室
邮编：201203
电话：021-50273533
传真：021-50273533
电子信箱：sales@siint.com.cn
网址：www.siint.com.cn
主要产品或业务范围：生产各种科学仪器，包括X射线荧光分析仪、光谱仪、原子力显微镜、聚焦离子束显微镜、热分析仪等。

精密光谱科学与技术国家重点实验室
地址：上海市中山北路3663号
邮编：200062
电话：021-62232453
传真：021-62232056
电子信箱：leding@21cn.com
网址：www.lps.ecnu.edu.cn
主要产品或业务范围：从事光谱、核磁共振波谱及穆斯堡尔谱的基础及其应用基础研究；致力于发展高灵敏、高分辨谱学综合研究技术，加强与生物医学、材料科学、现代信息技术、计量科学等领域的交叉。

堀场仪器（上海）有限公司
地址：上海市嘉定区安亭镇泰涛路200号
邮编：201821
电话：021-69522835
传真：021-69522823
网址：www.horiba.com.cn
主要产品或业务范围：汽车测试：排放分析系统、车载式排放分析系统、便携式排放分析仪、稀释/采样系统、发动机测试系统、传动系测试系统、转鼓测试系统、制动器测试系统、风洞测试系统、测试自动化软件；过程和环境监测：空气污染分析仪、烟气排放连续监测系统、过程分析仪、水质分析仪器、pH计等。

励强国际贸易(上海)有限公司
地址：上海市金钟路658号4号楼4层
邮编：100050
电话：021-52600005，52600008
传真：021-52161825
电子信箱：info@metrohm.com.cn
网址：www.metrohm.com.cn
主要产品或业务范围：自动电位滴定仪、自动卡氏微量水分测定仪、pH/离子计、电导仪、配液器、搅拌器、交换单元、伏安极谱仪、离子色谱仪、氧化稳定性测定仪、电极、Autolab电化学工作站、Applikon在线化学成分分析仪、全自动智能温度滴定仪、气体和气溶胶测试仪器。

美国优特仪器上海分公司
地址：上海市莘庄工业园区中富路679号D座
邮编：201108
电话：021-54429227
传真：021-54424113
电子信箱：sales@ultratech-science.com
网址：www.ultratech-science.com
主要产品或业务范围：提供X射线分析技术的整体解决方案，产品种类有UTX850B系列X荧光检测仪。

默克化工技术(上海)有限公司
地址：上海市南京西路1468号中欣大厦40层
邮编：200040
电话：021-32224788
传真：021-62496124
电子信箱：info@merck-china.com
网址：www.merck-china.com
主要产品或业务范围：提供高效液相色谱消耗品及溶剂，从色谱填料、色谱柱、薄层色谱到色谱溶剂、基准试剂一应俱全。

耐驰科学仪器商贸（上海）有限公司
地址：上海市外高桥保税区富特北路456号1号楼3层A部位
邮编：200131
电话：021-58663128，58663129
传真：021-58663120
电子信箱：zhiqiang.zeng@nsi.netzsch.cn
网址：www.nerzsch.cn
主要产品或业务范围：该公司是全球顶尖的热分析仪器专业生产企业之一；产品包括差示扫描量热仪、热重分析仪、同步热分析仪、热膨胀仪、动态热机械分析仪、热机械分析仪、热分析与红外/质谱联用技术、导热性能测试仪、树脂固化监测仪、耐火强度分析仪等。

南通菲希尔测试仪器有限公司
地址：上海市普陀区真北路915号2205～2211室
邮编：200333
电话：021-32513131
传真：021-32513132
电子信箱：china@helmutfisher.com
主要产品或业务范围：X射线测厚仪、β射线测厚仪、线路板金属化孔测试仪、库仑测厚仪、涡流感应测厚仪、电磁感应测厚仪、材料分析仪和表面微硬度测试仪等。

牛津仪器（上海）有限公司
地址：上海市南京东路800号新一百大厦14楼F座
邮编：200001
电话：021-61329688
传真：021-63608535
联系人：项佳莹
电子信箱：huisheng.jiao@oxinst.com
网址：www.oichina.cn
主要产品或业务范围：该公司产品包括能谱仪，波普仪，EBSD，等离子设备，超导产品，核磁共振仪，低温泵，光谱仪，测厚仪，X射线管等。

珀金埃尔默仪器（上海）有限公司
地址：上海市张江高科技园区李冰路67弄4号楼
邮编：201203
电话：021-38769510
传真：021-50791316
电子信箱：ping.xue@perkinelmer.com
网址：www.perkinelmer.com.cn
主要产品或业务范围：该公司已成为原子光谱、分子光谱、色谱和色质联用，以及热分析系统等化学分析仪器领域的代应商之一；在生命科学领域，该公司是生化领域，特别是在药物高通量筛选、全自动液体处理和样品制备以及遗传疾病筛查方面的供应商。

日本新宇宙电机株式会社
地址：上海市松江工业区东兴路385号4号厂房
邮编：201613
电话：021-67743138-122
传真：021-67743728
电子信箱：jia.chuanyan@new-cosmos.com.cn
网址：www.new-cosmos.com.cn
主要产品或业务范围：家庭用气体报警器、工业用气体检测系统、携带式气体探测器、气味传感器及应用气味传感器的产品。

瑞士步琪有限公司
地址：上海市长宁区淮海西路570号C7-104
邮编：200052
电话：021-62803366
传真：021-52308821
联系人：潘英英
电子信箱：china@buchi.com
网址：www.buchi.com.cn
主要产品或业务范围：该公司是中压分离纯化制备色谱，平行反应合成，喷雾干燥仪，玻璃干燥仪，熔点仪，凯式定氮，蛋白质和脂肪测定，食品饲料近红外品质分析等方面的全球市场主要的供货商。

瑞士华嘉（香港）有限公司
地址：上海市淮海中路398号世纪巴士大厦9楼D、E座
邮编：200020
电话：021-53838811
传真：021-63856008
电子信箱：ins.cn@dksh.com
网址：www.dksh.com
主要产品或业务范围：分析仪器及设备，独家代理众多欧美先进仪器，包括颗粒、物理、化学、生化、通用实验室的各类分析仪器以及流程仪表设备。

赛默飞世尔科技
地址：上海浦东新金桥路27号
邮编：201206
电话：021-68654588
传真：021-68654588
电子信箱：sales.china@thermofisher.com
网址：www.thermo.com.cn
主要产品或业务范围：该公司是全球科学服务领域的领导者；借助于Thermo Scientific和Fisher Scientific两个主要的品牌，帮助客户加速生命科学领域的研究、解决在分析领域所遇到的复杂问题与挑战，促进医疗诊断发展、提高实验室生产力。

莎斯特（上海）贸易有限公司
地址：上海市浦东大道555号裕景国际商务广场2003室
邮编：200120
电话：021-50620181
传真：021-50580700
电子信箱：Info.cn@sarstedt.com

网址：www.sarstedt.com
主要产品或业务范围：消耗品和分析设备，医疗诊断和医疗护理的消耗品。

上海安谱科学仪器有限公司
地址：上海市斜土路2897弄50号海文商务楼507室
邮编：200030
电话：021-54890099
传真：021-54248311
联系人：吴刚
电子信箱：wugang@anpel.com.cn
网址：www.anpel.com.cn
主要产品或业务范围：专营进口色谱产品，化学试剂，标准品，实验室用品，分析仪器配件及耗材。

上海安泰分析仪器有限公司
地址：上海市粤秀路353号
邮编：200072
电话：021-65285902
传真：021-65285877
电子信箱：antai@online.sh.cn
主要产品或业务范围：钾钠、钾钠锂、钾钠氯、钾钠钙、pH分析仪，血球计数仪，移液管等仪器。

上海奥普勒仪器有限公司
地址：上海市徐汇区上中路303号
邮编：200231
电话：021-54293789
传真：021-54399170
联系人：蔡建树
电子信箱：aplsh@163.com
网址：www.aplsh.com
主要产品或业务范围：该公司主要从事分析仪器的开发应用和新产品研究。

上海般特仪器有限公司
地址：上海市中山南二路777弄2号1606室
邮编：200032
电话：021-64041598，54248715
传真：021-64164119
电子信箱：banteinstrument@yahoo.com.cn
网址：www.bante-china.com
主要产品或业务范围：主要产品有pH计，氧化还原电位，离子计，电导率仪，溶解性总固体，盐度计，溶解氧测定仪，旋光仪，臭氧分析仪，磁力搅拌器等。

上海邦安检测工程有限公司
地址：上海市天目西路218号上海嘉里不夜城第二座2804室
邮编：200070
电话：021-63175588
传真：021-63533137
电子信箱：panan@pananchina.com
网址：www.pananchina.com
主要产品或业务范围：全自动和手动黏度测定仪、旋转黏度测定仪、全自动聚合物黏度测定仪、发动机油边界泵送温度测定仪、发动机油表观黏度测定仪、高温高剪切表观黏度测定仪等。

上海宝山精工电子仪器厂
地址：上海市杨鑫路451弄105号
邮编：201901
电话：021-66761289，66762622
传真：021-56803995
电子信箱：51082165@163.com
网址：www.sh-jgdzyq.com
主要产品或业务范围：KF-412A自动水分测定仪，HYD-Ⅱ自动永停滴定仪，卡尔费休氏试剂。

上海宝英光电科技有限公司
地址：上海市康桥东路1300弄8号楼
邮编：201319
电话：021-68182706
传真：021-68139003
联系人：周涛，严懿
电子信箱：shbykj@188.com
网址：www.shbykj.com
主要产品或业务范围：该公司可为广大用户提供过程分析成套系统、气体分析仪、高频红外碳硫分析仪、氧氮氢分析仪等产品。

上海宝中盈仪器仪表有限公司
地址：上海市徐汇区漕宝路70号光大会展中心C座1406室
邮编：200235
电话：021-64329025
传真：021-64329029
电子信箱：robertqiu@bl-seal.com
网址：www.bl-seal.com
主要产品或业务范围：专业经营化学分析仪器的销售和服务。产品有氮磷分析仪、全自动间断化学分析仪、连续流动化学分析仪、连续流动微流化学分析仪等。

上海贝凯生物化工设备有限公司
地址：上海市闵行区浦江东方经济城东晨三路一号
邮编：201112
电话：021-54841138
传真：021-54841137
联系人：杨海燕
电子信箱：webmaster@shbioc.com
网址：www.shbioc.com
主要产品或业务范围：该公司专业从事生物化工设备、现代制药设备、科教仪器的研究、开发、制造。

上海创远电子设备有限公司
地址：上海市漕宝路70号光大会展中心C座29层
邮编：200235
电话：021-64326888
传真：021-64326669
电子信箱：xuwl@transcom.net.cn
网址：www.transcom.net.cn
主要产品或业务范围：光纤通信领域的各种仪器仪表、无线通信（微波）领域的各种测试仪器及器件、数字传输的接入设备、GSM/CDMA移动通信测试仪器及网络系统。

上海杜优嘉高分子微粒科技有限公司
地址：上海市天山路338弄5号1106室
邮编：200336
电话：021-63046447
传真：021-64093523，63042670
电子信箱：wyh@dukechina.com
网址：www.dukechina.com，www.dukescientific.com
主要产品或业务范围：标准微粒、医药科学、生产控制、纳米技术、免疫诊断、细胞及血液分析、洁净室质控、流体分析、过滤系统检测、磁性微粒等各项微粒应用领域。

上海飞乐股份有限公司
地址：上海市昭化路68号
邮编：200050
电话：021-62523309
传真：021-62517323
电子信箱：feilo@feilo.com.cn
网址：www.feilo.com.cn
主要产品或业务范围：汽车电子、汽车电器、布线系统、分析仪器、电化学仪器、天平仪器、物理光学仪器、电子机械设备、无线通信设备及系统、用电管理系统等。

上海根本化轻有限公司
地址：上海市延安西路1030弄38号5A
邮编：200052
电话：021-62110755
主要产品或业务范围：气体传感器及离子感烟探测器中的电离室。

上海归真仪器设备有限公司
地址：上海市徐汇区龙川北路418弄2号702室
邮编：200237
电话：021-64847471
联系人：倪佳
网址：www.acitek.com.cn
主要产品或业务范围：水质分析仪。

上海海恒机电仪表有限公司
地址：上海市闵行区浦江镇跃农二组71号
邮编：201114
电话：021-34301374
传真：021-34301074
电子信箱：13801901448@163.com
网址：www.haihengsh.com
主要产品或业务范围：水质分析仪，浊度仪，余氯仪及二氧化氯仪，农村安全用水仪器，色度仪，pH计，COD仪，电导仪，水质快速测试箱，分光光度计，原子吸收仪，细菌过滤器，电子天平，自动电位滴定仪，其他实验室设备；在线水质分析设备，漏氯报警仪，水位仪，水位记录仪，超声波流量计，超声波液位仪，压力记录仪。

上海海欣色谱仪器有限公司
地址：上海市斜土路2084弄7号5楼
邮编：200032
电话：021-64170156
传真：021-64170155
联系人：王培文
电子信箱：sales@haixinsepu.com
网址：www.haixinsepu.com
主要产品或业务范围：气相色谱仪、双光束散射浊度仪、氢气发生器、高性能的GC-920型、多功能的GC-920X型、普及型的GC-950型、单检测器型的GC-960型、电力系统专用GC-900-SD型气相色谱仪，GC-950M型、GC-950N型煤矿专用气相色谱仪。

上海海争电子科技有限公司
地址：上海市闵行区浦秀路598弄27号102室
邮编：201114
电话：021-34301374
联系人：王志武
主要产品或业务范围：多功能水质分析仪、浊度仪、色度仪、余氯仪。

上海汉谱光电科技有限公司
地址：上海市长宁区天山路789号1号楼1301室
邮编：200051
电话：021-52067909
传真：021-52069180
电子信箱：hanpu18@chinaspec.net
网址：www.chinaspectrum.com.cn
主要产品或业务范围：便携式分光光度计，精密测色仪，便携式色差仪，LED光电分析仪，激光二极管等。

上海灏申工贸有限公司
地址：上海市漕河泾开发区桂平路471号3号楼1楼
邮编：200233
电话：021-64859990
传真：021-64851290
电子信箱：aurora@aurora-sensors.com
网址：www.aurora-sensors.com
主要产品或业务范围：该公司专业生产各类电化学传感器。

上海恒齐商贸有限公司
上海艺灵科学仪器有限公司
地址：上海市永兴路525号1908室
邮编：201809
电话：021-66600806，56308873
传真：021-56901006
电子信箱：webmaster@sh-hqyl.com
网址：www.sh-hqyl.com
主要产品或业务范围：pH计，电导率仪，多功能测量仪，溶氧仪，离子计。

上海华爱色谱分析技术有限公司
地址：上海市局门路458号510室
邮编：200023
电话：021-63029668
传真：021-63029678
电子信箱：webmaster@huaaisepu.com
网址：www.huaaisepu.com
主要产品或业务范围：氦离子化气相色谱仪、变压器油专用色谱仪、车用汽油分析专用色谱仪、燃气分析专用色谱仪、室内环境质量检测专用色谱仪、氧化锆气相色谱仪、腐蚀性气体专用色谱仪。

上海华光仪器仪表厂
地址：上海市瑞虹路597号
邮编：200086
电话：021-65035271
主要产品或业务范围：测汞仪、光电比色计、测氧仪、三元素自动分析仪、金属刻字机。

上海嘉定粮油仪器有限公司
地址：上海市嘉定区环城路2420弄12号
邮编：201800
电话：021-39986220
联系人：陈明皓
主要产品或业务范围：理化检测仪、面筋仪、白度仪、降落数值仪、脂肪仪、蛋白仪、粗纤维测定仪。

上海嘉鹏科技有限公司
地址：上海市宝山区真陈路1398弄15号
邮编：200444
电话：021-36162366，61425398
传真：021-36162369
电子信箱：sh-jiapeng@163.com
网址：www.shjkj.com
主要产品或业务范围：核酸蛋白检测仪系列、紫外检测仪系列、紫外分析仪系列、旋转蒸发器系列、自动纯水蒸馏器系列、低温恒温槽系列、循环水真空泵系列、恒流泵系列、自动部分收集器系列、梯度混合仪系列、层析柱系列、溶剂过滤器系列、动物人工呼吸机系列、核酸蛋白分离层析系列、自动液相色谱分离层析系列。

上海今迈仪器仪表有限公司
地址：上海市嘉定区马陆镇彭封路165号
邮编：201801
电话：021-59106208，59104750
传真：021-59101682
联系人：黄惠忠
电子信箱：shjinmai2008@sohu.com
主要产品或业务范围：电导率仪和pH计等实验室系列产品。

上海金达生化仪器有限公司
地址：上海市剑川路10弄2号202室
邮编：200241
电话：021-64502103，64502702，64522362
传真：021-64502103
联系人：王招娣
电子信箱：dzw-1020@163.com
网址：www.jddnd.com
主要产品或业务范围：高性能双光束核酸蛋白紫外检测仪系列，低压液相色谱分离层析系统系列等。

上海金凯德分析仪器有限公司
地址：上海市徐汇区上中路303号
邮编：200231
电话：021-60496890
传真：021-64532251
联系人：周先生
电子信箱：gc-hplc@163.com
网址：www.gc-hplc.com.cn
主要产品或业务范围：该公司生产销售气相色谱仪、液相色谱仪及常用色谱零配件。

上海劲佳科学仪器有限公司
地址：上海市浦东新区周浦镇瓦南陆北路209号
邮编：201321
电话：021-58153909，58156345
传真：021-58156345
联系人：刘海洋
电子信箱：cmc17@126.com
网址：www.cmc17.com
主要产品或业务范围：浊度仪、白度仪等。

上海精密科学仪器有限公司分析仪器事业部
地址：上海市苍梧路7号
邮编：200233
电话：021-64700403，64360311，64362456
传真：021-64833916
网址：www.spsic.com
主要产品或业务范围：分析仪器事业部不断开发研制升级换代品种，已形成光谱、色谱、原子吸收、医疗生化四大类，近50个品种的数字化、智能化分析仪器。

上海巨贸科学仪器有限公司
地址：上海市凯旋路2200号凯旋大厦3510室
邮编：200030
电话：021-64483377
传真：021-64482277
电子信箱：info@jumao.com.cn，maxliu1956@china.com
主要产品或业务范围：瑞士天平、光泽度计，美国黏度计、水分计、色差计，德国烘箱、水分测定仪、高温炉；日本手持屈折计、折光仪、旋光仪，英国振筛机、组织性测定仪。

上海凯来实验设备有限公司
地址：上海市浦东新区张江路665号德宏大厦402室
邮编：201203
电话：021-58955762，58955763
传真：021-58955730
联系人：张敬
电子信箱：zhangj@chemlabcorp.com
网址：www.chemlabcorp.com
主要产品或业务范围：该公司从事一般实验室用设备和分析仪器的进口代理及其相关的售后服务。

上海康华生化仪器制造有限公司
地址：上海市奉贤区泰日河西街1号
邮编：201405
电话：021-56663283
联系人：陈中华
主要产品或业务范围：液相色谱层析系统、紫外、核酸蛋白检测仪、紫外透射反射分析仪系列、厌氧箱、培养箱、二氧化碳箱、生化培养箱、干燥箱、振荡器、恒温培养箱、超净工作台。

上海康雷分析仪器有限公司
地址：上海市浦东新区北蔡镇莲溪路1151号3号厂房2层B座
邮编：201204
电话：021-50911997
传真：021-50912003
主要产品或业务范围：纯水器，超纯水器及小型试验楼集中供水系统等及废水TOC自动检测系统、烟气自动检测系统的集成。

上海康仪仪器有限公司
地址：上海市兰溪路10弄3号2902室
邮编：200062
电话：021-62162131
传真：021-62549852
电子信箱：shky@shkygs.com
网址：www.shky1688.com，www.shkygs.com
主要产品或业务范围：主要产品有pH计、电导率仪、自动电位滴定仪、自动永停滴定仪、溶氧仪、离子计、pH电极、电导电极、离子选择电极等。

上海可贵固态离子导体公司
地址：上海市桂林路565号明佳公寓106室
邮编：200233
电话：021-64517965，64852032
传真：021-64843816
联系人：杨芝洲
主要产品或业务范围：氧化锆陶瓷材料、氧敏传感器、氧含量分析仪。

上海雷磁·创益仪器仪表有限公司
地址：上海市嘉定区安亭镇洛浦路21号
邮编：201805
电话：021-59572059，59576540-801，59576714
传真：021-59564709
联系人：黄家荣
网址：www.dianzinet.com/company/4/e/c/7045/
主要产品或业务范围：88系列气相色谱仪、电化学分析仪器系列、pH酸度计、DDS电导率仪、pH标准缓冲液、标准混合气体三大系列。

上海灵华仪器有限公司
地址：上海市周家嘴路628号景泰大楼5层A座
邮编：200082
电话：021-65352003
传真：021-65351869
电子信箱：Sh-lhyq@163.com
网址：www.lhyiqi.com
主要产品或业务范围：该公司是专门从事气相色谱仪的制造及各类色谱应用技术研究的高新技术企业。提供全面的气、液相色谱分析解决方案，解决用户的实际问题。可根据用户的需求，提供分析方案，选配仪器及专用色谱柱，并负责分析方案的实验验证，以及培训操作人员等完善的售前及售后服务。

上海罗素科技有限公司
地址：上海市松花江路251弄7号903室
邮编：200093
电话：021-35080252
传真：021-55230300
联系人：陈伟娟
电子信箱：ruosull_co@163.net
网址：www.ruosull.com
主要产品或业务范围：pH电极，氧化还原电极，电导电极，离子选择性电极，参比电极和溶氧电极等。

上海民桥精密科学仪器有限公司
地址：上海市绥德路118弄65号5楼
邮编：200331
电话：021-66082110
主要产品或业务范围：电子天平、水分仪、黏度计。

上海尼润智能科技有限公司
地址：上海市宁国路313弄龙泽大厦6号1502室
邮编：200090
电话：021-65432608
传真：021-58391689
联系人：周洪
电子信箱：nirunndj@126.com
网址：www.sh-nirun.com
主要产品或业务范围：生产各种规格黏度计、旋转黏度计、在线黏度计、Viscometer的专业公司。

上海欧华分析仪器厂
地址：上海市中山北路2035弄340号
邮编：200061
电话：021-52919799，62146280
传真：021-52919799
电子信箱：ohua@china-ohua.com
网址：www.china-ohua.com
主要产品或业务范围：各种气相色谱仪（GC-9160系列气相色谱仪），气体净化器，气体稳压阀，色谱配件。

上海欧陆科仪有限公司
地址：上海市浦东新区金桥出口加工区金港路501号C幢2F
邮编：201206
电话：021-58347460，58347681
传真：021-58545673
联系人：王旭红
电子信箱：euro-tech-jq.sb@euro-tech.com
网址：www.euro-tech.com
主要产品或业务范围：红外分光油分析仪、COD测定仪、总有机碳TOC分析仪、浊度仪、悬浮物、溶解氧测量仪、分光光度计、萃取装置等。同时提供各种配套化学试剂，如COD试剂、余氯总氯试剂等。

上海磐和电子科技有限公司
地址：上海市闵行区莲花南路1500弄19号商务楼606室
邮编：201108
电话：021-33581201，33581022
传真：021-33581023
联系人：王宏
电子信箱：info@impactlabinc.com
网址：www.impactlabinc.com
主要产品或业务范围：代理进口实验室样品前处理和相关分析设备。

上海培英化工科技有限公司
地址：上海市天山路461弄18号
邮编：200336
电话：021-62337400
传真：021-62596776
电子信箱：webmaster@traincenter.com.cn
网址：www.traincenter.com.cn
主要产品或业务范围：KF系列水分测定仪、GQH-F98型双组分红外分析仪、WKL-201型微库仑定硫仪、SF-201型浊度仪、ZDO型氧量测定仪、RC型余氯浓度分析仪、ZD型氧化锆检测器、气相色谱仪。

上海浦东新区三海智能仪表厂
地址：上海市浦东华夏东路1152弄6号402室
邮编：201200
电话：021-58377810
传真：021-58377810
网址：www.sanhai.com
主要产品或业务范围：酸、碱、盐等多种溶液的密度计、浓度计及电导率仪。

上海琪特分析仪器有限公司
地址：上海市嘉定区顺达路300弄20号
邮编：201802
电话：021-62310989
传真：021-62317668
联系人：王贤京
电子信箱：sales@shqite.com
网址：www.shqite.com
主要产品或业务范围：自动液相色谱分离层析仪、核酸蛋白检测仪、紫外检测仪、恒流泵、自动部分收集器。

上海任发仪器仪表有限公司
地址：上海市松江区泗泾镇望东中路18号
邮编：201601
电话：021-57619940
传真：021-57619240
电子信箱：lily@jenco.com.cn
网址：www.jenco.com.cn
主要产品或业务范围：该公司从事水溶液酸碱度、溶解氧、电导率、温度测量仪器的研发和开拓。

上海瑞鑫科技仪器有限公司
地址：上海市普陀区武威路88弄20栋7楼
邮编：200331
电话：021-56612180，36535077
传真：021-56085718
电子信箱：rx2007@188.com
网址：www.ruixin.net.cn
主要产品或业务范围：多功能农产品安全分析仪、病害肉测定仪、农药残留速测仪、多功能食品安全分析仪系列、食品安全快速检测箱、莱克多巴胺酶联免疫检测试剂盒、克伦特罗酶联免疫检测试剂盒等产品。

上海三科仪器有限公司
地址：上海市松江区新桥镇民强路227号B栋
邮编：201612

电话：021-64873364
传真：021-64879966
电子信箱：sanco@techcomp.cn
网址：www.sanco.com.cn
主要产品或业务范围：该公司是专业研发、制造、销售实验室仪器、临床检验仪器的中外合资企业，开发和销售各种档次的生化分析仪、荧光分光光度计、椭圆偏振分析仪等系列产品。

上海三信仪表厂
地址：上海市桂平路471号4号楼3楼
邮编：200233
电话：021-63362480
传真：021-64956880
电子信箱：tommy_wang@shsan-xin.com
网址：www.shsan-xin.com
主要产品或业务范围：pH计、电导率仪、溶解氧仪、离子计、水质硬度仪、磁力搅拌器以及各种类型的配套电极。

上海珊科仪器厂
地址：上海市泰兴路567号102、103室
邮编：200041
电话：021-62533563，63240822
传真：021-63240822
联系人：胡正
电子信箱：hz@sh-shanke.com
网址：www.sh-shanke.com
主要产品或业务范围：光电浊度仪，光电雾度计，农用数粒仪等产品。

上海上计群力分析仪器有限公司
地址：上海市愚园路546号
邮编：200040
电话：021-52390128，62523570
传真：021-62128346
电子信箱：gc-sict@163.com
网址：www.gc-sict.cn
主要产品或业务范围：液晶显示气相色谱仪，通用气相色谱仪，白酒专用气相色谱仪，电力专用色谱仪，石化系统专用气相色谱仪，炼厂气专用气相色谱仪等各类专用机，色谱工作站、台式色谱工作站等。

上海申越实验器材有限公司
地址：上海市华山路1954号交通大学浩然高科技大厦1807室
邮编：200030
电话：021-32260181
传真：021-62933286
电子信箱：adelineyang@sunyear.net
网址：www.sunyear.net
主要产品或业务范围：该公司是一家以液相色谱技术为核心、生物分离为特色的国际知名科学仪器专业代理公司。

上海晟声自动化分析仪器有限公司
地址：上海市嘉定区嘉安公路六里中心路255号
邮编：201821
电话：021-59166491
传真：021-59166613-1080
电子信箱：shengshck@163.com
网址：www.shengsh.instrument.com.cn
主要产品或业务范围：定氮仪生产。

上海世义精密仪器有限公司
地址：上海市宝山区淞南路459号206室
邮编：200441
电话：021-66189522
联系人：仇增宝
主要产品或业务范围：实验室pH计、电导率仪、离子计、溶解氧测定仪。

上海市安亭电子仪器厂
地址：上海市安亭工业园区园大路400号
邮编：201805
电话：021-69573180
联系人：朱宏伟
主要产品或业务范围：自动永停、水分、电位滴定仪、三用紫外分析仪。

上海市检测技术所上立检测仪器厂
地址：上海市长乐路1226号1号楼303室
邮编：200040
电话：021-64851865
联系人：戎志鸣
主要产品或业务范围：氧弹热量计（量热仪）、氧弹检定装置、生物化学发光测量仪、表面电位粒径仪。

上海舜宇恒平科学仪器有限公司
地址：上海市徐汇区虹漕路456号8号楼5、6楼
邮编：200233
电话：021-64956777
传真：021-64956777
电子信箱：fengw@sunnyoptical.com
网址：www.hengping.com
主要产品或业务范围：主要产品有分析仪器、天平仪器、物性测试仪器和前处理仪器。

上海天达仪器有限公司
地址：上海市武夷路697号
邮编：200051
电话：021-52738007
联系人：秀德才
主要产品或业务范围：制造pH计、电导仪、离子计、电动电位滴定仪、磁力搅拌器、特规仪器电极。

上海天美科学仪器有限公司
地址：上海市松江区民益路201号16幢
邮编：201612
电话：021-67687200
传真：021-67687190
电子信箱：shenshuwen@techcomp.cn
网址：www.techcomp.com.cn
主要产品或业务范围：气相色谱仪、液相色谱仪、离子色谱仪、原子吸收分光光度计等分析仪器产品系列。

上海天能科技有限公司
地址：上海市闵行区新骏环路188号2号楼3层
邮编：201114
电话：021-34646058，4008003559
传真：021-35512465-9
电子信箱：tanon2006@163.com
网址：www.bio-tanon.com.cn
主要产品或业务范围：该公司主要产品有Tanon系列数码凝胶图像分析系统，EPS系列数显稳压稳流电泳仪，HE系列水平电泳槽，VE系列垂直、转移电泳槽，UV2000系列紫外分析仪。

上海天誉机电设备有限公司
地址：上海市浦东新区杜鹃路188弄2-1904
邮编：201204
电话：021-38762811
传真：021-68456100
联系人：李向华
电子信箱：Leo.li@sky-leading.com
主要产品或业务范围：该公司致力于在线式分析、检测仪器的开发制造及国外相关高端产品的代理。

上海同济科教技术物资有限公司
地址：上海市四平路1239号
邮编：200092
电话：021-65983754
联系人：滕秉志
主要产品或业务范围：波耳共振仪、转动惯量测定仪、气体比热容比测定仪。

上海同田生物技术股份有限公司
地址：上海市张江高科技园区爱迪生路326号A301室
邮编：201203
电话：021-51320588
传真：021-51320502
电子信箱：tauto52@163.com
网址：www.tautobiotech.com
主要产品或业务范围：高速逆流色谱仪，中压双柱塞恒流泵，实验室纯水系统，高纯度天然产物有效成分单体、天然药物原料/中间体的研究开发、生产和销售。

上海伟业仪器厂
地址：上海市闵行区光华路888号13号楼2楼附楼
邮编：201108
电话：021-63013724
传真：021-63025555
电子信箱：wedmister@shweiye.com
网址：www.shweiye.com
主要产品或业务范围：专业生产电化学分析仪器。

上海伍丰科学仪器有限公司
地址：上海市同普路1343弄3号楼3层
邮编：200333
电话：021-52695700，52695702
传真：021-52695698
联系人：汪伶
电子信箱：jimmy-yu@wufengtech.com
网址：www.wufengtech.com
主要产品或业务范围：集研发设计、生产制造、销售服务为一体的高科技企业。产品包括高效液相色谱仪，气相色谱仪，色谱数据处理机。

上海纤检仪器有限公司
地址：上海市嘉定区澄浏中路2285号
邮编：201818
电话：021-59903969
联系人：陈建勇
主要产品或业务范围：定氮仪、脂肪测定仪、粗纤维测定仪、黄曲霉素测定仪。

上海相霖环保科技有限公司
地址：上海市淮海西路520号6楼607室
邮编：200052
电话：021-52541089
传真：021-52546089
电子信箱：xie780419@hotmail.com
主要产品或业务范围：液体检漏监测系统，毒性气体监测系统，加油站、油库、地上/地下油槽漏油监测系统，地上/地下油槽液面计及控制系统，手提型空气污染检测仪，地表水/废水污染检测分析仪，环保仪器仪表，仪控及系统整合。

上海晓舟电子仪表工贸有限公司
地址：上海市浦东新区西营路62号103室（明珠花苑）
邮编：200126
电话：021-50870018-803
传真：021-50870018-810
主要产品或业务范围：氧化锆氧量分析仪、闪光报警器。

上海昕瑞仪器仪表有限公司
地址：上海市永兴路258弄1号1315室
邮编：201809

电话：021-66058871，66058872，13817979767
传真：021-66058873
联系人：朱汉飞
电子信箱：168@shxr17.com
网址：www.shxr17.com
主要产品或业务范围：该公司专业从事计量、检测、分析仪器的研发、生产、销售及服务。

上海新家仪器有限公司
地址：上海市嘉定工业区回城南路1128号D305室
邮编：201821
电话：021-69520728
传真：021-69521728
电子信箱：zhangwm_1961@yahoo.com.cn
网址：www.xinjiayiqi.com
主要产品或业务范围：该公司主要生产定氮仪、脂肪测定仪、黄曲霉素检测仪、粗纤维测定仪等检测仪器。

上海新嘉电子有限公司
地址：上海市嘉定区立新路32号
邮编：201818
电话：021-59511618，39529019，39529017
传真：021-59512128，39529019
联系人：丁敏佳
电子信箱：sunye85@126.com，minjia_2008@126.com
网址：www.xinjia-electronic.com.cn
主要产品或业务范围：主营产品包括全自动定氮仪、智能定氮仪、粗脂肪测定仪、黄曲霉素测定仪、粗纤维测定仪。

上海新拓分析仪器科技有限公司
地址：上海市漕河泾开发区凯旋都市工业园龙吴路105号16号楼2楼
邮编：200232
电话：021-64384707，64569650
传真：021-64569630
电子信箱：xintuo@sh-xintuo.com
网址：www.sh-xintuo.com
主要产品或业务范围：该公司专门从事分析测试仪器的研制、销售和服务。

上海新仪微波化学科技有限公司
地址：上海市漕河泾高新区冠生园路227号2号楼3楼
邮编：200235
电话：021-54487840
传真：021-64080840
电子信箱：marketing@sineo.cn，info@sineo.cn
网址：www.sineo.cn
主要产品或业务范围：单模微波合成仪；微波·紫外·超声波一体萃取/合成仪；多参数便携式COD测定仪；32位试管消解器等。

上海煊仁环保仪器有限公司
地址：上海市雁荡路109号复兴广场517室
邮编：200020
电话：4008200554
传真：021-53821989
电子信箱：loretta@sseic.com
网址：www.sseic.com
主要产品或业务范围：应用于环境合规性、水处理和工业过程应用的在线分析仪的著名制造商。

上海亚隆科学仪器有限公司
地址：上海市龙华西路535弄8号102室
邮编：200232
电话：021-54245037
传真：021-64871583
联系人：李希
电子信箱：13761073703@139.com
网址：www.oico.com
主要产品或业务范围：该公司专门销售美国O.I.公司分析仪器产品。经销产品有总有机碳分析仪，气相色谱产品，全自动化学分析仪，凝胶渗透色谱净化系统。

上海盐程浦机电设备有限公司
地址：上海市徐汇区漕溪路251弄4号楼1305室(望族城)
邮编：200235
电话：021-54970686
传真：021-54970687
电子信箱：greatech@public2.sta.net.cn
网址：www.greatech-sh.com.cn
主要产品或业务范围：从事温度控制器、工业安全及自动化省力搬运设备的推行及销售。品质检测仪器有振动检测仪器和各类无损检测仪器预保养系统方案；环保、工业安全仪器有可燃性、毒性、特殊气体检测，固定污染源/移动污染源监测系统，便携式气体、粉尘检测仪等。

上海仪电科学仪器股份有限公司
地址：上海市嘉定区安亭园大路5号
邮编：201805
电话：021-59577340
传真：021-39506398
电子信箱：liuyan@lei-ci.com
网址：www.lei-ci.com
主要产品或业务范围：主要产品有分析仪器，天平仪器，电化学仪器，物理光学仪器和监控系统集成等。

上海仪真分析仪器有限公司
地址：上海市长宁区仙霞路369号现代广场1103室
邮编：200336
电话：021-62087664
传真：021-62191934
电子信箱：info@esensing.net

网址：www.esensing.net
主要产品或业务范围：该公司是法国Alpha MOS公司，美国AATI，Antek，Quant Technologies，St Croix公司，美国Thomas Cain公司，美国Nextchem公司，荷兰Atas GL公司的中国地区独家总代理。

上海屹尧微波化学技术有限公司
地址：上海市金都路4299号莘闵高科技创业园区2号楼
邮编：201108
电话：021-54427057
传真：021-54427063
联系人：马晓玲
电子信箱：xl.ma@preekem.com
网址：www.eu-chem.com
主要产品或业务范围：该公司专业研制、开发、生产微波化学设备。主要产品包括微波化学工作平台，水分测定仪，专家型密闭微波反应系统，温压双控密闭反应系统，单模微波合成仪，常压微波合成/萃取系统，常压微波萃取/合成仪，微波马弗炉，酸纯化系统。

上海英盛分析仪器有限公司
地址：上海市松江高新技术园区永航路288弄11号
邮编：201600
电话：021-58998999
传真：021-58998666
电子信箱：sales@encel.net
网址：www.encel.net
主要产品或业务范围：工业在线分析仪器，便携式检测分析仪器，工业分析控制成套系统，智能工业控制器。

上海盈柯实业有限公司
地址：上海市普陀区云岭西路356弄3号2楼
邮编：210060
电话：021-62433309
传真：021-62570492
联系人：周礼刚，张斌
电子信箱：zhou_ligang@yinkepump.com，
zhang_bin@yinkepump.com
网址：www.yinkepump.com
主要产品或业务范围：该公司是专业从事工业流体输送设备及工业流体在线检测仪表销售与技术服务的代理公司。产品包括在线黏度计，气动隔膜泵，磁力驱动齿轮泵，L&系列润滑油泵，燃油泵，CG齿轮泵，流量计。

上海优浦科学仪器有限公司
地址：上海市共和新路425号凯鹏国际大厦21楼E座
邮编：200070
电话：021-36174215，66288116，36174216-686
传真：021-56720496
联系人：张海燕
电子信箱：up17@up17.com
网址：www.up17.com
主要产品或业务范围：该公司代理产品涉及水质分析、环境检测、生命科学、理化分析、分析试剂及消耗材料等。

上海宇隆仪器有限公司
地址：上海市双阳路181号
邮编：200090
电话：021-65439884，65202323-11
传真：021-65202323-26
电子信箱：yulong@sh-yulong.com
主要产品或业务范围：该公司生产的仪器有pH计、电导率仪、pH电极和电导电极、分光光度计、旋光仪、显微镜等各种分析仪器。

上海振迈仪器设备有限公司
地址：上海市天目西路511号2006室
邮编：200070
电话：021-63531465
传真：021-63546840
电子信箱：sales@cleaninst.com.cn
网址：www.cleaninst.com
主要产品或业务范围：该公司代理美国CLEAN仪器包括：30系列高精度测试笔、200系列便携式测试仪、500系列台式测试仪、5000系列控制器等实验室及工业在线产品和配套方案。

上海智光仪器仪表有限公司
地址：上海市普陀区兰溪路311号
邮编：200033
电话：021-62574582
传真：021-62574582
网址：www.sh-zhiguang.com
主要产品或业务范围：电化学分析仪器。

上海智岩科学仪器有限公司
地址：上海市张江高科技园区蔡伦路780号3楼E座
邮编：201203
电话：021-58956923
传真：021-58956922
电子信箱：zhiyansci@163.com
网址：www.Lab51.cn
主要产品或业务范围：该公司是专业的生物仪器、分析仪器制造商。

上海中晨数字技术设备有限公司
地址：上海市普陀区千阳路271弄长征金江工业园9号3楼
邮编：200333
电话：021-22819340
联系人：吴骏逸
主要产品或业务范围：表界面张力仪、接触角测量仪、LB膜分析仪、Zeta电位仪、纤维组织测量仪。

通微（上海）分析技术有限公司
地址：上海市张江高科技园区松涛路489号C01座
邮编：201203
电话：021-38953588
传真：021-38953636
联系人：潘婷琪
电子信箱：Pantq@unimicrotech.com.cn
网址：www.unimicrotech.com.cn
主要产品或业务范围：主要产品有TriSepTM系列加压毛细管电色谱仪等。

沃特世科技(上海)有限公司
地址：上海市浦东新区张东路1387号41栋101室
邮编：201203
电话：4008202676，021-68794588，61562666
传真：021-68794588
电子信箱：lin_hai_zhang@waters.com
网址：www.waters.com
主要产品或业务范围：高效液相色谱仪，质谱仪，热分析仪以及流变学产品。

西门子（上海）分析仪器工程有限公司
地址：上海市松江出口加工区内西泖泾路175号12号厂房
邮编：201613
电话：021-57749977-818
传真：021-67747191
联系人：赵丹丹
网址：www.ad.siemens.com.cn
主要产品或业务范围：气体分析仪器处理系统，气相色谱仪预处理系统，气相色谱仪分析系统。

希仕代仪器贸易（上海）有限公司
地址：上海市政立路1585弄38号502室
邮编：200434
电话：021-65913531
传真：021-65913531
电子信箱：frankL@systechinstruments.com
网址：www.systechinstruments.com
主要产品或业务范围：微量氧分析仪，微量水分析仪，实验室产品透氧仪，透湿仪，顶空分析仪。

先进微仪器公司
地址：上海市浙桥路277号3座2716室
邮编：201206
电话：021-51923191
传真：021-51079736
电子信箱：ami@amio2.com.cn
网址：www.amio2.com.cn
主要产品或业务范围：百分比、微量、监测和防爆等各种氧气分析仪。

英国马尔文仪器（中国）有限公司
地址：上海市田州路99号新安大厦13号楼101单元
邮编：200233
电话：021-61133777，8008206902
传真：021-61133778
联系人：王珏
电子信箱：joy.wang@malvern.com.cn
网址：www.malvern.com.cn
主要产品或业务范围：激光粒度分析仪、激光粒度仪、实时喷雾力度分析仪、纳米粒度、Zeta电位及分子量分析仪、高灵敏纳米粒度分析仪、纳米粒度及绝对分子量分析仪、高性能纳米粒度和Zeta电位分析仪、高分辨Zeta电位分析仪、纳米粒度仪、干法粒形和粒度分析仪、湿法粒度和粒形分析仪、工业在线粒度分析和过程控制系统、马尔文在线系统、超级旋转流变仪、高级旋转流变仪、旋转流变仪、黏度计、台式毛细管流变仪、落地式毛细管流变仪、Viscotek科研级多检测器凝胶色谱系列。

英国仕富梅集团有限公司
地址：上海市莘庄工业园区元山路88弄9号
邮编：201108
电话：021-64426488
传真：021-64426498
电子信箱：jzheng@servomex.com
网址：www.servomex.com
主要产品或业务范围：危险区顺磁氧分析仪、危险区红外分析仪、安全区顺磁氧分析仪、多模块分析仪、氧化锆分析仪。

月旭材料科技（上海）有限公司
地址：上海市张江高科技园区蔡伦路720弄1号楼
邮编：201203
电话：021-50276760
传真：021-50276769
电子信箱：marketing@welchmat.com
网址：www.welchmat.com
主要产品或业务范围：液相色谱柱，以及代理纳升级液相色谱仪和八通道液相色谱仪。

昭和电工科学仪器（上海）有限公司
地址：上海市静安区石门一路211号旺旺大厦18F
邮编：200041
电话：021-62176111，13311851655
传真：021-62179879
电子信箱：sales@shodexchina.com
网址：www.shodex.com
主要产品或业务范围：该公司是日本具有代表性的综合化学产品生产公司。生产GPC、GFC、糖分析、离子交换、亲和色谱、有机酸分析、手性分离、离子色谱等800多个型号的各种专用柱及示差折光检测器，电导检测器等分析仪器，聚合物基系列色谱柱。

成都科林分析技术有限公司
地址：四川省成都市新光路1号观南上域5-1406室
邮编：610041
电话：18215522440
传真：028-85253094
电子信箱：colinlf@163.com
网址：www.colintech.com
主要产品或业务范围：FR-2消化罐，AutoHS自动顶空进样器，AutoHS-15自动顶空进样器，进样垫等。

成都世纪方舟科技有限公司
地址：四川省成都市一环路东二段48号中电信谊商务楼509室
邮编：610066
电话：028-84438456
传真：028-84464102
电子信箱：yyyy2008@126.com
网址：www.fzchina.com
主要产品或业务范围：该公司专业从事电化学分析仪器的设计、研发、生产、销售和服务。

成都仪器厂
地址：四川省成都市人民中路三段3号
邮编：610031
电话：028-86935160
传真：028-86933356
电子信箱：scchengyi@263.net
网址：www.scchengyi.com
主要产品或业务范围：检漏仪、真空计、极谱仪、色谱仪、多道生理信号采集处理系统，血液流变仪，恒温水浴，黏度、湿度分析仪。

德阳立达仪器有限责任公司
地址：四川省德阳市庐山南路三段32号
邮编：618000
电话：0838-2307561
传真：0838-2903778
网址：www.dyldyq.cn
主要产品或业务范围：碳硫分析仪、其他实验室用品、分析试剂、电导仪器及其他分析仪器。

四川久环仪器有限责任公司
地址：四川省绵阳市园艺工业园园艺街20号
邮编：621000
电话：4006820998，0816-8021807
传真：0816-8021800
电子信箱：service@sinoepa.com
网址：www.sinoepa.com
主要产品或业务范围：化学需氧量在线自动监测仪，氨氮在线自动监测仪，高锰酸盐指数在线自动监测仪，多参数在线自动监测仪，总有机碳在线自动监测仪，总氮在线自动监测仪，氯化物在线自动监测仪，总磷在线自动监测仪，大肠菌群在线自动监测仪，酚在线自动监测仪，水污染源排放在线监控系统，烟气排放连续监测系统，环境监测数据采集传输仪，环境噪声在线监测仪/取证系统。

天津埃文森科技有限公司
地址：天津市南开区黄河道467号大通大厦1001室
邮编：300110
电话：022-27697398
传真：022-27697289
联系人：张志霞
电子信箱：china@evansentech.com.cn
网址：www.evansentech.com.cn
主要产品或业务范围：全息快速纯化色谱系统，高效液相色谱系统，高效液相凝胶色谱系统，高效液相纯化制备系统，中低压快速色谱系统，蒸发光散射检测器，紫外检测器，示差检测器，色谱工作站，分析和制备型装柱设备，各种规格的石油化工输液泵，各种规格的气相色谱柱及填料，各种规格的液相色谱柱，各种规格的制备用液相色谱填料，各种规格的萃取小柱，各种规格的FLASH纯化柱，各种检测器光源包括各型号氘灯等，各种气相和液相色谱用常规配件。

天津贺世科技发展有限公司
地址：天津市睦南道89号
邮编：300050
电话：022-23390276，23394248
传真：022-23391479
联系人：白建国
电子信箱：heaion@sohu.com
网址：www.heaion.com
主要产品或业务范围：色谱配件及消耗品。

天津市琛航科技仪器有限公司
地址：天津市南开区华苑产业园榕苑路16号G座CD单元4层
邮编：300384
电话：022-58693246，58693247，58693249，58693250
传真：022-83716489
联系人：范维维
电子信箱：fww@scienhome.com
网址：www.scienhome.com
主要产品或业务范围：该公司是一家专业的实验室产品供应商，多年从事液相色谱全线产品的开发、研制、生产和销售。自营产品包括液相色谱柱及保护柱，气相色谱柱，恒温柱箱，空压机，氢气发生器，其他液相色谱配套产品。代理产品包括高效液相色谱系统，蒸发光散射检测器，自动取样器，输液泵，进样阀，注射器，工业制备填料，配件耗材等。

天津市东康科技有限公司
地址：天津市河西区黑牛城道立达博兰苑3-3-101
邮编：300381

电话：022-23936088
传真：022-23936088
电子信箱：dc@dongkangkeji.com
网址：www.dongkangkeji.com
主要产品或业务范围：该公司是瓦里安、岛津、TSP、Fisher试剂的专业代理商，并代理经销东京理化科学仪器。进口原装色谱仪、光度计等大型分析仪器，以及与其相适应的配套设备、配件及消耗品，均有现货供应。

天津市富辰高新技术公司
地址：天津市南开区白堤路246号
邮编：300192
电话：022-87895000
传真：022-87890762
网址：www.titp.ac.cn
主要产品或业务范围：铁品位快速分析仪。

天津市国铭医药设备有限公司
地址：天津市华苑产业区鑫茂科技园A座5层F单元
邮编：300384
电话：022-83710752
联系人：李卫国
主要产品或业务范围：药物检测仪器、明胶检测仪器、实验分析仪器。

天津市恒奥科技发展有限公司
地址：天津市华苑产业园区榕苑路15号9-D-801室
邮编：300384
电话：022-83713517，83713527
传真：022-83713109
电子信箱：hakj@vip.163.com
网址：www.tjhakj.cn
主要产品或业务范围：研制和生产色谱前处理分析仪器。

天津市津维电子仪表有限公司
地址：天津市南开区咸阳路罗平道6号
邮编：300190
电话：022-27638649，27652788
传真：022-27366750
电子信箱：sjjw@vip.163.com
网址：www.tj-jwdz.com
主要产品或业务范围：红外分光光度计、荧光光度计、红外分光测油仪、紫外分光光度计等。

天津市科器高新技术公司
地址：天津市南开区二马路46号
邮编：300100
电话：022-27350624
联系人：张振海
主要产品或业务范围：系列粉末压片机、系列液相制备色谱仪、系列光泽度仪等产品。

天津市兰博实验仪器设备有限公司
地址：天津市华苑高新天发科技园7-1-2层，8层
邮编：300384
电话：022-23593003，23592982
传真：022-23592987
电子信箱：tianjinlanbo@vip.163.com
网址：www.tianjinlanbo.com
主要产品或业务范围：美国兰博高效液相色谱仪的中国区总代理及技术服务中心。

天津市罗根科技有限公司
地址：天津市南开区卫津路92号天津大学填科大楼1层
邮编：300072
电话：022-27639241
传真：022-27639241
电子信箱：logan@tjlogan.com
网址：www.tjlogan.com
主要产品或业务范围：颗粒计数器。

天津市鹏翔科技有限公司
地址：天津市新技术产业园区海泰绿色产业基地Ⅱ期M8号办公别墅1门3跃4
邮编：300384
电话：022-87890403
传真：022-87890435
联系人：何春丽
电子信箱：goldeng@fm365.com
网址：www.tjge.com
主要产品或业务范围：微反色谱装置、催化剂评价装置、小试及中试精馏装置、加氢装置、无梯度反应装置、多用吸附仪（催化剂表征系统TPD、TPR、TPO、TPSR）、六通道催化剂评价装置、多管高压反应装置、乙苯脱氢实验装置、生物柴油试验装置、超临界萃取（反应）装置、制备色谱、膜分离制氮机。

天津市普瑞斯仪器有限公司
地址：天津市南开区红旗南路水上温泉花园22-1-103
邮编：300384
电话：022-83715005，83715006
传真：022-83711075
电子信箱：puruisi@vip.163.com
网址：www.puruisi.cn
主要产品或业务范围：紫外可见分光光度计，水质分析检测仪，食品安全检测仪。

天津市赛普环保科技发展有限公司
地址：天津市华苑新技术产业园区兰苑路9号工房时代1门605室
邮编：300384
电话：022-83714060
传真：022-83714060转805
电子信箱：sipo_hb@vip.163.com

网址：www.sipohb.com
主要产品或业务范围：研发BOD快速测定仪、红外测油仪、COD测定仪、水质采样器、土壤采样器等产品。

天津市五星电子仪器有限公司
地址：天津市东丽区驯海路43号
邮编：300300
电话：022-84373418，24993542
传真：022-24961330
电子信箱：tjwxdz@163.com
网址：www.fivestarelec.com.cn
主要产品或业务范围：节能仪器仪表。

天津市先权工贸发展有限公司
地址：天津市武清曹子里花城产业园区花城中路61号
邮编：301700
电话：022-29550000
传真：022-29550066
电子信箱：csj@xq-instrument.com
网址：www.xq-instrument.com
主要产品或业务范围：全自动多用吸附仪、原位吸附仪、分散度仪、微反色谱装置、微型反应装置、催化剂评价装置、费一拖合成反应评价装置、全自动催化剂评价装置、全自动反应色谱装置、多路平行反应装置、脉冲反应色谱、原位红外反应装置、TPD-红外、TPD-质谱。

天津市兴国科技开发有限公司
地址：天津市华苑产业区天发科技园6号楼2门102室
邮编：300384
电话：022-83710143
传真：022-83710143
电子信箱：xuguangg@eyou.com
网址：www.tjsxg.com
主要产品或业务范围：真空蒸馏定量脱气器、全自动全脱气分析技术、宽稳频稳压电源、宽稳频稳压在线式不间断电源、无油无音空压机系列产品、高纯氢气发生器、高纯氮气发生器等产品。

杭州超距科技有限公司
地址：浙江省杭州市文三路199号7号楼4层
邮编：310012
电话：0571-88904611
传真：0571-88366710
电子信箱：helenhelan@126.com，sales@aadtech.com.cn
网址：www.aadtech.com.cn
主要产品或业务范围：高灵敏氢气气密性检测仪、超痕量汞在线分析仪、痕量气态烃在线分析系统、痕量氢气在线自动分析系统。

杭州大和热磁电子有限公司
地址：浙江省杭州市滨江区滨康路777号
邮编：310005
电话：0571-86699985
传真：0571-86697695
电子信箱：vfsales@ferrotec.com.cn
网址：www.ferrotec.com.cn
主要产品或业务范围：PCR、恒温金属浴、高精度恒温水浴系列、运动黏度仪、自动微量倾浊点测定仪、氧化安定性试验仪、石油和合成液抗乳化试验仪等。

杭州鼎利环保科技有限公司
地址：浙江省杭州上城区中河中路222号平海国际7楼
邮编：310003
电话：0571-28066681
传真：0571-87703056
电子信箱：hex@dlhb.com
网址：www.dlhb.com
主要产品或业务范围：COD、氨氮、总磷、重金属等系列在线监测仪器及实验室仪器。

杭州晶格科学仪器有限公司
地址：浙江省杭州市西湖区西园三路8号1号楼5楼
邮编：310030
电话：0571-89905515，88968086
传真：0571-88968086
电子信箱：gsly8041@126.com
网址：www.jghz.com
主要产品或业务范围：数据采集仪、高低温恒温恒湿箱、贴片机、数字精密电桥等。

杭州科晓化工仪器设备有限公司
地址：浙江省杭州市西湖区振华路320号
邮编：310012
电话：0571-88955418
传真：0571-88955467
电子信箱：hz@kexiao.com
网址：www.kexiao.com
主要产品或业务范围：气、液相色谱仪，色谱仪配件，分光光度计，天平等化验室实验设备。

杭州朗基科学仪器有限公司
地址：浙江省杭州市文二路391号西湖国际科技大厦C座512、513室
邮编：310012
电话：0571-88862165，88862284
传真：0571-87397572
电子信箱：info@longgene.com
网址：www.longgene.com
主要产品或业务范围：PCR仪、凝胶成像分析系统。

杭州明通科技有限公司
地址：浙江省杭州市文二路391号节能科技园E座中区3楼

邮编：310012
电话：0571-87758617
主要产品或业务范围：色谱工作站、色谱数据工作站。

杭州赛尔泰科技有限公司
地址：浙江省杭州市滨江区东冠路611号金盛科技园3号楼6楼
邮编：310053
电话：0571-28021919-8803
传真：0571-28021920
联系人：马祝林
主要产品或业务范围：代理经营液相色谱仪等分析仪器产品，开发和生产双通道色谱数据工作站。

杭州旭东升科技有限公司
地址：浙江省杭州市古翠路108号
邮编：310012
电话：0571-89936988，89935398，89936977
传真：0571-88910733
电子信箱：web@rsenv.com
网址：www.rsenv.com
主要产品或业务范围：环境监测技术研究推广、分析仪表。代理销售环境监测仪器和实验室用分析仪表。

杭州中旺科技有限公司
地址：浙江省杭州余杭区海外高层次人才创新园上和路29号
邮编：311122
电话：0571-85285153
传真：0571-85285191
电子信箱：zw0571@sina.com
网址：www.zonwon.com
主要产品或业务范围：智能型黏度测量系统。

聚光科技（杭州）股份有限公司
地址：浙江省杭州市滨江区滨安路760号
邮编：310052
电话：0571-85012188
传真：0571-85012188-1018
电子信箱：market@fpi-inc.com
网址：www.fpi-inc.com
主要产品或业务范围：该公司是世界领先的环境与安全检测分析仪器和服务供应商。

宁波市北仑科瑞分析仪器厂
地址：宁波市北仑区霞浦街道山前工业区
邮编：315080
电话：0574-88419078
传真：0574-88419076
电子信箱：exp@chinakeruite.com
网址：www.chinakeruite.com
主要产品或业务范围：移液器及相关分析产品。

台州市中谷科技有限公司
地址：浙江省台州市路桥区新桥镇中兴街157号
邮编：318055
电话：0576-82665888，82661188
传真：0576-82662188
电子信箱：tzyq@tzyq.com
网址：www.tzyq.com
主要产品或业务范围：粮食仪器、种子检测仪器、水分检测仪器、分析仪器、光学仪器、黏度检测仪器、天平仪器、计量仪器、实验室仪器、医疗器械、干燥箱等。

浙江福立分析仪器有限公司
地址：浙江省温岭经济开发区产学研园区
邮编：317500
电话：0576-86199622
传真：0576-86199677
电子信箱：flyq@cnfuli.com.cn
网址：www.cnfuli.com.cn
主要产品或业务范围：气相色谱仪、液相色谱仪、原子吸收分光光度计、紫外分光光度计。

浙江托普仪器有限公司
地址：浙江省杭州市西湖科技园西园八路11号
邮编：310030
电话：0571-86059660
传真：0571-86059660
电子信箱：jollier@top17.net
网址：www.agri-instrument.com
主要产品或业务范围：土壤、气象、种子、植物生理、环境、粮油食品检化验等相关农业检测仪器。

重庆川仪分析仪器有限公司
地址：重庆市经济技术开发区南坪金山支路6号
邮编：400060
电话：023-62825599
传真：023-62803142
电子信箱：sales@cqcf.com
网址：www.cqcf.com
主要产品或业务范围：气体分析仪器及其成套系统、水质分析仪器及其成套系统、实验室分析仪器。

重庆里博仪器有限公司
地址：重庆高新开发区陈家坪帝豪名都17楼
邮编：400039
电话：023-68652316
传真：023-68651838
电子信箱：leebtest@yahoo.com.cn
网址：www.leeb17.com
主要产品或业务范围：产品包括表面粗糙度仪、数字式超声波探伤仪、里氏硬度仪等。

试验机

北京北科合作仪器厂
地址：北京市丰台区久敬庄路57号
邮编：100076
电话：010-63810135，63814052，65255353
传真：010-63814052
电子信箱：bbk@bbk2000.com
网址：www.bbk2000.com
主要产品或业务范围：板带测厚仪、板形仪、凸度仪、核子秤、料位仪、对位仪、辐射探测器等产品。

北京东方力智试验仪器有限公司
地址：北京市海淀区海淀南路19号时代网络大厦2015室
邮编：100080
电话：010-82669158，82666286
传真：010-82669158
电子信箱：pek@test.bj.cn
网址：www.test.bj.cn
主要产品或业务范围：电子拉力试验机、微机控制电子万能试验机、人造板电子万能试验机、环刚度电子万能试验机、扭矩测试仪、汽车摩托车拉索效率试验台、汽车摩托车拉索寿命试验台、屏显式液压万能试验机、电液伺服万能试验机、摩擦磨损试验机。

北京泛泰克斯仪器有限公司
地址：北京市东城区东四十条甲22号南新仓国际大厦A509室
邮编：100007
电话：010-64096065，64096066，64096067
传真：010-64096069
电子信箱：sales@vantechinst.com
网址：www.vantechinst.com
主要产品或业务范围：美国DAKOTA公司DFX系列防水型超声波探伤仪、现场动平衡仪、轴承故障检测仪、测温仪、测振表、转速表、频闪仪、声级计等。

北京冠测试验仪器有限公司
地址：北京市海淀区永丰信息产业基地新材料创业大厦B座429室
邮编：100094
电话：010-59442132
传真：010-51651740
电子信箱：guanceyq@126.com
网址：www.guance17.cn
主要产品或业务范围：新型材料试验机。

北京妫水科技有限公司
地址：北京市海淀区建材城中路3号程远商务325、326室
邮编：100096
电话：010-82936198，82918250，82916360
传真：010-82916360
电子信箱：ndt@raytest.net
网址：www.raytest.net
主要产品或业务范围：代理产品包括时代全系列检测仪器，德国EPK、英国牛津涂层测厚仪，德国KK、美国DAKOTA测厚仪、探伤仪，英国泰勒粗糙度仪，澳大利亚PCWI针孔检测仪，美国GE传感器，美国福禄克红外测温仪、热像仪。

北京海智科技开发中心
地址：北京市昌平区阳坊镇中北街16号
邮编：102200
电话：010-69767300
传真：010-69761126
电子信箱：haizhi@263.net.cn
网址：www.haizhi.com.cn
主要产品或业务范围：液晶显示液压万能试验机、压力试验机、液晶显示电子拉力试验机、微机控制电子万能试验机、电液伺服万能试验机等。

北京航天斯达新技术装备公司
地址：北京市南大红门路1号
邮编：100076
电话：010-88521579，88521355
传真：010-88521355
电子信箱：ht702@ht702.cn
网址：www.ht702.com
主要产品或业务范围：电动振动、冲击试验设备，力、压力、加速度、倾角、温度等传感器，动态分析、故障分析检测设备，电荷放大器等测试设备，各种自动生产线。

北京航天希尔测试技术有限公司
地址：北京市丰台区航丰路1号时代财富天地1611室
邮编：100062
电话：010-58090160，58090218
传真：010-58090210
电子信箱：sales@ettsolution.net
网址：www.etssolution.net
主要产品或业务范围：该公司致力于力学环境与可靠性试验设备的研究和生产，环境试验设备改造、环境可靠性试验和环境可靠性技术咨询等完整解决方案。

北京今朝机电有限公司
地址：北京市朝阳区酒仙桥路2号格兰维森商务楼309室
邮编：100015

电话：010-64376118
传真：010-64373379
联系人：娄华东
电子信箱：jzme@sina.cn
网址：www.jzme.com
主要产品或业务范围：硬度仪、超声测厚仪、超声探伤仪、涂镀层测厚仪、便携式红外线测温仪、粗糙度仪、转速仪、声级计、高度仪、裂纹测深仪、铁素体含量测定仪、千分卡尺、内径规、金相显微镜、手持式合金分析仪、电子水平仪、圆度/圆柱度仪。

北京金盛鑫检测仪器有限公司
地址：北京市平谷区金海湖镇土门村北街1号
邮编：101200
电话：010-69996881
传真：010-69991663
电子信箱：bjjshx@163.com
网址：jinshengxin.diytrade.com
主要产品或业务范围：拉力试验机系列、冲击试验机系列、熔体流动速率测定仪系列、热变形/维卡软化点温度测定仪系列、液体分析系列、制样设备系列、管材检测专用仪器系列。

北京京航公司
地址：北京市丰台区东高地万源南里甲43号
邮编：100076
电话：010-68383526，68383569
传真：010-68383509
电子信箱：hg@bcae.com.cn
网址：www.bcae.com.cn
主要产品或业务范围：振动分析现场动平衡及电机诊断专家系统、数据采集故障诊断系统、现场动平衡仪、袖珍式测振仪、高精度转速表、交直流电机故障诊断仪等。

北京康桥隆盛工程检测有限责任公司
地址：北京市大兴区黄村镇兴政街5号南楼5层
邮编：102600
电话：010-69269124，13810984836
传真：010-69269124
电子信箱：kangqiaols@126.com
网址：www.kqjc.com
主要产品或业务范围：建筑材料试验，结构动力测试，建筑物防雷装置检测，建筑装修、加固改造检测，地基土壤氡浓度检测等。

北京康泰电子有限公司
地址：北京市海淀区清华东路2号
邮编：100083
电话：010-58731155
传真：010-58731154
电子信箱：sales@quatronix-cn.com
网址：www.quatronix-cn.com
主要产品或业务范围：便携式数据采集系统、振动测试系统、应变测试系统、温度/电压/湿度测试系统、电能检测分析仪、数据采集卡、信号调理产品、振动/压力传感器、专业软件光标、WRC固态继电器及航空总线等。

北京科达京威科技发展有限公司
地址：北京市大兴区魏善庄镇东芦垡工业开发区
邮编：102611
电话：010-89203950，89203250
传真：010-89203950
网址：www.kedajingwei.cn
主要产品或业务范围：JYE-300型、JYE-2000型数显压力试验机，JYE-300、JYE-2000型全自动恒应力压力试验机等。

北京科电时代仪器技术有限公司
地址：北京市朝阳区五里桥一街中弘北京像素7号楼401、402室
邮编：100024
电话：010-51299466，57579466，57571286，62123866
传真：010-57571286
电子信箱：bjkdsd@163.com
网址：www.ndt17.com
主要产品或业务范围：HCH-2000系列超声波测厚仪、MC-2000系列涂镀层测厚仪、MCW-2000B系列涡流测厚仪及DJ-6，DJ-9系列电火花检漏仪等产品。

北京美泰科仪检测仪器有限公司
地址：北京市海淀区上地东路1号盈创动力大厦E座506室
邮编：100085
电话：010-51284068
传真：010-58850828
电子信箱：610544460@qq.com
网址：www.mitech-ndt.com
主要产品或业务范围：该公司专业从事无损检测系统设备，包括超声波探伤仪、里氏硬度计、超声波测厚仪、超声波自动探伤系统等无损检测技术服务。

北京青云精益检测设备有限公司
地址：北京市北三环西路43号2402信箱4分箱
邮编：100086
电话：010-82134400，13701138180
传真：010-82123301
联系人：林东涛
电子信箱：dtlin@vip.sina.com
网址：www.balancingmachine.cn
主要产品或业务范围：该公司生产制造各种型号的软硬支承、卧式、立式、高速和全自动平衡机。

北京声华兴业科技有限公司
地址：北京市朝阳区双营路11号院4号楼117号底商

邮编：100012
电话：010-82846705，82846706，82846790
传真：010-82859309
电子信箱：sales@soundwel.cn
网址：www.soundwel.cn
主要产品或业务范围：有声发射检测仪、管道泄漏检测仪、超声波探伤仪、超声波物位计、液位计、超声波测厚仪等测试仪器。

北京时代恒宇科技有限公司
地址：北京市海淀区安宁庄西三条9号1-407室
邮编：100085
电话：010-62842106
传真：010-62842769
电子信箱：nd17@163.com
网址：www.timetest.com.cn
主要产品或业务范围：里氏硬度计、橡胶硬度计、数显洛氏、布氏、显微维氏硬度计、粗糙度仪、涂层测厚仪、超声波测厚仪、测振仪，测温仪、超声波探伤仪、磁粉探伤仪、电子万能试验机、弹簧试验机等。

北京时代山峰科技有限公司
地址：北京市海淀区清河小营西路27号金领时代大厦12楼
邮编：100085
电话：010-82729152，82729153
传真：010-82915752
电子信箱：bjsdsf@126.com
网址：www.1718show.cn
主要产品或业务范围：主要产品有涂层测厚仪、超声波探伤仪、磁粉探伤仪、超声波测厚仪、粗糙度仪、里氏硬度仪、红外测温仪、便携式测振仪、洛氏硬度计、布氏硬度计、维氏硬度计、显微硬度计、便携式硬度计、邵氏硬度计、电火花检漏仪、激光对中仪、激光测径仪、激光测距仪、附着力测试仪、锚纹仪、气体检测仪等。

北京时代之峰科技有限公司
地址：北京市海淀区上地信息产业基地西路28号时代大厦
邮编：100085
电话：010-62982299-3108
传真：010-62980828
联系人：连恒
电子信箱：shihuimin@timegroup.com.cn
网址：www.shidaiyiqi.com.cn
主要产品或业务范围：时代里氏硬度计、邵氏硬度计、洛氏硬度计、粗糙度仪、涂层测厚仪、超声波测厚仪、测振仪、红外测温仪、超声波探伤仪、激光测径仪等。

北京市德光电子公司
地址：北京市海淀区西北旺百旺茉莉园38号楼108室
邮编：100083
电话：010-51659992
传真：010-62314006
电子信箱：info@dgc-ndt.com.cn
网址：www.dgc-ndt.com.cn
主要产品或业务范围：DC系列智能型超声波测厚仪。

北京市鸿智广源试验仪器有限公司
地址：北京市丰台区科技园
邮编：100070
电话：010-83612392，83704506，13391596868
传真：010-83704506
电子信箱：service@hzgyyq.com
网址：www.hzgyyq.com
主要产品或业务范围：土木工程仪器，水泥试验仪器，天平，测绘仪器，各种试模、筛具、养护室设备及养护箱，沙、混凝土试验仪器，沥青及混合料试验仪器，建筑门窗开关检测仪器设备。

北京市金村机电技术研究所
地址：北京市海淀区学院南路70号金舟招待所26室
邮编：100081
电话：010-62177744-2326
传真：010-62177744
电子信箱：jbkyanqi@public.fhnet.cn.net
主要产品或业务范围：国产、进口液压试验机，机械试验机，电子液压试验机，电子万能试验机，电液伺服试验机及特种试验系统，技术改造。

北京天创时代检测设备有限责任公司
地址：北京市海淀区远大路金源时代商务中心A座2G
邮编：100097
电话：010-68451818
传真：010-68450808
电子信箱：sale@1718.com.cn
网址：www.1718.com.cn
主要产品或业务范围：代理德国K.K公司超声波测厚仪、超声波探伤仪，美国DAKOTA公司超声波测厚仪，英国SONATEST公司超声波探伤仪，美国DeFelsko公司涂层测厚仪，德国EPK公司涂层测厚仪，澳大利亚PCWI公司电火花针孔检测仪，美国Raytek雷泰红外测温仪，美国Mark-10扭矩/测力仪。

北京沃威科技有限公司
地址：北京市朝阳区汤立路218号明天STUDIO948室
邮编：100012
电话：010-51650488
传真：010-86730187
电子信箱：hhjhok@126.com
网址：www.5817.com.cn
主要产品或业务范围：美国WILSON-WOLPERT公司的硬度检测设备，德国Fischer的涂层测厚仪，DL红外热像仪系列及各种进口、国产测温仪等的代理、销售、服务。

北京休思机械设备有限公司

地址：北京市西城区宣武门西大街甲129号金隅大厦1809室
邮编：100031
电话：010-68053613，68053002，68052054
传真：010-68018103
电子信箱：hmbj@husemachinery.com
网址：www.husemachinery.com
主要产品或业务范围：无损检测仪器、计量仪器、试验机、测湿仪、设备诊断、气体检测仪、管线检测、环保仪器、电工仪表。

北京雅世恒源科技发展有限公司

地址：北京市海淀区阜成路115号北京印象2号楼1门304室
邮编：100142
电话：010-88136168，88131819
传真：010-88133371
电子信箱：sales@ndtek.com
网址：www.ndtek.com
主要产品或业务范围：红外热像仪、红外热成像系统、无损检测等仪器设备，以及专业的红外检测服务。

北京仪尊时代科技有限公司

地址：北京市朝阳区霞光里15号霄云中心2-1211室
邮编：100027
电话：010-84832051，84831960
传真：010-84832053
电子信箱：info@esum.com.cn
网址：www.esum.com.cn
主要产品或业务范围：代理产品有熔融指数仪，动态机械分析仪，压片机，万能材料试验机等。

北京英华达电力电子工程科技有限公司

地址：北京市海淀区北三环西路43号青云当代大厦12A
邮编：100086
电话：010-62198800
传真：010-62120088
电子信箱：envada@envada.com.cn
网址：www.envada.com.cn
主要产品或业务范围：该公司是英国ISHWAY公司在华独资的高新技术企业，致力于旋转机械的振动监测分析、故障诊断专家系统和工业智能化仪表的科研，集科研、开发、生产、销售和服务为一体。主要产品包括工控仪表产品和振动监测产品两大类。

北京中精科科技有限公司

地址：北京市海淀区中关村南大街甲6号铸诚大厦704室
邮编：100086
电话：010-51581132
传真：010-51581132
电子信箱：jiangjun316@163.com
主要产品或业务范围：该公司致力于生产、研发先进的测试仪器及技术咨询服务，涵盖了摩擦磨损，拉伸，疲劳，轴承，力学扭矩测量；镀膜-PVD，MBE，ALD，PLD，MOCVD，PECVD；原子力显微镜，三维光学形貌仪，三维接触式形貌仪，膜厚检测仪及化学机械抛光-CMP；纳米硬度、纳米划痕，表面测量及表征、化学分析等领域。

北京中路仪科技发展有限公司

地址：北京市丰台区科技园
邮编：100070
电话：010-83702700，83702701
传真：010-83702710
电子信箱：beijing@yiqishebei.com
网址：www.yiqishebei.com
主要产品或业务范围：水泥试验仪器、沥青检测仪器、混凝土砂浆仪器、测绘测量仪器、毡及涂料、橡胶仪器、土工试验仪器、环境测试仪器、试验箱系列、检测仪器、陶瓷试验及检测仪器、公路桥梁仪器、天平仪器系列、试验机系列、无损检测仪器、流动试验室。

德华材料检测有限公司北京代表处

地址：北京市中关村大街19号新中关大厦B座810室
邮编：100037
电话：010-82486801，82486802
传真：010-82486803
电子信箱：dehuabj@263.net.cn
网址：www.dehua.com.hk
主要产品或业务范围：代理国际知名的无损检测和金相理化设备，包括X光机、伽马射线机、超声波探伤仪、涡流仪、泄漏仪、磁粉探伤仪、着色渗透剂、声发射检测仪器和设备、内窥镜、显微镜、图像分析系统、微硬度计、钢铁车间切口机、试样制备机和其他实验室仪器。

时代集团公司

地址：北京市海淀区上地信息产业基地开拓路17号
邮编：100085
电话：010-62982299，62981117
传真：010-62980728
电子信箱：Info@timegroup.com
网址：www.timegroup.com.cn
主要产品或业务范围：里氏硬度计，测振仪，邵氏硬度计，红外测温仪，洛氏硬度计，X射线探伤机，便携式粗糙度仪，光栅数显表，超声波测厚仪，微型打印机，涂层测厚仪等产品。

爱德森（厦门）电子有限公司

地址：福建省厦门市湖滨南路57号金源大厦19层
邮编：361004
电话：0592-2230833，2233733
传真：0592-2237091
电子信箱：ndt@eddysun.com
网址：www.eddysun-ndt.com

主要产品或业务范围：该公司专业从事无损检测仪器的研制、生产和服务。研制了具有世界先进水平的金属磁记忆诊断仪、声脉冲快速检漏仪、128通道的涡流检测仪器、相控阵涡流传感器、多通道在线超声检测系统、高分辨/高穿透力超声仪、智能声振仪、超高速实时涡流探伤系统和智能化网络检测分析系统等。

泉州市丰泽东海仪器硬度块厂
地址：福建省泉州市东海后埔183号
邮编：362000
电话：0595-22209950
传真：0595-22902065
电子信箱：chnoffice@qq.com
网址：www.cnhtb.com
主要产品或业务范围：该厂是生产标准硬度块的专业厂家。

天水红山试验机有限公司
地址：甘肃省天水市红山路2号
邮编：741001
电话：0938-8361104，8362951，8363684
传真：0938-8364909，8363684
联系人：孙秀梅
电子信箱：hs35108@163.com
网址：www.hongshan.net.cn，www.hongshan.cc
主要产品或业务范围：金属/非金属材料试验机，力标准机，标准测量仪，大型衡器、称重及测力传感器等。

东莞科建检测仪器有限公司
地址：广东省东莞市南城区宏图路高盛科技园B栋118号
邮编：523000
电话：0769-22853286
传真：0769-22853692
联系人：苏先生
电子信箱：kejian-tech@163.com
网址：www.kejian-tech.com
主要产品或业务范围：该公司专业设计制造材料检测设备。

东莞市宝大仪器有限公司
地址：广东省东莞市南城区第一国际D座21楼2112～2115室
邮编：523015
电话：0769-85818235
传真：0769-85818236
电子信箱：dongguan@perfect-group.net
网址：www.perfect-group.net
主要产品或业务范围：万能材料试验机，橡塑胶、制鞋、皮革业检测仪器，电线、电缆检测仪器，纺织、染织业检测仪器，电子、医药等行业环境检测仪器，建筑业检测仪器，纸品包装、彩印业检测仪器，运动器材检测仪器。

东莞市贝尔试验设备有限公司
地址：广东省东莞市东城区余屋商业二街25号
邮编：523000
电话：0769-22013345，22673533，22673599
传真：0769-22673576
电子信箱：3721@bell0769.com
网址：www.bell0769.com.cn
主要产品或业务范围：恒温恒湿试验箱、高低温试验箱、高低温湿热试验箱、冷热冲击试验箱、盐雾腐蚀试验箱、老化试验箱、步入式恒温恒湿试验室；模拟运输振动台、电磁振动试验台、万能材料试验机、液压万能材料试验机、跌落试验台、破裂强度试验机、纸箱耐压试验机、硬度计、ROHS检测仪器等试验设备。

东莞市弘扬仪器有限公司
地址：广东省东莞市八达路140号恒丰大厦1005室
邮编：523012
电话：0769-22494862，22494895，22494695
传真：0769-22494665
电子信箱：dongguan@hungta.com.cn
网址：www.hungta.com.cn
主要产品或业务范围：生产、销售及维修各式材料试验机、拉力压力试验机、破裂机、冲击试验机、恒温恒湿机、耐寒试验机、老化机、盐水喷雾机、包装落下试验机、硬度计、电子分析天平、耐黄变试验机、耐曲折试验机、融溶仪、振动试验机等测试仪器。

东莞市众志检测仪器有限公司
地址：广东省东莞市沙田镇民田工业区
邮编：511700
电话：0769-88808158
传真：0769-88808258
电子信箱：3000@dgzhongzhi.com
网址：www.dgzhongzhi.com
主要产品或业务范围：恒温恒湿试验机，拉力试验机，模拟汽车运输振动台，插头、电源线折弯试验机等。

高铁检测仪器有限公司
地址：广东省东莞市南城区宏图高新科技开发区宏三路
邮编：523080
电话：0769-23590061
传真：0769-89986666
电子信箱：gt-d130@gotech.biz
网址：www.gotech.biz
主要产品或业务范围：万能材料试验机、拉力试验机、橡胶轮胎物理性能测试试验机、制鞋皮革物理性能测试试验机、塑料塑胶物理性能测试试验机、电工器材试验机、纸类包装物理机械性能测试试验机以及各种环境试验机。

广东汕头超声电子股份有限公司
地址：广东省汕头市龙湖区龙江路12号
邮编：515065
电话：0754-83932281

传真：0754-83931233
电子信箱：csdz@gd-goworld.com
网址：www.gd-goworld.com
主要产品或业务范围：超声探伤仪器，高精度、高密度印制电路板，液晶显示器及模块。

广州欧美大地仪器设备有限公司
地址：广东省广州市广仁路1号广仁大厦16楼
邮编：510030
电话：020-83361533
传真：020-83362080
电子信箱：epcgz@epc.com.hk
网址：www.epccn.com
主要产品或业务范围：无损检测仪器和其他检测仪器设备。

广州市广材试验仪器有限公司
地址：广东省广州市越秀区先烈中路100号中科院9-1栋首层
邮编：510030
电话：020-83333222，83334763
传真：020-83366269
电子信箱：b13924068780@163.com
网址：www.grandtry.com
主要产品或业务范围：金盾—机械式试验机系列、金碧—电子式拉力试验机系列、金辉—电子式万能试验机系列、金煌—电液式万能试验机系列、金鼎—压力试验机系列五大类100多种。

广州市鲁粤试验仪器有限公司
地址：广东省广州市环市中路313号惠州大厦5楼7室
邮编：510091
电话：020-83592587
传真：020-83594158
电子信箱：luyue507@163.com
网址：www.gzluyue.com
主要产品或业务范围：硬度计，国内外知名厂家生产的各种规格型号的材料试验机、无损检测、理化分析、金相制样设备等产品及各种计量检测仪器。

美特斯工业系统(中国)有限公司
地址：广东省深圳市南山区同乐外贸兴业工业区A5栋
邮编：518052
电话：0755-26700399，26700699
传真：0755-26702974
电子信箱：sans@sans.com.cn
网址：www.mtschina.com
主要产品或业务范围：万能试验机、压力试验机、电液伺服万能试验机、钢绞线试验机、冲击试验机、塑料全套试验机等产品。

汕头市超声仪器研究所有限公司
地址：广东省汕头市金砂路77号
邮编：515041
电话：0754-88250150
传真：0754-88603664
电子信箱：siui@siui.com
网址：www.siui.com
主要产品或业务范围：医用超声显像诊断仪、彩色B超、工业超声探伤仪、测厚仪、检测仪和超声换能器。

深圳高品检测设备有限公司
地址：广东省深圳市布吉布澜大道联大工业区高品楼
邮编：518112
电话：0755-89703996，89702952，89703993
传真：0755-89703992
电子信箱：gopoint@gopoint.com.cn
网址：www.gopoint.com.cn
主要产品或业务范围：该公司是专业提供材料及其制品物理性能检测设备及其试验解决方案的中外合资的高新技术企业。通过德国TUV ISO 9001：2000认证。 公司下属材料试验机；专用试验机；仪器销售服务3个子公司及7个办事处，在中国大陆（深圳、上海、北京、武汉、重庆）、中国台湾、日本、新加坡等中心城市形成销售与服务网络。产品涵盖材料物理性能检测领域。

深圳宏建重力环境试验设备有限公司
地址：广东省深圳市宝安区西乡大道共和工业区22栋
邮编：518031
电话：0755-27794052，27794042，27794032
传真：0755-27794032
联系人：秦晓红
电子信箱：hg@zldzyq.com
网址：www.zldzyq.com
主要产品或业务范围：该公司是从事可靠性环境试验设备的科技专业公司；产品有振动试验机系列、跌落试验机系列、环境试验设备系列、盐水喷雾试验箱系列、寿命试验机系列、插拔力试验机系列、插头线试验机系列、材料拉力试验机系列。

深圳三思纵横科技股份有限公司
地址：广东省深圳市南山区南头关口二路安乐工业区28栋3楼
邮编：518052
电话：0755-26977866
传真：0755-26975118
电子信箱：xiongxiao@sunstest.cn
网址：www.sunstest.com
主要产品或业务范围：提供中高端应用的全系列电子万能试验机、全系列冲击试验机和全系列电液伺服和液压万能试验机等。

深圳市凯强利试验仪器有限公司
地址：广东省深圳市宝安区石岩镇官旧工业区北环路新时代工业城

邮编：518108
电话：0755-27182008，27602988，27182267
传真：0755-27182258
电子信箱：sales@kaiqiangli.com
网址：www.kaiqiangli.com
主要产品或业务范围：生产机电高新技术一体化的微机控制万能材料试验机。

深圳市瑞格尔仪器有限公司
地址：广东省深圳市高新技术产业园中区科华路5号
邮编：518057
电话：0755-26952568
传真：0755-26639422
电子信箱：reger88@163.com
网址：www.reger.com.cn
主要产品或业务范围：全数字化电子万能试验机、电脑伺服控制精密万能材料试验机、微机控制全自动液位压力试验机、数显式液位万能试验机、微机控制全自动扭矩试验机、电子拉力试验机、冲击试验机。

深圳市亿威仕流体控制有限公司
地址：广东省深圳市宝安区石岩街道北环路官田横坑工业园A1～A7栋厂房A7栋3楼
邮编：518108
电话：0755-86069900
传真：0755-86069800
电子信箱：info@ivscn.com
网址：www.ivscn.com
主要产品或业务范围：静压试验机，爆破试验机，气密性试验机，寿命（脉冲、疲劳、压力交变）试验机，井口安全阀控制系统等。

深圳市重力电子仪器设备有限公司
地址：广东省深圳市华发北路桑达雅苑6H
邮编：518031
电话：0755-83224165
传真：0755-28210335
联系人：黄耀东
电子信箱：szzlyq@126.com
网址：www.szzlyq.com
主要产品或业务范围：电动、机械液压、冲击碰撞、跌落、环境试验装置。

桂林瑞特试验机有限公司
地址：广西省桂林市朝阳路信息产业园D8号
邮编：541004
电话：0773-5866772
传真：0773-5876022
电子信箱：wtm6@163.com
网址：www.wtmtest.com
主要产品或业务范围：万能试验机，弹簧试验机等。

广州广试仪器有限公司
地址：广东省广州市先烈中路100号中科院大院内
邮编：510070
电话：020-87682849
传真：020-37656740
联系人：徐迪安，阮铭
电子信箱：grace1688@126.com
网址：www.gzgrace.cn
主要产品或业务范围：万能试验机、硬度计、安全检测仪器设备、机械测量分析仪器、建筑材料节能检测设备、放射性、有害性检测设备、管材塑料检测设备 环境试验设备、动平衡试验机、纸品试验机、电线电缆检测设备、材料防火性能检测设备、自行车检测试验机、玩具类检测试验机、理化分析仪器。

沧州福东科技仪器厂
地址：河北省沧州市西周屯北工业区200号
邮编：061000
电话：0317-4651600
传真：0317-4651832
电子信箱：cyfbf619@163.com
网址：www.chfdyq.com
主要产品或业务范围：混凝土试验仪器，水泥、砂浆试验仪器，土工试验设备，沥青试验设备以及防水卷材等。

沧州巨丰试验机制造有限公司
地址：河北省沧州市西淮镇后厂工业区
邮编：062250
电话：0317-4416282，4416175
传真：0317-4416175
电子信箱：jfsyj@jfsyj.com
网址：www.czjfsyj.com
主要产品或业务范围：公路仪器系列、土工仪器系列、混凝土仪器系列、水泥仪器系列、沥青仪器系列、陶瓷产品实验系列、精科材料试验系列、无损检测仪器系列。

承德大华试验机有限公司
地址：河北省承德市石洞子沟路20号
邮编：067000
电话：0314-2276666
传真：0314-2276473
网址：www.cdsyjc.com
主要产品或业务范围：机械式、电子式拉力试验机、万能试验机、冲击试验机、热性能试验机及各种制样设备等8大系列近百种产品。

承德鼎盛试验机检测设备有限公司
地址：河北省承德市石洞子沟路隧道口南
邮编：067000
电话：0314-2275448，2275457，13131465338
传真：0314-2275457

联系人：赵景海
电子信箱：cdds-syj@163.com
网址：www.cddssyj.com
主要产品或业务范围：该公司是非金属材料检测设备专业制造商；主要产品有热变形、维卡软化点温度测定仪、摆锤式冲击试验机、落锤式冲击试验机、熔体流动速率仪（熔融指数仪）、塑料管材耐压爆破试验机、电子式万能试验机、界面张力仪、视频接触角测定仪等多种非金属材料试验机，另外还承揽各种非标产品的研发和生产制造。

承德衡通试验检测仪器有限公司
地址：河北省承德市新华路北4号
邮编：067000
电话：0314-2078758
传真：0314-7616815
电子信箱：hengtongjiance@163.com
网址：www.hengtong-test.com
主要产品或业务范围：从事检测、试验仪器设备研发、生产、销售服务。

承德建德检测仪器有限公司
地址：河北省承德市碧麓嘉园6-2
邮编：067000
电话：0314-2256113，2256181
传真：0314-2256181
联系人：王彦喜
电子信箱：0314jd@163.com
网址：www.0314jd.com
主要产品或业务范围：电子万能试验机，拉力试验机，简支梁冲击试验机，悬臂梁冲击试验机，熔体流动速率测定仪等。

承德普惠检测设备制造有限责任公司
地址：河北省承德市水泉沟山神庙
邮编：067000
电话：0314-2262298，2262699
传真：0314-2262433
联系人：曹金贵
电子信箱：puhui_cd@yahoo.com.cn
网址：www.puhui.com
主要产品或业务范围：该公司致力于非金属材料试验机的研制开发和生产。

承德市大加仪器有限公司
地址：河北省承德市滦平工贸城33号
邮编：068250
电话：0314-8580514，2305058
传真：0314-8589102
电子信箱：dajia@dajiatest.com
网址：www.dajiatest.cn
主要产品或业务范围：塑料检测仪器、液体检测仪器及燃烧测试仪器。

承德市金建检测仪器有限公司
地址：河北省承德市开发西区14号
邮编：067000
电话：0314-2121111，5925555，2296011
传真：0314-2121898
电子信箱：jinjian@jinjian-test.com.cn
网址：www.jinjian-test.com.cn
主要产品或业务范围：热变形、维卡软化点温度测定仪，简支梁冲击试验机，悬臂梁冲击试验机，管材落锤冲击试验机，电子拉力试验机，万能试验机，熔体流动速率测定仪，黏数测定仪，各种制样机，各种门窗检测仪器，管材静液压试验机及各种卡具。

承德市精密试验机有限公司
地址：河北省承德市高庙三道沟
邮编：067000
电话：0314-2190098
传真：0314-2191098
电子信箱：jm2190098@yahoo.com.cn
网址：www.cd-tester.com
主要产品或业务范围：冲击试验机、拉力试验机、万能试验机、张力仪、热性能检测设备、塑料管材、管道、阀门、硅芯管检测仪器等10余个系列。

承德市开发区德盛检测设备有限公司
地址：河北省承德市水泉沟路1号
邮编：067000
电话：0314-2133901，2133902，2133903，2133904，2133905，2133907，2180302，2180708
传真：0314-2180708
电子信箱：china_cots@126.com
网址：www.china-cots.com
主要产品或业务范围：管材静液压试验机、热变形维卡软化点温度测定仪、摆锤式冲击试验机、落锤式冲击试验机、熔体流动速率测定仪、电子式万能试验机、安全帽、摩托车头盔检测试验机等70多种产品。

承德市考思科学检测有限公司
地址：河北省承德市高新技术产业开发东区
邮编：067000
电话：0314-5921998，5905501
传真：0314-5921997
电子信箱：yangbin@cdcots.com
网址：www.cdcots.com
主要产品或业务范围：电子拉力试验机、电子万能试验机系列，热变形、维卡软化点温度测定仪系列，摆锤筒之梁、悬臂梁冲击试验机系列，熔体流动速率测定仪系列，各种落锤冲击试验机系列，氧指数、水平垂直燃烧测定仪系列，塑料薄膜材料检测仪系列，塑料管材静液压（耐压）试验机系列，塑料管道系统冷热水循环试验机系列，各种制样机及万能制样机系列等产品。

承德市科承试验机有限公司
地址：河北省承德市开发区东区EGY4号
邮编：067000
电话：0314-2124959，2122968
传真：0314-2122986
网址：www.kcsyj.com
主要产品或业务范围：电子万能试验机系列，拉力试验机系列，冲击试验机系列，管材耐压爆破试验机系列，制样机系列，热变形、维卡软化点温度测定仪系列，熔体流动速率仪系列及其他各种专业检测设备等。

秦皇岛市北戴河兰德科技有限责任公司
地址：河北省秦皇岛市北戴河开发区金二路2号
邮编：066102
电话：0335-4288044
传真：0335-4288001
联系人：李爱兰
网址：www.bdhland.com
主要产品或业务范围：主营产品有冲击、振动、应力、应变检测设备；力学、振动实验装置及长期监测控制系统；工程检测设备及各种传感器；动静态应变采集分析系统。

石家庄开发区中实检测设备有限公司
地址：河北省石家庄市新石北路368号金石工业园区
邮编：050091
电话：0311-83812634
传真：0311-83805354
电子信箱：sales@zhongshi-test.com
网址：www.zhongshi-test.com.cn
主要产品或业务范围：电子万能试验机、台式电子拉力试验机、冲击试验机、耐压试验机、环刚度试验机等。

宣化北伦平衡机制造有限公司
地址：河北省张家口市宣化区北门外大街10号
邮编：75100
电话：0313-3112400
传真：0313-3111981
联系人：常登峰，刘茂先
电子信箱：beilun@heinfo.net
网址：www.beilun.com.cn
主要产品或业务范围：该公司主要研制生产动平衡机和摩擦磨损试验机两大系列产品。

张家口市宣化科华试验机制造有限公司
地址：河北省张家口市宣化区大仓盖工业区
邮编：075100
电话：0313-3062299，3069605，13933759134
传真：0313-3069605
联系人：杨志忠
电子信箱：yangzhizhong3@126.com
网址：www.xhmcms.com
主要产品或业务范围：摩擦磨损试验机、磨粒磨损试验机、动平衡机，产品配有先进的电脑、单片机、普通数字、矢量表等不同型号的电测箱。

三门峡上阳电器平衡机械有限公司平衡机厂
地址：河南省三门峡市三大公路（沿黄公路）
邮编：472000
电话：0398-2911798，2911685
传真：0398-2911989，2911218
电子信箱：sypingheng@vip.163.com
网址：www.pinghengji.cn
主要产品或业务范围：平衡机。

郑州新时代仪器有限公司
地址：河南省郑州市建设路118号美丽源小区5号楼2单元504室
邮编：450007
电话：0371-68205888，60622811
传真：0371-60622611
电子信箱：xsd17@126.com
主要产品或业务范围：设备诊断仪器有测温仪、测振仪等；无损检测仪器有硬度计、测厚仪、粗糙度仪；电力仪器有钳形表、绝缘电阻表、接地电阻测试仪等；电子仪器有万用表、示波器、信号源、电源等；计量环保仪器有电子天平、测高仪、测距仪、照度计、噪声计、风速计、温湿度计、酸度计等。

黄石赛恩思电子有限公司
地址：湖北省黄石市铁山区友爱路96号
邮编：435006
电话：0714-5418160
传真：0714-5418022
电子信箱：sales@hsses.com
网址：www.hsses.cn
主要产品或业务范围：XW系列全自动X射线探伤机控制器，X射线探伤机和无损检测器材，金属（波纹）陶瓷X射线管系列产品。

武汉大为电子有限责任公司
地址：湖北省武汉市洪山区珞瑜路618号
邮编：430073
电话：027-87451535，87451537
传真：027-87462087
电子信箱：whdw@whdw.com.cn
网址：www.whdw.com.cn
主要产品或业务范围：恒加荷压力机，拉伸、压缩、剪切、弯曲、剥离、直角撕裂等试验的微机控制电子万能试验机，材料试验机微机改造及联网系统。

武汉华海检测设备有限公司
地址：湖北省武汉市光谷大道国际企业中心锦丰楼A座105室
邮编：430074

电话：027-87801278，87565099
传真：027-87745357
电子信箱：huahaindt@163.com
网址：www.huahaindt.cn
主要产品或业务范围：X射线管及探伤机成套设备。

武汉市梅宇仪器有限公司
地址：湖北省武汉市硚口区京汉大道528号1-1-401
邮编：430022
电话：027-85513593
传真：0728-6245593
电子信箱：ssf@meiyuyiqi.com，meiyu@meiyuyiqi.com
网址：www.meiyuyiqi.com
主要产品或业务范围：该公司是生产混凝试验搅拌仪器30余年的专业厂家，是《混凝沉淀（烧杯）试验方法》的编制单位之一，已经形成从简易型到彩屏智能豪华型的20余种各种规格系列产品。

武汉中科创新技术有限公司
地址：湖北省武汉市武昌珞瑜路吴家湾联合国际大厦9层
邮编：430079
电话：027-87568570，87568571，87568572，87568573
传真：027-87568575-803
电子信箱：zkcx@zkcx.com
网址：www.zkcx.com
主要产品或业务范围：超声波探伤仪、超声回波频谱分析仪、多通道超声自动检测系统。

孝感市试验检测设备厂
地址：湖北省孝感市槐荫大道西段134号
邮编：432100
电话：0712-2824010，2839647
传真：0712-2839647
网址：www.xglongten.com
主要产品或业务范围：动平衡试验机。

孝感松林国际计测器有限公司
地址：湖北省孝感市黄陂大道518号
邮编：432100
电话：0712-2314949，2324361
传真：0712-2323308
电子信箱：xkc@cnxkc.com
网址：www.cnxkc.com
主要产品或业务范围：自动、半自动、立式、卧式动平衡试验机。

长沙亚星数控技术有限公司
地址：湖南省长沙市芙蓉中路三段418号兴威名城B座15层
邮编：410015
电话：0731-85221080，8523355，85222977
传真：0731-85228715
电子信箱：yaxing@yxsk.com
网址：www.yxsk.com
主要产品或业务范围：金属和非金属材料试验机类、土工和岩石试验设备、沥青及混合料试验设备、路基路面试验和检测设备、数显位移传感器及其配套仪表。

湘潭华丰仪器制造有限公司
地址：湖南省湘潭市雨湖区车站路136号
邮编：411100
电话：0731-58235998，58267996
传真：0732-58267996
电子信箱：salse@263.net
网址：www.labt17.com
主要产品或业务范围：无机非金属材料理化检测仪器，建筑节能仪器仪表及装置，绝热保温材料检测仪器及装置，分析仪器系列产品，真空试验电炉，整流电控及工业配电设备，微机应用自动化工程项目设计安装。

长春第二材料试验机厂
地址：吉林省长春市宽城区天光路420号
邮编：130052
电话：0431-82681484，82681499
传真：0431-82681499
电子信箱：gxn@ccesyj.com.cn
网址：www.ccesyj.com.cn
主要产品或业务范围：智能化电子万能试验机，熔体流动速率仪，电子万能试验机，电子式万能试验机，落锤式冲击试验机，电子式万能试验机，塑料管材爆耐压试验机，电子式拉力试验机，简支梁悬臂梁冲击试验机，电子式橡胶拉力试验机，压样机，电子式帘线拉力试验机，轻革折裂测定仪，台式电子式拉力试验机，微机控制恒应力水泥压力试验机，电子式强力试验机，液压万能试验机，电子式包装压力试验机，电液式万能试验机。

长春机械科学研究院有限公司
地址：吉林省长春市硅谷大街1118号
邮编：130012
电话：0431-85189595，85192128
传真：0431-85171288
电子信箱：sales@ccss.com.cn
网址：www.ccss.com.cn
主要产品或业务范围：电子万能试验机、疲劳试验机、电子持久蠕变试验机。

长春科新试验仪器有限公司
地址：吉林省长春市经济技术开发区昆山路2191号
邮编：130033
电话：0431-84649718
传真：0431-84649738
联系人：张颖
电子信箱：cckx@cckx.cn

网址：www.cckx.cn
主要产品或业务范围：该公司开发和生产出32个系列98种规格试验机。

长春市奥维精密试验设备有限公司
地址：吉林省长春市卫星路7186号
邮编：130022
电话：0431−85352200
传真：0431−85350022
电子信箱：ccaowei@163.com
网址：www.ccaowei.com
主要产品或业务范围：微机控制电液伺服万能试验机，微机控制电液伺服钢绞线拉力试验机，微机控制电液伺服压力试验机，微机控制电子万能试验机，微机控制电液伺服大型结构压力试验机，微机控制水泥专用压力试验机，微机伺服控制松弛、蠕变试验机，微机伺服控制弹簧试验机，微机控制电液伺服疲劳试验机，微机控制电液伺服卧式拉力试验机，微机控制电液伺服多通道拟动力加载系统，微机控制电液伺服快速顶锻试验机，液压（机械）式试验机升级改造，电液伺服控制系统改造，自动测量及数据处理改造，液压万能试验机液压夹具改造及各类软件。

长春市朝阳试验仪器有限公司
地址：吉林省长春市九台经济开发区卡伦铁南工业区纬二路003号
邮编：130507
电话：0431−82561582
传真：0431−82561583
电子信箱：postmaster@ccrst.com
网址：www.ccrst.com
主要产品或业务范围：生产微机控制电子万能试验机，微机控制电液伺服万能、压力试验机，微机控制电液伺服（结构）疲劳试验机，岩土力学试验机，建材试验机，钢绞线试验机，液压万能/压力试验机，数显式液压万能/压力试验机，卧式拉力试验机，汽车零部件测试仪器，生物力学试验机，玻璃钢管材试验机，引伸计标定仪等各种试验机及试验仪器近百种规格，试验力覆盖1～5000kN。公司可根据用户要求开发研制各种专用试验设备。

长春市月明小型试验机有限责任公司
地址：吉林省长春市经济技术开发区会展大街（乐群街）906号
邮编：130031
电话：0431−84627353，84627751
传真：0431−84627752
电子信箱：yma@ccxxsyj.com.cn
网址：www.ccxxsyj.com.cn
主要产品或业务范围：该公司主营造纸、包装检测仪器和非金属测试仪器。

长春市纸张试验机有限责任公司
地址：吉林省长春市安达街1456号
邮编：130061
电话：0431−88528095
传真：0431−88527195
电子信箱：xsk@cczzsyj.net
网址：www.cczzsyj.net
主要产品或业务范围：纸张物理检测仪器专业生产厂家。

长春市智能仪器设备有限公司
地址：吉林省长春市经济技术开发区昆山路2755号
邮编：130033
电话：0431−84612495，84642082
传真：0431−84644201
网址：www.znyq.com.cn
主要产品或业务范围：动态力学扭变分析仪、记忆式冲击试验机、汽车座椅用水平驱动器测试装置、塑料球压痕硬度计、电子万能试验机、热变形维卡温度测定仪、动态冲击分析仪、电压击穿试验仪等。

长春孝修计量科技有限公司
地址：吉林省长春市经济开发区深圳街12号
邮编：130031
电话：0431−84664885
传真：0431−84664886
电子信箱：cfmtm1988@yahoo.com.cn
网址：www.mtm1988.com
主要产品或业务范围：专业生产测力传感器、称重传感器、扭矩传感器、轧制力传感器、引伸计、标准测力仪、扭矩测试仪、标准扭矩扳手、螺栓轴力施拧扭矩检测仪、力标准机、衡器、试验机。

长春新试验机有限责任公司
地址：吉林省长春市长江路经济开发区兰家镇八城子区东北亚物流园区
邮编：130114
电话：0431−82686057
传真：0431−82686057
主要产品或业务范围：试验机及试验机附件和其他力学检测设备开发、生产及销售。

长春新特试验机有限公司
地址：吉林省长春市绿园区升阳街西安花园小区三期1号楼1508室
邮编：130062
电话：0431−87823455
联系人：王成
主要产品或业务范围：电子万能试验机、液压万能试验机、全自动水泥压力试验机、冲击试验机等。

吉林省金力试验技术有限公司
地址：吉林省长春市高新区前进大街火炬路388号
邮编：130012

电话：0431-85176689，85102790
传真：0431-85181975
电子信箱：sell@jltester.com.cn
网址：www.jltester.com.cn
主要产品或业务范围：微机控制电液伺服万能试验机，微机控制电液伺服压力试验机，微机控制电液伺服钢绞线拉力试验机，微机控制水泥压力试验机，微机控制电液伺服疲劳试验机，微机控制电液伺服顶锻试验机，微机控制电液伺服持久试验机，微机控制电液伺服大型结构试验机，微机控制电液伺服卧式拉力试验机，微机控制电液伺服多通道拟动力加载系统，微机控制电子万能试验机，微机伺服控制弹簧（持久）试验机，微机伺服控制松弛蠕变试验机等，微机控制电液伺服汽车自动挡疲劳试验台。老式液压试验机及电子万能试验机进行微机伺服控制系统改造，自动采集及数据处理系统改造。

常州超声电子有限公司
地址：江苏省常州市南门前黄镇景德西路76号
邮编：213172
电话：0519-86513954
传真：0519-86511239
电子信箱：wuc@pub.cz.jsinfo.net
网址：www.czcsdz.com
主要产品或业务范围："常超"牌模拟式、数字式系列超声波探伤仪，"蝙蝠"牌系列工业检测、医用及民用超声波换能器，各种规格压电陶瓷，"宇星"牌着色渗透探伤剂等产品。

常州新区大平超声波仪器有限公司
地址：江苏省常州市新北区高新科技园2号楼A座420号
邮编：213022
电话：0519-85100231
传真：0519-89886011
电子信箱：daping@daping.com
网址：www.daping.com
主要产品或业务范围：超声波探伤仪、无损检测器材。

海门探伤设备联营厂
地址：江苏省海门市三阳镇工业区
邮编：226134
电话：0513-82665761
传真：0513-82665825
主要产品或业务范围：射线探伤机。

江都市精艺试验机械有限公司
地址：江苏省江都市北郊新河工业园
邮编：225267
电话：0514-86291771（总机），86291772，86291012
传真：0514-86291772
电子信箱：jy@jsjingyi.com
网址：www.jsjysyj.com
主要产品或业务范围：该公司是专业研究材料测试技术和研制生产材料测试仪器、设备的高新科技企业。产品可对橡胶、塑料、薄膜、纤维、帘线、电线、电缆、管材、金属等多种材料进行力学性能检测。

江都市新真威试验机械有限责任公司
地址：江苏省江都市真武镇真武路59号
邮编：225265
电话：0514-86271099，86274342
传真：0514-86275910
电子信箱：zw@jszhenwei.com
网址：www.jszhenwei.com
主要产品或业务范围：多功能电子拉力试验机、台式多功能电子拉力试验机、微控拉力试验机、微控台式拉力试验机、双数显系列拉力试验机、双数显系列台式拉力试验机、无转子硫化。

江苏东华测试技术股份有限公司
地址：江苏省靖江市经济开发区中洲路30号
邮编：214500
电话：0523-84893199
传真：0523-84892079
电子信箱：dhc@dhtest.com
网址：www.dhtest.com
主要产品或业务范围：该公司从事动、静态应变测试分析系统、振动和冲击测试分析系统及多通道高速并行数据采集系统的设计和生产。

江苏明珠试验机械有限公司
地址：江苏省江都市真武镇（京沪高速真武出口工业园区）
邮编：225264
电话：0514-86235598，86235599，86276998，86235396
传真：0514-86235396
电子信箱：jsjdmz@126.com
网址：www.jdmz.com.cn
主要产品或业务范围：拉力机、硫化仪、门尼黏度计、油封旋转性能试验机、落锤冲击试验机、自动橡胶剪切机、自动油封修边机等。

江苏省射阳县新特利探伤机厂
地址：江苏省射阳县城解放路221号（后院）
邮编：224300
电话：0515-82323864，82326800
传真：0515-87050826
电子信箱：xinteli@xinteli-ndt.com
网址：www.xinteli-ndt.com
主要产品或业务范围：磁粉探伤机。

江苏天源试验设备有限公司
地址：江苏省江都市城北工业区双徐路
邮编：225201

电话：0514-86290908，86290898
传真：0514-86290508
电子信箱：ty@tysyj.com
网址：www.tysyj.com
主要产品或业务范围：微控拉力机、自动油封修边机、无转子硫化仪、数显式电子拉力机、机械式拉力试验机、系列电子拉力机、系列多功能电子拉力试验机、油封旋转性能试验机、微控式电子拉力机、系列微机控制电液伺服万能试验机、系列多功能拉力试验机、自动橡胶剪切机、门尼黏度计。

金顿仪器科技（昆山）有限公司
地址：江苏省昆山市周市镇金浦路66号（2号厂房）
邮编：215314
电话：0512-57868288
传真：0512-57868299
电子信箱：marry-kdk@king-design.com.cn
网址：www.king-design.com.cn
主要产品或业务范围：高、低频振台，重力式冲击试验机，包装落下机，小对象落下机，高低温箱，高低温冲击试验机，耐候、盐雾环境试验仪器。

靖江市泰斯特电子有限公司
地址：江苏省靖江市经济开发区城北园区孤山中路9号
邮编：214500
电话：0523-88905558
联系人：刘露松
主要产品或业务范围：动静态应变仪、信号测试分析系统、模态软件。

巨孚仪器(苏州)有限公司
地址：江苏省吴江市经济开发区花港路888号
邮编：215200
电话：0512-63409000
传真：0512-63437517
电子信箱：cocoy@giant-force.com
网址：www.giant-force.com
主要产品或业务范围：可编程序恒温恒湿试验机，冷热冲击试验机，等温试验机，大型环境试验机。

南京东大测振仪器厂
地址：江苏省南京市玄武区四牌楼2号（东南大学校内）
邮编：210096
电话：025-83361161，83680010
传真：025-83792270
电子信箱：seuv@seuv.cn
网址：www.seuv.com.cn
主要产品或业务范围：ZXP系列振动检测、分析仪表；在线监测保护仪表及振动数据采集故障诊断系统，MT系列磁电式速度传感器，SE系列电涡流位移传感器，转子振动模拟试验台等。

南京东电检测装备有限公司
地址：江苏省南京市江宁区麒麟工业园天旺路5号
邮编：211135
电话：025-84442627
传真：025-84195286
电子信箱：sales@nddchina.com
网址：www.njdongdian.com
主要产品或业务范围：系列磁粉探伤机。

南京仙林无损检测设备有限公司
地址：江苏省南京亚东新城开发区（仙林大学城内）
邮编：210046
电话：025-85893489，85561639
传真：025-85577400，85893781
电子信箱：zay1966@jlonline.com
网址：www.xianlin.com.cn
主要产品或业务范围：各种系列的钢铁材质硬度分选仪，涡流探伤仪，荧光磁粉探伤仪。

射阳天目探伤机制造有限公司
地址：江苏省盐城市射阳县城人民路70号
邮编：224300
电话：0515-82323196
传真：0515-82322862
联系人：汤海昌
电子信箱：sytm@sytianmu.com
网址：www.sytianmu.com
主要产品或业务范围：航天系统磁粉探伤设备。

苏州东菱振动试验仪器有限公司
地址：江苏省苏州市高新区科技城龙山路2号
邮编：215163
电话：0512-66652225
传真：0512-66655669
联系人：李宝霞
电子信箱：sales@testunit.com
网址：www.testunit.com
主要产品或业务范围：生产力学环境试验设备。

苏州昆山阳屹测试仪器有限公司
地址：江苏省昆山市环庆路28号
邮编：215300
电话：0512-57575481
传真：0512-55008476
联系人：孙成汇
电子信箱：wct_ks@yahoo.com.cn
网址：www.vouch.com.cn
主要产品或业务范围：UL94水平垂直燃烧试验机、电线电缆燃烧试验机、汽车内饰件燃烧试验机、建筑材料燃烧试验机、泡沫材料燃烧试验机、灼热丝试验机、漏电起痕试验机、针焰试验机等一系列阻燃测试设备。

苏州苏试试验仪器股份有限公司
地址：江苏省苏州市高新技术开发区鹿山路55号
邮编：215129
电话：0512-66658137
传真：0512-66658070
电子信箱：sales@chinasti.com
网址：www.chinasti.com
主要产品或业务范围：各类振动试验设备及其他力学环境试验设备。

苏州希尔电气科技有限公司
地址：江苏省苏州市木渎新区紫金路8号
邮编：215004
电话：0512-66365851，66572125
传真：0512-66360252
主要产品或业务范围：电动振动试验系统，冲击试验系统等。

无锡建仪仪器机械有限公司
地址：江苏省无锡市新区坊前春阳东路8号
邮编：214111
电话：0510-88275668
传真：0510-88275118
联系人：顾竹云
电子信箱：wxjianyi@wxjy.com
网址：www.wxjy.com
主要产品或业务范围：材料试验机、水泥、混凝土等建材性能检测仪器、公路检测仪器以及全自动水泥包装机和水泥均化、散装设备等建材机械装备。

无锡市华南实验仪器有限公司
地址：江苏省无锡市华清路滨湖经济技术开发区嘉业路3号
邮编：214124
电话：0510-85628028
联系人：张晓琳
主要产品或业务范围：公路、桥梁、建筑工程检测仪器、水泥、砼、沥青、土工仪器设备、万能机、压力机系列。

无锡市华银试验仪器销售有限公司
地址：江苏省无锡市锡沪中路166号212（紫金门）
邮编：214008
电话：0510-83137531，83140292
传真：0510-83128045
电子信箱：wxhuayin@163.com
网址：www.wxhuayin.com
主要产品或业务范围：从事六大系列的40余种硬度计、扭矩扳手、德国赛多利斯天平、万能试验机等多种仪器的销售工作。

盐城市电子设备厂
地址：江苏省盐城市开放大道139号
邮编：224003
电话：0515-88551617
传真：0515-88550023
联系人：程伟
网址：www.yceef.com
主要产品或业务范围：磁粉探伤机系列产品。

扬中市东大电子设备有限公司
地址：江苏省扬中市大众工业园区
邮编：212200
电话：0511-82666237
传真：0511-88359873
电子信箱：seyzdddz@sina.com
网址：www.yzdddz.ocm
主要产品或业务范围：系列数字式超声波探伤仪。

宜兴市广瀚无损检测材料有限公司
地址：江苏省宜兴市和桥镇朝阳路168号
邮编：214211
电话：0510-87801101，87802224，87815181，87815182
传真：0510-87808244
电子信箱：cnguanghan@126.com
网址：www.cnguanghan.com.cn
主要产品或业务范围：射线探伤材料，磁粉探伤材料及射线防护器材。

大连欣力试验设备有限公司
地址：辽宁省大连市甘井子区高云路128号1-3-1
邮编：116033
电话：0411-86895037
联系人：姚致国
主要产品或业务范围：拉压、扭转试验机、材力组合及单个实验装置、建筑结构实验设备。

丹东奥龙射线仪器有限公司
地址：辽宁省丹东市临港产业园区富民大街46号
邮编：118009
电话：0415-6278999，6278777，3141333
传真：0415-3458588，3458688
电子信箱：al@aolongcn.cn
网址：www.aolongcn.cn
主要产品或业务范围：X射线探伤机，X射线衍射仪等。

丹东市无损检测设备有限公司
地址：辽宁省丹东市元宝区解放后街1号
邮编：118000
电话：0415-2823976，2805218
传真：0415-2825144
电子信箱：info@ndtchina.cn
网址：www.ndtchina.cn
主要产品或业务范围：射线探伤机、X射线管产品。

阜新精达仪器仪表有限责任公司
地址：辽宁省阜新市经济开发区C路93号
邮编：123000
电话：0418-2822433
传真：0418-2299800
电子信箱：fxjd99@sina.com
网址：www.fxjd99.com
主要产品或业务范围：该公司主营LLB系列机械式拉力表、DLS系列数字式拉压力仪、XM系列智能仪表、电器成套设备及开关配件等产品。

辽宁仪表研究所有限责任公司
地址：辽宁省丹东市振兴区春三路23号
邮编：118002
电话：0415-6162393
传真：0415-6161156
电子信箱：info@lniri.com
网址：www.lniri.com
主要产品或业务范围：颗粒分析仪器、无损检测仪器和检测控制仪器的技术研究；主导产品有颗粒分析系列仪器、X射线探伤机系列产品、X射线管道爬行器系列产品、X射线实时成像系统、X射线轮胎检测机、装载称重控制仪器系列产品等数十个品种，具有全部自主知识产权。

辽阳金帆仪器仪表有限公司
地址：辽宁省辽阳市卫国路45号
邮编：111000
电话：0419-2250048，2255842
传真：0419-2255842
电子信箱：jinfan0166@sina.com
网址：www.lyjfgs.com
主要产品或业务范围：该公司是专业从事扭矩测量仪和扭矩扳子系列产品开发、研制、生产的单位之一；产品有智能扭矩测量仪，计算机智能扭矩测量仪，便携式扭矩检定仪，壁挂式扭矩检定仪，液晶便携式扭矩检定仪，动态扭矩检定仪，双指针扭矩扳子，凸焊螺母扭力测试仪等。

沈阳时代新天检测仪器有限公司
地址：辽宁省沈阳市铁西区兴华北街30号新财富大厦2606、2607室
邮编：110026
电话：024-62809877
传真：024-25156969
电子信箱：ln1718@163.com
网址：www.sysdxt.com
主要产品或业务范围：里氏、洛氏、布氏硬度计、显微维氏硬度计、粗糙度仪、涂层测厚仪、超声波测厚仪、测振仪、红外测温仪、超声波探伤仪、直读光谱仪。

沈阳天星试验仪器有限公司
地址：辽宁省沈阳市沈河区长青街35号
邮编：110015
电话：024-24200002，24200003，4008117722
传真：024-24230008
联系人：冯秋晔
电子信箱：sales@tianxing.com.cn
网址：www.tianxing.com.cn
主要产品或业务范围：便携式硬度计。

沈阳紫微机电设备有限公司
地址：辽宁省沈阳经济技术开发区二号街4甲3号
邮编：110027
电话：024-25368133
联系人：韩雪山
主要产品或业务范围：材料试验机、疲劳试验机、力标准机、压剪试验机、钢绞线试验机。

营口市北方检测设备有限公司
地址：辽宁省营口市西市区西园街20号
邮编：115004
电话：0417-4814865
传真：0417-4831986
联系人：李振财
电子信箱：bfjc@bfjcsb.com
网址：www.bfjcsb.com
主要产品或业务范围：系列化EMA-G管体电磁超声探伤设备、EMA-B板材电磁超声探伤设备、SA-系列多通道超声波探伤仪、SA-103单通道超声波探伤仪、系列化专用半自动磁粉探伤设备、系列化磁粉探伤机、各种规格的超声波换能器等。

营口市材料试验机有限公司
地址：辽宁省营口市站前区辽河大街东85-52号
邮编：115001
电话：0417-3842794，3842028，4818794
传真：0417-3842794
联系人：张建华
电子信箱：syj@ykclsyj.com
网址：www.ykclsyj.com
主要产品或业务范围：该公司是生产金属无损检测与橡胶、塑料试验仪器的专业厂家。

营口仪器厂
地址：辽宁省营口市站前区辽河大街一段东郊里37号
邮编：115001
电话：0417-3842583
传真：0417-3842722
主要产品或业务范围：超声波硬度计，磁粉探伤计，无损探伤仪等。

宁夏机械研究院有限责任公司
地址：宁夏银川市高新技术开发区17号路东

邮编：750002
电话：0951-5044247，5014684
传真：0951-5035324
电子信箱：jxnx@nxjixie.com
网址：www.nxjixie.com
主要产品或业务范围：磁粉离合器/制动器系列、非金属材料试验机、粉末冶金制晶及二硼化钛产品。

宁夏青山试验机有限公司

地址：宁夏银川市德胜工业园区虹桥北街13号
邮编：750200
电话：0951-8989813，8989817，8987333
传真：0951-8989817
电子信箱：nxqs@163.com
网址：www.nxqs.com.cn
主要产品或业务范围：该公司是国内生产试验机的专业公司；主要产品有微机控制万能试验机，拉力试验机（机械式、电子式），扭转试验机，扭矩标准机，疲劳试验机及工艺性试验机（线材扭转试验机，反复弯折试验机，线材缠绕试验机）等。

吴忠市材料试验机有限公司

地址：宁夏吴忠市利通区（吴忠材机厂）
邮编：751100
电话：0953-2223222
传真：0953-2222999
电子信箱：wxjt@nxwx.com
网址：www.nxwx.com
主要产品或业务范围：材料试验机。

吴忠同力材料试验机有限公司

地址：宁夏吴忠市利通北街
邮编：751100
电话：0953-2024927
传真：0953-2024937
联系人：白井然
电子信箱：office@wztongli.com
网址：www.wztongli.com
主要产品或业务范围：提供硬度、冲击、蠕变及持久、杯突、万能、拉力、落锤撕裂及包装件试验机等多种系列，一百多个品种。

济南晨光试验仪器有限公司

地址：山东省济南市槐荫区段北东路14号1单元101室
邮编：250022
电话：0531-87120686，87966702
传真：0531-87966702
电子信箱：jnchenguang@163.com
主要产品或业务范围：电子万能试验机、冲击试验机、电子数显拉力机、弹簧拉压试验机，以及各种建工建材试验设备和试验机各种配件，并经营各种液压万能机、压力机、拉力机、冲击机、硬度计、扭转机、弹簧机及橡胶塑料、电缆等非金属试验设备，并提供光学、金相化工、水泥、公路、建材、矿山实验室成套理化分析仪器，并可为客户提供技术咨询，安装调试。

济南东方试验仪器有限公司

地址：山东省济南市市中区七贤办事处文庄西济微路148-8
邮编：250118
电话：0531-85552948
传真：0531-85552954
电子信箱：jntest@163.net
网址：www.jntest.com
主要产品或业务范围：电子拉力试验机系列，电子万能试验机系列，电液伺服液压万能试验机系列，屏显液压万能试验机系列，建材电子万能试验机系列，人造板万能试验机系列，扭矩仪系列，汽车、摩托车拉索耐久性试验机系列。可根据具体要求承接各种类别的材料及构件试验设备的设计与制造。

济南翰森精密仪器有限公司

地址：山东省济南市槐荫区新沙工业园4街5号
邮编：250033
电话：0531-85996197，85996198
传真：0531-85990316
电子信箱：Hs5117@126.com
网址：www.hesion.cc
主要产品或业务范围：各类试验机及配套检测仪器。

济南科汇试验设备有限公司

地址：山东省济南市经十西路6288号
邮编：250116
电话：0531-87564822，87515468，87586248
传真：0531-87521889
电子信箱：jnkh@vip.163.com
网址：www.jnkh.com，www.sdjnkh.com
主要产品或业务范围：开发、生产、销售材料试验机。

济南瑞普机电技术有限公司

地址：山东省济南市机床二厂路11号
邮编：250022
电话：0531-87120094，87154426
传真：0531-87150712
电子信箱：ales@shiyanji.com，tech@shiyanji.com
主要产品或业务范围：微机控制电子万能试验机、微机控制电液伺服万能试验机、微机控制电子万能试验机附具、微机控制电液伺服压力试验机、微机控制橡胶压剪试验机、微机控制卧式拉力试验机、微机控制包装箱压力试验机、数显式构件压力试验机、数显式木材抗折压力试验机、数显式电子万能试验机、液压万能试验机、微机式电液比例万能试验机。

济南时代试金试验机有限公司
济南试金集团有限公司
地址：山东省济南市经济开发区时代路219号
邮编：250300
电话：0531-87963631，87193506，87193505，87193507
传真：0531-87183068
电子信箱：market@timeshijin.com，market@shijin.com
网址：www.shijin.com，www.shijin.cn
主要产品或业务范围：液压万能试验机、电子万能试验机、液压压力试验机、摩擦磨损试验机、大型构件试验机、电液伺服疲劳试验机。

济南时代试金仪器有限公司
地址：山东省济南市济微路136-8号
邮编：250022
电话：0531-87169315，87169305，87169313，87169301
传真：0531-87169330
电子信箱：timesj@126.com
网址：www.timesj.com
主要产品或业务范围：硬度计，冲击试验机，弹簧试验机，扭转试验机，人造板试验机，电子万能试验机，其他试验设备等。

济南试验仪器设备厂
地址：山东省济南市槐荫区铁配路5号
邮编：250022
电话：0531-87566198，87585679
传真：0531-87566198
电子信箱：jnsy@cn-jnsy.com
网址：www.cn-jnsy.com
主要产品或业务范围：LD系列电子式拉力试验机、MWD系列人造板（木材）万能试验机、WDW系列电子万能试验机、TLS系列弹簧拉压试验机、QTW系列气弹簧试验机、自锁螺母扭转试验机、冲击试验机等多种产品。

济南泰思特仪器有限公司
地址：山东省济南市美里湖工业园三街北区13号
邮编：250021
电话：0531-87155218，87155255，85967516
传真：0531-87163843
电子信箱：jntestyq@163.com
网址：www.jntestyq.com
主要产品或业务范围：开发、研制并生产液压压力试验机、液压万能试验机、电子万能试验机、冲击系列试验机（包括冲击机、低温仪、缺口拉床、投影仪）、钢筋弯曲试验机、材料摩擦磨损试验机等产品。

济南天辰试验机制造有限公司
地址：山东省济南市历城区开源路8888号
邮编：250101
电话：0531-88608888，88620000
传真：0531-88607888
电子信箱：tc_qihuabu@163.com
网址：www.tianchentest.com
主要产品或业务范围：电子万能试验机系列，液压万能试验机系列，微机控制电液伺服试验机系列，液压压力试验机系列，摩擦磨损试验机系列，冲击试验机系列，人造板材试验机系列，塑料型材、管材、门窗检测设备8大类产品，200多个品种。

济南新试金试验机有限责任公司
地址：山东省济南市经十路309号
邮编：250117
电话：0531-87519908，87525889
传真：0531-87525889
联系人：王新雨，刘婷婷
电子信箱：wangxinyu@xinshijin.com
网址：www.xinshijin.com
主要产品或业务范围：仪表测力、数字显示、微机屏显、微机控制电液伺服等；50kN、100kN、300kN、600kN、1000kN万能试验机；300kN、600kN、1000kN、2000kN、3000kN压力试验机；卧式拉力机、电子拉力机、冲击试验机、弹簧试验机、人造板试验机等。

济南鑫光试验机制造有限公司
地址：山东省章丘市枣园办事处枣园医院路口往北800米路东
邮编：250214
电话：0531-83654069，83668952，83651337，13806415933，13405319676
传真：0531-83650111
电子信箱：sdxgyq@163.com
网址：www.sdxgyq.com，www.sdxgyq.com.cn
主要产品或业务范围：电子拉力试验机、电子万能试验机、液压万能试验机、压力机、弹簧试验机、冲击试验机、人造板试验机等。

济南智星电测设备有限公司
地址：山东省济南市工业北路182-26号
邮编：250100
电话：0531-88663636，88663737
传真：0531-88612227
网址：www.zhixingcn.com
主要产品或业务范围：电子拉力试验机系列，电子万能试验机系列，液压万能试验机系列，称重传感器等。

济南中路昌试验机制造有限公司
地址：山东省济南市黄岗路1993号
邮编：250031
电话：0531-87185048
传真：0531-87185048
电子信箱：jnzlcsyj@126.com
网址：www.jnzlc.com.cn

主要产品或业务范围：专业生产各种液压万能试验机，电子万能试验机，冲击试验机，压力试验机，万能试验机及配套检测仪器。

济宁模具厂
地址：山东省济宁市环城北路36号
邮编：272031
电话：0537-6988486，6988490
传真：0537-6988488
电子信箱：jnmjc@163169.net
网址：www.jnmjc-ndt.com
主要产品或业务范围："东岳"牌高精度超声测厚仪、各种规格型号超声波换能器、探头线、X射线铅房、磁粉。

莱州华银试验仪器有限公司
地址：山东省莱州市鼓楼街215号
邮编：261400
电话：0535-2216619
传真：0535-2213954
电子信箱：hyexp@163169.net，export@lzhuayin.com
网址：www.lzhuayin.com
主要产品或业务范围：研发生产金属、非金属材料硬度计。

青岛时代新技术公司
地址：山东省青岛市海尔路63号数码科技中心A座504室（南楼）
邮编：266071
电话：0532-85012248，85015976
传真：0532-85010013
网址：www.timegroup.com.cn
主要产品或业务范围：硬度计、测厚仪、测温仪、粗糙仪、探伤仪系列。

威海市海翔试验机制造有限公司
地址：山东省威海市荣成滕家工业园
邮编：264314
电话：0631-7681170，7684988
传真：0631-7687658
电子信箱：haixiang0705@163.com
网址：www.wh-haixiang.com
主要产品或业务范围：该公司是一家以设计开发、生产、销售试验机及测试设备为主的技术密集型股份制企业。

威海市试验机制造有限公司
地址：山东省威海市工业新区浙江路
邮编：264211
电话：0631-5321294
传真：0631-5339758
电子信箱：kaiwei-xiaoshou@163.com
网址：www.whkaiwei.cn
主要产品或业务范围：生产试验机产品的专业企业。

烟台新天地试验技术有限公司
地址：山东省烟台市莱山区清泉路32号烟台大学土木工程学院
邮编：264005
电话：0535-6888250
联系人：吴江龙
主要产品或业务范围：多功能材料力学、结构力学组合实验装置、钢筋混凝土梁实验装置、多通道电液伺服加载系统。

西安市亚星土木仪器有限公司
地址：陕西省西安市咸宁东路366号
邮编：710043
电话：029-82215984，82232259，82215984
传真：029-83204565
联系人：马萌
网址：www.yxtumu.com
主要产品或业务范围：主营产品有沥青针入度试验仪、沥青软化点、黏结力试验仪、土壤液塑限联合测定仪。

爱安德技研贸易（上海）有限公司
地址：上海市浦东张江毕升路289弄富海商务苑1号楼101室
邮编：201204
电话：021-33932340/90/91
传真：021-33932347
网址：www.aanddtech.cn
主要产品或业务范围：万能材料试验机、数据采集及控制系统、燃烧分析、原型设计控制器、发动机制图及优化软件、数据管理系统及测力计。该公司在电路设计，模拟和数字转换技术，应变片技术和电磁感应器，以及高度敏感电压测量方面的发展超越了其他公司。

爱斯佩克测试科技（上海）有限公司
地址：上海市黄浦区宁波路1号申华金融大厦5楼
邮编：200002
电话：02151036677
传真：021-63372237
主要产品或业务范围：模拟环境试验设备、在线快速可靠性测试评估系统、半导体老化筛选设备、液晶热处理设备。

宝禾利普磁仪器（上海）有限公司
地址：上海市闵行区澄建路168号8号楼
邮编：201108
电话：021-64348688
传真：021-64346488
电子信箱：sales@bowers-shanghai.com
网址：www.bowersmetrology.com
主要产品或业务范围：洛氏硬度计，显微维氏硬度计，布氏硬度计，邵氏硬度计及其他便携式测试仪器。

多禾试验设备（上海）有限公司
地址：上海市奉贤区南电路4号
邮编：201416

电话：021-61127770
传真：021-61153591
电子信箱：sales@dsctester.com
网址：www.dsctester.com
主要产品或业务范围：研制可靠性环境试验仪器。

茂联仪器有限公司
地址：上海市普陀区延长西路777号
邮编：200065
电话：021-56954466，56950304
传真：021-56377170
电子信箱：hungta@sh163.net，shanghai@hungta.com.cn
网址：www.hungta.com.cn
主要产品或业务范围：该公司专营电脑辅助机械设计及电子计测制造中心计算机辅助机械设计及电子计测制造中心，开发了将近1000种试验仪器。

欧美大地科技有限公司
地址：上海市浦东新区桃林路18号环球广场A座910室
邮编：200135
电话：021-51350225，51350226，51350227，51350229
传真：021-68532990
电子信箱：zhangweiyan@epc.com.hk
网址：www.earthtech.hk
主要产品或业务范围：红外热像仪、紫外成像仪、局放仪、电晕检测仪、红外测温仪、声发射、超声波、磁粉渗透仪、静动态数据采集仪等无损检测仪器设备。

上海奥龙星迪检测设备有限公司
地址：上海市浦东康桥工业区康安路608号
邮编：201315
电话：021-58122728
传真：021-58811662
联系人：陈士建
网址：www.hardnesstestersh.com
主要产品或业务范围：主营产品有硬度试验机。

上海超群无损检测设备有限责任公司
地址：上海市松江九亭松江高科技园区洋河浜路188号
邮编：201615
电话：021-37633099，37633088-1101
传真：021-37633078
电子信箱：sales@sandt.com.cn
网址：www.sandt.com.cn
主要产品或业务范围：X射线实时成像系统、气绝缘便携式X射线探伤机、油绝缘移动式X射线探伤机、移动式金属陶瓷管X射线探伤机、中频高压X射线源、医用X射线源、各类X射线管（X光管）。

上海磁通检测设备有限公司
地址：上海市松江区新桥镇新润路385号
邮编：201612
电话：021-59766622
传真：021-59769292
电子信箱：citong@chinacitong.com
网址：www.chinacitong.com
主要产品或业务范围：国内生产磁粉探伤检测线、荧光渗透检测线及荧光废水处理成套设备的重点单位。

上海泛讯机电设备有限公司
地址：上海市南京西路1038号36楼
邮编：200041
电话：021-62713800-217
传真：021-52289035
联系人：封志刚
电子信箱：Frank_Feng@bose.com
网址：www.bose-electroforce.com
主要产品或业务范围：该公司代理博时公司材料试验机，动态热机械分析及生物反应器等产品。

上海恒一精密仪器有限公司
地址：上海市徐汇区斜土路2669号英雄大厦2106室
邮编：200030
电话：021-64811556，64811559
传真：021-64812649
电子信箱：shanghai@everone.cc
主要产品或业务范围：洛氏硬度计、显微硬度计、维氏硬度计等；粗糙度仪、轮廓形状测定仪、圆度仪等。

上海恒准仪器科技有限公司
地址：上海市虹梅南路1526弄97号
邮编：201108
电话：021-64549471，54399880，54396352
传真：021-54399880-12
电子信箱：hengzhun@hengzhunx.com
网址：www.hengzhunx.com
主要产品或业务范围：拉力试验机系列、环境试验机系列、电线电缆试验机系列、皮革试验机系列、制鞋试验机系列、沥青仪器系列、混凝土仪器系列、水泥仪器系列、土工仪器系列。

上海沪超超声波仪器有限公司
地址：上海市国货路360号
邮编：200011
电话：021-63766885
传真：021-63778853
网址：www.sh-huchao.com
主要产品或业务范围：超声波仪器。

上海华龙测试仪器股份有限公司
地址：上海市浦东新区川沙镇川宏路389号
邮编：201202

电话：021-58597668，13916879796
传真：021-58597568
电子信箱：hualong@hualong.net
网址：www.hualong.net
主要产品或业务范围：微机控制电子万能试验机，电液式万能试验机，屏显式液压万能试验机，微机液压万能试验机，微机控制电液伺服万能试验机，电液式压力试验机，电液式压力试验机，微机控制全自动液压压力试验机，微机控制电液伺服卧式拉力试验机，微机控制拉伸应力松弛试验机，微机静载锚固试验机，微机控制扭转试验机，电子式线材扭转试验机，屏显式杯突试验机，三工位快速平剪顶锻试验机，全自动摆锤冲击试验机，微机控制电液伺服压剪试验机，钢筋弯曲试验机，双工位钢筋冷弯试验机，高温持久蠕变试验机。

上海集敏测试仪器有限公司

地址：上海市浦东新区六灶陈桥南六公路1779号
邮编：201322
电话：021-55080130
传真：021-55086723
电子信箱：jmmt_csjs@126.com
网址：www.jmtt.com.cn
主要产品或业务范围：各类硬度计（洛氏系列、维氏系列、布氏系列、多用系列、便携式系列）。

上海久滨仪器有限公司

地址：上海市曹安路2728号
邮编：201812
电话：021-51048101，51048102
传真：021-51048103
电子信箱：hyjiang2004@163.com
网址：www.jiu-b.com
主要产品或业务范围：拉力试验机，万能材料试验机，恒温恒湿试验机，高低温冲击试验机，硫化仪，氯指数，灼热丝，针焰，漏电起痕，水平垂直燃烧，电线弯曲摇摆。

上海联尔试验设备有限公司

地址：上海市浦东新区航头镇大麦湾工业区航同路2号
邮编：201316
电话：021-50909205
传真：021-50905156
联系人：韩玉俊
电子信箱：lianer@sh-lianer.com
网址：www.sh-lianer.com
主要产品或业务范围：硬度试验机、金相试样设备。

上海浦东高桥试验机厂有限公司

地址：上海市浦东新区高东镇高东新路509号
邮编：200137
电话：021-58481410，13661881907
传真：021-58482932
电子信箱：testm@shtestm.com
网址：www.shtestm.com
主要产品或业务范围：通用平衡机系列、曲轴动平衡机、传动轴动平衡机、车轮平衡机、立式平衡机、YDQ-160型多功能通用动平衡机、WED型系列电子液压试验机及A-400型水冷式涡流粉碎机。

上海三环仪器有限公司

地址：上海市长宁区长宁支路145号
邮编：200042
电话：021-62525295，62128613，62125393
传真：021-62528872
电子信箱：sanhuan@shshyq.com
网址：www.shshyq.com
主要产品或业务范围：自主设计和制造的磁粉探伤机分以下三大类：携带式、移动式、固定式探伤设备。同时，也生产荧光及渗透探伤仪、退磁机、观片灯等产品。

上海尚材试验机有限公司

地址：上海市奉贤区奉城经济园区奉旺路373号
邮编：201411
电话：021-50393010，57514308
传真：021-57520236
电子信箱：qbg@sh-test.com，sctmc@yahoo.cn
网址：www.sh-test.com
主要产品或业务范围：布氏、洛氏、维氏、显微型系列硬度计20多种。

上海申克机械有限公司

地址：上海市普陀区怒江北路239弄36号
邮编：200333
电话：021-62659663，52806866，52828223
传真：021-62655326
电子信箱：sales.rotec@schenck.cn
网址：www.schenck.cn
主要产品或业务范围：该公司是世界最著名平衡机制造商德国卡尔申克在华子公司，生产动平衡设备从卧式、立式、半自动到自动平衡机以及专用于工具、汽车摩托车曲轴、传动轴、高速纺机等特殊平衡机。

上海申力试验机有限公司★

地址：上海市奉贤区沿钱公路3869A
邮编：201414
电话：021-57569927，57569737，4008205976
传真：021-57569937
电子信箱：shenli021@yahoo.com.cn
网址：www.sltest.com.cn
主要产品或业务范围：电液式万能试验机、微机显示电液式万能试验机、微机控制电液伺服万能试验机、电液式压力试验机、恒应力压力试验机、微机控制电子万能试验机、快速顶锻试验机、微机控制全自动顶锻试验机等，并可按照客户要求设计非标试验机、订购专用试验机附件，对老式试验机产品进行更新技术改造。

上海申联试验机厂有限公司
地址：上海市军工路1300号
邮编：200433
电话：021-65499140，65385874
传真：021-65518120
电子信箱：shenlian@chinashenlian.com
网址：www.shenlianchina.com
主要产品或业务范围：电子式数显式拉力机、数显式万能机、微机控制拉力机、微机控制万能机；液压式微显压力机、数显式万能机、微机控制压力帆、电液式自动压力机。通用平衡机，按测量显示方式分为矢量表，数字显示及微机显示；高档平衡机，有曲轴、传动轴等平衡机。

上海深索仪表电子有限公司
地址：上海市闵行区虹中路629号4楼
邮编：201103
电话：021-64466722，64466755，64467750
传真：021-64466722-815/816
电子信箱：sss@shensuo.com.cn
网址：www.shensuo.com.cn
主要产品或业务范围：研制生产电涡流传感器、速度传感器，旋转机械设备在线监控仪表及故障诊断分析系统。

上海声浦超声波设备厂
地址：上海市闵行区虹梅南路3135弄51号
邮编：200237
电话：021-54040352
传真：021-64361380
网址：www.shspcs.com
主要产品或业务范围：超声波清洗器、点焊机、粉碎机、研磨机以及测厚仪、探伤仪等仪器。

上海声源超声波仪器设备有限公司
地址：上海市莘朱路1398弄65号
邮编：201103
电话：021-64373479
传真：021-64313625
联系人：袁毛龙
电子信箱：shengyuanchaosheng@163.com
网址：www.shenyuansh.com，www.sy-sh.com
主要产品或业务范围：超声波清洗机、测厚仪、塑料焊接加工、超声波明渠流量计、探伤仪、塑料焊接加工设备。

上海树信仪器仪表有限公司
地址：上海市徐汇区漕溪路251弄4号1106室
邮编：200235
电话：021-64515829，64515839
传真：021-64515809
电子信箱：shuxinyiqi@hotmail.com
网址：www.shuxin17.cn
主要产品或业务范围：红外线测温仪、涂层测厚仪、超声波测厚仪、超声波探伤仪、声级计、测振仪、转速表、测温仪、激光测距仪、风速仪、温湿度仪、粗糙度仪、硬度计、测力计、兆欧表、万用表、钳形表、示波器、数字示波器、信号源、电源、电导率仪、频谱分析仪、密度比重计、功率分析仪等测试仪器。

上海泰明光学仪器有限公司销售公司
地址：上海市普陀区中山北路2790号杰地大厦201室
邮编：200042
电话：021-62548861，62161130，62310911
传真：021-62310879
电子信箱：taiming.sh@263.net
网址：www.sh-optical.com.cn
主要产品或业务范围：精密光学仪器、材料试验机、显微硬度计、粗糙测试仪、光学长度计量仪。

上海辛克试验机有限公司
地址：上海市松江区永丰路35号
邮编：201600
电话：021-67865767
传真：021-67865793
电子信箱：info@schiak.com
网址：www.schiak.com
主要产品或业务范围：动平衡机及材料试验机。

上海银驰股份有限公司
地址：上海市武宁路350号联合大厦309室
邮编：200063
电话：021-62432092，52664390
传真：021-62579975
电子信箱：shanghai@ycsh.com
网址：www.ycsh.com
主要产品或业务范围：拉力测试机、恒温恒湿、盐水喷雾、振动、检针机等。

上海宇光无损检测设备制造有限公司
地址：上海市嘉定区马陆镇丰饶路900号
邮编：201801
电话：021-59903889，59903313
传真：021-59903334
电子信箱：sh@yg-ndt.com
网址：www.rg-ndt.com
主要产品或业务范围：磁粉探伤仪，荧光渗透检测设备。

上海兹韦克仪器科技有限公司
地址：上海市斜土路768号致远大厦23楼A座
邮编：200023
电话：021-53016331

传真：021-53521923
电子信箱：sales@zwick.com.cn
网址：www.zwick.com.cn
主要产品或业务范围：电子万能材料试验机，大载荷液压万能材料试验机，动态材料测试系统，金属及非金属硬度计，全自动测试系统，摆锤冲击试验机(塑料和金属)，熔融指数仪，维卡热变性测试系统，橡胶回弹仪。

司特尔（上海）国际贸易有限公司
地址：上海市杨浦区大连路970号海上海新城9号楼702室
邮编：200092
电话：021-52288811
传真：021-52288821
联系人：陈莹
电子信箱：anthony.du@struers.dk
网址：www.struers.com
主要产品或业务范围：硬度计。

依工测试测量仪器（上海）有限公司
地址：上海市闵行区春申路1985弄15号
邮编：200237
电话：021-54300887-219
传真：021-54290977
联系人：孙玉梅
电子信箱：china.sales@wolpertwilson.com
网址：www.wolpertwilson.com
主要产品或业务范围：硬度测试仪器的世界顶尖供应商。

英斯特朗（上海）试验设备贸易有限公司
地址：上海市南京西路819号中创大厦1708室
邮编：200041
电话：021-62158568
传真：021-62150261
网址：www.instron.com
主要产品或业务范围：电子万能试验机。

中科院上海光学精密机械研究所
地址：上海市嘉定区招贤路200号
邮编：201800
电话：021-69523638，69523328
传真：021-69522123
网址：www.siomm.com
主要产品或业务范围：该所仪器设备事业部专业生产硬度计和高温炉系列产品。

天津市建仪试验机有限责任公司
地址：天津市红桥区闸桥南路37号
邮编：300200
电话：022-27560642，27561558，27581069
传真：022-28321779
电子信箱：jyscyx@sina.com
网址：www.tjjycj.com
主要产品或业务范围：各种非金属材料试验仪器、建筑施工机具、涂料生产设备、实验仪器设备。

天津市精科材料试验机厂
地址：天津市静海东滩头道口
邮编：301605
电话：022-68771120
传真：022-68773111
联系人：李风凯
电子信箱：jingke@tijingke.com
网址：www.tijingke.com
主要产品或业务范围：黏度及稠度测试仪、粒子细度试验仪、冲击试验仪、耐摩擦耐洗仪、附着力试验仪、硬度试验仪、测厚仪、柔韧性测试仪、干燥性能试验仪、光泽仪、密度遮盖比色白度闪点粉化成膜仪、试验室制备器。

天津市伟达试验机厂
地址：天津市河东区华龙道秋实园6号楼底商10号
邮编：300011
电话：022-24325230，24328781
传真：022-24325230
联系人：孙兴成
电子信箱：tjweida@022.net.cn
网址：www.tjwd.net
主要产品或业务范围：该厂是中国涂料工业协会会员，中国建筑装饰协会会员；主要产品有黏度计系列，硬度计系列，干燥时间系列，附着力系列，制膜系列，刮板细度计系列，冲击系列，柔韧性系列，研磨系列，测厚系列，氙灯耐气候试验箱，盐雾试验箱，调温调湿箱，热老化试验箱，电热干燥箱。

天津永利达材料试验机有限公司
地址：天津市静海县玉田庄大队对面
邮编：301600
电话：022-68921883
传真：022-68921009
电子信箱：yld6888@163.com
网址：www.clsyj.com
主要产品或业务范围：专业从事实验设备及实验仪器的生产企业。

杭州邦威机电控制工程有限公司
地址：浙江省杭州市西湖科技经济园振华路206号西港新界8D-1502室
邮编：310013
电话：0571-85126907，85024352
传真：0571-85023176
电子信箱：zjw1105@sina.com
网址：www.popwil.com
主要产品或业务范围：试验机、冶金液压系统。

宁波市镇海腾达测试仪器有限公司

地址：浙江省宁波市镇海区骆驼镇联勤村北1路133号
邮编：315202
电话：0574-86570677，86570675
传真：0574-86570676
电子信箱：tengda@tengdanb.com
网址：www.tengdanb.com
主要产品或业务范围：该公司是材料试验机的专业生产厂家。可提供盘式液压万能试验机、液压压力试验机的微机改造及自动液压夹具改造，并提供各种钳口等零部件。

温州三和量具仪器有限公司

地址：浙江省乐清市柳市镇柳黄路法院东首501室
邮编：325604
电话：0577-27890736
传真：0577-27890732
网址：www.wzshljyq.com
主要产品或业务范围：集计量器具、仪器仪表、检测设备的生产、研发、销售、维修、计量管理于一体的综合型公司；主要代理、经销国内外一百多家知名品牌的检测设备；产品包括投影仪、硬度计、粗糙度仪、金相分析设备、涂镀层测厚仪、影像测量仪、工具显微镜、推拉力计、扭矩扳手、拉力试验机、光谱仪、三坐标等。

温州山度仪器有限公司

地址：浙江省温州市高新技术产业园10区E幢
邮编：325013
电话：0577-88609904
传真：0577-88390155
电子信箱：sundoo@sundoo.com
网址：www.sundoo.com
主要产品或业务范围：专业从事集力学仪器研究、开发、生产及销售为一体的高新技术企业。

浙江竞远机械设备有限公司

地址：浙江省金华市秋涛街269号
邮编：321016
电话：0579-82271079
联系人：徐灵双
主要产品或业务范围：主营产品有压力试验机、万能试验机、冲击试验机和特种试验机。

浙江鹿城无损检测设备总公司

地址：浙江省温州市新城大道康源大楼南楼308室
邮编：325000
电话：0577-88293040，88293242，88293909
传真：0577-88259689
联系人：黄国栋
电子信箱：lcndt@163.com
网址：www.lcndt.net
主要产品或业务范围：ICM工业X光射线机、IPSI管道爬行器、富士工业X光胶片、布鲁斯全自动洗片机、国外超声波探伤仪、测厚仪、金相显微镜、硬度计、涡流探伤仪、磁粉探伤仪等及其他检测仪器及配件。

重庆市中迅机电仪表有限公司

地址：重庆市渝中区中山二路192号10-3号
邮编：400014
电话：023-63536016
传真：023-61683993
电子信箱：zhongxuncq@163.com
网址：www.zxyb.cn
主要产品或业务范围：金属、非金属材料试验机，HV-1000、HVS-1000、MHV-2000显微硬度计；电工测试仪器仪表，进口接地电阻仪；各类交直流电源有SH系列净化电源、智能型无触大功率交流稳压电源。

实验室仪器及装置

安徽省天长市田氏实验设备有限公司
地址：安徽省天长市仁和镇天扬路280号
邮编：239300
电话：0550-7834728
传真：0550-7834748
电子信箱：tssysb@126.com
网址：www.tctssysb.com
主要产品或业务范围：各种规格中央实验台、边实验台、通风柜、器皿柜等设备。

安徽万瑞冷电科技有限公司
地址：安徽省合肥市高新开发区海棠路189号
邮编：230088
电话：0551-5541144，5392154，5373294，5617321
传真：0551-5541144，5373294
电子信箱：marketing@vacree.com
网址：www.vacree.com
主要产品或业务范围：低温真空泵、环境试验设备、低温制冷机与制冷系统、真空绝热管与低温容器。

安徽中科中佳科学仪器有限公司
地址：安徽省合肥市长江西路669号高新区科学大道104号
邮编：230088
电话：0551-5319317
传真：0551-5319404
电子信箱：market.zj@163.com
网址：www.zonkia.com.cn
主要产品或业务范围：该公司主要从事核医学仪器和离心机等科学仪器的研发、生产和销售。

合肥达斯卡特科学器材有限公司
地址：安徽省合肥市瑶海区大店工业园
邮编：230011
电话：13805699811，13637086418
传真：0551-6705512
联系人：余总，鲍经理
电子信箱：hfdskt@163.com
主要产品或业务范围：该公司自主研发各种规格的干燥箱、恒温培养箱、生化培养箱、光照培养箱、人工气候箱、二氧化碳培养箱、三气培养箱、净化工作台等产品。

天长市长城玻璃仪器制造厂
地址：安徽省天长市天扬路2号
邮编：239300
电话：0550-7096003
传真：0550-7096004
电子信箱：ccblyq@126.com
网址：www.ccblyq.com
主要产品或业务范围：旋转蒸发器，双层反应器，单层反应器，开口反应器，高效双回流冷凝器等；生产各种规格的玻璃蒸馏器，二重及三重纯水蒸馏器；高真空活塞，油扩散泵，精密分馏装置，以及其他高真空类仪器；气体分析器及配件等。

中科美菱低温科技有限责任公司
地址：安徽省合肥市经济技术开发区莲花路2163号
邮编：230601
电话：0551-64412128
传真：0551-64312228
电子信箱：lym19620731@163.com
网址：www.zkmeiling.com
主要产品或业务范围：该公司是专业研制生产科研、医疗保存箱的高新技术企业。

Quantum Design中国子公司
地址：北京市朝阳区霄云路26号鹏润大厦B座2503-05室
邮编：100016
电话：010-85120277
传真：010-85120276
电子信箱：Info@qd-china.com
网址：www.qd-china.com
主要产品或业务范围：SQUID磁学测量系统和材料综合物理性质测量系统。

安吉拉通力机械（北京）有限公司
地址：北京市通州区台湖镇新华联工业园6号厂房
邮编：101116
电话：010-52105999，52118985，52118998
传真：010-52118990，52118999
电子信箱：amec@amec.net.cn
网址：www.amec.net.cn
主要产品或业务范围：各种环境试验设备。

安简（北京）科技有限公司
地址：北京市朝阳区十八里店乡横街子张家店村329号
邮编：101102
电话：4008510885，010-56189248
传真：010-80828266
电子信箱：ajnjbj@126.com
网址：www.ajnj.com.cn
主要产品或业务范围：自动高纯氢气发生器、便捷操作液样浓缩仪、批量涡旋混合器等。

北京艾飞博实验仪器有限公司

地址：北京市朝阳区广顺南大街东亚望京中心B621
邮编：100102
电话：010-64865598
传真：010-64862088
联系人：王强
电子信箱：734104419@qq.com
网址：www.aifeibo.com
主要产品或业务范围：该公司代理和经销产品有生物安全柜、洁净台、摇床、培养箱等。国产及进口实验仪器包括高低温设备、样品处理设备、分析测试仪器及实验室辅助设备等。

北京艾吾丁医药科技有限公司

地址：北京市大兴工业开发区金苑路36号
邮编：102628
电话：010-61271580，13810700248
传真：010-61271580
联系人：陈先生
电子信箱：bj-awd@163.com
网址：www.sinobioo.com
主要产品或业务范围：该公司主要从事液体、固体、特殊新型生化反应设备以及自动生化反应过程控制系统的研究、开发与制造。

北京爱思泰克科技开发有限责任公司

地址：北京市海淀区巴沟南路35号A座108～113室
邮编：100089
电话：010-62623225
传真：010-58857469
电子信箱：astk@astk.com.cn
网址：www.astk.com.cn
主要产品或业务范围：该公司专业从事超纯水制备技术研究与开发。

北京爱哲思科技有限公司

地址：北京市大兴区工业开发区科苑路18号留学人员创业园C13层
邮编：102628
电话：010-60215801
传真：010-60215892
电子信箱：sales@agc-instruments.cn
网址：www.agc-bj.com
主要产品或业务范围：气相色谱仪。

北京安迪永富科贸有限公司

地址：北京市海淀区知春路甲48号迎都大厦C座3单元6D
邮编：100083
电话：010-58731301，58731302，58731303，58731304
传真：010-58731300
电子信箱：info@scitop.com.cn
网址：zhanglei.win@163.com
主要产品或业务范围：该公司经销科研仪器、生物工程用仪器设备。

北京安捷来勒科技有限公司

地址：北京市朝阳区建国路93号万达广场3号楼603室
邮编：100022
电话：010-59604011/12/13
传真：010-59604013
联系人：叶均章
电子信箱：info@agile-hk.com
网址：www.agile-hk.com.cn
主要产品或业务范围：该公司在世界范围内采取最新技术生产的实验室仪器设备及理想的研究、生产技术环境。

北京白洋医疗器械有限公司

地址：北京市丰台区天伦锦城7-4-102
邮编：100070
电话：010-83711490
传真：010-83710670
联系人：王兵
电子信箱：baiyanglixinji@163.com
网址：www.bjbylxj.com，www.bjbylxj.cn
主要产品或业务范围：开发生产了低速离心机、低速冷冻离心机、低速冷冻大容量离心机、高速离心机、高速冷冻离心机、专用型离心机等系列化产品。

北京百晶生物技术有限公司

地址：北京市天竺空港工业区B区科技创业园7号楼
邮编：101318
电话：010-80483100，80483200，80483456，80483457
传真：010-80482859
电子信箱：13801186345@139.com
网址：www.baygenebiotech.com
主要产品或业务范围：该公司是电泳仪器外商独资生产企业，立足于引进吸收和研发高端电泳仪器及其配套产品，自行设计生产各种人性化电泳仪电源、功能广泛的垂直和水平电泳仪、整支高温高压消毒移液器、手掌式迷你离心机和超薄磁力搅拌器等系列产品。

北京百瑞奥生物技术有限公司

地址：北京市朝阳区汤立路218号明天生活馆C座1609室
电话：010-84673285，13521130035
传真：010-84673285
联系人：臧庆伟
电子信箱：13521130035@163.com
主要产品或业务范围：该公司产品线涵盖水槽、多孔水浴锅、高温循环器、恒温振荡水槽、黏度水槽、电热循环器、超低温制冷循环器、制冷循环器、高压灭菌器、超音波清洗器、超低温水箱、恒温恒湿箱、样品储藏水箱、低温冰箱、光照培养箱、PCR仪、凝胶成像系统、球磨机、脱色摇床、圆周摇床、往复摇床、离心机、磁力搅拌器、电子搅拌器、溶出度测试仪、马弗炉、加热套、加热板、加热恒温器、分散机、UV光纤透射器、恒温干燥箱等各类实验室仪器。

北京佰亿新创科技有限公司
地址：北京市海淀区北三环西路48号北京科技会展中心1号楼B座12M
邮编：100080
电话：010-51626863
传真：010-80115555-740727
电子信箱：bioeer@263.net
网址：www.bioeer.com
主要产品或业务范围：超微量分光光度计，荧光定量PCR仪，定性PCR仪，恒温金属浴，电子数控培养箱，恒温振荡培养箱，移液器，混匀仪，电泳仪，核酸纯化仪，凝胶成像系统。

北京北方同正生物技术发展有限公司
地址：北京市朝阳区惠新西街18号罗马花园A906室
邮编：100029
电话：010-63441426，63441428
传真：010-63441427
电子信箱：biomedcn@sohu.com
网址：www.bftzbio.com
主要产品或业务范围：代理德国Miele清洗消毒机、MP FastPrep样品快速制备系统、Pall纯水及超纯水系统、德国赛多利斯仪器、日本日立离心机、Thermo-Finnpipette移液器以及公司自产仪器等。

北京北仪创新真空技术有限责任公司
地址：北京市大兴工业开发区前高米店盛坊路仪器仪表基地
邮编：102600
电话：010-60250572，58206237
传真：010-60250572
电子信箱：bjbyzk@bjbyzk.com
网址：www.bjbyzk.com
主要产品或业务范围：该公司是我国最早进入真空技术与设备研制和生产真空设备的专业厂家，共有三大类产品，低真空—高真空—超高真空30多个系列、160多个品种。

北京北仪优成真空技术有限公司
地址：北京市大兴工业开发区前高米店京仪仪表基地
邮编：102600
电话：010-60251037
传真：010-60280420
联系人：赵东
电子信箱：sales@bwvac.cn
网址：www.bwvac.cn
主要产品或业务范围：该公司引进韩国先进的真空泵生产技术与工艺，现代化进口加工中心，CNC等设备，生产抽气速率1.5L/s～25L/s七种规格的TRP系列高速直联旋片式真空泵。

北京博劢行仪器有限公司
地址：北京市海淀区北三环西路48号院1号楼B座6A
邮编：100086
电话：010-51627971
传真：010-51627697
电子信箱：bmhsh@bmh-corp.com.cn
网址：www.bmh-corp.com.cn
主要产品或业务范围：该公司将德国SIGMA离心机、德国CHRIST冻干机、瑞士INFORS摇床、发酵罐、德国Vacuubrand真空泵等产品先后引入中国市场，并一直是这些产品在中国地区的总代理。

北京博医康实验仪器有限公司
地址：北京市房山区良乡工业开发区建设路18号
邮编：102488
电话：010-68173889
传真：010-68233815
电子信箱：sales@boyikang.com
网址：www.boyikang.com
主要产品或业务范围：主要研发和制造生命科学仪器。以真空冷冻干燥设备（冻干机）研发、生产、销售、服务为核心。

北京博益伟业仪器有限公司
地址：北京市海淀区清河安宁庄路4号8号办公楼
邮编：100085
电话：010-64841721，64842355
传真：010-64842771
联系人：武静宇
电子信箱：sales@bio-one.cn
网址：www.bio-one.cn
主要产品或业务范围：以代理销售为主、研发为辅的实验室仪器供应商。

北京长城无线电厂
地址：北京市海淀区学院南路30号
邮编：100082
电话：010-62253344
传真：010-62250376
联系人：路达
电子信箱：bgwr@china.com
网址：www.bgwr.com.cn
主要产品或业务范围：船用通信，导航设备，汽车电子设备，声学与振动测量仪器，烟草机械电控系统，工程塑料制品，制氮制氧设备。

北京长流科学仪器有限公司
地址：北京市海淀区太平路甲40号A座

邮编：100039
电话：010-68213238，13601094401
传真：010-68228215
电子信箱：ykky@vip.sina.com
网址：www.ykky.com
主要产品或业务范围：该公司产品包括冷却水循环机、低温循环机、精密恒温冷却水机、水浴油浴、雪花/生物制冰机、真空冷冻干燥机、高速冷冻离心机、超低温水箱。

北京晨曦勇创科技有限公司

地址：北京市清河镇永泰庄西路公交党校院内
邮编：100085
电话：010-82373571
传真：010-82373573
电子信箱：bjkc17@yahoo.com.cn
网址：www.kc17.com
主要产品或业务范围：该公司主要经营科学器材、医疗器械、玻璃仪皿及实验室配套设备。包括各类高低温试验箱、干燥箱、各类振荡器、电动搅拌器、旋转蒸发器、水浴锅、水箱、粉碎机、电热套、真空泵、显微镜、投影仪、幻灯机、尘埃粒子计数器、各种稳压电源、调压器、离心机、液氮罐、超声波倾析器、浮游菌采样器、超净工作台及环保仪器、拍击式均质器、天平、酸度计、电导仪、水质分析仪、分光光度计、硬度计及进口产品。

北京成威实验室装备工程技术有限公司

地址：北京市朝阳区大郊亭中街2号华腾国际3-15LC
邮编：100124
电话：010-68653883，68681037
传真：010-68653883-813
电子信箱：chengwei@chengwei.com.cn
网址：www.chengwei.com.cn
主要产品或业务范围：生产销售科学实验室家具及设备，实验室通风及气流控制系统、洁净系统、环保系统、实验室气路系统等配套设施。

北京德泉兴业商贸有限公司

地址：北京市丰台区西四环南路46号国润商务大厦2605室
邮编：100073
电话：010-83834948
传真：010-83659425
联系人：刘敏
电子信箱：Feng_jiao@dq-science.com
网址：www.dq-science.com
主要产品或业务范围：该公司代理销售多家国际著名生产商的产品，如德国IKA实验室分析仪器、美国密理博纯水、瑞士梅特勒系列产品、美商独资的致微高压锅、德国GRUMBACH孵化器、德国SIGMA离心机、美国VIRTIS冻干机、美国UNICO光度计、美国UVP凝胶成像、美国WESCOR渗透压、美国ACEGLASS反应釜、美国BELLCO系列产品、美国CHEMGLASS细胞培养摇床、美国SI漩涡及摇床、美国BOEKEL分子杂交系列、美国WARING组织捣碎机等品牌的产品。

北京德天佑科技发展有限公司

地址：北京市海淀区西三环北路21号久凌大厦南楼305室
邮编：100081
电话：010-51650115
传真：010-62138521
电子信箱：sale@dtycn.com
网址：www.bjdty.com
主要产品或业务范围：冷水机系列、恒温循环器系列，制冰机系列、超净工作台系列、多功能低温循环浴槽系列，冷冻干燥机系列、层析实验冷柜系列、脱色摇床、气溶胶喷雾器系列等。

北京鼎国昌盛生物技术有限责任公司

地址：北京市昌平区北七家镇东沙工业园384号
邮编：102209
电话：010-62210403，62250407
传真：010-89756821
电子信箱：zhoushuhui@dlcs100.com
网址：www.dlcs100.com
主要产品或业务范围：该公司仪器类产品包括PCR仪、微量移液器、电泳仪、水平/垂直电泳槽、微量干式恒温器、凝胶成像系统、紫外投射仪、真空离心干燥机、恒温振荡器、微型掌式离心机、漩涡混合器、水平脱色摇床等。

北京东方圣隆达科贸有限公司

地址：北京市朝阳区北四环中路6号华亭嘉园D座29B
邮编：100029
电话：010-82843676，82843682
传真：010-82843689
电子信箱：sales@eastsunland.com.cn
网址：www.eastsunland.com.cn
主要产品或业务范围：该公司是专业从事科学仪器和设备销售及服务的公司，是美国Parr、德国Siebtechnik、德国Normag等公司在中国的独家代理商。

北京东方振动和噪声技术研究所

地址：北京市海淀区上地科贸大厦516室
邮编：100085
电话：010-62988558
传真：010-62970728
电子信箱：dasp@coinv.com
网址：www.coinv.com.cn
主要产品或业务范围：INV-DASP系列24位智能数据采集和信号分析系统，提供振动、声学、冲击和应变全面解决方案，包含动静态信号测量、专业信号分析、全面先进的模态分析、旋转机械和声学测量等，以及INV1601振动与控制教学系统和INV1612转子实验系统。

北京东联哈尔仪器制造有限公司
地址：北京市昌平区马池口镇昌流路神牛环岛东侧100米路南
邮编：102200
电话：010-62020000，60755666
传真：010-60755777
电子信箱：hdlbj@163.com
网址：www.hdlbj.com
主要产品或业务范围：洁净装置、生物安全柜和通用科学仪器。

北京飞斯科科技有限公司
地址：北京市海淀区静淑苑路2号清华科技园创业广场504室
邮编：100083
电话：010-62166302，82367826
传真：010-62167967
联系人：黄鹏
电子信箱：sales@physike.com
网址：www.physike.com
主要产品或业务范围：代理产品有美国Janis公司的低温真空设备；英国Cryogenic Limited公司的超导磁体和SQUID测试设备；美国科学仪器公司（Scientific Instruments）的低温传感器、探测器设备；美国Cryomagnetics公司的超导磁体设备；美国IRlabs公司的红外探测器和太赫兹检测设备（Bolometer）；英国M&L公司的Apiezon真空润滑脂。销售德国Pfeiffer公司的真空设备、美国KEITHLEY公司半导体测试设备；同时公司还自主开发多种测试设备，如霍尔效应测试系统、交流磁化率测试系统、多路低温巡航系统等。

北京丰电科技发展有限公司
地址：北京市崇文区广渠门内南小街一号领行国际1-1-901
邮编：100061
电话：010-67155888
传真：010-67155515
联系人：王恒
电子信箱：fengdian@fendytech.com
网址：www.fendytech.com
主要产品或业务范围：该公司主要从事空气压缩系统、真空系统的设计咨询、工程、服务等工作。是世界著名品牌——阿特拉斯·科普柯压缩机最大最专业的代理商之一。

北京福意联有限公司
地址：北京市丰台区莱户营东街甲88号
邮编：100054
电话：010-63331059
传真：010-63331061
联系人：杨经理
电子信箱：fuyi17@163.com
网址：www.fuyilian.com
主要产品或业务范围：专业生产各种规格实验室试验箱、嵌入式干燥箱、多功能冷藏箱、智能恒温箱、车载冷藏箱、低温冰箱、医用冰箱。

北京格瑞德曼仪器设备有限公司
地址：北京市海淀区静淑苑路2号创业广场303A
邮编：100083
电话：010-82363430
传真：010-82363435
电子信箱：li.f@grindertech.cn
网址：www.grindertech.cn
主要产品或业务范围：专业从事实验室仪器研发和生产的高科技企业。

北京哈德公司
地址：北京市海淀区中关村永泰创新园
邮编：100192
电话：010-64772069
传真：010-62915875
电子信箱：service@kingindent.com
网址：www.kingindent.com
主要产品或业务范围：全自动数显洛氏硬度计、表面洛氏硬度计、全洛氏硬度计、塑料洛氏硬度计等。

北京航天村技术研究所
地址：北京市丰台区马家堡西路15号时代风帆大厦2-2602室
邮编：100068
电话：010-51665049
传真：010-51662799
电子信箱：bjhtc@vip.sina.com
网址：www.bjhtc.com
主要产品或业务范围：该公司专业生产声学和振动仪器。该所专业代理日本西格玛公司CB系列现场动平衡仪和日本普牛万公司HTC系列水垢清理机。

北京昊诺斯科技有限公司
地址：北京市朝阳区亚运村慧忠北里406号奥友会馆2012室
邮编：100012
电话：010-64842431，64838766，64861431
传真：010-64838775
电子信箱：donglifang@herosbio.com
网址：www.herosbio.com
主要产品或业务范围：主要产品包括离心机、培养箱、生物安全柜、超低温冰箱等各类产品。

北京恒盛硕泰商贸有限公司
地址：北京市宣武区马连道胡同森源大厦428室
邮编：100055
电话：010-52697355，52697356，13901254387
传真：010-52697357
主要产品或业务范围：专业经销实验室仪器。产品有高、低速冷冻离心机、实验室用蠕动泵及生产环节中OEM使用配套的各种单泵和组合泵；用于超低温冷冻组织、胚胎、精液等的液氮罐及冷冻系统；高压灭菌器；磁力搅拌器；各种恒温水浴；空气浴振荡器、干燥箱、水浴锅、移液器等实验室通用仪器。

北京鸿达新辰生物科技有限公司
地址：北京市丰台区丰管路甲1号北方商务楼209室
邮编：100071
电话：010-63862448，13611141626
传真：010-57158500
电子信箱：njxinchen@163.com
网址：www.njxinchen.com
主要产品或业务范围：该公司专业从事超声波细胞粉碎机、超声波清洗机、高低温恒温槽、双层玻璃反应釜、高压反应釜等科学仪器的销售。

北京鸿涛基业科技发展有限责任公司
地址：北京市海淀区温泉镇白家疃村西
邮编：100095
电话：010-62486443
传真：010-62486443
联系人：张文涛
电子信箱：Htjy_zwt@163.com
主要产品或业务范围：该公司专业生产电泳仪、电泳槽及相关实验室仪器设备。

北京厚惠实验仪器科技有限公司
地址：北京市海淀区清河安宁庄路4号3号办公楼305室
邮编：100085
电话：010-56382575，56382509
传真：010-56382509
联系人：路发山
主要产品或业务范围：实验室仪器，石油仪器，混凝土仪器，环保仪器，玻璃仪器等。

北京华瑞智祥生物技术有限公司
地址：北京市丰台区西四环南路88号赛欧科园A202室
邮编：100071
电话：010-63802390
传真：010-63802390
联系人：刘玲
电子信箱：285164532@qq.com
主要产品或业务范围：该公司经销各类科学器材、医疗器械、玻璃仪皿及实验室配套设备。包括国产仪器、进口仪器。如分析仪器、光学仪器、药检仪器、生化仪器及气箱、液箱、紫外分光光度计、高温炉、旋转蒸发器、水浴锅、真空泵、液氮罐、洁净工作台、PCR仪等。

北京华威中仪科技有限公司
地址：北京市西四环南路46号国润商务大厦A-503
邮编：100161
电话：010-83659346，83659351，83659769，83659075
传真：010-83659327
联系人：熊枭
电子信箱：Assistant@hwsci.com
网址：www.hwsci.com
主要产品或业务范围：代理产品包括奥地利Tisuue Gnostics类流式组织细胞定量分析仪、美国Seahorse Bioscience海马生物能量测定仪、美国KSI减震台、德国Sartorius超纯水系统、天平/pH计、德国B.BRAUN摇床、生物反应器、德国SIGMA离心机、瑞士SOCOREX精密移液器等、瑞士BUCHI旋转蒸发仪、喷雾干燥器、中压制备色谱等、美国CRAIC显微分光光度分析系统等。

北京华阳利民仪器有限公司
地址：北京市大兴经济开发区金苑路11号2栋9层
邮编：102628
电话：010-63357883
传真：010-63357429
电子信箱：wangsm828@yahoo.cn
网址：www.huayanglimin.com
主要产品或业务范围：主要产品有高效毛细管电泳仪、高效液相色谱仪、高效毛细管电泳液相色谱一体机等。

北京环球联合机电设备有限公司
地址：北京市通州经济技术开发区南火垡538号
邮编：101104
电话：010-85384819，85384829，85385549
传真：010-85382969
电子信箱：worldment@worldment.com.cn
网址：www.worldment.com.cn
主要产品或业务范围：该公司主要经营工业冷水机、工业冷油机、工业冷风（气）机、工业冷冻机、模具恒温机、冷却水塔、冷却水泵等工业制冷设备。

北京汇澜宏业科技有限责任公司
地址：北京市丰台区马连道卫强校村118号327室
邮编：100073
电话：010-52680501，13601315819
传真：010-52680501
联系人：杨志坚
电子信箱：sales@wellent.com.cn
网址：www.wellent.com.cn
主要产品或业务范围：高低温试验箱、应力筛选试验箱、高低温潮湿试验箱、温度冲击试验箱、温湿度振动综合试验箱、步入式环境试验箱、空气发生器、高温试验箱、低气压试验箱、药品试剂试验箱、热力试验箱、盐雾腐蚀试验箱、盐雾气候试验箱、非标设计试验箱。

北京惠诚佳仪科技有限公司
地址：北京市平谷区马坊工业开发区英府路1号
邮编：101204

电话：010-60995880，68234571，15311269008
传真：010-60995880
联系人：方声奇
电子信箱：for.joy@163.com
网址：www.fortunejoy.com
主要产品或业务范围：工业冷水机，恒温槽，磁力搅拌恒温槽，冷冻干燥机等。

北京吉诺思科技发展有限公司
地址：北京市海淀区长春桥路5号新起点嘉园4号楼901室
邮编：100089
电话：010-82561665
传真：010-5881598
联系人：方荣
电子信箱：fangrn@geno-tech.com.cn
网址：www.geno-tech.com.cn
主要产品或业务范围：是一家专业性仪器、设备和试剂的供应公司。

北京金煤盛世实验室设备有限公司
地址：北京市石景山区石景山路40号信安大厦8层
邮编：100043
电话：010-68860091
传真：010-68860061
电子信箱：info@bjm-bj.com
网址：www.bjm-bj.com
主要产品或业务范围：该公司专业从事科学仪器进出口业务。

北京金新兴医疗器械厂
地址：北京市房山区良乡中路一号院3-201室
邮编：102401
电话：010-69377005，69377105
传真：010-69351829
联系人：杨学良
电子信箱：13501216913@139.com
主要产品或业务范围：主要产品有医用供氧器、急救箱、电动气压止血带、低速离心机、颈椎牵引器及各种医用硅胶制品、医用橡胶制品。

北京京科伟业实验器材有限公司
地址：北京市朝阳区芳园里47号A座505室
邮编：100016
电话：010-87777197，87777198
传真：010-87777196
主要产品或业务范围：各类高低温试验箱，干燥箱，天平，酸度计，电导仪，水质分析仪等。

北京京立离心机有限公司
地址：北京市大兴区西红门镇西红门路甲46号
邮编：100162
电话：010-60258160，60258098
传真：010-60258084
电子信箱：bjjllxj@sohu.net
网址：www.bjlxj.com
主要产品或业务范围：主要产品有低、中、高不同档次的低速，高速，冷冻，大容量系列离心机。

北京京仪科技孵化器有限公司
地址：北京市海淀区大钟寺东路9号
邮编：100098
电话：010-82121127
传真：010-62272425
电子信箱：fwzx@jyfhq.com.cn
网址：www.jyfhq.com.cn
主要产品或业务范围：该公司目前的产品分为软件和硬件两部分：血库冷链无线监测管理系统，血库信息管理系统，医用数字氧气流量计。

北京九和永泰科技有限公司
地址：北京市朝阳区麦子店街78号康乐写字楼310室
邮编：100125
电话：010-65941789
传真：010-65941789
联系人：赵家俊
电子信箱：hplc@163.com
网址：www.jiuhebio.com
主要产品或业务范围：主要产品有霍尼韦尔高纯溶剂、萨劳实验室化学品、三菱化学厌氧培养系列。

北京凯维丰科技发展有限责任公司
地址：北京市海淀区上地信息路1号国际创业园2号楼1904室
邮编：100085
电话：010--62908256，62908259，62993090
传真：010-82894525
联系人：胡先生
电子信箱：shenpeng@kwfchina.com
网址：www.kwfchina.com
主要产品或业务范围：主要产品为实验仪器设备、环保仪器设备、自动化仪器设备、生态仪器设备及其他仪器设备。

北京科创百方科技发展有限公司
地址：北京市丰台区东大街53号C5888室
邮编：100071
电话：010-58090865，58090875，58090697
传真：010-58090696
联系人：白冰
电子信箱：Liwei0819@126.com
网址：www.kclab.cn
主要产品或业务范围：经营国内外实验室科研仪器设备、医疗行业科研仪器，主要代理青岛海尔医疗科研仪器、美国热电二氧化碳培养箱、德国赛多利斯超纯水系统、德国德图公司产品、宁波江南仪器厂产品、上海森信实验室仪器、上海卢湘仪离心机、上海元析分光光度计、杭州雪中炭水浴、上海医大冰点渗透压仪。

北京科尔德科贸有限公司

地址：北京市丰台区南三环中路同仁园2号楼1603室
邮编：100079
电话：010−83973476，83973402，83973473，13701022393
传真：010−83973473
联系人：杨彦红
电子信箱：Krd68@sina.com
网址：www.bjked.com
主要产品或业务范围：该公司专业经销实验室各种仪器设备。主营产品有生化仪器，医疗仪器，科研仪器，教学实验室仪器，检验仪器，灭菌器，离心机，液氮罐，超声波清洗器，超净工作台，分光光度计，酸度计，分析天平，培养箱，鼓风干燥箱，凝胶成像分析系统，医学影像系统，真空泵，旋转蒸发仪。

北京科林恒达科技发展有限公司

地址：北京市丰台区科学城恒富中街2号院1号楼5348室
邮编：100070
电话：010−51106998
传真：010−51106996
联系人：李乃友
电子信箱：linaiyou@126.com
网址：www.klhd.net
主要产品或业务范围：该公司主要代理宁波赛福，如光照培养箱、人工气候箱（室）、生化培养箱、恒温恒湿箱、霉菌培养箱等；瑞士METTLER，如电子天平、酸度计、电导率仪、全自动电位滴定仪/水分滴定仪、密度计/折光率仪、热分析仪、熔点仪等；上海力新CO_2培养箱、生物安全柜、离心机、超纯水等；德国MMM培养箱、烘箱、恒温恒湿箱等；美国WESCOR、Advanced渗透压仪；美国ABI PCR仪；超低温水箱，离心机，分光光度计，清洗机，超净工作台等一系列进口或国产的名牌产品。

北京科伟永兴仪器有限公司

地址：北京市通州区台湖镇玉甫上营村35号
邮编：101149
电话：010−51667245
传真：010−85772921
电子信箱：beijingkeweiyiqi@126.com
网址：www.keweiyq.com
主要产品或业务范围：该公司是生产实验仪器的专业企业。产品有干燥箱系列，培养箱系列，电阻炉系列，电热板系列，搅拌器系列等。

北京昆超仪器有限公司

地址：北京市海淀区西三旗上奥世纪B座2015室
邮编：100096
电话：010−82967395
传真：010−82967399
电子信箱：bjkcyq@sina.com
网址：www.bjkcyq.com
主要产品或业务范围：超声波清洗设备。

北京来亨科贸有限责任公司

地址：北京市丰台区丰北路甲45号鼎恒中心6A
邮编：100073
电话：010−63843373，63815585，63847795
传真：010−63815585
联系人：高浩
电子信箱：servermail@laiheng.com
网址：www.laiheng.com
主要产品或业务范围：实验室微型喷雾干燥机、个性化学合成反应仪、平行化学合成反应仪、氮吹仪、金属浴恒温加热仪、固液萃取仪（脂肪测定仪）、自动粗纤维测定仪、漩涡混合器、磁力搅拌器等。

北京莱凯博仪器设备有限公司

地址：北京市昌平区东小口工业区
邮编：102208
电话：010−60139082
传真：010−57159709
电子信箱：labcab@163.com
网址：www.labcb.com
主要产品或业务范围：主要产品有药品稳定性试验箱系列、恒温恒湿箱系列、培养箱系列、干燥箱系列、环境试验箱系列。

北京兰贝石恒温技术有限公司

地址：北京市海淀区秀峰寺路1号
邮编：100095
电话：010−62460809−8018
传真：010−62467089
电子信箱：66221981@163.com
网址：www.lanbeishi.com
主要产品或业务范围：该公司致力于温湿度技术的研发与服务。生产Labonce系类稳定性试验箱。

北京雷勃尔离心机有限公司

地址：北京市丰台区长辛店西后街169号
邮编：100072
电话：010−83879650，82684176，82684175
传真：010−82684626
联系人：张春红
电子信箱：bjlablxj@sina.com
网址：www.bjlabcentrifuge.com
主要产品或业务范围：该公司专业生产系列高速、低速、高速冷冻、低速冷冻离心机精品。

北京利康达圣科技发展有限公司

地址：北京市海淀区彰化路银利娜写字楼5号楼
邮编：100097
电话：010-88439980，88437715，13911460078
传真：010-51638024
联系人：许国民，贾玉娜
电子信箱：likangds@vip.sina.com
网址：www.likangds.com
主要产品或业务范围：干燥箱、培养箱、生化培养箱、光照培养箱、人工气候箱、恒温恒湿箱、霉菌培养箱、二氧化碳培养箱、水槽系列、水浴锅、超级恒温槽、油浴槽、水浴箱、低温恒温槽、低温冷却液循环泵、电热培养箱、电热恒温培养箱、便携式培养箱、电子分析天平、酸度计、恒温振荡培养箱、分光光度计、酶标仪/洗板机、菌落计数器、离心机、显微镜、常规检测分析仪器、浊度仪/白度计、土肥速测仪、农残速测仪等。

北京联合科仪科技有限公司

地址：北京市海淀区学清路9号汇智大厦A座912室
邮编：100085
电话：010-62343380
传真：010-82732517
联系人：夏届军
电子信箱：united@bj17.com.cn
网址：www.bj17.com.cn
主要产品或业务范围：天平、滴定仪、水分仪、黏度计、搅拌器、折光仪、烘箱、水槽、洁净工作台、显微镜、分光光度计、酸度计、色谱等。

北京隆普奇仪器设备有限公司

地址：北京市海淀区知春路49号院希格玛公寓B座1406室
邮编：100190
电话：010-82613963，82613953
传真：010-82613963
联系人：郭红梅
网址：www.longpuqi.cn
主要产品或业务范围：Lonposh移液器，各种品牌移液器及液氮罐、电泳仪、离心机等实验室仪器。

北京陆希科技有限公司

地址：北京市海淀区清河小营西路16号
邮编：100085
电话：010-62992808
传真：010-62998938
联系人：石永均
电子信箱：lx163.net@163.com
主要产品或业务范围：主要产品有生化培养箱、霉菌培养箱、低温培养箱、恒温恒湿培养箱、光照培养箱、人工气候培养箱、隔水式恒温培养箱、电热恒温培养箱、电热恒温鼓风干燥箱、真空干燥箱、恒温水浴锅/水槽、碎冰制冰机等产品。

北京欧陆科仪进口仪器有限公司

地址：北京市东城区甘雨胡同甲20号甘雨商务会馆4503室
邮编：100006
电话：010-65598658
传真：010-65598658
联系人：王殿智
电子信箱：olkyuk@hotmail.com
网址：www.bjolky.com
主要产品或业务范围：代理销售英国欧鲁克的试验装置，微量氧、水分仪分析装置，聚丙烯本体动力学评价装置，德国布鲁克纳薄膜双轴拉伸实验仪，日本OVAL流量计，德国席卡(SIKA)温度、压力校准仪系列等。

北京欧陆伟业科技发展有限公司

地址：北京市海淀区学院路20号石油大学15号楼106室
邮编：100083
电话：010-82371825
传真：010-82377865
电子信箱：olwy2010@163.com
网址：www.olwy.cn
主要产品或业务范围：该公司产品涵盖实验室通用仪器，化学分析、物理测试等仪器。如蠕动泵、注射泵、电子天平、干燥箱、培养箱、纯水机、滴定仪、水分测定仪、数显黏度计、搅拌器、折光仪、水槽、洁净工作台、显微镜、分光光度计、酸度计、色谱等。

北京平利洋医疗设备有限公司

地址：北京市朝阳区朝阳北路雅成一里19号楼世丰国际大厦606～610室
邮编：100020
电话：010-85746011/12/13/14/15/16/17/18
传真：010-85765986
电子信箱：pingliyang2004@sina.com
网址：www.pioneerbiomed.com
主要产品或业务范围：该公司经营临床和生物科研实验室设备、试剂和耗材。

北京勤诚盛达科学仪器有限公司

地址：北京市海淀区中关村南大街12号中国农业科学院中农招待所015室
邮编：100081
电话：010-62195156
传真：010-82108491
电子信箱：bjqcsd@163.com
网址：www.sd-bio.com
主要产品或业务范围：“免排放式”高压灭菌器与二氧化碳培养箱。

北京青云卓立精密设备有限公司

地址：北京市海淀区北三环西路43号
邮编：100086

电话：010-82125019，82134440
传真：010-82134488
联系人：石冬兰
电子信箱：sales@qyzhl.com
网址：www.qyzhl.com
主要产品或业务范围：专业生产金花牌系列移液器、离心薄层层析仪的生产厂家。

北京桑翌实验仪器研究所
地址：北京市朝阳区望京利泽中二路1号中辰大厦313室
邮编：100102
电话：010-51652068
传真：010-64390585
电子信箱：huangping@bjshinetek.com
网址：www.bjshinetek.com
主要产品或业务范围：主要产品有振荡培养箱、发酵罐、细胞培养设备、恒温水浴、搅拌、混合、振荡、均质等实验室设备、真空/过滤、移液器/液体操作产品。

北京森拉普尔实验室科技有限公司
地址：北京市朝阳区北苑路170号凯旋中心E座E09室
邮编：100012
电话：010-59273677
传真：010-59273677
电子信箱：slplab777@163.com
网址：www.slplab.com
主要产品或业务范围：主要产品包括各类型实验台、通风柜、药品柜、气瓶柜、生物安全柜等实验室专用设备。

北京神州恒亿科技发展有限公司
地址：北京市海淀区北三环西路99号西海国际3号楼503室
邮编：100086
电话：010-82675672
传真：010-82675672
电子信箱：mikebjt@263.net
网址：www.591net.com.cn
主要产品或业务范围：销售国外知名的科学仪器以及国内高品质的实验室常规仪器。

北京晟泰勃科技有限公司
地址：北京市海淀区莲花池东路北小马厂6号华天大厦1222室
邮编：100038
电话：010-51917556
传真：010-51917557
电子信箱：info@suntrapbj.com
网址：www.suntrapbj.com
主要产品或业务范围：该公司主要经营与生物技术相关科学研究、技术改造的科研仪器、设备、设施、装备。

北京时代北利离心机有限公司
地址：北京市丰台区丰台北路32号华胜写字楼
邮编：100071
电话：010-51129985
传真：010-51129965
电子信箱：541274758@qq.com
网址：www.bjsdbl.com
主要产品或业务范围：现有高速离心机、冷冻离心机、高速冷冻离心机、台式高速冷冻离心机、低速离心机、低速大容量离心机等系列产品。

北京市中亚气体仪器研究所
地址：北京市东城区东西七条42-3号
邮编：100007
电话：4008092068-106
传真：4008092068-112
电子信箱：zhongya@bjshinetek.net
网址：zhongya.instrument.com.cn
主要产品或业务范围：高纯氮发生器，高纯氢发生器，静音无油空气泵，大流量氮发生器。

北京思旺达实验室设备有限公司
地址：北京市房山区窦店环岛工业区
邮编：102400
电话：4000666486
传真：010-80357100
电子信箱：swd888888@163.com
主要产品或业务范围：该公司产品包括实验室中央台、实验室边台、通风柜、生物安全柜、超净工作台、仪器台、器皿柜、实验室储存柜、中学实验室设备、进口实验室配件以及实验室通风设备、实验室净化设备、实验室制纯水设备、实验室气体管路设备、实验室污水处理设备、实验室废弃处理设备等。

北京四环科学仪器厂有限公司
地址：北京市海淀区太平路27号
邮编：100850
电话：010-68214645
传真：010-66931939
电子信箱：service@shky.com.cn
网址：www.shky.com.cn
主要产品或业务范围：该公司专门从事医学、生物技术等领域实验设备的开发制造和技术服务，是国内第一家研制、生产实验型冷冻干燥机的企业。

北京松源华兴科技发展有限公司
地址：北京市海淀区永定路88号长银大厦7C06室
邮编：100039
电话：010-58895377，58895378
传真：010-58895379
联系人：冯梅
电子信箱：Byc120.cool@163.com
网址：www.bjsyhx.com.cn

主要产品或业务范围：主要产品有真空冷冻干燥机系列、自动喷液净手器系列、层析实验冷柜系列、电动气溶胶喷雾器系列。

北京太极傲飞实验室设备有限公司
地址：北京市海淀区花园路甲13号庚坊国际8号楼607室
邮编：100088
电话：010-62364315，62364625，62055214
传真：010-62055214
电子信箱：tjof@sina.com.cn
网址：www.tjoflab.com.cn
主要产品或业务范围：实验台，洁净台，通风柜，净化柜，生物安全柜，仪器柜，实验室的气路系统，通风系统等，以及实验室配套产品。

北京天诚沃德生物技术有限公司
地址：北京市宣武区半步桥13号鑫诚大厦329室
邮编：100054
电话：010-63552325
传真：010-63520245
联系人：马列辉
电子信箱：tc88211538@263.net
主要产品或业务范围：电泳槽、电泳仪、离心机、液氮罐等实验室产品。

北京天地精仪科技有限公司
地址：北京市顺义区空港工业园B区裕华路28号10号楼
邮编：101300
电话：010-80498662
传真：010-80498522
电子信箱：tianhan@tiandijingyi.com
网址：www.tiandijingyi.com
主要产品或业务范围：主要产品有超低温水箱、金属低温冷处理箱、深冷机组。

北京天利联合科技有限公司
地址：北京市朝阳区松榆南路54-7号旌凯写字楼B09室
邮编：100021
电话：010-51291833
传真：010-64671986
电子信箱：sales@btut.com.cn
网址：www.btut.com.cn
主要产品或业务范围：实验室台式真空冷冻干燥机，真空冷冻干燥机，实验室规模HPV发生器，多用型HPV发生器，热空气灭菌柜，离心设备，过氧化氢发生器，冻干机，灌装系统，混合干燥设备等。

北京王堂蓝翼科技有限公司
地址：北京市昌平区崔村镇大新峰村416号东
邮编：102200
电话：010-59410390
传真：010-57406280
电子信箱：wangtanglanyi@126.com
网址：www.bjwtly.com
主要产品或业务范围：该公司专业生产系列超净工作台、通风柜、生物安全柜、净化工程。

北京唯世泰克科技发展有限公司
地址：北京市海淀区小营路12号亚运花园2号楼8B室
邮编：100101
电话：010-84651818
传真：010-84650018
电子信箱：sales@versatechltd.com
网址：www.versatechltd.com
主要产品或业务范围：该公司代理经营日本立洋液体处理产品，科库森离心机产品。

北京沃华创新科技有限公司
地址：北京市海淀区上地东路1号盈创动力E座8层
邮编：100086
电话：010-58858412-8417
传真：010-58858167
电子信箱：jingyan@wohuakeji.com
网址：www.wohuakeji.com
主要产品或业务范围：该公司提供广泛的力学和环境可靠性测试设备、软件自动化测试系统等。

北京五洲东方科技发展有限公司
地址：北京市海淀区北四环中路265号7层
邮编：100083
电话：010-82388686
传真：010-82388989
电子信箱：zhang_kang@ostc.com.cn
网址：www.ostc.com.cn
主要产品或业务范围：该公司经营进口实验室仪器、设备。主要产品有离心机、超低温冰箱、二氧化碳培养箱、高效液相色谱仪、紫外分光光度计、培养箱、植物生长箱、化学发光成像系统、导热系数测量仪、接触角影像分析系统等。

北京先能技术开发有限责任公司
地址：北京市高新技术园区望园科技孵化中心7层
邮编：100071
电话：010-63818024，63864348
传真：010-63806170
电子信箱：jwl@sennon.net
网址：www.sennon.net
主要产品或业务范围：生产空气微生物监测装置，检验箱以及配套产品；代理微生物采样器。

北京湘顺源科技有限公司
地址：北京市西城区新街口外大街8号金丰和D座5区401室

邮编：100088
电话：010-82086874，82077035
传真：010-62020476
联系人：涂中巍
电子信箱：bjxsy68@163.com
网址：www.xsysci.com.cn
主要产品或业务范围：该公司专业从事实验室纯水和超纯水系统。

北京祥鹄科技发展有限公司
地址：北京市朝阳区拂林路9号景龙国际D座1201室
邮编：100107
电话：010-84945002
传真：010-64844291
联系人：杨萱平
电子信箱：xianghu100@sina.com
网址：www.xianghukeji.com
主要产品或业务范围：该公司主要致力于微波化学仪器、实验室设备、医疗器械、保健食品的研制与开发。

北京欣惠泽奥科技有限公司
地址：北京市朝阳区黄杉木店路188号院阿曼寓所底商8-4
邮编：100123
电话：010-85756189，85778132，85757389，85756189，58636401
传真：010-85753685
电子信箱：xinhuizeao@sina.cn
网址：www.huizeao.com
主要产品或业务范围：该公司专营实验室仪器、分子生物学试剂、生物化学试剂、细胞培养基、实验室器材、实验室办公家具、聚四氟乙烯产品及玻璃器皿等。

北京欣兴强森生物科技有限公司
地址：北京市海淀区西四环中路25号
邮编：100039
电话：010-51767502，51806342
传真：010-51806343
联系人：刘春岭
电子信箱：chunlingliu0207@yahoo.com.cn
网址：www.biostreet5.com
主要产品或业务范围：该公司主要生产生命科学耗材。

北京新恒能分析仪器有限公司
地址：北京市朝阳区西大望路63号院7号楼（阳光财富大厦）903室
邮编：100022
电话：010-59799897
传真：010-59799897-889
联系人：郝红霞
电子信箱：winers@yaojian.com.cn
网址：www.yaojian.com.cn
主要产品或业务范围：主要产品包括美国通用电气分析仪器有限公司的总有机碳分析仪，美国粒子监测系统公司的粒子计数器，瑞士梅特勒—托利多的卡尔菲休水分测定仪、电位滴定仪、电导率仪、密度仪、折光仪等。

北京信高实验室设备有限公司
地址：北京市通州区中关村科技园通州园金桥科技产业基地环科中路16号71号楼
邮编：101102
电话：4009991019，18911356565
传真：010-61283150-605
电子信箱：beijingxingao@126.com
网址：www.xingaolab.com
主要产品或业务范围：该公司从事实验台、排毒柜等实验室基础装备。

北京信康亿达科技发展有限公司
地址：北京市海淀区西三旗环岛向东2公里路北瑞旗家园31号楼1606室
邮编：100096
电话：010-51667956，62899920
传真：010-62811702
电子信箱：yidaxk@yidaxk.com
网址：www.yidaxk.com，www.yidaxk.net
主要产品或业务范围：产品有蠕动泵（恒流泵）、液氮转移杯、冷冻治疗器等实验设备。

北京兴华科仪科技发展有限公司
地址：北京市朝阳区首图东路5号2号楼23B
邮编：100122
电话：010-59456789
传真：010-87378922
电子信箱：xinghuakeyi@163.com
网址：www.bjxhky.com
主要产品或业务范围：该公司提供著名品牌的医疗设备、科学仪器、分析仪器和实验室器材。

北京雅士林试验设备有限公司
地址：北京市大兴经济开发区金辅路2号
邮编：102600
电话：010-68176855，68178583，68178477，68173596
传真：010-68174779
电子信箱：yashilin@bjyashilin.com
网址：www.bjyashilin.com
主要产品或业务范围：该公司是专业从事集各类环境试验设备、检测设备的研发、生产、销售为一条龙的高新科技综合民营企业，提供按GB、IEC、DIN等标准相对应的技术参数制作各类气候环境试验设备。

北京亚泰科隆仪器技术有限公司
地址：北京市石景山区八大处高科技园区西井路19院

邮编：100041
电话：010-88692672，88229213
传真：010-88229213
电子信箱：ytkl@ytkl.com
网址：www.ytkl.com
主要产品或业务范围：冷冻干燥机，恒温循环器，超净工作台，层析实验冷柜，凝胶成像分析系统，制冰机，组织培养架等。

北京伊麦特科技有限公司
地址：北京市丰台区科学城百强大道6号宝隆温泉公寓A座2607室
邮编：100070
电话：010-63728488，63727997
传真：010-63785579
电子信箱：sales@emt.com.cn
网址：www.emt.com.cn
主要产品或业务范围：转速系列、测温系列、测振系列、油质分析系列、设备状态数据采集分析系列、设备故障诊断综合系统等数10种优质设备状态检测与故障诊断产品。

北京意力博通技术发展有限公司
地址：北京市海淀区香山南路魏家村甲1号32楼105室
邮编：100094
电话：010-62599338
传真：010-62599338
电子信箱：etd200205@yahoo.com.cn
网址：www.bjetd.com
主要产品或业务范围：小型金离子溅射仪，热蒸发镀膜机，X射线能谱仪，扫描电子显微镜图像系统改造，扫描电声显微镜，溅射蒸碳仪等。

北京盈安美诚科学仪器有限公司
地址：北京市海淀区上地信息路2号
邮编：100085
电话：4006521116
传真：010-83491390-8018
电子信箱：michem@139.com
网址：www.bjmichem.com
主要产品或业务范围：陶瓷纤维马弗炉、微波消解萃取合成仪、制冷水循环器、纯水器及常规实验仪器。

北京原平皓生物技术有限公司
地址：北京市海淀区北四环西路67号大地科技大厦1112室
邮编：100080
电话：010-82888900
传真：010-82888716
电子信箱：order@yph-bio.com
网址：www.yph-bio.com
主要产品或业务范围：离心机。

北京泽龙天宇科技有限公司
地址：北京市昌平区北七家镇西沙各庄村北
邮编：102209
电话：010-57221858，13671029072，13488834164
传真：010-69758106
联系人：郭璐
电子信箱：sandra_guol@163.com
网址：www.cnfzzl.com，www.bjzeilong.cn
主要产品或业务范围：该公司是一家集短程蒸馏器、薄膜、降膜蒸发器工艺设计、设备制造为一体的专业化蒸馏技术公司。

北京泽祥永兴科技有限公司
地址：北京市海淀区知春路太月圆12号楼0110室
邮编：100088
电话：010-82059703
传真：010-82059722
电子信箱：bjzxyx@bjzxyx.com
网址：www.bjzxyx.com
主要产品或业务范围：德国赛多利斯准微量电子天平、德国赛多利斯电子天平、德国赛多利斯快速水分仪、芬兰雷勃酶标仪、日本三洋超低温冰箱、日本奥林巴斯显微镜、美国爱色丽分光光度计、瑞士梅特勒—托利多卡氏滴定仪、美国热电pH计、德国德图温湿度测定仪。

北京中豪莱伯科技发展有限公司
地址：北京市海淀区学院7号弘彧大厦522室
邮编：100083
电话：010-82332118，82306383
传真：010-82332118-8004
电子信箱：bj_shl@sina.com.cn
网址：www.bj-shl.com.cn
主要产品或业务范围：该公司经营新加坡ESCO生物安全柜、CO_2培养箱、烘箱、生化培养箱、超低温水箱、梯度PCR仪器，德国Sartorius天平，德国Brand移液器，德国Fritsch研磨机等进口仪器设备。

北京中晟铭科技有限公司
地址：北京市丰台区百强大道6号院1号楼211室
邮编：100070
电话：010-63738937
传真：010-63735408
电子信箱：bjzsmkj@126.com
网址：www.bjzsmkj.com
主要产品或业务范围：研发生产全自动超声波清洗器、超声波除垢防垢设备、单槽、双槽超声波清洗机及超波专用设备等高科技产品。

北京中兴伟业仪器有限公司
地址：北京市朝阳区广渠东路1号中广国际大厦1层
邮编：100022

电话：010-52055059
传真：010-52055057
电子信箱：zhongxingwy@tom.com
网址：www.zhongxingwy.com
主要产品或业务范围：电热套，水浴锅，真空泵，粉碎机，干燥箱，培养箱等。

大龙兴创实验仪器（北京）有限公司
地址：北京市顺义区空港工业B区裕华路28号12号楼3层
邮编：101318
电话：010-85653452
传真：010-85653383
电子信箱：info@dragon-lab.com
网址：www.dragon-lab.com
主要产品或业务范围：该公司拥有三大类仪器，即移液产品、液体混合产品和离心机产品。

芬兰辛创有限公司
地址：北京市朝阳区东三环中路39号建外SOHO东区6号楼906室
邮编：100022
电话：010-59002256
传真：010-59002259
电子信箱：zhougao@sintrol.com
网址：www.sintrolproducts.cn
主要产品或业务范围：该公司专业生产粉尘测量仪器。

海康创业（北京）科技有限公司
地址：北京市海淀区中关村905楼501号
邮编：100083
电话：010-62468819，56020765
传真：010-62468819
电子信箱：yichunzb@263.net
网址：www.hqcbj.com
主要产品或业务范围：各类真空镀膜机、MOCVD氮化镓设备、真空排气台、真空材料实验机、特种金属粉末真空除气机、特种金属粉末真空压轧机、特种热管真空智能灌液设备、陀螺仪真空滴油设备、真空钎焊炉等。

金银杏生物科技（北京）有限公司
地址：北京市海淀区创业中路36号5层504室
邮编：100085
电话：010-62977520
传真：010-62977520
联系人：李响
电子信箱：sales@gingkobiosci.cn
网址：www.gingkobio.cn
主要产品或业务范围：该公司主要生命科学实验仪器产品有干式恒温金属浴、金属冰浴、连接仪、恒温振荡器、小型研磨器和分子纯化真空盒等。

莱帕克（北京）科技有限公司
地址：北京市海淀区中关村东路清华科技园创业大厦6层
邮编：100088
电话：010-62770719
传真：010-62770879
联系人：段利娟
电子信箱：lpk@lab-park.com.cn
网址：www.lab-park.com
主要产品或业务范围：该公司主要设备有离心泵性能曲线测定及孔板流量计标定实验装置、循环风洞干燥实验装置、气—汽传热系数测定实验装置等。

派利斯电子（北京）有限公司
地址：北京市南磨房路37号1905室华腾北塘商务大厦1905室
邮编：100022
电话：010-51908800
传真：010-51908761
电子信箱：china@predictech.cn
网址：www.predictech.cn
主要产品或业务范围：专业从事旋转机械振动保护、状态监测、维修工具和机组管理（PAM）的跨国公司。产品分为振动保护、状态监测、机组运行管理和检修工具。

清研电子科技有限公司
地址：北京市北四环中路6号深蓝华庭D座32C
邮编：100029
电话：4006659699
电子信箱：contact@tsingyan.com
网址：www.tsingyan.com
主要产品或业务范围：该公司研发专业医疗诊断设备、家庭医疗器械和实验室仪器三大系列产品。

赛伯乐（北京）仪器有限公司
地址：北京市海淀区魏公村大街1号韦伯豪6-2-101
邮编：100081
电话：010-88570288
传真：010-88570285
联系人：胡章宏
电子信箱：info@sci-bridge.com
网址：www.sci-bridge.com
主要产品或业务范围：该公司是实验室建设的专业服务商。

赛多利斯科学仪器（北京）有限公司
地址：北京市顺义区空港工业B区裕安路33号
邮编：101300
电话：010-80426300，80426424
传真：010-80426551
电子信箱：Fangpeng@sartorius.com
网址：www.sartorius.com.cn
主要产品或业务范围：电子天平、电化学产品、水分测定仪等。

泰康爱尔（北京）科技有限公司
地址：北京市通州区经海7路1号光联工业园6A幢3层
邮编：101111
电话：010-52116906
传真：010-52116916
联系人：邹佩澄
电子信箱：zoupeicheng@aero-tech.com.cn
网址：www.aero-tech.com.cn
主要产品或业务范围：该公司致力于气体减压器的研发、设计、生产和销售。

香港泰克曼电子仪器控股有限公司
地址：北京市海淀区世纪城垂虹园6-18I室
邮编：100087
电话：010-88876002，88871049
传真：010-88871048
电子信箱：sztecman@126.com
网址：www.sztecman.com
主要产品或业务范围：便携式非接触红外测温仪系列、数字式测振仪系列、超声波测厚仪系列、涂层测厚仪系列、数字风速风量计系列、数字噪声计系列等仪表。

英福康有限公司
地址：北京市朝阳区东三环北路8号亮马大厦1座1608室
邮编：100004
电话：010-65900164
传真：010-65900521
电子信箱：rezch.china@inficon.com
网址：www.inficon.com
主要产品或业务范围：膜厚监控仪，压强控制仪等。

远东测振（北京）系统工程技术有限公司
地址：北京市东城区安定门外大街136号皇城国际中心A座A610室
邮编：100011
电话：010-63521882
传真：010-84252170
电子信箱：vmif@vmif.com
网址：www.vmif.com
主要产品或业务范围：转子实验台、激振器、功率放大器、振动传感器、振动校准仪、测振仪等。

中仪国科（北京）科技有限公司
地址：北京市海淀区阜外亮甲店1号恩济西园4号楼4313室
邮编：010090
电话：010-88436715
传真：010-58850777-1095
电子信箱：zylab@vip.sina.com
网址：www.zy-lab.com
主要产品或业务范围：该公司是专业仪器的生产销售企业；主要经营干燥箱系列、实验室小型加热设备。

福州闽衡电子仪器有限公司
地址：福建省福州市仓山区冠浦路福晟钱隆金山小区8栋103室
邮编：350008
电话：0591-83660466
传真：0591-83664699
电子信箱：fzmh1@126.com
网址：www.fzmhdz.com
主要产品或业务范围：分析电子天平、精密电子天平、高精度电子天平、微型电子天平、计数称、计重称等。

北京市赛泰克生物科技有限公司
地址：北京市海淀区学院路5号768创意园B座北区1021室
邮编：100083
电话：010-82842640
传真：010-82859156
电子信箱：selina@cy-tech.cn
网址：www.cy-tech.cn
主要产品或业务范围：产品有PCR仪、电泳仪、移液器、离心机、培养箱、摇床、杂交仪、动物药物残留诊断试剂等。

东莞市科桥超声波设备有限公司
地址：广东省东莞市寮步坑口工业区振兴四巷45号
邮编：523426
电话：0769-82315811，82830216
传真：0769-82314142，82315311
电子信箱：kq@dgkqao.cn
网址：www.dgkqao.cn
主要产品或业务范围：该公司生产KQ系列超声波清洗仪器。

东莞市立佳精密仪器有限公司
地址：广东省东莞市东城区外经工业园三兴路6号
邮编：523000
电话：0769-22718086
传真：0769-22718087
电子信箱：sales@lik-china.com
网址：www.lik-china.com，www.lijiayq.com
主要产品或业务范围：LIK品牌电磁振动试验台，产品线包括电磁振动台，冲击台，机械振动台等。

佛山市顺德区罗恩科学仪器有限公司
地址：广东省佛山市顺德区龙江镇陈涌工业开发区4号
邮编：528318
电话：0757-23398326
传真：0757-23362316
电子信箱：info@ronlabs.com
网址：www.ronlabs.com
主要产品或业务范围：电动移液器、耗材配件等。

广东科艺普实验室设备研制有限公司
地址：广东省佛山市三水区西南镇南丰大道1号9座4楼

邮编：528100
电话：0757-87251188，87232983
传真：0757-87230070，87230031
电子信箱：kerric@kerric-china.com
网址：www.kerric-china.com，www.kerriclabs.com
主要产品或业务范围：实验室装修、暖通、家具、环保、供气、纯水、动物房、洁净室和恒温恒湿室等领域。

广东省肇庆三束镀膜技术发展有限公司
地址：广东省肇庆市端州区东岗西路
邮编：526060
电话：0758-2799319，2799329
传真：0758-2751133
电子信箱：coating_zyg@yahoo.com.cn
网址：www.3coating.com
主要产品或业务范围：精密光学镀膜机，三真空室连续式光学镀膜机，磁控溅射光学镀膜机，光学磁控溅射连续式镀膜机，金属化合物硬质膜层镀膜机。

广州艾克明仪器有限公司
地址：广东省番禺区大石镇永富楼首层3号
邮编：511430
电话：020-34891545，31335339，61119562
传真：020-22630876
电子信箱：ikemen-cq@163.com
网址：www.ikemen.com.cn
主要产品或业务范围：高低温试验箱、湿热交变试验箱、热老化试验箱、温度冲击试验箱、恒温恒湿试验箱、氙灯耐气候试验箱、干燥箱、盐雾试验箱、大型步入式实验室、恒温水槽、培养箱、冷藏箱、药物稳定性试验箱、烟草平衡温湿度调节箱、霉菌试验箱等。

广州东之旭试验设备有限公司
地址：广东省广州市番禺区东涌镇石牌中心村工业区6号
邮编：511453
电话：020-34905420，34905419，34905412
传真：020-34905410
电子信箱：sales@dzx.com.cn
网址：www.dzx.com.cn
主要产品或业务范围：快速升降温试验箱，高低温交变湿热试验箱，老化试验箱，步入式实验室，冷热冲击试验箱，高低温试验箱，真空干燥箱，步入式可程式交变湿热试验室，臭氧实验室，淋雨试验箱，振动台，盐雾腐蚀试验箱。

广州多浦乐电子科技有限公司
地址：广东省广州市科学城玉树工业园C栋104室
邮编：510663
电话：020-82086632
传真：020-82086200
电子信箱：cndoppler@cndoppler.com
网址：www.cndoppler.com
主要产品或业务范围：是一家专注于超声设备、超声换能器（探头）研发、制造的专业公司。

广州工文试验设备有限公司
地址：广东省广州市新港西路231号大江直街1号东梯横栋3层
邮编：510300
电话：020-84185680
传真：020-84186627
电子信箱：sales@gzgongwen.com
网址：www.gzgongwen.com
主要产品或业务范围：盐雾试验箱、恒温恒湿试验箱、高低温试验箱、冷热冲击试验箱、臭氧老化试验箱、热老化试验箱、高温恒温试验箱、紫外线耐气候试验箱、氙灯耐气候试验箱、防尘试验箱、防水试验箱、振动试验台、跌落试验箱、IPX1～IPX8防护等级设备、步入式实验室。

广州雷得生物技术有限公司
地址：广东省广州市天河燕岭路89号燕侨大厦1611室
邮编：510507
电话：020-61271918
传真：020-61371919
电子信箱：info@labmedweb.com
网址：www.labmedweb.com
主要产品或业务范围：电泳仪、电泳系统、电转印系统、梯度生成器、凝胶成像系统、紫外透射仪、干胶仪、恒温金属浴、热混匀仪、水浴槽、水浴摇床、多功能振荡器、多功能培养箱、蠕动泵、发酵与细胞培养系统、微流体电源等。

广州密胜仪器有限公司
地址：广东省广州市越秀区环市东路474号东环大厦2203室
邮编：510075
电话：020-87628609
传真：020-87752080
电子信箱：sales@missioncouver.com
网址：www.missioncouver.com
主要产品或业务范围：主要产品有各种全自动/手动固相萃取仪、多肽合成仪、等离子共振大分子相互作用仪等。

广州南方生化医学仪器有限公司
地址：广东省广州市连新路171号大院4号楼305室
邮编：510033
电话：020-86299623，86469129
传真：020-86299199
联系人：余行文
电子信箱：info@southbio.com
网址：www.southbio.com
主要产品或业务范围：CO_2培养箱，恒温培养箱，恒温干燥箱，生化培养箱，恒温恒湿箱，真空干燥箱，杂交炉，程控洁净干燥箱，超声波清洗器，超声波细胞破碎仪/均质仪，恒温水浴，恒温摇床，水浴摇床，CO_2检测仪，CO_2减压阀，通用干燥箱，马弗炉，微型离心机。

广州赛宝计量检测中心
地址：广东省广州市天河区东莞庄路110号
邮编：510610
电话：020-87237078，87237527
传真：020-87237591
电子信箱：cal@ceprei.com
网址：www.ceprei-cal.com
主要产品或业务范围：盐雾腐蚀试验箱，辐射气候加速度试验设备，冷热冲击试验箱，超低温试验箱等。

广州市艾安得仪器有限公司
地址：广东省广州市中山大道8号天河商贸大厦1313室
邮编：510630
电话：020-87597787，87568672
传真：020-87580935
电子信箱：andgzb@163.com
网址：www.andcn.com.cn
主要产品或业务范围：代理日本A&D电子分析天平、精密电子天平、精密工业天平、快速水分测定仪、黏度计、精密电子台秤、计数秤、防水秤、称重控制显示器、可编程测量控制器、传感器系列等产品。

广州市松展机电科技有限公司
地址：广东省番禺区石基镇塱边村加宏路8号G栋
邮编：511400
电话：020-39966551
传真：020-39966550
电子信箱：service@songzhan.com.cn
网址：www.songzhan.com.cn
主要产品或业务范围：电子天平、电子密度天平、水分测定仪等。

广州市尤德生物科技有限公司
地址：广东省广州市天河区东莞庄一横路116号广东省生产力大厦608室
邮编：510643
电话：020-61366272
传真：020-61366270
联系人：吴晓春
电子信箱：info@uni-bio.cn
网址：www.uni-bio.cn
主要产品或业务范围：红外电热灭菌器、电子火焰灭菌器、微型离心机、恒温混匀仪和酶联加样宝等。

广州五所环境仪器有限公司
地址：广东省广州市花都区新华镇永发大道6号
邮编：510610
电话：020-86881537
传真：020-86881530
电子信箱：sgb@gws.net.cn
网址：www.gzespec.com
主要产品或业务范围：步入式高温试验室、高变温速率环境应力筛选试验设备、高温恒湿试验箱、步入式高低温试验室、温度/湿度/振动综合环境试验箱、温度冲击试验箱、步入式湿热试验室、高温恒温试验箱等。

广州仪科实验室技术有限公司
地址：广东省广州经济技术开发区友谊路173～175号
邮编：510730
电话：020-82226771，82087915
传真：020-82088373，82226776
电子信箱：info@ika.cn
网址：www.ika.net
主要产品或业务范围：旋转蒸发仪，控温摇床，实验室反应釜等实验室设备。

广州约顿电子科技有限公司
地址：广东省广州市科学城科学大道182号创新大厦C1座1102室
邮编：510663
电话：020-28065028
传真：020-28065018
电子信箱：postmaster@joton-guangzhou.com
网址：www.joton-guangzhou.com
主要产品或业务范围：该公司专业提供各类高精密恒温恒湿实验室、理化检测实验室、计量实验室、生物安全实验室环境系统的整体建设方案。

韶关市科力实验仪器有限公司
地址：广东省韶关市工业中路21栋401室
邮编：512026
电话：0751-8613028
传真：0751-8613038
电子信箱：sgkeli@126.com
网址：www.sgkeli.cn
主要产品或业务范围：生化、光照、人工气候、振荡、恒温、恒湿、低温培养系列，COD、BOD环保系列产品。

韶关市明天环保仪器有限公司
地址：广东省韶关市西河芙蓉新城西区80号
邮编：512026
电话：0751-6982828
传真：0751-6982838
联系人：黄健雄
电子信箱：sgtomorrow@qq.com
网址：www.sgtomorrow.com
主要产品或业务范围：主营产品有培养箱、COD消解仪、BOD测定仪、热解吸仪、大气采样器、回旋式振荡器。

深圳市富达冷冻设备有限公司
地址：广东省深圳市石岩镇上屋巷富达工业园B栋2楼
邮编：518000
电话：0755-29835262，29835363
传真：0755-29835365
电子信箱：200505438@qq.com
主要产品或业务范围：生产新一代全封闭壁挂式冷冻冷凝机组。

深圳市科明科技实业有限公司
地址：广东省东莞市松山湖工业大厦324室
邮编：523459
电话：0769-83971185
传真：0769-83396675
电子信箱：kangxj@komegtech.cn
网址：www.komegtech.cn
主要产品或业务范围：模拟环境试验设备、恒温恒湿试验机、恒温恒湿室盐雾试验机。

深圳市圣弗德科技有限公司
地址：广东省深圳市龙岗区龙平西路32号东平兴创新科技园200号
邮编：518172
电话：0755-33839572
传真：0755-33832103
电子信箱：sales@sciford.com.cn
网址：www.xciford.com
主要产品或业务范围：组合化学合成仪、平行聚合合成仪、化学反应工作站、平行索式提取仪、磁力搅拌器、顶置式搅拌器、摇床、导热釜、高低温金属浴。

深圳市天星达真空镀膜设备有限公司
地址：广东省深圳市龙岗区龙岗联街道南联社区第六工业区第19栋1层西侧
邮编：518172
电话：0755-61234210，61234212，612345213
传真：0755-261234216
电子信箱：service@sztsv.com
网址：www.sztsv.com
主要产品或业务范围：精密光学电子束蒸发镀膜机；磁控溅射镀膜机；Ln-line连续式磁控溅射镀膜生产线；磁控多弧离子镀膜机；PECVD类金刚石膜沉积设备；在线四极质谱气体分析仪超高真空排气台；真空炉，氢气炉；单晶炉；电子枪。

希尔思仪表(深圳)有限公司
地址：广东省深圳市南山区桃园路1号西海明珠大厦F座1809室
邮编：518060
电话：0755-86193164
传真：0755-86193165
电子信箱：sales@cs-instruments.com.hk
网址：www.cs-instruments.com.hk
主要产品或业务范围：专注于为客户提供最先进的压缩空气流量、露点和泄漏测量仪表，是压缩空气领域专业的产品和解决方案提供商。

珠海黑马医学仪器有限公司
地址：广东省珠海市科技创新海岸港湾大道科技二路2号
邮编：519085
电话：0756-3882211
传真：0756-3882250
电子信箱：zhhema@163.com
网址：www.zhhema.com
主要产品或业务范围：清洗消毒机、振动排痰机、亚低温治疗仪、基因扩增仪、离心机、微量荧光检测仪、紫外透射仪、核酸/蛋白凝胶图像分析系统等系列产品。

保定高新区阳光科教仪器厂
地址：河北省保定市北市区永华园3-3-202
邮编：071000
电话：0312-2051127
传真：0312-7538127
电子信箱：lucping8989@sina.com
主要产品或业务范围：循环水式多用真空泵系列，旋转蒸发器系列等。

保定兰格自动化技术有限公司
地址：河北省保定市高新区创业中心C座5层
邮编：071051
电话：0312-8919366
传真：0312-8919368
电子信箱：langezidonghua@126.com
网址：www.langezidonghua.com
主要产品或业务范围：该公司致力于高端实验室仪器的开发、研制。先后研发出新型塑料真空干燥器、注射乳化器等系列高品质、高性能产品。

保定雷弗流体科技有限公司
地址：河北省保定市七一东路2456号
邮编：071000
电话：0312-3250677
传真：0312-3250877-804
电子信箱：1161580155@qq.com
网址：www.leadfluid.net
主要产品或业务范围：主要产品有基本调速型蠕动泵系列产品、流量型智能蠕动泵系列产品、分配智能型蠕动泵系列产品、蠕动泵灌装系统系列产品、蠕动泵OEM定制、流体设备控制器系列、蠕动泵硅胶管、蠕动泵配套产品。

保定齐力恒流泵有限公司
地址：河北省保定市高新技术开发区科技产业园C座

邮编：071000
电话：0312-3332188，13833009579
传真：0312-3116979
电子信箱：qlipump@sina.com
网址：www.qlipump.com
主要产品或业务范围：主要产品涉及恒流泵、蠕动泵、OEM、泵头、驱动器、蠕动泵软管及配套产品。

保定申辰泵业有限公司
地址：河北省保定市七一东路民营科技产业园科苑街267号
邮编：071000
电话：0312-2055881
传真：0312-2055371
电子信箱：sales@easypump.com.cn
网址：www.easypump.com.cn
主要产品或业务范围：专业生产蠕动泵的高科技企业。

保定圣峰仪器科技有限公司
地址：河北省保定市高新区大学科技园
邮编：071051
电话：0312-5880592
传真：0312-5880852
电子信箱：bdsf99@163.com
网址：www.bdsf.com.cn
主要产品或业务范围：超声波清洗器。

保定思诺流体科技有限公司
地址：河北省保定市新市区三丰西路198号
邮编：071051
电话：0312-8920861
传真：0312-3123163
电子信箱：snfluid@163.com
网址：www.snfluid.com
主要产品或业务范围：蠕动泵、蠕动泵软管、蠕动泵OEM产品等。

北戴河实用电子技术研究所
地址：河北省秦皇岛市北戴河海滨联峰路296号
邮编：066100
电话：0335-4044849
传真：0335-4044849
网址：www.bdhsd.com
主要产品或业务范围：压电加速度传感器、内装集成电路式压电加速度传感器、压电石英力传感器、电荷放大器、振动测量仪、静态应变仪、动态应变仪、激振器、功率放大器、抗混低通滤波器和数据采集分析系统。

黄骅市亚龙仪器仪表厂
地址：河北省黄骅市齐家务
邮编：061105
电话：0317-5987953
传真：0317-5987120
电子信箱：hhyalong@hhyalong.cn
主要产品或业务范围：专业生产化学实验配套产品，教学仪器及玻璃仪器附件的厂家。

秦皇岛市协力科技发展有限公司
地址：河北省秦皇岛市北戴河区海宁路87号（北戴河321信箱）
邮编：066100
电话：0335-4042712
传真：0335-4047154
电子信箱：xielibdh@263.net
网址：www.xl9928.com
主要产品或业务范围：压电加速度传感器、压电力传感器、电荷放大器、冲动振动测量仪。

秦皇岛市信恒电子科技有限公司
地址：河北省秦皇岛市北戴河区海宁路136号
邮编：066100
电话：0335-4032172
传真：0335-4034955
联系人：张经理
电子信箱：bdhdz@sohu.com
网址：www.bdhdz.com
主要产品或业务范围：动静态应变仪、电荷放大器、测振仪、遥测采集仪、数据采集系统、压电式。

深州市远征氟塑料有限公司
地址：河北省深州市前磨头工业园区
邮编：053871
电话：0318-3428646
传真：0318-3428722
电子信箱：yzptfe@163.com
网址：www.sgsflon.com
主要产品或业务范围：该公司是生产聚四氟乙烯制品的专业厂家。

涿州市长城教学仪器厂
地址：河北省涿州市华阳路
邮编：072750
电话：0312-3619002
联系人：黄晓明
主要产品或业务范围：主营产品有气垫导轨、杨氏模量测定仪、声速测定仪、各种演示仪、居里点测定仪。

河南中良科学仪器有限公司
地址：河南省郑州市东大街59号福华大厦A座504室
邮编：45000
电话：0371-69079288
传真：0371-69079289
电子信箱：zzkeyu@126.com

网址：www.zzkeyu.com
主要产品或业务范围：该公司研发、生产、销售实验仪器。

洛阳市西格马仪器制造有限公司
地址：河南省洛阳市高新开发区三元路北段
邮编：471003
电话：0379-62361176
传真：0379-64361375
联系人：周森安
电子信箱：sgm@sigmayq.com
网址：www.sigmayq.com
主要产品或业务范围：专业生产各种电阻炉、马弗炉、箱式炉、管式炉、真空炉等。

郑州长城科工贸有限公司
地址：河南省郑州市上街区安阳路15号
邮编：450041
电话：0371-68942918
传真：0371-68942866
电子信箱：cckgm@zzgwsit.com.cn
网址：www.zzgwsit.com.cn
主要产品或业务范围：公司生产循环水式多用真空泵、低温冷却液循环泵、低温恒温搅拌反应浴、旋转蒸发仪、玻璃反应釜等。

郑州杜甫仪器厂
地址：河南省巩义市站街镇县俯街36号
邮编：451261
电话：0371-64426483，64420525
传真：0371-64420690
网址：www.zzdfyqc.com
主要产品或业务范围：DF-2002电化学分析系统/工作站，循环水式多用真空泵、恒电位仪、恒电流仪、低温冷却液循环泵、低温恒温反应浴槽、快速溶解氧测试仪、双层玻璃反应釜、旋转蒸发仪、玻璃仪器气流烘干器、电动、磁力加热搅拌器、恒温水浴锅、电动离心机、电热套等系列。

郑州凯鹏实验仪器有限公司
地址：河南省郑州市嵩山南路7号
邮编：450052
电话：0371-68861817
传真：0371-68873176
联系人：李新红
电子信箱：zzkp1999@yahoo.com.cn
网址：www.zzkp.net
主要产品或业务范围：循环水式真空泵，旋转蒸发仪，变频调速玻璃反应釜等。

哈尔滨哈普电气技术有限责任公司
地址：黑龙江省哈尔滨市动力区三大动力路23号
邮编：150040
电话：0451-82137919，82137917
传真：0451-82137919
电子信箱：hrbhapro@163.com
网址：www.hapro.com.cn
主要产品或业务范围：该公司是以开发、生产聚合物材料流变仪及电线、电缆测试仪器和特种电缆料产品为主的高新技术企业，开发出RM系列聚合物材料转矩流变仪、CD系列电子摄像式聚烯烃材料缺陷测量仪等测试设备。

艾德姆衡器(武汉)有限公司
地址：湖北省武汉经济技术开发区沌阳大道民营科技工业园东区建华A栋
邮编：430056
电话：027-59420391
传真：027-59420388
电子信箱：info@adamequipment.com.cn
网址：www.adamequipment.com.cn
主要产品或业务范围：分析天平，精密天平，计价秤等。

长沙高新开发区天骄电子有限公司
地址：湖南省长沙高新开发区麓谷基地麓天路8号橡树园1栋2楼
邮编：410205
电话：0731-88995950
传真：0731-88995951
联系人：陈昌杰
电子信箱：13755110001@163.com
网址：www.to-joy.com.cn
主要产品或业务范围：该公司提供适合实验室设备所需的电机驱动、控制及人机界面剂相关的技术支持。

湖北方圆环保科技有限公司
地址：湖北省武汉市光谷大道特一号国际企业中心微创楼2楼
邮编：430074
电话：027-67845213/09
传真：027-67845067
联系人：张军
电子信箱：sales8hbfyhb@163.com
网址：www.hbfyhb.com
主要产品或业务范围：公司拥有自主知识产权的产品有低本底α、β测量仪、全自动低本底多道γ能谱仪、甲醛·氨现场快速测定仪、环境气候箱、气相色谱仪、原子吸收分光光度计、非介入式电流时间表等。

湖北泰维科技实业有限公司
地址：湖北省孝感市高新技术产业开发区六合工业园
邮编：432100
电话：0712-2890001，2890002
传真：0712-2890086

联系人：陈玉成
电子信箱：taiva@taiva.com.cn
网址：www.taiva.com.cn
主要产品或业务范围：该公司专业生产病理仪器成套设备。

长沙奔特仪器有限公司
地址：湖南省长沙市开福区四方坪98号时代先锋A栋A座2301室
邮编：410003
电话：0731-84834583
传真：0731-84834583
电子信箱：bente88@126.com
主要产品或业务范围：主营产品有数显热量计、半自动热量计、全自动热量计、真空弹自动热量计。

长沙高新技术产业开发区湘仪离心机仪器有限公司
地址：湖南省长沙市望城经济开发区金穗路35号湘仪离工业园
邮编：410200
电话：0731-82842826
传真：0731-82842829
电子信箱：xiangyi@xiangyilxj.com
网址：www.xylxj.com
主要产品或业务范围：生产制造离心机及实验室仪器的高新技术企业。

长沙高新开发区湘仪天平仪器设备有限公司
地址：湖南省长沙市高新开发区文轩路27号麓谷企业广场麓谷钰园A1栋
邮编：410205
电话：0731-85180387，85180397，85180361
传真：0731-85180397
电子信箱：xy@xytp.com，xytp888@126.com
网址：www.xytp.com
主要产品或业务范围：该公司专业生产各类单盘、双盘精密分析天平、快速水分测定仪、颗粒计数分析仪、精密电子分析天平、公斤电子天平和电子密度天平七大类二百余个品种。

长沙开元仪器股份有限公司
地址：湖南省长沙经济技术开发区开元路172号
邮编：410100
电话：0731-84013443，84014757
传真：0731-84013443-8888
联系人：魏文丰
电子信箱：cskaiyuan@163.com，cskaiyuan@chs5e.com
网址：www.ckic.net，www.chs5e.com
主要产品或业务范围：该公司专业制造煤质检测仪器设备。

长沙平凡仪器仪表有限公司★
地址：湖南省长沙市望城坡经济开发区
邮编：410205
电话：0731-88115953
传真：0731-88137992
电子信箱：pingfan@pingfanlxj.com
网址：www.pingfanlxj.com
主要产品或业务范围：该公司生产新一代智能化离心机、自动平衡离心机、超大容量离心机、乳脂离心机、过滤离心机等，其产品广泛用于高教、农业科技、生化科研、生化检验等领域。

长沙市鑫奥仪器仪表有限公司
地址：湖南省长沙市岳麓区青山青永东路408号
邮编：410205
电话：0731-88137822，88137922，88137912
传真：0731-88137822
电子信箱：penglu@labfuge.com
网址：www.labfuge.com
主要产品或业务范围：离心机系列产品及实验室仪器。

长沙维尔康湘鹰离心机有限公司
地址：湖南省长沙市望城坡湘仪路竹马巷12号
邮编：410205
电话：0731-88810855
传真：0731-88818455
电子信箱：wlklxj@126.com
网址：www.lxj168.com
主要产品或业务范围：该公司专业生产、销售离心机。

长沙湘智离心机仪器有限公司
地址：湖南省长沙市岳麓区雷锋大道莱茵城A17栋402室
邮编：410205
电话：0731-88137981，88111072
传真：0731-88137983
电子信箱：sales@xiangzhilxj.com
网址：www.xiangzhilxj.com
主要产品或业务范围：公司主要生产、销售超大容量冷冻离心机、大容量冷冻离心机、高速冷冻离心机、台式离心机系列。

长沙英泰仪器有限公司
地址：湖南省长沙市望城坡经济开发区涧塘22栋105号
邮编：410205
电话：0731-82857285
传真：0731-88112246
电子信箱：lm1211@163.com
网址：www.ytyq.com
主要产品或业务范围：该公司专业生产高低速离心机、高速冷冻离心机、超大容量冷冻离心机、细胞涂片离心机、血型血清学用离心机、血库专用离心机、血型卡专用离心机、玻片甩干离心机、生物制药专用连续分离离心机等各种类型的离心机，系列产品50余种、多达200余种规格。

湖南赫西仪器装备有限公司
地址：湖南省长沙市望城坡湘仪路007栋101室
邮编：410205
电话：0731-82470028，88142288
传真：0731-88571900
电子信箱：csxy814@163.com
网址：www.hexiyiqi.com
主要产品或业务范围：公司生产的实验室离心机，目前已形成高速冷冻、超大容量冷冻、低速冷冻、低速离心机、原油水分测定离心机和Herexi 3HRI系列智能离心机六大系列、40多个品种。

湖南凯达科学仪器有限公司
地址：湖南省长沙市劳动西路327号凯华大厦B栋3楼
邮编：410007
电话：0731-85150921，15607496282
传真：0731-85159066
联系人：文亚
电子信箱：wy@kaidasy.com
网址：www.kaidasy.com
主要产品或业务范围：公司专业生产实验室用离心机、血液低温操作台、生物安全柜和培养箱等科学仪器产品。

湖南省紫继超速机械有限公司
地址：湖南省长沙市四方坪时代先锋大厦A栋A座2301室
邮编：410011
电话：13808486645
传真：0731-88434965
电子信箱：zijics@zijics.com
网址：www.zijics.com
主要产品或业务范围：开发生产实验室仪器设备热量计和医用X光机。

湖南湘仪实验室仪器开发有限公司
地址：湖南省望城经济开发区金穗路35号湘仪工业园
邮编：410200
电话：0731-82842826，82842827
传真：0731-82842829
联系人：卢懿红
电子信箱：xiangyi@xiangyilxji.com
网址：www.xiangyilxj.com，www.lxjxy.com，
www.xylxj.com，www.cence.cn
主要产品或业务范围：公司生产离心机及实验室仪器。

湖南星科科学仪器有限公司
地址：湖南省长沙市湘雅路349号
邮编：410008
电话：0731-84810488，82461192
传真：0731-84365366
电子信箱：master@lxj51.com
网址：www.lxj51.com
主要产品或业务范围：该公司生产离心机系列产品。包括高速冷冻离心机和低速大容量离心机以及系列台式离心机等。

湖南易达京华仪器有限公司
地址：湖南省长沙市高新区桐梓坡西路229号麓谷国际工业园A-5栋
邮编：410205
电话：0731-88142305，88915608，88915609
传真：0731-88166701
电子信箱：csyida@126.com
网址：csyida@126.com
主要产品或业务范围：该公司是专业从事离心机等实验室设备的企业。

湘潭湘仪仪器有限公司
地址：湖南省湘潭市德国工业园晓塘路东
邮编：411104
电话：0731-58534888，58534688
传真：0731-58562768
网址：www.xtxyyq.com
主要产品或业务范围：该公司致力于陶瓷、无机非金属材料、铸造实验仪器及其他实验室配套陶瓷仪器的开发。

长春市百奥生物仪器有限责任公司
地址：吉林省长春市绿园区兴盛路558号
邮编：130000
电话：0431-87888095
传真：0431-87888096
联系人：崔雪萍
电子信箱：baiaoeq@163.com
网址：www.baiao-cn.com
主要产品或业务范围：该公司采用《智能蒸汽灭菌器》技术标准从事高档蒸汽灭菌器研究生产。

长春中联试验仪器有限公司
地址：吉林省长春经济技术开发区连云港街298号
邮编：130033
电话：0431-84650246，84687701，84687702
传真：0431-84650248
电子信箱：zhonglian@pinghengji.com
网址：www.pinghengji.com
主要产品或业务范围：平衡机、离合器试验设备、扭矩测量设备、通用试验机、教学仪器及其他产品。

常熟博士德机电设备有限公司
地址：江苏省常熟市东南开发区儒浜西路8号
邮编：215542
电话：0512-52571660，15601573035
传真：0512-52577298
联系人：王经理
电子信箱：bsd@csboster.com.cn

网址：www.csboster.com
主要产品或业务范围：主要产品包括高低温湿热交变试验箱、高低温试验箱、高温试验箱、快速温度变化试验箱、温度冲击箱、综合试验箱、热老化试验箱、盐雾试验箱、步入式试验箱及各类非标试验箱产品。

常州国华电器有限公司
地址：江苏省金坛市华城中路138号
邮编：213200
电话：0519-82337611
传真：0519-82880856
联系人：谢林法
电子信箱：yiqi@guohuayiqi.com
网址：www.guohuayiqi.com
主要产品或业务范围：该公司专业从事实验室仪器仪表研发与生产。

常州普天仪器制造有限公司
地址：江苏省金坛市经济开发区华兴路158号
邮编：213200
电话：0519-82323801
传真：0519-82315688
电子信箱：bzg68@263.net
网址：www.jbscience.com
主要产品或业务范围：培养箱、振荡器、离心机、匀浆器、水（油）浴锅、三用水箱、低温槽、磁力（电动）搅拌器、电热板、石英亚沸蒸馏器、石英双重蒸馏器、酸试剂提纯器、石英玻璃仪器、石英视筒（视镜）、比色皿、环保仪器、玻璃仪器、螺纹口管制瓶、实验室F4产品及各种仪器的玻璃仪器配件等。

常州市凯航仪器有限公司
地址：江苏省金坛市汇贤北路6号
邮编：213200
电话：13861071298
传真：0519-88204900
电子信箱：wgp@czkhyq.cn
网址：www.czkhyq.cn
主要产品或业务范围：调速多用振荡器，高速离心机，恒温水浴锅等。

常州市科源电子仪器有限公司
地址：江苏省常州市武进区礼板路81号
邮编：213176
电话：0519-85123961
传真：0519-85115209
电子信箱：keyi@keyicn.com
网址：www.keyicn.com
主要产品或业务范围：该公司从事经销系列电子天平、实验室分析仪器。

常州万泰天平仪器有限公司
地址：江苏省常州市戚区东方东路167号
邮编：213025
电话：0519-88406128
传真：0519-88410616
联系人：汤哲民
电子信箱：cnwant@qq.com
网址：www.czwant.com，www.wantbalance.com
主要产品或业务范围：该公司专注于电子天平的研制、生产、销售。

德国新帕泰克有限公司
地址：江苏省苏州工业园区旺墩路188号建屋大厦1010室
邮编：215123
电话：0512-66607566
传真：0512-66607599
电子信箱：china@sympatec.com
网址：www.sympatec.com
主要产品或业务范围：生产粒度粒形分析仪，激光粒度分析仪等。

海门市海克拉斯实验器材有限公司
地址：江苏省海门市三和工业园区
邮编：226113
电话：0513-82233700，82240732
传真：0513-82306803
联系人：顾展宇
电子信箱：hklss@qq.com
网址：www.hklss.com
主要产品或业务范围：该公司主要生产玻璃仪器、塑料耗材、橡胶、不锈钢和有机玻璃等制品。

海门市其林贝尔仪器制造有限公司
地址：江苏省海门市麒麟镇工业区新常久路38号48栋
邮编：226125
电话：0513-82707860，82707780，85386398
传真：0513-82703912
联系人：孙广祥
电子信箱：ql-lab@eastdiy.net
主要产品或业务范围：实验室仪器，塑料耗材。

海门市麒麟医用仪器厂
地址：江苏省海门市经济开发区定海路368号
邮编：226100
电话：0513-82615080
传真：0513-82616097
电子信箱：webmaster@qilinyq.com.cn
网址：www.qilinyq.com.cn
主要产品或业务范围：该公司生产实验室仪器（摇床、离心机、混合器、紫外仪等）及实验用耗材（吸头、离心管、酶标板等）。

海鹰企业集团有限责任公司
地址：江苏省无锡市梁溪路18号
邮编：214061
电话：0510−88666721
传真：0510−88669721
电子信箱：haiying@haiying.com.cn
网址：www.haiying.com.cn
主要产品或业务范围：军用声呐及换能器产品，民用水声产品，医用B型超声诊断仪及探头系列，纺织电子产品，压电陶瓷，传感器，电子变压器，测深仪等。

淮安市高科环境试验设备有限公司
地址：江苏省淮安市西安路18号
邮编：223001
电话：0517−83913633，83903985
传真：0517−83915633
联系人：张善斌
电子信箱：shanbing@jshagk.net
网址：www.jshagk.net
主要产品或业务范围：高低温试验箱、恒定湿热试验箱、YZJ系列盐溶液周浸试验箱、高低温湿热试验箱、可程式恒温恒湿试验箱、盐雾腐蚀试验箱、振动试验机、紫外灯耐气候试验箱、氙灯耐气候试验箱、摆管淋雨试验箱、箱式淋雨试验箱、步入式试验室、臭氧老化试验箱、换气式老化箱、砂尘试验箱、电热鼓风干燥箱、电动拉力试验机、氙灯长寿命风化测试机、点灯测试机、盐雾腐蚀试验箱等。

江苏安特稳试验设备有限公司
地址：江苏省常州市西门外尧塘镇安特稳工业园
邮编：213213
电话：0519−82592012，82595618
传真：0519−82592576，82595619
电子信箱：atw@antewen.com
网址：www.antewen.com
主要产品或业务范围：盐雾腐蚀试验箱（室）、高温箱式（室）、湿热试验箱（室）、高低温交变湿热试验箱（室），热老化箱（室），沙尘试验箱，淋雨系列，干燥箱，光老化试验箱等设备。

江苏省宝应县宝飞振动仪器厂
地址：江苏省宝应县安宜北路121号
邮编：225800
电话：0514−88223137
传真：0514−88233330
联系人：葛学仁
电子信箱：server@zd88.com
网址：www.zd88.com
主要产品或业务范围：生产激振设备、测振传感器、数据采集器、机器故障分析仪、微机化现平衡仪、多功能监控测量仪等60多个规格品种的产品。

江苏省金坛市宏华仪器厂
地址：江苏省金坛市金东街94号
邮编：213200
电话：0519−82334280，82334281
传真：0519−88201375
电子信箱：jthonghua@163.com
网址：www.honghuayiqi.cn
主要产品或业务范围：生产生化培养箱，恒温水浴锅，振荡器等。

江苏省金坛市金祥龙电子有限公司
地址：江苏省金坛市金城镇丹凤路18号
邮编：213200
电话：0519−82158997
传真：0519−82872766
电子信箱：jxlyq.cn@163.com
网址：www.jx117.com，www.jx117.cn
主要产品或业务范围：主要产品为鼓风干燥箱、真空干燥箱、生化光照培养箱等。

江苏省金坛市双捷实验仪器厂
地址：江苏省金坛市北环东路25号
邮编：213200
电话：0519−82313965，82331965
传真：0519−82334624
电子信箱：sj@jsshuangjie.com
网址：www.jsshuangjie.com
主要产品或业务范围：智能恒温培养箱、离心机、恒温振荡器、各类调速多用振荡器、脱色摇床、恒温水浴锅、恒温油浴锅、恒温水箱、磁力搅拌器、电动搅拌器、可调高速匀浆机、组织捣碎机、快速混匀器、低温恒温水槽、高压灭菌器。

江苏省金坛市医疗仪器厂
地址：江苏省金坛市金宜公路6公里处
邮编：213222
电话：0519−82532542，82531618
传真：0519−82532278
联系人：黄国华
电子信箱：sale1@jinyi17.com
网址：www.jt−jinyid.com
主要产品或业务范围：各类培养箱；离心机；电动、磁力搅拌器；恒温振荡器；数显恒温水浴锅；低温水槽、恒温电热板、蒸馏水器系列等百余种产品。

江苏正基仪器有限公司
地址：江苏省金坛市金城镇工业园红山路12号
邮编：213200
电话：0519−82890123，82890842
传真：0519−82890901
联系人：曾宾

电子信箱：sales@labzj.com
网址：www.labzj.com
主要产品或业务范围：各种离心机、培养箱、干燥箱、搅拌器、振荡器、水浴锅、油浴锅、蒸馏器、消毒设备以及石英玻璃仪器等各种配套分析仪器。

江阴市金确层析设备有限公司

地址：江苏省江阴市夏港镇镇澄路723号
邮编：214442
电话：0510-86682598
传真：0510-86031098
联系人：於红军
电子信箱：jyjqc@yahoo.com.cn
网址：www.jyjqc.com
主要产品或业务范围：该公司主要从事层析柱成套设备系统、工业色谱分离纯化系统以及新型医药化工设备的研发、设计与生产。

金坛市杰瑞尔电器有限公司

地址：江苏省金坛市华兴路16号
邮编：213200
电话：0519-82318811，82023833
传真：0519-82308833
联系人：王文杰
电子信箱：admin@jieruier.com
网址：www.jieruier.com
主要产品或业务范围：该公司现主要形成几大产品，即生化、光照培养箱；水浴、气浴振荡器；磁力、电动搅拌器；水浴锅；高速、低速离心机；电热套；摇床；电热板；电炉等几大系列产品。

金坛市金城国胜实验仪器厂

地址：江苏省金坛市北环东路25号
邮编：213200
电话：13806142872
传真：0519-82321270
联系人：杨国生
电子信箱：yangguosheng188@126.com
网址：www.gsyq.com
主要产品或业务范围：该公司生产实验、环保、分析仪器。

金坛市科兴仪器厂

地址：江苏省金坛市东环二路138号市委党校
邮编：213200
电话：0519-82336184
传真：0519-82322626
电子信箱：kexing@jtkxyq.com
网址：www.jtkxyq.com
主要产品或业务范围：生产与销售培养箱、振荡器、搅拌器、离心机、数显恒温三用水箱、水浴锅、分散器及公共环境检测系统等系列产品。

金坛市荣华仪器制造有限公司

地址：江苏省金坛市金胜东路88号
邮编：213200
电话：0519-82326099，82337195
传真：0519-82321562，82321272
联系人：庄田荣，华国方
电子信箱：ronghua@ronghua17.com
网址：www.ronghua17.com
主要产品或业务范围：该公司主要生产培养箱、振荡器、搅拌器、离心机、水浴锅等。

金坛市文华仪器有限公司

地址：江苏省金坛市岸头开发区
邮编：213222
电话：0519-82535288
传真：0519-82535366
联系人：钱文华
电子信箱：jtwhyq@163.com
网址：www.jtwhyq.com
主要产品或业务范围：该公司专业生产人工气候箱、光照培养箱、生化培养箱、霉菌培养箱、恒温恒湿培养箱、电热恒温培养箱等。

金坛市希望科研仪器有限公司

地址：江苏省金坛市水北集镇东街5号
邮编：213221
电话：0519-82555155
传真：0519-82551477
联系人：吴秋平
电子信箱：xw17@hc360.com.cn
网址：www.xw17.com
主要产品或业务范围：研发生产培养箱、振荡器、搅拌器、离心机、水浴锅等八大系列。

昆山禾创超声仪器有限公司

地址：江苏省昆山市淀山湖镇永宇路180号
邮编：215345
电话：0512-57493097
传真：0512-57493098
电子信箱：hech@ks-csb.com
网址：www.ks-csb.com
主要产品或业务范围：该公司生产的KH系列台式数控型、高频、双频、三频超声波清洗器，单槽式、多槽式普通型、数控型、中文显示型超声波清洗器、超声波细胞粉碎机等。

昆山市超声仪器有限公司

地址：江苏省昆山市淀山湖镇曙光路198号
邮编：215345
电话：0512-57487755
传真：0512-57491378

电子信箱：613663760@qq.com
网址：www.ks-csyq.com
主要产品或业务范围：该公司专业研发、制造各类超声波清洗设备。

昆山序一机械设备有限公司
地址：江苏省昆山市玉山镇中华园西路1800号4号厂
邮编：215300
电话：0512-50375881/4
传真：0512-80375887
联系人：孙附翔
电子信箱：yt_sunfuxiang@126.com
网址：www.i-slgroup.com
主要产品或业务范围：该公司生产空调机、恒温恒湿机、洁净设备、GLOVE BOX等。

连云港千樱医疗设备有限公司
地址：江苏省连云港市经济技术开发区长江路19号
邮编：222047
电话：0518-82345999
传真：0518-82345968
网址：www.kuosengroup.com
主要产品或业务范围：系列灭菌设备。

连云港市春龙实验仪器有限公司
地址：江苏省连云港市通池路17号
邮编：222000
电话：0518-85257890
传真：0518-85460925
电子信箱：lygclyq@yahoo.com.cn
网址：www.lygcl.com
主要产品或业务范围：专业生产双行星式球磨机，气体手动操作箱。

美国精骐有限公司
地址：江苏省苏州新区支英街36号
邮编：215129
电话：0512-66625996
传真：0512-66656258
联系人：王宇斌
电子信箱：ybwang@jiemeigroup.com
网址：www.crystalindustries.com.cn
主要产品或业务范围：主要从事生物、医学工程仪器设备及实验室各种易耗品的自主研发、生产和营销。

南京南大仪器厂
地址：江苏省南京市汉口路22号南大天津路门内
邮编：210093
电话：025-83592641，83592273，83314734
传真：025-83314734，83592273
电子信箱：xsun@nju-yq.com
网址：www.nju-yq.com
主要产品或业务范围：电子轰击仪，直线加速器，太阳塔以及振动样品磁强计等。

南京旭析仪器有限公司
地址：江苏省南京市白下区延龄巷50号西402室
邮编：210002
电话：025-85087972，85087973
传真：025-85087973
网址：www.xuxiyiqi.com
主要产品或业务范围：分光仪器，折射仪，溶出仪，崩解仪，熔点仪，硬度计，离心机，黏度计，比重天平，电磁流量计，天平衡器，气相色谱及气源，气相色谱，气体发生器，水分测定仪及纯水机，生化分析仪器，生化培养箱，温控仪表等。

南京盈鑫实验仪器有限公司
地址：江苏省南京市大桥南路金川门外5号2楼
邮编：210015
电话：025-58811544，58808129
传真：025-58811544
电子信箱：ztg@njyxsy.com
网址：www.njyxsy.com
主要产品或业务范围：鼓风干燥箱，人工气候箱，箱式电炉，并承接设计、制造特种、大型、非标准高、低温设备，老化试验箱（室），隧道炉，种子发芽室，冷藏保鲜库，孵化机等实验设备。

南通市清茂实验室器材制造有限公司
地址：江苏省海门市工业园区
邮编：226111
电话：0513-82242536
传真：0513-82246099
联系人：沈宏
电子信箱：qingmao@ntqingmao.com
网址：www.ntqingmao.com
主要产品或业务范围：公司是专业实验室耗材生产商和供应商。

普瑞斯机械有限公司
地址：江苏省金坛市岸头工业区
邮编：213222
电话：0519-82532646，13901493375
传真：0519-82531538
电子信箱：Jtjx586@126.com
网址：www.prsjx.cn
主要产品或业务范围：振荡器、搅拌器、离心机、水浴锅、培养箱等。

无锡耐思生物科技有限公司
地址：江苏省无锡市新区锡达路230号

邮编：214112
电话：0510-88550100
传真：0510-88550105
电子信箱：Info@nestsci.com
网址：www.cell-nest.com
主要产品或业务范围：该公司产品包括细胞培养皿、细胞培养板、细胞培养瓶及离心管、微量离心管和枪头等耗材。

苏州麦可旺志生物技术有限公司

地址：江苏省苏州工业园区星湖街218号生物纳米园A3-201A
邮编：215123
电话：0512-62956079，62956269
传真：0512-62956179
电子信箱：Anna_zhou@microwants.com
网址：www.microwants.com
主要产品或业务范围：公司销售自有品牌的液相色谱。

苏州声和振动科技有限公司

地址：江苏省苏州市吴中经济开发区石湖东路76号锦都大厦1幢705室
邮编：215128
电话：0512-67071025，67071026
传真：0512-66351026
电子信箱：info@sv-china.com
网址：www.sv-china.com
主要产品或业务范围：振动和噪声测试分析系统，激光位移传感器，激光振动测量仪器，加速度，转速，压力，扭矩传感器，声音传感器等。

苏州市东华试验仪器有限公司

地址：江苏省苏州市木渎广成工业园15幢
邮编：215156
电话：0512-66516330，66555808
传真：0512-66262677
电子信箱：suzhoudonghua@tom.com
网址：www.szdh.cn
主要产品或业务范围：专业制造各类温、湿度试验箱的生产厂家；产品有砼碳化试验箱、硫酸盐试验箱、慢速冻融试验箱、HBY水泥恒温恒湿标准养护箱、HBY砼恒温恒湿标准养护箱、移动式标准养护室、SBY水泥试件水养护箱、SHBY水泥恒温恒湿箱、水养护二用箱、HWS恒温恒湿箱、GDJS恒温恒湿试验箱、GDW高低冷热交变试验箱、SGS水泥干缩试验箱、TLS涂料试验箱、JKS碱骨料试验箱、JBY混合砂浆试件养护箱、LDS沥青试验仪器、ZFX/ZSA砖瓦试验箱、FDW/FDL低温试验箱、TDS/DS冻融试验箱、ACW/LJ砼、水泥快速养护箱、KDS空气冻融试验箱、JDS建材低温试验箱等系列产品。

苏州威尔实验用品有限公司

地址：江苏省苏州市北环路60-82号平江科技创业园内
邮编：215001
电话：0512-65554768，67528228
传真：0512-67528608
电子信箱：chu@szweier.com
网址：www.szweier.com
主要产品或业务范围：各种生化、光照培养箱、振荡培养箱、振荡器、搅拌器、水浴锅、离心机、电热板。

太仓市华美生化仪器厂

地址：江苏省太仓市璜泾镇工业新区
邮编：215427
电话：0512-53815655
传真：0512-53812576
联系人：陆兆林
电子信箱：sales@tc-huamei.com
网址：www.tc-huamei.com
主要产品或业务范围：公司专业从事生物、理化实验室设备的制造。

太仓市实验设备厂

地址：江苏省太仓市璜泾镇永乐开发区
邮编：215427
电话：0512-53814662
联系人：陈琪
主要产品或业务范围：恒温振荡器、恒温振荡培养箱。

无锡德凡仪器有限公司

地址：江苏省无锡市滨湖区大通路503号通达工业园C栋2楼
邮编：214124
电话：0510-85299350
传真：0510-85075972
联系人：吴宗颖
电子信箱：devan@jsmail.com.cn
网址：www.dvsci.cn
主要产品或业务范围：公司经营玻璃仪器、塑料制品、加热板、搅拌器、烘箱、过滤器材、包装材料、金属、橡胶、耗材及无尘室用品等。

无锡兰博试验设备有限公司

地址：江苏省无锡市东北塘镇英才路1号（锡山职业教育中心校旁）
邮编：214037
电话：0510-83715625，83726369，83857850
传真：0510-83856857
电子信箱：sales@wxlab.cn
网址：www.wxlab.cn
主要产品或业务范围：高温恒温试验箱、高低温试验箱、超低温试验箱、恒定湿热试验箱、交变湿热试验箱、高低温湿热试验箱、高低温交变湿热试验、盐雾腐蚀试验箱、振动试验机、紫外灯耐气候试验箱、氙灯耐气候试验箱、摆管淋雨试验箱、箱式淋雨试验箱、步入式试验室。

无锡市彩登试验设备技术有限公司
地址：江苏省无锡市经济开发区高凯路27号
邮编：214072
电话：0510-85123550，85123560
传真：0510-85123560
电子信箱：wxcd@wxcd.com
网址：www.wxcd.com
主要产品或业务范围：各类恒温恒湿试验箱、臭氧老化试验箱、氙灯老化试验箱、紫外灯老化试验箱、复合盐雾试验箱以及各种步入式试验室等非标产品。

无锡市梅园电子仪器厂
地址：江苏省无锡市钱荣路57号
邮编：214062
电话：0510-85530020
传真：0510-85162841
主要产品或业务范围：浓度计、涂层仪、测厚仪和电缆直流火花检测仪、陶瓷远红外发热元件。

无锡市瑞江分析仪器有限公司
地址：江苏省无锡市滨湖区胡埭工业园联合路8号D幢4层
邮编：214000
电话：0510-85580578
传真：0510-85075935
电子信箱：sales@wxruijiang.com
网址：www.wxruijiang.com
主要产品或业务范围：公司专业研发生产高速、低速、冷冻系列医用离心机。

无锡市上佳生物科技有限公司
地址：江苏省宜兴市环科园竹海路2号
邮编：214200
电话：0510-87137892
传真：0510-87077863
电子信箱：jswxsj@163.com
网址：www.wxsjsw.com
主要产品或业务范围：超声波细胞粉碎机，清洗机，恒温槽等。

无锡苏南试验设备有限公司
地址：江苏省无锡市扬名高新技术产业园扬工路8号
邮编：214123
电话：0510-85433387，85433389
传真：0510-85433389
联系人：胡部长
电子信箱：sunan@wxsunan.com
网址：www.wxsunan.com
主要产品或业务范围：盐雾腐蚀试验箱，恒定、交变湿热试验箱，霉菌试验箱，高温恒温试验箱，砂尘试验箱，氙灯耐气候试验箱，人工雨淋试验装置，防水试验箱，高温老化试验箱等。

无锡索亚特试验设备有限公司
地址：江苏省无锡市高新技术开发区
邮编：214026
电话：0510-88155840，88155805，81006835
传真：0510-81006835
电子信箱：suoyt@yahoo.com.cn
网址：www.suoyt.com.cn
主要产品或业务范围：盐雾试验箱、高低温试验箱、高低温湿热试验箱、高温试验箱、恒温试验箱、恒温恒湿试验箱、臭氧老化试验箱、氙灯老化试验箱、紫外灯老化箱、淋雨试验箱、霉菌试验箱、砂尘试验箱、可程式高低温试验箱、振动试验台、跌落试验台、摆杆淋雨装置、滴水试验装置、可程式高低温试验室、高温恒温试验室、老化试验室、恒温试验室等。

宜兴市新屹仪器有限公司
地址：江苏省宜兴市万石镇大尖村
邮编：214212
电话：0510-87801928
传真：0510-87848938
联系人：韦建强
网址：www.wxin-yi.com，www.bisemin.com.cn
主要产品或业务范围：该公司生产生化仪器配件流动池、计数计、加液器、比色皿等。

大连通产高压釜容器制造有限公司
地址：辽宁省大连市甘井子区红旗镇岔鞍
邮编：116021
电话：0411-84280124，84280202，84280303
传真：0411-84280084，84280094
联系人：洪毅
电子信箱：autofan_99968@163.com
网址：www.dltc.com.cn
主要产品或业务范围：自动化仪表、高压釜、干燥箱。

大连希望设备有限公司
地址：辽宁省大连市甘井子区金家街金荣路37号
邮编：116031
电话：0411-86572279
传真：0411-86574211
网址：www.xi-wang.com
主要产品或业务范围：该厂系理化检测辅助设备的专业生产厂。产品有冲击试验低温槽和冲击试样缺口投影仪等。

大连自控设备厂
地址：辽宁省大连市中山区寺儿沟炮台山
邮编：116001
电话：0411-82739448
联系人：孙风书
主要产品或业务范围：高压反应釜。

丹东市百特仪器有限公司
地址：辽宁省丹东市边境合作区金泉工业区甘泉路9号
邮编：118009
电话：0415-6184440，6193800
传真：0415-6170645
电子信箱：bettersize@sohu.com
网址：www.bettersize.com
主要产品或业务范围：激光粒度仪、沉降粒度仪、图像粒度仪、粉体特性测试仪4个系列共14个品种。

辽阳鑫宇实验室设备安装工程有限公司
地址：辽宁省辽阳市武圣路罗马假日288-29号
邮编：100078
电话：0419-2253455
传真：0419-2252855
联系人：郎宪明
电子信箱：langxianming@vip.sina.com
网址：www.xinyulab.com
主要产品或业务范围：集生物安全实验室、理化实验室、消毒设备、生物安全柜、实验台柜等实验室设备和工程设计、生产、施工为一体的复合型公司。

沈阳龙腾电子有限公司★
地址：辽宁省沈阳市沈北新区沈北路76-16号
邮编：110136
电话：024-86376195，86520895
传真：024-86376119
电子信箱：sylt-f@ltelec.com
网址：www.ltelec.com
主要产品或业务范围：公司系中外合资企业，主要产品为系列电子天平、快速水分测定仪、粮食水分仪、灭菌箱及砝码质量比较仪等，共有6个系列数百种规格型号。

沈阳神宇龙腾天平有限公司
地址：辽宁省沈阳市于洪区北固山路6-2号
邮编：110034
电话：024-86192266
传真：024-86192211
电子信箱：sylt17@126.com
网址：www.sylt17.com
主要产品或业务范围：专业生产销售精密电子天平的生产厂家。

济南精密科学仪器仪表有限公司
地址：山东省济南市工业南路51号小鸭集团工业园
邮编：250101
电话：0531-88113933，88019366
传真：0531-88113933-815
联系人：张主管
电子信箱：jnjkgs@163.com
网址：www.jkgs.com.cn
主要产品或业务范围：箱式电阻炉、COD恒温加热器、CVD管式气氛炉等。

济南龙尼莱仪器有限公司
地址：山东省济南市高新区工业南路52号
邮编：250000
电话：0531-58799792
传真：0531-58799795
电子信箱：Unilab2010@163.com
网址：www.unilabinst.com
主要产品或业务范围：主要产品有洁净工作台，电热恒温培养箱，磁力搅拌器等。

济南普业机电技术有限公司
地址：山东省济南市槐荫区新沙工业园二街30号
邮编：250118
电话：0531-85961536，85982978
传真：0531-85961536
联系人：卢圣军
电子信箱：jnpuye@163.com
网址：www.17w18.com，www.jnpuye.com
主要产品或业务范围：国内试验设备开发及制造的高新技术企业。

济南试验仪器设备厂销售中心
地址：山东省济南市济微路3～6号
邮编：250022
电话：0531-87161054，87963213
传真：0531-87963213
电子信箱：imshijin@public.jn.sd.cn
网址：www.jnshy.com
主要产品或业务范围：该公司致力于进口试验设备、分析仪器项、测量仪器；产品有德国Binder公司的干燥箱、培养箱、真空箱、高低温试验箱、低温箱、恒温恒湿箱、安全干燥箱等，德国sartorius公司的分析天平、精密天平、水分计、酸度计等，美国热电集团的原子吸收、紫外可见分光光度计、等离子体发射光谱，德国Sigma公司的台式离心机，冷冻离心机、高速离心机等，美国Orion公司的酸度计、溶氧仪、离子计等，德国Burster公司的传感器、检测器、模拟器等，电子万能试验机及其他试验机，其他理化试验设备及实验室成套设备。

济南微纳颗粒技术有限公司
地址：山东省济南市高新区舜华路750号大学科技园北区F座东2单元
邮编：250100
电话：0531-88873392
传真：0531-88873319
联系人：高维秀
电子信箱：jnwinner@jnwinner.com
网址：www.jnwinner.com

主要产品或业务范围：专门研发、生产、销售颗粒测试相关仪器设备的高科技企业。

科电检测仪器有限公司
地址：山东省济宁市任城开发区济东矿外路6号
邮编：272000
电话：0537-2884797，2882840，2255887
传真：0537-2255887
电子信箱：scang@kedian.net
网址：www.kedian.net
主要产品或业务范围：该公司有HCH-2000系列超声波测厚仪、MC-2000系列涂镀层测厚仪、MCW-2000B型涡流涂层测厚仪及DJ-6系列电火花检漏仪等产品。

莱州市博瑞德工贸有限公司
地址：山东省莱州市金沙工业园区
邮编：261400
电话：0535-2317966
传真：0535-2822466
联系人：徐舒平
电子信箱：br9527@126.com
主要产品或业务范围：该公司生产各种静音无油空压机。

青岛海尔特种电器有限公司
地址：山东省青岛市海尔路1号海尔工业园
邮编：266000
电话：0532-88936040
传真：0532-88936010
电子信箱：dumx@haier.com
网址：www.haier.com
主要产品或业务范围：产品包括专业冷链存储设备、感染控制设备生物、实验室设备。

青岛众瑞智能仪器有限公司
地址：山东省青岛市崂山区山东头路58号（盛和大厦）1号楼7楼
邮编：266101
电话：0532-81920233
传真：0532-81920235
联系人：张先生
电子信箱：zr@zryq.cn
网址：www.zryq.cn，www.qdzryq.cn
主要产品或业务范围：该公司产品有智能生物安全柜生物检测仪、医用外科口罩细菌过滤效率检测仪、全自动菌落分析仪，便携式空气微生物采样器、全自动微生物采样器、空气浮游菌采样器及集群式空气微生物采样系统，流量校准仪、注射泵、药物气溶胶发生器等。

山东省鄄城永兴仪器厂
地址：山东省鄄城县环城南路19号
邮编：274600
电话：0530-2421901，2400902，2427009
传真：0530-2420291，2420239
电子信箱：yx@chinaluyx.net
网址：www.chinaluyx.net
主要产品或业务范围：电热套及化验室仪器的研制与生产。

威海鑫泰化工机械有限公司
地址：山东省威海市羊亭镇曲家河工业园
邮编：264204
电话：0631-5770868，5770869，5770858，5770866
传真：0631-5770868
联系人：李恩瑞
电子信箱：Xintaihi@126.com
网址：www.xintai-cn.com
主要产品或业务范围：该公司专业制造各种规格超强磁力耦合搅拌反应釜，聚合釜，精馏釜，加氢反应器，氢化釜，压力罐，热交换器，塔设备，实验室反应釜等。

烟台科立化工设备有限公司
地址：山东省烟台市莱山区莱山工业园隆昌路17号
邮编：264003
电话：0535-6714366
传真：0535-6714388
电子信箱：sales@ytklzk.com
网址：www.ytklzk.com
主要产品或业务范围：高压磁力查封反应釜及各种类型配套控制仪等。

烟台先科仪器有限公司
地址：山东省龙口市黄城怡静街10号
邮编：264006
电话：0535-6116636，6116637
传真：0535-6115889
联系人：孙允华
电子信箱：lkxk@xk-yiqi.com
网址：www.ytxianke.cn
主要产品或业务范围：该公司生产电热恒温干燥箱、培养箱、医用干燥柜、实验室电阻炉、工业电阻炉、大型干燥箱、电热恒温水/油浴锅、超级恒温水/油浴、振荡器、磁力搅拌器等。

淄博宏润工贸有限公司
地址：山东省淄博高新技术开发区兰雁大道3号
邮编：255086
电话：0533-3815055/066
传真：0533-3815033
联系人：岳荣芹
电子信箱：hongrun@hong-run.com
网址：www.hong-run.com
主要产品或业务范围：该公司主要生产开发销售直联式无油空气压缩机、真空泵和医用真空负压机组。

西安泰康生物科技有限公司
地址：陕西省西安市桃园南路西港国际花园6号楼1401室
邮编：710072
电话：029-68840288
传真：029-86125145
电子信箱：sxtaikang@126.com
网址：www.sxtaikang.com
主要产品或业务范围：该公司主营医药、化工、生物制药设备及实验室仪器产品。

艾力特国际贸易有限公司
地址：上海市中山西路800弄55号紫云大厦9楼C座
邮编：200051
电话：021-62297958，62298028，62299622
传真：021-62299650
联系人：陈睿，武建军
电子信箱：sales@alit.com.cn
网址：www.alit.com.cn
主要产品或业务范围：该公司致力于为中国实验室用户提供先进的实验室仪器、技术和实验室理念。

艾拓思实验设备(上海)有限公司
地址：上海市中山西路2025号永升大厦17楼05、06室
邮编：200235
电话：021-64814498，64814428
传真：021-64393402
电子信箱：info@its-science-china.com
网址：www.its-china.com.cn
主要产品或业务范围：该公司是专业经营科学研究仪器设备的大型跨国公司。从事生命科学相关仪器的代理以及提供相应的专业服务。

安倍医疗器械贸易（上海）有限公司
地址：上海市长宁区延安西路1160号505室
邮编：200052
电话：021-62815005
传真：021-62815663
电子信箱：lucy.zhang@mpbio.com
网址：www.mpbio.com
主要产品或业务范围：该公司生产并销售生命科学、精细化学及临床诊断类产品。

奥豪斯国际贸易（上海）有限公司
地址：上海市桂平路471号7号楼6楼
邮编：200233
电话：021-64855408
传真：021-64859748
电子信箱：jiayan.sun@ohaus.com
网址：www.ohaus.com.cn
主要产品或业务范围：该公司专业开发、制造天平及其他衡器产品。

奥豪斯仪器（上海）有限公司
地址：上海市桂平路471号7号楼6楼
邮编：200233
电话：021-64855408
传真：021-64859748
电子信箱：Linyang@ohaus.com
网址：www.ohaus.com
主要产品或业务范围：专业开发与制造天平及其他衡器产品，并遍及实验室、教学、工业以及特殊行业等各种应用领域。

奥然科技有限公司
地址：上海市漕溪路250号银海大厦A1012
邮编：200235
电话：021-64516293，64516297，64516299
传真：021-64516268
电子信箱：service@aoran.cn
网址：www.aoran.cn
主要产品或业务范围：该公司提供专业、优质、实用的实验设备。

百得实验室仪器（苏州）有限公司
地址：上海市延安西路65号国际贵都大酒店办公楼501室
邮编：200040
电话：021-62485589
传真：021-62487786
电子信箱：sherry.zhang@biohitchina.com
网址：www.biohitchina.com
主要产品或业务范围：该公司研发并专业生产移液器。

德国楷孚贸易（上海）有限公司
地址：上海市浦东新区张衡路1000弄润和国际总部园36号楼
邮编：201203
电话：021-68596566，68543554，68543931
传真：021-20252857
电子信箱：info@knf.com.cn
网址：www.knfchina.com.cn
主要产品或业务范围：该公司制造隔膜真空泵、压缩机以及相应系统工业。

德国欧迈仪器设备有限公司
地址：上海市徐汇区浦北路999弄3号24F
邮编：200233
电话：021-54185481，54185434
电子信箱：oumai@china-oumai.com
网址：www.china-oumai.com
主要产品或业务范围：该公司专注于设计、研制高品质实验室仪器。

姑苏净化科技有限公司
地址：上海市田州路159号3号楼3楼全层

邮编：200335
电话：021-52163666
传真：021-52163630
电子信箱：aaa@gusu99.com
网址：www.gusu99.com
主要产品或业务范围：生物安全柜，超净工作台以及其他高效空气净化设备。

贺默（上海）仪器科技有限公司
地址：上海市闵行区中春路7755号615室
邮编：201101
电话：021-34687081
传真：021-34687086
电子信箱：hermle.china@hermle-china.com
网址：www.hermle-china.com
主要产品或业务范围：专业生产离心机。

恒黔科技（上海）有限公司
地址：上海市普陀区桃浦路300号
邮编：200042
电话：021-31339113
传真：021-52759560
电子信箱：hocheck@163.com
网址：www.hocheck-china.com
主要产品或业务范围：盐雾试验箱，高温试验箱，充氮真空烘箱，真空干燥箱，恒温恒湿箱，高低温试验箱，冷热冲击箱，恒温恒湿室，大型老化室；拉力试验机，万能材料试验机，振动试验机，液压式拉力试验机；精密投影仪，影像测量仪等。

皇将科技股份有限公司
地址：上海市普陀区同普路1343弄1号
邮编：200333
电话：021-52703030
传真：021-52696019
联系人：李卫东
电子信箱：weidong.li@cvctechnologies.com
网址：www.cvctechnologies.com
主要产品或业务范围：该公司提供最新极效液相色谱仪。

科尔帕默仪器(上海)有限公司
地址：上海市浦东新区新金桥路27号7号楼2楼
邮编：201206
电话：021-51099909
传真：021-61002126
电子信箱：info@coleparmer.com.cn
网址：www.coleparmer.com.cn
主要产品或业务范围：科学实验室设备。

昆山一恒科学仪器有限公司
地址：上海市共和新路966号共和大厦7楼
邮编：200070
电话：021-56988367
联系人：李霜
主要产品或业务范围：干燥箱、培养箱、恒温恒湿箱、药品箱、水槽、振荡器、电阻炉。

劳达贸易（上海）有限公司
地址：上海市徐汇区中山西路1800号兆丰环球大厦17C
邮编：200235
电话：021-64401098，64401099
传真：021-64400684
联系人：陈欣
电子信箱：info@lauda.cn
网址：www.lauda.cn
主要产品或业务范围：该公司研究、生产提供最新的恒温设备和高品质的检测设备，产品包括加热制冷循环浴、冷却水循环浴、恒温水浴、工业级加热制冷恒温系统、全自动黏度测定仪、表面张力测定仪。

力康生物医疗科技控股有限公司
地址：上海市华山路2号中华企业大厦15楼
邮编：200040
电话：021-62728646
传真：021-62728538
联系人：李先生
电子信箱：Liyong@healforce.com
网址：www.healforce.com
主要产品或业务范围：主要产品有生物安全柜，二氧化碳培养箱，离心机，纯水系统。

林德集团
地址：上海市浦东新区新金桥路27号9号楼
邮编：201206
电话：021-61059888
传真：021-61059777
电子信箱：cscn@linde.com
网址：www.linde.com.cn
主要产品或业务范围：该公司提供气体与工程解决方案。

梅特勒—托利多国际贸易（上海）有限公司
地址：上海市桂平路589号
邮编：200233
电话：021-64850435
传真：021-64853932
电子信箱：ad@mt.com
网址：www.mt.com
主要产品或业务范围：该公司生产电子天平、滴定仪、热分析仪器等实验室产品。

美国迪飞公司上海代表处
地址：上海市中山西路1800号兆丰环球大厦7B室

邮编：200041
电话：021-62186533，64400712，64400711
传真：021-64400960
电子信箱：dpchina@dataphysics.com.cn
网址：www.dataphysics.com
主要产品或业务范围：噪声和振动领域信号处理仪器。

瑞士罗卓尼克上海代表处
地址：上海徐汇区中山西路1800号兆丰环球大厦2B
邮编：200233
电话：021-64403055
传真：021-64403077
电子信箱：sandra@rotronic.cn
网址：www.rotronic.cn
主要产品或业务范围：数字化温湿度传感器，便携式温湿度露点仪表，温湿度记录器，暖通温湿度变送器，工业温湿度变送器，防爆温湿度变送器，气象温湿度传感器，水分活度仪，湿度标准溶液，湿度发生器等。

上百佰尼好科贸有限公司
地址：上海市闵行区吴中路1235号7楼F座
邮编：201103
电话：021-64015162
传真：021-64015163
联系人：周坤
电子信箱：Zhangjueyi0@163.com
网址：www.cn.allforlab.com
主要产品或业务范围：水槽、离心机、凝胶成像系统、马弗炉、干燥浴—加热恒温器、加热套、加热板、培养箱、干燥箱、低温冰箱、超低温冰箱、摇床、旋转混合器、超声波清洗器、分散机、加热/磁力搅拌器、顶置式电子搅拌器和高压灭菌器等通用类实验室仪器。

上海爱斯佩克环境设备有限公司
地址：上海市青浦区华新镇华志路1518号
邮编：201708
电话：021-69791179
传真：021-69791159
电子信箱：Qh-wu@sh-espec.com
网址：www.sh-espec.com
主要产品或业务范围：该公司产品有各类干燥箱、高温试验箱，快速温度变化试验箱，温度振动台试验箱，FPD关联产品，调温调湿箱，恒温恒湿箱，净化试验箱。

上海安亭科学仪器厂
地址：上海市嘉定区安亭镇工业园区园大路400号
邮编：201805
电话：021-59577327，59577885
传真：021-59578850
电子信箱：anke@centrifuge.com.cn
网址：www.centrifuge.com.cn
主要产品或业务范围：该公司专业生产离心机，各类箱子，测定仪，电子天平等。

上海安亭科学仪器有限公司
地址：上海市安亭镇墨玉南路
邮编：201805
电话：021-59577639
联系人：戴建明
主要产品或业务范围：培养箱、干燥箱、恒温恒湿箱、摇床、振荡器、制冰机。

上海昂尼仪器仪表有限公司
地址：上海市永兴路258弄1号楼1203室
邮编：200071
电话：021-51025162
传真：021-51025137
联系人：王雄明
主要产品或业务范围：该公司主要生产各种搅拌器及实验室配套仪器。

上海比奥实业发展有限公司
地址：上海市徐汇区凯旋路3500号华苑大厦1号楼10B室
邮编：200030
电话：021-64810362，64810382，64860288
传真：021-54255969
电子信箱：bioscientific@bio-scienti.com
网址：www.bio-scienti.com
主要产品或业务范围：瑞士阿道夫科耐摇床、IBS细胞培养设备、TPP细胞培养器材、德国SYSTEC高压蒸汽灭菌器、意大利空气采样仪等。

上海博尔康真空电子有限公司
地址：上海市新疆路500号海悦酒店2707室
邮编：200070
电话：021-63800456
传真：021-63804726
电子信箱：sales@boerkang.com
网址：www.boerkang.com
主要产品或业务范围：真空泵。

上海博泰实验设备有限公司
地址：上海市奉贤区泰顺经济开发区
邮编：201405
电话：021-57585258，57583666
传真：021-57582799
电子信箱：webmaster@botai-sh.com
网址：www.botai-sh.com
主要产品或业务范围：培养箱，干燥箱，生化箱等。

上海博迅实业有限公司
地址：上海市中山北路198号申航大厦9楼

邮编：200071
电话：021-56980111
传真：021-56303876
联系人：尤叶海
电子信箱：boxun@boxun.com.cn
网址：www.boxun.com.cn
主要产品或业务范围：蒸馏水器系列，灭菌器系列，干燥箱系列等。

上海驰勋生物科技发展有限公司
地址：上海市安顺路89弄7号浦江大厦708室
邮编：200042
电话：021-52897360，52897362
传真：021-52897361-18
电子信箱：cxsales1@126.com
网址：www.biocleansh.com
主要产品或业务范围：代理德国PolyGen DNA合成仪，瑞士BIOTOOL培养基制备分装仪，俄罗斯BIOSSET DNA合成仪，液基结核集菌制片系统，德国AIVSO细胞分离筛选系统，德国nordantec伏安极谱仪，德国Herlab spot hunter 凝胶切取仪等。

上海道基科学仪器有限公司
地址：上海市中山北路198号1406室
邮编：200071
电话：021-66293226，66293227
传真：021-66293228
电子信箱：dj@lab-yiqi.com
网址：www.lab-yiqi.com
主要产品或业务范围：实验室仪器设备。

上海德卡实验室装备制造有限公司
地址：上海市浦东新区商城路2000号宜嘉商务中心701室
邮编：200135
电话：021-58523132
传真：021-58520485
电子信箱：marketing@techlab.com.cn
网址：www.techlabway.com
主要产品或业务范围：试验台、台面、水气考克配件、储柜、通风柜、通风系统及气路系统设计等。

上海德英真空照明设备有限公司
地址：上海市宝山区同济路131号
邮编：200431
电话：021-65111737
传真：021-55660919
联系人：郭东权
电子信箱：webmaster@sh-deying.com
网址：www.sh-deying.com
主要产品或业务范围：真空泵。

上海菲恰尔分析仪器有限公司
地址：上海市青浦区朱家角工业园区康泰路198号
邮编：201714
电话：021-69839008
联系人：黄秋明
主要产品或业务范围：高低速离心机。

上海福里茨仪器设备有限公司
地址：上海市中山北路1759号浦发广场D座801室
邮编：200061
电话：021-51088536，61392732，61392735
传真：021-61392734
电子信箱：info@fritsch.cn
网址：www.fritsch.cn
主要产品或业务范围：该公司是德国FRITSCH公司在中国大陆地区唯一指定的对FRITSCH公司系列产品进行技术支持和售后的专业性公司；主要从事该公司生产的实验室用研磨机、激光粒度仪、振动筛分机、样品自动进样及分样系统的市场推广工作，同时经销该公司的产品；最新产品有新型大量程激光粒度仪，行星式高能球磨机（加强型）等。

上海福联实业有限公司
地址：上海市翔殷路20号
邮编：200433
电话：021-55083676，55084618
传真：021-55083676
联系人：刘海潮
电子信箱：fulian@vip.citiz.net
网址：www.shfulian.com
主要产品或业务范围：精密光学隔振平台及附件。

上海福玛实验设备有限公司
地址：上海市中山北路831弄4号17楼
邮编：200070
电话：021-66601386
传真：021-66601386-1002
电子信箱：fuma@sh163.net
网址：www.shfuma.com
主要产品或业务范围：二氧化碳培养箱、生化培养箱、真空干燥箱、电热恒温培养箱、恒温摇床等系列。

上海复旦天威科技有限公司
地址：上海市杨浦区军工路1300号（赛特工业园）东六楼
邮编：200433
电话：021-61205286
传真：021-61205286-802，61205277
电子信箱：fudantianwei@163.com
网址：www.fdtw.net
主要产品或业务范围：该公司致力于医用生物材料、诊断试剂、医疗器械设备的研发、生产和销售。

上海复宏机电有限公司
地址：上海市虹口区赤峰路630号201室
邮编：200083
电话：021-55392859
传真：021-55398126
联系人：徐恺
电子信箱：fusion_xk@126.com
网址：www.fugrand.com
主要产品或业务范围：该公司专业生产无油空气压缩机。

上海高鸽工贸有限公司
地址：上海市普陀区交通路1461弄61号
邮编：200065
电话：021-56080951，66102060
传真：021-56536388
联系人：高新
电子信箱：gaoge@sh-gaoge.com
网址：www.sh-gaoge.com
主要产品或业务范围：公司产品有相系列、液相系列、锁紧头系列、阀门型系列、气密性系列、针尖可换型系列、推杆加长型系列、针尖锥形系列、自动进样型系列、大容量型系列。

上海高昱测试仪器设备有限公司
地址：上海市嘉定区黄渡镇联西路71号
邮编：200804
电话：021-54174860
传真：021-69591006
电子信箱：ben_33@163.com
网址：www.gaoyutest.com
主要产品或业务范围：可编程序高低温箱，恒温恒湿箱，老化箱。

上海光都仪器设备有限公司
地址：上海市浦东新区向城路19号21D
邮编：200120
电话：021-56469820
传真：021-56469820
联系人：李忠华
电子信箱：guangdujd@163.com
网址：www.guangdu.cn
主要产品或业务范围：电热恒温鼓风干燥箱系列，真空干燥箱系列，电热恒温水槽水浴系列，生化、光照培养箱系列，净化工作台系列。

上海和泰仪器有限公司
地址：上海市松江区新桥镇泗砖南路255弄名企公馆113号和泰大厦
邮编：201612
电话：021-66081800
传真：021-57795003
电子信箱：simon@high-tech.cn
网址：www.high-tech.cn
主要产品或业务范围：该公司专业从事超纯水设备技术研发与开发。

上海贺德实验设备有限公司
地址：上海市闸北路306～308号
邮编：200070
电话：021-66543512
联系人：倪雯
主要产品或业务范围：生化、霉菌、恒温恒湿、光照、人工气候箱、二氧化碳箱、厌氧培养箱、净化工作台、电热隔水培养箱、干燥箱。

上海恒奇仪器仪表有限公司
地址：上海市长宁区金钟路658弄1号甲4层
邮编：200335
电话：021-51693889
传真：021-61304216
电子信箱：fhr@hq17.com
网址：www.hq17.com
主要产品或业务范围：专业从事实验室仪器，试剂，耗材和环保水质测试仪器销售服务。

上海衡平仪器仪表厂
地址：上海市零凌路231号
邮编：200032
电话：021-64167716
传真：021-64170061
联系人：王南丁
电子信箱：infocnshp@sina.com
主要产品或业务范围：全自动表面张力仪、高低温恒温槽、数显黏度计、沉降式颗粒测定仪、电子分析天平。

上海宏泽试验设备有限公司
地址：上海市周家嘴路1220号众和金融大厦2107室
邮编：200082
电话：021-65370562
传真：021-65865280
主要产品或业务范围：生产高、低温试验箱，湿热试验箱，快速温度变化试验箱，盐雾腐蚀试验箱，大型盐雾试验室，光热老化试验箱，大型老化试验箱，电热鼓风干燥箱等。

上海洪旋实验仪器有限公司
地址：上海市长宁区仙霞西路77弄1号
邮编：200335
电话：021-64964247，13916876712
传真：021-62399827
联系人：周邵丽
电子信箱：Shhongxuan@163.com

网址：www.shhongxuan.cn
主要产品或业务范围：该公司主要生产经销旋转蒸发器等一系列实验仪器。

上海沪西分析仪器厂有限公司
地址：上海市嘉定区顺达路300弄66号
邮编：201802
电话：021-59788070，59789632，62396112，52182348
传真：021-59789571
电子信箱：shhuxi@bsbsc.com
网址：www.shhuxi.com
主要产品或业务范围：该公司有层析仪、检测仪、收集器、恒流泵、层析柱、梯度仪、漩涡混合仪、磁力搅拌器、旋转蒸发器、纯水蒸馏器十大系列八十多种型号的产品。

上海汇析精密仪器有限公司
地址：上海市镇坪路48弄5号506室(近石泉路)
邮编：200061
电话：021-52928105
传真：021-52910152
电子信箱：manager@huixi365.com
网址：www.huixi365.com
主要产品或业务范围：电子天平，干燥箱，电化学分析仪器等实验室仪器。

上海慧驰机电有限公司
地址：上海市新同心路318号综合楼409室
邮编：200083
电话：021-56656877，66529821
传真：021-66529821
电子信箱：sales@wispump.com
网址：www.wispump.com
主要产品或业务范围：该公司有无油空气压缩机及无油真空泵的核心技术。

上海慧杰科技发展有限公司
地址：上海市徐汇区田林路219号测试楼1～3楼
邮编：200233
电话：021-64851967，64852187，64853727
传真：021-64852187-230
电子信箱：huijie@163.com
网址：www.huijie17.com
主要产品或业务范围：各种品牌实验室分析仪器及耗品。

上海吉容塑料科技有限公司
地址：上海市闵行区莲花南路1288弄34号202室
邮编：201108
电话：021-60526957
传真：021-67106044
联系人：孟红光
电子信箱：merrym@defensorcase.com
网址：www.defensorcase.com
主要产品或业务范围：主要产品有安全防护箱。

上海吉泰生物科技有限公司
地址：上海市田林路140号28号楼1F
邮编：200233
电话：021-33676611
传真：021-33676258
网址：www.genetimes.com.cn
主要产品或业务范围：离心机、移液器、涡旋器等。

上海技因城生物科技有限公司
地址：上海市徐汇区高邮路5弄17号103
邮编：300031
电话：021-64375809
传真：021-33689002
联系人：李舜玉
电子信箱：13636386922@139.com
网址：www.bio-gcs.com
主要产品或业务范围：该公司是一家专业从事细胞培养耗材、细胞生物学试剂、免疫及实验室常用检测试剂销售的企业。

上海佳语科学仪器有限公司
地址：上海市嘉宁区外钱公路1288号
邮编：201806
电话：021-39003706
传真：021-39003325
联系人：慕容
电子信箱：jiayuyiqi@sina.com
网址：www.welcome-jiayu.com
主要产品或业务范围：该公司专业生产恒温恒湿箱、药品稳定性试验箱、高低温试验箱等。

上海简户仪器设备有限公司
地址：上海市闵行经济技术开发区昆阳路51号
邮编：200245
电话：021-51104093，51104095，51104094，51104061
传真：021-51104038
电子信箱：jianhuxie@126.com
网址：www.shjianhu.com
主要产品或业务范围：盐雾箱、恒温恒湿机、冷热冲击机、振动试验机、跌落试验机的环境试验仪器。

上海杰晟科学仪器有限公司
地址：上海市西藏南路765号2201室
邮编：200011
电话：021-63457217
传真：021-63456090
联系人：徐琨
电子信箱：xukun@sh17.com

网址：www.sh17.com
主要产品或业务范围：销售实验室仪器的专业公司，代理和销售众多品牌的产品。

上海锦凯科学仪器有限公司
地址：上海市和田路288弄2号底楼
邮编：200070
电话：021-66281342
传真：021-66282034
联系人：金曙光
电子信箱：jinkai@jinkai-sh.com
网址：www.jinkai-sh.com
主要产品或业务范围：干燥箱系列，水槽系列，电炉系列等产品。

上海锦欣物资贸易有限公司
地址：上海市杨浦区民京路853号1号楼4楼
邮编：200438
电话：021-65051960
传真：021-55492980
联系人：盛伟民
电子信箱：shanghaijinxin@yahoo.cn
网址：www.jinxin-wumao.cn
主要产品或业务范围：该公司主要产品有全无油系列空气压缩机及冷冻式水气分离机。

上海精宏实验设备有限公司
地址：上海市永和路398号905～909室
邮编：200072
电话：021-61072078，61072075，61072082
传真：021-61072081，61072072
联系人：鲍建锋
电子信箱：Jinghong_sh@163.com
网址：www.jinghngsh.com
主要产品或业务范围：该公司有DHG系列鼓风干燥箱、DNP恒温培养箱、DNF系列真空干燥箱和DK系列恒温水槽四大类产品。

上海精科天美贸易有限公司
地址：上海市松江区新桥镇民强路227号A幢
邮编：201612
电话：021-37018008
传真：021-64755042
电子信箱：duweihui@spsic-techcomp.com
网址：www.jktm.cn
主要产品或业务范围：主要产品有电子天平、机械天平、热分析仪器、黏度计、水分测定仪等。

上海精密科学仪器有限公司
地址：上海市苍梧路7号
邮编：200233
电话：8008206400
传真：021-64515455
联系人：叶鸿美，黄东杰
电子信箱：djhuang@spisc.com
网址：www.spsic.com
主要产品或业务范围：主要产品有分析仪器、电化学仪器、物理光学仪器、天平仪器、土壤测试专用仪器系统、建筑装潢室内环境污染监测系统、果蔬农药残毒监测系统、水质监测系统和大气质量自动监测系统。

上海精天电子仪器有限公司
地址：上海市漕河泾新兴技术开发区钦州北路1198号
邮编：200233
电话：021-64854520
传真：021-64854070
电子信箱：sh_jingtian@yahoo.com.cn
网址：www.shijingtian.com
主要产品或业务范围：精密电子天平、黏度计。

上海科恒实业发展有限公司
地址：上海市鑫都路2688弄12号1201室
电话：13918599973
传真：021-54942310
联系人：孙金祥
网址：www.shanghaikeheng.com
主要产品或业务范围：该公司生产医疗器械、实验仪器。

上海蓝豹实验仪器有限公司
地址：上海市共和新路966号共和大厦7楼
邮编：200070
电话：021-56976785，56975913
传真：021-56636038
电子信箱：bluepard@yihengyiqi.com
网址：www.blue-pard.com
主要产品或业务范围：该公司主要生产经营干燥箱、培养箱、水槽、环境试验箱等实验室产品和医疗器械产品。

上海琅玕实验设备有限公司
地址：上海市浦东新区（南汇）大团镇三墩洪通路9号
邮编：201312
电话：021-58233752
联系人：施永兵
主要产品或业务范围：生化、霉菌、光照、恒温、二氧化碳培养箱、蒸馏水器、鼓风干燥箱、真空干燥箱。

上海里万光电环保设备有限公司
地址：上海市繁荣工业区沈梅路66号
邮编：201318
电话：021-68189585，68066906
传真：021-68189323
电子信箱：sales@shlws.com.cn

网址：www.shlws.com.cn
主要产品或业务范围：离心机，显微镜。

上海摩勒科学仪器有限公司
地址：上海市宝山区菊太路1198弄20栋102室
邮编：201105
电话：021-64583797
传真：021-54479367
电子信箱：mbmol@126.com
网址：www.molecular.cn
主要产品或业务范围：主要产品有摩尔分析型超纯水器，摩尔元素型超纯水器，摩尔细胞型超纯水器，摩尔基因型超纯水器，摩尔生化型纯水器，摩尔实验室中央超纯水系统。

上海南荣实验室设备有限公司
地址：上海市共和新路288号（海鸥康恒大厦）709室
邮编：200070
电话：021-32231391，32231392
传真：021-32231392
电子信箱：shnanrong@163.com
网址：www.nanrong.net
主要产品或业务范围：恒温摇床、生化培养箱、电热恒温培养箱等系列产品。

上海利鑫坚离心机有限公司
地址：上海市奉贤区奉城镇奉苗公路828号
邮编：201411
电话：021-57169908，57169938
传真：021-57169968
电子信箱：lxj@shlxj.com.cn
网址：www.shlxj.com.cn，www.shlxj.cn
主要产品或业务范围：该公司专业生产低速，高速以及冷冻离心机。

上海联曼实业有限公司
地址：上海市沪闵路7866号莲花国际广场7号楼601室
邮编：200233
电话：021-54262077，54262078，54260190
传真：021-64950196
电子信箱：info@lianman.com
网址：www.lianman.com
主要产品或业务范围：该公司是一家专业代理进口实验室仪器及通用耗材类的公司；主要产品有工业天平，全自动熔点仪，恒温恒湿箱，恒温/生化培养箱，自动黏度测定仪，旋转式黏度计，便携式黏度计，高温灭菌锅，电子上皿天平，通用离心机等。

上海良平仪器仪表有限公司
地址：上海市静安区余姚路19号
邮编：200040
电话：021-62726298，32170280
传真：021-62550606
电子信箱：1213459588@qq.com
网址：www.sh-liangping.com
主要产品或业务范围：该公司是一家专业研制，开发和生产各类天平仪器的生产企业。

上海卢湘仪离心机仪器有限公司
地址：上海市沪南路4390弄9号
邮编：201318
电话：021-68113422
传真：021-51316027
联系人：李桂梅
电子信箱：shlxylxjgs@163.com
网址：www.lxylxj.com
主要产品或业务范围：该公司生产高速冷冻离心机、大容量冷冻离心机、高速离心机、低速离心机四大系列的实验室仪器。

上海梅颖浦仪器仪表制造有限公司
地址：上海市徐汇区龙吴路2710号
邮编：200231
电话：021-34621051
传真：021-34622176
电子信箱：shmyp@126.com
网址：www.myp17.com
主要产品或业务范围：该公司专业生产驰久牌磁力、电动搅拌器及它们的驱动力——无刷直流电机。

上海欧锐仪器设备有限公司
地址：上海市虹梅南路1507号2幢301室
邮编：200237
电话：021-34080019转802-806
传真：021-54282208
联系人：杜传学
电子信箱：duchuanxue@163.com
网址：www.sh-ourui.com
主要产品或业务范围：专业生产和出口精密仪器的厂家，产品有全自动精密快速智能量热仪，自动快速量热仪，一体化精密智能汉字测硫仪，黏结指数测定仪，智能温控一体化马弗炉，微机灰熔点测定仪，电热鼓风干燥箱，X荧光钙铁分析仪，水分测定仪，电子分析天平等。

上海培清科技有限公司
地址：上海市杨浦区军工路1436号五维空间创意园商务楼203室
邮编：200433
电话：021-61470218
联系人：秦健
主要产品或业务范围：凝胶成像分析系统、电泳系列、紫外分析仪、恒温金属浴。

上海培因实验仪器有限公司
地址：上海市华池路58弄1号712室
邮编：200065
电话：021-52045702
传真：021-52045703
联系人：魏星
电子信箱：pysyyq@163.com
网址：www.pysyyq.cn
主要产品或业务范围：公司生产干燥箱、培养箱、水槽、生化、低温循环及各类环境设备等系列产品。

上海浦春计量仪器有限公司
地址：上海市松江区高科技园区寅青路661号
邮编：201600
电话：021-37775548
传真：021-37775546
电子信箱：huaxing@cxhuaxing.com
网址：www.shpuchun.com
主要产品或业务范围：专业生产JPT系列架盘天平等教学仪器、JY系列多功能电子天平、JY系列精密电子天平、标准砝码等。

上海浦东荣丰科学仪器有限公司
地址：上海市北京东路288弄20号后门
邮编：200002
电话：021-63239695
传真：021-63611057
电子信箱：13693305198@163.com
主要产品或业务范围：专业实验室仪器制造商。

上海浦东物理光学仪器销售部
地址：上海市周家嘴路1220弄2号809室
邮编：200082
电话：021-65850191
联系人：周建萍
主要产品或业务范围：旋光仪、显微镜、阿贝、熔点仪、浊度计、数粒仪、振荡器、搅拌器、水浴锅、离心机。

上海浦信真空泵制造有限公司
地址：上海市共康路649弄11号
邮编：200443
电话：021-56470796，15721153114
传真：021-56470796
电子信箱：pxpump@126.com
网址：www.px-pump.com
主要产品或业务范围：旋片式2X系列，2XZ系列，XD单级旋片系列，水环式真空泵，SZ,SK,2SK系列，ZJ罗茨真空泵系列及JZJX，JZJS系列真空机组等。

上海普渡生化科技有限公司
地址：上海市徐汇区龙吴路2715号2A楼
邮编：200213
电话：021-34622578，34622445，34621695
传真：021-34621694
联系人：李宏杰
电子信箱：sales@puredu.com
网址：www.puredu.com
主要产品或业务范围：旋转蒸发器仪（器），模组化集成反应装置，玻璃反应釜，高压不锈钢反应釜，循环水真空泵，旋片式真空泵，低温冷却液循环泵，低温反应浴（槽），集热式磁力搅拌器，电动搅拌器，水（油）浴锅，电热套，玻璃仪器气流烘干器，超声波清洗器，玻璃实验仪器等。

上海齐心科学仪器有限公司
地址：上海市四平路775弄天宝华庭1号楼1408室
邮编：200092
电话：021-65754917
传真：021-65754923
联系人：冯晓江
电子信箱：keelrein@keelrin.com
网址：www.keelrein.com
主要产品或业务范围：该公司主要产品有生化培养箱、二氧化碳培养箱、光照培养箱、人工气候箱、霉菌培养箱、恒温恒湿箱、各种鼓风干燥箱、真空干燥箱、电热恒温培养箱、水槽等。

上海青浦沪西仪器厂
地址：上海市青浦区徐泾开发区蟠龙路465号
邮编：201702
电话：021-59764949，69768715
传真：021-69768713
联系人：朱贤芳
电子信箱：sales@qphuxi.com
网址：www.qphuxi.com
主要产品或业务范围：该公司生产各类生化、理化、医疗、光学分析等实验室仪器。

上海清锐检测仪器贸易有限公司
地址：上海市杨浦区眉州路381号1112室
邮编：200090
电话：021-65201012
传真：021-65201013
电子信箱：qingrui888@Gmail.com
网址：www.qingrui.net
主要产品或业务范围：该公司为专业生产超声波测厚、涂镀层测厚、防腐检漏及红外线检测仪器厂家，为产销一体的商贸公司。

上海人和科学仪器有限公司
地址：上海市漕河泾新兴技术开发区虹漕路39号怡虹科技园区B座4楼

邮编：200233
电话：4008200117，021-64850099
传真：021-64857990
电子信箱：info@renhesci.com
网址：www.renhe.net
主要产品或业务范围：天平，滴定仪，水分仪，黏度计，搅拌器，烘箱，色差计，分光光度计，色谱等。

上海荣泰生化工程有限公司
地址：上海市松江区曹农路255号8幢
邮编：201702
电话：021-64061767
传真：021-59882370
电子信箱：lucyfeng@rt-bio.com
网址：www.rt-bio.com
主要产品或业务范围：该公司产品有移液器、加液器、离心机、进样器等多种仪器。

上海瑞视仪表电子有限公司
地址：上海市松江区泗砖南路255弄54幢118号
邮编：201612
电话：021-67871955，54425984
传真：021-54865118
电子信箱：rvis@rvissensors.com
网址：www.rvissensors.com
主要产品或业务范围：振动速度传感器、电涡流/转速传感器/速度瓦（壳）振及系统校验仪、速度振动传感器、静态位移校验仪，盘装仪表，水轮发电机组状态监测仪表以及大型旋转机械设备故障分析诊断系统。

上海三发科学仪器有限公司
地址：上海市浦东高科西路2847弄14号302室
邮编：201204
电话：021-58916418
联系人：陈纯平
主要产品或业务范围：干燥、生化、霉菌恒温设备、血液保存设备。

上海森信实验仪器有限公司
地址：上海市嘉定区安亭新源路66弄21号706室
邮编：201805
电话：021-39197370
联系人：白燕
主要产品或业务范围：鼓风、真空干燥箱、恒温水槽、电热、隔水、生化培养箱、水浴、油浴箱。

上海山富科学仪器有限公司
地址：上海市曲阳路851号弄沪办大厦9号楼506室
邮编：200437
电话：021-65550736
传真：021-65522489
联系人：张文博
电子信箱：info@shbiotech.com，sales@shbiotech.com
网址：www.shbiotech.com，www.biotop-china.com
主要产品或业务范围：公司产品包括全系列凝胶成像系统，PCR仪，各类紫外透照台以及新研制的用于细胞培养的低速磁力搅拌器，臭氧灭菌设备。

上海申生科技有限公司
地址：上海市中山南一路1065号2203室
邮编：200235
电话：021-63040661
传真：021-63028734
电子信箱：web@senco.cc
网址：www.senco.cc
主要产品或业务范围：该公司主要产品线包括旋转蒸发器、玻璃反应器、恒温浴锅及恒速搅拌器。

上海申顺生物科技有限公司
地址：上海市北京西路1720号409室
邮编：200040
电话：021-62530580
传真：021-85105520
电子信箱：shenco@sina.com
主要产品或业务范围：旋转蒸发器，变频反应釜。

上海申贤恒温设备厂
地址：上海市化学工业B区风梿路1601号
邮编：201417
电话：021-57456581
传真：021-57456581
联系人：何宪丽
电子信箱：shshenxian@yahoo.com.cn
网址：www.shenxianhengwen.com
主要产品或业务范围：该公司专业致力于研发、生产各类适用于医用、电子、科技、食品、制药、化工行业实验分析设备。

上海声彦超声波仪器有限公司
地址：上海市松江区九亭镇久富开发区易富路998号
邮编：201615
电话：021-67627256
传真：021-67691293-603
电子信箱：fb1105@163.com
网址：www.sycsb.com
主要产品或业务范围：该公司产品有各类超声波清洗设备、超声波细胞粉碎设备、超声波焊接设备、超声波恒温水浴设备、超声波测厚仪设备等。

上海实研电炉有限公司
地址：上海市松江区玉佳路26号
邮编：201600

电话：021-57715880，57812165
传真：021-67727818
联系人：丁稼丰
电子信箱：ding.jiafeng@163.com
网址：www.choy.sh.cn
主要产品或业务范围：公司产品有实验室电炉、中频电炉、工业电炉、烘箱等。

上海实验仪器厂有限公司
地址：上海市天山路18号10F
邮编：200336
电话：021-62904358
传真：021-62907444
联系人：朱荣良
电子信箱：syscb@shshiyan.com
网址：www.shshiyan.com
主要产品或业务范围：模拟气候环境试验设备：试验箱、培养箱、恒温器、干燥箱及其他产品共40多个品种、200多种规格。

上海世平实验设备有限公司
地址：上海市奉贤区金轩路8号
邮编：201400
电话：021-57420789
传真：021-57421969
电子信箱：shiping600@sina.com
网址：www.sh-pingyun.com
主要产品或业务范围：专门从事实验室设备的生产制造。

上海市离心机械研究所有限公司
地址：上海市龙吴路1590号
邮编：200231
电话：021-54096009
传真：021-54613278
电子信箱：scisales@126.com
网址：www.csci.com.cn
主要产品或业务范围：冷冻离心机、高速离心机、大容量离心机、管式离心机。

上海市通用机械技术研究所
地址：上海市宝山城市工业园区丰翔路1919号
邮编：200431
电话：021-62131032
传真：021-62525577
电子信箱：113@srigm.com
网址：www.srigm.com
主要产品或业务范围：真空测量及控制仪器、电阻真空计、热偶真空计、复合真空计、压力控制仪、卤素检漏仪、可调漏率标准器、压阻真空计、多路自动巡回电阻真空计、真空校准装置、冷冻空调测试装置、冷水机组、各类特种阀门、充放回收装置等。

上海市益化真空设备有限公司
地址：上海市浦东新区西营南路68号
邮编：200126
电话：021-56957327，18930443722
传真：021-58422243
电子信箱：shyhby@126.com
网址：www.shyhby.cn
主要产品或业务范围：真空泵，真空机组，真空测量。

上海首昌国际贸易有限公司
地址：上海市长宁区平武路38号405室
邮编：200052
电话：021-62264826
传真：021-52551281
电子信箱：sales2@sh-greatech.com
网址：www.jusun.com.cn
主要产品或业务范围：主要从事质量检测、环境保护、工业安全仪器设备的推行及相关设备的销售。

上海思百吉仪器系统有限公司
地址：上海市徐汇区田州路99号新安大楼13号楼201室
邮编：200233
电话：021-61133667
传真：021-61133670
电子信箱：shliu@bksv.com.cn
网址：www.bksv.cn
主要产品或业务范围：该公司是丹麦B＆K公司中国公司，专业从事声学、振动测试及分析仪器的研究、开发和制造。产品包括声学和振动传感器、声学和振动分析设备、声学和振动传感器校准系统。

上海思尔达科学仪器有限公司
地址：上海市闵行区曹行澄建路20号
邮编：201108
电话：021-64925147，64926506，33504401，33504402
传真：021-64926506-813
电子信箱：srdgs@163.com
网址：www.srdcn.cn
主要产品或业务范围：专门生产用于聚酯、聚氯乙烯等高分子材料的特性黏度测试的具有0.01℃综合精度的精密恒温槽。

上海苏坤实业有限公司
地址：上海市金山区漕泾镇阮巷明华路3006号
邮编：201507
电话：021-67258121
传真：021-67258123
电子信箱：guweihai1213@126.com
网址：www.shsukun.com
主要产品或业务范围：该公司专业致力于研发、生产高品质的现代化实验室设备。

上海台雄工程配套设备有限公司
地址：上海市古方路18号南方商务大厦1101室
邮编：201102
电话：021-34120616，34120618
传真：021-34120568
电子信箱：marketing@sanchina.com.cn
网址：www.sanchina.com.cn
主要产品或业务范围：该公司是实验室和安防领域的专业供应商，产品包括实验台面（美国）都抗板、（台雄）化验水龙头、气体考克、万向抽气罩、滴水架、PP水槽等。

上海泰恒科学仪器有限公司
地址：上海市中山北路198号申航大厦1409室
邮编：200071
电话：021-56724938
传真：021-56307257
联系人：汪健华
电子信箱：taihengsh@yahoo.com.cn
网址：www.shtaiheng.instrument.com.cn
主要产品或业务范围：烘箱、培养箱、加热板等。

上海天呈实验仪器制造有限公司
地址：上海市奉贤区庄行镇庄良路1738号
邮编：201415
电话：021-57463118
传真：021-57463830
联系人：何国建
电子信箱：tensuc@163.com
网址：www.tensuc.com
主要产品或业务范围：该公司专业生产恒温振荡器，平行合成仪，冷冻离心浓缩仪，净化台等实验仪器。

上海托莫斯科学仪器有限公司
地址：上海市宝山区共富路32号401室
邮编：201906
电话：021-56038429
传真：021-56038430
电子信箱：cn@tomosgroup.com
网址：www.tomosgroup.com
主要产品或业务范围：单道移液器，多道移液器，小型离心机，恒温金属浴，酶标孵育器等。

上海香科仪器贸易有限公司
地址：上海市静安区武定西路1189号静安律德大厦213室
邮编：200042
电话：021-62482113，62486170
传真：021-62480647
电子信箱：shanghai@chescientific.com
网址：www.chescientific.com
主要产品或业务范围：国外产品有金属硬度计，黏度计及流变仪，电热高温炉，测力计（推力及拉力），电子温度计，压力计，张力计，熔融流动指数测试仪，数字式涂层厚度计，负荷计，荷重传感器，材料测试设备，体视、金相、工具测量显微镜，电热恒温干燥箱、培养箱、水浴箱，压力仪表、开关、控制器，指示仪表、信号转换器、计时计数仪表，温湿度测量仪、记录仪、温度计，频闪仪、转速计，电子天平，紫外光灯、紫外鉴证光箱、紫外线强度计，光电控制器，循环水浴箱、温度校正器，测温贴纸、温度测试用品，酸碱度计及水质分析仪，扭力（转矩）测量仪器及工具。

上海新苗医疗器械制造有限公司
地址：上海市嘉定区曹安公路4188号2号楼
邮编：201804
电话：021-69110000
联系人：王东
主要产品或业务范围：厌氧培养箱、二氧化碳细胞培养箱、干燥箱、摇床、净化工作台、超声波清洗器。

上海雅程仪器设备有限公司
地址：上海市松江区玉秀路86号
邮编：201600
电话：021-51082915
传真：021-51069385
联系人：邵锦华
电子信箱：sales@pilotplant.cn
网址：www.pilotplant.cn
主要产品或业务范围：该公司产品有实验型喷雾干燥机、微型实验室超高温杀菌机、试验型多功能提取浓缩回收机组、实验室微型压片机、实验室微型饮料PET灌装机、小型纯水机组、实验型均质机和实验室乳品饮料小试中试生产线等。

上海雅荣生化设备仪器有限公司
地址：上海市宝山区亭卫公路9299弄33号
邮编：201505
电话：021-66121468
联系人：朱有文
主要产品或业务范围：旋转蒸发器、玻璃反应釜、双蒸水器、玻璃仪器。

上海雅谭真空设备有限公司
地址：上海市虹口区曲阳路650号107室
邮编：200092
电话：021-65879966
联系人：谭波
主要产品或业务范围：真空设备。

上海亚荣生化仪器厂
地址：上海市闵行区都会路2338号82幢
邮编：201109
电话：021-62835169

传真：021-62947810
电子信箱：yarong@shcei.com.cn
网址：www.shyarong.com
主要产品或业务范围：SY系列高温旋转蒸发器，RE系列水温旋转蒸发器，自动纯水蒸馏器等产品。

上海阳光实验仪器有限公司

地址：上海市西藏南路1407号7号楼213室
邮编：200011
电话：021-53077950
传真：021-63163893
电子信箱：marketing@shygsy.com.cn
主要产品或业务范围：该公司主要生产干燥箱、烘箱、培养箱、净化工作台等实验室仪器设备。

上海一恒科学仪器有限公司

地址：上海市闸北区共和新路966号7楼
邮编：200070
电话：021-56904023
传真：021-56319387
电子信箱：yihengyiqi@163.com
网址：www.yihengyiqi.com
主要产品或业务范围：主要产品有干燥箱系列、培养箱系列、水槽系列、振荡系列、环境试验箱系列、医疗器械系列等。

上海伊瑞生物科技仪器有限公司

地址：上海市嘉定区顺达路300弄20号5层
邮编：201802
电话：021-62325985
传真：021-62321785
联系人：王萧琦
电子信箱：sales@eraybio.com
网址：www.eraybio.com
主要产品或业务范围：电泳仪、电泳槽、核酸蛋白检测仪、紫外检测仪、恒流泵。

上海豫康科教仪器设备有限公司

地址：上海市宝山区南蕰藻路1201弄81号
邮编：200435
电话：021-56470426
传真：021-56470425
电子信箱：Yukangyiqi@126.com
网址：www.sh-yukang.com
主要产品或业务范围：循环水式真空泵、低温循环泵、旋转蒸发器、气流烘干、数显直流无级调速搅拌、数显小型真空干燥箱、电热套、磁力加热搅拌器、水浴锅系列、升降台等。

上海跃进医疗器械有限公司

地址：上海市共和新路3088弄祥腾财富广场2号楼807室
邮编：200072
电话：021-66532055，66531575
传真：021-66531326
联系人：汤灵杰
电子信箱：info@hengzi.com
网址：www.hengzi.com
主要产品或业务范围：该公司生产各类医用培养箱、干燥箱、生化仪器和热工仪器等设备。

上海越平科学仪器有限公司

地址：上海市徐汇区黄石路27号
邮编：215128
电话：0512-66878733
传真：0512-66878589
联系人：朱康明
电子信箱：Zkm@shyueping.com
网址：www.shyueping.com.cn
主要产品或业务范围：该公司专业制造各类电子天平、机械天平、扭力天平和科研实验室仪器。

上海增达环境试验设备有限公司

地址：上海市嘉定区金宝工业园区宝园七路158号
邮编：201812
电话：021-69132242
传真：021-69136596
电子信箱：hyp@zengda.com
网址：www.zengda.com
主要产品或业务范围：恒定湿度试验箱，高、低温试验箱，超低温试验箱，高低温交变湿热试验箱，高温恒温试验箱，步入式恒温恒湿室，盐雾腐蚀试验箱，低温恒温槽，氙灯耐气候试验箱，砂尘试验箱，冲击试验箱，温度快速变化试验箱等。

上海之信仪器有限公司

地址：上海市松江区南乐路1276弄115号4号楼5楼
邮编：211611
电话：021-57600826，57618616
传真：021-51510616
联系人：黄道兴
电子信箱：zhx@zhisun.com
网址：www.zhisun.com
主要产品或业务范围：该公司拥有超声波清洗机系列、超声波细胞粉碎机系列、蠕动泵系列、均质器系列、真空泵和振动切片机等生化实验仪器成熟技术。

上海知楚仪器有限公司

地址：上海市闵行区虹梅南路3609号第2幢2层西里
邮编：201100
电话：021-34531721
传真：021-34531722
电子信箱：shzhichu@163.com

网址：www.shzhichu.com
主要产品或业务范围：各类恒温箱、全温振荡培养箱及水浴摇床。

上海智城分析仪器制造有限公司
地址：上海市奉贤区南桥环城西路2222号
邮编：201400
电话：021-57189528
传真：021-57189408
电子信箱：sxshen@zhicheng.net
网址：www.zhichengyq.com
主要产品或业务范围：恒温培养振荡器、生物安全柜、超净工作台、生化培养箱等产品。

施都凯仪器设备（上海）有限公司
地址：上海市嘉定区马陆镇丰登路615弄1号楼2层
邮编：201801
电话：021-59906957/6901
传真：021-59906967
电子信箱：Stikliuhong@yahoo.cn
网址：www.stik.cn
主要产品或业务范围：主要产品有培养箱系列、恒温箱系列、干燥箱、低温槽、恒温槽、振荡器、低温恒温水循环装置、搅拌器、冷冻干燥机、浓缩装置、消毒灭菌、超低温箱、环境试验设备等。

烨荣精密设备（南通）有限公司
地址：上海市长宁区中山西路179号11楼I～L座
邮编：200051
电话：021-52729135
传真：021-52727557
电子信箱：Wangyunfeng198639@126.com
网址：www.lab-friend.com
主要产品或业务范围：该公司主营烘箱、培养箱。

艺达思贸易（上海）有限公司
地址：上海市长宁路1027号兆丰广场3502室
邮编：200050
电话：021-52415599
传真：021-52418333/8339
电子信箱：ashen@idexcorp.com
网址：www.gasthk.com
主要产品或业务范围：空气压缩机和真空泵、旋涡式鼓风机、防爆气动马达、真空发生器。

成都南光机器有限公司
地址：四川省成都市经济技术开发区星光西路115号
邮编：610100
电话：028-84848038
传真：028-84848103
电子信箱：zouhang@rankuum.com
网址：www.rankuum.com
主要产品或业务范围：真空获得设备和真空镀膜设备。

成都天宇试验设备有限公司
地址：四川省成都市武侯科技园武兴2路6号
邮编：610045
电话：028-85361108
传真：028-85363634
网址：www.cdtianyu.cn
主要产品或业务范围：各种型号热风循环箱系列、鼓风干燥箱系列。

成都威特南光真空科技有限公司
地址：四川省成都市蛟龙工业港双流园区新川藏路6座
邮编：610200
电话：028-85730038
传真：028-85730419
电子信箱：lbg@wtkj.com
网址：www.wtkj.com
主要产品或业务范围：各种真空镀膜设备。

成都西沃克真空科技有限公司
地址：四川省成都市成都蛟龙工业港双流园区东海路66座
邮编：610200
电话：028-85739698，85739677
传真：028-85739698，85739676
电子信箱：cvac1962@163.com
网址：www.c-vac.cn
主要产品或业务范围：箱式真空镀膜机，磁控溅射镀膜机，真空机组等。

成都现代南光真空设备有限公司
地址：四川省成都市新都工业开发区新力路
邮编：610500
电话：028-83965989，83932632
传真：028-83965896
电子信箱：cdxdng@163.com
网址：www.xdng.com
主要产品或业务范围：该公司生产真空获得及应用设备，微电子设备。

四川诚邦测控技术有限公司
地址：四川省成都市蛟龙工业港双流园区双巷路50号
邮编：610200
电话：028-85737373
传真：028-85951801-816
电子信箱：cb@chengbang.cn
网址：www.chengbang.cn
主要产品或业务范围：扭矩测量仪器、发动机测试仪器、各种压力变送器、温度传感器、流量仪表、电量变送器及实验室仪器成套。

四川蜀科仪器有限公司
地址：四川省成都市青羊区蛟龙工业港高新区B区15座
邮编：610092
电话：028-61981289，61981396
电子信箱：shuke@sklxj.com
网址：www.sclxj.com
主要产品或业务范围：研发、生产、销售实验室系列离心机的专业厂家。

天津奥特赛恩斯仪器有限公司
地址：天津市津南区八里台泰达微电子工业园科达一路2号
邮编：300350
电话：022-88715820/21/22
传真：022-88715825
电子信箱：tj13802004287@sina.com
网址：www.autoscience-tj.com
主要产品或业务范围：该公司开发、生产各种分析测试仪器和实验设备以及相关的配套装置。

天津比朗实验仪器制造有限公司
地址：天津市武清开发区福源道21号
邮编：301700
电话：022-82171927，82171937
传真：022-82171957
电子信箱：sales@tjbilon.com
网址：www.tjbilon.com
主要产品或业务范围：集研发、生产、销售为一体的低温恒温实验仪器专业制造公司。

天津富集科技有限公司
地址：天津市津南经济开发区微山路摩力达产业园A
邮编：300350
电话：022-88828048
传真：022-88828049
联系人：李硕
电子信箱：lishuo@fujikj.com
网址：www.fujikj.com
主要产品或业务范围：该公司专业生产试验室用科学仪器消耗材料。

天津市华北实验仪器有限公司
地址：天津市西青经济开发区张沃镇工业园
邮编：300380
电话：022-87983465
联系人：闫琳娜
主要产品或业务范围：电阻炉、马弗炉、培养箱、干烤灭菌器、电热板、水浴锅、高低温试验箱。

天津市洁风空气净化工程有限公司
地址：天津市西青区大明道泰和工业园营玉路
邮编：300112
电话：022-27726605
传真：022-27726982
联系人：刘萍
电子信箱：jiefeng@chaobiao.com
网址：www.chaobiao.com
主要产品或业务范围：主要产品是空气净化设备及超净实验室等净化工程。

天津市津腾实验设备有限公司
地址：天津市华苑产业园区鑫茂科技园G座1层C单元
邮编：300384
电话：022-83713258，83712766
传真：022-83713268
电子信箱：tengda@titengda.cn
网址：www.tjtengda.cn
主要产品或业务范围："津腾"牌隔膜真空泵系列。

天津市净化设备厂
地址：天津市河北区胜利路35号
邮编：300010
电话：022-24466291
传真：022-24462370
电子信箱：tjjhsbc@163.com
网址：www.tjsbc.com
主要产品或业务范围：氢、氧、氮、氩气体的纯化装置及空气干燥装置。

天津市凯恒电热技术有限公司
地址：天津市南开区凌宾路凌奥花园10-5号
邮编：300381
电话：022-22140775，26622651，15102200100，15102200010
传真：022-22140775，23913239
联系人：祝峰
电子信箱：tjkaiheng@yahoo.com.cn
网址：www.tjkaiheng.com
主要产品或业务范围：该公司生产节能型快速升温高温电炉、马弗炉、异型电炉及窑炉。

天津市科亿隆实验设备有限公司
地址：天津市华苑产业区海泰发展六道6号海泰绿色产业基地A座4-060室
邮编：300384
电话：022-85689231
传真：022-85689232
联系人：张经理
电子信箱：tjkyl_888@163.com
网址：www.tjkyl.com
主要产品或业务范围：主要产品有针筒式过滤器、微孔滤膜、溶剂过滤器、多联不锈钢溶剂过滤器、无油真空泵、真空干燥器等实验设备。

天津市拉贝尔实验室设备有限公司
地址：天津市华苑产业园区海泰信息广场C座806、807室
邮编：300384
电话：022-23708600，13920432957
传真：022-23708250
电子信箱：Lee@alllab.com，Market@alllab.com
网址：www.alllab.com
主要产品或业务范围：实验室家具的生产制造，通风柜及通排风工程，实验室装修，洁净室规划设计与施工，微生物室，P2、P3实验室等。

天津市领航实验设备有限公司
地址：天津市华苑产业园区兰苑路9号3-501
邮编：300384
电话：022-58163577，58163575
传真：022-23712883
联系人：苏珊
电子信箱：tina@linghanglab.com
网址：www.linghanglab.com
主要产品或业务范围：主要产品有针式过滤器、微孔滤膜、溶剂过滤器、多联过滤器、隔膜真空泵等。

天津市欧诺仪器仪表有限公司
地址：天津市成林道工业区宏亮工业园2号路10号
邮编：300163
电话：022-24780948-8005
传真：022-24371576-8001
联系人：张志元
电子信箱：tj@21honour.com
网址：www.21honour.com
主要产品或业务范围：该公司专业生产职能摇床系列、搅拌器系列、水浴/油浴系列、低温仪器设备等。

天津市试验设备厂
地址：天津市红桥区光荣道153号
邮编：300131
电话：022-26370225，26373413，26371451
传真：022-26374083
联系人：卞芬来
电子信箱：022-26374083
网址：www.shyshb.com
主要产品或业务范围：HC-K系列恒温鼓风干燥箱，HC-K系列恒温恒湿试验箱，HK-K系列盐雾腐蚀试验箱，GDW系列高低温试验箱。各种型号的焊条烘箱、防爆鼓风干燥箱、培养箱、老化试验箱、大型干燥箱。

天津市泰斯特仪器有限公司
地址：天津市南开区红旗南路水上温泉花园22号楼1门101室
邮编：300384
电话：022-23719539，23710993，23722665
传真：022-23713831
联系人：刘泽伟
电子信箱：tst2003@vip.163.com
网址：www.taisite.cn
主要产品或业务范围：产品涉及实验仪器，医疗器械，康复器材三大行业。

天津市腾安达国际贸易有限公司
地址：天津市西青开发区兴华道十八号合达工业园小区
邮编：300358
电话：022-83960571
传真：022-83960572
联系人：安基善
电子信箱：ajs7323@vip.sina.com
网址：www.tadgj.com
主要产品或业务范围：主要经营电子扫描显微镜、X-ray检测机、三坐标测量机、影像测量仪和SMT周边设备及耗材等产品。

天津市星望科学仪器有限公司
地址：天津市和平区卫津路149号孕琅大厦C-603
邮编：300070
电话：022-23350758，23521618
传真：022-23350768
电子信箱：Xwyq2004@163.com
网址：www.xwyq.com
主要产品或业务范围：高新技术产品研发、生产的科技有限责任公司。

天津市友丰技术玻璃有限公司
地址：天津市北辰区大张庄九园公路8号
邮编：300402
电话：022-86854083，86853932
传真：022-86854082
电子信箱：UFENGBOLI@126.com
主要产品或业务范围：该公司主要生产玻璃仪器、量器、化工管道、玻璃反应釜。

天津市中环实验电炉有限公司
地址：天津市北辰区经济开发区双川道11号
邮编：300403
电话：022-26982828
传真：022-26980123
电子信箱：ctjzh@ctjzh.com
网址：www.ctjzh.com
主要产品或业务范围：该公司专业生产真空/气氛管式电炉、真空气氛/节能箱式电炉、真空控制系统、气体流量控制系统。

天津天马衡基仪器有限公司
地址：天津南开区西湖道95号南开鑫茂工业园B座AB单元2层

邮编：300193
电话：022-27373368，27492268
传真：022-27489968
电子信箱：tianping@tpyq.com
网址：www.tpyq.com
主要产品或业务范围：电子天平，分析天平，静水力学天平等。

天津天伟医疗器械有限公司
地址：天津市津南区咸水沽镇二道桥村
邮编：300350
电话：022-28541611
传真：022-28541611
电子信箱：tianwei@twylqx.com
网址：www.twylqx.com
主要产品或业务范围：该公司生产活塞式无油空气压缩机。

国营红声器材厂（4380厂）嘉兴分厂★
地址：浙江省嘉兴市洪兴路198号
邮编：314033
电话：0573-82083593
传真：0573-82053626
电子信箱：zgg4380@vip.sina.com
网址：www.hs4380.cn
主要产品或业务范围：该厂专业研究、开发制造噪声、声学（振动）测试分析仪、电声（电话）测试仪。

杭州爱华仪器有限公司
地址：浙江省杭州市文三路453号B座6楼
邮编：310007
电话：0571-85022700，85022755，88854045
传真：0571-85022955
电子信箱：aihua@mail.hz.zj.cn
网址：www.hzaihua.com
主要产品或业务范围：声级计和噪声测量仪器、电声测量仪器、振动测量仪器，以及环境噪声自动监测系统、多通道噪声振动分析仪等。

杭州奥盛仪器有限公司
地址：浙江省杭州市西湖区西湖科技园西园六路2号
邮编：310030
电话：0571-88948289，88802738
传真：0571-88948289
电子信箱：info@allsheng.com
网址：www.allsheng.com
主要产品或业务范围：主要产品有干式恒温器（恒温金属浴）系列、恒温循环水槽系列、氮吹仪、接种环灭菌器及微孔板恒温振荡器等。

杭州柏恒科技有限公司
地址：浙江省杭州市江干区笕丁路168号2幢1单元501室
邮编：310021
电话：0571-88992477
传真：0571-88037572
联系人：黄霖
电子信箱：hlaiayao@163.com
网址：www.bio-gener.com
主要产品或业务范围：该公司专业从事生命科学、食品安全仪器研发、销售及服务。

杭州保恒恒温技术有限公司
地址：浙江省杭州市笕丁路168号浙江省国家大学科技园2幢
邮编：310021
电话：0571-88333448，85269120
传真：0571-85043353
联系人：王雪云
电子信箱：hzboho@hotmail.com
网址：www.hzboho.com
主要产品或业务范围：该公司专业从事半导体金属浴、恒温水浴、恒温恒湿箱等的生产。

杭州博日科技有限公司
地址：浙江省杭州市滨江区滨安路1192号
邮编：310053
电话：0571-87774567
传真：0571-87774559
电子信箱：licy@bioer.com.cn
网址：www.bioer.com.cn
主要产品或业务范围：该公司专业从事生命科学仪器和试剂研发、生产、销售及服务。

杭州大华仪器制造有限公司
地址：浙江省杭州市富阳东山路23号
邮编：311401
电话：0571-63373802
传真：0571-63310833
电子信箱：hzdhmail@163.com
网址：www.hzdh.com
主要产品或业务范围：该公司研发、生产和制造科研仪器设备、教学实验仪器设备、军用配套设备及工业测量仪器。

杭州金森科技有限公司
地址：浙江省杭州市江干区笕丁路118号
邮编：321017
电话：13857133331
传真：0571-85141039
联系人：周庆益
电子信箱：13857133331@163.com
网址：www.airkins.com.cn
主要产品或业务范围：主要产品有“AIRKINS 金森”系列工业除湿机、恒温湿机、工业加湿器、空气精净化器等。

杭州蓝天仪器有限公司
地址：浙江省杭州市中山中路350号
邮编：310008
电话：0571-81636790
传真：0571-81636791
电子邮箱：A87917094@126.com
网址：www.ltyq.com
主要产品或业务范围：干燥箱、培养箱、箱式电炉、管式电炉、气氛保护炉、真空炉、程序升温实验炉、制样粉碎机、水浴箱。

杭州米欧仪器有限公司
地址：杭州市莫干山路1418-3号一号楼2层
邮编：310011
电话：0571-87653906
传真：0571-87653907
电子信箱：yao@miulab.com
网址：www.miulab.com
主要产品或业务范围：干式恒温器、恒温混匀仪、微孔板振荡器、离心机等。

杭州泰林生物技术设备有限公司
地址：浙江省杭州市滨江区南环路2930号泰林科技园
邮编：310052
电话：0571-56681878
传真：0571-56680166
联系人：付敏鹏
电子信箱：Tailinmarketing@tailingood.com
网址：www.tailingood.com
主要产品或业务范围：集菌培养器系列、集菌仪系列、无菌隔离系统、负压隔离器、水中总有机碳分析仪、药物溶出仪、汽化过氧化氢灭菌器、可见异物检测仪、微孔滤膜孔径测定仪、无菌检查专用振荡仪、微生物限度检验仪等系列产品。

杭州雪中炭恒温技术有限公司★
地址：浙江省杭州市文三路90号东软科技大厦4层
邮编：310012
电话：0571-81951051，0573-87969565
传真：0571-81951050，0573-87123353
联系人：王峻奕，李鹤群
电子信箱：wang-jy@xutemp.com
网址：www.xutemp.com
主要产品或业务范围：主要产品有低温/超低温恒温槽、精密恒温液浴槽、检定装置、恒温循环器、冷却水循环装置、生化培养箱、精密恒温培养箱、低温培养箱、霉菌培养箱、恒温恒湿箱、人工气候箱、药品稳定性试验箱、高低温试验箱、湿热交变试验箱。

杭州雅视特仪器设备有限公司
地址：浙江省杭州市萧山区通惠北路8号（蓝天商务中心）
电话：0571-22819059
传真：0571-22819058
电子信箱：yashiteyiqi@126.com
网址：www.chinayate.com.cn
主要产品或业务范围：集测量产品开发、销售、培训、维修、检测技术应用及咨询为一体。

杭州亿恒科技有限公司
地址：浙江省杭州市莫干山路1418号上城区科技工业园4号楼
邮编：310015
电话：0571-28909381
传真：0571-28909382
电子信箱：sales@econ-group.com
网址：www.econ-group.com.cn
主要产品或业务范围：AVANT系列数据采集仪、信号分析仪、声学分析仪、冲击测量仪、电荷放大器，SUPER系列振动控制器，PREMAX系列多通道数据采集系统、多轴多点(MIMO)振动控制器、液压振动台、液压振动试验系统、振动台计量检定系统、冲击台计量检定系统和传感器检定/校准系统等。

嘉兴市新塍镇东兴电热仪器厂
地址：浙江省嘉兴市新塍镇东升路1号
邮编：314015
电话：0573-83400841，83400840
传真：0573-83400839
电子信箱：cn573@cn573.com
网址：www.cn573.com
主要产品或业务范围：该厂专业生产各种干燥箱、试验箱和各种电阻炉等环境试验设备和热处理设备。

临海市谭氏真空设备有限公司
地址：浙江省临海市江南工业区汇丰北路35号
邮编：317000
电话：0576-85198288，85155173，85175702，85198299
传真：0576-85156823
联系人：谭波，罗朝金
电子信箱：tanshizhenkong@163.com
主要产品或业务范围：该公司是开发、生产、经营真空设备及实验室仪器的厂家。

宁波岛津真空技术开发有限公司
地址：浙江省宁波慈溪市经济开发区青少年宫北路510号
邮编：315300
电话：0574-23711337
传真：0574-23711339
网址：www.shimadzu-nb.com
主要产品或业务范围：氢粉碎处理炉，真空多功能炉，金属注射成型用真空脱脂烧结炉。

宁波东方加热设备有限公司
地址：浙江省宁波市鄞州区高桥新联路201号
邮编：315174
电话：0574-87362469，87366446
传真：0574-87276257
电子信箱：xs@dfjrsb.com
网址：www.nbdfjr.com
主要产品或业务范围：电加热、蒸汽加热和燃油、燃气加热的恒温干燥设备，各类工业电炉，环境试验设备及适用于不同工艺要求的多种专用设备，如高安全节能型电机浸漆干燥箱、干式变压器干燥箱、摩擦材料固化箱、华工氯碱改性隔膜固化炉、纸业纸品塑封箱、粉末冶金铁粉精还原炉、粉末冶金制品烧结炉、蒸汽处理炉及油田测井仪试验箱等。

宁波东南仪器有限公司
地址：浙江省宁波市江北区洪塘街道方漕路33号
邮编：315033
电话：0574-88010978
传真：0574-88001839
联系人：杜飞勇
主要产品或业务范围：智能人工气候箱、光照培养箱、生化培养箱、霉菌培养箱、恒温恒湿培养箱。

宁波海曙科生超声设备有限公司
地址：浙江省宁波市机场路甬丰工业区
邮编：315016
电话：0574-87154938
传真：0574-87154938
联系人：曹友生
电子信箱：Cao5198@126.com
网址：www.keshengchina.com
主要产品或业务范围：该公司产品有超声波细胞粉碎机、超声波清洗机、超声波塑料焊接机、超声波纳米材料制备机、超声波提取机、超声波自动打孔机、超声波反应釜。

宁波赛福实验仪器有限公司
地址：浙江省奉化市江口街道方桥恒兴路（何家村委后）
邮编：315514
电话：0574-88566368
传真：0574-56877987
电子信箱：ningbosafe@163.com
网址:www.nbsafe.com
主要产品或业务范围：培养箱、变频摇床、昆虫饲养笼、恒温槽、植物培养架、气候人工室。

宁波江南仪器厂
地址：浙江省宁波市鄞州区高桥工业区三成路198号
邮编：315175
电话：0574-88087839
传真：0574-88087820
电子信箱：1718@vip.163.com
网址：www.nb-jn.com
主要产品或业务范围：该公司产品包括低温强光照、冷光源、高精度控湿的人工气候箱等系列培养箱，拥有国内专利的无菌均质器、高压细胞破碎机、植物水势仪等产品。

宁波莱福科技有限公司
地址：浙江省宁波市宝善路166号
邮编：315012
电话：0574-87157686，87117514
传真：0574-87143987
网址：www.lifewww.com
主要产品或业务范围：主要生产新型的三温区培养箱、人工气候箱、光照培养箱、恒温恒湿培养箱、霉菌培养箱、人工气候室、组织培养箱、无菌工作室、低温恒温槽系列产品。

宁波市鄞州甬杰实验仪器有限公司
地址：浙江省宁波古林蜃蛟魏家137号
邮编：315159
电话：0574-88002138
传真：0574-88056526
联系人：洪甬平
电子信箱：nbyj8@163.com
网址：www.nbyj8.cn
主要产品或业务范围：该公司生产超声波清洗机及超声波细胞粉碎机系列产品。

宁波天恒仪器厂
地址：浙江省宁波市金谷中路366号
邮编：315100
电话：0574-87831266，87841006
传真：0574-87841234
联系人：吴建余
电子信箱：1437940589@qq.com
网址：www.87831266.com
主要产品或业务范围：该公司专业生产低温恒温槽、超级恒温水槽、恒温油槽、低温恒湿循环器、低温冷却液循环泵、水浴锅、标准检定槽、超高精度恒温槽等。

宁波新艺超声设备有限公司
地址：浙江省宁波市海曙区顺德路98弄53号232室
邮编：315012
电话：0574-87458228
传真：0574-87455298
联系人：鲍松华
电子信箱：xinyics@163.com
网址:www.xychaosheng.com
主要产品或业务范围：该公司生产的超声波细胞粉碎机、超声波清洗机、低温恒温槽广泛应用于生命科学、材料、环保等研究中。

宁波新芝生物科技股份有限公司
地址：浙江省宁波国家高新技术区木槿路65号
邮编：315013
电话：0574-88350065
传真：0574-87113393
电子信箱：sales@scientz.com
网址：www.scientz.com
主要产品或业务范围：专业生产间歇浸式生物反应器，高通量组织研磨器，超声波细胞粉碎机，超声波清洗机，低温恒温槽。

青田天宇真空电器设备厂
地址：浙江省青田县纸鸢岩8号
邮编：323900
电话：0578-6821425，6821134
传真：0578-6821425
网址：www.zby153.com
主要产品或业务范围：该厂是真空检测仪器仪表专业定点厂，是中国真空学会、中国仪器仪表学会会员单位，浙江省真空学会理事单位。产品注册商标“太鹤牌”。主要生产电火花真空检测器系列产品。

绍兴市科恩实验设备有限公司
地址：浙江省新昌县高新技术园区玫瑰大道11号
邮编：312400
电话：0575-86551111
传真：0575-86559999
联系人：袁利军
电子信箱：jun_0044@vip.163.com
网址：www.tof-keen.com
主要产品或业务范围：该公司从事实验室水龙头、气体考克、万向抽气罩、滴水架、PP水盆、紧急冲淋洗眼器等产品的设计、研发及生产。

拓普森科学仪器（宁波）有限公司
地址：浙江省宁波南部商务区红巨大厦808室
邮编：315191
电话：0574-88459578
传真：0574-88459578
联系人：唐柏林
电子信箱：tbl@topscien.com
网址：www.topscien.com
主要产品或业务范围：该公司研发制造高科技液体控制移液器，离心机等实验室设备。

温州市工业科学研究院磁传动设备厂
地址：浙江省温州市水心十七中路71号
邮编：325028
电话：0577-88520439
传真：0577-88520074
电子信箱：tech@cidrive.com
网址：www.cidrive.com
主要产品或业务范围：以磁力传动为核心技术的密封搅拌装备。

温州市龙湾白水无损检测仪器厂
地址：浙江省温州市龙湾区永昌新城街53号
邮编：325024
电话：0577-86935375
传真：0577-86925692
电子信箱：99019803@163.com
网址：www.wzndt.net
主要产品或业务范围：TD-210系列透射式黑白密度计、远红外自动恒温胶片干燥箱。

温州维科生物实验设备有限公司
地址：浙江省温州市龙湾区永兴街道永裕路183～189号
邮编：325024
电话：0577-86990822，85980822
传真：0577-86990922
电子信箱：weike@zjweike.com
网址：www.zjweike.com
主要产品或业务范围：高性能集菌仪系列、全封闭智能匀浆仪、新型微生物限度检验仪、反复使用过滤器、一次性培养器等一系列高科技产品。

余姚市金诺天平仪器有限公司
地址：浙江省余姚市磨刀桥路63-8号
邮编：315400
电话：0574-62822123
传真：0574-62829760
电子信箱：jinnuo@nbjinnuo.com
主要产品或业务范围：专业生产各类电子天平。

浙江华威科学仪器有限公司
地址：浙江省临海市张洋路237号
邮编：317000
电话：0576-85137888
传真：0576-85137768
电子信箱：huapu@mail.tzptt.zj.cn
网址：www.lhhuawei.cn
主要产品或业务范围：该公司专业制造实验室液体操作系列仪器及塑料实验室用品、生物技术用品、塑料模具与塑料制品。

浙江科通仪器有限公司
地址：浙江省杭州市下城区建国北路96号
邮编：310003
电话：0571-87297500
传真：0571-87297511
电子信箱：sales@fortunescientific.com.cn
网址：www.fortunescientific.com.cn

主要产品或业务范围：该公司经销科学仪器、工业测试仪器、实验室设备、光学仪器、测量及控制仪器、衡器、电子天平、教学理科仪器等。

浙江省金华市科迪仪器设备有限公司
地址：浙江省金华市工业园区始丰路899号
邮编：321016
电话：0579-82338734，83522561，83522099
传真：0579-82312873，83522562
电子信箱：jhkedi@yahoo.com.cn
网址：www.zjkedi.com
主要产品或业务范围：该公司研发生产各种轮转式石蜡切片机、电脑快速冷冻石蜡两用切片机、低温恒冷冷冻切片机。

浙江台州求精真空泵有限公司
地址：浙江台州黄岩区头陀镇头陀街振兴东路18号
邮编：318020
电话：0576-84998188
传真：0576-84997028
联系人：陈洪飞
电子信箱：1260522319@qq.com
网址：www.tzqiujing.com
主要产品或业务范围：该公司生产真空泵。目前已有2XZ，2XZ-B，XZ系列旋片式真空泵及SHZ系列水环式真空泵等产品，广泛运用于电子元件器件制造、医疗分析仪器、制冷等行业，其中2XZ-B系列主要作为配套单晶炉副泵使用，具有体积小、重量轻、噪声低、启动方便、不反油等特点。

浙江温岭市先导电机技术研究所
地址：浙江省温岭市经济开发区二期（楼山）
邮编：317500
电话：0576-6144122，6934000
传真：0576-6144065，6183808
电子信箱：xiandao1308@sohu.com
网址：www.zjxiandao.com
主要产品或业务范围：电机、水泵设计、测试，机电产品认证，水泵测试系统，电机型式试验系统，电焊机测试系统，发电机测试系统，电动工具测试台，空压机测试系统，数显动平衡机，转子断条测试仪，定子测试台，冲击耐压仪，直流电源。

浙江希诗顿科教设备有限公司
地址：浙江省温州市龙湾区海城街道西一环岗北路2号
电话：0577-85221632
传真：0577-85228632
联系人：郑华
电子信箱：378954110@qq.com
主要产品或业务范围：该公司生产实验室龙头、水槽、洗眼器、气体考克感应龙头、自动杀菌净手器等。

重庆杰恒蠕动泵有限公司
地址：重庆市渝北区民兴路7号标准厂房2号楼3F
邮编：401120
电话：023-67191257
传真：023-67191259
联系人：龙小姐
电子信箱：tanshunguo@163.com
网址：www.jihpump.com
主要产品或业务范围：专业研制高精度、高品质蠕动泵。

重庆市威尔试验仪器有限公司
地址：重庆市渝北区双凤桥街道硚田村渝港工业园
邮编：401124
电话：023-67162001，67265189
传真：023-67184640
电子信箱：cqwell2098@126.com
网址：www.well.cq.cn
主要产品或业务范围：从事中、高档环境与可靠性试验设备研制。主要产品有高、低温试验设备，湿热试验设备，恒温超净工作台，综合试验设备，各种干燥箱，生物实验设备，大中型非标准环境试验设备及成套设备，并从事工艺装置的设计和制造。

重庆市永生实验仪器厂
地址：重庆市九龙坡区白市驿海龙工业园区
邮编：401329
电话：023-67731697，67720711
传真：023-67774697
电子信箱：sdei11@163.com
网址：www.ysei.com.cn
主要产品或业务范围：SHH系列生化培养箱、光照培养箱、恒温培养箱、霉菌培养箱、人工气候箱、药品稳定性试验箱等，高质量、高精度实验室仪器。该系列仪器设备荣获了重庆市计量监督局下属重庆市计量技术研究所证书，并获得了ISO 9000质量管理体系认证的证书、中国质量万里行证书。

重庆四达试验设备有限公司
地址：重庆市北部新区汇金路8号
邮编：401122
电话：023-67463406，67463916
传真：023-67463419
电子信箱：business@cqsdei.com，cqsdei@yahoo.cn
网址：www.cqsdei.com
主要产品或业务范围：高低温试验箱、恒定/交变湿热试验箱、温度冲击试验箱、温度/湿度/振动三综合试验箱、快速温度变化（ESS）试验箱、高低温/低气压试验箱、热真空试验箱、淋雨试验箱、霉菌试验箱等，电热鼓风干燥箱、真空干燥箱、电热恒温培养箱、隔水式培养箱、二氧化碳培养箱、生化培养箱、药物稳定试验箱、干热灭菌器、标准水槽、标准油槽、低温恒温槽、超级恒温器等。

重庆银河试验仪器有限公司

地址：重庆市北碚区歇马镇
邮编：400712
电话：023–68242992，68242994
传真：023–68242684
电子信箱：webmaster@cqyhyq.com
网址：www.cqyhyq.com

主要产品或业务范围：该公司具有自主知识产权的三综合试验箱、温度速变试验箱、温度冲击试验箱、高低温低气压试验箱、太阳辐射试验箱以及步入式温湿度试验箱和高风速淋雨试验箱等气候环境试验设备及订制产品。

重庆永恒实验仪器厂

地址：重庆市江北区电仪村82号
邮编：400020
电话：023–67873825，67456056
传真：023–67861494
网址：www.cqeternal.net.cn

主要产品或业务范围：产品包括模拟气候环境的试验设备和实验室科学仪器及生产设备：恒温恒湿试验箱、可程序高低温试验箱、高温试验箱、老化试验箱、温度冲击试验箱、盐雾腐蚀试验箱、恒温槽、低温恒温恒湿试验箱、干燥箱、培养箱、光照培养箱、药品稳定性试验箱等。

供应用计量仪器仪表

瑞纳表计（合肥）有限公司
地址：安徽省合肥市庐阳产业园金池路1102号
邮编：231311
电话：4006008966，0551-5661082
传真：0551-5554905
电子信箱：sales@runameter.com
网址：www.runametering.com
主要产品或业务范围：该公司拥有超声波热量表、智能IC卡锁闭阀及智能恒温阀技术，产品有新一代超声波热量表、IC卡智能锁闭阀、智能恒温阀。

北京艾科瑞能源科技有限公司
地址：北京市经济技术开发区兴业街2号5幢3层
邮编：100176
电话：010-67816565
传真：010-67816562
电子信箱：sales@akrui.com
网址：www.akrui.com
主要产品或业务范围：自主研发具有低功耗远传功能，直通型微压损多点反射AKR-C型超声波热量表。

北京博纳电气有限公司
地址：北京市昌平区回龙观龙城花园内北京1033信箱
邮编：102208
电话：010-80795884，80796471
传真：010-80795253
电子信箱：banner@bjbanner.com
网址：www.bjbanner.com.cn
主要产品或业务范围：各种电子式预付费电能表、电子式多功能电能表、电子式远程多功能电能表、关口表、浇地表、全电子载波电能表、电力需求侧管理终端等。

北京电研华源电力技术有限公司
地址：北京市海淀区清河小营东路15号
邮编：100085
电话：010-62937965
传真：010-62937965
电子信箱：market@e-huayuan.com
网址：www.e-huayuan.com
主要产品或业务范围：单相远程费控智能电能表，配电自动化系统产品，信息技术产品等。

北京富根智能电表有限公司
地址：北京市门头沟石龙工业区东路1号
邮编：102308
电话：010-69803043
传真：010-69805754
电子信箱：beijingfugen@163.com
网址：www.fugen.cn
主要产品或业务范围：感应式电能表、电子式电能表、预付费电能表、多费率电能表、集中抄表系统。

北京高标自控设备有限公司
地址：北京市昌平区昌平路97号京昌高科技信息产业园1号楼B门4层
邮编：102206
电话：010-80701002
传真：010-80701044
电子信箱：gaobiao@gaupu.com
网址：www.gaupu.com
主要产品或业务范围：温控器、传感器、球阀、风阀、变送器、调节阀、控制箱。

北京海湾智能仪表有限公司
地址：北京市怀柔区雁栖工业开发区雁栖大街35号
邮编：101407
电话：010-61665188
传真：010-82486555
电子信箱：yb@hdmeter.com.cn
网址：www.hdmeter.com.cn
主要产品或业务范围：致力于电子式电能表、智能水表、远程抄表系统等系列产品。

北京宏伟超达仪器制造有限公司
地址：北京市朝阳区将台乡东八间房村环铁桥南路甲99号
邮编：100018
电话：010-52931105
传真：010-52035658
电子信箱：bj906777@163.com
网址：www.bjhwcd.cn
主要产品或业务范围：超声波热量表、散热器温控阀、智能水表等。

北京鸿豪兴达仪表有限公司
地址：北京市通州区漷县镇漷兴三街18号
邮编：101109
电话：010-81563625
传真：010-80583446

电子信箱：honghaoxd@163.com
网址：www.hhxd.cn
主要产品或业务范围：机械超声波式热量表、通断时间面积计量系统。

北京华世金阳智能科技有限公司
地址：北京市通州区潞城镇后北营3号
邮编：101117
电话：4006236238
传真：010-89537786
网址：www.leraxcn.com
主要产品或业务范围：感应式点滴流量可计量水表。

北京华煜宏博科技有限公司
地址：北京市朝阳区住邦2000大厦1座东区19层
邮编：100025
电话：010-85912441，85912442
传真：010-85868256
网址：www.huayuhongbo.com
主要产品或业务范围：该公司开发的电子产品主要涉及手持设备、智能卡（接触式和非接触式）、预付费计量控制系统设备、感应加热节能降耗控制装置、智能监控、自动化系统工程等。产品有电表，预付费控制器，预付费计量箱，低压配电柜，电表监控仪，预付费燃气表，热量表等。

北京集万讯电子技术有限公司
地址：北京市海淀区知春路甲48号盈都大厦A-12B
邮编：100098
电话：010-58731166
传真：010-58731797
电子信箱：sally.zou@jetson.com.cn
网址：www.jetson.com.cn
主要产品或业务范围：IC卡表及系统、超声波热能表、GPRS远传抄表系统。

北京嘉洁能科技有限公司
地址：北京市通州区中关村科技园区通州园金桥科技产业基地环科中路17号11A
邮编：101102
电话：010-59771622
传真：010-59771620
电子信箱：jjnsale@sina.cn
网址：www.jjntech.com
主要产品或业务范围：超声波热量表、IC卡暖气控制阀系列产品。

北京京仪北方仪器仪表有限公司
地址：北京市大兴工业开发区北区盛坊路
邮编：102600
电话：010-60250333，60250334，60250335，60250327
传真：010-60257647
电子信箱：web@bj3b.com.cn
网址：www.bj3b.com.cn
主要产品或业务范围：感应式单相、三相电能表，电子式单相、三相电能表，预付费电能表，多费率电能表，低压电力用户自动抄表系统；位移、速度、加速度传感器及振动分析仪器。

北京京源水仪器仪表有限公司
地址：北京市丰台区郑常庄蒋家坟329号港华D座
邮编：100141
电话：010-68579999
传真：010-68579999
电子信箱：jt@bjjoyo.com
网址：www.bjjoyo.com
主要产品或业务范围：机械水表、智能IC卡水表、热计量表、压力表等共计500多个规格品种。

北京三花德宝能源科技有限公司
地址：北京市德外西三旗东路金燕龙科研楼
邮编：100096
电话：010-62717972
传真：010-62719483
电子信箱：sales@sanhuadebao.com
网址：www.sanhuadebao.com
主要产品或业务范围：热计量及相关产品，抄表系统，热网监控系统。

北京添瑞祥仪器仪表有限公司
地址：北京市通州区宋庄小堡佰富苑工业区环岛西800米
邮编：101118
电话：010-89578558，89578607，89578851
传真：010-89578607-802
电子信箱：bjtrx@163.com
网址：www.bjtrx.cn
主要产品或业务范围：热量表和供热计量系统。

北京益都仪表成套厂
地址：北京市经济技术开发区兴盛街19号
邮编：100176
电话：010-67805059
传真：010-67880119
电子信箱：ydybcom@sina.com
网址：www.ydyb.com
主要产品或业务范围：专业生产超声波冷热量表、时间面积通断法计量系统、智能冷热水水表、流量计表、超声波水表、远传水表、压力表、双金属温度计、温湿度表、电磁流量计、（智能预付费）暖气控制阀等系列产品。

北京竺奥中控阀门设备制造有限公司
地址：北京顺义区天竺中街4号
邮编：101312
电话：010-51263777
传真：010-64576556
电子信箱：ma_chunbo@163.com
网址：www.jull.cn
主要产品或业务范围：生产楼宇自控阀门、各类电动执行机构、楼宇自控配套仪表及设备。

恩乐曼热量表（北京）有限公司
地址：北京市朝阳区西八间房万红西街2号燕东大厦B-3001
邮编：100015
电话：010-84505330
传真：010-84505080
电子信箱：info@engelmann.cn
网址：www.engelmann.cn
主要产品或业务范围：袖珍型热量表、袖珍型冷量表、组合式能量表、M—Bus远程读数系统。

依斯塔计量技术服务（北京）有限公司
地址：北京市东城区广渠门内领行国际3号楼1单元305室
邮编：100061
电话：010-67101976
传真：010-67183050
电子信箱：kevinli@ista.com.cn
网址：www.ista.com.cn
主要产品或业务范围：超声波热量表，机械式热量表，无线远传电子式热分配表，电子式热分配表，蒸发式热分配表，远程读表系统。

福建省龙溪仪表厂
地址：福建省漳州市芗城区市美路269号
邮编：363000
电话：0596-2934087，2924873
传真：0596-2924873
联系人：梁飞彪
主要产品或业务范围：DF系列复费率电能表、DY11电卡电能表。

东莞恒晖电子有限公司
地址：广东省东莞市凤岗镇卧龙恒晖工业中心
邮编：523681
电话：0769-87518032
传真：0769-87752623
电子信箱：ebedb@china-ipn.com
主要产品或业务范围：单相电子式电能表、单相电子式预付费电能表、多功能单相电子式预付费电能表、多功能单相电子式载波电能表、三相四线电子式预付费电能表、手持用电收费管理机、数据集中器、数据采集器、综合用电收费管理系统。

佛山市顺德区精睿电子有限公司
地址：广东省佛山市顺德区容桂镇容里天富来工业城10栋502
邮编：528305
电话：0757-28876677
传真：0757-28876776
电子信箱：sztbs@163.com
网址：www.sdjingrui.net
主要产品或业务范围：专业生产水流量传感器、水流量开关、流量自动调水阀。

广州柏诚智能科技有限公司
地址：广东省广州市番禺区南村镇南里路1号5栋首层
邮编：511442
电话：020-28676655
传真：020-62824355
电子信箱：sales@basic.com.cn
网址：www.basic.com.cn
主要产品或业务范围：冷热量表等建筑节能计量仪表及能源计量监测系统。

兰吉尔仪表系统（珠海）有限公司
地址：广东省珠海市南屏科技工业园屏东三路12号
邮编：519060
电话：0756-3229181
传真：0756-3229183
电子信箱：janet.yao@landisgyr.com
网址：www.landisgyr.com.cn
主要产品或业务范围：该公司是技术领先的能源计量设备、系统和服务的供应商；产品有电能表、气表、超声波热能表、预付费系统、负荷管理系统、先进计量系统。

深圳浩宁达仪表股份有限公司
地址：广东省深圳市南山区侨香路东方科技园华科大厦6楼
邮编：518053
电话：0755-26755088，26755022，26755055，26755066
传真：0755-26755088
联系人：吴竞新
电子信箱：hnd@vip.163.com
网址：www.szhnd.com
主要产品或业务范围：单相电子式电能表，单相电子式预付费电能表，三相多功能电能表。

深圳市航天泰瑞捷电子有限公司
地址：广东省深圳市罗湖区国威路莲塘第一工业区112栋
邮编：518004
电话：0755-25163200，82370200，25163180

传真：0755-25163201
电子信箱：trj@trj-china.com
网址：www.trj-china.com
主要产品或业务范围：电子式电能表、电力监测控制仪表、用电信息采集系统、安装式数字仪表。

深圳市江机实业有限公司
地址：广东省深圳市南山区西丽龙井高发科技园3栋6楼
邮编：518067
电话：0755-26753428，86083547
传真：0755-86081652
电子信箱：jjsy5248@szonline.net
网址：www.sz-jj.com
主要产品或业务范围：工业及民用电能表，开关电源，集中抄表系统等领域。

深圳市科陆电子科技股份有限公司
地址：广东省深圳市南山区高新技术产业园南区T2栋5楼
邮编：518057
电话：0755-26719656，26719657，26719658
传真：0755-26719679
网址：www.szclou.com
主要产品或业务范围：该公司是专业从事电工仪器仪表、电子式电能表和电力自动化产品的研发、生产和销售的国家重点高新技术企业。

深圳市龙电电气有限公司
地址：广东省深圳市南山区南油第一工业区107栋
邮编：518054
电话：0755-86031690
传真：0755-86031620-227
联系人：郭徽
电子信箱：marketing@londian.com.cn
网址：www.londian.com.cn
主要产品或业务范围：该公司是国有大型企业华电集团的下属控股企业，是专业从事电子式电能表、电能标准装置及电能量网络集中管理系统研发和制造的高科技大型现代化企业。

深圳市思达仪表有限公司
地址：广东省深圳市南山区海岸大厦西座23层
邮编：518054
电话：0755-86358888
传真：0755-86359999
电子信箱：marketing@szstar.com
网址：www.szstar.com
主要产品或业务范围：全电子式电能表、智能水表、新型燃气表。

深圳市先行电气技术有限公司
地址：广东省深圳市南山区龙珠大道龙珠5路龙井第二工业区B栋7楼
邮编：518053
电话：0755-86267185
传真：0755－86267230
电子信箱：singhang@szset.com
网址：www.firstmeter.com
主要产品或业务范围：先行水电气远程集中抄表系统、先行电子式电能表系统、先行电力营销管理系统、先行发电企业管理信息系统、先行供电企业管理信息系统、先行智能小区服务系统等多种产品和应用系统。

珠海吉泰克燃气设备技术有限公司
地址：广东省珠海市金鼎科技工业园金洲路12号
邮编：519085
电话：0756-3631228
传真：0756-3631229
电子信箱：gtc-cn@126.com
网址：www.gtc-cn.com
主要产品或业务范围：壁挂炉专用集成水路系统、压力传感器、压力开关、流量传感器、别墅用采暖控制系统等。

珠海经济特区凯力电器有限公司
地址：广东省珠海市前山翠珠三街4号东
邮编：519070
电话：0756-8626838，8615906，8621169
传真：0756-8615905
联系人：程安庆
电子信箱：scb@calintech.com
网址：www.calintech.com
主要产品或业务范围：单相电子式电能表、三相电子式电能表、单相电子式预付费电能表、三相电子式预付费电能表、单相电子式复费率载波电能表、三相电子式复费率载波电能表、三相电子式有功无功组合电能表。

承德泰宇热控工程技术有限公司
地址：河北省承德市双桥区佟王府小区7号楼附楼
邮编：067000
电话：13831470093
传真：0314-2060160
主要产品或业务范围：热力无人值守换热站系统的设计、安装、调试，热计量表、智能锁闭控制阀及热计量改造工程，城市热表、水表、电表、煤气表等远程抄表系统，室内测温系统。

石家庄丰源仪表有限公司
地址：河北省石家庄市鹿泉经济开发区昌盛大街与双剑路交叉口东行200米

邮编：050200
电话：0311-83984477
传真：0311-83984466
电子信箱：mail@fyyb.com.cn
网址：www.fyyb.com.cn
主要产品或业务范围：专业从事水表、电表、热计量仪器、仪表。

石家庄环能电力仪表有限公司
地址：河北省石家庄高新技术产业开发区黄河大道161号
邮编：050000
电话：0311-66662706
传真：0311-85969685
网址：www.sky-power.com.cn
主要产品或业务范围：电子式电能表、高低压远程集抄系统、智能载波模块等电力电子产品。

河南金雀电气股份有限公司
地址：河南省驻马店市金雀路999号
邮编：463000
电话：0396-2612666
传真：0396-2612600
电子信箱：mkt@jin-que.com
主要产品或业务范围：感应式、电子式和机电一体多功能电度表系列，水表系列，热量表系列，燃气表系列，校验台装置，自动抄表系统，低压电器产品系列。

新天科技股份有限公司
地址：河南省郑州高新技术产业开发区国槐街19号
邮编：450001
电话：0371-67985828，67990938，67985558
传真：0371-67985228
电子信箱：info@suntront.com
网址：www.suntront.com
主要产品或业务范围：热量计量系列，电能计量系列，智能水表系列，智能气表系列。

河南许继仪表有限公司
地址：河南省许昌市经济技术开发区瑞祥路
邮编：461000
电话：0374-3212274
传真：0374-3212286
电子信箱：dnyb@xjgc.com
网址：www.xjgc.com
主要产品或业务范围：三相多功能表，单相电能表。

郑州安然测控设备有限公司
地址：河南省郑州市航海西路1号
邮编：450006
电话：0371-68629459，68623188
传真：0371-60208618
电子信箱：anran@zzanran.com
网址：www.zzanran.com
主要产品或业务范围：IC卡燃气表。

哈尔滨电表仪器厂（集团）有限公司
地址：黑龙江省哈尔滨市开发区哈平路集中区同江路8号
邮编：150069
电话：0451-86666129，86661500
传真：0451-86662765
联系人：张继
电子信箱：zhangjihb@163.com
网址：www.habiao.com
主要产品或业务范围：该公司是国家电工仪器仪表分会理事长单位。生产、销售民用计量仪表电能表、感应式交流单相、三相电能计量仪表。“哈仪牌”电能表是中国名牌产品，2007年获国家免检产品称号。

哈尔滨电度表有限责任公司
地址：黑龙江省哈尔滨市南岗区学府路388号
邮编：150021
电话：15845005389
传真：0451-86661464
联系人：王玉梅
网址：www.hrbddb.cn
主要产品或业务范围：D86系列单、三相有功、无功电能表，DD70系列单相长寿命电能表，DDS180系列单相电子式电能表；HLI-HL55系列信用电流互感器，LQG-0.5电流互感器。还可根据用户需求，特型设计。

哈尔滨路路通电子股份有限公司
地址：黑龙江省哈尔滨市高新技术开发区4号楼
邮编：150090
电话：0451-82387768
传真：0451-82387768
主要产品或业务范围：卡式预付费单相电能表、卡式预付费三相电能表。

哈尔滨荣耀科技开发有限公司
地址：黑龙江省哈尔滨市高新技术产业开发区衡山路9号
邮编：150090
电话：0451-82351528
传真：0451-82332140
电子信箱：rongyaokeji@163.com
网址：www.rykj.com
主要产品或业务范围：该公司专业生产热计量表、智能控制阀等。

哈尔滨圣昌科技开发有限公司
地址：黑龙江省哈尔滨市平房开发区松花路1号
邮编：150060
电话：0451-86677513
传真：0451-86677002
电子信箱：www.hrbshengchang@163.com
网址：www.hrbsckj.com
主要产品或业务范围：热量表、智能温控阀的研发、生产、销售。

湖北泽越电子科技有限公司
地址：湖北省武汉市硚口区古田一路长丰科技产业园西区电子科技大厦2层
邮编：430034
电话：027-83413302
传真：027-83413337
电子信箱：baoliang426@163.com
主要产品或业务范围：研发生产水电气热四表一卡通模块及系统软件。

武汉盛帆电子有限公司
地址：湖北省武汉市江夏经济开发区阳光大道9号
邮编：430223
电话：027-81802511，81802522，81800252
传真：027-81800206，81800216
电子信箱：sftnow@163.com
网址：www.sftnow.com
主要产品或业务范围：电能表系列、三相预付费电能计量柜、水表系列、气表系列、集抄集控系统、大用户用电管理系统。

湖南省豪意电器有限公司
地址：湖南省长沙市芙蓉区张公岭科技园亚大路87号
邮编：410126
电话：0731-84610908
传真：0731-84670798
电子信箱：haoyidianqi@126.com
网址：www.cn-hee.com
主要产品或业务范围：单相交流电能表，三相交流电能表等产品。

怀化建南机器厂有限公司
地址：湖南省怀化市锦溪南路103号
邮编：418008
电话：0745-2380548，2380114，2380059
传真：0745-2380548
电子信箱：hhjnc@hhjnc.com
网址：www.hhjnc.com
主要产品或业务范围：各式电能表，预付费水表等。

威胜集团有限公司
地址：湖南省长沙市河西高新区桐梓坡西路468号威胜科技园
邮编：410205
电话：0731-88619888
传真：0731-88619555
电子信箱：wasion@wasion.cn
网址：www.wasion.com
主要产品或业务范围：高精度、多功能三相电能表、民用电子表、电能量及能源计量数据采集和管理终端、电能质量监测和控制装置，预付费系统、负荷管理系统、远程自动化抄表系统、电能量与能源计量综合管理系统等先进能源计量系统。

吉林省安亿家热能计量有限责任公司
地址：吉林省长春市宽城区贵阳街287号省政务大厅22楼2201室
邮编：130051
电话：0431-85823365
传真：0431-85823365
电子信箱：jlsayj@163.com
网址：www.ayjmy.com
主要产品或业务范围：热量表。

吉林永大集团股份有限公司
地址：吉林省吉林市高新区吉林大街45-1
邮编：132013
电话：0432-64602010，64602011
传真：0432-64602028，64602010
电子信箱：marketing@ydgroup.sina.net
网址：www.jlydjt.com
主要产品或业务范围：永磁式户内高压真空断路器、户外真空断路器、永磁低压交流接触器、永磁低压智能开关、微机变电站综合自动化控制系统、电子式电能表及自动抄表系统、高低压开关柜、自动化系统集成。

四平市双喜科技开发有限公司
地址：吉林省四平市铁东区长发路1808号
邮编：136001
电话：0434-63592006
传真：0434-63592006-8021
联系人：李喜生
电子信箱：sx98@spsxkj.com
网址：www.spsxkj.com
主要产品或业务范围：红外遥控预付费微机自动控制器、红外遥控预付费单相电子式电能表、单相电子式复费率电能表、三相电子式多功能电能表、开关柜、非标准配电箱等十几个系列，近百个规格的电力产品。

江苏爱迪电子有限公司
地址：江苏省新沂市市府东路37号
邮编：221400
电话：0516-88910888，88912288
传真：0516-88912888
电子信箱：aidi@jssyaidi.com
网址：www.jssyaidi.com
主要产品或业务范围：电子式单相和三相电能表、电子式单相和三相预付费电能表、电子式单相和三相多功能电能表、电子式单相和三相多费率电能表、载波表与集中抄表系统五大系列产品。

江苏环能工程有限公司
地址：江苏省南京市建邺区庐山路158号嘉业国际城4幢16层
邮编：210000
电话：025-87785502，87785505
传真：025-87785504
网址：www.jshn.cn
主要产品或业务范围：“双能牌”冷热量度表。

江苏卡欧万泓电子有限公司
地址：江苏省宜兴市新街镇
邮编：214204
电话：0510-82936901，82936900
传真：0510-87132001
联系人：崔惠红
电子信箱：huihongc@163.com
网址：www.kaou.com.cn
主要产品或业务范围：该公司是生产各种电子式电能表的高新技术企业。主要产品有单相电子电能表、单相预付费电能表、单相多费率电能表、三相全电子电能表、三相多费率电能表、三相预付费电能表、三相多功能电能表、低压电力线载波集中抄表系统、无线集中抄表系统、配变终端系统、大客户管理系统等。

江苏林洋电子股份有限公司
地址：江苏省启东市林洋路666号
邮编：226200
电话：0513-83118888
传真：0513-83310816
电子信箱：info@linyang.com
网址：www.linyang.com.cn
主要产品或业务范围：单相智能电能表，三相智能电能表，信息采集管理终端，负控配变终端，无功补偿装置。

江苏迈拓智能仪表有限公司
地址：江苏省南京江宁滨江经济开发区翔凤路3号
邮编：211178
电话：025-86981982，86981981
传真：025-86981980
电子信箱：nj-meter@163.com
网址：www.njmeter.cn
主要产品或业务范围：超声波热量表、IC卡热量表、暖气智能控制、M_BUS远程抄表及控制产品等。

江苏天盛电子发展有限责任公司
地址：江苏省宜兴市张渚镇迎春路69号
邮编：214231
电话：0510-87302888
传真：0510-87303003
联系人：陈建伟
电子信箱：tempo@public.wx.js.cn
主要产品或业务范围：单相电子式电能表、三相电子式电能表、预付费电能表、可视对讲门铃、电子减肥瘦身仪、家用干预机、住宅保安系统、中央空调智能控制器。

江苏西欧电子有限公司
地址：江苏省启东市经济开发区西欧科技园
邮编：226200
电话：0513-3346666，3348888
传真：0513-3347777
网址：www.xiou.com.cn
主要产品或业务范围：智能化集中抄表系统，各种单相、三相电子式电能表。

连云港水表有限公司
地址：江苏省连云港市新浦区海连西路16号
邮编：222004
电话：0518-85413624，85489791，85412876
传真：0518-85487905
联系人：李强
电子信箱：master@langhua.com
网址：www.langhua.com
主要产品或业务范围：各类民用、农业用和工业用水表，热量表，IC卡水表，智能水表。

连云港腾越电子科技有限公司
地址：江苏省连云港市海州开发区创业路2号
邮编：222062
电话：0518-85479112
传真：0518-85383192
电子信箱：xzy163555@sina.com
网址：www.lygtengyue.cn
主要产品或业务范围：“鑫腾越”热量表计量精度高、使用寿命长、质优价廉。

南京昌高科技有限公司
地址：江苏省南京市上埠街27号

邮编：210011
电话：025-58822751，58822753
传真：025-58822752
网址：www.changgao.com
主要产品或业务范围：单相预付费电能表、预付费电能控制箱、三相三线/四线电子式电能表。

南京三能电力仪表有限公司
地址：江苏省南京市高新技术产业开发区06幢
邮编：210061
电话：025-58690516
传真：025-58690545-806
电子信箱：sales@sanneng.com.cn
网址：www.sanneng.com.cn
主要产品或业务范围：电子式电能表及用电管理系统、高低压电力线载波远程抄表系统等产品。

南京宇能仪表有限公司
地址：江苏省南京市浦口区柳州北路22号
邮编：210031
电话：025-58850275，58401591
传真：025-58872450
联系人：朱有德
电子信箱：service1@njyuneng.com
网址：www.nyn98.com.cn
主要产品或业务范围：DDS63型电子式单相电能表，DDSY63型单相遥控预付费电能表，DSS63、DSTS63型电子式三相四线有功电能表，DDSFZ63型电力线载波单相电能表，以及电子式电能表机芯、专用计量芯片、专用计量模块、步进计数器等。

南通海星电器仪表有限公司
地址：江苏省南通市海安县李堡镇堡河新村
邮编：226631
电话：0513-88333402
传真：0513-88335868
电子信箱：zll@jshaixing.com.cn
网址：www.jshaixing.com.cn
主要产品或业务范围：生产经营电工仪表，自动化控制仪表，生产海星牌DDS209系列电子式电能表。

无锡艾维科技有限公司
地址：江苏省无锡市江海西路888号金山北科技园530创业中心
邮编：214037
电话：0510-82626185
传真：0510-82626185
电子信箱：zzl@avsaldayure.cn
网址：www.wxav.cn
主要产品或业务范围：壁挂炉专用毛细管压力表、温控器、毛细管温度表。

无锡市电度表有限公司
地址：江苏省无锡市滨湖开发区高凯路6号
邮编：214111
电话：0510-85629251，88279188
传真：0510-88276111
电子信箱：sales@wuxi-meter.com
网址：www.wuxi-meter.com
主要产品或业务范围：电能表。

无锡市恒通电器有限公司
地址：江苏省无锡市滨湖区太湖镇周新东路68号
邮编：214121
电话：0510-85061786
传真：0510-85061763
电子信箱：ht@wxht.com
网址：www.wxht.com
主要产品或业务范围：单相电能表、单相电子式电能表、单相预付费电能表、三相电能表、三相预付费电能表。

徐州丙辰电子有限公司
地址：江苏省新沂市经济技术开发区天津路
邮编：221400
电话：0516-69905678
传真：0516-69905677
电子信箱：wuhb117878@163.com
网址：www.bc588.com
主要产品或业务范围：机械热量表、超声波热量表、射频卡热量表、智能采暖控制器、智能水表。

九江中船仪表有限责任公司
地址：江西省九江市十里大道960号
邮编：332007
电话：0792-8269645
传真：0792-8269542
电子信箱：joanna@nbitem.com
网址：www.jsic.net.cn
主要产品或业务范围：电控罗经、操舵仪，速率指示器，射流管阀、电液伺服阀，BDY 9-B型石油催化裂化装置，电液执行机构，标准电能表，单相、三相电能表校验台，DD862系列电度表，洗衣机电动机，直流无刷电机，电动自行车，油分浓度计等。

大连道盛仪表有限公司
地址：辽宁省大连市甘井子区红旗街道棠梨沟村南工业区
邮编：116021
电话：0411-39526779

传真：0411–39526780
电子信箱：tuf2000@126.com
网址：www.tuf–2000.com
主要产品或业务范围：主要产品有超声波流量计、超声波热量计、超声波工业水表、超声波流量/热量模块。

大连环岛仪表有限公司
地址：辽宁省大连市金州区站前街道43–86–3号
邮编：116001
电话：0411–39746666
传真：0411–39901999
电子信箱：15841146999@139.com
网址：www.dlhdyb.com
主要产品或业务范围：智能热（冷）量表的设计、生产与销售。

大连世达科技有限公司
地址：辽宁省大连市开发区金马路500号
邮编：116600
电话：0411–87920850
传真：0411–87522850
电子信箱：sdkj2000@sina.com
网址：www.sdkj2000.com
主要产品或业务范围：超声波热量表、RF卡锁控阀、智能远控阀、通断时间面积阀。

丹东热工仪表有限公司
地址：辽宁省丹东市元宝区兴东街87号
邮编：118001
电话：0415–2826197
传真：0415–2825588
电子信箱：zss76318@sohu.com
网址：www.df–drgasmeter.com
主要产品或业务范围：生产燃气表。

辽宁民生智能仪表有限公司
地址：辽宁省调兵山市城南开发区民生科技园
邮编：112700
电话：0410–6952345
传真：0410–6952345
网址：www.minsenmeter.cn
主要产品或业务范围：无线远传智能冷热水表，无线远传智能燃气表，无线远程抄表系统配件及软件，低压电力集中抄表系统，公用事业信息化计算机管理系统。

沈阳航发热计量技术有限公司
地址：辽宁省沈阳市沈河区万莲路1号
邮编：110015
电话：024–24281350，24281348
传真：024–24281838
电子信箱：hfrjl@163.com
网址：www.hfrjl.com.cn
主要产品或业务范围：各种民用和工业用冷热计量仪表及相关配套产品。

沈阳时尚实业有限公司
地址：辽宁省沈阳市浑南开发区新络街8号
邮编：110031
电话：024–31031111
电子信箱：fashion@fashion–cn.com
网址：www.fashion–cn.com
主要产品或业务范围：单相电子式电能表、单相电子式多费率电能表、单相电子式载波电能表、三相电子式电能表、三相电子式有无功组。

沈阳市航宇星仪表有限责任公司
地址：辽宁省沈阳市大东区文官街50–1号
邮编：110045
电话：024–88263972
传真：024–88263973
电子信箱：hangyuxing@yahoo.com.cn
网址：www.hangyuxing.net
主要产品或业务范围：专业生产各种型号热计量表、燃气表、水表。

包头市新达科技有限责任公司
地址：内蒙古自治区包头市东河区稀土开发区荣仕雅路9号
电话：0472–5904096
传真：0472–5904098
联系人：王丽
电子信箱：baotouxindakeji@126.com
主要产品或业务范围：超声波热量表系列，机械式热量表系列，智能卡锁闭阀系列，自动温控阀等，智能一卡通，用户信息与交费管理系统（软件）系列产品。

宁夏隆基宁光仪表有限公司
地址：宁夏银川市经济技术开发区光明路25号
邮编：750011
电话：0951–3969078，3015124
传真：0951–3969080
网址：www.nxlgg.com
主要产品或业务范围：电子式电能表、预付费（IC卡、CPU 卡）电能表、多费率电能表、多功能电能表、网络电能表、电力载波抄表电能表、农业灌溉电能表、售电机及售电管理（网络）系统等。

济宁金水科技有限公司
地址：山东省济宁市常青路31号

邮编：272100
电话：0537-2239283
传真：0537-2173989
电子信箱：js_water@126.com
网址：www.jswater.com.cn
主要产品或业务范围：热量表。

青岛电度表厂
地址：山东省青岛市雒口路34号青岛胶州营海工业园
邮编：266000
电话：0532-83872506
传真：0532-83888706
电子信箱：info@qingbiao.com.cn
网址：www.qingbiao.com.cn
主要产品或业务范围：单相电能表，三相电能表，三相无功电能表，三相系列有功脉冲电能表，三相系列无功脉冲电能表，三相系列有功多功能电能表。

青岛海威茨仪表有限公司
地址：山东省青岛市崂山区株洲路153号
邮编：266101
电话：0532-80663618
传真：0532-80663640
电子信箱：sales@hiwits.com
网址：www.hiwits.com
主要产品或业务范围：专业研发、生产供暖热计量仪表，并提供既有建筑热计量改造解决方案及配套产品。

青岛乾程电子科技有限公司
地址：山东省青岛市崂山区松岭路169号
邮编：266061
电话：0532-88036767
传真：0532-88036766
网址：www.techen.cn
主要产品或业务范围：载波电能表，预付费电能表，多功能电能表，电能量数据采集和管理终端，以及远程自动化抄表系统、预付费系统、负荷管理系统、电能量综合管理系统等先进能源计量系统。

山东贝特智联表计有限公司
地址：山东省威海市高技术产业开发区科技路206-3号
邮编：264209
电话：0631-5624056
传真：0631-5626679
电子信箱：jery@better-cn.com
网址：www.better-cn.com
主要产品或业务范围：高精度低压损超声波热量表、远程计费系统。

山东飞龙仪表有限公司
地址：山东省龙口市高新技术产业园区4号路
邮编：265718
电话：0535-8619054
传真：0535-8619598
电子信箱：feilong@feilong-china.com
网址：www.feilong-china.com
主要产品或业务范围：热能表，塔形、漩涡流量计，能源计量管理系统。

山东冠翔仪表有限公司
地址：山东省临沂市兰山区白沙埠镇安沂路东
邮编：276035
电话：0539-8662888
传真：0539-8652899
电子信箱：jack@sdguanxiang.cn
网址：www.lysb.cn
主要产品或业务范围：自来水水表、热量表以及以上仪表配件。

山东和同信息技术有限公司
地址：山东省济南市高新区奥体西路8号产业基地办公楼
邮编：250101
电话：0531-88553698
传真：0531-88553668
电子信箱：hetongxinxi002@163.com
网址：www.hetongxinxi.com
主要产品或业务范围：智能水、电、气、热量仪表及各行业的信息管理系统。

山东康英斯自动化设备有限公司
地址：山东省东营市孤岛镇
邮编：257231
电话：0546-8890287
传真：0546-8899206
电子信箱：sdkangys@163.com
网址：www.kangys.com
主要产品或业务范围：康英斯超声波热量表。

山东科技大学中天电子有限公司
地址：山东省泰安市高新区北天门大街西段
邮编：271000
电话：0538-6057166
传真：0538-6055659
电子信箱：webmaster@kdzt.com
网址：www.kdzt.com
主要产品或业务范围：开发计算机联网自动抄表系统、电费计量远程控制系统等多项新技术。该公司专业制造DF型反窃电集中式智能电能表、IC卡电表及四表自动远抄系统。DF型系列电能表具有恶性负载识别、预付费、复费率、红外抄表及远控远抄功能。

山东鲁正电子有限公司

地址：山东省济南市天桥区时代总部基地
邮编：250000
电话：0531−87510628
传真：0531−87510728
电子信箱：luzhengdianzi@163.com
网址：www.51889.com.cn
主要产品或业务范围：IC卡智能配电箱、单相电子式电能表系列、三相电子表、三相机械表、单相电能表。

山东三龙智能技术有限公司

地址：山东省济南市高新区正丰路554号环保科技园E座南3F
邮编：250101
电话：0531−86513026
传真：0531−61322808
电子信箱：sdslsy_scb@163.com
网址：www.saron.com.cn
主要产品或业务范围：智能燃气表、卡式和无线远传智能水表、智能热量表、智能电表、水资源智能管理系统及运营系统等。

山东寿光科迪电子有限公司

地址：山东省寿光市软件园孵化大厦东座7层
邮编：262700
电话：0536−5100266
传真：0536−5223606
电子信箱：shandongkedi678@163.com
网址：www.kedidianzi.net
主要产品或业务范围：科迪牌超声波热量表实现高性能、高精度、高稳定性。

山东水立方电子有限责任公司

地址：山东省菏泽市开发区太湖路1919号
邮编：274000
电话：0530−6603721
传真：0530−5384321
电子信箱：wsy79523@126.com
网址：www.slfdz.com
主要产品或业务范围：水立方超声波热量表，采用水流直通管路，无阻塞，低功耗，可使电池的寿命延长至12年。

山东智方仪表科技有限公司

地址：山东省临沂市高新技术产业开发区科技大道中段
邮编：276000
电话：0539−7109789
传真：0539−8489818
电子信箱：qubaoyuan@163.com
网址：www.sdzhifang.com
主要产品或业务范围：大口径超声波热能表，机芯及积分仪总成可换式热能表，电池供电式大口径超声波热能表。

泰安市一诺电子科技有限公司

地址：山东省泰安市高新区超越广场67号
邮编：271000
电话：0538−6315986
传真：0538−6315985
电子信箱：yndz_ta@163.com
网址：www.tayndz.com
主要产品或业务范围：多用户组合式电能表及远程抄表与控制系统，单相（三相）电子式预付费电能表及管理系统，多用户组合式预付费电表等产品。

威海市天罡仪表股份有限公司

地址：山东省威海市恒瑞街28号
邮编：264209
电话：0631−5684198，5684185
传真：0631−5684298
电子信箱：fuchenglin@ploumeter.com
网址：www.ploumeter.com
主要产品或业务范围：专门从事热能表（冷热计量表）研发及生产的企业。产品有户用超声波热量表，管网超声波热量表，热量表集中控制系统，热量表检测装置等。

威海震宇智能科技有限公司

地址：山东省威海市青岛中路8号
邮编：264200
电话：0631−5581755
传真：0631−5304795
电子信箱：zy5304795@126.com
网址：www.zhenyushiye.com
主要产品或业务范围：无反射超声波热量表，采用专利技术，不堵塞，无磨损，低压损。

西安亮丽仪器仪表有限责任公司

地址：陕西省西安市高新技术开发区科技七路付3号南楼3层
邮编：710065
电话：029−81878200
传真：029−88314473
电子信箱：admin@xianliangli.com
网址：www.xianliangli.com
主要产品或业务范围：单相电子式电能表、单相载波电能表、单相复费率电能表、三相电子式电能表、三相预付费电能表、三相多功能电能表、远程预付费集抄电能表和抄表系统及XL−300系列变电站综合自动化产品。

米诺一真兰集团
地址：上海市松江工业区东兴路15号
邮编：201613
电话：021-67743309
传真：021-57744790
电子信箱：info@zenner-meters.com
网址：www.zenner.com.cn
主要产品或业务范围：该公司是专业热量表、热量分配表、水表、自动抄表系统制造商。

上海奉义龙电子有限公司
地址：上海市南汇区大麦湾工业园航都路5号2号楼3楼
邮编：201316
电话：021-60975591，60975592，13611695570
传真：021-60975593
联系人：言武锋
电子信箱：forlongsh@yahoo.cn
网址：www.china-meters.com
主要产品或业务范围：该公司是生产电表，水表，煤气表的企业；电表系列包括机电式电能表、电子式电能表、插座式电能表、导轨式电能表。水表系列包括湿式水表、干式水表、液封水表、容积水表、脉冲水表、智能水表。煤气表包括家用煤气表、工业用煤气表等。

上海华成电表有限公司
地址：上海市金山区金张支路718号
邮编：201514
电话：021-57216655
传真：021-57217799
网址：www.hcmeter.com
主要产品或业务范围：电能表。

上海环球电表有限公司
地址：上海市松江区泗泾高新技术工业区莘砖公路1225号
邮编：201601
电话：021-57629060
传真：021-57628271
联系人：虞庆
主要产品或业务范围：单三相感应式电能表、单相感应式长寿命电能表、单三相电子式电能表、单三相预付费电能表、单三相全电子和机电一体化复费率电能表等。

上海金陵智能电表有限公司
地址：上海市松江区文俊路182号
邮编：201616
电话：021-57766611
传真：021-57763559
联系人：周益明
电子信箱：shjlzndb@online.sh.cn
网址：www.shjlzndb.com
主要产品或业务范围：三相电能表，单相电能表，全电子式电能表，集中抄表系统。

上海克罗姆表业有限责任公司
地址：上海市水电路1229号
邮编：200434
电话：021-63516535，65600366
传真：021-63516535
主要产品或业务范围：该公司是从事各种燃气表、燃气设备、电子产品的开发、生产、销售的中外合资企业。主要生产BK系列、JBD系列、BMD系列膜式煤气表、智能表和BSD系列湿式流量计。

上海新向东仪表电气有限公司
地址：上海市奉贤区光明镇农工路1号
邮编：201406
电话：021-57473368
传真：021-57473399
主要产品或业务范围：DD862型、DD94型、DD701型、DD702型单相电能表，DS864型、DS862-4型三相三线有功电能表，DT864型、DT862-4型三相四线有功电能表，DSD20型三相三线多功能电能表。

上海英孚特电子技术有限公司
地址：上海市闵行区纪宏路81号
邮编：201107
电话：021-62967072，62967130，62967131
传真：021-62967071
电子信箱：sales@infotec.cn
网址：www.infotec.cn
主要产品或业务范围：单、三相电子式电能表，单、三相电子式复费率电能表，单相电子式自读码电能表，三相电子式预付费电能表，三相四线复费率红外预付费电能表，三相电子式多功能电能表，时钟精度测量仪，智能路灯控制器，智能电力计量箱。

四川泛华航空仪表电器厂
地址：四川省雅安市雨城区西门南路99号
邮编：625000
电话：0835-2866700
传真：0835-2866777
电子信箱：fanhua@avicfanhua.com.cn
网址：www.avicfanhua.com.cn
主要产品或业务范围：航空燃油测量系统及发动机点火系统，单相电能表系列产品。

四川启明星蜀达电气有限公司
地址：四川省成都市国家高新技术开发区高朋东路4号

邮编：610041
电话：028-85184896，85183971
传真：028-85184157
电子信箱：scsd@public.cd.sc.cn
网址：www.shuda.com
主要产品或业务范围：该公司是以电能表、集抄系统和综合自动化系统等为主要产品的生产厂家。

天津市光大伟业计量仪表技术有限公司
地址：天津市华苑产业园区梓苑路13号3-D-301
邮编：300384
电话：022-58627651
传真：022-58627653
电子信箱：wz1201@126.com
网址：www.gdwyyb.cn
主要产品或业务范围：新型全系列超声波热量表，全通径、无压损、无挂件、国家专利产品，提供供热计量系统解决方案。

天津市新巨升电子工业有限责任公司
地址：天津市新技术产业园区华苑产业区物华道10号
邮编：300384
电话：022-23112825，83712971
传真：022-23314154
电子信箱：seasun@seasunelec.com
网址：www.seasunelec.com
主要产品或业务范围：单相、三相预付费电能表及多功能电能表、智能卡燃气表、自动抄表系统。

天津市新岭电子技术有限公司
地址：天津市南开区科研东路15号
邮编：300192
电话：022-87890377，87891376
传真：022-87891379
网址：www.newtoptech.cn
主要产品或业务范围：机械式、超声波热量表及抄表系统。

天津万华股份有限公司
地址：天津市西青开发区兴华道7号
邮编：300385
电话：022-83983946
传真：022-23970581
电子信箱：tj-wanhua@163.com
网址：www.tj-wanhua.com
主要产品或业务范围：超声波热能表，采用专用测量电炉，超低功耗，长寿命，性能稳定，准确度高。

威森节能科技（天津）有限公司
地址：天津市宝坻区九园低碳工业园3号路
邮编：301802
电话：4000225777
传真：022-22410000
电子信箱：wse7777@163.com
网址：www.wses.cn
主要产品或业务范围：自主研发、生产的超声波热量表具有零阻力、零压损、可在线拆卸清洗等特点。

晨泰集团有限公司
地址：浙江省温州经济技术开发区高新园区4号
邮编：325011
电话：0577-86581118，86585858，86588888
传真：0577-86581116
电子信箱：risesun@mail.wzptt.zj.com
网址：www.risesungroup.com
主要产品或业务范围：电力负荷管理终端、配变监测终端、远程集抄系统、复费率表、预付费表、载波表系列。

慈溪市一得电子仪表有限公司
地址：浙江省慈溪市坎墩街道大昌南路
邮编：315300
电话：0574-63032901-2901
传真：0574-63032911
电子信箱：sales@eden-elc.com
网址：www.eden-elc.com
主要产品或业务范围：全电子式单相电能表、预付费单相电能表、预付费三相电能表。

慈溪市掌起仪表厂
地址：浙江省慈溪市掌起镇
邮编：315313
电话：0574-63742121
传真：0574-63742121
电子信箱：web@zqybc.com
网址：www.zqybc.com
主要产品或业务范围：该公司是电能表用计度器的专业生产厂家。

杭州百富电子技术有限公司
地址：浙江省杭州市天目山路248号华鸿大厦B座5层
邮编：310012
电话：0571-86714200，86714172
传真：0571-86714201
电子信箱：hl@paxhz.com
网址：www.paxhz.com/cn
主要产品或业务范围：单相电子式电能表、单相电子式复费率电能表、三相电子式电能表、三相电子式多功能电能表、GR2001用电现场服务和管理系统等。

杭州富阳仪表总厂
地址：浙江省富阳高桥开发区高富路76～78号
邮编：311402
电话：0571-63431299，63431245，63431483
传真：0571-63431413
电子信箱：lili98301@sohu.com
网址：www.hz-fuyi.com
主要产品或业务范围：各类热工仪表、数显表、温控仪表及热能表等。

杭州炬华科技有限公司
地址：浙江省杭州市西湖科技经济园西园八路2号
邮编：310030
电话：0571-89935888，89935868，89935869
传真：0571-89935899，89935870
电子信箱：market@sunrisemeter.com
网址：www.sunrisemeter.com.cn
主要产品或业务范围：高精度关口电能表、单相及三相工商、民用电能表、单相及三相多功能/预付费/载波电能表、电力负荷管理终端、自动抄表系统等。

杭州西力电能表制造有限公司
地址：浙江省杭州市清泰街486号3F
邮编：310009
电话：0571-87831035
传真：0571-87831251
电子信箱：hzxilidb@163.com
网址：www.cnxili.com
主要产品或业务范围：该公司专业从事电能表产品的开发、生产和销售。生产单相电度表、三相电度表、单相电子表、三相电子表、单相复费率电能表、三相复费率电能表、三相多功能电能表、电子式单相/三相及复费率、多功能电能表和用电现场服务与管理系统等系列产品。

杭州西子集团有限公司
地址：浙江省杭州市学院路28号
邮编：310012
电话：0571-88842428
传真：0571-88845017
电子信箱：hzxzg@mail.hz.zj.cn
网址：www.xizimeter.com
主要产品或业务范围：DD601系列长寿命单相电能表，DDS33系列全电子式单相电能表，DD862a、DD862aF系列单相电能表，DDY53系列单相预付费电能表，DD862a工业电能表，DF93系列多费率电能表。

杭州中沛电子有限公司
地址：浙江省杭州市余杭区五常大道163号C座3楼
邮编：310023
电话：0571-85222258
传真：0571-88258913
电子信箱：service@zpmeter.com
网址：www.zpmeter.com
主要产品或业务范围：超声波热表模块、机械表模块等。

华立仪表集团股份有限公司
地址：浙江省杭州市余杭区五常大道181号
邮编：310023
电话：0571-89300088，88900800
传真：0571-89300800
联系人：黄知姣
电子信箱：metering@holley.cn
网址：www.holleymeter.com
主要产品或业务范围：电能表、燃气表、水表、SCADA/EMS/DMS网（省级、地区级、县级）、电能量计量计费系统、变电站及工业大用户用电信息综合管理系统、居民用电信息综合管理系统、综合自动化系统等。

宁波百立康智能仪表有限公司
地址：浙江省慈溪市新浦镇樟新路22号
邮编：315322
电话：0574-63590999
传真：0574-63593088
电子信箱：jixin@nbshengteng.com
网址：www.chinarlb.com
主要产品或业务范围：机械式热量表DN15-100，超声波热量表DN15-100。

宁波博纳智能仪表有限公司
地址：浙江省慈溪市新浦工业区一号桥
邮编：315322
电话：0574-63579778
传真：0574-63579798
电子信箱：bonameter@163.com
网址：www.bonameter.com
主要产品或业务范围：超声波热量表是一种用于测量和显示家庭用户暖气热量消耗的仪表。

宁波东海集团有限公司
地址：浙江省宁波市西郊横街
邮编：315181
电话：0574-88426871（总机），87840520
传真：0574-88426271，87392641
电子信箱：marketing@dhchina.cn
网址：www.dhchina.cn
主要产品或业务范围：水表、电能表、煤气表、热量表、净水表、计时器、程控阀门、智能仪表及能源资源管理系统等。

宁波科坚仪表有限公司

地址：浙江省余姚市低塘街道西郑巷工业小区11号
邮编：315400
电话：0574-62506999
传真：0574-62505566
电子信箱：hgf138@yahoo.cn
网址：www.kejianyb.cn
主要产品或业务范围：科坚超声波热量表，结构先进、外观大气。

宁波三星电气股份有限公司

地址：浙江省宁波市鄞州区姜山工业园明光北路1166号
邮编：315191
电话：0574-88072138
传真：0574-88220152，88220175
电子信箱：ybfwb@mail.sanxing.com
网址：www.sanxing.com
主要产品或业务范围：单相电能表、三相电能表、复费率电能表。

天正集团有限公司

地址：浙江省乐清柳市天正工业园区
邮编：325604
电话：0577-62762848
传真：0577-62790038
电子信箱：zhangshaohen@tengen.com.cn
网址：www.tengen.com.cn
主要产品或业务范围：天正集团生产80大系列10000余种规格的电器产品，塑壳断路器、电能表等产品获得国家质量检验检疫总局颁发的“中国名牌产品”。电力自动化产品“STS360变电站综合自动化系统”被上海市科委认定为具有该领域国际先进水平。

玉环电力仪表有限公司

地址：浙江省玉环县龙溪工业区
邮编：317609
电话：0576-87491671
传真：0576-87492135
电子信箱：web@yhddb.com
网址：www.yhddb.com
主要产品或业务范围：机电式及电子式单相电能表、三相四线机电式及电子式电能表、多功能电子式电能表。

浙江超仪电子技术股份有限公司

地址：浙江省嘉兴市秀洲区油车港镇茶园北路333号A9栋2楼
邮编：314018
电话：0573-82236000
传真：0573-82237330
电子信箱：xtp@joymeter.com
网址：www.joymeter.com
主要产品或业务范围：电子计量产品与管理系统解决方案提供商，主要产品有超声波式热量表、超声波式IC卡热量表、普通IC卡热量表、时间面积控制阀及热能集抄系统。

浙江登立电表仪器有限公司

地址：浙江省乐清市柳市镇西仁宕工业区
邮编：325604
电话：0577-62710999，62711899，62710967
传真：0577-62711967
电子信箱：dengli@mail.wzptt.zj.cn
网址：www.dengli.com.cn
主要产品或业务范围：预付费、电子式单相表，三相四线有功电能表。

浙江恒业电子有限公司

地址：浙江省平湖经济开发区环北二路999号
邮编：314200
电话：0573-85096555
传真：0573-85096333
电子信箱：hy@zjhengye.net
网址：www.hengye.com.cn
主要产品或业务范围：单/三相电子式电能表、单/三相电子式多费率电能表、三相电子式多功能电能表、用电现场服务管理终端、配变终端、带远程通信功能的模块表、小区集中抄表系统等。

浙江华邦电力仪表有限公司

地址：浙江省温州市北白象镇龙河路75号
邮编：325603
电话：0577-62988111
传真：0577-62981658
电子信箱：huabang@china-huabang.com
网址：www.china-huabang.com
主要产品或业务范围：专业生产制造各种型号、规格的单、三相电能表，长寿命电能表，防窃电电能表，预付费电能表及电子式电能表等。

浙江华仪电子工业有限公司

地址：浙江省乐清市宁康西路138号工业园
邮编：325600
电话：0577-62539622，61525958
传真：0577-62539766
电子信箱：heagdz@heag.com
网址：www.huayielec.com，www.heag.com.cn
主要产品或业务范围：单相、三相电子式电能表，电子式三相有功、无功组合电能表，单相、三相预付费电能表，单相、三相（TM卡）预付费电能表，单相、三相复费率电能表，单相、三相多功能电能表，预付费灌溉控制装置，基于GPRS无线网络通信的集抄表系统，公用配变监控管理系统。

浙江佳友热能科技设备有限公司
地址：浙江省玉环县后湾工业点
邮编：317600
电话：0576-87358358
传真：0576-87358357
电子信箱：18806579922@139.com
网址：www.jiayourn.com
主要产品或业务范围：超声波热量表、机械式热量表系列产品及流量计。

浙江松鹤仪表有限公司
地址：浙江省德清县武康镇
邮编：313200
电话：0572-8081875，8285830
传真：0572-8285775
电子信箱：songhe@songhemetering.com
网址：www.songhemetering.com
主要产品或业务范围：DDS446全系列电子式电能表、DD701系列长寿命机械式电能表、集中抄表系统等。

浙江松夏仪表有限公司
地址：浙江省乐清市柳市镇捕捞新村
邮编：325604
电话：0577-62711507，62711508
传真：0577-62711509
电子信箱：songxia@kwhmeter.com
网址：www.kwhmeter.com
主要产品或业务范围：单相电能表、三相电能表、长寿命技术电能表、预付费单相电能表、预付费三相电能表。

浙江万胜电力仪表有限公司
地址：浙江省天台县栖霞东路189号
邮编：317200
电话：0576-83999510
传真：0576-83999512
网址：www.wellsun.com
主要产品或业务范围：单相静止式电能表，单相静止式复费率电能表，单相静止式多功能电能表，单相静止式预付费电能表，三相静止式电能表，三相静止式复费率电能表，三相静止式多功能电能表，三相静止式预付费电能表，集中抄表系统、大用户终端、网络表。

浙江正泰仪器仪表有限责任公司
地址：浙江省乐清市温州大桥工业区正泰仪表工业园
邮编：325603
电话：0577-62877777-9210
传真：0577-62891577
电子信箱：ztyb@chint.com
网址：www.chint.com
主要产品或业务范围：电子式单、三相电能表，单、三相多费率电能表，单、三相多功能电能表，自动抄表系统，感应式单、三相长寿命电能表，安装式模拟指示/数字显示电表，智能温度调节仪表，燃气表和自动变光面罩等。

专用仪器仪表

安徽省煤炭科学研究院

地址：安徽省合肥市宣城路81号
邮编：230001
电话：0551-64679600
传真：0551-64655426
联系人：程文凯
网址：www.ahmky.com
主要产品或业务范围：该公司从事便携式甲烷检测报警仪、矿用隔爆型监视器、隔爆型矿用电源、本安型绝缘电阻测试仪等。

安徽中科智能高技术有限责任公司

地址：安徽省合肥市高新区科学大道100号
邮编：230088
电话：0551-5316768，5350298，5315075，5350282
传真：0551-5315608
电子信箱：zkzn@casbrain.com
网址：www.casbrain.com
主要产品或业务范围：电梯加速度测试仪、电梯限速器测试仪、平衡系数测试仪、安全部件测试仪及张紧力测试仪等；系列化智能测漏仪及密封性能综合检测系统；心血管健康监测仪（爱心小专家）及心血管功能检测仪。

黄山金马股份有限公司

地址：安徽省黄山市歙县经济开发区
邮编：245200
电话：0559-6537889
传真：0559-6537888
电子信箱：jinma@hsjinma.com
网址：www.hsjinma.com
主要产品或业务范围：汽车仪表、汽车线束、汽车传感器、摩托车仪表、摩托车传感器等。

天长市天马化玻有限公司

地址：安徽省天长市仁和镇富民北路9号
邮编：239331
电话：0550-7831168，7305979
传真：0550-7831168
电子信箱：web@tctianma.cn
网址：www.tctianma.cn
主要产品或业务范围：该公司主要经营各种玻璃仪器、化学试剂、化验仪器及原材料销售。

北京爱社时代科技发展有限公司

地址：北京市海淀区学院路甲38号长城电脑大厦A506
邮编：100191
电话：010-82337759，82257095
传真：010-82311583
电子信箱：info@ecoso.com.cn
主要产品或业务范围：智能气体泄漏检测仪、压缩空气泄漏点扫描枪、设备入口流量监测计、压缩机群节能型智能控制系统等。

北京北研兴电力仪表有限公司

地址：北京市昌平区沙河百沙路新飞达电子科技工业发展中心6层
邮编：102206
电话：010-61705470，61705480
传真：010-61705400
电子信箱：beiyanxing@126.com
网址：www.beiyanxing.com
主要产品或业务范围：该公司主要从事智能化电力测量设备的生产、研制、开发、销售，兼营通用仪器。

北京博隆蓝谱科技有限公司

地址：北京市北三环东路18号中国计量院11号楼2层
邮编：100013
电话：010-64299842，64294270
传真：010-64294270
电子信箱：casella@163.com
网址：www.lpcomp.net
主要产品或业务范围：该公司是英国CASELLA公司、西班牙CESVA公司、德国德图公司（TESTO）、美国Flir等的代理商，产品包括环境噪声仪器，热环境检测仪器，气体与放射性检测仪器，生态监测与气象站，亮度计、照度计，风速、微风计，粉尘仪，温湿度计。

北京长森石油科技有限公司

地址：北京市海淀区永丰产业基地永捷北路2号天惠华大厦3层
邮编：100094
电话：010-82894349
传真：010-82896607
电子信箱：bjcsoil@163.com
网址：www.csoil.com
主要产品或业务范围：油田系统效率测试分析、油田自动化测控技术及相关产品。

北京楚翔飞科技开发有限责任公司

地址：北京市朝阳区望京东路8号锐创国际2号楼1612室

邮编：100102
电话：010-64073370
传真：010-64073354
电子信箱：chuxiangfei@sina.com
网址：www.cxf-tech.com
主要产品或业务范围：多功能原油在线评价仪、汽油自动馏程仪、柴油紫外荧光定硫仪等。

北京德康正泰科技有限公司
地址：北京市昌平区北七家工业园区宏翔鸿E座106
邮编：102209
电话：010-84832651
传真：010-84832650
电子信箱：dkzt@dkzt.com
网址：www.dkzt.com
主要产品或业务范围：气体监控系统、安全检测报警仪表、呼吸防护设备等。

北京鼎尚基业科技有限公司
地址：北京市海淀区学院南路38号智慧大厦305A
邮编：100082
电话：010-82255896
传真：010-82255937
电子信箱：info@chinatopsun.cn
网址：www.chinatopsun.cn
主要产品或业务范围：长输管道危害事件定位系统、管道大泄漏在线监测系统、天然气井口入侵安防监测系统。

北京菲斯罗克仪器科技有限公司
地址：北京市朝阳区大屯路西奥中心B1103室
邮编：100101
电话：010-64851455
传真：010-64871290
电子信箱：wangxh@phase-lock.com.cn
主要产品或业务范围：无线通信及光电传感设备。

北京浮美通电子仪器技术开发有限公司
地址：北京市丰台区科学城海鹰路5号赛欧科技园科技孵化中心707～709（35号信箱）
邮编：100078
电话：010-67674053，67676944，83681862
传真：010-83681572
电子信箱：info@fumeitong.com
网址：www.fumeitong.com
主要产品或业务范围：露点仪及露点变送器，温湿度变送器及仪表，气体检测仪及报警器，气体分析仪，气体检测变送器，气体、湿度发生器及风速开关，烟气分析仪，压力开关，其他仪器仪表。

北京海蓝科技开发有限责任公司
地址：北京市石景山区石景山路22号长城大厦518室
邮编：100043
电话：010-88683329
传真：010-88682757
电子信箱：bhl@b-hl.com.cn
网址：www.b-hl.com.cn
主要产品或业务范围：YST-48R无线随钻测斜仪，YSS系列电子单、多点测斜仪，YST-38S无线随钻测斜仪，YST系列有线随钻测斜仪。

北京恒宇飞技术有限公司
地址：北京市朝阳区望京利泽西园106楼1304室
邮编：100102
电话：010-64116812
传真：010-64116810
电子信箱：bj-hyf@263.net
主要产品或业务范围：COMB-1型可燃气体检测器、POIN-1型有毒气体检测器、XP系列便携式气体检测仪、GAXT防水型系列便携式气体检测仪、ToxiRAEⅡ型系列便携式有毒气体检测仪、QRAE Plus密闭空间检测仪、空气呼吸器、红外测温仪等。

北京华德安工科技有限公司
地址：北京市海淀区志新东路6号
邮编：100083
电话：010-62314069，62314064，62398421，62398422
传真：010-62395084
电子信箱：huade@hdag.com.cn
网址：www.hdag.com.cn
主要产品或业务范围：该公司专门从事有毒、有害气体检测报警仪器仪表的开发、生产和销售，主要有Picketer系列气体检测探头和报警仪、KL系列气体检测探头和报警仪、便携式气体检测仪等。

北京嘉世技术有限公司
地址：北京市朝阳区北四环中路6号深蓝华亭D-15E
邮编：100029
电话：010-82842723
传真：010-82842725
电子信箱：cathymao@jstechnology.com
主要产品或业务范围：代理FANN公司生产的各类石油仪器、钻井液（泥浆）测试仪器、水泥仪器。

北京检测仪器有限公司
地址：北京市西城区鸭子桥39号
邮编：100055
电话：010-63365502
传真：010-63365502
电子信箱：jcyq@bjjcyq.com
网址：www.bjjcyq.com
主要产品或业务范围：该公司生产TA系列、ZRQF系列热球风速计。

北京今科三同科技发展有限公司
地址：北京市海淀区北洼路甲5号7号楼办公楼5层514室
邮编：100029
电话：010-82038606
传真：010-82036870
电子信箱：konglm@advancingsem.com
网址：www.advancingsem.com
主要产品或业务范围：噪声计、粉尘检测仪、有毒有害气体监测等。

北京聚鑫腾科学仪器设备有限公司
地址：北京市石景山区杨庄路110号院华信西郊大厦312室
邮编：100043
电话：010-68868563，68831910
传真：010-68833968
联系人：李亚明
电子信箱：juxinteng@sohu.com
网址：www.juxinteng.cn
主要产品或业务范围：该公司主要从事安全、环保仪器的销售、开发、维修、标定等业务，提供安全环保监测仪器、电力仪表、劳动防护用品等。

北京君合泰科技发展公司
地址：北京市海淀区四道口路十一号银辰大厦605A室
邮编：100081
电话：010-62139232
传真：010-62137825
电子信箱：sales@dsolab.com
网址：www.dsolab.com
主要产品或业务范围：虚拟仪器及labview实验、通信及微波天线实验、RFID及无线传感器网络、软件无线电系统。

北京凯商科技发展有限责任公司
地址：北京市中关村南大街12号中国农科院信息楼4、5层
邮编：100081
电话：010-62135850
传真：010-62199652
网址：www.kaishang.com
主要产品或业务范围：该公司致力于汽车及工程专用车辆控制系统研发、生产、销售和服务。

北京科力赛克科技有限公司
地址：北京市通州区中关村科技园区金桥科技产业基地景盛南四街甲13号东1H
邮编：101102
电话：010-59771558
传真：010-59771559
电子信箱：klskkj@163.com
网址：www.bjklsk.com
主要产品或业务范围：便携式检测仪、固定式检测报警系统及计算机智能监控系统。

北京科思特气体技术有限公司
地址：北京市西城区西单民丰胡同31号中水大厦412室
邮编：100032
电话：010-88067099
传真：010-88067100
电子信箱：tslaowang@bjgastec.com
网址：www.bjgastec.com
主要产品或业务范围：快速气体检测管和气体检测产品。

北京莱森泰克科技有限公司
地址：北京市海淀区知春路甲48号盈都大厦C座3-9D
邮编：100098
电话：010-58731871
传真：010-58731875
电子信箱：laisen@laisen.com
网址：www.laisen.com
主要产品或业务范围：精密压力校验与控制仪系统、大气数据测试仪、温湿度仪表、气体检测仪、标准气体智能配比仪、湿度发生器、全自动测控系统等。

北京理弘远见科贸有限责任公司
地址：北京市朝阳区安华里五区18号楼
邮编：100011
电话：010-64801130
传真：010-64801132
电子信箱：info@lhyj.com.cn
网址：www.lhyj.com.cn
主要产品或业务范围：该公司多年专业经营国内外高水平的各类仪器仪表，特别是在湿度计量的建标、湿度室的认证等方面具有专业的特长；产品主要由日本、美国、德国、英国、瑞士等世界知名厂家生产，性能优越，质量稳定可靠；该公司还代理日本神荣的温湿度标准发生器、温湿度计、温湿度记录计、温湿度变送器；美国GET公司露点计系列、美国Delta Trak用于运输中的温度记录器。

北京连华永兴科技发展有限公司
地址：北京市通州区中关村科技园金桥科技产业基地景盛南四街15号95号楼
邮编：101102
电话：010-59777066
传真：010-59777077
电子信箱：cod8cod@126.com
网址：www.lianhuakeji.com
主要产品或业务范围：水质监测仪器。

北京六合伟业科技有限公司
地址：北京市丰台区南四环西路188号12区39号楼
邮编：100070
电话：010-63753083
传真：010-63796616
电子信箱：liuhe@liu-he.com

网址：www.liu-he.com
主要产品或业务范围：照相测斜仪、电子单多点测斜仪、有线随钻测斜仪、自浮测斜仪、陀螺测斜仪、无线随钻测斜仪以及各种地质钻孔测斜仪等。

北京绿林创新数码科技有限公司
地址：北京市海淀区花园路甲13号院7号楼（庚坊国际发展中心）三层306-B号
邮编：201109
电话：010-66137977，66165286，66162065
传真：010-66160512
网址：www.llcx.com.cn
主要产品或业务范围：激光粉尘仪。

北京罗杰卓越科技有限公司
地址：北京市海淀区信息路30号上地大厦4021室
邮编：100085
电话：010-82600240，82600241，82600242，82600243
传真：010-82600355
联系人：朱志华
电子信箱：yaomingcang@126.com
网址：www.pkrojoy.com
主要产品或业务范围：主要产品包括手持式温度表；暖通、工业、防爆温湿度变送器；手持式露点仪；温湿度记录器；多通道温湿度巡检仪；水活性分析仪；气象温湿度产品；湿度发生器等。

北京美卡科技有限公司
地址：北京市朝阳区壹线国际蜂巢7-11
邮编：100026
电话：010-84763288
传真：010-84763732
联系人：高世浩
电子信箱：meikakeji@163.com
网址：www.meca.com.cn
主要产品或业务范围：该公司专业生产食品安全快速检测设备和食品安全网络监控系统。

北京牡丹联友环保科技股份有限公司
地址：北京市经济技术开发区科创14街99号17栋
邮编：101111
电话：010-51262896
传真：010-59390175
电子信箱：sales@pafer.com.cn
网址：www.pafer.com.cn
主要产品或业务范围：主要从事环保在线监测设备的研发、生产、销售和后期运营服务。

北京普莱而得机电技术有限公司
地址：北京市海淀区知春路6号锦秋知春A106室
邮编：100088
电话：010-82358331，82358330
传真：010-82357377
电子信箱：bjpride@126.net
网址：www.bjpride.com
主要产品或业务范围：该公司专业从事机电产品的开发与销售；产品包括各种仪器仪表及传感器、动静压轴承、不间断电源等；此外，该公司还是奥地利E+E公司、德国JUMO公司以及日本RKC公司的中国代理，产品主要有温湿度、露点、风速、压力传感器，温度控制器、调节器等产品。

北京普瑞亿科科技有限公司
地址：北京市海淀区瀚河园路自在香山159号楼2单元202室
邮编：100093
电话：010-51651246
传真：010-88121891
电子信箱：zgh@pri-eco.com
网址：www.pri-eco.com
主要产品或业务范围：同位素分析仪，超痕量气体分析仪，环境气象观测系统等。

北京瑞普韦尔仪表有限公司
地址：北京市朝阳区三元桥霞光里5号
邮编：100027
电话：010-64635551-219
传真：010-84515920
电子信箱：alarm2000@rp-well.com
网址：www.rp-well.com
主要产品或业务范围：可燃、有毒有害气体探测器、气体报警控制器。

北京赛必达科技有限公司
地址：北京市昌平区北七家镇白庙
邮编：102209
电话：010-81787759
传真：010-81787759-801
电子信箱：mlsafeda@163.com
网址：www.safeda.com
主要产品或业务范围：农药残留快速检测仪，多参数食品安全快速检测仪等。

北京赛斯尔自动控制工程有限公司
地址：北京市海淀区知春路108号豪景大厦B座3A01室
邮编：100086
电话：010-62579956，62563133
传真：010-62615586
电子信箱：siemens@bj-beston.com
网址：www.bj-beston.com
主要产品或业务范围：各种温度和湿度传感器和变送器、水浸传感器、电压和电流转换器等。

北京深度科技有限责任公司
地址：北京市石景山区古城大街一号领秀大厦A座328室
邮编：100043
电话：010-68886703
传真：010-88929021-85
电子信箱：smartdeep@yahoo.cn
网址：www.smartdeep.com
主要产品或业务范围：油田钻井电子测斜仪器。

北京世纪建通环境技术有限公司
地址：北京市丰台区航丰路1号时代财富天地23层2313室
邮编：100070
电话：010-64219138
传真：010-64205045
电子信箱：zhanglei@bjjttec.com
网址：www.bjjttec.com
主要产品或业务范围：快速导热仪、双通道吸声系数测试系统、热舒适度仪、多通道温度热流测试系统、多通道微风速测试仪、气密性测试系统、太阳辐射温度仪、高精度温湿度计等。

北京市兰航测控技术研究所
地址：北京市大兴区旧宫镇西广德工业区北1号院
邮编：100076
电话：010-68769425，68380632
传真：010-69273618
电子信箱：webmaster@bj-lh.cn
网址：www.bj-lanhang.com
主要产品或业务范围：本所是开发、生产公路、交通石油化工实验室专用仪器设备的专业科研单位。开发生产的沥青实验室专用仪器设备有十几种产品、20多个型号。

北京市普利门机电高技术公司
地址：北京市石景山区实兴大街7号
邮编：100041
电话：010-88798838
传真：010-88792013
电子信箱：bjplm@vip.sohu.com
网址：www.plm.com.cn
主要产品或业务范围：PMWD无线随钻测斜仪、DST有线随钻测斜仪、EMS电子单多点测斜仪、FES-1自浮式电子单点测斜仪、VES自浮式直井测斜仪。

北京索福特安全防护设备有限公司
地址：北京市朝阳区八里庄西里99号住邦2000商务中心702室
邮编：100025
电话：010-85861122
传真：010-85863688
电子信箱：market@safetak.com
网址：www.safetak.com
主要产品或业务范围：SAFETAK GC系列便携式气体检测仪和固定式气体监测系统。

北京泰索安全科技有限公司
地址：北京市朝阳区马甸裕民路12号元辰鑫大厦E2座2613室
邮编：100029
电话：010-82253708，82253709
传真：010-82253701
电子信箱：tehs@tehs.com.cn
网址：www.tehs.com.cn
主要产品或业务范围：便携式、固定式气体检测仪，水质检测仪器及系统。

北京拓奇星自动化技术有限公司
地址：北京市通州区宋庄镇大庞庄工业区
邮编：101118
电话：010-89563125，89565769
传真：010-89565769
电子信箱：sales@torchstar.com.cn
网址：www.torchstar.com.cn
主要产品或业务范围：TORCHSTAR气体泄漏检测仪，ALT2000系列差压式气体泄漏检测仪，ALT3000系列直压式气体泄漏检测仪，HLS1000系列静压式液位传感器，CLS1000系列电容式料位传感器。

北京新宇宙北方技术服务中心
地址：北京市海淀区紫竹院路33号美林花园1号楼5A
邮编：100089
电话：010-88550025，88551210
传真：010-88550026
电子信箱：newcosmos_china@263.net
网址：www.newcosmos.com.cn
主要产品或业务范围：该中心销售日本新宇宙气体检测报警仪，提供现场安装、调试、技术培训、维修及标定等服务。产品有便携式气体检测报警仪，固定式气体检测报警仪，手推式煤气管线检漏仪，便携式甲醛检测仪，便携式TVOC检测仪，便携式臭味检测仪。

北京雅欣理仪科技有限公司
地址：北京市海淀区上地三街9号嘉华大厦F座707室
邮编：100085
电话：010-62984600，62980353
传真：010-62978502
电子信箱：tech@bjyxly.com
网址：www.bjyxly.com
主要产品或业务范围：公司产品有多种型号光合仪、生物氧测定仪、高精密度热电偶测温。

北京亚光华阳电连接器有限公司
地址：北京市石景山区古城北路地铁家园东区西平台
邮编：100043

电话：010-87970325，68874802，63037206
传真：010-68874802
电子信箱：yaguanghuayang@126.com
网址：www.yaguanghy.com
主要产品或业务范围：机械和电子温湿度测量仪表及温湿度测控系统等系列产品。

北京易科泰生态技术有限公司

地址：北京市海淀区中关村东路89号恒兴大厦19A/B
邮编：100190
电话：010-82611269，82611572
传真：010-62536325
联系人：李欢
电子信箱：info@eco-lab.cn
网址：www.eco-tech.com.cn
主要产品或业务范围：该公司致力于土壤与植物生理生态研究监测、环境气象监测、水文水质及地下水监测、水土保持研究监测、荒漠化监测、精准农业以及动物生态研究等国外先进仪器技术的引进推广和系统集成。

北京宇翔电子应用技术有限公司

地址：北京市崇文区龙潭路3号
邮编：100061
电话：010-67159148，67159149
传真：010-65800823
电子信箱：yx@yx-traffic.cn
网址：www.yx-traffic.com
主要产品或业务范围：专门从事城市交通路口灯色信号控制、时间显示等设备的研究、生产。

北京中恒安科技有限公司

地址：北京市海淀区长春桥路11号万柳亿城中心C2座1606室
邮编：100089
电话：010-58814188
传真：010-58814088
电子信箱：info@hengan-instruments.com
网址：www.hengan-instruments.com
主要产品或业务范围：该公司专业从事工业气体检测仪器及安全、环保设备的研发、生产、销售和售后服务工作。

北京中油联自动化技术开发有限公司

地址：北京市东城区东四十条甲二十二号南新仓国际大厦A座1008
邮编：100007
电话：010-51690026
传真：010-51690027-12
电子信箱：cpuc@vip.163.com
网址：www.cpuc.net
主要产品或业务范围：原油含水在线监测仪，油井多相计量检测系统，SF-OW100系列原油全量程含水密度测量仪，罐区综合计量系统。

德国仪科仪器有限公司

地址：北京市建外大街19号国际大厦A座11-C
邮编：100004
电话：010-85261817
传真：010-85261436
电子信箱：anita.ye@ecom-ex.com
网址：www.ecom-ex.com
主要产品或业务范围：手持式本安防爆仪器仪表。

航天科工惯性技术有限公司

地址：北京市丰台区海鹰路1号院2号楼
邮编：100070
电话：010-63791786
传真：010-83681887
电子信箱：cnasit@cnasit.com
网址：www.cnasit.com
主要产品或业务范围：高精度加速计、石油钻井测井仪器、岩土仪器、非标测控设备、球栅数控数显装置等。

华瑞科力恒（北京）科技有限公司

地址：北京市海淀区永丰产业基地丰贤中路7号
邮编：100094
电话：010-58858788
传真：010-58717569
电子信箱：purchase@raesystems.com
网址：www.raesystems.com
主要产品或业务范围：各种气体检测设备、放射性检测设备、安全防护设备、自动化控制设备、移动数字视频监控系统设备等。

科蒂斯仪器（中国）有限公司销售部

地址：北京市建国门内大街8号中粮广场B座906室
邮编：100005
电话：010-65260686
传真：010-65260682
电子信箱：chinasales@curtisinst.com
主要产品或业务范围：电动车辆电机速度控制器、内燃机仪表、计时和计数器。

麦克罗普（中国）技术有限公司

地址：北京市大兴工业开发区金苑路17号
邮编：102600
电话：010-63742181
传真：010-63753158-800
电子信箱：xudong_zhou@sohu.com
网址：www.mikropul.com.cn
主要产品或业务范围：微粒含量检测仪，微粒泄漏检测仪，智能布袋除尘控制器。

森斯特（北京）电子科技有限公司

地址：北京市丰台区科学城海鹰路5号赛欧广场801室

邮编：100031
电话：010-66422879
传真：010-66422878
电子信箱：sales.li@sensitron.cn
网址：www.sensitron.cn
主要产品或业务范围：该公司从事易燃易爆和有毒气体的浓度探测器及监控系统的研究开发和生产。

同方威视技术股份有限公司
地址：北京市海淀区双清路同方大厦A座2层
邮编：100084
电话：010-62780909
传真：010-62788896，62784270
电子信箱：qiaogaixia@nuctech.com
网址：www.nuctech.com
主要产品或业务范围：主要产品为大型集装箱/车辆检查系统，以辐射成像技术为核心，集加速器技术、探测器技术、电子技术、计算机与信息处理技术、自动控制技术、精密机械加工技术、辐射防护技术等为一体。

万瑞（北京）科技有限公司
地址：北京市昌平区白浮泉路10号北控科技大厦7层706室
邮编：102200
电话：010-89760050
传真：010-89760051
电子信箱：marketing@wellray.com
网址：www.wellray.com
主要产品或业务范围：HRGT高精度自寻北陀螺测斜仪、HRST高分辨率补偿声波-8扇区水泥胶结测井仪等。

北京嘉盛赛航科技有限公司
地址：北京市朝阳区东三环北路丙二号天元港中心B座1102
邮编：100027
电话：010-84417646
传真：010-84417646-800
电子信箱：info@jadeshine.com
网址：www.jadeshine.com
主要产品或业务范围：研发制造射线实时成像设备。

维萨拉（北京）测量技术有限公司
地址：北京市朝阳区东三环北路霄云路21号大通大厦2层
邮编：100027
电话：010-58274100
传真：010-85261155
电子信箱：chinasales@vaisala.com
网址：cn.vaisala.com
主要产品或业务范围：该公司的产品涵盖了温湿度、露点、二氧化碳、风速风向、大气压力以及其他气象参数。

怡孚和融科技有限公司
地址：北京市海淀区首体南路22号国兴大厦20F
邮编：100044
电话：010-88356038，88356039
传真：010-88355195
联系人：周琳
电子信箱：info_everise@everisetech.com
网址：www.everisetech.com
主要产品或业务范围：该公司所能提供的系统和设备有环境质量空气监督系统/污染源排放监测系统，环境监测车/移动应急监测车、应急响应监测系统，常规职业卫生/环境卫生检测设备，在线水质监测系统。

中核（北京）核仪器厂
地址：北京市经济技术开发区宏达南路3号
邮编：100176
电话：010-67828026
传真：010-67828262
联系人：孟德香
电子信箱：bnif@bnif.com.cn
网址：www.bnif.com.cn
主要产品或业务范围：主营产品有核科学实验仪器、环境辐射监测仪器。

中天启明石油技术有限公司
地址：北京市海淀区闵庄路3号清华科技园玉泉惠谷28号楼
邮编：100195
电话：010-88850825
传真：010-88850820
电子信箱：zxbzxb5321@gmail.com
网址：www.goaltech.com.cn
主要产品或业务范围：ZT-MWD无线随钻测斜仪。

阿尔斯通创为实技术发展（深圳）有限公司
地址：广东省深圳市南山区高新区科技中二路软件园一期6号楼5层
邮编：518057
电话：0755-86168111
传真：0755-86168010
联系人：杨建
电子信箱：jian.yang@power.alstom.com
网址：www.strongwish.com
主要产品或业务范围：RMD8000远程监测和诊断中心，S8000工厂监测和诊断平台，机组诊断咨询及培训服务。

东莞科好仪器设备有限公司
地址：广东省东莞市东莞大道南宏图路高盛科技园E座
邮编：523080
电话：0769-88068806（10线）
传真：0769-22338600
电子信箱：sales@safeline.hk
网址：www.safeline.hk
主要产品或业务范围：检针机，过针机，验针机（金属探测仪器），对色灯箱，色卡，纽扣强力测试，甲酚含量测试仪，纺织品水分测试仪，布重测量组合，圆盘取样器，纺织天平，德国进口克重仪布料样板机，测试胶纸，含镍测试剂，小物件测试器，锐边测试器，日晒气候色牢度测试仪，多功能色牢度摩擦仪，验布机，横拉仪。

广州广兴牧业设备有限公司
地址：广东省广州市白云太和镇沙亭广兴路2号
邮编：510540
电话：020-87420079，87420240，87426396
传真：020-87420200，87499315
电子信箱：gxservice@cnguangxing.com
网址：www.cnguangxing.com
主要产品或业务范围：9TLX系列阶梯式行车喂料工厂化养鸡成套自动化设备，9CLX系列多层层叠式行车喂料工厂化高密度蛋鸡饲养成套自动化设备。

广州市安佳利防爆机电仪表有限公司
地址：广东省广州市广州大道北491号
邮编：510500
电话：020-37285308，37286173
传真：020-37286157
电子信箱：anjiali@anjiali.com
网址：www.anjiali.com
主要产品或业务范围：防爆型机电一体化系列，防爆防腐防水电器系列，防爆防火阀门、阀门控制器、定位器，防爆型温度、压力、流量、物位、机械量测控仪表、电子秤，可燃、有毒、有害气体检测报警仪等。

广州市福立分析仪器有限公司
地址：广东省广州市芳村浣花路109号东鹏德宝商务中心九楼5、6单元
邮编：510375
电话：020-81615299，81501590
传真：020-81615299，81501590
电子信箱：guangzhoufuli@126.com
网址：www.gzfuli.com
主要产品或业务范围：该公司专营FLA-501/502系列汽车排气分析仪；FLV-1000汽车排气流量分析仪；FLB-100透射式烟度计；FLG-800系列全自动前照灯检测仪；LY-2000燃油消耗测试装置等。

广州市庆瑞电子科技有限公司
地址：广东省广州市天河区高普路1021号E栋3楼
邮编：510663
电话：020-85562199，85564229
传真：020-85560935
电子信箱：ki880@yahoo.com
网址：www.gzkingray.com
主要产品或业务范围：主要从事环境温湿度测量及控制产品的研发、制造。

金护卫金属探测器制造厂
地址：广东省佛山市顺德区容桂文海东路海尾工业城25号
邮编：528306
电话：0757-28301603，28300783，28300793
传真：0757-28300973
电子信箱：okggd@yahoo.com.cn
网址：www.chinaggd.com
主要产品或业务范围：金属探测安检门，手持式金属探测器，台式探测器。

深圳市江阳伟业科技有限公司
地址：广东省深圳市南山区科技园科苑路9号24栋5层
邮编：518057
电话：0755-26581757
传真：0755-26583677
电子信箱：hh@use17.com
网址：www.isc-bauer.com
主要产品或业务范围：在线烟气排放监测系统、酸露点检测仪、粉尘含量监测仪、有毒气体检测仪。

深圳市特安仪器设备销售有限公司
地址：广东省深圳市南山区科技园北区朗山二号路5号洁净阳光园
邮编：518057
电话：0755-86186566
传真：0755-86141433
电子信箱：shiluyan@exsaf.com
网址：www.exsaf.com
主要产品或业务范围：产品包括有毒、易燃、易爆气体报警器、控制器、气体监控系统、固定式气体探测器、压力变送器、温度变送器。

深圳市新智新集团
地址：广东省深圳市福田区彩田路3069号星河世纪大厦A栋36楼
邮编：518033
电话：0755-86181999，83664481
传真：0755-83664480
电子信箱：webmaster@xzx.net.cn
网址：www.xzx.net.cn
主要产品或业务范围：SF〈sub〉6〈/sub〉检漏、露点仪，风速、温湿度、微压计，红外测温、热像仪，烟气、燃烧效率分析仪，继电器，电缆故障测试仪，金属探伤、测厚、硬度计，记录仪，数采器，谐波、电流/压标准源，标准电度表，高压绝缘及其他检测仪，振动、流量计和各类变送器等。

深圳市亿杰仪表有限公司
地址：广东省深圳市福田区华强北路赛格广场2105B
邮编：518031
电话：0755-61362528，61362527，61362526，61362525

传真：0755-61362529
电子信箱：sales@acez.com.cn
网址：www.acez.com.cn
主要产品或业务范围：温度、湿度、压力仪表，校验仪，传感器，记录仪，测量、控制、Kestrel风速计和DAVIS气象站等产品。

深圳市元征科技股份有限公司
地址：广东省深圳市龙岗区坂雪岗工业园五和大道北元征工业园
邮编：518129
电话：0755-84528888
传真：0755-84528889
电子信箱：dod@cnlaunch.com
网址：www.cnlaunch.com
主要产品或业务范围：该公司是国内最早致力于汽车诊断、检测、养护产品研发、生产和销售的高科技企业。

云洋光电（深圳）有限公司
地址：广东省深圳市安宝区新圳西路新安湖商业城新宝苑A1303
邮编：518100
电话：0755-27750787
传真：0755-27755557
电子信箱：admin@labguide.com
网址：www.labguide.com.cn
主要产品或业务范围：海洋光学的系列仪器。

珠海恒智电子科技有限公司
地址：广东省珠海市明珠南路2029号台商协会中心502室
邮编：519000
电话：0756-8534052
传真：0756-8534051
电子信箱：obtains@foxmail.com
网址：www.china-hz17.com
主要产品或业务范围：露点仪，气压表，风向、风速传感器/变送器，红外测温仪，转换器，调压器，油中微量水分测试仪/变送器，气体分析仪，压力、差压仪表，数显控制仪，温度仪表，温湿度仪表等。

珠海市圣丰机动车辆检测设备有限公司
地址：广东省珠海市金湾区三灶镇金海岸大道中段
邮编：519040
电话：0756-7763441，7763442
传真：0756-7763441，7763442
网址：www.zhsf.com.cn
主要产品或业务范围：提供机动车辆的检测设备和检测控制系统。

河北赛赛尔俊峰物探装备有限公司
地址：河北省徐水县遂城工业园区1号
邮编：072550
电话：0312-8648082，8648426
传真：0312-8648082，8648495
网址：www.serceljunfeng.com
主要产品或业务范围：该公司致力于研制并生产与世界上主流物探仪器配套的物探电缆和地震检波器。

武强温湿表制造中心
地址：河北省衡水市武强县南孙庄工业区
邮编：053300
电话：0318-3797180
传真：0318-3797520
联系人：杜锁柱
电子信箱：wenshibiao@126.com
网址：www.wenshibiao.cn
主要产品或业务范围：该中心是专业生产工业、家庭用温湿表的专业厂家，产品畅销全国，出口英国、美国等地。

河南驰诚电气有限公司
地址：河南省郑州高新技术开发区长椿路11号2号厂房5层D5号
邮编：450001
电话：0371-88881787
传真：0371-86073000
电子信箱：luweijie918@163.com
网址：www.cce-china.com
主要产品或业务范围：可燃气体、毒性气体报警仪，露点仪，气体纯度仪等。

河南省日立信电子有限公司
地址：河南省郑州市高新技术产业开发区翠竹街1号
邮编：450001
电话：8008836699，0371-67996699，67996690
传真：0371-67996689
电子信箱：relations@126.com
网址：www.relations.com.cn
主要产品或业务范围：该公司致力于电网智能化监测仪器仪表和系统的研发、生产和销售，包括智能化、信息化仪器仪表，发电厂测量仪表及监控系统，六氟化硫（SF_6）气体电气设备测量仪表及监控系统。

河南万国科技股份有限公司
地址：河南省郑州市高新技术开发区863中部软件园3号楼A座
邮编：450000
电话：0371-67983159
传真：0371-60332000
电子信箱：13513801000@126.com
网址：www.wgqy.com
主要产品或业务范围：该公司专业生产机动车检测设备和机动车检测线软件控制系统。

鹤壁市敏感仪器厂
地址：河南省鹤壁市朝阳街东段19号
邮编：458000
电话：0392-2622947
传真：0392-2686837
主要产品或业务范围：热敏电阻器，湿敏电阻器，听虫传感器，农田小气候温湿度遥测仪，温湿测控仪，粮食水分快速测量仪，电阻测温杆，热敏电阻测温仪。

洛阳乾禾仪器有限公司
地址：河南省洛阳市高新技术开发区火炬创新创业园A座
邮编：471000
电话：0379-65112067，65112068
传真：0379-65112068
电子信箱：PYING56@163.com
网址：www.qh101.com
主要产品或业务范围：油井功图测量仪、油井液面测量仪、油罐液量测量仪、微米级精度球栅尺等系列产品。

郑州威诺电子有限公司
地址：河南省郑州市高新区西三环149号大学科技园东区4号楼F1
邮编：450000
电话：0371-86620561
传真：0371-86620567
电子信箱：nwdz@163.com
网址：www.zzwndz.com
主要产品或业务范围：专业研发、制造气体检测仪表、气体探测报警仪表。

中国电子科技集团公司第二十二研究所
地址：河南省新乡市荣校路195号
邮编：453003
电话：0373-3713166
传真：0373-3712476
电子信箱：sales-22@263.net，cetc22@cetc22.com
网址：www.cetc22.com
主要产品或业务范围：专业化研制生产数控测井地面系统、测井仪器、综合录井仪和随钻等仪器。

哈尔滨东方报警设备开发有限公司
地址：黑龙江省哈尔滨市南岗区富水路119号
邮编：150090
电话：0451-82380878
传真：0451-82380879
电子信箱：hrbeast@163.com
网址：www.hrbeast.com
主要产品或业务范围：固定式气体检测报警设备。

牡丹江华昌石油记录仪器有限公司
地址：黑龙江省牡丹江市西海林街129号
邮编：157011
电话：0453-6591724，6598769
传真：0453-6591724
电子信箱：liwujao@public.md.hl.cn
网址：www.hcjl.com
主要产品或业务范围：石油长时间记录仪器、钻井修井指重表、多参数记录仪、单多点测斜仪、精密计时仪器、机电液传感器、自动化控制设备、仪表专用机械等。

湖北江汉石油仪器仪表股份有限公司
地址：湖北省武汉市东湖高新技术开发区流芳企业东路
邮编：430205
电话：027-51012097
传真：027-51012099
电子信箱：mail@hbjpim.com
网址：www.hbjpim.com
主要产品或业务范围：JZ系列指重表、钻试井、低压试井、测井、量值传递、炼化仪器仪表等。

泰和电气（襄樊）有限公司
地址：湖北省襄樊市高新区追日路3号
邮编：441003
电话：0710-3703137，3703157
传真：0710-3703118
电子信箱：xftaihe@163.com
网址：www.taihedq.com
主要产品或业务范围：压力传感器，石油测试仪，存储式电子温度压力计。

武汉市国营江新仪表厂
地址：湖北省武汉市古田二路特一号（硚口经济开发区内）
邮编：430034
电话：027-83838607，83821648
传真：027-83821648
电子信箱：sales@whjiangxin.com
网址：www.whjiangxin.com
主要产品或业务范围：制冷自控仪表、温度检测仪表、汽车仪表三大类仪表产品。

武汉市天联科教仪器发展有限公司
地址：湖北省乌海市珞瑜路129号（原测绘大学）
邮编：430079
电话：027-87391438
联系人：孙昌发
主要产品或业务范围：多功能土壤分析仪、农业环境监测仪、环保仪器等。

湖南津市市石油化工仪器有限公司
地址：湖南省津市市大同路52号
邮编：415400
电话：0736-4223708，4223301

传真：0736-4223708
电子信箱：jxj0505@tom.com
网址：www.xjsyq.com
主要产品或业务范围：油品分析仪器。

湖南省国瑞仪器有限公司
地址：湖南省长沙市雨花区万家丽南路湖南环保科技产业园内振华路199号创业中心6楼
邮编：410007
电话：0731-88860558
传真：0731-88860558
电子信箱：gri@cngri.com
网址：www.cngri.com
主要产品或业务范围：手持气体检测仪和检漏仪、固定式气体检测仪、壁挂式气体检测仪、气体报警主机等。

长春气象仪器研究所
地址：吉林省长春市朝阳区前进大街1号
邮编：130012
电话：0431-85518324
传真：0431-85519671
电子信箱：market@ccqxyqs.com
网址：www.ccqxyqs.com
主要产品或业务范围：自动气象地面观测系统及气象要素传感器。

长春气象仪器有限公司
地址：吉林省长春市高新区华光街2016号
邮编：130012
电话：0431-85283339，85203361
传真：0431-85203361
电子信箱：ccmif@163.com
网址：www.ccmif.com
主要产品或业务范围：自动气象与环境监测站、各类探测传感器、各种自动监测网络系统、维护保障设备等。

国电南京自动化股份有限公司
地址：江苏省南京市新模范马路38号
邮编：210003
电话：025-51183000
传真：025-83419872
网址：www.sac-china.com
主要产品或业务范围：二轴仪、土工数据采集、固结仪、直剪仪、水电自动化等产品。

海安县石油科研仪器有限公司
地址：江苏省海安县沙岗镇沙娄路1号
邮编：226681
电话：0513-88482429
传真：0513-88482429
电子信箱：verygood@pub.nt.jsinfo.net
网址：www.hua-an.com
主要产品或业务范围：生产石油仪器设备。

江苏华安科研仪器有限公司
地址：江苏省海安县开发区鑫港路8号
邮编：226600
电话：0513-88965118
传真：0513-88965118
电子信箱：huaanchina@163.com
网址：www.hasyyq.com
主要产品或业务范围：全直径孔渗测定仪，多功能驱替装置，新结构回压阀，毛管压力电性联测仪，覆压孔渗测定仪，全直径岩心饱和装置。

江苏省无线电科学研究所有限公司
地址：江苏省无锡市中桥水厂路107号
邮编：214073
电话：0510-85136481，85114524，85114621
传真：0510-85116804
电子信箱：sales@js1959.com
网址：www.js1959.com
主要产品或业务范围：各种气象传感器、各种自动气象站、自动气象站通信和组网系统、电液阀、潜油电泵保护控制仪和SCADA系统等。

江阴市辉龙电热电器有限公司
地址：江苏省江阴市青阳镇青桐路109号
邮编：214403
电话：0510-86553506
传真：0510-86559285
电子信箱：hualong@hl-js.com
网址：www.hl-js.com
主要产品或业务范围：该公司是专业生产电热电器的厂家。

南京科力赛克安全设备有限公司
地址：江苏省南京市秦淮区义仓巷3号
邮编：210006
电话：025-84535785
传真：025-86644689
电子信箱：njklsk@yahoo.com.cn
网址：www.njklsk.com
主要产品或业务范围：SK-100系列、K60系列便携式报警仪，SK6400系列、K800系列固定式报警仪（防爆），K500型单点壁挂气体检测报警仪（分防爆及非防爆），SP系列气体检测报警仪主机。

南京赛峰科技仪器实业有限公司
地址：江苏省南京市光华路石门坎100号
邮编：210007
电话：025-84594037，84606795，84607136
传真：025-84607136

电子信箱：sf@saifeng.cn
网址：www.saifeng.cn
主要产品或业务范围：公路、铁路、建筑、水利、堤坝、环保等工程质量监督与现场检测及实验室测试化验仪器。

南京土壤仪器厂有限公司
地址：江苏省南京市中山门外小卫街220号
邮编：210014
电话：025-84862507，84862632
传真：025-84865546
电子信箱：nty@njtryq.cn
网址：www.njtryq.com.cn
主要产品或业务范围：三轴仪系列、土工试验室微机数据采集处理系统、固结仪系列、剪力仪系列、击实仪系列、光电仪系列、沥青公路试验仪系列。

南京新吉波船用电子有限公司
地址：江苏省南京市下关区安怀村460号综合楼西4层
邮编：210037
电话：025-58781558，85611982，58703070，58717615
传真：025-85502520
电子信箱：skinan@jlonline.com
网址：www.xinjibo.com
主要产品或业务范围：经营生产舰船导航，航道测量，鱼群探测和海洋开发所用的水声电子仪器。

南京中科天文仪器有限公司
地址：江苏省南京市花园路6～10号
邮编：210042
电话：025-85418454，85411853，85482012
电子信箱：sales@nairc.com
网址：www.nairc.com
主要产品或业务范围：圆光栅光电轴角编码器、天文仪器、天文科普望远镜、天象仪等。

启东计算机厂有限公司
地址：江苏省启东市紫薇中路478号
邮编：226200
电话：0513-83213620
联系人：陈菊华
主要产品或业务范围：电工电子、单片机、PLC、EDA设计、微机原理、CPU系统设计和体系结构等各类实验实训设备。

启东计算机总厂有限公司
地址：江苏省启东市江海南路388号
邮编：226200
电话：0513-83312324
联系人：沈晓明
主要产品或业务范围：单片机、PLC、电工电子、传感器、模电数电等系列教学仪器。

启东市东疆计算机有限公司
地址：江苏省启东市南苑工业园永顺路1号
邮编：226200
电话：0513-83100201
联系人：范高伟
主要产品或业务范围：单片机、微机原理、传感器、自动控制、PLL、EDA、通信类、电工电子等实验设备。

苏州宏瑞净化科技有限公司
地址：江苏省苏州市胥口新峰路409号
邮编：215164
电话：0512-68416865
传真：0512-68416875
电子信箱：sales@hrtech.cn
网址：www.hrtech.cn
主要产品或业务范围：尘埃粒子计数器等洁净环境测试仪器、洁净工作台等空气净化设备。

无锡市安远电子科技有限公司
地址：江苏省无锡市东港镇锡港路1号
邮编：214199
电话：0510-88763307
传真：0510-80251812
电子信箱：wxaydz@yahoo.com.cn
网址：www.anyuan-dz.com
主要产品或业务范围：该公司是专业从事工业监控保护仪表、传感器、计算机软件的高科技企业；产品有转速变送器、振动变送器、位移（胀差）变送器，霍尔转速传感器、振动速度传感器，油箱油位监控仪、动机行程监控仪、轴振动监控仪等。

无锡市格林通安全装备有限公司
地址：江苏省无锡市湖滨路157号C区11座
邮编：214073
电话：0510-85122222，85118119，85125356，85135216
传真：0510-85128222
电子信箱：sales@wxglt.com
网址：www.wxglt.com
主要产品或业务范围：该公司致力于气体检测仪表、火焰检测仪表以及火气检测系统的研发、生产和销售。产品有可燃性气体检测仪表、毒性气体检测仪表、火焰检测仪表。

无锡市石油仪器设备有限公司
地址：江苏省无锡市北桥建筑路58号
邮编：214071
电话：0510-85104760，85115414
传真：0510-85115414
电子信箱：syyq@china-pie.com
网址：www.china-pie.com
主要产品或业务范围：液化石油气测试仪器，沥青测试仪器，石油产品规格分析仪器，油田勘探开发试验仪器。

无锡焱昇工贸有限公司
地址：江苏省无锡市北塘区山北大桥堍大庄1号
电话：0510-83726004
传真：0510-83726005
电子信箱：suneng888@163.com
网址：www.suneng.cn
主要产品或业务范围：主要开发生产环境试验设备，高低压及防爆电气柜。

徐州电子技术研究所
地址：江苏省徐州市引洪路10号
邮编：221009
电话：0516-83843274，83862984
传真：0516-83843274
联系人：路东明
电子信箱：xzdzs@163.com
网址：www.xzdzyjs.com
主要产品或业务范围：水文、水电、水运自动化、智能化测量控制仪器、设备、计算机监控系统、工业电视监控系统、控制台及低压配电柜、各种控制柜等产品。

徐州瑞祺汽车仪表有限公司
地址：江苏省徐州市城南开发区食品城
邮编：221400
电话：0516-83877007
传真：0516-83878976
电子信箱：xzrqyb@163.com
网址：www.xzrq.com
主要产品或业务范围：该公司专业生产汽车仪表、传感器和电器。

扬州华宝石油仪器有限公司
地址：江苏省扬州开发区兴扬路31号
邮编：225009
电话：0514-87885801
传真：0514-87987161
联系人：刘宝和
电子信箱：jianghy1983@yahoo.com.cn
网址：www.hbsyyq.com
主要产品或业务范围：该公司从事石油、石油化工分析实验仪器设备的设计、制造、技术贸易。

江西中船航海仪器有限公司
地址：江西省九江市庐山区安平路1007号
邮编：332008
电话：0792-8326916
传真：0792-8326917
联系人：张健民
电子信箱：business@jx459.com，jmip@163.com
网址：www.jx459.com
主要产品或业务范围：定位定向系统、自动绘图仪、测地车，转杯式、机械压力式、介质雾化式全自动燃油燃烧器系列。

Manalytical中国销售和服务中心
地址：辽宁省大连市沙河口区胜利路180号丰盈星海1201
邮编：116021
电话：0411-84322265
传真：0411-84309843
电子信箱：sales@manalytical.com.cn
网址：www.manalytical.com.cn
主要产品或业务范围：该公司专门从事湿度方面的测量和研究。

大连北港石油仪器有限公司
地址：辽宁省大连市沙河口区敦煌路365号
邮编：116021
电话：0411-84426792，84426793，39703902，39703903
传真：0411-84426793
电子信箱：bsygb@sina.com
网址：www.b4917.com
主要产品或业务范围：汽柴油等通用检测仪器，润滑油系列检测仪器，润滑脂系列检测仪器，合成液检测仪器，石油蜡石蜡系列检测仪器，沥青类检测仪器，液化石油气系列检测仪器，苯类产品检测仪器，腐蚀性测定仪，凝点等低温特性检测仪器，冲击试验低温槽、低温仪，恒温水浴，恒温油浴。

大连石油仪器有限公司
地址：辽宁省大连市甘井子区棠梨工业南园
邮编：116031
电话：0411-84288128
传真：0411-84288038
电子信箱：rigo@sina.com
网址：www.dsy1988.com.cn
主要产品或业务范围：蒸馏、倾点、冷滤点、闪点、微量冰点和氧化安定性测定器等。

丹东市北方传感器厂
地址：辽宁省丹东市于家小区7号楼104
邮编：118000
电话：0415-2181010，13604958316，13898509013
传真：0415-2181010
电子信箱：cgq@ddcgq.com
网址：www.ddcgq.com
主要产品或业务范围：该厂是研制、生产岩土工程检测仪器的专业公司，主要产品有荷载计，表面应变计，钢筋应力计，双膜土压力盒，振弦频率检测仪，孔隙水压力计，单膜土压力盒，混凝土应变计。

丹东市虬龙传感器制造有限公司
地址：辽宁省丹东市振安区楼房镇楼房村

邮编：118007
电话：0415-4178799
传真：0415-4178777
联系人：张殿成
电子信箱：xiaosh@qiulong.com.cn
网址：www.qiulong.com.cn
主要产品或业务范围：JXG-1型钢筋应力传感器、JXH-2型埋入式应变传感器、SS-Ⅲ型频率接收仪、SXY-2型土压力传感器。

抚顺市博瑞特科技有限公司
地址：辽宁省抚顺市新抚区千金路55-1号
邮编：113005
电话：0413-2368106，2331301，2331302
传真：0413-2368263，2343510
电子信箱：brt@cnbrt.com
网址：www.cnbrt.com
主要产品或业务范围：主要生产石油化工分析仪器及配件、气体高压采样钢瓶、密闭取样器、在线取样器、防静电绳、缆、液体、固体石化产品采样器具、石化专用计量、检测器具、仪器仪表、阀门、管件等产品。

核工业大连应用技术研究所
地址：辽宁省大连市甘井子区海燕街455号
邮编：116031
电话：0411-86682739，86680234
传真：0411-86685938
网址：www.dl213.com.cn
主要产品或业务范围：该研究所从事工业用同位素仪表的研制生产及辐射加工技术的应用研究。产品有系列射线测厚仪，中子水分仪，料位计，密度计，X荧光钙铁分析仪，原油水分仪，粮食水分测量控制仪等。

锦州航星消防安全仪器有限公司
地址：辽宁省锦州市凌河区万年里6号
邮编：121000
电话：0416-3808288，3804190
传真：0416-3804190
网址：www.jzhxfire.com
主要产品或业务范围：红外和光电感烟、感温系列火灾探测器及环保设备等。

锦州阳光科技发展有限公司
地址：辽宁省锦州市中央南大街25-126号
邮编：121000
电话：4008161636，0416-3886938，7194516
传真：0416-7194266
联系人：吴振新
电子信箱：jzwbm@sohu.com
网址：www.jz322.com
主要产品或业务范围：太阳能检测实验室、太阳辐射检测仪器、自动气象站、风速风向检测仪器、环境温湿度检测仪器。

辽宁华科石油设备科技有限公司
地址：辽宁省沈阳市和平区南五马路57号B座9-1
邮编：110005
电话：024-23468791
传真：024-23468790
联系人：刘玲
电子信箱：info@weigong.com
网址：www.weigong.com
主要产品或业务范围：石油分析仪器及玻璃仪器。

沈阳宏祥传感技术开发公司
地址：辽宁省沈阳市皇姑区长江街108-6号361室
邮编：110032
电话：024-86225538
传真：024-86225538
联系人：高本祥
电子信箱：lnsyhxgs@sina.com
网址：www.hxsensing.com
主要产品或业务范围：湿度传感器，温湿度变送器，温湿度显示控制仪表。

沈阳加野科学仪器有限公司
地址：辽宁省沈阳市和平区五里河街51号2610
邮编：110004
电话：024-23846440，83951688，83951788，13940060788
传真：024-23898417
电子信箱：sales@kanomax.com.cn
主要产品或业务范围：热线式风速计、多点风速计、风量罩、风速变送器、温湿度计、粉尘计、噪声计、尘埃粒子计数器、室内洁净监测系统、室内空气品质测试仪等。

沈阳金凯瑞科技有限公司
地址：辽宁省沈阳市皇姑区蒲河街7号
邮编：110031
电话：024-86525275
传真：024-86115115
网址：www.syjkr.com
主要产品或业务范围：专业从事石油测试仪器的开发和应用、数字化监控系统的研制和应用以及自动化系统集成。

沈阳维现油品测试仪有限公司
地址：辽宁省沈阳市和平区长兴街5甲
邮编：110006
电话：13804004872
传真：024-23862315
联系人：杨恒农
电子信箱：officeweixian.cn

网址：www.weixian.cn
主要产品或业务范围：车用汽油辛烷值测定仪，轻柴油十六烷值测定仪，辛烷值在线分析仪等。

海洋仪器仪表研究所
地址：山东省青岛市浙江路28号
邮编：266001
电话：0532-82865446
传真：0532-82870927
电子信箱：sdioi@sdioi.com
网址：www.sdioi.com
主要产品或业务范围：海洋资料浮标系统、海洋水声探测设备、海洋水质污染监测设备、海洋台站自动化监测设备、船舶气象仪器、水文测量仪器等。

青岛宏胜汽车检测设备有限公司
地址：山东省青岛市四方区万安支路一号（美青科技工业园）内27号
邮编：266031
电话：0532-83761818，83761717，83761616，83761515
传真：0532-84992655
电子信箱：hongsheng22@163.com
网址：www.hongsheng1998.com
主要产品或业务范围：最新8束红外线电脑四轮定位仪系列，超声波电喷油嘴检测清洗机系列，电器万能试验台系列，抽、加油机系列，微电脑控制的功能齐全的三相充电机及各类不同功能的充电机系列。

青岛金仕达电子科技有限公司
地址：山东省青岛市9878信箱
邮编：266100
电话：0532-87633817
联系人：陈正旭
主要产品或业务范围：环境监测、放射性监测、大气污染源监测、气体流量校准仪器仪表。

青岛崂山应用技术研究所
地址：山东省青岛市李沧区福岛路195号
邮编：266100
电话：0532-87896316
传真：0532-87620146
联系人：孙风界
电子信箱：6316@hbyq.net
网址：www.hbyq.net
主要产品或业务范围：该研究所主要精工制造“崂应”牌污染源瞬时监测、污染源在线监测、环境大气监测、水质监测、应急监测等方面的高科技精密仪器仪表。

太原太航汽车电子有限公司
地址：山西省太原市并州南路137号
邮编：030006
电话：0351-7065584
传真：0351-7042050
联系人：梁刚
电子信箱：thxs@thae.cn
网址：www.thae.cn
主要产品或业务范围：汽车仪表系列、空调系统传感器、发动机控制系统传感器等产品。其中空调系统产品主要有：控制阀系列、空调压力开关系列、真空推力阀系列、高压排泄阀、空调控制面板、伺服电机等。

中国辐射防护研究院三辐电子仪器厂
地址：山西省太原市学府街102号（太原市120信箱）
邮编：030006
电话：0351-2203613，2203602，2203609，2202272
传真：0351-2203613
网址：www.ty603.com
主要产品或业务范围：用于测量X射线的各种核电子仪器仪表。

中航工业太原航空仪表有限公司
地址：山西省太原市并州南路137号
邮编：030006
电话：0351-7057858，7054699
传真：0351-7040211
电子信箱：kjc7014@163.com
网址：www.taihangybc.com
主要产品或业务范围：航空机载电子设备、仪器仪表。

陕西航天长城科技有限公司
地址：陕西省西安市长缨东路281号
邮编：710032
电话：029-82533755
传真：029-82501150
电子信箱：sales@chinameasurement.com
网址：www.chinameasurement.com
主要产品或业务范围：该公司经营各种进口陀螺，加计，罗盘，角度、压力等传感器。

陕西华燕航空仪表公司
地址：陕西省汉中市大河坎经济技术开发区南区88号信箱
邮编：723102
电话：0916-5309264，5309528，5309550，5309425
传真：0916-5309141
电子信箱：mail@huayan141.com.cn
网址：www.huayan141.com.cn
主要产品或业务范围：惯性导航和航姿系统、陀螺、加速度计及组件、电磁元件、光学器件。

西安奥立电子技术有限公司
地址：陕西省西安市火炬路4号楼5层C区
邮编：710043

电话：029-82250396，82253681
传真：029-82253681
联系人：程强
电子信箱：ally@xianaoli.com
网址：www.xianaoli.com
主要产品或业务范围：该公司专业从事有毒气体检测和红外测温等工业仪器仪表的研制、开发、生产、销售。产品有便携式、固定式、壁挂式等7个系列，近40个品种。

西安博康电子有限公司
地址：陕西省西安市高新六路52号
邮编：710065
电话：029-88450840
传真：029-88452336
电子信箱：bk@bkfire.com
网址：www.bkfire.com
主要产品或业务范围：主要产品有工业级全总线火灾报警及联动控制系统、隔爆型系列红紫外火焰探测器、可燃、有毒气体检测报警系统、吸气式烟雾探测器、反射式线型光束感烟探测器、气体灭火控制器、雨淋阀就地控制器。

西安德图仪器有限公司
地址：陕西省西安市高新区唐延路35号旺座现代城A座1506室
邮编：710054
电话：029-88894399
传真：029-88894396
电子信箱：xadtyq029@163.com
网址：www.xadtyq.com
主要产品或业务范围：环境监测仪器。

西安核仪器厂
地址：陕西省西安市小寨东路108号
邮编：710061
电话：029-85258616
传真：029-85259808
联系人：赵一兵
电子信箱：xnif@xnif262.com
网址：www.xnif262.com
主要产品或业务范围：火灾自动报警器，核辐射监测防护仪表，核医学仪器，工业同位素应用仪器。

西安华凡科技有限公司
地址：陕西省西安市东开发区火炬路3号楼6层C区1号
邮编：710043
电话：029-82510057，83204548
传真：029-82514433，83204548
电子信箱：huafankj@163.com
网址：www.xatec.com
主要产品或业务范围：无线网络传输系统、有毒有害气体检测报警仪。

西安华朗物探科技有限公司
地址：陕西省西安市高新区高新路31号凯创国际大厦B座1307室
邮编：710075
电话：029-88356496
传真：029-88356496
电子信箱：1123070914@qq.com
网址：www.hwaland.com
主要产品或业务范围：专注于物探测试仪器研发、制造。

西安盛赛尔电子有限公司
地址：陕西省西安市高新开发区团结南路28号
邮编：710075
电话：029-85387800
传真：029-88332959
电子信箱：sales@systemsensor.com.cn
网址：www.systemsensor.com.cn
主要产品或业务范围：智能模拟量和普通型的离子感烟探测器、光电感烟探测器、感温探测器和配套件。

西安泰斯特智能测控有限责任公司
地址：陕西省西安市南二环路中段长安大学本部南院内
邮编：710064
电话：029-82335051，82335979，13909235452
传真：029-82335979
电子信箱：test@xiantest.com
网址：www.xiantest.com
主要产品或业务范围：固定式全自动汽车综合性能检测线和安全技术检测线，固定式全自动摩托车安全性能检测线，TQJ-1型全自动汽车检测系统，TZD10-2型可调轴距式汽车制动试验台，公路施工、检测、维护设备，汽车维修保养设备。

西安天照伟成电气有限公司
地址：陕西省西安市科技二路66号宏源大厦31266
邮编：710075
电话：029-88325517
传真：029-88451597
电子信箱：dugaozhao@hotmail.com
网址：www.remosen.com
主要产品或业务范围：井下温度压力计、调频扩频数据收发机。

西安威盛电子仪器有限公司
地址：陕西省西安市科技五路20号和发智能大厦三层
邮编：710065
电话：029-88455603
传真：029-88455605
电子信箱：npuxhy@126.com
网址：www.well-sun.com.cn
主要产品或业务范围：专业制造新型高科技石油仪器。经营范围为石油测井测试、工控、电子仪器仪表开发、制造、销售及相关应用、解释软件的开发及服务；石油测井服务；油气储存/输送/测量控制仪表、电子元器件、电缆电线的销售。

西安西核彩桥实业科技有限公司
地址：陕西省西安市高新区科技四路192号
邮编：710065
电话：029-88453531，88323109
传真：029-88451639，88325529
电子信箱：sale@xaxhcq.com
网址：www.xaxhcq.com
主要产品或业务范围：该公司是专业从事火灾自动报警及消防联动控制系统产品、环保及辐射监测仪器和楼宇自动化控制产品的开发、生产、销售和服务的大型专业性生产厂家。产品有防护级x、γ剂量仪，环境级x、γ剂量仪，α、β表面污染测量仪，长杆γ剂量率仪，多通道辐射监测仪，低本底监测仪等。代理SYNODYS、以色列等国家的多功能核辐射监测仪、氡测量仪、氚测量仪、γ谱仪等多种核辐射监测设备。

中航工业电测仪器股份有限公司
地址：陕西省汉中市汉台区铺镇中原路66号
邮编：723007
电话：0916-2577212
传真：0916-2577213
电子信箱：admin@zemic.com.cn
网址：www.zemic.com.cn
主要产品或业务范围：该公司是生产电阻应变计、应变式传感器、汽车检测设备、飞机称重系统、便携式称重板等电测产品的企业，兼营人造宝石及其他晶体制品。

法国凯茂仪器公司中国总部
地址：上海市浦东新区龙东大道3000号8号楼401-6室
邮编：201203
电话：021-61001877
传真：021-61001870
电子信箱：info@kimo-china.com
网址：www.kimo-china.com
主要产品或业务范围：用于测量差压、风速、风量、湿度、温度、大气压力、室内空气质量、噪声、照度、太阳能功率等的手持式测量仪、在线式变送器、电子式记录仪、液柱式差压机和环境监测记录系统。

汉唐电子（上海）有限公司
地址：上海市漕河泾开发区宜山路1618号
邮编：201103
电话：021-64012468
传真：021-64012467
网址：www.dr-storage.com.cn
主要产品或业务范围：控湿、控温及温湿度控制。

霍尼韦尔探测器有限公司
地址：上海市浦东新区张江高科技园区李冰路430号
邮编：201203
电话：021-28943293
传真：021-58957546
电子信箱：HA-China@honeywell.com
网址：www.honeywellanalytics.com
主要产品或业务范围：产品包括易燃气体、有毒气体和氧气探测系统。

密析尔仪表（上海）有限公司
地址：上海市宜山路889号齐来大厦1007室
邮编：200233
电话：021-54012255
传真：021-54012085
电子信箱：cn.info@michell.com
网址：www.michell.com.cn
主要产品或业务范围：产品包括传感器，湿度表以及完整的湿度测量系统。

上海博立仪器设备有限公司
地址：上海市祁连山路689号
邮编：200331
电话：021-62840849，62845849
传真：021-62840849
电子信箱：bolea17@yahoo.com.cn
网址：www.bolea.com
主要产品或业务范围：石油产品倾点、浊点、凝点、冷滤点试验器，石油产品高温、低温运动黏度试验器，石油产品蒸馏试验器，石油产品机械杂质、水分试验器，石油产品开口闭口、恒温水浴试验器。

上海昌吉地质仪器有限公司
地址：上海市兰溪路10弄3号2108室
邮编：200062
电话：021-62168437
传真：021-32250978
联系人：杨宏
电子信箱：51082298@vip.163.com
主要产品或业务范围：主营产品有氧弹热量计、木工工程系的沥青检测仪器。

上海长望气象科技有限公司
地址：上海市浦东新区民秋路669号
邮编：201209
电话：021-58633600
传真：021-58633527
网址：www.cwqx.com
主要产品或业务范围：高空气象探测仪器及地面接收设备，各类气象传感器等。

上海地学仪器研究所
地址：上海市徐汇区桂平路680号
邮编：200233
电话：021-64857983
传真：021-64857583
联系人：姚华
电子信箱：market@gi200.com
网址：www.gi200.com
主要产品或业务范围：该所研究生产单、双缸运动黏度、针入度、延度仪等产品。

上海电控研究所
地址：上海市江浦路1380号
邮编：200092
电话：021-55950150
传真：021-55953509
联系人：王长虎
电子信箱：sh218@sh163.net
主要产品或业务范围：SH-81露点仪、BJ-63A露点仪，汽车电子总线系统、汽车行驶记录仪、摩托车数字仪表等产品。

上海东方仪表有限公司
地址：上海市虬江路570号
邮编：200071
电话：021-63248165
传真：021-63243997
主要产品或业务范围：该公司是开发、设计、制造汽车、拖拉机、柴油发动机、工程机械用各种水温表、制动气压表、电流表、电压表以及气保仪表、汽缸压力表、轮胎气压表的专业厂。

上海福田石油仪器有限公司
地址：上海市长宁路1488弄10号504室
邮编：200051
电话：021-52734218
传真：021-52734535
联系人：唐富元
主要产品或业务范围：石油分析仪器，自动化仪器，制冷仪器等。

上海冠戈实业有限公司
地址：上海市普陀区真南路1789号
邮编：200331
电话：021-69928622，18930990641
传真：021-69920991
电子信箱：shanghaiguange@163.com
网址：www.guangechina.com
主要产品或业务范围：产品有密闭采样器、储罐自动采样器、油罐自动切水器、油中水含量检测仪、实验室气路管线系统、油品分析仪器。

上海哈的威仪表有限公司
地址：上海市浦东新区金桥出口加工区金皖路389号6楼
邮编：201206
电话：021-50313823，50313263，50312923
传真：021-50313853
电子信箱：market@hartv.com
网址：www.hartv.com
主要产品或业务范围：提供优质有毒有害智能气体变送器整机和解决方案。

上海佳富利传感器系统有限公司
地址：上海市天钥桥路1号煤科大厦19层
邮编：200030
电话：021-64388969，64386076
传真：021-64386076
联系人：陆伟
主要产品或业务范围：便携式气体检测仪，气体传感器，危险气体报警仪，传感器元件。

上海精创电器制造有限公司
地址：上海市中兴路457号中宝大厦18层
邮编：200070
电话：021-86306508，56970685
传真：021-86306509
电子信箱：kibnt@kibnt.com
主要产品或业务范围：微电脑温湿度控制器、温湿度（数据）记录仪、制冷机组电气控制箱、数字温湿度计、智能卤素检漏仪等。

上海科萨电子有限公司
地址：上海市广延路555弄4号楼502室
邮编：200072
电话：021-56035236
传真：021-56036895
电子信箱：shksdz@126.com
网址：www.shksdz.com
主要产品或业务范围：超声波测厚仪和气体检测报警器两大系列产品。气体检测报警器产品包括便携式气体检测仪、典型气体探测仪、气体控制器、气体检测控制系统等多种产品。

上海科油石油仪器制造有限公司
地址：上海市嘉定区江桥工业开发区江桥路18号
邮编：201803
电话：021-59113877
传真：021-59113963
电子信箱：cpsic.logging@gmail.com
网址：www.cpsic.com
主要产品或业务范围：综合录井仪整机、录井相关仪器、随钻测量仪器、钻井工程仪器仪表。

上海雷格国际贸易有限公司
地址：上海市浦东新区民生路1518号金鹰大厦A幢1503B室
邮编：200135
电话：4008209358，021-61049358
传真：021-62351161
电子信箱：info@rayge.com
网址：www.rayge.com
主要产品或业务范围：独家代理瑞士MBW公司全系列湿度仪器，英国ION公司SF_6定量检漏仪，美国Sensorlink公司高压电流、电压、电能测量仪表等。

上海隆强检测仪器设备有限公司
地址：上海市天津路251号
邮编：200001
电话：021-63513080，63513090，33040366
传真：021-63606292
电子信箱：sh-lq@163.com
网址：www.lq-sh.com
主要产品或业务范围：红外测温仪、无损检测、环境监测和室内环境监测、有害气体检测、电力设备检测、机械故障检测、测绘仪器等。

上海露意仪器仪表有限公司
地址：上海市虹桥临空经济园区福泉路123弄2号楼602室
邮编：200335
电话：021-62399426，64596492
传真：021-52181180
电子信箱：luyi@luyisensors.com
网址：www.luyisensors.com
主要产品或业务范围：系列温湿度仪，露点仪，压力开关，以及各类气体检测仪表。

上海孟德仪器仪表有限公司
地址：上海市镇坪路赵家宅25号
邮编：200061
电话：021-51040603
传真：021-51040603
电子信箱：sales@mengteinstruments.com
网址：www.mengteinstruments.com
主要产品或业务范围：该公司是一家合资企业，拥有先进的生产设备和完善的售后服务。专业生产各类温湿度表，温湿度计，数字风速仪，动槽式气压表，空盒气压表，以及家庭气象仪和各种工业用压力表等。

上海三申医疗器械有限公司
地址：上海市浦东南汇三墩镇南三路998号
邮编：201312
电话：021-58230023，58232302
传真：021-58230221
电子信箱：webmaster@sanshen.com
网址：www.sanshen.com
主要产品或业务范围：公司生产蒸汽灭菌器、电热蒸馏水器两大系列产品。

上海上牧环保设备有限公司
地址：上海市闵行区七莘路1839号北楼818室
邮编：201101
电话：021-34715385
传真：021-34715386
电子信箱：lj@sunmoonepe.com
网址：www.sunmoonepe.com
主要产品或业务范围：该公司主要经营环保设备及水分分析仪器销售。

上海申核电子仪器有限公司
地址：上海市闵行区莲花路2080弄50号A幢2楼
邮编：201103
电话：021-64839847，64704315
传真：021-64360817
网址：www.shenhe263.com
主要产品或业务范围：地面γ能谱仪、γ普查仪、γ测井仪、定向γ辐射仪、β、γ编录仪、深孔浅孔γ测量仪、采石矿车γ检测仪等。

上海神开石油仪器有限公司
地址：上海市浦星公路1769号
邮编：201114
电话：021-64293033，62508402
传真：021-62506641
联系人：叶飞
电子信箱：syp@shenkai.com
网址：www.shenkai.com
主要产品或业务范围：公司产品有燃料箱、润滑油脂等。

上海阳德石油仪器制造有限公司
地址：上海市场中路3300弄59号甲
邮编：200436
电话：021-56512392，56510400
传真：021-56512393
电子信箱：syp@sh-syp.com
网址：www.sh-syp.com
主要产品或业务范围：石油勘探钻采仪器，石油产品规格分析实验仪器。

上海仪博仪器有限公司
地址：上海市长宁区天山路30号天山大厦5层
邮编：200336
电话：021-62341683（总机）
传真：021-32110173
电子信箱：market@yibotest.com
网址：www.yibotest.com
主要产品或业务范围：红外测温仪，风速仪系列，粉尘计，粒子计数仪，噪声计，温湿度变送器、风速变送器，现场环境测试，温度、湿度测量仪，风速、转速测量仪，烟气分析仪，水质、光、声、压力测量仪，光照度计，pH计，温湿度计，笔式、便携式、台式、工业型电导率仪，工业溶氧仪，TDS测试仪，COD反应器，分光光度计，手持式、数位式糖度、盐度计，过程仪表校准器，回路校准器，温度校准器，压力校准器，过程校验仪，无损检测仪器，频闪仪，张力计，测力计，转速表，涂层测厚仪等。

上海翼捷工业安全设备股份有限公司
地址：上海市浦东新区莲溪路1280号5号楼3层
邮编：201204
电话：021-60509100，58673389
传真：021-60899420
电子信箱：18611849580@163.com
网址：www.aegisafe.com
主要产品或业务范围：火焰探测器、气体分析变送器、气体泄漏报警器等。

上海泽泉科技有限公司
地址：上海市中江路879号28号楼402、403室
邮编：200333
电话：021-51556118
联系人：张怡
主要产品或业务范围：叶绿素荧光仪、光合仪、叶面积仪、根系生长监测仪、土壤水分仪、藻类监测仪。

英思科传感仪器（上海）有限公司
地址：上海市浦东桂桥路290号
邮编：201206
电话：021-58993279
传真：021-58999041
电子信箱：info@ap.indsci.com
网址：www.indsci.com.cn
主要产品或业务范围：公司设计制造和销售工业级便携式和固定式有毒有害气体检测仪。

成都天兴仪表（集团）有限公司
地址：四川省成都市外东十陵镇天兴公司
邮编：610106
电话：028-84613723，84613900
传真：028-84600342，84600760
电子信箱：txyb5004@sina.com
网址：www.txyb.com.cn
主要产品或业务范围：该公司是生产汽车仪表、摩托车仪表和车用零部件的重点企业。

成都英集电子高科技有限公司
地址：四川省成都市高新区高朋大道5号创新中心5楼
邮编：610041
电话：028-86180025
传真：028-85178635
电子信箱：yingjicatv@vip.163.com
网址：www.yingjicatv.com
主要产品或业务范围：英集末端加扰型CATV可寻址收费管理系统、CATV调制器、放大器、保安监控系统。

中航工业成都凯天电子股份有限公司
地址：四川省成都市青羊区黄田坝
邮编：610091
电话：028-87409888
传真：028-87409158
联系人：向峰
网址：www.caic-china.com
主要产品或业务范围：大气数据测量、飞行集成数据系统、传感器以及无线数据传输等。

澳利国际贸易（天津）有限公司
地址：天津市华苑产业园区梓苑路13号1-8D
邮编：300384
电话：022-88367888（10线）
传真：022-88367988
电子信箱：aoli@aotong.com.cn
网址：www.aotong.com.cn
主要产品或业务范围：汽车检测设备。

中环天仪（天津）气象仪器有限公司
地址：天津市高新技术产业园区华苑产业区（环外）海泰发展2路1号
邮编：300384
电话：022-58389388
传真：022-58389386
电子信箱：sales@tjqx.com
网址：www.tjqx.com
主要产品或业务范围：各类风向、风速、雨量、蒸发、温度、湿度、辐射、日照等近40种仪器仪表和传感器，各类自动气象站、单雨量站、温度雨量观测站、单侧风站、土壤湿度观测站、辐射站、全自动太阳跟踪器及气压、温度、湿度系数、雨量、风洞五大类气象仪器检定设备。并在此基础上推出自动气象站计量检定现场核准车。

杭州哈泰克科技有限公司
地址：浙江省杭州市西湖区翠柏路6号浙江省电子技术研究所2号楼4楼
邮编：310012
电话：0571-88480430
传真：0571-88855398
电子信箱：sales@hataike.com
网址：www.hzzdjd.com
主要产品或业务范围：HTC系列温湿度记录仪、HTC无线温湿度监控系统、RS485网络温湿度监测系统。

杭州金码仪器设备有限公司
地址：浙江省杭州市下城区体育场路415号景湖苑1幢901室
电话：0571-85065854
电子信箱：evan_yeqi@163.com
网址：www.hzinstrument.com
主要产品或业务范围：专业从事计量质量检测仪器、环保实验室分析仪器、食品安全及电器安全检测仪器的销售与技术服务。

杭州钱江仪器设备有限公司
地址：浙江省杭州市建国北路59号2楼
邮编：310003
电话：0571-87296512
传真：0571-87295720
联系人：单炯
电子信箱：info@seedtech.com.cn
网址：www.qjyq.com
主要产品或业务范围：该公司制造全套农业仪器，是高精度温度控制设备生产商，全球种子、谷物和土壤仪器中国主要进口商，种子、谷物和土壤仪器中国最大出口商、OEM生产厂商。

杭州迅数科技有限公司
地址：浙江省杭州市西湖区天目山路313号18号楼6层
邮编：310013
电话：0571-85125132
传真：0571-85124972
电子信箱：shineso@163.com
网址：www.shineso.com
主要产品或业务范围：该公司为各地食品质量检验、疾病预防控制中心、环境监测中心和大学研究所等机构提供迅数—全自动菌落分析仪、迅数—自动菌落计数仪、迅数—显微图像分析系统、迅数—藻类计数分析系统、迅数—自动抑菌圈测量与分析系统等微生物定量和分析检测仪器。

嘉兴德康工业气体探测仪器制造有限公司
地址：浙江省嘉兴市乍浦经济开发区东方大道1号
邮编：314201
电话：0573-85583900
电子信箱：uusuhaw@detcon.com，yal@detcon.com
网址：www.detcon.com
主要产品或业务范围：催化型可燃气体探测器、电化学有毒气体探测器、固态金属半导体技术H_2S探测器、红外线可燃气体和二氧化碳探测器、光离子VOC探测器、氧气探测器、单卡式控制器、多通道控制器、H_2S和CO_2在线分析仪。

宁波科达仪表有限公司
地址：浙江省余姚经济开发区茂盛路11号
邮编：315403
电话：0574-22683868，22683888
传真：0574-22683855，22683866
联系人：梅建英
电子信箱：keda@ningbo-keda.com
网址：www.ningbo-keda.com
主要产品或业务范围：该公司是一家集开发、生产、销售和服务为一体的汽车仪表、汽车传感器、汽车电器、摩托车仪表、摩托车传感器和摩托车电器的专业生产厂家。

宁波新月仪器技术有限公司
地址：浙江省宁波市北仑区明州西路500号
邮编：315800
电话：0574-86829704
传真：0574-86829702
主要产品或业务范围：GAGER系列影响测量仪、电器保险丝盒自动检测系统、螺栓分选机、电子连接器针脚平整度检测系统、按钮压力检测系统等多种常用检测设备。

亚龙科技集团有限公司
地址：浙江省温州市永嘉工业园区
邮编：325105
电话：0577-67312678，67318001，67318002
传真：0577-67314678
电子信箱：yalong@yalong.cn
网址：www.yalong.cn
主要产品或业务范围：该公司是国内教仪设备主要生产基地之一。创新设备，为机电一体化、电气工程、电子信息、数控应用技术、汽车运用与维修工业类等专业实训提供总体解决方案。

余姚市昌能仪表有限公司
地址：浙江省余姚市凤山街道永丰陈家57号
邮编：315400
电话：0574-62270831
传真：0574-66216336
电子信箱：cngauge@cngauge.com
网址：www.pgauge.com
主要产品或业务范围：压缩天然气车用仪表，不锈钢压力表及高压压力表。

余姚市江南电子仪器有限公司
地址：浙江省余姚市子陵路103号-2
邮编：315400
电话：0574-62702856，62701166
传真：0574-62703858
联系人：陈奇峰
电子信箱：yyjndz@126.com
网址：www.zhuansubiao.com
主要产品或业务范围：转速表、传感器、保护装置，船舶艉轴测速系统，温度巡回检测报警仪，温度、压力调节仪和变送器，报警器及其他各种特殊规格的产品。

浙江江兴汽车检测设备有限公司
地址：浙江省缙云工业园区新辉路18号
邮编：321400
电话：0578-3218281，3218280
传真：0578-3218222
电子信箱：jiangxing@jiangxingauto.com
网址：www.jiangxingauto.com
主要产品或业务范围：汽车、摩托车检测设备。

浙江汽车仪表有限公司
地址：浙江省绍兴市袍江工业区洋江东路21号
邮编：312055
电话：0575-88207138，88207136
传真：0575-88207158
电子信箱：zqybxsb@163.com
网址：www.qcyb.com
主要产品或业务范围：福田系列仪表，一汽系列仪表，长城系列仪表。

浙江天煌科技实业有限公司
地址：浙江省杭州市西湖科技园西园五路10号
邮编：310030
电话：0571-89978000，89978111
传真：0571-89978266，85229897
电子信箱：sales@tianhuang.cn
网址：www.tianhuang.cn
主要产品或业务范围：该公司是一家专业从事教学仪器研发、生产、销售的股份制高新技术企业。

浙江土工仪器制造有限公司
地址：浙江省上虞市道墟工业园区
邮编：312368
电话：0575-82047088
联系人：严玲玲
主要产品或业务范围：土工仪器、公路仪器、沥青仪器、建材仪器、测绘仪器。

重庆根安动力机械测试设备有限公司
地址：重庆市高新区科园四街52号K座1层
邮编：400039
电话：023-68631711，68631811
传真：023-68631601
电子信箱：genan88@163.com
网址：www.cqgenan.com
主要产品或业务范围：测功机，发动机及零部件测试设备，电机测试设备，变速箱（齿轮箱）测试设备，发电机组及零部件测试设备，以及承揽发动机实验室工程。

重庆建安仪器有限责任公司
地址：重庆市南岸区南坪西路168号
邮编：400060
电话：023-62805374
传真：023-62805813
网址：www.cqjianan.cn
主要产品或业务范围：核电子仪器、移动通信设备、汽车电子产品、磁电机系列。

传感器、仪器仪表元器件及材料

安徽省传感器厂
地址：安徽省巢湖市无为县环城北路8号
邮编：238300
电话：0565-6322449，6322454
传真：0565-6322454
联系人：尹成竹
电子信箱：sale@ahcgww.com
网址：www.ahcgww.com
主要产品或业务范围：线性可调差动变压器（LVDT）式线位移传感器、角位移传感器、压力传感器、二次仪表。

蚌埠高灵传感系统工程有限公司
地址：安徽省蚌埠市高新区友谊路905号
邮编：233010
电话：0552-4081458
传真：0552-4091458
电子信箱：market@glsensor.com
网址：www.gl-sensor.com
主要产品或业务范围：专业研发和制造各类力敏传感器及其应用仪器仪表。

蚌埠金诺传感测控工程有限公司
地址：安徽省蚌埠市宏业路18号
邮编：233000
电话：4006015880
传真：0552-3998782
电子信箱：jn@jnsensor.cn
网址：www.jnsensor.cn
主要产品或业务范围：该公司是力敏传感器基地，专门从事传感器、变送器、智能仪器、仪表等方面的科研开发与制造。

蚌埠力业传感器有限公司
地址：安徽省蚌埠市沿淮路张台68号
邮编：233000
电话：0552-3015631，7117550
传真：0552-3031320
联系人：朱纪海
电子信箱：bbliye@bbliye.com
网址：www.bbliye.com
主要产品或业务范围：以生产力敏传感器为龙头，以相配套的二次仪表和相关各种放大器、变送器、控制器为辅助的高新技术企业。

蚌埠日月仪器研究所
地址：安徽省蚌埠市高新区兴中路985号日月科技园
邮编：233010
电话：0552-4083407，4076118
传真：0552-4070672
电子信箱：sales@sunmoon-china.com
网址：www.sunmoon-china.com
主要产品或业务范围：各型传感器、称重和测控仪表、动静态智能化称重系统、油田测试仪器、数字化远程测控系统等。

蚌埠市长达力敏仪器有限责任公司
地址：安徽省蚌埠市沿淮路218号
邮编：233000
电话：0552-3015621，3012183
传真：0552-3015621，3012183
电子信箱：bbcdlm@vip.sina.com
网址：www.cdsensor.com
主要产品或业务范围：半导体应变片，小型高压力传感器，中温压力传感器，各种扩散硅压力、液位传感器及变送器，温度传感器、变送器，箔式称重拉压力传感器，交通行业各种传感器，各类传感器配套智能数显仪表。

蚌埠天光传感器有限公司
地址：安徽省蚌埠市高新区嘉和路118号
邮编：233010
电话：0552-4923988，4125980，4923988
传真：0552-4923688，4126232
联系人：李芳
电子信箱：13955275828@139.com
网址：www.tg688.com
主要产品或业务范围：传感器、称重传感器、拉力传感器、压力传感器、扭矩传感器、拉压力传感器。

黄山市安特普电器有限公司
地址：安徽省黄山市屯溪区安东路116号
邮编：245000
电话：0559-2517892
传真：0559-2312135
电子信箱：etp@china-etp.com
网址：www.china-etp.com
主要产品或业务范围：光电开关、接近开关和冷热金属检测器。

天长市兆瑞仪表配件厂
地址：安徽省天长市永丰工业园区
邮编：239300
电话：13516413688

传真：0550-7320555
联系人：刁兆瑞
电子信箱：721514013@qq.com
网址：www.zhr-instruments.com
主要产品或业务范围：该厂主产品有铝合金壳体、变送器壳体及安装支架等过程配件。

中国科学院合肥智能机械研究所
地址：安徽省合肥市西郊科学岛
邮编：230031
电话：0551-65591136，65592420
传真：0551-65592420
电子信箱：iim@iim.ac.cn
网址：www.iim.ac.cn
主要产品或业务范围：新型敏感元件及传感器。

SMC（中国）有限公司
地址：北京市经济技术开发区兴盛街甲2号
邮编：100176
电话：010-67885566
传真：010-67882335-3820
电子信箱：salespro@smc.com.cn
网址：www.smc.com.cn
主要产品或业务范围：该公司是气动元件研发与制造商。

北京爱羽方模块科技发展中心
地址：北京市海淀区上地十街1号辉煌国际4号楼1902室
邮编：100085
电话：010-62175465
传真：010-62175465
电子信箱：module@einfunc.com.cn
网址：www.einfunc.com.cn
主要产品或业务范围：3MD2系列PLC数字显示器。

北京北玻科技产业中心
地址：北京市通州区中关村科技园通州园区光机电一体化产业基地兴光四街5号
邮编：100062
电话：010-81508366，81508372
传真：010-81508614
电子信箱：s-fiber@bgri.com
网址：www.rdfiber.com
主要产品或业务范围：特种光纤，光纤器件，传光束、传像束光纤，红外光纤及红外传光束、传像束光纤，石英及玻璃制品，光纤传感器，光学镀膜，教学演示系统、医疗器械、计算机网络。

北京北方耐力科技发展有限公司
地址：北京市海淀区西二旗博雅德园3-3-603
邮编：100085
电话：010-58745267
传真：010-63738635
电子信箱：hcs099@163.com
主要产品或业务范围：温度、湿度、压力、流量、可燃气体、电流、电压、功率、位移、速度、光电、微波、红外线、光纤等各类传感器及其他仪器仪表。

北京必得客电子有限公司
地址：北京市大兴区长子营镇西北台村北2号
邮编：102606
电话：010-61981327
传真：010-61982098
电子信箱：sales@bidukelec.com
网址：www.bidukelec.com
主要产品或业务范围：该厂专业生产和研发工业自动化用电感式传感器、电容式传感器、光电式传感器、传感器用连接器等工控产品。

北京博锐创科技有限公司
地址：北京市密云经济开发区
邮编：101500
电话：010-57415017，57415016
传真：010-61093876
联系人：孙单侠
电子信箱：bjbrc@sina.com
网址：www.brc010.com
主要产品或业务范围：国产扭矩传感器、进口扭矩传感器、称重传感器、涡街流量计、电磁流量计、超声波流量计、投入式液位计、压力传感器/变送器、扭矩、转速、功率仪表；代理国外品牌扭矩、压力、称重传感器。

北京创思工贸有限公司
地址：北京市通州区工业开发区广源东街6号
邮编：101113
电话：010-69574218，69574217，69574215
传真：010-69574216
电子信箱：trans_beijing@x263.net
网址：www.transoptics.com.cn
主要产品或业务范围：高精度平面镜，球面镜，胶合透镜等产品。

北京大时伟业科技有限公司
地址：北京市海淀区海淀南路13号亿方大厦906室
邮编：100080
电话：010-82673292，62545258，13910030654，13701036177
传真：010-82673292
电子信箱：dashi@dashine.com
网址：www.dashine.com
主要产品或业务范围：致力于仪器、仪表等工业产品塑壳的设计研发工作，可按客户需求采用双色注塑、喷弹性漆、壳体内部导电漆等各种先进工艺。

北京东方精华苑科技有限公司
地址：北京市大兴区西红门大白楼金西路5号-1
邮编：100162
电话：15801613762
传真：010-61281869
联系人：魏平
电子信箱：jhy@bj-jhy.com.cn
网址：www.bj-jhy.com.cn
主要产品或业务范围：该公司从事气相色谱仪配套气源产品的研制、生产、销售。

北京福星晓程电子科技股份有限公司
地址：北京市海淀区西三环北路87号国际财经中心D座503
邮编：100089
电话：010-68459012
传真：010-68466652
电子信箱：fuxingxiaocheng@126.com
网址：www.xiaocheng.com
主要产品或业务范围：该公司为专业从事集成电路设计的高新技术企业。公司的主营业务为集成电路设计及应用，致力于电力线载波芯片等系列集成电路产品的设计、开发和市场应用，并面向电力公司、电能表供应商等行业用户提供相关技术服务和完整的解决方案。

北京国合海达利电子科技有限公司
地址：北京市顺义区铁匠营京密路后沙峪段18号
邮编：101300
电话：010-80483557，80483558，80481560，80498553
传真：010-80481561
电子信箱：xs@bjhdl.com.cn
网址：www.bjhdl.com.cn
主要产品或业务范围：薄膜开关面板。

北京国星薄膜开关厂
地址：北京市西四北大街45号
邮编：100034
电话：010-66182051
传真：010-66135051
电子信箱：zfyun@guoxing.com
网址：www.guoxing.com
主要产品或业务范围：电子薄膜开关，电子线路板，机械加工。

北京航天三发高科技有限公司
地址：北京市丰台区云岗北区东里8号楼
邮编：100074
电话：010-83395371
传真：010-68741073
联系人：史新兴
电子信箱：sanfa@htsanfa.cn
网址：www.htsanfa.cn
主要产品或业务范围：LX系列力矩限制器，DZW-1称重仪（载荷限制器），SCJ-2碎煤机监控仪，Hfcy-15系列应变式压力传感器，HfcT-15系列应变式压力传感器，Hfcs17-1型切割磁力线式转速传感器。

北京核原科电电气有限公司
地址：北京市房山区良乡工业开发区白杨路3号
邮编：102488
电话：010-69387580/81
传真：010-69387583
电子信箱：heyuankedian@163.com
网址：www.heyuankedian.com
主要产品或业务范围：该公司是专业从事各种高低压干式变压器以及变压器铁芯为主导的高新科技生产企业。

北京华维浩润仪器有限公司
地址：北京市朝阳区水郡长安家园1号院26号楼05号
邮编：100034
电话：010-66170743，66170749，66170779，66170780
传真：010-66174826
电子信箱：hh@hwhr.com.cn
网址：www.hwhr.com.cn
主要产品或业务范围：电控位移台、电控电旋台、联动控制器、光学调整架及光学平台。

北京吉兆光电仪器有限公司
地址：北京市朝阳区酒仙桥东路1号M5楼2层
邮编：100016
电话：010-64375125，64351238
传真：010-64351239
电子信箱：madi8113@126.com
网址：www.bpoi.com.cn
主要产品或业务范围：金属反射膜、全介质反射膜、窄带干涉滤光片、带通滤光片、偏振分光膜、宽带增透膜、石英片等产品。

北京京陆传感器仪表有限公司
地址：北京市宣武区南菜园甲2号
邮编：100054
电话：010-63546714，63545054，63575732
传真：010-63546714
电子信箱：jinglu@jinglusensor.com
网址：www.jinglusensor.com
主要产品或业务范围：BTHS系列温湿度传感器及二次仪表，智能型控制仪表。

北京科普生分析科技有限公司
地址：北京市海淀区苏家坨194-008信箱
邮编：100194
电话：010-62485018，62485019，62488788
传真：010-62485019

联系人：袁珂
电子信箱：sales@kpson.com
主要产品或业务范围：公司从事开发、研制、生产及销售气相色谱仪配套用气源发生器。

北京六零八厂
地址：北京市崇文区幸福大街37号
邮编：100061
电话：010-81508358
传真：010-67125528，67142002
电子信箱：webmaster@bj608.com
网址：www.bj608.com
主要产品或业务范围：光学元件、红外透镜、激光透镜、光学镜头等。

北京路源光科技有限公司
地址：北京市海淀区车公庄西路甲19号华通大厦539号
邮编：100044
电话：010-68482707
传真：010-68485151
电子信箱：service@luy-tech.com
网址：www.luy-tech.com
主要产品或业务范围：双包层高数值孔径掺镱光子晶体光纤、探询监测模块、光栅、空间光调制器、微光学器件及系统。

北京绿百草科技发展有限公司
地址：北京市海淀区中关村南大街17号韦伯时代中心1506、1507室
邮编：100081
电话：010-51659766-106
传真：010-88579127
电子信箱：info@greenherbs.com.cn
网址：www.greenherbs.com.cn
主要产品或业务范围：该公司从事色谱层析、纯化、天然产物提取、分离技术的开发、技术服务、技术培训，专业代理国内外著名品牌的纯化介质、填料、色谱柱、实验室仪器设备、耗材、试剂、生产用动态轴向加压柱系统。

北京茂丰光电科技有限公司
地址：北京市海淀区中关村东路18号财智国际大厦B609
邮编：100083
电话：010-82600067，82601815，82601072
传真：010-82601369
电子信箱：info@mfopt.com
网址：www.mfopt.com
主要产品或业务范围：光学元器件、光机产品、光学系统等产品。

北京欧兰科技发展有限公司
地址：北京市海淀区上地十街1号辉煌国际中心1号楼1006室
邮编：100085
电话：010-62623871
传真：010-59713638
电子信箱：oplan@263.net
网址：www.oplanchina.com
主要产品或业务范围：激光器件及仪器。

北京欧普特科技有限公司
地址：北京市朝阳区酒仙桥东路1号M7栋5层东段
邮编：100016
电话：010-88096218，88096099
传真：010-88096216
联系人：曾安
电子信箱：zengan@goldway.com.cn
网址：www.goldway.com.cn
主要产品或业务范围：主要生产及销售各种高精度光学元器件、分析用近红外光谱仪、遥感用可见—近红外地物波谱仪、热红外光谱辐射计、太阳辐射计、照度计、微型光纤光谱仪、激光功率/能量计、太阳模拟器等产品。

北京强盛伟业科技有限公司
地址：北京市海淀区知春路118号C059
邮编：100086
电话：010-62551126
传真：010-62551126
联系人：杨淞强
电子信箱：yang@qiangsheng168.com
网址：www.qiangsheng168.com
主要产品或业务范围：该公司专业生产各类手持机壳，工控机壳，放大器外壳，屏蔽铝壳，仪器仪表外壳，硅胶橡胶产品等，产品种类全，公司免费为客户进行产品结构设计，模具精密加工，产品优质供应。

北京青鸟元芯微系统科技有限责任公司
地址：北京市海淀区海淀路5号燕园三区青鸟楼3层C座
邮编：100871
电话：010-58874036，18611132646
传真：010-58874035，62758719
电子信箱：yuef@ime.pku.edu.cn
网址：www.mems.com.cn，www.firstmems.com
主要产品或业务范围：微型湿度传感器及模块、压力传感器芯片，化学气体传感器和加速度传感器。

北京清华液晶技术工程研究中心
地址：北京市清华大学科技园液晶大楼4416
邮编：100084
电话：010-62771794，62785753
传真：010-62788710
电子信箱：chinafpd@163.com
网址：www.tclc.com.cn
主要产品或业务范围：该中心从事液晶显示屏、液晶显示

模块、新型液晶器件及液晶专用设备的制造等。在液晶显示模块的共发和驱动软件的编程方面具有较强的实力。

北京三承恒薇科技有限公司
地址：北京市海淀区五孔桥143号鑫荣泉大厦516室
邮编：100143
电话：010-88135218
传真：010-88135618
电子信箱：jsc456@sohu.com
网址：www.jsc456.com.cn
主要产品或业务范围：扭矩传感器、各种配套产品。

北京三晶联合科技有限公司
地址：北京市海淀区恩济庄46号F区玲珑商务楼401室
邮编：100142
电话：010-63646740，18601948996
传真：010-88410105
电子信箱：sjlhkj2008@163.com
网址：www.sjlhkj.com
主要产品或业务范围：该公司是研发、生产、销售扭矩传感器的专业厂商。

北京晟联科迅电子技术有限公司
地址：北京市海淀区知春路118号知春大厦C座三层398室
邮编：100086
电话：010-62533632，62578197，62578198，62578199
传真：010-62588759
电子信箱：sldz@sldz.com.cn
网址：www.sldz.com.cn
主要产品或业务范围：该公司代理销售中国台湾省进联公司的接线端子、开关。

北京市京南应用技术研究所
地址：北京市大兴区庆丰路23号中关村大兴生物医药基地
邮编：100053
电话：010-63550748，63520748
传真：010-63573665
电子信箱：jinji88@263.net
网址：www.jjop.cn
主要产品或业务范围：光纤镀膜、晶体镀膜、光学元件镀膜、滤光电棱镜。

北京天瑞中海精密仪器有限公司
地址：北京市通州区八里桥南街16号京贸国际F909
邮编：101100
电话：010-89505141
传真：010-52337315
电子信箱：info@bj-tr.com.cn
网址：www.bj-tr.com.cn
主要产品或业务范围：激光腔元器件、光学元件、步进电机控制器等。

北京通磁伟业传感技术有限公司
地址：北京市海淀区志新路15号中原大楼408室
邮编：100083
电话：010-62343030，62344900
传真：010-62313884
电子信箱：bjtc@tcsensor.com
网址：www.tcsensor.com
主要产品或业务范围：转速、位置传感器，角度、倾角传感器，振动传感器。

北京同立在线系统集成有限公司
地址：北京市海淀区莲花池西路16号金鑫大厦B408室
邮编：100036
电话：010-68228642
传真：010-68222849
联系人：罗雪辉
电子信箱：info@vv-online.com
网址：www.vv-online.com
主要产品或业务范围：企业全面质量信息管理系统，实验室设备管理系统仪器试验数据的传输与数据二次开发系统，设备机时记录仪，设备运行监控仪，HPLC/AAS接口，冷却水循环系统，高灵敏度自吸收空心阴极灯，空气压缩机。同时代理光谱数据库，光学附件，在线辛烷值测定仪，光学探头，光学附件，实验室辅助设备产品及其他进口色谱，光谱，生命科学等。

北京万维盈创科技发展有限公司
地址：北京市昌平区回龙观龙泽园西区综合楼4层
邮编：102208
电话：010-51297180
传真：010-80779003
电子信箱：service@wanweitech.com
网址：www.wanweitech.com
主要产品或业务范围：该公司是专注ARM嵌入式、智能传感器开发及应用的高科技企业。

北京微纳光科仪器有限公司
地址：北京市通州工业开发区西定福庄31号
邮编：101113
电话：010-61509982，61507993，61503404
传真：010-61569408
电子信箱：sales@bjwn.cn
网址：www.bjwn.cn
主要产品或业务范围：生产经营光机电一体化仪器设备的综合型光学仪器专业制造企业。

北京沃尔康科技有限责任公司
地址：北京市北四环中路35号北京信息工程学院实验楼1层
邮编：100101
电话：010-64862188，64867447
传真：010-64879486

联系人：张福学
电子信箱：zhangfuxue@263.net
网址：www.walkang.com
主要产品或业务范围：压电气流速率陀螺、气体摆式水平姿态传感器、压电石英倾斜仪、压电复合材料及其力敏元件等产品。

北京新利同创电子设备有限责任公司
地址：北京市昌平区流村工业园区
邮编：102204
电话：010-89774609，89774690，89774910
传真：010-89774702
电子信箱：xltc@vip.163.com
网址：www.xltc.cn
主要产品或业务范围：各种电子仪器设备壳体、各种箱体、机柜及配套产品。

北京迅天宇光电科技有限公司
地址：北京市朝阳区北苑路乙108号北美国际商务中心C座212室
邮编：100101
电话：010-82379331
传真：010-64814515
电子信箱：messages@skyrayoe.com
网址：www.skyrayoe.com
主要产品或业务范围：解调仪、扫描激光器、光纤温度传感器、应变传感器、压力传感器、加速度传感器。

北京耀华德昌电子有限公司
地址：北京市昌平区沙河镇站前路一号
邮编：102200
电话：010-58482917
传真：010-80722515
电子信箱：yhdc@yhdc.com
网址：www.yhdc.com
主要产品或业务范围：主要生产工业自动控制设备及电子，电力基础器件——变压器、互感器、脉冲变压器、共模扼流圈及保护继电器。

北京优美科巨玻薄膜产品有限公司
地址：北京市通州区中关村科技园通州园光机电一体化产业基地兴光4街5号
邮编：101111
电话：010-81508360，81508361，81508362，81508364
传真：010-81508363
联系人：郭萍
电子信箱：sales.materials.bj@ap.umicore.com
网址：www.umicore.cn
主要产品或业务范围：用于冷光灯、高反膜等多种领域的光学镀膜材料。

北京邮电大学电子工程学院
地址：北京市邮电大学163信箱
邮编：100876
电话：010-62281958
传真：010-62015923
联系人：王葵如
电子信箱：wkr@bupt.edu.cn
网址：http://see.bupt.edu.cn
主要产品或业务范围：光纤通信用光电子器件。

北京有色金属研究总院
地址：北京市西城区新街口外大街2号
邮编：100088
电话：010-62014488
传真：010-62015019
电子信箱：webmaster@grinm.com
网址：www.grinm.com
主要产品或业务范围：光学镀膜材料及靶材。

北京中材人工晶体研究院有限公司
地址：北京市朝阳区东坝红松园1号
邮编：100018
电话：010-65493549
传真：010-65492618
电子信箱：liang-hongbin@qq.com
网址：www.risc.com.cn
主要产品或业务范围：人工合成晶体材料，先进功能复合材料和超硬材料及制品。

北京中电诺金传感技术开发有限公司
地址：北京市经济技术开发区康定街甲六号
邮编：100176
电话：010-67856600
传真：010-67856123
电子信箱：liuzhl@sensors.com.cn
网址：www.northking.com
主要产品或业务范围：传感器。

北京中立格林控制技术有限公司
地址：北京市海淀区知春路甲48号盈都大厦C座3单元5层
邮编：100098
电话：010-58731276，58731277，58731278
传真：010-58731275
电子信箱：shilei@tongdy.com
网址：www.tongdy.com
主要产品或业务范围：二氧化碳、一氧化碳、臭氧等监测控制系列产品。

大恒新纪元科技股份有限公司
地址：北京市海淀区上地信息路甲9号3号楼2层
邮编：100085

电话：010-82782668
传真：010-62960597
电子信箱：optics@cdhcorp.com.cn
网址：www.cdhcorp.com.cn
主要产品或业务范围：光学光电子组件及精密机械设备等产品。

法芙尼传感器系统（北京）有限公司

地址：北京市朝阳区霄云路38号现代汽车大厦17层1701-41室
邮编：100027
电话：010-64108420
传真：010-84539218
电子信箱：dan.zhang@fafnir.de
网址：www.fafnir.com
主要产品或业务范围：传感器、测量系统。

德国米铱（中国）精密测量技术有限公司

地址：北京市朝阳区利泽中园二区203号洛娃大厦C座5层
邮编：100102
电话：010-64398534
传真：010-64398234
电子信箱：info@micro-epsilon.com.cn
网址：www.micro-epsilon.com.cn
主要产品或业务范围：激光位移传感器、电容式位移传感器、电涡流位移传感器、拉绳位移传感器、机电信息一体化的成套测量检验设备。

良炎天广（北京）机电设备有限公司

地址：北京市海淀区学院南路38号智慧大厦20层
邮编：100082
电话：010-58470202
传真：010-57202682
联系人：王良其
电子信箱：bjmanix@163.com
网址：www.lywjd.com.cn
主要产品或业务范围：该公司集产品设计和制造、模具开发、配件制造、整机组装于一体。

美国PCB公司

地址：北京市东城区东中街9号东环广场写字楼A座4N
邮编：100027
电话：010-84477840
传真：010-84477913
电子信箱：pcbchina@pcb.com
网址：www.pcb.com
主要产品或业务范围：该公司专门研究、开发和制造加速度、压力、力、扭矩传感器、声学传感器以及相应的测量仪器和各种标定设备。

奇石乐中国有限公司

地址：北京市德外大街马甸裕民路12号元辰鑫大厦708室
邮编：100029
电话：010-82252163，82250631
传真：010-82252124
电子信箱：sales@kistler.com.cn
网址：www.kistler.com
主要产品或业务范围：压电式、压阻式和电容式测量压力、力、应变、加速和声发射的传感器，相关的仪器和数据采集分析系统。

希比希光学(北京)有限公司

地址：北京市怀柔区北房镇经纬工业开发区福顺街1号
邮编：101400
电话：010-61681338
传真：010-61681507
电子信箱：liujianguang@cbcopt.com.cn
网址：www.cbc-optronics.com
主要产品或业务范围：光学镜片及光学镜头。

中创国技（北京）科技发展有限公司

地址：北京市朝阳区双花园南里2区9号楼1单元
邮编：100022
电话：010-87721218，84977335
传真：010-87764481
电子信箱：andrew.jigang@gmail.com
主要产品或业务范围：自主生产自行研发的专利产品，本公司有与压力传感器相关的压力传感器专利4个，此4种专利产品是该公司的主打产品，同时本公司还代理KELLER公司的产品。

中国大恒集团光学薄膜中心

地址：北京市丰台区科学城海鹰路7号
邮编：100070
电话：010-63792962
传真：010-63792951
电子信箱：sales@dahengoptics.com
网址：www.dahengoptics.com
主要产品或业务范围：传统光学加工，包括紫外—近红外增透、高反镜、衰减片、分光镜、柱面镜、滤光片，焊接自动变光护目镜用滤光片；光纤通信领域用光学薄膜元器件，包括光纤通信用光纤尾纤的增透镀膜，光通信G-Lens增透镀膜。

中国科学院半导体研究所

地址：北京市海淀区清华东路甲35号
邮编：100083
电话：010-82304210
传真：010-82305052
电子信箱：semi@red.semi.ac.cn
网址：www.semi.ac.cn
主要产品或业务范围：超晶格电子材料，微电子、微波器件，激光器件，发光器件，探测器件，传感器件。

福建福光数码科技有限公司
地址：福建省福州市马尾快安延伸区39号
邮编：350015
电话：0591-83982411
传真：0591-83302603
电子信箱：sales@forecam.com
网址：www.forecam.com
主要产品或业务范围：军民用光学镜头，光学元器件，光电仪器。

福建华科光电有限公司
地址：福建省福州市福兴投资区福兴大道20号
邮编：350014
电话：0591-83610148-8011
传真：0591-83621248-8011
电子信箱：hr@casix.com
网址：www.casix.com
主要产品或业务范围：激光晶体、精密仪器的光学元件和光通信元件。

福建凯尔光电有限公司
地址：福建省福州市铜盘路软件大道89号软件园D区42号楼
邮编：350003
电话：0591-87588833
传真：0591-87575777
电子信箱：sales@kireinc.com
网址：www.kireinc.com
主要产品或业务范围：光学镜片。

福建新三捷光电技术有限公司
地址：福建省福州市马尾科技园区兴业路170号
邮编：350015
电话：0591-83856679
传真：0591-83856371
电子信箱：sales@newsandgy.com
网址：www.newsandgy.com
主要产品或业务范围：高精度棱镜、小透镜、分光片、偏振光学元件及光纤元件。

福州福特科光电有限公司
地址：福建省福州市金山橘园洲工业园32栋
邮编：350002
电话：0591-83767816
传真：0591-83767817
电子信箱：sales@foctek.com
网址：www.foctek.com，www.foctek.net
主要产品或业务范围：高精度棱镜，透镜，光学窗片。

福州高意科技有限公司
地址：福建省福州市福新东路253号
邮编：350014
电话：0591-88052800
传真：0591-83610136
电子信箱：contact@photoptech.com
网址：www.photoptech.com
主要产品或业务范围：光纤通信元器件和功能模块，可见光和红外激光器。

福州光诚光电有限公司
地址：福建省福州金山浦上工业区台江园百花洲路20号
邮编：350002
电话：0591-83215681
传真：0591-83215359
电子信箱：sales@dayoptics.com
网址：www.dayoptics.com
主要产品或业务范围：偏振光学元件，晶体元件等。

福州恒光光电有限公司
地址：福建省福州市马尾快安大道15号
邮编：350015
电话：0591-88023635
传真：0591-88023637
电子信箱：xf.chen@hgoptronics.com
主要产品或业务范围：光学元器件。

福州宏旭科技有限公司
地址：福建省福州市盘屿路金山福湾工业区24栋1楼
邮编：350002
电话：0591-83349016
传真：0591-83300646
电子信箱：marketing@rising-eo.com
网址：www.rising-eo.com
主要产品或业务范围：各类光学透镜、窗口以及各类反射镜、棱镜、胶合镜。

福州汇龙光电仪器有限公司
地址：福建省福州经济技术开发区星达路28号
邮编：350015
电话：0591-83681530，87701189
传真：0591-83997256
网址：www.fjfukon.com
主要产品或业务范围：光学镜头。

福州晶科光电技术有限公司
地址：福建省福州市金山工业区桔园洲鼓楼园14号
邮编：350002
电话：0591-83841095
传真：0591-83841097
电子信箱：sales@alphaoptics.com.cn
网址：www.alphaoptics.com.cn
主要产品或业务范围：光学透镜，球透镜，微透镜等。

福州科彤光电技术有限公司
地址：福建省福州市福兴投资区福光路71号
邮编：350014
电话：0591-83995660-8318
传真：0591-83629871
电子信箱：sales@fz-caston.com
网址：www.fz-caston.com
主要产品或业务范围：非线性晶体。

福州通产光电技术有限公司
地址：福建省福州闽侯铁岭经济技术开发区一期一号南路一号
邮编：350002
电话：0591-22918583
传真：0591-22918585
电子信箱：sales3@fztct.com
网址：www.fztct.com
主要产品或业务范围：光纤通信器件，激光晶体及微型高精度摄像镜片等。

莆田市力天量控有限公司
地址：福建省莆田市城厢区霞林新村85号
邮编：351100
电话：0594-2636152，2636153
传真：0594-2633693
电子信箱：litian@ptload-cell.com
网址：www.ptload-cell.com
主要产品或业务范围：该公司是传感器专业生产厂家。主导产品为“力天牌”高精度、高稳定性系列测力、称重传感器。企业通过ISO 9001质量管理体系认证。

三实电器（漳州）有限公司
地址：福建省漳州市新星工业村
邮编：363118
电话：0596-2300166，2300466
传真：0596-2300378
电子信箱：suns-sh@suns-cn.com
网址：www.suns-cn.com
主要产品或业务范围：行程开关，安全保护开关，微动开关，接近开关。

厦门精研自动化元件有限公司
地址：福建省厦门市火炬高新区火炬园创新二路50号
邮编：361006
电话：0592-5702588
传真：0592-5702688
电子信箱：jscc-china@163.com
网址：www.jscc-china.com
主要产品或业务范围：主要生产高档小功率交流多功能（减速）电动机、步进电动机、伺服电动机、工业自动化仪表、可编程控制器、变频器等。

天水华天传感器有限公司
地址：甘肃省天水市双桥路14号（天水132信箱）
邮编：741000
电话：0938-8631245
传真：0938-8227011
电子信箱：yueweiwu@163.com
网址：www.tshtcgq.cn
主要产品或业务范围：压力、温度传感器、变送器及智能数字测控仪表。

JOC光电集团
地址：广东省广州市开发区云埔工业区东诚片康达路12号
邮编：510760
电话：020-82253865
传真：020-82253866
电子信箱：hejian@joctech.com
网址：www.joctech.com
主要产品或业务范围：数码照相机和手机的镜片、摄像头。

爱特蒙特光学(深圳)有限公司
地址：广东省深圳市龙华工业东路利金城科技工业园3栋5楼
邮编：518109
电话：0755-29675435
传真：0755-29675436
电子信箱：chinasales@edmundoptics.com.cn
网址：www.edmundoptics.cn
主要产品或业务范围：镜片，镜头，棱镜，滤光片等。

东莞嘉准电子科技有限公司
地址：广东省东莞市东城区峡口工业区沙岭西路7号
邮编：523007
电话：0769-22455638，22303890
传真：0769-22303891
电子信箱：taiwanfc@163.com
网址：www.fctaiwan.com
主要产品或业务范围：专业研发、生产和销售光纤管、光纤传感器、光纤放大器、光电开关、近接开关、压力开关、光幕传感器、导轨电源、激光对准线、磁性开关、聚焦镜、计数器、计时器、控制器等自动控制元件。

东莞市阿斯诺光电科技有限公司
地址：广东省东莞市道滘镇昌平区大备湾丽人梦工业园
邮编：523182
电话：0769-22607473
传真：0769-22259370
电子信箱：dgservice@dgservice.cn
主要产品或业务范围：光学镀膜材料、石英晶片。

东莞市弘凌电子有限公司
地址：广东省东莞市南城区胜和路胜和广场B座13楼B单元
邮编：523073

电话：0769-22993755
传真：0769-22993758
联系人：张峰
电子信箱：angie@seagalleon.com
网址：www.seagalleon.com
主要产品或业务范围：代理美国FMI公司的高精度微量液路控制系统及高品质的流量控制配件产品。

东莞市石龙龙基电子公司
地址：广东省东莞市石龙镇西湖信息产业园温泉南路83号
邮编：523325
电话：0769-81862666，13532449990
传真：0769-81862611
电子信箱：info@longkey-ptc.com
网址：www.longkey-ptc.com
主要产品或业务范围：PTC热敏电阻器。

富泰科技（香港）有限公司
地址：广东省深圳市南山区海德三道海岸大厦西座1408室
邮编：518054
电话：0755-86170157，86616298，86616083
传真：0755-86170153
网址：www.photonteck.com
主要产品或业务范围：代理和销售激光、光学器件和通信电子元器件。

广东风华高新科技股份有限公司
地址：广东省肇庆市端州三路8号
邮编：526060
电话：0758-2758702，2758706
传真：0758-2758369
电子信箱：nbh@china-fenghua.com
网址：www.newbaohua.com
主要产品或业务范围：专业从事电子设备的研制与生产。主要产品有窑炉、流延—丝网印刷设备、测试—编带设备、外观检测设备、贴片机、贴插机等。

广州德力权仪表有限公司
地址：广东省广州市广州市天河区元岗沙河镇第二工业区A座三楼东
邮编：510650
电话：020-37090975，37090987，37090835
传真：020-37090976
电子信箱：sensycon-tn@163.net
网址：www.sensycon.cn
主要产品或业务范围：温度测控仪表及其附件、材料，包括德国ABB薄膜铂电阻元件、高温陶瓷铂电阻元件，发电机定子测温专用铂电阻，SMD表面贴装专用铂电阻元件等，标准型和智能型温度变送器模块，一体化温度变送器等，各类智能型温度控制器，铠装热电阻材料、铠装热电偶材料，各类型热电偶丝材等。

广州精信仪表电器有限公司
地址：广东省广州市天河区龙洞第一工业区B栋3楼
邮编：510520
电话：020-87084289，87082600
传真：020-87084281
电子信箱：jingxin@jxyb.com
网址：www.jxyb.com
主要产品或业务范围：该公司是设备运行状态监测及故障分析诊断系统研发、生产、销售的高科技企业，主要经营电涡流位移传感器、振动传感器，位移、振动、转速等设备运行状态监控仪表及校验设备，设备故障分析诊断系统。承接自动测试控制系统工程的设计、安装、调试。

广州品鑫机电科技有限公司
地址：广东省广州市天河区中山大道中393号天长商贸园D栋101房
邮编：510620
电话：020-82325366
传真：020-82325837
网址：www.pinxincnc.com
主要产品或业务范围：该公司是机电产品专业代理商，主要经营中国台湾地区明纬开关电源，日本SANYO DENKI伺服电动机、步进电动机，日本SUNX光电传感器、接近传感器、压力传感器、区域传感器等，日本KEYENCE光纤传感器、激光位移传感器、影像系统、影像显微镜、静电消除系统等，日本ORIENTAL电机，中国台湾地区东元电机。

广州市爱浦电子科技有限公司
地址：广东省广州市海珠区石榴岗红卫路5号智通创意工业园A幢401
邮编：510310
电话：020-84206763
传真：020-84206762
电子信箱：sales@aipu-elec.com
网址：www.aipu-elec.com
主要产品或业务范围：微功率模块电源，AC-DC 模块电源等产品。

广州市东炜电子科技有限公司
地址：广东省广州市天河区沙河镇白沙水路160号
邮编：510650
电话：020-37202629，37200072，37098081
传真：020-37089199
电子信箱：dw00001@hotmail.com
网址：www.dongweikj.com
主要产品或业务范围：光纤传感器、光电与激光传感器、接近传感器等。

广州市恒壹光学材料有限公司
地址：广东省广州市越秀区白云路38号红云大厦1010室

邮编：510080
电话：020-83889809
传真：020-83864788
电子信箱：gzhylwn@163.com
主要产品或业务范围：光学玻璃磨削精磨液、铣磨液、定心磨边液、切削液，清洗剂、脱膜剂、脱墨剂，适合软硬材质玻璃抛光粉、聚氨酯抛光皮、进口及国产光敏胶、普通玻璃等切削液、镜边防黑封边胶等，加工各种光学透镜、非球面透镜等。

广州市镭拓光电有限公司
地址：广东省广州市经济技术开发区东区城南路沧联工业园D2-B栋3楼
邮编：510760
电话：020-82058367
传真：020-82058267
电子信箱：latoe@latoe.com
网址：www.latoe.com
主要产品或业务范围：半导体激光产品。

广州市泰矽电子有限公司
地址：广东省广州市东莞市厚街镇三屯管理区
邮编：511341
电话：0769-85055152
传真：0769-85055162
电子信箱：taisee@taisee.com
网址：www.taisee.com
主要产品或业务范围：该公司专业生产工业自动控制组件及各种控制器。

广州市西克传感器有限公司
地址：广东省广州市越秀区天河路45号之二天伦大厦第24楼
邮编：510075
电话：020-28823600
传真：020-38303350，38303303
电子信箱：info.china@sick.net.cn
网址：www.sick.net.cn
主要产品或业务范围：工业用光电开关，接近开关及磁电开关，色标及超声波传感器，光电安全保护装置，自动化辨读系统，激光测距系统，旋转编码器等。

广州通力传感器厂
地址：广东省广州经济技术开发区北围工业区沙湾二街9号4层
邮编：510730
电话：020-82214623
传真：020-82209706
电子信箱：postmaster@gztongli.com
网址：www.gztlcgq.com.cn
主要产品或业务范围：主要产品有电阻应变式、扩散硅、陶瓷三大类的高温、中温、常温的表压、绝压、负压、液位、差压、流量、称重、测力、扭矩、位移、温度等传感器/变送器和配套控制仪表，共计60多个品种、300多个规格。其中高温熔体压力传感器/变送器、两分力测力传感器、扭矩传感器等产品为替代进口产品，可与国外同类产品直接互换使用。

广州西博臣科技有限公司
地址：广东省广州市白云区沙太路华苑街2号
邮编：510510
电话：020-87233793，87233235
传真：020-87232586
网址：www.cybersen.com
主要产品或业务范围：经营各类温湿度传感器，变送器，测量仪表。

鹤山市银和光学科技实业有限公司
地址：广东省鹤山市沙坪镇南工业城19号
邮编：529700
电话：0750-8835897
传真：0750-8835098
电子信箱：yinhe@hsyinhe.com
网址：www.hsyinhe.com
主要产品或业务范围：光学镜片及光学电仪器镜头系列。

吉林东亚光学集团有限公司
地址：广东省深圳市福田区金田路荣超经贸中心1803室
邮编：518000
电话：0755-61333300
传真：0755-61333199
电子信箱：may@ccdy.com.cn
网址：www.dongyaoptical.com
主要产品或业务范围：光学镜头。

佳乐商贸（中国）有限公司
地址：广东省深圳市深南中路2号新闻大厦23楼2308室
邮编：518027
电话：0755-83699500
传真：0755-83699300
电子信箱：vicky.zhou@carlogavazzi.cn
网址：www.carlogavazzi.com
主要产品或业务范围：主要产品有传感器，开关系列，控制系列，安全系列，现场总线等。

杰特电子实业（深圳）有限公司
地址：广东省深圳市布吉吉厦简坑路杰特工业园
邮编：518114
电话：0755-84509088
传真：0755-84509099
电子信箱：marketing@jite.com.cn
网址：www.jite.com.cn
主要产品或业务范围：该公司专业生产和经销接线端子。

精亮科技（深圳）有限公司
地址：广东省深圳市宝安区宝安大道4018号华丰国际商务大厦21层
邮编：518102
电话：0755-26999343
传真：0755-26999309
电子信箱：sales@pressure-sensor.com
网址：www.measurement-ltd.com
主要产品或业务范围：该公司专门从事传感器产品的设计与制造。

精量电子（深圳）有限公司
地址：广东省深圳市南山区高新科技园北区朗山路26号
邮编：518057
电话：0755-33305088，33305068
传真：0755-33305079
电子信箱：sales.china@meas-spec.com
网址：www.meas-spec.com.cn
主要产品或业务范围：产品包括压力、称重/力、扭矩、位移、倾角、液位、振动/加速度、水质、温度、湿度、流量、磁阻、血氧、压电薄膜以及液体特性等传感器。

蓝光精机科技有限公司
地址：广东省广州市萝岗区科学城彩频路11号F栋101室
邮编：543865
电话：020-22320308
传真：020-22320322
电子信箱：blueray-dg@163.com
网址：www.blueray.cn
主要产品或业务范围：光学镜片模具，塑胶光学镜片。

劳易测电子贸易（深圳）有限公司
地址：广东省深圳市南山区桃园路1号西海明珠大厦F501～510
邮编：518054
电话：0755-86264909
传真：0755-86264901
电子信箱：info@leuze.com.cn
网址：www.leuze.com.cn
主要产品或业务范围：光电传感器，自动识别系统，工业视觉系统，数据传输系统，以及光电类产品。

三海光电技术有限公司
地址：广东省深圳市龙华富联工业区A栋1楼
邮编：518109
电话：0755-89800707
传真：0755-27525981
电子信箱：sales@sunhigh.net.cn
网址：www.sunhigh.net.cn
主要产品或业务范围：红外截止滤光片，大面积彩色滤光片，隔热片等。

深圳逗点生物技术有限公司
地址：广东省深圳市罗湖区太白路松泉山庄6-601
邮编：518019
电话：0755-25498787，15989893669
传真：0755-25498787
联系人：胡玉梅
电子信箱：info@biocomma.com，biocomma@163.com
网址：www.biocomma.com
主要产品或业务范围：该公司提供固相萃取柱、亲和层析柱、小型层析柱、固相合成柱、DNA提取柱、离心柱和带滤芯吸头的配套元件、装配设备等。

深圳根本贸易有限公司
地址：广东省深圳市福田区深南中路求是大厦东座1213室
邮编：518040
电话：0755-88317954
传真：0755-88317964
电子信箱：jason@sz-nemoto.com.cn
网址：www.chinanemoto.com
主要产品或业务范围：有毒有害气体传感器、湿度传感器和家用可燃气体泄漏报警器气体传感器。

深圳欧菲光科技股份有限公司
地址：广东省深圳市宝安公明街道松白路华发路段欧菲光科技园
邮编：518106
电话：0755-27545988
传真：0755-27545590
电子信箱：kandyzhao@o-film.com
网址：www.o-film.com
主要产品或业务范围：各种摄像头中的红外截止滤光片、保护玻璃、镜座组件；光学低通滤波器以及手机面板保护玻璃、触摸板、DVD光学读取头元器件为主的光学配件。

深圳圣斯尔电子技术有限公司
地址：广东省深圳市福田区梅林路42号深政汽修大厦4楼409号
邮编：518049
电话：0755-83762487
传真：0755-83762478
电子信箱：doris@sset.cn
网址：www.sset.cn
主要产品或业务范围：专业从事电量传感/变送器研究、开发、生产、销售。

深圳市安华远东进出口有限公司
地址：广东省深圳市南山区创业路怡海广场东座2001～2008
邮编：518052
电话：0755-26432946
传真：0755-26646145

电子信箱：edwin@anwah.com.cn
网址：www.anwah.com.cn
主要产品或业务范围：专业生产金属带材、箔材产品，拥有先进的轧制设备和检测设备。

深圳市飞莱特光电技术有限公司
地址：广东省深圳市龙岗区龙城工业园三号厂房3楼东
邮编：518172
电话：0755-28957682
传真：0755-28957369
电子信箱：szeng@filtech-filters.com
网址：www.filtech-filters.com
主要产品或业务范围：滤光片等。

深圳市富安达智能科技有限公司
地址：广东省深圳市福田区华强北路圣廷苑酒店B座写字楼2701室
邮编：518028
电话：0755-82075830
传真：0755-80276348
电子信箱：info@fuanda.com
网址：www.fuanda.com
主要产品或业务范围：该公司专业从事国际领先传感器应用，硬件、软件及相关系统的应用设计、服务和销售服务。

深圳市华荣发电子测试有限公司
地址：广东省深圳市福虹路中电福华大厦810～814室
邮编：518033
电话：0755-83039786，83039638，83039995
传真：0755-83039902
电子信箱：hrf@hrfnet.com
网址：www.hrfnet.com
主要产品或业务范围：各类测试针及各类配件。

深圳市迦威电气有限公司
地址：广东省深圳市华侨城东部工业区B-1栋西侧
邮编：518053
电话：0755-86102689
传真：0755-86102677
联系人：张剑维
电子信箱：wty@justwell.com.cn
网址：www.justwell.com.cn
主要产品或业务范围：霍尔电流、电压传感器及各类新型电测量传感器、变送器、仪器仪表。

深圳市杰英特传感仪器有限公司
地址：广东省深圳市保安35区安华工业区1巷8号B401
邮编：518133
电话：0755-83104666，83105666，84106876，84106879
传真：0755-83116697
电子信箱：wurong@szjoint.com
网址：www.szjoint.com
主要产品或业务范围：压力、重量、位移、加速度、液位、电流、温度、湿度等传感器。

深圳市康安视保科技开发公司
地址：广东省深圳市红岭南路红岭大厦5栋9-D
邮编：518031
电话：0755-25864879
传真：0755-25118010
电子信箱：szk01@163.com
网址：www.szkasb.sm160.net
主要产品或业务范围：TV-1位移振动传感器，ZHL338数字温度计，各种传感器。同时承接传感器应用电路开发，产品设计和配套，以及计算机软、硬件开发及维护，计算机及其开发应用项目等。

深圳市康奈特电子有限公司
地址：广东省深圳市龙华镇龙联工业区中华路32号2、3楼
邮编：518109
电话：0755-28167122，28167322
传真：0755-28167770
电子信箱：info@szcnnt.com
网址：www.szcnnt.com
主要产品或业务范围：接线端子。

深圳市科进电子有限公司
地址：广东省深圳市福田区中航路新亚洲一期电子城2C006房间
邮编：518031
电话：0755-83997989
传真：0755-83282993
电子信箱：ke-ic@vip.163.com
网址：www.szkejin.com
主要产品或业务范围：经营直插贴片、光电耦合、通信集成电路、工业集成系列等多种电子元器件。

深圳市蓝思达科技有限公司
地址：广东省深圳市宝安区沙井街道办沙塘北方永发科技园3栋南侧
邮编：518104
电话：0755-33926630
传真：0755-33926658
电子信箱：leaili@lansda.com
网址：www.lansda.com
主要产品或业务范围：光学玻璃，手机玻璃，手机马达。

深圳市米诺电子有限公司
地址：广东省深圳市宝安区沙井镇新二第三工业区南岭路5栋2楼
邮编：518105
电话：0755-27058268，27058298

传真：0755-27058238
电子信箱：sales@minor-tech.com
网址：www.minor-tech.com
主要产品或业务范围：拉杆系列、滑块系列、微型拉杆系列、自恢复系列线性位移传感器。

深圳市三宝创业科技有限公司
地址：广东省深圳市南山区光前村工业区17栋5楼
邮编：518055
电话：0755-26759829，26759929，26759979，26759769
传真：0755-26759949
电子信箱：spptc@spptc.com
网址：www.spptc.com
主要产品或业务范围：正温度系数热敏电阻。

深圳市三达特科技有限公司
地址：广东省深圳市福田区新闻路景苑大厦A座2107
邮编：518034
电话：0755-25848978，83738778
传真：0755-83738639
电子信箱：sales@sandat.com
网址：www.sandat.cn
主要产品或业务范围：主要产品包括数字温度传感器、湿度传感器、压力传感器、电化学气体传感器、甲醛传感器、VOC传感器、汽车用氢气泄漏传感器。

深圳市深格电子有限公司
地址：广东省深圳市公明镇塘尾村莲塘工业区86栋3楼
邮编：518055
电话：0755-86147155，86147200
传真：0755-86147177
联系人：刘小姐
电子信箱：sz.shenge@163.com
网址：www.shenge.com
主要产品或业务范围：液位传感器系列、接近开关系列、磁簧开关系列。

深圳市盛波光电科技有限公司
地址：广东省深圳市宝安区龙华街道办油松路东侧盛波光电工业园
邮编：518000
电话：0755-61122712，61567756，61122729
传真：0755-61567756，61122713
电子信箱：sapopxm@163.com
网址：www.szsapo.com
主要产品或业务范围：专业生产LCD用偏光片的厂家。

深圳市天瞳光学有限公司
地址：广东省深圳市宝安区沙井镇共和第三工业区C区
邮编：518104
电话：0755-29620866-300
传真：0755-29620566
电子信箱：jing_gu@sztto.com
网址：www.sztto.com
主要产品或业务范围：光学透镜。

深圳市新诺亚技术有限公司
地址：广东省深圳市光明新区公明镇长圳中远国茂科技园8栋4楼
邮编：518132
电话：0755-29440027
传真：0755-81752033
电子信箱：xinnuoya@yahoo.com.cn
网址：www.xinnuoya.com
主要产品或业务范围：该公司是一家专业从事高品质液晶显示器（LCD）、液晶显示模块（LCM）开发生产的高新技术企业，现有超过三百种标准液晶显示模块，LCD产品绝大多数是客户定制品。擅长为客户量身定做各种规格、不同技术要求的TN-LCD、STN-LCD及LCM。

深圳市新世联科技有限公司
地址：广东省深圳市深南中路2066号华能大厦712室
邮编：518031
电话：0755-83680810
传真：0755-83680866
电子信箱：market@apollounion.com
网址：www.apollounion.com
主要产品或业务范围：该公司以传感仪表和自动控制、光纤通信、激光和制造、网络与信息技术为主要发展方向。

深圳市众望达光电有限公司
地址：广东省深圳市南山区蛇口沿山路23号胜发大厦B栋4楼4A室
邮编：518067
电话：0755-26687740，26419175，26419175-686
传真：0755-86196560
电子信箱：sales@zewda.com
网址：www.zewda.com
主要产品或业务范围：光无源器件，SLED光源，半导体激光器，光源，加拿大corActive光纤。

深圳新飞通光电子技术有限公司
地址：广东省深圳市高新技术产业园南区科技南12路飞通大厦
邮编：518057
电话：0755-26748180，26748181，26748182
传真：0755-26748186
电子信箱：sales@neophotonics.com.cn
网址：www.neophotonics.cn
主要产品或业务范围：PIC（光子集成电路）器件、模块及子系统领先的研发商及垂直整合生产商。

世大光电（深圳）有限公司
地址：广东省深圳市西乡臣田第二工业区28栋
邮编：518102
电话：0755-61113280
传真：0755-61113270
电子信箱：meicy@star-optical.net
网址：www.star-optical.net
主要产品或业务范围：全塑料镜头、全玻璃镜头。

欣华电子工业有限公司
地址：广东省惠州市博罗县石湾镇里波水工业区
邮编：516127
电话：0752-6612697
传真：0752-6612799
电子信箱：jason@jason-tw.com
网址：www.jason-tw.com
主要产品或业务范围：专业生产传感器，电位器及开关。

旭昌精密工业（深圳）有限公司
地址：广东省深圳市宝安区松岗街道楼岗大洋工业区
邮编：518105
电话：0755-27055985，27055981，27055984
传真：0755-27055987
电子信箱：celia_0512@foxmail.com
网址：www.sun-optical.com
主要产品或业务范围：超精密光学镜片模具，冲压模具及零件。

中山市益瑞斯光学技术有限公司
地址：广东省中山市中山港沿江东路13号毓达工业园2幢
邮编：528437
电话：0760-85555349
传真：0760-85555489
电子信箱：yw@zspris.com
网址：www.zspris.com
主要产品或业务范围：小长条棱镜、屋脊棱镜、楔形棱镜、各类直角棱镜、保罗棱镜、四棱台、柱体抛光件、立方体、透镜。

珠海市澳特尔测控仪表有限公司
地址：广东省珠海市兰埔路金钟街3号兰埔工业大厦2楼
邮编：519000
电话：0756-8531616
传真：0756-8622220
电子信箱：003@zhuhaiatc.com.cn
网址：www.zhuhaiatc.com.cn
主要产品或业务范围：直流、交直流电流传感器，霍尔电流传感器，以及高精度、高稳定性直流标准源等。

贵阳学通仪器仪表有限公司
地址：贵州省贵阳市金阳高新区科技大厦B栋1楼
邮编：550081
电话：0851-7990163
传真：0851-7990153
电子信箱：gyxtyb@126.com
网址：www.gyxtyb.com
主要产品或业务范围：专业从事传感器、化学仪表、气体仪表等研发、生产及销售。

涿州市依晨电子技术有限公司★
地址：河北省涿州市经济开发区东大街196号
邮编：072750
电话：15130448092
传真：0312-6679619
电子信箱：yesendz@126.com
网址：www.ye-sen.com
主要产品或业务范围：该公司主要产品有全系列R型变压器，C型变压器，环形变压器，E型变压器，隔离变压器，电源变压器，控制变压器等。

河北冀雅电子有限公司
地址：河北省石家庄市西三庄大街298号
邮编：050071
电话：0311-87798374
传真：0311-87757911
电子信箱：zhanhui@jiyalcd.com
网址：www.jiyalcd.com
主要产品或业务范围：专业生产、经营液晶显示屏及液晶显示模块。

久智光电子材料科技有限公司
地址：河北省廊坊经济技术开发区华祥路85号
邮编：065001
电话：0316-6075014
传真：0316-6075010
电子信箱：qgoe@quickgen.com
网址：www.quickgen.com
主要产品或业务范围：石英玻璃制品。

南宫市协力电子厂
地址：河北省南宫市育凤小区2号楼2单元302室
邮编：055750
电话：0319-5262638
传真：0319-5262638
电子信箱：jianying-lu@sohu.com
主要产品或业务范围：该厂研制开发了各种仪器用灯电源、混合式步进电动机驱动器、光电倍增管专用电源三大类产品，光电倍增管专用电源现执行SJ 2811.1—1987标准生产，可广泛用于光学仪器、分析仪器、环保仪器等。

秦皇岛耀华石英科技发展有限公司
地址：河北省秦皇岛市海港区西港北路耀华工业园

邮编：066000
电话：0335-3286461
传真：0335-3826756
电子信箱：info@yaohuaquartz.com
网址：www.yaohuaquartz.com
主要产品或业务范围：紫外光学石英玻璃材料。

鑫利数控机床附件有限公司
地址：河北省沧州市盐山县庆云后堂工业区123号
邮编：061302
电话：0317-6348330，15028682816，13731738456
传真：0317-6348567
电子信箱：hbxinli888@163.com
主要产品或业务范围：该公司致力于工业自动化产品的开发设计、生产和销售。主要产品有工程塑料拖链、钢铝拖链、软管、软管接头、电缆防水接头、冷却管、操作件、机床配套排屑系列，各种材质的机床防护罩等。

中国电子科技集团公司第十三研究所
地址：河北省石家庄市合作路113号
邮编：050051
电话：0311-87091253
传真：0311-87091358
电子信箱：xqniu@sohu.com
网址：www.cetc13.cn
主要产品或业务范围：光电子器件、真空微电子器件、微机械电子系统。

河南中光学集团有限公司
地址：河南省南阳市工业南路508号
邮编：473003
电话：0377-63865010
传真：0377-63137638
联系人：张守启
电子信箱：zgx@hn508.com.cn
网址：www.hn508.com.cn
主要产品或业务范围：光学元件、部件，光电仪器，光学设备，光学辅料，光敏电阻等。

利达光电股份有限公司
地址：河南省南阳市工业路508号
邮编：473003
电话：0377-63162004
传真：0377-63167800
电子信箱：lida@lida-oe.com.cn
网址：www.lida-oe.com.cn
主要产品或业务范围：三大投影显示系统、数码相机、DVD读写系统。

洛阳微米光电技术有限公司
地址：河南省洛阳市高新开发区辛店镇后营
邮编：471031
电话：0379-64128166
传真：0379-64128199
电子信箱：luoyangweimi@gmail.com
网址：www.weimi-optics.com
主要产品或业务范围：光学零件、光学材料、设备。

南阳市凯鑫光电仪器有限公司
地址：河南省南阳市高新区光电孵化园
邮编：473000
电话：0377-63563609
传真：0377-63555039
电子信箱：nykaixin@yahoo.com.cn
网址：www.nykaixin.cn
主要产品或业务范围：打印机、数码相机、监控镜头等数码产品用光学棱镜、透镜、光学镀膜产品。

南阳新新光电科技有限公司
地址：河南省南阳市新野县铁塔路中段
邮编：473500
电话：0377-66226678
传真：0377-66210868
电子信箱：beijing16668@163.com
网址：www.zhihao888.cn
主要产品或业务范围：光学镜头、光学镜片、光学镀膜镜片等。

新乡市百合光电有限公司
地址：河南省新乡经济开发区（新乡县新城区）
邮编：453731
电话：0373-5588101
传真：0373-5588251
电子信箱：xxbh_zjm@vip.163.com
网址：www.baiheoe.com
主要产品或业务范围：滤光片，宽带增透膜，分光膜，透明导电膜，干涉截止滤光片，窄带滤光片，偏振模，VCD分光镜，各类激光膜，调色温膜，光纤头镀膜。

郑州炜盛电子科技有限公司
地址：河南省郑州市高新技术产业开发区金梭路299号
邮编：450001
电话：0371-60932951
传真：0371-60932988
电子信箱：winsensorec@163.com
网址：www.winsensor.com
主要产品或业务范围：该公司专业从事气体传感器研发、生产、销售。

哈尔滨芯明天科技有限公司
地址：黑龙江省哈尔滨市南岗区汉广街41号金华大厦706室
邮编：150080

电话：0451-86268790
传真：0451-86267847
电子信箱：xmtkj-song@163.com
网址：www.xmtkj.com
主要产品或业务范围：代理压电陶瓷原材料、压电陶瓷元件、压电陶瓷制动器、压电加速度传感器、压电陶瓷能量发生器、压电陶瓷超声波传感器、压电陶瓷变压器等。

中国电子科技集团公司第四十九研究所
地址：黑龙江省哈尔滨南岗区一曼街29号
邮编：150001
电话：0451-82515545
传真：0451-82558018
电子信箱：cetc49@163.com
主要产品或业务范围：专门从事敏感技术研究与军民两用传感器研制的国家一类骨干研究所。

长飞光纤光缆有限公司
地址：湖北省武汉市关山二路4号
邮编：430073
电话：027-87802541，67887266
传真：027-87801760
电子信箱：sales@yofc.com
网址：www.changfei.com.cn
主要产品或业务范围：该公司是集制棒、拉纤和成缆于一体的专业厂家。

湖北菲利华石英玻璃股份有限公司
地址：湖北省荆州市开发区东方大道68号
邮编：434001
电话：0716-8310688
传真：0716-8313660
电子信箱：info@feilihua.com
网址：www.feilihua.com
主要产品或业务范围：紫外光学玻璃碇材和型材及光学元件、光掩膜基材。

武汉超荣电子有限公司
地址：湖北省武汉市汉口前进四路72号广州军区大院内B单元402室
邮编：430022
电话：027-82821687，82848306
传真：027-82843751
网址：www.coron.com.cn
主要产品或业务范围：光电传感器、接近传感器、霍尔传感器、光幕传感器、标志传感器、光纤传感器、转速线速表、智能温控仪、数字电流电压表、计数计长仪、计时器、压力传感器/变送器、称重传感器、固态继电器等。

武汉富泰华创光电科技有限公司
地址：湖北省武汉武昌东湖开发区光谷创业街10栋C座2单元1004号
邮编：430078
电话：027-67849603
传真：027-67849579
电子信箱：xi.li@photeck.com
网址：www.photeck.com
主要产品或业务范围：光学器件、仪器仪表和机电产品。

武汉海创电子股份有限公司
地址：湖北省东湖新技术开发区汽车电子产业园茅店山东路6号
邮编：430074
电话：027-82731770，82718527
传真：027-82729749
电子信箱：sales@hi-trusty.com
网址：www.hi-trusty.com
主要产品或业务范围：该公司从事石英晶体谐振器、石英晶体滤波器、温度补偿晶体振荡器、时钟振荡器、NTC和PTC热敏电阻器及温度传感器、压电陶瓷、温度指示控制仪、铅蓄电池的研制、设计、生产、销售。

武汉科衡地震仪器厂
地址：湖北省武汉市武昌区洪山侧路40号
邮编：430071
电话：027-87862291，87862744
传真：027-87862744
电子信箱：dzyqc@public.wh.hb.cn
主要产品或业务范围：该厂专业生产高精度角锥棱镜。批量生产各类测绘仪器配件、大坝及高层建筑安全监测仪器、地震监测仪器。

武汉天宇光电仪器有限公司
地址：湖北省武汉洪山区文秀街8号
邮编：430070
电话：027-87677226
传真：027-87677199
电子信箱：tianyuwh@yeah.net
网址：www.tianyu.cn
主要产品或业务范围：棱镜系列产品、ADS棱镜反射器系列产品。

武汉优光科技有限责任公司
地址：湖北省武汉关东科技园5-2号
邮编：430074
电话：027-87531505，87538753，87531507
传真：027-87531525
电子信箱：sales@u-optic.com
网址：www.u-optic.com
主要产品或业务范围：高精度激光波片、棱镜、透镜、窗口、反射镜、偏振棱镜、分光镜。

武汉中技光学仪器有限公司
地址：湖北省武汉市洪山区北港工业园文秀街8号
邮编：430070
电话：027-67125537
传真：027-87673991
电子信箱：whzjgx@126.com
网址：www.cnzjgx.com
主要产品或业务范围：各类秒级精度，角锥棱镜、三棱镜、斜方棱镜、五棱镜、屋脊棱镜、平行平面镜。

长沙诺金自动化成套设备有限公司
地址：湖南省长沙市人民中路859号
邮编：410002
电话：0731-84694039，84694049
传真：0731-84694049
联系人：王先生
网址：www.csnj.com.cn
主要产品或业务范围：热电偶、热电阻等系列。

长沙韶光铬版有限公司
地址：湖南省长沙市长榔路88号
邮编：410129
电话：0731-84616074
传真：0731-84616259
电子信箱：hncs@sggb.com
网址：www.sggb.com
主要产品或业务范围：光学抛光基片，光学精细蚀刻复制，真空镀膜，母板级、工作板级匀胶铬板。

湖南宇晶机器实业有限公司
地址：湖南省益阳市长春工业园马良北路
邮编：413001
电话：0737-4329956，3802555，3802666，3802333
传真：0737-4322165
电子信箱：zgq@yj-cn.com
网址：www.yj-cn.com
主要产品或业务范围：高精度系列平面研磨机、抛光机线切割机等。

长春禹衡光学有限公司
地址：吉林省长春市高新区飞跃东路333号
邮编：130012
电话：0431-88684373，88618174
传真：0431-88634119
电子信箱：sales@yu-heng.cn
网址：www.encoders.com.cn
主要产品或业务范围：光电式、磁电式编码器及各种配套数显仪表。

长春市金龙光电科技有限责任公司
地址：吉林省长春市高新区火炬路286号
邮编：130012
电话：0431-85353336
传真：0431-85353338
电子信箱：wlxu@golddragonoptics.com
网址：www.golddragonoptics.com
主要产品或业务范围：精密光学镜头、光学元件和镀膜。

长春新产业光电技术有限公司
地址：吉林省长春市高新区创新路668号
邮编：130012
电话：0431-87013338
传真：0431-81020258
电子信箱：cnilaser@126.com
网址：www.cnilaser.com
主要产品或业务范围：半导体泵浦全固态激光器。

常州纳乐科思光学有限公司
地址：江苏省常州市钟楼经济开发区玉龙路6号钟楼高新技术企业服务中心10楼南侧
邮编：213000
电话：0519-83979001
传真：0519-83979000
电子信箱：wuwj@nalux.com.cn
网址：www.nalux.com.cn
主要产品或业务范围：高灵敏光学用透镜、光电开关用透镜、复印件用各种透镜、照相机摄像镜头透镜、取景器用棱镜及反射镜、光通信用微透镜列阵、亚波长光栅、衍射光栅性微透镜阵列、光束整形透镜。

常州伟光科技有限公司
地址：江苏省常州市新北区通江大道301号15-25-602
邮编：213004
电话：0519-88228601，88228602
传真：0519-88228603
电子信箱：ksyh@jpeyh.com
网址：www.czgof.com
主要产品或业务范围：从事玻璃光纤研发和制造，检测光纤种类齐全，产品广泛应用于各类光电传感器。

常州玉宇电光器件有限公司
地址：江苏省常州市武进区湖塘镇小留村
邮编：213164
电话：0519-86529261，86529262
传真：0519-86536526
电子信箱：info@cn-yuyu.com
网址：www.cn-yuyu.com
主要产品或业务范围：国内最早生产特种光源的专业企业之一。

丹阳市宏益精密仪器厂
地址：江苏省丹阳市访仙镇山嘴王56号

邮编：212321
电话：0511-86781998，86788222
传真：0511-86466903
联系人：毛先生
电子信箱：myf5120@sohu.com
网址：www.jsdyshy.com
主要产品或业务范围：主要产品分为两大类——聚四氟乙烯和玻璃仪器制品。

德玛仕测控技术（苏州）有限公司
地址：江苏省苏州工业园区沈浒路535号雅戈尔国际中心608、609
邮编：215007
电话：0512-69177276
传真：0512-69177275
电子信箱：info@dmass-technik.com
网址：www.dmass-technik.com
主要产品或业务范围：现场仪表、传感器及开关产品的自控元件及油泵、阀、伺服电机及驱动器等系列液压元件。

海顿直线电机（常州）有限公司
地址：江苏省常州市新北区仙龙工业园新苑四路110号
邮编：213031
电话：0519-85113312-864
传真：0519-88221023
联系人：宗海刚
电子信箱：tonyzong@haydonkerk.com.cn
网址：www.haydonkerk.com.cn
主要产品或业务范围：该公司生产步进电机线性执行器、旋转电机、螺杆总成和线性滑轨和导轨系统。

海门昌隆仪器有限公司
地址：江苏省海门市三和工业区宏阳路11号
邮编：226113
电话：0513-82336900，82212357
传真：0513-82336901
联系人：胡亚香
电子信箱：jiangfan@pub.nt.jsinfo.net
网址：www.hmclyq.com
主要产品或业务范围：该公司专业生产江帆牌（原帆船牌）系列显微镜载玻片和盖玻片以及各类实验耗材。

海门市博阳实验器材厂
地址：江苏省海门市三和工业园
邮编：226113
电话：0513-82330976，13801461161
传真：0513-82306060
电子信箱：by@jsboyang.com
网址：www.jsboyang.com
主要产品或业务范围：主要产品有细胞培养板、细胞培养皿、酶标板、硅胶塞、吸头（盒）、离心管（盒）、冷冻管（盒）、试管、血凝板、比色杯、各种玻璃仪器等实验耗材。

海门市国强环宇仪表管件厂★
地址：江苏省海门市国强镇
邮编：226143
电话：0513-82683669，13801468968
传真：0513-82683669
联系人：严一平
网址：www.nthvvb.ce.net.cn
主要产品或业务范围：该厂是精密无缝不锈钢管及仪表管件的专业生产厂家，产品规格Φ0.5～Φ425mm，壁厚0.1～35mm，并可生产各种异型无缝不锈钢管，材质1Gr18Ni9Ti、Gr18Ni12Mo2Ti、0Gr18Ni9、00Gr18Ni10、00Gr17Ni14Mo2、1Gr25Ni20等。

霍丁格包尔文（苏州）电子测量技术有限公司
地址：江苏省苏州市新区横山路106号
邮编：215009
电话：0512-68247776
传真：0512-68255422
电子信箱：hbmchina@hbm.com.cn
网址：www.hbm.com.cn
主要产品或业务范围：称重器件，传感器，测量仪表和软件，应变计和附件。

江苏多维科技有限公司
地址：江苏省张家港市保税区广东路7号
邮编：215634
电话：0512-56366210
传真：0512-56366200
电子信箱：xiaoming.fan@dowaytech.com
网址：www.dowaytech.com
主要产品或业务范围：提供基于TMR技术的低功耗高频响磁阻开关、角度传感器、线性传感器以及齿轮传感器。提供基于电池供电的智能流量计（水表、热量表、燃气表）流量检测以及阀门开度控制的解决方案。

江苏恩泰传感器有限公司
地址：江苏省盐城市亭湖区盐黄公路18号
邮编：224051
电话：0515-81891998
传真：0515-81891996
电子信箱：market@entechsensor.com
网址：www.entechsensor.com
主要产品或业务范围：该公司是集传感器研发制造和销售为一体的高科技企业，主打产品为军民两用压力传感器。

江苏华鑫合金有限公司
地址：江苏省常州市东门外郑陆镇
邮编：213111

电话：0519-88731184，88735518
传真：0519-88932350
电子信箱：info@rgalloy.com
网址：www.jshxhj.com
主要产品或业务范围：热电偶合金、热电偶用补偿导线合金、铠装热电偶电缆、铠装热电偶、高电阻电热合金、精密电阻合金、发热电阻合金、热敏电阻合金、纯镍丝、镍铜合金、铜包铝丝、钼丝、精密失蜡铸造产品等。

江苏联能电子技术有限公司
地址：江苏省扬州市玉器街1号
邮编：225002
电话：0514-87348668
传真：0514-87348670
电子信箱：sales@china-yec.com
网址：www.china-yec.com
主要产品或业务范围：主营产品有动、静态数据采集系统、振动力学教学实验系统、信号激励系统、压力、压电、加速度传感器系列。

江苏南晶红外光学仪器有限公司
地址：江苏省常州市武进区芙蓉镇常芙路115号
邮编：213118
电话：0519-88762276，88650678，88650677
传真：0519-88650662
电子信箱：manager@jsnjhw.com
网址：www.jsnjhw.com
主要产品或业务范围：红外锗镜片，硅镜片。

江苏省海安县教育光学镜片厂
地址：江苏省南通市海安县曲塘镇人民中路117号
邮编：226671
电话：0513-88792513
传真：0513-88792513
电子信箱：office@gxbl.cn
网址：www.gxbl.cn
主要产品或业务范围：有色光学玻璃和无色光学玻璃。

江苏省溧阳市金诚测试仪器厂
地址：江苏省溧阳市溧城镇东环路2号
邮编：213300
电话：0519-87223397
传真：0519-87223397
电子信箱：lyjccs@126.com
网址：www.jccsyq.com
主要产品或业务范围：专业生产位移、压力、角度、静力触探探头，以及钢弦式压力盒等各种传感器为主的多种系列产品。

江苏兴顺电子有限公司
地址：江苏省兴化市阳山路10号
邮编：225700
电话：0523-83234988
传真：0523-83234146
电子信箱：shenqi@jsxingshun.com
网址：www.jsxingshun.com
主要产品或业务范围：热敏电阻器、温度传感器。

江苏钟山电子器件有限责任公司
地址：江苏省南京市宁丹路9～11号
邮编：210031
电话：025-58830955，58832801，13705165715
传真：025-58808477，58824177
电子信箱：zsdz@jszsdz.com
网址：www.jszsdz.com
主要产品或业务范围：薄膜开关、薄膜面膜。

江苏众飞光电有限公司
地址：江苏省镇江新区大港韩国工业园银河路56号
邮编：212132
电话：0511-88035588
传真：0511-86089555
电子信箱：sales@convox.cn
网址：www.convox.cn
主要产品或业务范围：该公司是先进的树脂镜片、隐形眼镜生产公司。

江阴瑞丰仪表电器元件有限公司
地址：江苏省江阴市澄江镇姚家湾108号-3
邮编：214432
电话：0510-80272588，86276633，13701528758
传真：0510-86276633
电子信箱：jyruifeng@yahoo.cn
网址：www.boduankaiguan.com
主要产品或业务范围：该公司是上海无线电九厂江阴分厂。承接各种波段开关、波动开关、印制开关、编码开关、半封闭开关、封闭开关及各种仪器仪表用变压器、电感、电源、滤波器。

江阴市中兴光电实业有限公司
地址：江苏省江阴市夏港镇澄路206号
邮编：214442
电话：0510-86160588
传真：0510-86168278
电子信箱：info@cnzhongxing.com
网址：www.cnzhongxing.com
主要产品或业务范围：光学棱镜、光学透镜、光学仪器配件及附件类。

金坛华诚电子有限公司
地址：江苏省金坛市后阳镇东
邮编：213215

电话：0519–82611488，82611453
传真：0519–82616859
电子信箱：ampeon@ampeon.com
网址：www.ampeon.com
主要产品或业务范围：继电器、定时器、温度传感器、紫外光敏传感器、紫外光测量仪表。

金坛市白塔石英玻璃仪器厂
地址：江苏省常州市金坛白塔中学西侧11号
邮编：213214
电话：0519–82861295
传真：0519–82863295
电子信箱：czp138@163.com
网址：www.baitayiqi.cn
主要产品或业务范围：高纯度石英玻璃仪器和器皿。

科瑞（苏州工业园区）工业电子有限公司
地址：江苏省苏州市工业园区杨东路58号H栋
邮编：215022
电话：0512–67242858
传真：0512–67242868
电子信箱：sales@contrinex.cn
网址：www.contrinex.cn
主要产品或业务范围：公司传感器旗下品牌Contrinex、Microsonic、Rechner，分别专精于接近传感器、光电传感器、超声波传感器、电容传感器、料位计的高端产品。

昆山连鸿仪表有限公司
地址：江苏省昆山市巴城镇石牌坤龙路88号
邮编：215312
电话：0512–57683399
传真：0512–57687788
电子信箱：sales@lahonet.com
网址：www.lahonet.com
主要产品或业务范围：从事温度控制器、感温棒、固态继电器、相位电位器。

昆山市大卓光学元件厂
地址：江苏省昆山市花桥镇天福村（北一公里）
邮编：215301
电话：0512–57600302
传真：0512–57607981
电子信箱：dzgx01@163.com
网址：www.dazhuo.com
主要产品或业务范围：圆柱镜，棒镜，一字镜，十字镜，分光镜（半透半反镜片），反光镜，平面窗口镜，激光模组透镜，绿光透镜，棱镜，仪器类有一字线形激光模组，十字线形激光模组等。

昆山市南粤敏通光电技术有限公司
地址：江苏省昆山市周庄镇高科技园区
邮编：215325
电话：0512–50130060
传真：0512–57207818
电子信箱：sxmt_liu@263.cn
网址：www.ksnymt.com
主要产品或业务范围：该公司从事敏感技术，传感器研究、开发和生产。

昆山双桥传感器测控技术有限公司
地址：江苏省昆山市周庄中科院高新产业园创业中心
邮编：215325
电话：0512–57218086，57220058
传真：0512–57218050
电子信箱：sq@sqsensor.com
网址：www.sqsensor.com
主要产品或业务范围：该公司利用微纳米（MEMS）技术研究开发了各类压阻压力传感器，并兼顾其他相关传感器、变送器、自控仪表及系统的开发、生产与销售。

马渊光谱技术（苏州）有限公司
地址：江苏省苏州市高新区滨河路1156号金狮大厦306室
邮编：215011
电话：0512–68245023
传真：0512–68246025
电子信箱：liyong@mabuchistsz.cn
网址：www.mabuchistsz.cn
主要产品或业务范围：光学耗材、制造设备、精密检测仪器并提供工艺咨询。

南京艾驰电子科技有限公司
地址：江苏省南京市龙蟠中路526号北楼1层
邮编：210001
电话：025–52234601
传真：025–52234603
电子信箱：chenjian.nj@163.com
网址：www.ahest.com
主要产品或业务范围：专业生产各种流量传感器。

南京东可达光电科技有限公司
地址：江苏省南京市浦口区陡岗中街188号
邮编：211805
电话：13951017814
传真：025–58233776
电子信箱：dkdoptics@126.com
网址：www.dkdoptics.com
主要产品或业务范围：大型精密光学元件的加工生产。

南京鸿照科技有限公司
地址：江苏省南京市雨花台区铁心桥大周路60号
邮编：210012
电话：025–52374096

传真：025-52374095
电子信箱：sales@gohecho.cn
网址：www.gohecho.com
主要产品或业务范围：光纤传光束、石英光纤、光纤冷光源、LED冷光源、传感光纤、光纤跳线、电子内窥镜、光纤背光源。

南京华敏电子有限公司
地址：江苏省南京市麒麟门西村工业园中心路18号
邮编：211135
电话：025-84233073
传真：025-84233073
电子信箱：hme@microcoding.info
网址：www.hme99.cn
主要产品或业务范围：霍尔传感器、接近开关、齿轮速度传感器、汽车点火位置传感器、转速传感器、里程传感器、DC-DC电源变换器、智能型调制解调器、水资源遥测遥控系统、水位遥测遥控系统。

南京嘉科电子科技有限公司
地址：江苏省南京市栖霞区尧化街道王子楼村甘家边西109号
邮编：210046
电话：025-85564484，85770707，85770909
传真：025-85771715
网址：www.jocol.com
主要产品或业务范围：压敏电阻器、热敏电阻器、温度传感器。

南京科敏电子有限公司
地址：江苏省南京市滨江开发区天成路26号
邮编：210078
电话：025-52642319
传真：025-52643433
电子信箱：kmdz@ke-min.com
网址：www.ke-min.com
主要产品或业务范围：NSP功率型NTC热敏电阻器、MF11/12型NTC热敏电阻器、MF52E型NTC热敏电阻器、MOTB超大功率NTC热敏电阻器、MF57型NTC热敏电阻器、MF54型NTC热敏电阻器、WF型NTC温度传感器、MZ64型PTC热敏电阻器、MZ12型PTC热敏电阻器、MZ61型PTC热敏电阻器。

南京茂莱光电有限公司
地址：江苏省南京市江宁经济开发区铺岗街398号
邮编：211102
电话：025-84436288
传真：025-84433188
电子信箱：info@mloptic.com
网址：www.mloptic.com
主要产品或业务范围：高精度光学元件和仪器装备。

南京盛泰光学仪器有限公司
地址：江苏省南京市洪武路239号新大都大厦16D
邮编：210002
电话：025-84567388
传真：025-84567380
电子信箱：yuki_hanxue@saintycorp.com
网址：www.saintek-ptic.en.alibaba.com
主要产品或业务范围：显微镜目镜、物镜、转接镜。

南京时恒电子科技有限公司
地址：江苏省南京市江宁区双龙路1790-1号
邮编：211101
电话：025-52121898，52121868
传真：025-52122373
电子信箱：sales@shiheng.com.cn
网址：www.shiheng.com.cn
主要产品或业务范围：NTC负温热敏电阻器，NTC温度传感器等。

南京新捷中旭微电子有限公司
地址：江苏省南京市江宁经济开发区胜利路19号
邮编：211100
电话：025-52102514，52125630，84404791，84405339
传真：025-52122467，84404791，52125630
电子信箱：zx@zhongxu.com，zx@zhongxu.net
网址：www.zhongxu.com
主要产品或业务范围：霍尔集成电路、霍尔传感器、霍尔接近开关、锑化铟霍尔元件、砷化镓霍尔元件、双向电子继电器、压力传感器、霍尔电流钳形表。

南京英田光学工程有限公司
地址：江苏省南京市玄武区蒋王庙街4号
邮编：210042
电话：025-85282549
传真：025-85282539
电子信箱：sales@intaneoptics.com
网址：www.intaneoptics.com
主要产品或业务范围：大中型折射式和反射式平行光管等产品。

南通向阳光学元件有限公司
地址：江苏省南通市海安县曲塘镇双楼工业区海建路8号
邮编：226661
电话：0513-88792456
传真：0513-88797019
电子信箱：xiang-yang@pub.nt.jsinfo.net
网址：www.xiang-yang.com.cn
主要产品或业务范围：有色光学玻璃和无色光学玻璃。

南通银兴光学有限公司
地址：江苏省南通市海安县曲塘镇刘圩工业园区

邮编：226661
电话：0513-88797122
传真：0513-88796768
电子信箱：yaguang@ygofg.com
网址：www.ygofg.com
主要产品或业务范围：有色光学玻璃，无色光学玻璃，滤光片等。

南通宇迪光学仪器有限公司

地址：江苏省如东县双甸镇工业园区1号
邮编：226409
电话：0513-84614705，84611066，84614381，84614382
传真：0513-84611063
联系人：孙新明
电子信箱：sxm@yudi.com.cn
网址：www.yudi.com.cn
主要产品或业务范围：生产各种光学透镜、投影仪镜片，各类光学镜头及各类高精度放大镜镜片。

南通振华光电有限公司

地址：江苏省南通市海安县曲塘镇双楼路18号
邮编：226671
电话：0513-88792470
传真：0513-88792829
电子信箱：ntzhenhua@yahoo.com.cn
网址：www.opticalon-line.com
主要产品或业务范围：有色光学玻璃滤光片，紫外透射可见吸收玻璃等。

普尔世贸易（苏州）有限公司

地址：江苏省苏州工业园区兴浦路瑞恩巷1号
邮编：215126
电话：0512-62881820
传真：0512-62881806
电子信箱：contact-sales-suzhou@pulspower.com
网址：www.pulspower.com
主要产品或业务范围：该公司专注于DIN导轨式开关稳压直流电源产品。

瑞华塑业（常州）有限公司

地址：江苏省常州市武进区
邮编：213144
电话：0519-83830225，83830211
传真：0519-83832281
联系人：周路花
电子信箱：lucia@bpchina001.com
网址：www.biologix.cn，www.biologixresearch.com
主要产品或业务范围：该公司专业生产实验室耗材。

苏州市汉星电化学有限公司

地址：江苏省苏州市竹辉路102号2-204
邮编：215006
电话：0512-65305728
传真：0512-65107502
联系人：万晓峰
电子信箱：hx@2500sz.cm
网址：www.szhanxing.com
主要产品或业务范围：分析传感器。

苏州市金龙光学仪器厂

地址：江苏省苏州市吴中区长桥蠡墅
邮编：215009
电话：0512-65257650
传真：0512-65681216
联系人：史龙元
电子信箱：tanxia11@263.net
网址：www.jinlongguangxue.com.cn
主要产品或业务范围：专业生产光学透镜和棱镜产品。

苏州市吴中三星电讯器材厂

地址：江苏省苏州市光福新区
邮编：215159
电话：0512-66959021，66959259
传真：0512-66232266
电子信箱：www.sanxingdianzu.com.cn
主要产品或业务范围：在非标和特标的电阻器研发中具有很强的实力和丰富的经验。

苏州斯奥克微电机制造有限公司

地址：江苏省苏州市吴中区旺山工业园北官渡路1号
邮编：215104
电话：0512-66558363
传真：0512-66558367
电子信箱：sales@sok-sz.com
网址：www.sok-sz.com
主要产品或业务范围：低速永磁同步电机、轴流和离心风机、直流无刷电机、直流无刷风机。

苏州苏晶晶体元件有限公司

地址：江苏省吴中区吴中科技城北官渡路50号
邮编：215007
电话：0512-65620355，65251655
传真：0512-65252285
电子信箱：sales@sapphire-ruby.com
网址：www.sapphire-ruby.com
主要产品或业务范围：各类宝石圆球、圆棒、表镜、窗口、喷嘴及异形元件。

苏州微太电子科技有限公司

地址：江苏省吴江市松陵镇江陵西路986号
邮编：215200
电话：0512-63430226

传真：0512-63430229
电子信箱：emma@sz-vitech.com.cn
网址：www.vitech.com.cn
主要产品或业务范围：电磁阀、步进马达、快门模块。

苏州仪元科技有限公司
地址：江苏省苏州市高新区嵩山路143号
邮编：215129
电话：0512-66900980，66900981
传真：0512-65118341
电子信箱：dengww@sie.com.cn
网址：www.sie.com.cn
主要产品或业务范围：柔性印制线路板、接插连接器。

泰兴爱博玻璃制品有限公司
地址：江苏省泰兴市兴燕路204号
邮编：225400
电话：0523-87696188，87731298
传真：0523-87696976
联系人：陈桂善
电子信箱：webmaster@abblzp.com
网址：www.abblzp.com
主要产品或业务范围：高中档玻璃仪器、玻璃管。

泰州晶达光电有限公司
地址：江苏省泰州市海陵工业园区兴海路100号
邮编：225317
电话：0523-86884623
传真：0523-86884621
电子信箱：weifeixi@263.net
网址：www.jingda.com.cn
主要产品或业务范围：生产高精度微型精密光学元件、角锥棱镜、分光棱镜、阿贝屋脊棱镜、楔形棱镜、波片等。

泰州市三星铁氟隆有限公司
地址：江苏省泰州市高港区永安南路
邮编：225327
电话：0523-86926868
传真：0523-86928828
电子信箱：PGF@tzhyx.js.bnet.com
网址：www.sxtfl.com.cn
主要产品或业务范围：铁氟隆压敏黏带，电磁流量计衬里，聚四氟乙烯及聚全氟乙丙烯板、管、棒、膜、聚酰亚胺薄膜，HFG复合槽绝缘箔，潜油电机用聚四氟乙烯上下绝缘定位套管等。

无锡阿克泰科技有限公司
地址：江苏省无锡国家高新技术产业开发区坊前春阳路11号
邮编：214000
电话：0510-82709203，82708078
传真：0510-82709206
电子信箱：autonics@126.com
网址：www.arctal.cn
主要产品或业务范围：光电对中装置，增量型旋转编码器，电梯专用编码器等工业化产品。

无锡河埒传感器有限公司
地址：江苏省无锡市荣巷大池路19号
邮编：214063
电话：0510-85705434
传真：0510-85709772
电子信箱：sales@hlsensor.com
网址：www.hlsensor.com
主要产品或业务范围：电站汽轮机配套用各种传感器，包括角度传感器、位移传感器、液位传感器、振动传感器；转速表，位移静态试验装置，轴向位移测量保护装置。

无锡市科瑞特精机有限公司
地址：江苏省无锡市胡埭工业园胡埭路8号
邮编：214161
电话：0510-85582122，85582322
传真：0510-85580277
电子信箱：cpm@cn-cpm.com
网址：www.cn-cpm.com
主要产品或业务范围：专业从事光、机、电产品的研制、开发和生产。产品有增量式旋转编码器，绝对式旋转编码器，线性光栅尺测量系统，智能计数器。

无锡市元件十厂
地址：江苏省无锡市北塘区刘潭中街34号
邮编：214046
电话：0510-83102069
传真：0510-83109450
电子信箱：web@yjsc.com
网址：www.yjsc.com
主要产品或业务范围：各种宝石轴承及其制品、轴承螺钉、分流器、仪器仪表零配件。

徐州文德仪表有限公司
地址：江苏省徐州淮海西路241号煤研大厦12楼
邮编：221006
电话：0516-85757258
传真：0516-80297108
电子信箱：sales@bk-china.com
网址：www.bk-china.com
主要产品或业务范围：该公司经营德国B&K压力表零部件。

伊玛精密电子（苏州）有限公司
地址：江苏省苏州市相城经济开发区澄阳路566号
邮编：215131
电话：0512-65868166
传真：0512-65860966

电子信箱：info@ema-electronic.com
网址：www.ema-electronic.com
主要产品或业务范围：该公司为传感器和工业开关的专业制造厂。

宜兴市磁通探伤材料有限公司
地址：江苏省宜兴市和桥镇永兴村
邮编：214211
电话：0510-87802987
传真：0510-87801677
电子信箱：ctndt@ct-ndt.com
网址：www.ct-ndt.com
主要产品或业务范围：磁粉探伤材料，磁悬液添加剂，磁粉探伤附件，射线探伤器材和射线防护器材等。

宜兴市光玻分析仪器厂
地址：江苏省宜兴市和桥镇
邮编：214211
电话：0510-87801516，87815101
传真：0510-87801516
联系人：褚伯明
电子信箱：gbyq@gbyq.com，gbyq666@163.com
网址：www.gbyq.com
主要产品或业务范围：石英比色皿、红外比色皿、石英微量比色皿、石英超微量比色皿、石英荧光比色皿、生化仪比色杯、流动比色皿和光学玻璃比色皿、浊度仪样品杯、罗维朋比色皿、袖珍比色皿、中性滤光片、镨钕滤光片、氧化钬滤光片、各种光学、石英视镜、平面镜、无色平板玻璃、各种石英管件玻璃仪器。

宜兴市浩蓝光学仪器厂
地址：江苏省宜兴市和桥开发区
邮编：214211
电话：0510-87805205
传真：0510-87817205
联系人：白东明
电子信箱：web@yxblyq.cn
网址：www.yxblyq.cn
主要产品或业务范围：比色皿光学元件、玻璃器皿。

宜兴市晶科光学仪器有限公司
地址：江苏省宜兴市和桥镇鹅州南路345号
邮编：214211
电话：0510-87801818，87801187
传真：0510-87812858
联系人：欧仕明
电子信箱：wgy@cell-cn.com
网址：www.cell-cn.com
主要产品或业务范围：该公司生产石英比色皿、光学元件及玻璃器皿。

宜兴市伟鑫仪器有限公司
地址：江苏省宜兴市和桥镇清溪花苑131号
邮编：214211
电话：0510-87841539
传真：0510-87801186
联系人：王鑫
电子信箱：web@wxyq.cn
网址：www.wxyq.cn
主要产品或业务范围：生产各类比色皿、石英玻璃仪器、石英视镜、石英透镜。

张家港市东航电热电器厂
地址：江苏省张家港市杨舍镇蒋桥
邮编：215600
电话：0512-58202120
传真：0512-58197020
电子信箱：sales@dhdrdq.com
网址：www.dhdrdq.com
主要产品或业务范围：工业用金属“管状电热元件”，专业为国产进口铜铝/型材挤压机挤压筒（盛锭筒）配套电热管、火线圈的设计。

江西中航光学设备有限公司
地址：江西省景德镇市602科技园区中天科技园
邮编：333000
电话：0798-8497739，8498879
传真：0798-8495015
电子信箱：wlt602@263.net
网址：www.jxzhgx.com
主要产品或业务范围：磨边机、铣磨机系列透镜和平面加工设备及玻璃、宝石、晶体等刻面加工设备。

鞍山亚世光电显示有限公司
地址：辽宁省鞍山市千山路215号
邮编：114004
电话：0412-5212306，5213367
传真：0412-5211729
电子信箱：yes@yes-lcd.com
网址：www.yes-lcd.com
主要产品或业务范围：该公司生产、销售新型显示器件，光电器件，计算机软件，电子专用仪器。

大连大荣测控技术开发有限公司
地址：辽宁省大连市东北路23号
邮编：116021
电话：0411-83634260，83634261，83688539
传真：0411-83674343
电子信箱：darong@mail.dlptt.ln.cn
网址：www.darongauto.cn
主要产品或业务范围：代理接近开关、光电开关、光纤传感器、旋转编码器、温度控制器、计数/定时器、转速/

线速度表、显示单元、传感器、控制器、电工面板表，接触器、低压断路器、漏电断路器，中间继电器、水位继电器、增量式旋转编码器等。

大连和华电气制造公司
地址：辽宁省大连市黄浦路200号
邮编：116023
电话：0411-84741917
传真：0411-84741917
电子信箱：guanhui@5415.com
网址：hhe.diytrade.com
主要产品或业务范围：线性NTC温度传感器。

大连汇科光学玻璃有限公司
地址：辽宁省大连市普兰店市大杨工业区
邮编：116215
电话：0411-83458196
传真：0411-83452699
电子信箱：dlhkgx@yahoo.com.cn
网址：www.dlhuike.com
主要产品或业务范围：平面光学冷加工为主。

辽宁无线电二厂集团（大连）光学仪器厂
地址：辽宁省大连市西岗区三元街240号
邮编：116012
电话：0411-83670513
传真：0411-83686204
电子信箱：baoqiangliu@126.com
网址：www.dl-gxyq.com
主要产品或业务范围：微光夜视系统，远距离红外成像系统，高温电视系统，各种变焦距镜头，定焦距镜头，CCD监控镜头，非接触式测温镜头，人工养殖监视镜头，医用医疗仪器镜头，电梯和可视对讲镜头，大型电子望远镜。

沈阳汇博光学技术有限公司
地址：辽宁省沈阳市大东区北海街242号
邮编：110043
电话：024-88710655
传真：024-88722312
电子信箱：info@hb-optical.com
网址：www.hb-optical.com
主要产品或业务范围：精密光学干涉滤光片和反光镜。

沈阳嘉博自控技术有限公司
地址：辽宁省沈阳市大东区辽二街1号文华园玫瑰阁3152室
邮编：110041
电话：024-88120076，88122280，81148710
传真：024-88121076
网址：www.gable.cn
主要产品或业务范围：接近开关，光电开关，超声波传感器，光幕，视觉传感器、激光扫描等传感器系列产品。

沈阳星光技术陶瓷有限公司
地址：辽宁省沈阳市经济技术开发区5号路14甲3号
邮编：110144
电话：024-25195592
传真：024-25195452
联系人：王志刚
电子信箱：ceramic@mail.sy.ln.cn
网址：www.ssaccchina.com
主要产品或业务范围：重结晶碳化硅制品、热电偶套管及测温管。

沈阳仪表科学研究院有限公司
地址：辽宁省沈阳市大东区北海街242号
邮编：110043
电话：024-88718449
传真：024-88718449
电子信箱：haiyan@hb-sais.com
网址：www.hb-sais.com
主要产品或业务范围：光学元器件、传感器、变送器、智能仪器仪表、光机电一体化产品、仪表成套系统。

岫岩满族自治县仪表配件厂
地址：辽宁省岫岩县西北营小学路2号
邮编：114300
电话：0412-7834708
传真：0412-7826562
电子信箱：7826562@163.com
网址：www.xiuypei.com
主要产品或业务范围：该公司是变送器外壳的专业生产厂。

菏泽市鑫源仪器仪表有限公司
地址：山东省菏泽市高庄经济开发区
邮编：274000
电话：0530-5528858，5528838
传真：0530-5528838
电子信箱：lijianlingxy@163.com
网址：www.xy858.com，www.xyyqyb.com
主要产品或业务范围：主要产品包括加热系列、搅拌系列、离心系列、振摇系列、超声波系列、旋转蒸发系列、低温系列、高温系列、水质分析、环保分析、油品分析、光电仪器及高教仪器等分析仪器和配件。

济南无线电十厂有限责任公司
地址：山东省济南市高新区化纤厂路13号
邮编：250100
电话：0531-88032256，88026876
传真：0531-88022017
电子信箱：shichanggs@163.com
网址：www.ji-pai.cn
主要产品或业务范围：各种低频连接器及各种线束组件。

济南永明电子机箱厂
地址：山东省济南市新黄路18号
邮编：250031
电话：0531-88778477
传真：0531-88778477
主要产品或业务范围：生产各种非标、异形及各种规格的电子仪器机箱、机柜、各种电气箱体及终端设备，并能承接钣金、铝合金、不锈钢及各种金属的加工生产。

临邑宇影光学仪器有限公司
地址：山东省德州市临邑县恒源工业园D1号
邮编：251500
电话：0534-4363641，4233380，2141257，2141258
传真：0534-4362995
电子信箱：lyky@keying-ly.com
网址：www.keying-ly.com
主要产品或业务范围：菲涅尔透镜、红外线感应透镜、投影机光学配件、投影仪。

青岛第三仪器厂
地址：山东省平度市常州路253号
邮编：266700
电话：0532-84389227，84389257
传真：0532-84389421
电子信箱：xinyi@qd3yxinyi.com
网址：www.qd3yxinyi.com
主要产品或业务范围：压力表机心。

青岛海泰镀膜技术有限公司
地址：山东省青岛市株洲路177号
邮编：266100
电话：0532-88705269，88701851
传真：0532-88705268
电子信箱：sales@cyrstechcoating.com
网址：www.crystechcoating.com
主要产品或业务范围：生产高端光学元器件及研究和开发新型光源应用技术。

青岛海泰自动化仪表有限公司
地址：山东省青岛市崂山区株洲路190号
邮编：266101
电话：0532-88706069，84873666，84877288
传真：0532-84891445
电子信箱：sales@hitechqd.com
网址：www.qd-hitech.com
主要产品或业务范围：该公司是由原国营青岛计数器厂与国营青岛第一仪器厂联合组建而成，主导产品有“青计牌”机械计数器、电磁计数器、电子计数器、计时器。

青岛科瑞尔电子有限公司
地址：山东省青岛市四方区阜新路33号良机商务区
邮编：266033
电话：0532-83779330
传真：0532-83729949
网址：www.qdautonics.com
主要产品或业务范围：该公司代理韩国产品包括接近开关、光电开关、光纤传感器、旋转编码器、温度控制器、计数/定时器、转速/线速度表、显示单元、传感器控制器、电工面板表；接触器、低压断路器、漏电断路器；中间继电器、接线端子、水位继电器等。

山东明顺光电有限公司
地址：山东省济南市山大路11号西楼2层
邮编：250013
电话：0531-88038494
传真：0531-88038241
电子信箱：lxyong2@163.com
网址：www.sdbro.com
主要产品或业务范围：各种规格的窗片、镜片、楔角片等光学器件。

山东省蓬莱市远东光学元件有限公司
地址：山东省蓬莱市南王街道办事处
邮编：265600
电话：0535-5981197
传真：0535-5983868
电子信箱：webmaster@pleg-optical.com
网址：www.pleg-optical.com
主要产品或业务范围：该公司专门从事放大镜、摄像镜头及有关光学镜头、医疗胃镜、光通信对接器、显微镜、红外线定位仪器的光学零件制造和组装。

山东微感电子有限公司
地址：山东省济南市高新区齐鲁软件园大厦1118室
邮编：250101
电话：0531-85599120
传真：0531-88799239
电子信箱：support@iss-ms.com
网址：www.iss-ms.com
主要产品或业务范围：专业研究、开发、生产各种新型工业用光纤传感器、智能仪表和综合监控系统的中英合资高科技企业。

山东新光量子科技股份有限公司
地址：山东省临沂市高新技术产业开发区新华路
邮编：276017
电话：0539-3105508
传真：0539-8288308
电子信箱：jeff@newphotons.com
网址：www.newphotons.com
主要产品或业务范围：激光晶体材料和各种绿、蓝光激光器及激光应用产品。

威海华控电工有限公司
地址：山东省威海市高技术开发区火炬路305号
邮编：264209
电话：0631-5665569
传真：0631-5665566
电子信箱：hkelesales@163.com
网址：www.hkele.com
主要产品或业务范围：绝对式和增量式旋转编码器。

烟台力尔自动化设备有限公司
地址：山东省烟台市幸福中路186号
邮编：264000
电话：0535-6803093
联系人：陈艾
主要产品或业务范围：拉扭、压扭组合多功能传感器、配套实验装置与附件。

淄博博山新颖传感器厂
地址：山东省淄博市博山区夏家庄镇
邮编：255214
电话：0533-4135178
传真：0533-4260443
电子信箱：zbsensor@126.com
网址：www.zbxysensor.com
主要产品或业务范围：多系列、多品种热释电红外探测器及其组件等。

淄博鑫晶光电科技有限公司
地址：山东省淄博市开发区中润大道152号
邮编：255000
电话：0533-3588751
传真：0533-3588751
电子信箱：jiancheng029@163.com
网址：www.xjopical.com
主要产品或业务范围：光学元器件，窗口片，棱镜，石英玻璃。

山西长城微光器材股份有限公司
地址：山西省太原市南内环街98号
邮编：030012
电话：0351-7075474
传真：0351-7075474
电子信箱：llhyan@163.com，llhyan@126.com
网址：www.sxccoe.com
主要产品或业务范围：倒像器，光锥系列产品。

太原太航弹性敏感元件有限公司
地址：山西省太原市并州南路137号
邮编：030006
电话：0351-7058254，7057774
传真：0351-7073203，7078254
电子信箱：thmgyj@163.com
网址：www.thkj.avic.com
主要产品或业务范围：金属膜片、膜盒、波纹管及其组件、焊接波纹管、金属波纹膨胀节、管道压力自动记录仪器、管道阀门自动控制系统等。

中航工业太原太航科技有限公司
地址：山西省太原市并州南路137号
邮编：030006
电话：0351-7057855，8052662
传真：0351-7072815
电子信箱：thkjscb@163.com
网址：www.thkj.avic.com
主要产品或业务范围：该公司主要从事汽车零部件、电子衡器、流量计量、压力计量和测试、弹性敏感元件、智能机电设备等产品的研发、生产和销售。

宝鸡市渭滨华瑞传感技术研究所
地址：陕西省宝鸡市清姜路65号
邮编：721006
电话：0917-3621168，3626866
传真：0917-3621168
电子信箱：master@huaruisensor.com
网址：www.huaruisensor.com
主要产品或业务范围：该所是从事研制、开发和生产传感器、变送器及其工业控制仪表的专业性企业。

飞秒光电科技（西安）有限公司
地址：陕西省西安市高新区长安科技产业园发展大道18号
邮编：710119
电话：029-85691700，85691810
传真：029-85691719，85691717
电子信箱：zhangjian@feteco.com
网址：www.feteco.com
主要产品或业务范围：自聚焦材料、医用内窥镜、温度传感器。

西安先时贸易有限责任公司
地址：陕西省西安市高新区高新路67号含光佳苑B座403室
邮编：710075
电话：029-88325771，88333408
传真：029-88326920
电子信箱：xsmy@peli.com
网址：www.peli.com
主要产品或业务范围：该公司是国际品牌美国塘鹅仪器设备安全箱和防爆电筒的中国地区总代理。

咸阳威思曼高压电源有限公司
地址：陕西省咸阳市世纪大道清华科技园北区1号楼2层
邮编：712000
电话：029-33693480，33693481

传真：029-33693482
联系人：高永明
电子信箱：wisman@163.com
网址：www.wismanhv.com
主要产品或业务范围：该公司是高压电源，X射线管高压电源和一体化X射线源制造商。

Dynisco（单尼斯科）中国公司
地址：上海市闵行区华宁路3740弄125号（莘庄工业区）
邮编：201108
电话：021-55338008，34074082，34074072
传真：021-34074025
电子信箱：hilary.fu@dynisco.com
网址：www.haoyingsensor.com
主要产品或业务范围：Dynisco中国提供皓鹰&Dynisco品牌的传感器、变送器和自动控制产品以满足工业领域及过程控制的需求；主要研发和生产产品由46个系列组成，包括压力传感器、变送器、汽车用压力传感器、温度传感器、高温熔体压力传感器、高温熔体变送器、熔体压力表、爆破开关、压力温度校验仪器、温控仪表、智能数字压力仪表以及自动化成套控制系统，我们力求创新、坚持高品质和诚信理念，力求发展成为全球的知名传感与控制集团企业。

爱普科斯（中国）投资有限公司
地址：上海市延安西路2201号国贸中心23楼2315室
邮编：200336
电话：021-22191500
传真：021-22191599
电子信箱：sales.cn@epcos.com
网址：www.tdk.co.jp，www.epcos.com
主要产品或业务范围：电容器、电感器、铁氧体磁芯、高频元件、传感器、压电以及保护元件。

安良科技上海分公司
地址：上海市静安区新闸路831号13G室
邮编：200041
电话：021-62183300
传真：021-62175911
电子信箱：sales@anly.com.cn
网址：www.anly.com.cn
主要产品或业务范围：该公司专业生产计时器、计数器、转速异常检知器、过电流继电器、电压保护继电器、防止逆相欠相继电器、微计算机温度控制器、固态继电器、中间继电器、液面控制器、可编程式定时器、接近开关、光电开关及其他各式工业用控制器，可满足客户不同专用机的各种自动化需求。

傲乐科学仪器（上海）有限公司
地址：上海市漕河泾新兴技术开发区桂平路471号3号楼1楼
邮编：200233
电话：021-64853728
传真：021-64851290
电子信箱：qurora@aurora-sensors.com
网址：www.aurora-sensors.com
主要产品或业务范围：电化学传感器。

奥托尼克斯电子有限公司
地址：上海市闵行区合川路3089号富群商务大厦B座4楼A室
邮编：201103
电话：021-54225969
传真：021-54225961
电子信箱：china@autonics.com
网址：www.autonics.com
主要产品或业务范围：主要生产经营的新产品有计数器，计时器，温度控制器，面板表，脉冲表，接近传感器，光电传感器，光纤传感器，区域传感器，压力传感器，旋转编码器，步进电动机/驱动器/控制器，显示单元，门传感器触摸屏等。

巴鲁夫（上海）贸易有限公司
地址：上海市浦东新区浦建路145号强生大厦1006室
邮编：200127
电话：021-51698788
传真：021-22818067
电子信箱：info@balluff.com.cn
网址：www.balluff-china.com
主要产品或业务范围：电感式接近开关，光电开关，磁敏、电容开关，模拟位移开关 ，无线中继传输开关，标准机电限位开关，微脉冲位移传感器，编码器。

霸士电器（上海）有限公司
地址：上海市北京东路668号科技京城西楼9B
邮编：200001
电话：021-53081558，53089875
传真：021-53081557
电子信箱：sales@bals.com.cn
网址：www.bals.com.cn
主要产品或业务范围：工业插头、插座、连接器及各种材料和安装形式的组合装置等。

创技电子机械（上海）有限公司
地址：上海市清东新区外高桥保税区富特中路390号
邮编：200131
电话：021-50462888
传真：021-50460118
电子信箱：inquiry@speedfam.com.cn
网址：www.speedfam.com
主要产品或业务范围：精密平面研磨、平面抛光加工。

岛津一技迩（上海）商贸有限公司
地址：上海市淮海西路570号红坊创业园区G幢202室

邮编：200052
电话：021-62800202
传真：021-52583319
电子信箱：contact@shimadzu-gl.com.cn
网址：www.shimadzu-gl.com.cn
主要产品或业务范围：该公司的主要业务是销售日本岛津制作所和GL-SCIENCE在中国市场内的分析仪器上所使用的全进口零部件、消耗品以及预处理装置及器械。

德国贺利氏特种光源集团上海代表处
地址：上海市漕河泾开发区田州路99号11号楼4层
邮编：200233
电话：021-54452255
传真：021-54452410
电子信箱：info.hns@heraeus.com
网址：www.heraeus-noblelight.cn
主要产品或业务范围：红外辐射器、紫外杀菌灯、紫外固化灯、氘灯、日光浴灯、激光灯等。

高展金属材料有限公司
地址：上海市天山路600弄捷运大厦8D
邮编：200051
电话：021-62732190
传真：021-62747666
电子信箱：info@gemch.com
网址：www.gemch.com
主要产品或业务范围：用于制备高性能光学薄膜的各类蒸镀材料、溅射靶材和代理国外高性能薄膜系统的镀膜设备及配件。

胡默尔连接器系统（上海）有限公司
地址：上海市黄陂北路227号中区广场1109～1111室
邮编：200003
电话：021-63758551
传真：021-63758553
电子信箱：info.hcs.cn@hummel-group.com
网址：www.hummel-group.com
主要产品或业务范围：电缆接线技术中所需的各种旋紧件、接插件、软管及配件、工业控制箱、自动化元器件。

基恩士国际贸易（上海）有限公司
地址：上海市浦东新区世纪大道1600号陆家嘴商务广场21F
邮编：200122
电话：021-68757500
传真：021-68757550
电子信箱：shanghai@china.keyence.com
网址：http://china.keyence.com
主要产品或业务范围：KEYENCE作为传感器和测量仪器的主要供应商，主要产品有传感器、影像系统、控制及测量仪器、分析仪器、商务信息仪器。

莱尼特种电缆（常州）有限公司
地址：上海市长宁区遵义路107号安泰大楼605室
邮编：200051
电话：021-62375569
传真：021-62375589
电子信箱：forest.wei@leoni.com
网址：www.leoni-kerpen.com，
www.leoni-kerpen.com.cn
主要产品或业务范围：仪器仪表控制电缆、热电偶延伸和补偿电缆、电力电缆、数据传输通信电缆和网络线、现场总线电缆、特种电缆、光缆等。

莱特巴斯光学仪器(上海)有限公司
地址：上海市嘉定工业区洪德路1365号C3幢
邮编：201821
电话：021-69169869
传真：021-69166098
电子信箱：sales@lightpath.com.cn
网址：www.lightpath.com.cn
主要产品或业务范围：精密模压非球面透镜，梯度折射率透镜等。

麦柯泰姆电子贸易（上海）有限公司
地址：上海市长宁区新华路728号华联发展大厦1119室
邮编：200052
电话：021-52583995
传真：021-52589335
电子信箱：mic-china@microtherm.cn
网址：www.microtherm.cn
主要产品或业务范围：该公司设计和生产高品质的温度开关，热保护器，PTC/NTC及其他传感器单元。

美国邦纳工程国际有限公司
地址：上海市虹梅路1535号星联研发楼2号楼12层
邮编：200233
电话：021-24226888
传真：021-24226999
电子信箱：sensors@bannerengineering.com
网址：www.bannerengineering.com
主要产品或业务范围：公司产品包括工业控制器、光电传感器、测量与检测传感器等。

美国科莱特传感器中国公司上海代表处
地址：上海南京西路555号五五五大厦312室
邮编：200041
电话：021-52136085，52136086
传真：021-52136089
电子信箱：info@kulitesensors.com.cn
网址：www.kulitesensors.cn
主要产品或业务范围：压力传感器。

美卡诺元器件（上海）有限公司
地址：上海市嘉定区南翔镇高科技工业园区嘉前路1001号
邮编：201802
电话：021-69176590
传真：021-69176532
电子信箱：info@mecano.com.cn
网址：www.mecano.com.cn
主要产品或业务范围：该公司是一家全球跨国性的工业元器件生产制造公司。

欧度（上海）国际贸易有限公司
地址：上海市浦东新区金桥开发区宁桥路999号
邮编：201206
电话：021-58347828
传真：021-58344439
电子信箱：oduchina@odu.com.cn
网址：www.odu-china.com
主要产品或业务范围：该公司一直是国际工业制造领域连接器系统的技术先锋和行业领导。尤其擅长为用户特别设计或定制连接器。

佩勒电子（上海）有限公司
地址：上海市普陀区云岭东路651号东渡国际大厦305室
邮编：200062
电话：021-61671870
传真：021-61677471
电子信箱：sales@prelectronics.cn
网址：www.prelectronics.cn
主要产品或业务范围：Prelectronics为工业信号调节和过程控制提供了多种产品。产品系列涵盖了模拟、数字设备以及具有总线通信功能的设备。

上海傲励运工贸有限公司
地址：上海市镇坪路赵家宅25号石泉工业开业园306、308室
邮编：200061
电话：021-52916669
传真：021-52916822
电子信箱：davidwu327@gmail.com
网址：www.hollywinx.com
主要产品或业务范围：高端光学元件和组件。

上海百欧经贸有限公司
地址：上海市莘建路228弄闵富大厦2号楼2004室
邮编：200235
电话：021-64365784
传真：021-54482235
电子信箱：bionics_kevin@163.com
网址：www.bionics.com.cn
主要产品或业务范围：氧气、可燃性以及各种毒性气体传感器。

上海百思得电子有限公司
地址：上海市冠生园路209号3号楼202座
邮编：200235
电话：021-64822327，64822375，54486925
传真：021-64822375，54486925
电子信箱：leo_han@best58.com
网址：www.best58.com
主要产品或业务范围：专注于压力变送器及周边配件的研发、制造及营销与服务。

上海邦德机电高科技有限公司
地址：上海市长寿路1118号(悦达国际大厦)B幢9E座
邮编：200060
电话：021-62305961
传真：021-52560592
网址：www.bond-hitech.com
主要产品或业务范围：该公司代理德国多德公司，德国牢易测电子有限公司，德国韦伯传感器有限公司，德国梅尔传感器有限公司，德国依福公司和德国斯瓦克自动化系统有限公司的产品。

上海宝徕科技开发有限公司
地址：上海市嘉定区福海路1055号
邮编：201821
电话：021-59167527
传真：021-59167898
电子信箱：info@sh-baolai.com
网址：www.sh-baolai.com
主要产品或业务范围：代理德国Lumberg产品，主要有执行器/传感器分线盒，各种连接电缆，连接头，底座，T形接头，总线模块等。

上海贝岭股份有限公司
地址：上海市宜山路810号
邮编：200233
电话：021-64850700
传真：021-64854424
网址：www.belling.com.cn
主要产品或业务范围：该公司主要从事集成电路的设计、制造及测试。产品广泛应用于电能计量、通信、智能卡、音视频、家用消费产品等领域。

上海贝斯特电器制造有限公司
地址：上海市杨浦区武东路32号
邮编：200433
电话：021-65115939
传真：021-65110654
电子信箱：2008bst@gmail.com
网址：www.bstrelay.com
主要产品或业务范围：该公司是集继电器、分流器的开发、生产、经营和服务为一体的上海市高新技术企业。研

制并批量生产大功率磁保持继电器，成功地应用于IC卡电度表和集中抄表系统。

上海昶艾电子科技有限公司
地址：上海市闵行区万源路2158号泓毅大厦316
邮编：201103
电话：021-51692285，51068412，51068411
传真：021-33275656
电子信箱：kap@ci-ele.com
网址：www.ci-ele.com
主要产品或业务范围：传感器及其二次仪器仪表、系统工程的研制、开发和生产。

上海德昱升实业有限公司
地址：上海市虬江支路181号虹口商城1002室
邮编：200080
电话：021-63831567
传真：021-63831255
电子信箱：deyusheng@163.com
网址：www.deshijd.com
主要产品或业务范围：代理德国Meyle光电式增量编码器，绝对值编码器，光电式直线位移传感器；代理瑞士CARLO的传感器，固态继电器；安全光栅，安全继电器，安全隔离栅等。

上海第二机床电器厂有限公司
地址：上海市嘉定区南翔民主街385号
邮编：201802
电话：021-59172659
传真：021-59172697
电子信箱：postmaster@shjcdq.cn
网址：www.shjcdq.cn
主要产品或业务范围：固态继电器、光电开关、红外发光管、光敏管、光耦合器、光控晶闸管。

上海电光器件有限公司
地址：上海市闵行区金都路588号
邮编：201108
电话：021-33592072，33592073
传真：021-64700351
电子信箱：dg@sh-dianguang.com
网址：www.sh-dianguang.com
主要产品或业务范围：该公司专业生产“双环牌”各类仪器光源和照明光源。

上海都华实业有限公司
地址：上海市奉贤区南桥镇江海经济园区肖南路1658号
邮编：201499
电话：021-67102759
传真：021-33658707
电子信箱：ptsensor@163.com
主要产品或业务范围：研发和生产温度传感器，Pt1000热量表用温度传感器。

上海敦阳流体设备有限公司
地址：上海市松江区金玉路908号
邮编：201600
电话：021-57736601
传真：021-57736602
电子信箱：market@amfloco.com
网址：www.amfloco.com
主要产品或业务范围：该公司专业设计生产工业气体供气系统及气体减压器、接头、阀门、管件等零组件。

上海繁光实业有限公司
地址：上海市四平路775弄1号楼2013室
邮编：200092
电话：021-65213377
传真：021-65216258
电子信箱：webmaster@fanguang.com
网址：www.fanguang.com
主要产品或业务范围：紫外透射可见吸收玻璃、红外透射可见吸收玻璃、隔热玻璃等。

上海斐波光电科技有限公司
地址：上海市嘉新公路835弄25号16栋
邮编：200800
电话：021-59167946
传真：021-59168142
电子信箱：sales@fiblaser.com
网址：www.fiblaser.com
主要产品或业务范围：可见光波长的激光产品。

上海丰林科技有限公司
地址：上海市浦东大道1139弄1号1305室
邮编：200135
电话：021-51920512，51920513
传真：021-50933892
电子信箱：sales@fltech.com.cn
网址：www.fltech.com.cn
主要产品或业务范围：基于Compact PCI，PC/104计算机嵌入系统平台，经销英国Spectrol编码器，增量编码器，旋转精密电位器，法国Sfernice精密电位器和线性/旋转位移传感器。

上海富伸光电有限公司
地址：上海市奉贤区庄行镇浦卫公路686号
邮编：201402
电话：021-57407400
传真：021-57407403
网址：www.lecc-opto.com.cn
主要产品或业务范围：中、高端激光器。

上海高意激光技术有限公司

地址：上海市虹漕路421号65栋2楼
邮编：200233
电话：021-64858827
传真：021-64850389
电子信箱：laser@photoptech.com
网址：www.suwtech.com
主要产品或业务范围：中小功率的固体激光器，风冷/水冷声光Q开关，声光调制器，固定/可变声光移频器等。

上海光川工控设备有限公司

地址：上海市金沙江西路1555弄（西郊商务区）13号楼3楼
邮编：201803
电话：021-52358202，39512366
传真：021-52353326
电子信箱：gcic@sh163.net
网址：www.shgcic.com
主要产品或业务范围：接近传感器、光电传感器、线性传感器、冷热金属、电子凸轮控制器。

上海光和光学制造有限公司

地址：上海市包头路1135号4号楼
邮编：200438
电话：021-65888800，65885803，65885807
传真：021-65888822
网址：www.skowa.net
主要产品或业务范围：精密光学玻璃，手机玻璃面板等。

上海光祥光学元件有限公司

地址：上海市青浦工业园区振盈路455号
邮编：201712
电话：021-69225152
传真：021-69225658
联系人：吴春林，毛秀琴
电子信箱：guangxiang@gx-optic.com
网址：www.gx-optic.com
主要产品或业务范围：生产各种光学元件、光学薄膜。

上海罕佳机电设备有限公司

地址：上海市新泉路66弄4号楼302室
邮编：200333
电话：021-66094488，13918102891
传真：021-56354488
电子信箱：13001233@qq.com
网址：www.shhanjia.com
主要产品或业务范围：传感器，电感、电容接近开关、光电感应开关，液位、料位开关，超声波传感器，磁敏感应开关、行程（限位）开关，紧急停止模块、安全光幕、安全光栅、安全地毯等；PID温度控制仪测量、显示仪表；电力监控与能源分析仪表，Dupline现场总线系统。

上海恒圣达科技贸易发展有限公司

地址：上海市浦东金桥路1398号金台大厦703室
邮编：200136
电话：021-50705942，50705950
传真：021-50815687
电子信箱：info@hdtechnology.cn
网址：www.hdtechnology.cn
主要产品或业务范围：美国HAMLIN INC的磁性传感器，意大利IMIT S.P.A温度控制器，美国GE-GRASSLIN时间控制器，韩国ALCO CORP水流开关，三通阀等。

上海幻晟光电科技有限公司

地址：上海市松江区九亭镇盛富路388号4栋2楼
邮编：210615
电话：021-67627284
传真：021-67627244
电子信箱：james.guo@pegasus-optik-china.com
网址：www.pegasus-optik-china.com
主要产品或业务范围：半导体泵浦固体激光器、光线耦合半导体激光器、工业标线激光器及各种精密光学元器件。

上海辉格科技发展有限公司

地址：上海市浦东张江毕升路289弄4号楼102室
邮编：201204
电话：021-58404921，58404924
传真：021-58354552
电子信箱：shvigor@sh163.net
网址：www.isensor.cn
主要产品或业务范围：倾角和方位传感器，伺服加速度计，加速度传感器等。

上海会通自动化科技发展有限公司

地址：上海市河南北路441号锦艺大厦16楼
邮编：200071
电话：021-63570803
传真：021-63570802
电子信箱：sales@shhuitong.net
网址：www.shhuitong.net
主要产品或业务范围：全数字式交流伺服系统、编码器及配套设备。

上海惠新吸塑机箱有限公司

地址：上海市浦东新区老港镇成日村日新519号
邮编：201302
电话：021-68295636
传真：021-68295663
电子信箱：huixinxisu@163.com
网址：www.huixin888.com
主要产品或业务范围：新一代吸塑成型不用注塑模具，可生产各种仪器仪表、塑料外壳及机箱机柜等。

上海集成仪器仪表研究所有限公司
地址：上海市闵行区珠城路99弄1号101室
邮编：201100
电话：021–54159361
传真：021–54152056
电子信箱：sales@jicheng.org
网址：www.jicheng.org
主要产品或业务范围：该公司主要产品JC系列芯片广泛用于生产二次仪表、电动执行机构定位与控制模块、信号隔离防爆运算变送模块等各类仪器仪表。还提供包括电阻、电容、集成块、印刷电路板、机壳在内的各类零器件及部件，并承接OEM及ODM业务。

上海精科实业有限公司
地址：上海市钦州北路68号
邮编：200233
电话：021–64367892
联系人：黄伟霞
主要产品或业务范围：恒流泵收集器、紫外系列、液相色谱层析混合器。

上海精浦机电有限公司
地址：上海市交暨路185号5号楼3层
邮编：200333
电话：021–36320991，36320992，36320998–8012
传真：021–36320990
电子信箱：elvis_wang@163.com
网址：www.gemple.cn
主要产品或业务范围：代理德国德汉公司的各种增量型、绝对型旋转编码器，光栅尺，高精度角度编码器，数字显示器，通用位移传感机械装置，控制转换仪表等。

上海久晶光电科技有限公司
地址：上海市嘉定工业区娄塘镇赵厅村战斗路88号
邮编：201804
电话：021–39968084
传真：021–39968064
电子信箱：jiujon_yongwi@163.com
网址：www.jiujon.com
主要产品或业务范围：光学镜片，滤光片，有色光学玻璃，光学镀膜加工，光学棱镜，精密抛光，钢化玻璃，异形加工等。

上海巨龙电子有限公司
地址：上海市南汇区祝桥空港工业区金闻路39号
邮编：201323
电话：021–51904385，51904386，51904387，51904388
传真：021–51904389
电子信箱：jeelon@jeelon.com
网址：www.jeelon.com
主要产品或业务范围：专业研究、开发、生产各种系列的接近开关，红外线光电开关，霍尔开关，磁性开关，位移量线性传感器，超声波传感器，色标传感器，光纤传感器，纬纱传感器，齿轮测速传感器，人体红外线感应开关，安全光幕传感器，数显时间继电器，累时器，可编程时控器，计数器，智能计米器，交/直流电压表、电流表，功率表，频率表，转速表，线速表，智能温控仪，固态继电器、调压器，单、三相集成移相交流调压模块等。

上海兰宝传感科技股份有限公司
地址：上海市奉贤区金汇工业园区金碧路228号
邮编：201404
电话：021–57486181，57486188
传真：021–57486199
电子信箱：market@shlanbao.cn
网址：www.shlanbao.cn
主要产品或业务范围：电感式接近传感器，电容式液位传感器，光电传感器，磁性传感器，位移传感器，固态开关和光栅等各种规格的产品。

上海雷普电气有限公司
地址：上海市北京东路668号科技京城裙楼B326室
邮编：200001
电话：021–53083561，53083562，53086563
传真：021–53081756
电子信箱：info@leipole.com
网址：www.leipole.com
主要产品或业务范围：各种接线铜件端子及零部件。

上海良能电子科技有限公司
地址：上海市松江出口加工A区新桥镇新飞路1500号34栋
邮编：201611
电话：021–67760566，67760577
传真：021–67760550
联系人：沈祺
电子信箱：804736740@qq.com
网址：www.haopower.com
主要产品或业务范围：仪表专用电池、免维护蓄电池、变压器开关电源、各种工业仪表电池。

上海美松电子有限公司
地址：上海市普陀区宁夏路201号12楼A、B座（绿地科创大厦）
邮编：200063
电话：021–52350431，52350436，52357435
传真：021–52811249
联系人：丁明盛
电子信箱：maxon@meisong.com.cn
网址：www.meisong.com.cn
主要产品或业务范围：销售按钮开关、指示灯、接线端子、电控箱门锁、蜂鸣器、脚踏开关、行程微动开关、交流接触器等各式电工器材等。

上海尼赛拉传感器有限公司
地址：上海市汶水东路888号
邮编：200434
电话：021-65928888，65922555
传真：021-65928167
电子信箱：sa@china-sns.com
网址：www.china-sns.com
主要产品或业务范围：热释电红外传感器、超声波传感器、霍尔元器件、滤光片及各类传感器应用品等。

上海普邦传感器有限公司
地址：上海市浦东新区周浦镇沈梅路99弄1号9楼D座
邮编：361000
电话：021-58147056
传真：021-58147051
电子信箱：sales@pubang-sensor.com
网址：www.pubang-sensor.com
主要产品或业务范围：各种光电开关，接近开关，光带，磁性开关，电容式接近开关等。

上海三斯电子有限公司
地址：上海市普陀区怒江北路561弄5号楼2楼
邮编：200333
电话：021-51087655
传真：021-52650623
电子信箱：sales@shsansi.com
主要产品或业务范围：风电编码器、传感器、继电器、光电及光幕等。

上海申友电器设备有限公司
地址：上海市虹口区任德路415号
邮编：200434
电话：021-65310808，65443270，65319553
电子信箱：shenyouct@163.net
主要产品或业务范围：该公司是生产低压成套设备装置的制造企业。

上海石创光学玻璃有限公司
地址：上海市宝山区顾陈路806号
邮编：201907
电话：021-56047459，56042557
传真：021-56184215
电子信箱：astron@sohu.net
网址：www.shichuangguangxue.com
主要产品或业务范围：真空镀膜用使用玻璃靶材；光纤生产用各类棒、环、筒体、盖板；电子、化工用石英玻璃基板、窗口和仪器；半导体用石英大板、舟、环等。

上海仕翔自动化技术有限公司
地址：上海市赤峰路366号2楼
邮编：200092
电话：021-55893208
传真：021-55893209
网址：www.shixiang8888.com
主要产品或业务范围：代理光电旋转编码器、传感器、接近开关、光电开关、编码器、液位控制、安全继电器等。

上海烁炀电气仪表厂
地址：上海市沪太路935弄7号102座
邮编：200072
电话：021-56371185，56377648
传真：021-56377648
电子信箱：kefu01@hos.com.cn
主要产品或业务范围：压力传感器，变送器，电子秤等。

上海思博机械电气有限公司
地址：上海市共和新路3699号
邮编：200435
电话：021-66058508
传真：021-66058506
电子信箱：sherry@sentop.com
网址：www.sentop.com
主要产品或业务范围：电感式接近开关、电容式接近开关、红外光电开关、电感式位移传感器、计算机同步调节器等，代理SAKAE精密电位器、操纵杆与脚踏控制器。

上海苏华自动化设备有限公司
地址：上海市中江路879弄25号楼2楼
邮编：200333
电话：021-51621188
传真：021-51621388，51621389
电子信箱：info@sh-sxd.com
网址：www.sh-sxd.com
主要产品或业务范围：SIEMENS断路器、接触器、按钮、小型断路器，SIEMENS标准传动产品，LEGRAND开关面板，楼宇自动化对讲机等产品，ORTRONICS综合布线产品。

上海穗利磨料磨具有限公司
地址：上海市惠平路1105号
邮编：201802
电话：021-69176033
传真：021-69176639
电子信箱：slmjml@online.sh.cn
网址：www.slgwdiamond.com
主要产品或业务范围：各种规格金刚石切割锯片、镜片砂轮、树脂砂轮、筒形砂轮。

上海微电机研究所
地址：上海市虹漕路30号
邮编：200233
电话：021-64367300

传真：021-64752471
联系人：袁海林
电子信箱：zqyuan@stn.sh.cn
网址：www.sh-motor.com.cn
主要产品或业务范围：该所是从事微特电机与组件研制生产的专业研究所。

上海现代先进超精密制造中心有限公司
地址：上海市黄兴路2005号2号楼20层
邮编：200433
电话：021-55063801
传真：021-55063804
电子信箱：maupmc@maupmc.com
网址：www.maupmc.com
主要产品或业务范围：各种光学非球面镜片，二元透镜，反射镜，光学模具，光学微结构以及复杂镜头，数字光电系统等。

上海祥龙光学真空镀膜有限公司
地址：上海市嘉定区娄塘镇祁迁路188号
邮编：201807
电话：021-39968455
传真：021-39968498
电子信箱：myl@xldm-sh.com
网址：www.xldm-sh.com
主要产品或业务范围：光学镀膜镜片，激光镜片，激光窗口片，激光防护眼镜片，滤光片，分光片，偏振片。

上海新产业光电技术有限公司
地址：上海市浦东新区郭守敬路351号3号楼
邮编：201203
电话：021-50803593
传真：021-50803592
电子信箱：sni@snice.com
网址：www.snice.com
主要产品或业务范围：激光反射镜、截止滤光片、带通滤光片、CWDM用滤光片、长短波通滤光片、各种透镜、棱镜、平面元件和非球面透镜的高精度加工等。

上海馨源电子有限公司
地址：上海市闸北区虬江路1379号1号楼3楼
邮编：200070
电话：021-56637041，56628497
传真：021-56628937
电子信箱：info@shanghaixinyuan.com
网址：www.shanghaixinyuan.com
主要产品或业务范围：各种电子元件、碳膜电阻器、金属膜电阻器、氧化膜电阻器及电容器等产品。

上海信索电子有限公司
地址：上海市双柏路888号4号楼2楼
邮编：200030
电话：021-54261725，54261728，64748363，64349099
传真：021-64275294
电子信箱：info@sh-sensor.com
网址：www.sh-sensor.com
主要产品或业务范围：安全光栅，测量光栅，切纸机光栅，公路检测光栅，泛用型光栅等；各类光电开关，接近开关。代理的产品有光电开关，接近开关，限位开关，条码阅读器，激光测距器，激光扫描仪，色标检测开关，超声波开关，过程控制仪表，流量计等。

上海煊峰光电科技有限公司
地址：上海市嘉定工业区朱桥镇朱戴路509号
邮编：201805
电话：021-59962896
传真：021-59962895
电子信箱：zhouqh@shxfop.com.cn
网址：www.shxfop.com.cn
主要产品或业务范围：光学镀膜材料与光学冷加工产品。

上海伊勉特液压器材有限公司
上海丽诺韵流体连接件有限公司★
地址：上海市奉贤区四团工业园区海奕路22号
邮编：201412
电话：021-54313808，54313806
传真：021-54313809
联系人：王宗云
电子信箱：market@yimiante.com
网址：www.yimiante.com
主要产品或业务范围：专业生产各类型卡套接头、过渡接头、焊接接头、管夹、不锈钢金属软管、快速接头、球阀、胶管总成。

上海永星电子开关有限公司
地址：上海市松江泗泾镇高新技术开发区莘砖公路1275号
邮编：201601
电话：021-57629125，57629126
传真：021-57629089
联系人：朱建勋
电子信箱：sales@yxswitch.com
网址：www.yxswitch.com
主要产品或业务范围：该公司是生产和销售机电开关、接插件等电器产品的厂商，现有产品包括按钮开关、船形开关、波动开关、微动开关、冰箱门开关、小型钮子开关、指示灯、保险丝座、接线盒、蜂鸣器等。

上海源本磁电技术有限公司
地址：上海市嘉定区沪宜公路6133号
邮编：201806
电话：021-69168301，69168214
传真：021-69168673

电子信箱：postmaster@yuanben.cn
网址：www.yuanben.cn
主要产品或业务范围：磁电传感器、磁性温度开关、温度传感器、液位开关及变送器、磁接近开关、流量开关、编码器、电磁调节阀等自动化控制元件。

上海中岛电器厂

地址：上海市晋元路88弄2号
邮编：200070
电话：021-63800485，53550007，63800487
传真：021-63800485
电子信箱：webmaster@shzddq.com
网址：www.shzddq.com
主要产品或业务范围：接近开关、光电开关、固态继电器、调压模块、凸轮控制器、时间继电器等。

上海中沪电子有限公司

地址：上海市龙吴路398弄9号
邮编：200232
电话：021-64393203，64844119
传真：021-54353161
电子信箱：info@zonho.com.cn
网址：www.zonho.com.cn
主要产品或业务范围：系列光电开关、接近开关、标志传感器、光纤传感器、安全光幕传感器、切纸机安全光栅装置、冲床安全光幕、数字式计时器、时间继电器、电子计数器、转速表、电子计长仪、传感控制器、固态继电器、智能数显调节仪、稳压电源等产品。

上海中媛国际贸易有限公司

地址：上海市中山西路2025号永升大厦1725、1726室
邮编：200235
电话：021-64395247
传真：021-64395248
电子信箱：master@zhongyuan-china.com
网址：www.zhongyuan-china.com
主要产品或业务范围：各类薄膜用日本佳能真空镀膜材料和靶材。

上海轴晶光电技术有限公司

地址：上海市嘉定区嘉唐公路1008号
邮编：201818
电话：021-39529005，59542092
传真：021-59542092
电子信箱：sales@optoaxis.com
网址：www.optoaxis.com
主要产品或业务范围：普通光学透镜、微透镜、红外透镜、棱镜、窗口片、柱面镜、球透镜、光学镜头等。

上海卓一电子有限公司

地址：上海市浦东新区航头镇航头路118号
邮编：201316
电话：021-33750266
传真：021-33893668
电子信箱：info@zhuo-yi.com
网址：www.zhuo-yi.com
主要产品或业务范围：时控开关、固态继电器、接近开关、光电开关、时间继电器、计数器、累时器、水位控制器等。

上海综元电子科技有限公司

地址：上海市闸北区永兴路258弄1幢1110室
邮编：200071
电话：021-56325767，56325770，56325780
传真：021-56325635
主要产品或业务范围：该公司产品有英国IRISYS公司的红外线热像仪、日本OPTEX红外线测温仪、光电开关、自动门感应器、ADEX数字电阻电容测试仪器以及STATELY各类电力、电子测试仪器仪表等工业自动化设备。

施迈赛工业开关制造（上海）有限公司

地址：上海市青浦外青松公路5388号
邮编：200003
电话：021-69210585
传真：021-69210606
电子信箱：sales@schmersal.com.cn
网址：www.schmersal.com.cn
主要产品或业务范围：安全开关器件，限位开关，重型限位开关，特殊限位开关，脚踏开关，拉线开关，按钮开关和指示灯，防爆和防瓦斯限位开关，微动开关，电梯开关，电感、电容、光电和磁性接近开关，增量编码器，安全继电器，安全光幕。

施耐德中国投资有限公司上海分公司

地址：上海市云岭东路89号长风国际大厦5～14层
邮编：200062
电话：021-60656699
传真：021-60656688
网址：www.schneider-electric.com
主要产品或业务范围：施耐德拥有全系列极具竞争力的传感类产品，如限位开关、压力开关、接近开关、超声波传感器、旋转编码器、无线射频识别系统以及光电开关。同时拥有全系列的安全保护产品和安全控制系统，主要包括安全继电器、安全开关、安全光幕、安全地毯、双手控制器、拉线开关和脚踏开关。

适发国际贸易（上海）有限公司

地址：上海市讯回去宜山路333号（蒲汇堂路150号）汇鑫国际大厦604室
邮编：200030
电话：021-64682012
传真：021-64748667

电子信箱：shanghai@suffice.com.cn
网址：www.suffice-group.com
主要产品或业务范围：该公司专业代理进口电子元件，包括瑞士IST公司温度、湿度、流量传感器；德国MICRONAS公司霍尔传感器；英国CITY公司各类气体传感器；瑞士RENATA公司高温电池；德国SENSOLUTE公司微振动传感器。

魏德米勒电联接国际贸易（上海）有限公司
地址：上海市裕通路100号宝矿洲际商务中心25楼
邮编：200070
电话：021-22195008
传真：021-22195009
电子信箱：customer.hotline@cnweidmuller.com
网址：www.cnweidmuller.com
主要产品或业务范围：接线端子、印刷电路板接线端子和接插件、重载接插件、接线盒、电子产品、专用工具、管状接头以及标记产品。

英国城市技术有限公司
地址：上海市遵义路100号虹桥上海城A座23楼
邮编：200051
电话：021-22196491
传真：021-62371930
电子信箱：yiqi.zhou@citytech.com.cn
网址：www.citytech.com.cn
主要产品或业务范围：气体传感器。

中达电通股份有限公司
地址：上海市浦东新区民夏路238号
邮编：201209
电话：021-58635678
传真：021-58630003
网址：www.deltagreentech.com
主要产品或业务范围：计数器，温控器，增量型旋转编码器，伺服电动机专用编码器，绝对型旋转编码器，主轴专用编码器。

阿泰克斯（成都）电子有限公司
地址：四川省成都双流蛟龙工业港涪江路11座
邮编：610200
电话：028-85739088
传真：028-85739070
电子信箱：xiaohua.wang@meas-spec.com
网址：www.atexis.cn
主要产品或业务范围：电阻元件及特殊传感器，温度测量技术，湿度传感器。

成都光明光电股份有限公司
地址：四川省成都市龙泉驿区成龙大道三段359号
邮编：610100
电话：028-88456114
传真：028-88456138
电子信箱：gmgd@cdgmgd.com
网址：www.cdgmgd.com
主要产品或业务范围：该公司是中国南方工业集团公司所属重点骨干企业，是综合性光学及光电材料科研生产企业。从事各类光学玻璃材料的研制和生产，能够及时配套地向中外客商提供包括镧系玻璃、环境友好光学玻璃、氟磷酸盐光学玻璃、低熔点光学玻璃等在内的200多个品种、不同规格的光学玻璃、光电子玻璃、照明玻璃等，还能为用户提供铂、铑等贵金属提纯及加工业务。

成都宏明电子实业总公司
地址：四川省成都市成华区成华大道新鸿路89号
邮编：610021
电话：028-84361381
传真：028-84336979
电子信箱：hmscb@chinahongming.com
网址：www.chinahongming.com
主要产品或业务范围：电容器、碳膜/玻璃釉电位器、轻触开关、热敏电阻器、传感器、混合集成电路、电子材料和设备、仪器仪表、空气净化器、精密模具。

成都华孚光学科技有限公司
地址：四川省成都市双流县西航港经济技术开发区腾飞1路336号
邮编：610207
电话：028-85880048
传真：028-85880238
电子信箱：huafugx@163.com
网址：www.cdhuafu.com
主要产品或业务范围：模压玻璃非球面阵列、大非球面镜片、异形件、棱镜、玻璃非球面压铸成型设备。

成都晶峰电子有限公司
地址：四川省成都市营康西路10号
邮编：610036
电话：028-87562358，87562368
传真：028-87562378
电子信箱：cdjf@cdjf.net.cn
网址：www.cdjf.com
主要产品或业务范围：该公司是从事霍尔电流传感器、霍尔电压传感器、直测式电流传感器、互感器、电流变送器、电压变送器的专业生产厂家。为客户提供高品质的电量传感器。

成都晶华光学有限公司
地址：四川省成都市经济技术开发区航天南路
邮编：610100
电话：028-88432388，88432588
传真：028-88431988，84885808

联系人：刘建国
电子信箱：ljg@cdjhcn.com
网址：www.cdjhcn.com
主要产品或业务范围：主要生产光学、光电产品毛坯。

成都鑫威光电实业有限公司
地址：四川省成都市都江堰安龙镇官田村
邮编：611838
电话：028-87245588
传真：028-87245599
电子信箱：xinwpj@163.net
网址：www.xwgdsy.com.cn
主要产品或业务范围：光学玻璃，透镜，三角棱镜，光学镀膜，光学加工，光学元件，望远镜，观靶镜。

四川省丹棱明宏光学有限责任公司
地址：四川省眉山市丹棱县城东工业集中区
邮编：620200
电话：0833-7260199
传真：0833-7260523
电子信箱：uyagd@vip.163.com
网址：www.scouya.com
主要产品或业务范围：光学毛坯、光学零件、光学仪器（双筒望远镜、单筒观鸟镜）。

四川省格纳斯光电科技有限公司
地址：四川省成都市高新区天顺路126号
邮编：310063
电话：028-85321755，85322138
传真：028-85322298
电子信箱：hu_nicole2000@yahoo.com.cn
网址：www.sc-glas.com
主要产品或业务范围：透镜毛坯、长条棱镜、平面镜片、各种棱镜。

台昱企业股份有限公司★
地址：台湾省新北市汐品康宁街169巷29-1号2F-2
邮编：22180
电话：886-226953033，13809639458
传真：886-226950766
电子信箱：sales@fea.com.tw
网址：www.fea.com.tw
主要产品或业务范围：专业提供热电偶与热电阻的元件与材料。

施耐德万高（天津）电气设备有限公司
地址：天津市华苑产业区榕苑路16号鑫茂科技园C1座4层A单元
邮编：300384
电话：022-83712900
传真：022-83712889
网址：www.wgats.com
主要产品或业务范围：开发、生产、销售转换开关电器。

天津博纳艾杰尔科技有限公司
地址：天津市经济技术开发区西区南大街179号
邮编：300462
电话：022-66190519
传真：022-25321033
联系人：何佳玮
电子信箱：Jiawei_he@agela.com.cn
网址：www.agela.com.cn
主要产品或业务范围：主要产品为色谱耗材。

天津三达铸造有限公司
地址：天津市东丽区大毕庄工业区
邮编：300251
电话：022-26758079，26741150，26741151
传真：022-26321106
电子信箱：sdzzgs@public.tpt.tj.cn
网址：www.sandacasting.com
主要产品或业务范围：各种牌号的灰铸铁件、球墨铸铁件、合金铸铁件、各种材质碳钢、合金钢及不锈钢铸件。

天津市东文高压电源厂
地址：天津市河东区十一经路47号蓝海大厦8F
邮编：300171
电话：022-24311533/633/577
传真：022-24311577
联系人：刘申
电子信箱：webmaster@tjindw.com
网址：www.tjindw.com
主要产品或业务范围：该公司设计生产各种高压电源。

天津市信九电子有限公司
地址：天津市南开区黄河道冶金路20号
邮编：300111
电话：022-27692060，27626405
传真：022-27626405
联系人：牛赞涛
电子信箱：xinjiutj@126.com
网址：www.xinjiutj.com
主要产品或业务范围：工业热电偶用补偿导线（缆）系列，快偶用补偿导线系列，补偿型测温插头，补偿型测温枪，仪表用氟塑料耐高温安装线，计算机用信号缆（DCS用信号缆），耐高温500度补偿导线。

慈溪市倍尔林实业有限公司
地址：浙江省慈溪市胜山镇工业开发西区
邮编：315323
电话：0574-63542177，63542128
传真：0574-63549470

联系人：周双波
电子信箱：bearings@cn-bearings.com
网址：www.cn-bearings.com
主要产品或业务范围：专业生产微型、小型深沟球轴承。

慈溪市长河中泰仪表壳体厂
地址：浙江省慈溪市长河镇沧南村
邮编：315326
电话：0574-63415225，13484238880
传真：0574-63415512
电子信箱：cxztyb@126.com
网址：www.cxztyb.cn
主要产品或业务范围：塑料壳体；塑料防水盒；各类塑料产品开发；合作开发；模具开发制造；铝合金防水盒；控制盒；仪器密封箱；塑料密封箱等仪器仪表外壳。

慈溪市崇寿镇中和仪表壳体厂
地址：浙江省慈溪市崇寿镇六塘
邮编：315334
电话：0574-63296882
传真：0574-63296867
电子信箱：zhongheyb@126.com
网址：www.zhkt.net
主要产品或业务范围：该厂是一家变送器外壳的专业生产厂家，主要生产压力、差压、湿度、流量等各种变送器壳体，产品远销全国各地；企业技术力量雄厚，依托CAD、CAM、CNC加工中心，集开模、压铸、机加、表面处理于一体，可按用户要求设计制造模具。

慈溪市凯峰电子有限公司
地址：浙江省慈溪市逍林镇北工业区众益路4号
邮编：315321
电话：0574-63519670
传真：0574-63513747
电子信箱：kf01@nb-kaifeng.com
网址：www.nb-kaifeng.com
主要产品或业务范围：专业生产电子元件及各类连接器。

慈溪市日精电子有限公司
地址：浙江省慈溪市逍林镇青春路245号
邮编：315321
电话：0574-23669998，23669908
传真：0574-23669905，63510727
电子信箱：sales@cxrj.com.cn，cxrj@cxrj.com.cn
网址：www.cxrj.com.cn
主要产品或业务范围：专业制造接线端子和拨码开关。

慈溪市盛昌电讯有限公司
地址：浙江省慈溪市经济开发区通达路50号
邮编：315300
电话：0574-63026531，63026532
传真：0574-63026532
电子信箱：info@sheng-chang.com
网址：www.sheng-chang.com
主要产品或业务范围：专业生产仪器、仪表、电流、电压、变送器、互感器等塑料壳体。

东曙机电(杭州)有限公司
地址：浙江省杭州市滨江浦沿东冠支路8号
邮编：310000
电话：0571-86781196，15857192188
传真：0571-86631629
电子信箱：hz_dongshu@126.com
主要产品或业务范围：全系列的激光打标机、气动打标机、电化学打标机，主要部件均采用进口配置。

洞头嘉恒电子科技有限公司
地址：浙江省洞头县光明巷36号
邮编：325700
电话：0577-63487977，13858826137
传真：0577-63489656
电子信箱：jhenwzy@163.com，401933596@qq.com
网址：www.jhen.com.cn
主要产品或业务范围：该公司主要产品有光电开关、电感式开关、全金属检测开关、金属探头接近开关、电容式开关、模拟量开关、光幕传感器、磁性开关、齿轮测速传感器、纺织传感器、探纬器等多达186多种规格，2000多个型号。另外，“嘉恒”为该公司注册商标。

海盐精业机箱有限公司
地址：浙江省嘉兴海盐县武原镇海兴西路265号
邮编：314300
电话：0573-86196710，86196712
传真：0573-86196524
电子信箱：fufufufu@zj.com
网址：www.enclosures.cn
主要产品或业务范围：该公司主要产品有铝合金A、B、AD、BD、CD、H通用仪表机箱。

杭州冠声科技有限公司
地址：浙江省杭州市天城路91号浙江省大学科技园A楼204室
邮编：310017
电话：0571-28916885
传真：0571-85068681
电子信箱：hzgskj@hotmail.com
网址：www.hzgskj.com
主要产品或业务范围：玻璃、陶瓷、硅、锗、铁氧体、钕铁硼、淬火钢、硬质合金等硬脆材料异形通孔和盲孔、沟槽、小孔、复杂曲面形状零件的加工。

杭州科汀光学技术有限公司
地址：浙江省杭州市余杭经济开发区天荷路21号

邮编：311100
电话：0571-89263885
传真：0571-89263883
电子信箱：koti_sales@koti-hz.com.cn
网址：www.koti-hz.com.cn
主要产品或业务范围：投影显示、数码成像、精密测试以及太阳能CPV结构的光学薄膜元器件。

杭州立得电机有限公司
地址：浙江省杭州市萧山经济技术开发区天得路18号
邮编：311215
电话：0571-82831343，82831713
传真：0571-82832730
电子信箱：sales@tend.cn
网址：www.tend.cn
主要产品或业务范围：微动开关，行程开关，吊车开关，脚踏开关，接近开关，端子盘，蜂鸣器，限时继电器，系列操作开关。

杭州塞姆科技有限公司
地址：浙江省杭州市西湖区三墩镇西湖经济科技园西园五路16号3B4楼
邮编：310030
电话：0571-85779271
传真：0571-85775079
电子信箱：marketing@mail.assem.hk
网址：www.assem.hk
主要产品或业务范围：研发、生产、销售电脑及周边设备用连接线缆、通信及网络电缆、多媒体电缆、家电产品用电缆、汽车电缆、医疗设备电缆、光纤电缆、电源电缆等各类连接线、线束的高新技术企业。

杭州腾宏自动化系统有限公司
地址：浙江省萧山区经济技术开发区市心北路156号宁安大厦1-1312室
邮编：311215
电话：0571-82607996，82830060，82832110
传真：0571-82607997
主要产品或业务范围：该公司产品有接触器、热继电器、马达保护开关、T/P开关、按钮开关、Xpole小型断路器、塑壳断路器、限位开关。

杭州威利广科技股份有限公司
地址：浙江省杭州市拱墅区祥符镇祥园路12号
邮编：310011
电话：0571-88260000，88260012
传真：0571-88260026
电子信箱：sales@wlg.com.cn
网址：www.wlg.com.cn
主要产品或业务范围：该公司为LED数码显示器、实矩阵显示器、各种异形显示器材料和节能冷光源的专业制造商。

嘉兴晶控电子有限公司
地址：浙江省嘉兴市南湖区余新镇镇大街23号
邮编：314009
电话：0573-83221133
传真：0573-83221010
电子信箱：yogankin@yahoo.com.cn
网址：www.jjk.cn
主要产品或业务范围：晶振片。

嘉兴蓝特光学有限公司
地址：浙江省嘉兴市洪合镇民和路337号
邮编：314023
电话：0573-83347400
传真：0573-83349898
电子信箱：sales@lante.com.cn
网址：www.lante.com.cn
主要产品或业务范围：光学棱镜，透镜，窗口片。

嘉兴市思尔德薄膜开关有限公司
地址：浙江省嘉兴市余新曹庄工业园人民路1号
邮编：314022
电话：0573-83227788，62567259
传真：0573-83227785
电子信箱：post001@jxdgq.sina.net
网址：www.sierde.cn
主要产品或业务范围：PC面板、薄膜开关，铜、铝不锈钢面板，高光切削商标铭牌，各种非标机箱。

乐清市滨海电子元件厂
地址：浙江省乐清市柳市东风工业区凯旋西路2号
邮编：325604
电话：0577-62785636
传真：0577-62771667
电子信箱：0577@china.com
网址：www.chinabinhai.cn
主要产品或业务范围：电阻器，瓷盘变阻器，波纹电阻，铝壳电阻，制动电阻箱，制动单元，开关电源等。

利尔达科技有限公司
地址：浙江省杭州市登云路425号科尔达大厦10F
邮编：310011
电话：0571-89908559
联系人：侯芳
主要产品或业务范围：磁旋编码器、电源管理芯片、LED驱动、UART扩展芯片、LCD驱动、数字电位器、标准逻辑IC、红外收发器、光耦、MOSFET、ESD/TVS、无源/有源晶振分立器件。

宁波埃弗勒斯壳体有限公司
地址：浙江省慈溪市浒山街道中央大厦12楼
邮编：315300

电话：0574-23661201
传真：0574-23660328
电子信箱：joey@everestcase.com
网址：www.everestcase.com
主要产品或业务范围：公司主要产品有安全防护箱、塑料和铝制防水盒、接线盒、仪表壳以及相关的模具等。

宁波大洋壳体有限公司
地址：浙江省慈溪市庵东工业开发区纬三东路
邮编：315327
电话：0574-63028372
传真：0574-63027237
电子信箱：sales@nclosures.com.cn
网址：www.enclosures.com.cn
主要产品或业务范围：该公司是塑料密封防护箱、铸铝防水接线盒、塑料防水接线盒、工控机壳和仪器机箱制造商。

宁波德诺进出口有限公司★
地址：浙江省宁波市海曙区药行街42号环球中心B座1702
邮编：315000
电话：0574-87683327，87683317
传真：0574-87683113
电子信箱：huiyingong@deneuchina.com
网址：www.deneuchina.com
主要产品或业务范围：该公司是一家中德合资，专业从事机电配件，五金件及其他机械加工件的进出口公司。产品广泛应用于流量仪表、牙科手机、电机主轴、真空泵、航空航天工业等领域。

宁波电子信息集团有限公司
地址：浙江省宁波市高新区光华路299弄29号C12幢23层
邮编：315048
电话：0574-87295550，87324829
传真：0574-87292158
电子信箱：webmaster@nbelec.com
网址：www.nbelec.com
主要产品或业务范围：电子元器件、电子材料、电子仪表。

宁波飞博光电科技有限公司
地址：浙江省余姚工业园区经三路102号9号楼
邮编：315492
电话：0574-22718558，22718553
传真：0574-62265128
联系人：孙立剑
电子信箱：nbfbgdkjyxgs@sina.com
主要产品或业务范围：各型号光学镜片，投影仪镜头。

宁波高正电子有限公司
地址：浙江省宁波市慈禧道林大道1585号
邮编：315321
电话：4008852488
传真：0574-63502700
电子信箱：DG55@degson.com
网址：www.degson.com
主要产品或业务范围：该公司是接线端子的专业制造商。

宁波佳和壳体有限公司
地址：浙江省慈溪市道林镇樟新南路455号
邮编：315321
电话：0574-63514888
传真：0574-63516321
电子信箱：sales@jhcase.com
网址：www.jhcase.com
主要产品或业务范围：该公司专业生产挤压铝型材壳体、标准机箱机柜及非标准铁皮、铝板机箱。

宁波江北新源仪器仪表有限公司
地址：浙江省宁波市江北区北海路268弄35号
邮编：315033
电话：0574-87626451
传真：0574-87626450
主要产品或业务范围：流量仪表配件生产。

宁波南车时代传感技术有限公司
地址：浙江省宁波市环城北路西段8号
邮编：315021
电话：0574-87664777，87354108
传真：0574-87675851
电子信箱：marketing@tegsensor.com
主要产品或业务范围：铁道机车车辆系统传感器的科研、开发、生产，以电流、电压、压力、速度、位移、温度传感器为主的6大类300余种传感器系列。

宁波三和壳体有限公司
地址：浙江省慈溪市开发大道西宗兴东路88号
邮编：315301
电话：0574-22229608
传真：0574-22229666
联系人：舒儿行
电子信箱：sanhe@sanheenclosure.com
网址：www.china-mould.com
主要产品或业务范围：该公司是亚洲最大的仪表壳体和接线端子制造企业之一。公司现有固定资产1亿元人民币，厂房10万平方米，员工1000余人，年销售额达1.5亿元人民币。本公司是中国模具协会会员，并在同行业中率先通过ISO 9001、UL、VDE等多项质量认证。公司不断引进先进的加工设备和人才，销售额每年递增30%。欢迎世界各地的客户共同开发新产品，通用产品模具费用只收50%甚至更低。

宁波市鄞州龙升光学镀膜厂
地址：浙江省宁波市鄞州区章水镇

邮编：315161
电话：0574-88476789
传真：0574-88289789
电子信箱：wyl@nb-optical.com
网址：www.nb-optical.com
主要产品或业务范围：直角棱镜，等边棱镜，道威棱镜。

宁波市镇海区庄市金属压铸厂
地址：浙江省宁波市镇海区庄市大叶界6号
邮编：315201
电话：0574-86691125
传真：0574-86696067
电子信箱：web@nb-jsyz.com
网址：www.nb-jsyz.com
主要产品或业务范围：显示式隔爆接线盒，统设隔防接线盒，隔防一体化接线盒，显示式隔防接线盒，防水、防喷各种接线盒，圆防水接线盒。

宁波双子壳体有限公司
地址：浙江省慈溪市逍林镇樟新北路1482号
邮编：315321
电话：0574-63596699
传真：0574-63590595
电子信箱：rewang@21cn.net
网址：www.twins-box.com
主要产品或业务范围：该公司专业制造模具、塑料密封防护箱和电子壳体。

宁波斯凯亿传感器有限公司
地址：浙江省宁波市勤州区五乡镇天童庄
邮编：315111
电话：0574-88335695
传真：0574-88335636
电子信箱：sales@nbsky-e.com
网址：www.nbsky-e.com
主要产品或业务范围：自动化控制，电感式传感器，电容式传感器，光电式传感器等。

宁波速普电子有限公司
地址：浙江省慈溪市坎墩兴镇街625号
邮编：315303
电话：0574-63288158，63272368，63272369
传真：0574-63288170，63272933
电子信箱：info@supu.cc
网址：www.supu.com.cn
主要产品或业务范围：各种轨装接线端子、微型弹簧端子、MCS连接器、PCB端子、变压器端子、冷压式连接器、刺破式端子等。

宁波泰博壳体有限公司
地址：浙江省余姚市东郊同光工业园区
邮编：315400
电话：0574-22220303，62632226，22220333
传真：0574-22707799，22662099
联系人：尹素妍
电子信箱：suliao-nbtaibo@vip.163.com
网址：www.tb-mould.com
主要产品或业务范围：电气密封箱、变送器、铝制防水盒、塑料防水盒、便携式仪表壳、导轨电器壳、双色仪表外壳、工控PLC外壳、仪表外壳/塑料机箱等。

宁波亚德客自动化工业有限公司
地址：浙江省奉化市高新技术园区四明东路1号
邮编：315500
电话：0574-88950001
传真：0574-88950016
主要产品或业务范围：气动控制元件、气动执行元件、气源处理元件、气动辅助元件等系列产品。

宁波亚太光学仪器有限公司
地址：浙江省宁波市骆驼工业区荣吉路28号
邮编：315202
电话：0574-86588848，86588548
传真：0574-86588538
电子信箱：yatai@cnyatai.com，jinx@mail.nbptt.zj.cn
网址：www.cnyatai.com
主要产品或业务范围：生产、销售放大镜，聚光镜，各类球面镜片，光学棱镜等多种光学产品。

宁波中凯壳体有限公司
地址：浙江省慈溪市逍林镇樟新南路181号
邮编：315321
电话：0574-63512567
传真：0574-63516780
电子信箱：robbin@nb-zhongkai.com
网址：www.nb-zhongkai.com
主要产品或业务范围：该公司是一家集模具设计制作、产品开发、生产销售一条龙的专业厂家。

台州现代光电科技有限公司
地址：浙江省温岭经济开发区科技大道
邮编：317500
电话：0576-86199138
传真：0576-86199139
电子信箱：mdk@chinamdk.com
网址：www.chinamdk.com
主要产品或业务范围：光学组件，电子元器件。

天立电机（宁波）有限公司
地址：浙江省宁波杭州湾新区庵东工业园纬三路138号
邮编：315327
电话：0574-63479600-6617

传真：0574-63897084
电子信箱：zhangdongbing@china-tianli.cn
网址：www.china-tianli.com
主要产品或业务范围：接线端子。

温岭市东南仪表有限公司
地址：浙江省温岭市经济开发区曙光路
邮编：317500
电话：0576-86191922
传真：0576-86191921
联系人：陈臻
电子信箱：dnyb2005@163.com
网址：www.dnyb.net
主要产品或业务范围：涡街流量壳体，2088、3351、1151、133等压力变送器壳体及不锈钢连接件、法兰，投入式探头体壳体，承接各种壳体加工及制造。

温州市扬名电器有限公司
地址：浙江省江苏国际商务区昆山花桥莲青路888号13号楼3室
邮编：215332
电话：0577-50125889
传真：0577-50125779
电子信箱：yangmin587@sohu.com
网址：www.yangm.com
主要产品或业务范围：光电开关，接近开关，电容式开关，磁性开关，固态继电器等。代理意大利温控表、时间继电器、计数器、冷冻表、热电偶。

温州万谷光学有限公司
地址：浙江省温州市鹿城区锦绣路701号
邮编：325000
电话：0577-88300670
传真：0577-88300650
电子信箱：casao@live.cn
网址：www.aildn.cn
主要产品或业务范围：放大镜、透镜、棱镜及相关光学类产品等。

余姚市华鸿机械制造有限公司
地址：浙江省余姚市舜创路38号
邮编：315400
电话：0574-62500789，62502781
传真：0574-62500866
电子信箱：huahong_88@hotmail.com
网址：www.yyhuahong.com
主要产品或业务范围：扫描仪镜头，数码相机镜头，监控镜头等系列配件。

余姚市泰博塑料制品有限公司
地址：浙江省余姚市同光工业园区永兴东路6号
邮编：315400
电话：0574-22220303
传真：0574-22707799
电子信箱：suliao@tb-mould.com
网址：www.tb-mould.com
主要产品或业务范围：长期致力于机箱，标准非标准壳体的研究设计和开发，在专业领域积累了比较全面丰富的经验。生产开发的产品广泛适用于电子，仪器，仪表，传感器，自动化，工业控制，通信，智能卡等各个领域。公司以专业的设计队伍为后盾，以强大的模具开发制造能力为依托，不断为客户提供造型设计，结构设计，产品开发，精密模具等一系列增值服务。

余姚市兴邦光电有限公司
地址：浙江省余姚市梁辉经济开发区振兴西路2号
邮编：315403
电话：0574-62578328
传真：0574-62577027
电子信箱：xingbang@mail.nbptt.zj.cn
网址：www.chinaxingbang.com
主要产品或业务范围：光学镜头。

浙江申乐电气有限公司
地址：浙江省乐清市北白象镇电子工业园开发路49号
电话：0577-62995200
传真：0577-62981722
电子信箱：chw@sloke.com
网址：www.sloke.com
主要产品或业务范围：主要产品有电磁继电器、时间继电器、继电器配套插座、开关、交流接触器等。

浙江省缙云测温元件厂
地址：浙江省金华市缙云县壶镇市心南路5号
邮编：321404
电话：0578-83341041
传真：0578-83155160
联系人：冯巧克
主要产品或业务范围：陶瓷铂电阻元件、薄膜铂电阻元件、热量表测量探头以及384路全电脑温度巡检仪。

浙江省缙云县测温传感器厂
地址：浙江省金华市缙云县壶镇市心南路184号
邮编：321404
电话：0578-83154129，83155600
传真：0578-83155732，83155160
联系人：冯志克
主要产品或业务范围：陶瓷、金属铂电阻元件，不锈钢封装微型铜电阻，铠装式、装配式热电阻。

浙江水晶光电科技股份有限公司
地址：浙江省台州市椒江区洪家镇星星电子园区A5

邮编：318015
电话：0576-88011411
传真：0576-88011269
电子信箱：sales@zqcot.com
网址：www.zqcot.com
主要产品或业务范围：相机、手机滤光片，光学低通滤器。

浙江拓峰自动化设备有限公司

地址：浙江省杭州文三路黄姑山路48号
电话：0571-56832874
传真：0571-88821218
网址：www.tofine.com
主要产品或业务范围：专业从事智能传感器、工业自动化控制系统、机电一体化装备和信息化平台设计、研发、制造、集成和服务。

中美合资杭州朗宁电子有限公司

地址：浙江省杭州市艮山西路78号东门大厦12AD座
邮编：310017
电话：0571-86958323，86958319
传真：0571-86958319
电子信箱：longlive@longlive.cc，info@longlive.cc
网址：www.longlive.cc
主要产品或业务范围：单相或三相固态继电器、移相触发器、调压模块、调功模块、整流模块等系列产品。

重庆川仪自动化股份有限公司波纹管分公司

地址：重庆市北碚区水土镇
邮编：400714
电话：023-68230993，68230304
传真：023-68230544
电子信箱：sales@sicc.com.cn
网址：www.sicc.com.cn
主要产品或业务范围：生产金属波纹管、膨胀节、各类仪器仪表的综合性制造公司。

重庆川仪总厂有限公司金属功能材料分公司

地址：重庆市北碚区三花石
邮编：400702
电话：023-68222901
传真：023-68222830
网址：www.cqcy01.com
主要产品或业务范围：电阻电热材料、贵金属材料和器具、电触头材料、无氧铜及铜银合金材料、电真空材料和电极材料、磁温度补偿合金、测温材料及补偿导线等。

重庆川仪总厂有限公司晶体科技分公司

地址：重庆市北碚区缙云路10号
邮编：400702
电话：023-68222713，68222331，68225925
传真：023-68224541
电子信箱：sic08@sicc.com.cn，sales08@sicc.com.cn
网址：www.cysapphire.com
主要产品或业务范围：人造宝石光电子元器件、微电子元器件、生物工程元器件、高精密自动化元器件的产品有光纤接头元件，红外窗口，光学用宝石片，宝石喷嘴，宝石绝缘子，宝石圆棒，宝石圆球，宝石精密支承及宝石球形，通孔轴承；光电子人工晶体功能元件有激光用宝石微型透镜、棱镜，激光窗片，光学窗口，绝缘管，光纤通信用接头套管，插芯，超高精度宝石球，棒等。

重庆航伟光电科技有限公司

地址：重庆市南坪花园路14号
邮编：400060
电话：023-62925588
传真：023-62804240
电子信箱：market@aoecq.com
网址：www.aoecq.com
主要产品或业务范围：半导体光电子器件、组件、部件和光模块。

重庆九环机电有限公司

地址：重庆市北碚区凤栖路6号盈田同兴工谷15栋1号
邮编：401121
电话：023-86089000，86089805，86089807
传真：023-86089009
电子信箱：point666@126.com
网址：www.cqjhjd.com
主要产品或业务范围：自动化仪器仪表零部件及各类管路连接件、阀门的设计、开发和制造。

重庆仪表材料研究所

地址：重庆市北碚区龙凤桥
邮编：400700
电话：023-68863921
传真：023-68863932
联系人：唐锐
电子信箱：cimri@tom.com
网址：www.ycs.com.cn
主要产品或业务范围：测温材料、工程仪表及特种合金。

重庆兆宏科技有限公司

地址：重庆市北碚区天生路79号
邮编：400700
电话：023-68282026
传真：023-68282027
电子信箱：infozht@yahoo.com.cn
网址：www.zhsapphire.com
主要产品或业务范围：光学元件，宝石轴承。

计量标准器具、量具量仪

北京康斯特仪表科技股份有限公司
地址：北京市海淀区上地信息路甲28号科实大厦D座5～6层
邮编：100085
电话：010-82782288
传真：010-82782266
电子信箱：office@constgroup.com
网址：www.constgroup.com
主要产品或业务范围：公司专业研发、生产、销售压力校验仪及温度校验仪等热工仪表校准设备。

北京普茂科技发展有限公司
地址：北京市朝阳区胜古中路2号院金基业大厦510室
邮编：100029
电话：010-51262126
传真：010-51262128
电子信箱：info@pmst.com.cn
网址：www.pmst.com.cn
主要产品或业务范围：高精度石英压力传感器、进口与国产活塞压力计、数字压力计、压力控制器/校准器、气体质量流量计、气体增压装置、数字气压计、气象综测仪、数字多用表等。

北京斯贝克科技有限责任公司
地址：北京市海淀区西三旗东路金燕龙大厦6层
邮编：100096
电话：4000582226
传真：010-62713168
电子信箱：spmk1998@163.com
网址：www.cspmk.com
主要产品或业务范围：智能压力校验台，数字压力综合校验台，热工仪表校验仪，便携干体温度校验仪等温度、压力校验仪器。

北京尤梯尔力与称重传感器有限公司
地址：北京市昌平区北七家工业园区
邮编：102209
电话：010-69754455/4477
传真：010-69754646
电子信箱：utilcell@163.com
网址：www.youtier.com.cn
主要产品或业务范围：我国第一家与外商合资，共同生产、经销称重传感器、称重仪表和称重系统的企业。

中国航空工业总公司第304研究所
地址：北京市海淀区温泉镇环山村
邮编：100095
电话：010-62458081
传真：010-62456138
联系人：勒书元
主要产品或业务范围：长度、温度、力学、电学的计量测试的研制、计量检定、计量传递，生产开发计量器具。

东莞市亿辉光电科技有限公司
地址：广东省东莞市长安镇沙头西坊工业区西兴路3号
邮编：523850
电话：0769-85302603，85074339，81668159
传真：0769-81882595-8008
电子信箱：eh@cn-eh.com
网址：www.cn-eh.com
主要产品或业务范围：影像测量仪系列，三坐标测量机系列；工具显微镜系列；光栅传感器系列、拉力试验机系列、环境试验机系列等近百种检测仪器。

广州市日奇科学仪器科贸有限公司
地址：广东省广州市荔湾区西湾东路18号蔬果大厦7楼西门
邮编：510160
电话：020-86470808
传真：020-86471808
电子信箱：rqchina@126.com
网址：www.rqchina.com
主要产品或业务范围：该公司是从事计量仪器仪表生产、销售、服务的高科技公司。作为众多国际著名仪器生产厂商在中国的代理，主要产品包括压力、温度、湿度校验仪器等。

深圳市艾依康仪器仪表科技有限公司
地址：广东省深圳市福田区华强北路赛格科技工业园2栋东706室
邮编：518028
电话：0755-83762498
传真：0755-83763726
电子信箱：aikom@vip.sina.com
网址：www.aikomins.com
主要产品或业务范围：该公司是从事温度计量检定装置研发、制造的高科技企业，是深圳市仪器仪表协会理事单位。艾依康温度计量检定装置，特别是便携精密干式温度槽，广泛应用于各个行业的温度校验现场。

深圳市计测检测设备有限公司
地址：广东省深圳市八卦三路计量质检大厦

邮编：518055
电话：0755-82429182，82426250，82429180，82264109
传真：0755-82429180，82429633
电子信箱：manluyiqi@163.com
主要产品或业务范围：该公司是市计量质量检测院下属的全民所有制企业。专业代理、销售长度、力学、分析、热工、电学、能源等计量检测仪器仪表，自行研制开发生产血压计校验装置、加气机检定装置等产品。

深圳市壹兴佰精密机械有限公司

地址：广东省深圳市龙岗区横岗镇保安村横坪公路83号
邮编：518115
电话：0755-28691677
传真：0755-28691177
网址：www.myxbcee.com
主要产品或业务范围：三坐标测量机。

深圳市中图仪器科技有限公司

地址：广东省深圳市福田区上梅林凯丰北路利丰大厦2～4楼
邮编：518049
电话：0755-83318988
传真：0755-83312849
电子信箱：zhongtu@szzhongtu.com
网址：www.szzhongtu.com
主要产品或业务范围：专业从事精密仪器设备，包括专业计量检测仪器和影像测量仪等。

洛阳汇智测控技术有限公司

地址：河南省洛阳市丰华路6号银昆科技园4栋3层
邮编：471003
电话：0379-64323081
传真：0379-64318381
联系人：薛先生
电子信箱：lyhzck@163.com
网址：www.huige.com.cn
主要产品或业务范围：圆度波纹度测量仪、滚子滚道形状测量仪、滚子滚道形状粗糙度测量仪、信息化质量网络、网络化万分表、过程控制仪、网络化电感测微仪、汽车张紧轮力矩测量仪及半自动轴承合套仪，锅炉数码控制器、锅炉中文屏控制器、锅炉数码模拟屏控制器、锅炉中文模拟屏控制器、锅炉触摸屏控制器、锅炉集散控制系统、供热系统控制器、电热锅炉蓄热控制系统、换热机组节能控制系统。

洛阳轴研科技股份有限公司

地址：河南省洛阳市吉林路1号
邮编：471039
电话：0379-64881595，64880085
传真：0379-64881595
联系人：朱孔敏，宋晓波
电子信箱：sales@zysidd.com
网址：www.zysidd.com
主要产品或业务范围：圆度仪、圆柱度仪、游隙仪、振动仪、摩擦力矩仪、旋转精度仪、轮廓测量仪、凸出量仪、内径测量仪、外径测量仪、试验机、摆差仪及其他轴承检测仪器。

三门峡中原量仪股份有限公司

地址：河南省三门峡市和平路西段9号
邮编：472000
电话：0398-2288851
传真：0398-2936950，2821510
电子信箱：zyly@cnzyly.com
网址：www.cnzyly.com
主要产品或业务范围：气动量仪、电动量仪、磨加工主动测量仪、自动分选机和检验机、精密计量仪器和精密测量台架、专用量仪以及用于汽车（摩托车）行业、冰箱空调压缩机行业的在线自动量仪和综合测量仪等七大系列二百多个品种。

哈尔滨工业大学博实精密测控有限责任公司

地址：黑龙江省哈尔滨市哈尔滨工业大学711信箱
邮编：150006
电话：0451-86402499
传真：0451-86402498
电子信箱：market@bsjm.com.cn
网址：www.bsjm.com.cn
主要产品或业务范围：纳米级精密定位工作台、高精度宏动定位工作台、压电陶瓷驱动电源、高精度测微仪。陶瓷驱动电源组成闭环精密定位系统。工业自动化电子定量控制器、工业电子复检秤、高精度测量控制设备。

哈尔滨量具刃具集团有限责任公司

地址：黑龙江省哈尔滨市香坊区和平路44号
邮编：150040
电话：0451-82648853，82641836
传真：0451-82607698
电子信箱：links@links-china.com
网址：www.links-china.com
主要产品或业务范围：光学与光栅式分度头、平面度检查仪、刀具预调仪及数控机床用工具系统及刀具。

湖南中经国际贸易有限公司

地址：湖南省长沙市蔡锷南路119号丰泉大厦521室
邮编：410002
电话：0731-84303096
联系人：尚军
主要产品或业务范围：三维激光扫描和测量仪、手持式三坐标激光测量仪。

江苏全能机电仪表设备有限公司

地址：江苏省宜兴市蜀镇汤蜀路中段

邮编：214221
电话：0510-87402428，87403757
传真：0510-87406212
网址：www.jsqn.com.cn
主要产品或业务范围：定量圆盘给料机、配料秤。

江苏省计量科学研究院
地址：江苏省南京市光华东街3号
邮编：210007
电话：025-84636942
传真：025-84636942
电子信箱：haowu1974@hotmail.com
网址：www.jsmi.com.cn
主要产品或业务范围：从事量值统一；建立计量工作基准、社会公用计量标准；进行量值传递；为适应量值溯源社会要求，从事计量器具的校准和检测服务。

江阴市文林电子自控设备厂
地址：江苏省江阴市河塘范钱路512号
邮编：214419
电话：0510-86341707
传真：0510-86341707
电子信箱：sales@jywlfl.cn
网址：www.jywlfl.cn
主要产品或业务范围：FY系列电控式压力表校检台，FD系列便携式压力表校检器，FS系列精密数字压力表，智能式压力、差压变送器校检仪等。

南京紫金计量有限公司
地址：江苏省南京市下关区和燕路205号
邮编：210028
电话：025-85553188
传真：025-85553189
电子信箱：cimmnj@163.com
网址：www.jl301.com
主要产品或业务范围：YX2041智能万用现场校验仪，ZJJ-100水表采集装置及远程抄表系统。

大连群星计量测试技术开发公司
地址：辽宁省大连市中山区中南路225号
邮编：116015
电话：0411-82893346，82893756
传真：0411-82893346
联系人：谢士凯
主要产品或业务范围：主要经销各种计量器具、仪器仪表、检测设备以及五金化工、低压电器、电线电缆等企业用消耗材料。

丹东市计量仪器设备厂
地址：辽宁省丹东市振安区珍珠街79号
邮编：118001
电话：0415-4144373，4144602
传真：0415-4144373
电子信箱：ddjl@ddjl.com
网址：www.ddjl.com
主要产品或业务范围：音速喷嘴气体流量装置、水流量标准装置、钟罩式气体流量装置。

丹东市曙光计量仪器有限公司
地址：辽宁省丹东市振安区临江街108号
邮编：118001
电话：0415-4142588，4144052
传真：0415-4142588
联系人：隋凯林
电子信箱：cmc@ddsgjl.com
网址：www.ddsgjl.com
主要产品或业务范围：LJQ型钟罩式气体流量标准装置，音速喷嘴式气体流量标准装置等。

海克斯康测量技术（青岛）有限公司
地址：山东省青岛市株洲路188号
邮编：266101
电话：0532-80895188
传真：0532-88703060
电子信箱：info@chinabnsmc.com
网址：www.hexagonmetrology.com.cn
主要产品或业务范围：该公司是数控三坐标测量机专业制造厂商。

青岛富堡精密仪器有限公司
地址：山东省青岛市四方区四流南路26号-13
邮编：266042
电话：0532-84880816
传真：0532-84889987
电子信箱：fb1517@126.com
网址：www.fb17.com
主要产品或业务范围：生产计量器具。

山东德鲁泰计量科技有限公司
地址：山东省济南市历城区七里河路北段2号
邮编：250014
电话：0531-82952789，82952868
传真：0531-82962687
电子信箱：sddlt@delutai.com
网址：www.delutai.com
主要产品或业务范围：标准计量检测、校验仪器仪表包括热工仪表校验仪，压力仪表校验仪，温场测量记录仪等。

上海嘉地仪器有限公司
地址：上海市嘉定区沪宜公路3003号
邮编：201821
电话：021-59166344，59166144

传真：021-59166613
电子信箱：market@shgarden.com
网址：www.shgarden.com
主要产品或业务范围：数字化测井系统，流量智能控制与标定系统等。

上海亮兴电子技术有限公司

地址：上海市浦东东方路1881弄东方城市花园78号802室
邮编：200125
电话：021-50802961，58890002
传真：021-58890002
电子信箱：zs_zhangjun@yahoo.com.cn
网址：www.lx-dz.com
主要产品或业务范围：该公司从事开发研制精密长度计量仪器。产品有光栅位移传感器，光栅位移传感器数据采集系统，数显测长仪，数显综合测量仪，指示表检定仪。

上海欧隆强仪器仪表公司

地址：上海市中山西路189弄虹桥世家花园2号楼
邮编：200051
电话：021-62131128，62134378
传真：021-62137040
主要产品或业务范围：多功能校验仪，单功能校验仪，压力校验仪，温度校验炉，烟气分析仪，红外线测温仪。

上海顺创测控工程有限公司

地址：上海市杨浦区平凉路1104号银鹿大厦8层
邮编：200090
电话：021-65394500-2888，65393901
传真：021-65394372
电子信箱：wdongt@sh163.net
网址：www.dongtou.com.cn
主要产品或业务范围：代理美国AMETEK公司的干体式温度校验仪，便携式压力校验仪，活塞、浮球压力计，过程信号校验仪等。

上海泰勒精密仪器制造有限公司

地址：上海市杨高南路1998号B栋4楼
邮编：200125
电话：021-50894167
传真：021-50895641
电子信箱：sh_taile@sina.com
网址：www.sh-taile.com
主要产品或业务范围：粗糙度轮廓仪，圆度波纹度仪，显微硬度计和自动化检测设备等。

中国测试技术研究院测量仪器研究所

地址：四川省成都市玉双路10号
邮编：610021
电话：028-84404690
传真：028-84404032
电子信箱：service@nimttef.com
网址：www.nimttef.com
主要产品或业务范围：该所长期致力于长度测量和硬度测试技术研究，先后成功推出单臂三维测量划线机、极柱坐标测量机和肖氏硬度计等多种计量测试新产品。

杭州金美计量仪器有限公司

地址：浙江省杭州市萧山区经济开发区通惠北路（明华花园6幢8～10号）
邮编：311200
电话：0571-82780821
传真：0571-82767151
主要产品或业务范围：专业从事计量器具、仪器仪表、检测设备的批发、销售、维修、计量管理。

宁波柯力电气制造有限公司

地址：浙江省宁波市江北投资创业园C区长兴路199号
邮编：315033
电话：4008874165
传真：0574-87562289
电子信箱：keli-zgb@kelichina.com
网址：www.kelichina.com
主要产品或业务范围：该公司专业生产高精度称重传感器、称重仪表、电子称重系统、分析仪器和家用健康秤。

宁波雄鹰检测设备有限公司

地址：浙江省宁波北仑城湾工业区292号
电话：15824251486，0574-86120309，86895390
传真：0574-86895370-8009
主要产品或业务范围：专业制造各类精密品管检测仪器。经营影像测量仪、投影仪、三坐标、硬度计、光谱仪、涂层测厚仪、粗糙度仪、轮廓仪、盐雾实验机等产品。

宁波仪表厂

地址：浙江省宁波市西郊望春工业区
邮编：315175
电话：0574-88440272
传真：0574-88440262
电子信箱：nbybc@sina.com
网址：www.nbybc.com
主要产品或业务范围：扭簧比较仪、光学扭簧测微计、扇形比较仪、杠杆齿轮比较仪。

浙江精科计量仪器有限公司

地址：浙江省台州市路桥区月河北街71-3号
邮编：318050
电话：0576-82525444，82785333
传真：0576-82409444
网址：www.jingkecn.com
主要产品或业务范围：三坐标测量仪、光谱仪、齿轮测量中心、无损探伤检测、圆度仪圆柱度仪等精密量仪。

衡 器

铜陵市三爱思电子有限公司
地址：安徽省铜陵市经济技术开发区
邮编：244000
电话：0562-5880910
传真：0562-5880911
电子信箱：sss@tl-sss.com
网址：www.tl-sss.com
主要产品或业务范围：数字化皮带秤及配料系统。

北京北方首衡电子产品有限公司
地址：北京市通州区北苑155号大唐高新技术创业园3楼333室
邮编：101100
电话：010-60538106，60538107，60538196
传真：010-60538196
电子信箱：china@shouheng.com.cn
网址：www.shouheng.com.cn
主要产品或业务范围：实验室天平，工业称重，家用衡器，衡器配件。

北京衡器厂有限公司
地址：北京市昌平区东大街69号
邮编：102200
电话：010-69742404，69742406
传真：010-69742201
网址：www.bj-scale.com.cn
主要产品或业务范围：电子汽车衡、电子台秤、包裹秤；地上衡、地中衡、单轨吊秤、配料秤等100余种规格。

北京金日仪器公司
地址：北京市大兴工业开发区金苑路26号
邮编：102600
电话：010-61273344
传真：010-61273345
电子信箱：s_wizard@tom.com
网址：www.bjjr.com.cn
主要产品或业务范围：核子秤，雷达料位计，配料自动化系统，配水自动化系统，焦炉四大机车自动化系统，LED静态和动态显示设备等。

北京首昌大和电子衡器有限公司
地址：北京市大兴经济开发区金苑路17号
邮编：102600
电话：010-60215324，60214949
传真：010-60214072
网址：www.shouchang.net.cn
主要产品或业务范围：大型工业衡器和各种特殊要求的工业专用衡器及电子智能仪表，工业控制计算机。

西杰天平（北京）仪器有限公司
地址：北京市丰台区小屯路2号博龙家园5-3-904
邮编：100141
电话：010-51298198
传真：010-51298198
电子信箱：sym808@163.com
网址：www.tianping.cc
主要产品或业务范围：该公司为专业从事集衡器的研发、生产、销售及维修为一体的专业衡器供应商。

福州华志科学仪器有限公司
地址：福建省福州市晋安区鼓山苑古韵楼4座904
邮编：350001
电话：0591-83964551,88005402
传真：0591-83964886
电子信箱：fzhuazhi@yahoo.com.cn
网址：www.fzhz.com.cn
主要产品或业务范围：该公司专业从事称重计量仪器、水质分析等实验室相关仪器的制造和营销。

厦门武岭电子科技有限公司
地址：福建省厦门市湖里区火炬园新丰二路8号楼2楼H单元
邮编：361009
电话：0592-5615275，5615732
传真：0592-5628035
电子信箱：xmwuling1201@yahoo.cn
网址：www.matsuhaku.com
主要产品或业务范围：该公司主营台湾MATSUHAKU比重天平（密度计）、电子天平、珠宝检测仪器等。

钰恒电子（厦门）有限公司
地址：福建省厦门市湖里区湖里大道40号
邮编：361006
电话：0592-6037668
传真：0592-6037028
电子信箱：xmzc@jadever.com.cn
网址：www.jadever.com.cn
主要产品或业务范围：各类电子衡器。

兰州同位素仪表工程有限公司
地址：甘肃省兰州市金昌北路208号

邮编：730030
电话：0931-8852618
传真：0931-8862024，8413799
电子信箱：ltsu@public.lz.gs.cn
主要产品或业务范围：核子秤、系列密度计、系列浓度计、秤位监控器、料位计、质量流量计、砂比计、泥浆比重计、盐酸浓度计、硫酸浓度计、电子汽车衡系列、电子衡器系列、自动批次配料系统、连续配料给料系统、电子皮带秤。

东莞市华兰海电子有限公司
地址：广东省东莞市麻涌镇大盛工业园
邮编：523136
电话：0769-88236550
传真：0769-88823646
电子信箱：admin@chinesesensor.com
网址：www.chinesesensor.com
主要产品或业务范围：该公司是国内称量系统及称重传感器制造基地之一。主要产品有电阻式应变计、称重测力传感器、轮轴称量系统、压力传感器/变送器。

广州市托利衡器有限公司
地址：广东省广州市体育西路189号城建大厦6H
邮编：510620
电话：020-38799130，38799131
传真：020-38799129
电子信箱：tolyscale@21cn.net
网址：www.tolyscale.com
主要产品或业务范围：代理经销世界品牌梅特勒—托利多系列电子衡器产品，负责其广东珠江三角洲地区的安装调试和售后服务。主要产品有标准工业衡器类的汽车衡、平台秤、化工钢瓶秤、吊钩秤、台秤；过程称重类的料斗秤、配料系统、散料秤；产品包装类的定值包装秤、液体灌装秤；实验室及工业用的天平、水分测试仪等。

深圳市安普特电子科技有限公司
地址：广东省深圳市宝安区西乡固戍航城大道广豪锋科技园B1栋3楼
邮编：518102
电话：0755-83003559
传真：0755-83003116
联系人：李国付
电子信箱：amput178@hotmail.com
网址：www.amput.net
主要产品或业务范围：该公司专业从事高精密电子天平、电子口袋秤的生产和研发。

深圳市衡之杰电子有限公司
地址：广东省深圳市松岗镇东方大道199号
邮编：518105
电话：0755-27090448，27093086，27093099
传真：0755-27093086，27092036
电子信箱：szhzj@szhzj.com
网址：www.szhzj.com
主要产品或业务范围：专业衡器批发、零售中心。代理销售多种世界名厂电子衡器品牌，品种丰富、规格齐全。主要销售产品有电子计数秤、计重秤、电子计价秤、微量天平、精密电子分析天平、水分测定仪、吊钩秤、防爆秤、油漆秤、小地磅、汽车衡、定量包装秤、称量显示仪表、物理分析天平、标准砝码、推拉力计等各种衡器。

深圳市杰曼科技有限公司
地址：广东省深圳市南山区科技园北区酷派信息港6栋
邮编：518057
电话：0755-86313893
传真：0755-26632060
电子信箱：sales@szgmt.com
网址：www.sgmcn.com
主要产品或业务范围：该公司从事称重控制仪表及新型自动化仪表的研究、开发和生产。GM88系列仪表有GM8803称重控制仪表、GM8803A称重管理机、GM8804A配料控制仪表、GM8804C定制控制仪表、GM8802重量变送器、GM8804D定制控制仪表、GM8804E配料控制仪表、GM8890系列大屏幕显示器等。

西德力传感器制造（中国）有限公司
地址：广东省东莞市麻涌镇大盛工业园
邮编：523136
电话：0769-87052663，13059709368
传真：0769-87052663-111
电子信箱：xdlle918@163.com
网址：www.xdlle.com
主要产品或业务范围：专业研制高精度电子称重系统。

珠海市长陆工业自动控制系统有限公司
地址：广东省珠海市拱北夏湾昌平路265号B栋2楼
邮编：519020
电话：0756-8155202，8155232
传真：0756-8155622
电子信箱：longtec2008@163.com
网址：www.longtec.com
主要产品或业务范围：称重仪表、称重传感器、高精度称重变送器，失重秤控制仪、皮带秤控制仪、防爆称重控制仪，称重配料控制系统、砼站配料控制系统、配料秤，动态配料仪表，工业称重系统的基础元件、成套设备。

珠海志美电子有限公司
地址：广东省珠海市南屏科技工业园虹达路3号
邮编：519060
电话：0756-8682280
传真：0756-5916969
电子信箱：sales@zhuhai-chimei.com.cn

网址：www.zhuhai-chimei.com.cn
主要产品或业务范围：该公司是制造工业电子称重产品、称重显示器、配料控制器的专业厂家。

保定实达称重系统有限公司
地址：河北省保定国家高新区和睦路99号
邮编：071000
电话：0312-2110369
网址：www.shidahengqi.com
主要产品或业务范围：电子衡器、称重显示器、称重传感器及自动化称重系统。

承德承申自动化计量仪器有限责任公司
地址：河北省承德市水泉沟路1号
邮编：067000
电话：0314-2181867
传真：0314-2183357
电子信箱：cdhyhq@heinfo.net
网址：www.cdhyhq.com
主要产品或业务范围：该公司是衡器协会常务理事单位，产品有动态电子轨道衡、微机动态电子轨道衡、微机动态、静态电子汽车衡、打卡式电子汽车衡、网络电子汽车衡等新型产品。

承德市开发区盛方电子有限公司
地址：河北省承德市温家沟路北32号
邮编：067000
电话：0314-2067073
传真：0314-2067271
电子信箱：cdsfdz@163.com
网址：www.sheng_fang.com
主要产品或业务范围：冶金电子衡器，铝业专用衡器。具备很强的工业电子衡器研发能力。

承德市五岳电子技术有限公司
地址：河北省承德市开发区东区
邮编：067000
电话：0314-5902066
传真：0314-5902099
联系人：芦占营
电子信箱：cdwuyue@163.com
网址：www.cdwuyue.com
主要产品或业务范围：电子轨道衡、电子汽车衡、非标称重设备、网络无人值守系统、矿山产量监控系统、射频识别系统等。

开封测控技术有限公司
地址：河南省开封市开发区金明大道南段
邮编：475004
电话：0378-3275888，5639046
传真：0378-3668576，2536561
电子信箱：kfck@vip.sina.com，kfck@kfckgs.com
网址：www.kfckgs.com
主要产品或业务范围：核子秤、衡器、防爆电器、仪器仪表及工业自动化系统的开发、制造与技术服务以及计算机系统集成与电子工程系统的开发、销售与服务。

郑州丰博电子科技有限公司
地址：河南省郑州市经济开发区航海路第五大街高科技工业园
邮编：450016
电话：0371-66782126，66782139
传真：0371-68276377，66780125
电子信箱：fengbo@public.zz.ha.cn
网址：www.fengbo.com.cn
主要产品或业务范围：定量给料机、粉体流量计、电子皮带秤、科里奥利粉体定量给料秤系统、集中工业控制配料微机系统。

郑州亚太衡器（集团）有限公司
地址：河南省郑州市管城区启航大厦C座1808
邮编：450009
电话：0371-68723181，68723917
传真：0371-68728957
联系人：孙兰志，余祥光
电子信箱：sales@hengqi.com.cn
网址：www.hengqi.com.cn
主要产品或业务范围：电子吊秤系列、公路计重收费系统、地上衡系列、全自动定量包装机系列、汽车衡系列、轨道衡系列、自动配料系统、电子皮带秤、铲车秤、健康秤、打印计价电子秤、商业结算电子秤。

武汉森诺天扬科技有限公司
地址：湖北省武汉市东湖开发区森林大道慧谷时空1710室
邮编：430074
电话：027-59835311
传真：027-61895490
电子信箱：yzg1710@163.com
网址：www.sino-tinyo.com
主要产品或业务范围：该公司作为专业的工业称重仪表和衡器制造商，致力于工业称重系统的开发和生产。

长沙湘平科技发展有限公司
地址：湖南省长沙市岳麓区华兰路71号
邮编：410205
电话：0731-85190261，85190262
传真：0731-85190260
电子信箱：xiangping@xiangping.com
网址：www.xiangpin.com
主要产品或业务范围：主要产品为电子天平、珠宝天平、桌式及台式电子天平和计数天平、称重仪表和计数仪表、测力仪表和称重控制器、多通道传感器测试仪表。

常熟市百灵天平仪器有限公司
地址：江苏省常熟市外环北路258号
邮编：215500
电话：0512-52880732
联系人：俞澄
主要产品或业务范围：各类电子天平、机械天平。

常州宏事达电气制造有限公司
地址：江苏省常州市武进高新区西湖路118号
邮编：213161
电话：0519-68869288-808
传真：0519-86641427
电子信箱：hst@chinahonsta.com
网址：www.chinahonsta.com
主要产品或业务范围：天平，桌秤，台秤，包装秤，汽车衡，灌装秤，吊秤，仪表及工业控制设备等电子衡器。

常州市纽威自动化包装机械厂
地址：江苏省常州市新区汉江路128-1号
邮编：213125
电话：0519-85109071
传真：0519-85118071
联系人：熊敏
电子信箱：nww@neweighchina.com
网址：www.neweighchina.com
主要产品或业务范围：该公司专业生产自动称重包装码垛生产线以及各类电子衡器、配料称重设备。

常州唯科称重系统设备有限公司
地址：江苏省常州市新北区薛家工业园富强路10号
邮编：213004
电话：0519-85956111，85956222，88851544
传真：0519-85955099，88851200
联系人：徐敏珠
电子信箱：wtcon@wt-con.cn
网址：www.wt-con.cn
主要产品或业务范围：生产WBN系列自动定量包装系统，称重配料系统，液体灌装秤，皮带秤等。

江苏赛摩集团有限公司
地址：江苏省徐州经济开发区三环东路18号
邮编：221004
电话：0516-87885888，87885999
传真：0516-87885858，87793652
网址：www.thermoramsey.com.cn
主要产品或业务范围：该公司从事工业称重、包装、检测领域的研发、设计、制造。

江苏天秤计控设备有限责任公司
地址：江苏省南京市江宁高新技术开发区恒永路9号
邮编：210016
电话：025-52101550，52103206
传真：025-52103206
电子信箱：jiangsutiancheng@vip.sina.com
网址：www.jstcjk.com
主要产品或业务范围：计量控制仪表，计量秤，配料皮带秤，螺旋秤，定量给料机。

梅特勒—托利多（常州）称重设备系统有限公司
地址：江苏省常州市新北区太湖西路111号
邮编：213125
电话：0519-86642040
传真：0519-86641991
网址：www.mtchina.com
主要产品或业务范围：精密仪器和衡器产品。

南京金杰出科技实业有限公司
地址：江苏省南京市中山南路389号
邮编：210009
电话：025-86629800
传真：025-52265162
电子信箱：jjc@njjjc.com.cn
网址：www.njjjc.com.cn
主要产品或业务范围：皮带计量秤，配料秤，料斗秤，汽车秤，线材盘卷秤等。

南京联骏称重系统有限公司
地址：江苏省南京市西善桥北路52号1栋2单元404室
邮编：210009
电话：025-52315810
传真：025-52236893
电子信箱：ljcz@ljcz.cn
网址：www.ljcz.cn
主要产品或业务范围：该公司致力于称重仪表、微机称重管理软件、工业配料、定量包装、液体灌装系统的研制、开发和制造。

南京全兴天文衡器制造有限公司
地址：江苏省南京市江宁区谷里工业园安康路3号
邮编：211164
电话：025-52256425，52240171
传真：025-86623096
电子信箱：tw@njtianwen.com
网址：www.njtianwen.com
主要产品或业务范围：电子衡器，称重传感器和仪表，大型机械衡器，工业专用衡器，日用衡器等。有近百个品种规格，产品销售覆盖全国30个省、市、自治区，并批量远销海外。

无锡市科丰自控设备有限公司
地址：江苏省无锡市滨湖区滴翠路100号创意产业园11号楼402

邮编：214072
电话：0510-85874243，85875449
传真：0510-85810067
电子信箱：kfwhq@kefeng.cn
网址：www.kefeng.cn
主要产品或业务范围：工业称重和称重显示控制器、智能流量仪、质量变送器等。

徐州华为测控科技有限公司
地址：江苏省徐州市金骆驼工业园
邮编：221000
电话：0516-85851370，85851373
传真：0516-85851373
电子信箱：huaweicekong@163.com
网址：www.xuzhouhuawei.cn
主要产品或业务范围：电子皮带秤、称重给料机、称重给煤机、电子汽车衡、螺旋输送机、循环链码校验装置、皮带/汽车/火车采制样装置（国产和美国进口）、输煤计量集控系统、配料系统、烟气检测、物料/位测量等。

徐州山特电力测控设备有限公司
地址：江苏省徐州市淮海西路288号
邮编：221006
电话：0516-83621560
传真：0516-83621562
电子信箱：xzstgs@163.com
网址：www.shantecn.com
主要产品或业务范围：皮带秤，配料秤，电子皮带秤，配料系统，耐压式称重给煤机，电子汽车衡，采制样装置等。

徐州市彭烁电力器材有限公司
地址：江苏省徐州市黄河北路7号
邮编：221000
电话：0516-87339878，69990619
传真：0516-87339879
电子信箱：xzzhangpeng@sohu.com
网址：www.xzpengshuo.com
主要产品或业务范围：电子皮带秤，称重给煤/料机，失重式定量给料机，皮带秤校验设备。

徐州市三原技术产业有限公司
地址：江苏省徐州市经济开发区东环新赛达工业园
邮编：221004
电话：0516-87870369
传真：0516-87870709
电子信箱：sy@xzpdc.com
网址：www.sanyuan-tech.com
主要产品或业务范围：电子皮带秤系列、称重给料（煤）机、工业采样机系列、汽车衡、电子料斗秤、连续配料系统、批配料系统等。

大连宏达衡器厂
地址：辽宁省大连市甘井子区王家桥10号
邮编：116023
电话：0411-86665633，86640299，86640266
传真：0411-86662933
电子信箱：dlhdhq@hd-hq.com
网址：www.hd-hq.com
主要产品或业务范围：静态电子轨道衡，微机动态电子轨道衡，系列电子地上衡，电子地中衡，电子钢材秤，电子台秤，电子定量秤、配料秤，电子皮带秤，电子吊钩秤，超高亮度LED大屏幕显示器等。

大连金马衡器有限公司
地址：辽宁省大连市金州区红塔工业区
邮编：116100
电话：4007006996，0411-87860666，87860777，87860888
传真：0411-87860999
电子信箱：office@dljinma.cn
网址：www.dljinma.cn
主要产品或业务范围：该公司生产的“渤海”牌机械和电子衡器已有数十个品种，公司于2000年取得ISO 9001国际质量体系认证，是东北地区衡器行业的骨干企业。

沈阳德克天平仪器有限公司
地址：辽宁省沈阳市皇姑区昆山西路19号
邮编：110035
电话：024-86718663，82151200
传真：024-86417488
电子信箱：dktp126@126.com
网址：www.dktp.cn
主要产品或业务范围：吨位系列天平，公斤系列天平，机械天平，电磁天平，电光天平，电动比例天平，气体天平，静水力学天平，电子天平，各种砝码，建材仪器，甜菜自动检糖线，电动抗折机，包装袋跌落试验机等产品。维修各类天平及地动衡、电子秤。

营口大和衡器有限公司
地址：辽宁省营口市站前区东升路63号
邮编：115002
电话：0417-3840098
传真：0417-3840097
电子信箱：ykdahe2009@163.com
网址：www.yk-yamato.com
主要产品或业务范围：电子皮带秤、配料秤。

营口大和制衡产业有限公司
地址：辽宁省营口高新技术产业区示范园西兴街15号
邮编：115000
电话：0417-4835888，4892168
传真：0417-4892158
电子信箱：ykyamato@163.com

网址：www.ykyamato.com
主要产品或业务范围：ICS系列电子皮带秤、KCS系列电子皮带配料秤、PCS斗式称重配料秤、DCS系列定量包装秤、SCS电子汽车衡、ZCS固定式电子衡、LGS螺旋给料称重系统、UB2高精度称重传感器、CS-TC-A皮带秤校验链码、GUS电子轨道衡等。

济南金钟电子衡器股份有限公司
地址：山东省济南市英雄山路147号
邮编：250002
电话：0531-82569082，82972678
传真：0531-82983473，82971352
电子信箱：xiaoshou@jinzhong.com.cn
网址：www.goldbell.com
主要产品或业务范围：电子汽车衡、便携式轮重仪、计重收费系统、数字式电子汽车衡、电子轨道衡、静态电子轨道衡、动态电子轨道衡、鱼雷罐车电子轨道衡。

济南开发区鹏立电子衡器研究所
地址：山东省济南市英雄山路79号
邮编：250002
电话：0531-82766953，82705833
传真：0531-82705833
电子信箱：adpl@jn-public.sd.cninfo.net
网址：www.adplhq.com
主要产品或业务范围：称重仪表、包装仪表、配料仪表、测力仪表。

青岛东亚电子衡器有限公司
地址：山东省青岛市四方区南京路446号
邮编：266034
电话：0532-85649700，85649092
传真：0532-85668939
网址：www.dy-scales.com
主要产品或业务范围：电子汽车衡、各种专用大型衡器、自动计量控制系统、自动配料控制系统，各种日用及专用小型电子衡器等。

山东泰安东岳泰山衡器有限公司
地址：山东省泰安市万官路中段
邮编：271000
电话：0538-6138555
传真：0538-8666665
电子信箱：dytshq@163.com
网址：www.tshengqi.com
主要产品或业务范围：电子汽车衡，数字式电子汽车衡，小地磅，吊钩秤，火车衡，称重系统。

泰安科大洛赛尔传感技术有限公司
地址：山东省泰安市岱宗大街223号
邮编：271019
电话：0538-8560990，8560633
传真：0538-8560633
电子信箱：kedaloadcell@163.com
网址：www.kedaloadcell.com
主要产品或业务范围：100kN以上锚索测力计、30t以上称重传感器、40MPa以上液压传感器以及其他岩土工程振弦传感器，配套二次仪表有GSJ-2型多功能电脑检测仪，GSJ型一对一数字显示仪，KBG4型远距离量斗称重仪、钢包、钢水称重仪及汽车载重量动态称量仪等。

泰安市泰山鼎峰衡器有限公司
地址：山东省泰安市东岳大街东首
邮编：271000
电话：0538-6130888，6137088
传真：0538-2109368
电子信箱：dingfenghq@163.com
网址：www.sdtsdfhq.cn
主要产品或业务范围：电子汽车衡，数字汽车衡，轴计量汽车衡，电子地上衡，电子台秤。

太原市风行测控技术有限公司
地址：山西省太原市平阳路96号华康盛世大厦6层
邮编：030012
电话：0351-5698871，5698872
传真：0351-5698873
电子信箱：fxck@sohu.com
网址：www.tyfxck.com
主要产品或业务范围：称重显示控制器、汽车衡管理软件和配料管理软件。

太原太航电子科技有限公司
地址：山西省太原市并州南路137号
邮编：030006
电话：0351-7054547
传真：0351-7043764
电子信箱：thscales@taihangybc.com
网址：www.taihangybc.com
主要产品或业务范围：称重传感器、商用电子秤、邮政电子秤、工业电子衡器及各种非标计量称重系统五大类、百余个品种。

中国航天科技集团公司四院四十四所
地址：陕西省西安市173信箱
邮编：710025
电话：029-83606672
传真：029-83606709
电子信箱：zjy788@163.com
网址：www.casc44.com
主要产品或业务范围：主要从事军民两用称重设备、测力系统、测力/称重传感器、压力传感器、高温光纤传感器、特种传感器及测量系统。

上海大和衡器有限公司
地址：上海市浦东新区合庆工业区庆达路368号
邮编：200120
电话：021-58973377
传真：021-58973737
电子信箱：sales@yamatosh.com
网址：www.yamatosh.com
主要产品或业务范围：各类称重传感器，称重仪表和电子衡器。

上海东方衡器有限公司
地址：上海市民和路145号
邮编：200070
电话：021-56629291，56629292，56628347
传真：021-56628814
电子信箱：sales@east-scales.com
网址：www.east-scales.com
主要产品或业务范围：工业衡器、专用衡器、民用衡器。

上海海康电子仪器厂
地址：上海市武宁路900弄127号
邮编：200063
电话：021-62042173
传真：021-62051696
电子信箱：www.sh-haikang.com
网址：www.sh-haikang.com
主要产品或业务范围：电子天平和称重仪器。

上海友省衡器有限公司
地址：上海市闵行区莘庄工业区春光路99弄58号
邮编：201108
电话：021-54831808-103
传真：021-54831802
电子信箱：joannasq@hotmail.com
网址：www.ysscale.com
主要产品或业务范围：主要产品包括电子案秤、条码打印秤、收银秤、网络打印机、收款机、电子台秤、电子天平、电子吊秤、追溯秤、便携式邮包秤、厨房秤、称重显示器及配件、称重传感器等。

天津市丽景微电子设备有限公司
地址：天津市华苑产业区（环外）海泰南道28号海益国际产业基地C座7门302室
邮编：300384
电话：022-83719630，83719631，83719632
传真：022-58558380
电子信箱：mail@lascaux.com.cn
网址：www.lascaux.com.cn
主要产品或业务范围：称重传感器，测力传感器，圆板式测力传感器，称重模块及附件，称重显示控制仪表等。

威世世铨（天津）科技有限公司
地址：天津市河西区友谊路宾馆南道5号
邮编：300061
电话：022-28353503，28352466
传真：022-28357261
网址：www.vishaypg.com
主要产品或业务范围：称重传感器。

宁波博达电气有限公司
地址：浙江省宁波市北仑区明州西路596号
邮编：315800
电话：0574-86895688，86895689
传真：0574-86895681
联系人：张学炉
电子信箱：sales@nbboard.com
网址：www.nbboard.com
主要产品或业务范围：各类高精度传感器、电子衡器配件及自动化控制系统。

宁波市镇海传感器厂
地址：浙江省宁波市镇海俞范东路701号
邮编：315200
电话：0574-86373892
传真：0574-86267909
电子信箱：zhs@zhsensor.com
网址：www.zhsensor.com
主要产品或业务范围：各种起重机及电梯的称重，过载保护，力矩限制用传感器；各种平台秤，料斗秤，皮带秤，计价秤用传感器；各种材料试验机专用传感器；各种地质工程勘测、测试用传感器；各种压力、扭矩、测功用传感器及二次记录仪表。

余姚赛尔斯传感器有限公司
地址：浙江省余姚市丰南开发区纵三路
邮编：315400
电话：0574-62825681，62825682
传真：0574-62641363
网址：www.cells.com.cn
主要产品或业务范围：料斗秤、铁水秤、钢包秤等。

浙江省计量科学研究院
地址：浙江省杭州市天目山路222号
邮编：310013
电话：0571-85025639，85027161
传真：0571-85022293
网址：www.fzcg.com.cn
主要产品或业务范围：拉式传感器、桥式传感器、悬臂梁式传感器、电子汽车衡、便携式张力仪、电子皮带秤实物校验装置。

其他仪器仪表及相关产品

北京广电韵电子设备有限公司
地址：北京市通州区张家湾镇里二泗工业区98号
邮编：101113
电话：010-52352665
传真：010-61517569
电子信箱：gdylaser@126.com
网址：www.gdylaser.com
主要产品或业务范围：该公司主要产品有激光焊接机、激光打标机、激光切割机等激光设备。产品广泛应用于仪器仪表、传感器、医疗器械、汽车动力电池等行业。针对仪器仪表、传感器等行业的焊接，该公司有一套完整的焊接工艺和焊接工装，适应不同结构的焊接。该公司是北京市率先通过ISO 9001质量管理体系认证和ISO 14000环境管理体系认证的重点企业之一。公司除拥有自己的研发人员和实验平台之外，还与国内多家激光研究所及大专院校建立了密切的合作关系。该公司的产品凭借先进的技术、过硬的质量和优质的服务，赢得了众多客户的信赖。

北京国马工贸有限公司
地址：北京市怀柔区北房镇经纬工业区福顺街6号
邮编：101400
电话：010-61682020
传真：010-61684629
联系人：杨凤萍
电子信箱：kht@vip.163.com
网址：www.steelformlab.com
主要产品或业务范围：主要生产钢制实验室家具及配套设备。

北京三维普经贸有限公司
地址：北京市朝阳区大郊亭中街3号华腾国际写字楼519室
邮编：100022
电话：010-65821350
传真：010-67729363
联系人：刘青
电子信箱：bjsunwave@163.com
网址：www.bjsunwave.com.cn
主要产品或业务范围：平键，圆柱销，圆锥销，销轴，弹簧卡子，槽销DIN1469，防尘圈，外螺纹、内螺纹圆锥销，螺母，圆头槽销，孔用、轴用挡圈，弹性圆柱销，骨架油封，O形圈，组合垫圈等。

北京尚佳皮具厂
地址：北京市顺义区木林镇西沿头村
邮编：101300
电话：010-60456407，13041024026
传真：010-60456407
电子信箱：bjsjpj@163.com
主要产品或业务范围：专业设计、加工精美真皮仪器套、数码相机套、中高档笔记本、公文包、钱夹等。

北京欣晔瑞峰科技有限公司
地址：北京市丰台区莲花池西里11号A座1707室
邮编：100161
电话：010-83686169/6612/6855/6160
传真：010-83686169
电子信箱：4bu@4bu.com.cn
网址：www.4bu.com.cn
主要产品或业务范围：该公司经销国内外生物安全危险品包装运输产品以及医疗产品。

机械工业仪器仪表综合技术经济研究所
地址：北京市广安门外大街甲397号
邮编：100055
电话：010-63261819
传真：010-63262677
电子信箱：itei@instrnet.com
网址：www.itei.cn
主要产品或业务范围：从事仪器仪表领域内的信息咨询服务、软科学研究、标准化管理、科技期刊出版等业务。

惠州亿纬锂能股份有限公司
地址：广东省惠州市惠环镇西坑工业区亿纬工业园
邮编：516006
电话：0752-2606966
传真：0752-2606033
电子信箱：sales@evebattery.com
网址：www.evebattery.com
主要产品或业务范围：该公司的高能锂电池产品包括锂/亚硫酰氯电池，包括ER14250、ER14335、ER14505、ER17505、ER18505、ER26500等型号；锂/二氧化锰电池，包括CR14250，CR14335，CR17250， CR123A，CR-P2等柱式电池和系列的扣式电池；公司还设计生产各种型号的二次电池以及提供电池组合加工的服务。

上海渠成包装材料有限公司
地址：上海市真南路2548号28幢3楼

邮编：200331
电话：021-63634696，63634648
传真：021-52840160
联系人：王亚龙
电子信箱：elon@qucheng.com.cn
网址：www.qucheng.com.cn
主要产品或业务范围：该公司是以专业缓冲包装系统的研发为主，辅以相关的用于缓冲包装的化学制品，泡沫制品，纸制品，包装设备的开发、制造。可提供现场发泡包装设备，缓冲气垫包装设备，缓冲纸垫包装设备及相关的包装辅助耗材。

希悦尔包装（中国）有限公司
地址：上海市青浦工业园区崧泽大道6988号
邮编：201700
电话：021-39202988
传真：021-39202980
联系人：宋沈敏
电子信箱：jane.song@sealedair.com
网址：www.sealedairchina.com.cn
主要产品或业务范围：该公司是全球最大的保护性包装材料及设备生产供应商之一，总部位于美国新泽西州，生产的保护性包装材料和系统在许多行业有着广泛的应用；无论是表面保护、精确缓冲、固物定位或是空间填充，他们都能提供经济简单的专业包装方案；主要产品包括因时发™（Instapak®）现场发泡包装系列；Instapak®因时发™901现场发泡包装系统；速必得Insight®发泡袋包装系统；Instapacker™桌上型发泡袋即时包装系统；Instapak®因时发™Quick®即时发泡袋包装。

江苏杰克仪表有限公司

JACK INSTRUMENT
杰克仪表

JIANGSU JACK INSTRUMENT CO.,LTD.

公司自创建以来，始终以振兴民族仪表工业为己任。在不懈的探索和实践中，会聚了一批对仪表有特殊造诣和研究的专家及熟练的工人队伍，积累了丰富的经验，并从20世纪90年代引进了国外先进技术和设备，是从事仪表的研制、开发、生产及销售的专业公司。我公司生产的各类仪器、仪表服务于工业生产及市政工程等各行业，已超过上千家用户。在技术上，公司与中科院仪表研究所及部分科研院保持着密切的协作及技术支持，从而保证产品在技术上领先技术监督局对于计量器具生产企业的严格过程质量管理规范，凭借严格的ISO　9001质量管理体系，以精确、可靠的产品，完善的售后服务体系，赢得用户的信赖。

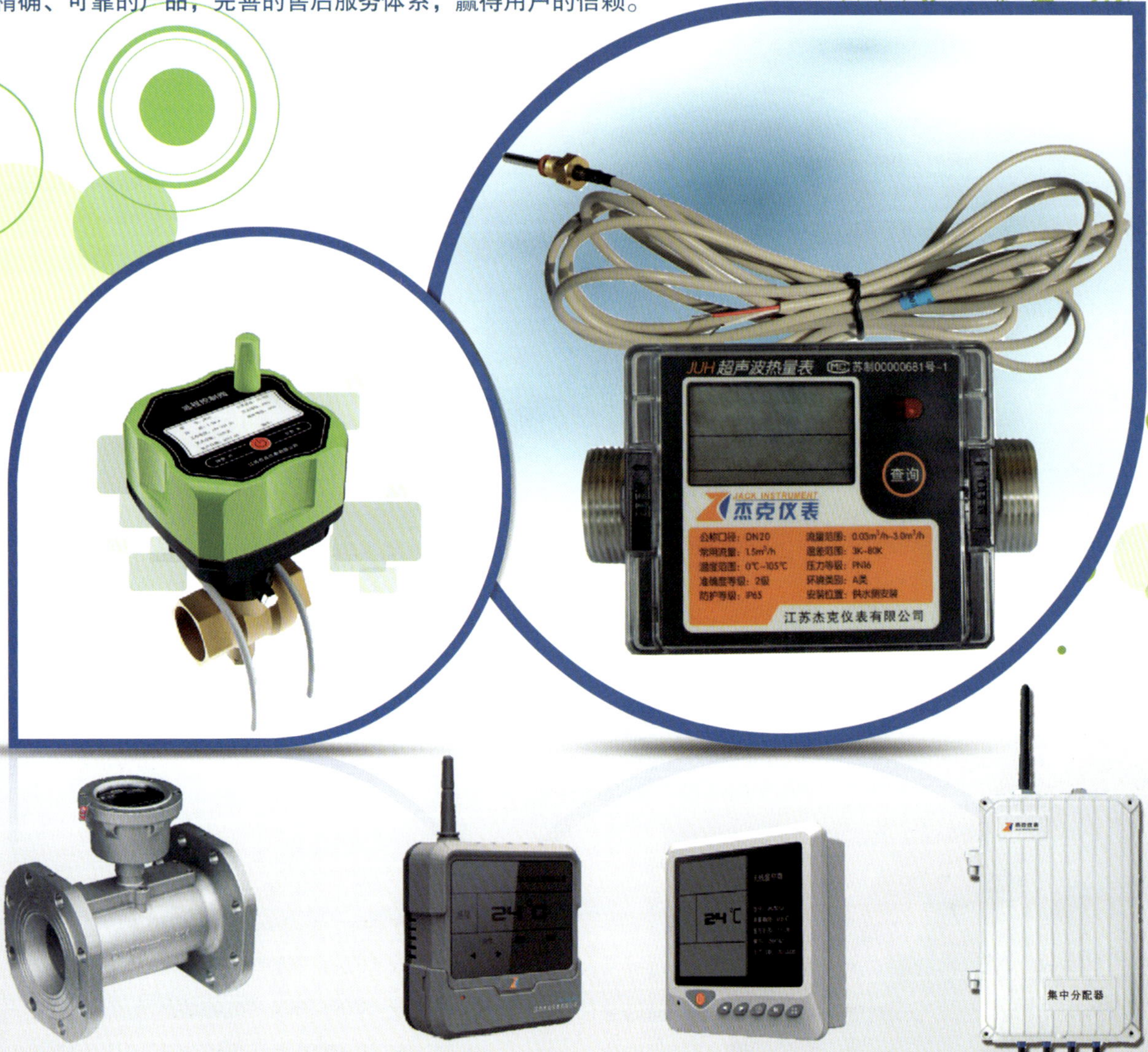

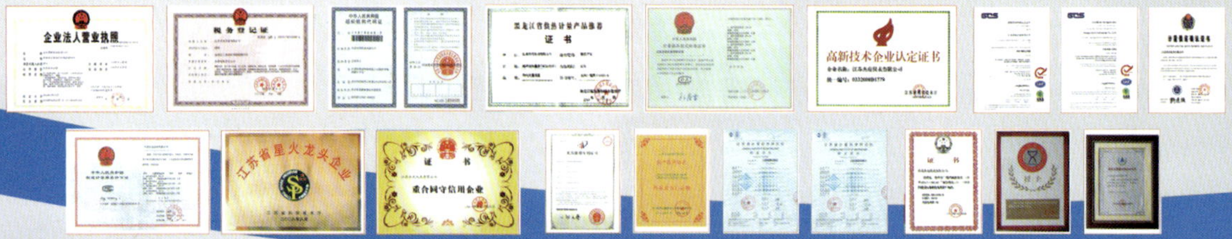

JACK INSTRUMENT
杰克仪表

江苏杰克仪表有限公司

地址：江苏省金湖县工业园区环城西路88号　电话：0517-86996708　传真：0517-86996722
网址：www.jiekeyb.com　邮编：211600